Werner D. Fröhlich:

dtv-Wörterbuch zur Psychologie

Deutscher
Taschenbuch
Verlag

dtv

Dieses Wörterbuch basiert auf dem Klassiker unter den psychologischen Wörterbüchern ›A Dictionary of Psychology‹, erschienen bei Penguin Books Ltd., Harmondsworth, Middlesex, England, von James Drever (1873–1951; Prof. in Edinburgh). Schon bei der Übertragung ins Deutsche, verstärkt bei den vielen Neuauflagen, mußte hinzugefügt und geändert werden, so daß nichts mehr von diesen Ursprüngen erhalten ist. Geblieben ist der Dank von Autor und Verlag an James Drever, dessen methodische Arbeit zum Vorbild wurde.

1. Auflage Oktober 1968
15., bearbeitete und erweiterte Auflage September 1987
19., bearbeitete und erweiterte Auflage April 1993:
354. bis 361. Tausend

Umschlaggestaltung: Celestino Piatti
Gesamtherstellung: C. H. Beck'sche Buchdruckerei, Nördlingen
Printed in Germany · ISBN 3-423-03285-5

Das Buch

Aus dem Nachdenken und Spekulieren über die Natur des Menschen, seine Erkenntnisfähigkeit, seine Gefühle und die Beweggründe seines Handelns entwickelte sich die heutige Psychologie mit ihren eigenständigen, naturwissenschaftlich geprägten Methoden. Dabei entstand eine differenzierte Fachsprache, deren wichtigste Begriffe in diesem Wörterbuch erläutert werden. Da die gegenwärtige Psychologie sowohl in ihrer Grundlagenforschung als auch in ihren vielfältigen Anwendungsfeldern fachübergreifend orientiert ist, wurden auch Grundbegriffe aus biologisch-medizinischen und sozialwissenschaftlichen Nachbargebieten berücksichtigt. Reine Worterklärungen und Zuordnungen wurden, wo immer es der Präzisierung dient, durch weiterführende Hinweise sowie durch Literaturangaben ergänzt. Neben dem Vorwort mit Angaben zur Anlage des Wörterbuchs und einer Einführung in die geschichtliche Entwicklung der Psychologie findet sich im Anhang ein Verzeichnis englischsprachiger Stichwörter mit Verweisungen auf die entsprechenden deutschen Begriffe sowie eine ausführliche Bibliographie.
Für die 19. Auflage wurden zahlreiche Stichwörter bearbeitet und neue hinzugefügt.

Der Autor

Werner D. Fröhlich, geboren 1931 in Wien. Biologisch-medizinische Grundausbildung, Studium der Psychologie. 1966 o. Professor für Psychologie an der Sporthochschule Köln, seit 1969 Leiter der Abteilung für Allgemeine Experimentelle Psychologie und der Forschungsgruppe für Psychophysiologie und Human Factors an der Johannes Gutenberg-Universität Mainz. Mitglied mehrerer wiss. Gesellschaften und Akademien im In- und Ausland. Forschungsschwerpunkte: Psychophysiologie der Aufmerksamkeit; Einflüsse emotionaler Erregung (Angst) und Beanspruchung (Streß) auf Erleben, Verhalten, physiologische Prozesse und Immunsystem; Bildschirmarbeit; Medienwirkung; Musikpsychologie. Zahlreiche Beiträge in deutsch- und englischsprachigen Fachzeitschriften und Handbüchern. Monographien: Forschungsstatistik (mit J. Becker, 6. Aufl. 1972); Die Macht der Signale (mit K. Koszyk, 1971); Psychological processes in cognition and personality (mit J. Draguns, G. Smith u. U. Hentschel, 2. Aufl. 1984); Angst: Gefahrensignale und ihre psychologische Bedeutung (dtv Wissenschaft, 1982); From private to public reality: Meaning and adaptation in perceptual processing (mit G. Smith u. U. Hentschel, 1985); Die verstellte Welt: Beiträge zur Medienökologie (mit R. Zitzlsperger u. B. Franzmann, 1988); Musik machen – Musik verstehen (mit W. Beck, 1992). Herausgeber des Archivs für Psychologie.

Inhalt

Vorwort zur 19., bearbeiteten und erweiterten Auflage

Das Wörterbuch zur Psychologie ist als umfassende Einführung und Verständnishilfe sowohl für Studierende als auch für interessierte Laien konzipiert. Mit den Veränderungen und Erweiterungen dieser Neuauflage wurde der zunehmenden Vielfalt psychologischer Methoden und Erklärungsansätze sowie den zahlreichen Berührungspunkten der modernen Psychologie mit biologisch-medizinischen und sozialwissenschaftlichen Nachbargebieten Rechnung getragen. Über 250 Stichwörter wurden zu diesem Zweck neu bearbeitet bzw. hinzugefügt, außerdem viele kleinere Textergänzungen gemacht. Neu aufgenommen wurden vor allem detaillierte Angaben zur *Klinischen Psychologie* in Anpassung an das DSM III-R, die zur Zeit gültige Fassung des *Diagnostischen und Statistischen Manuals Psychischer Störungen.* Hinzu kamen zahlreiche grundlegende Begriffe aus der *Arbeits-, Betriebs- und Organisationspsychologie* und aus interdisziplinären Gebieten, die der Psychologie und ihren Anwendungsbereichen nahe stehen. Damit verbunden war die Erweiterung der Bibliographie und der Textverweisungen sowie die Ergänzung des englisch-deutschen Verweisregisters, das sowohl der Übersetzungshilfe als auch dem Auffinden deutschsprachiger Erklärungen zu Begriffen aus englischsprachigen Quellen dienen soll..

Der Verfasser ist zahlreichen Kollegen und Mitarbeitern für wertvolle Ergänzungs- und Verbesserungsvorschläge zu großem Dank verpflichtet. In den älteren Auflagen waren dies J. Draguns (Pennsylvania State University), J. Freund (Mainz), V. Gheorghiu (Gießen), P. Glanzmann, M. Graf-Morgenstern, A. Henneberger (Mainz), U. Hentschel (Leiden), M. Juris (Mainz), L. Laux (Bamberg), A. Mattenklott (Mainz), R. Rossmann (Mainz), P. Safian (Albert-Schweitzer-Klinik, Königsfeld), M. Velden (Osnabrück), G. Vossel (Mainz) und I. Zosel (Bad Kreuznach), ferner C. Pflugradt (Literaturrecherchen), I. Kuras (Bibliographie) und A. Miltz (Manuskriptgestaltung). Bei der Vorbereitung der vorliegenden Neuauflage gaben mir M. Felinger, J. Gärtner, P. Glanzmann, V. Gomez (Bogotá/Mainz), I. Lindner, A. Mattenklott, J. Thomas, G. Vossel und H. Zimmer (Mainz) wichtige Anregungen; B. W. Bleul half bei der Systematisierung der klinisch-psychologischen Begriffe; I. Baesler, A. Münch und U. Schack waren an der Herstellung des Manuskripts und neuer Zeichnungen maßgeblich beteiligt.

Die Zeichnungen stammen von Elmar Worgull, Florian Urich und K. F. Schäfer.

Mein besonderer Dank gebührt wie immer den Mitgliedern des dtv-Lektorats für ihre verständnisvolle Zusammenarbeit.

Mainz, August 1992 Werner D. Fröhlich

Einführung*

Die Anfänge psychologischen Denkens in der Philosophie

Will man den Entwicklungsgang der Psychologie und ihre nicht gerade einfache gegenwärtige Struktur verstehen, so muß man zwei Sachverhalte bedenken. Zunächst kann man davon ausgehen, daß Fortschritte in benachbarten Wissenschaften eine anregende, wenn nicht sogar prägende Wirkung auf die wissenschaftliche Psychologie ausübten. Sir ARTHUR EDDINGTON, Astronom und Physiker (1882–1944), sagt in seiner ›Philosophie der Naturwissenschaft‹: »Die Fächer, in die das menschliche Denken eingeteilt ist, sind nicht so wasserdicht, daß ein grundsätzlicher Fortschritt in einem davon für die übrigen eine gleichgültige Angelegenheit wäre.« Ferner sollte man daran denken, daß am Anfang dieser Wissenschaft vom Menschen und seinem Erleben und Verhalten das Nachdenken und Verwerten höchst subjektiver Einsichten und Urteile steht. Durch schöpferische Einfälle und intuitive Spekulationen entstand allmählich ein begriffliches System, das nach Überprüfung durch systematische Beobachtungen und experimentelle Untersuchungen verlangte. Mit dem Anwachsen des Beobachtungs- und Untersuchungsmaterials im 19. und 20. Jh. mußte man auch das begriffliche Netz immer mehr verfeinern und Begriff und Beobachtung weit enger miteinander verknüpfen, als dies in der spekulativen Phase notwendig schien. Weitreichende Annahmen mußten relativierenden Betrachtungen weichen. Aus dem Nachdenken über die Natur des beseelten Menschen wurde die wissenschaftliche Psychologie mit ihrer naturwissenschaftlich geprägten und logisch stringenten Methodik.

Die Anfänge psychologischen Denkens finden sich in den Mythen, Religionen und Philosophien vorchristlicher Hochkulturen. Für das Verständnis der Ursprünge der wissenschaftlichen Psychologie, die man in Europa findet, ist vor allem die Gedankenwelt der großen griechischen Philosophen ausschlaggebend. Reflexionen über das Universum und den Kosmos, die Entstehung und wahre Natur der Dinge, wie man sie in der Zeit vor und um DEMOKRIT (um 460 v. Chr. bis um 380 v. Chr.) anstellte, enthielten bereits Spekulationen über das Erkennen, die Entstehung der Lebewesenarten u. ä. In seinen ethischen und staatsphilosophischen Schriften kommt PLATO (427 v. Chr. bis 347 v. Chr.), Schüler des SOKRATES, zu Aussagen über die drei wesentlichen Eigenschaften der menschlichen Seele: das Begehren des Körpers, den Mut und die Vernunft. Durch die Vernunft, das Logistikon, sei die Seele mit den überdauernden Wertideen verbunden und vermöge es, die restlichen Seelenbereiche (z. B. Gefühle und Begierden) zu zügeln, eine Vorstellung, die z. B. in der Freudschen Psychoanalyse wieder zum Vorschein kommt. Während die Vernunft als Idee überdauert und in gewisser

* Im Text erscheinende Fachausdrücke sind im Wörterbuch erklärt.

Weise die Qualität der Unsterblichkeit besitze, sei der Körper von anderer, vergänglicher Natur. Damit ist eines der Hauptthemen philosophischer und metaphysischer Gedankenwelten, nämlich das sog. *Leib-Seele-Problem,* angesprochen. Es geht dabei um die Frage, welche Beziehung denn zwischen dem (beseelten, d.h. belebten) Körper oder Leib (griech. soma, lat. corpus) und der (den Körper lenkenden und ihn belebenden) Seele (griech. psyché, lat. anima; im Sinne von Bewußtsein Geist oder Vernunft, lat. mens, engl. mind) herrsche. Da PLATO von der Zweiheit und Gegensätzlichkeit ausgeht, kann seine Lehre als *Dualismus* klassifiziert werden.
Einen ersten, für die damalige Zeit ungewöhnlichen Deutungsversuch der einzelnen Seeleneigenschaften legte ARISTOTELES (384 v.Chr.–322 v.Chr.) in seiner Schrift ›Über die Seele‹ (peri psy̆chès) vor. Im Unterschied zu PLATO und in deutlicher Abhebung von dessen Ideenlehre wird hier die Seele als das den Körper und seine Vorgänge gestaltende und belebende Prinzip (Entelechie) angesehen. Als höchste seelische Fähigkeit, die Pflanzen und Tieren nicht zukomme, sieht ARISTOTELES das auf Körperfunktionen und Wahrnehmen aufbauende Erkennen und Denken an. Der schöpferische Geist als Inbegriff der Form und Energie ist die unsterbliche Instanz des Vorstellens, Urteilens und Wollens. Die Schriften des ARISTOTELES, insbesondere diejenige über die Seele, sind auch heute noch wegen ihrer die späteren Versuche stark beeinflussenden Systematik von erstaunlicher Aktualität. In ihnen findet sich die Wurzel einer biologischen, ja sogar physiologischen Vorstellung vom Organismus und eine *monistische* Auffassung von der Beziehung zwischen Leib und Seele.
Damit ist der Weg zu einer Phase feinsinniger Begriffsanalysen eröffnet. PLOTIN (um 205–270) und AURELIUS AUGUSTINUS (354–430) lenken den Blick der nachfolgenden mittelalterlichen Philosophie und Theologie mehr und mehr auf die »innere Erfahrung« als Erkenntnisquelle, ALBERTUS MAGNUS (ALBERT VON BOLLSTÄDT; um 1200–80) und sein Schüler THOMAS VON AQUINO (um 1225–74), beide Dominikaner, beriefen sich auf die durch jüdische, arabische und christliche Denker in Spanien wiederentdeckten und durchgearbeiteten Schriften des ARISTOTELES und trugen zur hochentwickelten Begrifflichkeit der scholastischen Anthropologie bei, auf die sich geisteswissenschaftlich orientierte Psychologen bis zum heutigen Tage berufen.
Den Übergang zur neuzeitlichen Entwicklung und Orientierung der Wissenschaft überhaupt – und der Psychologie im besonderen – repräsentiert wie kein anderer der französische Philosoph und Mathematiker RENÉ DESCARTES (RENATUS CARTESIUS; 1596–1650). In seinem Werk wird erstmalig bewußtes Erleben (Bewußtsein) zum zentralen Gegenstand der Betrachtung. Ausgehend von einer grundsätzlichen Skepsis gegenüber überlieferten Annahmen findet DESCARTES den Ausgangspunkt jeder Reflexion in der intuitiv gewonnenen Einsicht »cogito ergo sum«, d.h. beim Denken erfahre ich mit Gewißheit und unmittelbar, daß ich es bin, der denkt, daß ich existiere. Denken ist für DESCARTES

eine der Eigenschaften des Bewußtseins, der Seele und kann (wie Wahrnehmen, Erinnern und Wollen) durch »innere Erfahrung« erfaßt werden. Tiere dagegen haben kein Bewußtsein, daher auch keine Seele. Sie agieren nicht wie der Mensch aufgrund angeborener Ideen, Dispositionen und Gedächtnisinhalte, sondern rein mechanisch auf Außenreize hin. Sie haben – dies ist DESCARTES' Begriffsprägung – Reflexe und verhalten sich nach rein mechanischen Gesetzen, die auch die physikalische Welt regieren. Bei DESCARTES werden übrigens die Vorgänge des bewußten Erlebens erstmals explicite auf das Gehirn als Träger aller psychischen Vorgänge überhaupt bezogen.

Die englischen Philosophen des sog. *Empirismus* wenden sich vor allem gegen einen Gedanken, der sich auch bei DESCARTES wiederfindet und der sich auf sog. Dispositionen (Anlagen) bezieht. Nach DESCARTES sind dem Menschen bestimmte Ideen und Einsichten bzw. Wahrheiten angeboren, die als aktivierbare Möglichkeiten in seinem Bewußtsein wirken, auch wenn sie nicht immer klar und distinkt hervortreten. Immerhin vermitteln sie – so DESCARTES – die Qualitäten des Erlebens, die man als Bekannt- oder Gewißheit beschreiben kann. JOHN LOCKE (1632–1704) dagegen vertrat in seinem ›Essay Concerning Human Understanding‹ den Standpunkt, daß alles Wissen aus der Erfahrung stamme. Der menschliche Geist (mind) sei zunächst eine Art unbeschriebenes Blatt (tabula rasa). Wie es bereits THOMAS HOBBES (1588–1679) angenommen hatte, gehen Bewußtseins- oder Erfahrungsinhalte auf Sinnesgegebenheiten (Empfindungen; sensations) zurück. Durch wiederholtes Auftreten oder raum-zeitliche Nachbarschaft (contiguity) werden Eindrücke miteinander verknüpft *(Assoziation)* und ermöglichen so die komplexeren geistigen Prozesse wie z. B. Erinnern, Denken und Vorstellen. JOHN LOCKE war darüber hinaus von der Meinung ausgegangen, daß es sog. primäre Qualitäten gebe, die den außen liegenden Dingen zugehören (z. B. Ausdehnung) und daß die sog. sekundären Qualitäten (z. B. Geruch, Farbe) durch den Betrachter als dessen Erfahrung hinzugefügt werden. GEORGE BERKELEY (1685–1753) machte in seinem ›Treatise Concerning the Principles of Human Knowledge‹ (1710) die Erfahrung zur einzigen Erkenntnisquelle. In metaphysischer Wendung wird das (Vorhanden-)Sein dem Wahrgenommenwerden gleichgesetzt (esse est percipi). Damit wird der Geist oder das Bewußtsein zur einzigen Realität. Diese Anschauung konnte sich begreiflicherweise nicht durchsetzen, denn damit wären keine Anhaltspunkte für Wissenschaften, die sich mit »außen« vorhandenen Gegenständen oder Phänomenen beschäftigen, vorhanden. Da für BERKELEY das Wahrnehmen eine Eigenschaft des »Geistes« war, beschäftigte er sich mit der Natur der visuellen Wahrnehmung besonders ausgiebig und beschrieb in seinen Überlegungen (›A New Theory of Vision‹) als erster einige Mechanismen des Auges, die das Erkennen räumlicher Tiefe ermöglichen, sowie Reizqualitäten, die das Tiefenwahrnehmen begünstigen (darunter Akkommodation und Konvergenz, sowie die Wirkung der Überlagerung [Superposition], der Schattenbildung und der sog. Dunstperspektive).

David Hume (1711–76) ging in seinen Überlegungen (›Treatise on Human Nature‹) noch einen Schritt weiter. Der »Geist« (mind), als Synonym für Seele gebraucht, sei nichts Existierendes, also auch nichts von Substanz. Es handle sich vielmehr nur um eine umfassende Bezeichnung für veränderliche (fließende) Bewußtseinsinhalte (Ideen), Gedächtnis- und Vorstellungsinhalte und Gefühle. Allgemeine Vorstellungen (z. B. die der Dreieckigkeit) oder Gesetze über Naturvorgänge seien nichts anderes als Aggregate oder Zusammenstellungen unserer eigenen Erfahrungen und somit nichts Endgültiges.

Die Auffassungen der empirischen Philosophen bildeten vor allem die Grundlage für die sog. *Assoziationspsychologie,* als deren wichtigster Vertreter James Mill (1773–1836) gilt. In seiner ›Analysis of the Phenomena of the Human Mind‹ vertritt er den Standpunkt, daß jedes Wissen auf Sinneseindrücken und Ideen aufbaut; die Sinneseindrücke oder Empfindungen sind zuerst da, aus ihnen entwickeln sich oder werden abgeleitet die immer komplexer werdenden Wahrnehmungsinhalte, Ideen u. ä. Die wissenschaftliche Frage ist hier streng auf die analytische Einheit, das Element, bezogen, wenn Mill fragt: »Wieviele Ideen müssen zusammengefaßt (assoziiert) werden, um die komplexe Idee des Hauses zu ergeben?« John Stuart Mill (1806–73) nuancierte und kritisierte die Auffassung seines Vaters. Er ließ es dahingestellt, ob Elemente komplexe Ideen ergeben oder nicht; jedenfalls erschien ihm das *Ergebnis,* z. B. die komplexe Idee »Haus« so andersartig als die Zusammensetzung aus Ziegeln, Holz, Fenstern, Möbeln etc., »Haus« habe eine andere Qualität, die man aus der Aufzählung der kombinierten Elemente nicht erfassen könne. Damit ist John Stuart Mill bereits zum Vorläufer der späteren *gestaltpsychologischen* Schulen geworden, deren Bestrebungen sich mit dem (leider oft mißverständlich wiedergegebenen) Aristoteles-Zitat »Das Ganze ist etwas gegenüber der Summe seiner Teile Ausgezeichnetes« treffend beschreiben lassen.

In unserem kleinen Abriß der Problemgeschichte der wissenschaftlichen Psychologie müssen wir nun wieder um etwa 180 Jahre zurückgehen, um einen Philosophen zu finden, der für die Entwicklung der Bewußtseins- und Motivationspsychologie einige Bedeutung hat, obwohl seine psychologischen Beiträge zunächst alles andere als »empirisch« waren. Es handelt sich um Gottfried Wilhelm Leibniz (1646–1716), dessen Weltbild nach dem Vorbild seines Seelenbildes entworfen zu sein scheint. Seine Grundannahme ist metaphysisch. Das Erleben des einzelnen Menschen ist nichts anderes als die konzentrierte und daher nicht besonders klare und ausdifferenzierte Darstellung der umgebenden Welt, die Seele ist eine unter vielen gleichartigen, unstofflichen, ausdehnungslosen und ewig fortdauernden Welteinheiten, die er Monaden nennt. Sie ist jedoch – wie wir heute sagen würden – kein unveränderliches, sondern ein aus sich selbst heraus veränderliches System. Sie kann durch Perzeption (d. h. hier eher Vorstellung als Wahrnehmung) die umgebende Welt in sich zur Darstellung bringen; außerdem habe sie ein systemimmanentes, d. h. ihr eigenes Bestreben (Appetitus), mehr und mehr Perzeptionen zu gewinnen. Seelen oder Monaden verändern sich nach LEIBNIZ nicht durch Kommunikation, sondern durch ihre Fähigkeiten zur Perzeption und zum »Appetenzverhalten«, sowie durch den Umstand, daß sie dabei den Kosmos in sich zur Darstellung bringen. Diese Fähigkeiten haben sie durch göttlichen Schöpfungsakt verliehen bekommen, der auch ihre Harmonie untereinander vorsieht (die sog. prästabilierte Harmonie der Monaden). Weit wichtiger als die Monadenlehre sind jedoch die subtilen Beschreibungen LEIBNIZ', die sich auf die Frage nach den Bewußtseinsinhalten und -bewegungen beziehen. Das Erleben weise sowohl unklare Perzeptionen als auch recht klare und deutlich bewußte Vorstellungen, Apperzeptionen, auf. Damit ist die Auffassung von den Bewußtseinsgraden und der Aufmerksamkeitswirkung von LEIBNIZ begründet. Außerdem komme das Erkennen auf zwei unterscheidbare Weisen zustande: Perzeptionen können zu Apperzeptionen werden, wenn geistige Konzentration (Anspannung, Aufmerksamkeit) im Spiele ist; Perzeptionen können aber auch dann zu Apperzeptionen werden, wenn sich z. B. dumpfe Anmutungen allmählich verdichten, weil größere Mengen von gleichartigen oder gleichförmigen Perzeptionen – wie wir heute sagen würden – durch Reizsummation an Intensität gewinnen.

CHRISTIAN WOLFF (1679–1754) war es vorbehalten, die Vorstellungen seines metaphysisch orientierten Vorbildes LEIBNIZ mit jenen des anderen großen Aufklärungsphilosophen DESCARTES in Verbindung zu bringen. In seinen beiden Werken ›Psychologia empirica‹ (1732) und ›Psychologia rationalis‹ (1734), einer mehr fleißigen als originellen Zusammenstellung des Wissens der damaligen Zeit, führte WOLFF den Begriff der Psychologie und wichtige andere, z. B. den des Bewußtseins, in die deutsche Umgangssprache ein. In der Folgezeit wuchs die Psychologie zwischen romantischen Tendenzen der Auslotung der Seelentiefe und den gewaltigen Philosophien KANTS und HEGELS, zwischen physiognomischen Spekulationen und Reflexionen über das Denken, Fühlen und Wollen allmählich zu einer eigenständigen Wissenschaft heran. 1824 erschien das damals vielbeachtete Werk JOHANN FRIEDRICH HERBARTS (1776–1841) ›Psychologie als Wissenschaft, neu gegründet auf Erfahrung, Metaphysik und Mathematik‹. Hier wird das die weitere Entwicklung kennzeichnende Ziel allmählich deutlich: Im Zeitalter NEWTONS soll auch die Psychologie als Erfahrungswissenschaft nach dem Vorbild der Naturwissenschaft ausgebaut werden.

In der Folgezeit finden wir nur noch leise Anklänge an die frühere Zeiten alles beherrschende Leib-Seele-Problematik. So vertrat GUSTAV THEODOR FECHNER (1801–1887) den sog. *psychophysischen Dualismus,* der auch als *Identitätstheorie* bezeichnet wird. Seelisches bzw. Geistiges und Leibliches bzw. Körperliches sind demnach Erscheinungsformen einer einzigen, nicht weiter reduzierbaren Einheit. Daraus folgt, daß leibliche und seelische Vorgänge parallel ablaufen müssen. WILHELM WUNDT (1832–1920), Gründer des ersten Instituts für experimentelle Psychologie an der Universität Leipzig (1879), dagegen vertrat den

Standpunkt, daß körperliche Vorgänge die äußeren Erscheinungsweisen einer seelisch-geistigen Einheit darstellen. Eine solche Anschauung nennt man in philosophischen Kreisen *spiritualistischen Monismus*. Das Leib-Seele-Problem ist heute kein beherrschendes Thema der Psychologie. Zwar ist man auch in unseren Tagen weit davon entfernt, es gelöst zu haben. Aber heute zielt die Frage nicht nach einer umfassenden Aussage über die Art und Form der Beziehungen zwischen Leib und Seele oder körperlichen und geistigen bzw. verstandesmäßigen Prozessen, sondern vielmehr nach den Ebenen, die man berücksichtigen muß, um bewußtes Erleben und seine Vermittlung durch weitgehend dem Bewußtsein entzogene Prozesse einschließlich der Vorgänge im Zentral-Nerven-System beschreiben und erklären zu können. Welche Wege dabei eingeschlagen werden, zeigt der Bedeutungswandel, den der Begriff *Bewußtsein* im Lauf der letzten hundert Jahre durchlaufen hat. Im Grunde teilen die meisten, der *Psychophysiologie* nahestehenden Forscher, den von FECHNER vertretenen Standpunkt des psychophysiologischen Dualismus und berufen sich bei der Erklärung auf die Erkenntnislage der modernen Neurophysiologie; diese legt den Standpunkt nahe, daß den komplizierten Repräsentations- und Regelvorgängen im Zentral-Nerven-System Bewußtsein als eine unter vielen Eigenschaften zukommt.

Einige Entdeckungen, die zur neueren Psychologie entscheidend beitrugen

Wie bereits oben erwähnt, gilt WILHELM WUNDT, Mediziner und Philosoph, als Gründer der modernen Psychologie. Mit der Eröffnung des ersten Universitätsinstituts trennte sich die Psychologie als Erfahrungswissenschaft von der Philosophie. Gründung und Trennung fallen in eine Zeit, die durch enorme Fortschritte der Naturwissenschaften gekennzeichnet ist; gleichzeitig werden auch philosophische Bemühungen erkennbar, die neuen Erkenntnisse und die Wege ihrer Gewinnung zu erforschen. Diese neueren Entwicklungen hatten und haben einen großen Einfluß auf die Denkmodelle und Methoden der Psychologie. Der Bereich der Forschung wurde neu (empirisch und rational) definiert, so daß nur bestimmte Aspekte des zu philosophisch-theologischen Zeiten umfassenderen Gegenstandsbereiches als einer wissenschaftlichen Analyse zugänglich eingestuft werden können.
Bis zum heutigen Tag lassen sich Spuren teils glückhafter, teils verwirrender und teils recht zweifelhafter Bemühungen erkennen, an diese ansehnliche Vergangenheit und allzukurze Geschichte der Psychologie (frei nach EBBINGHAUS) direkt anzuschließen und die Elemente miteinander zu verknüpfen. In den ersten dreißig Jahren unseres Jahrhunderts läßt sich ein Nebeneinander einer Vielzahl von »Schulen« der Psychologie erkennen. Ihre Mitglieder gingen von ganz bestimmten Fragestellungen aus und versuchten von dort her, den ihrer Meinung nach relevan-

Punkt zu gewinnen, um das psychologische Denken aus den Angeln zu heben. Den Tendenzen, sich und seiner Schule alleinseligmachende Wirkungen zuzuschreiben, versuchte KARL BÜHLER mit seinem 1927 erschienenen Werk ›Die Krise der Psychologie‹ entgegenzuwirken. Nach BÜHLER sollte man drei legitime und koexistierende, gleichrangige Aspekte der Forschung unterscheiden: die Erforschung des »Erlebens« (Bewußtseins), des »Verhaltens« (engl. behaviour, amerikan. behavior) und der »Werke« (Leistungen).

Wir wollen hier einige wichtige Entdeckungen und das Echo, das man ihnen zollte, als Ausgangspunkt der Betrachtung der sog. »Schulen« heranziehen.

Der philosophisch-theologisch geprägten Denktradition entsprechend sah man bis in die Mitte des 19. Jh. keine Möglichkeiten, menschliches und tierisches Verhalten direkt miteinander zu vergleichen oder auf gleichartige Regulationsprinzipien zurückzuführen. 1859 erschien CHARLES DARWINS (1809–1882) Buch ›Von der Entstehung der Arten‹. DARWIN und seine Schüler stellten die Hypothese auf, daß es im Hinblick auf das äußere Erscheinungsbild zwischen den Tierarten bis hinauf zu den Primaten (einschl. dem Menschen) einen kontinuierlichen Übergang gibt und daß die umgebende Natur eine der Quellen von Entwicklungen und Veränderungen sei (*Evolutionstheorie*). Biologen und Psychologen legten diese Lehre recht eigenwillig und ein wenig naiv aus. Wenn man das Erscheinungsbild des Menschen von niedrigeren Lebewesen herleiten kann, so könnte man dies doch auch für die Entwicklung der »geistigen« Fähigkeiten tun. Dreht man dann schließlich noch die Reihenfolge der Argumentation um, so findet man sich in der Lage, beim Tier »Intelligenz« und »Denkleistungen« zu suchen und zu finden, die man so beschreibt, als kämen sie von Menschen. Es entstanden hübsche Anekdoten über »intelligente« und »denkende« Tiere, insbesondere Haustiere. Gegen eine solche Naivität wandte sich der bedeutende Biologe und Verhaltensforscher CONWY LLOYD MORGAN (1852–1936). Er formulierte den *Kanon der Einfachheit:* Tiere sollen möglichst in ihrer natürlichen Umgebung beobachtet werden; das beobachtete Verhalten soll nicht auf höhere Funktionen bezogen werden, wenn es auch durch einfachere bzw. niedrigere Funktionen hinreichend erklärt werden kann. Diese Forderung nach Einfachheit machte die Entwicklung einer bedeutenden Grenzwissenschaft zwischen Biologie und Zoologie einerseits und der Psychologie andererseits, nämlich der *vergleichenden Verhaltensforschung,* erst möglich.

SIR FRANCIS GALTON (1822–1911), Psychologe und Vererbungsforscher, zeigte sich von den Hypothesen seines Cousins DARWIN tief beeindruckt und wollte dessen Lehre anhand von Untersuchungen zur Vererbung genialer Begabungen u.ä. unter Beweis stellen. Dabei erwies es sich als notwendig, Maße zu entwickeln und die Beziehungen (Korrelationen) zwischen den Maßen festzustellen. GALTON und seine Schüler (darunter KARL PEARSON und CHARLES SPEARMAN) gelten als Begründer der Anwendung statist. Korrelationsverfahren in der Psychologie.

Der von den Philosophen des *Empirismus* behauptete Ursprung allen Wissens in Wahrnehmen und Vorstellen und assoziativen Verknüpfungen hatte für die Psychologie zweierlei Folgen. Erstens entwickelte sich die Sinnesphysiologie und Sinnespsychologie als Forschungsgebiet in enormem Maße. Zweitens entstand die sog. *Psychophysik*. ERNST HEINRICH WEBER (1795–1878) und etwas später THEODOR FECHNER erarbeiteten mit noch heute als vorbildlich geltenden Methoden Aussagen über die Beziehungen zwischen Reizintensität und Empfindungen. Die sog. *Schwellenuntersuchungen* dieser und späterer Forscher dienten nicht zuletzt dazu, körperlich-dingliche Gegebenheiten und psychische Vorgänge in ihrer regelhaften Verknüpfung zu betrachten.

Die Entwicklung der Messung individueller Differenzen (*Tests*) steht in einem engen Zusammenhang mit der Psychophysik und der durch GALTON eingeleiteten Betrachtungsweise. ALFRED BINET (1857–1911) entwickelte in Frankreich den ersten Test zur differentiellen Intelligenzdiagnose. JAMES MCKEEN CATTELL (1860–1944) führte diese Methoden in den USA ein, wo sie durch die bahnbrechenden Arbeiten von EDWARD LEE THORNDIKE (1874–1949) zu »mental tests« fortentwickelt wurden.

Auch HERMANN EBBINGHAUS (1850–1909) widmete sich u. a. ebenfalls Fragen des Erfassens individueller Unterschiede im Rahmen einer Untersuchung an Schulkindern in Breslau. Er gilt als der Erfinder einer Reihe von Aufgabenarten (z. B. Ergänzungstests), wie man sie heute in vielen Testbatterien verwendet. Sein Hauptwerk ›Über das Gedächtnis‹ (1885) löste größte Bewunderung und einigen Widerspruch aus. Zunächst gelang es EBBINGHAUS, mittels der von ihm erdachten quantitativen Methode der Gedächtnisprüfung – heute noch von größter Bedeutung in der Lern- und Gedächtnisforschung – den Beweis zu erbringen, daß man Prozesse »geistiger« Natur wie die des Erinnerns und Vergessens exakt und experimentell erforschen kann. Diese Möglichkeit war von JOHANN FRIEDRICH HERBART, einem der Wegbereiter für die quantitative Betrachtungsweise in der Psychologie, grundsätzlich verneint worden, eine Verneinung, der sich seine späteren Anhänger verpflichtet fühlten. Lebhafte Kritik äußerte der Philosoph WILHELM DILTHEY (1833–1911) vor allem in Hinblick auf das Material der Ebbinghausschen Gedächtnisprüfung, die sog. »sinnlosen« (besser: sinnarmen) Silben. Ging es EBBINGHAUS darum, Gesetzmäßigkeiten des Gedächtnisses im Sinne naturwissenschaftlicher Analyse darzustellen, so betonte DILTHEY programmatisch die Ablehnung der »zergliedernden« Methode und entschied sich zugunsten einer »beschreibenden Psychologie«. Der entscheidende Ausgangspunkt für die *beschreibende Psychologie* ist der Aufweis innerer, d. h. erlebnisbezogener Zusammenhänge und deren *Struktur*.

Der Weg zu einer *physiologischen Psychologie* bzw. *Psychophysiologie*, der sich in der gegenwärtigen Grundlagenforschung unter Berücksichtigung neuerer und hochdifferenzierter Kenntnisse über *Aktivation* (MORUZZI, MAGOUN; LINDSLEY), *Selektivität* der Wahrnehmung (HERNAN-

DEZ-PEON), *synaptische Übertragung* (ECCLES) und *adaptive Regulation* (SELYE) als aussichtsreicher Zugang herausgestellt hat, wurde durch den russischen Physiologen und Nobelpreisträger IVAN PETROVICH PAWLOW (1849–1936) gewiesen.

PAWLOW entdeckte die erfahrungsbedingte Ankoppelung von Reflexreaktionen an ursprünglich neutrale Umgebungsreize durch *Konditionierung;* ihm verdanken Biologie und Psychologie erste Einsichten in die zentralnervösen Grundlagen der Regelung von Organismus-Umwelt-Beziehungen und in die enorme Lern- und Anpassungsfähigkeit höherer Organismen einschließlich des Menschen durch die Plastizität des Nervensystems sowie durch die Überlagerung einfacher Regulationsprozesse des sog. ersten Signalsystems mit symbolischen Prozessen des sog. zweiten Signalsystems. Auf den Pawlowschen Modellvorstellungen bauen allgemeinpsychologische Wahrnehmungs- und Lerntheorien und ihre klinische Anwendung *(Verhaltenstherapie)* auf. Mit einer ersten Beschreibung der *Orientierungsreaktion* legte PAWLOW den Grundstein für wahrnehmungspsychologische Arbeiten zum Problem der Aufmerksamkeit (SOKOLOW) und für motivationspsychologische Arbeiten zum Neugierverhalten (BERLYNE).

Der Katalog von Ideen, Einsichten und Entdeckungen – so unvollständig und skizzenhaft er hier auch ausfallen mußte – beleuchtet mit einiger Deutlichkeit die Szene, die zu Beginn unseres Jahrhunderts bis hinein in die 50er Jahre zur Gründung sog. Schulen der Psychologie führte. Auf eine Eigentümlichkeit sei besonders hingewiesen: Als Gründer der Psychologie als selbständige Erfahrungswissenschaft gilt in Zentraleuropa WUNDT; für die Verhältnisse in den USA muß der Einfluß WILLIAM JAMES' hinzugefügt werden. Beide waren Gelehrte von überwältigendem Rang, die sich vor ihrer Beschäftigung mit psychologischen Fragen der Sinnesphysiologie zugewandt hatten. Bei WUNDT läßt sich deutlich erkennen, daß er die Psychologie und ihre Methoden als Ergänzung und Erklärung physiologischer Grundsachverhalte ansah. Ähnliches gilt für JAMES. Andere Schulen, z. B. die *Gestaltpsychologen,* wandten sich Erlebnis- und Verhaltensweisen zu, die einer psychophysiologischen Betrachtung aus damaliger Sicht nicht oder nur unzureichend zugänglich waren. Hier wird deutlich, daß psychologische Forschung auf Sachverhalte hinweist, für die erst später eine zureichende physiologische Fundierung gefunden werden konnte. Abwechselnd übernehmen Psychologie und Physiologie die Bereitstellung beschreibender und erklärender Ansätze. Es versteht sich von selbst, daß es im Verlauf der Schulenbildungen zu leichten Übertreibungen oder gar Voreingenommenheiten kam.

Das Zeitalter der Psychologischen Schulen

Der Anfang: Wilhelm Wundt's Leipziger Schule. Der Gegenstand der Psychologie war für WUNDT das Erleben, die adäquate Methode die der

Introspektion (Selbstbeobachtung) als objektive, analytische Weise der Erfassung eigener Bewußtseinselemente. In dieser Anschauung finden sich Überlegungen der Assoziationspsychologen und -philosophen, die Methoden umfassen neben der Selbstbeobachtung Messungen im Sinne der klassischen Psychophysik sowie physiologischer Kennwerte. WUNDT versuchte neben der Analyse der Bewußtseinselemente auch die Gesetze ihrer Verknüpfung, ihre »schöpferische Synthese« zu erfassen und als Gesetze des Denkens bzw. des Bewußtseins darzustellen. Die Hauptergebnisse seines Forschens wurden in dem dreibändigen Werk ›Grundzüge der physiologischen Psychologie‹ (1873ff.) niedergelegt. In seinen späteren Schriften unternahm WUNDT den Versuch einer umfassenden »Völkerpsychologie« auf eher spekulativer Basis (10. Bd. 1900ff.). Er kennzeichnete dadurch die Mittelstellung der Psychologie zwischen den *biologischen und den Sozialwissenschaften.*
1896 erschien E. B. TITCHENERS (1867–1927) ›Textbook of Psychology‹, das für die Weiterentwicklung in den englischsprachigen Ländern von entscheidender Bedeutung ist. Wie viele andere war TITCHENER nach Leipzig gekommen, um bei WUNDT etwas über die neubegründete Wissenschaft zu erfahren. Er übertrug die Wundtsche Psychologie nicht nur in die englische Sprache, sondern erörterte methodische Probleme teilweise in zwingenderer Form, als man dies bei WUNDT selbst findet. Gerade in dieser stringenten Form der Darlegung findet sich der schwache Punkt der Wundt-Titchenerschen Methode besonders deutlich herausgestellt. Introspektion und Retrospektion als Hauptmethoden der Psychologie der bewußten *Inhalte* müssen geübt sein, man muß es lernen, sich selbst zu beobachten. Damit wäre die Forschung nur bei Erwachsenen möglich, die über die Sprache voll verfügen. Untersuchungen an Kindern, geistig Behinderten und Tieren wären grundsätzlich ausgeschlossen. TITCHENERS deus ex machina ist seine Vorstellung von der »Introspektion durch Analogie«, d. h. der beobachtende Psychologe möge sich in die Lage des Beobachteten versetzen und so interpretieren, was der andere denkt und fühlt. An diesem Punkt setzte die Kritik des *Behaviorismus* an.
Funktionalismus: William James und die Chicagoer Schule. WILLIAM JAMES (1842–1910) hat für die US-amerikanische Psychologie mindestens die Bedeutung, die WUNDT für die zentraleuropäische aufweist. Während man jedoch WUNDT und die Vertreter seiner Lehrmeinung eher als *Strukturalisten* bezeichnet, gelten JAMES und seine Nachfolger (JOHN DEWEY, 1859–1952, JAMES R. ANGELL, 1869–1949, und HARVEY CARR, 1873–1954) als *Funktionalisten.* In seinen ›Principles of Psychology‹ (1890) setzt sich JAMES mit der Assoziationspsychologie auseinander und propagiert als Ziel der Psychologie an Stelle der Elementenanalyse die Untersuchung des Bewußtseins als fortlaufenden Prozeß (Bewußtseinsstrom). Gewohnheiten, Wissen und Wahrnehmen stellen sich nach JAMES als Ergebnisse einer dauernden Auseinandersetzung mit der Umwelt heraus. Also muß das Bewußtsein dauernd Prozesse der Umweltanpassung vollbringen. Dies sei seine Funktion. DEWEY macht

dies noch deutlicher, wenn er den Gegenstandsbereich der Psychologie als Untersuchungen am Organismus, wie er als Ganzes in seiner Umwelt agiert, beschreibt. Der Einfluß dieser Schule, in Europa oftmals übersehen, findet sich in der gegenwärtigen Wahrnehmungs- und Lernforschung sowie in der Sozialpsychologie. Verbindungen zur Gestaltpsychologie und zur modernen Erkenntnislehre versuchte EGON BRUNSWIK (1903–1955) herzustellen. J. J. LINSCHOTEN sah in seinem Buch ›William James, auf dem Wege zu einer phänomenologischen Psychologie‹ JAMES als Vorläufer oder Wegbereiter der *phänomenologischen Psychologie* an, was man allerdings nicht auf die Nachfolger von JAMES übertragen kann.

Behaviorismus: John B. Watsons Kreuzzug gegen das Subjektive in der Psychologie. WATSON (1878–1958) studierte in Chicago und lernte, einen funktionalistischen Standpunkt einzunehmen. Da er sich zunächst für Untersuchungen des tierischen Verhaltens interessierte, suchte er nach solchen Methoden, die nicht auf Erleben bzw. Bewußtsein gründen. 1913 veröffentlichte er in der ›Psychological Review‹ seinen kompromißlosen und glänzend formulierten Beitrag: ›Psychology as the Behaviorist Views it‹. 1914 folgte das Buch ›Behavior, an Introduction to Comparative Psychology‹ und 1919 ›Psychology from the Standpoint of a Behaviorist‹, gefolgt von der mehr populärwissenschaftlich gemeinten Darstellung ›Behaviorism‹ von 1925. WATSONS erste Frage lautet: Wie kann man eine vergleichende Psychologie (Vergleich zwischen menschlichem und tierischem Verhalten) ins Leben rufen? Doch wohl kaum durch Introspektion oder gar analogisierende Introspektion (eine Art Einfühlung, wie man es hierzulande nennen würde) als Methoden. In einer objektiven Wissenschaft wie der (künftigen) Psychologie hätten alle Überbleibsel der Bewußtseinsphilosophie *(mentalism)* keinen Platz mehr, denn sie seien die Wurzel allen Übels. Alle Aussagen über Empfindungen, Affektzustände und über Vorstellung und Phantasie hätten – weil sie introspektiv gewonnen wurden – selbst bei den Strukturalisten zu Widersprüchen geführt, die auf den subjektiven Ursprung und seine Mängel zurückverweisen. Die Hinweise, daß man erst nach einem ausführlichen Training ein guter Selbstbeobachter werden könnte, hält WATSON ebenfalls für völlig haltlos und für den Ausdruck einer Tendenz, grundsätzliche Fehler der Methode einfach auf den Beobachter als fehlbares Wesen zu schieben.

Was bleibt, ist eine »desinfizierte« Psychologie, die Verhaltenswissenschaft sein und alle Fesseln der mentalistischen Tradition abstreifen soll. Das Ergebnis der Reinigung: Eine Psychologie, die Reaktionen in Abhängigkeit von Reizen nach dem Modell des Kniesehnenreflexes darstellen soll und allmählich komplexere Reaktionen in ihrer Verknüpfung mit komplexeren Reizen erfaßt. Diese Vorstellung wird gern als Stimulus-Reaktionspsychologie *(S-R-Psychologie)* bezeichnet. Zulässige Methoden sah WATSON in der Beobachtung von außen mit oder ohne apparative Kontrolle, in der Anwendung der Pawlowschen Modellvorstellung des Konditionierens und den entsprechenden experimentellen

Möglichkeiten, in der Auswertung verbaler Stellungnahmen der Versuchspersonen, sowie in den psychometrischen Tests. Besondere Aufmerksamkeit verdient die Methode der Auswertung verbaler Stellungnahmen. Ist das etwa eine erneute Version der Erlebnis- oder Selbstbeschreibung? Offenbar nicht, denn gemeint sind solche Stellungnahmen, die die Versuchsperson dem Versuchsleiter mitteilt und die er wie alle anderen (»objektiven«) Daten verwerten kann, z. B. die Stellungnahme »Jetzt sehe ich einen hellen und einen dunkleren Lichtfleck« als Hinweis dafür, daß ein Unterschied erkannt wurde. Der Unterschied zwischen den zulässigen verbalen Stellungnahmen und der Selbstbeobachtung liegt vor allem darin, daß im Watsonschen Fall Beobachter und Beobachteter nicht ein und dieselbe Person sind und daß das Beobachtungsdatum durch den Beobachter, nicht aber durch einen sich selbst Beobachtenden weiterbehandelt wird. Auch von Gefühlen u. ä. darf bei WATSON geredet werden. Nur sieht er sie anders an als ein »Mentalist«. Gefühle seien nichts anderes als komplexe und komplizierte Reaktions- bzw. Verhaltenskonstellationen (*behavioral patterns*) – so bei WATSON – die durch Konditionierung im Sinne des Pawlowschen Modells in der frühen Kindheit erworben, also gelernt wurden. Denken ist für ihn nichts anderes als eine Sprechgewohnheit (*laringeal habit*). Beim Denken treten registrierbare Muskelbewegungen auf und diese »sind« Denken. WATSON ist in seinen Vorstellungen von der Weiterentwicklung der Psychologie von strahlendem Optimismus: alles, was bisher nur erschließbare Vorgänge waren, wird mit zunehmender Verfeinerung der Meßmethoden und -apparate mehr und mehr explizit, d. h. außen sichtbar, dargestellt werden können.

WATSON, den Kritiker aus Zentraleuropa als Unglück in der Psychologieentwicklung ansahen, während ihm die meisten Zeitgenossen im eigenen Land zumindest respektvolle Aufmerksamkeit entgegenbrachten, hatte einen ungeheuren Einfluß auf den weiteren Gang der Entwicklung der Psychologie von einer eher spekulativen Auslegung des menschlichen Erlebens zu einer am Vorbild der Verhaltensforschung orientierten Erfahrungswissenschaft mit dem Anspruch, Regeln und Gesetze der Entstehung und Veränderung des von außen beobachtbaren Verhaltens im Zusammenhang mit den – ebenfalls von außen beobachtbaren – Bedingungen aufzustellen. Seine Nachfolger und Anhänger, darunter die Mehrzahl der modernen Lerntheoretiker (CLARK B. HULL; KENNETH W. SPENCE; EDWARD C. TOLMAN; BURRHUS F. SKINNER und viele andere) erarbeiteten unter Überwindung der strengen Fesseln WATSONS Methoden und Modelle der Verhaltenserfassung, die aus dem gegenwärtigen Panorama der Psychologie nicht wegzudenken sind. Von einer quasimoralischen Wirkung soll auch noch die Rede sein: Neuere psychologische Richtungen konnten ihre volle Eigenständigkeit und logisch einwandfreie Position erst in Abhebung von dem seinerzeit in den USA übermächtigen Behaviorismus erreichen. WATSONS empirische Arbeiten über kindliches Furchtverhalten und seine Löschung haben weltweite Bedeutung im Zusammenhang mit der Verhaltenstherapie gewonnen, sein Hang zur Entmystifikation vieler philosophischer Setzungen in der Psychologie hat eine Sondierung notwendiger und nicht notwendiger Voraussetzungen für die Wissenschaft vom Verhalten *und* Erleben zur Folge gehabt. Wie bei jedem dogmatisch verkündeten Programm schließlich liegt der wesentliche Effekt weit eher in den Anregungen zur Entwicklung von Gegenpositionen bzw. Verbesserungen als in den verkündeten Dogmen selbst.

Denken und Bewußtsein: Oswald Külpe und die Würzburger Schule. Man kann WATSON das Verdienst einräumen, den Verhaltensaspekt und seine Erforschung eingeleitet zu haben, und zwar nach dem Vorbild der Naturwissenschaft. Für die Erforschung des Denkens, der Sprache und der Willensphänomene gilt dies für die Würzburger Richtung und ihre Vorläufer, die sog. Aktpsychologen, deren wichtigster Vertreter und gleichzeitig einer der größten Systematiker seiner Zeit FRANZ BRENTANO (1838–1917) war. Sein Hauptwerk ›Psychologie vom empirischen Standpunkt‹ (2 Bde.) erschien 1874 und gehört heute noch zu den interessantesten historischen Quellen der Psychologie. Grundlagen der Analyse sind im Erleben aufweisbare Beziehungen zwischen den Akten (Wahrnehmen, Beurteilen und Fühlen) und den Inhalten oder Gegenständen, auf die sich die Akte beziehen, ein Gedanke, der auch den Funktionalisten der Chicagoer Schule nicht fernliegt. O. KÜLPE (1862–1915) und mit ihm K. BÜHLER (1879–1963), A. MESSER (1867–1937), K. MARBE (1869–1953), sowie N. K. ACH (1871–1946) und K. DUNKKER (1903–1940) gelten als die wichtigsten Vertreter der Würzburger Schule. Im Denken, so fanden diese Forscher, regieren nicht nur anschauliche Vorgänge, sondern auch unanschauliche, nämlich Bewußtseinslagen, Gedanken und bestimmte, auf ein Ziel gerichtete Willensimpulse oder Einstellungen, die ACH »determinierende Tendenzen« nannte. Die von dieser Forschergruppe bevorzugte Methode ist die des »Ausfrageexperimentes«, eine in Analogie zum Experiment möglichst unter kontrollierten Bedingungen ablaufende Selbstbeschreibung oder -beobachtung, die dem Versuchsleiter mitgeteilt wird. Hinzu treten Elemente der sog. »phänomenologischen Reduktion«, wie sie der Philosoph EDMUND HUSSERL (1859–1938), ein Schüler BRENTANOS, als Grundmethode der Analyse des Bewußtseinsfeldes und seiner Strukturmerkmale entwickelte.

Eine gewisse Sonderstellung nimmt KARL BÜHLER ein. Nach seiner ›Krise der Psychologie‹, einer klärenden Abhandlung über die Voraussetzungen der Assoziations-, Verhaltens- und Werkpsychologie, wandte er sich vor allem der Ausdrucks- und Sprachtheorie zu. Außerdem stand er in engem Kontakt zu den Gestaltpsychologen. Sein Werk im Rahmen der Würzburger Schule und seine späteren Arbeiten können als ein umfassender Versuch bezeichnet werden, die von DESCARTES ausgehende Bewußtseinspsychologie und Phänomenologie, und die von den empirischen Strukturalisten und Funktionalisten ausgehenden Ansätze rational gegeneinander abzuwägen.

Gestaltpsychologie: MAX WERTHEIMER (1880–1943), WOLFGANG

KÖHLER (1887–1967) und KURT KOFFKA (1886–1941) begründeten diese einflußreiche Richtung. Antike Vorstellungen von »Ganzheit« und »Gestalt« (morphé), phänomenologische Überlegungen (Aktpsychologie, Bewußtseinspsychologie) und physiologische Erklärungsversuche wurden zum Generalangriff auf etablierte Vorstellungen der Assoziations-, Elementen- und Reflexpsychologie (PAWLOW, WATSON) vereinigt. Einer der Ausgangspunkte war die Schrift ›Über Gestaltqualitäten‹ (1890) des Österreichers CHRISTIAN VON EHRENFELS. Übersummenhafte Gebilde (z. B. Melodien) lassen sich transponieren, ohne daß sie dabei ihre grundlegende Eigenschaft, nämlich die Gestaltqualität, verlieren. WERTHEIMER beobachtete, daß bei sukzessiver Darbietung einer senkrechten und einer waagrechten Linie dann, wenn sie sich im rechten Winkel berühren, der Eindruck einer umklappenden Senkrechten entsteht – also eine *Scheinbewegung*. Nicht die einzelnen Elemente, sondern das Ganze ist Bezugssystem der Wahrnehmung. Aus zahllosen Beobachtungen wurde der Schluß gezogen, daß Konfigurationen immer hinsichtlich ihrer ausgezeichneten Eigenschaften (Gestaltmerkmale, *Gestaltgesetze*) und nicht nach ihren elementaren Einzelheiten beurteilt werden. Die klassische Annahme der Psychophysik und Elementenpsychologie über die Entsprechung von Reizelement und Empfindungselement *(Konstanzannahme)* war damit weitgehend relativiert. Da erfahrene Relationen zwischen Reizen oder Gegenständen (z. B. kleiner : größer) auch auf neue Situationen übertragbar sind *(Transposition)* bzw. das Zueinander von Reizkonfigurationen Scheinbewegungen auslöst *(figurale Nachwirkungen)*, wurde *Isomorphie* (Gleichförmigkeit) von Wahrnehmung und Großhirnerregung angenommen. Diese Auffassung und die Annahme, das Nervensystem weise freie Ordnungstendenzen auf, die durch Konfigurationen aktiviert werden, gilt zwar heute als überholt, war aber für die damalige Zeit bahnbrechend. Neben den gestalthaften Zügen des Wahrnehmens entdeckte man ähnliche Tendenzen in Gedächtnis und Denken; KÖHLER meinte durch seine Schimpansenversuche gezeigt zu haben, daß Problemlösen auf Einsicht durch Umgestaltung der wahrgenommenen Feldbedingungen beruht. Lerntheorie und pädagogische Forschung bekamen dadurch Anstöße zu neuen, nichtmechanistischen Modellbildungen. WERTHEIMER, KÖHLER und KOFFKA mußten ihre Wirkungsstätten in Deutschland wie viele ihrer hervorragenden Zeitgenossen mit Beginn der Nazi-Ära verlassen und fanden in den USA ihre zweite Heimat.

FELIX KRUEGER (1874–1948) und seine Schüler (z. B. ALBERT WELLEK, 1904–1972) und Mitarbeiter (z. B. FRIEDRICH SANDER, 1889–1971, der letzte Assistent von WILHELM WUNDT) gingen bei ihren Überlegungen einen anderen, stärker an Philosophie und Metaphysik orientierten Weg. Gestalt galt ihnen als Sonderfall von Ganzheitlichkeit des menschlichen Erlebens und Denkens überhaupt; die Frage nach der Quelle der Einheit von Wahrnehmen, Fühlen, Denken und Persönlichkeit wird im Sinne DILTHEYS beantwortet: die sog. Struktur sei das (transphänomenale) Bezugssystem. Zwar wurden empirische Befunde berücksichtigt, doch stand eine Philosophie des menschlichen Seins als übergeordneter Gesichtspunkt zur Diskussion, wobei eine gewisse Nähe zu dem Ausdrucks- und Charakterphilosophen LUDWIG KLAGES (1872–1956) und anderen Adepten einer »verstehenden Psychologie« sowie zu den Werken an psychologischen Fragen interessierter Philosophen (z.B. MAX SCHELER) zu verzeichnen ist.

Feldtheorie: KURT LEWIN (1890–1947), ein Schüler WILLIAM STERNS, vereinigte die Gedankengänge der Gestaltpsychologie KOFFKAS und KÖHLERS mit Überlegungen der Persönlichkeits- und Sozialpsychologie zu einem Aussagesystem, das sich an der mathematischen Topologie orientiert. Das Verhalten des Individuums ist bestimmt durch die jeweilige Anordnung und Stärke von Kräften (Vektoren). Kräfte lassen sich im Lebensraum anordnen; dieser ist einschließlich der Erwartungen, Bedürfnisse und Handlungsvornahmen des Individuums das Feld von Wahrnehmen, Denken und Handeln. Jede Analyse des Verhaltens muß demnach mit der Analyse der *Situation* beginnen und die Merkmale der Feldgegebenheiten auf das Erleben beziehen. Aus diesem für die damalige Zeit völlig neuartigen Bezugssystem gingen wesentliche Anstöße für die Motivations-, Persönlichkeits- und Sozialpsychologie hervor, so z.B. Gruppendynamik und Umweltpsychologie.

Auch LEWIN mußte sein Institut in Deutschland verlassen und in die USA emigrieren. Sein enormer Einfluß auf die dortige Psychologie läßt sich an der Zahl der Mitarbeiter und der von ihm angeregten Arbeiten deutlich erkennen. Erst über die englischsprachigen Quellen gelangten wichtige Erkenntnisse LEWINS nach Europa in das deutschsprachige Gebiet zurück; eine seiner wichtigsten Arbeiten, die ›Grundzüge der topologischen Psychologie‹, liegt erst seit 1969 in Rückübersetzung vor. Dort und in allen anderen Beiträgen erkennt man den klaren, originellen und unspekulativen Forscher, dem seine Schüler in den USA anläßlich einer Schrift des Gedenkens den Ehrentitel eines »praktischen Theoretikers« verliehen.

William Sterns personalistische Psychologie der unitas multiplex: WILLIAM STERN (1871–1938) gilt als der Gründer der Persönlichkeitspsychologie. Er lehrte von 1916–1933 an der Universität Hamburg. Zu seinen Schülern zählt neben KURT LEWIN auch HEINZ WERNER (1890–1964), dem wir eine erste systematische Entwicklungspsychologie auf der Basis der vergleichenden Forschung verdanken. STERN mußte wie LEWIN und WERNER seine Heimat verlassen und vollendete seine ›Allgemeine Psychologie‹ in den Niederlanden. STERN sah die menschliche Welt als die der Personen an, die neutrale Einheiten in der Vielfalt darstellen. Am Kreuzungspunkt von Psychischem und Physischem steht immer die Person, ist STERNS Ausgangsposition. In seiner Konzeption wird ein entscheidender Versuch unternommen, verstehende und erklärende Gesichtspunkte zu vereinigen; die naturwissenschaftliche und die von DILTHEY proklamierte geisteswissenschaftliche Psychologie stellen für STERN keinen Widerspruch oder Gegensatz dar, da sie sich auf ein und denselben Gegenstand, den ganzen Menschen, beziehen. In der

Persönlichkeit konvergieren die Einflüsse der Umwelt und der Anlagen, daher ist sie eine unitas multiplex, eine Einheit aus vielerlei Elementen. Die Kontinuität des Erlebens vollzieht sich in der Persönlichkeit mit ihren konstanten und zielgerichteten Teilbereichen, den Eigenschaften. Diese werden in zwei Kategorien unterteilt, nämlich in *Richtungsdispositionen* und instrumentell verstandene Rüstungsdispositionen. Die Lehre von den Eigenschaften wurde insbesondere durch G.W. ALLPORT, einen weiteren Schüler STERNS, in den Vereinigten Staaten weiterentwickelt. STERNS Werk ›Differentielle Psychologie‹ und seine entwicklungspsychologischen Schriften gehören zu den einflußreichsten Quellen der Psychologie der Zwanziger- und Dreißigerjahre.

Psychoanalyse: Sigmund Freuds Revolution der Praxis. Die Hauptprobleme der beginnenden Psychologie – Untersuchungen des Wahrnehmens, Denkens, Lernens – konnten den Wiener Nervenarzt FREUD (1856–1939) nicht besonders interessieren, denn es ging ihm um die praktische Frage nach der Ursache solcher Verhaltensstörungen, die offenbar keinerlei Grundlage im Körperlichen haben. Wie kann man gesteigerte Anfälligkeit für Konflikte, unbegründet erscheinende Ängste, Schlaflosigkeit, Funktionsstörungen bei voller Funktionsfähigkeit der Körperorgane u.ä. nicht nur erklären, sondern auch heilen? Zunächst versuchte es FREUD mit der damals gerade in Mode gekommenen Hypnose. Es zeigte sich aber, daß man nicht alle Patienten in einen hypnotischen Zustand versetzen kann, der so tief ist, daß alle Schranken fallen und der Patient von den Ursachen seiner Störung zu reden bereit ist. Außerdem wies sich das Wissen von den subjektiven Störungsursachen nicht als wirksames Heilmittel aus. Freies Assoziieren und die Deutung von Trauminhalten dagegen erwiesen sich als gute Methoden, die Konflikte aufzudecken, die den Störungen zugrunde lagen, ins Unbewußte verlagert zu sein schienen und dort weiterwirkten. FREUD gewann u.a. die Einsicht, daß das sog. »rationale Verhalten« des Menschen z.T. durch unbewußte Eindrücke und Konfliktverarbeitung beeinflußt ist und daher eine höchstpersönliche Weise der Umweltorientierung darstellt. Er betonte die Rolle frühkindlicher Eindrücke und den Einfluß der durch kulturelle Normen geprägten Erziehung. Bei der Analyse des Zusammenhangs zwischen Trieben, Erleben und Verhalten stieß FREUD auf die zentrale Bedeutung der Sexualität und hob diese aus dem Bezirk eines kulturbedingten Tabus heraus. Ein Jahr vor seinem Tod mußte FREUD als Opfer des nationalsozialistischen Rassenwahns seine Heimatstadt Wien verlassen, um nach England zu emigrieren. Seine Lehren wurden in England und in den USA aufgenommen und weitergeführt. In Deutschland und Österreich setzte erst nach Kriegsende eine zunächst zögernde, dann verstärkte Rezeption seiner Gedanken ein. Die Psychoanalyse gilt in Medizin und Psychologie als eine der einflußreichsten Hilfsvorstellungen zur Erklärung von Erlebnis- und Verhaltensstörungen. Ihre Modellvorstellungen fanden Eingang in die empirische Entwicklungs-, Persönlichkeits- und Sozialpsychologie. Ähnliches gilt für die Weiterentwicklungen der sog. Neoanalyse und für

die von FREUD abweichenden Ansätze von ALFRED ADLER (1870–1937) und CARL GUSTAV JUNG (1875–1961). Bei einer Bewertung muß man bedenken, daß FREUD mit den Erkenntnismitteln und Methoden seiner Zeit versuchen mußte, bislang unerklärbare Phänomene kausalgenetisch zu analysieren.
Die von FREUD ausgehenden Ansätze, z. B. über *Abwehrmechanismen* oder die Signalfunktion der *Angst,* regten systematische Untersuchungen an und führten zu neuen, von den ursprünglichen Freudschen Hypothesen z. T. erheblich abweichenden Erkenntnissen. Die Erkenntnisse und Hypothesen FREUDS sowie die Art ihrer Publikation lassen sich nur im Kontext der damaligen Zeit und Forschungslage gerecht beurteilen. Es wäre ein Ding der Unmöglichkeit, heute die »reine Lehre« FREUDS als umfassende Grundlage der allgemeinen oder klinischen Psychologie und medizinischen Neurosenlehre heranzuziehen. Trotz aller Erkenntnisfortschritte in Psychologie und Medizin, beide Forschungswissenschaften mit dem Anspruch der beständigen Überprüfung und Revision ihres Erkenntnisstandes, ist der anregende Einfluß der Freudschen Ideen bis in unsere Tage unübersehbar.

Zur gegenwärtigen Psychologie

Die Überwindung der durch Schulen auferlegten Schranken vollzog sich in der Psychologie relativ undramatisch. In den anglo-amerikanischen Ländern, wohin sich das Schwergewicht psychologischer Forschung und Praxis aus politischen Gründen verlagerte, besteht kein großer Hang zu uneingeschränktem Festhalten an sog. Lehr- oder Schulmeinungen. Die zahlreichen Aufgaben und Probleme, mit denen der Psychologe in den verschiedenen Tätigkeitsfeldern konfrontiert wird, trugen dazu bei, enge und einseitige Positionen aufzugeben und nach der Brauchbarkeit von Methoden, Modellen und Theorien zu fragen. Anstelle von Überzeugungen traten die Kriterien der Bewährung, Einfachheit und Überprüfbarkeit. Neben den Wandlungen der angewandten psychologischen Teilgebiete (besonders Klinische Psychologie, Pädagogische Psychologie und Sozialpsychologie) fällt eine Neuorientierung der psychologischen Grundlagenforschung ins Gewicht. Die wachsende Durchdringung der psychologischen Forschung mit Erkenntnissen aus Biologie, Physiologie und experimenteller Medizin (z. B. Neurophysiologie) schaffte eine Neuorientierung, die für den relativ großen Bestand an faktischem Wissen, empirisch-rationalen Modellen, experimentellen Methoden und statistischen Auswertungsverfahren maßgeblich ist. Die Suche nach einer relativ kleinen Zahl von Theorien ging dabei über in die Suche nach überprüfbaren Modellen, die sich für die Erfassung, Erklärung und Vorhersage bestimmter Phänomenklassen und Zusammenhänge eignen. Das Land, von dem die ersten Anstöße zu einer experimentellen Psychologie ausgingen, nämlich Deutschland, blieb zunächst von dieser Entwicklung ausgeschlossen. Um so größer wurde der

Nachholbedarf überall dort, wo politischer Terror und Krieg zur wissenschaftlichen Isolierung geführt hatte.
Psychologie gilt heute als die Wissenschaft vom *Erleben, Verhalten* und *Handeln* des Menschen. Sie befaßt sich mit der Frage, *wie* und *warum* der Mensch bestimmte Gegenstände oder Situationen so und nicht anders wahrnimmt, über sie denkt, sie einschätzt, in ihrer Gegenwart oder bei ihrer Vorstellung fühlt, sich bestimmte Ziele setzt, plant, handelt, sich dabei an weiter zurückliegenden Erfahrungen orientiert oder aber völlig Neuartiges zuwege bringt. Die entsprechenden Vorgänge und Zustände nennt man *Wahrnehmen* bzw. *Erkennen, Bewertung, Einstellung, Emotion* bzw. *Gefühl, Motivation* bzw. *Motiv, Verhalten* bzw. *Handeln, Erinnern* bzw. *Gedächtnis* und *Lernen* sowie *Denken* bzw. *schöpferisches Denken* oder *Kreativität.* Alle diese Grundbegriffe der Psychologie sind nicht bloße Beschreibungen, sondern sie umfassen in der Regel theoretisch fundierte Erklärungsansätze, deren Gültigkeit fortlaufenden Überprüfungen unterzogen werden muß. Derartig umfassende Begriffe nennt man in der Wissenschaftssprache Konstruktionen oder *Konstrukte.*
Die psychologische Forschung bezieht sich einerseits auf das soziale, andererseits auf das biologisch-physiologische Bezugssystem des Erlebens und Verhaltens. Im ersten Fall handelt es sich um den Anteil, den andere Menschen, ihre Gegenwart, ihre Normen und Werte an der Entwicklung und am konkreten Handeln des Individuums oder von Gruppen haben. Im zweiten geht es um die psychophysiologische Natur des Erlebens und Verhaltens, d.h. ihre Einbettung in Organismusprozesse und ihrer Regulation durch das Nervensystem. Damit wird die Grenzstellung der Psychologie zwischen den Sozialwissenschaften und biologisch-medizinischen Wissenschaftsbereichen deutlich.
Wie jeder Erfahrungswissenschaftler ist auch der Psychologe gehalten, den Anspruch der von ihm verwendeten Methoden und Erklärungsansätze auf Allgemeingültigkeit beständig kritisch zu überprüfen. Für die Systematisierung des Erkenntnisstandes und seiner Überprüfung gelten die allgemeinen Regeln der naturwissenschaftlichen Erkenntnislehre und Wissenschaftstheorie. Die wichtigsten Methoden der psychologischen Forschung sind *Beobachtung, Beschreibung* und *Messung* im Vorfeld von *Experimenten, Feldexperimenten* und (in seltenen Fällen) *Felduntersuchungen.* Systematische Erkenntnisse über Beobachtung und Messung fließen in die *Eignungs-, Intelligenz-* und *Persönlichkeits-Tests* sowie in *Fragebogen-* und *projektive Verfahren* der psychologischen *Diagnostik* ein. In der auf den Einzelfall gerichteten *beratenden* und *klinischen Psychologie* ist der Methodenkanon um die Verfahren der *Anamnese, Exploration,* angewandten *Gesprächsführung* und *Intervention* (Psycho- und Verhaltenstherapie) erweitert.
Der Gegenstandsbereich der Psychologie ist heute umfangreicher als zur Zeit der psychologischen Schulen und der Watsonschen Verkündigung einer reinen Verhaltensanalyse. *Psychologie als Wissenschaft von dem Wie und Warum des Erlebens, Verhaltens bzw. Handelns unter Berücksichtigung der Konstanz, Variabilität und Entwicklung im Kontext biolo-*

gisch-physiologischer, sozialer bzw. kultureller Bedingungen und Wandlungen umfaßt alle Arten des Tätigwerdens, gleichgültig, ob spontan oder situationsabhängig, unwillkürlich oder willentlich, sprachlich-symbolisch, durch körperlichen Ausdruck oder in Form komplexer Handlungen ausgedrückt. Dabei gilt es, die Pläne, Denk- und Handlungsstrategien ebenso zu berücksichtigen wie die Erwartungen, Einstellungen und Orientierungsweisen, welche Erleben, Erkennen, Wünschen, Wollen, Können, Wissen und Handeln im Situationsbezug entscheidend beeinflussen. Der Mensch verfügt darüber hinaus über Planungs- und Verhaltensgewohnheiten, die sich auf der Matrix vererbter Möglichkeiten unter dem Einfluß von Entwicklungs- und Lebensbedingungen im Bereich von Familie, Schule, Berufsleben, gesellschaftlich-kulturellen Gruppen und ihren Normen herausbilden und in diesem Zusammenhang erforschbar sind (z.B. *Sozialisation*). *Erleben* stellt für die heutige Psychologie einen von Verhalten und Planen unabtrennbaren Aspekt dar. Jedes Verhalten geht einher mit Bedürfnissen, Bewertungen, Gefühlen, Stimmungen, Motivation, mehr oder weniger bewußten Bezügen zu Vergangenem und Zukünftigem, Einschätzungen der Risiken einer geplanten Handlung; es ist von ihnen mitbestimmt. Dabei vollziehen sich mehr oder weniger spezifische Veränderungen, die durch Beobachtung von außen, gleichzeitige Messung von Körpervorgängen und unter Zuhilfenahme von systematischen Selbstbeobachtungen erfaßt werden.

Allgemeine Psychologie ist das größte Teilgebiet der Psychologie. Man untersucht hier Beziehungen zwischen inneren und äußeren Bedingungen von Verhalten und Erleben als allgemeine Gesetze oder Regelhaftigkeiten unter Absehen von ihrer Entwicklung und individuellen Eigenart. Die entscheidenden Variablen sind Reize, Situationsmerkmale einerseits, Organismuszustände oder -veränderungen und Reaktions- oder Verhaltensänderungen andererseits. Dieses Bezugssystem nennt man auch S-O-R (Reiz-Organismus-Reaktion). Teilbereiche sind *Wahrnehmungsforschung* einschließlich *Psychophysik, Denk-, Motivations-* einschließlich *Aktivationsforschung* und *Gedächtnis-* und *Lernforschung*.

Persönlichkeitsforschung oder *differentielle Psychologie* betont die Bedingungen und Ausdrucksformen individueller Eigenarten von Verhalten und Erleben und steht in enger Verbindung mit Grundfragen der psychologischen *Diagnostik* und *Entwicklungspsychologie*. Beschreibt man die individuellen Unterschiede in einzelnen Funktionsbereichen (z.B. Stile des Wahrnehmens oder Erkennens), so ist dies ein differentieller Ansatz; beschreibt man dagegen individuelle Eigenarten unter Bezugnahme auf ein zentrales Steuerungs- oder Wirksystem, so nennt man dies einen strukturellen Ansatz (Persönlichkeitspsychologie im engeren Sinne).

Entwicklungspsychologie ist die in größter Nähe zu *differentieller, Sozial- und Pädagogischer Psychologie* betriebene Analyse der Genese bestimmter Verhaltens- und Erlebnisklassen in Beziehung zu Reifung,

Wachstum und sozio-kulturellen Umgebungsmerkmalen. In der *Pädagogischen Psychologie* geschieht dies unter besonderer Hervorhebung der Erziehungs-, Lehr- und Lernproblematik.
Die *Sozialpsychologie* (früher *Völkerpsychologie*) befaßt sich insbesondere mit den Beziehungen zwischen Gruppen und Gruppennormen, Institutionen, sozio-kulturellen und sozio-ökonomischen Bedingungen einerseits und den Wirkungen auf individuelles Verhalten und Erleben andererseits. Ihre Hauptgebiete sind *Einstellungs-* und *Vorurteilsforschung, Sozialisations-, Kommunikations-* und *Massenkommunikationsforschung, Gruppendynamik* und *soziale Bedingungen* der *zwischenmenschlichen Wahrnehmung, Entscheidung* und *Konfliktbereinigung.* In ihr laufen Erkenntnisse aller oben genannten Gebiete zusammen; gleichzeitig markiert sie die Grenzstellung zwischen Psychologie, Ethnologie und Soziologie.
Angewandte Psychologie ist der Sammelname für *Arbeits-* und *Berufs-, beratende* und *klinische Psychologie* in den verschiedensten Anwendungsbereichen von Forschung, Praxis, Industrie und Verwaltung. Besondere Schwerpunkte sind heute *Erziehungs-* und *Erwachsenenberatung, medizinische* und *klinische Psychologie* (einschließlich *Psycho-* und *Verhaltenstherapien*), *Berufs- und Organisationsberatung (Organisationspsychologie), Berufs- und Eignungsdiagnostik* und die *forensische Psychologie* (z.B. Strafvollzug).
Die *Psychologische Diagnostik* schließlich spielt in allen Teilbereichen eine große Rolle. In ihrem Rahmen erfolgen *Testentwicklung* und *-konstruktion* unter Anwendung von Regeln der (mathematischen) *Testtheorie* und anderer Überlegungen (z.B. bei projektiven Tests). Man unterscheidet hier zwischen metrischen und nicht-metrischen Verfahren und in diesen Gruppen wieder zwischen *Persönlichkeits-, Leistungs-* und *Intelligenztests* (einschließlich Begabungstests).
Die einzelnen Teilbereiche der wissenschaftlichen Psychologie durchdringen einander. Besonders deutlich wird dies, wenn man die Rolle der *allgemeinpsychologischen,* vorwiegend *experimentellen Grundlagenforschung* für die Weiterentwicklung angewandter Gebiete (z.B. Pädagogische Psychologie, Klinische Psychologie, Arbeitspsychologie etc.) betrachtet.
Psychologie ist eine selbständige, mit Biologie, Physiologie und Medizin nahe verwandte Wissenschaft, deren Begrifflichkeit noch Spuren philosophisch-anthropologischer Vergangenheit aufweist. Von ihrer Arbeitsweise her ist sie vorwiegend naturwissenschaftlich orientiert. Sie ist keine Philosophie vom Wesen des Menschen oder der Gesellschaft, sie ist dagegen eine Erfahrungswissenschaft, die sich mit Verhalten und Erleben des Lebewesens befaßt, dessen Nervensystem mit einiger Wahrscheinlichkeit die höchste Organisationsstufe aufweist. Psychologie ist eine Forschungswissenschaft und kennt daher keine unabänderlichen und ewigen Wahrheiten; ihr Wahrheitsbegriff ist auf Bewährung, Untersuchung und Analyse begründet und ihre Erkenntnisse besitzen überprüfbare Wahrscheinlichkeiten.

Wie wird man Psychologe?

Mitmenschen, die in Gesellschaft etwas über den »Menschen schlechthin« zum besten oder aber mehr oder weniger plausible Erklärungen über die möglichen Beweggründe des Handelns oder über den Charakter eines Freundes, eines Bekannten oder einer Gruppe von Menschen von sich geben, gelten oft als »Psychologen«. Sie berufen sich auf ihre Lebens- oder Berufserfahrung, oder sie sagen einfach von sich, sie hätten den gewissen »Blick«. Ohne die Gefühle des angesprochenen Personenkreises verletzen zu wollen, müßten wir diesen Mitmenschen entgegenhalten, daß unter Umständen der »Blick« durch persönliche Erfahrungen oder Bewertungsmaßstäbe getrübt sein könnte und daß man wohl kaum auf die Ergebnisse einer wissenschaftlichen Disziplin dann verzichten sollte, wenn man den anderen Menschen beurteilen und ihm helfen will.

Die Ausübung des Berufes eines Psychologen (der Titel ist inzwischen in der Bundesrepublik Deutschland gesetzlich geschützt) ist an ein in der Regel mindestens acht Semester umfassendes Studium im Hauptfach Psychologie an einer Universität oder (Technischen) Hochschule gebunden, welche den entsprechenden Studiengang aufweist. Der akademische Abschluß und Berufsbefähigungsnachweis wird in Deutschland durch die *Diplomprüfung* erlangt; der entsprechende akademische Titel lautet *Diplom-Psychologe.*

In anderen Ländern gilt der Erwerb einer Lizenz (z. B. Schweiz) bzw. das Magisterexamen im Hauptfach Psychologie (M. A.), vereinzelt auch die Promotion im Hauptfach Psychologie als entsprechender Abschluß. Bei Studienabschlüssen im Ausland entscheidet eine der Ständigen Konferenz der Kultusminister in Bonn untergeordnete Dienststelle über die Anerkennung als Äquivalent.

Das Studium der Psychologie mit Diplom-Abschluß vollzieht sich in zwei Abschnitten. Die Grundausbildung umfaßt die Fächer *Allgemeine Psychologie* I (Wahrnehmen, Denken, Sprache) und II (Lernen, Gedächtnis, Motivation, Emotion), *Persönlichkeits-* bzw. *Differentielle Psychologie, Entwicklungspsychologie, Sozialpsychologie, Methodenlehre* einschl. *Statistik* und *physiologische Psychologie* bzw. *Psychophysiologie* oder *Biologie* und *Physiologie* in den für Psychologen relevanten Ausschnitten. In den o. g. Fächern müssen nach Ablauf von mindestens vier Semestern mündliche oder schriftliche Prüfungen abgelegt werden, um die *Diplom-Vorprüfung* abzuschließen; diese stellt keinen Studienabschluß dar, sondern bildet die Voraussetzungen für den Eintritt in den zweiten Studienabschnitt. Dort sind Ausbildungs- und Prüfungsschwerpunkte die Fächer *Arbeits-, Betriebs-* und *Organisationspsychologie* (Angewandte Psychologie), *Pädagogische Psychologie, Klinische Psychologie, Diagnostik und Intervention, Evaluation und Forschungsmethodik,* ein *Wahlpflichtfach* zur *forschungsorientierten Vertiefung* und ein *nichtpsychologisches Wahlpflichtfach* (z. B. Psychopathologie); letzteres wird durch örtliche Prüfungsordnungen geregelt. Darüber hinaus müssen vor Eintritt in die *Diplom-Prüfung* Außenpraktika in verschiedenen Tätigkeitsbereichen unter Aufsicht von Diplom-Psychologen nachgewiesen werden. Zu den Prüfungsfächern gehört in der Regel eine *Fall-Gutachten-Klausur,* wo die Kenntnisse in der psychologischen Diagnostik unter Beweis gestellt werden müssen. Hinzu kommt eine *Diplom-Arbeit,* d.h. eine selbständig erstellte wissenschaftliche Arbeit in einem umschriebenen Untersuchungsbereich. Der zweite Studienabschnitt dauert mindestens 4 Semester. Studierende, welche eine weitere Qualifikation durch Promotion erwerben wollen, können sich erst nach Abschluß der Diplom-Prüfung um ein Thema bewerben. Die Promotion ist in der Regel dem wissenschaftlichen Nachwuchs vorbehalten. Psychologen erlangen entweder den Dr. phil. oder den Dr. rer.nat.; die Promotion ist an eine umfassende wissenschaftliche Untersuchung (Doktorarbeit), an das Studium in zwei Nebenfächern (durch örtliche Promotionsordnungen geregelt) und die entsprechenden mündlichen Prüfungen gebunden. An manchen Ausbildungsstätten werden eigene Studiengänge für graduierte Studenten in speziellen Ausbildungsbereichen angeboten.

Darüber hinaus gibt es Fortbildungsmöglichkeiten in den verschiedenen Spezialgebieten der Angewandten, Klinischen und Pädagogischen Psychologie.

In Deutschland nimmt der *Berufsverband Deutscher Psychologen* (BDP) die Interessen diplomierter Psychologen wahr und erteilt Auskünfte. Die in Forschung und Lehre tätigen Psychologen gehören der *Deutschen Gesellschaft für Psychologie* an, welche mit dem BDP kooperiert. Die internationalen Beziehungen pflegt die *International Union of Psychological Science.* Entsprechende Organisationen gibt es in allen Ländern, in denen Psychologen ausgebildet werden und in verschiedenen Berufsfeldern tätig sind.

Neben der Tätigkeit in Lehre und Forschung an den Universitäten und Hochschulen arbeiten Diplom-Psychologen in den folgenden speziellen Fachgebieten:

Forensische Psychologie: Gutachtertätigkeit über Glaubwürdigkeit von Zeugen, Schuldfähigkeit; Gutachten in Familienrechtsangelegenheiten (z.B. Sorgerecht); Gefangenen- und Gefängnispsychologie; Rehabilitation von Straffälligen.

Arbeits-, Betriebs- und Organisationspsychologie: Personalwesen, Arbeitsplatz-Belastungs- und Unfallforschung, Human engineering, Erforschung der Bedingungen der Zusammenarbeit, Berufsberatung u.ä.

Klinische Psychologie: Tätigkeit an psychiatrischen oder medizinischen Kliniken, interdisziplinäre Forschungsprojekte, Erziehungsberatung, Erwachsenenberatung und Therapie.

Markt- und Meinungsforschung: Analyse der Bedarfslage, Werbemittelanalyse; Untersuchung der Meinungsverteilung an Stichproben u.a.

Pädagogische Psychologie: Schulpsychologische Beratung, Ermittlung der Schulreife, Erforschung der Bedingungen des Lernens und Lehrens, programmierter Unterricht u.ä.

Verkehrspsychologie: Fahrtauglichkeits- und Unfallursachenuntersuchungen.
Fast alle diese Tätigkeiten setzen neben den praktischen Fertigkeiten der Testanwendung auch theoretisch-systematische Kenntnisse voraus, denn sie sind meist eine Kombination von Beratung und Forschungstätigkeit. Nicht erwähnt wurden alle jene Forschungsprojekte, die interdisziplinär betrieben werden, z. B. die für Industrie und andere Zweige bedeutenden Untersuchungen über Ermüdbarkeit und Belastbarkeit des Menschen, die zum Teil in eigenen Forschungsstätten (z. B. Max-Planck-Institute) oder Forschungslabors der Industrie u. ä. betrieben werden.
Zu den einzelnen Teilgebieten der Psychologie erscheinen jährlich zahlreiche einführende Texte und Monographien, auf die hier im einzelnen nicht hingewiesen werden kann. Einige Klassiker unter den Lehrbüchern und einführenden Texten sind in der Bibliographie am Ende dieses Wörterbuchs enthalten.
Darüber hinaus werden die wichtigsten Ergebnisse der Psychologie in periodisch wiederkehrenden Sachstandberichten zusammenfassend im Rahmen der ›Annual Review of Psychology‹ dargestellt. Laufende Informationen über neuere Beiträge finden sich in den ›Psychological Abstracts‹ und ›Current Contents‹. Auf u. E. wichtige Werke und Artikel wurde im Anschluß an die einzelnen Hauptstichwörter hingewiesen. In diesem Zusammenhang sei erwähnt, daß sich die internationalen Gremien der wissenschaftlichen Psychologie auf das Englische als Geschäftssprache geeinigt haben. Darüber hinaus sind die meisten Informationsquellen in englischer Sprache abgefaßt; liegen Übersetzungen ins Deutsche vor, so sind Qualität und Verständlichkeit oftmals herabgesetzt, wenn man sie mit dem Original vergleicht. Ich habe es deshalb vorgezogen, vorwiegend auf Originalia zu verweisen. Vollständige Literaturzusammenstellungen finden sich in Lehrbüchern, den diversen Handbüchern der Psychologie und in Monographien zu den einzelnen Spezialthemen.

AAM →*Auslöser.*

AAS →*Adaptationssyndrom.*

Abasie *(abasia).* Bezeichnung für neurosebedingte Gehunfähigkeit; die A. geht weder auf Hirn- oder Nervenläsion noch auf Verletzungen im Muskelbereich zurück.

ABB →*Arbeitsanalyse, -beschreibung.*

Abbau *(deterioration).* Sinken der körperl. und intellektuellen Leistungsfähigkeit als Folge des Alterns oder schwerer Erkrankungen.

Abbau-Index, Zerfall-Index *(deterioration index).* Maß für den Abbau der Intelligenz, das auf Vergleich der Testleistungen in altersabhängigen und -unabhängigen Untertests beruht.

Abbildung *(mapping, to map out, depiction).*
[1] *Geometrische Optik, Darstellende Geometrie:* Herstellung eines Bildes durch (a) Projektion des von der Objektoberfläche ausgehenden Lichtes auf eine Fläche (z. B. Spiegelung, Netzhautbild, Foto) oder durch (b) die mehr oder weniger Punkt-für-Punkt-getreue Wiedergabe des Objektumrisses in einem Flächen-Koordinaten-System (z. B. Auf- und Grundriß).
[2] *Mathematik:* Operationen der Zuordnung von Elementen einer Menge (Objekt- oder Urmenge) zu Elementen einer anderen (Bildmenge), z. B. die A. von Größenverhältnissen auf einer entsprechenden Skala. Auch für die Zuordnung innerhalb derselben Menge gebraucht, z. B. die Zusammenfassung von Meßdaten in Klassen.
[3] Der engl. Begriff →*mapping* hat in der *Kognitionspsychologie* eine abweichende Bedeutung; er bezieht sich auf die Einprägung und Wiederverwendung von Reiz- bzw. Reizmerkmalbeziehungen im Sinne von Such- und Entscheidungsstrategien.

Abbildungs-Retina-Bewegungs-System →*Bewegungssehen.*

Aberglaube, abergläubisches Verhalten *(superstition; superstitious behavior).* Bezeichnung für die Annahme nicht existenter bzw. den allgemeinen Erkenntnissen oder Überzeugungen widersprechender Zusammenhänge. SKINNER bezeichnet mit A. ein Verhalten, das durch wiederholte Verstärkung bestimmter Bewegungen geprägt ist, keinerlei instrumentelle Bedeutung für die Erlangung der Verstärkung besitzt und dennoch schwer gelöscht werden kann. Verstärkt man z. B. durch Futtergaben eine Taube wiederholt dann, wenn sie sich die Flügelfedern putzt, so führt sie nach einiger Zeit dieselben Bewegungen mit Blick auf den Futternapf aus, als erwarte sie, auf diese Weise Futter zu erlangen. Auf derartigen Verstärkungsstrategien baut die von SKINNER sog. →*Verhaltensformung* auf.

Aberration *(aberration).*
[1] Stärkere Brechung von Lichtstrahlen am Rande einer Linse im Vergleich zum Zentrum; führt zu Brennpunktverschiebungen.
[2] *Chromatische A. (chromatic aberration):* Kurzwelliges Licht bildet im Vergleich zu langwelligem bei Durchgang durch Sammellinsen (z. B. im menschl. Auge) den Brennpunkt weiter vorn. Dadurch entstehen je nach Abstand Farbstreuungen.
[3] *A. der Chromosomen, Chromosomenanomalie:* Durch Genüberschuß oder -verlust bedingte somatische und psychische Störungen.
[4] *A. der Netzhautbilder:* Auch bei optimaler *Akkommodation* kann bei Krümmungsunregelmäßigkeiten der Hornhaut oder bei Veränderungen des Augendurchmessers (Kurz- und Weitsichtigkeit) kein scharfes Netzhautbild entstehen. Innerhalb bestimmter Grenzen wird die Unschärfe durch *Kontrastwirkungen* kompensiert.

abgeleiteter Score →*Score.*

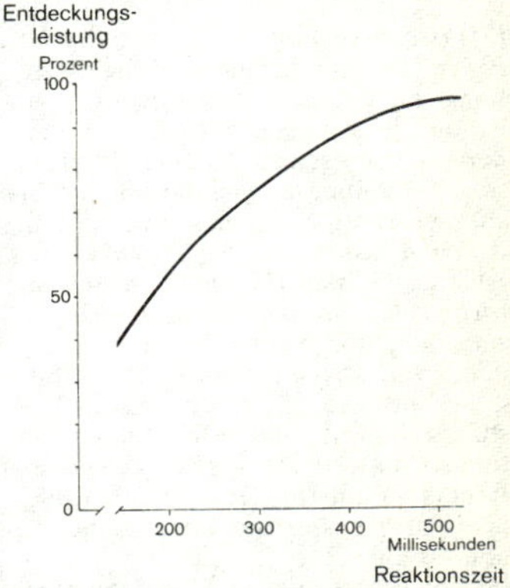

Abgleich oder Tradeoff-Funktion der idealisierten Beziehung zwischen Entdekkungsleistung und Reaktionszeit. Rasche Reaktionen entsprechen unterdurchschnittlichen, langsame überdurchschnittlichen Trefferzahlen.

Abgleichfunktion, Tradeoff-Funktion *(tradeoff function)*. Bezeichnung für Beziehungen zwischen zwei oder mehreren Variablen, deren Ausprägungsgrad einem gegenseitigen Ausgleich unterliegt. Vergleicht man z. B. unter komplexen Signalbedingungen, welche eine Entscheidung erforderlich machen, *Reaktionszeiten* und *Entdeckungsleistungen* (Trefferzahlen), so erhält man als Ergebnis eine A. (vgl. Abb.), welche anzeigt, daß kurze Reaktionszeiten auf Kosten der Genauigkeit und genaue Reaktionen auf Kosten längerer Entscheidungszeiten zustande kommen.

Abhängigkeit *(dependency)*.
[1] *Klinische Psychologie, Psychiatrie:* (a) Fortgesetzter gewohnheitsmäßiger Konsum bestimmter Genußmittel (→*Alkoholismus*), Medikamente oder Drogen (→*Drogenabhängigkeit*) aufgrund eines unwiderstehlichen körperlichen und/oder psychischen Bedürfnisses. Der Begriff A. ersetzt in dieser allgemeinen Bedeutung, die aus dem englischen Sprachgebrauch übernommen wurde, den älteren, diskriminierend wirkenden Begriff →*Sucht [1a]*. (b) In engerer Bedeutung gewohnheitsmäßiger Konsum von Genußmitteln oder Drogen aufgrund eines psychischen Bedürfnisses, im Unterschied zur →*Sucht [1b]* als einem durch fortgesetzten Konsum entstandenen körperlichen Bedürfnis.
[2] *Sozialpsychologie, Klinische Psychologie:* (a) Zwischenmenschliche Beziehung, die durch die Erwartung geprägt ist, auf die Anwesenheit oder Hilfe anderer angewiesen zu sein, um die eigene soziale Stellung zu wahren oder in Sicherheit leben zu können. Syn.: *soziale Abhängigkeit (social dependency)*. (b) Als *dependente Persönlichkeitsstörung (dependent personality disorder)* Bezeichnung für die häufig bei →*Angst* oder →*affektiven Störungen* in Verbindung mit Zweifel an der eigenen Leistungsfähigkeit und Mißerfolgserwartungen auftretende Unfähigkeit, selbständig zu entscheiden und daher alles dem Partner oder anderen Personen zu überlassen.
[3] *Logik, Statistik:* (a) A. ist dann gegeben, wenn eine Erscheinung nur in Gegenwart oder Gefolge einer oder mehrerer anderer auftritt *(kausale A.,* →*Kausalität)*, (b) wenn die Ausprägungsgrade eines variablen Merkmals (z. B. Leistungen als *abhängige* →*Variablen*) unter definierten Variationen oder Variationskombinationen der Bedingungen *(unabhängige* →*Variablen)* beobachtet werden, (c) wenn wechselseitige Beziehungen zwischen einzelnen variablen Merkmalen bestehen *(wechselseitige A., Interdependenz, Interaktion)* oder (d) wenn eine Stichprobe im Hinblick auf das Vorhandensein bestimmter Merkmale gezogen wird *(abhängige* →*Stichprobe;* Gegensatz: *Zufallsstichprobe)*.

Ablehnungsbereich →*Assimilations-Kontrast-Theorie.*

Ablösung *(detachment)*. Bezeichnung für die im Verlauf der individuellen Entwicklung schrittweise vollzogenen Lösung von Bindungen an die elterliche Autorität bzw. an die Denk- und Verhaltensnormen älterer Menschen. A. zeigt sich besonders deutlich in der →*Adoleszenz* in Form mehr oder weniger offener Anzeichen kritischer Distanz. A. gilt als entscheidende Voraussetzung für die soziale Reife und Persönlichkeitsentwicklung, selbständig in der Erwachsenenwelt bestehen und wirken zu können. In der Deutung FREUDS ist die A. im Verlauf der Entwicklung, aber auch bei der Auflösung der sog. →*Übertragung,* für die unabhängige, von infantilen Triebbefriedigungsansprüchen weitgehend freie Entfaltung selbständiger Erlebnis- und Verhaltensweisen des gesunden Erwachsenen maßgeblich; im weiteren Sinne ist A. aus dieser Sichtweise die entscheidende Voraussetzung für die gesellschaftliche und kulturelle Entwicklung.
→*Bindung,* →*Jugendalter,* →*Übertragung.*

Abney-Effekt *(Abney effect)*, auch **Bezold-Abney Phänomen** *(Bezold-Abney phenomenon)*. Bei zunehmender Leuchtdichte und damit verbundener Reduktion der Farbsättigung erscheinen im fovealen Bereich Rot- und Grüntöne gelblich, Blau-grün und Violett dagegen gehen in Blau über. Der gleiche Effekt zeigt sich bei einer Verkleinerung des gereizten Netzhautareals. ABNEY erklärt den Effekt durch die im fovealen Bereich geltende Summierung der verschiedenen Leuchtdichtekomponenten. Diese zeigt sich auch bei unvermittelten Aufhellungen in Form des →*Gamma-Phänomens.*

abnorm, abnormal *(abnormal)*.
[1] *Allgemein:* Bezeichnung für Erscheinungen, die von einer Norm deutlich

abweichen. Was Norm einer bestimmten Klasse von Erscheinungen ist, wird entweder statistisch (z.B. durch den Durchschnittswert), durch Regelungen (z.B. technische Normen), durch sozialen Konsens oder durch Gewohnheit und Vertrautheit bestimmt.

[2] *Klinische Psychologie, Psychopathologie, Psychiatrie:* (a) Als *abnormes Erleben* bzw. *abnormes Verhalten* werden Erlebnis- und Verhaltensweisen bezeichnet, die hinsichtlich ihrer Qualität und/oder Intensität von normalen, d.h. durch sozial-kulturellen Konsens festgelegten und/oder für den Außenstehenden unmittelbar verstehbaren Erlebnis- und Verhaltensäußerungen deutlich abweichen. Heute werden diese durchgängig unter dem Begriff der →*Störung* zusammengefaßt. Für die systematische Beschäftigung mit abnormen Erlebnis- und Verhaltensweisen des Menschen, die als Teilgebiet der →*Klinischen Psychologie* gilt, wurde im Englischen der Begriff *Abnormal Psychology* (etwa gleichbedeutend mit →*Psychopathologie*) eingeführt. (b) Die Bezeichnung *abnorme Persönlichkeit (abnormal personality; psychopathic personality)* wurde von K. SCHNEIDER als Oberbegriff für Persönlichkeitsstörungen vom Typus der →*Psychopathie* (»Charakterstörung«) eingeführt. Die abnorme Persönlichkeit zeichnet sich durch eine mehr oder weniger dramatische Exzentrizität des Verhaltens aus, durch welche die Betroffenen und/oder ihre Umgebung leiden. Zu ihren Äußerungsformen zählen z.B. überhöhte Affektlabilität, Antriebslosigkeit, Empfindsamkeit, Geltungsbedürfnis, Selbstunsicherheit, Niedergeschlagenheit. Im *DSM III-R* sind diese Störungen unter dem Oberbegriff →*Persönlichkeitsstörung* subsumiert.

Abreaktion *(abreaction)*. Psychoanalytische Bezeichnung für Entladungen aufgestauter Affekte, hervorgerufen durch unwissentliche Reproduktion unverarbeiteter Erlebnisinhalte.

absolut *(absolute)*.

[1] unabhängig, Gegensatz: relativ.

[2] *absolutes Gehör (absolute pitch):* Fähigkeit, die Höhe eines Tones ohne Vergleichston auf der Tonskala zu lokalisieren und/oder bei Nennung der Tonhöhenbezeichnung den Ton zu singen.

[3] *absolute Urteilsabgabe:* Die Einschätzung einer Reizintensität ohne Vergleichsreiz.

[4] *absolute Schwelle* →*Schwelle*, →*Psychophysik*.

[5] *absoluter Wert:* Betrachtung oder Verrechnung eines Maßes, wobei alle negativen Vorzeichen positiv behandelt werden. Kennzeichnung durch senkrechte Striche. Ist $X_1 = -5$ und $X_2 = 5$, so wäre die algebraische Summe $\Sigma X_i = (-5) + (+5) = 0$; $\Sigma \mid X_i \mid$ dagegen ist 10.

abstrakt. Bezeichnung für solche Eigenschaften oder Aspekte eines Gegenstandes oder Vorganges, die losgelöst von dem Ganzen, dem sie zugehören, betrachtet werden können. Den Denkprozeß, mit dem diese Eigenschaften oder Aspekte gewonnen werden, nennt man Abstrahieren, sein Ergebnis Abstraktion. Bei Zusammensetzungen (z.B. »abstrakte Vorstellungen«, »abstraktes Denken« oder »abstrakte Intelligenz«) meist als Bezeichnung für verschiedene, abgehobene Phasen der betreffenden Tätigkeit verwendet. *Abstraktionsexperiment* ist eine aus dem Englischen stammende Bezeichnung all jener Aufgabenstellungen bei denen es darauf ankommt, verbal oder durch entsprechendes Handeln auf Gemeinsamkeiten von seriell dargebotenen Gegenständen oder Situationsdarstellungen zu reagieren.

Abstraktion *(abstraction)*. Bezeichnung für den Vorgang und das Ergebnis des Auswählens oder isolierenden Herauslösens eines ganz bestimmten Aspektes eines komplexeren Sachverhaltes zum Zwecke der vereinfachten Bewertung, Klassifizierung oder der Kommunikation. Während bei der *Analyse* alle möglichen Teilaspekte durch zerlegende Betrachtung gewonnen werden, bezieht sich die A. immer auf den Vorgang der Isolierung eines einzigen Aspektes. *Begriffe* tragen z.B. die Kennzeichen eines Abstraktionsvorganges. In negativer Bedeutung auch Bezeichnung für Vorstellungen oder Aussagen, die mit dem konkreten Sachverhalt keine erkennbare Verbindung aufweisen. →*Generalisierung*.

Abstraktionsexperiment →*abstrakt*.

Absuche *(search)*. Bezeichnung für Prozesse der Informationsverarbeitung und -nutzung, die der Entscheidung dienen, ob (a) ein soeben dargebotener Reiz mit einem derjenigen übereinstimmt, die kurz vorher dargeboten worden waren *(Gedächtnis-Absuche; memory search)* bzw. ob (b) einer von mehreren dargebotenen Reizen mit demjenigen übereinstimmt, der kurz vorher zu erkennen war *(Absuche des Wahrnehmungsfeldes; visual search)*. Aus seinen ersten Untersuchungen zur (Kurzzeit-) Gedächtnisabsuche schließt STERNBERG, daß die Hinzufügung eines Reizes zum Ausgangsmaterial (max. 6 Reize) die Entscheidungszeit um ca. 40 msec verlängert; entsprechendes gilt auch für die Absuche des Wahrnehmungsfeldes. Verfügt der Beobachter dagegen über Such- und Entscheidungsstrategien, so ist der Zeitaufwand aufgrund von *Mapping-Prozessen* geringer.

LIT. STERNBERG (1975); SHIFFRIN, SCHNEIDER (1977); SCHNEIDER, SHIFFRIN (1977).

Abulie *(abulia)*. Die meist krankheitsbedingte Unfähigkeit zu Willenshandlungen. Manchmal auch Bezeichnung für einen Zustand aktueller, relativer *Antriebsschwäche*.

Abwehr *(defense)*.

[1] *A.-Reaktion, Defensivreaktion (defense reaction):* Verhaltensweise, die darauf abzielt, den Einfluß von Gefahren- oder Bedrohungsquellen zu lindern, z. B. ihre Wirkung durch protektive Maßnahmen einzudämmen, sich durch Flucht zu entziehen oder sie aktiv zu bekämpfen.

[2] *A.- oder Defensiv-Reflex, DR (defense reflex):* Von PAWLOW eingeführte Bezeichnung für die unmittelbare Reaktion höherer Tiere und des Menschen auf intensive Reize. Im Unterschied zur *→Orientierungsreaktion* geht der DR neben der Anbahnung von Schutz- und Abwendungsbewegungen mit Erhöhungen der Herzrate (HR-Akzeleration) einher; bei wiederholter Darbietung des Reizes überwiegen die Anzeichen anhaltender Sensitivierung gegenüber jenen der *→Habituation.*

[3] *Psychische A. (psychical defense; psychological defense):* Von FREUD eingeführte Bezeichnung für unbewußte psychische Prozesse, die sich in vielerlei Erlebnis- und Verhaltensweisen, auch in Fehlleistungen und Träumen äußern können und auf eine Erleichterung im Umgang mit subjektiv bedrohlichen Situationen im Vorfeld konfliktreicher bewußter Auseinandersetzungen hindeuten. Das Konzept der psychischen A. beruht auf der von FREUD und HARTMANN formulierten zentralen Annahme der Psychoanalyse, das »Ich« verfüge über »hypothetische mentale Apparate«, die unbewußte Reaktionsprozesse einleiten, wenn »innere Gefahren« die Schwelle des Bewußtseins erreichen und damit Konflikte auslösen könnten. Das »Ich« als Regelungsinstanz zwischen Realitäts- und Triebansprüchen schütze sich vor den inneren Gefahren nicht konfliktfrei bewältigbarer Realitätsanforderungen, übermächtiger Triebansprüche und/oder Zensurforderungen des »Überich« durch die unbewußte Mobilisierung die Bedrohung verdeckender oder ihr ausweichender Gefühle, Gedanken und/oder Verhaltensweisen. Ineffektive A.-Mobilisierungen und die damit frei werdenden bzw. zusätzlich geschaffenen Konflikte gelten u. a. als Ursachen von *→Neurosen.*

[4] *Immun-A.: →Immunsystem.*

Abwehrmechanismen *(defense mechanisms; ego defenses; defense strategies)*.

[1] Mit dem Innewerden psychischer Bedrohung unwillkürlich auftretende Muster von Gefühlen, Vorstellungen und Verhaltenstendenzen, die – für den Betroffenen weitgehend unbemerkt – Konflikte bzw. Befürchtungen verdekken oder den Umgang mit ihnen subjektiv erleichtern, ohne damit notwendigerweise eine diese bewältigende Neuanpassung zu erreichen. (a) Der Begriff A. wurde ursprünglich von ANNA FREUD in enger Anlehnung an S. FREUD eingeführt, um unbewußte Strategien der *psychischen Abwehr* zu kennzeichnen, die sich im Verlauf der persönlichen Entwicklung herausbilden, verfestigen und schließlich zum individuellen Repertoire des Erwachsenen im Umgang mit unangenehmen bedrohlichen Erfahrungen werden. (b) Heute werden A. auch unabhängig von der spezifischen psychoanalytischen Bedeutung zur Beschreibung der o. g. Klasse von Gefühls-, Vorstellungs- und Verhaltensmustern verwendet.

[2] *Arten und Formen:* Im Glossar des *DMS III-R* werden folgende A. aufgezählt: *Ausagieren (acting out),* impulsives Handeln ohne Rücksicht auf mögliche negative Folgen; *Autistisches Phantasieren (autistic fantasies);* Tagträumen anstelle konkreter sozialer Kontakte, Handlungen oder Problemlösungsversuche; *Verleugnung (denial; negation),* Nichtanerkennen bestimmter Aspekte der Realität, die für andere offensicht-

lich sind, Syn.: *Leugnung der Realität; Abwertung (depreciation),* der eigenen Person oder anderen in übertriebener Weise negative Eigenschaften zuschreiben; *Verschiebung (displacement),* Verlagerung von Gefühlen oder Reaktionen auf bedrohliche Objekte oder Ereignisse auf andere ähnliche bzw. weniger bedrohliche; *Dissoziation (dissociative defense),* die Aufrechterhaltung einer vorübergehenden Änderung der integrativen Bewußtseinsfunktionen im Hinblick auf die eigene Identität; *Idealisierung (idealization),* die übertriebene Hervorkehrung positiver Eigenschaften in bezug auf die eigene Person oder andere; *Intellektualisierung (intellectualization),* übertriebene Bevorzugung abstrakter Denkweisen zur Vermeidung von Gefühlen; *Isolierung (isolation),* die Ausklammerung von Gefühlskomponenten im aktuellen Erlebnisbezug; *Passive Aggression (passive aggression; covert aggression),* indirekte Äußerungen der Aggressivität gegen andere ohne aggressive Handlungen; *Projektion (projection),* sich in Unterstellungen äußernde Übertragung eigener tabuisierter Gefühle und Triebimpulse auf andere; *Rationalisierung (rationalization),* die positive Darstellung bzw. Rechtfertigung des eigenen oder des Verhaltens anderer durch in sich geschlossene, jedoch unkorrekte Erklärungen; *Reaktionsbildung (reaction formation; reaction),* das Ersetzen eigener Gefühle, Beweggründe oder Gedanken durch solche mit entgegengesetzter Bedeutung; *Verdrängung (repression),* störende Wünsche, Gedanken, Gefühle oder Erfahrungen nicht vergegenwärtigen bzw. erinnern; *Somatisierung (somatization),* die angesichts gegebener Anfälligkeit unverhältnismäßige Beschäftigung mit Körpersymptomen; *Spaltung (splitting),* sich selbst oder andere als durchgängig oder alternierend »gut« oder »schlecht« ansehen, ohne positive oder negative Eigenschaften im einzelnen in ein Persönlichkeitsbild integrieren zu können; *Unterdrückung (suppression),* über störende Probleme, Gefühle, Wünsche oder Erfahrungen wird nicht weiter nachgedacht; *Ungeschehenmachen (undo; undoing),* sich in Verhaltensweisen ergehen, die auf symbolische Weise zum Ausdruck bringen, man wolle unangenehme oder negative Gefühle, Gedanken oder Handlungen ausgleichen. Projektion, Spaltung und Ausagieren zählen zu den stets unangepaßten A., die übrigen A. können sowohl unangepaßt als auch angepaßt wirksam werden. Die auf Störungssymptome bezogene DSM-Liste enthält nicht die angepaßten A. wie z.B. *→Sublimierung (sublimation)* oder *Humor;* ebenso entfallen die aus psychoanalytischer Sicht entwicklungsbedingten A., z.B. *Regression (regression),* das Zurückfallen in frühere Phasen der Entwicklung, wenn andere Verzichtstrategien wie z.B. Verdrängung versagen; *Introjektion (introjection)* bzw. *Identifikation (identification)* als Inbegriff der Übernahme von Denk- und Verhaltensweisen anderer, die mit der Befriedigung von Bedürfnissen in Verbindung gebracht werden, sowie *→Kompensation* und *Überkompensation (over-compensation),* die von ADLER eingeführten Bezeichnungen für die Konzentration auf Ersatzbereiche zum Ausgleich für körperliche oder andere Defizite.

[3] Die psychoanalytische Fachliteratur enthält inzwischen über 30 verschiedene A., die aus Einzelfallstudien durch psychoanalytische Auslegung erschlossen wurden. Allgemeingültige Beschreibungsgrundsätze oder Regeln zur objektiven Erfassung einzelner A., ihres individuellen Ausprägungs- und Wirkungsgrades liegen nur ansatzweise vor, so z.B. für die Einschätzung des Ausprägungsgrades und entwicklungsbedingter Veränderungen der A. »Leugnung der Realität«, »Projektion« und »Identifikation« mit Hilfe des *TAT,* einem projektiven Testverfahren. Es liegen ferner Versuche experimentalpsychologisch orientierter Forscher vor, einzelne A. über Wahrnehmungsprozesse im Sinne *→kognitiver Stile* oder als Strategien der *→Bewältigung* zu erfassen.

LIT. BREZNITZ (1983); CRAMER (1991); A. FREUD (1936); SJÖBÄCK (1973).

Abweichung *(deviation).*

[1] Bezeichnung für qualitative oder quantitative Unterschiede zwischen dem Verhalten eines Ereignisses oder Individuums und einer Norm, einem Bezugssystem, einem regelhaften Verlauf o.ä. Als *deviantes Verhalten (deviant behavior)* Syn. für gestörtes oder krankhaftes Verhalten; manchmal auch kriminelles Verhalten.

[2] In der Statistik Syn. für *Streuung* als Kennwert der A. der Daten von einem

Bezugswert, z.B. Mittelwert. (a) Das gebräuchlichste A.-Maß im Modell der Normalverteilung ist die *Standardabweichung (standard deviation).* Sie ist definiert als Quadratwurzel aus der mittleren Quadratsumme der Abweichungen und wird mit s bezeichnet.

$$s = \sqrt{\frac{\sum_{i=1}^{N} (X_i - M)^2}{N}}$$

(b) Weniger gebräuchlich, da nicht modellbezogen, ist die *mittlere Abweichung* oder *Variation (mean deviation, mean variation),* mV.

$$mV = \frac{\sum_{i=1}^{N} |X_i - M|}{N}$$

(c) Ein auf den →*Modus* bezogenes Abweichungsmaß stellt der *mittlere Quartilabstand* oder die *mittlere Quartilabweichung* dar *(quartile deviation, semiinterquartile range).* Hier wird die Differenz zw. der Maßzahl des Falles im 75%-Rang und des Falles im 25%-Rang halbiert und gibt den Bereich an, in dem jeweils die mittleren 50% einer Datenverteilung angetroffen werden.

[3] Im Bereich der *Wahrnehmung* durch opt. Ablenkung bedingte Unschärfe (z.B. Doppelbild).

Ac(z)etylcholin, ACh *(acetylcholine).* Wichtiges Hormon des Nervengewebes mit →*Transmitter*-Wirkung. Neben seiner Funktion in den postganglionären Fasern des *Parasympathikus,* in umschriebenen postganglionären Fasern des *Sympathikus* und in den präganglionären Bereichen beider Systeme des autonomen Nervensystems wirkt ACh im ZNS und findet sich sowohl in kortikalen als auch in Stammhirn-Bereichen. Der Abbau erfolgt durch *Cholinesterase,* der ein eigener Hemmechanismus zugehört.

Achromasie *(achromasia)* →*Farbblindheit,* →*Achromatopsie.*

Achromat(e) *(achromate).* Linsensystem, das Farbenlängenabweichungen korrigiert (→*Aberration, chromatische).*

achromatisch *(achromatic).* Farblos, unbunt. Achromat. »Farben« sind neben Schwarz und Weiß alle Grautöne.

Achromatopsie *(achromatopsia).* Totale →*Farbblindheit,* Syn. *Monochromatopsie.* Es werden nur Helligkeitsunterschiede (Graustufen), jedoch keine Farben gesehen.

ACTH →*Adrenocorticotropes Hormon.*

Adaptation *(adaptation).* Aus Biologie und Physiologie stammende Bezeichnung für alle Zustandsveränderungen des Organismus und seiner Teilsysteme, die der Anpassung bzw. Umstellung auf Umgebungsveränderungen mit dem Zweck der Aufrechterhaltung, Wiederherstellung oder Verbesserung der Funktions- und Lebensfähigkeit dienen. Die Grundlage des allgemeinen A.-Prinzips stammt aus der *Evolutionstheorie* DARWINS. Wir behandeln an Beispielen eine Reihe von A.-Vorgängen und wählen den Gesichtspunkt der steigenden Komplexität.

[1] Einfachste A. liegt im Falle der *Taxien* und *Tropismen* vor. Sie regeln z.B. bei Pflanzen die lichtabhängigen Vorgänge der Wachstumsrichtung und die licht- und temperaturabhängigen Vorgänge der Blütenöffnung und -schließung. Sie unterscheiden sich von anderen adaptiven Vorgängen durch ihre Unabhängigkeit vom Vorhandensein eines Nervensystems.

[2] *Sensorische A. (sensory adaptation)* nennt man Prozesse, die die Erregbarkeit der Rezeptoren auf veränderte Umgebungsbedingungen umstellen, so daß eine maximale Wahrnehmungsdifferenzierung in den Grenzen der absoluten Schwellen wieder hergestellt ist. Die Regulation erfolgt über mehr oder weniger komplizierte Feedbackmechanismen unter Beteiligung adaptiver Reflexe und von Stoffwechselprozessen in den Rezeptorzellen. Betrachtet man lediglich Vorgänge in den Rezeptoren der *Retina* bei der *Dunkel-A. (dark adaptation, darkness adaptation),* so vollzieht sich die Anpassung an Helligkeitswerte im unteren Grenzbereich von ca. 10 bis 10^{-6} Millilambert in den Rezeptoren selbst durch Veränderung des Stellwerts für ihre Sensibilität; ist die Umgebungshelligkeit sehr gering, arbeitet nur mehr das Stäbchensystem. Die Rezeptorenumstellung vollzieht sich in wenigen Minuten, eine vollständige Dunkel-A. benötigt dagegen bis zu 30 Minuten. Bei der *Helligkeits-A. (brightness adaptation)* ist die Empfindlichkeit für Helligkeitsnuancen verringert, die Auflösung nach Farben und Formen (Zapfensystem) dagegen verbessert. Zwischen der Registrierung von Helligkeitsverände-

rungen und der Umstellung liegt eine Zeitspanne, die auf die Komplexität der beteiligten Teilprozesse hinweist. Bei der Dunkel-A. kommt es vorübergehend zu stark verminderten Sehleistungen, bei der Helligkeits-A. zu Blendung und ggf. Schmerz. Betrachtet man das gesamte System, das an diesen Vorgängen beteiligt ist, so muß man zumindest die *Pupillenreaktion* mit in Betracht ziehen. Ihre Grundlage ist ein adaptiver Reflex mit einem komplizierten Rückmeldesystem. Syn. *→Rezeptoradaptation.*

[3] *Homöostatische A. (homeostatic adaptation; anabolostic adaptation):* a) Die Anpassung lebenserhaltender Vorgänge, wie z.B. der Wärmeregulierung im Körper, an veränderte Umweltbedingungen durch komplexe Reflexvorgänge nach dem Prinzip des Fließgleichgewichts unter Beteiligung von Meß- oder Tastfühlern in verschiedenen Körperregionen. b) Die Rückkehr des Aktivationszustandes auf den Ausgangswert, sobald eine wiederholte Reizeinwirkung ohne weitere (psychologische oder physiologische) Konsequenzen bleibt. Diese Regelung wird auf die Wechselwirkung zwischen Sympathikus und Parasympathikus des autonomen *→Nervensystems* zurückgeführt. Im einfachsten Falle beobachtet man die sog. *→Habituation* der *→Orientierungsreaktion.* Das *Rebound*-Phänomen *(rebound)* verweist auf die Komplexität der Regelmechanismen. Es besteht in einem paradoxalen Anstieg der Aktivation bei abrupter Unterbrechung der Reizeinwirkung.

[4] *Senso-motorische A. (sensory motor adaptation):* Anpassung der Koordination von Wahrnehmung und Motorik an veränderte Orientierungsbedingungen, z.B. in Zuständen der Schwerelosigkeit, bei Veränderungen der Körperlage (z.B. in Feldabhängigkeitsexperimenten) sowie des Wahrnehmungsfeldes (Umkehrbrillenversuch).

[5] *Phyletische A. (phyletic adaptation, phylogenetic adaptation):* Funktionelle Umbildungen, die der Anpassung an neue Lebensbedingungen dienen, im Verlauf der stammesgeschichtlichen (phylogenetischen) Entwicklung herausgeformt wurden und anschließend in das Repertoire der Erbfaktoren gelangten. Hierzu zählen Tarnungen (z.B. Mimesen und Mimikry) und morphologische Veränderungen, wie z.B. bei der Entwicklung der Greifhand.

[6] *A. unbedingter und bedingter Reflexe:* Im Anschluß an die Entdeckung des klassischen *Konditionierens* definierte Pawlow Anpassung als feste Verbindung der physiologischen Elemente eines komplizierten Systems untereinander und ihres ganzen Komplexes mit der Umwelt. Hier wird die Vorstellung vom Gleichgewicht auf die Relationen des Organismussystems zur Umwelt in den Grenzen der Lehre von der niedrigeren und höheren Nerventätigkeit übertragen und zum Hauptgegenstand der physiologischen Forschung erhoben.

[7] *A. als Entwicklungsprinzip:* Piaget diskutiert die menschliche Entwicklung unter zwei Annahmen, die für ihn biologische Grundprinzipien darstellen. Die erste Annahme bezieht sich auf die *Organisation.* Sie integriert sowohl körperliche als auch kognitive Funktionen in sog. *Schemata.* Das zweite Grundprinzip ist die *biologische A.*, die gleichzeitig als dynamische Disposition zur Bildung und Erweiterung kognitiver Schemata *(→Akkommodation, →Assimilation)* aufgefaßt ist.

[8] *A. und kognitive Bewertung (adaptation und appraisal):* In Untersuchungen zum sog. *Bewältigungsverhalten* in Angst- und Stress-Situationen stellt es sich heraus, daß adaptive Organismusreaktionen durch adaptive Bewertungen dieser Reaktionen ergänzt werden. Lazarus spricht von den *valuative qualities* der A. Er stellt den Reflexmechanismen solche Verhaltensmechanismen zur Seite, die zur relativ überdauernden Regulation des Gleichgewichts zwischen Erleben und Verhalten einerseits und der Umwelt andererseits beitragen. Ähnliche Überlegungen finden sich in der Bedeutungsanalyse von *→Abwehrmechanismen* und *→kognitiven Stilen.* Während die zuletzt genannte Auffassung noch in den Grenzen individueller adaptiver Regelungsvorgänge bleibt, gibt es in Soziologie und Sozialpsychologie eine Übertragung des A.-Begriffs auf alle Prozesse der Orientierung des Verhaltens an sozial bedeutsamen Umweltgegebenheiten und -veränderungen. Diese Verallgemeinerung geht auf H. Spencer zurück, der das ganze menschliche Leben als fortlaufenden Anpassungsprozeß ansieht. Es ist daher empfohlen, in solchen Fällen eher von *sozialer Anpassung* im Sinne von *adjustment* zu sprechen.

→Anpassung, soziale; →Sozialisation.

Adaptationsniveau, AL *(adaptation level).* Von H. HELSON in die *Psychophysik* eingeführte Bezeichnung für das innere, durch aktuelle und ältere Reizerfahrungen geprägte *Bezugssystem,* das ein Beobachter seinen Wahrnehmungsurteilen über Reizintensitäten oder -größen zugrunde legt und das durch neue Erfahrungen beständigen Veränderungen ausgesetzt ist. Das AL ist definiert als diejenige Reizintensität oder -größe, welche auf einer – in der Regel neunstufigen – Beurteilungsskala zw. den Polen sehr intensiv und sehr schwach als mittelstark oder mittelgroß eingestuft wird, d. h. denjenigen Punkt des Reizkontinuums markiert, an dem sich Stärker- und Schwächer- bzw. Größer- und Kleiner-Urteile scheiden. Das Bezugssystem, innerhalb dessen das AL entsteht bzw. sich wandelt, ist nach HELSON durch drei Reizklassen bestimmt.

(a) Die *fokalen Reize (focal stimuli)* stehen im Zentrum der Aufmerksamkeit; auf sie beziehen sich die abzugebenden Wahrnehmungsurteile. Liegen nur fokale Reize vor, so ergibt sich das AL näherungsweise als geometr. Mittel der bisher dargebotenen Reize mit variabler Intensität, d. h. als n-te Wurzel aus dem Produkt der n Reizintensitäten.

(b) *Hintergrundreize (background stimuli)* bilden die nähere Umgebung des fokalen Reizes, von denen er sich abhebt und in bezug auf die er beurteilt wird, ohne daß die Hintergrundreize selbst Gegenstand der Beurteilung zu sein brauchen. So beurteilt man z. B. die relative Körpergröße eines Menschen in bezug auf den Hintergrund der umstehenden Personen. Unter experimentellen Bedingungen sind Hintergrundreize *Anker-* oder *Standardreize* für die Abgabe von Wahrnehmungsurteilen, deren Intensität das AL deutl. mitbestimmen.

(c) *Restreize (residual stimuli)* nennt HELSON schließlich alle nicht auf unmittelbarer Anschauung begründeten Beurteilungsmaßstäbe, die der Beobachter aus der Welt seiner persönlichen Erfahrungen in die Beurteilungssituation einbringt. Auch ohne das Vorhandensein von Hintergrundreizen beurteilen wir einen Gegenstand als groß oder klein, weil wir mit dem entsprechenden Gegenstandsbereich bereits Erfahrung haben. Unter Berücksichtigung aller drei Reizklassen ergibt sich nach HELSON das AL (bei Gewichtseinschätzungen und ähnlichen relativ einfachen Reizmaterialien) näherungsweise aus der Beziehung

$$\log AL = g_1 \log F + g_2 \log B + g_3 \log R$$

g_1, g_2 und g_3 sind empirisch zu bestimmende Gewichtszahlen für die einzelnen Reizkategorien, F steht für das geometrische Mittel aus den fokalen Reizen, B für Hintergrundreize (z. B. Ankerreizgröße) und R für den (experimentell in der Regel nicht erfaßbaren) Anteil von Residualreizen bei der Bildung des AL. Die AL-Theorie HELSONS erfuhr eine Reihe von Revisionen und Präzisierungen. Sie stellt einen wesentlichen Beitrag zur quantitativen Bestimmung des Bezugssystems dar, innerhalb dessen der Mensch in verschiedensten Zusammenhängen Wahrnehmungsurteile abgibt, und zeigt die Gesetzmäßigkeiten der Veränderungen von Bezugssystemen unter dem Einfluß neuer Erfahrungen auf.

→Ankerreiz; →Bezugssystem; →Psychophysik.

LIT. ANDERSON (1975); APPLEY (1971); HELSON (1964); RESTLE (1975); SARRIS (1975).

Adaptationssyndrom, allgemeines; AAS *(general adaptation syndrome; GAS).*

[1] Nach SELYE das in Phasen gegliederte Muster physiologischer und neurohormonaler Veränderungen im Säugerorganismus, das die generelle und daher ursachen-unspezifische Grundlage der somatischen Abwehrreaktionen auf die langfristige Einwirkung sog. *Stressoren* (extreme Hitze oder Kälte; schwere Schocks; Vergiftungen oder Verwundungen im Grenzbereich zur Letalität; extremste Muskelarbeit bis zur Erschöpfung) darstellt. Wesentliche Elemente des unter extremen Bedingungen beobachteten Geschehens, so z. B. die Alarmreaktion, werden von SELYE als allgemeine Anzeichen jedweder Adaptation angesehen. (a) *Allgemeine Alarmreaktion (general alarm reaction):* Die lokale Einwirkung löst neben spezifischen Reaktionen über den *Hypothalamus* ein mit der *Notfallsreaktion* vergleichbares, biphasisches und allgemeines Geschehen aus. In der sog. *Schockphase (shock phase)* bewirkt der im Hypothalamus erzeugte *Freisetzungsfaktor (CRF; corticotropin releasing factor)* die erhöhte Produktion des adrenocorticotropen Hormons (ACTH) im Hypophy-

senvorderlappen. Die passive Schockphase geht damit über in die aktive *Gegenschock-Phase (countershock phase)*. ACTH bewirkt in den Nebennierenrinden eine vermehrte Synthetisierung und Ausschüttung von Kortikoiden. Typische Symptome der Alarmreaktion sind Blutdruckveränderungen, Blutzuckerausschüttung, Abbau von Lymphgewebe (Thymusschrumpfung), Gewebeveränderungen im Magen-Darm-Trakt usw. (b) *Widerstandsphase (stage of resistance):* Der Organismus erreicht eine den gegebenen Umständen maximale Adaptation; die Alarmsymptome verschwinden; lokalisierte Adaptationsvorgänge laufen an. Bleibt der störende Einfluß aufrecht und/oder treten neue belastende Ereignisse auf, so erfolgt ein Wiedereintritt in die Alarmphase. Das führt ggf. zur (c) *Erschöpfungsphase (stage of exhaustion)*, d.h. zum Zusammenbruch des Widerstandes, zu schweren Krankheitssymptomen und ggf. Exitus. Die drei Phasen müssen nicht immer in dieser Reihenfolge auftreten, sie können – mit Ausnahme der ersten Teilphase – übersprungen werden.

[2] Der Erklärung des AAS liegt ein komplizierter neurohormonaler Feedbackmechanismus zugrunde, dessen Einbettung im ZNS noch nicht vollständig erforscht ist. Als gesichert kann gelten, daß eine Erhöhung des Glukokortisongehalts im Blut die Sekretion von ACTH blockiert. Ist die Produktion von Glukokortisonen in den Nebennierenrinden reduziert, so hat dies eine Überproduktion von ACTH zur Folge. Dem Hypothalamusgewebe kommt eine wesentliche Steuerungsfunktion zu. Ein Überschuß an Glukokortikoiden führt auf Dauer zu schweren Symptomen (z.B. erhöhte Krampfpotentiale im Gehirn, Psychosen).

[3] Bei der Generalisierung der Initialphase des AAS auf alle Arten von Umweltveränderungen oder inneren Zuständen (z.B. Emotionen) spielt das ACTH die entscheidende Rolle. In Experimenten wurde z.B. nachgewiesen, daß ACTH-Injektionen die Löschung von konditionierten Vermeidungsreaktionen behindern, daß die Koppelung zwischen Reaktionen und Verstärkung allgemein beeinträchtigt wird und daß die aktivationsbedingte Desynchronisation im EEG übermäßig lange Zeit fortdauert, so daß die →*Orientierungsreaktion* verspätet habituiert. Damit sind einige enge Verbindungen des ACTH mit der Kontrolle und Organisation des Verhaltens beschrieben, die es nahelegen, die AAS-Initialphase in Verbindung mit der allgemeinen und ebenfalls unspezifischen Aktivation des ZNS zu bringen. →*Adrenocorticotropes Hormon*, →*Aktivation*, →*Emotion*, →*Streß*.

adaptive Erkrankung →*Notfall-Reaktion*, →*Streß*.

Adaptometer. Jedes Instrument, das der Messung des Grades der Adaptation von Sinnesorganen dient. Bes. bekannt ist das *Nagelsche Adaptometer*, mit dessen Hilfe die →*Schwellen* der Lichtempfindlichkeit (Helligkeit) nach verschiedenen Abschnitten der Dunkeladaptation gemessen werden können.

Addison-Krankheit *(Addison disease)*. Durch Ausfall der Produktion von Nebennierenrinden-Hormonen (Mineral- und Glukokortikoide, Androgene) bedingte Erkrankung, z.B. infolge einer die Nebennierenrinden-Zellen angreifenden Autoimmunstörung (→*Immunsystem*). Symptome sind, neben einer charakteristischen Bronzefärbung der Haut, Blutdruckanstieg, Herzrhythmusstörungen, Gewichtsabnahme, Muskelschwund, Lähmungserscheinungen, Verdauungsbeschwerden, Apathie, Ermüdungs-, Schwäche-, Übelkeits- und Verwirrtheitszustände sowie Potenzstörungen.

Aderhaut →*Auge*, →*Chorioidea*.

Adipositas →*Eßstörungen*.

Adoleszenz *(adolescence)*. Bezeichnung für eine Entwicklungsphase, welche den Übergang in das →*Jugendalter* kennzeichnet und mit bzw. nach der *Pubertät* einsetzt. A. gehört zu dem Prozeß des Erwachsenwerdens und geht mit mehr oder weniger dramatischen Veränderungen sozialer Einstellungen und Verhaltensweisen einher, die vor allem durch eine zunehmende →*Ablösung* von der elterlichen Autorität, einen zunehmenden Selbständigkeits- und Freiheitsdrang und wachsendes Selbstbewußtsein gekennzeichnet sind. A. wird gelegentlich auch als Phase der Beruhigung nach der sog. Pubertätskrise interpretiert. Für den Verlauf der weiteren Persönlichkeits- und sozialen Entwicklung entscheidend ist der mit der A. verbundene Aufbau eines mit der Erwachsenenwelt vereinbaren *Selbstkonzepts*.

LIT. EWERT (1983).

Adrenalin, Epinephrin, Suprarenin *(adrenaline, epinephrine)*. →*Hormon* des Nebennierenmarks, chem. ein →*Katecholamin* ($C_9H_{13}NO_3$). Beim Menschen wird A. stets gemeinsam mit →*Noradrenalin* freigesetzt. *Adrenocorticotropes Hormon* besitzt dabei einen steuernden Einfluß. A. hat gemeinsam mit Noradrenalin gefäßverengende Wirkung und beschleunigt die Herzvolumenleistung, so daß sich der Blutdruck erhöht. Darmmuskulatur und Schweißsekretion werden gehemmt, die Atemfrequenz erhöht, die Pupillen verengt. Muskel- und Leberglykogen werden abgebaut, so daß sich der Blutzuckerspiegel erhöht (Nachweis im Urin); gleichzeitig wird die Glykogenproduktion verstärkt. Die Wirkung wird insgesamt als leistungssteigernd beschrieben; die Vermittlung dieses Effekts geschieht über die *formatio reticularis*. Verstärkte Ausschüttung von A. wird bei Zuständen der Übererregung oder Überbeanspruchung (psychischer *Streß*) beobachtet. Weitgehend ungesichert ist die Identifikation von emotionalen Zuständen wie Angst mit A.-Wirkung. Als nachgewiesen dagegen kann gelten, daß Tiere, deren Überlebenschancen weitgehend auf Flucht basieren, ein Überwiegen der A.-Funktion gegenüber Noradrenalin aufweisen. →*ARAS*.

adrenocorticotropes Hormon, ACTH, Corticotropin *(adrenocorticotropic hormon)*. Im Vorderlappen der Hypophyse produziertes →*Hormon*, dessen Ausschüttung durch einen komplizierten Regelmechanismus in Gang kommt und das auf die *Nebennierenrinde* wirkt. Dort kommt es unter Einwirkung von ACTH zur Ausschüttung von →*Kortikoiden*. Der ACTH-Mechanismus reagiert auf Veränderungen des Kortikoid- und Adrenalingehaltes des Blutes und wird durch den Hypothalamus gesteuert. Unter →*Streß* kommt es zur erhöhten ACTH-Produktion im Zusammenwirken mit Sympathikus-, Hypothalamus- und Hypophysen-Vorderlappen-Aktivitäten.

Affekt *(affect)*. Der A.-Begriff mit seinen Bedeutungsvarianten geht auf die Überführung der in der griechischen Philosophie geprägten Wortbedeutung von *páthos* (Gemütsbewegung, Leidenschaft) in das Lateinische *afficere, affectum* (hinzutun, einwirken, anregen) bzw. *affectus* (Begierde, Leidenschaft) zurück. In den meisten philosophisch-anthropologischen Ansätzen gelten A. wie z.B. Zorn, Haß, Schmerz, Furcht, Freude oder Lust als kürzer oder länger anhaltende Zustände, die der Gelassenheit entgegenstehen und Vernunft und Freiheit des Handelns beeinflussen bzw. beeinträchtigen. In der Psychologie hat der A.-Begriff drei unterschiedliche Grundbedeutungen.

[1] Von mehr oder weniger komplexen *Gefühlen* (einschl. *Stimmung*) ausgehender psychischer und physischer Erregungseffekt. In seiner klassischen A.-Theorie unterscheidet WUNDT einzelne Affekte (a) nach der *Qualität* der in sie einfließenden Gefühle (Lust/Unlust, Erregung/Hemmung und Spannung/Lösung), (b) nach deren *Intensität* (stark/schwach), (c) deren *Dauer* bzw. *Verlaufsform* (plötzlich auftretende, intermittierende bzw. langsam ansteigende A.) sowie (d) deren *physiologischer Wirkung* (z.B. Anspannung = *sthenischer A.;* Erschlaffung = *asthenischer A.*) einschließlich der daraus resultierenden Ausdruckserscheinungen.

[2] (a) Zeitlich begrenzter, mehr oder weniger spannungsreicher, aus Einzelgefühlen zusammengesetzter Zustand des »Affiziertseins« durch äußere Eindrücke oder Vorstellungen (*Stimmung* ausgeschlossen), der sich im Selbstbezug entfaltet und von mehr oder weniger ausgeprägten Ausdruckserscheinungen begleitet ist. (b) Im Glossar des *DSM III-R* gelten A. als von außen beobachtbare Verhaltensmuster, die Ausdruck eines zeitlich begrenzten subjektiven Gefühlszustandes sind (z.B. Freude, Ärger, Trauer, Wut) und sich in deutlichen Veränderungen des *Gesichtsausdrucks* (Mimik) sowie der *Stimmführung* und *Bewegungsweise* (Gestik, Körperbewegungen) zeigen. A. unterliegen neben ihrer Situationsabhängigkeit erheblichen inter- und intraindividuellen Variationen sowie kulturellen Einflüssen. Tiefgreifende und andauernde Gefühlszustände zählen nicht zu den A.; sie werden als *Stimmung* bezeichnet (→*Affektive Störung*). Schwach ausgeprägte Ausdrucksmerkmale gelten als Hinweis auf *eingeschränkte* bzw. *abgestumpfte A.* (→*Anhedonie)*, fehlende weisen auf *flache A.* hin. Ein A. ist *inadäquat*, wenn zwischen dem Inhalt einer Gefühlsaussage und der Ausdrucksform ein krasser Widerspruch besteht (z.B. von großer Heiterkeit begleiteter Bericht über furchteinflößende Erfahrungen); als Hinweis auf *A.-Labilität* gilt der wiederholte ab-

rupte Wechsel zwischen Ausdrucksmerkmalen unterschiedlicher bzw. entgegengesetzer Affekte.
[3] Durch äußere Eindrücke, Vorstellungen oder →*Affektstau* bedingter heftiger, kurzzeitiger Gefühlsausbruch, der mit deutlich spürbaren und von außen sichtbaren Anzeichen der Erregung, nicht selten mit herabgesetzter Verhaltenskontrolle einhergeht (z. B. »Freudentaumel«, »blinder Zorn«).
→*Emotion.*

Affektfixierung *(fixation of affect). Psychoanalyse:* Festhalten an emotionalen Bindungen und/oder Interessen an Gegenständen oder Personen, die normalerweise im Verlauf der persönlichen Entwicklung zurücktreten oder von anderen emotionalen Bindungen abgelöst werden.

affektiv. Allgemeine Bezeichnung für den gefühlsmäßigen (oder emotionalen) Aspekt der Erfahrung bzw. des Erlebens. Tritt meist im Zusammenhang mit anderen Bezeichnungen auf, z. B. *affektiver Zustand* (Bezeichnung für besondere Erregung), *affektive Tönung* des Erlebens (besondere Hervorhebung gefühlsmäßiger bzw. emotionaler Momente im Erleben bzw. Erkennen), *affektive Assoziation* (Vorstellungen werden aufgrund eines ihnen gemeinsam zugeordneten Gefühls miteinander verknüpft). In der Fachsprache wird affektiv oftmals durch das Wort →*emotional* ersetzt. Die Verwendung schwankt zwischen der auf *Selbstbeobachtung* begründeten Bedeutung und derjenigen, die sich aufgrund eindeutiger physiologischer oder psychologischer Indikatoren (Maße der Affektivität oder Emotionalität) ergibt.

affektive Episode →*Affektive Störung.*

affektiver Stupor →*Stupor.*

Affektive Störung *(mood disorder),* Syn.: *Affektstörung, Verstimmung.*
[1] Im *DSM III-R* eingeführte Bezeichnung für länger anhaltende, das gesamte Erleben tönende Störungen der Stimmungslage, die mit einem vollständigen oder partiellen *manischen* bzw. *depressiven* Syndrom einhergehen, das weder auf eine organisch bedingte affektive Störung noch auf andere psychische Störungen (z. B. schizo-affektive Störung, Schizophrenie, Wahnhafte Störung) zurückzuführen ist. Die A.S. bezieht sich auf Störungen aus dem *manisch-depressiven* und *depressiven Formenkreis,* die in der älteren psychiatrischen Klassifikation (gemeinsam mit der *Schizophrenie*) zu den →*Psychosen* bzw. →*Neurosen* gezählt wurden. Kennzeichnend für die verschiedenen Formen der A.S. sind die Verlaufsmuster sog. *affektiver Episoden. Manische Episoden* zeigen sich in einer glücklich-gehobenen, gelegentlich auch reizbaren Stimmungslage und gehen mit gesteigerter Aktivität, erhöhtem Selbstgefühl, geringem Schlafbedürfnis und erhöhter Ablenkbarkeit einher. *Depressive Episoden* dagegen erkennt man an dem Vorherrschen einer traurig-niedergeschlagenen Stimmungslage, begleitet von Gefühlen der Energielosigkeit, der Interessen- und Wertlosigkeit, die oftmals von Appetitlosigkeit und Schlafstörungen (Insomnie oder Hypersomnie) begleitet sind. A.S. mit ihren typischen Episoden können kurzfristig, wiederholt (z. B. in Abhängigkeit von der Jahreszeit) oder chronisch auftreten; zwischen den einzelnen Episoden sind Erleben und Verhalten meist weitgehend ungestört.
[2] *Arten und Formen der A.S.:* (a) *Depressive Störungen:* Die *Major Depression (major depression)* ist durch eine oder mehrere länger anhaltende, mindestens zweiwöchige depressive Episoden gekennzeichnet. Der sog. *melancholische Typus* gehört zu den schwersten Erscheinungsformen der Major Depression; zu seinen Symptomen zählen neben den für depressive Episoden typischen vor allem frühzeitiges Erwachen, Stimmungsschwankungen während des Tages und die Unfähigkeit, auf ablenkende Ereignisse einzugehen und mit einem Stimmungswechsel zu reagieren. Als *dysthyme Störung* oder *depressive Neurose (dysthymia)* schließlich gelten depressive Störungen mit einer mehrjährigen ununterbrochenen depressiven Verstimmung in der Vorgeschichte. Alle depressiven Störungen zeigen während ihres Verlaufs nur Symptome der gleichen Art; sie werden daher auch als *monopolare* bzw. *unipolare Störung (unipolar disorder)* bezeichnet. Erklärungen, Therapie und Literatur →*Depression.* (b) *Bipolare Störungen* dagegen zeigen sich in Stimmungswechsel zwischen den Polen manisch und depressiv. Eine *bipolare Störung (bipolar disorder)* im engeren Sinne liegt dann vor, wenn sich in der Vorgeschichte eine oder mehrere länger anhaltende ma-

nische bzw. hypomanische Episoden sowie vereinzelte Episoden der Major Depression finden. Für die ebenfalls zu den bipolaren Störungen zählende *zyklothyme Störung (cyclothymia)* sind dagegen neben mehreren (hypo-)manischen Episoden ebenso zahlreiche Perioden mit depressiver Symptomatik charakteristisch.
→*Depression,* →*depressiv,* →*Manie,* →*manisch,* →*manisch-depressive Störung.*
LIT. PAYKEL (1982); ZERSSEN, MÖLLER (1988).

Affektivität *(affectivity).* Individuelle Neigung zu Gefühlsäußerungen, individuelle Gefühlsansprechbarkeit.

Affektlahmheit →*Anhedonie.*

Affektpsychose →*Affektive Störung.*

Affektsperre *(affective block). Klinische Psychologie, Psychiatrie:* Fortfall von Affektäußerungen trotz starker affektiver Spannungen ohne Vorliegen einer behindernden Barriere (→*Affektstau*). Oftmals Symptom von →*Schizophrenie* oder →*Zwangsneurose.*

Affektstau, -stauung *(affective accumulation). Klinische Psychologie, Psychiatrie:* Emotionale Spannung, die über längere Zeit besteht und deren Lösung behindert ist. Daher löst der A. heftige Unlustgefühle aus und entlädt sich ggf. auf geringfügige Anlässe hin in einem heftigen *Gefühlsausbruch (affective discharge)* mit krisenhaften Folgen (sog. *Affektkrise*).

Affektsyndrom *(affective syndrome). Klinische Psychologie, Psychiatrie:* Das Vorherrschen von Affektstörungen in einem Symptommuster, z.B. im Zusammenhang mit körperlichen Erkrankungen oder Intoxikationen.
→*Affektive Störung,* →*Drogenabhängigkeit.*

Affektverlagerung →*Transposition.*

Affektverschiebung *(displacement of affect). Psychoanalyse:* Verlagerung emotionaler Bindungen von bestimmten Objekten auf andere, durch den Vergleich von Wach- und Traumerlebnissen aufdeckbar.

afferent. Neuro-physiologische Bezeichnung für solche Nerven oder neurale Verbindungen *(Afferenzen),* die einen nervösen Impuls vom Sinnesorgan (→*Rezeptor)* nach innen, *zentripetal,* also zu dem entsprechenden *Zentrum* weiterleiten. Gleichbedeutend mit →*sensorisch;* Gegensatz von →*efferent* bzw. motorisch.

Ageusie *(ageusia, ageusis).* Störung der Geschmacksempfindungen.

Aggressivität *(aggressivity, aggression).* Allgemeine und umfassende Bezeichnung für gehäuft auftretendes feindseliges, sich in verbalen oder tätlichen Angriffen äußerndes Verhalten bzw. das Überwiegen feindselig-ablehnender und oppositioneller Einstellungen beim Menschen. In der Humanpsychologie wird A. auch im Sinne einer generellen Persönlichkeitseigenschaft diskutiert. Der Erklärung dienen verschiedene Hilfsvorstellungen, darunter in der Psychoanalyse entwickelte Beziehungen zwischen *Frustration* bzw. *Todestrieb* und A. (sog. Frustrations-Aggressions-Hypothese), der von ADLER angenommene »Wille zur Macht« u.ä. Aus der Sozialpsychologie weiß man, daß A. auf der Einstellungs- und Verhaltensebene mit Führungsstilen von Gruppen zusammenhängt (z.B. führt ein autoritärer Stil zu gesteigerter A. in Abwesenheit des »großen Bruders«) und daß die allgemeine Tendenz, sich Anordnungen zu fügen (etwa im Sinne der »autoritären Persönlichkeit«) die Folgen aggressiven Verhaltens aus dem Denken des Aggressiven zu tilgen scheint. In der vergleichenden Verhaltensforschung ist A. ein beschreibender Begriff für das Angriffs- und Kampfverhalten von Lebewesen gegenüber Gegnern der eigenen Art. In zahlreichen Beobachtungen konnte festgehalten werden, daß es bei Tieren höchst selten zur Tötung bei der Auseinandersetzung zwischen Artgenossen kommt. Unterwerfungsgesten des Unterlegenen blockieren den Angriff des Mächtigeren im Sinne eines angeborenen Hemmungsprogrammes. LORENZ vertritt die Auffassung, daß erst der Gebrauch von Waffen im Verlauf der Entwicklung des Menschen aggressives Verhalten in Tötung übergehen ließ.
LIT. BERKOWITZ (1962); DOLLARD, MILLER (1950); LORENZ (1974); MILGRAM (1963).

agitierte Depression →*Agitiertheit,* →*Depression.*

Agitiertheit *(agitation; psychomotor agitation; psychomotor excitation),* Syn.: *psychomotorische Erregung.*
Klinische Psychologie, Psychiatrie: [1] Ruheloses, von Gefühlen der inneren Anspannung begleitetes Getriebensein, das in wiederholte unproduktive Tätigkeiten (z.B. Hin- und Herlaufen, be-

ständig die Hände reiben oder an den Kleidern zerren, lautes Schreien und Jammern) einmündet.
[2] Als *agitierte Depression (agitated depression; excited depression)* bezeichnet man ein Zustandsbild, das durch traurige, angsterfüllte Verstimmung, Anzeichen hochgradiger psychomotorischer Unruhe und die Tendenz charakterisiert ist, über die eigene Lage klagend zu berichten.
→*Depression.*

Agnosie *(agnosia)* →*Seelenblindheit.*

Agoraphobie *(agoraphobia).* Furcht in und vor großen freien Plätzen.
→*Phobie.*

Agrammatismus *(agrammatism).* Sprach- bzw. Sprechstörung, die sich in der Unfähigkeit der richtigen Wortwahl und -aussprache bzw. in Häufungen grammatikalischer Fehler äußert. Der A. ist eine Sonderform der →*Aphasie* bzw. der →*Dyslogie.*

Agraphie *(agraphia).* Schreibunfähigkeit als Folge einer Gehirnverletzung (→*Aphasie*).

Agrypnie →*Schlafstörung.*

AHA →*Psychophysiologie.*

Aha-Erlebnis *(aha experience).* Von K. Bühler eingeführte allgemeine und umfassende Bezeichnung für die plötzlich auftretende Einsicht in eine wahrgenommene oder vorgestellte Situation, die durch den Einfall einer Problemlösung bzw. durch die →*Einsicht* in die zu einem Ganzen (Gestalt) verbundenen Einzelheiten gekennzeichnet ist.

Ähnlichkeit →*Gestaltgesetze.*

Ähnlichkeitshemmung →*Hemmung, retroaktive.*

AI →*Intelligenz, künstliche.*

AIDS *(**a**cquired **i**mmune **d**eficiency **s**yndrome; **a**cquired **i**mmuno**d**eficiency **s**yndrome).* Folgen eines erworbenen Defekts des →*Immunsystems,* der durch Infektion mit lympho- und neurotropen Viren vom Typus *HIV (**h**uman **i**mmunodeficiency **v**irus)* und verwandter Retroviren (RNA-Viren mit potentiell onkogener Wirkung) hervorgerufen wird und seit 1981 als eigenständiges Syndrom beschrieben ist. Die Infektion erfolgt durch Übertragung erregerhaltiger Körperflüssigkeit (Blut oder Blutbestandteilen) infizierter Personen, z.B. durch Schleimhautläsionen während des Geschlechtsverkehrs, offene Wunden, bei Injektionen oder Transfusionen; sie wird im Mutterleib auf den Foetus übertragen. Die mittlere Inkubationszeit liegt zwischen sechs Monaten und acht Jahren. AIDS endet in der Mehrzahl der Fälle tödlich; unter den Todesursachen finden sich häufig Infektionen mit »opportunistischen« Erregern oder Parasiten, die aufgrund des Immundefekts therapeutisch unbeherrschbar sind. HIV können durch die körpereigene Abwehr nicht erfolgreich bekämpft werden, führen (vermutlich durch reduzierte T-Zellen-Aktivität und Überproduktion unspezifischer Immunglobuline) zu einer progressiven Schwächung der zellulären Immunität, gelangen (wahrscheinlich über befallene HIV-resistente Makrophagenzellen) in das Zentralnervensystem und lösen dort aufgrund fortdauernder antigener Reizung zelluläre Entzündungsprozesse aus. Häufige *Körpersymptome,* die oftmals erst mit dem Nachweis einer Retroviren-Positivität als AIDS-spezifische Symptome erkannt werden, sind z.B. Fieberschübe, Durchfall, Appetitlosigkeit, Gewichtsverlust, Haarausfall und/oder Hautveränderungen, anhaltende Lymphknotenschwellungen an unterschiedlichen Körperstellen, erhöhte Anfälligkeit für ansonsten therapeutisch beherrschbare Lungen- und andere Infekte, entzündliche Prozesse in subkortikalen Hirnbereichen in Verbindung mit Aufmerksamkeits-, Antriebs- und Stimmungsstörungen sowie Sarkom- und Malignombildungen (krebsartige Erkrankungen). *Psychische Symptome* entstehen zum einen als Reaktion auf die Nachricht, an AIDS erkrankt zu sein; dazu zählen vor allem eine aus der Auseinandersetzung mit dem eigenen Schicksal entspringende Deprimiertheit, emotionale Unansprechbarkeit und Lethargie, in Extremfällen mit dem Erscheinungsbild reaktiver Psychosen vergleichbar. Zum anderen treten im fortgeschrittenen Stadium aufgrund zentralnervöser Veränderungen Aufmerksamkeits-, Antriebs- und Stimmungsstörungen auf, die mit Persönlichkeitsstörungen, akuten somatisch bedingten Störungen bzw. leichteren Formen der →*Demenz* vergleichbar sind. Von Ärzten, Psychologen und Angehörigen sozialer Berufe gemeinsam erarbeitete *Interventionsprogramme* der AIDS-Hilfe (Einzel- und Gruppenbehandlungen, ambulant oder in Wohngemeinschaften) dienen der Linderung sozialer Isolierung, persönlicher Schwierigkeiten und der Angst vor dem vor-

aussehbaren Ende. Maßnahmen der *AIDS-Prävention* konzentrieren sich zum einen auf die Gesamtbevölkerung, um durch Aufklärungskampagnen in den Massenmedien und obligatorische AIDS-Aufklärungsveranstaltungen an Schulen unter Einbeziehung der Eltern über Ansteckungsgefahren zu informieren, den Gebrauch von Kondomen beim Geschlechtsverkehr zu propagieren und irrige Vorstellungen über die Übertragungswege abzubauen. Zum anderen richten sie sich an Risikogruppen, um z.B. Drogenabhängige über die Gefahren einer Infektion durch verunreinigte Injektionsspritzen aufzuklären und Hygienemaßnahmen zu empfehlen.
→Prävention.

Akinese *(akinesis).* Bewegungsunfähigkeit ohne das Vorhandensein von Lähmungen; eine Funktionsstörung.

akinetischer Mutismus *→Mutismus.*

akinetischer Stupor *→Stupor.*

Akkommodation *(accommodation).* Allgemeine Bezeichnung für die Eigenschaft eines Systems, durch Nacheinstellungen eine verbesserte Anpassung und Leistungsfähigkeit zu erreichen.
[1] Anpassung des Auges auf verschiedene Entfernungsbereiche zum Zwecke des scharfen Sehens. Dabei erhöht der komplizierte *Akkommodations-Mechanismus (accommodation mechanism)* die optische Brechkraft der Linse bei nahen und vermindert sie bei entfernt liegenden Bezugspunkten. Bei der *Nah-Akkommodation* wird der *Ziliarmuskel* zusammengezogen und der *Zonularing* entspannt; die Wölbung der Linse nimmt zu und damit auch die Brechkraft. Der Brechquotient erhöht sich dabei durch Verlagerungen der brechenden Elemente im Linseninneren. Neben Ziliarmuskel und Zonularing spielen die *Eigenelastizität* der Linse und die *Pupillenöffnung* eine erhebliche Rolle *(→Auge).* A. erfolgt unwillkürlich und wird über Rückmeldungen über die Abbildungsschärfe zentral angesteuert. Der A.-Bereich liegt bei Kindern zwischen einem *Nahpunkt* ca. 7 cm vor dem Auge (14 Dioptrien) und einem *Fernpunkt* bei Unendlich (0 Dioptrien); mit fortschreitendem Alter wandert der Nahpunkt gegen Unendlich. Der altersbedingte A.-Mangel wird als *Altersweitsichtigkeit* oder *Presbyopie* bezeichnet. Die Nah-A. erfolgt sehr rasch, die Fern-A. dauert dagegen ca. 1 sec. Auch die A.-Geschwindigkeit nimmt mit zunehmendem Alter ab.
[2] bei Piaget gehört der (kognitive) A.-Prozeß zu den adaptiven Grundeinrichtungen, die zur Erklärung der Denk- und Intelligenzentwicklung herangezogen werden müssen. Er versteht unter A. Veränderungen der Organisationsstruktur des Handelns und Denkens *(→Schema; →Struktur)* in Richtung auf eine Angleichung an die Anforderungen der Umwelt. Als Auslöser der A. gelten Störungen des »inneren Gleichgewichts«, die durch Unvereinbarkeit bereits etablierter Ordnungsgesichtspunkte, Erfolglosigkeit von Assimilationsversuchen *(→Assimilation)* oder Einsichten hervorgerufen werden, daß Umweltforderungen mit dem vorhandenen Bestand an Handlungsmöglichkeiten nicht erfüllt werden können.

Akkulturation *(acculturation) →Sozialisation.*

Akromegalie. Übermäßiges Wachstum von Knochen und Bindegewebe, besonders im Bereich des Schädels, der Hände und Füße. Die Ursache ist eine Störung der *Hypophysen-Sekretion.* Zu unterscheiden von *→Gigantismus.*

Akt *(act).*
[1] Syn. *Aktivität, Handlung.*
[2] Im Sinne der *»Aktpsychologie«* Brentanos jede bewußte Stellungnahme des »Ich« in bezug auf einen intendierten Gegenstand (Noesis).
[3] Syn. für eine Handlung am Ende einer Verhaltenssequenz (Instinkthandlung), die man als Kriterium für die Beendigung des entsprechenden Handlungsimpulses (z.B. Trieb) verwendet. So beendet ein *konsummatorischer Akt (consummatory act)* wie z.B. das Fressen oder die Kopulation den durch Beutefang- oder Geschlechtstrieb gesteuerten Ablauf.

Aktionspotential *(action potential),* Syn.: *Erregungsimpuls.* Erreicht die *→Depolarisation* [3] einer Membran den kritischen Schwellenwert, so entsteht in erregbaren Nerven- und Muskelzellen ein A. Während des *Ruhepotentials* ist die Konzentration von Chlor- und Natriumionen außen größer als innen, während die Konzentration von Kalium innen größer ist. Während des A. vermindert sich die negative Ladung innerhalb der Membran kurzzeitig (von ca. − 60 mV auf + 20 mV). In der *aufsteigenden* Phase schlägt die Ladung innen auf positiv um, in der *absteigenden* Phase dagegen strömen Kaliumionen nach außen, bis das Ruhepotential wieder erreicht ist. Die Dauer des A. beträgt ca. 1/800 sec, die Leitungsgeschwindigkeit an der Faser ist abhängig vom Vorhandensein oder Nichtvorhandensein einer Myelinscheide. Myelinhaltige Fasern leiten schneller, die Erregungsleitung springt von Einschnürung zu Einschnürung (Ranviersche Ringe). Die Geschwindigkeit beträgt ca. 100 bis 120 m/sec. Die Stärke des A. gehorcht dem Alles-oder-Nichts-Gesetz, ist also unabhängig von der Intensität des depolarisierenden Prozesses. Die Entstehung des A. dagegen ist von der Stärke und Ausbreitung der Depolarisation abhängig (zeitl. bzw. örtliche Summation). Zellen besitzen einen jeweils konstanten Ablauf von De- und Repolarisation.

Aktionsquotient *(activity quotient).* Bezeichnung für ein von BUSEMANN eingeführtes allgemeines Maß der »Aktivität« des Sprach- oder Sprechverhaltens, dargestellt durch das Verhältnis aktiver Elemente (z. B. Verben) zu den qualitativen (z. B. Adjektive).

Aktionsströme *(action currents).*
[1] Mit gesteigerter Aktivation einhergehende Veränderungen im bioelektrischen Bereich, z. B. *EEG, →Spitzenpotentiale.*
[2] Syn. von *Aktionspotential.*

Aktivation, Aktivierung *(activation).*
[1] Bezeichnung für einen zentralnervös vermittelten Zustand, der zwischen den Polen von Schlaf bzw. Schläfrigkeit und Übererregtheit variiert und bei optimaler, mittlerer Ausprägung die Grundlage für *Aufmerksamkeit, Vigilanz,* rasche *Informationsverarbeitung, Reaktions-* und *Leistungsfähigkeit* darstellt. A. unterscheidet sich von *sensorischer Erregung (sensory arousal)* durch seinen Bezug zum System der Wachheitskontrolle im Gehirn, das den *tonischen* Gesamtzustand als Hintergrund für einzelne Aktivitäten sowohl homöostatisch als auch adaptiv regelt; von Erregung dagegen spricht man im Zusammenhang mit – durch äußere oder innere Reize bedingten – *phasischen* Veränderungen. In der Psychologie werden A. und *Erregungs-Niveau (arousal level)* allerdings oftmals gleichsinnig gebraucht. Zwischen A. und Leistung besteht eine – durch Aufgabenkomplexität, -schwierigkeit und Risikoeinsichten modulierte – umgekehrt U-förmige Beziehung *(Yerkes-Dodson-Gesetz);* extrem hohe oder niedrige A. wirkt sich eher leistungshemmend, ein mittleres A.-Niveau dagegen eher leistungsfördernd aus. A.-Veränderungen treten einerseits als Folgen der biologischen Schlaf-Wachheitsregulation im Tagesverlauf, andererseits im Gefolge äußerer Anlässe (z. B. neuartige, intensive Reize, Situationen mit Aufforderungs- bzw. Forderungscharakter) und innerer Prozesse auf (z. B. Vorsatz zur Konzentration; Angst, Streß; Freude; Interessen, Wünsche und Bedürfnisse).
[2] *A.-Indikatoren:* Im Zusammenhang mit Leistungs- bzw. Zuwendungsvariationen und/oder Befindlichkeitsveränderungen (Entspannung vs. Erregung) sind (a) *Desynchronisation* des EEG (hohe A.: hohe Frequenzen, geringe Amplituden), *Latenzen* und *Amplituden evozierter Potentiale* (EP) und *Gleichspannungsveränderungen* (CNV; Bereitschaftspotentiale) und Hirndurchblutungsveränderungen (CBF) in lokalisierten Bereichen, (b) *autonome Veränderungen* (hohe A.: erhöhte Herz-, Puls- und Atemtätigkeit; erhöhte EDA; Pupillendilatation) sowie *endokrine* und Veränderungen der Neurotransmitterproduktion bzw. Resorptionsbereitschaft allgemeine Kennzeichen der A. Während man zunächst angenommen hatte, eine erhöhte A. habe grundsätzlich eine generelle und sich allen Funktionssystemen gleichförmig mitteilende Antriebs- und Bereitschaftswirkung (DUFFY), gilt sowohl für das kortikale als auch für das autonome und endokrine Regulationsniveau die Unterscheidung zwischen *allgemeiner* A. und *spezifischen lokalisierten* A.-Effekten in Anpassung an bestimmte Aufgaben und Situationen sowie nach Maßgabe individueller Reaktionsstereotypien; man spricht in diesem Zusammenhang von *Fraktionierungen der Aktivierungsrichtung* (LACEY; *→Psychophysiologie*).
[3] *A.-Theorie:* Eine ausgearbeitete Theorie liegt für den Bereich der allgemeinen *kortikalen A.* vor. Ausgangspunkte sind die Beschreibungen des *retikulären Aktivationssystems (ARAS; RAS)* durch MORUZZI und MAGOUN sowie die experimentellen Funktionsanalysen von D. B. LINDSLEY und seinen Mitarbeitern. Das *A.-System* umfaßt die Retikulärformation, Teile des Hypothalamus und Thalamus, das diffuse thalamische Projektionssystem zum Kortex

(ARAS), es steht mit dem limbischen System, mit extra- und pyramidalen Bahnen, mit den thalamischen Integrationsstationen für sensorische Impulse und mit dem Kleinhirn in enger Verbindung, empfängt über Kollaterale Signale über den Eingang sensorischer Daten gleich welcher Herkunft und über absteigende Verbindungen Meldungen über den tonischen Zustand des sensorischen und motorischen Kortex. Daher gilt das A.-System als zentrale Schaltstelle im Regelkreis der Energetisierung bzw. Dämpfung sensorischer, kognitiver und motorischer Funktionen in Abstimmung mit den homöostatischen Regulationen des autonomen Nervensystems. Daher besteht eine enge Verbindung zwischen A., Aufmerksamkeit, Befinden und Verhalten, die man im Sinne einer partiellen Parallelität interpretieren kann. Extreme kortikale A. geht z. B. mit eingeengter Aufmerksamkeit, heftigen Gefühlsregungen und Verhaltensdesorganisation (z. B. Furcht- bzw. Panikanfall) einher, teilweise Desynchronisation des EEG mit wacher Aufmerksamkeit, Gefühlen der Leistungsfähigkeit und optimaler Reaktionsbereitschaft, vorherrschende Alphaaktivität im EEG mit entspannter Wachheit, fluktuierender Aufmerksamkeit und Assoziationsreichtum sowie mit der Bereitschaft, Routinehandlungen auszuführen; treten mit dem Alpharhythmus vereinzelte langsame Wellen auf, so korrespondiert dies mit Schläfrigkeit, Ideenflüchtigkeit, zunehmender Reaktionsverzögerung bzw. der Ausführung ungezielter Handlungen. Die Parallelität ist deshalb nur partiell, weil auch während des Schlafes vergleichbare Variationen der kortikalen A. auftreten, die zwar mit der Traumaktivität (REM-Phase), aber nicht mit der Empfänglichkeit gegenüber Umweltreizen, Befindlichkeit und Motorik in Verbindung stehen, da die entsprechenden Systeme »abgekoppelt« sind. Da Anzeichen der kortikalen A. lediglich die *Intensitätsdimension* des Verhaltens betreffen und hinsichtlich ihrer funktionellen Bedeutung in einzelnen Situationszusammenhängen zahlreichen Modulationen unterliegen, ist eine reine Aktivationstheorie des Erlebens und Verhaltens nicht haltbar. →*Psychophysiologie.*

LIT. Duffy (1962); M. W. Eysenck (1982); Fahrenberg u. a. (1979); Kahnemann (1973); Lindsley (1960); Schönpflug (1969).

Aktivationsindikator →*Aktivation.*

Aktivationstheorie →*Aktivation.*

Aktivierung, soziale *(social facilitation).* Sozialpsycholog. Bezeichnung für den Zusammenhang zwischen Leistung und Anwesenheit anderer. Gut geübte Leistungen werden durch Anwesenheit (auch vermutete Beobachtung durch andere) verbessert, neue dagegen eher beeinträchtigt. Erste Untersuchungen stammen von Zajonc.

LIT. Lück (1969).

Aktivierungsreiz →*Prime.*

Aktivität *(activity).*

[1] Allgemeine und umfassende Bezeichnung für die Gesamtheit der äußeren oder inneren Organismusvorgänge.

[2] Syn. für eine planvolle, zielorientierte Handlung *(→Akt).*

[3] Syn. für neurale Vorgänge vorwiegend chemo-elektrischer Natur, z. B. *Gehirnaktivität.*

[4] Allgemeine und umfassende Bezeichnung für den Grad der von einem Individuum gezeigten willkürlichen Bewegungen oder Beteiligung bei der Lösung einer Aufgabe, eines Problems u. ä. bzw. im Zusammenhang mit der Aufnahme und Intensivierung sozialer Beziehung die von einem Individuum unternommenen Schritte *(social activity).*

Aktpsychologie →*Akt,* →*Intentionalismus.*

Aktualgenese *(microgenesis; percept genesis).* Von A. Gemelli, F. Sander und H. Werner unabhängig voneinander eingeführte Bezeichnung für

[1] Prozesse des Wahrnehmens und Denkens, die sich durch einen schrittweisen Zuwachs an Klarheit, Differenziertheit und Sinnhaftigkeit auszeichnen und in deren Verlauf eidotrope und ontotrope, eher reiz- und eher persönlichkeitsbezogene Tendenzen interagieren. Die Standardmethoden bestehen in der schrittweise deutlicher oder komplexer werdenden Darbietung von Bildmaterial in Analogie zu Schwellenversuchen. Dabei lassen sich nach Gemelli und Sander Phasen der schlichten Wiedergabe, Hypothesenbildung, Hypothesenüberprüfung und »Endgestalt« beobachten. Bei der Verwendung unterschwelliger Reizintensitäten zeigen sich überdies Einflüsse der ohne Beteiligung des Bewußtseins im engeren Sinn ablaufenden Prozesse der Informationsverarbeitung.

[2] Prozesse der individuellen Stabilisierung von Wahrnehmungseindrücken *(Percept-Genese, percept genesis)*, wie man sie in Nachbildversuchen und Experimenten mit unstimmigen Reizelementen beobachten kann. Die besonders von KRAGH und SMITH vertretene Auffassung, Stabilisierungsprozesse dieser Art reflektierten innerhalb gewisser Grenzen Merkmale der *Ontogenese* und der ontogenetisch fixierten Erfahrungsorganisation, geht im wesentlichen auf H. WERNER zurück.

[3] Ein Prinzip der Entwicklung, das *Phylogenese* und *Ontogenese* im aktuellen Bezug zur Umwelt ergänzt, jedoch insbesondere mit der Ontogenese bestimmte Strukturmerkmale gemeinsam hat, z.B. zunehmende Differenzierung und Integration der Teile. Auch diese Auffassung geht im wesentlichen auf H. WERNER zurück und gilt als theoretische Grundlegung von Annahmen der *Mikro-Makro-Korrespondenz*, d.h. der Übereinstimmung von Merkmalen kleinster und relativ umfassender Prozeßstrukturen in der Entwicklung.

LIT. FRÖHLICH u.a. (1984); GEMELLI (1928); GRAUMANN (1969); HENTSCHEL, SMITH (1980); KRAGH, SMITH (1970); SANDER (1962a); WERNER (1940).

Aktualneurose *(actual neurosis)*. Bezeichnung für eine Neurosenform, die sich im Zusammenhang mit Organismusstörungen (z.B. einer Krankheit) bzw. als unmittelbare Reaktion auf damit einhergehende emotionale Zustände (z.B. heftiges Herzklopfen, Schreck) erklären läßt. Gegensatz: *Psychoneurose (→Neurose)*.

Akustik *(acoustics)*. Physikalische Bezeichnung für die Lehre von den Schallereignissen.

Akzeleration *(acceleration)*. Aus der biologisch-medizinischen Anthropologie stammende Bezeichnung für Beschleunigungen des Wachstums und körperlicher Reifungsprozesse. *Säkulare A.* betrifft die seit Mitte des 19. Jh. insbesondere in hochzivilisierten Industrieländern von Generation zu Generation nachgewiesenen Zuwächse des Körpergewichts und der Körpergröße sowie die Vorverlegung der Geschlechtsreife. Der Erklärung dienen neben veränderten Umwelt- und Arbeitsbedingungen Ernährungsveränderungen. So wird z.B. angenommen, eiweißhaltige Nahrungsmittel wirkten sich auf die mit Wachstums- und Reifungsvorgängen in enger Beziehung stehenden Hypophysen- und Schilddrüsenfunktionen aus und bewirkten dadurch eine beschleunigte Ausschöpfung des genetischen Potentials für die körperliche Entwicklung. *Individuelle A.* (Frühreife) betrifft dagegen Abweichungen individueller Wachstums- und Reifungsprozesse von der Altersnorm der Durchschnittsbevölkerung.

In der Psychologie werden vor allem die Konsequenzen der A. thematisch. Beschleunigte Wachstums- und Reifungsprozesse können z.B. zu einer Disharmonie zwischen körperlicher und kognitiv-sozialer Entwicklung führen bzw. Anlaß für Fehleinschätzungen und damit Überforderungen werden.

akzidentielle Fehler *(accidental errors)*. Bezeichnung für unkontrollierte Einflüsse, welche den Ausgang eines Experimentes beeinflussen können. Syn.: externer Fehler. Gegensatz: interner Fehler; Zufallsfehler. *→Experiment.*

Alalie *(alalia)*. Wortstummheit (Mutismus), eine Form der *→Dyslalie.*

Albedo. Die Helligkeit bzw. der Weißgehalt einer Oberfläche. Meist gebraucht im Zusammenhang mit Angaben der *Albedorate* bzw. des *Albedoverhältnisses.* Dabei wird auf physikalischem Wege gemessen, welcher Anteil des Lichtes definierter Intensität (Helligkeit) von einer Oberfläche bestimmter Beschaffenheit und Farbtönung diffus reflektiert wird. Den höchsten Wert erreichen (nahe an Albedo 1.00) weiße glatte Oberflächen, den geringsten schwarze rauhe (um Albedo 0.00).

Alexie *(alexia)*, auch **Wortblindheit.** Ausfall der früher vorhandenen Lesefähigkeit aufgrund von Verletzungen oder Funktionsstörungen der linken Parietal-(Scheitellappen-)Region der Großhirnrinde.

Alexithymie *(alexithymia)*. Bezeichnung für das bei psychosomatischen Patienten beobachtete Symptom, eigene Gefühlszustände nicht in Worte fassen zu können, obwohl die entsprechenden physiologischen Erregungsanzeichen spürbar vorhanden sind. Diesem Symptom entspricht ein phantasieloses, an konkreten Vorgängen orientiertes Denken *(→pensée opératoire)* und ein hohes Maß an Anschlußbedürfnis und sozialer Konformitätsneigung.

Algesie *(algesia)*. Fähigkeit, Schmerzen zu erfahren (und zu ertragen). Gegensatz von *→Analgesie.*

alghedonisch *(algedonic)*. Bezeichnung für die auf den polaren Begriffen Lust und Unlust (Schmerz) aufbauenden Gefühlstheorien.

Algolagnie *(algolagnia)*. Bezeichnung für durch Schmerz hervorgerufene Lustgefühle (sexueller Art), und zwar sowohl durch Erleiden als auch durch Zufügen von Schmerz (*→Masochismus, →Sadismus*).

Algophobie *(algophobia)*. Furcht vor körperlichen Schmerzen.

Algorithmus *(algorithm)*.
[1] *Mathematik, Kybernetik:* Verfahrensvorschrift zur Lösung von Aufgaben einer bestimmten Art. Daraus hergeleitet Bezeichnung für die Gesetzmäßigkeit, die der Funktion von Steuerungs- oder rückgekoppelten Kontrolleinrichtungen zugrunde liegt bzw. bei ihrer Programmierung herangezogen wurde.
[2] *Denk- und Gedächtnispsychologie:* Operationsweisen oder Vorschriften, welche Such-, Lösungs-, Entscheidungs- und/oder Handlungsstrategien zugrunde liegen, die bei der Lösung bestimmter Probleme wiederholt eingesetzt werden und deren Einzelschritte in gleicher Reihenfolge ablaufen.

Alice-im-Wunderland-Syndrom *→Depersonalisation.*

Alienation.
[1] Statistik: Schrumpfung, meist angegeben in Form des sog. *Alienationskoeffizienten.* Er stellt ein Maß für die Unverbundenheit, also den Mangel an Korrelation, zwischen zwei Variablen dar. Er wird nach der Beziehung

$$\sqrt{1-r^2}$$

berechnet. r ist in diesem Ausdruck die Produkt-Moment-Korrelation zwischen den beiden Variablen.
[2] Statistik: Allgemeiner Ausdruck für das Ausmaß des Einflusses des *Stichprobenfehlers* auf einen Korrelationskoeffizienten.
[3] Im englischen Sprachgebrauch Bezeichnung eines klinischen Symptoms, in dessen Verlauf bekannte Situationen oder Mitmenschen ihre Vertrautheit verlieren und fremdartig erscheinen.

Alienationskoeffizient *→Alienation.*

Alkoholdemenz *→Demenz.*

Alkoholismus *(alcoholism)*.
[1] (a) Im weiteren Sinn jeder gelegentliche, periodische (*→Dipsomanie*), fortdauernde, gewohnheitsmäßige und/oder durch körperlich-psychische Abhängigkeit bedingte Alkoholkonsum, der das sozial erträgliche Maß überschreitet. (b) Im engeren Sinn chronischer Alkoholkonsum in Mengen, die Gesundheit, Arbeitsfähigkeit, soziale Stellung und Familienleben gefährden bzw. beeinträchtigen. Syn.: *Alkoholmißbrauch (alcohol abuse); Alkoholabhängigkeit (alcohol dependence); Trunksucht.* (c) Im *DSM III-R* eine durch Mißbrauch und Gewöhnung (Toleranzerwerb) entstandene substanzinduzierte organisch bedingte psychische Störung, die sich u. a. im Bedürfnis nach täglichem Alkoholkonsum zur Aufrechterhaltung der Leistungsfähigkeit, in der Unfähigkeit, das Trinken aus eigener Kraft zu reduzieren oder damit aufzuhören, in der Fortsetzung des Konsums trotz bekannter gesundheitlicher Folgen oder bestehender Erkrankungen, im Trinken nicht zum Genuß bestimmter alkoholischer Substanzen, in Gedächtnisausfällen (Amnesien), Intoxikationsphasen, im Nachlassen der beruflichen und sozialen Anpassung (Fortbleiben von der Arbeit, Stellungsverlust, Streit mit Bekannten und Verwandten, Gewalttätigkeits- und Verkehrsdelikte) mit einer Dauer von mindestens einem Monat zeigt. Zu den körperlichen Folgen schweren A. gehören neben Intoxikationsphasen Entzugssyndrome mit Alkoholdelir, chronische Magenschleimhaut- und Bindehautentzündungen, Leberzirrhose und -überfettung, Herzmuskelschwäche sowie Alkoholhalluzinationen, alkoholbedingte psychotische Zustände, epileptische Anfälle und *→Demenz.*
[2] *A.-Epidemiologie* und *-Intervention:* A. ist die in den westlichen Ländern weitestverbreitete Form der Abhängigkeit, u. a. wegen der leichten und legalen Beschaffbarkeit von Alkohol, seiner unmittelbaren subjektiven belastungslindernden Wirkung und der Einbettung des Trinkens in das Netz alltäglicher sozialer Gewohnheiten. Die Entstehung des A. verweist auf eine komplexe soziale, psychische und physiologische Bedingungsstruktur. Von den allgemeinen Konsumgewohnheiten ausgehend sind ca. 14% der männlichen und 5% der weiblichen Durchschnittsbevölkerung alkoholgefährdet. Ein hoher Prozentsatz gerät mit dem Gesetz in Konflikt und/oder wird behandlungsbedürftig. Interventionsstrategien zielen neben der Linderung alkoholbedingter körperlicher Ausfallerscheinungen auf

die mit dem A. verknüpften psychischen Probleme und auf eine Veränderung der Einstellung gegenüber Alkohol und Alkoholkonsum, um das Rückfallrisiko zu verringern. Eine besonders erfolgreiche Rolle spielt die internationale Selbsthilfeorganisation *Anonyme Alkoholiker, AA (alcoholics anonymous)*, deren Ziel es ist, bei voller Wahrung der Anonymität und auf freiwilliger Basis durch gruppendynamische Prozesse Abstinenz zu erreichen. Einzelne Therapieansätze vgl. *→Antabus, →Drogenabhängigkeit (3).*

LIT. FEUERLEIN (1984); KRYSPIN-EXNER (1990); SCHMIDT (1988).

Allele *(allele)*. Gene homologer Chromosomen, die sich auf das Erscheinungsbild der Mitglieder einer Lebewesenart *(Phänotypus)* unterschiedlich auswirken. In der Regel erweist sich im Rahmen der *Evolution* das Gen des Ursprungstieres über die durch *Mutationen* entstandenen A. als dominant.

Allergie *(allergy)*. Bezeichnung für eine besonders ausgeprägte Empfindlichkeit gegenüber bestimmten Substanzen (z.B. gewissen Nahrungsmitteln, Pollen, Medikamenten), wobei es zu erheblichen körperlichen Störungen kommen kann.
→Immunsystem.

Alles-oder-Nichts-Reaktion *(all-or-none-response, -reaction)*.
[1] Erregbare Zellen entwickeln stets Aktionspotentiale gleicher Intensität oder sie feuern nicht. Die Herausbildung eines Aktionspotentials dagegen wird durch Verrechnung der über Synapsen vermittelten Potentialveränderungen (örtliche oder zeitliche Summation) vollzogen.
[2] Bezeichnung für eine Reaktion (z.B. Reflex), die entweder ausgelöst wird oder nicht und die im Falle der Auslösung keinerlei Abstufungen, also immer volle Intensität zeigt.

Allgemeine Psychologie *(general psychology)*. Bezeichnung für das größte Teilgebiet der Psychologie, in dessen Rahmen allgemeine Gesetzmäßigkeiten des Verhaltens, Erlebens und seiner Steuerung auf Grund systematischer Untersuchungen ermittelt werden.

Allgemeine Systemtheorie *→System.*

Alogie *(alogia)*. Unfähigkeit, korrekte Sätze zu bilden. Gilt als Symptom *→geistiger Behinderung*, motorischer *→Aphasie* und als Negativ-Symptom schwerer *→psychotischer Störungen (→Schizophrenie).*

Alpha-Blockierung *(alphablocking) →Elektroencephalogramm.*

Alpha-Index *→Elektroencephalogramm.*

Alpha-Koeffizient *(alpha coefficient)*. Statistische Bezeichnung für ein von L. J. CRONBACH entwickeltes Maß der *internen Konsistenz (→Konsistenz).*

Alpha-Tests. Eine Reihe von Intelligenztests, die in der US-Armee im Ersten Weltkrieg zur Auswahl von Rekruten verwendet wurde, auch *Army-Alpha-Tests* genannt.

Alpha-Wellen *(alpha-waves) →Elektroencephalogramm.*

ALS *→Psychophysiologie.*

Alter *(age)*.
[1] Die Zeit, welche seit der Geburt eines Lebewesens vergangen ist. Syn. *Lebensalter, chronologisches Alter (chronological age)*. Altersangaben erfolgen in der *Entwicklungspsychologie* in Jahren und Monaten. Das Alter eines elf Jahre und sieben Monate alten Kindes wird als 11; 07 notiert.
[2] *Entwicklungsalter (developmental age)* bezeichnet das Verhältnis des individuellen Entwicklungsstandes in umschriebenen Körper- oder Leistungsmerkmalen zum Durchschnitt in der entsprechenden Population. Mit Hilfe des E.-A. lassen sich z.B. *Akzeleration, Frühreife* oder *Retardation* (Entwicklungsrückstand) beschreiben.
[3] *Intelligenzalter (mental age)* ist die von BINET eingeführte Bezeichnung für den individuellen Stand der intellektuellen Leistungsfähigkeit im Verhältnis zum Durchschnitt einer gleichaltrigen Bezugsgruppe. Dieser Kennwert ermöglicht die Feststellung von Vorsprüngen oder Rückständen des Individuums. Der von STERN eingeführte *Intelligenzquotient (IQ)* drückt das Verhältnis zwischen Intelligenzalter und Lebensalter aus. IQ = Intelligenzalter · 100 : Lebensalter. Werte unter 100 verweisen auf einen Rückstand, über 100 auf einen Vorsprung der intellektuellen Leistungsfähigkeit gegenüber dem Lebensalter. In den heute üblichen *Intelligenztests* ist der IQ anders, nämlich als Abweichungsquotient definiert.
→Intelligenztests.

Alternsforschung, psychologische Gerontologie, gerontologische Psychologie *(psychology of aging; psychological gerontology)*. Teilgebiet der Entwicklungs-, Persönlichkeits- und Sozialpsychologie, das sich mit alternsspezifischen Veränderungen des Menschen im weitesten Sinne beschäftigt. Altern wird dabei als Inbegriff regelhafter Veränderungen verstanden, die sich im reifen Organismus abspielen bzw. sich unter repräsentativen Umweltbedingungen einstellen, wenn der Mensch chronologisch älter wird. Unter Berücksichtigung der biologisch-physiologischen Vorgänge, die mit altersspezifischen Veränderungen in Erleben und Verhalten einhergehen, werden in diesem Forschungszweig Umweltfaktoren (z. B. soziale Kontakte; Pensionierung), Krankheitsfaktoren, motivationale Veränderungen, Veränderungen im Erleben der sozialen Umwelt, Veränderungen in einzelnen Funktionsbereichen (z. B. Wahrnehmen, Gedächtnis, Lernen, Motorik), Veränderungen in Problem- und Konfliktlösungs-Strategien, von Einstellungen und Bewertungsmaßstäben, Veränderungen der Persönlichkeit (einschl. psychopathologischer Aspekte) und Interventionsstrategien behandelt. Darüber hinaus befaßt sich die Alternsforschung mit institutionellen Problemen (z. B. Fragen der Organisation und Versorgung in Altersheimen) und der Wechselwirkung zwischen sozialen, institutionellem, ökologischen und medizinisch-funktionalen Aspekten; sie beteiligt sich in wachsendem Maße an der Entwicklung von prophylaktischen Maßnahmen.

LIT. Birren (ed.; 1959); Birren, Schaie (1967); Charlotte Bühler (1933); Lehr (1984); Lehr, Thomae (1965); Riegel, Meacham (1976); Welford (1958).

Altersdemenz →*Demenz.*

Altruismus *(altruism).* Bezeichnung für eine durch Selbstlosigkeit und Hilfsbereitschaft ausgezeichnete Einstellung gegenüber Mitmenschen. In der Sozialpsychologie wird dies als →*Hilfeleistungs-Motiv* bzw. *Hilfeleistungsverhalten* diskutiert. Gegensatz: *Egoismus.*

Alzheimersche Krankheit *(Alzheimer's disease),* Syn.: *präsenile Demenz.* Durch degenerative Veränderungen des Gehirns bedingte Störung, die bei 50–60jährigen mit ersten Anzeichen eines vorzeitigen Abbaus intellektueller Funktionen (→*Demenz*) einsetzt und in einen mehrjährigen irreversiblen Prozeß zunehmender Beeinträchtigungen einmündet. Die A.K. beginnt mit Störungen des Kurzzeitgedächtnisses. Später treten neben Störungen des Langzeitgedächtnisses fortschreitende Sprach- und Sprechschwierigkeiten, Unrast, Reizbarkeit, Aggressivität und/oder Stimmungslabilität hinzu; das Krankheitsbild endet nach Ablauf von einigen Jahren in totaler Desorientiertheit und Hilflosigkeit der Betroffenen. Zentrales differentialdiagnostisches Merkmal sind atrophische Veränderungen in fronto-temporalen und parieto-occipitalen Hirnrindenbereichen, die mit Hilfe der →*Tomographie* nachgewiesen werden können, sowie eine Reihe weiterer Veränderungen, darunter Schädigungen der präsynaptischen cholinergen Rezeptoren und anderer Neurotransmitterfunktionen. Die Auslöser dieser Veränderungen sind bis heute unbekannt.

Ambidexteralität →*Händigkeit.*

Ambiguität →*mehrdeutig.*

Ambivalenz. Emotionale Einstellung gegenüber einem Mitmenschen, die zwischen den Gefühlen von Liebe und Haß schwankt.

AMDP-System. Im Auftrag der Arbeitsgemeinschaft für Methodik und Dokumentation in der Psychiatrie entwickelter Ansatz zur Vereinheitlichung der Klassifikation, Differentialdiagnose und Dokumentation psychischer Störungen unter Einbeziehung biologischer, psychologischer, soziologischer und ökologischer Kennwerte.

LIT. AMDP (1981); Baumann, Stieglitz (1983).

Amentia. Bezeichnung für verschiedene Grade des *Schwachsinns;* zu unterscheiden von *Dementia (→Demenz).*

Amimie *(amimia).* Bezeichnung für einen Ausfall der Mimik (Gesichtsausdruck), durch den das Ausdrucksverstehen und damit die zwischenmenschliche Kommunikation behindert wird.

Amitose →*Zellteilung.*

Ammonshorn →*Hippocampus.*

Amnesie *(amnesia).* Vollständiger oder teilweiser Ausfall des →*Gedächtnisses. Partielle Amnesie (localized amnesia)* bezeichnet einen meist funktional begründeten Gedächtnisausfall, bezogen auf einen umschriebenen Zeitabschnitt, eine Situation oder auf einen bestimmten Erlebnisbereich. *Retroaktive Amnesie* bezeichnet einen Gedächtnisausfall, der sich auf die einem Trauma oder Schockerleben unmittelbar vorangegangenen Ereignisse bezieht.

Amnesie, anterograde →*Gedächtnis.*

Amphetamine *(amphetamines).* Zusammenfassende Bezeichnung für Medikamente mit stimulierender Wirkung auf das *Aktivationssystem* und auf die Herzfunktionen, chemisch dem *Adrenalin* nahe verwandt, jedoch in ihrer Wirkung auf die adrenergischen Fasern des Sympathikus länger anhaltend. A. wurden eine Zeitlang als Antidepressiva verwendet; ebenso galten sie als beliebte Dopingpräparate, da sowohl stimmungsanhebende als auch die sensorische und motorische Leistung betreffende Effekte auftreten. Sie erhielten auch den Namen *Weckamine.* Wegen relativ starker Nebenwirkungen und Abhängigkeitsgefahr nur mehr selten gebraucht.
→*Drogenabhängigkeit.*

Amusie *(amusia).* Die Unfähigkeit, Töne zu erkennen (oder wiederzugeben).

Amygdala →*Gehirn.*

Anabolismus. Der Aufbauprozeß der komplexen organischen Substanzen im lebenden Gewebe (Stoffwechsel).
→*Metabolismus.*

Anaglyph. Die Demonstration des Prinzips der retinalen *Disparation* mittels Bildern, die in zwei Farben hergestellt sind (meist blau und rot). Bei Betrachtung dieser Bilder durch eine Farbbrille – das eine Glas ist rot, das andere blau – erscheint die Darstellung *stereoskopisch,* d.h. räumlich. *Anaglyptoskop* oder *Anaglyphoskop* ist die Bezeichnung für eine Versuchsanordnung, mit deren Hilfe man die Rolle des Schattens bei der Wahrnehmung der Perspektive demonstrieren kann. Dabei wird ein Gegenstand von einer der vermeintlichen Lichtquelle entgegengesetzten Seite her beleuchtet.

anagogisch. C. G. Jungs Bezeichnung für die moralisch aufbauenden Tendenzen des Unbewußten.

anal. Den Bereich der Darmöffnung (Anus) betreffend.

Analerotik *(anal eroticism).* In der Psychoanalyse Bezeichnung für ein besonderes Interesse an der analen Region. Es handelt sich dabei um eine Phase der Sexualentwicklung, die der genitalen vorausgeht. Sie wird deshalb auch als prägenital bezeichnet.

Analgesie *(analgesia).* Das Löschen von Schmerzempfindungen. Als analgetisch oder *Analgetikum* bezeichnet man Maßnahmen und Substanzen, die der Schmerzmilderung oder -löschung dienen.
→*Hysterie.*

Analgetikum →*Analgesie.*

analog →*Daten* [7].

Analogie *(analogy).*
[1] Allgemeine Bezeichnung für die Ähnlichkeit oder Übereinstimmung zwischen *Systemen.*
[2] In der neueren Kybernetik unterscheidet man *strukturelle Analogie* als Bezeichnung für die Entsprechung von *Elementenbeziehungen* in verschiedenen Systemen von *funktionaler* Analogie als Bezeichnung für die Ersetzbarkeit eines Systems durch ein anderes, das die gleiche Aufgabe mit gleichem Effekt erfüllt, ohne daß gleiche Elemente oder Elementstrukturen gegeben sein müssen.
[3] In biologischer Bedeutung liegt Analogie zwischen zwei Lebewesenarten (und damit eine Grundlage der vergleichenden Betrachtung) dann vor, wenn sich biologische Systeme in ihrer Auseinandersetzung mit der Umwelt zu ähnlichen Formen entwickelt haben. Diese Auffassung entspricht am ehesten der von der funktionalen A. unter [2].
→*homolog.*

Analogiegesetz *(law of analogy).* Bezeichnung für eines der von Thorndike formulierten zusätzlichen Lerngesetze. Es besagt, daß Mensch oder Tier in jeder neuartigen Situation so reagieren, wie sie es in jeder ähnlichen Situation getan hätten.

Analogientest *(analogies test).* Bezeichnung für eine Testart, wie sie in fast allen Intelligenztests vorkommt. Die Aufgaben *(Items)* eines solchen Tests sind von der Form: A verhält sich zu B wie C zu?

Analysator *(analyser; analyzer).* Syn.: *Detektor.*
[1] In der *Physik* optische Vorrichtung zur Bestimmung der Schwingungsebene von linear polarisiertem Licht.
[2] *Biologie, Sinnesphysiologie:* Von Pawlow eingeführte Bezeichnung für angenommene »besondere Apparate des Nervensystems«, die auf charakteristische, biologisch und/oder funktionell bedeutsame Reizmerkmale ansprechen und bei ihrem Auftreten zu raschem Erkennen, Reagieren und zur Herausbildung *konditionierter Reflexe* beitragen. A. bestehen, so Pawlow, aus den peripheren Endigungen der Sinnesorgane, den von dort nach innen ziehenden zentripetalen Nerven (Afferenzen) und de-

ren Projektionen in die Großhirnhemisphären. Erste Beschreibungen von A. wurden im Zusammenhang mit den Grundlagen des Formensehens von DEUTSCH und SUTHERLAND vorgelegt. Form-A. sind zweidimensionale Anordnungen von Sehkortexzellen, die mit einzelnen Retinazellen fest verbunden sind und in ihrem »gemeinsamen Endkanal« *(final common cabel)* Erregungsmuster zeigen, die nach dem Prinzip eines Analog-Digital-Wandlers der Form des Reizes entsprechen. Die weiterreichende Annahme PAWLOWS, daß von Wahrnehmungsreizen ausgelöste neurale Signale auf ihrem Weg vom Sinnesorgan in das Großhirn automatisch einer umfassenden Merkmalsanalyse unterzogen werden, fand mit der Entdeckung *→rezeptiver Felder* ihre volle Bestätigung.

LIT. DEUTSCH (1955); PAWLOW (1956); SUTHERLAND (1969).

Analyse *(analysis)*.
[1] Zerlegung einer Einheit in sie konstituierende Teile, z. B. einer Mischung in ihre Elemente, eines Vorgangs in einzelne Teilprozesse oder -handlungen. Gegensatz: *Synthese*.
[2] Als *Analysis* Theorie der reellen und komplexen Zahlen.
[3] Synonym von *Psychoanalyse*.
[4] Als *Analytik* Teilgebiet der formalen Logik.

Analytische Psychologie *(analytic psychology)*.
[1] Bezeichnung für die von C. G. JUNG eingeführte, von FREUD abweichende psychoanalytische Richtung. *→Komplexe Psychologie*.
[2] Allgemeine und umfassende Bezeichnung für eine jede psychologische Forschungsrichtung, die analytisch orientiert ist (engl. *analytical psychology*). Syn. *zergliedernde Psychologie, Elementenpsychologie*.

Anamnese *(anamnesis)*. Eigentlich: in das Gedächtnis zurückrufen; in der Klinischen Psychologie und Medizin Bezeichnung für die Krankengeschichte; das Ausfragen bezügl. der Geschichte der Symptome und begleitender Umstände, z. B. begleitender Erlebnisse.

Anankasmus *(anancastia)*. Bezeichnung für die Tendenz zu zwanghaften Vorstellungen bzw. Zwangsneurosen. Das betroffene Individuum wird als *Anankast*, zwangsneurotische Züge im Verhalten und Erleben werden als *anankastisch (anancastic)* bezeichnet.

Anarthrie *(anarthria)*. Artikulationsschwierigkeiten, die auf eine Läsion des sprachmotor. Zentrums zurückgehen.

Anästhesie *(anesthesia)*. Unempfindlichkeit gegenüber Außenreizen aufgrund peripherer bzw. zentralnervöser Störungen bzw. durch lokal oder zentral wirksame Narkotika.

An-Aus-Reaktion *(on-off-effect)*. Durch Rezeptorelemente, die während der gesamten Reizdauer verstärkt Potentiale abgeben, vermittelte Reaktionen des Rezeptorapparates. Die entspr. Rezeptoren werden *An-Aus-Rezeptoren (on-off-receptors)* genannt.

Anergien *→Immunsystem*.

anergischer Stupor *→Stupor*.

Anfall *(attack; fit; seizure)*.
[1] Plötzlich auftretende, kurzzeitige, stark ausgeprägte Zustands- und/oder Verhaltensänderung, die Gesundheit und Wohlergehen unterbricht bzw. im Verlauf einer chronischen Störung wiederholt auftritt.
[2] *A.-Arten und -Formen* können in bezug auf unterschiedliche Ursachen klassifiziert werden, z. B.: (a) *Epileptischer A. (epileptic attack, epileptic seizure):* Durch allgemeine Steigerung der Hirnaktivität bedingter *großer epileptischer A. (grand mal)* mit Bewußtseinsverlust, rhythmischen Zuckungen (mit Verletzungsgefahr) und anschließendem längerem Schlaf, oder der *Herd-A. (epileptic fit; Jacksonian fit)* als ein durch Steigerung der Hirnaktivität in einem umschriebenen Hirnbereich ausgelöster A. mit krampfartigen Zuckungen in bestimmten Muskelpartien, veränderten Körpergefühlen (z. B. Bauchschmerzen), jedoch ohne Bewußtseinsverlust und nachfolgendem Schlaf. (b) *Paralytischer A. (paralytical attack):* Durch progressive Paralyse bedingter A. (c) *Apoplektiformer A. (apoplectiform attack):* A. mit reversiblen Lähmungsfolgen und/oder Sprachstörungen, ähnlich wie nach Schlaganfällen (Apoplexie); meist im Zusammenhang mit abklingenden entzündlichen Hirnerkrankungen, progressiver Paralyse oder als Symptom multipler Sklerose auftretend. (d) *Diakopischer A. (diacopic fit):* Durch Zwischen- und Stammhirnherde bedingte anfallsartige Atemstörungen (Apnoe) mit nachfolgender Bewußtlosigkeit. (e) *Diencephal-autonomer A. (diencephalo-autonomic attack)*, Syn.: *Vegetativer A.:* A. mit ausgeprägten vegetativen Symptomen (z. B. Veränderung der Haut-

durchblutung, Schweißausbrüche, Übelkeit, Bauchschmerzen, Herzjagen). (f) *Sympathikotoner A. (sympathicotonic seizure),* Syn.: *Herzangst-Syndrom (heart anxiety syndrome; Soldier's heart):* Oftmals erstmalig nach großen psychischen Belastungen auftretende Herzsymptome und damit verbundene Angstgefühle. (g) *Synkopaler A. (faint; fainting),* Syn.: *vasomotorischer A. (vasomotoric attack):* Nach Dauerbelastung oder heftigen Schreckerlebnissen auftretende Beklemmungszustände mit Schweißausbrüchen und kurzzeitigen Bewußtseinstrübungen oder -verlusten. (h) *Psychogener A. (psychogenetic attack, psychogenetic hysteric attack),* Syn.: *Großer hysterischer Anfall (→Hysterie):* Meist durch intensive Erlebnisse bedingter A., der ohne Bewußtseinsverlust und Verletzungsgefahr mit einer typischen bogenförmigen Beugung des Körpers nach vorn einhergeht.

angeborene auslösende Mechanismen *→Auslöser.*

Angewandte Psychologie *(applied psychology).* Zusammenfassende Bezeichnung für eine Vielzahl von Tätigkeitsfeldern wissenschaftlich ausgebildeter Psychologen. Zu den allgemeinen Kennzeichen gehören (a) die Anwendung systematischer Erkenntnisse aus Allgemeiner, Persönlichkeits- bzw. Testpsychologie und Sozialpsychologie auf die Lösung individueller Probleme im privaten oder beruflichen Bereich, auf Probleme von Gruppen und auf Probleme von Institutionen oder Gemeinwesen, (b) die rationalwissenschaftliche Analyse des Verhältnisses von Anforderungen und Bedürfnissen des einzelnen oder einer Gruppe und (c) die Anwendung der Berufseignungs-, Leistungs- und Persönlichkeitsdiagnostik in Verbindung mit den verschiedenen Beratungstechniken. Einzelne Teilgebiete der A. P. sind z. B.: Das Feld der *Beratung* mit Berufs-, Ehe-, Eltern-, Erziehungs-, Familien-, Jugend-, Kinder-, Schüler- und Studentenberatung; die mit den allgemeinen Zielen der *→Pädagogischen Psychologie* eng verwandte schulpsychologische Beratung befaßt sich u. a. mit der Diagnose und Behebung von Lernstörungen (z. B. Konzentrationsschwächen, Legasthenie) und entwickelt entsprechende Lehrprogramme einschl. der organisatorischen Voraussetzungen ihrer Anwendung; die mit den allgemeinen Zielen der *→Klinischen Psychologie* nahe verwandte Beratung psychisch Gestörter, Drogenabhängiger oder Suchtgefährdeter setzt systematische Kenntnisse der Psychopathologie (Pathopsychologie) voraus *(→Beratung).* Das Feld der *Arbeits-, Betriebs-, Industrie-, Organisations-* und *Wirtschaftspsychologie (→Arbeitspsychologie, →Arbeits-, Betriebs- und Organisationspsychologie)* umfaßt Probleme der Berufseignungs- und Leistungsdiagnostik, der Arbeitsplatzanalyse, -beschreibung und -gestaltung, Probleme sog. Mensch-Maschinen-Systeme und der *→Ergonomie,* Ausbildungs-, Führungs- und Organisationsfragen, Absentismus-, Fluktuations- und Unfallforschung, dazu der Markt-, Meinungs- und Werbungsforschung. Verwandte Problemstellungen finden sich in den Bereichen der *Verkehrs-* und *Wehrpsychologie.* Die *→Forensische Psychologie* befaßt sich mit Problemen der Rechtsfindung (z. B. Glaubwürdigkeit von Zeugen; Straffähigkeit und Zurechnungsfähigkeit von Delinquenten) und des Strafvollzuges (Probleme der Inhaftierten; ihre Vorbereitung auf die Wiedereingliederung in das normale Berufsleben nach Haftverbüßung). *Rehabilitationsprobleme,* z. B. die zuletzt angesprochene Frage der Rückführung von Delinquenten in das Berufs- und Alltagsleben, insbes. aber auch die Versorgung und Beratung Behinderter oder längerzeitig Erkrankter, stellen ein weiteres umfassendes Tätigkeitsfeld der A. P. dar. Im Rahmen der *Ökologischen Psychologie* oder *Umweltforschung* wird in enger Verbindung mit allgemeinen Erkenntnissen der Sozialpsychologie der Einfluß von Umweltbedingungen auf Erleben und Verhalten untersucht (z. B. Wohnraum- und Siedlungsgestaltung; Fragen der Vereinzelung oder Dichte des Miteinanderlebens; Abgase oder Lärm als Belastungsquellen; Organisation und Errichtung von Freizeit- und Spielräumen etc.). Zu den Feldern der Angewandten Psychologie zählen ferner *Kunstpsychologie, Politische Psychologie* und *Friedensforschung, Religions-* und *Sportpsychologie* als übergreifende und methodisch komplexe Problemstellungen. Im weiteren Sinne gehören *→Medizinische Psychologie, →Klinische Psychologie, →Pharmakopsychologie* und *Pädagogische Psychologie* ebenfalls in den Bereich der A. P. Diese Gebiete haben jedoch

inzwischen eine derartige Komplexität und Eigenständigkeit erlangt, daß sie in der Regel als selbständige Teilfächer der Psychologie betrachtet werden.
LIT. ANNE ANASTASI (1964); DORSCH (1963); WEBB (1962).

Angst *(anxiety)*.
[1] Allgemeine umfassende Bezeichnung für emotionale Erregungszustände, die auf die Wahrnehmung von Hinweisen, auf mehr oder weniger konkrete bzw. realistische Erwartungen oder allgemeine Vorstellungen physischer Gefährdung oder psychischer Bedrohung zurückgehen. A.-Zustände äußern sich in Gefühlen der Spannung bzw. Betroffenheit und gehen mit ausgeprägten autonomen Veränderungen einher. Bezieht sich A. auf intensive, schmerzhafte Reize oder akute, lebensbedrohliche Gefahren, so dominieren körperliche Erregungsanzeichen, wie z.B. Zunahme der Herzrate, Gefäßveränderungen, Pupillenerweiterung, Kälte- und Hitzeempfindungen, Zittern, Übelkeitsgefühle, ggf. Verlust der Schließmuskelkontrolle. Die Symptome gleichen angeborenen *Defensiv-* und *Schreckreaktionen*. Die Veränderungen der Motorik, z.B. Erstarren, Bewegungssturm, Einleitung massiver Abwehr- oder Fluchtbewegungen, gleichen dabei der von CANNON beschriebenen *Notfallsreaktion*. Bei den alltäglichen Ängsten und Befürchtungen dagegen dominieren *kognitive Bewertungsprozesse*, die sich auf die *Erwartung* einer möglichen Bedrohung oder Gefahr im Lichte der *Bewältigungschancen* beziehen. Befindlichkeits- und Erlebnisaussagen über A.-Zustände im Kontext von Leistungs- oder Prüfungssituationen (Prüfungsangst) beziehen sich sowohl auf von *besorgter Betroffenheit (worry)* getragene Denk- und Vorstellungsinhalte als auch auf die Wahrnehmung *emotionaler Erregungsveränderungen (emotionality)*, d.h. auf subjektives Anspannungserleben und spezifische körperliche Reaktionen, z.B. Herzklopfen, Übelkeit u.ä. Eine wichtige Rolle bei der Interpretation der Angstfolgen spielen die Denk- und Vorstellungsinhalte, die sich einerseits auf konkrete, leistungsbezogene (z.B. Bedenken in bezug auf die blamablen Folgen eines möglichen Versagens), andererseits auf aufgabenirrelevante Themen beziehen (z.B. der Wunsch, weit weg zu sein); dominieren diese, so kann dies im Extremfall zu einem Aufmerksamkeitswechsel führen, in dessen Verlauf die Anforderungen der Aufgabe aus dem Blick geraten. Die Dauer und Intensität von A.-Zuständen hängt in diesem Fall einerseits von der erlebten Art und Eindringlichkeit der Gefahren- bzw. Bedrohungshinweise ab, andererseits von individuellen Einstellungen, Erwartungen, Vorstellungen und Bewältigungsmöglichkeiten. A.-Zustände im Zusammenhang mit umschriebenen Objekt- oder Ereignisklassen werden auch als *Furcht* bezeichnet, während A. im engeren Sinne als Ausdruck der Bedrängnis und Besorgtheit in bezug auf die Ungewißheit bzw. Undurchschaubarkeit der eigenen Lage ohne konkreten Gegenstandsbezug gilt. Da aber A.- und Furchtzustände die gleichen Merkmale der Spannung, Betroffenheit und autonomen Erregung besitzen, werden sie in der neueren humanpsychologischen Forschung unter dem Oberbegriff der *Zustandsangst (state anxiety)* zusammengefaßt. Die erlebte Intensität der Zustandsangst ist Ausdruck der subjektiv evidenten Gefährlichkeit oder Bedrohlichkeit einer Situation; die A.-Intensität ändert sich im Lichte der jeweiligen *Bewertung* bzw. Neueinschätzung der Situation. Die individuelle Eigenart, bestimmte Objekt-, Ereignis- oder Situationsklassen als besonders gefährlich bzw. bedrohlich anzusehen und daher mit erhöhter Zustandsangst zu reagieren, sobald entsprechende Hinweise auftreten, wird umgangssprachlich als Furchtsamkeit bzw. Ängstlichkeit, in der Fachsprache als *Angstneigung (trait anxiety)* bezeichnet. Die mehr oder weniger spezifischen Angstneigungen gelten als *Persönlichkeitseigenschaften* und können mit Fragebogenverfahren erfaßt werden. Beziehungen zwischen der Neigung, in selbstwertbezogenen Situationen Bedrohliches zu sehen (z.B. in Erwartung prüfungsähnlicher Erfahrungen) und der Intensität manifester Zustandsangst lassen sich u.a. mit dem *State-Trait-Anxiety-Inventory (STAI)* auf der erlebnisdeskriptiven Ebene darstellen. Daneben existieren zahlreiche situationsspezifische Verfahren, z.B. zur Ermittlung der Prüfungsangst u.ä. (vgl. FRÖHLICH, 1983).
[2] *Angsttheorien:* Die verschiedenen psychologischen A.-Theorien unterscheiden sich hinsichtlich der Annahmen über die A.-Entstehung und A.-

Wirkung, ihres Situationsbezugs und der Herleitung von Interventions- bzw. Therapiekonzepten beträchtlich voneinander.
(a) *Psychoanalytische A.-Theorie:* In seiner sog. ersten A.-Theorie sah FREUD A. als eine Reaktion des Organismus auf nicht verkraftbare Erregung, die durch Blockierung der Erreichung von Triebzielen (z.B. durch Vereitelung des Orgasmus) bzw. durch den seelischen Schmerz bei drohendem Verlust eines triebbesetzten Objekts (z.B. eines geliebten Menschen) ausgelöst wird; in seinem zweiten Erklärungsansatz sieht er in der A. ein allgemeines Signal für unbewußte Konflikte zwischen Triebansprüchen und moralischer Kontrolle. Als →*Angstneurose* bezeichnete FREUD intensive, quälende, unbeherrschbare, relativ überdauernde Formen der A., die mit manifesten oder symbolischen Tendenzen zu Flucht, Vermeidung und somatischen (autonomen) Veränderungen einhergehen. Deren Gegenstände (Objekte, Situationen sowie Erinnerungs- oder Vorstellungsinhalte) seien für die Betroffenen erkennbar, deren Gründe dagegen nicht. FREUD empfahl zum Abbau von schwerwiegenden Ängsten die deutende Aufdeckung der zugrundeliegenden Konfliktstoffe durch →*Psychoanalyse.*
(b) *Lerntheoretische A.-Theorien:* Gegenstands- oder situationsbezogene A. galt für WATSON als Folge einer Koppelung der emotionalen Komponente angeborener Abwehr- oder Defensivreaktionen (z.B. Reaktion auf plötzlich auftretenden heftigen Lärm) an ursprünglich neutrale Reize (z.B. Anblick eines harmlosen Haustiers) durch *klassische Konditionierung* im Sinne PAWLOWS; die Übertragung der A. auf andere ähnliche Gegenstände (z.B. Tiere mit Fell, Gegenstände mit fellartiger Oberfläche) wird durch *Reizgeneralisierung* erklärt. In der von MOWRER u.a. auf der Grundlage von Tierversuchen konzipierten Zwei-Faktoren-Theorie der A. wird die Reproduktion der emotionalen Erregung (wie bei WATSON) auf klassische Konditionierung, die damit verbundene Tendenz zur vermeidenden Flucht dagegen auf *operante Konditionierung,* d.h. auf den verstärkenden Effekt einer durch erfolgreiche Flucht erreichten Erregungsminderung zurückgeführt. Die Übertragung der A. auf ähnliche Gegenstände oder Situationen gilt (wie bei WATSON) als Ausdruck der Reizgeneralisierung. Das Weiterbestehen der A. und der Fluchttendenzen (*Angst-* oder *Furchtkonservierung*) ist bedingt durch die Anzahl wiederholter A.-Erfahrungen sowie durch die rasche Ausführung zur Gewohnheit gewordener automatisierter Vermeidungsreaktionen, deren Effekt (das Abklingen der Erregung mit Erreichen einer gefahrlosen Umgebung) wegen der großen Geschwindigkeit ihrer Ausführung nicht eintreten bzw. registriert werden kann. So besteht die A. weiter, obwohl die aktuelle Bedrohung fortgefallen ist. Wenn in aus Erfahrungen bekannten, A. auslösenden Situationen die Möglichkeit zur sofortigen Vermeidung blockiert ist, werden verschiedene Fluchtmöglichkeiten durchprobiert und erfolgreiche eingeprägt. Dies gilt als Hinweis dafür, daß aus der A. ein *Motiv* zur Einleitung von instrumentellen Vermeidungsreaktionen werden kann. Die von SPENCE und TAYLOR entwickelte *Triebtheorie der A.* geht von dem durch allgemeine Erregbarkeit und A.-Erfahrungen geprägten individuellen Grad der *A.-Neigung* als Komponente des allgemeinen *Triebniveaus* aus. Seiner Erfassung dient die Taylor-Manifest-Anxiety-Scale (TMAS; MAS). Menschen mit hoher A.-Neigung lernen einfache Reaktionen (z.B. die Ausführung des Lidschlags auf ein Lichtsignal, das einen unangenehmen, gegen das Auge gerichteten Luftstoß ankündigt) wesentlich rascher als Menschen mit geringer A.-Neigung. Bei schwereren, komplexeren Aufgaben (z.B. Lernen von alternativen Reaktionen, einer Liste von Wortpaaren) dagegen sind Hochängstliche den Niedrigängstlichen unterlegen. Bei einfachen Aufgaben bewirkt ein erhöhtes Triebniveau die rasche Herausbildung einer Reaktionsgewohnheit (Habit); bei komplexen Aufgaben mit Reaktionsalternativen dagegen weckt ein hohes Triebniveau während des Lernens Tendenzen sowohl zur Ausführung richtiger als auch falscher Reaktionen, zwischen denen entschieden werden muß *(Habitinterferenz).* Aus den lerntheoretischen Ansätzen gingen zahlreiche Verfahren der verhaltensorientierten →*Psychotherapie* bzw. →*Verhaltenstherapie* hervor.
(c) *Kognitive A.-Theorien:* In den lerntheoretischen A.-Theorien werden A.-Entstehung und A.-Folgen aus Bezie-

hungen zwischen Reizen und Reaktionen erschlossen; zwischen den Wirkungen physischer Gefahren (z. B. schmerzhafte Ereignisse) und psychischer Bedrohung (z. B. Furcht vor Leistungsversagen oder Prüfungen) wird kein nennenswerter Unterschied gemacht. Für LAZARUS ist jede emotionale Reaktion, so auch die A., die Folge einer →*Bewertung* der Situation und ihrer möglichen →*Bewältigung* durch Umdenken oder Handeln. In dem von SPIELBERGER entwickelten Prozeßmodell gehen aktuelle *A.-Zustände* ebenfalls von der Bewertung der Situation aus. Die Auftretenswahrscheinlichkeit und Intensität der A.-Zustände wird allerdings von der individuellen *A.-Neigung* moduliert, letzteres besonders dann, wenn die Bewertung den Eindruck einer Selbstwert-Bedrohung erweckt. Als geeignete Therapieformen gelten Maßnahmen zur Veränderung der Bewertungsmaßstäbe und -strategien (→*Angstbewältigung;* kognitive →*Verhaltensmodifikation*). Aus *entwicklungspsychologischer* Sicht stehen Grundformen der A. in engem Zusammenhang mit der Möglichkeit eines Kindes, neuartige Eindrücke in bereits bestehende kognitive Schemata einzupassen; besteht diese Möglichkeit nicht, resultiert Angst. BOWLBY diskutiert A. bei Kindern im Wechselspiel zwischen *Anschlußbedürfnis* und *Trennung*. Im Lauf der Entwicklung werden die grundlegenden Bedürfnisse nach Unversehrtheit und Sicherheit in immer differenziertere *kognitive Schemata* eingebettet. Diese tragen entscheidend dazu bei, auf welche Art in sozialen Situationen die Befriedigung der Grundbedürfnisse erreicht und wann dieses Ziel für unerreichbar gehalten und daher A. ausgelöst wird. Von besonderer Bedeutung für die Eindämmung von A. bei Kindern sind Verfahren, die auf dem *Modellernen (→Lernen)* beruhen.

(d) *Psychophysiologische und neuropsychologische Ansätze:* Ausgangspunkte sind die mit der A. auftretenden somatischen Veränderungen und ihre funktionelle Bedeutung. Zu den Veränderungen zählen zentralnervöse *Aktivierung* (EEG-Desynchronisation), vegetative (Sympathikus-)Veränderungen (Anstieg der Herzfrequenz, des systolischen Blutdrucks und der elektrodermalen Aktivität, insbes. erhöhte Hautleitfähigkeit und spontane Fluktuationen), Veränderungen des Neurotransmitter- und Neuromodulatoren-Systems (erhöhte Noradrenalin-, Serotonin- und Endorphine-Produktion, GABA-Reduktion), des Hormonsystems (Katecholamine-, Kortisol- und ACTH-Anstieg), biochemische Reaktionen (z. B. vermehrtes Auftreten freier Fettsäuren) sowie eine Gesamterhöhung des Muskeltonus. Diese Erkenntnisse sind eine wesentliche Voraussetzung für die Entwicklung und Effektkontrolle sog. anxiolytischer (angstlösender) Pharmaka. Da Veränderungen dieser Art nicht nur bei A., sondern bei einer Reihe anderer Emotionen sowie Streß auftreten, sollte man sie in der Psychophysiologie des Menschen nur dann als angstspezifische Kennzeichen auffassen, wenn sie in Auseinandersetzungen mit gefährlichen bzw. bedrohlich erscheinenden Situationen und im Zusammenhang mit angstbezogenen Befindlichkeitsaussagen auftreten. Das von GRAY vorgelegte neuropsychologische A.-Modell wurde auf der Grundlage von Untersuchungen an Tieren entwickelt. Es geht von der Annahme aus, das sog. *Verhaltens-Hemmungs-System (BIS; behavioral inhibition system)* mit seinen engen Verbindungen zu Strukturen des limbischen Systems, sensorischen Kortexfeldern, Hypothalamus und vegetativen Kernen der Medulla (→*Gehirn*) sei der entscheidende zentralnervöse Vermittler von Verhaltensunterbrechungen bzw. -hemmungen, Erregung und Aufmerksamkeitswechsel, die im Gefolge von Bestrafungssignalen, Signalen für das Nichteintreffen von erwarteten Belohnungen, von abrupt auftretenden neuartigen Reizen größerer Intensität und von angeborenen Furchtsignalen auftreten. Ergänzt werden diese Annahmen durch komplexe neurophysiologische Modelle, die aufgrund klinischer Erfahrungen mit Hirnverletzten bzw. Patienten mit zentralnervösen Funktionsstörungen entwickelt werden konnten (vgl. STRIAN, PLOOG).

→*Angstneurose,* →*Angststörung,* →*Bewältigung,* →*Bewertung,* →*Emotion,* →*Motivation,* →*Streß.*

LIT. BARLOW (1988); BIRBAUMER (1977); BOWLBY (1973); BURROWS, ROTH, NOYES (1990); FREUD (1946ff.); FRÖHLICH (1982; 1983); GRAY (1982); JANKE, NETTER (1986); KROHNE (1981); LAUX u. a. (1981); LIEBERT, MORRIS (1967); MARKS (1987); LAZARUS (1991); LAZARUS, AVERILL (1972);

MILTNER u.a. (1986); SARASON (1984); SPIELBERGER (1966; 1972); STRIAN (1983); STRIAN, PLOOG (1988).

Angstbewältigung *(anxiety coping; coping with anxiety).* [1] Aus den kognitiven Emotionstheorien hergeleitete Bezeichnung für Veränderungen der Häufigkeit und/oder Intensität von Angstzuständen durch versachlichende, gewisse Aspekte leugnende, unter dem Eindruck erfolgreicher Auseinandersetzungen oder deren Erwartung vollzogene Neu- oder Umbewertungen der ursprünglich angstauslösenden Situation (*→Bewältigung, →Bewertung, →Streß, →Verhaltensmodifikation*).
[2] Als *Angstbewältigungstraining (anxiety management training)* bezeichnet man in der *→Verhaltenstherapie* Verfahren zur Einübung von Entspannungstechniken, die bei Auftreten von Angstgefühlen eingesetzt werden können.

Angsthierarchie *(anxiety hierarchy). Psychotherapie, Verhaltenstherapie:* Aus Interview und Verhaltensanalyse stellt der Therapeut gemeinsam mit dem Patienten eine Liste von Reizen, Situationen oder symbolischen Darstellungen zusammen, deren Ordnung dem Grad angstauslösender Wirkung beim Patienten entspricht. Im Rahmen der nachfolgenden Desensibilisierungstherapie wird der Patient in abgestufter Reihenfolge, beginnend mit dem am wenigsten angstbezogenen Reiz, an die Gegenwart dieser Reize gewöhnt. Die Wirkung dieser Maßnahme beruht auf lerntheoretischen Prinzipien.

Angstneurose *(anxiety neurosis).* [1] Im Rahmen der von FREUD geprägten klassischen Neurosenlehre eingeführte Bezeichnung für eine breite Klasse relativ häufig auftretender psychischer Störungen mit den allgemeinen Kennzeichen intensiver, quälender Angstzustände, heftiger somatischer Erregung mit fließenden Übergängen zwischen psychischen und somatischen Symptomen sowie unbeherrschbarer Tendenzen zu Flucht und Vermeidung, gelegentlich auch zur resignativen Hinnahme. Von A. Betroffene können zwar berichten, welche Objekte, Ereignisse, Situationen oder Vorstellungen für sie unerträglich beängstigend sind, sie können jedoch keine Gründe dafür angeben. Objekt- oder situationsbezogene neurotische Ängste werden im Rahmen der klassischen A.-Lehre als *Phobien,* neurotische Ängste, die sich in Selbstzweifel und Hoffnungslosigkeit äußern, je nach Thema als *Versagens-, Existenz-* oder *Schuldängste,* in bezug auf eine Vielzahl von Gegenständen, Situationen oder Vorstellungen wechselhaft auftretende heftige Angstgefühle als Ausdruck der *freiflottierenden Angst (free floating anxiety),* panikartige, bis zur Todesangst gesteigerte Angstattacken als *Angstanfälle (anxiety attacks; panic attacks)* bezeichnet. Für FREUD galten Neurosen (im Unterschied zu *→Psychosen* und organisch bedingten Störungen) als Ausdruck zwanghaft wiederkehrender unbewußter Konflikte; in der A. sah er den spezifischen Ausdruck von Konflikten zwischen Triebansprüchen und ihrer Zensur.
[2] Die *Therapie* von A. ist aus dieser Sichtweise an die Auflösung der Konflikte mit Hilfe aufdeckender deutender Verfahren der *→Psychoanalyse* gebunden. In den frühen lerntheoretischen Erklärungsansätzen wird die A. dagegen als Ausdruck der Konditionierung fehlangepaßter Reaktionen, in den nachfolgenden kognitiven Theorien als Übernahme einer fehlangepaßten Bewertungsweise angesehen, die durch die Lösch- bzw. Hemmungsstrategien der *→Verhaltenstherapie,* durch die Vermittlung von Techniken der *→Angstbewältigung* oder durch *→Verhaltensmodifikation* korrigiert werden kann. Damit wird gezeigt, daß ein ätiologisches (von den Ursachen hergeleitetes) Neurose- bzw. A.-Konzept mehrdeutig ist. Darüber hinaus gibt es erhebliche differentialdiagnostische Abgrenzungsschwierigkeiten zwischen A. und Störungen, die (z.B. bei ihrer Koppelung mit Zuständen deprimierter Hilflosigkeit) zum Formenkreis der sog. *Psychosen* oder aber (z.B. bei Herzbeschwerden ohne organischen Befund) zum Formenkreis sog. *psychosomatischer Erkrankungen* gehören. Im nosologischen (symptomorientierten) Klassifikations- und Diagnosesystem des *DSM III-R* wurde daher die Bedeutung des klassischen Begriffs A. erheblich modifiziert und durch *→Angststörung* ersetzt.
LIT. *→Angst.*

Angststörung *(anxiety disorder).* Im *DSM III-R* eingeführte Bezeichnung für eine Klasse von Störungen, die sich in *Angstzuständen* und *Vermeidungsver-*

halten (ohne Symptome affektiver, schizophrener oder organisch bedingter Störungen) in bezug auf bestimmte Situationen oder deren Vorstellung äußern. Anhand nosologischer (symptom- und verlaufsorientierter) Kriterien lassen sich verschiedene Formen von Störungen mit dominanten Angst- und Vermeidungssymptomen unterscheiden; die meisten von ihnen galten in der klassischen ätiologischen Neurosenlehre als Ausdrucksformen der →*Angstneurose.*
Zu den A. zählen →*Panikstörung,* →*Agoraphobie, soziale Phobie (→Phobie), einfache Phobie (→Phobie), Zwangsstörung oder -neurosen (→Zwangsneurose),* →*Posttraumatische Belastungsstörung, generalisierte Angststörung (→Angststörung, generalisierte)* sowie eine Restkategorie *nicht näher benennbarer Angststörungen.*

Angststörung, generalisierte *(generalized anxiety disorder). DSM III-R:* Über mehrere Monate oder länger anhaltende Ängste, die in Form unrealistischer, übertriebener Besorgnis und Erwartungsängste mit Bezug auf umschriebene Lebensumstände (z.B. Erwartung von Versagen bei voller Leistungsfähigkeit) oder auf andere Personen (z.B. die Erwartung, ein naher Angehöriger sei in Gefahr, obwohl er sich in Sicherheit befindet) auftreten und von (motorischer) Anspannung, erhöhter (vegetativer) Erregung und Überwachsamkeit (Hypervigilanz) begleitet sind. Die g. A. kann in allen Altersstufen auftreten; am häufigsten findet man sie bei 20–30jährigen.

Anhedonie *(anhedonism),* Syn.: *Affektverflachung, Lustlosigkeit, Stumpfheit (blunted affect).* Die Unfähigkeit, Freude zu empfinden, Unterhaltungen oder Zerstreuungen zu genießen; Sonderform der *Affektlahmheit (affective rigidity).* Tritt als lebenslange Folge einschneidender Lebensereignisse (z.B. Konzentrationslageraufenthalt, Verfolgungserfahrungen; →*Depression*) sowie als *Negativsymptom* der →*Schizophrenie* auf.

Anima. Seele; von C. G. Jung gebrauchte Bezeichnung für den inneren Bereich der Persönlichkeit in Verbindung mit dem *Unbewußten.*

Animismus *(animism).* Die Überzeugung, daß die Dinge der Natur beseelt oder aber Wohnsitz von Geistern sind. Eine Frühform dieses Glaubens ist der *Animatismus,* der Leben in der unbelebten Natur annimmt.

Ankerreiz *(anchor stimulus).* Von Helson eingeführte Bezeichnung für einen Reiz, der als Anhaltspunkt für die Beurteilung der Intensität oder Größe anderer verwendet wird, ohne notwendigerweise selbst Gegenstand einer aktuellen Einschätzung zu sein. Entsprechendes gilt z.B. für den *Standardreiz* bei der Ermittlung von Unterschiedsschwellen. Die besondere Bedeutung des A. zeigt sich in seiner Rolle als Hintergrundinformation bei der Bildung des *Adaptationsniveaus.* Soll man z.B. Gewichte zwischen 200 und 400 g mit Hilfe einer Rating-Skala zwischen schwer und leicht einordnen, so fallen die Urteile mittlerer Schwere auf ein Gewicht von ca. 250 g. Geschieht die Einordnung unter dem Eindruck eines A. von 900 g, so verlagert sich das mittlere Urteil auf Gewichte um 340 g; liegt der A. bei nur 90 g, so ist ein nachfolgendes Gewicht von ca. 180 g bereits mittelschwer. →*Adaptationsniveau.*

Anlagen *(dispositions)* →*Disposition.*

Annahmebereich →*Assimilations-Kontrast-Theorie.*

anoetisch *(anoetic).* Bezeichnung für eine primitive Stufe des Bewußtseins, innerhalb deren es keine objektivierbaren Beziehungen zur Umwelt gibt (manchmal auch *anoegenetisch,* engl. *anoegenetic).*

Anomalie *(anomaly).* Allgemeine und umfassende Bezeichnung für ein von einer Norm abweichendes Verhalten.

Anomie *(anomia).* Eine Form der *Aphasie,* bei der es zu Schwierigkeiten beim Erinnern von Dingnamen kommt.

Anonyme Alkoholiker →*Alkoholismus.*

Anopie *(anopia).* Bezeichnung für Sehstörungen bzw. Blindheit durch Augenschäden, z.B. bei der *Anopsie.*

Anopsie *(anopsia).* Bezeichnung für Sehstörungen, die durch Schielen o.ä. zustande kommen.

Anorexia nervosa →*Eßstörungen.*

Anorexie *(anorexia).* Appetitlosigkeit.
→*Eßstörungen.*

ANOVA. Aus dem Englischen stammende Abkürzung für →*Varianzanalyse (analysis of variance).*

Anpassung, soziale *(adjustment, social adjustment,* seltener: *social adaptation).* Allgemeine und umfassende Bezeichnung für den Prozeß oder das Ergebnis eines Vorganges, der als Herstellung des Gleichgewichts zwischen Individuum bzw. Organismus und seiner sozialen und/oder physikalischen Umwelt gedeutet wird. Diese Auffassung kommt von SPENCERS darwinistischer Anschauung her, daß das Leben durch fortgesetzte Anpassung definiert sei. In diesen Vorgang gehen mit ein die Aspekte der Zielerreichung bzw. Wunscherfüllung des Individuums im sozialen Feld und des Zufriedenstellens der sozialen Umwelt durch ein flexibles Verhalten, das durch *Konformität* mit Zielen und Wünschen, Anschauungen und Normen der anderen den gleichgewichtstiftenden Ausgleich herstellt. In der neueren Sozialpsychologie und Soziologie wird der Begriff etwas enger gefaßt und bezieht sich auf einen durch ständig sich ändernde Umweltveränderungen ausgelösten Orientierungs- und Neuorientierungsvorgang, an dessen Ende ein Verhalten steht, das es dem Individuum ermöglicht, seine eigenen Intentionen (Wünsche) zu verwirklichen, ohne dabei Schaden zu erleiden oder Mitmenschen zu schädigen.

LIT. CROW, CROW (1956); PARSONS, SHILS (1951).

An-Reaktion *(on-effect)*. Bei Auftreten eines Reizes, also bei Beginn einer Veränderung eines gegebenen Zustands des Rezeptorapparates, reagieren einige Rezeptorelemente (phasische Rezeptoren) mit gesteigerter Frequenz der Impulsabgabe. Man nennt sie deshalb auch *An-Rezeptoren (on-receptors)*.

Anschauung. Ein direktes, unreflektiertes Auffassen in der Sinneswahrnehmung *(→Bewußtheit)*.

Anschlußverhalten *→Bindung*.

Ansporn *(incentive)*. Bezeichnung für einen Gegenstand oder eine äußere Bedingung von der angenommen wird, sie könne der Befriedigung eines Bedürfnisses oder eines Motives dienen und den Organismus veranlassen, Handlungen zur Erreichung des Gegenstandes oder zur Herstellung der betreffenden Bedingungen zu vollziehen. Zusätzlich wird angenommen, daß dadurch ein bereits vorhandener, jedoch latenter Triebzustand erweckt bzw. ein bereits vorhandener intensiviert wird. In HULLS System bezeichnet K die *Anspornkomponente*.
→Trieb.

Anspornkomponente *→Ansporn*.

Anspruchsniveau *(level of aspiration, aspiration level, AL)*.
[1] Nach LEWIN und HOPPE der individuelle Leistungsanspruch in einer gegebenen Situation. Die Höhe des A. richtet sich einerseits nach dem angestrebten Leistungsziel und seiner Bedeutung, andererseits nach den Erfahrungen von Erfolg oder Mißerfolg in der konkreten Situation. Die Tendenz, einen möglichst hohen Leistungsstandard zu erreichen, wird auch als Ich-Niveau bezeichnet. Erfolg steigert in der Regel durch seine bestätigende und anspornende Wirkung das A., daneben aber auch die Entscheidungsgeschwindigkeit und die bevorzugte Wahl schwierigerer Aufgaben; Mißerfolg hat den gegenteiligen Effekt.
[2] Im Zusammenhang mit der Erforschung von *Leistungsmotivation* und verwandten Phänomenen (MC-CLELLAND, HECKHAUSEN) ist das A. zentraler Indikator für den Gütemaßstab und orientiert sich nicht nur an Erfolg und Mißerfolg, sondern auch an sozialen Bedingungen (z.B. Verhaltenserwartungen, Prestigeverlust). Die Differenz zwischen A. und der zuletzt erreichten Leistungshöhe wird zum Maß für die momentan wirksame Leistungsmotivation selbst.

LIT. HECKHAUSEN (1963); HOPPE (1930).

Anstrengung *→Aufmerksamkeit*.

Antabus *(antabuse)*. Aus dem Englischen **anti-abuse** hergeleitete Bezeichnung für *Disulfiram*. A. ist eine an sich körperunwirksame Substanz, die in Verbindung mit Alkoholkonsum zu einer Störung des Alkoholabbaus im Körper führt. Die damit einhergehende Anreicherung von Acetaldehyd im Blut hat deutlich spürbare Folgen, die sich z.B. in Übelkeit, heftigen Kopfschmerzen, Hitzegefühlen und Hautrötungen zeigen. *A.-Kuren* werden daher als *→Aversionstherapie* zur Verhinderung des Alkoholkonsums bzw. des Rückfalls bei *→Alkoholismus* angewandt.

antagonistisch *(antagonistic)*, Subst. *Antagonist*. Allgemeine Bezeichnung von Funktionen bei Muskeln oder Reflexen, die einander in ihrer Aktion oder Wirkung aufheben bzw. gegeneinander wirken, z.B. Beuge- und Streckmuskeln an Armen und Beinen.

anterograde Amnesie *→Gedächtnis*.

Anthropoiden *(anthropoids)*. Bezeichnung für alle Arten höher entwikkelter Affen (Menschenaffen), die in der Entwicklungsreihe dem Menschen am nächsten sind.

Anthropologie *(anthropology).* Allgemeine und umfassende Bezeichnung für die Wissenschaft vom Menschen unter besonderer Berücksichtigung des (a) genetischen oder somatischen Aspektes *(Anthropometrie, Genetik),* des (b) *ethnologischen* oder *kulturellen* Aspektes *(Kultur-* oder *Sozialanthropologie)* oder (c) des *psychologischen* Aspektes *(Psychologische Anthropologie).* Während der Aspekt (a) zu den vergleichenden Teilgebieten der Medizin gezählt wird, sind (b) und (c) Grenzgebiete zwischen der *Ethnologie* (Völkerkunde) und den *Kultur-* und *Sozialwissenschaften,* also der *philosoph. Anthropologie* und der *Sozialpsychologie* und *Soziologie.*
Im deutschen Sprachgebrauch wird A. meist in der Bedeutung *»Philosophische Anthropologie«* gebraucht und bezeichnet zum Unterschied von der das Verhalten erforschenden, empirischen Psychologie die philosophische Reflexion über das »Wesen des Menschen«, sein »Erkennen« oder sein »Erleben«, sowie seine Entwicklung.
→*Sozialanthropologie.*
LIT. CARREL (1955), GEHLEN (1962); LANDMANN (1955); MÜHLMANN (1948); ROTHACKER (1948).

Anthropologische Psychologie →*Anthropologie.*

Anthropomorphismus *(anthropomorphism).* Die Verwendung menschlicher Eigenschaften zur Beschreibung des Verhaltens von Tieren oder vorgestellter Lebewesen (Götter).

Antibiotika *(antibiotics).* Das Wachstum von Mikroorganismen hemmende oder blockierende Stoffwechselprodukte von Bakterien oder Pilzen, die zur Bekämpfung von Infektionskrankheiten eingesetzt werden (z. B. Penicillin, Streptomycin).

Antidepressiva *(antidepressants, psycho-energizer).* Zusammenfassende Bezeichnung für *Psychopharmaka,* die auf Grund ihrer über Hormone bzw. biogene Amine vermittelten (a) angstvermindernden (anxiolytischen), (b) antriebsfördernden oder -dämpfenden und/oder (c) die Stimmungslage insgesamt beeinflussenden Wirkung bei der Therapie von *Depressionen* verschiedensten Ursprungs zur Anwendung kommen. Entsprechend ihrer Wirkung unterscheidet man die beiden Hauptgruppen der *Thymoleptika* und *Thymeretika.*

Antigen →*Immunsystem.*

antiinfektiöse Immunität →*Immunität.*

Antikörper →*Immunsystem.*

Antipsychiatrie →*Schizophrenie.*

Antisemitismus →*Autoritäre Persönlichkeit.*

antisoziale Persönlichkeit →*Psychopathie.*

antisoziale Persönlichkeitsstörung →*Persönlichkeitsstörung.*

antitoxische Immunität →*Immunität.*

Antizipation *(anticipation).* Die vorstellungsmäßige Vorwegnahme oder →*Erwartung* eines gewissen Denk- oder Handlungsziels bzw. eines Ereignisses. Ein auf ein bestimmtes Ziel gerichtetes Denken oder Erkennen bzw. zielorientiertes Vorgehen wird oftmals auch als →*prospektiv* bezeichnet.

Antizipatorische Reaktion, antizipierende Reaktion.
[1] *(anticipation error):* Bezeichnung für das Auftreten einer Reaktion bei seriellen Lernversuchen, noch bevor diese an der Reihe ist. Lernt z. B. eine Versuchsperson eine Reihe von sinnlosen Silben und soll nachher eine nach der anderen vorwegnehmend hersagen (Antizipationsmethode), so spricht man dann von einer *antizipatorischen Fehlreaktion,* wenn noch vor dem Hersagen der vorhergehenden Silbe oder in vertauschter Reihenfolge eine vorwegnehmende Reaktion (d. h. Aussage) erfolgt.
[2] *(anticipatory reaction, anticipatory goal reaction, antedating reaction):* Bezeichnung für das Einsetzen einer bestimmten, auf ein Ziel gerichteten Reaktion oder Verhaltensweise, wenn die Situation zum Reagieren oder Handeln aufgrund der Vertrautheit zwar gegeben ist, der spezifische Auslösereiz oder das Signal jedoch noch nicht erfolgte, so daß die Reaktion oder Handlung verfrüht einsetzt. Vorausgesetzt ist, daß das Signal oder der Auslösereiz vorher in seiner Funktion bekannt gemacht, d. h. gelernt wurde, und daß eine generelle Bereitschaft für das Reagieren oder Handeln angenommen werden kann. Ein anschaul. Beispiel sind verfrühte Starts bei Pferderennen oder Läufern.
[3] *(anticipatory response):* Bezeichnung für eine Teilreaktion oder -handlung, die dann ausgeführt wird, wenn der Gesamtablauf aus welchem Grunde immer gehemmt oder verzögert wird. Sie bleibt in bezug auf den Gesamtablauf fragmentarisch.

Antrieb *(drive, impulse)*. Inbegriff dynamisierender oder das Handeln motivierender Impulse. In der Beschreibung des (offenen) Verhaltens manchmal gebraucht als zusammenfassende Bezeichnung für das im Verhalten gezeigte Niveau der Geschwindigkeit und Ausdauer, z. B. bei der Ausführung von Testaufgaben. In manchen Theoretischen Systemen wird der Begriff als generelle Voraussetzung für Lerngeschwindigkeit (Hull) oder für die effektive Anpassung an eine Situation verwendet, in der Leistungen gefordert werden. →*Bedürfnis*, →*Motivation*.

Antriebsschwäche →*Abulie*.

Antriebszustand →*Hypothetische Zustandsvariable*.

Antwort →*Reaktion*.

a-Paradigma →*Reaktionszeit*.

Apathie *(apathy)*. Ein Zustand, der durch Indifferenz, durch Abwesenheit von Gefühlen, mangelnde Aktivität und Ansprechbarkeit gekennzeichnet ist. A. gilt als Symptom von *Depression* und *Schizophrenie*.

Aphasie *(aphasia)*. Im engeren Sinn eine Störung der Sprachfunktion, die von einer kortikalen Läsion herrührt. Sie zeigt sich entweder in Form der *motorischen Aphasie* – der Unfähigkeit, sich der Sprache zu bedienen – oder in Form der *sensorischen Aphasie* – der Unfähigkeit, Gesprochenes zu verstehen. Im weiteren Sinn bezeichnet der Begriff auch andere Sprachstörungen, wie etwa *Alexie*, →*Agraphie* u. ä.

Aphrasie *(aphrasia)*. Die allg. Unfähigkeit, zusammenhängende Sätze auszusprechen. Einzelne Wörter dagegen können störungsfrei hervorgebracht werden.

Aphrodisiaca *(aphrodisiacs)*. Den Geschlechtstrieb steigernde Präparate.

Aphrodisie *(aphrodisia)*. Gesteigerte sexuelle Erregbarkeit.

apoplektische Demenz →*Demenz*.

Apoplexie *(apoplexy)*. Durch Gehirnblutung (Schlaganfall) ausgelöste Lähmung der Herdgegenseite des Körpers, oftmals mit nach dem Anfall einhergehender Bewußtlosigkeit und nach Abklingen der akuten Lähmungserscheinungen herabgesetzter motorischer Kontrolle der betroffenen Körperpartien verbunden.

Apperzeption. Bei Leibniz ursprünglich als Bezeichnung für das klare und deutliche Erkennen verwendet, das durch ein Identifizieren gekennzeichnet ist. In der Psychologie der Pädagogik Herbarts wird damit ein grundlegender Prozeß bezeichnet, der dem Erwerb von Wissen zugrunde liegt, wobei das bereits vorhandene Wissen – die *apperzeptive Masse* – eine Rolle spielt.

Apperzeptive Masse →*Herbartsche Psychologie*.

Appetenzphase →*Instinkt*.

Appetit *(appetite)* →*Verlangen*.

applied semantics →*Semantik*.

Apraxie *(apraxia)*. Unfähigkeit, Gegenstände ihrer Bedeutung gemäß verwenden zu können (Folge einer zerebralen Läsion).

AQ *(achievement quotient)*. Allgemeine Bezeichnung der englisch-amerikanischen Fachsprache für verschiedene Arten von Leistungsquotienten (→*Leistung*).

Äquilibration →*Entwicklungstheorien*.

Arachnoides *(arachnoids)*. Spinngewebehaut. Die mittlere der drei das Gehirn *(arachnoidea encephali)* und das Rückenmark *(arachnoidea spinalis)* umgebenden Häute.

Arachnophobie →*Phobie*.

ARAS, aufsteigendes retikuläres Aktivierungs-System *(ascending reticular activating system)*. Nach Lindsley das Neuronengeflecht zwischen Medulla und Thalamus mit zum Kortex aufsteigenden Verbindungen und absteigenden Verbindungen, die Wirkungen auf das autonome Nervensystem und auf den Bewegungsapparat vermitteln. Die zentralen Anteile dieser Verschaltung liegen in der *formatio reticularis*. Das ARAS wird auch als *unspezifisches sensorisches Subsystem* bezeichnet, bei dessen Erregung →*Aktivation* entsteht; eine generelle Beteiligung bei der Entstehung von *Gefühlen* bzw. ihrer Wirkweise gilt als gesichert. *Funktion:* Treffen Reize ein Sinnesorgan, so gelangen über spezifische Bahnen Erregungen in den Kortex und über unspezifische Bahnen gleichzeitig in den Hirnstamm. Dieser sendet über das ARAS dem Kortex aktivierende Impulse zu, was einer allgemeinen und unspezifischen Aktivierung gleichkommt. Absteigende Bahnen vermitteln daraufhin z. B. die eine →*Orientierungsreaktion* bewirkenden Impulse. Durch absteigende Verbindungen in Richtung Stammhirn wird je nach Überwiegen erregender oder hemmender Impulse der weitere Aktivierungsvorgang *(Rückkoppelung)* ausgesteuert.

Arbeit *(work).*
[1] *Physik:* Das Produkt aus der an einem Körper oder Massenpunkt angreifenden Kraft (F) und dem unter ihrer Einwirkung von ihm zurückgelegten Weg (s) bei konstanter Krafteinwirkung und übereinstimmender Richtung von Kraft und Weg (A = F·s).
[2] *Biologisch- medizinische Humanwissenschaften:* Ursprünglich ausschließlich körperliche Tätigkeit (Körperarbeit), die mit erheblichem Kraftaufwand verbunden ist; heute alle Tätigkeiten, deren Ausführung den Organismus beansprucht und mit Energieverbrauch verbunden ist. In Arbeitsmedizin, -physiologie und biologisch-psychologischer Ergonomie wird die *Arbeitsleistung* im Bezugssystem von *Belastung* und *Beanspruchung (→Streß)* dargestellt. *Belastung* ergibt sich aus den vorgegebenen Anforderungen der Arbeitsaufgabe unter Berücksichtigung von Umfeld- bzw. Umgebungsbedingungen (z.B. Hitze, Vibration, Lärm). *Leistung* ist die Reaktion auf die Belastung; der ihr entsprechende Aufwand wird in physikalischen Leistungseinheiten (z.B. Watt) gemessen. Die bei der Leistung auftretende *Beanspruchung* variiert in Abhängigkeit von der individuellen *Leistungsfähigkeit* und dem *Wirkungsgrad (efficiency);* letzterer wird aus der Diskrepanz zwischen Energie- bzw. Kraftaufwand und erbrachter Arbeitsleistung erschlossen, die durch akute Reibungsverluste, allgemeine Verfassung und durch Tagesschwankungen (→*Biorhythmus*) mitbestimmt ist. Der Grad der physiologischen Beanspruchung kann z.B. aus Pulsfrequenz-, Blutdruck-, Sauerstoffverbrauchs-, Energieumsatz- und/oder Stoffwechselmaßen erschlossen werden; hinzu treten subjektive Indikatoren der *Arbeitsbelastung (job tension),* z.B. Aussagen über belastungsbedingte Empfindungen und Befindlichkeiten, im weiteren Sinne auch über Unzufriedenheit oder Resignation (→*Arbeitszufriedenheit*).
[3] *Sozialwissenschaften:* Zweckgerichtete, planvolle und organisierte Tätigkeit, die an materiellen (z.B. Herstellung von Produktionsgütern) oder immateriellen Zielen (z.B. Erreichen eines wissenschaftlichen Fortschritts) orientiert ist und zur Deckung des eigenen Bedarfs oder zum eigenen Gewinn bzw. dem anderer dient. A. kann zum einen dem individuellen Fortkommen, zum anderen dem Erreichen bestimmter allgemeiner wirtschaftlicher Ziele dienen. Die Ziele der A. und die Vorgehensweisen werden unter dem Oberbegriff *Arbeitsaufgabe (task, job)* zusammengefaßt. In ihrem Rahmen entfaltet sich die *Arbeitshandlung (operational activity; occupational action)* als bewußte, zielgerichtete, an einem vorweggenommenen Ergebnis orientierte, gesteuerte Tätigkeit, die sich im sozialen Feld der *Arbeitsorganisation* abspielt, die gesamte Persönlichkeit betrifft, auf sie zurückwirkt und Konsequenzen auch im privaten Sozialbereich nach sich zieht.
→Arbeitsanalyse, →Arbeits-, Betriebs- und Organisationspsychologie, →Arbeitsstrukturierung, →Arbeitszufriedenheit.

Arbeitsanalyse, -beschreibung *(job analysis; job description).*
[1] Zusammenfassende Bezeichnung für systematische Ansätze, die eine vom Arbeitsplatz abhängige Diagnostik der Arbeitstätigkeit ermöglichen. Mit entsprechenden Methoden werden dabei die für einen Arbeitsplatz charakteristischen instrumentellen kommunikativen, gruppendynamischen und organisatorischen Bedingungen sowie zusätzliche Belastungen erfaßt. Verfahren der A. liefern wesentliche Hinweise für die Ausbildung, für die Vermeidung von Arbeitsunzufriedenheit und ihre Folgen (z.B. Demotivierung, Fehlzeiten, Fluktuationen, Unfälle), für die Unfallverhütung sowie für die Planung und Evaluierung arbeitsorganisatorischer Maßnahmen und betrieblich-organisatorischer Innovationen.
[2] *Methoden der A.:* (a) Analyse der ergonomischen Rahmenbedingungen für die Arbeitstätigkeit (z.B. Sitzhöhe, Zugänglichkeit und Sichtbarkeit von Bedienungselementen, Fragen der Bedienungs-Kompatibilität, Beleuchtung, Klima, Lärmbelastung) und ihrer Übereinstimmung mit arbeitsrechtlichen Normen und Vorschriften. Syn.: *Arbeitsplatzanalyse (work layout analysis).*
(b) Systematische Erfassung der wesentlichen Merkmale konkreter Arbeitstätigkeiten und objektiver Gegebenheiten am Arbeitsplatz durch Beobachtung, strukturierte Interviews, Frage- oder Checklisten. In der Regel werden dabei Daten über die motorische Arbeitsausführung, über die Menge und

Art aufzunehmender bzw. zu verarbeitender tätigkeitsrelevanter Informationen (z. B. Signalanzeigen), über die Art und Menge wirksamer Umgebungseinflüsse (z. B. Hitze, Lärm) und über arbeitsrelevante soziale Beziehungen (z. B. Zurufe, Arbeitsbesprechungen) erhoben. Die Verfahren stützen sich auf Fremd- und/oder Selbstbeobachtung. Beispiele sind der *FAA* (Fragebogen zur Arbeitsanalyse), eine für deutsche Verhältnisse adaptierte Fassung des *PAQ (Position Analysis Questionnaire)* von McCormick u. a., der *ABB (Arbeitsbeschreibungsbogen)* von Neuberger und Allerbeck sowie eine Reihe sog. *Tätigkeitsbewertungssysteme (TBS)*. Ein indirektes, nur teilweise strukturiertes Verfahren, das sich besonders für Ausbildungszwecke eignet, stellt die *CIT (Critical Incident Technique)* von Flanagan dar. Hier müssen geschulte Beobachter u. a. solche Ereignisse beschreiben und analysieren, die zu besonders guten bzw. schlechten Arbeitsergebnissen der Beobachteten führten.

(c) Systematische Erfassung der subjektiven Wirkung der Arbeitsbedingungen, erschlossen aus den Reaktionen von Stelleninhabern auf die Gegebenheiten des Arbeitsplatzes mit Hilfe standardisierter Inventare bzw. Fragebögen. Berücksichtigt werden als Charakteristika der eigenen Stellung neben der Einschätzung der objektiven Merkmale des Arbeitsplatzes die einzubringenden Fähigkeiten und ihre Umsetzung, die Möglichkeiten zu autonomen Vorgehensweisen, die Wirkweise von Rückmeldungen und sozialen Kontakten. Auf psychische Wirkungen verweisen Aussagen über den Sinngehalt der Arbeit, die Einschätzung der Verantwortung sowie der Art und des Umfangs, über die Ergebnisse der eigenen Arbeit informiert zu werden. In die Klasse der affektiven Reaktionen fallen Aussagen zur *Arbeitszufriedenheit* und *-motivation*. Als Hinweise auf den Grad der Verwirklichung des individuellen Bedürfnisses zur Selbstentfaltung (Wachstums- oder Entwicklungsbedürfnis) verweisen Aussagen über den Grad der Herausforderung durch bzw. des Interesses an der Arbeit. Die Anwendung des von Hackmann und Oldham stammenden *JDS (Job Diagnostic Survey)* und verwandter Verfahren ermöglicht überdies durch Vergleiche zwischen dem empfundenen Anreizwert der innehabenden Stelle und den Erwartungen zur Selbstentfaltung Rückschlüsse auf das sog. *Motivationspotential*, das als wesentliche Voraussetzung der *Arbeitszufriedenheit* gilt. Vergleichbare Verfahren sind z. B. *VERA* (Verfahren zur Ermittlung von Regulationserfordernissen in der Arbeitstätigkeit) von Volpert u. a., *STA (Subjektive Tätigkeitsanalyse)* von Ulich oder *TAI (Tätigkeits-Analyse-Inventar)* nach Frieling u. a.

LIT. Flanagan (1954); Frei, Ulich (1981); Frieling (1975); Frieling u. a. (1984); Hacker (1986); Hackman, Oldham (1974); Hoyos (1978); McCormick u. a. (1972); Neuberger, Allerbeck (1978); Schmidtke (1981); Ulich (1981); Volpert u. a. (1983).

Arbeitsaufgabe →*Arbeit*.

Arbeitsaufgaben-Bereicherung →*Arbeitsstrukturierung*.

Arbeitsbelastung →*Arbeit*.

Arbeits-, Betriebs- und Organisationspsychologie, ABO *(industrial psychology; organizational psychology)*. Zusammenfassende Bezeichnung für ein breites Anwendungsfeld der Psychologie, das neben *ABO* im engeren Sinne auch *Markt-, Werbungs-, Wirtschaftspsychologie, Unfallforschung* sowie *ABO*-relevante Aspekte der *Diagnostik* und *Intervention* umfaßt. *ABO* ist in Deutschland neben →*Klinischer* und →*Pädagogischer Psychologie* ein mit Vertiefungsmöglichkeiten angebotenes Ausbildungsfach der Diplomprüfungsordnung. Qualifizierende Fort- und Weiterbildungsangebote existieren sowohl an Universitäten als auch an Ausbildungsstätten des BDP (Berufsverband deutscher Psychologen). Die Gebiete der Arbeits- und Organisationspsychologie, früher im deutschen Sprachgebrauch unter der Bezeichnung Betriebspsychologie (vgl. Mayer, Herwig) zusammengefaßt, hängen eng zusammen. Sie können als zwei Aspekte aufgefaßt werden, unter denen sich die wissenschaftliche Psychologie mit dem arbeitenden Menschen und der Arbeitswelt unter dem leitenden Gesichtspunkt der im Betriebsverfassungsgesetz (BVG § 90) ausgesprochenen Verpflichtung zur menschengerechten Gestaltung der Arbeit befaßt.

[1] **Arbeitspsychologie** *(industrial psychology;* auch *psychological ergonomics; engineering psychology)*. Syn.: *In-*

dustriepsychologie. Teilgebiet der *Arbeitswissenschaften,* im engeren Sinne der *Angewandten* bzw. *ABO-Psychologie,* das sich mit den psychologischen Grundlagen der menschlichen Arbeit innerhalb von Arbeitsorganisationen (z. B. Betrieben) befaßt. *Arbeit* gilt als Tätigkeit bzw. Handlung, die sich im Rahmen von *Arbeitsaufgaben* entfaltet und zu einem materiellen oder immateriellen *Arbeitsergebnis* führt. Die Forschungsansätze der A. greifen in hohem Maße auf Ergebnisse der experimentell orientierten *Allgemeinen* und *Differentiellen Psychologie* zurück, insbesondere der *Wahrnehmungs-, Kognitions-, Emotions-* und *Motivationsforschung.* Gegenstände der A. sind: (a) Psychologisch relevante Aspekte von Arbeitsaufgaben, -anforderungen und -leistungen (→*Arbeitsanalyse*) im Rahmen der gegebenen instrumentellen, situativen und sozialen Arbeitsbedingungen, der Arbeitssituation; (b) personenbezogene Bedingungen des Arbeitsverhaltens (Fähigkeiten, Fertigkeiten, Einstellungen); (c) zeitkonstante und zeitvariable Bedingungen der Leistung; (d) Probleme der mentalen und physischen Arbeitsbelastung bzw. -beanspruchung (→*Arbeit*) und Maßnahmen zur Aufrechterhaltung der Gesundheit; (e) Fragen der Arbeitsmotivation und →*Arbeitszufriedenheit*; (f) des Arbeitsschutzes und der Unfallverhütung, (g) der Optimierung des Verhältnisses von Arbeitsanforderungen und Leistungsentfaltung im Zusammenhang mit technischen Neuentwicklungen sowie (h) Fragen der Aus-, Fort- und Weiterbildung. Spezifische arbeitspsychologische Fragestellungen, insbesondere jene der Anpassung von Arbeitsplätzen an den Menschen, werden häufig behandelt im Zusammenwirken mit Vertretern der *Anthropotechnik* (medizinisch-biologische Wissenschaft von der der Leistungsfähigkeit des menschlichen Organismus entsprechenden Gestaltung von Arbeitsplätzen), der *Arbeitsmedizin* und *-physiologie,* der →*Ergonomie* und *Ingenieurpsychologie (human factors engineering; engineering psychology),* einer Nachfolgedisziplin der →*Psychotechnik.*

[2] **Organisationspsychologie** *(organizational psychology).* Als *Organisation (organization)* bezeichnet man soziale Gebilde, die relativ überdauernde Ziele verfolgen, eine formale Struktur von Stellen (Rollen) und Verfahrensregeln aufweisen und in deren Rahmen ihre Mitglieder tätig sind, um definierte Arbeitsziele zu erreichen. Im engeren Sinne handelt es sich um zeitlich stabile, gegenüber ihrer Umwelt offene, aus zweckrational und zielgerichtet agierenden Individuen und Gruppen zusammengesetzte, strukturierte soziale Systeme. Die in Organisationen existierenden expliziten und impliziten Regeln, Normen und Symbole bestimmen die sog. *Organisationskultur (organizational culture).* Ihre sozial-emotionale Wirkweise auf Menschen wird unter dem Begriff *Organisations-* bzw. *Betriebsklima (working condition; working climate)* zusammengefaßt. Die O. befaßt sich mit den organisatorischen Voraussetzungen der Arbeit, mit den Interaktionen von Menschen in verschiedenen Organisationsformen und -strukturen und mit der Wirkweise organisatorischer Gegebenheiten und Veränderungen auf arbeitende Menschen und den Ertrag ihrer Arbeit. Sie schöpft ihre Erkenntnisse aus den interaktiven Beziehungen zwischen Situationsmerkmalen und individuellen Erlebnissen bzw. Verhaltensweisen in enger Anlehnung an die Ergebnisse der *Persönlichkeits-* und *Sozialpsychologie.* Wichtige Aufgabenbereiche der O. sind z. B. (a) Anforderungs- und Situationsanalysen im Hinblick auf Handlungsmöglichkeiten, (b) Beziehungen zwischen Situation und individuellen Fähigkeiten, Fertigkeiten und Motiven (→*Arbeitsstrukturierung:* →*Arbeitszufriedenheit*), (c) die Entwicklung von organisatorischen Vorkehrungen gegen Überbelastungen und gesundheitliche Beeinträchtigungen, (d) Personalauslese, insbesondere von Führungskräften, (e) Vermittlung von Handlungs- und sozialen Kompetenzen in Ausbildung, Fortbildung und Weiterbildung auf der Grundlage von Bildungsbedarfsanalysen, (f) die Analyse von Kommunikationsstrukturen und gruppendynamischen Prozessen, (f) die Entwicklung von Programmen zur Intervention bei Gruppenkonflikten und Selbstsicherheitsproblemen, (f) Mitwirkung bei der Planung und Effektbeurteilung von →*Innovationen.*

LIT. Dunette (1976); Gebert, Rosenstiel (1989); Greif, Holling, Nicholson (1989); Hacker (1986); Hoyos u. a. (1980); Kleinbeck, Rutenfranz (1987); Mayer, Herwig (1961); Rei-

CHEL u.a. (1985); ROTH (1989); SCHMIDTKE (1981); WEINERT (1987); WICKENS (1984).

Arbeitserweiterung →*Arbeitsstrukturierung.*

Arbeitsfeldvergrößerung →*Arbeitsstrukturierung.*

Arbeitsgedächtnis *(working memory).* Bezeichnung für das Bereithalten bzw. die verfügbare Menge von Informationen und Such-, Entscheidungs- bzw. Lösungsstrategien während der Beschäftigung mit einer Aufgabe. Während man bei der Analyse von Einprägungsprozessen davon ausgeht, eine begrenzte Auswahl von sensorischen Informationen werde innerhalb bestimmter Zeitgrenzen über das Kurzzeit- in das semantische oder Langzeitgedächtnis überführt, setzt die Anwendung bereits vorhandenen Wissens eine integrierte Funktionsweise von Kurz- und Langzeitgedächtnis voraus, die mit A. umschrieben wird. Die Kapazität des A. zeigt sich im Sinne einer *Abgleichfunktion.* Verlangt eine schwierige Aufgabe den Einsatz komplexer Lösungsstrategien bzw. -algorithmen, so ist die Menge der hintereinander verarbeitbaren Einzelinformationen eingeschränkt; sie vergrößert sich dann, wenn einfache Lösungsstrategien bzw. -algorithmen zur Bewältigung ausreichen.
→*Aufmerksamkeit,* →*Gedächtnis,* →*Informationsverarbeitung,* →*kognitive Elemente.*
LIT. BADDELEY, HITCH (1974).

Arbeitshandlung →*Arbeit.*

Arbeitshypothese →*Hypothese.*

Arbeitskurve *(work curve).* Graphische Darstellung der Leistungsverläufe bei geistigen oder manuellen Tätigkeiten über einen definierten Zeitraum.

Arbeitsplatzanalyse →*Arbeitsanalyse, –beschreibung.*

Arbeitsplatzbeschreibung *(job description).* Im Bereich der Arbeits- und Berufspsychologie angewandte Technik, die an einem Arbeitsplatz vorhandenen organisatorischen, gruppendynamischen, instrumentellen Bedingungen und Belastungen zu beschreiben.

Arbeitsstrukturierung *(structuralization of work; working structures),* Syn.: *Arbeitsgestaltung, Arbeitsorganisation (organization of work).* Arbeitsorganisatorische Maßnahmen der Veränderung des Arbeitsinhalts und -feldes, die eingesetzt werden, um Überbeanspruchungen oder Monotonie zu vermeiden und damit die *Arbeitszufriedenheit* zu fördern. Als Grundformen der A. gelten im Falle der Überbelastung *Arbeitsfeldverkleinerungen* (z.B. Auflösung in Teilaufgaben bzw. Umverteilung von Teilaufgaben innerhalb einer Arbeitsgruppe) und im Falle von monotoniebedingter Arbeitsunzufriedenheit *Arbeitsfeldvergrößerungen.* Zu den letzteren zählen: (a) *Arbeitserweiterung (job-enlargement),* d.h. eine quantitative Erweiterung des Tätigkeitsspielraums des einzelnen Arbeitenden durch die Übertragung einer Reihe gleichartiger Tätigkeitsschritte anstelle eines vereinzelten (z.B. bei Fließbandarbeit). (b) *Arbeitsaufgaben-Bereicherung (job-enrichment),* d.h. zusätzlich zur Arbeitserweiterung wird der Tätigkeitsspielraum des einzelnen Arbeitenden qualitativ erweitert, z.B. durch die Übertragung von Planungs- und Kontrollaufgaben innerhalb eines Fertigungsbereichs. (c) *Rotierender Arbeitswechsel (job-rotation),* d.h. die Arbeitenden wechseln in vorgegebenem oder selbstgewähltem Turnus ihre Tätigkeiten bzw. Tätigkeitsbereiche. (d) *Teilautonome Arbeitsgruppen (semi-autonomous work groups),* d.h. kleinen Gruppen werden in Produktionsbereichen zusammenhängende Arbeitsaufgaben übertragen (z.B. die Endmontage von Automobilen), wobei die Gruppenmitglieder Arbeitsablauf, Verteilung der Teilaufgaben und (innerhalb gewisser Grenzen) auch die Arbeitsplatzgestaltung nach selbstgesetzten Regeln im Sinne von Gruppennormen bestimmen.
→*Qualitäts-Zirkel.*
LIT. ULICH, BAITSCH (1987).

Arbeitszufriedenheit *(job satisfaction).*
[1] Affektiv-motivationaler Gleichgewichtszustand, der aus der erfahrenen Übereinstimmung zwischen Arbeitseinsatz, Arbeitsbedingungen und damit verknüpften Erwartungen (Soll-Zustand) einerseits und andererseits dem tatsächlichen Arbeitsertrag, den Bedingungen seines Zustandekommens und dem damit verbundenen Grad der Befriedigung materieller und immaterieller Bedürfnisse (Ist-Zustand) im Licht der diesen Faktoren und der Arbeit selbst zugeschriebenen Bedeutung resultiert. A. zeigt sich neben Äußerungen der Zufriedenheit in einer hohen und stabilen *Arbeits-* bzw. *Leistungsmotivation,* in entsprechenden Leistungen,

geringen Fehlzeiten und dem Wunsch, den Arbeitsplatz unverändert beizubehalten. Stimmen Ist- und Soll-Zustand, Erwartungen und Ergebnisse nicht überein, so kann – wenn keine erfolgversprechenden Maßnahmen zur Wiederherstellung des Gleichgewichts ergriffen werden – die damit verbundene (emotionale) Spannung zu kürzer- oder längerzeitiger *Arbeitsunzufriedenheit (job dissatisfaction)* führen. Die theoretische Diskussion der A. und Arbeitsunzufriedenheit samt ihren Konsequenzen steht in enger Beziehung zu den Grundannahmen der *Motivationsforschung* über das Verhältnis zwischen *Leistungszielen, Anspruchsniveau* und *Leistung* sowie über die Bedeutung von *Kontrollerwartungen* und *-überzeugungen.*

[2] *Forschungsansätze:* Das Ausmaß der aktuellen A. wird aus individuellen affektiven Stellungnahmen zur Arbeit, aus dem Grad der Bedürfnisbefriedigung, dem Erreichen bestimmter Ziele oder Werte oder des Eintreffens bestimmter Erwartungen erschlossen. A. wird mitbestimmt von den individuellen Fähigkeiten und Fertigkeiten, den Möglichkeiten ihrer effektiven Umsetzung, von einer der Arbeitsleistung entsprechenden Bezahlung, von der Abwesenheit physisch und/oder psychisch belastender Bedingungen am Arbeitsplatz und im Privatleben, von Grad und Qualität der Informiertheit über Arbeitsziele und -abläufe, von formellen und informellen Kommunikationsmöglichkeiten, vom Einvernehmen innerhalb der Gruppe, dem *Betriebs-* bzw. *Organisationsklima* und einer Reihe weiterer situativer bzw. persönlicher Faktoren. A. kann nach BRUGGEMANN als Resultat eines komplexen individuellen Prozesses der *Bewertung* und *Bewältigung* aufgefaßt werden. Sie kann sich äußern in Form der *progressiven* A. (auf Erweiterung des Tätigkeitsspielraums gerichtete A.) oder der *stabilisierten A.*, als *resignative A.* (Zufriedenheit, weil keine Änderungen erwartet werden) oder als *Pseudo-A.* (Zufriedenheitsäußerungen ohne tatsächliche Zufriedenheit); Arbeitsunzufriedenheit kann einerseits *fixiert* sein, andererseits *konstruktive* Züge aufweisen (z.B. Unzufriedenheit bei gleichzeitiger Erwartung bald eintretender Änderungen). Fehlzeiten, häufige Arbeitsplatzwechsel (Fluktuation) und erhöhte Unfallrisiken treten häufig als Folgen geringer A. auf. Als standardisierte Verfahren zur Bestimmung der A. im deutschen Sprachbereich gelten die *SAZ (Skala zur Erfassung der A.)* von FISCHER und LÜCK, von BRUGGEMANN entwickelte Kurzverfahren *(Arbeitszufriedenheits-Kurzfragebogen)* sowie die einschlägigen Items aus dem ABB (Arbeitsbeschreibungsbogen) von NEUBERGER und ALLERBECK. Zu den erfolgversprechenden Maßnahmen zur Verbesserung der A. gehören u.a. →*Arbeitsstrukturierung* und die Einführung sog. →*Qualitäts-Zirkel.*

→*Arbeits-, Betriebs- und Organisationspsychologie.*

LIT. BRUGGEMANN (1974; 1976); BRUGGEMANN, GROSKURTH, ULICH (1975); FISCHER, LÜCK (1972), NEUBERGER (1980); NEUBERGER, ALLERBECK (1978); ROSENSTIEL (1975).

Archetypus *(archetype).* JUNGS Bezeichnung für die Inhalte des *kollektiven Unbewußten.*

arcus senilis. Weißlichgelber, etwa 1 mm breiter Ring in der Hornhaut unweit des Hornhautrandes; bedingt durch Einlagerung von Lipiden bei alten Menschen. Gelegentlich auch in der Jugend bei Hypercholesterinaemie (Cholesterinüberschuß im Serum).

Army-Alpha-Tests →*Alpha-Tests.*

Artefakt *(artifact).* Bezeichnung für Ergebnisverfälschungen, die auf mangelhafter Anwendung statistischer Methoden oder auf *Reaktionseinstellungen* bzw. *Versuchsleiter-Effekten* beruhen. Im engeren Sinn als *statistisches A.* Bezeichnung für Parameterschätzungen aus unrepräsentativen Stichprobenwerten.

arteriosklerotische Demenz →*Demenz.*

Artikulation →*Phonation.*

Asomatognosie *(asomatognosia).* Störung der Körperwahrnehmung, die das Erkennen der Zugehörigkeit einzelner Körperteile zum eigenen Körper (z.B. gelähmter Gliedmaßen) beeinträchtigt bzw. unmöglich macht. Störungen dieser Art, die eine Körperhälfte einschließlich des entsprechenden Gesichtsfeldausschnitts betreffen, nennt man →*Neglect.*

Asphyxie *(asphyxia).* Durch Sauerstoffmangel hervorgerufene schwere Atemstörung bzw. -stillstand *(→Koma).*

Assertives Training *(assertive training),* Syn.: *Selbstsicherheits-Training, Selbstbehauptungs-Training.* Auf den

Grundsätzen der Gruppendynamik fußendes Verfahren zur Förderung von Selbstsicherheit, Selbstbehauptung und sozialer Kompetenz. Soziale Ängste und Gehemmtheit werden dabei durch Rollenspiele und Ermunterungen zu selbstsicherem und entschiedenem Auftreten seitens des Trainers bzw. der Gruppenmitglieder untereinander, gestützt auf Gruppenkonsens, zu überwinden gelernt.

Assessment Center, AC *(assessment center)*. Von H. A. MURRAY 1938 geprägte Bezeichnung für verhaltens- und situationsbezogene Auswahlverfahren zur Vorhersage der beruflichen Entwicklung und Bewährung von Führungskräften in Industrie, Verwaltung und Militär. Kleine Gruppen von Bewerbern (in der Regel 5–10) werden während eines Zeitraums von zwei bis drei Tagen durch Gespräche und Vorträge über die charakteristischen Arbeitsziele und -abläufe orientiert, durchlaufen, einzeln bzw. in Gruppen, eine Reihe von Tests (Intelligenz-, Leistungs- und Interessentests) sowie Interviews, führen Mitarbeitergespräche, werden mit simulierten betrieblichen Problemsituationen konfrontiert und übernehmen in Problemlösungsdiskussionen bestimmte Rollen. Ihre Leistungen und Verhaltensäußerungen werden durch anwesende vorher geschulte Angehörige der betreffenden Einrichtung, Psychologen und/oder andere Experten beurteilt. Das Verfahren zeichnet sich durch seine Verhaltensorientierung, Methodenvielfalt, Anforderungs- und Situationsbezogenheit sowie durch Mehrfachbeurteilung aus.
LIT. BYHAM (1970); JESERICH (1981); NEUBAUER (1980).

Assimilation *(assimilation)*. Allgemeine Bezeichnung für Prozesse, in deren Verlauf Ähnlichkeiten bzw. Stimmigkeiten durch Angleichung, Umwandlung oder Verschmelzung erzeugt werden.
[1] In der *Physiologie* des *Stoffwechsels* die Umwandlung körperfremder Substanzen in körpereigene bzw. die Umwandlung bestimmter Substanzen in Körperenergie.
[2] In der *Sinnesphysiologie* (a) komplexe Veränderungen in Rezeptorzellen, die z.B. dem →*Farbensehen* zugrunde liegen bzw. (b) die Verschmelzung früherer Wahrnehmungseindrücke mit neuen.
[3] In der *Genetik* die erbliche Fixierung einer durch Umweltdruck hervorgerufenen Modifikation des *Genotypus* bzw. einer *Mutation*, die ein Merkmal auch dann weiter hervortreten läßt, wenn die entsprechenden Umweltbedingungen fortgefallen sind.
[4] In der von HERBART begründeten Bedeutung die Aufnahme neuer Anschauungen, Wahrnehmungen oder Vorstellungen in die »apperzeptive Masse«, indem die neuen Bewußtseinselemente mit Hilfe der alten Elemente in den Bereich der bestehenden Vorstellungen eingeordnet werden.
[5] In der Entwicklungstheorie PIAGETS einer der beiden Aspekte adaptiver Grundprozesse *(→Akkommodation; →Schema; →Struktur)*, mit deren Hilfe Umweltgegebenheiten durch Handeln oder Denken eine Bedeutung erhalten, die mit der bisherigen Erfahrung in Einklang steht. (a) Unter *reproduktiver Assimilation (reproductive assimilation)* versteht PIAGET die Grundlage für sich wiederholende Greifbewegungen nach gleichen Objekten. (b) *Generalisierende Assimilation (generalized assimilation)* liegt vor, wenn die sensumotorische Sequenz des Greifens auf zahlreiche Gegenstände übertragen wird. (c) *Rekognitive Assimilation (recognitive assimilation)* äußert sich in Differenzierungen und Vereinfachungen der Greif- und Bewegungsfolgen.
[6] Bezeichnung für die Grundlage eines Verhaltens, das nach dem Grad der Ähnlichkeit mit früheren Erfahrungen auf neue Situationen übertragen wird *(→Analogiegesetz)*.
[7] In *Sozialpsychologie* und *Ethnologie* Bezeichnung für den Prozeß der Angleichung an die soziale Umgebung z.B. durch Übernahme der Normen und Werte einer Kultur.

Assimilations-Kontrast-Theorie *(assimilation-contrast theory)*. Bezeichnung für die von SHERIF und HOVLAND (1961) eingeführte Erklärung des Zustandekommens von zustimmenden bzw. ablehnenden Antworten auf Feststellungen von *Einstellungs-Skalen* und der einstellungsändernden Wirkung von entsprechenden Informationen. Die einzelnen Items einer Einstellungs-Skala lassen sich auf einem Kontinuum abbilden, das die Intensität der damit ausgedrückten Einstellung zum Ausdruck bringt. Fällt ein Item in den mit eigenen Überzeugungen übereinstimmenden Intensitätsbereich, den sog. *Annahmebereich (latitude of acceptance)*, so erfolgt Zustimmung aufgrund einer Assimilisationstendenz. Fällt ein Item in den *Ablehnungsbereich (latitude of rejection; latitude of non-commitment)*, so erfolgt aufgrund des Kontrasts zu der Ausgeprägtheit der eigenen Überzeugung keine Zustimmung. Steht eine Nachricht in krassestem Widerspruch zu eigenen Überzeugungen, so kann dies anstelle der erwarteten *Einstellungsänderung* auch zu einer Stärkung der bereits bestehenden Einstellung führen; man bezeichnet dies als *Bumerang-Effekt (boomerang effect)*. Je stärker eine Einstellung in persönliche Überzeugungen und Wertmaßstäbe eingebettet ist, desto markierter sind Annahme- und Ablehnungsbereiche und desto geringer ist die Wahrscheinlichkeit, die Einstellung durch neue Informationen zu ändern. Im gegenteiligen Fall zeigt sich ein relativ breiter *Indifferenzbereich (latitude of indifference)*, in dessen Rahmen entsprechende Items oder Nachrichten einstellungsmodifizierend wirken können.

→Einstellung, →Einstellungsänderung.

Assimilations-Täuschungen. Täuschungen, die auf den wahrnehmungsmäßigen oder vorstellungsmäßigen Kontext zurückgehen.

assimilierende Schemata *→Schema.*

Assoziation.

[1] Psychologische Bedeutung: Bezeichnung eines allgemeinen Prinzips, dem zufolge Vorstellungen, Gefühle und Bewegungen miteinander derart verknüpft sind, daß die Reihenfolge ihres Auftretens in der Vorstellung oder aber im Verlauf des handelnden Vollzugs des Individuums dadurch festgelegt zu sein scheint. Manchmal auch die Bezeichnung des Verknüpfungsprozesses selbst. Prinzip und Prozeß sind seit ARISTOTELES bekannt. Die Gesetze, nach denen sich solche Verknüpfungen herausbilden, heißen *Assoziationsgesetze*. Die *primären* Assoziationsgesetze beziehen sich auf *Nähe* (Kontiguität) und Ähnlichkeit, die *sekundären* auf den *→Primat* (Vorrangigkeit), die *Neuheit* oder Frische, die *Häufigkeit* des Auftretens der Elemente und die *Anschaulichkeit*. ROHRACHER hebt neben Gleichzeitigkeit (Nähe) und Reihenfolge (Sequenz) besonders die Komponente des sinnhaften Bezugs der einzelnen Elemente hervor. *Komplexe Assoziationen* entstehen nach ROHRACHER aus gestaltmäßiger oder sinnhafter Zusammengehörigkeit der Einzelheiten. Die sinnhafte Zusammengehörigkeit ergibt sich dann, wenn die Bedeutung der Einzelheiten die gegenseitige Beziehung herstellt.

[2] *Assoziations-Bahnen oder -Fasern (association fibres):* Bezeichnung für intra- und subkortikale Verbindungen innerhalb einer Hemisphäre, Verbindungen zwischen Rückenmarksegmenten einer Hemisphäre.

[3] *Assoziations-Felder (association fields):* Neben Projektions- und sensorischen und motorischen Feldern des Kortex gelegene Hirnabschnitte, die mit den ersteren in funktionaler Beziehung stehen und von denen früher angenommen wurde, daß die Markreifung erst im zweiten Lebensmonat abgeschlossen sei.

[4] *Assoziations-Tests:* Bezeichnung für eine Reihe von Verfahren, meist verbal, bei denen eine Versuchsperson auf ein gebotenes Reizwort mit einem ihr einfallenden antworten soll. In diesem Fall spricht man von *freien Assoziationen (free associations* oder *chance test)*. Wird die Versuchsperson dagegen aufgefordert, mit einem Begriff gegenteiliger Bedeutung oder aber mit einem Synonym zu antworten o.ä., so handelt es sich um *kontrollierte* oder *gelenkte Assoziationen*.

Assoziation, vermittelnde *(mediate association)*. Die Verbindung zwischen zwei Reizen oder Begriffen über einen beide Elemente aufeinander beziehenden Prozeß, z.B. den Bedeutungszusammenhang.

→Vermittlungstheorie; →Verhalten, vermittelndes.

Assoziationismus *(associationism)*. Eine jede psychologische Theorie, die Assoziationen als grundlegendes Prinzip für alle geistigen Leistungen annimmt, um damit selbst höhere geistige Leistungen, wie z.B. das produktive Denken, zu erklären, wird als A. bezeichnet. Dies gilt besonders für die sog. Englische Schule, die durch HARTLEY, die beiden MILLS, H. SPENCER u.a. repräsentiert wurde. Der Assoziationismus ist meist mit dem Sensualismus *(sensationalism)* eng verknüpft und steht im Gegensatz zu allen Theorien, die die Unabhängigkeit des Geistigen, insbesondere des schöpferischen Denkens, betonen *(→Feldtheorie, →Gestaltpsychologie)*.

Assoziationslehre →*Kontiguität.*

assoziativ. Bezeichnung für Lern- und Gedächtnisleistungen, bei denen die Herstellung von Verknüpfungen oder eine Gedächtnishilfe vorwiegend auf Assoziationen zurückgeführt wird.

Assoziieren, freies *(free association).* Bezeichnung für ein vorwiegend in der Klinischen Psychologie übliches Verfahren, bei dessen Anwendung der Klient auf ein Reiz- oder Stichwort hin – ohne viel zu überlegen – das ihm zunächst einfallende Wort äußert. Das Ergebnis heißt *freie Assoziation.* Das Verfahren wird auch synonym als *Assoziations-Test* oder (besser) als *Assoziationsversuch* bezeichnet.

Astasie *(astasia).* Durch tremorähnliche, unruhige Bewegungen bedingte Unfähigkeit, in einer bestimmten Körperstellung ruhig zu verharren, zu stehen bzw. – bei der sog. *Astasie-Abasie (astasia-abasia)* – die Unfähigkeit, zu stehen und zu gehen. Dabei sind bei beiden keinerlei Lähmungen oder Störungen der neuralen Versorgung der Gliedmaßen nachzuweisen, so daß Abasie und Astasie als hysterisches oder neurotisches Symptom bewertet werden.

Asthenie *(asthenia).* Allgemeine Bezeichnung für den Mangel (oder die Störung) der Kräfte bzw. Stärke und Widerstandskraft im Bereich des Nervensystems *(→Neurasthenie)* oder des Psychischen *(→Psychasthenie).*

[1] *Asthenisch (asthenic)* bedeutet allgemein das Vorhandensein von depressiven Gefühlen oder Emotionen.

[2] In der Körperbau-Typologie KRETSCHMERS wird mit asthenisch ein zart gebauter Mensch mit relativ langen Gliedmaßen bezeichnet.

Asymmetrie *(asymmetry).*

[1] Mangelnde Deckungsgleichheit der beiden durch die Ordinate über dem Mittelwert entstehenden Teile einer Verteilung *(Verteilungsschiefe).*

[2] Synonym von →*Lateralität.*

[3] Bezeichnung für eine soziale Beziehung, bei der Einflüsse und Handlungen nur von einer Seite ausgehen. Die Beziehung zwischen Eltern und Kleinkindern z.B. gilt als asymmetrisch, solange alle Anstöße von den Eltern allein ausgehen; mit zunehmender Interaktion über die Sprache wird die Beziehung symmetrisch.

asymmetrische Kontingenz →*Kontingenz.*

Atavismus *(atavism).* Das Hervorkehren einer Eigenschaft, die sich im Laufe mehrerer Generationen oder der Artentwicklung nicht mehr gezeigt hat. Eine Art Regression auf eine – der bestehenden Form einer Art von Lebewesen nicht mehr entsprechende – Verhaltensweise, die einen Entwicklungsrückschritt darstellt (z.B. das plötzliche Hervorkehren primitiv anmutender Grausamkeit in einer relativ hochzivilisierten Gesellschaft).

Ataxie *(ataxia).* Deutlicher Verlust der Koordination bei der Willkürbewegung. Mit *statischer Ataxie* wird ein Zustand bezeichnet, in dem ein Individuum versucht, eine bestimmte Körperhaltung beizubehalten bzw. immer wieder einzunehmen.

athletisch *(athletic).* In der Körperbautypologie KRETSCHMERS breitschultriger, fettarmer, muskulöser Habitus mit kräftigem Knochenbau.

Ätiologie *(etiology).* In Medizin und Psychologie die systematische Analyse von Krankheits- bzw. Störungsursachen.

Atomismus *(atomism).* Allgemeine Bezeichnung für jede psychologische Theorie, in der behauptet wird, man könnte die bewußten Zustände und Vorgänge ohne Einbuße an Informationen in ihre *Elemente (Elementenpsychologie)* zerlegen, um sie zu analysieren. In spezieller Bedeutung wird diese Bezeichnung vorwiegend auf den *Assoziationismus, Sensualismus* und auf die extremen Formen des *Behaviorismus* bezogen. Der Atomismus steht in besonderem Gegensatz zu den Ansätzen der *Gestaltpsychologie* und *Gestalttheorie (Ganzheitspsychologie),* der *phänomenologischen Psychologie (→Phänomenologie)* und der *psychologischen Anthropologie.*

Atonie *(atonicity, atony).* Relativer oder absoluter Tonusausfall, Erschlaffung des Körpergewebes.
→*Tonus.*

Atrophie *(atrophy).* Rückbildung von Muskelgewebe oder anderen Gewebeteilen durch mangelnde Zellernährung oder mangelnde Funktion, z.B. Muskelschwund nach langer Bettlägerigkeit.

Atropin. Eine aus der Tollkirsche gewonnene Droge, die eine Erweiterung der Pupille herbeiführt. Sie bewirkt auch eine Entspannung der Eingeweidemuskulatur und hemmt die Drüsensekretion.

attitude →*Einstellung.*

Attrappenversuche →*Auslöser.*

Attribuierung, Kausalattribuierung *(attribution, causal attribution).* HEIDER bezeichnete mit A. den Prozeß, in dessen Verlauf jemand sein eigenes oder das Verhalten seiner Mitmenschen auf innere oder äußere Bedingungen bzw. Ursachen bezieht. Es wird angenommen, daß das künftige Verhalten davon mitbestimmt ist, welcher Art die Annahmen über die Verursachung des vorangegangenen Verhaltens waren. Die zusammengesetzte Bezeichnung *Kausalattribuierung* hebt den Aspekt des Zuschreibens von Ursachen hervor und kennzeichnet damit die subjektive Natur dieses hypothetischen Prozesses. Im Zusammenhang mit Leistungssituationen, in denen eine erhöhte Ichbeteiligung und kein vollständiger Aufschluß über die Lösungswahrscheinlichkeit einer Aufgabe besteht, wird die Ursachenzuschreibung vorwiegend durch folgende Faktoren bestimmt: (a) Einschätzung der eigenen Fähigkeiten und Fertigkeiten, (b) Anstrengung, (c) Einschätzung der Aufgabenschwierigkeit und (d) Bezugnahme auf unkontrollierbare Einflüsse wie z.B. Glück oder Zufall. Es konnte gezeigt werden, daß der Bezug auf innere oder äußere Ursachen eine Vielzahl motivationaler Bedingungen des künftigen Verhaltens, wie z.B. Befürchtungen oder Hoffnungen näher erklärt.

LIT. WEINER (1974; 1975).

atypische Psychose →*Psychotische Störung.*

A-Typus →*Typus A-, B-Verhalten.*

Aubert-Foerstersches Phänomen →*Aubertsches Phänomen.*

Aubertsches Diaphragma. Eine Zwischenwand, die der Kontrolle der durchtretenden Lichtmenge dient. Eine quadratische Öffnung kann durch eine entsprechende Vorrichtung vergrößert und verkleinert werden. Die Größe der Öffnung entspricht dabei bestimmten Skalenwerten, mit deren Hilfe die durchtretende Lichtmenge genau bestimmt werden kann.

Aubertsches Phänomen, A-Phänomen, A-Effekt *(Aubert's phenomenon; Aubert-effect, A-effect).* Ist der Kopf oder Körper eines Beobachters seitlich geneigt und soll er in dieser Position einen leuchtenden Stab in die Gravitations-Vertikale einstellen, so gelingt dies einigermaßen fehlerfrei, wenn die Wahrnehmungsumgebung Anhaltspunkte liefert. Ist der Raum abgedunkelt und der Beobachter kann nur den leuchtenden Stab allein sehen, so tendiert er bei Kopf- oder Körperneigungen über 50–60° dazu, den Stab in der seiner Kopf- oder Körperneigung entsprechenden Richtung von der Gravitations-Vertikalen abweichend einzustellen. Der Abweichungsfehler kann bei extremer Körperneigung (um mehr als 90°) bis zu ca. 50° betragen. Dieser Effekt wurde erstmals von AUBERT (1861) beschrieben. Er tritt auch bei der Lokalisation von akustischen Reizen auf. Bei geringer Kopf- oder Körperneigung tritt der sog. *E-Effekt* ein *(→E-Phänomen).*

Das Aubertsche Phänomen muß von dem *Aubert-Foersterschen Phänomen (Aubert-Foerster-phenomenon, Aubert-Foerster-effect)* unterschieden werden. Das A.-F.-Phänomen besteht darin, daß kleine Gegenstände in größerer Nähe eher bemerkt und unterschieden werden als größere Gegenstände in größerer Entfernung, auch dann, wenn beide die gleiche Abbildungsgröße auf der Retina besitzen.

LIT. AUBERT (1861).

audition colorée. Das Auftreten von Farbempfindungen beim Anhören von Tönen oder Musik. Eine Form der →*Synästhesie.*

auditiv *(auditive).* Das Hören betreffend.

Auffassung *(apprehension).* Gleichbedeutend mit: einer Sache gewahr werden im weitesten Sinne; eine erste Einsicht in einen Sachverhalt oder eine Situation gewinnen als Voraussetzung für ein volles verstehendes Erfassen des betreffenden Sachverhaltes oder der Situation. *Auffassungsbereich (apprehension span)* entspricht hier der Angabe der Anzahl von Gegenständen, die nach einer bestimmten Betrachtungszeit bemerkt werden und von denen berichtet wird.

Auffassungsbereich →*Auffassung.*

Aufforderungscharakter *(valence)* oder **Valenz.** Von K. LEWIN geprägte Bezeichnung für Wahrnehmungsgegenstände, die bestehende *Bedürfnisse* ansprechen und so zu bestimmten Verhaltensweisen anregen.

Aufmerksamkeit *(attention).*

[1] Zustand der gesteigerten Wachheit (Vigilanz) und Anspannung, der der selektiven Orientierung des Wahrneh-

mens, Denkens und Handelns zugrunde liegt. A. wird einerseits durch auffällige oder neuartige Umgebungsreize unwillkürlich geweckt, andererseits unter dem Einfluß von Hinweisen, Bedürfnissen, Interessen, Vorstellungen und Gedanken willkürlich und bewußt ausgelenkt, z. B. bei der Suche nach bestimmten Informationen oder Problemlösungs-Strategien. Die kurzfristige Zuwendung zu neuen Gegenständen geht in der Regel mit der Ablenkung von den bisher ausgeführten Tätigkeiten einher; man spricht von *Aufmerksamkeitswechsel (attention shift)*. Die längerfristige Konzentration auf einen bestimmten Gegenstandsbereich wird als *Daueraufmerksamkeit (sustained attention; vigilance)* bezeichnet. Die Konzentration auf zwei gleichzeitig auszuführende Tätigkeiten gilt als Hinweis auf *verteilte Aufmerksamkeit (divided attention)*. Bewußt ausgelenkte A.-Operationen im Zielbezug (sog. *kontrollierte Prozesse)* gehören zu den *instrumentellen A.-Funktionen;* sie unterliegen *Aufmerksamkeitsschwankungen* und *Kapazitätsbegrenzungen,* die sich im *Aufmerksamkeits-* und *Bewußtseinsumfang* sowie in den eingeschränkten Möglichkeiten zu beständigem Aufmerksamkeitswechsel, zur Aufmerksamkeitsverteilung und zur Daueraufmerksamkeit zeigen. Mit *vorbereitender A. (preparatory attention)* bezeichnet man Anzeichen der gesteigerten sensorischen Empfänglichkeit und Tätigkeitsbereitschaft in *Erwartung* bestimmter Ereignisse, die aus Erfahrung oder Interesse beachtenswert sind und auf die rasch eingegangen bzw. reagiert werden soll; sie entsprechen den in der *Einstellungs-Forschung* behandelten Erwartungsphänomenen im *antizipierten Zielbezug*. Mit *Aufmerksamkeits-Regulation* bzw. *-Steuerung (attention control)* werden neurophysiologische bzw. kognitive Prozesse bezeichnet, welche die Aufnahme, Verarbeitung und Nutzung bestimmter Informationen fördern, der Auswahl (Selektion) der individuell bedeutsamen Situationselemente bei gleichzeitiger Dämpfung irrelevanter Eindrücke Nachdruck verleihen, im erforderlichen Fall Aufmerksamkeitswechsel einleiten oder eine längerfristige Konzentration (Daueraufmerksamkeit) ermöglichen. A. erkennt man an der Zuwendung (Orientierung), an der Auswahl (Selektivität) der Gegenstände und der damit verbundenen *Unaufmerksamkeit (inattention)* gegenüber anderen sowie an Veränderungen des *Aktivationszustandes* und Anzeichen der *Anstrengung (effort)*. Als psychophysiologisches Phänomen wird A. daher im Gefüge der *Orientierungs-, Selektivitäts-* und *Intensitätsdimension* beschrieben bzw. erklärt.

[2] (a) Die älteren *Theorien der A.* gehen von den Erlebnisbeschreibungen der klassischen Bewußtseins- und Willenspsychologie der Jahrhundertwende aus. A. ist für JAMES (1890) und WUNDT (1911) ein Zustand, der die gerichtete oder von Interessen geleitete Suche und Auswahl bedeutsamer Elemente im *Bewußtseinsfeld* oder *Bewußtseinsstrom* ermöglicht. A. gilt als Selektionsfunktion der Bewußtseinstätigkeit, die das Klarheitsrelief der Eindrücke in Analogie zum Wahrnehmungsfeld bestimmt. Im fokalen, d.h. zentralen Bereich erscheinen Einzelheiten klar und deutlich, so daß sie in ihrer gegenständlichen Bedeutung aufgefaßt werden können *(Apperception);* im peripheren Bereich dagegen gibt es bestenfalls mitbewußte, unklare Eindrücke *(Perceptionen)*. Selektive A. bzw. Unaufmerksamkeit sind Voraussetzungen des geordneten Erkennens und Denkens, da Klarheit und Deutlichkeit notwendig sind und Aufmerksamkeit und Bewußtseinsumfang dem Erkennen deutliche Grenzen setzen.

(b) Die neuere Theorienbildung der *kognitiven Psychologie* geht auf BROADBENT (1958) zurück. In der *Filtertheorie (filter theory of attention)* ist der Ausgangspunkt die eingeschränkte Kapazität der (zentralen) *Informationsverarbeitung*. Die eingehenden sensorischen Daten gelangen zunächst in eine Pufferzone *(sensory buffer),* je nach Einstellung des Filters werden nur Daten aus einem bestimmten »Kanal« gleichzeitig durchgelassen (z. B. Reizdaten mit bestimmten Eigenschaften, Daten aus einem bestimmten Sinnesgebiet bzw. -organ, oder Daten, die in einem Bedeutungszusammenhang stehen). Die übrigen Daten bleiben in der Pufferzone oder werden – wie in der *Dämpfungs-Theorie (attenuation theory of attention)* angenommen – fragmentarisch mit verminderter Intensität weitergeleitet. A. bezeichnet die mehr oder weniger bewußte Einstellung des Filters für den Durchlaß von Daten bestimmter Art oder Herkunft. Filterumstellungen entsprechen dem Aufmerksamkeitswechsel.

(c) NEISSER (1976) und andere Vertreter der Informationsverarbeitungs-Psychologie sehen. i. U. zu BROADBENT die Selektivität als Kennzeichen zentraler Verarbeitungsprozesse. A. äußert sich in der bewußten Nutzung zusammenhängender *kognitiver Elemente* unter Zurückstellung anderer, die aus dem individuellen Bedeutungszusammenhang fallen.

(d) KAHNEMAN (1973) sieht A. in enger Beziehung zur Verfügbarkeit bewußt ausgelenkter *Anstrengung,* die eingesetzt wird, um Situationen durch den gezielten Einsatz von Such- und Entscheidungsstrategien interpretieren zu können.

(e) Die Arbeitsgruppen um POSNER und SHIFFRIN heben in ihrer Theorienbildung das Verhältnis zwischen bewußt *kontrollierten Prozessen* und anstrengungsfreien, *automatischen Prozessen* hervor, um die *Kapazität* der A. einzuschätzen.

(f) Im sog. *Kapazitäts-Ressourcen-Modell (capacity resources model of attention)* werden, neben den Grenzen für die Aufnahme und Verarbeitung sensorischer Daten, partielle Kapazitäten der Informationsverarbeitung und -nutzung angenommen. A. wird zu einem Prozeß der mehr oder minder bewußten *Ressourcenzuweisung (allocation of resources).* Die Möglichkeit, zwei Aufgaben gleichzeitig erledigen zu können, steigt in dem Maße, wie verschiedenartig die jeweils aktivierten Teilsysteme mit eigenen Kapazitäts-Ressourcen sind. Müssen z. B. Lichtsignale motorisch beantwortet und gleichzeitig Durchsagen eingeprägt werden, so gelingt dies weit eher als dann, wenn beide Signale aus dem gleichen Sinneskanal (Sehen oder Hören) stammen und/oder in gleicher Weise verarbeitet werden müssen (z. B. motorisch reagieren oder einprägen).

(g) Eine erste *psychophysiologische Theorie* der A. stammt von THÉODULE RIBOT (1886). Der Zustand der konzentrierten A., eine Art »Monoideismus« (von einer einzigen Idee geleitet sein), ist für ihn das Produkt einer gelernten Steuerung psychomotorischer Prozesse, die u. a. die Blutversorgung der jeweils aktivierten Hirnbereiche verbessern. Von PAWLOW geht die bis heute diskutierte Auffassung aus, in der *Orientierungsreaktion* die Grundform der selektiven Orientierung und ihres von Interessen und Neugierde geleiteten Einsatzes zu sehen; komplexere Formen der instrumentellen und vorbereitenden A. können aus dieser Sicht als konditionierte Formen der ursprünglichen Zuwendungs- und Erkundungsreaktion angesehen werden. Die Beziehungen zwischen A. und *Aktivation* wurden von LINDSLEY systematisch untersucht und finden ihre Ergänzung in den Befunden der *kognitiven Psychophysiologie* (DONCHIN, 1983; RÖSLER, 1982). Dabei zeigen sich deutliche Beziehungen zwischen Anstrengungsaufwand und Ausgeprägtheit verarbeitungsspezifischer evozierter Potentiale sowie zwischen Signalreiz-Diskrimination, Latenzzeiten der evozierten Potentiale und *Reaktionszeiten* in Entsprechung zu den Kapazitäts-Ressourcen-Modellen. Die Beziehungen zwischen Anstrengungs-Steuerung und A. sind in einem neurophysiologischen Modell von PRIBRAM und MCGUINNESS (1975) angesprochen, demzufolge Übergänge zwischen Phasen der Informationsaufnahme und selektiver Informationsnutzung in einem *Anstrengungs-Kontroll-System* (zentriert im Hippocampusbereich) vermittelt werden. Da *emotionale Erregung* und *psychische Belastung* die Aufmerksamkeits-Regulation bzw. -steuerung beeinträchtigen, wird diesen Beziehungen in der neueren psychophysiologischen Forschung in Verbindung mit *Psychosomatik* und *Psychopathologie* nachgegangen (M.W. EYSENCK, 1982; MELDMAN, 1970).

→Aktivation; →Aufmerksamkeitsumfang; →Bewußtsein; →Bewußtseinsumfang; →Einstellung; →Informationsverarbeitung; →kognitive Elemente; →kontrollierte Prozesse; →Orientierungsreaktion; →Yerkes-Dodson-Gesetz.

LIT. BROADBENT (1958; 1971); DONCHIN (1984); M.W. EYSENCK (1982); FLORU (1969); FRÖHLICH (1978); JAMES (1890); KAHNEMAN (1973); LYNN (1966); MELDMAN (1970); NAVON, GOPHER (1979); RÖSLER (1982); PARSURAMAN, DAVIS (1984); PRIBRAM, MCGUINNESS (1975); POSNER (1978); RIBOT (1886); SHIFFRIN, SCHNEIDER (1977); SOKOLOW (1963); WUNDT (1911).

Aufmerksamkeitsschwankungen *(fluctuations of attention; attention fluctuations).* Auf Beobachtungen von URBANTSCHITSCH (1875) zurückgehende Bezeichnung für spontan auftretende, ggf. periodisch wiederkehrende Intensitäts- bzw. Klarheitsveränderungen von Wahrnehmungseindrücken bei fixierender Beobachtung eines physikalisch gleichbleibenden Reizes. Soll z.B. ein Beobachter auf das Ticken einer Taschenuhr achten, die unverändert in der gleichen Entfernung gehalten wird, so hat er nach einiger Zeit den Eindruck, das Ticken werde schwächer oder verschwinde zeitweilig ganz, um anschließend wiederzukehren usw. Man führte dieses Phänomen auf ein Nachlassen der *Vigilanz* zurück, das man sowohl bei monotoner Reizung als auch in reizarmen Umgebungen beobachten kann. Als Erklärung gilt heute die →*Habituation*.

Aufmerksamkeitsumfang *(attention span)*. Von WUNDT eingeführte Bezeichnung für die Kapazität der Verarbeitung simultaner Informationselemente in Wahrnehmung und Vorstellung. Aus zahlreichen Untersuchungen geht hervor, daß ca. sieben Einzelheiten mit »einem Blick« erfaßt und auseinandergehalten werden können. Lassen sich Einzelheiten in Gruppen bestimmter Form (z.B. Gestalten) oder sinnhafte Einheiten (z.B. Buchstaben eines Wortes) zusammenfassen, bezieht sich der A. auf die Anzahl informationshaltiger Einheiten, die z.B. beim Lesen eines Textes größer als sieben ist. Zu unterscheiden von →*Bewußtseinsumfang*.
LIT. MILLER (1956).

Auge *(eye)*. Lichtempfindliches Sehorgan bei Tier und Mensch, gekennzeichnet durch Sehfarbstoffe enthaltende Sinnesrezeptoren. Primitivste Formen: *Sehorganellen* bei Einzellern, *Flach-* oder *Plattenauge* bei Quallen, *Gruben-* oder *Napfauge* (z.B. der Schnecke) als erste Form einer (epidermalen) *Netzhaut*bildung; *Blasen-* oder *Lochaugen* weisen Vorformen einer *Linse* auf. Das komplizierte *Linsen-A*. findet sich bei manchen Kopffüßlern (z.B. größeren Tintenfischarten) mit lichtzugewandter, aus der Epidermis gebildeter *Retina;* das *Linsen-A*. der *Wirbeltiere* (einschließlich Mensch) hat eine aus dem Zwischenhirn gebildete *Retina*, die lichtabgewandt (invers) liegt, d.h. die Sehzellen sind nach außen, aderhautwärts gerichtet. Bilder- und Entfernungssehen ist ab *Blasen-* oder *Lochauge* möglich. Das *Auflösungsvermögen* hängt von Dichte und Anzahl der Retina-Rezeptoren ab. Das menschliche Auge (vgl. Abb.) besitzt einige besondere Eigenschaften: (a) Das ankommende Licht wird an der *Hornhaut* und an der Linse gebrochen, so daß Bilder entstehen können; (b) die *Pupille* (Öffnung der Iris an der Linse) ist rund und kann die einfallende Lichtstärke bis zu 1/16 reduzieren; (c) die *Linse* kann durch die Wirkung des *Ziliarapparates akkommodieren;* (d) die Brechkräfte von Linse und Hornhaut verhalten sich wie 21/58 zu 13/58; (e) Pupille und Brennweite des dioptrischen Apparates (Hornhaut, Linse) gewährleisten ein optimales Ver-

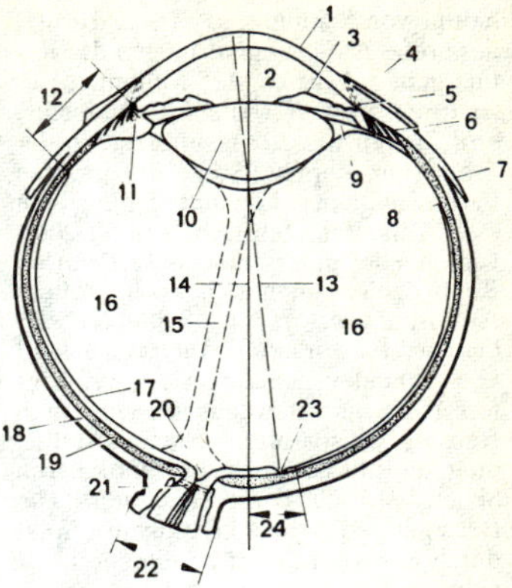

Vereinfachter Schnitt durch das menschliche Auge
1 Hornhaut *(cornea)*, 2 vordere Augenkammer *(anterior chamber)*, 3 Regenbogenhaut *(iris)*, 4 Bindehaut *(conjunctiva)*, 5 Schlemmscher Kanal *(Schlemm's canal)*, 6 Ziliarmuskel *(ciliary muscle)*, 7 Ansatz eines äußeren geraden Augenmuskels *(insertion of tendon)*, 8 Ende der Retina *(ora terminalis)*, 9 Zonulafasern *(zonule)*, 10 Linse *(lens)*, 11 Ziliarfortsatz *(ciliary process)*, 12 Strahlenkörper, Ziliarkörper *(ciliary body)*, 13 Sehachse *(visual axis)*, 14 optische Achse *(optic axis)*, 15 Cloquetscher Kanal *(Cloquet's canal)*, 16 Glaskörper *(vitreus)*, 17 Retina, Netzhaut *(retina)*, 18 Lederhaut *(sclera)*, 19 Aderhaut *(chorioidea, choroid)*, 20 blinder Fleck *(blind spot)*, 21 Lamina cribrosa, 22 Scheide und Austritt des nervus opticus *(optical nerve sheath, optical nerve)*, 23 Fovea, 24 Macula lutea.

hältnis von Sehfeld und Sehschärfe; (f) das große Auflösungsvermögen der Retina geht auf die ca. 125 Millionen Rezeptoren zurück, wobei sich Stäbchen und Zapfen wie 20 : 1 aufteilen. In der *fovea* (nur Zapfen, Stelle der größten Farbtüchtigkeit) können Punkte von 0,5 Winkelminuten Abstand (1/200°) voneinander unterschieden werden (bei Raubvögeln finden sich noch größere Auflösungswerte); die Sehfelder der beiden Augen *(binokulares Sehen)* überschneiden sich dergestalt, daß Entfernungs- und Bewegungssehen durch Reizung disparater Netzhautstellen möglich sind (Bereich des binokularen Sehens ca. 120° beim Menschen). Die Bewegung der beiden Augen erfolgt durch je 6 koordiniert arbeitende Muskeln.

→Adaptation, →Akkommodation, →Analysator [2], [3], *→Farbensehen, →Pupille, →Retina, →rezeptive Felder, →Sehen.*

LIT. GREGORY (1972).

Auge-Kopf-Bewegungs-System *→Bewegungssehen.*

Augenbewegungen *(eye movements).* Die Augen bewegen sich ruckartig in die Position eines fixierten Objektes, verweilen dort ca. 0.1–0.3 sec und wechseln dann zu einer neuen Fixierungsposition über. Die kurze Dauer des Verweilens bestimmt die Leistungen des visuell-sensorischen Abbildspeichers, einer Vorstufe der Gedächtnisleistung. Die Willkürbewegungen der Augen nennt man *saccadische* Bewegungen. Der Verlauf dieser Bewegungen läßt sich durch Augenbewegungskameras darstellen und zeigt die Bezogenheit der Fixierung und Fixierungsdauer auf bestimmte Merkmale des Reizes. Überlagert sind diese Bewegungen von einem feinen Tremor, sog. Mikrobewegungen.

Aura. Bezeichnung für die einem epileptischen Anfall vorausgehenden subjektiven Erlebnisse und Zustände (meist Angst, Halluzinationen u. ä.). *→Epilepsie.*

Ausdruck *(expression).*

[1] Bezeichnung für Anzeichen, die mit psychischen Vorgängen oder Zuständen in Zusammenhang stehen oder Reaktionen, die als Anzeichen für das Vorhandensein bestimmter qualitativ unterscheidbarer Vorgänge und Zustände angesehen werden. Die menschlichen *Ausdruckserscheinungen* lassen sich nach ROHRACHER in fünf Klassen unterteilen: (a) *Physiognomik:* Ausdrucksmerkmale von Gestalt und Gesicht, (b) *Mimik:* Ausdrucksbewegungen im Gesicht, (c) *Gestik und Motorik:* Ausdrucksmerkmale der Bewegungen von Händen und des Körpers, (d) *Stimme und Sprechweise,* (e) *Schrift.* Manche der Ausdruckserscheinungen sind willentlich ausgelöst, viele – besonders die *vegetativen,* durch innersekretorische Veränderungen bedingten – dagegen sind willentlich nicht erzeugbar. Die Qualität, die einem Ausdrucksphänomen zugeschrieben wird, beruht auf dem *Eindruck,* auf einer gefühlsmäßigen Stellungnahme des *Beobachters* oder *Ausdrucksempfängers.* Die systematischen Versuche zur Klärung der Beziehungen zwischen Ausdruck und Eindruck werden als *Ausdruckskunde* (alte Bezeichnung) oder *Ausdrucksforschung* bezeichnet.

Um A. von *Verhalten* oder *Reaktion* unterscheiden zu können, empfiehlt sich eine Definition des A. vom A.-Empfänger, vom Beobachter her. So bestimmt ROHRACHER Ausdruck als dasjenige an Wahrnehmungsinhalten, »was durch unmittelbare Wirkung gefühlsmäßige Stellungnahmen oder Beurteilungen auslöst, die den wahrgenommenen Dingen als Eigenschaften zugeschrieben werden, obwohl sie reizmäßig nicht gegeben sind« (ROHRACHER, 1969). Reaktion und Verhalten dagegen sind Beschreibungseinheiten, die sich nur auf das reizmäßig Gegebene (z. B. Bewegung nach vorn, »Ja-Sagen« der Versuchsperson u. ä.) beschränken. Die Aussage: »Er bewegt sich nur widerwillig nach vorn« ist dagegen über den Eindruck des Betrachters entstanden, daß in Mimik oder Gestik des Beobachteten so etwas wie »Widerwillen« zum Ausdruck kommt.

[2] Bezeichnung für Erscheinungen beim Tier, die bei seinen Artgenossen bestimmte Instinkthandlungen auslösen. Die entsprechenden Ausdruckserscheinungen werden als *Auslöseschemata (→Schema)* bezeichnet (z. B. *Unterwerfungsgeste).* K. LORENZ betont, daß auch beim Menschen bestimmte *»Schlüsselreize« (→Auslöser)* existieren, die z. B. als *»Kindchenschema«* das Pflegeverhalten bzw. den Pflegetrieb auslösen.

LIT. K. BÜHLER (1933); KIRCHHOFF (Hrsg.; 1965); LORENZ (1943); ROHRACHER (1969).

Ausdruckspsychologie →*Ausdruck*, →*Physiognomik.*

Ausgangsdaten, Ausgangsniveau *(baseline).*
[1] *Psychophysiologie:* Die einen Ausgangs- oder Ruhewert repräsentierenden Ergebnisse eines Vorversuchs zur Kontrolle reiz- oder situationsbedingter Veränderungen.
→*Ausgangswertgesetz.*
[2] *Lerntheorie:* Anzahl und Intensität spontan auftretender Reaktionen vor einer Verstärkungs- oder Löschungsprozedur. SKINNER benützt vermischte intermittierende Verstärkungsstrategien zur Bestimmung der A.
[3] *Psychotherapie, Verhaltenstherapie:* Die Erfassung aller mit dem zu behandelnden Fehlverhalten zusammenhängenden Bedingungen einschließlich seiner Auftretenswahrscheinlichkeit durch Fremd- und Selbstbeobachtung vor Einsetzen einer therapeutischen Maßnahme.

Ausgangswertgesetz, Wildersches Gesetz *(law of initial value; Wilder's law).* Von WILDER 1931 im Zusammenhang mit dem Adrenalinhaushalt beschriebene Abhängigkeit der Intensität physiologischer Reaktionen auf funktionssteigernde bzw. -hemmende Reize vom individuellen Ausgangswert. »Je höher der Ausgangswert, desto geringer die Reaktion auf funktionssteigernde und desto größer die Reaktion auf funktionshemmende Reize« (WILDER, 1967; p. VIII). Die Allgemeingültigkeit des A. in bezug auf alle physiologischen Reaktionen wie z.B. Blutdruck, elektrodermale Aktivität oder Herzrate ist umstritten. Unter anderem hängt der Nachweis der im A. angesprochenen Abhängigkeiten von der Meßmethode ab. In der Regel wird das A. als Korrelation zwischen dem Ausgangswert (als Baseline-Information) und dem Ausmaß der Veränderung dargestellt. Neuere Untersuchungen führen zu der Empfehlung, von Reaktionssystemen auszugehen und die gesamte Veränderungsstruktur durch kombinierte Maße zu erfassen.
LIT. JAMIESON, HOWK (1992); JIN (1992); WILDER (1967).

Auslöser *(releaser).*
[1] Aus der Verhaltensforschung stammende Bezeichnung für Ausdrucksbewegungen mit Signalcharakter, die innerhalb der eigenen Art soziales Verhalten koordinieren (z.B. Begrüßungszeremoniell, Drohgebärden) oder Bedeutung auch für andere Tierarten besitzen (z.B. Warnpfiff des Murmeltieres).
[2] Im Sinne von *Schlüsselreiz (key stimulus)* ein Kennzeichen, das gleichförmig mit bestimmten Reaktionen oder Reaktionsketten *(Instinkthandlungen)* beantwortet wird. In der Verhaltensforschung wird angenommen, daß diese Stabilität zwischen Reiz und Reaktion durch *angeborene auslösende Mechanismen (AAM)* bewirkt wird. Darunter versteht man eine dem motorischen Bereich des ZNS vorgeschaltete Instanz, die verhindert, daß Reaktionen irgendwann ausgeführt werden, und bewirkt, daß Reaktionen an den Schlüsselreiz fest gebunden sind. *Attrappenversuche* dienen der Analyse von A. im Sinne von Schlüsselreiz. Typisches Beispiel ist die Färbung des Schnabelinneren bei Jungvögeln als A. für das Füttern durch die Alten.
LIT. EIBL-EIBESFELDT (1967).

Auslöseschemata →*Schema.*

Aus-Reaktion *(off-effect).* Beim Aufhören eines Reizes reagieren einige Rezeptorelemente mit gesteigerter Frequenz der Impulsabgabe, daher die Bezeichnung *Aus-Rezeptoren (off-receptors).*

außerbewußt →*unbewußt.*

äußere Kontrolle →*Kontrolle.*

außersinnliche Wahrnehmung *(extrasensory perception, ESP).* Umfassende Bezeichnung für *telepathische* und verwandte Phänomene *(→Parapsychologie),* bei denen es ohne erkennbare Sinnesreizung zu anschaulichen bzw. bildhaften Eindrücken seitens des Mediums kommt.

Austauschtheorie *(exchange theory).* Sozialpsychologische Theorie der →*Interaktion* bzw. interpersonalen Attraktivität, aufgestellt von THIBAUT und KELLEY. Ausgangspunkt sind die »values« (Werte) und »costs« (Kosten), die einer Interaktion beigemessen werden. An diesem Maßstab werden Zufriedenheit oder Unzufriedenheit gemessen, die über Beibehalten oder Verändern der Interaktionsrichtung entscheiden.

autistisches Denken, Autismus *(autistic thinking; autism).*
[1] Von Phantasie und affektiven Wünschen geleitetes Denken ohne erkennbaren Bezug auf die Gegebenheiten oder Erfordernisse der Umwelt. In dieser Bedeutung von BLEULER zur Kenn-

zeichnung von Symptomen psychosebedingter Veränderungen *(Schizophrenie)* bzw. neurotischer Störungen des Denkens eingeführt. Gegensatz: *realistisches Denken.*
[2] Der sog. *frühkindliche Autismus* äußert sich in mangelndem sozialen Kontakt, Beeinträchtigungen der Sprachentwicklung und der besonderen Entwicklung bestimmter motorischer Einzelfertigkeiten, gelegentlich auch in motorischen Stereotypien. Tritt bei Kleinkindern sowohl als Symptom von Zwischenhirn-Störungen als auch der sensorischen oder sozialen Deprivation auf *(→Bindung).*
LIT. Bleuler (1966); Cohen, Donnellan, Paul (eds.; 1987); Kusch, Petermann (1990).

autochthon *(autochthonous).* Bezeichnung für Vorstellungen, die unabhängig von dem gerade vorhandenen Gedankengang aufsteigen und dem normalen Denken fremd sind. Ein in der Schizophrenie vorkommendes Symptom. Neuerdings im Zusammenhang mit der Wahrnehmung auch als dem Individuum in ausgezeichneter Weise zukommende Tendenzen der Auslegung von Reizgegebenheiten verwendet, wobei die Anhaltspunkte für die Auslegung nicht aus der Reizgegebenheit stammen (z. B. Gestalttendenzen, Sinnerfüllung bei nicht deutlich erkennbaren Gegebenheiten u. ä.).

Autoerotik *(auto-eroticism).* Sexuelle Betätigung, die den eigenen Körper zum Gegenstand hat (Masturbation).

autogenes Training. Bezeichnung für eine von J. H. Schultz entwickelte Methode, durch Entspannungsübungen Spannungszustände, Schmerz und Schlaflosigkeit durch Beeinflussung der Körperfunktionen zu überwinden.
LIT. Schultz (1964).

Autoimmundefekte *→Immunsystem.*

Autoimmunstörung *→Immunsystem.*

Autokinese, autokinetisches Phänomen *(autokinesis; autokinetic phenomenon).*
[1] Bei der längerdauernden Fixierung eines mit schwellennaher Intensität leuchtenden festen Lichtpunktes im abgedunkelten Raum treten bei den vorher an die Dunkelheit adaptierten Beobachtern periodisch subjektive Bewegungseindrücke auf. Ihre Richtung und die Länge der scheinbar zurückgelegten Strecke sowie die Periodizität dieser Eindrücke unterliegen starken interindividuellen Variationen. Da es sich um eine besondere Art von *→Scheinbewegungen* handelt, also Bewegungseindrücken ohne eine entsprechende Reizgrundlage in der Außenwelt, ist der Einfluß von *Suggestionen* auf das Wahrnehmungsurteil der Beobachter besonders ausgeprägt. Der Sozialpsychologe Mustafer Sherif zeigte z. B., daß Aussagen eines Beobachters über Richtung und Art der von ihm »gesehenen« Bewegung die Wahrnehmungsurteile anderer, ebenfalls anwesender Beobachter im Sinne einer Homogenisierung (Abnahme der interindividuellen Variation) beeinflußt. Daher werden die Ergebnisse der Sherifschen Untersuchungen als Modellfall für die Herausbildung von *Gruppennormen* verwendet.
[2] Der *Erklärung* der A. dient eine von Gregory (1974) aufgrund sorgfältiger Untersuchungen aufgestellte Theorie, die auf den Erkenntnissen über das *→Bewegungssehen* aufbaut. Die Möglichkeiten eines Beobachters, einen Lichtpunkt starr zu fixieren, sind zeitlich begrenzt und von wiederholt auftretenden Augenbewegungen, einer Art Tremor, überlagert. Um dennoch die Fixierung aufrechtzuerhalten, werden dem *Augen-Kopf-Bewegungs-System* wiederholt und immer dringlicher werdende Signale übermittelt, die starre Fixierung beizubehalten, was unter normalen Wahrnehmungsbedingungen im Alltag kaum vorkommt. Diese Signale treffen auf das durch starre Fixierung hochgradig beanspruchte System, sie werden bei ihrer Verarbeitung sozusagen fehlgedeutet und wie Bewegungsimpulse verrechnet, die ansonsten Folgebewegungen von Augen und Kopf einleiten. Die daraufhin eintretende Aktivierung des Auge-Kopf-Bewegungs-Systems hat aber zur Folge, daß trotz gleichbleibender Reizung eines und desselben Retinaareals Bewegungseindrücke entstehen.
→Bewegungssehen.
LIT. Gregory (1974), Royce u. a. (1966).

Autokorrelation *(autocorrelation).* Liegen Beobachtungswerte vor, deren Größe zu verschiedenen, aufeinanderfolgenden Zeitpunkten erhoben wurden, so läßt sich mit Hilfe der A. der innere Zusammenhang der Meßreihe in Abhängigkeit von verschiedenen Meßzeitpunkten darstellen. Der sog. *Autokorrelations-Koeffizient (autocorrelation* *coefficient)* ist definiert als die *Produkt-Moment-Korrelation* zwischen Paaren von Meßwerten aus derselben Meßreihe $X_1 \ldots X_n$, wobei dem ersten Meßwert X_1 ein zu einem späteren Zeitpunkt erhobener Wert X_k, dem zweiten X_2 der Wert X_{k+1}, dem dritten X_3 der Wert X_{k+2} usw. zugeordnet wird. Der *Reihenkorrelationskoeffizient (serial correlation coefficient)* liefert eine Parameterschätzung des A.-Koeffizienten nach der verallgemeinerten Beziehung

$$r(k) = \frac{\frac{1}{n-k} \sum_{i=1}^{n-k} (X_i - \overline{X})(X_{i+k} - \overline{X})}{\frac{1}{n} \sum_{i=1}^{n} (X_i - \overline{X})^2}$$

wobei n die Anzahl der Meßwerte bzw. Erhebungszeitpunkte bedeutet, k die der Berechnung zugrundeliegende Meßzeitpunkt-Verschiebung, X_i bzw. X_{i+k} die jeweils paarweise betrachteten Meßwerte der ursprünglichen und der zeitverschobenen Reihe, und $\overline{X}$ den Mittelwert der n Beobachtungswerte. →*Zeitreihe*.

automatische Prozesse →*Prozesse, automatische*.

Automatismus *(automatism)*. Bezeichnung für eine mehr oder weniger komplexe Reaktion, die ohne Beteiligung des Bewußtseins abläuft. *Sensorische Automatismen (sensory automatisms)* sind selbsttätig ausgelöste Sinneseindrücke, die als Halluzinationen u.ä. beschrieben werden.

autonom *(autonomic)*. Bezeichnung für unabhängige Funktionen.

autonome Labilität →*Labilität*.

autonomes Nervensystem →*Nervensystem*.

autoritäre Persönlichkeit *(authoritarian personality, authoritarianism)*. Aus Vorurteilsuntersuchungen von ADORNO u.a. stammende Bezeichnung für ein an »Führerprinzip« und »Obrigkeitsstaat« nationalsozialistischer Prägung orientiertes Einstellungssyndrom, dessen einzelne Komponenten weitgehend durch Erziehungseinflüsse geprägt sein sollen und das nach Meinung dieser Autorengruppe den Rechtsradikalismus bzw. Faschismus allgemein charakterisiert. Rigidität, machtbezogenes Denken, ausgeprägte Tendenzen zu Vorurteilen und enges Festhalten an Konventionen gelten als wichtigste Kennzeichen. Die einzelnen Symptome wurden durch Interviews an Extremstichproben und durch Anwendung von Einstellungsskalen erhoben. Die entsprechenden Einstellungsskalen betreffen die Merkmale (a) *Antisemitismus (antisemitism)*, (b) *Ethnozentrismus (ethnocentrism)*, (c) *Faschismus (fascism)* oder autoritäre Einstellung im engeren Sinne und (d) *politisch-ökonomischer Konservatismus (politicial-economic conservativism, PEC)*. Kritische Nachuntersuchungen verweisen auf schwerwiegende methodische Mängel sowohl im Interviewteil als auch hinsichtlich der zur Einstellungsmessung verwendeten Fragebögen (→*Reaktionseinstellung*).

LIT. ADORNO u.a. (1950); CHRISTIE, JAHODA (Hrsg.; 1954).

Autorität *(authority)*.

[1] Aus dem lat. auctoritas (Träger bestimmter Vollmachten) hergeleitete allgemeine Bezeichnung für eine aus anerkannten Leistungen, Traditionen oder persönlichem Ansehen resultierende Stellung einer Person oder Institution, die ihr Einfluß und Prestige verleiht.

[2] *Soziologie und Sozialpsychologie:* Beschreibung des Status einer Person oder Personengruppe, die die Möglichkeit besitzt, Mitmenschen in ihren Einstellungen, Meinungen oder Handlungen zu beeinflussen bzw. zu lenken; Verhalten einer Person, das die Fähigkeiten und Möglichkeiten erkennen läßt, die Bedürfnisse und Wünsche anderer Gruppenmitglieder zu erfüllen, wodurch die betreffende Person an Einfluß und Prestige gewinnt; Verhalten einer Person, die mit besonderer Überzeugungskraft richtungweisende Erklärungen zu Personen oder Sachverhalten aufgrund ihres Prestiges abzugeben vermag (diese Auffassung steht im Zusammenhang mit der Theorie von der *social power*); Status einer Person, der sich von deren besonderen Kenntnissen, Fertigkeiten oder Fähigkeiten herleitet *(technische A., Wissensautorität)*; Person oder Gruppe, manchmal auch Institution, auf die man sich beruft, um die Bedeutung eigener Denkweisen oder Handlungen zu unterstreichen. Wegen der Bedeutungsvielfalt ist es empfehlenswert, den Begriff A. jeweils aus dem gegebenen theoretischen Kontext näher zu bestimmen.

Autosuggestion *(auto-suggestion)*. Eine Form der *Suggestion*, die vom Individuum selbst vorgenommen wird und nicht von außen kommt (Synonym: Selbstsuggestion).

Aversionstherapie *(aversive therapy).* Verfahren zur Löschung unerwünschter Verhaltensweisen (z.B. Alkoholgenuß), das auf dem Prinzip der *reziproken Hemmung* aufbaut. Zunächst werden mit den der unerwünschten Verhaltensweise entsprechenden, ursprünglich positiv bewerteten Reizen (z.B. alkoholisches Getränk) solche Reize dargeboten, die unangenehme Gefühle auslösen (z.B. Substanzen mit übelkeitserregendem Geruch; elektrische Schläge). Im weiteren Verlauf der Behandlung wird dann dazu angeregt, sich die beiden Reize miteinander vorzustellen, um so die Tendenz zur Wiederausführung der unerwünschten Verhaltensweise beherrschen zu lernen.
LIT. RACHMAN, TEASDALE (1969).

Axialgradient *(axial gradient).* Allgemeine Bezeichnung für die graduellen Veränderungen in der Intensität des Stoffwechsels entlang der Körperachsen (z.B. der Mittellinie oder Mediansagittalen) oder im Verlaufe der Körperorgane, gemessen mit Hilfe der Veränderungen der elektrischen Potentiale in den betreffenden Regionen.

Axiom. Ein durch Widerspruchslosigkeit und Irreduzibilität in bezug auf andere Axiome eines Axiomensystems ausgezeichneter Grundsatz, der Definitionen und Beweisen zugrunde liegt.

Axon *(axon)* oder **Achsenzylinderfortsatz, Nervenfortsatz** oder **Neurit.** Bezeichnung für den Fortsatz des →*Neurons,* in dem Nervenimpulse vom Zellkörper weg- oder im Falle der sensiblen Neuronen zum Zellkörper hingeleitet werden.

β →*Signalentdeckung.*

Babinski-Reflex *(Babinski's reflex).* Bei Streichen der Fußsohle bzw. der Fußsohlenränder auftretende Streckung der großen Zehe in dorsaler Richtung bei gleichzeitiger Spreizung der übrigen Zehen. Der B.-R. tritt bei Kleinkindern bis zum zweiten Lebensjahr regelmäßig auf und geht dann in den *Plantar-Reflex* (Beugen der Zehen bei Fußsohlenberührung) über. Er gilt ansonsten als Anzeichen von Störungen des cerebro-spinalen Systems, insbesondere der →*Pyramidenbahn.*

Bahnung *(facilitation).*
[1] Bezeichnung für einen hypothetischen Prozeß, als dessen Folge Leistungsverbesserung bzw. schnelleres Erkennen, schnelleres und fehlerfreies Reagieren u. ä. auftreten. (So wird z. B. angenommen, Aufmerksamkeit oder Erwartungen hätten auf das Wahrnehmen einen Einfluß, der als »förderlich« bzw. das Wahrnehmen »erleichternd« beschrieben werden kann, da die der Erwartung entsprechenden Reize schneller erkannt werden als andere.)
[2] Bezeichnung für eine auf Übung oder experimentelle Maßnahmen (*reinforcement* u. ä.) zurückführbare Verbesserung der Leistungen *(→Komplikation).*
[3] Neurophysiolog. Prozeß, als dessen Folge Nervenzellen und/oder -leitungen →*Aktionspotentiale* leichter ausbilden bzw. leiten *(→Synapse).* Mit dem B.-Begriff verbunden ist die Auffassung, daß wiederholte Aktivierung ein und desselben neuronalen Musters dort eine erhöhte Bereitschaft zum Feuern bewirkt.
→*Konditionierung, klassische.*

Barorezeptoren-Hypothese *(baroreceptor hypothesis).* Von LACEY eingeführte Auffassung, die Bereitschaft zur Informationsaufnahme bzw. die Zurückweisung sensorischer Informationen *(→Intake-rejection-Hypothese)* sei von Meldungen über den herrschenden Blutdruck und ihren Konsequenzen auf das *Aktivationsniveau* abhängig. Nimmt unter dem Einfluß von Stressoren (gesteigerte Sympathikusaktivierung) die Herzleistung zu, so steigt der Blutdruck. Die Steigerung wird über Baro-(Druck-) Rezeptoren im Aortenbogen und carotis sinus registriert; die entsprechenden Meldungen werden auf relativ direktem Weg – über Kerne im tractus solarius – in eine *Hemmung* der momentan vorherrschenden *kortikalen Aktivation* umgesetzt, was zu einem herabgesetzten Umweltrapport führt. Sinkt der Blutdruck, so treten die dämpfenden Impulse weitgehend zurück und die Empfänglichkeit gegenüber sensorischen Reizen wird erhöht. Eine modifizierte Sichtweise über Beziehungen zwischen kardiovaskulären Vorgängen und Verhaltensregulation stammt von OBRIST.
→*Kardio-somatische Koppelung.*
LIT. LACEY (1967), LACEY, LACEY (1974); ORLEBEKE u. a. (1985).

Bartlett-Test. Statistisches Verfahren zur Prüfung der Homogenität der Varianzen bei mehr als zwei Stichproben zum Zwecke der Vorentscheidung über die Zulässigkeit der Anwendung der →*Varianzanalyse.*

Basalganglien *(basal ganglia).* Ansammlungen von Nervenzellen mit gemeinsamer Funktion im ZNS, z. B. Corpus striatum, corpus amygdaloideum.

Basalhirn *(pars basalis, brain basement).* Unter dem Pallium gelegener Teil der Großhirnhemisphären, die das vordere Ende des Hirnstammes bilden.

Basedowsche Krankheit, thyreogener Exophthalmus *(Basedow's disease, Graves' disease, exophthalmic goitre).* Überfunktion der Schilddrüse (thyreogene Orbitopathie mit bilateralem und unilateralem Exophthalmus) auf autoimmunologischer Basis bei genetischer Praedisposition. Symptome: Glotzäugigkeit durch hervortretende Augäpfel, kropfartige Vergrößerung der Schilddrüse (Struma), erhöhter Grundumsatz, Abmagerung, Übererregbarkeit mit motorischer Unruhe, Schweißausbrüche, deutlich erhöhte Herzschlagfrequenz (Tachykardie).

Basilarmembran. Membran in der Cochlea (Schnecke) des inneren Ohres, die die *scala media* (Schneckentreppe) von der *scala tympani* (Paukentreppe) trennt und auf der das →*Cortische Organ* sitzt.

Bayessche Statistik *(Bayesian statistics).* Anwendung des *Bayesschen Theorems (Bayes theorem, Bayesian theorem)* in der Theorie der statistischen Schlußfolgerung (Inferenz). Bilden N Ereignisse B_1 bis B_N ein vollständiges Bild des Ereignissystems und ist A ein beliebiges Ereignis, dessen Auftretenswahrscheinlichkeit bekannt und von Null verschieden ist, so kann man den

Wert der *bedingten Wahrscheinlichkeit* $P(B_j \mid A)$ berechnen, indem man die Ereigniswahrscheinlichkeiten $P(B_i)$ als *a priori-Wahrscheinlichkeiten* in die Beziehung

$$P(B_j|A) = \frac{P(A|B_j)\,P(B_j)}{\sum_{i=1}^{N} P(A|B_i) \cdot P(B_i)}$$

einsetzt. Das Ergebnis ist die *a posteriori-Wahrscheinlichkeit.* Eine analoge Formulierung gilt für kontinuierliche Variablen. Als optimale Entscheidung nimmt man diejenige Hypothese an, die gemäß der →*Likelihood-Funktion* einer Beobachtungsreihe die größte a posteriori-Wahrscheinlichkeit besitzt. Die eingehenden *a priori-Wahrscheinlichkeiten* sind subjektiv. Das Verfahren steht im Gegensatz zur traditionellen statistischen Schlußfolgerung auf Grund von Stichprobenwerten unter Heranziehung von Modellen und der sog. *Nullhypothese* (FISHERsche Statistik).
→*Minimax-Prinzip.*
LIT. PHILLIPS (1973).

Bayessche Strategie *(Bayesian strategy, Bayes strategy).* Spieltheoretische Bezeichnung für die optimale Strategie eines Spielers bei Kenntnis der vermengten Strategien seiner Gegner gemäß dem Bayesschen Theorem. Der optimalen Strategie entspricht in der Regel die sog. →*Minimax-Strategie.*

Beanspruchung →*Stress.*

Bedeutung *(meaning, signification; significance).*
[1] Bezeichnung für den erfaßten Sinn oder Zweck eines Signals, Gegenstandes, Ereignisses, einer Mitteilung oder eines Textes über Sinneserfahrung, physikalische Merkmale bzw. rein sachsinnhafte Eigenschaften hinaus. Ausdrucksmerkmale von Artgenossen oder bestimmte Umweltereignisse haben für Tiere auf der Grundlage von Instinkten eine gleiche artspezifische, *intersubjektive Bedeutung;* die Reaktion erfolgt automatisch und ist bei allen Angehörigen derselben Art gleichförmig. Das rote Licht einer Verkehrsampel hat zwar ebenfalls für alle Fahrer die gleiche intersubjektive B. und wird automatisch beantwortet, doch ist die Signal-B. erlernt. Ebenso ist die B. des Donnergrollens als Hinweis auf ein heranziehendes Gewitter auf Erfahrung gegründet; der Gedanke an das Gewitter setzt aber eine Art von schlußfolgerndem Denken voraus und stellt sich nicht notwendigerweise automatisch ein. Die Verbeugung eines Mitmenschen bei der Begrüßung wird von dem einen »intuitiv« als Höflichkeitsgeste, von einem anderen dagegen als zur Schau gestellte Unterwürfigkeit eingeschätzt. Sozial und emotional bedeutsame Ereignisse und die B. der mit ihnen verbundenen Begriffe unterliegen erheblichen interindividuellen Auffassungsunterschieden und verweisen auf Aspekte der *subjektiven B.* Prozesse der *subjektiven B.-Erfassung* sind von *Erfahrungen, Einstellungen* und *Bewertungen* getragen und beziehen sich in der Regel auf den Kontext der jeweiligen *Situation.*
[2] In der *Psycholinguistik* unterscheidet man (a) *denotative B.* im Sinne der sachsinnhaften, gegenstandsbezogenen, inhaltlichen B. von *Begriffen* und (b) *konnotative B.* als Inbegriff qualitativer B.-Merkmale, z.B. die »mitgegebene« emotionale B. von Begriffen wie »Freund« oder »Feind«. Die konnotative B. unterliegt mehr oder weniger ausgeprägten interindividuellen Unterschieden, deren Erfassung z.B. das *semantische Differential* ermöglicht.
[3] In der *Semantik* bezeichnet B. den Stellenwert eines bestimmten Sprachzeichens oder -symbols innerhalb einer oder mehrerer Klassen von Begriffen, z.B. in Form sog. *Wortfelder.*
[4] Im Sinne von *Signifikanz* bzw. *signifikant* Bezeichnung für (a) ein auffälliges Ereignis, das einen deutlichen Hinweis enthält oder (b) ein Ergebnis, das mit äußerst geringer Wahrscheinlichkeit auf Zufall beruhen kann *(Statistik).*

Bedürfnis *(need).*
[1] Allgemeine, umfassende Bezeichnung für Mangelzustände, die das Verhalten und kognitive Prozesse der Verhaltenssteuerung an solchen Zielen orientieren, welche eine B.-Befriedigung nach sich ziehen oder zumindest in Aussicht stellen. Als *primäre B. (primary needs)* gelten biologisch-physiologische Mangelzustände (z.B. Hunger) und damit verbundene Verhaltensweisen (z.B. instrumentelles Verhalten, um an Nahrung zu gelangen oder Suchen nach Nahrung). *Sekundäre B. (secondary needs)* umfassen aus primären hergeleitete bzw. auf der Grundlage der Befriedigung primärer B. entwickelte B., im weiteren Sinne alle persönlichen, intellektuellen, rationalen und irrationalen, sozial- oder kulturgeprägten An-

sprüche, Begierden und Wünsche, von deren Erfüllung die Zufriedenheit des Individuums abhängt. Der B.-Begriff umfaßt somit die Bedeutung von *Antrieb* bzw. *Trieb* und *Motiv;* die Entwicklung individueller *B.-Hierarchien* und die Auswirkungen von B. auf das Verhalten und Erleben werden daher in der allgemeinen Motivationsforschung behandelt.
→Motivation.
[2] in der Hullschen *Triebtheorie* des *Lernens* sind *B.-Zustände (need states)* Voraussetzungen für Veränderungen des momentanen, generellen *Triebniveaus.* Die Stärke des B. nach Nahrung z.B., die sich aus der Dauer des Nahrungsentzuges ergibt, überträgt sich als *Triebbedingung (drive condition;* c_D*)* auf den allgemeinen Antriebszustand und aktiviert dabei diejenigen ungelernten Reiz-Reaktions-Verbindungen und gelernten Verhaltens-Gewohnheiten *(habits),* welche der möglichen B.-Befriedigung dienen.
[3] In seiner *Feldtheorie* vertritt K. LEWIN die Auffassung, *momentane B.* verleihen denjenigen Gegebenheiten im aktuellen Feld *positiven Aufforderungscharakter (Valenz),* die mit der B.-Befriedigung zusammenhängen. B. organisieren das Feld in mehr oder minder bedeutsame Anteile und bestimmen so die Auslenkung der für das Verhalten bestimmenden Kräfte. Momentane B. haben stets die gleiche Wirkung, gleichgültig ob sie biologisch-physiologischen Mangelzuständen (z.B. dem B. nach Nahrung) oder unbefriedigten Wünschen bzw. Interessen entspringen (z.B. dem Wunsch nach einem begehrten Gegenstand oder nach der Lektüre eines bestimmten Buches). Die von LEWIN sog. *Quasi-B.* beziehen sich auf Gedanken, Vorstellungen oder Vorsätze, welche die Absicht zur Vornahme bestimmter, auf die Befriedigung von B. gerichteter Handlungen zu einem Zeitpunkt signalisieren, zu dem die Zielobjekte selbst nicht zu den momentanen Feldgegebenheiten zählen. Quasi-B. können z.B. dann auftreten, wenn eine zielorientierte Handlung unterbrochen wird. Sie ziehen neben dem Wiedererinnern der betreffenden Aufgabe die Wiederaufnahme der unterbrochenen Handlungen bei erster Gelegenheit nach sich *(Zeigarnik-Effekt).* Gibt es im Felde der momentanen Gegebenheiten keine dem B. entsprechenden Zielgegenstände, so können *Ersatzhandlungen* zur Lösung der fortbestehenden Spannung auftreten. Sie richten sich auf Ersatz-Zielobjekte, die dem ursprünglich intendierten Zielobjekt in ihrer Bedeutung im Hinblick auf eine B.-Befriedigung ähnlich sind. Weist das psychische Feld keine ausreichende Differenzierung auf oder sind die Grenzen zwischen einzelnen Feldregionen starr, so entfällt diese Möglichkeit weitgehend. B. können umgekehrt das psychische Feld umstrukturieren, wenn die Grenzen zwischen den einzelnen Feldregionen nicht fest gefügt sind. Dies gilt nach LEWIN besonders für Träume und phantasiegeleitetes Wunschdenken, d.h. dann, wenn der Bezug zur Realität verlassen wird und Irreales vorherrscht. *Induzierte B. (induced needs)* nennt LEWIN die durch Aufforderungen anderer Menschen begründete Übernahme fremder B. und Verhaltensziele, z.B. im Verlauf sozialer Lernprozesse oder der *→Sozialisation.* Induzierte B. fügen sich besonders dann in die eigenen, »echten« B. ein, wenn sie mit ihnen übereinstimmen oder zumindest nicht mit ihnen im Widerspruch stehen. Die Aufforderung, sich z.B. an vorher unterbrochene Handlungen zu erinnern, entspricht einerseits einem induzierten B., andererseits setzt sie das Quasi-B. frei, etwas im Auge zu behalten, das in Richtung auf ein Ziel mit positiver Valenz angebahnt, aber nicht vollendet werden konnte.
→Prinzip der geringsten Bedürfnisabweichung.
[4] In älteren Eigenschaftstheorien der *→Persönlichkeit* stellen B. und B.-Strukturen thematische Bezugssysteme für die dem Leistungs- und Sozialverhalten zugrunde liegenden *Antriebe* dar. Der von MURRAY aufgestellte umfangreiche B.-Katalog umfaßt daher z.B. *Leistungs-B. (need achievement), Anschluß-* oder *Gesellungs-B. (need affiliation)* oder *Macht-B. (need power).*
LIT. HULL (1943; 1951; 1952); LEWIN (1982); MURRAY (1943).

Bedürfniszustand *→Bedürfnis.*

Beeinflussung *(influence),* auch **Einflußnahme.** [1] Allg., umfassende, als Oberbegriff für zahlreiche Phänomene (z.B. *Suggestion*) dienende Bezeichnung für einen Geschehenstypus, in dessen Verlauf Einstellungen, Entscheidungen, Vorstellungen oder Handlungen im Vergleich zu einem vorher vorhandenen Zustand verändert, verzerrt, fixiert, gelöscht oder initiiert werden. Mit Ausnahme des letzten Falles der Initiierung ist B. nicht identisch mit Lernen, denn die Wirkung der B. wird in bezug auf etwas bereits Erworbenes (z.B. Einstellungen, Gedächtnisinhalte, Gewohnheiten) beschrieben; das Initiieren bezieht sich in der Regel auf kognitiv-emotionale Aspekte des Verhaltens.

[2] Arten und Formen der B. lassen sich durch nähere Beschreibung der auslösenden *Stimuli* (natürliche, soziale, interne, externe, einfache, komplexe Anlässe), der *Zufälligkeit* oder *Intendiertheit (Einstellungsänderung)*, der *Art der Rezeption* durch den Betroffenen, seine *allgemeine* und *spezifische Empfänglichkeit (Susceptibilität; Suggestibilität)* und die *sozialen* (z.B. Gruppendruck) und nicht-sozialen, dinghaften Situationsfaktoren spezifizieren. Eine Gleichsetzung mit Suggestion und Suggestibilität ist nicht zulässig, denn B. umfaßt auch bewußte und rational kontrolliert hervorgerufene Verhaltensweisen.

→*Einstellungsänderung*, →*Hypnose*, →*Suggestibilität*, →*Suggestion*.

Befriedungsverhalten *(appeasement behavior)*, manchmal auch **Beschwichtigungsverhalten.** Zusammenfassende Bezeichnung für alle Verhaltensweisen, die bei kämpfenden Tieren auf der Basis von *Instinkten* oder instinktanalogen Steuerungsvorgängen (→*Auslöser*, Schlüsselreiz) das Beenden des Angriffs durch den Überlegenen dadurch bewirken, daß der Unterlegene bestimmte, artspezifische Unterwerfungsgesten zeigt, z.B. wendet bei kämpfenden Wölfen der Unterlegene seinen Kopf derart, daß sein aggressionsauslösendes Gebiß dem Gegner nicht sichtbar ist. Von außen betrachtet wirkt dies so, als würde dadurch gleichzeitig die ventrale Halsseite dem Biß des überlegenen Gegners schutzlos ausgeliefert sein. In der ersten Deutung entfällt durch Verbergen des Gebisses der Schlüsselreiz für den Überlegenen, in der zweiten (ebenfalls plausiblen), jedoch vermenschlichenden, gibt sich der Unterlegene dem tödlichen Biß des Gegners preis (ähnlich dem Heben der Hände als Zeichen des Ergebens beim Menschen).

Begabung →*Lernfähigkeit*.

Begehren *(desire)*. Heute nur noch selten gebrauchte Bezeichnung für einen Wunsch, der sich auf ein klar bewußtes bzw. erkennbares Objekt bezieht; Syn.: *Motiv, Handlungsziel*. Der englische Begriff *desire* steht meist als Syn. für *appetitive* Formen des Antriebs *(→Verhalten, appetitives)*.

Begriff *(concept, construct, notion, term)*.

[1] Im psychologischen Sinne in Anlehnung an die logische Bedeutung eine unanschauliche *Vorstellung* oder ein *Gedanke* über etwas, das mehreren, mindestens aber zwei *anschaulichen Gegebenheiten* (Dingen) gemeinsam ist und durch *Begriffsnamen (terms)* ausgesagt werden kann, jedoch nicht ausgesagt werden muß. Inhaltlich handelt es sich dabei um den Gedanken an oder die Bezeichnung für eine *Klasse* von Gegenständen, die durch solche Merkmale definiert sind, die sie von anderen Gegenstandsklassen unterscheiden lassen. Von der Funktion her sind Begriffe »... unanschauliche Gedanken, die sich zur Festigung im Erlebnisablauf assoziativ mit einem Wort verbunden haben« (Rohracher, 1969). Von der Entstehung her *(→Begriffsbildung)* handelt es sich um durch →*Abstraktion* und →*Generalisierung* aus einzelnen Sinnesgegebenheiten gewonnene Klassencharakteristika. Gegensatz: *Einzelvorstellung*.

[2] In der wissenschaftlichen Terminologie auch Bezeichnung für auf ein Modell bezogene, durch Operationen bestimmte oder auf begrifflichen Beziehungen aufbauende Bezeichnungen im Sinne von →*Konstrukten*; ein solcher Begriff ist z.B. der von der »Kraft« in der Physik.

→*Denken*, →*Sprache*.

LIT. Rohracher (1969).

Begriffsbildung *(conception, concept formation)*. Bezeichnung für den zur Bildung von *Begriffen* führenden bewußten Vorgang, der durch Experimente der Zuordnung von Begriffsnamen zu Gegenständen und Sortierversuchen demonstriert werden kann, wobei die Komplexität des Ausgangsmaterials und die Materialqualität von entscheidender Bedeutung sind.

LIT. Kainz (1964); Meili (1968).

Begriffsrealismus →*Nominalismus*.

Begriffsverständnis →*Intelligenz*.

Behalten →*Gedächtnis*, →*Retention*.

Behaviorismus *(behaviorism)*. Bezeichnung für eine theoretische Position, die eine möglichst objektive Be-

trachtungsweise der beobachtbaren, offenen Reaktionen von Mensch und Tier anstrebt. Im klassischen extremen B. (WATSON) sollten bewußte Prozesse und das Bewußtsein überhaupt ausgeklammert werden, da sie sich für den angestrebten Typus der Analyse als irrelevant erweisen. Diese Forschungsrichtung, wie auch der wesentlich abgemilderte Neu-Behaviorismus (HULL, TOLMAN u.a.) brachte entscheidende Fortschritte auf dem Gebiet der Erforschung der Bedingungen und Formen von *Verhaltensänderungen (→Lernen).* Die Bezeichnungen *»molarer«* bzw. *»molekularer«* Behaviorismus dienen der globalen Beschreibung des Grades, in dem der betreffende Ansatz zergliedernd (elementenhaft) vorgeht bzw. größere Verhaltenseinheiten (z.B. das zielorientierte Handeln) zum Gegenstand hat *(→Molar, →Molekular).*
LIT. HILGARD, BOWER (1966); HULL (1943); THORNDIKE (1913); TOLMAN (1949); WATSON (1914). *Weitere Lit. →Lernen.*

Beidhändigkeit *→Händigkeit.*

Bekräftigung *→Verstärkung.*

Bel, B *→Dezibel.*

Belastung *→Streß.*

Belohnung *(reward).* Bezeichnung für die Wirkung von Ereignissen, die mit angenehmen Empfindungen (z.B. Bedürfnisbefriedigung) einhergehen und auf bestimmte Reaktionen oder Handlungen folgen. B. besitzt einen verstärkenden Effekt auf die vorher ausgeführte Reaktion oder Handlung, so daß diese in derselben oder in ähnlichen Situationen mit größerer Wahrscheinlichkeit auftritt. Zu den belohnenden *Verstärkern* gehören neben Maßnahmen der Befriedigung primärer (biologischer) Bedürfnisse beim Menschen vor allem alle Arten des direkten oder indirekten Zuspruches oder Einverständnisses.
→Effektgesetz; →Verstärkung.

Belohnungserwartung, Verstärkungserwartung *(reward expectancy).* Hat ein Lebewesen in einer Situation Belohnungen bzw. positive Verstärkung empfangen, so beobachtet man in ähnlichen Situationen gehäuft Anzeichen gezielten Suchens. Ein ähnliches Verhalten tritt auch dann auf, wenn in derselben Situation (Versuchskäfig, Labyrinth) eine Verstärkung bzw. Belohnung angeboten wird, die sich in ihrer Qualität von der vorher empfangenen nachhaltig unterscheidet (z.B. an Stelle des Lieblingsfutters eine nicht bevorzugte Futtersorte). TOLMAN erklärt beide Verhaltensweisen über Situationshinweise, die Erwartungen als kognitiv-motivationale Hypothese in Suchverhalten umsetzten.

Benham-Scheibe *→Flimmerfarben.*

Beobachtung *(observation).* Allgemeine Bezeichnung für die aufmerksame und planvolle Wahrnehmung und Registrierung von Vorgängen an Gegenständen, Ereignissen oder Mitmenschen in Abhängigkeit von bestimmten Situationen. Von der Fremdbeobachtung wird die sog. *Selbstbeobachtung* oder *Introspektion* unterschieden. *→Methoden* (der Psychologie).
LIT. KÖNIG (Hrsg.; 1962); THOMAE (1960a).

Beobachtungslernen *(observational learning, vicarious learning).* Nach BANDURA kann man durch Beobachten eines Modells neue Reaktionen lernen oder alte modifizieren, wenn man gleichzeitig die verstärkenden Konsequenzen des Modellverhaltens wahrnimmt. Es ist nicht erforderlich, daß der Beobachter die zu imitierende Reaktion während der Zeit seiner Beobachtung selbst ausführt. Der Prozeß wird durch *stellvertretende Verstärkung* gesteuert.
→Imitation, soziale; →Lernen.
LIT. BANDURA (1971).

Beratung, psychologische *(counseling; guidance).* Zusammenfassende Bezeichnung für die Erteilung von Entscheidungs- oder Orientierungshilfen durch ausgebildete Fachkräfte (z.B. Ärzte, Psychologen, Pädagogen, Sozialarbeiter) in Einzel- oder Gruppengesprächen. B. sind in der Regel an vorangehende Explorationsgespräche sowie Testuntersuchungen gebunden und in unterstützende Interventionsprogramme eingebettet. Zu den allgemeinen Kennzeichen der psychologischen B. gehört ihre nicht-direktive, d.h. nicht direkt auf eine Verhaltensmodifikation abzielende Art; sie fördert Einsichten und Einstellungsänderungen in bezug auf individuelle oder soziale Problembereiche. Zu den institutionalisierten Formen psychologischer Beratungsdienste gehören z.B.: *Erziehungsberatung (child guidance)* als Beratung von Kindern und Eltern im Zusammenhang mit Entwicklungs- und Erziehungsproblemen, meist in Zusammenarbeit mit Ärzten und sozialer Fürsorge in kommunaler, kirchlicher oder überregionaler Trägerschaft; *schulpsychologische Beratung (educational guidance)* als Leistung des von den Schulbehörden getragenen Schulpsychologischen Dienstes mit seinem Angebot von Entscheidungshilfen bei Problemen der Schulreife, Wahl des weiterführenden Schultyps und der schulischen Leistung in Zusammenarbeit mit Schülern, Eltern und Lehrern; *Berufsberatung (vocational guidance)* umfaßt Entscheidungshilfen bei der Berufsausbildungs-Wahl und/ oder beim Wechsel in einen anderen Berufszweig, in der Regel getragen von Arbeitsämtern; hinzu kommen die ebenfalls institutionalisierten Einrichtungen der Ehe-, Partnerschafts-, Gesundheits-, Rehabilitations-B. und der B. straffälliger Jugendlicher und Erwachsener. Im Übergang zu den Interventionsprogrammen der *Klinischen Psychologie* stehen die Beratungstätigkeiten im Zusammenhang mit psychosozialen und psychischen Störungen in Einzel- und Gruppengesprächen und die durch beratende Psychologen organisierten Selbsthilfegruppen für Drogenabhängige oder Ratsuchende aus anderen Problemfeldern. Beratungstätigkeiten im Übergang zu sozial- und umweltpsychologischen Fragestellungen finden in der Arbeits-, Betriebs- und Organisationspsychologie sowie in Bereichen der kommunalen und überregionalen Planung statt.

LIT. HORNSTEIN u.a. (1977); JANIS (1981).

Bereich der Indifferenz *(latitude of noncommitment)*. Bereich des Einstellungskontinuums, in den Äußerungen der Unentschiedenheit fallen. Mit größerer Ichbeteiligung verringert sich dieser Bereich.

Bereich des Akzeptierens *(latitude of acceptance)*. Bereich auf einem Einstellungskontinuum, der Meinungsäußerungen umfaßt, denen zugestimmt wird. Mit größerer Ichbeteiligung wird der Bereich schmäler.

Bereitschaftspotential; BP; RP *(readiness potential)*. Bioelektrisches Phänomen aus der Klasse der *→ereignisbezogenen Potentiale des Elektroencephalogramms*, erstmalig beschrieben von KORNHUBER und DEECKE (1965). BPs sind wie die *→CNV* negative Gleichspannungsveränderungen. Ihr Auftreten ist jedoch nicht an Reiz-Reaktions-Kontingenzen gebunden, sondern an die ca. 1,5 sec vor der Entscheidung zur

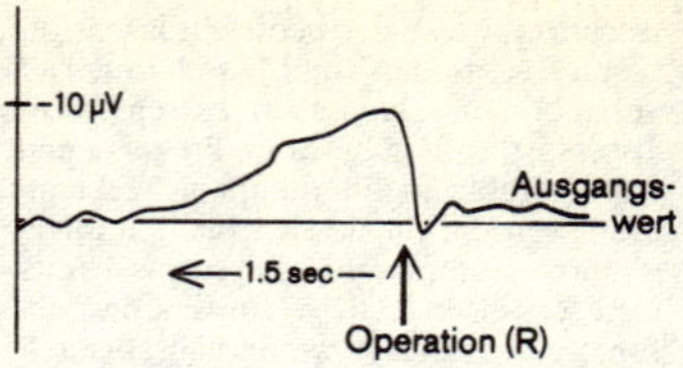

Idealisierte Darstellung des Verlaufes eines Bereitschaftspotentials. Der Ausgangswert wird in der Regel mindestens 2 sec vor Einsetzen der Operation (R) bestimmt. Der Verlauf ist das Ergebnis der Mittelung über mehrere Versuchsdurchgänge.

Ausführung einer motorischen Operation liegende Bereitstellungs- oder Bereitschaftsphase. Während die CNV wegen ihrer komplexen Bedingungsstruktur sowohl frontal, als auch präzentral und parietal auftritt, finden sich die BP vor allem bei präzentralen und parietalen Ableitungen. Während die CNV als *konditionierte* Reaktion angesehen werden darf, ist das BP ein Hinweis auf jene Vorgänge, die dem selbstgewählten Zeitpunkt der Ausführung einer Operation vorangehen. Mit Übungs- und Verstärkungseffekten geht eine Intensivierung des BP einher. Überdies gilt sowohl für CNV als auch für BP, daß die Intensität der Maximal-Negativität mit der Reaktionsintensität und -geschwindigkeit korrespondiert.

→Elektroencephalogramm.

LIT. KORNHUBER, DEECKE (1965).

Bernoulli-Verteilung *→Binomialverteilung.*

Berufsberatung *→Beratung.*

Berufsbild *(job analysis)*. Ergebnis einer Analyse der Voraussetzungen, die ein Bewerber zur Besetzung eines Arbeitsplatzes bestimmter Art mitbringen muß. Die Untersuchung beginnt mit der sog. *Arbeitsplatzanalyse* und führt (soweit man mit vorhandenen Untersuchungs- und Testmethoden nicht auskommt) zur Entwicklung spezifischer *Berufseignungstests*. Berufsbilder werden sowohl in der Berufsberatung als auch in den verschiedenen Bereichen der industriellen Beratung herangezogen.

Berührungsempfindung *(contact sensation)*. Durch Druckrezeptoren in der Haut vermittelte Empfindungen bei Kontakt mit Objekten der Umwelt.

Beschäftigungstherapie *(occupational therapy)*. Bezeichnung für die Anwendung vorwiegend manueller Arbeiten im Rahmen therapeutischer Maßnahmen bei geistigen oder körperlichen Erkrankungen bzw. Störungen.

Beschreibung *(description)*.
[1] Freie oder an bestimmten Merkmalen und Kategorien orientierte Aussagen, die sich auf *Beobachtungen* des Verhaltens (auch des Ausdrucksgeschehens) von Mensch oder Tier beziehen.
[2] Als *beschreibende Psychologie* von W. DILTHEY geprägte Bezeichnung für eine Auslegung bzw. Ausdeutung des Verhaltens aus der unmittelbaren Erfahrung des erlebenden Individuums (Selbstbeschreibung, Selbstbeobachtung), die ein Verstehen auch fremden Verhaltens ermöglichen soll.

Besetzung *(cathexis, attachment)*. Psychoanalytische Bezeichnung für eine Verlagerung der aus dem Es angenommenerweise stammenden Triebenergie (Libido) auf Objekte oder Personen (Objektbesetzung; *object cathexis*) durch den regulierenden Einfluß des Ich. Im Gefolge der Objektbesetzung kann es z.B. zur Identifikation mit einem Objekt oder einer Person kommen, wodurch die Libidoenergie auf das Ich zurückgelenkt wird.

Bestrafung *(punishment)*. Bezeichnung für die Wirkung von Ereignissen, die mit unangenehmen oder schmerzhaften Empfindungen verbunden sind und auf bestimmte Reaktionen oder Handlungen folgen. In den älteren Verstärkungstheorien des Lernens wurde angenommen, B. führe auf direktem Weg zu einer Dämpfung bzw. Hemmung derjenigen Reaktionen oder Handlungen, die ihr vorausgehen. Bereits THORNDIKE mußte jedoch feststellen, daß B. einen verhaltensdesorganisierenden Effekt besitzt und nachfolgendes Lernen unter Belohnungsbedingungen durch generalisierte B.-Erwartungen in derselben Situation beeinträchtigt. Die ursprüngliche Annahme, Belohnung fördere und Bestrafung hemme das vorher ausgeführte Verhalten in symmetrischer Weise, mußte daher aufgegeben werden. Ein besonderer Effekt der B. besteht darin, daß erfolgreiche Vermeidungsreaktionen, wie z.B. Flucht oder Aus-dem-Felde-gehen, durch ihre Entspannungswirkung bei Erreichen von Bestrafungsfreiheit verstärkt werden. Bei Wiedereintritt in dieselbe oder eine ähnliche Situation werden daher – auch wenn keine neuerliche B. erfolgt – Vermeidungstendenzen wiedergeweckt.
LIT. REINECKER (1980).

Beta.
[1] Bezeichnung für eine Art der →*Scheinbewegung*.
[2] *Beta-Test* bezeichnet einen in den USA im Ersten Weltkrieg entwickelten sprachfreien Intelligenz-Test für Analphabeten zur Auswahl von Rekruten.

Beta-Bewegung, Beta-Phänomen →*Scheinbewegung*.

Beta-Wellen *(beta-waves)* →*Elektroencephalogramm*.

Bettnässen →*Enuresis*, →*Inkontinenz*.

Betzsche Zellen. Große pyramidenförmige Zellen im *Kortex*, von denen die motorischen Fasern ausgehen.

Beurteilungserwartung *(evaluation apprehension)*. Die Annahme einer Versuchsperson, ein Experiment oder eine Untersuchung diene der Beurteilung ihrer Persönlichkeit oder ihrer Intelligenz. Die B. zeigt sich in gesteigertem Interesse, beim Versuchsleiter einen möglichst guten Eindruck zu hinterlassen. Die Wirkung läßt sich mit *Reaktionseinstellung* vergleichen.

Bewältigung; Bewältigungsverhalten *(coping; coping behavior)*. Auf Untersuchungen und Modellvorstellungen der Arbeitsgruppe um R. S. LAZARUS fußende Bezeichnung für bewußt und willentlich eingesetzte *Verhaltens-* oder *Bewertungsstrategien*, die bei der Auseinandersetzung mit psychisch belastenden oder bedrohlichen Situationen aufkommende Angstreaktionen eindämmen bzw. lindern. Synonyme: *Angstbewältigung; Stressbewältigung*. Die sog. *instrumentellen Bewältigungstechniken (instrumental coping techniques)* zielen auf eine Veränderung der belastenden bzw. angstauslösenden Situationsbedingungen durch Tätigkeiten ab; auch das Wissen, durch bestimmte Handlungen mit einer Belastung oder Bedrohung fertig werden zu können, gehört zu diesen B.-weisen. Eine Zwischenstellung nehmen die in der verhaltensorientierten Psychotherapie eingeführten Verfahren des »Angstmanagement-Trainings« *(anxiety management training)* ein; der Patient lernt, bei den ersten spürbaren Anzeichen aufkommender Angstgefühle Entspannungsmaßnahmen einzuleiten, die er vorher geübt hat und willentlich einsetzen kann. Dies geschieht aus der Erkenntnis, daß körperliche Entspannung dem störenden Einfluß emotionaler Erregungen entgegenwirkt. Zu den *kognitiven* B.-Maßnahmen gehören vor allem Neu- und Um-*Bewertungen,* die auf dem Wege einer Einstellungsänderung emotionale Erregung dämpfen, indem sie die Situation in einem neuen Licht erscheinen lassen. LAZARUS spricht von *»Beschönigungs-Techniken« (palliative coping techniques).* Er konnte z.B. nachweisen, daß versachlichende oder die Belanglosigkeit einer Situation herausstellende Informationen eine Bewertungsänderung herbeiführen, welche sowohl den Grad der erfahrenen Belastung bzw. Bedrohlichkeit als auch die Intensität der körperlichen Erregungsanzeichen mindert. Diese Befunde stützen einerseits die Bewertungs-Interpretation von *Emotionen,* andererseits sind sie die Voraussetzung für die Verfahren der *kognitiven* (Verhaltens-)*Therapie.* →*Angst*; →*Bewertung*; →*Stress.*

LIT. KROHNE (1975); KROHNE, LAUX (1982); LAZARUS (1961; 1966); LAZARUS, LAUNIER (1978).

Bewegung →*Motorik.*

Bewegungsartefakt →*Schlaf.*

Bewegungsempfindung →*Kinästhesie,* →*Motorische Empfindungen.*

Bewegungsparallaxe *(movement parallax).* Bei der Fixierung zweier gleichgroßer Gegenstände, die sich in verschiedenen Entfernungen vom Beobachter befinden, ist der Abbildungswinkel – und damit die Retina-Abbildungsgröße – unterschiedlich. Allgemein wird dies als →*Parallaxe* bezeichnet. Aus der Abb. geht hervor, daß der dem weiter entfernten Gegenstand entsprechende Abbildungswinkel kleiner ist als der für den näheren. Betrachtet man zwei objektiv gleich große, in verschiedenen Entfernungen dargebotene Schachbrettmuster (wie z.B. im →*Wahrnehmungsriff*), so erscheint wegen der o.g. Verkleinerung das weiter entfernte Muster dichter angeordnet zu sein als das nähere. Die Dichteverhältnisse, der sog. *Dichtegradient,* bilden dabei einen wichtigen Hinweis für die Einschätzung von Entfernung und räumlicher Tiefe. GIBSON und ihre Mitarbeiter konnten zeigen, daß darüber hinaus durch *Augen- und Kopfbewegungen* ein wichtiger Tiefenhinweis zustande kommt: Wegen der unterschiedlichen Winkelgrößen bei der Abbildung näher und ferner gelegener Reizmuster ist die registrierte *Geschwindigkeit* der Abfolge schwarzer und weißer Feldanteile eines Schachbrettes bei größerer Entfernung geringer als in der Nähe. Die durch Augen- oder Kopfbewegungen zustande kommende B. vermittelt, wie beim Herausschauen aus einem fahrenden Zug, den Eindruck, weiter entfernte Teile der Umgebung seien im Vergleich zu näher liegenden stabiler.

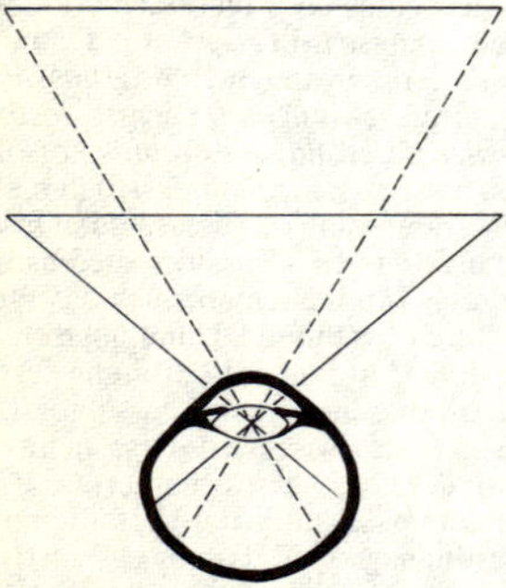

Abbildungswinkel zweier gleichlanger Strecken bei verschiedenen Entfernungen vom Auge.

Bewegungssehen *(movement perception, perception of movement; motion perception, perception of motion).*

[1] Im engeren Sinne Bezeichnung für das Erkennen von Reiz- oder Objektbewegungen in der Außenwelt in einer Ebene oder im Raum; im weiteren Sinne die damit verbundene Geschwindigkeitseinschätzung, Differenzierung zwischen bewegtem Objekt und stabilem Hintergrund, die Identifikation des bewegten Gegenstandes und der Bedeutung seiner Bewegung sowie die Unterscheidung zwischen Bewegungseindrükken, die aus der Außenwelt stammen, d.h. auf physikalische Bewegungen zurückgehen und solchen, die durch die eigene Fortbewegung in einer an sich stabilen Umgebung (z.B. bei einer Auto- oder Eisenbahnfahrt) zustande kommen. Bewegungseindrücke, die weder von Gegenstands- noch von Eigenbewegungen herrühren, werden als →*Scheinbewegungen* bezeichnet.

[2] Der *Erklärung* des B. dienen Ansätze, welche die zentralnervöse Verrechnung der (a) sukzessiven Reizung ver-

schiedener Retinaregionen, (b) Textur des Hintergrundes, (c) Rückmeldungen über Folgebewegungen der Augen bzw. des Kopfes und Körpers, aber auch Bewegungsintentionen, (d) zusätzliche Informationen aus anderen Sinnesbereichen (z.B. Labyrinth-Informationen über Körperlage und Bewegungsgeschwindigkeit bei Eigenbewegung) und (e) Erfahrungen über Art und Bedeutung des bewegten Objektes bzw. der ausgeführten Eigenbewegung systematisch berücksichtigen. Von grundlegender Bedeutung für die Erklärung des B. im engeren Sinne ist die auf HELMHOLTZ (1866) zurückgehende Unterscheidung zwischen dem (A) *Abbildungs-Retina-Bewegungs-System (image-retina movement system)* und dem (B) *Auge-Kopf-Bewegungs-System (eye-head movement system),* deren zentralnervöse Verschaltung inzwischen nachgewiesen werden konnte (vgl. GREGORY, 1974). Ein Beobachter erkennt bei starrer Fixierung des Umfeldes einen bewegten Reiz daran, daß sukzessive verschiedene Netzhautareale gereizt werden (Abb. A). Er erkennt aber auch dann den bewegten Reiz, wenn er mit Blick und Kopf Folgebewegungen ausführt. Geht man nur von den Abbildungsverhältnissen auf der Retina aus (Abb. B), so müßte – zumindest dann, wenn es sich bloß um einen relativ sinnarmen Lichtimpuls handelt – beim Beobachter der Eindruck entstehen, der mit dem Blick verfolgte Zielreiz sei unbewegt, dafür bewege sich aber der an sich stabile Hintergrund. Tatsächlich aber nimmt man auch in diesem Fall die Bewegung wahr und kann sehr wohl zwischen bewegtem Gegenstand und stabilem Hintergrund unterscheiden.

Dies geht auf Rückmeldungen aus dem Auge-Kopf-Bewegungs-System zurück, die bewirken, daß die von der Retina-Abbildung herrührende Information anders gewichtet wird. Beobachtet man einen bewegten Lichtreiz in einem abgedunkelten Raum, so entfällt jeder Hinweis über den Hintergrund, auf dem sich die Bewegung vollzieht; dennoch bewirkt die Information aus dem Auge-Kopf-Bewegungs-System bei der Ausführung von Folgebewegungen eine Korrektur der Information aus dem Retina-Abbildungs-System. Dieser Mechanismus funktioniert auch dann, wenn man sich Auge- oder Kopf-Bewegungen lediglich vornimmt, ohne sie tat-

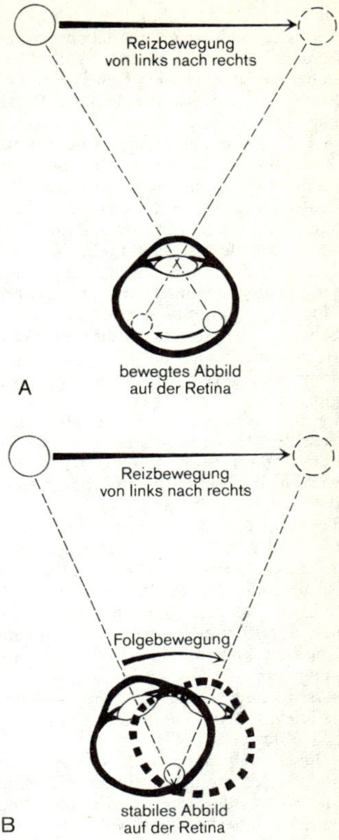

sächlich auszuführen, z.B. bei einer vorübergehenden Lähmung der Augen- und Kopfbewegungsmuskulatur. Die Wirkung ist verblüffend: Man hat den Eindruck, daß sich die an sich stabile visuelle Umgebung in die der Bewegungsintention von Auge und/oder Kopf entsprechenden Richtung bewegt. Der Besucher eines Pferderennens, der das von ihm favorisierte Pferd im Blick behält, wird den durch Folgebewegungen entstehenden Eindruck selbstverständlich auch durch seine Erfahrung korrigieren. Bewegen sich an sich sinnfreie Reize (z.B. zwei Quadrate) relativ rasch aufeinander zu oder voneinander weg, so tendiert der Beobachter dazu, die Bewegungsabfolgen im Sinne der *Kausalität* zu *interpretieren,* d.h. als Anziehung oder Abstoßung; je nach Bewegungsart und -richtung haben sowohl Kinder als auch Erwachsene die Tendenz, die beobachteten Bewegungen im Sinne der *sozialen Erfahrung* z. B. als »aggressiv« oder »freundlich« auszulegen. Besonders empfänglich ist man für Bewegungen, die vermeintlich oder tatsächlich von Menschen herrühren. Der Einfluß der eigenen Bewegungserfahrung wird deutlich, wenn z. B. nachgewiesen wurde, daß man in der Lage ist, eigene und Fremdbewegungen anhand von Filmen zu unterscheiden, die mit Hilfe von Glimmlampen an Kopf, Schultern, Arm- und Beingelenken, Beckenaußenseite und Hand- und Fußspitzen lediglich fragmentarische Bewegungsspuren, nicht aber den ganzen bewegten Körper zeigen. Die Mechanismen des Bewegungssehens sind bei höheren Tieren hochdifferenziert; sie entwickeln sich sehr früh und beruhen in ihren relativ erfahrungsunabhängigen Teilbereichen auf der Wirkweise *rezeptiver Felder* und ihrer zentralen Repräsentation im oberen Kniehöcker-Bereich (colliculus) sowie ihrer Verschaltung mit den zentralen Empfangsstationen der Rückmeldungen über Augen-Kopfbewegungen oder deren Anbahnung.

→Bewegungsparallaxe, →Sehen, →Wahrnehmen, →Wahrnehmung, soziale.

LIT. GREGORY (1974).

Bewertung *(appraisal).* Von ARNOLD und LAZARUS eingeführte Bezeichnung für Prozesse der intuitiven Einschätzung bzw. auf Überlegungen beruhenden Interpretation von Objekten, Ereignissen und/oder Aufgaben im Lichte ihrer subjektiven Bedeutung in der gegebenen Situation und deren Bewältigungschancen. Der B.-Begriff wurde von MAGDA B. ARNOLD in die Psychologie eingeführt, um den Zusammenhang zwischen Wahrnehmen, Gefühlen und Handlungstendenzen zu erklären. *Intuitive B. (intuitive appraisal)* ist nach ARNOLD eine von schlichten Anmutungen getragene vorbewußte Taxierung von Situationen, deren Ergebnis automatisch Handlungstendenzen der Annäherung bzw. Vermeidung nach sich zieht und von Gefühlen vom Typus »gut für mich« bzw. »schlecht für mich« begleitet wird. Im Verlauf der Auseinandersetzung mit Situationen folgen weitere B.-Schritte, die in zunehmendem Maß von Reflexionen über die eigenen Handlungsmöglichkeiten, Erfolgschancen und Risiken getragen sind. Sie stellen daher *reflexive* oder *sekundäre Bewertungen (reflexive appraisal; secondary appraisal)* dar. In seinem Modell der *kognitiven Streßbewältigung* sieht LAZARUS in der sekundären B. den Ausgangspunkt der Mobilisierung von Bewältigungsmöglichkeiten und der *Wieder-B. (re-appraisal)* der Situation einschl. der Bewältigungschancen. Erscheinen diese gering, so treten Angstzustände auf. Zeigt sich im Verlauf der weiteren Auseinandersetzung und Wieder- bzw. Neubewertung keine Aussicht auf erfolgreiche Bewältigung bzw. kommt es zur Einsicht, daß die eigenen Möglichkeiten nicht ausreichen, so entsteht psychische Belastung *(Streß).* Läßt sich die Situation durch Handlungen meistern bzw. erscheint sie durch Wieder- und Neubewertungen in einem bewältigbaren Licht (z. B. durch die Einsicht in ihre Belanglosigkeit), so treten emotionale Erregung und Belastungsempfindungen zurück. B. ist ein zentraler Begriff der *kognitiven Psychologie,* denn er verweist darauf, daß der Mensch seine eingeschätzte und von ihm interpretierte Situation zur Richtschnur seines Erlebens und Handelns macht.

→Angst, →Bewältigung, →Emotion, →Streß.

LIT. ARNOLD (1960; [2]1962); LAZARUS (1966).

Bewußtheit *(awareness).*
[1] Von ACH (1910) in der klassischen Denk- und Bewußtseinspsychologie eingeführte Bezeichnung für ein unanschauliches Mitwissen, das sich weder auf konkrete Vorstellungen noch auf konkrete Zielobjekte bezieht, z. B. der Vorsatz, in einer im einzelnen noch nicht bekannten oder erkannten Aufgabe so gut wie möglich abzuschneiden, möglichst wenige Fehler zu machen oder sich nicht ablenken zu lassen. B. ist zu unterscheiden von *Bewußtseinslage* als Inbegriff des Mitwissens von Bedeutungszusammenhängen. Der B.-Begriff steht in gewisser Nähe zu *Einstellung* und *antizipatorischer Zielvorstellung.*
[2] Der engl. Begriff *awareness* hat die weiterreichende Bedeutung von *Anmutungen* in bezug auf undeutliche oder in den Randzonen des Wahrnehmungs- bzw. Aufmerksamkeitsfeldes liegende Erscheinungen, die mit der unmittelbaren Erfahrung auftreten, z. B. das Ergebnis einer *intuitiven Bewertung.* Älte-

re Bezeichnung: schlichtes Gewahren; Gewahrwerden.

Bewußtlosigkeit *(loss of consciousness; insensibility; unconsciousness).* Zustand, der durch den Fortfall der Möglichkeiten des Erlebens und Handelns im Umwelt-, Körper- und Selbstbezug gekennzeichnet ist. Synonym: *Koma.* B. tritt auf bei Gehirntraumen, im Gefolge epileptischer Krampfanfälle, elektrokonvulsiver Schocks (sog. Schocktherapie), bei hohem Fieber, hochdosierten Narkotika, zentral wirksamen neuroaktiven Drogen und Veränderungen oder Läsionen des Nervengewebes im Aktivationssystem. Im Unterschied zum *Schlaf* treten bei *tiefer B. (deep unconsciousness)* keine traumartigen Erlebnisse oder Verarbeitungen von Umwelteinflüssen auf. Tiefe B. darf daher nicht mit *veränderten Zuständen des →Bewußtseins* verwechselt werden, die z.B. bei extremer Ermüdung, in reizarmen Umgebungen und unter dem Einfluß von schwach dosierten Drogen oder Narkotika beobachtet werden.

Bewußtsein *(consciousness).*
[1] Der B.-Begriff wird in zwei aufeinander bezogenen Bedeutungen verwendet.
(a) B. als *Zustand des Zentral-Nerven-Systems,* der dem deutlichen Erkennen, klaren Denken und geordneten Verhalten zugrunde liegt. Gegensatz: *Bewußtlosigkeit.* Zwischen vollem B. und Bewußtlosigkeit liegen verschiedene *Bewußtseinsgrade,* die an Beeinträchtigungen kognitiver und motorischer Funktionen erkennbar sind. B. ist an die Reifung des Nervensystems gebunden. *B.-Störungen* oder *-Trübungen* – zusammenfassend als *Zustandsveränderungen des B. (altered states of consciousness)* bezeichnet – können auf Veränderungen des *Aktivations-Zustandes* (Schläfrigkeit bzw. Übererregtheit), Beeinträchtigungen des ZNS durch *Läsionen, Tumoren, Traumen* oder zentral wirksame *Pharmaka* bzw. *Drogen,* auf *fiebrige Erkrankungen* und/oder bewußt herbeigeführte bzw. von außen auferlegte *vorübergehende Änderungen* des *Umweltrapportes* zurückgehen (z.B. Meditation; Suggestion; Hypnose).
(b) B. als Inbegriff von *Prozessen der subjektiven Erfahrung* des eigenen Erlebens, der Erlebnisweise in Wahrnehmungs-, Denk- und Handlungsepisoden, der Richtungnahme des Erlebens im Bedürfnis-, Interessen- und Erwartungsbezug, des Klarheitsgrades, mit dem sich Erfahrungsinhalte zeigen sowie der im Gegenstands- oder Denkzusammenhang erlebten Gewißheit, selbst der/die Erfahrende zu sein. Gegensatz: *un-* oder *unterbewußte Prozesse.* Übergangsformen: *Bewußtheit, Einstellungen; mit-* oder *vorbewußte Prozesse.*
[2] Die in der *Akt-* und *Bewußtseinspsychologie* der Jahrhundertwende geprägte Bedeutung [1] (b) hat ihren Ursprung in philosophischen Erörterungen der menschlichen Erkenntnisfähigkeit *(→Einleitung).* Dabei geht es weniger um B. als »Ganzes des augenblicklichen Seelenlebens« (JASPERS), als vielmehr um Repräsentations-, Integrations- und Ordnungsfunktionen des Denkens im Zusammenhang mit konkreten Wahrnehmungs- und Denkoperationen, den sog. *Bewußtseinsakten,* erschlossen aus Erlebnisberichten. Das *Bewußtseinsfeld (field of consciousness)* umfaßt nach WUNDT (1911) die Gesamtheit aller mehr oder weniger abgehobenen *Bewußtseinselemente* (Sinnesempfindungen, Vorstellungen und Gefühle). Die Heraushebung einiger dieser Elemente beruht auf der *Aufmerksamkeit;* sie wird nach JAMES (1890) durch den »Geist« bzw. »Verstand« *(mind)* nach Maßgabe individueller Bedürfnisse, Interessen oder Wertungen gelenkt, um den Gegenstand ihrer Wahl aus dem Feld der Möglichkeiten herauszugreifen und ihm damit *Klarheit* und *Abgehobenheit* gegenüber anderen zu verschaffen. Die Organisation der B.-Inhalte unterliegt darüber hinaus den Prinzipien der *schöpferischen Synthese* und *Einheit der Gemütslage* (WUNDT); für die vorbewußte Zusammenfügung von Erfahrungs- und Erlebniselementen sind *unbewußte Schlüsse* (HELMHOLTZ; 1868) und *Gestaltgesetze* maßgeblich. Mit *Bewußtseinsstrom (stream of consciousness)* bezeichnet JAMES die Erfahrung eines beständigen Flusses von Eindrücken und Ideen über das Hier und Jetzt hinaus. Der Bewußtseinsstrom bildet einerseits die Grundlage des Identitätsgefühls, andererseits ist eine Gliederung in thematische Zusammenhänge bzw. raum-zeitliche Abschnitte erforderlich, um sich im Fluß der Erfahrungen und Ideen nicht zu verlieren. WUNDT und JAMES beschreiben detailliert die *Kapazitätsgrenzen* des B. in bezug auf die Dichte *(Bewußtseinsumfang)* und Menge simultan auffaßbarer

Einzelheiten *(Aufmerksamkeitsumfang)*. Die Mitglieder der *Würzburger Schule* (insbes. KÜLPE) betonen den orientierenden und ordnenden Einfluß *mitbewußter Prozesse (determinierende Tendenzen; Gerichtetheiten; Einstellungen)*. In der von BRENTANO und HUSSERL ausgehenden *phänomenologischen Psychologie* erhält das B. seine aktuelle Gliederung in zusammengehörige Erfahrungseinheiten im Bezugssystem von Intentionalität, Vorbekanntem, Zeitlichkeit, Leiblichkeit und erlebendem Ich (GURWITSCH, 1974, GRAUMANN, 1974). In allen *erlebnisdeskriptiven Ansätzen* wird dem B. eine koordinierende Repräsentationsfunktion zugeschrieben, die sich in Abhängigkeit von *Steuerungsprozessen* (»Geist«, »Verstand«, *Aufmerksamkeit*), *mitbewußten Orientierungsprozessen* (Einstellungen) und *nicht bewußt werdenden* Parallelprozessen im *Gegenstands-* und *Selbstbezug* entfaltet. Die behavioristische und neubehavioristische Psychologie hat – ihren Programmen entsprechend – keinen Platz für den erlebnisdeskriptiven, in seinen Beziehungen zum Verhalten unbestimmten B.-Begriff. Auch die von Gestalttheoretikern und kognitiven Lerntheoretikern eingeführten Konstrukte *Einsicht* bzw. *Erwartung* werden ab den 30er bis hinein in die 60er Jahre lediglich als Bezeichnungen für verdeckte vermittelnde Prozesse herangezogen; ihre Bewußtseinskorrelate bleiben weitgehend unberücksichtigt bzw. werden aus konkreten Verhaltensäußerungen erschlossen. Ähnlich verfahren FREUD und seine Nachfolger, wenn sie die Wirkweise *unbewußter Verarbeitungs-* und *Zensurmechanismen* an der Präzision bzw. Angemessenheit von Wahrnehmungsurteilen und Verhaltensweisen sowie an der Stimmigkeit von Erlebnisaussagen messen.

[3] *Bewußte* vs. *unbewußte Prozesse* sind Themen der neueren *Aufmerksamkeits-, Gedächtnis-* und *Wahrnehmungspsychologie.*

(a) In der *kognitiven Aufmerksamkeits-* und *Gedächtnisforschung* wird der Grad der B.-Beteiligung aus *Erregungsveränderungen* – interpretiert als Ausdruck von *Anspannungs-* oder *Tätigkeitsgefühlen* – erschlossen, welche der *bewußten Anstrengung (conscious effort)* entspringen, aus einem größeren Reizangebot relevante Informationen herauszusuchen, sie zu nutzen, einzuprägen und/oder dafür geeignete Such- bzw. Entscheidungsstrategien einzusetzen (KAHNEMAN, 1973; POSNER, 1978). Bewußt *kontrollierte Prozesse* werden z.B. aus Beziehungen zwischen der Neuartigkeit des Reizmaterials bzw. der anzuwendenden Such- oder Entscheidungsstrategie, den eingeschränkten Möglichkeiten zur Erledigung einer Nebenaufgabe und verlängerten Reaktionszeiten erschlossen. Unbewußte, *automatische Prozesse* dagegen verlaufen anstrengungsfrei auf (durch Übung oder Gewohnheit) eingefahrenen Pfaden *(→Pfadaktivierung)*, Reaktionen erfolgen rasch und Bewußtseinskontrolle fordernde Nebenaufgaben können parallel erledigt werden (SHIFFRIN, SCHNEIDER, 1977; SCHNEIDER, SHIFFRIN, 1977). B. ist aus dieser Sicht ein hypothetisches Konstrukt, eine dem *Kurzzeit-* oder *Arbeitsgedächtnis* vergleichbare Instanz der Informationsverarbeitung, die sich durch ihre *eingeschränkte Arbeitskapazität* bemerkbar macht. Die enge Anbindung des B.-Konstruktes an Prozesse und Strategien der Informationssuche und -nutzung geht einerseits auf das in der *kognitiven Psychologie* gängige *Computermodell* zurück, in dessen Rahmen »Bewußtseinsakte« dem willkürlichen Einsatz von Programmen zur Sortierung *kognitiver Elemente* entsprechen (PRINZ, 1983); andererseits ist die Ähnlichkeit mit den von WUNDT und JAMES geprägten Vorstellungen über das Verhältnis von B. als *Feld* und *Aufmerksamkeit* (»Geist«, »Verstand«) als dynamischen Selektor unverkennbar.

(b) In der *Wahrnehmungspsychologie* machte die Wirkweise *unterschwelliger, fragmentarischer Prozesse* der semantischen Reizanalyse *(→Subception; →Wahrnehmungsabwehr)* eine Abgrenzung zwischen *bewußten* und *vor-* bzw. *unbewußten Prozessen* erforderlich. DIXON (1971; 1981) schlägt vor, zwei parallel operierende Wahrnehmungssysteme anzunehmen; das eine dient der bewußten Auffassung, das andere fungiert als vorbewußter Bedeutungsselektor, der – mit Vorgängen der *intuitiven Bewertung* vergleichbar – schwache bzw. fragmentarisch repräsentierte sensorische Daten auf ihre mögliche Bedeutung hin untersucht und ggf. die Wahrnehmung überschwelliger Reize im Sinne der Bewertung unterschwelliger einfärbt. Erregungsanstiege, deren Intensität der Bedeutung bzw. dem Informationsgehalt unterschwelliger bzw. fragmentarischer Reize entsprechen, gelten als Hinweise auf die Funktion der vorbewußten Taxierung ohne bewußte Wahrnehmungserfahrung (FRÖHLICH u.a., 1984), Patienten mit einseitigen Läsionen des visuellen Kortex können nach der Darbietung von Reizen auf der nicht-blinden Seite fehlerfrei erraten, welcher der Reize anschließend an welcher Stelle des Wahrnehmungsfeldes im blinden Feldanteil dargeboten wurden (WEISKRANTZ, 1980). Das sog. *Blindsehen (blind seeing)* zeigt, daß die üblicherweise mit bewußten Vorgängen gleichgesetzten Identifikations-, Diskriminations- und Lokalisierungsfunktionen der Wahrnehmung nicht notwendigerweise an die bewußt werdende Repräsentation von Wahrnehmungsgegenständen gebunden sind. Damit wird die Definition von B. an die Frage nach den Beziehungen zwischen – dem B. von vornherein entzogenen – Prozessen der Verarbeitung sensorischer Daten, der Art geforderter oder selbst auferlegter Wahrnehmungsleistungen und der Art bzw. Form abgegebener Wahrnehmungsurteile gekoppelt. Ein logisch fundiertes Programm zur Untersuchung dieser Beziehungen stammt von WIRTH (1983). B. ist dann gegeben, wenn man mit Gewißheit sagen kann, die gegenwärtigen Erfahrungen, Vorstellungen und Meinungsäußerungen beruhten einerseits auf dem Wissen über ihr Zustandekommen, andererseits auf dem Wissen über die inneren Zustände, aus denen sie hervorgehen. Dies entspricht der »cogitatio sive conscientia« im Sinne von DESCARTES (1596–1650). Aussagelogisch gesehen ist ein Wahrnehmungsurteil dann auf bewußte Erfahrung gegründet, wenn es neben dem Gegenstandsbezug den aktuellen Ich-Bezug so klar herausstellt, daß auf ein Erlebnis des Aussagenden geschlossen werden kann (KRAFT, 1960).

[4] In der *Neurophysiologie, Neuropsychologie* und *Psychophysiologie* wird das B.-Thema zunächst im Sinne der Beschreibung unter [1] (a) behandelt, d.h. im Zusammenhang mit Vorgängen und Veränderungen der *kortikalen Aktivation.* Das Verhältnis zwischen *bewußten* und *vorbewußten* Verarbeitungsprozessen dagegen wird unter Einbeziehung *autonomer Erregungsänderungen* untersucht; unterschwellige Vorgänge der Taxierung von Reizbedeutungen (Subception) und ihre – ebenfalls unterschwellig – vermittelten Folgen *(→Wahrnehmungsabwehr)* zeigen sich z.B. in *phasischen* und *tonischen* Komponenten reizabhängiger Veränderungen der *elektrodermalen* und *Herz-Aktivität,* ohne daß damit bewußt Wahrnehmungserlebnisse verbunden sind. Neuerdings verwendet man die Beziehungen zwischen der *Latenz* und *Amplitude* verschiedener Komponenten *evozierter Potentiale* des EEG und *Reaktionszeiten* bzw. *Fehler,* um aus ihrem Zusammenhang mit der *Aufgabenschwierigkeit* und *Komplexität* den Einsatz *bewußter Anstrengungsmobilisierungen* zu erfassen (DONCHIN, 1985; HILLYARD, KUTAS, 1982). Ein spekulativer Ansatz zur *neurophysiologischen Erklärung* der *Repräsentations-* und *Integrationsfunktion* des B. stammt von K. H. PRIBRAM (1971). Eindrücke und Vorstellungen könnten auf *holographischen Projektionen* synaptischer Erregungs-Hemmungs-Muster beruhen, die im Gehirn im Lichte ihrer allgemeinen vs. lokalisierten Aktivierungswirkung, ihrer sequentiellen bzw. kontextuellen Einbettung in bereits stabilisierte Repräsentationen und ihres Körper- bzw. Selbstbezuges »interpretiert« werden. Rätselhaft bleibt die Übersetzung der »Interpretationen« des Gehirns in bezug auf seine eigenen Vorgänge in den »kognitiven Kode« des bewußten Erlebens. POPPER und ECCLES (1977) führen Erleben – wie seinerzeit JAMES – auf den nicht weiter reduzierbaren »selbstbewußten Geist« bzw. »Verstand« *(self-conscious mind)* zurück, der aus den Daten, welche die Außen- und Innenwelt repräsentieren, bei deren Passage durch das sog. *»Liaison-Brain«* bestimmte Informationen herausgreift und integrativ weiterverarbeitet. B. ist in diesem Sinne eine *Disposition* zur selektiven Nutzung von Daten, die aufgrund rasch und in verschiedenen Teilen des Nervengewebes ablaufender zahlloser Be- und Verarbeitungsprozesse bereitgestellt werden und die Außenwelt (Sinnesdaten, Vorstellungen) bzw. Innenwelt (Gefühle, Erinnerungen) repräsentieren.

LIT. DIXON (1971; 1981); DONCHIN (1984); FRÖHLICH u.a. (1984); GRAUMANN (1974); GURWITSCH (1974); HILLYARD, KUTAS (1983); HOFER (1981); KRAFT (1960); JAMES (1890); POPE, SINGER (1978); POPPER, ECCLES

(1977); POSNER (1978); PRIBRAM (1971); SHIFFRIN, SCHNEIDER (1977); SCHNEIDER, SHIFFRIN (1977); TART (1969); TAYLOR (1979); WERTH (1983); WUNDT (1911).

Bewußtseinslage *(conscious attitude; mental attitude; mental set)*. Von MARBE in die Bewußtseins- und Denkpsychologie der Jahrhundertwende eingeführte Bezeichnung für die mehr oder weniger explizierbare Mitgegebenheit eines Bedeutungsfeldes beim begriffl. Denken und Erinnern, z. B. der Eindruck des Stimmigen, Sinnvollen, Ausgedehnten oder Kleinen, das Mitwissen von Zeitabläufen, ohne sich darüber im Augenblick präziser ausdrücken zu können. Vergleichbare Annahmen werden im sog. *Logogen-Modell* und in bezug auf Prozesse der *Pfadaktivierung* getroffen. *→Bewußtheit, →Denken, →Einstellung.*

Bewußtseinsschwelle. Angenommener Eintritt eines »nichtbewußten Inhaltes« in die Sphäre deutlichen Bewußtseins. Bezieht sich auf Erlebnisinhalte, z. U. von exakt bestimmbaren *Reizschwellen.*

Bewußtseinsstörung. Unspezifische Bezeichnung für krankhafte oder auf Ermüdung zurückgeführte Beeinträchtigung bei Wahrnehmen, Gedächtnisleistungen, Denken u. a. Ähnlich auch »Bewußtseinstrübung«.

Bewußtseinsumfang *(apprehension span)*. Von WUNDT eingeführte Bezeichnung für die Anzahl sukzessiver Einzeleindrücke, die innerhalb einer bestimmten Zeit verarbeitet werden kann. Das sog. *psychische Moment* liegt bei ca. 16 Eindrücken pro Sekunde. Die Anzahl sukzessiv verarbeitbarer Einzeleindrücke vermindert sich beträchtlich, wenn (a) zwischen alternativen Signalen zum Zweck der Ausführung einer bestimmten Reaktion unterschieden werden muß *(Hick-Hyman-Gesetz)* oder wenn (b) zwischen je zwei Ereignissen, auf die gleichartig reagiert werden soll, keine kurze Pause eintritt *(psychologische Refraktärzeit). →Aufmerksamkeit; →Moment; →Refraktärzeit, psychologische.*

Beziehungswahn *→Wahn.*

Bezold-Abney-Phänomen *→Abney-Effekt.*

Bezold-Brücke-Phänomen *(Bezold-Bruecke effect; Bezold-Bruecke phenomenon)*. Betrachtet man im Zustand der Helligkeitsadaptation Spektralfarben, so bewirkt eine Aufhellung ein Vorwiegen von Gelbtönen in bezug auf Rot- und Grünanteile und von Blautönen in bezug auf Blaugrün und Violett *(→Abney-Effekt; Bezold-Abney-Phänomen)*. Nimmt die Helligkeit ab, so treten Rot, Grün und Violett deutlicher hervor und lassen vormals gelbe Feldanteile rötlich oder grünlich erscheinen. Das Phänomen wird durch die unterschiedliche Lichtempfänglichkeit von Rot-Grün- und Gelb-Blau-Rezeptoren der Retina erklärt.

Bezugsgruppe *(reference group)*. Bezeichnung für eine jede Gruppe, mit der sich ein Individuum identifiziert und auseinandersetzt, um schließlich die Normen, Einstellungen und Verhaltensweisen dieser *→Gruppe* zu übernehmen. Dabei wird eine Mitgliedschaft an Gruppenaktivitäten nicht vorausgesetzt; es wird vielmehr angenommen, daß solche Bezugsgruppen für jedes Individuum in einer Vielzahl existieren und die *Einstellungen* des betreffenden Individuums mitbestimmen bzw. eine Art Anhaltspunkt für solche Einstellungen abgeben. Die Eigenschaften der B. sind dabei oft vorgestellt u. nicht anschaulich gegeben.

Bezugspunkt *(point of reference)*. In einem dimensionalen *Bezugssystem* definierter Punkt, von dem eine bestimmte Entwicklung ausgeht bzw. auf den sich die Interpretation bestimmter anderer Punkte im gleichen Bezugssystem bezieht. In der *Psychophysik* gelten z. B. *→Adaptationsniveau, Anker-* und/oder *Standardreize* als Bezugspunkte bzw. -größen für die Abgabe von Wahrnehmungsurteilen.

Bezugssystem *(frame of reference; framework)*.

[1] Allgemeine Bezeichnung für ein Koordinaten- oder Definitionssystem, das der Beschreibung der räumlichen Lage von Teilen, Zeitabläufen bzw. Bewegungen und/oder der Ableitung von Maßen (z. B. CGS-System) zugrunde liegt. *Faktorielles B.* nennt man die Anordnung von *Faktorenachsen* nach der *Rotation.* Als *nomologisches Netzwerk (nomological network)* gelten begrifflich-logische Rahmenbedingungen für Beziehungsaussagen zwischen empirischen Operationen und Erklärungssätzen bei der Bildung von *Konstrukten, Modellen* und bei der Formulierung theoretischer Sätze.

[2] In der Wahrnehmungspsychologie

ist B. Bezeichnung für den durch Erfahrung geprägten Hintergrund, der als subjektiver Maßstab bei der Beurteilung von Reizintensitäten und -qualitäten verwendet wird. Aus älteren Ansätzen, die aus der *Gestaltpsychologie* hervorgingen, entwickelte sich ein eigener Zweig der *Bezugssystemforschung* im Rahmen der neueren *Psychophysik*.
→*Adaptationsniveau*.

Bilderordnen *(card sorting)*. Eine Art des Experiments oder Tests, in dessen Verlauf eine zufallsgemischte Reihe von Bildern nach gewissen Kriterien angeordnet werden soll, z.B. gemäß einem auf den Bildern zeichnerisch dargestellten Geschehensablauf des täglichen Lebens *(Intelligenz-Tests →Test, →Wechsler-Bellevue-Skala)*.

bildgebende Verfahren →*Tomographie*.

Bimodal. Zweigipflig. In der Statistik als Bezeichnung für eine →*Häufigkeitsverteilung* mit zwei Modalwerten (Gipfeln) eingeführt. In der mathematischen Kurvendiskussion entspricht dies zwei Maxima.
→*Modus*.

Binärziffern *(binary numbers)*. Mathematische Bezeichnung für besonders in der *Informationstheorie* gebräuchliche zahlenmäßige Repräsentationen unter Verwendung der Ziffern 1 und Null und keiner anderen. Das System der Binärziffern wird bei der Mehrzahl elektronischer Rechenanlagen anstelle des Dezimalsystems (Zahlen 1 bis 9 und Null) verwendet.

binaural. Hören mit beiden Ohren. Es hat entscheidenden Einfluß auf die räumliche Lokalisierung von Schallquellen. Seitlich einwirkender Schall erreicht jedes Ohr mit verschiedener Intensität und Komposition. Diese Differenzen werden zentral verrechnet, wobei Hinweise aus anderen Sinnesgebieten (z.B. Sehen) mitwirken.

Bindehaut *(conjunctiva)*. Schleimhaut, die die Innenfläche der Augenlider und die Vorderfläche des Augapfels bis zum Hornhautrand bedeckt.
→*Auge*.

Bindung *(attachment)*. Bezeichnung für eine emotionale Beziehung zwischen Menschen, die sich z.B. in Form der Kontaktsuche, Aufrechterhaltung der Nähe zur Bezugsperson insbesondere angesichts fremder Personen oder unvertrauter Ereignisse (z.B. dem sog. Fremdeln, der sog. Acht-Monats-Angst bei Kindern) oder der sog. *Trennungsangst* (Furcht vor Abwesenheit oder Abwendung einer Bezugsperson) äußert. B. und nachfolgende →*Ablösung* gelten als wesentliche Voraussetzungen einer harmonischen Persönlichkeits- und sozialen Entwicklung. In *psychoanalytischer Deutung* ist die frühkindliche B. des Kindes an die Mutter Ausdruck einer libidinösen Beziehung, die der Befriedigung primärer Bedürfnisse des Kindes dient; diese Beziehung findet ihre Entsprechung in der sog. →*Übertragung* als eine an infantile Regungen gebundene, an die Autorität des Psychoanalytikers gebundene vorübergehende *Abhängigkeit* des Patienten. Das Fortfallen von B.-Möglichkeiten im Verlauf der frühkindlichen Entwicklung wird mit Störungen der Persönlichkeitsentwicklung und des sozialen Verhaltens in Form von →*Regressionen* (→*Hospitalismus)* und mangelnder *Aggressionskontrolle* in Verbindung gebracht. Aber auch das Fehlen der *Ablösung* gilt als Konflikt- und Störungsquelle, da sie übermächtige Abhängigkeiten und damit verbundene Mängel zur Kontrolle infantiler Triebregungen zur Folge haben soll. HARLOW zeigte in Untersuchungen an isoliert aufgezogenen Rhesusäffchen, daß der Körperkontakt mit dem anwesenden Muttertier oder mit Artgenossen entscheidenden Einfluß hat auf eine von Sicherheit geleitete Umweltorientierung und soziale Entwicklung. In umfangreichen Untersuchungen weist BOWLBY (1969) auf, wie sich *Bindungs-Verhalten (attachment behavior)* bei Kindern entwickelt und welche Bedeutung der B. im Rahmen der Entwicklung kognitiver und sozialer Funktionen zukommt. BOWLBY unterscheidet vier Phasen: (a) Das Baby orientiert sich zunächst an einer Vielzahl von Personen, indem es *Bindungssignale* (z.B. Lächeln) aussendet. (b) Bereits in den ersten Lebenswochen werden diese Signale mehr und mehr nur an bestimmte, wenige Bezugspersonen gerichtet. (c) Ab dem ersten Lebensjahr kann das Kind sowohl durch Signale als auch durch Körperbewegungen die Nähe zu den Bezugspersonen aufrechterhalten sowie Pläne zur Aufrechterhaltung der Nähe entwickeln; es kann jedoch noch nicht einkalkulieren, wie die Bezugsperson darauf reagieren wird. (d) Im Alter von 2–3 vermag es, die Erwartungen und Absichten der Be-

zugspersonen einzukalkulieren und gelangt damit von der B. zu einer *partnerschaftlichen,* dem *Rollenspiel* vergleichbaren *Beziehung.* Damit einher geht eine zunehmende *Selbständigkeits-Abhängigkeits-Balance* (BISCHOF, 1975).
LIT. BISCHOF (1975); BOWLBY (1969); MACCOBY, MASTERS (1970).

Binet-Simon-Test *(Binet-Simon scale, Binet-Simon test).* Eine Reihe von Intelligenzaufgaben (von BINET und SIMON ersonnen), die nach Schwierigkeitsgraden abgestuft sind. Der Test erschien in drei verschiedenen Entwicklungsformen (1905, 1908 und 1911). Bei den beiden letzten finden sich altersspezifische Normen, bezogen auf Jahresabschnitte. Der Test erfuhr zahlreiche Revisionen und Änderungen und ist in viele Sprachen übersetzt worden. Syn. *Stanford-Intelligenz-Test.*
LIT. LÜCKERT (Übers.; 1957); PROBST (1960).

binokular. Beidäugig.

binokular, binokulares Sehen *(binocular, binocular vision).* Beidäugiges Sehen durch Überschneiden der Sehfelder beider Augen. Verschieden weit entfernte Gegenstände werden auf jeweils verschiedenen Netzhautstellen *(Disparation)* abgebildet. Aus der Lage der Abbildungen kann die Entfernung durch zentrale Verarbeitung *(Gehirn)* eingeschätzt werden. Syn. *Stereopsis.* Zusätzliche Hinweise sind dabei Rückmeldungen über die Konvergenz der Augenstellung und durch Augenbewegungen vermittelte Eindrücke *(scanning).*

binokulare Perspektive →*Perspektive.*

binokulare Rivalität *(binocular rivalry).* Forschungs- und werbemittelanalytische Technik. Durch ein Binokular wird dem einen Auge Abb. A, dem anderen Abb. B zugeführt. Das Maß der Verschmelzung, Überlagerung oder Dominanz gilt als Hinweis (a) für periphere oder zentrale Verarbeitung und (b) für die Prägnanz der Objekte. Die Technik der B. R. liefert auch Hinweise auf die *Lateralität* (Dominanz des rechten oder linken Auges bzw. Hirnfeldes).

Binomialverteilung, Bernoulli-Verteilung *(binomial distribution).* Die Stichprobenverteilung von Alternativereignissen des Typus »Fehler« und »Treffer«. Besitzt das Merkmal »Fehler« eine Wahrscheinlichkeit p und »Treffer« eine Wahrscheinlichkeit q in einer unendlichen dichotomen Population, wobei q = 1-p, und zieht man eine Stichprobe von der Größe N, so folgt die Anzahl der Stichprobenelemente (k) mit dem Merkmal »Fehler« einer Verteilung mit der Wahrscheinlichkeitsfunktion

$$p(k) = \binom{N}{k} p^k q^{N-k}$$

Zur Beschreibung genügen die Parameter p und N, der Mittelwert ist definiert durch $\mu = Np$ und die Varianz durch $\sigma^2 = Npq$. Die Binomialverteilung hat besondere Bedeutung in der *Testtheorie.*

Biofeedback. Bezeichnung für in der *Verhaltenstherapie* zur Anwendung kommende Methoden, dem Klienten mittels geeigneter technischer Vorrichtungen *(display)* Vorgänge in seinem Körper und deren Veränderungen sichtbar bzw. hörbar zu machen (z. B. Herz- oder Pulsschläge) und diese Veränderungen auf bestimmte Reize zu beziehen. Dadurch ist eine therapeutische Beeinflussung durch Selbstkontrolle in Grenzen möglich. Erste Erkenntnisse gehen vor allem auf Arbeiten von und um N. E. MILLER zurück.

biogene Amine *(amines).* Im Organismus erzeugte, physiologisch wirksame chemische Zellstoffwechsel-Produkte. Einige haben *Transmitter*-Funktion. Sie entstehen aus verschiedenen Aminosäuren. Im weiteren Sinne zählen auch die Katecholamine (z. B. →*Noradrenalin*) zu ihnen. Die b. A. spielen sehr wahrscheinlich durch Beeinflussung des Zellstoffwechsels eine große Rolle bei bestimmten Formen der *Schizophrenie.*

Biogenese, Biogenesis *(biogenesis).* Die zusammenfassende Bezeichnung für Ursprung und Entwicklung der verschiedenen Arten von Lebewesen. Das *biogenetische Gesetz* (manchmal auch Grundgesetz) spricht das allgemeine Prinzip aus, daß in der individuellen Entwicklung (Ontogenese) die Entwicklung der Art (Phylogenese) wiederholt wird. Das *Gesetz von der Biogenese* besagt dagegen, daß jedes Lebewesen von einem anderen bzw. von Eltern herstammt.

biogenetisches Gesetz →*Biogenese.*

Biologie *(biology).* Die Wissenschaft von den lebenden Organismen.

Biologische Psychologie *(biological psychology),* Syn.: *Biopsychologie (biopsychology).* Umfassende Bezeichnung für interdisziplinäre Forschungsansätze, in deren Rahmen Zusammenhänge zwischen menschlichem Erleben und Verhalten (einschließlich ihrer Störungen) und biologischen Prozessen untersucht und systematisiert werden bzw. biologisches Wissen für die Erklärung der Entwicklung, Organisation und Steuerung des menschlichen Erlebens und Verhaltens systematisch aufbereitet wird. Teilgebiete der B.P. sind →*Neuropsychologie*, →*Physiologische Psychologie*, →*Psychoendokrinologie*, →*Psychoimmunologie*, →*Psychoneuroimmunologie*, →*Psychophysiologie* und *kognitive* bzw. *verhaltensorientierte* →*Neurowissenschaften*.

LIT. Birbaumer, Schmidt (1991); Bridgeman (1988); Gazzaniga (1984); Gazzaniga, Blakemore (1975); Hingtgen, Hellhammer, Huppmann (1987); Jerison (1973); Kalat (1984); Meyers (1971).

Biologismus. Bezeichnung für solche Theorien, die die biologische Nützlichkeit oder den biologischen Sinn als allgemeinste und letzte Erklärungsgrundlage für alle Anzeichen des Lebens (von der Kriechbewegung bis zum komplexen Lernen) wählen. Dies geschieht z.B. bei der Erklärung vieler Verhaltensweisen aus einem umfassenden »Antrieb« oder »Trieb« (z.B. Überleben).

Biometrie *(biometry; biometrics)*. Die Anwendung statistischer Entscheidungs- und Skalierungsmethoden in bezug auf biologische Daten.

Biometrik →*Biometrie*.

Biopsychologie →*Biologische Psychologie*.

Biorhythmus *(bio-rhythm)*. Zusammenfassende Bezeichnung für periodische Veränderungen biologisch-physiologischer Kennwerte und der damit zusammenhängenden Funktions- und Leistungsschwankungen in definierten Zeitabschnitten. Syn. *Periodik*.

[1] Die meisten Untersuchungen gelten dem *circadianen Rhythmus*, der *Circadianperiodik (circadian rhythm)* des Menschen. Die Bezeichnung geht auf die Zusammensetzung der lat. Wörter circa und diem zurück. Sie verweist auf periodische Veränderungen wie z.B. auf den Schlaf-Wach-Rhythmus während des Ablaufes von ungefähr 24 Stunden. Seit langem ist z.B. bekannt, daß die Körpertemperatur während des Tages etwas höher ist als während der Nachtruhe und daß dies von Veränderungen des Hormonhaushaltes, der Aktivation und des Herz-Kreislauf-Systems begleitet ist. Der circadiane Rhythmus ist vermutlich, wie viele andere periodische Veränderungen, von *Zeitgebern* abhängig, welche periodische Veränderungen der inneren Vorgänge und Spontanfluktuationen der biologischen Abläufe insgesamt an bestimmte periodisch ablaufende Umweltveränderungen anbinden. Solche Zeitgeber sind mit großer Wahrscheinlichkeit die Hell-Dunkel- und Temperaturschwankungen zwischen Tag und Nacht.

[2] Als *ultradianen Rhythmus (ultradian rhythm)* werden zusammenfassend alle periodischen Veränderungen bezeichnet, die in kürzeren Zeiträumen ablaufen. Zu ihnen zählt ein ca. 1.5stündiger Rhythmus des Aktivationssystems und ein an Konzentrationsschwankungen erkennbarer Ablauf, der bei Tagesarbeit dazu führt, daß einige Menschen z.B. zwischen 9 und 11 h und am späteren Nachmittag leistungsfähiger sind als um die Mittagszeit und abends. Dies ist eine grobe Vereinfachung, denn derartige Abläufe unterliegen erheblichen intraindividuellen Unterschieden und sind darüber hinaus weiteren, überlagernden Schwankungen unterworfen. Die Erforschung des circadianen und ultradianen Rhythmus hat im übrigen erhebliche Konsequenzen auf Arbeitszeit- und Schichtarbeitsgestaltungen, denn die bewußte Gegensteuerung in bezug auf biologisch-physiologische Rhythmen stellt eine enorme Beanspruchung des Organismus dar, was sich z.B. nach einem längeren Jetflug zeigt. Zu den wichtigsten Zeitgebern für ultradiane Rhythmen gehören z.B. Eßzeiten oder Regelmäßigkeiten bestimmter Arbeitsabläufe und damit verbundene Sozialkontakte einschließlich ihrer Erwartungswirkungen sowie alle Arten von Gewohnheiten.

[3] Zu den weitere Zeiträume umfassenden Rhythmen gehören (a) der 28-tägige Menstruationszyklus bei Frauen, (b) die bei Männern auftretenden Hormonschwankungen mit einer ca. 6-wöchigen Dauer, (c) annuelle Rhythmen, (d) saisonale Rhythmen (z.B. Fellwechsel bei Tieren; Winterschlaf) sowie (e) lunare bzw. tidale Rhythmen, d.h. von Mondstand und Gezeiten abhängige Veränderungen, denen vor allem Pflan-

zen und Meeresbewohner unterliegen.

LIT. Aschoff (1984); Bünning (1977); Rutenfranz, Knauth (1982).

biosozial *(biosocial)*. Bezeichnung solcher sozialen Beziehungen, die vorwiegend durch biologische Faktoren bewirkt werden. Im Englischen auch im Zusammenhang mit Haustieren gebraucht, die für den Besitzer soziale Bedeutung haben. *Bionomics* bezeichnet im englischen Sprachgebrauch den Zweig der Biologie, der sich mit den Lebewesen und ihrer sozialen Umgebung beschäftigt.

Biotop. Syn. für *Lebensraum*.

Biotypus, biotypisch *(biotype)*. Bezeichnung für die Tatsache, daß eine Gruppe von Lebewesen gemeinsamer Herkunft ist und die gleichen Erbfaktorenstrukturen besitzt.

bipolare Störung →*Affektive Störung*, →*manisch-depressive Störung*.

BIS →*Impulsivität*.

biseriell, biserial *(biserial)*. Bezeichnung für Korrelationsverfahren, die den Zusammenhang zwischen einer kontinuierlichen und einer Alternativ-Variablen durch einen entsprechenden Koeffizienten darstellen lassen. Man unterscheidet normalerweise die biserielle Korrelation von der punkt-biseriellen. Im ersten Fall handelt es sich um ein Verfahren, das bei genuinen Alternativmerkmalen, im zweiten Fall um eines, das bei künstlich hergestellten Alternativmerkmalen aus ursprünglich kontinuierlichen angewendet wird.

bisexuell, Bisexualität *(bisexuality)*.
[1] Das Nebeneinander von homosexuellen und heterosexuellen Neigungen beim Menschen.
[2] Im Sinne *bipolarer Sexualität (bipolar sexuality)* biologische Bezeichnung f. d. Tatsache des Vorkommens weiblicher und männlicher Lebewesen in einer species.

Bit. Durch Zusammenziehung der Buchstaben b, i und t aus *»binary digit« (Binärziffer)* hergestellte Bezeichnung für die Einheit der Messung von *Information*.

bizarrer Wahn →*Wahn*.

Blastula. Frühes Stadium der Embryonalentwicklung vor der *Gastrula*. Im Verlauf der Furchungsteilung entsteht der hohle Zellkörper der B. mit einschichtiger Außenwand.

Blaublindheit →*Farbenblindheit*.

Blau-Gelb-Blindheit *(blue-yellow blindness)*. Eine recht selten auftretende Form angeborener Farbblindheit (→*Tritanopie*).

Blickfeld →*Gesichtsfeld*.

Blinder Fleck *(blind spot)*. Die Stelle des Austritts des Sehnervs aus der Retina. Er befindet sich etwa 12–15 Grad in Richtung der Nase (nasal) auf einer Waagrechten. Der Name stammt daher, daß die Retina (Netzhaut) an der bezeichneten Stelle keine Stäbchen- und Zapfenzellen aufweist und daher keine Sinneseindrücke vermitteln kann. →*Auge*.

Blindsehen →*Bewußtsein*.

Blindversuch *(blind analysis)*.
[1] Bezeichnung für ein in der psychologischen *Diagnostik* eingeführtes Kontrollverfahren, bei dessen Anwendung der beurteilende Psychologe nur auf Testdaten und/oder Verhaltensprotokolle angewiesen ist, jedoch den Klienten selbst nicht zu Gesicht bekommt.
[2] Bezeichnung für Versuchspläne, bei denen entweder der Versuchsleiter oder die Versuchspersonen oder aber beide *(Doppelblindversuch)* keine Kenntnis von entscheidenden Bedingungen der Versuchsdurchführung (z. B. abhängige Variablen) haben. Ein Blindversuch liegt z. B. dann vor, wenn aus Kontrollgründen einer Gruppe von Patienten ein effektiv wirksames Präparat, einer anderen →*Placebos* verabreicht werden, ohne daß der behandelnde Arzt (Psychologe) und/oder der Patient Kenntnis davon hat, wer zu der Versuchsgruppe (effektive Präparate) oder zur Kontrollgruppe (Placebo) gehört.

Blochsches Gesetz *(Bloch's law)*. Aus dem *Bunsen-Roscoschen Gesetz* hergeleitete Beziehung zwischen Reizhelligkeit bzw. Leuchtdichte (I) und Darbietungszeit (T) in bezug auf die absolute Schwelle. Die Reizschwelle kann entweder durch größere Intensität bei kürzeren Darbietungszeiten oder durch längere Darbietungszeiten bei geringerer Helligkeit erreicht werden. Die Beziehung $I \times T = k$ (konstant in bezug auf die Reizschwelle) gilt näherungsweise bis zu Darbietungszeiten von 100 msec. Unterhalb dieser Grenze hängt die Entdeckbarkeit nur von der Leuchtdichte (I) und Reizgröße ab. →*Pipersches Gesetz*; →*Riccosches Gesetz*.

Blut *(blood)*. In den Hohlraumsystemen des Körpers (beim Menschen und höheren Tieren: Herz-Kreislauf-System) zirkulierende Flüssigkeit mit einem pH-Wert zwischen 7.35 und 7.40 (leicht alkalisch), die aus *Blutplasma* und *Blutzellen* besteht. B. besorgt (a) den Sauerstofftransport von der Lunge zum Gewebe, (b) die Entschlakkung (Kohlensäure vom Gewebe zur Lunge; Harnsubstanzen vom Gewebe zu den Nieren), (c) Nährstoffe-Transport von Darm und Leber zum Gewebe, (d) An- und Abtransport von Vitaminen und Hormonen, (e) Abwehr von krankheitserregenden und körperfremden Substanzen, (f) Gerinnung bei Verletzungen und (g) Abgabe von Wärmeüberschuß aus dem Körperinneren an die Körperoberfläche. Das *Blutvolumen* beträgt beim Menschen ca. 7–8% des Körpergewichts (zwischen 5 und 5.5 l Blut beim Erwachsenen). Das *Blutplasma* macht 55% aus und enthält als gelbliche Flüssigkeit vor allem anorganische Salze, Kohlehydrate *(→Glukose)*, Hormone, Fettstoffe, Vitamine, Schlackenstoffe und Plasmaeiweiß. Die *Blutzellen* (Blutkörperchen, Hämozyten) sind zu ca. 99% *Erythrozyten* (rote Blutkörperchen), zu 1% *Leukozyten* (weiße Blutkörperchen; in Untergruppen je nach Färbungseigenschaften aufgeteilt, *→Blutbild*) und *Thrombozyten* (Blutplättchen). Die Erythrozyten bei Säugern (einschließlich dem Menschen) besitzen keinen Zellkern; ihre rote Farbe stammt von *Hämoglobinen*, die sich im oxygenierten (O_2-haltigen) Zustand hellrot, im desoxygenierten Zustand dagegen dunkelrot verfärben. Die *Leukozyten* treten in verschiedenen Formen auf; die sog. *Monozyten* und neurophilen *Granulozyten* können aus der Gefäßbahn wandern und Bakterien durch Aufnahme in den eigenen Zelleib unschädlich machen; sie gelangen durch *Chemotaxis* in das entzündete Gewebe und bilden nach ihrem Absterben den Eiter; auch *Lymphozyten* dienen der Infektabwehr. Die *Thrombozyten* (Blutplättchen) stehen in bisher nicht völlig geklärter Beziehung zum Nervensystem; sie werden auch als *flüssiges Nervensystem* bezeichnet und besitzen den höchsten intrazellulären Metabolismus im Organismus. U. a. bewirken sie Blutgerinnung und -stillung; sie erfüllen überdies (mit Ausnahme von O_2) den Erythrozyten vergleichbare Transportfunktionen. Die *Blutproduktion* geschieht in den sog. *Quasi-Speichern* Knochenmark, Leber, Lymphgewebe und Milz.

Blutbild *(blood picture, corpuscular composition of the blood)*. Ergebnis der Analyse von der Zusammensetzung des Blutes zu einem bestimmten Zeitpunkt. Der Interpretation dient in der Regel entweder die Abweichung des momentanen B. von einer Norm oder von einem vorher ermittelten individuellen Zustandswert. Das B. spielt eine besondere Rolle in der Erforschung pathologischer und psychischer Belastung *(Stress)*. Man unterscheidet (a) *rotes Blutbild* (Angabe der Erythrozytenzahl und/oder Reticulozytenzahl, Hämoglobin-Total-Menge oder Hb_E-Wert als Hämoglobin pro Erythrozyt, Hämatokret als Verhältnis der Zellbestandteile zum Plasma; die Bestimmung erfolgt in der Regel durch ein sog. Coulter Counter-Gerät) und (b) *weißes Blutbild* (Leukozytenzahl; Differentialbild der nach Ansprechen auf Farbstoffe und Kernbeschaffenheit aufgeteilten Leukozyten in eosinophile, basophile, neutrophile, stab- und segmentkernige, Lymphozytenzahl nach Typus T und B, Monozytenzahl, Thrombozytenzahl usw.). Der Anstieg einer bestimmten Komponentenart heißt -ose (z.B. Leukozytose), der Abfall -penie (z.B. Leukozytopenie). Bei *pathologischen* (krankheits- oder traumabedingten) und nicht-pathologischen *psychischen Belastungen (Stress)* verändert sich das B. in charakteristischer Weise. Man beobachtet Erythrozytose, allgemeine Leukozytose, aber Leukozytopenie der eosinophilen Leukozyten, Lymphozytose und Thrombozytose.

Blutdruck *(blood pressure)*. Durch die Pumpleistung des Herzens erzeugter Druck im Gefäßsystem, der in den großen Arterien maximal ist und in Richtung der herznahen Venen abnimmt, wo er sein Minimum erreicht. Der B. hängt ab von der *Herzleistung* (Schlagfrequenz und -volumen) und der peripheren *Gefäßweite*. Er ist Voraussetzung für Ingangkommen und Fortbestand des *Kreislaufes*. Der rechte Herzanteil versorgt den sog. *kleinen* oder *Lungenkreislauf*, der linke den *großen Kreislauf* mit der Komponente des *arteriellen B.* Die Aufrechterhaltung eines *konstanten* B. erfolgt durch sog. *Blutdruckzentren* in Zwischenhirn und Rükkenmark, die durch *Pressorezeptoren* (Druckrezeptoren) in den Wänden der großen Schlagadern (Aorta, Karotis) über den B.-Zustand informiert werden. *Hypotonie* bezeichnet den Zustand anhaltend niedrigen, *Hypertonie* den Zustand anhaltend überhöhten B. Im höheren Lebensalter tritt wegen abnehmender Elastizität der großen Gefäße Druckanstieg auf.

Blutdruckmessung *(measurement of blood pressure; blood pressure measures).*
[1] Zur unblutigen Bestimmung des *arteriellen Blutdrucks* dient die von Riva-Rocci eingeführte Methode, deren Aussagewert umstritten ist. Eine leere Gummimanschette wird um den Oberarm gelegt und so lange aufgepumpt, bis der Blutstrom in der Armschlagader abgedrosselt ist (kein Puls fühlbar); vermindert man den Druck, bis das wiedereinströmende Blut mit Stethoskop (Hörrohr) an der Ellenbeuge hörbar ist, erhält man, abzulesen an einem angeschlossenen Manometer (Druckanzeiger) den *Spitzen-* oder *systolischen Druck,* der im Normalfall bei 120 mm Hg liegt; lockert man die Manschette, bis kein Einströmgeräusch mehr zu hören ist, erhält man den *Tal-* oder *diastolischen Druck,* der bei ca. 80 mm Hg liegt. Der Durchschnitt aus beiden heißt *Mitteldruck* (mittlerer arterieller Durchströmungsdruck), die Differenz zwischen beiden nennt man *Blutdruckamplitude.*
[2] Zur exakten Bestimmung dient die blutige Methode. Sie wird in der Diagnose von Herz- und Gefäßschädigungen und in der exakten Forschung angewandt. Die Messung erfolgt über Kanülen oder Katheter mit Druckableitung zu einem Manometer.

Blutgruppen *(blood groups).* Erbbedingte Merkmale des tierischen und menschlichen Gewebes, die durch an die Membran der *Erythrozyten* gebundene *Antigene* charakterisiert sind und die immunspezifischen Eigenschaften des Organismus bestimmen. Beim Menschen unterscheidet man z. Z. mehr als zehn B.-Systeme mit über 100 Antigenmerkmalen. Weite Anwendung findet die von Landsteiner eingeführte, für Mensch und Menschenaffen gültige Klassifikation nach vier Hauptgruppen (sog. *A-B-Null-Klassifikation*). Die Blutgruppen Null und A kommen in je ca. 40% der mitteleuropäischen Bevölkerung, B in ca. 12% und AB in je ca. 8% vor; bei der Bevölkerung anderer Erdteile finden sich jeweils andere Häufigkeiten, so daß sich über B. »Rassen« definieren lassen. Die Prüfung der B.-Zugehörigkeit erfolgt durch Versetzen einer Blutprobe mit den korrespondierenden Antikörpern. Bei Übereinstimmung verklumpen die Erythrozyten. →*Blut,* →*Blutbild.*

Blutzucker →*Glukose.*

Bogardus-Skala *(Bogardus scale)* →*Distanz;* →*Einstellungsskalen;* →*Soziale Distanz.*

Bogengänge *(semi-circular canals).* Drei aufeinander senkrecht ruhende bogenförmige Gänge im *Labyrinth* des Innenohres. B. sind ein Teil des *Gleichgewichtsorgans.* Im Inneren befindet sich Flüssigkeit, die bei *Beschleunigung* über Haarbüschel streicht und die darunter gelegenen Rezeptoren aktiviert.

Borderline-Syndrom *(borderline syndrome).*
[1] Relativ überdauernde Beeinträchtigungen des Selbstbilds, der Stimmung und zwischenmenschlicher Beziehungen, die sich in beruflichen und/oder privaten Lebensbereichen nachteilig auswirken. Das B. umfaßt Unsicherheiten, Schwierigkeiten der Orientierung an langfristigen Leistungs- und Zielvorstellungen, Schwankungen zwischen Überbewertung und Abwertung, erhöhte Reizbarkeit und Aggressivität im Wechsel mit Angstmanifestationen und – in Extremfällen – Selbstmorddrohungen. →*Persönlichkeitsstörung.*
[2] Bezeichnung für eine Symptomatik, die den Übergang zwischen einer (latenten oder schizophrenen) *Psychose* und einer umfassenden *neurotischen Störung* des Erlebens und Verhaltens markiert.

BP →*Bereitschaftspotential.*

b-Paradigma →*Reaktionszeit.*

Brennpunkt, Focus *(focus).* In der Physik Bezeichnung für jenen Punkt, in dem durch eine Linse geleitete Parallelstrahlen konvergieren. Im übertragenen Sinne auch Bezeichnung für jenen Ausschnitt oder Gegenstand des Wahrnehmungsfeldes *(visual field),* der mit *Aufmerksamkeit* betrachtet und dadurch in den »Brennpunkt der Aufmerksamkeit« *(focus of attention)* gerückt wird. Mit dieser bildlichen Ausdrucksweise wird auf den prinzipiellen Unterschied zwischen Seh- oder Wahrnehmungsfeld, wie man es physikalisch definieren kann, und dem subjektiv gegebenen Aufmerksamkeitsfeld, dem

Feld der eigentlichen Betrachtung, hingewiesen.

Brillenversuch →*Strattonsches Experiment.*

Briquetsches Syndrom *(Briquet syndrome). Klinische Psychologie, Psychiatrie:* Ältere Bezeichnung für eine durch zahlreiche Symptome gekennzeichnete Form der →*Hysterie,* die im DSM III–R unter dem Oberbegriff der →*somatoformen Störung* als *Somatisierungs-Störung* bezeichnet wird.

Brissaud-Syndrom →*Tic.*

Brocasche Windung *(Broca's convolution).* Das motorische Sprechzentrum im Kortex. Es befindet sich bei Rechtshändern gegenüber dem unteren Teil der ansteigenden Präzentralwindung im Frontallappen der linken Hemisphäre.

Brodmannsche Areale, Brodmannsche Felder *(Brodmann areas).* Von Brodmann in die internationale Forschung eingeführte Bezeichnung funktional abgrenzbarer Bereiche der sensorischen und motorischen Großhirn-Rindenfelder mit fortlaufenden Nummern, z.B. Areale 1–3 somato-sensorische Felder (z.B. aktiv bei Hautberührung), Areal 6 motorisches Feld für Augen-, Hals- und Rumpfbewegungen, Areal 17 primäre (sensorische) Sehrinde, Areale 18 und 19 sekundäre Sehrindenregionen, Areale 41 und 42 Hörfelder usw.

Brown-Spearmansche Formel. Eine in der *Testkonstruktion* übliche statistische Formel, mit deren Hilfe man jene Verbesserung der →*Reliabilität* eines Tests voraussagen kann, die bei einer Vermehrung der *Testitems (→Item)* bzw. einer Verlängerung des Tests eintritt. Syn. →*Spearman-Brownsche Formel.*

Brücke, Pons *(pons Varolii).* Breiter, bandförmiger Strang aus Nervenfasern im Gehirn zwischen Zwischenhirn und verlängertem Rückenmark (Medulla), vorn gegenüber dem Kleinhirn gelegen.

Brunst *(sexual activity).* Bezeichnung für die periodisch auftretende Paarungsbereitschaft bei Tieren.

Bruxismus *(bruxism),* Syn.: *Bruxomanie (bruxomania).* Häufiges und exzessives Zähnemahlen oder -knirschen, das zu Gebißschäden führen kann; tritt häufig während des Schlafes auf.

B-Typus →*Typus A-, B-Verhalten.*

B-Typus *(B-type).* Abkürzung für den Basedow-Typus (oder basedowoiden Typus). Es handelt sich um Individuen, bei denen *eidetische Vorstellungen* von hoher Plastizität vorkommen. Manchmal auch für Vorstellungen dieser Art selbst gebraucht, die als B-typisch bezeichnet werden.
→*Basedowsche Krankheit* (Exophthalmie).

Bulimia nervosa →*Eßstörungen.*

Bulimie →*Eßstörungen.*

Bumerang-Effekt →*Assimilations-Kontrast-Theorie.*

Bunsen-Roscosches Gesetz *(Bunsen-Rosco law).* Physikalisches Gesetz über den Zusammenhang zwischen Belichtungszeit und Helligkeit in ihrer Wirkung auf lichtempfindliche Substanzen. Verwendet man z.B. eine besonders lichtempfindliche Filmsorte, so genügen kürzere Expositions- und Entwicklungszeiten bzw. geringere Helligkeitsgrade, um im Vergleich zu weniger lichtempfindlichen eine scharfe Abbildung zu erreichen.
Das B.-R.-Gesetz findet in der von Bloch stammenden Version Anwendung in der *Psychophysik;* es bedeutet dort das in bezug auf den *Schwellenwert* konstante Produkt aus Helligkeit bzw. Leuchtdichte und Darbietungszeit, d.h. $I \times T = k$.
→*Blochsches Gesetz.*

Campimeter. Gerät zur Bestimmung des Umfangs des Gesichtsfeldes sowie zur Lokalisierung von Ausfällen der Sehleistung.
→*Perimeter.*

Candela →*Kerzenstärke.*

Cannabis →*Drogenabhängigkeit.*

Cardiograph, Kardiograph. Instrument zur mechanischen Registrierung der Menge (Frequenz) und Intensität (Amplitude) von Herzschlägen. Z. u. von einem sog. *Cardiotachometer (Kardiotachometer),* mit dessen Hilfe über die Aktionsströme die Herzschlagmenge gemessen wird.

Carpenter-Effekt *(Carpenter effect)* oder **ideomotorisches Gesetz.** Bezeichnung für die Tatsache, daß bei anderen wahrgenommene oder vorgestellte Bewegungen unwillkürlich in Ansätzen oder vollständig nachvollzogen werden.

CAT →*Tomographie.*

CAVD-Tests. Aus dem Englischen stammende Bezeichnung für eine von THORNDIKE zusammengestellte Testbatterie, bestehend aus vier Intelligenztests: *»completion«* (Ergänzung), *»arithmetical problems«* (rechnerisches Denken) *»vocabulary«* (Wortschatz) und *»directions«* (Denkaufgaben).

CBF →*cerebrale Durchblutung.*

Cd →*Kerzenstärke.*

C_D (Triebbedingung) →*Bedürfnis.*

Centil-Rang *(centile rank),* Syn.: *Percentil.* Angabe des Rangplatzes, den eine Person aufgrund von Leistungs- oder Testdaten in Relation zur Datenverteilung der untersuchten Stichprobe einnimmt. Erreicht jemand z.B. den C. von 80, so bedeutet dies, daß nur in 20% der Fälle höhere, in 79% dagegen niedrigere Ergebnisse auftreten. Centil-Skalen, die zu den Rang- oder Ordinalskalen zählen, werden auf der Grundlage kumulierter Datenhäufigkeiten (→*Ogive*) erstellt.

Cerebellum, Kleinhirn *(little brain).* Eine Formation von Nervenzellen über und hinter der →*Medulla* am oberen Ende der Wirbelsäule.
→*Gehirn.*

cerebral bezeichnet alles, was mit dem →*Cerebrum* zusammenhängt.

cerebrale Dominanz (oder *Theorie von der cerebralen Dominanz)* besagt, daß eine der beiden Gehirnhemisphären jeweils in ihrer Funktion vorwiegt, daß z.B. die linke Hemisphäre bei Rechtshändern dominiert, die rechte Hemisphäre bei Linkshändern. Die Theorie besagt weiter, daß eine Verletzung in der dominanten Hemisphäre oder eine durch Verletzung bedingte Störung der Dominanzverhältnisse zu Sprech-, Lese- und motorischen Störungen führt.
→*Lateralität.*

cerebrale Durchblutung, CBF *(cerebral blood flow).* Bezeichnung für die Darstellung der lokalisierten Durchblutung des Gehirns in der klinischen Diagnose und psychophysiologischen Forschung. Dabei wird eine radioaktive Substanz durch Injektion oder Einatmen in den Blutkreislauf gebracht (in der Regel Gamma-Isotopen, die 133-Xenon beigemischt sind). Durchblutungsveränderungen können durch Detektoren an der Schädeloberfläche registriert werden, um Läsionen zu lokalisieren oder die Aktivitäten in ganz bestimmten Bereichen im Zusammenhang mit der Lösung bestimmter Aufgaben zu untersuchen.
LIT. MAXIMILIAN (1980).

cerebrospinal. Zusammenfassende Bezeichnung für den Anteil des Nervensystems, der aus den Nervenzellen im Schädel und jenen im Rückenmark besteht. Ausgenommen sind best. Ganglien in diesem Bereich, die dem *autonomen Nervensystem* zugehören.

cerebrum, Endhirn, Telencephalon. Hauptmasse des →*Gehirns,* umfaßt Hirnmantel (Pallium), Hirnstammganglien, Riechhirn, Balken (corpus callosum), Fornix und Septum (pallidum) und bildet gemeinsam mit dem Zwischenhirn das *Großhirn.*

cervical. Bezeichnung für nackenwärts gelegene Anteile des Nervensystems bei Wirbeltieren, bzw. allg. Lokalisierung von nackenwärts gelegenen Regionen (z.B. Nackenwirbel) des Körpers.

CFF →*Flimmerfusionsfrequenz.*

CGS-System. Bezeichnung für ein Einheitssystem der Physik, dessen Grundeinheiten Zentimeter, Gramm und Sekunde sind. Aus diesen Grundeinheiten lassen sich über Definitionsgleichungen abgeleitete Größenarten definieren. Mit Ausnahme bestimmter Teilbereiche der theoretischen Physik bedient man sich heute fast ausschließlich des *Internationalen Einheitssystems* (SI) mit den Basiseinheiten Meter, Kilogramm, Ampere, Kelvin, Candela (→*Kerzenstärke*).

Charakter *(character; nature).* [1] Aus dem Griech. charassein (prägen, einzeichnen) stammende Bezeichnung für Zeichen, kennzeichnende Merkmale, Erkennungs- und Schriftzeichen.
[2] In der älteren deutschsprachigen Psychologie Bezeichnung für das Gefüge von Eigenschaften des Menschen, mit dessen Hilfe sich individuelle Besonderheiten beschreiben lassen. Der Ch.-Begriff ist heute weitgehend durch den der *Persönlichkeit* ersetzt.
→*Charakterkunde.*

Charakterkunde, Charakterologie *(characterology).* Vor allem in der älteren deutschen Psychologie beheimatete, von philosophisch-anthropologischen Gedankengängen und Annahmen beherrschte Richtung der *Persönlichkeitsforschung,* in der Erscheinungsformen des individuellen Erlebens und Verhaltens in begrifflich-beschreibender Weise auf ein Gefüge von zugrundeliegenden Eigenschaften (Struktur) bezogen werden, um daraus Aussagen über das Verhältnis zwischen Anlage und Umweltbedingungen der Persönlichkeitsentwicklung und/oder umfassenden (Charakter-)Typologien herzuleiten. Zu den Vertretern dieser Forschungsrichtung zählten vor allem KLAGES, LERSCH und WELLEK. Nur in seltenen Fällen wird Ch. gleichbedeutend mit *Persönlichkeitsforschung* gebraucht, da diese heute nahezu ausschließlich von meßbaren Eigenschaften und ihrer konkreten Bedeutung in Auseinandersetzungen mit bestimmten Situations- oder Aufgabenkategorien ausgeht.
LIT. KLAGES (1951); LERSCH (1962); LERSCH, THOMAE (1961); ROHRACHER ([12]1969); WELLEK (1967).

Charakterologie →*Charakterkunde.*

Charaktertest →*Test* [3].

Charpentiersches Gesetz *(Charpentier's law).* Für den fovealen Netzhautbereich gilt in bezug auf die *absolute Helligkeitsschwelle* eine feste Beziehung zwischen Größe des gereizten Netzhautareals und Intensität (Leuchtdichte). Ist die Größe gering, muß zur Erreichung des Schwellenwertes die Helligkeit vergrößert werden; ist das Areal groß, so genügt geringere Helligkeit. Präzisierungen des Ch. G. gehen auf RICCO und PIPER zurück.
→*Riccosches Gesetz, Pipersches Gesetz.*

Chemorezeptoren *(chemical receptors, chemical senses).* [1] Sinnesorgane, die auf chemische Reize ansprechen und Geruchs- und Geschmacksempfindungen vermitteln. Syn. *chemische Sinne.*
[2] Ganglienzellen und freie Nervenendigungen, die den O_2-Gehalt (Sauerstoff) und den CO_2-Druck (pH-Wert; Kohlensäuregehalt) des arteriellen Bluts im Bereich des Karotissinus und Aortenbogens kontrollieren und bei Abnahme von O_2 und Zunahme von CO_2 Steigerung der Atemfrequenz und des Blutdrucks aktivieren.
C. finden sich in der Nähe des Atemzentrums und als venöse C. in der Lungenarterie.

Chemotaxis. Durch Konzentrationsgefälle chemischer Reizstoffe gesteuerte Ortsbewegung freibeweglicher Organismen (Pflanzen und Tiere) oder einzelner Zellen (Geschlechtszellen) oder Zellorganellen (Nahrungsvakuolen). Die als Reiz fungierenden anorganischen (z.B. Salze) oder organischen Verbindungen (z.B. Aminosäuren, Eiweiße, Kohlehydrate) sind in Gas oder Flüssigkeit gelöst. Die Bewegung zur Reizquelle hin heißt *positive C.,* die von ihr weggerichtete *negative C.*
→*Taxis,* →*Tropismus.*

Chemotherapeutika *(chemical therapeutics; chemical remedies).* Zusammenfassende Bezeichnung für vollsynthetische Arzneimittel zur Abtötung (bakterizide C.) oder Wachstumshemmung (bakteriostatische C.) krankheitserregender Bakterien, Viren oder Protozoen (Keime). Zu den C. gehören z.B. die *Sulfonamide.* C. sind zu unterscheiden von →*Antibiotika.*

Chemotropismus *(chemotropism).* Durch Konzentrationsgefälle von in Gasen oder Flüssigkeiten löslichen Reizstoffen bewirkte Ausrichtung der Wachstumsbewegung von Pflanzen oder Pflanzenteilen (Wurzeln) bzw. festsitzender Tiere und ihrer Organe (z.B. Tentakelwachstum).

Chiasma, Chiasma opticum, Sehnervkreuzung *(optic chiasma).* Nach Eintritt in die Schädelhöhle vereinigen sich rechter und linker fasciculus opticus in der Gegend der sella turcica. An dieser Stelle werden die aus nasalen Netzhauthälften stammenden Fasern gekreuzt, die aus dem temporalen Abschnitt stammenden bleiben ungekreuzt. Ausnahme: Fasern aus dem Foveabereich

werden zu etwa 50% gekreuzt, der Rest bleibt ungekreuzt. Der zum linken und rechten corpus geniculatum laterale weiter nach innen ziehende Teil der *Sehbahn* heißt →*tractus opticus*.
→*Auge*.

child guidance. Auch im Deutschen übliche Bezeichnung für das Entwickeln und Anwenden spezieller Methoden (besonders im Rahmen sog. Child guidance-Kliniken), die bei Erziehungs- und Schulschwierigkeiten zu deren Diagnose und Abbau verwendet werden können. Der Begriff hat eine einigermaßen treffende Entsprechung in dem der *»Erziehungsberatung«*, einem Teilgebiet der *Angewandten* bzw. *Klinischen* und *Pädagogischen Psychologie*.

Chi-Quadrat, χ^2 *(chi square)*. In der Statistik üblich gewordene Bezeichnung für solche kritischen Werte im Rahmen statistischer Entscheidungen (Prüfwerte), die sich auf die Chi-Quadrat-Verteilung, eine →*Prüfverteilung*, beziehen. In direkter Form bedient sich der sog. *Chi-Quadrat-Test* der genannten Prüfverteilung. Es handelt sich um ein Verfahren, das der Prüfung von Häufigkeitsunterschieden bei mehrklassigen qualitativen Merkmalen dient. Die Häufigkeitsangaben sind in Form einer sog. *Nominalskala* notiert. Eine weitere Anwendung: Prüfung einer gegebenen Häufigkeitsverteilung in bezug auf ihre Anpassung an eine erwartete z. B. theoret. Verteilung.
Der Chi-Quadrat-Wert (χ^2) wird bei einer Vielzahl statist. Tests als krit. Wert, als Prüfstatistik verwendet. Chi-Quadrat-Test, Chi-Quadrat-Wert und die entspr. Prüfverteilung müssen daher sorgfältig unterschieden werden.
LIT. FRÖHLICH, BECKER (1972).

Chi-Quadrat-Test →*Chi-Quadrat*.

chiro- (chir-, chiro). In Zusammensetzungen Bezeichnung für: mit der menschl. Hand zusammenhängend.

Chirospasmus *(chirospasm)*. Schreibkrampf.

cholerisch *(choleric)*. Von HIPPOKRATES eingeführte Bezeichnung für einen *Temperamentstypus* (→*Temperament*), der sich durch rasche und intensive emotionale Reaktionen auszeichnet.

cholinerg *(cholinergic)*. Bezeichnung für Nervenfasern, die bei Erregung an ihren Endigungen →*Acetylcholin* freisetzen.

Cholinesterase →*Acetylcholin*.

Chorda tympani *(chorda tympani nerve)*. Ein Zweig des Nervus facialis, der sensorische Fasern enthält und der Weiterleitung von Impulsen aus den Geschmacksrezeptoren dient.

Chorea oder **Veitstanz.** Eine motorische Störung, die sich in krampfartigen Muskelzuckungen äußert. Man unterscheidet meist zwei Formen: Die sog. Sydenhamsche Chorea oder Chorea minor, die vorübergehend ist und im Gefolge von Infektionen und rheumatischen Infekten auftritt. Die sog. Huntingtonsche Chorea oder Chorea hereditaria dagegen ist chronisch und geht meist auf (angeborene) Läsionen im Bereich des Corpus striatum und gewisser Stammhirnregionen zurück. Manchmal werden entspr. Bewegungsabläufe als *choreiform* und chorea-analog bezeichnet, obwohl sie mit der Erkrankung selbst nichts zu tun haben, sondern rein funktional bedingt sind.

choreiform →*Chorea*.

Chorioidea *(choroid)*. Die mittlere, den Augapfel umgebende Haut, *Aderhaut;* enthält Blutgefäße und Pigmentzellen.
→*Auge*.

chromatische Aberration →*Aberration*.

Chromosomen *(chromosomes)*. Fadenförmige Gebilde (Kernschleifen) im Zellkern, die als Träger der Erbeinheiten (→*Gene)* bei der →*Zellteilung* identisch dupliziert werden und dabei einen festgelegten Formwandel durchlaufen. In der Teilungsruhe der Zellen sind die Ch. stark aufgelockert und daher schwer lokalisierbar *(Chromatin* im Zellkern); in der Teilungsphase (Mitose oder Meiose) dagegen verdichten sie sich zu spiraligen Gebilden charakteristischer Form und Länge und können durch Einfärbung (unter dem Mikroskop) sichtbar gemacht werden. Vor der Teilung bilden die Ch. gedoppelte längliche Einheiten *(Chromatiden)*, die sog. Transportform. Die Gesamtheit der Ch. einer Zelle heißt *Chromosomensatz*. Ch. der höheren Lebewesen *(Eukaryonten)* bestehen vorwiegend aus kettenförmig angeordneten Nukleotiden, Proteinen und Enzymproteinen; die Nukleotiden bilden die DNS-Stränge. *Körperzellen* des Menschen (diploide Zellen) enthalten 46 Ch.; diese gliedern sich in 22 *Autosomen*paare (Gruppen A–G) und ein Paar *Geschlechts-Ch.* (Heterosomen), XX bei Frauen, XY bei Männern. Keimzellen (haploide Zellen) dagegen enthalten durch Reduktionsteilung (Meiose) 22 Autosomen und ein Geschlechtschromosom (X oder Y).

Chromosomenaberration *(chromosome aberration)*, Syn. *Chromosomenmutation.* Veränderung der Chromosomenstruktur, die auf die Genanordnung wirkt oder zum Genverlust führt.

Chromosomenanomalie *(chromosome abnormality).* Auf Genom- oder Chromosomenmutation beruhende Veränderung von Zahl oder Struktur der Chromosomen, die Defekte bzw. klin. Syndrome zur Folge hat. Das Fehlen eines von zwei (homologen) Chromosomen *(Monosomie)* führt in der Regel zur Lebensunfähigkeit. Monosomie eines X-Chromosoms (45 statt 46 Chromosomen) heißt *Turner-Syndrom (Turners syndrom),* eine Wachstumshemmung (Phänotypus weiblich, Chromatintest männlich). Liegt ein Chromosom statt als Paar dreifach vor, so bezeichnet man dies als *Trisomie.* Das *Klinefelter-Syndrom* (47; XXY) – männlicher Phänotypus mit eunuchoidem Einschlag, Chromatintest weiblich – und das *Down-Syndrom (→Mongolismus;* 47, Chromosom 21 überzählig) sind die häufigsten Formen, deren Auftretenswahrscheinlichkeit bei Müttern über 40 sprunghaft ansteigt. Der Verlust von Teilstücken der Chromosomen *(Defizienz, Deletion)* führt zu verschiedenen Formen des vererbten Schwachsinns beziehungsweise zu Mißbildungen des Körpers.

Chronograph. Bezeichnung für eine jede Vorrichtung, die es ermöglicht, Zeitintervalle graphisch zu registrieren, z. B. *Latenzzeiten.* Die ersten Apparaturen bestanden aus einer mit Ruß bedeckten Walze, die durch ein Uhrwerk oder einen Motor angetrieben wurde und auf der durch einen mechanischen Schreiber entspr. Markierungen angebracht wurden. Heute erfolgt die Messung weitgehend durch elektron. Registrierung bzw. durch sog. Kanalschreiber (Polygraphen). Eine der klassischen Registriervorrichtungen dieser Art ist das sog. Hippsche Chronoskop.

chronologisches Alter *→Alter.*

C(Z)iliarmuskel, C(Z)iliarkörper *(ciliary muscle, ciliary body).* Ringmuskel im vorderen Teil des *→Auges.* Die *Linse* ist durch *Zonulafasern* am Ciliarkörper aufgehängt und ändert mit dessen Kontraktion den Krümmungsradius (*→Akkommodation, →Auge*).

circadianer Rhythmus *→Biorhythmus.*

Circadianperiodik *→Biorhythmus.*

CIT *→Arbeitsanalyse, -beschreibung.*

Clarkesche Säule, Stilling-Clarkesche Säule *(Clarkes column).* Gruppe von Strangzellen in der Hintersäule (columna dorsalis) der aus grauer Substanz gebildeten Rückenmarksstruktur. Die auch als nucleus dorsalis bezeichnete Region erstreckt sich vom letzten Halssegment bis zum zweiten oder dritten Lendensegment und besteht aus in Gruppen zusammengeschlossenen Zellen mit kurzen, dicken und stark verzweigten Dendriten. Die Axone ziehen zum Kleinhirn. Syn.: Stillingscher Kern, nucleus dorsalis.

Clusteranalyse *(cluster analysis).* Zusammenfassende Bezeichnung für statistische Methoden, Zusammenhänge zwischen Variablen deskriptiv darzustellen. Z. U. zur *Faktorenanalyse* können hier sowohl *Korrelationsmaße* als auch *Korrelationsindices* nichtparametrischer Art behandelt werden. Die Bestimmung der »Bündel« *(cluster)* erfolgt in der Regel durch die Auswahl derjenigen Zusammenhangsindikatoren, die in einer Matrix mit dem jeweils größten Maß in Zusammenhang stehen. Der Prozeß wird so lange fortgesetzt, bis man auf ein Zusammenhangsmaß stößt, das mit einer nicht zu dem ermittelten Cluster gehörigen Variablen höher korreliert als mit einer dem Cluster zugehörigen.

LIT. FRUCHTER (1954); TRYON (1939).

CM *→Mapping.*

CNV, kontingente negative Variation *(contingent negative variation).* [1] Bioelektrisches Phänomen aus der Klasse der *ereignisbezogenen Potentiale* des *Elektroencephalogramms.* Die CNV, von W. G. WALTER u. a. (1964) erstmals beschrieben, erscheint im gemittelten Gleichstrom-EEG als eine langsame, vertex-oberflächen-negative Veränderung, wenn folgende Bedingungen vorliegen: Ein Warnreiz (S_1) kündigt einen imperativen Reiz (S_2) an. Zwischen den beiden Reizen liegt ein Intervall von mindestens 1.5 sec. Nachdem der imperative Reiz erscheint, soll eine Tätigkeit ausgeführt oder unterlassen bzw. eine Entscheidung gefällt werden. Die Folge S_1, S_2 und Reaktion muß mehrmals, mindestens aber 5–6 mal pro Versuchsperson vorgelegen haben, um eine reliable Mitteilung vornehmen zu können. Die unter solchen Bedingungen beobachtbare Gleichspannungsveränderung hat einen in Komponenten zerlegbaren, kontinuierlich erscheinenden Verlauf, der knapp vor S_2 sein Negativitäts-Maximum erreicht. Dieses liegt bei 10–15 µV.

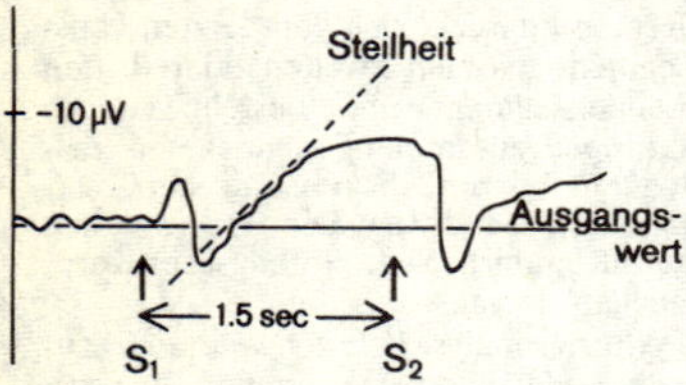

Idealisierte Darstellung des Verlaufs einer CNV. Der Ausgangswert wird vor jedem Versuchsdurchgang ca. 1 sec vor S_1 ermittelt. Der Verlauf selbst ist das Ergebnis der Mittelung über mehrere, mindestens 5–6 Versuchsdurchgänge. Nach S_1 werden die ausgeprägteren späteren Komponenten des evozierten Potentials von S_1 sichtbar. Erst nach deren Erscheinen setzt zunehmende Negativität ein.

[2] WALTER deutete die CNV als Hinweis auf den Übergang der funktionalen Hirnaktivität in die Vorbereitung des motorischen Impulses. Steilheit und Intensität der Maximal-Amplitude (Negativität) werden im Bezugssystem individueller *Ausgangswerte* interpretiert. TECCE (1972) stellte ein Modell auf, dem zufolge Amplitude und Aufmerksamkeit linear, Amplitude und Erregung *(arousal)* dagegen umgekehrt U-förmig korrespondieren. Experimente mit verlängertem Intervall zwischen S_1 und S_2 und unter differentiellen Signalbedingungen verweisen auf zwei bis drei Komponenten der CNV, die als Ausdruck einer Energetisierung von Prozessen der Neubewertung im Vergleich zu erfahrungsgeprägten Erwartungen, der Mobilisierung interner Kontrollerwartungen sowie vorweggenommener Reaktionserfordernisse interpretiert werden können. Die CNV gilt u. a. als Indikator der Aufmerksamkeitsmobilisierung und -kontrolle und bewährt sich in der *Klinischen Psychologie* u. a. als Kennzeichen für die Wirkweise von Entspannungs- und Desensibilisierungsverfahren.

→Bereitschaftspotential, →ereignisbezogene Potentiale.

LIT. FRÖHLICH u. a. (1980); GLANZMANN, FRÖHLICH (1984; 1986); HILLYARD, KUTAS (1983); MCCALLUM, KROTT (1973); NIEDERMEYER, LOPEZ DA SILVA (1982); ROCKSTROH u. a. (1989); TECCE (1972); WALTER u. a. (1964).

Cochlea (oder *Schnecke)*. Bezeichnung für den Teil des inneren *→Ohres,* in dem sich das Endorgan für das Hören befindet. Die C. oder Schnecke verläuft in zwei und einer halben Windung um einen in der Mitte gelegenen Pfeiler – den *modiolus* – und besitzt drei Kanäle, die *scala vestibuli, scala media* und *scala tympani* (Vorhoftreppe, Mitteltreppe und Paukentreppe), innerhalb der Spirale. In der scala media befindet sich das sog. *→Cortische Organ.*

coitus incompletus *→Sexualstörung.*

coitus interruptus *→Sexualstörung.*

coitus reservatus *→Sexualstörung.*

Collaterale. Ein Zweig des *→Axons.*

commotio cerebri *(concussion of the brain).* Gehirnerschütterung.

Compliance, Syn.: *Einwilligung.*

[1] *Sozialpsychologie:* Aus dem Englischen übernommene Bezeichnung für durch Kommunikation vermittelte (a) einverständliche Übernahme von Einstellungen oder Meinungen anderer, (b) von einwilligender Zustimmung getragene Befolgung von Ratschlägen, Empfehlungen oder Anweisungen anderer und/oder (c) strikte Einhaltung von Anordnungen oder Vorschriften. (d) Als *erzwungene C. (forced compliance)* bezeichnet man eine unter Anwendung von Drohungen oder anderen Ausdrucksformen sozialer *→Macht* zustandegekommene Willfährigkeit.

[2] *Klinische Psychologie, Medizinische Psychologie:* Von der Einsicht in die sachliche Notwendigkeit, vom Vertrauen in die Glaubwürdigkeit und/oder von der Anerkennung der Autorität des Therapeuten bzw. des behandelnden Arztes getragene Befolgung von Ratschlägen, Empfehlungen oder Vorschriften, z. B. hinsichtlich erlaubter oder zu unterlassender Tätigkeiten bzw. Handlungen, zur regelmäßigen Einnahme bestimmter Medikamente usw.

Computer-Tomographie *→Tomographie.*

Content-Analyse *(content analysis)*. Umfassende Bezeichnung für eine Reihe von Verfahren zur systematischen Analyse von Kommunikationsinhalten (vorwiegend sprachlicher, jedoch manchmal auch anderer Ausdruckserscheinungen wie Gesten u.ä.). Die Content-Analyse wird meist als ein Teil der *Psycholinguistik (Sprachpsychologie)* betrachtet. Die verschiedenen Verfahren reichen von qualitativen Klassenbildungen bis zur statistischen Beziehungsanalyse. Die *Einheiten* der Content-Analyse reichen von syntaktischen Klassifikationen (Adjektiva, Substantiva usw.) über die Analyse von Wortbedeutungen (z.B. mittels des semantischen Differentials nach OSGOOD) bis zu Zuordnungen zu komplexeren Einheiten (z.B. angenehm, unangenehm usw.). Meist werden die Kategorien eindeutig bestimmt, so daß die Inhalte nach dem Vorbild des Messens durch ebenso eindeutige Regeln den einzelnen Kategorien zugeordnet werden können. Der Vorgang wird *Kodierung* genannt. Manche Forscher schränken die Bedeutung der Content-Analyse auf die Anwendung informationstheoretischer Maße (*→Information, →Informationstheorie*) ein. Der Begriff der C.-A. wird von den meisten Autoren auf die Analyse der im Ausdruck, besonders in der Sprache, manifest werdenden Bedeutungen bezogen; nur in seltenen Fällen wird auch die Auslegung (z.B. der Schluß von einer als »unangenehm« klassifizierten Aussage auf den emotionalen Zustand des aussagenden Individuums) als C.-A. bezeichnet.

LIT. BERELSON (1954); HÖRMANN (1967).

contusio cerebri. Gehirnquetschung.

convergent thinking *→konvergentes Denken.*

corpora geniculata, Kniehöcker *(geniculate bodies)*. Zwei lateral und medial im hinteren Teil des Thalamus gelegene Wölbungen.

corpora mamillaria *(mammillary bodies)*. Zwei abgerundete kleine Fortsätze des →Hypothalamus.

Corpsgeist, Gruppengeist *(esprit de corps)*. Bezeichnung für ein Loyalitäts-, Zusammengehörigkeits- oder »Wir«-Gefühl, wie es sich bei Mitgliedern einer *Gruppe* äußert. Man erschließt in der *Sozialpsychologie* diese Qualitäten aus Einstellungs- und Verhaltenskonformitäten oder aus der Tendenz der Mitglieder einer bestimmten Gruppe, sich selbst von Zugehörigen anderer Gruppen, »Die-Gruppen«, zu unterscheiden, zu distanzieren.

→Gruppenbewußtsein.

corpus callosum. Eine streifenförmige Anordnung weißer Gehirnmasse, die die beiden Gehirnhälften (Hemisphären) miteinander verbindet. Es handelt sich um einen relativ breiten Streifen, der aus rund 200 Millionen einzelnen Fasern besteht. Trotz seiner auffälligen Größe ist seine Funktion noch nicht genau beschrieben. Vermutlich dient es der Versorgung der jeweils anderen Hemisphäre mit den in der einen eingegangenen Informationen. Eine Durchtrennung hat einen nur geringfügigen Effekt auf die Gehirnfunktion.

→Gehirn.

corpus striatum *→Streifenhügel.*

Cortisches Organ *(organ of Corti)*. Träger der Hörrezeptoren in der *Schnecke* des Innenohres. Es besteht aus gallertartiger Masse, die sich an der Basilarmembran erstreckt, hat beim Menschen eine Länge von ca. 3.5 cm, schwimmt in einer Nährflüssigkeit *(Endolymphe)* und trägt (beim Menschen) ca. 24000 Haarzellen, deren Härchenfortsätze die Deckmembran berühren. Erreicht die dem Schall entsprechende hydraulische Druckwelle über Vorhof- und Paukentreppe die Basilarmembran, so werden die Haarfortsätze geknickt bzw. verdreht. Die elektrisch vermittelten Aktionspotentiale gelangen über den nervus acusticus in das Hirninnere.

→Hören, →Ohr.

Co-twin-Methode *(co-twin control)*. Aus der *Zwillingsforschung* stammendes Verfahren des systematischen Vergleiches zwischen Paaren von Versuchspersonen, die entweder aufgrund genetischer Faktoren (eineiige Zwillinge) oder vorangehender Messungen (z.B. der Intelligenz) bestimmte Merkmale in übereinstimmender Qualität oder Ausprägung aufweisen. Jeweils eine der beiden Versuchspersonen wird der Versuchs-, die andere der Kontrollgruppe zugeordnet. Zeigen sich unter den gewählten Untersuchungsbedingungen zwischen beiden erhebliche Unterschiede, so kann weitgehend ausgeschlossen werden, daß diese auf die Vermittlung durch Merkmale zurückgehen, hinsichtlich deren Übereinstimmung die Paare ausgewählt worden waren. Synonym: *Experimentelle Zwillinge.*

c-Paradigma →*Reaktionszeit.*

CR →*Konditionierung, klassische.*

crura cerebri. Zwei Nerventrakte, die von der Medulla zum cerebrum verlaufen, und zwar gegenüber dem Kleinhirn und hinter dem Pons.

CS →*Konditionierung, klassische.*

CT →*Tomographie.*

cuneus. Zwickelförmiger Bereich an der Innenseite des Occipitallappens.

Curare. Pflanzliches Gift, das die Weiterleitung von Erregungen in den motorischen Nervenbahnen verhindert und zu Lähmungen führt. (Pfeilgift nord- und südamerikan. Indianer.)

Cushing-Syndrom *(Cushing syndrome).* Durch überhöhte Kortisonproduktion (Kennzeichen: erhöhter Kortisolspiegel im Plasma) bedingte Störung mit den Symptomen Stimmungslabilität, Übererregbarkeit und Agitiertheit sowie einer Reihe somatischer Funktionsstörungen, die sich beispielsweise in Hypertonie, Muskelschwäche, gedunsenem Gesicht, Fettansammlungen, Knochenabbau *(Osteoporose),* bei Kindern in Wachstumsstörungen, bei erwachsenen Frauen in Amenorrhoe, bei Männern in Potenzstörungen zeigen. Das C. tritt meist bei 30–40jährigen auf. Bei Frauen findet sich diese Störung vier- bis fünfmal so häufig wie bei Männern.

Cytoplasma, Zytoplasma, Zellplasma →*Zelle.*

cytotoxische Zellen →*Immunsystem.*

d →*Signalentdeckung.*

Dämpfung *(damping).* Aus der Akustik stammende Bezeichnung für das Vermindern der Amplitude von Schwingungen.

Dämmerungssehen →*Rhodopsin.*

Darwinismus. Theoretische Orientierung, die nach dem Vorbild DARWINS das Prinzip der *natürlichen Selektion (natural selection)* bei Annahmen über die Entwicklung der Arten (→*Evolution)* betont.

Daseinsanalyse →*Existenzpsychologie.*

Daten *(data,* singular: *datum).*
[1] Bezeichnung für Zahlenwerte von Merkmalsgrößen *(Kenndaten),* Ereignissen, Prozessen *(Prozeßdaten)* und Abläufen, die durch Beobachtung, Messung und/oder Experiment ermittelt oder bei der Formulierung eines Sachverhaltes oder Modells vorgegeben werden.
[2] In der Mathematik die zur Lösung einer Aufgabe (z.B. Gleichung) erforderlichen Zahlenwerte (z.B. Koeffizienten).
[3] In der Statistik Ergebnisse der Aufbereitung von Messungen (z.B. Kennzahlen).
[4] In der Informations- und Datenverarbeitung Bezeichnung für solche Information, die sich in einer maschinell verarbeitbaren Form (z.B. analog oder digital) darstellen lassen.
[5] Als *Daten-Sprache (data language)* log. Bezeichnung für die Grundlage sog. Protokollsätze, zu unterscheiden von abstrakteren Aussageformen, z.B. der Benutzung von Konstrukten.
[6] Als *Daten-Verarbeitung* oder *elektronische Daten-Verarbeitung (EDV)* umfassende Bezeichnung für den Prozeß, aus Eingangsdaten durch Anwendung eindeutiger Verarbeitungsvorschriften (Programme) unter Zuhilfenahme elektronischer Einrichtungen Ausgangsdaten zu gewinnen, die einen anderen – meist größeren und ökonomischeren – Informationsgehalt aufweisen. Die Verarbeitung ist *analog,* wenn die Informationsdarstellung durch gleichförmige Beziehungen erfolgt.
Die Verarbeitung der Daten heißt *digital,* wenn sie über eine Zeichenfolge aus einem endl. Zeichenvorrat erfolgt.
[7] In der Zusammensetzung *Sinnes-Daten (sensory data, sense data)* gleichbedeutend mit *Sinnesempfindung, Sinnesgegebenheit* oder *Sinneserfahrung.*

datenbezogene Prozesse →*Informationsverarbeitung.*

Debilität *(debility).* Leichteste Form der geistigen Behinderung (→*Schwachsinn*), die auf eine angeborene bzw. in der frühen Kindheit erworbene Beeinträchtigung der Intelligenzentwicklung zurückgeht. Alltägliche Routinen können selbständig ausgeführt und einfache Arbeiten nach Anlernen verrichtet werden, komplexere Berufstätigkeiten jedoch nicht.

Deckeneffekt *(ceiling effect).* Umschlagen eines Erregungsanstiegs in Erregungsabfall, obwohl die Erregungsursache fortbesteht. Es wird angenommen, daß es sich um den Einfluß selbstregulatorischer Prozesse handelt, die dann dämpfend oder hemmend eingreifen, wenn die Erregung eine kritische Intensitätsgrenze (Deckenwert) erreicht oder überschreitet, und damit einen biologischen Schutz vor Übererregung und deren Folgen bieten.

Deduktion. Bezeichnung für ein Schließen, das sich auf Prämissen oder Vorannahmen stützt, von denen man annimmt, daß sie bereits vorhandenes Wissen darstellen. Ein Schluß wird dann als *deduktiv* bezeichnet, wenn er das Einzelne (z.B. ein konkretes Ereignis) vom Allgemeinen (z.B. von einem »Gesetz«) ableitet.

deduktiv →*Deduktion.*

deduktives Denken →*Intelligenz.*

Defekt *(defect, deficiency, deformity).* Bezeichnung eines noch näher zu spezifizierenden Mangels oder Funktionsausfalls. Manchmal auch die Bezeichnung für das Nichterreichen eines bestimmten Standards, der den Bereich des Normalen kennzeichnet (z.B. bei der intellektuellen Entwicklung). Im deutschen Sprachgebrauch wird manchmal auch der Ausdruck »Defizienz« als Rückübersetzung aus dem Englischen verwendet. Er bezieht sich, wie im englischen Sprachgebrauch auch, besonders auf Formen des moralischen Defekts im Bereich der *Forensischen Psychologie (defect delinquency, defective delinquent).*

Defensivreaktion →*Abwehr.*

Definition *(definition).* Allgemeine und umfassende Bezeichnung für eine jede durch Abgrenzung von anderen und durch nähere Bestimmung gekennzeichnete Einführung eines *Begriffs.* Bei der sog. *Nominaldefinition (formal definition)* wird die Klasse näher bestimmt, der bestimmte Dinge oder Ereignisse zugeordnet werden sollen, damit sie von Dingen oder Ereignissen, die einer anderen Klasse zugehören, eindeutig unterschieden werden können. Meist wird dabei von einem bereits bestehenden begrifflichen System ausgegangen, das eine Differenzierung nach Art (species) und Fall (genus) ermöglicht. Wird ein Sachverhalt nur durch eine andere Formulierung oder einen synonymen Ausdruck bezeichnet, so handelt es sich um eine *tautologische Definition* (»Ein weißes Pferd« ist ein »Schimmel«). Als *zyklische* oder *Zirkeldefinitionen (circular definitions)* bezeichnet man Definitionen der Art: ›Empfindungen‹ sind ›Elemente des bewußten Erlebens‹; das ›bewußte Erleben‹ ist ›die Gesamtheit aller Empfindungen‹. Als *Realdefinition* bezeichnet man die durch Hinweise auf exemplarische Sachverhalte oder ihre Aufzählung gebotene Definition. Als *mathematische Definitionen* werden solche bezeichnet, die für ein komplexes Zeichen (zusammengesetzte Ausdrükke) nach bestimmten Regeln neue Zeichen setzen *(Substitution)*, z.B.

$$\frac{1}{N}\sum_{i=1}^{N} X_i = M$$

Degeneration. Bezeichnung für einen allmählichen Abbau von Organfunktionen und damit verbundenen Beeinträchtigungen des Erlebens und Verhaltens.
→*Demenz.*

degenerative Demenz →*Demenz.*

Degradationsgesetz *(degradation law).* Bezeichnung für ein von DELBŒUF formuliertes Gesetz, das das Webersche zum Teil ergänzt und besagt: Eine Empfindung ist dann von größter Intensität, wenn sie in das Bewußtsein eintritt; sie wird dann allmählich schwächer.

Deitersche Zellen *(Deiter's cells).* Nervenzellen mit besonders langen *Axonen* (Nervenfaseranteil), die bei Durchgang durch die graue Substanz zahlreiche Seitenzweige aussenden, sog. *Kollaterale* (→*Gehirn*).

déjà vu. Eine Form der Erinnerungstäuschungen, bei der man meint, etwas oder eine Situation – die für das Individuum relativ unbekannt oder neu ist – schon einmal gesehen oder – im übertragenen Sinn – schon erlebt *(déjà vécu)* zu haben. Diese Erinnerungstäuschung gehört zur großen Gruppe der übrigen →*Paramnesien.* Tritt oftmals als Symptom von Neurosen oder Geisteskrankheiten (Psychosen) auf.

Dekodierung →*Kodierung.*

Delbœufsche Scheibe *(Delbœuf disk).* Von DELBŒUF eingeführte Versuchsanordnung zur Bestimmung der *Unterschiedsschwelle* von *Helligkeit.* Rotierende Scheiben tragen drei graue Ringe. Die Aufgabe der Versuchsperson besteht darin, den mittleren Ring so zu variieren, daß er hinsichtlich seiner Helligkeit genau zwischen den beiden anderen liegt. Die Schwelle läßt sich auf das Verhältnis der schwarzen und weißen (variablen) Anteile des durch Rotation entstandenen Grau beziehen.

Delir, Delirium *(delirium).*
[1] Reversible organisch bedingte psychische Störung mit den Symptomen herabgesetzter Bewußtheit, räumlich-zeitlicher Desorientiertheit, Verwirrtheit, Täuschbarkeit, wahnhafter Umdeutungen der Realität, visueller, auditiver, haptischer u.a. *Halluzinationen* und psychomotorischer Unruhe. D.-Zustände, eine akute Form exogener psychoseartiger Reaktionen, können in Verbindung mit anderen exogenen →*Psychosen* oder als Folgen von Infektionskrankheiten, Medikamenten- oder Drogenvergiftungen auftreten.
[2] *Delirium tremens* (Syn.: *Alkoholdelir, delirium alcoholicum*) nennt man ein Zustandsbild, das nach länger anhaltendem exzessiven Alkoholkonsum mit anderen Entzugssymptomen auftritt und mit Fieber, Schweißausbrüchen, Handzittern sowie den unter [1] beschriebenen Beeinträchtigungen kognitiver Funktionen sowie Halluzinationen einhergeht.
→*Alkoholismus.*

Delirium tremens →*Delir.*

Delta-Phänomen →*Scheinbewegung.*

Delta-Wellen *(delta-waves)* →*Elektroencephalogramm.*

Dementia →*Amentia,* →*Demenz.*

Dementia praecox →*Demenz,* →*Schizophrenie.*

Demenz *(dementia).*
[1] Hirnorganisch bedingter, meist fortschreitender Verlust der früher vorhandenen Leistungsfähigkeit des Gedächtnisses (zentrales Symptom), der Denk- und Urteilsfähigkeit und/oder der Fähigkeit zur Anpassung an soziale Situationen.
[2] *Arten und Formen:* (a) In den Be-

schreibungen der klassischen Psychiatrie werden je nach spezifischer Ursache zahlreiche Unterformen der D. unterschieden, z. B. *Alkohol.-D (dementia alcoholica,* durch Alkoholmißbrauch bedingte D.), *arteriosklerotische D. (dementia arteriosclerotica,* durch arteriosklerotische Hirndurchblutungsmängel bedingte D.), *apoplektische D. (dementia apoplectica,* durch sog. »kleine« Hirnschläge bedingte D.), *paralytische D. (dementia paralytica,* durch progressive Paralyse bedingte D.), *traumatische D. (dementia traumatica,* durch akute Hirnverletzungen bedingte D.), *senile D. (dementia senilis,* sklerotisch bedingte Alters-D.). Heute kaum noch gebräuchliche, da mißverständliche Ausnahmen sind die von KRAEPELIN eingeführten bzw. aufgegriffenen Bezeichnungen *paranoide D. (dementia paranoides)* für paranoide Formen der Schizophrenie mit der D. verwandten Symptomen und *dementia praecox* für im Jugendalter auftretende Formen der Schizophrenie (Hebephrenie). Gleiche Einschränkungen gelten für die Verwendung von D. als umfassende Bezeichnung für alle Psychosen aus dem Formenkreis der →*Schizophrenie* (Hebephrenie, Katatonie und Paranoia) unter Berufung auf Symptome des Nachlassens intellektueller Fähigkeiten im Vergleich zum prämorbiden Zustand.
(b) Im *DSM III–R* wird unterschieden zwischen der *Primär degenerativen D. (primary degenerative dementia),* die als Folge schwerwiegender degenerativer Hirnveränderungen z. B. bei der *Alzheimerschen,* gelegentlich auch *Pickschen Krankheit* auftritt, und den weniger ausgeprägten Formen der D. im mittleren *(präsenile D.; dementia arising in presenium)* oder späten Lebensalter *(senile D.; dementia arising in senium).* Als *Pseudo-D. (pseudo-dementia)* gelten der D. ähnliche, jedoch nicht hirnorganisch bedingte Erscheinungsbilder, die gelegentlich als Begleitsymptome der *Major Depression (→Depression)* oder anderer psychischer Störungen beobachtet werden können.

Demographie. Bezeichnung für die statistische Erfassung von Merkmalen der Bevölkerung, besonders unter Berücksichtigung der *Wohnortgröße* und *-lage,* des *sozialen Status* der Bewohner, ihres *Bildungsstandes* u. ä. Die Daten werden *demographische Daten* genannt. Die Gesamtheit aller erfaßten Merkmale unter Einbeziehung der Einkommensverhältnisse wird als *sozioökonomischer Status* bezeichnet.

Dendrit *(dendrite).* Meist netzartig verzweigte, relativ kurze Fortsätze des →*Neurons,* an denen →*Synapsen* zuführender *Axone* anderer Neuronen liegen.

Denken *(thinking).*
[1] (a) Dem in der antiken Philosophie (griech. *noein;* lat. *cogitare,* erkennen, Wissen erwerben) geprägten Wortsinn entsprechend ist D. eine aktive, genuin menschliche »Seelen-« oder »Verstandestätigkeit«. Sie unterscheidet sich vom passiven Hinnehmen äußerer Eindrücke oder dem Sichergehen in Vorstellungen, Erinnerungen und spontanen Einfällen durch ihre auf Erkenntnis gerichtete Dynamik sowie durch die gedanklich-abstrakte, Raum und Zeit überwindende Verknüpfung von Möglichem und Wirklichem. In Denkprozessen sah man den Vollzug systematischer, von Unwesentlichem und Zufälligem losgelöster Erkundungen der Bedeutung von Gegenständen und Ereignissen einschließlich des D. selbst; als Denkziel galt das verstandesmäßige Vordringen zu den »Urbildern«, zum »Wesen«, zur objektiven »Wahrheit«. (b) In der neuzeitlichen Philosophie wird D. zum Inbegriff jener subjektiven »Bewußtseins-« oder »Verstandestätigkeit«, die mit Begriffen oder Symbolen als innerer Repräsentationen von Gegenständen oder Ereignissen operiert und diese im Hinblick auf angeborene, vorgegebene oder eigenständige und veränderbare »Anschauungsformen« bzw. Regeln ordnet, strukturiert und bewertet. Seither gilt D. als Inbegriff psychischer Prozesse und Operationen, die von der subjektiven Vergegenwärtigung eines Gegenstands, einer Situation oder eines Problems und dem vorhandenen Wissen in Form von Vorstellungen und/oder sprachlich-symbolischen Repräsentationen (Denkgegenstände, -inhalte) ausgehen und im Selbstbezug Erkenntnisse, Urteile, Schlußfolgerungen, Entscheidungen und/oder Handlungsabsichten vermitteln. (c) In formallogischer Bedeutung ist D. ein nach festgelegten Regeln ablaufender Prozeß, in dessen Verlauf Begriffe oder Symbole verglichen, auf Gemeinsamkeiten untersucht, differenziert, ausgetauscht und/oder integriert und zu Urteilen und Schlußfolgerungen verknüpft

werden, deren Angemessenheit bzw. Richtigkeit überprüfbar ist. →*Schlußfolgern.*

[2] Die *Denkpsychologie* ist ein Teilgebiet der Kognitionspsychologie mit engen Beziehungen zur *Gedächnis-, Intelligenz-, Lern-, Sprach-* und *Wissenspsychologie.* Sie befaßt sich mit den auf Erkenntnisziele und Problemlösungen gerichteten, vermittelnden Prozessen der *Informationsverarbeitung* und *-nutzung.* Der Verlauf dieser Prozesse ist charakterisiert durch die Aufnahme relevanter Informationen, ihre Fassung in Begriffe oder Symbole, ihre Analyse, Interpretation, Um- bzw. Neuordnung im Hinblick auf bisherige Erfahrungen, bestimmte Erwartungen und bestimmte Regeln sowie durch →*deduktive* und →*induktive* Schlußfolgerungen, durch Urteile (Bewertungen, Aussagen), Entscheidungen, den Entwurf von Handlungsplänen oder -absichten bzw. die Einleitung weiterer Erkundungsschritte und Überlegungen, wenn Urteile oder Entscheidungen nicht ohne weiteres möglich sind, zumindest aber zweifelhaft erscheinen. D. setzt ein, wenn keine automatischen, d. h. zur Routine gewordenen Wege verfügbar sind, ein Erkenntnisziel zu erreichen oder ein Problem zu lösen. Denkpsychologische Analysen gehen vom Anlaß oder Gegenstand des D. aus, z. B. einen Zusammenhang finden, etwas erklären oder ein Problem lösen zu wollen oder zu müssen. Sie zielen ab auf den Nachweis von Komponenten und Strukturen des D. (z. B. Vorstellungen, Begriffe, Symbole, Erinnerungen, Anschauungen, Einstellungen, Erwartungen, kognitive Stile), von Teilprozessen (z. B. Wahrnehmen, Erkennen, Wiedererkennen, Analysieren, Synthetisieren, Schematisieren, Urteilen, Schlußfolgern) und deren Ablauf; diese werden aus Erlebnisaussagen und/oder aus den von außen beobachtbaren Ergebnissen (Aussagen, Entscheidungen, Handlungen) von Denkprozessen erschlossen. D. setzt mehr oder weniger bewußte innere Repräsentation aktueller Erfahrungen in einem kognitiven Code voraus, um sie in Denkgegenstände und -inhalte zu transformieren und um sie mit den Repräsentationen weiter zurückliegender Erfahrungen, mit dem vorhandenen *Wissen* in individueller oder vorgegebenen Regeln entsprechender Weise zu verknüpfen. Untersuchungen zur *Entwicklung des D.*, die von PIAGET ausgehen, verweisen auf den hierarchischen Aufbau einzelner Repräsentationsarten in Abhängigkeit von unterschiedlichen Codes. Der *sensomotorische Code* bezieht sich auf einfache Handlungsmuster, auf *konkrete Operationen;* die ihm entsprechende Repräsentationsart ermöglicht ein Wiedererkennen und die Übertragung des Wissens auf ähnliche Sachverhalte. *Anschauliche Repräsentationen,* d. h. *bildhafte Vorstellungen* sind das Ergebnis einer nächsthöheren vorsprachlichen Codierungsform; sie erlauben begrenzte, von der unmittelbaren Anschauung losgelöste Denkoperationen. Die höchste Stufe bildet der *abstrakte, symbolische, sprach-* bzw. *zeichengebundene Code,* dessen Anwendung über *Begriffsbildung* den raschen, flexiblen, Erwartungen und Möglichkeiten einbeziehenden Umgang mit Denkgegenständen und -inhalten nach ebenfalls abstrakt gefaßten Regeln ermöglicht. Durch umschriebene operative Schritte, z. B. *Abstraktion, Differenzierung, Generalisierung, Klassifikation* und dem *Vergleich* neuer mit bereits verarbeiteten, gespeicherten Informationen kann die aktuelle Information einerseits erkannt und interpretiert werden *(reproduktives D.; reproductive thinking);* sie kann andererseits zu einer Modifikation bestehender Denk-, Wissens- und/oder Regelstrukturen und damit zum Auffinden neuer Zusammenhänge oder Lösungswege genutzt werden (*produktives* bzw. *schöpferisches D.; creative thinking*). Zu den elementaren Denkoperationen zählen Erkennen, Wiedererkennen und Identifizieren (*analytisches, schlußfolgerndes* oder *konvergentes D.*), das Suchen nach neuen möglichen, logisch begründbaren Lösungswegen *(schöpferisches, divergentes D.)* und die Prüfung und anschließende Bewertung der Anwendbarkeit neuer Lösungswege *(evaluatives D.).*

[3] *Forschungsansätze:* Eine einheitliche Theorie des menschlichen D. liegt nicht vor. In verschiedenen Ansätzen der Denkpsychologie werden Arten und Formen des D. aus dem Umgang mit bestimmten Aufgaben oder Problemen und den daraus resultierenden sprachlichen oder sprachfreien Verhaltenskonsequenzen erschlossen. Zu den bedeutsamen Ergebnissen der klassischen Denkpsychologie zählen: (a) Der Nach-

weis der abstrakten und generellen Natur von Begriffen *(Begriffsbildung;* ACH, HULL, HEIDBREDER); (b) der Nachweis von Einflüssen der *Bewußtheit* und von *Bewußtseinslagen* (BÜHLER) bzw. *determinierenden Tendenzen* (ACH; KÜLPE) auf Dynamik und Wege des Denkens; (c) die Kennzeichnung des *phasenartigen Ablaufs* von Denkprozessen im Sinne der *Bedeutungssuche* (SELZ) und im Sinne eines Vordringens von anschaulichen Oberflächeneigenschaften zum dahinter verborgenen Sinn, der im sog. *Aha-Erlebnis* (BÜHLER) seinen Abschluß findet; (d) DUNKKERS Untersuchungen zur Vorgehensweise beim Lösen konkret-anschaulicher Probleme und die Rekonstruktion der Denkwege als *Situationsanalyse* mit den Schritten der *Konfliktanalyse* (Antwort auf die Frage, warum es so nicht geht) und *Materialanalyse* (Suche nach Elementen, die der Lösung dienlich sein könnten) und der *Zielanalyse* (Auseinanderhalten der für die Zielerreichung benötigten und nicht benötigten Elemente); (e) der Nachweis der Bedeutung von *gestalthaften Um-* und *Neustrukturierungen* der aus der Anschauung gewonnenen Erfahrungen bei der Überwindung von Barrieren, die eine unmittelbare Zielerreichung oder Problemlösung behindern *(ideative Lösung;* KÖHLER) und der Repräsentationen von Wegen und Zielen *(kognitive Landkarten; Zielerwartungen;* TOLMAN) sowie (f) förderlicher und hemmender Einflüsse verfügbarer *Lösungsstrategien (funktionale Gebundenheit,* DUNCKER; *Rigidität,* WERTHEIMER, LUCHINS). Die neuere Denkpsychologie befaßt sich auf der Grundlage dieser Erkenntnisse vor allem mit den Prozeßmerkmalen der im D. vollzogenen *Informationsverarbeitung,* des *Schließens* und *Urteilens (Urteilsmodelle)* und der *vernetzten semantischen Strukturen,* in denen gedacht, Wissen gespeichert und aktualisiert wird.

→*Gedächtnis,* →*Netzwerk,* →*Wissen.*

LIT. ACH (1905); ANDERSON (1988); BERGIUS (1964); BRUNER, GOODNOW, AUSTIN (1956); BÜHLER (1907); DÖRNER (1974); DUNCKER (1935); GRAUMANN (1965); GUILFORD (1967); HUMPHREY (1951; 1963); KÖHLER (1921); LUCHINS, LUCHINS (1959; 1970); MANDL, SPADA (1988); MANDLER, MANDLER (1964); MAYER (1979); MEILI (1968); NEISSER (1974); PIAGET (1947; 1973); TOLMAN (1951; 1968); TVERSKY, KAHNEMAN (1974).

Denkflüssigkeit →*Intelligenz.*

Denotation *(denotation, denotative meaning).* Logische Bezeichnung für den Inhalt, die Bedeutung eines Begriffs (designatum).

→*Konnotation.*

dependente Persönlichkeitsstörung →*Persönlichkeitsstörung.*

Depersonalisation *(depersonalization).* Psychischer Prozeß, in dessen Verlauf der Eindruck aufkommt, sich selbst, dem eigenen Bewußtsein fremd gegenüberzustehen *(Entfremdungsgefühl),* man fühle und handle ohne bewußte Anteilnahme quasi automatisch, der eigene Körper bzw. Körperteile gehörten nicht zu einem selbst und/oder die eigenen Bewegungen seien fremdartig bzw. nicht vorhanden; gelegentlich verbunden mit dem Gefühl, bekannte Gegenstände oder Menschen seien ebenfalls fremd und unwirklich *(Derealisation).* D. tritt häufig als Symptom psychischer Störungen auf, vor allem bei schweren *Neurosen, Depression* und *Schizophrenie.* Man findet D. auch im Gefolge entzündlicher Hirnerkrankungen (z.B. Encephalitis), bei Hirnläsionen und -tumoren. Eine Sonderform der D. stellt das sog. *Alice-im-Wunderland-Syndrom (syndrome of Alice in wonderland)* dar, das neben vorübergehenden allgemeinen Entfremdungsgefühlen mit illusionsartigen Versetzungen von Raum und Zeit sowie veränderten Einschätzungen der eigenen Körperproportionen einhergeht. Das Syndrom tritt besonders häufig in der Einschlafphase, bei extremer Erschöpfung, bei Migräneanfällen, hohem Fieber, unter Einwirkung von Drogen oder bei epileptischen Anfällen während des sog. epileptischen Dämmerzustands auf.

Depolarisation, Depolarisierung *(depolarisation, depolarization).*

[1] Allg.: Herabsetzung der Potentialdifferenz zwischen Innen und Außen eines galvanischen Elements.

[2] Als *D. des Lichts:* Aufhebung des Polarisationszustandes von Licht bei Abstrahlung von lichtstreuenden Flächen bzw. Durchgang durch lichtstreuende Medien; es entstehen anders gerichtete Wellen.

[3] Neurophysiologisch in Analogie zu [1]: Abnahme der an Innen- und Außenseite einer Zellmembran herrschen-

den Potentialdifferenz bei Erregungsleitung bzw. Entstehung eines →*Aktionspotentials*.
→*Synapse*, →*Transmitter*.

Depravation *(depravation)*.
[1] Vorherrschen von Verhaltensweisen jenseits aller sozialen Normen und Schranken. Syn.: *Verderbtheit*.
[2] Als Folge von Alkoholismus oder Drogensucht auftretende Änderung sozialer Einstellungen, Wertmaßstäbe und Handlungsweisen, die sich – ohne Beeinträchtigung der intellektuellen Fähigkeiten – z. B. in gewissenloser Unzuverlässigkeit, Mißachtung anderer, in aggressiven Denk- und Verhaltensweisen, Lügen und Delinquenz äußert, und damit auf die Unfähigkeit hindeutet, die eigenen Handlungen zu steuern bzw. ihre Folgen selbstkritisch zu bewerten.

Depression *(depression)*.
[1] Zustand der Niedergeschlagenheit, erschöpfungsartigen Antriebs- und Initiativelosigkeit, der z. B. nach Verlusten, Enttäuschungen, Mißerfolgen, körperlichen oder psychischen Belastungen mit dem Innewerden der momentanen Hilflosigkeit oder Vereinsamung auftritt. Syn.: *Deprimiertheit*.
[2] Klasse *psychischer Störungen*, die sich in länger anhaltenden wiederholten Episoden depressiver Verstimmung äußern. Sie treten mit oder ohne direkten Bezug zu tatsächlichen oder vorgestellten Problemen bzw. momentanen Hilflosigkeitserfahrungen auf und gehen mit Beeinträchtigungen der Denk- und Handlungsfähigkeit sowie mit einer Vielzahl psychischer und somatischer Symptome einher, deren Muster als depressives Syndrom bezeichnet wird. (a) *Depressives Syndrom (depressive syndrome):* Gefühle der Niedergeschlagenheit und Trauer, der Hilflosigkeit, Angst, Besorgtheit, Teilnahmslosigkeit und Melancholie, gelegentlich auch des Mißtrauens und der Feindseligkeit, negativ-kritische Einstellungen gegenüber der eigenen Person, dem äußeren Erscheinungsbild und der eigenen Leistungsfähigkeit, Zukunftsängste, Hypochondrien, Beeinträchtigungen kognitiver Funktionen wie z. B. Mühen bei Denkoperationen, Konzentrationsschwierigkeiten, die Vorstellung der Ausweglosigkeit und Zwecklosigkeit, die in Selbstmordgedanken einmünden können, gelegentlich auch in wahnartige Vorstellungen der Verfehlung, Versündigung oder Verarmung. Die Motivationslage ist vielfach beherrscht von Mißerfolgsorientierung, Rückzugs-, Flucht- und Vermeidungstendenzen, von der Überzeugung der Hilflosigkeit und mangelnden Kontrollierbarkeit der eigenen Situation, von Interessenverlust, Antriebslosigkeit, von der Überzeugung, überfordert zu werden und abhängig zu sein. Die Körperhaltung ist gebeugt, die Bewegungsweise verlangsamt und kraftlos. Alltägliche Verrichtungen fallen schwer, der Gesichtsausdruck wirkt traurig oder weinerlich, ist in extremen Fällen maskenhaft starr. Vegetativ-physiologische Veränderungen zeigen sich neben angespannter, nervöser Unruhe und erhöhter Reizbarkeit vor allem in Benommenheits-, Ermüdungs- und Schwächezuständen, Schlafstörungen, Appetit-, Gewichts- und Libidoverlust, Kopfschmerzen, Magen- und Verdauungsbeschwerden, gelegentlich auch in Schwindel-, Hitze- oder Kältegefühlen, Gliederschmerzen, Herzklopfen und/oder Herzbeklemmungen. Formen der (endogenen) D., bei denen in den subjektiven Berichten die letztgenannten körperlichen Symptome überwiegen und damit Hinweise auf die für die D. typischen Veränderungen der Stimmungslage verdecken, werden als *larvierte* oder *maskierte D. (larvate depression)* bezeichnet. →*Somatisierungssyndrom*, →*somatoforme Störung*.
[3] *Klassifikation depressiver Störungen:* In den klassischen pychiatrischen Einteilungsansätzen zählen schwerwiegende, von traumatischen Belastungen weitgehend unabhängig auftretende, nicht auf hirnorganische Veränderungen zurückführbare Formen der D. zu den endogenen →*Psychosen* und werden als *endogene D. (endogenous depression)* bezeichnet. Belastungs- und konfliktabhängige Formen, wie z. B. die sog. *reaktive D. (reactive depression)* oder →*Erschöpfungsdepression*, dagegen verweisen auf das Vorliegen einer *neurotischen D.* oder *depressiven Neurose (neurotic depression, psychoneurotic depression; depressive neurosis)*. Da umschriebene Symptome oder Symptomgruppen der D. sowohl bei anderen Psychosearten (z. B. bei →*manisch-depressiven Störungen* und →*Schizophrenie*) bzw. im Gefolge ihrer medikamentösen Behandlung (z. B. mit Neuroleptika) als auch bei einer Reihe neurotischer Störungen (z. B. →*Angstneuro-*

sen) auftreten, ist die eindeutige Zuordnung im Rahmen des klassischen, von den Störungsursachen ausgehenden Bezugssystems außerordentlich schwierig. Im symptomorientierten Ansatz des *DSM III–R* werden depressive Störungen als Unterklassen der *→Affektiven Störung* beschrieben, für die insgesamt *affektive Episoden* (längerfristige Veränderungen der Stimmungslage) charakteristisch sind. Die Mindestvoraussetzungen für die Kennzeichnung einer *depressiven Episode* sind traurig-niedergeschlagene Stimmungslage, Gefühle der Energielosigkeit, der Interesse- und Wertlosigkeit sowie Appetitlosigkeit und Schlafstörungen. (a) Die *Major Depression (major depression)* ist durch länger anhaltende (mindestens zweiwöchige) depressive Episoden gekennzeichnet. Der *melancholische Typus* gehört zu ihren schwersten Erscheinungsformen; zu seinen Kennzeichen gehören neben den für depressive Episoden typischen Symptomen frühzeitiges Erwachen, Stimmungsschwankungen während des Tages und die Unfähigkeit, auf ablenkende Ereignisse einzugehen. (b) Als *dysthyme Störung* oder *depressive Neurose (dysthymia)* gelten depressive Störungen mit einer mehrjährigen ununterbrochenen depressiven Verstimmung in der Vorgeschichte. (c) Depressive Episoden findet man auch bei den sog. *bipolaren Störungen* im Wechsel mit manischen Episoden (*→manisch-depressive Störung*), einzelne depressive Symptome bei *→psychotischen Störungen,* die nicht andernorts klassifiziert sind, bei generalisierten *→Angststörungen* und *→posttraumatischen Belastungsstörungen.*

[4] *Erklärungs- und Therapieansätze:* Depressive Störungen kommen, wie Angststörungen, in der Durchschnittsbevölkerung von Industrieländern relativ häufig vor, treten vorwiegend im mittleren Lebensalter erstmals in Erscheinung, bei Frauen nahezu doppelt so oft wie bei Männern. (a) *Psychoanalytische Erklärungsansätze* beziehen D. auf Verluste und Verlustphantasien, unbefriedigte orale oder Abhängigkeitsbedürfnisse bzw. Aggressionshemmungen und empfehlen (zumindest für die neurotischen Formen der D.) psychoanalytische Therapien. (b) *Neuere psychologische Erklärungsansätze* gehen davon aus, daß depressive Störungen Folgen von wiederholten Hilflosigkeitserfahrungen und daraus resultierenden Kontrollverlusterwartungen sind, zurückgehen können auf Neigungen zu negativistischen Fehleinschätzungen und Realitätsverzerrungen, auf mangelnde Verstärkungserfahrungen, auf Milieubedingungen, die das Überwiegen von Verlust- und Verzichterfahrungen nach sich ziehen, und/oder auf einer Art der Selbstregulation bzw. Selbstkontrolle beruhen, die von einem unrealistisch hohen Anspruchsniveau, von Neigungen zur Selbstkritik und von der allgemeinen Bereitschaft bestimmt sind, allem, was auf Inkompetenz hindeutet, besondere Aufmerksamkeit zu schenken. Der derzeitige Erkenntnisstand legt eine integrative, multifaktorielle Sichtweise nahe, in die alle genannten Bedingungen ihrem Gewicht entsprechend einfließen. Die daraus hergeleiteten *Interventionsstrategien* bestehen in der Regel aus einer auf den individuellen Fall abgestimmten Kombination von einzel- und gruppentherapeutischen Maßnahmen (*→Psychotherapie,* insbes. *→Verhaltenstherapie* bzw. *→Verhaltensmodifikation*). Sie werden mit den Zielen eingesetzt, vertrauensvolle Beziehungen aufzubauen, kurzfristige entlastende bzw. entspannende Maßnahmen, ggf. unterstützt durch medikamentöse Behandlung, einzuleiten, die Wiederaufnahme von Aktivitäten mit angenehmen, verstärkenden Erfahrungen zu verknüpfen, belastende Einstellungen, Bewertungsweisen und Aktivitäten abzubauen und unterstützende soziale Kontakte zu fördern. (c) *Biologische Erklärungsansätze* können sich zunächst auf Zwillingsuntersuchungen stützen, die auf eine genetische Disposition zu depressiven Manifestationen hinweisen. Dies legt die Annahme nahe, depressive Störungen als Ergebnis der Wechselwirkung biologischer und psychischer Faktoren zu interpretieren. Mit depressiven Störungen geht eine Reihe *biochemischer Veränderungen* einher. Dazu zählen z. B. die vermehrte bzw. ungehemmte *Monoaminoxidase,* die rückläufige *noradrenerge Aktivität* mit ihren Konsequenzen auf die synaptische Regulation, insbesondere in den für das vigilante Verhalten maßgeblichen Verbindungsstrukturen zwischen Hypothalamus, Hippocampus und Kortex, die verminderte *Serotonin*-Produktion, das Überwiegen *cholinerger* gegenüber *adrenergen* Prozessen (bei

manischen Episoden genau umgekehrt) sowie zahlreiche weitere Veränderungen im *Neurotransmitter-* und *Neuromediatorenhaushalt.* Zur Zeit ist die Frage offen, ob derartige Veränderungsmuster depressionsspezifisch genug sind, um sie als diagnostische Kriterien heranzuziehen, ebenso die Frage, ob sie als Ursachen oder Begleiterscheinungen bzw. Folgen der D. anzusehen sind. Bei der medikamentösen Behandlung von depressiven Störungen bewähren sich insbesondere Präparate mit anticholinergen und sedierenden Effekten, vor allem *trizyklische Antidepressiva* bzw. *Monoaminoxidase-Hemmer (MAOH),* insbesondere in Verbindung mit psychotherapeutischen Interventionen; letzteres deutet auf die Plausibilität der o. g. Wechselwirkungshypothese hin.

LIT. Angst (1966; 1983); Blöschl (1981); Hautzinger, Greif (1981); Hautzinger, Dejong-Meyer (1990); Kammer, Hautzinger (1988); Kanfer, Hagerman (1981); Kielholz (1971; 1972); Peterson, Seligman (1984); Seligman (1975); Zerssen, Möller (1988).

Depressionen, psychotische →*Psychose.*

depressiv *(depressive).*

[1] Neigung zu traurig-gedrückter (deprimierter) Stimmungslage.

[2] Kennzeichnung psychischer Störungen aus dem Formenkreis der →*Depression.*

[3] Als *depressive Episode* Bezeichnung für längeranhaltende traurig-niedergeschlagene Stimmungslagen, die von Gefühlen der Energielosigkeit, der Interessen- und Wertlosigkeit begleitet werden und oftmals mit Appetitlosigkeit und Schlafstörungen (Insomnie oder Hypersomnie) einhergehen. D. Episoden gelten als Kennzeichen *depressiver (→Depression),* im Wechsel mit *manischen Episoden* auftretende als Kennzeichen →*manisch-depressiver Störungen.*

depressive Episode →*Affektive Störung,* →*depressiv.*

depressive Neurose →*Affektive Störung,* →*Depression.*

depressive Störungen →*Affektive Störung,* →*Depression.*

depressiver Stupor →*Stupor.*

Depressor *(depressor nerve).* Allgemeine Bezeichnung für alle Nervenfasern, die die Aktivität oder Funktion eines motorischen Zentrums unterbinden. Dies trifft besonders für einen Zweig des *Nervus vagus (→Parasympathikus)* zu, der die Erweiterung der peripheren Blutgefäße und damit das Herabsetzen des Blutdrucks bewirkt *(Vasodilatation).*

Deprivation *(deprivation).*

[1] Allg. Bezeichnung für einen Zustand des Entzuges oder Mangels, z. B. Nahrungsdeprivation = Hunger.

[2] Als *sensorische Deprivation (sensory deprivation)* Bezeichnung für den Entzug von abwechslungsreichen Umgebungsreizen (Monotonie, Aufenthalt in einem licht- und schallisolierten Raum, Zwang zur Untätigkeit). Die Folgen sind abhängig von der Dauer und Art der D. Kennzeichnend sind das Absinken der allg. Leistungsfähigkeit, begleitet von entsprechenden »unaktiven« physiologischen Merkmalen (z. B. *Theta-Wellen* im *EEG)* sowie das Auftreten von veränderten Bewußtseinszuständen, sog. »Reizhunger«, oder Trugbildern *(Halluzinationen).* Langzeitige D. kann eine teilweise oder völlige Ausschaltung der willentlichen Kontrolle zur Folge haben. Die übermäßige Gefügigkeit bzw. Bereitschaft, alle bisherigen Maßstäbe und Einstellungen zugunsten der in D. suggerierten aufzugeben, geht aus den bedrückenden Erfahrungen mit sog. *»Gehirnwäsche« (brainwashing)* und Berichten über die Erfahrungen während langandauernder Einzel- oder Dunkelhaft hervor.

Desensibilisierung →*Desensitivierung.*

Desensitivierung, Desensibilisierung; systematische Desensitivierung *(desensitization; systematic desensitization).* Auf Wolpe zurückgehende Methode der →*Verhaltenstherapie,* die sich insbesondere bei der Bekämpfung von *Phobien* bewährt. Mit dem Patienten wird zunächst eine →*Angsthierarchie* erarbeitet. Der Therapeut konfrontiert den Patienten mit einer Vorstellung oder symbolischen Darstellung derjenigen Angstreize, die den schwächsten Erregungseffekt ausüben. Sobald der Erregungszustand nach dem Prinzip der reziproken Hemmung (→*Hemmung, reziproke)* aufgehoben ist, fährt der Therapeut in der Angsthierarchie fort und erreicht schließlich (nach einigen Wochen und nach einigen Rückschlägen) eine Lösung der konditionierten Verknüpfung zwischen angstauslösendem Reiz (Objekt, Situation) und der emotionalen Reaktion. In manchen Fällen werden nicht nur Vorstellungen oder symbolische Darstellungen verwendet, sondern der angstauslösende Reiz selbst wird graduell angenähert. In diesem Fall spricht man von einer in-vivo-Behandlung. Der Patient wird in aller Regel zusätzlich einem allgemeinen Entspannungstraining unterzogen (z. B. *autogenem Training, Entspannungstherapie* sowie Techniken der *konditionierten Entspannung)*.

Desintegration *(disintegration)*, **Desorganisation** *(disorganization)*. Bezeichnung für einen Zustand des »Zerfalls« oder ein mit der Zeit fortschreitendes »Zerfallen« eines vormals geordneten, organisierten bzw. integrierten Systems im körperlich-physikalischen oder übertragenen Sinne, z. B. »Persönlichkeitszerfall« als Symptom schwerwiegender *affektiver* oder *Persönlichkeitsstörungen*. Man bezeichnet oft ein Verhalten auch dann als »desintegriert«, wenn das Zusammenwirken verschiedener Funktionen (z.B. die Koordination von Wahrnehmen, Denken und Handeln) nicht gegeben ist oder als nicht gegeben angenommen wird. Gegensatz: →*Integration, Integriertheit*.

Desirabilität →*Soziale Erwünschtheit*.

deskriptive Statistik →*Statistik*.

Desorientiertheit *(disorientation)*, Syn.: *Orientierungsstörung*. Zustand der Verwirrung in bezug auf Datum, Tageszeit, den Ort, an dem man sich befindet, und/oder auf die eigene Identität. Kurzfristige D. findet man z. B. bei hohem Fieber oder im →*Delir*, irreversible anhaltende D. bei →*Demenz*.

Desoxyribonukleinsäuren →*Nukleinsäuren*.

Destruktionstrieb →*Todestrieb*.

Detektoren *(detectors)*. Neurophysiolog. Bezeichnung für Neuronen oder Neuronenverbände des Sinnesapparats, die bei Erkennen und Wiedererkennen bestimmter Reizparameter beteiligt sind.
→*Analysator*, →*rezeptive Felder*.

Determinante *(determiner, determinant)*.
[1] Bestimmender, begründender oder abgrenzender Faktor eines Geschehens, von der Art und Form seines Auftretens abhängt.
[2] *Erb-D.*: Syn. für *Erbanlagen*.

Determination *(determination)*.
[1] In der Logik ist D. die Bezeichnung für eine Bestimmung durch Begrenzung. Sie steht im Gegensatz zur *Abstraktion* und schreitet von umfassenderen Begriffen oder Klassen der Betrachtung zu engeren fort.
[2] In der psychologischen Begriffsbildung liegt D. dann vor, wenn einem Zustand oder Vorgang (z. B. *Aktivation)* bestimmte und bestimmende Eigenschaften zugeordnet werden (z. B. Auftreten von »Erregungskonstellationen« bestimmter Art im *EEG)*.
[3] In der Statistik unterscheidet man den *Determinations-Index* und den *Determinations-Koeffizienten*. Der Determinations-Index ist das Quadrat eines (Produkt-Moment-) *Korrelationskoeffizienten* (r^2) und drückt die *Varianzproportion* aus, die durch den Zusammenhang zwischen zwei Variablen bestimmt ist. Der Determinations-Koeffizient dagegen bezieht sich auf den Varianzanteil, der durch eine spezifische unabhängige Variable bestimmt ist.

determinierende Tendenzen *(determining tendencies)*. Nach N. ACH die teilweise oder vollständige Bestimmtheit von Denken, Handeln oder Vorstellung durch relativ überdauernde Denkgewohnheiten oder Zielvorstellungen, *Zielerwartungen* oder *Einstellungen*.
→*Denken*.

Determinations-Index →*Determination* [3].

Determinations-Koeffizient →*Determination* [3].

Determinismus *(determinism)*. Bezeichnung für philosophische und empirische Theorienbildungen, die in mehr oder weniger doktrinärer Form aussprechen, daß alle Phänomene notwendigerweise das Ergebnis der vorher gegebenen Bedingungen seien. Es handelt sich bei der Formulierung des D. sowohl um ein Postulat der positiven Wissenschaften als auch um eines, das das Denken der Psychoanalyse beherrscht (z. B. FREUDS Traumtheorie).
→*Probabilismus*.

Deuteranopie *(deuteranopia)*. Bezeichnung für die sog. Grünblindheit (→*Farbblindheit)*, bei der es zu Verwechslungen von Rot und Grün kommt.

Deuteverfahren →*projektive »Tests«*.

Dextrasinistralität →*Händigkeit*.

Dexteralität →*Händigkeit*.

Dezerebration *(decerebration)*. Operative Entfernung des →*cerebrum*.

Dezibel, dB *(decibel)*.
[1] Bel (Kurzzeichen B) ist eine in der

Physik eingeführte nach A. G. BELL benannte dimensionslose Größenart, die durch den dekadischen Logarithmus des Produkts oder Verhältnisses zweier gleichartiger Größen (z.B. Leistung, Kräfte) definiert ist. D. (Kurzzeichen dB) ist der zehnte Teil eines Bel, also 1 dB = 0,1 B.

[2] Als dB(A) in der Psychoakustik eingeführte Bezeichnung für den dekadischen Logarithmus des Verhältnisses zwischen dem momentan einwirkenden Schalldruck P_1 und dem Ausgangswert P_0 *(Schallpegel)*. Die Bestimmungsgleichung von Größen auf der logarithmischen dB(A)-Skala lautet $2 \cdot 10 \lg (P_1/P_0) = \text{dB(A)}$. Die Angaben für P_1 und P_0 erfolgen in dyn/cm², wobei $P_0 = 2 \cdot 10^{-4} = 0.0002$ dyn/cm² der absoluten Schwelle eines Durchschnittshörers für einen Ton von 1000 Hz entspricht. Dieser Wert ist gleichzeitig Ausgangspunkt der *Phon-Skala* (Lautstärke). Einem Schalldruck von 200 dyn/cm² entspricht nach der Beziehung $2 \cdot 10 \lg (200/0.0002)$ ein Wert von $2 \cdot 10 \cdot 6 = 120$ auf der dB(A)-Skala. Er markiert die obere Erträglichkeitsgrenze kurzfristiger Geräuscheinwirkungen. Die Richtwerte für die zulässige Geräuscheinwirkung am Arbeitsplatz liegen je nach Tätigkeitsart zw. 50 und 90 dB(A).

Diagnose, Diagnostik *(diagnosis, diagnostics)*.
[1] *Diagnose* (aus dem Griech. diágnosis, unterscheidende Beurteilung): Aussage über körperliche oder psychische Eigenschaften bzw. Zustände aufgrund vorangegangener *Anamnese* (Erhebung der Vorgeschichte, Krankengeschichte), *Exploration* (gezielte Befragung) und Untersuchungen mit Hilfe standardisierter Verfahren (z.B. Blutprobe, psychologische Tests). D. dient in der Klinik zur Feststellung und Abgrenzung *(Differential-D.)* von Störungs- oder Krankheitsursachen. Die psychologische D. stützt sich insbesondere auf Ergebnisse testpsychologischer Eignungs-, Persönlichkeits- oder Leistungsprüfungen, die neben Anamnese und Exploration in Prognose, Therapiepläne oder in die sich anschließende Beratung einfließen (→*Test*, →*Testtheorie*).
[2] *Diagnostik:* Wissenschaftliche Lehre von den Regeln, Modellen, Theorien und Methoden des Diagnostizierens. Die *psychologische D.* dient der Entwicklung und Anwendung von Methoden (Regeln, Anleitungen, Entscheidungsalgorithmen, Instrumentarien, Tests) zur Gewinnung von Kennwerten für oder Hinweisen auf psychologisch relevante Charakteristika von Merkmalsträgern, zur Integration gewonnener Daten zu wissenschaftlich begründeten Urteilen, zur Vorbereitung und Beurteilung (Evaluation) von Entscheidungen oder prognostischen Zielen. D. findet Anwendung bei Einzelpersonen oder Personengruppen, im Kontext von Maßnahmen, Organisationen oder Institutionen. In der allgemeinen psychologischen D. unterscheidet man zwischen der aus der differentiellen Psychologie und Persönlichkeitsforschung hergeleiteten *Eigenschafts-D.* oder →*Statusdiagnostik* und *Verhaltens-* oder *Prozeß-D.* Die *klinisch-psychologische D.* orientiert sich an Störungssymptomen oder -syndromen, die sie zunächst beschreibt, dann klassifiziert, um zur Erklärung, Prognose, Evaluation und Therapieplanung zu gelangen.
LIT. JÄGER (1988); REINECKER-HECHT, BAUMANN (1990).

Dialog-System →*System*.

Diaphragma.
[1] Bezeichnung für die Muskelplatte zwischen Thorax und Abdomen (Brust- und Bauchhöhle), das *Zwerchfell.*
[2] In der Psychologie übliche Bezeichnung für eine wandartige Vorrichtung, die nur ein kontrollierbares Lichtquantum durchläßt, z.B. nur durch eine schmale Öffnung (Irisdiaphragma), deren Größe variierbar ist. Manchmal wird die entsprechende Öffnung auch zur Abschirmung der Umgebung eines Reizes verwendet. Die Versuchsperson blickt dann durch ein Diaphragma.

Diastole. Erschlaffung des Herzmuskels, rhythmisch abwechselnd mit Kontraktion *(→Systole)*. Liegt zwischen dem 2., schwächeren Herzton (Klappenschluß) und dem 1., der Kontraktion anzeigt. Dauer: ca. 0.55 ± 0.25 sec, je nach Schlagfrequenz. Der Herzdruck in diesem Intervall ist minimal, venöses Blut fließt in die Kammern. Zur Bestimmung der Herzleistung werden systolischer und diastolischer Druck miteinander verglichen.

diastolischer Druck →*Blutdruckmessung.*

dichotisches Hören *(dichotic listening)*. Von BROADBENT in die Wahrnehmungs- und Aufmerksamkeitsforschung eingeführte Versuchstechnik. Über Kopfhörer werden parallel, d.h. links

und rechts einander maskierend, je zwei unterschiedliche Zahlennamen zwischen 1 und 9 durchgesagt. Die bei je drei Paralleldurchsagen aufgefaßten Zahlen sollen anschließend wiedergegeben werden. Die Aufgabe gelingt dann gut, wenn je drei Zahlennamen ihrer Herkunft aus dem linken bzw. rechten Kanal (Ohr) entsprechend nacheinander reproduziert werden und nicht im beständigen Aufmerksamkeitswechsel zwischen den beiden Kanälen.
→*Aufmerksamkeit.*

Dichotomie *(dichotomy).* Bezeichnung für ein zwei Klassen umfassendes Merkmalsystem, wobei die beiden Klassen einander ausschließende Ereignisse betreffen. *Dichotomierung* oder das *Dichotomieren* bezeichnet das Aufteilen der Fälle einer Menge von Ereignissen in zwei einander ausschließende Kategorien.

Dichromasie →*Farbenblindheit.*

differentielle Aktivierung →*Priming.*

Differentielle Psychologie *(differential psychology).* Bezeichnung für jenes Teilgebiet der Psychologie, in dessen Rahmen Unterschiede zwischen Individuen oder zwischen Gruppen von Individuen mit Hilfe von Methoden der experimentellen Psychologie untersucht werden (z.B. Unterschiede der Gedächtnisleistungen bei Extra- und Introvertierten; Unterschiede der sozialen Beziehungen bei Beamten und Stahlarbeitern; Unterschiede in den Wahrnehmungsleistungen bei Eskimos und Mexikanern). Die differentielle Psychologie wurde als methodischer Ansatz von W. Stern in die psychologische Forschung eingeführt.
→*Persönlichkeit.*
LIT. Anne Anastasi (1965); W. Stern (1921).

Differenzierung *(differentiation).*
[1] Allgemeine Bezeichnung für die Ausgliederung verfeinerter morphologischer und/oder funktionaler Strukturen aus ungegliederten, einfacheren Vorformen, z.B. die Entwicklung vom Einzeller zum Mehrzeller und hochorganisiertem Säuger oder die Zellteilungsprozesse und Organbildungen im Verlauf der embryonalen Entwicklung.
[2] In der *Entwicklungspsychologie* ist D. der Inbegriff der im Entwicklungsverlauf eintretenden, zum Teil reifungsabhängigen zunehmenden Verfeinerung, Durchgliederung, Erweiterung, Spezialisierung und Verselbständigung des Verhaltens und Erlebens. D. zeigt sich z.B. in der Entwicklung der Feinmotorik aus relativ unkontrollierten Bewegungsabläufen, in der Entwicklung spezifischer Gefühle, Motive, Bedürfnisse und Interessen aus unspezifischen Lust- und Unlustzuständen oder primären Bedürfnissen, in dem Auseinanderhalten von Wahrnehmen, Fühlen und Handeln sowie in der Unterscheidung von Vorgängen in der Außen- und Innenwelt im Bezugssystem von Vergangenheit, Gegenwart und Zukunft. K. Lewin sieht in seiner *Feldtheorie* D. als eine Zunahme der Anzahl von Feldregionen (innere Repräsentationen der Person-Umweltbeziehungen), die sich im Erleben und bei der Planung zielorientierten Handelns deutlich voneinander abheben. Damit wird z.B. das Erleben von räumlich-zeitlichen Beziehungen in Verbindung mit der Unterscheidung zwischen Realem, Vorgestelltem, Möglichem und Irrealem möglich. Lewin, Werner, Piaget und andere Vertreter der Entwicklungspsychologie betonen gleichermaßen, daß fortschreitende D. mit hierarchischen Prozessen der *Integration, Organisation* bzw. *Zentralisation* einhergehen, um die Koordination und Zielorientiertheit des Erlebens und Verhaltens angesichts der wachsenden Vielfalt von Möglichkeiten aufrechtzuerhalten *(→orthogenetisches Gesetz).* Witkin postuliert im Rahmen seiner Wahrnehmungs-Typologie *(→Integration, →kognitive Stile)* eine mit dem Entwicklungsprozeß einhergehende intraindividuelle Korrespondenz des D.-Niveaus der verschiedenen psychischen Funktionen, welche die Einheit von Wahrnehmen und Handeln gewährleistet.
→*Entwicklung,* →*Entwicklungstheorien.*
[3] Im engl.-amerikanischen Sprachgebrauch in der Zusammensetzung *Reaktions-Differenzierung (response differentiation)* gleichbedeutend mit *operantem Lernen* bzw. *Verhaltensformung,* d.h. dem Unterscheiden zwischen erfolgversprechenden und irrelevanten Reaktionen aufgrund von Verstärkungserfahrung.
[4] *Reizdifferenzierung* →*Diskrimination.*

Differenzierungshemmung →*Hemmung, differenzierende.*

diffus *(diffuse).* Bezeichnung für nicht

klar abgehobene, abgegrenzte Sachverhalte. Ein Verhalten wird dann als diffus bezeichnet, wenn es unkoordiniert und/oder nicht direkt auf ein Ziel gerichtet abläuft.

digital →*Daten* [7].

Dilatation. Bezeichnung für die Ausdehnung einer Organismusstruktur (z. B. Pupille, Blutgefäße).

Dioptrie, dpt *(diopter, dioptre).* Einheit für die Brechkraft (Dioptrik: Brechungslehre). Die Einheit ist definiert: Brechkraft = 1/Brennweite; 1 dpt = 1/m.
→*Akkommodation.*

Dipol *(dipole).*
[1] *Physik:* System, das zwei gleich starke elektrische Ladungen mit entgegengesetztem Vorzeichen (Polarisierung) in definiertem Abstand aufweist (z. B. Wasserstoffmoleküle).
[2] *Biologie, Neuropsychologie, Physiologie, Psychophysiologie:* (a) Kleinste erfaßbare aktive Systeme im menschlichen (Nerven-)Gewebe mit den unter [1] genannten Eigenschaften. (b) Als *Dipol-Bestimmungs-Methode, DT (dipole tracing)* ein in der Hirnforschung angewandtes computerunterstütztes Verfahren zur räumlichen Lokalisierung von Generatoren der bioelektrischen Aktivität mit Hilfe des auf bis zu 51 Ableitungsorte erweiterten 10–20er Systems (→*Elektroencephalogramm).*

Dipsomanie *(dipsomania).* Periodisch auftretender, über mehrere Tage anhaltender exzessiver Alkoholkonsum (»Quartalssäufer«); in den Zeiten zwischen den Trinkperioden dagegen in der Regel geringer oder kein Alkoholkonsum. Zu den Ursachen der D. zählen sowohl periodisch wiederkehrende äußere Umstände (z. B. Tag der Lohnauszahlung) und belastende Lebensbedingungen als auch Verstimmungen oder Störungen. Syn.: *Periodische Trunksucht.*
→*Alkoholismus.*

diskret *(discrete).* Bezeichnung für Ereignisse oder Sachverhalte, die getrennt, nicht miteinander verbunden oder diskontinuierlich sind bzw. so betrachtet werden. So werden z. B. Einheiten einer Skala dann als diskret bezeichnet, wenn sich das *Messen* auf diskontinuierliche Eigenschaften von Gegenständen, Sachverhalten oder Versuchspersonen bezieht. Der entsprechende Skalentyp ist der der *Nominalskala,* in manchen Fällen auch *Rangskalen.* Im letzteren Falle werden diskrete Meßwerte in eine Ordnung gebracht, jedoch nicht auf eine kontinuierliche Skala *(Intervallskala →Skala)* bezogen.

diskrete Variable →*Variable.*

Diskriminanzanalyse *(analysis of discrimination, analysis of discriminance).* Statistische Verfahren der Zuordnung von Ereignissen oder Personen zu einer Vielzahl von (mindestens zwei) Populationen auf Grund einer größeren Zahl von Meßdaten pro Ereignis oder Person unter Berücksichtigung des kleinstmöglichen statistischen Fehlers.

Diskrimination *(discrimination).*
[1] Bezeichnung für einen jeden Vorgang, der in der Feststellung von Unterschieden endet. Der Begriff ist zu unterscheiden von *Diskriminierung,* dem Inbegriff von Einstellungen oder Verhaltensweisen, die einen anderen Menschen oder eine Gruppe herabsetzen und in ein schlechtes Licht rücken (z. B. rassische Diskriminierung, *racial discrimination).*
[2] Bezeichnung für *Unterscheidungsleistungen,* die sich auf das Auseinanderhalten von *Reizen* oder *Signalen* beziehen *(Reizdifferenzierung).* Diese Leistung kann durch ein *Diskriminationstraining* gelernt werden. Dabei handelt es sich um ein Experiment, in dessen Verlauf eine Reaktion dann belohnt wird, wenn ein ganz bestimmter Reiz dargeboten wird, dann nicht belohnt wird, wenn ein nach Qualität oder Intensität unterscheidbarer anderer Reiz dargeboten wird. Wenn ein Tier in einer Skinnerschen Box einen Hebel drückt, erhält es nur Futter, wenn gleichzeitig ein eckiges Signallicht aufleuchtet. Es erhält auf seinen Hebeldruck (eine Reaktion) kein Futter, wenn ein rundes Signallicht aufleuchtet. Die D. ist dann gelernt, wenn das Tier entweder nur in Anwesenheit des eckigen Signals den Hebel drückt oder aber ihn bei Anwesenheit des runden zwar drückt, jedoch mit geringerer Intensität.
[3] Bezeichnung für die Fähigkeit zur D. aufgrund biologisch-neurologischer Eigenarten, *Diskriminationsfähigkeit* (z. B. →*Unterschiedsschwelle).*

Diskriminationsfähigkeit →*Diskrimination* [3].

Diskriminationshypothese →*Humphreys Effekt.*

Diskriminationstraining →*Diskrimination* [2].

diskriminieren →*Wahrnehmen.*

Disparation *(disparity),* Syn.: *Querdisparation.* Bezeichnung für die Tatsache, daß bei beidäugiger Betrachtung eines Punktes, der nicht in der *Horopter*-Ebene liegt, in den beiden Netzhäuten verschiedene Punkte (disparate Netzhautstellen) gereizt werden. Es kann dabei zu einem Doppelbild-Eindruck kommen. Bei Wahrnehmung der räumlichen Tiefe wird dieser Eindruck durch Erfahrung korrigiert, doch stellt die D. der beiden Netzhautbilder eine wichtige Voraussetzung für das Einschätzen der Entfernung eines Gegenstandes dar.
→*Tiefenwahrnehmung.*

Dispnoe →*Panikstörung.*

Disposition.
[1] Im Sinne von *Anlagen (dispositions)* die allgemeine und umfassende Bezeichnung für das Gefüge (Anordnung, Ordnung, →*Struktur)* der angeborenen *neuralen* und/oder *psychischen* Bereitschaften, bestimmte Erlebnis-, Handlungs- und Verhaltensweisen, Fähigkeiten und Fertigkeiten zu entwickeln.
[2] Bezeichnung für eine bestimmte Eigenart oder Eigenschaft eines Individuums, auf eine Klasse von Situationen in einer ihm spezifischen Weise zu reagieren. Dabei kann auf angeborene Bereitschaften (Anlagen), auf relativ überdauernde Eigenschaften oder auf die Wechselwirkung von *Anlage* und *Umwelt* Bezug genommen werden. Im letzteren Falle ist D. im Zusammenhang mit der Bedeutung [1] gebraucht, sofern die bestimmte Eigenart auf das Gesamt aller Dispositionen und ihrer Wechselwirkung bezogen wird.
→*Eigenschaften,* →*Persönlichkeit.*

Dispositionstheorien →*Persönlichkeit.*

Dissimilation. Auflösung, Abbau von Substanzen. Gegenteil: →*Assimilation* [2].

Dissonanz *(dissonance).*
[1] *Akustik, Musikästhetik, Wahrnehmungspsychologie:* Hinterlassen zwei gleichzeitig dargebotene Töne aufgrund von Schwebungsinterferenzen keinen einheitlichen Klangeindruck und wirken daher spannungsreich bis unangenehm, so wird D. erlebt. In der klassischen Harmonielehre ist D. daher die Bezeichnung für einen Klang, der nach einer Auflösung verlangt. Gegensatz: Konsonanz.
[2] Im übertragenen Sinn die Bezeichnung für den erfahrenen Übereinstimmungsmangel (Inkonsistenz) zwischen →*kognitiven Elementen,* die auf denselben Einstellungs- oder Wahrnehmungsgegenstand bezogen sind, der spannungsreich bis unangenehm erlebt wird und nach Ausgleich durch zusätzliche Informationen oder Einstellungswechsel verlangt.
→*Einstellungsänderung,* →*Kognitive Dissonanz.*

Dissoziation *(dissociation).* Bezeichnung für einen Prozeß, in dessen Verlauf zusammengehörige Denk- und Handlungs- oder Verhaltensabläufe in Einzelheiten »zerfallen«, wobei sich das Auftreten der Einzelheiten weitgehend der Kontrolle des Individuums entzieht (z.B. unkoordinierte Bewegungen, Gedächtnisstörungen; Wahrnehmungsstörungen →*Halluzinationen*). D. ist zu unterscheiden von *Schizophrenie.*

dissoziativer Typ →*dissoziative Störung.*

dissoziative Störung *(dissociative disorder),* auch **Hysterische Neurose, dissoziativer Typ** *(hysterical neurosis; dissociative type).*
Klinische Psychologie, Psychiatrie: Im DSM III-R eine Gruppe von Störungen, bei denen Phänomene der *Dissoziation* dominieren, d.h. der Bewußtseinszusammenhang von Wahrnehmen, Gedächtnis und Identität plötzlich oder für einige Zeit aufgehoben ist. Zu den d. S. zählen (a) *Multiple Persönlichkeitsstörung (multiple personality disorder),* gekennzeichnet durch Zustände, die das Bewußtsein dessen, wer und was man ist, wo man sich befindet und was man weiß, durch Doppelung oder Vervielfachung wechselhaft erscheinen lassen; (b) *psychogene Fugue (psychogenic fugue),* ein Weglaufen aus der gewohnten Umgebung, oftmals verbunden mit der subjektiven Gewißheit, ein anderer zu sein, ohne sich später daran erinnern zu können, meist im Zusammenhang mit schweren Belastungen (z.B. Konflikte, Katastrophenerfahrungen) auftretend; (c) *psychogene Amnesie (psychogenic amnesia),* d.h. Erinnerungsstörungen, die auf Bedingungen wie unter (b) zurückgehen, (d) *Depersonalisationsstörung* oder *-neurose* (→*Depersonalisation)* und (e) nicht näher bezeichnete d. S.

distal. Bezeichnung für Gegebenheiten (Reize), die sich außerhalb der Reichweite der Gliedmaßen oder in einiger Entfernung vom Standort des Betrachters befinden.

Distanz.
[1] In übertragener Bedeutung Bezeichnung für eine in Einstellungen und Emotionen gezeigte Unnahbarkeit, die manchmal Symptom für psychoneurotische Störungen sein kann (Unansprechbarkeit).
[2] In der *Sozialpsychologie* Bezeichnung für eine Einstellung bestimmten Gegenständen oder Menschen gegenüber; sie äußert sich in dem Wunsche, mit den betreffenden in nicht zu enge Berührung kommen zu wollen (z. B. *»social distance scale«* als Meßwerkzeug einer solchen Einstellung; *Bogardus-Skala*).
→Einstellung, →Einstellungs-Skalen.

Distanz-Skalen *→Einstellungsskalen.*

Disulfiram *→Antabus.*

divergentes Denken *(divergent thinking).* Von J. P. GUILFORD eingeführte Bezeichnung für Denkleistungen, bei denen eine Vielzahl verschiedener Lösungsmöglichkeiten in neuartiger Weise entwickelt wird. Gegensatz: *konvergentes Denken.*
→Denken, →Intelligenz, →Kreativität.

Divergenz *→Konvergenz.*

DL *→Psychophysik.*

Dogmatismus *(dogmatism).* Bezeichnung für eine Einstellung, die sich nach ROKEACH durch »Geschlossenheit« *(closed-mindedness)* des Systems von Meinungen, Einstellungen oder Überzeugungen erklären läßt. Mit der Geschlossenheit des Systems geht die Unfähigkeit eines Individuums einher, an einer Situation oder einem Mitmenschen die Vielzahl unterschiedlicher Merkmale differenzierend zu erkennen. Die Änderung dieser Einstellung ist nach ROKEACH nur dann möglich, wenn das gesamte System von Meinungen, Einstellungen und Überzeugungen einen entsprechenden Anstoß erhält. Nach ROKEACH begünstigt D. das Auftreten von Vorurteilen, für die er eine Art kognitiver Moderator ist. Mit D. bezeichnet man ganz allg. die kognitive Komponente von Vorurteilen. D. umgreift links- und rechtsradikale Erscheinungsformen.
→Vorurteil.
LIT. ROKEACH (1960; 1968).

Dominantentheorie *(theory of functional dominants).* Von UCHTOMSKI, einem Schüler PAWLOWS, entwickelte Auffassung, daß ein jeweils aktiviertes kortikales Reflexzentrum die von einem anderen, gleichzeitig einwirkenden Reiz herrührende Erregungsenergie an sich ziehe, was zu einer Intensivierung der momentan ausgeführten, *funktional* (biologisch) *dominanten* Reflexreaktion führt *(funktionale Dominanz).* Er beobachtete bei Tieren, daß Berührungsreize die während der Defäkation auftretenden peristaltischen Reflexe verstärken, sofern sie während der dominanten Aktivität verabreicht werden. Auf dieser Grundlage läßt sich z. B. erklären, daß man bei angestrengtem Zuhören dann deutlichere Eindrücke zu empfangen meint, wenn jemand das Licht im Zimmer eingeschaltet hat *(→intermodale Interferenz).* UCHTOMSKI erweiterte seine Beobachtungen zu einer (unbewiesenen) Theorie der Konzentration auf Gegenstände, welche mit Interessen oder Werthaltungen übereinstimmen.

Dominanz *(dominance).*
[1]Bezeichnung für ein Verhalten, das durch eine deutliche Tendenz gekennzeichnet ist, andere Menschen beherrschen bzw. deren Verhalten kontrollieren zu wollen.
[2] In der Vererbungslehre MENDELS Bezeichnung für die Tatsache, daß ein Faktor im Falle der Vererbung gemeinsam mit einem anderen, dessen Erscheinen unterdrückt. Die eine hervortretende Eigenschaft wird als *dominant,* die andere unterdrückte als *rezessiv* bezeichnet.
→Mendelsche Regeln.

Donders a-Paradigma, Donders b-Paradigma, Donders c-Paradigma *→Reaktionszeit.*

Dopamin *(dopamine).* Als Neurotransmitter wirksames Körperkatecholamin (3,4-Dihydroxy-Beta-Phenäthylamin; Hydroxityramin), das als biochemische Vorstufe von Adrenalin und Noradrenalin an den adrenergischen Nerven im Gehirn freigesetzt wird. Die Degeneration dopaminerger Neuronen in Stammhirnganglien führt zu schweren Bewegungsstörungen (*→Parkinsonsche Krankheit).*

doppeltes Linsenmodell *→Linsenmodell.*

dorsal. Lagebezeichnung für Organe, die nackenwärts liegen.

dorso-ventral. Lagebezeichnung für Organe, die in der Bauch-Rückenregion in bezug auf die *→Sagittale* liegen.

Down-Syndrom →*Chromosomenanomalie.*

Drang *(urge).* Bezeichnung für eine starke und längere Zeit andauernde *Handlungstendenz* oder *Motivation* in bezug auf ein ganz bestimmtes Ziel, bewußt oder unbewußt (Syn. *Antrieb,* →*Trieb*).

Dreikomponententheorie →*Farbensehen.*

Drei-Phasen-Theorie →*Neurose.*

Drive stimulus →*Reiz.*

Droge *(drug).*
[1] Ursprünglich pharmakologisch-pharmazeutische Bezeichnung für pulverisierte pflanzliche Heilmittel.
[2] Im modernen Sprachgebrauch alle chemischen Substanzen mit zentralnervöser Wirkung, sog. *psychotrope Substanzen,* deren Konsum zur →*Abhängigkeit [1a]* führen kann.
→*Alkoholismus,* →*Drogenabhängigkeit.*

Drogenabhängigkeit *(drug dependence),* Syn.: *Substanzabhängigkeit (substance dependence).*
[1] Wiederholter, regelmäßiger und steigender Konsum psychoaktiver Substanzen, d.h. chemischer Substanzen mit zentralnervöser Wirkung, der mit zunehmender körperlicher *Toleranz (drug tolerance)* und dadurch bedingten Konsumsteigerungen, mit *Entzugserscheinungen (withdrawal symptoms)* bei eingeschränktem Konsum, mit der steigenden Tendenz, sich die Substanzen um jeden Preis zu beschaffen (im Extremfall Beschaffungsdelikte), sowie mit wirkungslosen episodischen Vorsätzen oder Ansätzen zum Abbruch einhergeht. D. entsteht durch komplexe Wechselwirkungen zwischen psychosozialen Faktoren, psychischen Prozessen und/oder Veränderungen bzw. Störungen des biochemischen Körperhaushalts. D. ist zu unterscheiden von *Drogenmißbrauch (drug abuse;* Syn.: *Substanzmißbrauch, substance abuse),* d.h. dem fortgesetzten Konsum einer Droge trotz Bekanntheit ihrer nachteiligen Wirkung und dadurch verursachter Probleme sowie bei wiederholtem Konsum mit Gewißheit zu erwartender akuter Gesundheitsgefährdung. Drogenmißbrauch ist oftmals eine Vorstufe der Abhängigkeit; die meisten Substanzen mit potentieller Abhängigkeitsgefahr werden daher im DSM III–R bzw. ICD sowohl unter Mißbrauch als auch unter D. geführt. Zu den häufig zu D. bzw. Drogenmißbrauch führenden Substanzen gehören neben *Alkohol (→Alkoholismus)* und *Nikotin* vor allem *Amphetamine,* d.h. Weckamine, Aufputschmittel aus der Gruppe der Phenylalkylamine (z.B. Benzedrin, Pervitin, Preludin u.a.); *Cannabis* (Haschisch); *Halluzinogene (psycholytic drugs; psychotogenetic drugs, hallucinogenes),* z.B. Meskalin oder LSD; *Kokain; Inhalantien (inhalatory drugs); Opiate; PCP (phencyclidine)* sowie Medikamente aus der Gruppe der *Antidepressiva, Anxiolytika, Hypnotika* und *Sedativa.*
[2] *Störungssymptome:* D. führt zu komplexen, teilweise substanzspezifischen somatischen und psychischen Symptomen. Zu diesen zählen neben der körperlichen Abhängigkeit (wachsende Toleranz, Entzugserscheinungen) (a) *körperliche Begleit- und Folgestörungen* (z.B. Störungen des Herz-Kreislaufsystems, vegetative und Stoffwechselstörungen, Störungen des Magen-Darm-Trakts und der Leber, Abwehrschwächen gegen Infektionskrankheiten, Krankheiten, die durch Fehl- und Unterernährung bedingt sind, erhöhte Neigung zu nervösen Beschwerden, sog. Neuropathien); (b) *Beeinträchtigungen psychischer Funktionen* im Bereich der *Wahrnehmung* (Fehleinschätzungen und Umdeutungen ursprünglich neutraler Reize im Sinne des abhängigkeitsbezogenen Erlebens und Verhaltens bis hin zu Delir, Halluzinationen und Wahnsymptomen), der *Gedächtnistätigkeit* und *Konzentrationsfähigkeit,* des *Denkens* (zwanghafte Einschränkung auf Drogenbeschaffung, Drogenkonsum und Drogenrausch; statt Problemlösungen erneuter Drogenkonsum), der *Sprache* (Dominanz des drogenbezogenen Sprachrepertoires, Zurückgehen des Ausdrückens anderer als drogenbezogener Gefühle), der *Gefühls- und Stimmungslage* (Impulsivität, Aggressivität, Deprimiertheit, Rückzug, rascher Stimmungswechsel, Appetit-, Libido- und Potenzstörungen), der *Motivation* (herabgesetzte Leistungsmotivation angesichts schwieriger Aufgaben, geringe Toleranz gegen zeitliche Verzögerungen des Erfolgseintritts und gegenüber erwarteten Mißerfolgen) sowie der *Psychomotorik* (je nach Art der Droge Verlangsamung oder Agitiertheit); (c) darüber hinaus kommt es zu *störungsbedingten Veränderungen der Lebensführung,* die sich in Meidung von

Verantwortung und Selbständigkeit, Abbruch der Schul- oder Berufsausbildung, der Berufstätigkeit, Rückzug aus Freizeitaktivitäten und Abbruch von Familien- und Partnerbeziehungen außerhalb des Drogenmilieus zeigen. (d) Besondere Probleme entstehen durch *zusätzlichen Mißbrauch* weiterer psychotroper Substanzen bzw. Übergang zu »härteren« Drogen. Im *DSM III–R* zählen durch Intoxikation, Drogenmißbrauch, D. oder Entzug bedingte Störungen mit vorwiegend somatischen Symptomen in der Gruppe der *→organisch bedingten psychischen Störungen* zu den *durch psychotrope Substanzen induzierten organisch bedingten psychischen Störungen;* diese sind in bezug auf die entsprechenden Drogen aufgelistet. Nach dem gleichen Prinzip sind im *DSM III–R* unter *Störungen durch psychotrope Substanzen (substance use disorders)* die durch Mißbrauch und D. hervorgerufenen Störungen aufgeführt, die sich in den o.g. komplexen psychischen Symptomen äußern.

[3] *Intervention:* Die Interventionsstrategien umfassen ein drei- bzw. vierphasiges Programm, in dessen Rahmen eine Vielzahl unterschiedlicher Beratungstechniken und Therapieverfahren zur Anwendung gelangen. (a) Voraussetzung für die Einleitung therapeutischer Maßnahmen ist das Vorhandensein der Veränderungsbereitschaft sowie die Einsicht in die Notwendigkeit einer Behandlung. Die Beratung durch speziell ausgebildete Kräfte, darunter meist Psychotherapeuten und Ärzte, erfolgt in Beratungsstellen oder Ambulanzen. Sie hat neben der Aufrechterhaltung der Veränderungs- und Behandlungsbereitschaft das Ziel, einvernehmlich einen die Art sowie den Ort der Behandlung und ihre Finanzierung umfassenden Behandlungsplan zu erstellen und bei der Lösung von Folgeproblemen (z.B. Abwesenheit vom Arbeitsplatz, von der Familie bzw. Wiedereintritt in Familie und Arbeitsleben nach Abschluß; soziale Rehabilitationsmaßnahmen nach Drogendelikten) mitzuwirken. Durchschnittlich dauert diese erste Phase zwei bis zehn Wochen. (b) In einer zweiten Phase werden aufgrund einer genauen Diagnose ggf. erforderliche Entgiftungsmaßnahmen, medikamentöse Behandlungen von Entzugserscheinungen durch Antagonisten bzw. legale Ersatzstoffe sowie die Behandlung von Schmerzen, Begleit- und Folgekrankheiten von Ärzten in Kliniken stationär ausgeführt, meistens unterstützt von speziell geschultem Pflegepersonal sowie von Mitarbeitern der Beratungsstellen und begleitet von psychotherapeutischen Maßnahmen, die der Aufrechterhaltung der Veränderungs- und Behandlungsbereitschaft sowie der Prävention von Rückfällen dienen. Die Dauer beträgt bis zu drei Wochen, sofern keine somatischen Begleit- oder Folgeerkrankungen vorliegen. (c) Der nächste Schritt besteht in einer stationären, vielfach heute auch ambulanten Entwöhnungsbehandlung in psychotherapeutischen bzw. sozialtherapeutischen Einrichtungen. Ziele dieser Behandlung sind der Abbau drogenbedingter psychischer Funktionsstörungen, die Wiedererlangung der körperlichen Fitneß durch gezielten Sport, der Aufbau des Widerstandes gegen Rückfall und die Vermittlung von Einstellungen und Selbsthilfemaßnahmen, die eine veränderte Lebensführung fördern und die Wiederaufnahme sozialer Partnerschaften und des Berufslebens ermöglichen. Entwöhnungsbehandlungen erfolgen in der Regel in Teamarbeit unter Beteiligung von Ärzten, Psychologen, Sozialpädagogen, Sporttherapeuten und Vertretern der sozialen Fürsorge, nicht selten unter Mitwirkung ehemals Drogenabhängiger aus Selbsthilfeorganisationen; sie nehmen durchschnittlich eine Zeit von 2 bis 12 Monaten in Anspruch. (d) Von entscheidender Bedeutung für den Erfolg sind Nachsorgebehandlungen, die entweder ambulant in Kliniken oder Beratungseinrichtungen, vielfach aber auch im Rahmen therapeutischer Wohngemeinschaften vorgenommen werden. Sie dienen der Fortsetzung und Einhaltung von Entwöhnungsmaßnahmen sowie der Unterstützung bei der Bewältigung von Alltagsproblemen und krisenhaften Entwicklungen.

→Alkoholismus.

LIT. BÜHRINGER (1990); FERSTL (1990); FERSTL, BÜHRINGER (1991); FEUERLEIN (1986); KRAEMER, DEJONG (1980); MILLER, HEATHER (1986).

Druck *(pressure).*

[1] Bezeichnung für eine Klasse von Berührungsempfindungen, die aus Verformungen der Haut durch die Einwirkung von außen oder innen entstehen.

[2] Im übertragenen Sinne in der Sozial-

psychologie Bezeichnung für den z. B. durch eine Gruppe *(pressure group)* ausgeübten zwangartigen Druck auf ein Individuum u. ä. Im Englischen auch *strain*. Der Begriff ist zu unterscheiden von →*Stress*.

Druckrezeptoren der Gefäße →*Barorezeptoren-Hypothese*.

Drüsen *(glands,* glandulae). Körperorgane von verschiedener Form, die Exkrete (Sekrete) oder Inkrete als Körpersäfte mit besonderen Funktionen absondern. *Exkretorische D.* geben ihre Säfte in die Umgebung ab; zu ihnen zählen z. B. Speichel-, Schweiß-, Tränen- und Verdauungsdrüsen. *Inkretorische D. (ductless glands)* produzieren die für den Körperhaushalt wichtigen *Hormone*, die in die Blutbahn ausgeschüttet werden; zu ihnen zählen Bauchspeicheldrüse (Inselzellen), Eierstöcke, Hypophyse, Hoden, Nebennieren und Nebennierenmark und Schilddrüsen.

Drüsenreaktion *(glandular response)* heißen die bei innerer oder äußerer Reizung auftretenden Veränderungen der Absonderungsaktivitäten von Drüsen.

DSM *(Diagnostic and statistical manual of mental disorders). Klinische Psychologie, Psychiatrie:* Im Auftrag der American Psychiatric Association erarbeitetes Klassifikationssystem psychischer Störungen. Das DSM, das z. Zt. als *DSM III–R* in dritter revidierter Auflage vorliegt, ging aus Symptomlisten-Untersuchungen und multivariaten Syndromanalysen (→*Psychose*) hervor. Es enthält neben dem Klassifikationssystem selbst Entscheidungshilfen für die Differentialdiagnose. Die Klassifikation erfolgt im Hinblick auf Einheiten unterscheidbarer psychischer Störungen, die anhand klinisch bedeutsamer Merkmalsmuster (Syndrome) charakterisiert werden können, ohne auf ätiologische (d. h. auf Störungsursachen bezogene) Gesichtspunkte einzugehen. Für jede Einheit werden Kriterien angegeben, die erfüllt sein müssen, um sie zur Kennzeichnung zu benutzen. Die Beurteilung erfolgt in einem fünfachsigen Bezugssystem unterschiedlicher Inhaltsbereiche. Achse I umfaßt klinische Syndrome, die für sich genommen für keine psychische Störung im engeren Sinne stehen, sondern Anlaß zur Beobachtung oder Behandlung geben. Achse II betrifft Entwicklungs- und Persönlichkeitsstörungen, Achse III körperliche Störungen und Zustände, Achsen IV und V psychosoziale Belastungsfaktoren bzw. Gesamtbeurteilungen des psychosozialen Funktionsniveaus. Das im Auftrag der WHO herausgegebene *ICD-System* unterscheidet sich vom DSM durch seine ätiologische Orientierung.

LIT. AMERICAN PSYCHIATRIC ASSOCIATION (1980); DSM III–R (1989).

Dualismus *(dualism)*. Bezeichnung für eine philosophische Annahme von der Existenz zweier unabhängiger Substanzen, nämlich *Geist (mind)* und Körper *(body)* bzw. Materie *(matter)*.

Duboissches Gesetz *(Dubois' law)*. Bezeichnung für die Beziehung zwischen relativem Hirngewicht und dem Entwicklungsstand von Säugetieren, wobei mit höherem Entwicklungsstand ein höheres relatives Hirngewicht auftritt.

Dubois-Reymondsches Gesetz. Bezeichnung für ein physiologisches Prinzip, das besagt: Die Wirkweise eines durch Muskel- oder Nervenfasern geleiteten elektrischen Stromstoßes hängt nicht von dessen absoluter Stärke ab, sondern von dem Grad der Veränderung der Feldstärke.

Dunkeladaptation *(dark adaptation; darkness adaptation)*. Die Anpassung der Empfindlichkeit des Sehsystems an geringe Umgebungshelligkeit (Leuchtdichte) innerhalb einer definierten Zeitspanne, bestimmt durch Schwellenwerte in bezug auf punktuelle Lichtreize variabler Leuchtdichte. Die Abb. auf S. 126 zeigt die idealisierten D.-Verläufe für foveale (Zapfen-) und periphere Netzhautbereiche (Stäbchensehen) in ihrer Abhängigkeit von der Leuchtdichte des in dunkler Umgebung dargebotenen punktuellen Lichtreizes, dargestellt als Intensitätszuwachs im Vergleich zum Ausgangswert bei ausreichender Helligkeit.

Dunckersches Phänomen →*induzierte Bewegung*.

Duodenum, Zwölffingerdarm. Bezeichnung für den oberen Teil der Eingeweide, der direkt an den Magen anschließt.

Duplizitätstheorie *(duplicity theory)*. Weitgehend bestätigte Annahme, daß den morphologisch unterscheidbaren Rezeptoren der *Retina* jeweils verschiedene Funktionen zukommen: Die *Zapfen* sind für *Farb-* und *Tagessehen (photopisches* Sehen), die *Stäbchen* für *Däm-*

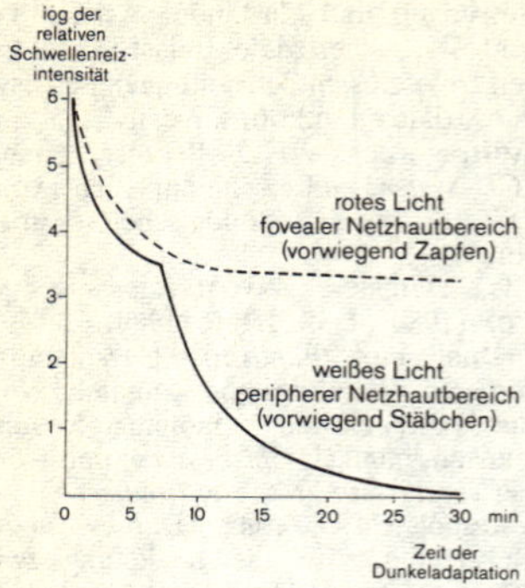

Beziehung zwischen Zeit der Dunkeladaptation und erforderlichem Leuchtdichte-Zuwachs zum Erreichen der absoluten Helligkeitsschwelle. Das nur bei ausreichender Helligkeit voll funktionsfähige Zapfensystem erreicht seine maximale Leistungsfähigkeit bei Dunkelheit nach ca. 7–8 min (durchbrochene Linie). Das wesentlich weniger Helligkeit benötigende Stäbchensystem (peripherer Netzhautbereich) erreicht nach Ablauf von ca. 30 min seine – im Vergleich zum Ausgangswert nahezu vollkommene – Leistungsfähigkeit (durchgezogene Linie).

merungssehen (skotopisches Sehen) vorhanden. Die Helligkeitsempfindlichkeiten unterscheiden sich bei Tages- und Dämmerungssehen neben anderen Funktionen nachhaltig (z.B. beim *Purkinjeschen Phänomen*).

Dura mater. Bezeichnung für die äußere der Hirnhäute, die sowohl das Gehirn als auch das Rückenmark umgibt.

Durchschnitt *(average).*
[1] Syn. für *Mittelwert* bzw. *arithmetisches Mittel.*
[2] Manchmal Bezeichnung für jede Art von Kennzahl, die die zentrale Tendenz einer Häufigkeitsverteilung von Daten wiedergibt, z.B. neben *Mittelwert* für *Median* oder *Modus.* Diese Bezeichnung ist unkorrekt, da es sich bei Median und Modus um keine Durchschnittswerte im Sinne des arithmetischen Mittels, sondern um allgemeine deskriptive Maße der zentralen Tendenz handelt.

Durchstreich-Tests *(cross-out tests).* Tests zur Ermittlung der *Aufmerksamkeit* und *Konzentration.* Die Versuchsperson wird aufgefordert, in einer Vielzahl von gleichsinnigen Zeichen (z.B. Buchstaben des Alphabets), die in Zufallsfolge dargeboten wird, ganz bestimmte Zeichen (z.B. alle d) zu markieren. Kriterien sind: Anzahl der richtigen und/oder falschen Durchstreichungen, benötigte Zeit.

Dynamische Psychologie *(dynamic psychology).* Bezeichnung für Forschungsansätze, die sich besonders der Erforschung von Prozessen in ihrer Verlaufseigentümlichkeit unter besonderer Berücksichtigung der *Entwicklung* und der *Motivation* widmen.

dynamisches System →*System.*

Dynamograph →*Dynamometer.*

Dynamometer. Bezeichnung für eine Reihe von Geräten, mit deren Hilfe die Stärke einer bestimmten Muskeltätigkeit (z.B. durch Ziehen eines Handgriffs) exakt gemessen werden kann. Erfolgt eine graphische Registrierung, so bezeichnet man das entsprechende Zusatzgerät als *Dynamograph.*

Dyslalie *(dyslalia).* Allgemeine und umfassende Bezeichnung für Sprechstörungen.

Dyslexie *(dyslexia).* In der anglo-amerikanischen Fachsprache übliche Bezeichnung für Beeinträchtigungen beim Erlernen des Lesens und der Rechtschreibung; gleichbedeutend mit →*Legasthenie.*

Dyslogie *(dyslogia).* Bezeichnung für Sprechstörungen, die auf psychische Störungen zurückgehen.

dysmorphe Störung →*somatoforme Störung,* →*Störung.*

Dyspareunie →*Sexualstörung.*

Dysphasie *(dysphasia).* Bezeichnung für jede Art von Sprachstörung, die auf Gehirnläsion zurückgeht.

Dysphorie *(dysphoria).* Bezeichnung für einen durch Angst, Depression und Unruhe gekennzeichneten Zustand der Niedergeschlagenheit. Gegensatz: →*Euphorie.*

dysplastisch *(dysplastic).* Bezeichnung für einen Körperbautypus, der mit den drei von KRETSCHMER beschriebenen nicht übereinstimmt bzw. dort nicht eingeordnet werden kann.

Dysrhythmie *(dysrhythmia).*
[1] Bezeichnung für jede Art von Störung eines rhythmisch gegliederten Ablaufs, z.B. »abgehacktes« Sprechen.
[2] Im *EEG* (Elektro-Encephalogramm) Abweichungen der Erregungs-

ströme vom erwarteten regelmäßigen Ablauf.

Dyssomnien →*Schlafstörung.*

dysthyme Störung →*Affektive Störung,* →*Depression.*

Dysthymie *(dysthymia).*

[1] Geringfügige Depressionen, die zusammen mit neurasthenischen oder hysteroden Symptomen auftreten; als *endoreaktive D.* Depressionszustand mit deutlich subjektivem Krankheitsgefühl (nach WEITBRECHT), nicht zum Formenkreis der zyklothymen Psychosen gehörig. *Dysthymisch:* ein mit Neurasthenie vergleichbares Krankheitsbild.

[2] In EYSENCKS System zusammenfassende Bezeichnung für Neurosen vom Typus der Persönlichkeitsstörungen, die sich durch *Introversion* und *Neurotizismus* (Faktoren) beschreiben lassen.

[3] *Dysthymiker (dysthymic personality):* Zu Schwermut bzw. Depression neigende Mitmenschen; auch allg. Bezeichnung für »Temperamentsstörungen«.

Dystonie *(dystonia).*

[1] Allg. Bezeichnung für Zustände abnormer Spannung (Tonizität), Extremfall: *Katatonie.*

[2] Als *vegetative D.* Bezeichnung für eine zentrale Störung der Balance zwischen Teilsystemen des autonomen Nervensystems (Vagotonus und Sympathikotonus), die sich an Magen-Darmstörungen, Pulsjagen, Kopfschmerzen, Schweißausbrüchen und Muskelzittern erkennen läßt.

Dystrophie *(dystrophia, dystrophy).* Umfassende Bezeichnung für Ernährungs- bzw. Versorgungsstörungen.

E. *(experimenter)*. Abkürzung für *»experimenter«*, deutsch *Versuchsleiter* (VL).

eben merklicher Unterschied *(JND; j. n. d.; just noticeable difference)*.
[1] Intensitätsunterschiede zwischen Standard- und Vergleichsreiz, die mindestens vorhanden sein müssen, um diese empfinden zu können. Syn.: *Unterschiedsschwelle*.
[2] Empfindungseinheit bei Unterschiedsschwellen. →*Psychophysik*.

Echospeicher →*Gedächtnis*.

ECS →*Schock*.

EDA →*elektrodermale Aktivität*.

EDV →*Daten* [7].

EEG →*Elektroencephalogramm*.

Effektanz →*Kompetenz*.

Effektgesetz, Gesetz des Effektes *(law of effect)*. Bezeichnung für eine von THORNDIKE vorgenommene Spezifizierung des *Selektionsgesetzes*. Das Gesetz existiert in zwei Versionen (1911 und 1932). In der letzten Formulierung heißt es: »Handlungen, die von Zuständen gefolgt sind, die ein Lebewesen nicht zu meiden sucht, sondern die es aufrechterhalten oder immer wieder herbeiführen will, werden ausgewählt und behalten.« Die Zustände beziehen sich vor allem auf alles, was man als »Belohnung« oder »Erfolg« bezeichnen kann.
LIT. FOPPA (1966); THORNDIKE (1932).

Effektgradient →*Gradient*.

effektive Gewohnheitsstärke →*Gewohnheitsstärke*.

effektives Reaktionspotential →*Reaktionspotential*.

Effektor *(effector)*. Erfolgsorgan (Muskel oder Drüse), das mit dem Eintreffen von *efferenten* Erregungen über die zu ihm führenden Nerven mit spezifischer Reaktion antwortet und damit eine Zustandsänderung einleitet.

efferent, Syn.: **zentrifugal.** Wegführend. Efferente Neuriten *(Efferenzen)* leiten Erregungen vom ZNS zu den peripheren *Effektoren* (Muskeln oder Drüsen), also zu den Erfolgsorganen.

Effizienz *(efficiency)*.
[1] Die Leistungsfähigkeit, der Nutzeffekt einer Maßnahme, ermittelt aus dem Verhältnis von Leistung und verbrauchter Energie. Der Begriff stammt aus der Mechanik und wird als Beschreibung von Leistungen in übertragener Bedeutung besonders im englischen Sprachgebrauch verwendet.
[2] In der Statistik die Bezeichnung für ein Maß (Effizienz-Index oder Effizienz-Quotient) der Leistungsfähigkeit eines statistischen Prüfverfahrens (statistischer Test), ausgedrückt durch die relative Größe der Stichprobe, die man bei Anwendung des »stärkeren« Tests brauchen würde, um eine bestimmte *Signifikanzstufe* zu erreichen.
LIT. LIENERT (1962).

Ego-involvement, dt. (sinngemäß) **Ichbeteiligung** oder **Anteilnahme.** Umfassende Bezeichnung für Gefühle und Einstellungen, die den Status einer Person bestimmen und ihr eine Rolle in bezug auf andere zuweisen. Ein Verhalten wird in der Regel dann als »ego-involved« (ichbeteiligt) bezeichnet, wenn in bestimmten Situationen durch vorhandene Bezugsgegenstände, -personen oder -gruppen Gefühle mobilisiert werden, die etwas mit der Betroffenheit oder Bedrohung des eigenen Status zu tun haben (z. B. in Leistungssituationen). Die Wirkung kann dabei sowohl hemmend als auch anspornend sein und hängt von Faktoren wie z. B. der *Leistungsmotivation, Angst* u. ä. Persönlichkeitsmerkmalen ab.
LIT. SHERIF, CANTRIL (1947).

Egoismus *(egoism)*. Bezeichnung für eine ethische oder soziale Einstellung, die von der Annahme ausgeht, daß das Grundmotiv jedes (moralischen) Denkens und Handelns die Wahrung eigener Interessen sei.

egozentrisch *(egocentric)*. Bezeichnung für Einstellungen oder Verhaltensweisen, die auf ein Überwiegen des Bezuges eines Individuums auf sich selbst schließen lassen. Als *egozentrische Reaktionen* bezeichnet man z. B. Assoziationen, die rein persönlichen und wenig sachlichen Ursprungs sind. Eine Form des Egozentrismus wäre auch die Einstellung, man selbst sei das Maß aller »guten« oder »schlechten« Eigenschaften (zu unterscheiden von *Egoismus*).

Eidetiker *(eidetic)*. Ursprünglich Bezeichnung für Menschen mit einer besonders lebhaften Vorstellungstätigkeit, deren Ergebnisse in die Umwelt »projiziert« werden. Heute besonders als Bezeichnung solcher Kinder und Jugendlicher (manchmal auch für Erwachsene) verwendet, die einmal wahrgenommene Ereignisse oder Bilder anschaulich wiederauftreten lassen können bzw. den einmal wahrgenommenen Ereignissen oder Bildern sehr ähnliche Vorstellungen produzieren.

Eifersuchtswahn →*Wahn.*

Eigenreflex →*Reflex.*

Eigenschaften, Persönlichkeitseigenschaften *(traits; personality traits).* Unter E. versteht man abstrakt gefaßte Bestimmungsmerkmale, die es erlauben, einen bestimmten Gegenstand einer Klasse zuzuordnen. Man unterscheidet dabei zwischen Wesens-E. (substantielle E., primäre E.) und auf das äußere Erscheinungsbild bezogenen E. (akzidentelle E., sekundäre E.). In der *Persönlichkeitspsychologie* bezeichnet man mit E. Dispositionen, welche überdauernden gleichförmigen Verhaltensweisen zugrunde liegen und die es erlauben, Erwachsene aus derselben Kultur dem Grad der Ausprägung von E. entsprechend voneinander zu unterscheiden. In älteren Ansätzen gilt das Gefüge von Wesens-E. *(→Struktur)* als nicht weiter reduzierbare Grundlage des individuellen Erlebens und Verhaltens, wobei die Wesensmerkmale durch Einsicht oder Verstehen gewonnen sind. Die empirische Persönlichkeitsforschung dagegen leitet E. aus Verhaltensstichproben in standardisierten Situationen her und bestimmt sie im Sinne von *konsistenten, generellen* und *universellen* Merkmalsmustern. E. sind für ALLPORT individuell ausgeprägte, allgemein wirksame neuro-psychische Systeme der Handlungssteuerung, die dazu führen, daß breite Reiz- oder Situationsklassen gleichartig aufgefaßt und konsistent beantwortet werden. Die Entstehung von E. wird auf Wechselwirkungen zwischen Anlage und Umwelt zurückgeführt. Der induktive Schluß auf E. geht von korrelierenden Verhaltensmerkmalen im Zusammenhang mit bestimmten Situations- oder Aufgabenklassen aus. Sie repräsentieren Gewohnheiten, deren Korrelate (Faktoren erster Ordnung) als *Oberflächeneigenschaften (surface traits)* bezeichnet werden. Eine abermalige Faktorisierung liefert auf der Ebene von Faktoren zweiter Ordnung Hinweise auf zentrale Moderatoren des individuellen Erlebens und Verhaltens, die CATTELL als Wurzel- oder Grund-E. *(source traits),* EYSENCK als Typendimensionen ansieht. E. sind in der neueren Persönlichkeitsforschung sowohl deskriptive als auch Erklärungs-Einheiten *(Konstrukte),* deren Bedeutung sich allerdings im Zusammenhang mit der *Interaktionismus-Diskussion* erheblich gewandelt hat.

→*Persönlichkeit.*

LIT. ALLPORT (1960); CATTELL (1950); EYSENCK (1952); GRAUMANN (1961); GUILFORD (1964); HERRMANN (1972); THOMAE (1951; 1968).

Eignung *(aptitude).*

[1] Allgemeine und umfassende Bezeichnung für den Grad der Möglichkeit eines Individuums, in einem bestimmten Leistungsbereich (z. B. technisches Denken; mechanisches Verständnis u. ä.) durch *Übung* ein bestimmtes Leistungsniveau zu erreichen.

[2] Syn. für *Leistungsfähigkeit* bzw. *Fähigkeit* (im Sinne von Kapazität; *capacity).*

[3] Syn. für Fähigkeit im Sinne einer angenommenen *Disposition* oder (heute kaum mehr gebraucht) eines angeborenen Vermögens (dem entspricht der klassische Gebrauch des englischen Wortes *»aptitude«*).

Eignungstest *(aptitude test;* auch *ability test).* Allgemeine und umfassende Bezeichnung für *Tests,* die der Messung des aktuellen Leistungsniveaus bzw. der die Leistung bestimmenden *Eigenschaften* zum Zwecke der Voraussage künftiger spezieller Leistungen und des durch Übung erwartungsgemäß eintreffenden Leistungsanstiegs dienen. (Die meisten der sog. Eignungstests können auch als Fähigkeitstests bezeichnet werden, da sie von solchen Konstrukten oder Faktoren her die speziellere Voraussage leisten.) In der Mehrzahl der Fälle wird dabei von aktuellen oder aktualisierbaren *Kenntnissen* (Wissen) ausgegangen, die den betreffenden Eignungs- oder Fähigkeitenbereich repräsentieren.

Eileiter *(salpinx),* auch **Ovidukt, tuba uterina** (engl. *Fallopian tube*). Kanal, durch den im weiblichen Organismus die Eier in den *Uterus* (Gebärmutter) gelangen.

Einbildung *(imagination; imaginery; fancy; fantasy).*

[1] *Philosophische Erkenntnislehre:* Jede innere Anschauung ohne reale Anwesenheit eines Gegenstands (lat. *imaginatio*). Syn.: →*Vorstellung.*

[2] Umgangssprachlich (a) Produkt der →*Phantasie;* (b) Trugbild, das nur in der eigenen Phantasie existiert; (c) Fehleinschätzung eigener Zustände (»der eingebildete Kranke«); (d) übertriebene Selbsteinschätzung (eingebildetes Auftreten; Syn.: *Arroganz*).

Einbildungskraft *(power of imagination; imaginative power; fantasy)*.
[1] Mitte des 17. Jh. von HARSDÖRFFER (»Der Nürnberger Trichter«) eingeführte Übersetzung des Lat. *facultas imaginandi*, der Fähigkeit, sich einen Gegenstand oder Sachverhalt ohne dessen reale Anwesenheit vorzustellen. Als *reproduktive E.* die Verknüpfung von Anschauungen nach empirisch-psychologischen Assoziationsgesetzen, als *produktive E.* die Verknüpfung mannigfaltiger Anschauungen zu transzendentalen Erfahrungseinheiten; in diesem Sinn auch in der Kunsttheorie (Ästhetik) gebraucht. →*Phantasie*.
[2] Der individuelle Ausprägungsgrad der Fähigkeit zur Entwicklung von Anschauungen oder Ansichten, die Erinnerungen und realitätsbezogene Vorstellungen überschreiten (z. B. über die Heilwirkung bestimmter Maßnahmen; in Träumen, Visionen, fixen Ideen oder Wahnvorstellungen). Als herausragende Produkte der E. in diesem Sinne gelten z. B. lebensnahe Schilderungen von nicht selbst erfahrenen Ereignissen in einer ebenfalls vorgestellten Umgebung oder die durch das Sichhineinversetzen in eine vorgestellte Person erzielte Leistung von Schauspielern.

Eindrucksmethode *(impression method)*. Bezeichnung für die Anwendung der *Selbstbeobachtung* (→*Introspektion*) zur Analyse von Gefühlen. In der modernen Psychophysik entwickelte Methoden (z. B. *Paarvergleich*) ermöglichen es, Merkmale der Einstellung oder »gefühlsmäßigen Bevorzugung« zu skalieren.
LIT. TRAXEL (1968).

Eindruckssuche →*Suche nach neuen Eindrücken*.

eineiige Zwillinge *(monozygotic twins)* →*Zwilling*.

einfache Phobie →*Phobie*.

einfache Reaktionszeit (RT) →*Reaktionszeit*.

Einfachheitsprinzip →*Parsimonieprinzip*.

Einfachstruktur *(simple structure)*. Prinzip der Faktorenanalyse, bei dessen Befolgung eine Korrelationsmatrix mit Hilfe des mathematisch ermittelten Minimums an Faktoren beschrieben und durch *Rotation* der *Faktorenachsen* interpretierbar wird. Die Rotation erfolgt so, daß die Anzahl der für die Charakterisierung einer Variablen notwendigen Faktoren (experimentelle Daten oder Testdaten) möglichst minimal gehalten, so daß ein Maximum an eindeutiger (mathematischer) Beschreibungsmöglichkeit erreicht wird; die *Faktorenachsen* werden dabei so angeordnet, daß die Anzahl der Korrelationen zwischen Variablen und Faktoren ein Minimum erreicht.

Einfühlung *(empathy)*, Syn.: *Empathie, Einsfühlung*. Eine auf TH. LIPPS bzw. M. SCHELER zurückgehende, auf den Bereich des Sozialen übertragene Bezeichnung für den Vorgang der *Identifikation* (Sich-Hineinversetzen) mit einem anderen, um auf der Basis individueller Anmutungen oder Eindrücke dessen Verhalten zu »verstehen«. In der ursprünglichen Bedeutung bezog sich E. auf das Verstehen von Kunstwerken.

Einprägungsprozeß →*Gedächtnis*.

Einsicht *(insight)*.
[1] Bezeichnung für ein direktes Erfassen (→*Anschauung*) von Bedeutung oder Sinnzusammenhängen, ermittelt durch die Methode der Selbstbeobachtung (→*Introspektion*).
[2] In der Gestaltpsychologie bezeichnet der Begriff einen mehr oder weniger unmittelbar auftretenden Prozeß im Verlauf des Problemlöse-Verhaltens (→*Denken*), der dazu führt, daß die Bedeutung z. B. eines bestimmten Gegenstandes in bezug auf eine Situation erfaßt wird, bei der es nach dem Willen des Experimentators darum geht, den Gegenstand als Werkzeug zur Erreichung eines bestimmten Ziels zu verwenden. Die Einsicht beruht dabei nicht auf vorhergehender Übung oder Erfahrung. In der Denkpsychologie wird das Gewinnen der Einsicht auch als *»Aha-Erlebnis«* (nach K. BÜHLER) bezeichnet.
→*Denken*.

Einstellung *(set; mental set; attitude)*. Allgemeine, umfassende Bezeichnung für psychophysische Bereitschaftszustände, die – durch Erfahrung – geprägt – einen richtenden und dynamisierenden Einfluß auf das Verhalten ausüben (G. W. ALLPORT). E.-Wirkungen werden aus spezifischen Reaktionen, aber auch aus Auffassungs-, Bewertungs- und Denkweisen in bezug auf bestimmte Klassen von Reizen, Objekten oder Situationen erschlossen. E. zählen zu den intervenierenden bzw. vermittelnden Prozeß-Variablen, die – mit gewohnheitsmäßigen *Erwartungen* vergleichbar – weitgehend unbewußt ins Spiel treten wie etwas, das man weiß, ohne daran zu denken, daß man es weiß (ROHRACHER). Der E.-Begriff wird in verschiedenen Bedeutungszusammenhängen gebraucht.

(a) G. E. MÜLLER und F. SCHUMANN bezeichneten mit E. auf *Sinneserfahrungen* begründete *Erwartungen,* die z.B. dazu führen, einen intensiven Wahrnehmungsreiz nach der Darbietung von Reizen mittlerer Intensität zu überschätzen, einen schwachen oder kleinen Reiz dagegen zu unterschätzen. WUNDT sieht in E. einen wesentlichen Faktor der Selektivität des Erkennens und Verhaltens *(→Aufmerksamkeit);* ähnlich argumentiert ROHRACHER; für den E. eine *mitbewußte* Voraussetzung für das Herausgreifen bestimmter Erlebnisinhalte aus den objektiven Möglichkeiten bzw. ihrer Auffassung in bestimmter Bedeutung darstellt. Eine vergleichbare, den *Motivationsaspekt* besonders herausstellende Interpretation von E.-Phänomen findet sich in der *Hypothesentheorie* der Wahrnehmung.

(b) Der in der *Denk-* und *Aktpsychologie* eingeführte E.-Begriff geht auf Annahmen der philosophischen Erkenntnistheorie zurück; dort wurde u.a. betont, der menschliche Verstand ziehe mehr oder minder erfahrungsgeprägte *Auffassungs-* oder *Anschauungsweisen* (*dispositions of the mind;* HUME) heran, um neue Erfahrungen zu interpretieren bzw. einzuordnen. Für WILLIAM JAMES liegen dem schlußfolgernden Denken bestimmte *Auffassungs-Modalitäten (modes of conceiving)* zugrunde, in deren Licht das Verhalten durch *innere Hinweise (mental cues)* gesteuert wird. Die Mitglieder der *Würzburger Schule* benutzen Begriffe wie *Bewußtseinslagen* oder *determinierende Tendenzen,* um die Rolle weitgehend unbewußter *Gerichtetheiten* beim Erkennen und Problemlösen zu umschreiben. In der psychologischen Phänomenologie gelten E. als Ausdruck der allgemeinen *Perspektivität* der Bewußtseinsorganisation.

(c) Der in der *Persönlichkeits-* und *Sozialpsychologie* verwendete E.-Begriff hat eine noch weiter reichende Bedeutung. Man sieht in E. den Ausdruck relativ überdauernder *Bewertungsmaßstäbe,* die – durch persönliche Erfahrung und/oder Überlieferungen kultureller Werte die Einschätzung von Gegenständen oder Situationen durch das Einnehmen einer bestimmten *Haltung* prägen und damit das Verhalten beeinflussen. (G. W. ALLPORT). Der im Russ. gebräuchliche E.-Begriff *(ustanovka)* bezieht sich auf die Gesamtheit aller *dynamischen Gerichtetheiten,* die bei der Konfrontation eines Individuums mit solchen Situationen mobilisiert werden, die zur Auseinandersetzung bzw. *Bewältigung* herausfordern (UZNADZE, PRANGISVILI). In der Bedeutung (a) und (b) sind E. temporäre Vermittler umschriebener Verhaltensbereitschaften angesichts konkreter Aufgaben, die sich als Ergebnis von Erfahrungen und deren Verarbeitung ins Spiel setzen; dies entspricht dem engl. *set* und bezieht sich auf die *differentielle Aktivierung* zusammengehöriger sensorischer, motorischer und kognitiver Teilfunktionen. In der Bedeutung (c) dagegen sind E., dem engl. *attitude* entsprechend, die Grundlage dafür, relativ breite Gegenstands- oder Situationsklassen im Zusammenhang mit individuellen *Bedürfnissen, Interessen* und/oder *Werthaltungen* in bestimmter Weise aufzufassen, zu bewerten und/oder sich ihnen gegenüber zu verhalten. Diese beiden Grundbedeutungen sollten auseinandergehalten werden.

[1] *Einstellung (set):* Durch Erfahrung, Selbst- oder Fremdinstruktion geprägte, relativ leicht modifizierbare Tendenz, (a) auf bestimmte Reize, Reizmerkmale oder Reizmuster rasch zu reagieren *(sensorische E., sensory set),* (b) bestimmte Reaktionen eher bzw. intensiver auszuführen als andere *(motorische E., motor set),* (c) Aufgaben nach einem bestimmten Schema zu lösen, z.B. je zwei Zahlen einer Folge zu addieren oder zu subtrahieren, eine einmal eingeschlagene Lösungsstrategie weiterzuverfolgen, (d) auf Fragen ungeachtet ihres Inhaltes in bestimmter Weise stereotyp mit Ja bzw. Nein zu antworten *(Reaktionseinstellung; response set),* (e) eine bewährte Lernstrategie bei ähnlichen Aufgaben wieder anzuwenden *(Lerneinstellung; learning set)* oder auf ein Warnsignal hin bestimmte Reize an bestimmter Stelle zu erwarten bzw. sich auf eine bestimmte Reaktion vorzubereiten *(Bereitschaftshaltung; preparatory set).* Verwandte Phänomene im Umgang mit symbolischen Repräsentationen (z.B. Sprachzeichen oder Begriffe einander zuordnen) werden auch als *Pfadaktivierung* oder *Priming* bezeich-

net. Die erleichternden bzw. vorbereitenden Wirkungen von E. werden durch die temporäre Verknüpfung einzelner zentralnervöser Teilfunktionen zu dynamogenen Mustern erklärt (Hebb).
[2] *Einstellung (attitude):* Durch Erfahrung, Erziehung und/oder abstrakte Wertmaßstäbe geprägte, relativ überdauernde Orientierungs-, Bewertungs- und Handlungstendenzen gegenüber breiten Klassen von (wert- oder sozialrelevanten) Gegenständen und Situationen (z.B. Personen mit bestimmten Merkmalen, Gruppen, Angehörigen einer bestimmten Kultur-, Religions- oder Sprachgemeinschaft, politischen Parteien, Arbeitsplatz, Freizeit, Kunststile, Moden und Gegenständen der sog. öffentlichen Meinung im weitesten Sinne). In seiner Funktionsanalyse der E. unterscheidet Katz zwischen (a) der *emotionalen Bewertungskomponente* als Grad positiver bzw. negativer Gefühle, die im Zusammenhang mit den Bezugsobjekten der E. und damit verbundener Vorstellungen mobilisiert werden, und (b) der *kognitiven Komponente,* d.h. auf Objektmerkmale, Objektbeziehungen und Überzeugungen bezogene Elemente des subjektiven Erkenntnisstandes, die sich in Meinungsäußerungen niederschlagen. Im Unterschied zur *Meinungsforschung* geht die E.-Forschung davon aus, daß *Meinungen (opinions)* oder *Überzeugungen (beliefs)* ggf. unabhängig von Richtungen und Ausprägungsgraden der emotionalen Bewertung geäußert werden können. Daher fußt die *E.-Messung* auf Instrumenten, welche die emotionale Bewertung im Bezugssystem kognitiver Elemente erfaßt, d.h. sie zielt auf die *Intensität* der durch den E.-Gegenstand oder seiner Vorstellung mobilisierten Gefühle zwischen den Polen von Zu- und Abneigung ab. Neben der Intensität lassen sich E. unter den Gesichtspunkten ihrer Spezifität vs. Generalität, Differenziertheit vs. Komplexität, dem Grad ihrer Einbettung in verwandte E. und ihrer Beziehung zu offenen Verhaltensmanifestationen analysieren. E., die in eine Hierarchie verwandter E. eingebettet sind, können ein sog. *Wertsystem (value system)* bilden. Typische Beispiele sind *Weltanschauungen,* dominante *Weltgerichtetheiten* (Allport; Spranger) oder die in der *Vorurteilsforschung* entwickelte Auffassung, *Dogmatismus* oder *Ethnozentrismus* seien in das Wertsystem der sog. *Autoritären Persönlichkeit* eingebettete, generelle und höchst komplexe Bewertungsweisen, die sich nur schwer verändern lassen. E. können darüber hinaus für ihren Träger neben der Tendenz, Werthaltungen auszudrücken, auch die *Funktion* haben, persönliche Bedürfnisse zu erfüllen und/ oder ihre mögliche Bedrohung abzuwehren, Instrumente zur Erreichung bestimmter Ziele zu sein oder Lernerfahrungen in neuen Zusammenhängen einzubringen (letzteres gilt auch für E. im Sinne von *sets*). Die funktionale Bedeutung der E. bestimmt zwar die Durchgängigkeit, Generalität und Haltbarkeit wesentlich mit, läßt sich aber nur mit Hilfe aufwendiger, ggf. methodisch anfechtbarer Verfahren (z.B. Interviews) erfassen. Ein großes und nur teilweise gelöstes Problem bildet die Vorhersage von konkreten Verhaltensweisen aus E.-Messungen. Triandis konnte u.a. zeigen, daß die Beziehungen zwischen E. und Verhalten dann relativ eng sind, wenn die E.-Messung konkrete Gegenstandsmerkmale berücksichtigt, wenn die Ausführung konkreter Verhaltensweisen durch zusätzliche Hinweise gesteuert ist und wenn sie nicht mit vorhersehbaren Risiken behaftet sind.
→Einstellungsänderung, →Einstellungs-Skalen, →Sozialpsychologie.

LIT. Allport (1935; 1949; 1954), Gibson (1941), Graumann (1960), Hebb (1949), Katz (1960), Kornblum, Requin (1984), McGuire (1968), Rohracher (1971), Spranger (1966), Triandis (1975), Uznadze, Prangisvili (1976).

Einstellungsänderung *(attitude change; change of attitude).*
[1] Allgemeine Bezeichnung für Änderungen des Grades positiver bzw. negativer Bewertungen sozial bedeutsamer Gegenstände oder Situationen durch Informationen, die auf Meinungsänderung durch *Beeinflussung* abzielen bzw. so aufgefaßt werden.
Man untersucht E. im Zusammenhang mit Eigenschaften des Empfängers (z.B. Beeinflußbarkeit; Wertbezug seiner Einstellungen), Eigenschaften des Senders (z.B. Prestige, Überzeugungskraft, Glaubwürdigkeit), der Art des Appells (z.B. vs. Bild), der Art der Informationsübermittlung (z.B. direktes Gespräch vs. Massenmedien), des Appellinhaltes und seiner Wirkung (z.B.

versachlichte Darstellung vs. Furchtappelle) und mit einer Reihe anderer Faktoren, wie z.B. Konformitätsdruck durch Gruppen, Möglichkeiten zur argumentativen Auseinandersetzung vs. Indoktrination usw.
[2] Der Erklärung dienen zahlreiche *Theorien der E.*, in denen (a) Verstärkungswirkungen (HOVLAND), (b) Assimilations- und Kontrastbildungen (SHERIF, HOVLAND), (c) das Anpassungsniveau (HELSON), (d) die Konsistenz kognitiver bzw. affektiver Einstellungselemente (FESTINGER, MCGUIRE, ROSENBERG, ABELSON), der Gleichgewichts- bzw. Balancezustand von Bewertungen gegenüber Meinungsobjekten bzw. Objektbeziehungen (HEIDER, NEWCOMB), (f) die Bewältigung *kognitiver Dissonanzen* (g) die Polarisierung von Meinungen gegenüber dem Objekt und neuen Nachrichten (OSGOOD, TANNENBAUM) oder (h) Beziehung zu Abwehrmechanismen bzw. relativ überdauernden persönlichen Arten der kognitiven Kontrolle (SARNOFF; KATZ) angesprochen werden. Aus der Vielzahl der Ansätze wird deutlich, daß es keine umfassende Theorie der E. gibt. Untersuchungen über die verschiedenen Zusammenhänge finden ihre Anwendung in der Medien-Wirkungs-Forschung, bei der Ausarbeitung von Wahl- und Werbekampagnen und, nicht zuletzt, in der kognitiven (Verhaltens-) Therapie.
LIT. INSKO (1967), MCGUIRE (1968), TRIANDIS (1975).

Einstellungs-Skalen *(attitude scales; attitude measurement)*. Bezeichnung für das ein- oder mehrdimensionale metrische Bezugssystem, auf das sich die Einstellungsmessung mit Hilfe von Fragebögen bezieht. E.-S. dienen dem Zweck, die in Fragebögen enthaltenen Feststellungen *(Items)* dem Grad entsprechend, in dem sie Zustimmung oder Ablehnung ausdrücken, Meßwerte auf dem Einstellungskontinuum zuzuordnen. In bezug auf das *Skalenniveau* und den Aufwand bei der Skalierung lassen sich drei Klassen von E.-S. unterscheiden.
(a) *Distanz-* oder *Bogardus-Skalen* enthalten Feststellungen, die nach dem Grad der eingenommenen Distanziertheit geordnet sind (z.B. den Angehörigen einer bestimmten Gruppe ins eigene Land einreisen lassen bis ihn durch Heirat in die eigene Familie integrieren). Es handelt sich um eine Ordinalskala, die keine weiteren Aussagen über graduelle Abstufungen der E.-Intensität erlaubt.
(b) *Likert-Skalen* bestehen aus Items, die Formulierungen positiver und negativer Einstellungen zum Gegenstand in gemischter Folge enthalten. Der Befragte gibt seine Ablehnung oder Zustimmung auf einer fünf bis sieben Abstufungen enthaltenden Rating-Skala bekannt. Für die einzelnen Feststellungen können in bezug auf das Einstellungskontinuum Gewichtswerte berechnet werden. Die Einstellungs-Intensität wird durch einen Summenscore festgehalten, der sich mit gewissen Einschränkungen auf eine Intervall-Skala bezieht. Relibilitäts- und (Konstrukt-) Validitätsbestimmungen erfolgen nach den Regeln der Testtheorie.
(c) *Thurstone-Skalen* sind nach den Regeln der Psychophysik erstellt. Vor der Aufnahme von Items in einen Fragebogen erfolgt ihre Skalierung nach den Regeln für Vergleichsurteile bzw. gleicherscheinende Intervalle. Der Stellenwert jedes Items auf der Einstellungsskala ist daher vorab bekannt. Der Befragte erhält eine Liste aus skalierten und hinsichtlich ihrer Trennschärfe ausgelesenen Items und beantwortet jeweils durch Zustimmung oder Ablehnung. Der in bezug auf die Feststellungsrichtung korrigierte Gesamtscore bezieht sich auf eine Intervall-Skala. Sollen in einen Fragebogen nur solche Items aufgenommen werden, welche eine einzige Einstellungsdimension repräsentieren, wird die von GUTTMAN eingeführte *Skalogramm-Analyse* angewandt *(→Guttman-Skala)*. Überprüfungen der Dimensionalität können mit Hilfe der *Faktorenanalyse* vorgenommen werden. Für die Zwecke der Homogenisierung eignet sich das in der Testtheorie eingeführte Modell von RASCH. Der Ermittlung von systematischen Fehlern bei der Abgabe von Urteilen dienen mehrere Verfahren, welche aus der Urteilsmodell-Forschung hervorgegangen sind. *→Einstellung.*
LIT. DAWES (1977), EDWARDS (1957), PETERMANN (1980).

Einweg-Scheibe *(one-way screen)*. Vorrichtung zur Beobachtung von Menschen oder Tieren aus einer mit einem feinmaschigen Netz aus Metall oder Stoff versehenen Glasscheibe o.ä. Blickt man durch eine solche Scheibe von einem dunklen Raum in einen hell beleuchteten, so wird der Beobachter nicht gesehen, kann aber das Geschehen im hell erleuchteten Raum, ohne Störung zu verursachen, beobachten.

Einzelzacke →*Spitzenpotential.*

Einzigartiger Faktor →*S-Faktor.*

ejaculatio praecox →*Sexualstörung.*

EKG, Elektro-K(C)ardiogramm *(electrocardiogram).* Bezeichnung für die Messung der Aktionsströme des Herzens durch Oszillographen bzw. entsprechende Kanalschreiber.

Ekphorie. Bezeichnung des Wiederauftretens eines Gedächtnisinhalts. →*Hemmung, ekphorische.*

Ektomorph *(ectomorphic).* Bezeichnung für einen nach SHELDON anthropometrisch bestimmbaren Körperbautypus, der lange und dünne Knochen sowie ein Überwiegen der Körperoberfläche im Vergleich zum Körpergewicht zeigt.

Elektra-Komplex. Psychoanalytische Bezeichnung für die bei weiblichen Mitmenschen auftretende überstarke Bindung an den Vater *(→Ödipus-Komplex).*

elektrische Schläge →*Schock.*

elektrodermale Aktivität, EDA *(electrodermal activity; EDA).*

[1] Zusammenfassende Bezeichnung für phasische und tonische Veränderungen der bioelektrischen Hautaktivität unter dem Einfluß von äußeren oder inneren Reizen, Aktivations- und Erregungsprozessen. Erste Beschreibungen ereignisbezogener EDA-Veränderungen gehen auf FÉRÉ (1888) und TARCHANOFF (1890) zurück. Wegen der engen Beziehungen zu Reizintensität, Aufgabenschwierigkeit und emotionaler Reizbedeutung führte VERAGUTH (1908) für den Abfall des Hautwiderstandes gegen eine über die Haut geleitete Fremdspannung die Bezeichnung *Psychogalvanisches Reflexphänomen* ein; man nannte in der Folgezeit die entsprechenden Phänomene auch *psychogalvanische Reaktion (PGR; psychogalvanic response)* oder *galvanische Hautreaktion (GHR; GSR; galvanic skin response).* Auf Vorschlag der *Society for Psychophysiological Research* wurde eine einheitliche Nomenklatur eingeführt, um die verschiedenen Kennwerte der EDA klar und eindeutig im Hinblick auf die angewandte Meßmethode und auf die Bedeutung der einzelnen Komponenten voneinander unterscheiden zu können. Als wichtigste Kennwerte der EDA gelten heute Veränderungen der *Hautleitfähigkeit, SC (skin conductance),* des *Hautwiderstandes, SR (skin resistance)* und die auf TARCHANOFF zurückgehende Bestimmung von *Hautpotentialen, SP (skin potentials).* Während SC- und SR-Maße die Anwendung einer gleichbleibenden Fremdspannung bzw. Stromstärke voraussetzen, d.h. auf *exosomatischen Methoden (exosomatic methods)* beruhen, ergeben sich SP aus der direkten Ableitung ohne zusätzliche Fremdspannung, was als *endosomatische Methode (endosomatic method)* bezeichnet wird. Längerfristige Veränderungen des Hautleit-, Hautwiderstands- oder Potentialniveaus bilden die von Aktivations-, Erregungsgrad, Stimmungslage und Tageszeit abhängigen *tonischen* EDA-Komponenten; sie sind für Messungen kurzfristiger, *phasischer* Veränderungen der *Ausgangswert.* Alle *phasischen* Komponenten werden als *Reaktionen (R),* alle tonischen als *Niveau (L; level)* bezeichnet. Daher ergeben sich für die einzelnen Meßwertarten die Bezeichnungen *Hautleitfähigkeits-Reaktion, SCR (skin conductance response), Hautwiderstands-Reaktion, SRR (skin resistance response), Hautpotential-Reaktion, SPR (skin potential response) und Hautleitfähigkeits-Niveau, SCL (skin conductance level), Hautwiderstands-Niveau, SRL (skin resistance level), Hautpotential-Niveau, SPL (skin potential level).* In äußerst seltenen Fällen werden *Hautimpedanzwerte* (Scheinwiderstandswerte der Haut) *SZR* bzw. *SZL (skin impedance response; skin impedance level)* und *Scheinleitwerte SYR* bzw. *SYL (skin admittance response; skin admittance level)* erhoben; sie beruhen auf der Anwendung exosomatischer Methoden und setzen eine Wechselfremdspannung voraus. *Meßpunkte* der EDA sind in der Regel Handinnenflächen bzw. palmare Fingerkuppen, in seltenen Fällen Fußsohlen. In diesen leicht zugänglichen Körperregionen sind die kleinen Hautschweißdrüsen besonders dicht angeordnet, deren durch Sympathikus-Erregung bedingte Veränderungen des elektrischen Widerstandes der EDA zugrunde liegen. Die Meßgenauigkeit hängt von der Elektrodenart (Elektrolytenart), Stromart und Verstärkungstechnik ab. SCR zeigen sich als Positivierung der Leitfähigkeit, SRR als Negativierung des Widerstandes im mittle-

ren Latenzbereich von 1.3 bis 2.5 sec, gefolgt von langsamer Negativierung bzw. Positivierung. Die Rückkehr zum Ausgangswert dauert mehrere Sekunden. SCR-Maxima liegen bei ca. 4 µS (mho), SCL-Maxima bei ca. 100 µS (mho), SRR-Maxima bei ca. 20 kOhm und SRL bei Werten bis zu 1000 kOhm. SP-Messungen ergeben *polymorphe* Signale; die mittlere Differenz zwischen der mehrphasigen Negativierung und Positivität liegt bei SPR im Bereich von 10–20 mV, bei SPL zwischen -10 und 70 mV. Die Latenzzeiten von SC-, SR- und SP-Signalen stimmen weitgehend überein. Die Zeit bis zur Rückkehr zum Ausgangsniveau, die sog. *Erholungszeit (recovery time),* hängt von der Intensität, Anzahl und Dichte der Reize bzw. Reaktionen ab; die Ausprägung von SCR, SRR und SPR entspricht der Reizintensität bzw. Drastizität der mit der Reizwahrnehmung oder Situationsbewertung verbundenen (emotionalen) Erregung. Die Kennwerte der EDA unterliegen, wie alle psychophysiologischen Maße, beträchtlichen inter- und intraindividuellen Variationen, die einerseits auf Persönlichkeitsmerkmale (z.B. *Labilität/Stabilität),* andererseits auf *→Reaktions-* und/oder *→Situationsstereotypien* zurückgehen.

[2] *Erklärung und Bedeutung der EDA:* Die EDA ist Ausdruck der autonomen Aktivierung bzw. Erregung durch sensorische Prozesse, innere Prozesse der Informationsverarbeitung und durch innere Zustandsveränderungen (z.B. Aktivationsniveau während verschiedener Tageszeiten, Stimmungen, anstrengungsbedingte Veränderungen, Spontanaktivitäten). Durch die *Sympathikus-Aktivierung* verändern die *kleinen Hautschweißdrüsen (eccrine sweat glands)* ihren elektrischen Widerstand. Die EDA-Veränderungen sind proportional der Summe aktivierter Drüsen im Meßbereich. Da nicht alle Drüsen im Meßbereich gleichzeitig ihr Widerstandsniveau ändern, zeigen EDA-Messungen graduelle Verläufe im Vergleich zum Ausgangswert. Es wird angenommen, daß die mit der Aktivierung verbundene Schweißabsonderung ursprünglich der Erhöhung der Griffsicherheit bzw. Hautsensibilität diente. SCR- und SCL-Messungen gelten als Standardverfahren zur Ermittlung der Erregungswirkung von Reizinformationen, als Kennzeichen der *Orientierungsreaktion* bzw. *Habituation* bei wiederholter Reizdarbietung, des Anstrengungsgrades und der allgemeinen Reaktionsbereitschaft. Die EDA bewährt sich ferner als Indikator für verdeckt ablaufende Prozesse der Reizbedeutungs-Analyse und Informationsselektion *(→Wahrnehmung, unterschwellige; →Wahrnehmungsabwehr).* Die Eignung von EDA-Maßen als sog. *Lügendetektor* ist dagegen bis heute umstritten. EDA-Maße sind durch zahlreiche Einflüsse mitbestimmt; sie können daher außerhalb kontrollierter Laborbedingungen nicht eindeutig auf die Einwirkung einzelner Reize oder Assoziationen allein bezogen werden. EDA-Maße besitzen aus den o.g. Gründen nicht den Rang normierter Testdaten mit umschriebener Reliabilität. Ihre Mitbestimmtheit durch alle Arten von an- oder aufregenden äußeren oder inneren Ereignissen läßt die Frage der Validität nur im Situationskontext beantworten.

LIT. Lykken, Venables (1971); Schandry (1981); Stern u.a. (1980); Venables, Christie (1980).

elektrodermale Labilität *→Labilität.*

elektrodermale Stabilität *→Labilität.*

Elektroencephalogramm, -enzephalogramm, -enkephalogramm; EEG *(electroencephalogram).* Bezeichnung für die Aufzeichnung bioelektrischer Potentialveränderungen des tierischen und menschlichen Gehirns. Die aus Tierversuchen um 1873 entwickelte Technik wurde von Hans Berger 1929 erstmals dazu verwendet, Hirnstrombilder des Menschen von der äußeren Schädelbegrenzung (Kopfoberfläche) abzuleiten. Das EEG gilt als wichtige Methode zur Diagnose pathologischer Gehirnveränderungen (Ausfälle; Herdbildungen, die mit Krampfanfällen in Beziehung stehen usw.). Gleichzeitig wurde es eines der herausragenden Forschungsinstrumente der neuropsychologischen und psychophysiologischen Grundlagenforschung (z.B. in der *Aktivations-* und *Schlafforschung).* Dabei galt das primäre Interesse zunächst den Erscheinungsweisen und Funktionsanalysen des sog. *Spontan-EEG.* Später – einhergehend mit der Entwicklung sog. Prozeßrechner – traten die Analysen *→ereignisbezogener Potentiale* hinzu, deren Erfassung an computer-unterstützte Mittelungsprozeduren gebunden ist.

[1] *Physiologisch-neurologische Grundlagen des EEG:* Während des Wachseins und während des Schlafens finden im Gehirn höherer Organismen rhythmische Potentialveränderungen statt. Bei ihrer Messung an der Schädeloberfläche schwanken sie im *Spontan-EEG* etwa zwischen 10 und 150μV und weisen Frequenzen zwischen 0.5 und 50–100 Hz auf. Leitet man das EEG direkt an der Gehirnoberfläche oder von neutralen Strukturen ab, so sind die Spannungsveränderungen drastischer. Bei Ableitungen von der Schädeloberfläche, auf die sich die folgenden Ausführungen beziehen, variieren die Intensitäts- und Frequenzbereiche in Abhängigkeit von der Lokalisierung der Meßpunkte, so daß Rückschlüsse auf lokalisierbare Teilfunktionen des darunter liegenden Gewebes möglich sind. Zweifellos entspricht das EEG der global erfaßten Aktivität des Gehirn-Nerven-Gewebes. Da *Aktionspotentiale* an einzelnen synaptischen Verbindungen viel rascher ablaufen als die im EEG sichtbar werdenden rhythmischen Veränderungen, kann es sich beim EEG nicht einfach um die »Summe« aller, den Aktionspotentialen entsprechenden, elektrischen Veränderungen handeln. Man nimmt an, daß es sich um Potentialveränderungen handelt, die in sog. *funktionalen synaptischen Einheiten (functional synaptic units)* ablaufen, welche durch einen gemeinsamen präsynaptischen Generator in den Zustand der Polarisation oder Hyperpolarisation geraten sind (ELUL, 1972). Es liegt daher nahe, daß im EEG die relativ langsamen periodischen Veränderungen von Synapsen- und Dendriten-Potentialen kortikaler Neuronenverbände zur Abbildung gelangen, die durch ein ihnen gemeinsam zukommendes Signal aktiviert bzw. inhibiert wurden. Da diesen Neuronenverbänden eine gemeinsame Funktion zukommt, bezeichnet man sie als funktionale Einheiten.

[2] *Registrierung des EEG beim Menschen:* Man plaziert in der Regel Silber-Silberchlorid-Elektroden von ca. 8 mm Durchmesser auf der Schädeloberfläche. Da EEG-Muster von Meßpunkten abhängig sind, gilt eine von JASPER 1958 eingeführte Standardmethode für die Plazierung der Elektroden, die als *Internationales 10–20-System (international 10–20 system)* bezeichnet wird (vgl. Abb. 1). Buchstaben bezeichnen die anatomische Lage des Ableitungspunktes (z. B. C = zentral; F = frontal; O = okzipital; T = temporal und P = parietal). An der Mittellinie angebrachte Elektroden erhalten die Zusatzbezeichnung »z«. Elektroden über der linken Hemisphäre werden mit geraden, über der rechten mit ungeraden Zahlen versehen. Als *Vertex* (Scheitel) wird der Punkt bezeichnet, in dem sich die Verbindung zwischen *Nasion* und *Inion* mit der Verbindung zwischen den *Mastoidfortsätzen* (tastbare Knochenvorsprünge hinter den Ohren) auf der Schädeloberfläche kreuzt. In diesem Bezugssystem werden die einzelnen Elektroden in ihrer Lage definiert. Sucht man den Vergleich zwischen aktiven und inaktiven Gewebebereichen, um die Aktivitäten selbst darzustellen, so bedient man sich der *sog. monopolaren Registrierung (monopolar recording);* typische Plätze für das Anbringen einer *Bezugselektrode (reference electrode)* sind in diesem Fall Ohrläppchen (A_1 u. A_2 in Abb. 1),

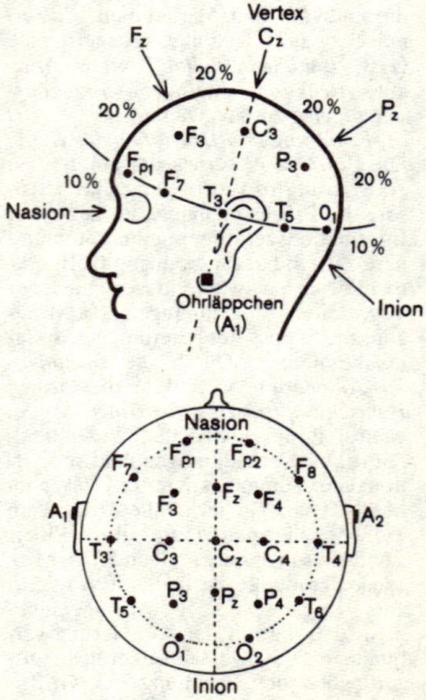

Abb. 1. Lagebezeichnungen der Elektroden nach dem Internationalen 10-20-System (JASPER, 1958) in schematischer Darstellung.

die Mastoidfortsätze oder die Nasenspitze. Will man zwei aktive Bereiche miteinander vergleichen, so bedient man sich der *bipolaren Ableitung (bipolar recording)*. Hier wird das Ergebnis aus zwei aktiven Bereichen einem einzigen Kanal zugeleitet, der dann solche Potentialveränderungen aufzeichnet, die beiden Meßpunkten nicht gemeinsam sind. Vergleicht man z.B. die Aktivitäten bei F_{p1} und F_3 oder F_{p2} und F_4 (vgl. Abb. 1), so wird die Überlagerung des frontalen EEG mit Augenbewegungen und dem sog. Nystagmus deutlich, die eine der zahlreichen Artefaktquellen im EEG darstellen. Sowohl die Registrierung des Spontan-EEG als auch *ereignisbezogener Potentiale* setzt den Einsatz technisch aufwendiger und allen Sicherheitserfordernissen genügender

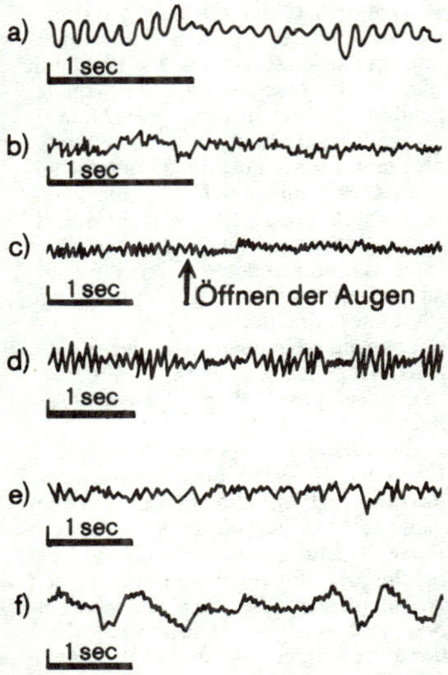

Abb. 2. Ausgewählte Beispiele für EEG-Rhythmen.
a) Alpha-Rhythmus, abgeleitet bei C_z.
b) Beta-Rhythmus, abgeleitet bei C_z.
c) Alphablockierung bei Augenöffnung, abgeleitet bei P_3–O_1.
d) Alphafluktuationen bei Aktivation (Driving), abgeleitet bei P_3–O_1.
e) Theta-Rhythmus, abgeleitet bei C_3–C_z.
f) Delta-Rhythmus, abgeleitet während des Schlafes bei C_3–P_3.

Verstärker und Filter voraus. Die Aufzeichnung erfolgt mit sog. *Mehrkanalschreibern,* gelegentlich erfolgt auch eine direkte Übertragung auf Magnetspeicher.

[3] *Typische EEG-Rhythmen:* In der Regel erhält man im EEG ein Bild, das sich aus verschiedenen rhythmischen Potentialveränderungen unterschiedlicher Frequenzen und Amplituden zusammensetzt. Um den Anteil bestimmter Frequenzbänder zu ermitteln, verwendet man entweder Filter oder man bedient sich der →*Fourieranalyse.* Einige Frequenz- und Amplitudenbereiche dagegen treten bei bestimmten funktionalen Zuständen des Organismus in relativ »reiner« Form auf und stellen ein grobes Zuordnungssystem dar.

(a) *Alpha-Rhythmus (alpha rhythm; alpha waves):* Dieser Rhythmus liegt im Frequenzband zwischen 8 und 13 Hz; seine Amplituden schwanken zwischen 10 und 150 μV. Der Alpharhythmus erscheint in sämtlichen Hirnbereichen relativ synchron, gelegentlich rechts ausgeprägter als links, wenn der wache Organismus entspannt ist, z.B. wenn jemand mit geschlossenen Augen in einem bequemen Sessel sitzt (vgl. Abb. 2, a). Der »Alphareichtum« des EEG wird gelegentlich als allgemeiner Indikator für den Grad der psychophysiologischen *Entspannung* herangezogen. Als einfache Berechnungsgrundlage gilt der sog. *Alpha-Index (alpha index)*. Wenn T die Gesamtzeit der EEG-Registrierung bezeichnet und t_1 bis t_i jene Zeitstrecken markieren, in denen Alpharhythmen auftraten, so ergibt sich der Index aus der einfachen Beziehung

$$\text{Alpha-Index} = \frac{t_1 + t_2 \, .\, . + t_i}{T}$$

Hochgradig erregte Menschen zeigen gelegentlich (insbesondere in experimentellen Situationen) keinerlei Alpha-Rhythmen.

(b) *Beta-Rhythmus (beta rhythm, beta waves):* Der Beta-Rhythmus ist feinschlägiger (14 Hz und höher); seine mittlere Intensität liegt bei 25 μV (vgl. Abb. 2, b). Am ausgeprägtesten ist dieser Rhythmus im frontalen Bereich. Gelegentlich treten den Rhythmus überlagernde *Spitzenpotentiale (spikes)* auf. Der Beta-Rhythmus gilt als Anzeichen der →*Aktivation* und *Alarmbereitschaft* (Munterkeit; *alertness*).

Beim Öffnen der Augen geht der Alpharhythmus nach einer Latenzzeit von Sekundenbruchteilen in den Beta-Rhythmus über (Abb. 2, c). Der aufmerksamkeitsbedingte Übergang wird auch als *Alpha-Blockierung (alpha blocking; attenuated alpha rhythm)* bezeichnet. Als Reaktion auf Außen- oder innere Reize finden sich okzipital-dominante Übergänge zwischen Alpha- und Beta-Rhythmen (vgl. Abb. 2, d), die von Spitzenpotentialen überlagert sind.

(c) *Theta-Rhythmus (theta rhythm, theta waves):* Dieser Rhythmus von ca. 4–7 Hz tritt mit variabler Amplitude auf. Wo und wann er erscheint, hängt u. a. vom Wachheitsgrad und vom Lebensalter ab. Theta-Rhythmen geringer Amplitude (vgl. Abb. 2, e), zentriert im temporalen Bereich, finden sich häufig bei alarmbereiten, wachen Menschen im Lebensalter unter 25 oder über 50; die Auftretenshäufigkeit im höheren Lebensalter hängt mit einiger Wahrscheinlichkeit mit Durchblutungsveränderungen zusammen. Gelegentlich wird unter belastenden Bedingungen *→Stress)* das Auftreten von Theta-Rhythmen beobachtet; ähnliches gilt bei Entscheidungsprozessen unter mentaler Belastung. Gehäuftes Auftreten von Theta-Rhythmen wird auch bei Neurosen aus dem Formenkreis der *Angst* (vorwiegend als bitemporaler Theta-Rhythmus) beobachtet. Ein allgemeiner Überreichtum an Thetaanteilen bei Kindern und Jugendlichen gilt u. a. als Hinweis auf Entwicklungsstörungen.

(d) *Delta-Rhythmus (delta rhythm; delta waves).* Er tritt mit einer Frequenz von 3 und weniger Hz mit wechselnder Amplitude als *Schlafkomponente* auf, besonders ausgeprägt im zentral-frontalen und zentral-parietalen Bereich. Sein Auftreten im wachen EEG ist ein Hinweis für Störungen oder Hirnschädigungen.

In der klinischen Forschung werden darüber hinaus zahlreiche Mischformen beschrieben, die sich als Begleiterscheinungen verschiedener Störungen einstellen. Der Gebrauch der Rhythmenklassifikation in der psychophysiologischen Forschung beschränkt sich in der Regel auf die besprochenen Phänomene, die neben verschiedenen Graden der *Wachheit* und *Aktivation* auch Anzeichen von *Übererregung* und *Belastung* erkennen lassen.

→ereignisbezogene Potentiale; →CNV; →Bereitschaftspotential; →Psychophysiologie.

LIT. Elul (1972); Glaser (1976); Jasper (1958); Lindsley, Wicke (1974); Niedermeyer, Lopez da Silva (eds.; 1982); Vaughn (1973).

Elektro-K(C)ardiogramm *→EKG.*

elektrokonvulsiver Schock *→Schock.*

Elektromyogramm *→EMG.*

Elektrooc(k)ulogramm *→EOG.*

Elektroretinogramm *→ERG.*

Elektroschock *→Schock.*

Elementarismus *(elementarism).* Bezeichnung einer auch *Elementenpsychologie* genannten Richtung, die versucht, das psychische Geschehen bzw. Verhalten über die Elemente (z. B. *→Empfindungen*) und deren Verknüpfungen zu beschreiben. Das Vorgehen des E. kann als analytisch bezeichnet werden. Der E. steht als Doktrin im Gegensatz zum *Holismus* bzw. der *Ganzheitspsychologie* und anderen synthetisch orientierten, molaren Ansätzen. Es empfiehlt sich, E. als Forschungsansatz in vorwiegend methodischer Konsequenz vom E. als genereller Interpretationsrichtung, als theoretischer Position zu unterscheiden. Z. B. bedient sich die experimentelle Psychologie heute vorwiegend eines analytischen Methodensystems, die Interpretation jedoch kann durchaus auf übergeordnete Zusammenhänge (Systeme) gerichtet sein.

Elementar-Komponenten der Intelligenz *→Intelligenz.*

Elementenpsychologie *→Elementarismus.*

Emergentism. Englische Bezeichnung für solche Theorien, die Phänomene als unvorhersagbar und nicht auf vorhergegangene Ursachen beziehbar auffassen. Diese Richtung wird von einer auf die psychischen Phänomene übertragenen Annahme über die grundsätzliche *Unbestimmbarkeit (Nichtdeterminiertheit)* der auftretenden psychischen Vorgänge oder Zustände geleitet.

EMG, Elektromygramm *(electromyogram).* Bezeichnung für die Registrierung von Muskeltonusveränderungen auf elektrophysiologischem Wege.

Emmertsches Gesetz *(Emmert law).* Von dem Schweizer Ophthalmologen Emil Emmert festgestellte Beziehung zwischen Nachbildgröße und Entfernung der Projektionsfläche für das Nachbild. Dabei verhält sich die Nachbildgröße einer vorher fixierten Fläche proportional zum Quadrat der Entfernung der Projektionsfläche. Das E. G. gilt als Beleg für die Annahme, Nachbilder seien die Projektion eines durch längere Fixierung geprägten Erregungs-Hemmungsmusters der Retina auf die in der Umgebung lokalisierte Bezugsebene und gehorchten den üblichen Gesetzen der optischen Projektion.

Emotion *(emotion).*
[1] Aus dem lat. emovere (aufwühlen, heraustreiben) hergeleitete, allgemeine und umfassende Bezeichnung für *psychophysiologische Zustandsveränderungen,* ausgelöst durch *äußere Reize* (Sinnesempfindungen), *innere Reize* (Körperempfindungen) und/oder *kognitive Prozesse* (Bewertungen, Vorstellungen, Erwartungen) im Situationsbezug. Emotionale Reaktionen *(emotional responses)* gehen mit verdeckt ablaufenden *autonomen, neurohumoralen, zentralnervösen* und *neuromuskulären* Veränderungen einher, die zusammenfassend als *emotionale Erregung (emotional arousal)* bezeichnet werden. Zu ihren äußeren Kennzeichen gehören der *emotionale Ausdruck (emotional expression),* die *Orientierung* am emotional erregenden Gegenstand bzw. Sachverhalt, die damit verbundene *Unterbrechung* bzw. *Desorganisation* des momentan ausgeführten Verhaltens, ggf. im Übergang zur Einleitung von Annäherungs- bzw. Vermeidungsschritten. Die spürbar einsetzende *Erlebnisweise* und die – von Kognitions- und Motivationserfahrungen mehr oder minder abgehobene – *Erlebnisqualität* von E. nennt man *Gefühl (feeling).* Intensive, kurzzeitige Gefühle mit desorganisierenden bzw. einengenden Wirkungen auf Erleben und Verhalten heißen *Affekte* (z. B. Freudentaumel; Angst-, Wut-, Panikanfall), längerfristige Erlebnistönungen ohne klaren Reiz-, Situations-, Tätigkeits- oder Bedürfnisbezug *Stimmungen* (z. B. freudige Erregung, Manie; Niedergeschlagenheit, Mutlosigkeit, Depression). Ältere Bezeichnung: *Gemütsbewegungen.* Klassen emotionaler Reaktionen werden als Muster der o. g. Merkmale beschrieben und unter Berücksichtigung ihrer Einbettung in momentan vorherrschende Orientierungen des Erlebens und Verhaltens im Bezugssystem von Bedürfnissen und Bewertungen interpretiert. Emotionale Reaktionen auf intensive, schmerzhafte oder extrem belastende Umwelteinflüsse beruhen – wie das Instinktverhalten von Tieren in Situationen, die mit Überleben und Arterhaltung in Beziehung stehen – auf angeborenen, adaptiven Regulationsmechanismen (z. B. Schreck-, Defensiv-, Notfalls- und Streß-Reaktionen). Daher zählen nach Darwin und Watson Zuwendung zu Artgenossen, Liebe, Angriff bei Gefahr bzw. Wut, sowie Rückzug bzw. Angst zu den sog. *Grund-Emotionen,* aus denen sich durch *Konditionierung* komplexere Arten der E. entwickeln. *Komplexe E.* gehen zwar mit vergleichbaren Erregungs- und Ausdrucksmerkmalen einher, beruhen aber beim Menschen vorwiegend auf *Situations-Einsichten* und *Bewertungen* im *Selbstbezug.* Zu ihnen zählen die mehr oder weniger artikulierbaren Gefühle im Zusammenhang mit Bedürfnisbefriedigung bzw. -versagung, mit dem Wunsch nach Erreichung bestimmter Handlungsziele bzw. der Einsicht in deren Unerreichbarkeit sowie Gefühle der Hoffnung, selbstgesetzten Ansprüchen oder Wertmaßstäben gerecht zu werden bzw. der Sorge, sie nicht erfüllen zu können. Während *Motivation* die zielbezogene Verhaltensaktivierung bezeichnet, ist E. der Inbegriff reiz- bzw. situationsspezifischer Erregung, wobei Gefühl die *kognitive Komponente* im Bedürfnisbezug darstellt (z. B. angenehme, lustvolle Gefühle bei Aussicht auf oder effektiver Zielerreichung; unangenehme, unlustbetonte Gefühle bei gegenteiligen Erwartungen oder Erfahrungen). Die Beziehungen zwischen emotionaler Erregung und zielgerichteter Dynamik zeigen sich bei Furcht und Vermeidungsverhalten deutlich. Die starke emotionale Erregung auf schmerzhafte Erfahrungen ist mit dem Bedürfnis nach Schmerzvermeidung eng gekoppelt; bei Tieren treten sowohl Bewegungsstürme als auch Verhaltensblockierungen auf, wenn keine Fluchtmöglichkeiten bekannt sind, was auf ein Fortbestehen der Erregung hindeutet. Sind Vermeidungsmöglichkeiten aus Erfahrung bekannt, so führt der erneute Anblick der möglicherweise gefährlichen Situation zum Wiederauftreten der *konditionierten emotionalen Reaktion (conditioned emotional response; CER),* wird aber gleichzeitig zum Ansporn für die Mobilisierung derjenigen Vermeidungsschritte, welche mit Entspannungserwartungen gekoppelt sind. Die

spürbare Spannungslinderung bei der Wiedererlangung von Sicherheit, d.h. ein angenehmes, lustvolles Gefühl, ist das Signal der Verstärkungswirkung. Ist der Vermeidungsweg blockiert, so bleibt die emotionale Reaktion fortbestehen und wird zur treibenden Kraft für die Suche nach einem andersartigen Ausweg. Die Beziehung zwischen Motivation und E. kehrt sich um, wenn z.B. ein Mensch den Wunsch hat, bei einer im einzelnen noch nicht bekannten Aufgabe so gut wie nur möglich abzuschneiden (Leistungsmotiv). Wächst im Verlauf der Auseinandersetzung mit der Aufgabe die Gewißheit, daß dies nicht ohne weiteres möglich ist, so kann diese *Bewertung* der Situation zum Auftreten spannungsreicher, unangenehmer belastender Gefühle führen, welche die Aufmerksamkeit auf sich ziehen und sowohl die Nutzung der vorhandenen Informationen als auch den Verhaltensspielraum beeinträchtigen (Furcht vor Mißerfolg); steht die Bewertung dagegen unter positiven Aspekten (Hoffnung auf Erfolg), so treten die Anzeichen emotionaler Erregung weitgehend zurück.

[2] *Emotionstheorien (theories of emotion):*

(a) *Erlebnisdeskriptive Ansätze* gehen von der Klassifikation von Gefühlen im Situations- und Bedürfnisbezug aus. *Einfache* oder *Primär-Gefühle* gehen auf Sinnesempfindungen (z.B. angenehm bzw. unangenehm wirkende Gerüche), Körperempfindungen (z.B. Wohlbehagen bei Ausgeruhtheit und Gesundheit bzw. Unbehagen bei Ermüdung, Schmerz und Krankheit), auf Aktivitäts- oder Tätigkeitsempfindungen (z.B. Entspannung bzw. Anspannung bei konzentrierter Beschäftigung) und konkrete Bedürfnisse zurück (z.B. Lust am Essen, Freude über ein Geschenk, über die Anwesenheit schutzbringender bzw. geschätzter Mitmenschen; Unlust, Ärger, Wut bei Versagung bzw. Entzug). *Komplexe Gefühle* beruhen auf Erwartungen, Vorstellungen oder Einstellungen in bezug auf breite Situationsklassen mit allgemeinem Bedürfnisbezug. Zu ihnen werden gezählt Erwartungs-Gefühle (freudige bzw. düstere Ahnungen; Hoffnungen bzw. Ängste in bezug auf Wohlbefinden oder Erfolg), Gefühle der Selbsteinschätzung und -besinnung (z.B. Selbstzufriedenheit bzw. Scham oder Schuld), emotionale Komponenten sozialer Einstellungen (z.B. Sympathie, Liebe bzw. Abneigung, Haß) und Gefühle in bezug auf persönliche, soziale, kulturelle oder religiöse Werte und ihre Symbole. WUNDT beschreibt Gefühle in dem dreidimensionalen Bezugssystem *angenehm-unangenehm, Beruhigung-Erregung* und *Lösung-Spannung*. Damit wird der Einfluß des individuellen Sprachgebrauchs bei der Wahl von Gefühlsnamen auf ein Minimum reduziert; gleichzeitig wird mit Beruhigung-Erregung die enge Beziehung von Gefühlen zu autonomen Vorgängen, mit Lösung-Spannung der Tätigkeits- und Bedürfnisbezug zum Ausdruck gebracht. WUNDT (1911) und Vertreter der neueren psychophysiologischen *Aktivations*-Forschung (BERLYNE; LINDSLEY) stimmen darin überein, daß *emotionale Erregung* großer Intensität mit der Vermittlung unangenehmer Gefühls-Eindrücke zusammenhängt. Umfangreiche Untersuchungen sind den Übereinstimmungen zwischen *Gefühls-Eindruck (emotional impression)* und *Gefühls-Ausdruck* gewidmet; müssen z.B. Gefühlsbezeichnungen wie Freude, Angst oder Wut Portraits von Schauspielern mit entsprechendem Gesichtsausdruck zugeordnet werden, so ergibt die korrelationsstatistische Auswertung auf der Grundlage sog. Verwechslungsmatrizen ein zweidimensionales Bezugssystem mit den Achsen Lust–Unlust und Zuwendung–Abwendung (SCHLOSBERG, 1941; TRAXEL). Das zur Bezeichnung von Gefühlen verwendete Begriffsrepertoire ist z.Zt. Gegenstand *psycholinguistischer Wortfelduntersuchungen* (LAZARUS-MAINKA).

(b) *Neurophysiologische Erklärungsansätze:* JAMES (1884) und LANGE (1887) sahen in der Rückmeldung von *peripheren Zustandsänderungen* (Drüsentätigkeit; Spannungszustände in der Skelettmuskulatur) im Gefolge der Wahrnehmung an- oder aufregender Umweltereignisse die Ursache von Gefühlen. (»Ich bin traurig, weil ich weine; ich bin zornig, weil ich zuschlage; ich fürchte mich, weil ich zittre«). Dieser sog. *visceralen E.-Theorie (visceral theory of emotion)* stehen Befunde von CANNON und BARD entgegen: auch nach der Durchtrennung der Nervenleitungen für die Rückmeldungen peripherer Veränderungen treten bei Hunden heftige E. (sog. Scheinwut-Anfälle; *sham-rage*) auf. Die von CANNON (1931) formulierte *Thalamus-Hypothalamus-Theorie* der E. *(thalamic-hypothalamic theory of emotion)* geht von der inzwischen bestätigten Annahme aus, registrierte Umgebungsreize führten über Kollateralen zu Veränderungen des Erregungszustandes der sensorisch-motorischen Integrationsstationen im Zwischenhirn (d.h. in der Thalamus- und Hypothalamusregion). Je nach dem Grad der *kortikalen Hemmungskontrolle* über die aufkommende Erregung kommt es zum Ausbruch emotionaler Verhaltensreaktionen und ihrer peripheren Begleiterscheinungen. Die Qualität der dabei auftretenden Gefühle dagegen ist nach CANNON von der *individuellen Bedeutung* der auslösenden Umgebungsreize abhängig, in deren Licht die eingehenden Rückmeldungen aus der Peripherie interpretiert werden. Aufgrund der Beschreibung und Funktionsanalyse des *limbischen Systems* von PAPEZ (1927) wird heute die Annahme vertreten, die Intensität und Dauer der emotionalen Erregung hänge mit *Reverberationsprozessen (reverberation processes)* im limbischen System zusammen, d.h. relativ anhaltenden, den Reizkontakt überdauernden Erregungskreis-Prozessen im Grenzbereich von Stammhirn, Zwischenhirn und Kortex, wobei der kortikalen Informationsverarbeitung die auslösende Rolle zufällt. Eine entsprechende Erweiterung der Thalamus-Hypothalamus-Theorie stammt von LINDSLEY (1951, *Aktivation*). In den Bereich der neurophysiologischen Theorien fallen auch die von AX und FUNKENSTEIN ausgehenden Untersuchungen, Affekten wie z.B. Wut und Furcht charakteristische *Muster peripherer Veränderungen* (z.B. Durchblutung, Herztätigkeit, EDA) einschließlich ihrer *neurohumoralen* Grundlagen (z.B. Adrenalin-Noradrenalin-Balance; Auslösung cholinerger Reaktionen) im Zusammenhang mit dem Vorwiegen *sympathischer* bzw. *parasympathischer* Effekte zu interpretieren. Wegen der starken Überlagerung autonomer Regulationsprozesse durch *Reaktions-* und *Situationsstereotypien* sind ihre Beziehung zu Gefühls-Qualitäten weitgehend ungewiß; lediglich der Zusammenhang von Gefühls-Intensität und Erregungs-Intensität ist gesichert (BUCK). TOMKINS sieht in E. den Ausdruck der Dichte zum gleichen Zeitpunkt feuernder Neuronenverbände. Diese ist einerseits durch angeborene Koordinationsmechanismen bei bestimmten Reizklassen festgelegt, andererseits das Ergebnis von Bedürfniszuständen, Vorstellungen und damit verbundenen Affekten, Gefühlen und Stimmungen. Auf dieser Grundlage entwickelt IZARD die Auffassung vom funktionalen Primat der zentralnervösen Intensitätsregulation gegenüber kognitiven Prozessen und autonomen Erregungsvorgängen einschließlich ihrer Rückmeldungen.

(c) *Bewertungs-Theorien:* Bereits JAMES nahm an, der Selbstbezug komplexer Gefühle sei das Ergebnis einer Umbewertung des ursprünglichen Körperbezuges. MAGDA B. ARNOLD legt einen ersten Ansatz vor, dem Gefühls-Erleben *isomorphe* Hirnprozesse zuzuordnen. Im Gegensatz zu CANNON und BARD wird angenommen, emotional erregende Reize lösten parallel einerseits *Zwischenhirn-Erregung,* andererseits kortikale *intuitive Bewertungen* vom Typus »eher gut« oder »eher schlecht« aus. Die entsprechenden Erregungsveränderungen (gefühlsmäßigen Einstellungen vergleichbar) werden dem Zwischenhirn rückgemeldet und führen über thalamische Relaisstationen zu sympathischen bzw. parasympathischen peripheren Reaktionen. Ihre, ebenfalls über den Thalamus verlaufenden Rückmeldungen ergeben Körperempfindungen und erfahren mit ihrem Eingang eine *Wiederbewertung* unter Einbeziehung sensorisch-motorischer Gedächtnisfunktionen. E. sind das Ergebnis derartiger Wiederbewertungen. LAZARUS baut auf diesen Annahmen auf und entwickelt in seiner *kognitiven Streß-Theorie* die Auffassung einer Abhängigkeit der Gefühls-Qualität und Intensität der sie begleitenden autonomen Erregung von *reflexiven Bewertungen* der Situation und ihrer Bewältigungschancen. Damit ist die Annahme verbunden, kognitive Prozesse der Bewertung *kontrollierten* die Intensität autonomer Erregung und die Qualität von Gefühlen. SCHACHTER und SINGER gehen in ihrer *kognitiven Interpretations-Theorie* davon aus, daß die Wahrnehmung anoder aufregender Ereignisse (kognitive Ebene) mit parallelen Erregungsveränderungen (autonome Ebene) einhergeht. Wenn kein unmittelbarer Anhaltspunkt dafür gegeben ist, warum physische Erregungssymptome auftreten, wird die Erregung im Lichte der jeweiligen Situation interpretiert und führt so zu Gefühlen bestimmter Qualität. Verabreicht man z.B. Epinephrin unter dem Vorwand, es handle sich um ein Vitaminpräparat, so werden die eintretenden Zustandsveränderungen (z.B. Erröten, Schwitzen, Unruhe) bei Anwesenheit einer sich heiter-ausgelassen gebenden Person als freudige Erregung, einer sich erbittert-wütend gebenden dagegen als unangenehme Erregung im Sinne von Ärger oder Wut etikettiert. Die Generalisierbarkeit dieser Befunde im Sinne einer umfassenden E.-Theorie stößt auf einige Schwierigkeiten, denn in den Untersuchungen von SCHACHTER und SINGER handelt es sich um die Induktion relativ intensiver Zustandsveränderungen und ihre Interpretation im sozialen Kontext. VALINS steuerte eine Reihe kritischer Befunde bei; er zeigt u.a., daß Menschen dazu neigen, Körpersymptome (z.B. Herzklopfen) auch dann zur gefühlsbetonten Interpretation ihrer Wahrnehmungsumgebung (z.B. Wohlgefallen oder Mißfallen von Bildern) heranziehen, wenn sie gar nicht von ihnen selbst stammen (unwissentliches Vorführen von Herztönen einer anderen Person über Lautsprecher). Die Ergebnisse zeigen, daß man in bezug auf Anzeichen körperlicher Erregung außerordentlich unsicher und daher suggestibel ist und daß durch anschaulich vorgeführte Erregungsveränderungen Umbewertungen des eigenen Zustandes in bezug auf die jeweilige Situation eingeleitet werden können. Damit ist ein Grundprinzip der Verhaltensmodifikation durch *Biofeedback* angesprochen. *Neurophysiologische Ansätze* besitzen ihre Bedeutung bei der vergleichenden Analyse von Grund-E. Psychophysiologische *Bewertungs-Theorien* der E. haben eine Schlüsselstellung bei der Entwicklung von Programmen der *Intervention* zum Abbau störender Erregungs- und Angstzustände. Die Kombination beider Ansätze wird z.B. bei der Überprüfung von zentral wirksamen *Psychopharmaka* und von peripher wirksamen Präparaten mit erregungsdämpfender Wirkung herangezogen.

→Angst; →Aktivation; →Bewertung; →Bewußtsein; →Extraversion; →Impulsivität; →Labilität; →Motivation.

LIT. ARNOLD (1960; [2]1962); BUCK (1976); COFER (1975); EWERT (1983b); FRIJDA (1986); FRÖHLICH (1982; 1983); IZARD (1977); LAZARUS (1991); PLUTCHIK (1980); SCHACHTER, SINGER (1962); TRAXEL (1968); WEIL (1974); YOUNG (1973).

emotional.

[1] Meist im Zusammenhang mit Reaktionen gebrauchte Bezeichnung für Abweichungen bzw. Fehlhandlungen, von denen man annimmt, sie seien erklärbar (a) aus einer emotionalen Tönung des Erkennens (z.B. durch Fehleinschätzungen, die auf Einstellungen zurückgehen), (b) aus einer emotionalen Einstellung des Organismus (z.B. Erregung) oder (c) aus begleitenden emotionalen Reaktionen selbst.

[2] *→Verhalten, emotionales.*

emotionale Reaktionen *→Verhalten, emotionales.*

emotionaler Stupor *→Stupor.*

emotionale Stabilität *→Stabilität.*

Empathie *→Einfühlung.*

Empfänger *→Sender.*

Empfindung *(sensation).* Bezeichnung für die letzten und nicht weiter unterteilbaren Aspekte oder Elemente der Sinneswahrnehmung, ausgelöst durch die die Sinnesrezeptoren erregenden Reize. Die klassische *→Psychophysik* und *Elementenpsychologie (→Elementarismus)* sah in Empfindungen gleichzeitig die *Erlebniselemente.* Farben, Töne usw. werden auch heute noch als Empfindungen bezeichnet, um die die Reizinformation umwandelnde Aktivität der Rezeptoren zu betonen. Syn. *Sinnesdatum (sense datum)* oder *Sinnesgegebenheit.*

empirisch *(empirical).* Bezeichnung für den Bezug auf Erfahrung im weitesten Sinne. Meist werden mit diesem Adjektiv Beobachtungen oder Aussagen bezeichnet, die sich auf sinnliche Erfahrungen (Wahrnehmungen) beziehen und/oder von solchen Erfahrungen abgeleitet sind. Die Ableitung der Aussagen erfolgt über den Weg der Induktion. Gegensatz dazu *→rational.* Die extremen Fälle des empirischen Vorgehens sind systematische Beobachtungen, z.B. das *Experiment.* Als *Empirismus (empirism)* werden (a) Theorien bezeichnet, die nur das Beobachtbare, sinnlich Erfahrbare als Grundlage für den Erwerb von Wissen oder für Wissenschaft überhaupt anerkennen. Man faßt unter Empirismus auch (b) solche Theorien zusammen, die das Entstehen bestimmter Verhaltensweisen oder bestimmte Organfunktionen auf Erfahrung, Lernen oder Umwelteinwirkungen zurückführen. Gegensatz: →*Nativismus*. Syn. für Empirismus ist manchmal →*Sensualismus*.

empirische Verteilungen →*Verteilung*.

Enc(k)ephalon. Gehirn.

Encephalitis. Infektiöse Gehirnentzündung, die meistens mit Hirnhaut- und Rückenmarksentzündungen einhergeht, durch Bakterien oder Viren ausgelöst ist und in der Regel organische und psychische Dauerschädigungen hinterläßt.

Encopresis →*Entwicklungsstörungen*.

Endhandlung →*Instinkt*.

endogen *(endogenic, endogenous)*.
[1] Allgemeine Bezeichnung für aus einem System oder einer Struktur hervorgehende Phänomene.
[2] Im Zusammenhang mit *Psychosen* Bezeichnung für solche Erscheinungsformen, die auf körperliche Ursachen zurückgehen.

endogene Depression →*Depression*.

endogene Potentiale *(endogenous potentials)*. Bezeichnung für die der Reizregistrierung folgenden, mit einer Latenz ab ca. 80 msec auftretenden Komponenten von *evozierten Potentialen*, die mit Prozessen der *Informationsverarbeitung* zw. Reizanalyse und Reaktionsanbahnung zusammenhängen. Zu den e. P. zählen z.B. N_2, P_3 und CNV.
→*Elektroencephalogramm*, →*ereignisbezogene Potentiale*.

endogene Psychose →*Psychose*.

endokrine Drüsen *(endocrine glands)*. Bezeichnung für solche Drüsen des Körpers, die ihr Sekret direkt in Blut- oder Gewebeflüssigkeit ausschütten. Ihre Sekrete werden →*Hormone* genannt.

Endokrinoimmunologie *(endocrinoimmunology)*. Forschungsgebiet, in dessen Rahmen Zusammenhänge zwischen endokrinen Vorgängen und Veränderungen des *Immunsystems* untersucht werden. So konnte z.B. nachgewiesen werden, daß Corticosteroide (Hormone der Nebennierenrinde, die unter *Streß* vermehrt ausgeschüttet werden) zu Suppressionen der zellvermittelten Immunität führen.
→*Immunsystem*, →*Psychoendokrinologie*, →*Psychoimmunologie*, →*Psychoneuroimmunologie*, →*Streß*.

Endolymphe. Bezeichnung für die Labyrinthflüssigkeit im inneren Ohr. →*Cortisches Organ*.

endomorph *(endomorphic)*. Bezeichnung für einen anthropometrisch bestimmbaren Körperbautypus nach Sheldon, der sich durch ein relatives Vorherrschen der Eingeweideregionen kennzeichnen läßt.

Endoplasma. Bezeichnung für das innere, flüssig-weiche Material der Zelle.

endoplasmatisches Reticulum →*Zelle*.

endoreaktive Dysthymie →*Dysthymie*.

Endorphine *(endorphines; enkephalines)*. Körpereigene opiatanaloge Peptide *(endogene Morphine; Enkephaline)* der Hypophyse und des Nervensystems, die als Neurotransmitter, Neuromediatoren und Hormone wirksam werden. Vermehrte Produktion von E. findet man z.B. unter →*Streß* und bei schwerer körperlicher Anstrengung (Marathonlauf). E. bewirken u.a. Herabsetzung der Sensibilität, insbesondere der Schmerzempfindlichkeit durch Hemmung sensorischer Afferenzen, Veränderungen der Körpertemperatur, des Antriebs, der Motorik und der Darmtätigkeit.

endosomatische Methode →*elektrodermale Aktivität*.

Energie, geistige →*Intelligenz*.

Engramm (engram). Bezeichnung für Veränderungen des (Nerven-)Gewebes als Folge länger dauernder oder wiederholter Reizung (z.B. Lernen). Syn.: *Gedächtnisspuren*.

Enkodierung →*Kodierung*.

Entdeckungsnegativierung →*ereignisbezogene Potentiale*.

Entfremdung *(alienation;* seltener: *estrangement)*. Von Hegel eingeführte Bezeichnung für die Diskrepanz zwischen »Geistigem« und der »Wirklichkeit«. In der marxistischen Soziologie das Mißverhältnis zwischen zu leistender Arbeit und Einsichten in die Bedeutung ihres Endproduktes. Bei Freud und seinen Nachfolgern Störung des Identitätsgefühls durch die Erfahrung der auf das Individuum einwirkenden kulturellen Zwänge.

Entfremdungsgefühl →*Depersonalisation*.

Enthemmung *(disinhibition)*.
[1] *Klin. Psychologie, Psychiatrie:* Von Affekten beherrschtes Verhalten unter Wegfall der persönlichkeits- und sozialbedingten Hemmungen, z.B. bei manischen Zuständen, nach Alkohol- oder

Drogenkonsum. E. ist auch die Bezeichnung für den Fortfall der kortikalen Kontrolle bei Gehirnerkrankungen (JACKSON).
[2] Bei PAWLOW Erklärung für die vorübergehende Intensitätszunahme der konditionierten Reaktion nach Einwirkung eines weder konditionellen noch unkonditionellen, jedoch überschwelligen und die *Orientierungsreaktion* auslösenden Reizes.

Entladung *(discharge).*
[1] Neurophysiologisch: Feuern einer Zelle, →*Aktionspotential.*
[2] *EEG:* Aus Potentialveränderungen erschlossene Aktivitäten bestimmter Hirnbereiche.
[3] Syn. für Triebentladung →*Übersprunghandlung.*

Entoderm. Bezeichnung für die innere Keimschicht (Keimblatt) des Embryo.

Entropie. (Die gebräuchlichsten Synonyme: Mittlerer Informationsgehalt, Informationsentropie, Negentropie.) Die allgemeine, in der *Informationstheorie* übliche Bezeichnung für die mit einem Ereignis verbundene *Ungewißheit* bzw. dessen Überraschungswert. Der Ausdruck wurde aus der Thermodynamik übernommen und bezieht sich dort auf den Zufallsanteil bei der Vorhersage des Verhaltens von Gasmolekülen, bezeichnet also eine Bedingung der Unvorhersagbarkeit. Das von SHANNON und WIENER entwickelte Maß für Entropie lautet in allgemeiner Schreibweise

$$H = \sum_i pi \text{ ld } 1/pi$$

Die Information H ist gleich der Summe aller pi mal logarithmus dyadicus von 1/pi. H = die allgemeine, übliche Bezeichnung für Entropie = Information. pi = die Wahrscheinlichkeit eines Elementes oder Ereignisses aus i = 1 bis n Ereignissen. ld = übliche Abkürzung für Logarithmus dyadicus, also den Logarithmus auf der Basis 2.0000. Das Ergebnis ist in den Einheiten der Informationsmessung *»bit«* gegeben.
LIT. ATTNEAVE (1965).

Entropie, maximale. Bezeichnung für den maximalen Informationsgehalt einer definierten Anzahl von Alternativen eines Systems. Die Berechnung geschieht nach

$$H_{max} = \text{ld } m.$$

H_{max} = Bezeichnung für maximale Entropie. m = Anzahl der Alternativen. ld = Logarithmus dyadicus. Das Ergebnis bezieht sich auf die Einheit der Informationsmessung *»bit«.*

Entropie, relative. Bezeichnung des Informationsmaßes, das die auf die Eigenheiten des wahrscheinlichen Vorkommens der einzelnen Elemente in einem gegebenen System bezogene Information angibt. Der entsprechende Wert

$$H_{rel} = H/H_{max}$$

wird aus dem Verhältnis von Entropie und maximaler Entropie errechnet. Die Bezeichnung H_{rel} wurde hier der Einfachheit halber gewählt. Bei ATTNEAVE z.B. wird er mit R bezeichnet.
LIT. ATTNEAVE (1965).

Entscheidung *(decision).*
[1] Allgemeine Bezeichnung für die Wahl einer bestimmten Richtung des Handelns oder Reagierens in einer mehrere Möglichkeiten enthaltenden Situation. Einbegriffen werden meist Aspekte des »Überlegens« *(deliberation)* und des »Wollens« *(volition),* die als Vorgänge der Entscheidung einer Handlung vorangehen. Die Handlung wird in der Entscheidung nach Art, Form und Richtung als vorweggenommen gedacht *(Entschluß).*
[2] In der *Entscheidungstheorie (decision theory)* umfaßt E. alle jene Meßwerte, die in wechselseitiger Abhängigkeit miteinander die E. voraussagen lassen *(→Spieltheorie).* Entscheidung wird dort als handelnder Vollzug selbst aufgefaßt und manifestiert sich in der Wahl eines bestimmten Gegenstandes, Denkweges oder Reaktionsmusters in einer mehrdeutigen Situation. Die wichtigsten Voraussagewerte beziehen sich auf das kalkulierbare oder »gelernte« *Risiko,* z.B. der *»subjektiven Wahrscheinlichkeit«.*
LIT. COHEN, HANSEL (1954); THOMAE (1960b); THRALL u.a. (eds.; 1954).

Entscheidungsexperiment, experimentum crucis *(crucial experiment).* Bezeichnung für Experimente, die die Gültigkeit einer Theorie oder Hypothese beweisen bzw. entscheiden sollen. Es wird nach neuerer Auffassung weitgehend bestritten, daß es ein »letztes« Entscheidungsexperiment überhaupt geben kann. Dies geht auf die Unvollständigkeit einer jeden Induktion und somit auf die Unvollständigkeit der Basis für ein Generalisieren zurück. Der Begriff E. wird daher meist zur Charakteristik eines an eine konkrete Fragestellung bzw. Voraussage gebundenen Experimentierens verwendet. METZGER stellt ihm das sog. »Erkundungsexperiment« gegenüber, wo es mehr um die Beobachtung als um die Entscheidung eines bestimmten Phänomenzusammenhanges geht. →*Experiment.*

Entscheidungsrisiko →*Signalentdekkung.*
→*Experiment.*

Entschluß →*Entscheidung.*

Entschlüsseln →*Sender.*

Entspannung *(relaxation).*
[1] Psychophysiologischer Zustand, der sich im Gegensatz zur Erregung oder Belastung durch Wohlbefinden, positive Grundstimmung, Abklingen des Muskeltonus, Abklingen von Spontanreaktionen, Alphareichtum des Encephalogramms, Absinken der Herz- und Pulsfrequenz und die Wiederherstellung bzw. Aufrechterhaltung der innersekretorischen Homöostase kennzeichnen läßt. In der Gefühlstheorie WUNDTS bildet der Gegensatz Spannung und Lösung der Spannung eine der Grunddimensionen, die auch in neueren Ansätzen als Grundlage der Intensitätsbeschreibung von Gefühlen herangezogen wird.
[2] Als *Entspannungs-Techniken (relaxation techniques)* gelten *Biofeedback, autogenes Training, Desensitivierung* und Verfahren, die auf *Autosuggestion* beruhen (z.B. Meditations- und Yoga-Übungen). Sie werden zur Unterstützung der *Psycho-* und *Verhaltenstherapien* eingesetzt. Bei den verschiedenen Arten und Formen der *Entspannungstherapie (relaxation therapy)* wird u.a. von der Annahme ausgegangen, der physiologische Entspannungszustand teile sich unmittelbar der Befindlichkeit mit und sei durch Veränderungen der (kognitiven) Bewertung (Einstellung; Autosuggestion) modifizierbar.
[3] Das Verfahren der *konditionierten Entspannung (conditioned relaxation)* wird gelegentlich zur Unterstützung der Entspannungstherapie oder systematischen *Desensitivierung* angewandt. Der Patient erhält z.B. elektrische Schläge wachsender Intensität auf den Unterarm; ist seine Erträglichkeitsgrenze erreicht, so spricht er das Wort »ruhig« aus, worauf der Versuchsleiter den Strom abschaltet. Damit ist das Wort »ruhig« zum konditionellen Reiz für den Entspannungszustand geworden. Seine Wiederanwendung in furcht- oder angstauslösenden Situationen kann nach einem entsprechenden Training einen generalisierten Entspannungseffekt auslösen, der nach dem Prinzip der *reziproken Hemmung* die aufkommende Angst eindämmt.

Entwicklung *(development).*
[1] Allgemeine, umfassende Bezeichnung für im Verlauf der Zeit fortschreitende, geordnete Folgen von Veränderungen äußerer Merkmale, Funktionen und/oder innerer Strukturen, wodurch sich Ausgangs- und Endzustand des entsprechenden Gegenstandes in Form, Quantität, Inhalt und/oder Qualität voneinander unterscheiden.
[2] Der *biologisch-genetische* E.-Begriff bezieht sich auf Veränderungsfolgen, die im Verlauf (a) der Entstehungsgeschichte von *Lebewesenarten* aufgrund des *Evolutionsdruckes (Phylogenese;* →*Evolution)* oder (b) der individuellen E. von Angehörigen einer bestimmten Lebewesenart *(Ontogenese)* aufgrund biogenetischer Faktoren auftreten, sich in *Reifung* von Organen und Organfunktionen sowie in *Wachstum* äußern und in der Zeitspanne zwischen *Keim-E. (pränatale E.),* Geburt und Erreichung des vollentwickelten Zustandes *(postnatale E.)* ablaufen. Kennzeichnend ist die Anbindung an evolutionäre Vorgänge bzw. an ein biogenetisches Programm und der Fortschritt von primitiveren, undifferenzierten Ausgangsformen und -strukturen zu höherentwickelten, differenzierteren Endformen und -strukturen des Organismus.
[3] Der *psychologische* E.-Begriff ist sowohl in seiner deskriptiven als auch explikativen Bedeutung weiter gespannt. Er umfaßt neben den biogenetisch bedingten körperlichen Veränderungen alle Bedingungen und inneren Vorgänge, die dem *Erleben, Erkennen* und *Verhalten* aufgrund von Prozessen der *kognitiven Organisation* und *Steuerung* im Sinne der *Selbstregulation* wachsende *Differenzierung* und *Komplexität* sowie eine, einzelne Funktionen übergreifende, hierarchische Integration verleihen. E. gilt als eine geordnete, zeitlich gerichtete Veränderungsfolge, die sich durch den Ablauf irreversibler Schritte, sog. *Entwicklungsphasen, -stufen* oder *stadien* näher charakterisieren läßt. E. vollzieht sich im Bezugssystem von Interaktionen zwischen *endogenen* und *exogenen* Bedingungen; betrachtet man die postnatale E. als lebenslangen Pro-

zeß, so nimmt die Bedeutung exogener Bedingungen dabei beständig zu *(→Sozialisation)*.
→Entwicklungspsychologie, →Entwicklungstheorien.

Entwicklungsabschnitte *(levels of development).* Bezeichnung für durch Konventionen festgelegte Abschnitte zum Zwecke der Analyse und des Vergleichs der Entwicklung in bezug auf das Lebensalter. Die gewählten Abschnitte sind künstlicher Natur und dienen der Herstellung einer Ordnung; sie haben meist einen mehr oder weniger logisch schlüssigen Bezug zu bestimmten charakteristischen Veränderungen. Man unterscheidet meist bei der Analyse des menschlichen Verhaltens und dessen Entwicklung *(→Entwicklung, →Entwicklungspsychologie)* das (a) *Säuglingsalter,* von der Geburt bis zum ersten Lebensjahr, (b) *Kindesalter, infancy,* vom ersten bis zum zwölften Jahr; unterteilt in das *frühe Kindesalter (early childhood)* vom ersten bis zum sechsten Lebensjahr, das *mittlere Kindesalter (mid childhood)* vom sechsten bis zum zehnten Lebensjahr; das *späte Kindesalter (late childhood)* vom zehnten bis zum zwölften Lebensjahr – in manchen Fällen werden die beiden letzten Abschnitte zum *Schulkindalter* zusammengefaßt –, (c) *Jugendalter, adolescence,* oder *Adoleszenz,* vom zwölften bis zum einundzwanzigsten Lebensjahr, – manchmal in weitere Abschnitte, z. B. *Pubertätsalter, Vor-* und *Nachpubertät* usw. unterteilt –, (d) *Erwachsenenalter, maturity,* meistens vom 21. bis zum 65. Lebensjahr, (e) *Alter, old age* (im Deutschen manchmal auch *Greisenalter*), dessen Betrachtung Aufgabe der Alternsforschung bzw. der Gerontologie ist.

Entwicklungsphasen, Entwicklungsstufen, Entwicklungsstadien *(developmental stages).* Bezeichnung für die im Verlauf der *Ontogenese* auftretenden Muster qualitativer Veränderungen des Erlebens und Verhaltens sowie der ihnen zugrunde liegenden Strukturen. Die Begriffe E.-Phasen, E-Stufen oder E.-Stadien werden verwendet, um den diskontinuierlichen Verlauf der Entwicklung zu charakterisieren. In der Regel geschieht dies unter der allgemeinen Voraussetzung, die Entwicklung vollziehe sich in einer geordneten, irreversiblen Folge von Schritten, welche die Merkmale zunehmender Differenzierung und Komplexität aufweisen. Die drei Bezeichnungen lassen sich in ihrer Bedeutung nur schwer voneinander abgrenzen. Manche Autoren verwenden die Bezeichnung Phase, um damit einen Wandel im Raster vergleichbarer Formen oder Funktionen anzudeuten, während Stufe oder Stadium für deutliche Niveauveränderungen steht. Phasen-, Stufen und/oder Stadieneinteilungen erhalten ihre definitive Bedeutung stets in dem jeweiligen theoretischen Bezugssystem ihrer Verwendung. So postuliert z. B. FREUD in seiner Theorie der Triebentwicklung eine Phasenfolge, die auf diejenigen Körperzonen bezogen ist, welche im Verlauf des biogenetischen Reifungsprozesses vorherrschenden Anspruch auf die Befriedigung psychosexueller Triebe (Libido) signalisieren. Der *oralen* folgt die *anale Phase;* die *phallische Phase* schließlich leitet über eine *Latenzphase* zur *genitalen Phase.* In seiner Theorie der Entwicklung unterscheidet PIAGET drei bzw. vier Phasen, innerhalb deren sich die Entwicklung der kognitiven Organisation in Stufen vollziehen soll. Die *sensomotorische Phase* beginnt auf der Stufe von Reflexen und entwickelt sich über einfache Gewohnheiten, aktive Wiederholungen von Handlungsfolgen und ihre Koordination bei der Anwendung auf neue Situationen zur Stufe der Erfindung neuer Handlungsmuster. Gegen Ende des 2. Lebensjahres tritt das Kind (über eine sog. *prä-operationale Phase*) in die *Phase konkreter Operationen,* wo es die Stufen des vorbegrifflichen bzw. an Denkoperationen gebundenen konkreten Operierens durchläuft, um schließlich – gegen Ende des 11. Lebensjahres – in die Phase der *formalen Operationen* mit ihren verschiedenen Stufen einzutreten, welche die zunehmende Autonomie des Denkens und Handelns charakterisieren.
→Entwicklung, →Entwicklungstheorien.

Entwicklungspsychologie *(developmental psychology).* Teilgebiet der Psychologie, in dessen Rahmen die individuelle Entwicklung des Menschen als zeitlich gerichtete geordnete Folge von Veränderungen beschrieben und erklärt wird, die der Erweiterung der Erlebnis-, Erkenntnis- und Verhaltensmöglichkeiten mit den Merkmalen zunehmender Differenzierung und Komplexität zugrunde liegen *(→Entwicklung).* Die E.

entstand unter dem Eindruck der biogenetischen Forschung und Theorienbildung *(→biogenetisches Grundgesetz, →Biogenese)* und der von DARWIN begründeten Auffassung über die Entstehung der Lebewesenarten *(→Evolution)* im vorigen Jahrhundert. Vorläufer der empirischen E. sind Gelegenheitsbeobachtungen an Kleinkindern. Die heutige E. (mit ihren zahlreichen Berührungspunkten zu Allgemeiner, Persönlichkeits-, Sozial- und Pädagogischer Psychologie und ihren Anwendungen in Pädagogischer und Klinischer Psychologie, Erziehungs- und Schulpsychologischer Beratung) vollzieht sich nach den allgemeinverbindlichen Regeln der empirischen Forschung. Zu ihren *Methoden* gehören systematische *Beobachtung, Feldstudien, Feldexperimente* und *Labor-Experimente.* Methodische Besonderheiten sind *Querschnitts-Untersuchungen* zur Erfassung des altersspezifischen Entwicklungsstandes *(→Entwicklungsabschnitte), Längsschnitt-Untersuchungen* zur Erfassung individueller Entwicklungsverläufe, Kombinationen aus beiden und *Zwillings-Untersuchungen* zur Abgrenzung biogenetischer, endogener und umweltbedingter, exogener Entwicklungsbedingungen. Als allgemeine Kennzeichen der Entwicklung gelten nach TRAUTNER (1978) (a) *Wachstum (growth)* sowohl im Sinne körperlicher Veränderungen als auch der Zunahme von Wissen und Können und der Ausgliederung von Gefühlen, Motiven und Handlungsmöglichkeiten, (b) *Reifung (maturation)* als Ergebnis der endogenen Entwicklungskontrolle einerseits, als Verbesserung und Differenzierung der Möglichkeiten zur Verarbeitung, Bewertung und Nutzung von Erfahrungen im sozialen Feld andererseits, (c) Verfeinerungen, Erweiterungen und übergeordnete *Strukturierungen psychischer Funktionen* und ihrer *Steuerung (→Differenzierung; Integration; Organisation; Zentralisierung),* (d) die wachsende Bereitschaft, durch Erfahrung, Übung und Beobachtung zu *lernen* und aus dem Gelernten eigenständige Pläne zu entwickeln und (e) Spielregeln und abstrakte Normen bzw. Werte der umgebenden Gruppe bzw. Gesellschaft zu übernehmen und kritisch zu reflektieren *(→Sozialisation).* In den verschiedenen *→Entwicklungstheorien* werden die Verlaufseigentümlichkeiten einzelner Funktionsbereiche und ihre Zusammenhänge unter jeweils bestimmten Annahmen und methodischen Perspektiven diskutiert.

LIT. BALTES, SCHAIE (1973); BIEHLER (1976); GOULET, BALTES (1970); EWERT (1983); MUSSEN (1983); MUSSEN, CONGAR, KAGAN (1976); OERTER (1968; 1978); OERTER, MONTADA (1982); THOMAE (1959); TRAUTNER (1978).

Entwicklungsreihe *(developmental sequence).* Bezeichnung für die Abfolge von spezifischen Organ-, Funktions-, Struktur- oder Verhaltensänderungen, die im Entwicklungsverlauf von Lebewesen einer bestimmten Art, Angehörigen einer bestimmten Gruppe oder sozialen Gebilden auftreten. Der E.-Begriff unterscheidet sich von dem der *Entwicklungsphasen, -stufen* oder *-stadien* durch seinen Bezug auf umschriebene Merkmale oder Funktionen und auf die Abfolge selbst, ohne weiterreichende Annahmen über deren Bedeutung in bezug auf ein bestimmtes Entwicklungsprinzip oder -ziel.

Entwicklungsstörungen *(developmental disorders). DSM III–R* (Achse II): Störungen, die typischerweise im Kleinkindalter, in der Kindheit oder Adoleszenz beginnen. Zu diesen zählen: (a) *→Geistige Behinderung (→Schwachsinn),* (b) *tiefgreifende E. (pervasive developmental disorders),* z.B. *Autismus;* (c) *umschriebene E. (specific developmental disorders),* z.B. Schulleistungsstörungen, Sprach-, Sprech- und Artikulationsstörungen, Störungen der motorischen Koordination; (d) *anderer E.,* d.h. z.Zt. nicht näher bezeichnete E. des o.g. Typs; (e) *expansive Verhaltensstörungen (disruptive behavior disorders)* wie Aufmerksamkeits- und Hyperaktivitätsstörungen, Störungen des Sozialverhaltens, z.B. in Gruppen auftretende Störungen, aggressives Einzelgängertum, oppositionelles Trotzverhalten; (f) *Angststörungen in der Kindheit und Adoleszenz (anxiety disorders of childhood and adolescence)* wie Trennungsangst, Kontaktmeidung, Überängstlichkeit; (g) *→Eßstörungen;* (h) *Störungen der →Geschlechtsidentität im Kindesalter und in der Adoleszenz (gender identity disorders of childhood and adolescence);* (i) *Tic-Störungen (→Tic);* (j) *Störungen der Ausscheidung (elimination disorders),* funktionelle *Encopresis* (Einkoten) und *Enuresis* (Bettnässen); (k) *nicht andernorts klassifi-*

zierte Sprechstörungen (not otherwise classified speech disorders), d.h. Poltern und Stottern; (l) *andere Störungen in Kleinkindalter, Kindheit und Adoleszenz* wie *Mutismus,* reaktive Identitäts- und Bindungsstörungen, Bewegungsstörungen mit autoaggressivem Charakter und undifferenzierte Aufmerksamkeitsstörungen.

Entwicklungstheorien *(theories of development; developmental theories).* Bezeichnung für Aussagesysteme über Gesetzmäßigkeiten und systematische Zusammenhänge der *Entwicklung* des Individuums. Diese wird in der Regel aufgefaßt als eine geordnete Folge von Veränderungen bzw. Veränderungsschritten *(→Entwicklungsphasen)* mit den allgemeinen Kennzeichen der fortschreitenden *Differenzierung, Komplexität* und *hierarchischen Organisation* der *internen Steuerungsfunktionen.* E. enthalten Aussagen über ihren *spezifischen Gegenstand* (d.h. was, welche Funktion betrachtet wird), den *Verlauf* (d.h. wie die Entwicklung abläuft, kontinuierlich, in wiederkehrenden Stufen auf einem höheren Niveau, in Phasen, einander überlagernden Schichten, usw.; vgl. THOMAE, 1959) und über zugrunde liegende *Kontroll-* oder *Steuerungsvorgänge* (d.h. wodurch Entwicklung stattfindet, aufgrund biogenetischer Faktoren, Wechselwirkungen zwischen endogenen und exogenen Bedingungen, durch Anpassung, Lernen, Internalisierung, Sozialisation o.ä.). Da die verschiedenen E. von höchst unterschiedlichen Prinzipien und Grundannahmen ausgehen und sich auf jeweils verschiedene spezifische Funktionsbereiche des Erlebens und Verhaltens beziehen, sollte man in ihnen eine Sammlung von Aspekten sehen, unter denen einzelne, ausgewählte Phänomene der Entwicklung und ihres Verlaufes betrachtet und vorläufig interpretiert werden können (vgl. EWERT, 1983; *→Theorie*). Die folgende Aufzählung ausgewählter Ansätze orientiert sich teilweise an einer von TRAUTNER (1978) vorgeschlagenen Einteilung, die von den verschiedenen Prinzipien bzw. Grundannahmen über das Was, Wie und Warum von Entwicklung ausgeht.

[1] *Biogenetische E.:* Ihre Vertreter sehen in der Entwicklung einen vorprogrammierten Prozeß der Entfaltung, der sich in Analogie zu körperlichen Reifungs- und Wachstumsprozessen vollzieht. Zu den wichtigsten Vertretern dieser Richtung gehört neben OSWALD KROH vor allem HEINZ WERNER. Er sucht in seiner umfassenden E. allgemeine Gesetzmäßigkeiten, die allen länger- und kürzerfristigen Entwicklungsprozessen *(Phylogenese, Ethnogenese, Ontogenese, Pathogenese* und *Aktual-* oder *Mikrogenese)* eigen sind. WERNER geht von einer Übereinstimmung zwischen ihnen aus, der sog. *Makro-Mikro-Korrespondenz (macro-micro correspondence).* Diese Übereinstimmung zeigt sich darin, daß jede Entwicklung von einem Zustand relativer *Globalität* oder *diffuser Ganzheitlichkeit* zu einem Zustand wachsender *Differenziertheit* bei gleichzeitiger *hierarchischer Organisation* und *Integration* führt *(→orthogenetisches Prinzip).* Neben den biogenetischen Reifungs- und Wachstumsbedingungen sieht WERNER individuelle *Bedürfnisse* (vor allem die Neugierde) und *adaptive Prozesse* als die entscheidenden Faktoren der psychischen Entwicklung an. In den adaptiven Prozessen zeige sich in aller Deutlichkeit, wie ein bestehendes Ungleichgewicht zwischen Erfordernissen und vorhandenen Möglichkeiten durch die Reorganisation der entsprechenden psychophysischen Strukturen auf einem höheren Niveau ausgeglichen werde. Die hierarchische Organisation des Erlebens und Verhaltens vollzieht sich nach WERNER in drei Stufen, einer *sensomotorischen,* einer *perceptiven* und schließlich einer *kontemplativen Stufe,* die in deutlicher Beziehung zur *Sozialisation,* der Übernahme und Reflexion von sozialen Normen, steht. WERNERS Ansatz, der sowohl Aspekte der vergleichenden Verhaltensforschung als auch der Psychopathologie einbegreift, gehört zu den einflußreichsten Quellen der modernen Entwicklungspsychologie. Seine Auffassung von der wechselseitigen Durchdringung von Differenzierung und hierarchischer Organisation bzw. Integration findet sich in verschiedenen Abwandlungen auch in Theorien wieder, welche nicht von biogenetischen Vorgängen ausgehen.

[2] *Psychoanalytische E.* gehen von den Annahmen Sigmund FREUDS aus, die Entwicklung der Persönlichkeit vollziehe sich im Spannungsfeld genetisch determinierter *Triebansprüche* und exogener Bedingungen der *Triebbefriedigung* bzw. deren *Versagung.* Daraus entwick-

le sich ein Ablauf, der sich zwischen den Polen von *Bindung* und *Lösung* entfalte. FREUD nimmt darüber hinaus an, daß sich die Entwicklung – bedingt durch physiologische Reifungsprozesse – in Phasen vollzieht *(orale, anale, phallische, Latenz-* und *genitale Phase)*. Diese Phasen beziehen sich auf die affektive Besetzung von Körperzonen im Zusammenhang mit Triebansprüchen und -befriedigung; sie repräsentierten aber auch gleichzeitig charakteristische Arten und Formen sozialer Beziehungen *(Objektbeziehungen)*, die für die Ichreifung und Entwicklung wirkungsvoller *→Abwehrmechanismen* von ausschlaggebender Bedeutung sein sollen. Für FREUD und seine Anhänger ist das Durchlaufen von Phasen kein irreversibler Prozeß; fortgesetzte Versagungen können zu Rückfällen in frühere Entwicklungsphasen, sog. *Regressionen*, führen. Exzessive Triebbefriedigung und daraus erwachsende Konflikte können – so wird angenommen – zu *Fixierungen* veranlassen, die dem Erwachsenen bestimmte Zwänge auferlegen (z.B. der anale Zwangscharakter mit seiner Tendenz, zu sammeln bzw. nichts abgeben zu wollen). Das Ziel FREUDS war ursprünglich, pathologische Erscheinungen und Störungen (z.B. Angst- und Zwangsneurosen) bei Erwachsenen auf den Verlauf der (Trieb-) Entwicklung im Kindesalter zurückzuführen. In der Neo-Psychoanalyse wird aus den Annahmen FREUDS eine umfassende, nicht minder globale und nach dem Kanon der empirischen Forschung schwer überprüfbare Deutung der Beziehungen zwischen Persönlichkeitsentwicklung und sozio-kulturellen Gegebenheiten (z.B. bei ERIKSON).

[3] *Lernpsychologische E.* gehen von exogenen Einflüssen aus, die sich in Veränderungen des offenen Verhaltens in umschriebenen Leistungs- oder sozialen Bereichen zeigen. Es wird angenommen, das Individuum lerne im Verlauf seiner Entwicklung nach Maßgabe seines Reifungszustandes immer mehr relativ spezifische Verhaltensmuster *(Gewohnheiten)*, die dann in gleichartigen oder ähnlichen Situationen wieder angewendet werden. Entwicklung reflektiert die individuelle Lerngeschichte und stellt sich dem Beobachter als ein Prozeß der fortschreitenden Akkumulierung und Generalisierung von Verhaltensmustern dar. Im übrigen werden die Prozesse in dem in den Lerntheorien üblichen Schema von Reiz-Reaktions-Verbindungen beschrieben und mit Hilfe der Annahmen des *klassischen Konditionierens*, des *instrumentellen* bzw. *operanten Konditionierens* und *Beobachtungs-* bzw. *Imitationslernens* interpretiert *(→Lernen)*. Die Entwicklung verläuft, so wird in den lernpsychologischen E. impliziert, bei verschiedenen Individuen dann in den betrachteten Verhaltens- und Leistungsbereichen übereinstimmend, wenn Lernumwelt und damit auch Lerngeschichte einander entsprechen.

[4] *Dialektische E.* befassen sich ebenfalls mit den exogenen Bedingungen. Ihre Vertreter sehen die Verhaltens- und geistige Entwicklung in deutlicher Abhängigkeit von den sozialisatorischen Einflüssen der Gesellschaft, ihren Lebensbedingungen und ihren (sprachlich vermittelten) kulturellen Werten. Zwar ist die »Formbarkeit« oder »Plastizität« des Menschen durch innere Bedingungen (wie z.B. Fähigkeiten, Wissensstand, Motive und biologische Faktoren) mitbestimmt; steuernd im engeren Sinne sollen sich aber lediglich die äußeren Bedingungen auswirken. Stufen der Entwicklung entstehen nach dem Denkmodell des »dialektischen Sprunges« dann, wenn der Widerspruch zwischen Leistungsanforderungen und tatsächlicher Leistungsfähigkeit internalisiert und durch vermehrte Bemühungen aufgelöst wird. Jeder Entwicklungsstufe entspricht ein dominanter Tätigkeitsbereich im Kontext der dort vorherrschenden Beziehungen zur »sozialen Wirklichkeit« (z.B. beim Vorschulkind die Abhängigkeit von Personen aus der näheren Umgebung, beim Schulkind die Beziehung zu Lehrern und Mitschülern; vgl. LEONTJEW, 1964). Die insbesondere in der Sowjetunion beheimateten dialektischen E. dienten vor allem der Erstellung pädagogischer Interventionsprogramme (vgl. GALPARIN, [7]1967).

[5] *Kognitive E.* stellen die Betrachtung der dem *Erkennen, Wissen* und *Planen* zugrunde liegenden *Organisationsstrukturen* in den Vordergrund.

(a) KURT LEWIN sieht in der Entwicklung eine zunehmende »Organisierung« und *Differenzierung* des *psychischen Feldes (→Feld; →Feldtheorie)* bei gleichzeitiger Abgrenzung (»Rigidisierung«) von Feldanteilen und Bildung verschiedener Feldzonen (zentrale vs. Randbereiche). Diese Prozesse vollziehen sich nach LEWIN in der Wechselwirkung zwischen *Person-Variablen* (z.B. Reifungsvorgänge) und *Situationsvariablen*, (z.B. verhaltenswirksamen Ereignissen in der physikalischen oder sozialen Umwelt). Mit wenigen Ausnahmen (z.B. der sog. Pubertätskrise) verläuft die Entwicklung aus der Sicht LEWINS kontinuierlich. Der Verhaltensspielraum wird beständig größer, das Verhalten erfährt eine zunehmende hierarchische Organisiertheit, die Zugriffsmöglichkeiten zu den Umweltgegebenheiten werden größer, die Zeitauffassung trennt zwischen Vergangenem, Gegenwärtigem und Zukünftigem. Reales und Irreales können – wie auch Gefühle, Motive, Mögliches und Unmögliches – im integrativen Bezug zur eigenen Person unterschieden werden. Die Feldtheorie LEWINS stellt ein wertvolles deskriptives Instrumentarium dar, dessen Bedeutung besonders im Zusammenhang mit der Rolle von *Bedürfnissen* und ihrer Befriedigung deutlich wird. (b) Die von JEAN PIAGET begründete E. stellt den z.Z. einflußreichsten und meistdiskutierten Beitrag dar. Für PIAGET ist Entwicklung eine Folge von weitgehend *selbstregulatorischen Anpassungsprozessen* des Organismus an seine Umwelt aufgrund interner Gleichgewichtsregulation *(Äquilibration)*. Je öfter und erfolgreicher das Gleichgewicht hergestellt werden konnte, desto stabiler und störungsresistenter werden die den Funktionen entsprechenden *kognitiven Strukturen* (innere Repräsentationen; *→Schema; →Akkommodation, →Assimilation*). Adaptation und kognitive Organisation sind demnach die zentralen Kennzeichen jeder Entwicklung, die in drei bzw. vier qualitativ voneinander abhebbaren irreversiblen Phasen verläuft. Der *sensomotorischen* Phase folgt (nach dem Durchgang durch eine *prä-operationale Phase*) die *Phase der konkreten Operationen* und dieser schließlich die *Phase der formalen Operationen*. Die einzelnen Phasen sind hierarchisch organisiert; die ihnen entsprechenden kognitiven Strukturen bilden daher für PIAGET ein integriertes Ganzes.

PIAGETS durch Beobachtungen und Experimente gestützter Ansatz zielt klar erkennbar auf die *Entwicklung der Intelligenz* und der durch autonome Denkvollzüge getragenen *Urteilsfähigkeit* (z.B. auf die Entwicklung des moralischen Urteils) ab.

LIT. BALDWIN (1974); BANDURA (1976); EWERT (1983); GALPARIN (1967); LEONTJEW (1964); LEWIN (1963; 1969); PIAGET (1976; 1977); SKINNER (1946); TRAUTNER (1978); WERNER (1959).

Enuresis. Bezeichnung für Blasenentleerungen ohne Kontrolle der Blasenschließmuskulatur. Das sog. *Bettnässen* (enuresis nocturna) bezeichnet eine nur nachts auftretende Sonderform. *→Entwicklungsstörungen.*

Enzyme. Bezeichnung für komplex aufgebaute organische Substanzen, die bei Pflanzen und Säugetieren sowie beim Menschen chemische Umwandlungen bewirken, z.B. Stärke in Zucker.

EOG, Elektrooc(k)ulogramm *(electrooculogram)*. Bezeichnung für die Registrierung der Augapfelbewegung auf elektrophysiologischem Weg durch Anlegen von Elektroden an den Stellen der Gesichtsoberfläche, unter denen die entspr. Aktivitäten ablaufen.

E-Phänomen, E-Effekt *(E-effect)*. Ist der Kopf oder Körper eines Beobachters seitlich geneigt und soll er in dieser Position einen leuchtenden Stab in die Gravitations-Vertikale einstellen, so gelingt dies einigermaßen fehlerfrei, wenn die Wahrnehmungsumgebung Anhaltspunkte liefert. Ist der Raum abgedunkelt und der Beobachter kann nur den leuchtenden Stab sehen, so tendiert er bei einer Kopf- oder Körperneigung bis zu ca. 50° dazu, den Stab bis zu 8° in der seiner Kopf- oder Körperneigung entgegengesetzten Richtung einzustellen, in der Meinung, es handle sich um die Gravitations-Vertikale. Dieses Phänomen wurde erstmals von G. E. MÜLLER (1916) bei kritischen Nachuntersuchungen zu dem *→Aubertschen Phänomen* beschrieben. Ähnliches gilt auch für die Lokalisation akustischer Reize unter den o.g. Bedingungen.

LIT. MÜLLER (1916).

Epidemiologie *(epidemiology)*. Ursprünglich Bezeichnung für die systematisch-statistische Erfassung der Verbreitung von Epidemien (z.B. Cholera, Typhus). Wird heute als Inbegriff der systematischen Untersuchung der Verteilung und Verursachung von Krankheiten und psychischen Störungen verstanden. Zu den wichtigsten Aufgaben der E. gehören die Erfassung der zeitlichen und räumlichen Verteilung des Auftretens von Krankheiten und Störungen unter Einbeziehung somatischer und psychologischer Kennwerte (→*Inzidenz*, →*Prävalenz*), Untersuchungen über Entstehung und Verlauf von Krankheiten bzw. Störungen (→*Ätiologie*, →*Nosologie*), die Ermittlung individueller, körperlich und/oder persönlichkeitsbedingter Risikofaktoren (→*Prävention*) sowie die Untersuchung von Beziehungen zwischen Umweltfaktoren (z. B. belastende bzw. beanspruchende Lebensbedingungen) und Krankheiten bzw. Störungen.

LIT. HÄFNER, WEYERER (1990); MACMAHON, PUGH (1970).

Epidermis. Bezeichnung für die äußere Schicht der Haut.

Epigenesis. Bezeichnung für eine dem *Präformismus* entgegengerichtete Anschauung über die embryonale Entwicklung. Es wird angenommen, der Prozeß vollziehe sich in sukzessiven Zuwachsraten und Veränderungen, die durch Wechselwirkung mit Umwelteinflüssen hervorgerufen werden.

Epilepsie, Fallsucht *(epilepsy)*. Bezeichnung für eine Anfallserkrankung, die von Bewußtlosigkeit und Krämpfen begleitet ist und in unregelmäßigen Intervallen auftritt. Ihre Ursache wird in einer heftigen Energieentladung des Gehirns gesehen, die von einem Herd ausgeht und die benachbarten Regionen zum »Mitfeuern« veranlaßt. Man unterscheidet primäre und sekundäre Formen der E. Je nach Heftigkeit der Anfälle lassen sich »grand mal« und »petit mal« unterscheiden; im letzteren Fall handelt es sich um einen kurzzeitigen Bewußtseinsausfall. Als *epileptischen Furor* bezeichnet man brutal anmutende, heftige aggressive Verhaltensweisen, an die sich der Betreffende nach dem Anfall nicht erinnern kann. Man nimmt an, daß diese Verhaltensweisen entweder mit den Anfällen oder aber als eine Art Ersatz für die Anfälle auftreten. Dem epileptischen Anfall geht die sog. *»Aura«* voraus, ein Gefühl der Ängstlichkeit und Beklemmung; heftigen Anfällen kann ein Zustand der Bewußtseinstrübung und Bewegungslosigkeit folgen, der als *epileptischer Stupor* bezeichnet wird. Anfälle, die dem epileptischen ähnlich sind, jedoch auf andere Ursachen, z.B. einen Tumor zurückgehen, werden als *epileptiform* oder *epileptoform* bezeichnet.

Epinephrin *(epinephrine)* →*Adrenalin*.

Epiphänomenalismus. Bezeichnung für philosophische Theorien, die besagen: Geistige oder seelische Prozesse haben keinerlei ursächliche Wirkung; Verknüpfungen von Ursache und Wirkung finden nur in bezug auf körperl. Geschehen (bzw. auf der materiellen Seite) statt; geistige Prozesse haben den Stellenwert von *Begleiterscheinungen (Epiphänomenen)* und beeinflussen das Ergebnis (Wirkung) in keiner Weise.

Epiphyse oder **Zirbeldrüse,** lat. corpus pineale *(epiphysis, pineal body, pineal gland, epiphysis cerebri)*. Kleine, nach oben gerichtete Ausstülpung des Zwischenhirns (oberhalb des Thalamus) mit nach hinten reichenden Fortsätzen oberhalb der Vierhügelregion, deren Funktion weitgehend ungeklärt ist. Die E. ist eine endokrine Drüse des Gehirns und kontrolliert u. a. das Keimdrüsenwachstum und damit den Zeitpunkt der Pubertät. Epiphysen- und *Hypophysenfunktionen* ergänzen einander.

Episkotister *(episcotister)*. Bezeichnung für eine Versuchsanordnung zur Erzeugung von Helligkeits- und Farbabstufungen sowie kurzzeitiger Reizdarbietung und sog. Flimmereffekten. Eine kreisförmige Scheibe weist einen Sektor variierbarer Größe auf, der geöffnet oder mit einer bestimmten Farbe versehen werden kann. Durch Rotation der Scheibe entstehen kontrollierbare Helligkeiten, Farbmischungen oder Flimmereffekte. – Eine besondere Vorrichtung erlaubt es, die Größe des Sektors bei manchen Geräten auch während der Rotation zu variieren; z. B. der Musilsche Apparat. Beim sog. *Episkotister-Tachistoskop (→Tachistoskop)* bedient man sich eines E. zur Kontrolle eines kurzzeitig darzubietenden Reizes.

Epistemologie *(epistemology)*. *Erkenntnislehre* oder *Erkenntnistheorie*.

Epsilon-Phänomen →*Scheinbewegung*.

EPSP →*Synapse*.

ereignisbezogene Potentiale, ereigniskorrelierte Potentiale, ERP *(event-related potentials; event correlated potentials)*. *Psychophysiologie:* Zusammenfassende Bezeichnung für Veränderungen der bioelektrischen Hirnaktivität, die in Abhängigkeit von zeitlich fixierten Triggern, d. h. mit bzw. nach einem Warnreiz oder imperativen Signal (→*evozierte Potentiale*), zwischen bei-

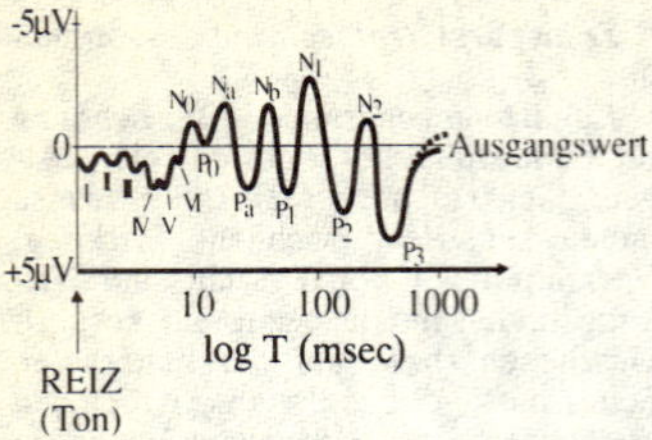

Schematisch-idealisierte Darstellung der ERP auf einen akustischen Reiz (Ton) aus dem gemittelten EEG nach Verstärkung bzw. Signalverstärkung und wiederholter Darbietung. Der Zeitablauf ist auf einer logarithmischen Skala dargestellt, Negativierungen sind wegen ihrer Beziehung zu aktivierenden Prozessen als Abweichungen vom Ausgangswert nach oben, Positivierungen wegen ihrer Beziehung zu hemmenden Prozessen als Abweichungen nach unten eingezeichnet. I–VI bezeichnen Stammhirnpotentiale, N_0, P_0, N_a, P_a und N_b Thalamus-Potentiale, P_1, N_1, P_2, N_2 und P_3 (P_{300}) kortikale Potentiale. Die Steilheit der Rückkehr zum Ausgangswert nach P_3 ist variabel und hängt von den Versuchsbedingungen ab. P_3 würde z.B. in eine langsame Gleichspannungs-Negativierung (CNV) übergehen, wenn auf den Ton als Warnreiz das Signal zur Ausführung einer bestimmten Reaktion erwartet wird.

den in Vorbereitung einer Reaktion (→*CNV*), mit dem Vorsatz zu reagieren (→*Bereitschaftspotential*) oder aber mit bzw. nach der Ausführung einer Reaktion *(bewegungsbegleitende Potentiale;* →*PINV*) auftreten und nach wiederholten Messungen unter unveränderten Bedingungen durch Signalverstärkung und Anwendung von Mittelungstechniken aus dem →*Elektroencephalogramm (EEG)* herausgelöst werden können. ERP werden in der Regel – wie das EEG – durch Oberflächenableitung vom intakten Schädel gewonnen und als positive bzw. negative Abweichungen vom Ruhewert *(Ausgangswert)* dargestellt. ERP überlagern die Spontanaktivität des EEG und zeigen sich in Spannungsveränderungen von wenigen μV (Mikrovolt). Daher muß bei der Signalverstärkung eine im Vergleich zum Standard-EEG größere →*Zeitkonstante* verwendet werden. ERP besitzen eine charakteristische topographische Verteilung. Sie werden mit großer Wahrscheinlichkeit von lokalen *Dipolen* generiert; die Spannungsveränderungen entstehen vermutlich durch synchronisierte postsynaptische Potentiale von Zellverbänden und stehen mit Reizverarbeitung, Prozessen der Aktivierung, Informationsverarbeitung, Erwartungen, Anbahnung von Entscheidungen und Reaktionsselektion in Verbindung. Man unterscheidet bei den ERP wie bei allen *Biosignalen,* die einen Prozeß charakterisieren, unterschiedliche *Potentialkomponenten,* die sich in einer geordneten Folge von Negativierungen und Positivierungen zeigen. Ist der Ereignisbezug durch einen Signalreiz getriggert (vgl. Abb.), so tritt bis etwa 10 msec (Millisekunden) nach seiner Darbietung eine rasche Folge von schwachen Positivierungen auf, die wegen ihres Ursprungsorts als *Hirnstammpotentiale (brainstem potentials)* gelten und mit fortlaufenden römischen Ziffern bezeichnet werden. Ihnen folgen mit allmählich abnehmender Dichte, einem Ausschwingen vergleichbar, die *thalamischen* und *kortikalen Potentiale (thalamic potentials; cortical potentials).* Sie werden mit Hilfe der sog. *Hauptkomponentenanalyse* bestimmt und erhalten Bezeichnungen, die einerseits der Abweichungsrichtung bzw. Polarität (P für Positivierungen, N für Negativierungen), andererseits der Reihenfolge bzw. Latenz ihres Auftretens entsprechen. Indizes verweisen darauf, an welcher Stelle nach Reizbeginn das entsprechende Potential auftritt (z.B. P_3, zu lesen als die an dritter Stelle auftretende Positivierung) oder aber mit welcher mittleren Latenzzeit das entsprechende Potential zu erwarten ist (z.B. P_{300}, zu lesen als Positivierung, die 300 msec nach dem Reiz auftritt). Allgemein gilt die Auffassung, daß Negativierungen Ausdruck sind von Prozessen der Aktivierung und Energetisierung, positive Auslenkungen dagegen von Prozessen der Hemmung und/oder des gesteigerten Energieverbrauchs. Die Latenz wird (vor allem bei den kortikalen ERP-Komponenten) als Ausdruck des Schwierigkeitsgrads der Informationsverarbeitung bzw. Reaktionsauswahl interpretiert. Depolarisationen, die etwa bis 200 oder 300 msec nach einem Reiz auftreten, werden zusammenfassend als *schnelle Potentiale (fast potentials)* bezeichnet. Sie reflektieren in erster Linie physikalische Reizaspekte und der Sinnesmodalität entsprechende Prozesse der Reizaufnahme (→*evozierte Potentiale*). Sie gelten in der klinischen Praxis als Indikatoren der Funktionsfähigkeit der zentralnervösen Reizanalysatoren. Man nennt sie zusammenfassend auch *exogene Potentiale (exogenous potentials)*. Den Übergang von den schnellen zu den *langsamen* oder *endogenen Potentialen (slow potentials; endogenous potentials)* markiert die N_1, eine Negativierung, die dann besonders ausgeprägt ist, wenn Reize oder Signale so und/oder dort auftreten, wie bzw. wo sie erwartet werden; man nennt die N_1 daher auch *Verarbeitungsnegativierung (processing negativity)*. Die langsamen Potentiale stehen insgesamt hinsichtlich ihrer Ausprägung und Latenz in deutlicher Beziehung zu psycho-energetischen, den Aufmerksamkeits- oder Bereitschaftszustand, die emotionale Befindlichkeit und Einstellung einer Person betreffenden Prozessen; sie werden daher oftmals im Hinblick auf situations- und funktionsspezifische Kriterien näher klassifiziert und entsprechend bezeichnet, z.B. neben *Verarbeitungsnegativierung* als *sprachbezogene Negativierung (semantic negativity), Entdeckungsnegativierung (detection negativity)* usw. Zu den psychologisch bedeutsamen, häufig untersuchten langsamen Potentialen zählen →P_3, *Bereitschaftspotential, CNV* und *PINV*. Die langsamen Potentiale bewähren sich insbesondere als psychophysiologische Kennwerte der Mobilisierung energetischer Ressourcen im Zusammenhang mit kognitiven Prozessen sowie in klinisch-psycholog. Anwendung zur Kennzeichnung von Beeinträchtigungen oder Störungen der →*Aufmerksamkeit*.

LIT. Callaway u.a. (1978); Hillyard, Kutas (1983); Lehmann, Callaway (1976); Näätänen, Michie (1976); Niedermeyer, Lopez da Silva (1982); Regan (1972); Rockstroh u.a. (1989); Verleger (1988).

Ereuthophobie. Furcht vor Erröten.

Erfahrung *(experience)*. Bezeichnung für durch Wahrnehmen und Lernen erworbene Kenntnisse und Verhaltensweisen (→*Gedächtnis, Gewohnheit,* →*Lernen)* und ihre Repräsentation im Bewußtsein.

Erfassungstypus →*Rorschach-Test.*

Erfolg *(success)* →*Anspruchsniveau,* →*Hoffnung.*

ERG, Elektroretinogramm *(electroretinogram)*. Bezeichnung für die Registrierung elektrischer Vorgänge an der Retina.

Ergänzungstest *(combination test, completion test)*. Ein erstmals von H. Ebbinghaus zur Prüfung der Intelligenz eingeführtes Verfahren, in dessen Verlauf z.B. ein unvollständiger Satz durch Hinzufügen der entsprechenden Worte oder Wortgruppen vervollständigt werden muß (Satzergänzen).

Ergograph. Eine Versuchsanordnung zur Messung der Muskelarbeit und Ermüdung. Die Leistung eines bestimmten Muskelsystems wird z.B. durch Finger- oder Handzug über längere Zeit gemessen, wobei die entsprechende Arbeit in regelmäßigen Abständen und unter kontrollierten Bedingungen (z.B. Gegengewicht o.ä.) gefordert wird. Die Messung erfolgt durch Ablesen einer Skala oder durch graphische Aufzeichnung.

Ergonomie *(ergonomics)*. Zusammenfassende Bezeichnung für ein interdisziplinäres Forschungsgebiet, das sich sowohl mit den funktionellen Grenzen und Möglichkeiten des Menschen im Bereich spezifischer Arbeitsplätze und Arbeitsabläufe als auch mit den Bedingungen und Methoden der Arbeitsplatzgestaltung und Arbeitsorganisation befaßt, die als Voraussetzung für die Aufrechterhaltung der Arbeitsfähigkeit, Gesundheit und Sicherheit gelten. In dieses große Gebiet fallen anthropologisch-anthropotechnische Fragen, Teilgebiete der Medizin (insbesondere Arbeitsmedizin und Sozialmedizin) und Probleme der Arbeitspsychologie und -technik sowie die dazugehörigen Grundlagenforschungen aus den angesprochenen Teilbereichen.

Die *psychologische Ergonomie* befaßt sich insbesondere mit Problemen der Wahrnehmungs- und Aufmerksamkeitsbedingungen, der Signalverarbeitung und des Signalverstehens und Erinnerns, der Einflüsse von Belastung, Ermüdung, Monotonie und Wachheit auf die perzeptiv-motorischen Funktionen, mit den Bedingungen des Arbeitsplatzes und Arbeitsraumes, der Aufteilung der Funktionen zwischen Menschen und Maschine (→*Human engineering*), Fragen der Personalauslese und des Trai-

nings *(→Arbeitspsychologie)* und mit der Entwicklung geeigneter Meßmethoden und Modelle.
LIT. McCormick, Sanders (1982); Murell (1971); Schmidtke (Hrsg.; 1973; 1974); Sintschenko u.a. (1976); Wickens (1984).

Erinnern, sich erinnern *(remembering, remember).* Allgemeine Bezeichnung für ein bewußtes Ins-Gedächtnis-Rufen bestimmter Erfahrungen bzw. Teilerfahrungen zu einem gegebenen Zeitpunkt; somit ein spezieller Aspekt des *→Gedächtnisses.* Ausgenommen ist das mehr oder weniger mechanische Reproduzieren.
→Gedächtnis.

Erkennen *(cognition).* Eine Bezeichnung umfassender Art für die verschiedenen Modi der Erfahrung und des Wissens, des Wahrnehmens, Erinnerns, Vorstellens, Denkens, Beurteilens, Urteilens usw. Die *→kognitive* Funktion als allgemeinste Klasse aller Funktionen oder Aspekte des bewußten Lebens wird oftmals der *→affektiven* und *→konativen* gegenübergestellt, also dem Fühlen und Wollen. Dies entspricht weitgehend der klassischen Einteilung in *→Noesis* und *→Orexis.*

Erkundungsverhalten *→Exploration.*

Erleben *→Verhalten.*

Erlebnisbeschreibung *→Beschreibung.*

Erlebniselemente *→Empfindung.*

Erlebnisqualität *→Qualität.*

Erlebnistypus *→Rorschach-Test.*

Erlernungsmethode *(complete learning method).* Bezeichnung für eine experimentelle Methode bei Untersuchungen des Gedächtnisses, bei der eine Reihe von Inhalten (sinnlose Silben) so lange dargeboten wird, bis eine fehlerlose Wiedergabe erreicht wird. Die Anzahl der notwendigen Wiederholungen ist das Kriterium der Leistung.

Ermüdung *(fatigue).* Bezeichnung für verminderte Produktivität, Leistungsfähigkeit oder Konzentration, die durch eine vorangegangene energieverbrauchende Tätigkeit herabgesetzt wurde. Subjektiv treten dabei Empfindungen und Gefühle auf, die auf die steigenden Schwierigkeiten bei der Ausführung einer Tätigkeit bezogen sind. E. kann sich im intellektuellen, muskulären und nervösen Bereich äußern. E. sollte von *Langeweile* oder *Sättigung* nach monotonen oder uninteressanten Tätigkeiten unterschieden werden *(→Hemmung, reaktive).*

erogene Zonen *(erogenous zones, erotogenic zones).* Bezeichnung für solche Körperoberflächen-Regionen, bei deren Reizung durch Berührung oder Wärme sexuelle Empfindungen oder Reaktionen auftreten (Genitalregion, Brust und Mund). In der psychoanalyt. Literatur wird angenommen, es handle sich bei den erogenen Zonen um eine funktionale *Substitution* der Genitalien.

erotisch *(erotic).*
[1] Allgemeine und umfassende Bezeichnung für alle mit der Sexualität zusammenhängenden Reize, Reaktionen, Vorstellungen und Motive. Als erotische (oder sexuelle) Empfindungen werden solche bezeichnet, die bei Erregung der Genitalien oder der sog. *erogenen Zonen* auftreten. Syn: *sexuell.*
[2] Bezeichnung für die aus den sexuellen Beziehungen bzw. aus damit zusammenhängenden Motiven durch Sublimierung entstandenen sozialen Beziehungen und ihre Folgen. Z. U. von *sexuell.*
Als *Erotik* bezeichnet man die Formen des sexuellen Verhaltens.

Erotomanie *→Wahn.*

Erregbarkeit *(excitability).*
[1] Bezeichnung für eine relativ überdauernde Bereitschaft zur Reaktion.
[2] Bezeichnung für einen Zustand übermäßiger und den Reizen oder Situationen nicht angemessener Bereitschaft zu emotionalen Reaktionen.

Erregung *(excitation, arousal).*
[1] Zustand des erregbaren Gewebes (Muskel- und Nervenzellen), der entweder durch lokale *Depolarisation* an *→Synapsen* oder durch Feuern der Zelle *(→Aktionspotential)* gekennzeichnet ist. Syn. für *Aktionspotential: Erregungsimpuls.* E. ist neben der *Hemmung* ein Grundvorgang der Informationsverarbeitung und -leitung im Organismus. Zellen, die E. aufbauen können, heißen auch *erregbare Zellen (excitable cells).*
[2] Im Sinne von engl. *arousal* eine durch ankommende sensorische Impulse ausgelöste, jedoch auf unspezifischen Bahnen über die formatio reticularis des Hirnstamms vermittelte, allgemeine Aktivierung des *Kortex* mit dem Effekt gesteigerter *Aufmerksamkeit* oder *Wachheit.*
→Aktivation.

Erregungsphase *(excitement phase, period of excitement).*
[1] Zeitabschnitt größter Erregung des Organismus, →*Erregung* [2].
[2] Physiologisch-emotionale Veränderungen in einer Vorphase sexueller Aktivität, gekennzeichnet durch Blutdruckanstieg, Anschwellen des Genitals u. ä.

Ersatzhandlung *(redirection activity).* Psychoanalytische und verhaltenspsychologische Bezeichnung für Handlungen an Stelle von anderen, verdrängten Handlungen bzw. für Handlungen am Ersatzobjekt, meist als Folge verdrängter bzw. unterdrückter direkter Handlungsimpulse vorgestellt.
→*Bedürfnis.*

Ersatzobjekt →*Substitut.*

Erscheinung, Phänomen oder **erscheinungsmäßige Gegebenheit** *(phenomenal pattern).* Zum Unterschied von den Reizgegebenheiten oder -konstellationen gewählte Bezeichnung für das, was gesehen (wahrgenommen) wird. Die Unterscheidung ist unbedingt notwendig, da es sowohl Veränderungen der erscheinungsmäßigen Gegebenheiten ohne entsprechende Veränderungen der Reizgrundlage gibt als auch Veränderungen der Reizgrundlage, die zu keinen erscheinungsmäßigen (wahrnehmbaren) Veränderungen führen. Syn. *Wahrnehmungsinhalt,* das Wahrgenommene u. ä.

Erscheinungsgröße →*Scheingröße.*

Erschöpfung *(exhaustion).*
[1] Bezeichnung für einen Zustand extremer Ermüdung, bei dessen Vorhandensein z. B. Muskeln oder Muskelsysteme auf entsprechende Erregung (Reize) nicht mehr ansprechen. Bei E. kann es zu psychoseähnlichen Zuständen (Zusammenbruch; *exhaustion psychosis*) kommen.
[2] Bezeichnung eines hypothetischen Vorgangs, in dessen Verlauf es durch den Verbrauch nervöser Energie (Erschöpfung eines handlungsspezifischen Energiepotentials) zu einer Art »Anpassung« des Organismus kommt. Da die Energien erschöpft sind, fallen nachfolgende Reaktionen weniger heftig aus bzw. vermindert sich die Häufigkeit des Auftretens.
[3] Bezeichnung für die letzte Phase eines Prozesses, in dessen Verlauf der Organismus durch Mobilisierung aller verfügbaren Energien einer belastenden Situation *(→Streß)* zu begegnen sucht; diese letzte Phase ist durch Widerstandslosigkeit und Zusammenbruch gekennzeichnet.

Erschöpfungsdepression *(exhaustion depression).* Depressiver Zustand, der auf längerzeitige, sich oft über mehrere Jahre hinziehende Auseinandersetzungen mit emotional erregenden und nicht bewältigbaren Umwelteinflüssen zurückgeführt werden kann. Einer Phase allgemeiner Reiz- und Ermüdbarkeit folgt eine Phase gravierender psychosomatischer Beschwerden (vegetative und funktionelle Störungen), die mit depressiven Zuständen einhergeht. Eine besondere Form der E. liegt in der sog. *emotionalen Erschöpfung (emotional exhaustion)* vor; hier vermindert sich die emotionale Ansprechbarkeit bzw. die emotionale Anteilnahme an Umweltgegebenheiten. Das von KIELHOLZ beschriebene Syndrom steht in engster Beziehung zu exogenen →*Depressionen* und den verschiedenen Erscheinungsformen des →*Streß.*

Erschöpfungsstupor →*Stupor.*

Ersparnismethode *(saving method).* Bezeichnung für eine Methode der Gedächtnisprüfung *(→Gedächtnis).* Es wird (a) geprüft wieviele Wiederholungen eines Lernstoffes bis zu seiner vollständig richtigen Reproduktion benötigt werden. Sodann (b) wird in einem definierten Zeitintervall (nach Stunden, Tagen oder Wochen) der Versuch bis zur vollständig richtigen Reproduktion des gesamten Stoffes wiederholt. Die Differenz des Wiederholungsaufwands zwischen (a) und (b) gilt als Gedächtnismaß und repräsentiert die Anzahl der nach dem Zeitintervall jeweils ersparten Wiederholungen des Stoffes. Die klassische Vergessenskurve *(→Vergessen)* basiert auf Daten, die mittels Ersparnismethode von EBBINGHAUS in Selbstversuchen gewonnen wurden *(→Gedächtnis).*

Erwartung *(expectation, expectancy).*
[1] Bezeichnung für eine Einstellung, die sich auf mehr oder weniger klare Zielvorstellungen bezieht *(→Antizipation).* Sie kann aus *Selektionen* oder *Umdeutungen* beim Wahrnehmen erschlossen werden. Kommt es aufgrund einer E. zu Fehleinschätzungen, so spricht man von einem *Erwartungsfehler.*
[2] Bezeichnung für eine von TOLMAN angenommene *Prozeßvariable.* Es wird

angenommen, daß im Verlauf eines Lernprozesses eine Disposition erworben wird, auf bestimmte *Hinweisreize* (z.B. Gegenstände oder lokale Gegebenheiten) so zu reagieren, als handle es sich bei den Hinweisreizen um Zeichen *(signs)* für einen anderen Gegenstand oder Reiz (z.B. wird angenommen, daß die lokalen Gegebenheiten des Labyrinths für eine Ratte Zeichen für Futter, also für einen Reiz, sind). →*Kognitive Lerntheorien*, →*Kognitive Landkarte*. Im englischen Sprachgebrauch wird mit *»expectation«* das subjektive Erleben einer E., mit *»expectancy«* dagegen die aus dem Verhalten erschlossene *»Einstellung«* oder »Prozeßvariable« *(intervenierende Variable)* bezeichnet.

Erwartungsfehler →*Erwartung*.

Erwartung, statistische; Erwartungswert *(expected value)*. Bei der Mehrzahl statistischer Operationen gilt der Mittelwert einer Zufallsvariablen oder Zufallsverteilung als E. Bezeichnet ξ eine diskrete Zufallsvariable, so ist $E(\xi)$ der Erwartungswert. Kann die Variable nur die diskreten Werte $X_1, X_2 \ldots X_k$ mit den dazugehörigen Wahrscheinlichkeiten $p_1 = p(X_i) = P(\xi = X_i)$ bei i = 1 bis k annehmen, so ist der Erwartungswert

$$E(\xi) = \sum_{i=1}^{k} p_i X_i$$

Unverzerrte Schätzwerte von E.-Werten für unbekannte Paramter heißen dann *erwartungstreue* oder *fehlerfreie Schätzungen (unbiased estimators)*, wenn für alle Stichproben der Erwartungswert gleich dem mittleren Parameterwert ist.

erworben *(acquired)*. Als erworben gelten solche Eigenschaften oder Reaktionen, die nicht angeboren sind, sondern im Verlauf des individuellen Lebens angenommen bzw. gelernt wurden.

erworbene Hilflosigkeit →*Hilflosigkeit*.

Erythrozyten →*Blut*, →*Blutgruppen*.

Erziehungsberatung →*Beratung*, →*Child guidance*.

erzwungene Einwilligung →*Compliance*.

erzwungene Zustimmung →*forced compliance*.

Es *(id)*, **Id.** Eine von FREUD und seinen Schülern gewählte Bezeichnung für die das *Unbewußte* (oder Unterbewußtsein) bildende Masse von einander beeinflussenden Energien oder Kräften, die sich bewußter Kontrolle im Gegensatz zum →*Ich* entzieht. Oft gleichbedeutend mit »triebhaft«, »unkontrolliert« u.ä.

ESP →*Außersinnliche Wahrnehmung*.

Eßstörungen *(eating disorders)*. [1] Von der Norm abweichende Auffälligkeiten des Eßverhaltens, die zu Veränderungen des Körpergewichts führen. Hierzu zählen im weiteren Sinne die mit erheblichen Gewichtsverlusten oder Gewichtsschwankungen einhergehenden Störungen (a) *Anorexia nervosa*, (b) *Bulimia nervosa* (beide bei Frauen wesentlich häufiger als bei Männern), (c) *Pica* und (d) *Rumination* (unter [2] näher erläutert). Zu den mit erheblicher Gewichtszunahme verbundenen E. zählen: (e) *Adipositas (obesity)*, eine bei Männern und Frauen gleich häufig auftretende Überernährung mit Überschreitungen des Idealkörpergewichts um 20% und mehr. Adipositas ist eine auf gesteigerte Nahrungsaufnahme zurückgehende extreme Fettleibigkeit, die neben vielen anderen Faktoren vermutlich auf eine psychisch bedingte Fehlbeurteilung der inneren Kriterien für Sättigung und/oder eine fortgesetzte Fehleinschätzung des eigenen Aussehens (→*Körperschema*) zurückgeführt wird. Als Interventionsmaßnahmen empfehlen sich Selbsthilfegruppen (z.B. »Weight Watchers«), eine Verhaltenstherapie in Kombination mit kontinuierlicher Eßkontrolle und körperlicher Betätigung (Bewegungssport). (f) *Bulimie (bulimia; voracious appetite)*, eine durch anhaltenden Heißhunger bedingte Fettsucht, die als Folge psychischer Konflikte, aber auch organischer Hirnstörungen gedeutet wird. (g) *Polyphagie (polyphagia)*, umfassende Bezeichnung für anhaltende Freßsucht, die durch den Fortfall der Rückmeldung des Sättigungszustands bedingt ist.
[2] *DSM III–R:* E. im engeren Sinne sind zu den *Entwicklungsstörungen* zählende Auffälligkeiten des Eßverhaltens, die mit psychischen Störungen einhergehen. Zu den E. zählen: (a) *Anorexia nervosa (anorexia nervosa; nervous anorexia)*. Syn.: *Pubertätsmagersucht.* Das Körpergewicht wird durch länger anhaltende, mindestens dreimonatige Nahrungsverweigerung absichtlich um

15% und mehr unterhalb des für die entsprechende Altersgruppe und Körpergröße typischen Durchschnittswerts gehalten. Trotz bereits bestehendem Untergewicht herrscht das Gefühl vor, zu dick zu sein, oder die Angst, dick zu werden. Anorexia nervosa tritt überwiegend bei Frauen in der frühen oder späteren Adoleszenz (12–18 Jahre), im höheren Lebensalter dagegen sehr selten auf. Mit der Gewichtsabnahme kommt es zu einem Aussetzen des Menstruationszyklus (*Amenorrhoe*), Libidoverlust, Leistungsbeeinträchtigungen, Ermüdungserscheinungen und einer Reihe schwerer unterernährungsbedingter Komplikationen. Anorexia nervosa tritt häufig auf im Gefolge belastender Lebensereignisse, bei Personen mit ausgeprägt perfektionistischer Lebensweise, bei Frauen, die als Kleinkinder leicht übergewichtig waren, mehrere Schwestern bzw. Töchter haben. Beziehungen zwischen dieser Eßstörung und depressiven oder bipolaren Störungen bei nahen Vorfahren werden vermutet, sind jedoch nicht eindeutig nachgewiesen. Die mit der Anorexia nervosa verbundene starke Tendenz zu Fehleinschätzungen des Körperzustandes und zur Leugnung der vorhandenen Störung und ihrer Folgen behindert in vielen Fällen eine rechtzeitige oder längerfristige Intervention. Längsschnittuntersuchungen berichten über Mortalitätsraten zwischen 5% und 18%. Erfolgversprechende therapeutische Ansätze sind aus Psychoanalyse und Verhaltenstherapie entwickelte sog. multidimensionale Behandlungsprogramme, die unter ärztlicher Mitwirkung meist in Kliniken angeboten werden (Anorexia bedeutet wörtlich übersetzt Appetitverlust; das Störungsbild der Anorexia nervosa hat jedoch mit Appetitverlust wenig zu tun, daher ist die Bezeichnung ein wenig irreführend). (b) *Bulimia nervosa (bulimia nervosa),* früher auch *Bulimarexie (bulimorexia; purging-gorging syndrome).* Wiederholt auftretende Freßanfälle *(binge eating),* begleitet von dem Gefühl, diese nicht kontrollieren zu können. Ihnen folgen regelmäßig Maßnahmen zur Verhinderung einer Gewichtszunahme, z.B. selbstinduziertes Erbrechen, übermäßige körperliche Aktivitäten, Fastenkuren, Einnahme von Laxantien (Abführmittel) oder Diuretika (Entwässerungsmittel); hinzu treten nicht selten die Einnahme von Beruhigungsmitteln oder Drogen. Die Bulimia nervosa geht stets mit einer übertriebenen Beschäftigung mit Figur und Gewicht einher, tritt gehäuft bei Frauen in der Adoleszenz oder im frühen Erwachsenenalter auf und führt wegen der starken Gewichtsschwankungen und des häufigen Erbrechens zu einer Reihe von somatischen Komplikationen. Untersuchungen berichten über Zusammenhänge zwischen eigenem Übergewicht (Adiposa) in der frühen Adoleszenz und/oder Übergewicht naher Vorfahren und dem Auftreten der Bulimia nervosa. Zusammenhänge zwischen ihr und depressiven bzw. bipolaren Störungen in der nahen Verwandtschaft werden angenommen, sind jedoch nicht gesichert. Therapieprogramme sind mit jenen bei Anorexia nervosa vergleichbar. (c) *Pica, Pikazismus (pica, perverted appetite),* hergeleitet aus dem Lateinischen *pica* (Elster), ursprünglich der bei Schwangeren auftretende Heißhunger auf ungewöhnliche Nahrungsmittelkombinationen. Heute Bezeichnung für eine äußerst seltene Eßstörung, die meistens als Folge mangelnder Zuwendung oder Vernachlässigung in den ersten 12–14 Lebensmonaten, gelegentlich auch in Verbindung mit somatischen Störungen oder geistiger Behinderung auftritt. Pica äußert sich im Essen ungenießbarer Stoffe, z.B. Bindfäden, Farben, Haare, Papier, Stoff, Watte, auch Insekten, Fäkalien oder Schmutz, ohne daß damit Aversionen gegen Nahrungsmittel verbunden sind. Zu den Folgen der Pica zählen Infektionen, Vergiftungen, Toxoplasmose oder Darmverschluß. Die Störung verschwindet bei psychischer Bedingtheit meistens in der frühen Kindheit von selbst. (d) *Ruminationsstörung bei Kleinkindern (rumination disorder),* Syn.: *Wiederkäuen.* Bei Kleinkindern im Alter von 3–12 Monaten sehr seltene Störung, die sich im wiederholten Emporwürgen, Ausspucken oder Wiederverschlucken der Nahrung äußert. Diese Verhaltensweisen gehen nicht auf eine Erkrankung des Magen-Darm-Trakts zurück und werden ohne Übelkeit und Ekel mit den Anzeichen der Befriedigung, oftmals begleitet von Saugbewegungen, ausgeführt. Die Ursachen der Rumination sind weitgehend ungeklärt. Sie klingt in den meisten Fällen von selbst ab. Ist dies nicht der Fall, kommt es zu Gewichtsverlust und Unterernährung; erschwerend tritt bei anhaltender Ruminationsstörung eine durch Ekel hervorgerufene Abwendung der Pflegepersonen hinzu. Die Mortalitätsrate liegt bei 25%. In die Kategorie der *atypischen, nicht näher bezeichneten E.* fallen häufiges selbstinduziertes Erbrechen aus Angst vor Gewichtszunahme ohne Vorliegen von Freßanfällen oder (bei Mädchen) Merkmale der Anorexia nervosa ohne Ausbleiben der Monatsregel. Die unter [1] (e), (f) und (g) aufgeführten Anomalien zählen im *DSM III-R* deshalb nicht zu E. im engeren Sinn, weil sie weder entwicklungsbedingt auftreten, noch regelmäßig mit deutlichen psychischen bzw. Verhaltensstörungen einhergehen. Ist die psychische Mitverursachung in Grenzfällen wie *Adipositas* oder *Bulimie* nachgewiesen, so gelten diese als »körperlicher Zustand, bei dem psychische Faktoren eine Rolle spielen«.

LIT. Battegay (1982); Herzog, Deter, Vandereycken (1992); Köhler, Niepoth (1991); Laessle (1990).

Ethik *(ethics)*. Philosophische Bezeichnung für die Wertlehre.
→*Wert.*

Ethnologie, Völkerkunde *(ethnology)*. Die vergleichende Wissenschaft von den Kulturen bzw. von den verschiedenen Völkern (»Rassen«) und ihren Kulturen unter besonderer Berücksichtigung primitiver Entwicklungsformen (→*Kultur*). →*Völkerpsychologie (ethnopsychology)* ist eine der älteren Bezeichnungen für die systematische Erforschung des Zusammenhangs von Kultur und Verhalten durch den Vergleich zwischen verschiedenen Stufen der kulturellen Entwicklung.

Ethnozentrismus *(ethnocentrism)*. Bezeichnung für eine Art des Vorurteils, gekennzeichnet durch eine vorherrschende Tendenz (Einstellung), die Eigenschaften der eigenen kulturellen Gruppe (»Rasse«, »Nation«, »Volk«) als Bezugssystem der Beurteilung anderer zu wählen, wobei die Eigenschaften der eigenen Gruppe übertrieben positiv bewertet werden.
→*Autoritäre Persönlichkeit.*

LIT. Adorno u.a. (1950).

Ethologie *(ethology)*. Teilgebiet der vergleichenden →*Verhaltensforschung,* das sich mit den Grundlagen angeborener Verhaltensmuster und ihrer auslösenden Bedingungen (→*Instinkt*) befaßt und insbesondere durch die Arbeiten von Lorenz und Tinbergen geprägt ist.

Euphorie *(euphoria)*. Von Sorglosigkeit, Optimismus und körperlichem Wohlbefinden geprägte heitere Stimmungslage, die weder den Lebensbedingungen noch dem objektiv ermittelten körperlichen Zustand entspricht. E. findet sich als Symptom bei seniler *Demenz, multipler Sklerose,* TBC und im Zusammenhang mit Intoxikationen (Alkohol, Drogen); sie gilt im zuletzt genannten Fall als Erklärungsgrundlage für Abhängigkeit.

Eustachische Röhre *(Eustachian tube)*. Röhrenförmige Verbindung zwischen Mittelohr und Rachenhöhle. Sie dient dem Druckausgleich im Mittelohr.
→*Ohr.*

Evaluation *(evaluation)*. Bewertung, Beurteilung.

[1] In der pädagogischen Psychologie die Beurteilung der Brauchbarkeit eines Lehrprogramms, einer Übungsstrategie oder des Unterrichts in bezug auf die *Lehrziele* durch empirische Prüfverfahren.

[2] Allg. auch die Feststellung der Adäquatheit eines Begriffs oder einer Regel bei Problemlösen und Denken.

Evolution *(evolution)*. Aus dem lat. evolvere (hervorrollen, herauswickeln) hergeleitete Bezeichnung für langsame, undramatisch ablaufende Veränderungen des äußeren Erscheinungsbildes und/oder Verhaltens, z.B. die allmähliche Abflachung von Erdformationen durch klimatische Einflüsse, die allmähliche Entwicklung der menschlichen Gesellschaft zu höheren Formen des am Gemeinwohl orientierten Zusammenlebens. E. steht im Gegensatz zu *Revolution* als Inbegriff abrupter Umwälzungen aufgrund heftiger Gewalteinwirkungen. In der von Darwin begründeten biologischen *E.-Theorie* wird die stammesgeschichtliche Entwicklung (Phylogenese) von Lebewesenarten aus einfachen Grundformen zu hochentwikkelten, differenzierten Formen und Unterarten als Ergebnis eines durch *Mutations-* und *Selektionsprozesse* bestimmten *Evolutionsdruckes* erklärt. Ausgangspunkt war die Beobachtung, daß voneinander geographisch isolierte Gruppen ein und derselben Art über Jahrtausende hinweg nicht nur veränderte Erscheinungsformen, sondern auch neue Arten hervorbringen können. Der sog. *Mutationsdruck* entsteht durch die Häufigkeitszunahme eines Gens im Vergleich zu seinem →*Allel* in der Population aufgrund unterschiedlicher Mutationsraten. Der sog. *Selektionsdruck,* die zweite Komponente des E.-Druckes, bestimmt die Vorgänge der natürlichen Auslese; seine Stärke ist von den jeweiligen Umgebungsbedingungen, der Populationsgröße bzw. -dichte, dem bereits vorhandenen Erbgut und von der Anpassungsfähigkeit der betroffenen Lebewesen abhängig; er hat daher auf Überleben bzw. Fortpflanzung einen entweder erleichternden oder hemmenden Effekt. Mutations- und Selektionsprozesse bestimmen auf diese Weise in wechselseitiger Abhängigkeit und in Verbindung mit dem umweltabhängigen Erfolg bzw. Mißerfolg eines bestimmten (körperlichen) Merkmales den Anstieg oder Abfall der zugrunde liegenden Genhäufigkeit in der Population, d.h. die Wahrscheinlichkeit der Weitergabe bestimmter Geninformationen an die nächstfolgende Generation. Die an DARWIN orientierte Übertragung der E.-Theorie auf die Entwicklungsgeschichte kultureller, sozialer und individueller Erlebnis- und Verhaltensweisen wird als *Evolutionismus (evolutionism)* bezeichnet. Die E.-Theorie steht im Gegensatz zu der Annahme des *Kreativismus* oder *Kreationismus (creationism)* von der Erschaffung der verschiedenen Arten unabhängig voneinander in der nunmehr angetroffenen Form.

evozierte Magnetfelder →*Magnetfeld-Encephalographie.*

evozierte Potentiale, EP *(evoked potentials;* manchmal auch *evoked responses). Psychophysiologie, Sinnesphysiologie:* Durch überschwellige sensorische oder somatische Reize ausgelöste Veränderungen der bioelektrischen Hirnaktivität aus der Klasse →*ereignisbezogener Potentiale* des →*Elektroencephalogramms* (EEG). Für die Darstellung von e.P. ist eine wiederholte Darbietung desselben Reizes erforderlich, um durch Mittelung die minimalen Spannungsveränderungen aus dem zufallsverrauschten Hintergrund des Spontan-EEG herauszulösen. E.P. zeigen sich in einer, vom Ableitungsort am Schädel abhängigen, für jedes Sinnesgebiet charakteristischen Abfolge minimaler negativer und positiver Spannungsveränderungen in Abweichung vom Ausgangswert, die auch als rasche, frühe

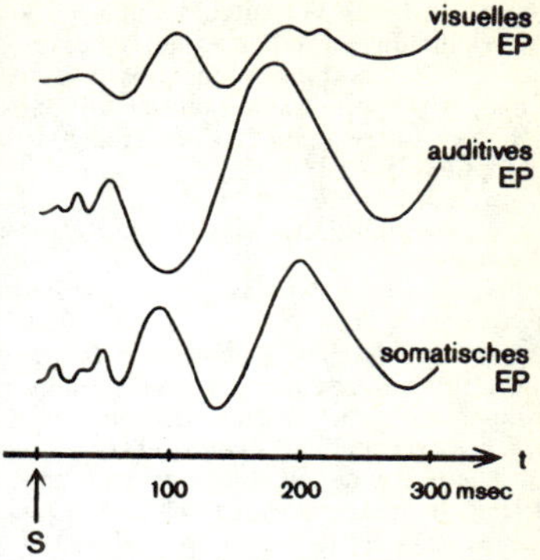

Idealisierte Darstellung evozierter Potentiale als Ergebnis der Mittelung über mehrere Reizdarbietungen hinweg. Das visuelle stammt von einer Ableitung des EEG im zentralen okzipitalen Bereich (O_z), das auditive von der vertex-zentralen Position (C_z) und das somatische von einer scheitelseitig linken (parietalen P_3) Ableitung.

exogene Komponenten ereignisbezogener Potentiale beschrieben werden. Sie geben neben physikalischen Reizaspekten (z.B. Intensität) der Sinnesmodalität entsprechende Prozesse der Reizaufnahme wieder (vgl. Abb.).

E.P. entsprechen mit großer Wahrscheinlichkeit postsynaptischen Erregungsprozessen in denjenigen Zellverbänden des Gehirns, die von sensorischen Afferenzen erreicht werden (sog. *sensorische Projektionsareale*). E.P. werden u.a. zur Lokalisierung von Störungen des zentralnervösen sensorischen Systems herangezogen. Besitzen die Reize Signalwert oder sind sie Bestandteil einer differenzierten Aufgabe (z.B. beim Wiedererkennen), so treten nach den e.P. im engeren Sinn auch späte, *exogene Komponenten* auf, die für Prozesse der Informationsverarbeitung im Ereignisbezug charakteristisch sind.

LIT. REGAN (1972).

Exhibitionismus *(exhibitionism.)*

[1] Allgemeine Bezeichnung für ein auffälliges Verhalten mit dem Ziel, Aufmerksamkeit auf sich zu ziehen.

[2] Im engeren Sinne Bezeichnung für eine infantile Form sexueller Anomalie oder *Perversion,* die sich in der Tendenz äußert, die Genitalregion darzubieten bzw. zu entblößen. In der Psychoanaly-

se wird dieses Verhalten als eine »Ersatzhandlung« u. ä. bezeichnet, da es sexuelle Empfindungen auszulösen vermag bzw. vom Exhibitionisten oft im Sinne einer sexuellen Befriedigung empfunden wird.
→*Sexualstörung.*

Existentialistische Psychologie →*Existenzpsychologie.*

Existentielle Psychologie →*Existenzpsychologie.*

Existenzpsychologie *(existential psychology).* Bezeichnung für eine philosophisch-psychologische Richtung, die sich vorwiegend auf →*Introspektion* sowie auslegende Deutungen stützt und versucht, Fragen des menschlichen Daseins (Daseinsbewältigung, Lebensbewältigung) aus dem Bezug des Individuums zu sich und seiner Welt zu klären (Existenzanalyse, Daseinsanalyse). Sie findet vorwiegend in der *Klinischen Psychologie* sowie in anthropologischen Systematisierungsversuchen Anwendung. Syn. *existentialistische Psychologie, existentielle Psychologie.*
LIT. Binswanger (1962); Frankl (1951; 1959); Jaspers (1956).

exkretorische Drüsen →*Drüsen.*

Exnersche Scheibe *(Exner's disk),* manchmal auch **Exnersche Spirale.** Eine auf eine drehbare Scheibe gezeichnete Spirale. Je nach Richtung und Geschwindigkeit der Drehung entsteht der Eindruck des Auseinanderlaufens oder Zusammenziehens *(Bewegungstäuschungen).* Nach Aufhören der Drehung kommt es zu einem *Bewegungsnachbild* im Gegensinn, dessen Dauer inter- und intraindividuellen Variationen unterliegt.

exogen *(exogenous).* Durch äußere Einwirkung entstanden. In der Zusammensetzung *exogene Psychosen* Bezeichnung für seelische Störungen, die durch Erschöpfung, tiefgreifende Lebenserfahrungen oder andere äußere Ursachen entstanden sind bzw. auf diese zurückgeführt werden. Gegensatz: endogen.

exogene Depression →*Depression.*

exogene Potentiale →*ereignisbezogene Potentiale.*

exogene Psychose →*Psychose.*

Exophthalmus→*Basedowsche Krankheit.*

exosomatische Methode →*elektrodermale Aktivität.*

Experiment *(experiment, experimental investigation).* [1] Verfahren zur empirischen Überprüfung von Beziehungen zwischen *unabhängigen* und *abhängigen Variablen* unter *kontrollierten, objektiven* und *wiederholbaren* Bedingungen. Dem E. gehen in der Regel theoretische Überlegungen voraus, die sich an abstrakt gefaßten Aussagesystemen orientieren; in ihnen sind bisherige Erfahrungen und vorläufige Erklärungen enthalten. Daraus hergeleitete Beziehungsaussagen stellen vorläufige Annahmen über den möglichen Ausgang des E. dar; man nennt sie (Arbeits-) *Hypothesen.* Das E. dient der Überprüfung der Tragfähigkeit von Hypothesen durch den Versuch, sie zu widerlegen *(Nullhypothese).* Es eignet sich in den meisten Fällen nicht dafür, das theoretische Aussagesystem durch ein sog. *experimentum crucis (crucial experiment)* aus den Angeln zu heben bzw. seine »Richtigkeit« zu beweisen; das Ergebnis von E. dient lediglich dem Aufweis der wahrscheinlichen Gültigkeit der angenommenen Beziehungen und ihrer Richtung. Trifft eine erwartete Beziehung nicht ein, so führt dies zum Verwerfen der Annahme in der bisherigen Form und/oder zu ihrer Modifikation unter Einbeziehung bislang nicht berücksichtigter Einflüsse, die in einem nächsten E. überprüft werden können. Zwischen einem E. und seinem theoretischen Bezugssystem besteht daher eine fortgesetzte Wechselwirkung, die der Verfeinerung und Konkretisierung theoretischer Aussagesysteme zugute kommt. E. werden nach vorher festgelegten *Versuchsplänen (experimental designs)* vorgenommen, die sich auf bestimmte statistische *Entscheidungsmodelle* beziehen (z.B. Varianzanalyse). Das Wahrscheinlichkeitsniveau für die Entscheidung über Verwerfung oder Akzeptieren der hypothetischen Beziehungsaussage wird ebenfalls vorher festgelegt.
[2] Der Experimentator bedient sich einer *Stichprobe* von Merkmalträgern (in der Humanpsychologie z.B. Menschen einer bestimmten Altersgruppe) und konfrontiert sie mit von ihm *hergestellten, kontrollierten* bzw. *planmäßig variierten* Bedingungen *(unabhängige Variablen).* Er registriert *objektiv* (d.h. unabhängig von eigenen Eindrücken oder Vermutungen) Veränderungen von Merkmalen *(abhängige Variablen)* unter den von ihm festgelegten Bedingungsvariationen *(unabhängige Varia-*

blen). Experimentiersituation, Bedingungen und Merkmale werden so gewählt, daß sie für den betrachteten Geschehenstypus *repräsentativ* sind, daß *keine unkontrollierten Einflüsse* das Ergebnis verfälschen und daß die *Wiederholbarkeit* durch einen anderen Experimentator mit anderen Stichproben von Merkmalsträgern gewährleistet ist. *Abhängige Variablen* des psychologischen E. sind (a) *Verhaltens-* bzw. *Leistungsvariationen* (z.B. Reaktionszeiten; Fehlerzahl), (b) objektive *Ausdrucksmerkmale* (z.B. Spannungsveränderungen bestimmter mimischer Muskelpartien), (c) *Befindlichkeitsaussagen* (z.B. Selbstratings der erlebten Anspannung) und (d) *physiologische Kennwerte* (z.B. EEG, HR, EDA). Man unterscheidet das *Laborexperiment* mit seinen extrem kontrollierten Bedingungen vom sog. *Feldexperiment (field experiment).* Bei letzterem findet der Versuch in einer den Gewohnheiten bzw. Erwartungen entsprechenden Situation statt; kontrolliert und planmäßig variiert werden nur diejenigen kritischen Bedingungen, die den engeren Gegenstand der Untersuchung betreffen (z.B. finden Versuche mit kleinen Kindern, deren Zuwendung zu verschiedenen – planmäßig variierten – Gegenständen ermittelt werden soll, in der Regel in einem Raum statt, der wie ein Kinderzimmer ausgestattet ist). Bei diesem Vorgehen nimmt man im Vergleich zum Laborexperiment insbesondere Einschränkungen der *externen Validität* in Kauf.

[3] Für das E. gelten verschiedene *Gütekriterien.* (a) *Externe Validität (external validity)* betrifft die *Generalisierbarkeit* der Befunde über die Grenzen der ausgewählten Situation, Versuchspersonen und unabhängigen bzw. abhängigen Variablen hinaus. (b) *Interne Validität (internal validity)* bezieht sich auf die Gültigkeit der Beziehungen zwischen den experimentellen unabhängigen und abhängigen Variablen; sie ist z.B. dann beeinträchtigt, wenn sich die Versuchspersonen, die man unter verschiedenen Bedingungen beobachtet, zusätzlich hinsichtlich einer unkontrollierten Variablen (z.B. Lernerfahrungen in ähnlichen Untersuchungen) unterscheiden; man bezeichnet derartige Einflüsse als *systematische interne Fehler.* (c) *Präzision* bezieht sich auf die Abwesenheit zufälliger Meßfehler und entspricht dem Kriterium der *Meßgenauigkeit* oder *Reliabilität* bei standardisierten Testverfahren. Die bisher genannten Gütekriterien gelten für alle erfahrungswissenschaftlichen E. Die (d) Abwesenheit von sog. *Versuchsleiter-* und *Versuchsleiter-Einstellungs-Effekten* dagegen gehört zu den Gütekriterien bei Untersuchungen an höheren Tieren und am Menschen. Im ersten Falle handelt es sich um den Einfluß des Versuchsleiterverhaltens auf den Ausgang der Untersuchung, im zweiten um den Einfluß der Erwartungen des Versuchsleiters auf den Ausgang der Untersuchung *(→Pygmalion-Effekt).* Zur Kontrolle der genannten Gütekriterien stehen entsprechende Verfahren zur Verfügung.

LIT. Bredenkamp (1969); Campbell, Stanley (1963); Edwards (1968); Fröhlich, Becker (1972); Meili, Rohracher (1968); Selg (1975); Selg, Bauer (1971); Schulz u.a. (1981).

experimentelle Neurose →*Neurose.*

experimentelle Zwillinge →*Co-twin-Methode.*

Expertensystem *(expert system).* Computerprogramme, die dem formalisierbaren Spezialwissen und den Regeln gängiger Problemlösungsstrategien von Fachleuten in einem begrenzten Aufgabengebiet nachgebildet sind. E. können einfache Routineprobleme selbsttätig lösen und/oder Experten bei der Lösung komplexerer Probleme dadurch entlasten, daß sie für den Abgleich des Wissens erforderliche Zusatzinformationen abfragen und/oder mehrere alternative Lösungsmöglichkeiten in einer der programmierten Entscheidungsroutine entsprechenden Hierarchie anbieten. E. werden bei der Planung von Computerkonfigurationen, bei der Überwachung industrieller Betriebssysteme und Kernkraftwerke, in der Flug- und Raumfahrttechnik, im computerunterstützten Simulationstraining von Piloten und Astronauten, in der ergonomischen Sicherheitsforschung, in der betriebswirtschaftlichen Modellbildung, Städte- und Verkehrsplanung, in der rekonstruktiven Archäologie und Kunstwissenschaft sowie in der medizinischen und psychologischen Routine-Diagnostik angewandt.

LIT.: Gilhooly (1989); Gutkin, Wise (1991); Puppe (1988).

Exploration *(exploration, exploratory behavior).*

[1] In der klin.-medizinischen Psychologie zusammenfassende Bezeichnung für

den gezielten Einsatz psychologischer und verwandter Untersuchungstechniken (Befragung, experimentelle Funktionsprüfung, Tests) zum Zwecke der Klärung von Symptomen und Problemen des Klienten.

[2] *Erkundungsverhalten* bei Tier und Mensch zum Zwecke der Bedürfnisbefriedigung, des Entkommens aus bedrohlichen oder der Erkundung von neuartigen Situationen, des Problemlösens im weiteren und engeren Sinn. Bei Tier und Mensch wird E.-Verhalten u.a. auf die Wirkweise der *Neugierde* zurückgeführt. Eine Komponente der E. ist die *Orientierungsreaktion*.

Exstirpation. Bezeichnung für einen chirurgischen Eingriff (Ausschneidung), in dessen Verlauf ein Organ ganz oder teilweise entfernt wird.

externe Validität *→Experiment, →Validität, externe.*

Extraversion *(extraversion)*, **Introversion** *(introversion)*.

[1] Von C. G. JUNG eingeführte Bezeichnung für Grundeinstellungen des Individuums, das Erleben und Handeln vorrangig an der Außenwelt (E.) bzw. Innenwelt (I.) zu orientieren. JUNG nimmt an, der *extravertierte Typus (extravert)* richte »psychische Energie« nach außen und gebe sich deshalb aufgeschlossen, kontaktfreudig und vertrauensselig; er passe sich in seine Umgebung ein. Der *introvertierte Typus (introvert)* dagegen wende »psychische Energie« nach innen und trete deshalb verschlossen, vorsichtig abwägend und zurückhaltend auf. JUNGS Typologie ist weitgehend spekulativ, lieferte aber dennoch Anhaltspunkte für die neueren empirisch-experimentellen *Persönlichkeitstheorien.*

[2] In dem faktorenanalytisch fundierten Dimensionssystem von H. J. EYSENCK ist E. (Gegenpol: I.) neben *→Neurotizismus* und *→Psychotizismus* ein differentielles Merkmal auf dem Typenniveau (Faktor zweiter Ordnung). Die Ausgeprägtheit der E. bzw. I. läßt sich durch Fragebogen-Items direkt ermitteln (E-Skalen des *Maudsley Personality Inventory, MPI,* bzw. seiner mehrere Subskalen umfassenden Nachfolger *Eysenck Personality Questionnaire, EPQ,* und *Eysenck Personality Inventory, EPI).* Deutliche E. geht mit mangelnder Ausdauer, Konzentrationsschwächen und Neigungen zu unkontrolliertem Handeln sowie mit Tendenzen zur Überschätzung der eigenen Leistungen und Leistungsfähigkeit einher; in zahlreichen Experimenten nachgewiesen sind mangelnde *Konditionierbarkeit* aufgrund starker *reaktiver Hemmungen* und herabgesetzte Hemmungskontrolle irrelevanter bzw. unangemessener Handlungstendenzen *(→Impulsivität)* des Extravertierten im Vergleich zum Introvertierten mit seiner ausgeprägten Lernfähigkeit (Konditionierbarkeit) und Hemmungskontrolle. Extreme E. zusammen mit überhöhter autonomer Erregbarkeit *(→Neurotizismus)* findet sich bei – wegen ihres unbeherrschten Auftretens – sozial Auffälligen *(Soziopathen),* bei *Hypochondern* und *Hysterikern.* Extreme I., gekoppelt mit hohem Neurotizismus, steht mit den Symptomen der *Gehemmtheit* und *Angstneurosen* in Beziehung. Die Zusammenhänge zwischen E. (I.) und lerntheoretischen bzw. klinischen Aussagen liefern wesentliche Grundlagen für die *Klinische Psychologie, Neurosenlehre* und *Verhaltenstherapie.*

[3] In dem multidimensionalen System von R. B. CATTEL sind E. und I. Bezeichnungen für (nichtorthogonale) Sekundärfaktoren, in die 4–5 Primärfaktoren aus Fragebögen bzw. objektiven Tests eingehen. Bei J. P. GUILFORD gehen Merkmale der E. bzw. I. in mehrere Primärfaktoren der Temperamentsbeschreibung ein *(→Persönlichkeit, Persönlichkeitstheorien).*

LIT. CATTELL (1973), EYSENCK (1981); EYSENCK, RACHMANN (1970); GUILFORD (1964); JUNG (1960).

extrinsisch *(extrinsic, extrinsical).*

[1] Lat. extrinsecus; Bezeichnung für Vorgänge, die auf Einwirkungen von (bzw. Bezüge zu) äußeren Ereignissen zurückführbar sind.

[2] *Motivationsforschung:* Charakteristik von zielgerichteten Verhaltensweisen, die in erkennbarem Bezug zu äußeren Anlässen oder Konsequenzen an- und ablaufen.

Exzeß *→Kurtosis.*

exzitatorisches postsynaptisches Potential *→Synapse.*

exzitatorisches Potential *→Reaktionspotential, Trieb.*

Eysenck Personality Inventory *→Extraversion, Introversion.*

Eysenck Personality Questionnaire *→Extraversion, Introversion.*

FAA →*Arbeitsanalyse, -beschreibung.*

Facettenanalyse *(facet analysis).* Logisch begründetes Verfahren, das der Klassifikation des Aussagegehalts einzelner (Meß-)Konzepte in bezug auf komplexe Sachverhalte durch die Berücksichtigung übergeordneter Analysegesichtspunkte (Facetten) dient. Will man z.B. einen komplexen Sachverhalt wie »Arbeitsklima« mit Hilfe von Fragebögen unterschiedlicher Herkunft und Art beschreiben, so ist es sinnvoll, die den einzelnen Fragebögen zugrundeliegenden Konzepte je nach ihrem Bezug auf Individuen oder Gruppen, auf Arbeits- oder Organisationsbedingungen zu klassifizieren sowie danach, ob es sich bei den berücksichtigten Aussagen um Beschreibungen äußerer Bedingungen oder um deren emotionale Bewertung handelt.

Fähigkeit *(ability).*
[1] Allgemeine und umfassende Bezeichnung für die individuelle Bereitschaft, eine Leistung bestimmter Art und Ausprägung zu zeigen, wobei das Leistungsniveau entweder (a) auf Erziehung und Übung oder (b) auf eine *Anlage (→Disposition)* zurückgeführt wird.
[2] Bezeichnung für durch →*Faktorenanalyse* aus komplexen *Testdaten extrahierte Faktoren,* die im Sinne von die spezifischen Leistungen bestimmenden *Primärfähigkeiten (primary abilities)* oder einer umfassenden *allgemeinen Fähigkeit (general ability)* wie »Intelligenz«, also im Sinne von *Eigenschaften* interpretiert werden. THURSTONE z.B. fand in seiner Faktorenanalyse sieben sog. *»unit traits«,* die in ihrer Konstellation »Fähigkeit« im Sinne von sämtliche speziellen Leistungen determinierenden *Bedingungsfaktoren* erfassen sollen. Der entsprechende die sieben Faktoren repräsentierende Test wird *PMA (primary mental abilities)* genannt.
[3] Bezeichnung für die spezifische Voraussetzung *(Eigenschaft, Disposition)* für Leistungen bestimmten Grades bei der Lösung spezieller Aufgaben (engl. *special ability*).
[4] In der älteren und heute nicht mehr gebrauchten Auffassung der sog. *Vermögenspsychologie* Syn. für hypothetische bzw. von einem theoretischen System ohne Bezug zur Empirie abgeleitete *»Grundfähigkeiten«,* die als angeborene aufgefaßt und die in die (auch heute noch gebräuchlichen) Klassen *Denken, Fühlen* und *Wollen* eingeteilt wurden.
→*Eignung (aptitude).*

Faktor *(factor).*
[1] Allgemeine und umfassende Bezeichnung für eine Bedingung, Kraft oder Ursache, die im Zusammenwirken mit anderen Bedingungen, Kräften oder Ursachen ein Ereignis, einen Vorgang oder Zustand hervorruft. Einen experimentellen Versuchsplan bezeichnet man dann als *faktoriell,* wenn er so erstellt ist, daß mehrere auf ein Geschehen einflußnehmende Faktoren (Bedingungen, unabhängige Variablen) kontrolliert werden könnnen. Z.B. untersucht man mit sog. *faktoriellen Versuchsplänen (factorial designs)* die kombinierte Wirkung verschiedener unabhängiger Variablen (Bedingungen) auf eine Leistung bestimmter Art. Die statistische Verarbeitung der Ergebnisse erfolgt mit Hilfe der *Varianzanalyse.*
[2] In der Mathematik dient der Ausdruck als Bezeichnung für Größen, deren Produkt einen bestimmten Wert ergibt. So sind z.B. 5 und 8 oder 4 und 10 Faktoren von 40, denn die Produkte (5×8 und 4×10) ergeben 40.
[3] In der Statistik ist F. Bezeichnung für das Ergebnis einer *Faktorenanalyse.* Faktoren sind solche Größen, die durch Anwendung bestimmter Routinetechniken aus der Matrix von *Korrelationen* zwischen verschiedenen Variablen (meist Tests oder experimentell gewonnenen Daten) ermittelt werden können. Sie besitzen die unter [2] beschriebene Eigenschaft. Bildet man das Produkt aus den Faktorenladungen, so erhält man als Ergebnis wiederum die Korrelationsmatrix. Obwohl Faktoren lediglich das Ergebnis einer Berechnung darstellen, erhalten sie bei der Analyse von Korrelationen zwischen *Tests* oder experimentellen Daten Namen, die sich inhaltlich an den Verfahren mit der höchsten Faktorenladung orientieren. Dies soll nicht dazu verführen, Faktoren als grundlegende Ursachenkomplexe des in der Korrelationsmatrix beschriebenen Zusammenhangs aufzufassen. Es handelt sich immer nur um das Ergebnis einer mathematisch-statistisch definierten Prozedur, die davon ausgeht, daß eine *Korrelation* in Komponenten zerlegt werden kann, und daß auch eine Matrix von Korrelationen in solche Komponenten zerlegt werden

kann, die die Eigenschaft von Faktoren besitzen, so daß eine Vielzahl von Korrelationen durch eine geringere Anzahl von Faktoren beschrieben werden kann.

Faktorenachsen *(factor axes).* Ein in der *Faktorenanalyse* gewähltes Bezugssystem (Koordinatensystem), das die Beziehungen von Faktoren und Korrelationen zwischen den analysierten Verfahren (experimentellen Daten oder Testdaten) darstellt. F. sind sowohl bei der mathematisch-statistischen Analyse als auch bei flächenhaften oder räumlichen Darstellungen Bezugssystem.

Faktorenanalyse. Bezeichnung für eine Reihe statistischer Verfahren, die es ermöglichen experimentell gewonnene oder Test-Daten und die Korrelationen zwischen den einzelnen experimentellen oder Test-Daten zu interpretieren. Die verschiedenen Verfahren gehen alle davon aus, daß es möglich ist, eine Matrix von Korrelationen mit einer begrenzten Anzahl von *Faktoren* repräsentativ zu beschreiben. Bei der von THURSTONE eingeführten *multiplen Faktorenanalyse* gilt dabei, wie bei anderen später entwickelten Techniken auch, die Einschränkung, daß man mit so wenigen Faktoren wie möglich alle in der Matrix erscheinenden Korrelationen durch Produktbildung wiederherstellen kann. Diese wenigen Faktoren werden im Sinne einer Einfachstruktur ermittelt.

LIT. CATTELL (1952); FRUCHTER (1954); HARMAN (1960); LIENERT (1959); PAWLIK (1968).

Faktorenladung *(factor loading).* Bezeichnung für eine Kennzahl, die nach der vollzogenen →*Faktorenanalyse* angibt, wie hoch der Anteil eines Faktors an der Streuung (Varianz) eines in der Korrelationsmatrix enthaltenen Verfahrens ist. Die Kennzahl kann auch als *Korrelation* zwischen dem betreffenden Faktor und dem betreffenden Verfahren aufgefaßt werden.
→*Faktorentheorie.*

Faktorentheorie *(factor theory).* Allgemeine und umfassende Bezeichnung für einen jeden theoretischen Ansatz, der – meist in Verbindung mit der *Faktorenanalyse* – von der Annahme ausgeht, man könne die *Intelligenz-* oder *Leistungsstruktur* einer Gruppe von Menschen in ihren durch bestimmte Verfahren gekennzeichneten Erscheinungsformen (z.B. Testergebnissen) mit einer Anzahl von *Faktoren* beschreiben, die im Vergleich zu der Zahl angewandter Verfahren geringer ist. Im Falle der Faktorenanalyse werden diese Faktoren aus den *Kommunalitäten* (Gemeinsamkeiten) erschlossen. In manchen F. wird die Interpretation der Kommunalitäten verallgemeinert, so daß angenommen wird, die daraus abgeleiteten Faktoren stellen die psychische oder körperliche Bedingungsstruktur für die größere Zahl der geäußerten Verhaltensweisen (Leistungsdaten, Testdaten) dar. Die verschiedenen Theorien gehen davon aus, daß eine quantitativ erfaßte Leistung (z.B. ein Testscore) eines Individuums zusammengesetzt ist aus den verschiedenen *Faktorenladungen.* Die Faktoren finden sich dabei in der gesamten Gruppe von untersuchten Versuchspersonen, die Ladungen dagegen sind jeweils individuell verschieden.

$$X_t = aF_1 + bF_2 + \ldots + zF_n$$

X_t sei ein Testscore, der sich mittels der Faktoren F_1 bis F_n erklären läßt. a bis z bezeichnen dabei die jeweiligen Ladungen in den einzelnen Faktoren. Im Rahmen der sog. *Zweifaktoren-Theorien* wird angenommen, daß sich eine Anzahl von Leistungsdaten durch einen allen Erkenntnisprozessen zugrunde liegenden →*G-Faktor* und durch *spezifische* →*(S)Faktoren* erklären lasse (SPEARMANS Theorie der Intelligenz). Die Theorie der *Gruppenfaktoren* geht davon aus, daß jeweils Gruppen von Leistungsdaten auf einen Faktor (Gruppenfaktor) zurückführbar seien. Die sog. Theorie von den *multiplen Faktoren (multiple factor theory)* schließlich nimmt eine Vielzahl nebeneinander existierender Faktoren an. Ihr entsprechend wurde die bekannteste Technik der Faktorenanalyse von THURSTONE entwickelt.

LIT. HARMAN (1960); LIENERT (1959); THURSTONE (1947).

Faktor erster Ordnung *(first order factor).* Ein Faktor, der durch eine Technik der *Faktorenanalyse* direkt aus der Korrelationsmatrix der experimentellen oder Testdaten ermittelt wurde.

faktorielles Bezugssystem →*Bezugssystem.*

Faktor zweiter Ordnung *(second order factor).* Ein Faktor, der durch eine Technik der *Faktorenanalyse* aus der Matrix der Korrelationen zwischen den

ermittelten *Faktoren erster Ordnung* ermittelt wurde.
→*Rotation.*

Fallgeschichte *(case history).* Eine Aufzeichnung der individuellen Erfahrungen und Erlebnisse, Krankheiten, des Bildungsverlaufs, der Umweltbedingungen und anderer Tatsachen, die für bestimmte Krankheiten oder problematische Zustände eines Individuums als Patient bzw. klinischer Fall von Bedeutung sein könnten. Die entsprechende Erhebungstechnik ist die der Anamnese (Krankengeschichte) bzw. die des planvollen Befragens (Exploration).

falsche Alarme →*Signalentdekkung.*

Familienkonstellation *(family constellation).* Bezeichnung aus der Individualpsychologie ADLERS für den Einfluß der Anzahl, des Alters und der Eigenschaften von anderen Familienmitgliedern sowie deren soziale Beziehungen untereinander auf die individuelle Entwicklung eines Kindes.

Farbe →*Farbpyramide.*

Farb(en)blindheit *(color blindness, colour blindness).*
[1] Vollständige Unfähigkeit, neben Weiß, Grautönen und Schwarz Farbempfindungen zu produzieren *(Achromatopsie, Monochromatopsie).* Sehr selten vorkommend.
[2] Wegfall bestimmter Farbempfindungen. Unter der Hypothese der Existenz auf bestimmte Wellenlängen des Lichtes ansprechender Fotopigmente werden unterschieden *Protanopie* (Gelbausfall), *Deuteranopie* (Grünausfall) und *Tritanopie* (Blau-Violett-Ausfall). Die Kombination von je zwei wird *Dichromasie* genannt (Dichromasie kommt bei ca. 1% der männl. Population vor). Man unterscheidet *Grün-, Rot-* und *Blaublindheit* (Reihenfolge der Häufigkeit).
[3] Herabgesetzte Sensibilität der Verarbeitung bestimmter farbvermittelnder Wellenlängen des Lichts im Vergleich zu Farbtüchtigen (entsprechend [2] *Protanomalie, Deuteranomalie* und *Tritanomalie).* Kennzeichen sind hier charakteristische Verwechslungen (relativ häufig in der männlichen Population anzutreffen, ca. 5,2%). Man unterscheidet *Grünanomalie* (Vertauschung von Grün mit Gelb, Braun oder Grau), *Rotanomalie* (Vertauschung von Dunkelrot mit Schwarz, Grün mit Weiß, Grau und Violett mit Blau) und *Blauanomalie* (Grün wird mit Blau, Rosa mit Gelb, Hellblau mit Grau verwechselt) in der Reihenfolge ihrer Häufigkeit.
Ursachen der F. sind neben rezessivgeschlechtsspezifischer Vererbung traumatische oder krankheitsbedingte Veränderungen an Retina, Sehnerv oder im Sehkortex. Die Erklärungsversuche der F. sind weitgehend abhängig von der Erforschung des *Farbensehens,* die als nicht abgeschlossen gilt. Zu beachten ist, daß Ausfälle oder Reduktionen der Farbtüchtigkeit beim Erwachsenen durch Helligkeits- und Formwahrnehmung und durch Erfahrungswirkung kompensiert werden. Beim Anblick von Gras findet auch der Farbenblinde die Assoziation mit dem Farbwort »Grün«; er kann Grün, Gelb und Rot auf der Verkehrsampel nicht erkennen, aber aus der Lokalisierung des Helligkeitsimpulses den Signalwert erschließen.
→*Farbensehen,* →*Farbtüchtigkeit.*

Farbensehen *(color perception, colour perception, colour vision; hue perception, hue vision).*
[1] Die Vermittlung von Farbempfindungen durch die Kodierung elektromagnetischer Schwingungen zwischen 380 und 750 Nanometer Wellenlänge durch das Sehsystem. Das *photopische* System der Retina *(Zapfen)* arbeitet nur bei ausreichender →*Helligkeit* (10^7-10 Millilambert) und bedarf der *Adaptation.* Der Mensch vermag ca. 150 Farbtöne zu unterscheiden, sofern keine partielle oder vollständige →*Farbenblindheit* vorliegt. Als Bezugssystem der Einstufung von *Farbempfindungen* gelten entweder die sog. Grund- oder Urfarben Rot, Gelb, Grün, Blau, Schwarz und Weiß oder die Spektralfarben Rot (650–750 nm), Orange (600–650 nm), Gelb (550–600 nm), Grün (530–550 nm), Blau (490–530 nm), Indigo (440–490) nm), Violett (380–440 nm). *Farbtöne (hues)* entstehen durch Licht mit bestimmten Wellenlängenbündeln oder durch Farbmischung, die *Sättigung (saturation)* ergibt sich durch den Weißanteil; Spektralfarben sind Farben maximaler Sättigung, *Farbhelligkeit* ergibt sich aus dem Grauanteil. Man unterscheidet ferner *Oberflächenfarben* (abhängig von der Zusammensetzung des abstrahlenden Lichts von einem Gegenstand) und *diffuse* oder *unbezogene Farben* (Farbschleier; z.B. bei farbiger Ausleuchtung eines *Ganzfeldes*).
[2] *Theorien des F.:* YOUNG und HELM-

HOLTZ gingen, gestützt auf Farbmischungsexperimente und Untersuchungen an Farbblinden, von drei Zapfenarten aus, die jeweils maximal auf Rot, Gelb und Blau ansprechen. WALD fand bei Primaten in den Zapfen Fotopigmente, deren Empfindlichkeitsmaxima bei 450 nm (Blauviolett), 540 nm (Grün) und 580 nm (Gelb) liegen. Aus den entsprechenden Farben lassen sich alle erdenklichen Farbtöne herstellen *(Dreikomponententheorie, Dreirezeptorentheorie).* GRANIT stellt sich die Kodierung in der Retina so vor, daß einige Rezeptoren auf breite Frequenzausschnitte unmittelbar ansprechen; dadurch kommen die Modulatoren mit Spezialisierung für einzelne Ausschnitte in Gang *(Modulatorentheorie).* HERING postulierte auf Grund von Experimenten und Überlegungen zur Natur von *Gegenfarben* (Farbpaare, bei deren Mischung Weiß entsteht) drei *Komponentenpaare* (Gelb-Blau, Rot-Grün, Schwarz-Weiß), denen jeweils eine »Sehsubstanz« entsprechen soll. Die Farbwahrnehmung sei durch Assimilations- und Dissimilationsvorgänge erklärbar – eine unhaltbare Annahme. HURVICH und JAMESON konnten jedoch ein Modell entwickeln, das den von der Retina ausgehenden Kodierungsprozeß auf die Zusammensetzung von positiven und negativen Potentialen aus den drei Alternativsignalen »Gelb oder Blau«, »Rot oder Grün«, und »Schwarz oder Weiß« bezieht. Die Auffassung von →*rezeptiven Feldern* für die Farbkodierung ergänzt diese Annahme.

→*Auge,* →*Duplizitätstheorie.*

LIT. GRAHAM (ed.; 1965); GREGORY (1972); HURVICH, JAMESON (1957); HURVICH (1981); JAMESON, HURVICH (1971).

farbige Schatten *(coloured shadows)* oder **Farbschatten.** Bezeichnung für eine Reihe von Phänomenen, die auf *Farbkontrast* beruhen. Beleuchtet man z.B. ein weißes Blatt Papier mit reinweißem Licht und gleichzeitig mit einem Farblicht, und hält man einen Gegenstand zwischen die farbige Lichtquelle und das weiße Blatt, so daß der Gegenstand auf das Blatt seinen Schatten wirft, so erscheint der Schatten in der *Komplementärfarbe* der Lichtquelle. Man nennt dieses Phänomen *Simultankontrast (→Kontrast).*

farbiges Rauschen →*Rauschen.*

Farbkontrast →*farbige Schatten.*

Farbnachbilder →*McCollough-Effekt.*

Farbpyramide, Farbspindel. Eine räumliche Darstellung der für die Qualität eines visuellen Sinneseindrucks entscheidenden Komponenten *Farbe, Helligkeit* und *Sättigung.* Man stelle sich eine Doppelpyramide vor, also ein spindelförmiges Gebilde. Auf der Basis der beiden Pyramiden trage man die voll gesättigten Spektralfarben außen auf, so daß die Komplementärfarben jeweils diametral liegen. Die senkrechte Achse stellt das Schwarz-Weiß-Kontinuum dar, so daß dort die verschiedenen Grautöne auftragbar sind.

Farbtüchtigkeit *(acuity of color [colour] perception).* Im Zusammenhang mit der *Farbenblindheit* angewandte Methoden liefern Hinweise über Ausfälle und Störungen der F. Als bekanntestes Verfahren gelten *Farbtafeln* nach ISIHARA und STILLING. Die Testperson wird aufgefordert, Buchstaben, Figuren oder Ziffern zu nennen, die sich in einem Farbklecksmosaik nur für den Farbtüchtigen abheben. Andere Methoden bestehen darin, Licht verschiedener Energie (Helligkeit) und Wellenlängenkomposition (Farbe) in Verbindung mit Formen zu bringen, um den Ausfall festzustellen oder durch *Farbkreisel* erzeugte Mischungen zu beurteilen.

Faschismus →*Autoritäre Persönlichkeit.*

Faserstrang →*Tractus.*

Fechner-Benham-Phänomen →*Flimmerfarben.*

Fechner-Helmholtzsches Gesetz. Ein Prinzip in der visuellen Wahrnehmung, dem zufolge die Wirkung eines Lichtreizes durch einen vorangehenden visuellen Reiz abgeschwächt wird. Das Ausmaß der Abschwächung der Erregung entspricht annähernd dem Intensitätsunterschied zwischen beiden hintereinander erscheinenden Reizen.

Fechnersches Gesetz *(Fechner's law).* Syn.: Psychophysisches Grundgesetz; Weber-Fechnersches Gesetz (letzteres sinngemäß nicht zutreffend). Bezeichnung für die von GUSTAV THEODOR FECHNER um 1860 aus dem *Weberschen Gesetz* hergeleitete Beziehung zwischen Empfindungsstärke (E) und Reizintensität (S) bei *Unterschiedsschwellen.* Wächst die Reizintensität in quadratischer Weise (d.h. als geometrische Reihe), so bewirkt dies Empfindungsstärke-Anstiege in gleichen Intervallen

(arithmetische Reihe). Daher entspricht die Empfindungsstärke (skaliert in gleichen Intervallen) dem Logarithmus der Reizintensität. Die entsprechende Formel lautet E = k. log S. Die E-Skala geht von dem gleich 0 gesetzten Schwellenwert aus, S bezeichnet den jeweils berücksichtigten Reizschwellenwert, k ist die Webersche Konstante für das entsprechende Sinnesgebiet, wobei k = Δ S/S. Das Fechnersche Gesetz gilt nur für den mittleren Intensitätsbereich von Reizen; es wird daher in der neueren Psychophysik durch andere Darstellungsarten ergänzt.
→Psychophysik, →Stevensches Potenz-Gesetz.
LIT. FECHNER (1907).

Fechnersches Paradoxon. Bezeichnung für ein von FECHNER erstmals beobachtetes Phänomen. Betrachtet man eine Figur zuerst beidäugig und schließt dann ein Auge, so erscheint sie bei einäugiger Betrachtung heller.

Feedback oder **Rückmeldung.**
[1] Aus der Kybernetik übernommene Bezeichnung für jede Art von Rückmeldesystem, das auf mehr oder weniger automatische Weise den Grad der Angemessenheit oder Wirksamkeit einer Operation oder Handlung mitteilt.
[2] Im übertragenen Sinne Bezeichnung für die sensorischen Rückmeldungen bei Vollzug einer Handlung. Das propriozeptive oder das kinästhetische System des Organismus lassen sich als Rückmeldesysteme klassifizieren. Im ersten Falle werden z.B. die Spannungsverhältnisse eines Muskelsystems, im zweiten Informationen über die Körperlage gemeldet.
[3] In der Sozialpsychologie manchmal Bezeichnung für jede Art der Rückmeldung, die anzeigt, daß der andere ein bestimmtes Verhalten oder eine sprachliche Äußerung »verstanden« bzw. aufgenommen hat, z.B. mit Gesten oder Lächeln u.ä. reagiert.

Feedbackverschaltung *→Hemmung, Renshawsche.*

Fehlanpassung *(maladjustment).* Der Zustand eines Individuums, das nicht in der Lage ist, sich seiner physikalischen, beruflichen und sozialen Umwelt gemäß zu verhalten, verbunden mit Rückwirkungen auf Erleben und künftiges Verhalten (auch Unangepaßtheit).
→Neurose.

Fehler *(error).* Bezeichnung für die statistisch definierte Abweichung eines Meßwertes von einem wahren, also fehlerfreien Wert *(true score).* In der Praxis des *→Experiments* unterscheidet man zwei Fehlerarten, die Abweichungen betreffen, die nicht durch die Einwirkung der unabhängigen Variablen erklärt werden können.
[1] *Konstanter Fehler (constant error).* Die in der Statistik übliche Bezeichnung für eine Fehlergröße, die bei Messungen einen verfälschenden Einfluß ausübt. Der Fehler wird konstant genannt, weil er immer in eine Richtung hin verfälscht und bei den jeweiligen Bedingungen des Experiments oder der Messung in konstanter Weise berücksichtigt werden muß. Sollen z.B. je zwei Töne hinsichtlich ihrer Tonhöhe verglichen werden (Paarvergleich), so müssen die beiden Töne nacheinander dargeboten werden. Der Vergleich kann dadurch im Sinne des konstanten Fehlers verfälscht werden, daß der jeweils zuerst dargebotene Ton die Beurteilung des zweiten und den Vergleich beeinflußt. In der Psychophysik wird als konstanter Fehler auch die Tatsache bezeichnet, daß zwischen subjektiv festgestellter Gleichheit zweier Reize und deren physikalischer Gleichheit eine Differenz besteht.
[2] *Zufallsfehler (chance error, random error).* Beobachtungen oder Meßwerte weichen nach dem Zufall genauso oft in positiver wie in negativer Richtung von den »wahren Werten« ab, so daß die Summe aller Fehler um Null liegt oder Null erreicht, sofern eine Vielzahl von Beobachtungen oder Messungen vorliegt. Als wahrer Wert dient meist der Mittelwert, so daß die mittlere Abweichung der Meßwerte als Schätzung des Zufallsfehlers betrachtet werden kann *(→Stichprobenfehler).*

Fehler der zentralen Tendenz *→Zentrale Tendenz.*

Fehlleistung *(slip of the tongue; Freudian slip; slip of the pen).* Lat. lapsus linguae, lapsus calami. Syn.: *Freudsche Fehlleistung.* Psychoanalytische Bezeichnung für im Zusammenhang von Gesprochenem oder Geschriebenem auftretende, irrelevant und unpassend anmutende Wörter, von denen man annimmt, daß sie auf verdrängte Inhalte oder Wünsche in bezug auf den betreffenden Gegenstand, Mitmenschen oder Sachverhalt verweisen, von dem die Rede ist.

Feld *(field).* Eine aus der Physik entlehnte Bezeichnung für die Gesamtheit der Bedingungen in erlebnismäßiger oder räumlich wahrgenommener Anordnung, die einen Prozeß mitbedingen. Ein Verhalten wird dann als vom Felde abhängig bezeichnet, wenn es sich als eine Resultante der vorhandenen Bedingungen (Wahrnehmungsinhalte oder *Feldkräfte*) erklären läßt bzw. sich als von den Feldgegebenheiten mitbedingt erweist. So bezeichnet z.B. WITKIN eine Wahrnehmungs-Reaktion dann als *feldabhängig*, wenn die Beurteilung einer Einzelheit im *Wahrnehmungsfeld* (z.B. die Beurteilung der Stellung eines Stabes) von den umgebenden Bedingungen (einem verdrehten Quadrat, das den Stab umgibt) stark abhängig ist (*→Feldtheorie, →Gesichtsfeld, →Gottschaldtsche Figuren*).

Feld, psychisches *(psychological field)* *→Feldtheorie*.

feldabhängig *→Feld*.

Feldexperiment *(field experiment)*. Untersuchungen in lebensnahen Situationen (z.B. einem nachgestellten Kinderzimmer oder Büroraum) bzw. im Lebensraum selbst (in der eigenen Wohnung, in der gewohnten Arbeitsumgebung), in denen nur einige wenige, für das Untersuchungsziel entscheidende Bedingungen (z.B. Spielzeug und seine Zugänglichkeit, Pausengestaltung, Beleuchtungsverhältnisse, Kommunikationsbedingungen) in den Grenzen der Möglichkeiten kontrolliert bzw. variiert werden können. Im Unterschied zum *→Experiment* (Laborexperiment) unterliegt die Zuordnung von Individuen zu den experimentellen Bedingungen (Zufallsstichproben-Bildung) sowie die systematische Variation der Bedingungen erheblichen Einschränkungen.

Feldkräfte *→Feld, →Feldtheorie*.

Feldstudie, Feldforschung *(field study; field research)*. In der empirischen sozialwissenschaftlichen Forschung eingeführtes Untersuchungsverfahren der Beobachtung (z.B. teilnehmende Beobachtung durch Untersucher, die an Gruppenaktivitäten beteiligt sind) oder Datenerhebung (z.B. Befragungen oder Interviews) unter wirklichen Lebensbedingungen. Dabei müssen die für *→Experiment* und *→Feldexperiment* charakteristischen, von außen eingeführten Bedingungsvariationen und die damit verbundenen Möglichkeiten der exakten Effektkontrolle entfallen. F. dienen dem Zweck, die in Gruppen während des Ablaufs freier (z.B. beim Spielen oder bei Freizeitaktivitäten) oder durch Aufgaben gebundener Aktivitäten (z.B. in Arbeitsgruppen, betrieblichen Teams, Schulklassen, Behörden) auftretenden Prozesse zu beschreiben, ihre Wirkweise auf einzelne oder Untergruppen zu erkunden und/ oder Effekte bestimmter eintretender Ereignisse (z.B. Kommunikationsprozesse bei Entscheidungen oder bei der Bewältigung kritischer Vorkommnisse) im gruppendynamischen Wirkzusammenhang zu interpretieren. In der von LEWIN begründeten *Aktions-* oder *Handlungsforschung* werden Varianten der F. dazu verwendet, um die Wirkweise organisatorischer oder sozialer Maßnahmen und Innovationen in Betrieben, Behörden, Gemeinden, Schulen u.ä. einzuschätzen.

LIT. PATRY (1981).

Feldtheorie *(field theory)*. Feldtheoretischen Ansätzen in der Psychologie ist gemeinsam, die Dynamik des Aufbaus, der Organisation und der situationsabhängigen Veränderungen des Erlebens und Verhaltens im Licht umfassender interaktiver Beziehungsnetze (Feld) von Wirkgrößen (Feldkräfte) zu beschreiben und zu erklären.

[1] (a) Die Anwendung der F. begann in der *Gestalttheorie*. Zwei abwechselnd aufleuchtende Lichtpunkte erzeugen unter bestimmten Bedingungen den Eindruck eines einzigen, sich hin- und herbewegenden Lichtpunkts (sog. *Phi-Phänomen*). WERTHEIMER interpretierte dies als Ergebnis des Energieflusses zwischen zwei unterschiedlich polarisierten kortikalen Feldanteilen. Jedes gestalthafte Wahrnehmen oder Denken beruht nach KOFFKA und KÖHLER auf der Wirkweise des sog. *Isomorphieprinzips*, d.h. Eindrücke der Zusammengehörigkeit oder Geschlossenheit kognitiver Elemente sind das Ergebnis kortikaler Feldprozesse, die unter bestimmten Wahrnehmungsbedingungen im Sinne (angeborener) dynamischer Ordnungstendenzen wirksam werden. (b) Die sog. *sensorisch-tonische Feldtheorie* der Wahrnehmung von WAPNER und WERNER besagt, daß zwei gleichzeitig über verschiedene Sinneskanäle eintreffende Erregungen eine auf integrative Verrechnung der entsprechenden Feldanteile beruhende Wirkung ausüben. Ein Stab, den man in die Senkrechte bringen soll, wird z.B. bei gleichzeitiger Be-

rührung der rechten Schulter nach links, bei Zuruf von links, quasi zum Ausgleich der zusätzlichen Spannung nach rechts verdreht.

[2] In die *Entwicklungs-, Persönlichkeits-* und *Sozialpsychologie* wurden feldtheoretische Überlegungen (ohne Rückgriff auf physiologische Prozesse) von KURT LEWIN in seiner der nichtquantitativen geometrisch-mathematischen *Topologie (topology)* nahestehenden F. eingeführt. Die Wahrnehmung oder Vorstellung einer bestimmten Situation mit ihren mehr oder weniger erstrebenswerten Zielzonen oder -gegenständen konstituiert das *psychische Feld (psychological field),* in dem Verhaltenstendenzen zur Annäherung oder Vermeidung als *dynamische Kräfte (dynamic forces),* mit Vektoren vergleichbar, wirksam werden. Die Konstellation (Ordnung) aller aktualisierten Erfahrungen, Erinnerungen und Erwartungen bildet den feldartig gegliederten *Lebensraum (life space)* des Individuums, dessen Zonen sich mit fortschreitender Entwicklung zunehmend differenzieren.

→*Entwicklung.*

LIT. KOFFKA (1935); KÖHLER (1947); LEWIN (1963).

Feldtheorie, sensorisch-tonische→*sensorisch-tonische Feldtheorie.*

Fernpunkt →*Akkommodation.*

Fertigkeit →*Geschicklichkeit.*

feste Intervalle →*Verstärkungsplan.*

Fetischismus →*Sexualstörung.*

Fettleibigkeit →*Eßstörungen.*

Fibrille *(fibril).* Dünne, fadenförmige Mikrobestandteile verschiedener Gewebe, z.B. in Epithelzellen (*Tono-F.),* im Bindegewebe (*Kollagen-F.*) und im Nervenzellkörper (*Neuro-F.*).

→*Neuron,* →*Axon,* →*Dendrit.*

figurale Nachwirkung *(figural aftereffect).* Eine vorher fixierte Figur hat auf die Erscheinungsweise einer nachher betrachteten einen verändernden Einfluß, der dann besonders groß ist, wenn Figurenanteile der ersten Figur an solche der zweiten in der Vorlage angrenzen oder sie umgeben (siehe Abb.). Man nennt die Versuchstechnik auch *Maskierung (masking).*

Fixiert man Figur A ca. 35–40 sec im Fixierungspunkt X und wechselt dann zu Figur B (Fixierungspunkt X), so scheinen die beiden linken Quadrate von B auseinander zu streben, die rechten dagegen zusammenzurücken. J. J. GIBSON beschrieb das Phänomen erstmals, systematische Untersuchungen stammen von KÖHLER und WALLACH. Diese Autoren erklären die Nachwirkung mit *kortikaler Sättigung* (→*Sättigung* [4]), einem Derivat des →*Isomorphieprinzips.* Es existieren zahlreiche, insgesamt unbefriedigende Erklärungsversuche.

A

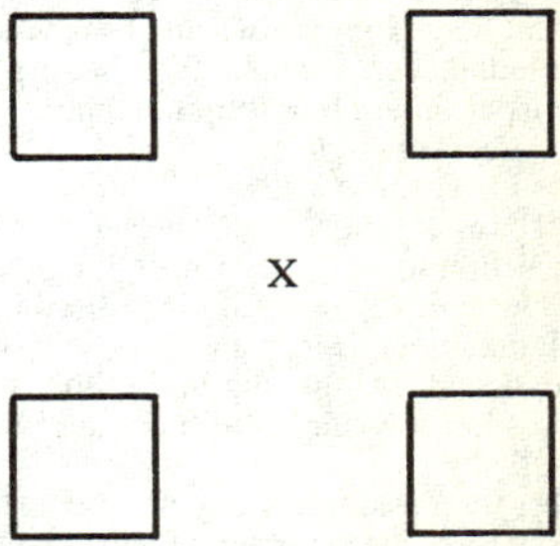

B

LIT. KÖHLER, HELD (1949); KÖHLER, WALLACH (1944); MALHOTRA (1966).

Figur-Grund *(figure-ground).* Bezeichnung für eine allgemeine und grundlegende Eigenart der Bedingungen für visuelles Wahrnehmen. Durch das Erscheinen einer oder mehrerer Figuren auf einem Hinter-Grund ist eine erste grundlegende Gliederung des Sehfeldes gegeben. Gegenstände erscheinen wie in einer Reliefdarstellung gegen den Grund ab- und hervorgehoben. Die Abgrenzung von Figuren geht auf die Wirkweise sog. *Randdetektoren* zurück (→*rezeptive Felder*).

Fiktionsspiel →*Spiel.*

Filtertheorie *(filter theory).* Annahme von Broadbent, das Wahrnehmungssystem enthalte einen selektiven Filtermechanismus, der die Eingangswahrscheinlichkeit bestimmter Reizinformationen erhöht und gleichzeitig die Zufuhr anderer Informationen blockiert. Bezogen wird dies auf die eingeschränkte Bearbeitungskapazität des Systems insgesamt. Die Wahrscheinlichkeit, daß der einem Signal entsprechende Erregungsfluß weitergeleitet wird, hängt u.a. ab von der Reizintensität, der biologisch-motivationalen Reizbedeutung und dem Neuigkeitswert. Dieser Ansatz erklärt die Selektivität der →*Aufmerksamkeit.* Er wurde durch Versuche zum →*dichotischen Hören* gewonnen.

Fissura calcarina *(calcarine fissure).* Ein tiefer Einschnitt, eine Furche in der Medianebene einer Hirnhemisphäre, insbesondere im Occipitallappen.

Fixe Idee →*Idee.*

Fixierung *(fixation).*
[1] Im Bereich der *Wahrnehmung* Bezeichnung für die Einstellung beider oder eines Auges auf einen bestimmten Punkt oder Gegenstand im Sehfeld, so daß seine Abbildung in die Fovea bzw. in den fovealen Bereich der Retina fällt.
[2] Im Zusammenhang mit *Lernprozessen* ist F. die synonyme Bezeichnung für das Behalten durch Übung sowohl von motorischen als auch von nicht anschaulichen Gegebenheiten.
[3] Im Zusammenhang mit der *Aufmerksamkeit* bezeichnet F. das Betrachten bzw. Überlegen eines Sachverhalts, ohne Randphänomene zu berücksichtigen (z.B. fixierende Aufmerksamkeit).
[4] In der Psychoanalyse ist der Begriff die Bezeichnung für ein Interesse oder eine emotionale Bindung psychosexuellen Ursprungs, die in der Kindheit geprägt wurde. Es wird dabei angenommen, daß so entstandene Fixierungen eine Bindung an andere Personen oder Gegenstände erschwert.

Flexibilität *(flexibility).*
[1] Allgemeine und umfassende Bezeichnung für die Bereitschaft des Organismus, auf neue Gegebenheiten schnell zu reagieren bzw. das Verhalten zu verändern. Syn. *Anpassungsfähigkeit.* Gegensatz: *Rigidität.*
[2] Bezeichnung für die Tatsache, daß ein Individuum auf Situationen von derselben Klasse in recht nuancierter Weise zu reagieren, d.h. eine Vielzahl von Verhaltensweisen zu zeigen vermag. Im übertragenen Sinne auch für Denkprozesse, Gefühle und Einstellungen verwendet, die nuancenreich ausfallen.

Flimmerfarben; Fechner-Benham-Phänomen *(flicker colours; Fechner-Benham phenomenon).* Bei raschem Wechsel schwarzer und weißer Reizmuster auftretende Farbeindrücke. F. wurden von Fechner (1838) erstmals beschrieben und von Benham (1895) systematisch untersucht. Rotiert man eine sog. *Benham-Scheibe (Benham disk; Benham's top)* bei entsprechender Beleuchtung mit einer Geschwindigkeit, welche den kritischen Wert für die *Flimmerfusion* überschreitet, so treten entsprechend der Anordnung von schwarzen und weißen Feldanteilen konzentrische Ringe in verschiedenen, ungesättigt wirkenden Farben auf. Wird z.B. die abgebildete Benham-Scheibe im

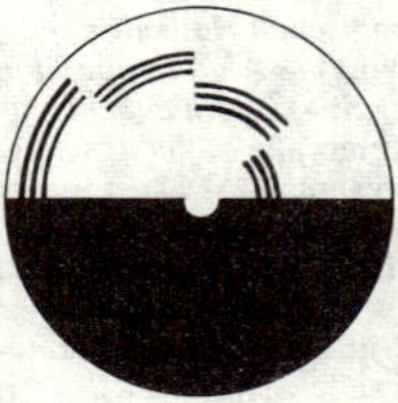

Benham-Scheibe

Uhrzeigersinn so rasch bewegt, daß die schwarzen und weißen Halbkreisflächen einander mit 5–10 Hz abwechseln, so hat der den Kreismittelpunkt fixierende Beobachter den Eindruck, außen einen blaßblauen, gegen die Mitte einen grünen bzw. gelben und innen einen blaßroten Ring zu sehen. Man erklärt das Phänomen durch die integrative Verrechnung der entsprechenden Retinaerregungen in den nachgeordneten Nervenzellen, aus der Impulsmuster hervorgehen, die ansonsten bei Retinareizung mit Licht in den entsprechenden Frequenzbändern auftreten.

LIT. Festinger u.a. (1971).

Flimmerfusion, Flimmerverschmelzung *(flicker fusion)*. Bei raschem Wechsel heller und dunkler Reize auftretende Eindrücke einer einheitlich hellen Lichtquelle bzw. grauen Fläche. Eine im kritischen Frequenzbereich aufleuchtende punktuelle Lichtquelle erscheint z. B. als Dauerlicht mittlerer Intensität, ein sich rasch drehendes Speichenrad oder eine rotierende *Flimmerscheibe (flicker disk)* als homogene graue Scheibe (Abb.).

Flimmerscheibe

Flimmerfusionsfrequenz, kritische Flimmerfrequenz, CFF *(flicker fusion frequency)*. Bezeichnung für die Frequenz, bei der – in Abhängigkeit von Adaptationszustand, Leuchtdichte des Flimmerreizes und retinaler Lokalisation des Reizfeldes – bei intermittierendem Licht der Eindruck eines Dauerlichtes, bei Verwendung einer Flimmerscheibe homogenes Grau erscheint. Die Definition der CFF erfolgt nach den Regeln der *Psychophysik,* wie bei allen Schwellenbestimmungen. Der kritische Wert liegt bei einem Lichtreiz mit der Leuchtdichte von ca. einer Standardkerze (cd) pro cm^2 im fovealen (zapfenreichen) Bereich bei 16, der obere Grenzwert bei Dunkeladaptation in peripheren (stäbchenreichen) Netzhautfeldern bei 22 Hz. Unter günstigsten Beleuchtungsbedingungen ergeben sich für das foveale Sehen obere Grenzwerte um 50 Hz, bei fehlender Dunkeladaptation und schwachen Reizen im fovealen bzw. peripheren Bereich untere Grenzwerte von 15 bzw. 3 Hz. Das foveale Zapfensystem kann unter günstigen Adaptations- und Reiz-Helligkeits-Bedingungen dichte Reizfolgen wesentlich schneller verarbeiten als das periphere Stäbchensystem. Untersuchungen zeigen, daß die CFF ermüdeter bzw. übererregter Beobachter in der Regel niedriger liegt als im *optimalen Aktivationszustand;* daher wird vermutet, die retinalen Verrechnungsvorgänge bzw. Modulationen in übergeordneten Nervenzellen unterlägen zentrifugalen Einflüssen, die durch das Aktivationssystem vermittelt sind.
→Adaptation (2), →Dunkeladaptation, →Hemmung, laterale.

Flooding, Reizüberflutungstherapie *(flooding). Psychotherapie, Verhaltenstherapie:* Mit Angst bzw. Furcht assoziierte oder sie auslösende Reize werden zum Unterschied von Desensibilisierungs- und Angsthierarchietherapien in voller Stärke und dichter Folge dargeboten. Es wird angenommen, daß entweder durch *→Implosion* oder durch reaktive *Hemmung* eine Löschung herbeigeführt werden kann. Im weitesten Sinne könnte man auch von einem Gewöhnungseffekt in bezug auf den ohne Konsequenzen bleibenden konditionellen Reiz sprechen, wobei allerdings eine Verwechslung mit dem psychophysiologischen Habituationsvorgang vermieden werden muß.

Flow-Erlebnis. Zustand extremen aktuellen Wohlbefindens, der sich im selbstvergessenen Aufgehen in einer gut beherrschten Tätigkeit unabhängig von deren materiellem Ertrag äußert, z. B. bei passionierten Bergsteigern oder Schachspielern, bei darstellenden Künstlern oder sog. »workoholics« (arbeitsbesessene Menschen). Zurückgeführt wird dieses Erlebnis auf eine nahezu lückenlose Übereinstimmung von Handlungsanforderungen und vorhandenen Fähigkeiten.

Fluchtverhalten *(escape behavior, flight behavior)*. Bezeichnung eines Reaktionsablaufs, der sich in einer rasch einsetzenden Ortsveränderung des betreffenden Organismus zeigt, sobald bestimmte Reize (Signale) auftreten. Das ungelernte F. von Tieren ist an artspezifische Auslöser gebunden und als Instinktverhalten programmiert. Gelerntes F. geht bei Tier und Mensch auf Schmerz- oder Bedrohlichkeitserfahrungen zurück (*→Angst*).

Fluktuation *(fluctuation)*.
[1] Im Zusammenhang mit der *Aufmerksamkeit* oder *Wachheit* (Vigilanz) Bezeichnung für periodische Veränderungen der Klarheit von Reizen, die im Bereich der *absoluten Schwelle* dargeboten werden.
[2] In der *Statistik* Bezeichnung für die Variabilität von als konstant angenom-

menen Größen, die dann auftritt, wenn man *Stichproben* gleicher oder vergleichbarer Art hintereinander berücksichtigt. Fluktuationen dieser Art müssen von systematischen Fehlern des Messens unterschieden werden; man erkennt ihren Einfluß daran, daß die Abweichungen keinerlei Trendmerkmale aufweisen.

Flüssigkeit *(fluency)*.
[1] Allgemeine Bezeichnung für die Fähigkeit eines Individuums, sich ohne Schwierigkeiten und rasch der Sprache zu bedienen.
[2] Bezeichnung für einen *Faktor* der *Intelligenz,* der die Geschwindigkeit des *Assoziierens* in verschiedenen verbalen Aufgaben repräsentiert.

fokale Reize →*Adaptationsniveau.*

Folgesätze *(corollaries)*. Bezeichnung für Aussagen von der Form »wenn A dann B«, die übergeordnete, allgemeinere Sätze (z.B. Postulate) ergänzen und spezifizieren. Z.B. verwendet HULL in seinem System solche Sätze, um spezielle Ergänzungen und Sonderfälle zu charakterisieren.

forced compliance, dt. näherungsweise: *erzwungene Zustimmung*. Bezeichnung für durch Belohnung oder Bestrafung induziertes Verhalten in Abweichung von eigener Meinung oder Überzeugung.
→*Compliance.*

Forensische Psychologie *(forensic psychology)*. Bezeichnung für ein Teilgebiet der Angewandten Psychologie, in dessen Rahmen Fragen der Glaubwürdigkeit von Zeugenaussagen, der Schuldfähigkeit und des Strafvollzuges im Zusammenwirken mit den juristischen Instanzen behandelt werden. Syn.: *Gerichtspsychologie.*
Die moderne Forensische Psychologie befaßt sich insbesondere mit Interventionen zur Rehabilitation straffällig gewordener Jugendlicher und Erwachsener durch die Anwendung verschiedener Formen und Arten der Psychotherapie.
LIT. UNDEUTSCH (Hrsg.; 1968).

formatio reticularis →*Adrenalin,* →*ARAS,* →*Gehirn.*

fornix oder **fornix cerebri.** Nervenleitung (Trakt) im basalen Teil des Gehirns, die unterhalb des Callosums verläuft und eine Verbindung zwischen dem Hippocampus und den corpora mamillaria herstellt.

Forschungsstatistik →*Statistik.*

Fourier-Analyse *(Fourier analysis)*. Mathemat.-physikal. Methode, periodische Schwingungsvorgänge (z.B. Schall, EEG-Signale) in die ihnen zugrunde liegenden Sinuswellen zu zerlegen. Dabei zeigt sich z.B., daß die einem *Grundton* entsprechenden *Obertöne* stets ein einfaches Vielfaches der Grundton-Sinusfrequenz sind. Bei einem Ton von 440 Hz sind dies z.B. 2 mal 440 = 880 Hz, 3mal 440 = 1320 Hz.

fovea centralis. Punktförmige Einsenkung der Retina am Schnittpunkt mit der Sehachse. Die dicht gelagerten Rezeptoren (→*Zapfen*) sind an dieser Stelle glaskörperwärts nicht von anderen Zellen, Gefäßen oder vom Stützgewebe (Glia) überdeckt, so daß hier der Bereich größten Auflösungsvermögens liegt.
→*Auge,* →*Retina.*

Fragebogen *(inventory, questionnaire, questionary)*.
[1] Allgemeine Bezeichnung für ein Frageschema bzw. eine Liste von Fragen, die der Feststellung von Aussagequalitäten zu den Lebenslauf, soziale Einstellungen u.ä. betreffenden Inhalten dienen.
[2] Als *Fragebogenmethode* Bezeichnung für eine nach den Regeln der Testkonstruktion erstellte Liste von Feststellungen *(statements),* die je nach Grad der Zustimmung mit vorgegebenen Alternativentscheidungen beantwortet werden müssen. In diesem Sinne dienen Fragebogen zur Ermittlung der Intensität von Einstellungen oder dem Ausprägungsgrad von einstellungsanalog erhobenen Persönlichkeitseigenschaften. Ihre häufigste Anwendung findet sich in der Sozial- und Persönlichkeitspsychologie, wo sie nach entsprechender Sicherung der *Reliabilität* und *Validität* sowie durch den Antworttypus gegebener *Objektivität* als Auswahlkriterien für Extremgruppen oder in diagnostischem Sinne angewendet werden. Fragebogen im Sinne von [1] sollte eher als Frageschema oder Interviewleitfaden bezeichnet werden, um Verwechslungen mit dem F. als Meßmittel der Einstellungen oder Persönlichkeitseigenschaften zu vermeiden.
LIT. H.J. EYSENCK (1953); MITTENEKKER (1964).

Fraktionierung der Aktivation →*Aktivation,* →*Psychophysiologie.*

freie Assoziationen →*Assoziation.*

freier Wille →*Indeterminismus.*

freies Assoziieren →*Traumdeutung.*

freiflottierende Angst →*Angstneurose.*

Freiheitsgrade *(degrees of freedom).* Statistische Bezeichnung für die Anzahl von Elementen in einer mathematischen Operation, die variieren dürfen, ohne daß die Bedingungen für die Anwendung der betreffenden Operation dadurch gestört wird. Entsteht z. B. der Betrag K aus der Summe von Teilbeträgen $X_1 + X_2 + X_3 = K$, so können jeweils für X_1 und X_2 oder X_1 und X_3 oder X_2 und X_3 beliebige Werte eingesetzt werden, der dritte Wert dagegen kann nicht mehr frei variieren, wenn die Summe K erreicht werden soll. Bezeichnet N die Anzahl der Summanden oder Elemente, so gibt es hier N–1, also im angeführten Beispiel 3–1 = 2 Freiheitsgrade. Handelt es sich um eine aus N Beobachtungen bestehende *Stichprobe,* so richtet sich die Anzahl der Freiheitsgrade nach der Anzahl jener Operation, die dazu erforderlich waren, den entsprechenden statistischen Kennwert zu schätzen. Die jeweiligen Freiheitsgrade werden in der Form df oder FG = N–1 (oder N–2 usw.) bei jeder statistischen Operation angegeben. df steht für *degrees of freedom,* FG ist die Abkürzung für Freiheitsgrade.

Fremdreflex →*Reflex.*

Fremdstereotyp →*Stereotyp.*

Frequenz, Häufigkeit *(frequency).* [1] Anzahl der pro Zeiteinheit (meist pro Sekunde) auftretenden Elemente, z. B. Schwingungen pro Sekunde.
[2] In der Statistik bezeichnet F. die Anzahl der Ereignisse oder Meßwerte einer bestimmten Klasse von Ereignissen oder Meßwerten. Sie werden als Häufigkeiten (Frequenzen) einer entsprechenden *Skala* zugeordnet. Durch diese Zuordnung entstehen sog. *Frequenz-* oder *Häufigkeitsverteilungen.* Die Darstellung erfolgt in Form von Blockhistogrammen, wobei die Breite des Blocks dem Skalenintervall und die Höhe der Häufigkeit oder relativen Häufigkeit entspricht. Bei der Darstellung mittels des Frequenz- oder Häufigkeitspolygons errichtet man über der jeweiligen Klassenmitte eine Ordinate von der der Frequenz entsprechenden Höhe und verbindet die so entstandenen Punkte. Sind die Skalen *kontinuierlich,* so gibt es noch die Möglichkeit, die Punkte durch einen Kurvenzug zu verbinden und mit bestimmten idealen Häufigkeitsverteilungen zu vergleichen, z. B. mit der sog. →*Normalverteilung.*
→*Tonhöhe.*

Frequenzverteilung →*Frequenz.*

Freßanfälle →*Eßstörungen.*

Freudsche Fehlleistung →*Fehlleistung.*

Frigidität *(frigidity).* Bezeichnung für Fehlen oder Ausbleiben sexueller Empfindungen und/oder des Wunsches nach sexueller Betätigung überhaupt; sexuelle Empfindungslosigkeit bei Frauen.
→*Sexualstörung.*

Frotteurismus →*Sexualstörung.*

Frustration. Bezeichnung für eine Behinderung des Organismus, ein Ziel zu erreichen. Im übertragenen Sinne auch jede Art der Behinderung, einem vorgestellten Ziel näher zu kommen. Die Behinderung kann dabei als direkte *Versagung* erlebt oder aber (wie in der psychoanalytischen Annahme) ohne Beteiligung des Bewußtseins (unbewußt) wirksam werden, so wie das Ziel entweder ein klar erkennbares, vorgestelltes oder aber »unbewußtes« sein kann. Der Begriff hat einen deutlichen Bedeutungsüberschuß. In der Verhaltensforschung wird deshalb nur dann von F. geredet, wenn eine definierte Operation oder Barriere ein Tier oder einen Menschen daran hindert, eine ganz bestimmte Reaktion zu zeigen. Eine von behavioristischen Forschern (DOLLARD und MILLER) ausgesprochene Hypothese über den Zusammenhang zwischen Frustration und →*Aggressivität* hat zwar weitgehende Gültigkeit, läßt sich jedoch nicht uneingeschränkt verallgemeinern.

F-Test. Bezeichnung für ein statistisches Verfahren zur Prüfung der Homogenität zweier Varianzen aufgrund des *F-Verhältnisses* und der *F-Wert-Verteilung.*

Fugue →*dissoziative Störung.*

Führer *(leader).* Allgemeine Bezeichnung für eine Rolle, mit der sich Erwartungen der Leitung, Steuerung und Kontrolle der Handlungen von Gruppenmitgliedern zum Zwecke der Erreichung eines bestimmten Zieles verknüpfen. Als Kriterium für den Erfolg gilt in der Regel die Zufriedenheit der Gruppe. BALES unterscheidet zwei Aspekte der Führerrolle. Geht es darum, eine bestimmte Aufgabe erfolgreich durchzuführen, so wird der F. vor allem danach trachten, solche Einflüsse

und Hinweise zu bieten, die geeignet sind, die Lösung zu beschleunigen oder zu vervollkommnen *(task ability; task orientation)*. Geht es dagegen um die Befriedigung vorwiegend emotionaler Bedürfnisse der Gruppenmitglieder, so muß der F. besonders dazu beitragen, diesen Bedürfnissen zu entsprechen, d. h. geeignete Wege finden helfen *(social specialist; maintenance specialist; sozial-emotionaler F.)*.
LIT. BALES (1950), THIBAUT, KELLEY (1959).

Führung *(leadership)*. Allgemeine und umfassende Bezeichnung für eine Vielzahl von Möglichkeiten, auf eine soziale Gruppe Einfluß auszuüben. Gemeinsam ist die durch F. erweckte Mobilisierung der Gruppenaktivität im Hinblick auf bestimmte Ziele des Denkens oder offenen Verhaltens, und die damit einhergehende Organisation bzw. Teilung der Arbeit und Tätigkeit innerhalb der Gruppe. Übernahme und Ausübung der Führung oder Leitung geschieht vorwiegend über die Kommunikation, in deren Vollzug der Leiter *(leader)* eine zentrale Position innehat.
LIT. GOULDNER (1950); LASWELL, KAPLAN (1950); WHYTE (1943)

Führungseffektivität *(leadership effectiveness)*. F. wird in der Regel in Abhängigkeit von den aufgabenorientierten und mitarbeiterorientierten Qualitäten des Führungsstils diskutiert, wobei die Gruppenleistung als Kriterium gilt. In einem von FIEDLER entwickelten *Kontingenzmodell* werden drei Faktoren herausgestellt: (a) Machtposition des Führers, (b) Aufgabenstrukturiertheit und (c) emotionale Beziehungen zwischen Führer und Gruppenmitgliedern.
LIT. FIEDLER (1967).

Fullerton-Cattellsches Gesetz *(Fullerton-Cattell-law)*. Bezeichnung für eine angenommene Beziehung zwischen Beobachtungsfehlern und »eben merklichen Unterschieden« *(→Unterschiedsschwelle)*, die beide proportional der Quadratwurzel aus der Reizintensität variieren.

Funktion *(function)*.
[1] In der Mathematik Bezeichnung für eine Größe, die mit Veränderungen einer anderen ebenfalls Veränderungen erfährt. Die Veränderungen der *abhängigen Variablen* müssen dabei nicht notwendigerweise auch proportional denjenigen der *unabhängigen Variablen* sein.
[2] Bezeichnung für die Aktivität oder den Bereich der Aktivität eines Organismussystems, z. B. die »Funktion der Leber« oder die »Funktion der Retina«. Im übertragenen Sinne auch in Aussagen wie die »Funktion der Gruppe« u. ä. Die Aufteilung in bestimmte *Funktionsbereiche* hat oftmals rein klassifikatorische bzw. heuristische Bedeutung. Dies gilt besonders für die Verwendung des Funktions-Begriffs in der Psychologie.

funktionale Dominanz *→Dominantentheorie.*

funktionale synaptische Einheiten *→Elektroencephalogramm.*

Funktionalismus *(functionalism)*. Bezeichnung für eine Lehre oder Theorie, in deren Rahmen z. B. das Wahrnehmen und Erkennen als Funktionen im Dienste von Antrieben, Bedürfnissen in der Auseinandersetzung mit der Umwelt angesehen werden. Die Vollzüge des Erkennens werden als instrumentelle Vorgänge angesehen. In der Funktionspsychologie *(functional psychology)* wird dabei besonderes Gewicht auf die Vorgänge der aktiven Auseinandersetzung und weniger auf die Zustände bzw. Inhalte gelegt. Der u. a. von WILLIAM JAMES (1890) vertretene F. wendet sich gegen eine nur auf Erlebnisinhalte und deren Strukturen bezogene psychologische Analyse *(→Strukturalismus)*.

Funktionskreis-Modell *(functional circuit model)*. Von JAKOB VON UEXKÜLL entwickelte Vorstellung, höhere Tiere und Mensch prägten ihrer Umgebung mit dem Erkennen bestimmte Merkmale auf, d. h. sie vollziehen eine Bedeutungsverteilung. Diese drängt nach solchen Handlungen, die die erkannte Bedeutung in eine Wirkung (z. B. Lösung eines Problems) umsetzen. Der Funktionskreis kommt erst dann zur Ruhe, wenn Merkmale und Wirkungen objektiv oder subjektiv übereinstimmen. Das F.-M. ist das Kernstück der Uexküllschen Umweltlehre. Es wurde von THURE VON UEXKÜLL zu einem *→Situationskreis-Modell* erweitert.

Funktionsspiel *→Spiel.*

Funktionsstörungen *(functional disorders)*, manchmal auch **funktionelle Störungen.** Bezeichnung für Beeinträchtigungen oder Störungen von Handlungs- oder Denkabläufen, die auf keine erkennbare Organ- oder Organismusveränderung zurückgeführt werden können. →*Neurose.*

Furcht *(fear).* Allgemeine Bezeichnung für unangenehme Gefühle der Spannung und Betroffenheit angesichts oder in Erwartung konkreter Gefahren- oder Bedrohungsquellen (Gegenstände, Personen, Situationen), von Hinweisen auf eine bevorstehende Konfrontation mit ihnen und/oder damit verbundenen Vorstellungen bei gleichzeitiger Anbahnung von Abwehr-, Bewältigungs- oder Vermeidungsverhalten. Vergleichbare Gefühle ohne konkreten Gegenstands- oder Situationsbezug nennt man *Angst.* Intensive, unbeherrschbare F. vor bestimmten Gegenstands- oder Situationsklassen, deren Auftreten dem/der Betroffenen unerklärlich ist, werden als *neurotische F.* oder *Phobie* bezeichnet. Da sich F.- und Angstgefühle mit den gleichen Symptomen zeigen, werden sie in der psychologischen Forschung unter dem Oberbegriff *Angstzustand* zusammengefaßt; Phobien gelten als Sonderformen *neurotischer Angst.*
→*Angst,* →*Neurose;* →*Phobien.*

F-Wert oder **F-Verhältnis** *(F ratio).* Bezeichnung für einen statistischen Kennwert, mit dessen Hilfe festgestellt werden kann, ob Unterschiede zwischen zwei Varianzschätzungen statistisch bedeutsam (signifikant), d.h. mehr als nur zufällig sind oder nicht. Der F-Wert wird als Verhältnis der jeweils größeren zur kleineren Varianz errechnet.

$$F = \frac{\sigma_1^2}{\sigma_2^2}$$

Dabei gilt, daß $\sigma_1^2 > \sigma_2^2$. Bei der *Varianzanalyse* bezieht er sich auf das Verhältnis der geschätzten Varianz *zwischen* den Versuchsbedingungen zur geschätzten Varianz *innerhalb* der Gesamtheit aller Daten (Population). Die Grenzwerte für die verschiedenen Signifikanzniveaus (z.B. 5 oder 1%) sind in Tabellen zusammengefaßt *(F-Tabellen),* wobei die *Freiheitsgrade* der beiden Varianzschätzungen zu berücksichtigen sind.

GABA, Abk. für Gamma-Amino-Buttersäure (**g**amma-**a**mino-**b**utyric-**a**cid). Wichtigster Neurotransmitter des Zentralnervensystems mit präsynaptisch hemmender Wirkung.

Galtonsche Pfeife *(Galton whistle)*. Bezeichnung für eine von Sir Francis GALTON entwickelte Pfeife, mit deren Hilfe man die Schwelle des Hörens bei verschieden hohen Tönen unterschiedlicher Lautstärke feststellen kann. Die Pfeife ist so gebaut, daß durch Variation der Länge der Luftsäule mittels einer Skala eine optimale Kontrolle der Tonhöhe gegeben ist. Eine von EDELMANN revidierte Form erlaubt es überdies, die Öffnung und somit die Intensität zu kontrollieren.

Galtonscher Balken *(Galton bar)*. Bezeichnung für eine von Sir Francis GALTON eingeführte Versuchsanordnung zur Ermittlung der Schwellen bei Schätzungen der Längen gerader Strecken. Auf einem Balken mit für den Versuchsleiter sichtbarer Millimeterskala können durch aufgesetzte Reiter Strecken beliebiger Länge hergestellt werden. Im Standardversuch wird die Versuchsperson aufgefordert, eine Strecke zu markieren, die der Vergleichsstrecke entspricht. Der Anhaltspunkt besteht dabei in der Markierung der Mitte des Balkens, von der aus die Strecken gegeben bzw. hergestellt werden. Die entsprechende Methode der *Psychophysik* ist die des »mittleren Fehlers«, bei der es darauf ankommt, die subjektive Gleichheit herzustellen und die Schwelle aus der mittleren Abweichung zwischen subjektiver und objektiver Gleichheit zu ermitteln.

galvanische Hautreaktion, GHR *(galvanic skin response; GSR)*. Allgemeine Bezeichnung für Veränderungen der Hautleitfähigkeit bzw. des Hautleitwiderstandes bzw. für Hautpotentiale, die auf äußere Reize bzw. innere Zustandsveränderungen (z.B. emotionale Erregung) zurückgeführt werden. Man faßt derartige Phänomene unter dem Oberbegriff *Elektrodermale Aktivität* zusammen und spezifiziert sie in bezug auf die angewandte *Meßmethode*. →*elektrodermale Aktivität*.

Galvanotropismus oder **Galvanotaxis.** Bezeichnung für Orientierungen bzw. Orientierungsreaktionen, die auf Veränderungen im Magnetfeld oder elektrische Reize hin erfolgen (z.B. bei manchen Fischarten).

Gamet. Bezeichnung für eine für die Befruchtung reife geschlechtliche Fortpflanzungszelle, die nach der Vereinigung mit einer anderen die *Zygote* bildet, aus der sich ein vollständiger Organismus entwickeln kann. *Gametogenesis* bezeichnet den Prozeß der Reifung von männlichen und weiblichen Fortpflanzungszellen (Gameten).

Gammaglobuline →*Immunsystem.*

Gamma-Phänomen *(gamma phenomenon)*. Phänomen aus der Gruppe der *Scheinbewegungen.* Erscheint eine relativ intensive, größere Areale bedeckende homogene Aufhellung im Sehfeld, so hat man den Eindruck, das Licht würde sich aus einem weiter vorn liegenden hellen Zentrum allmählich nach hinten und seitlich ausbreiten. Verschwindet der Lichtreiz, so scheint die Lichtquelle von der Peripherie aus in ein länger nachleuchtendes, weiter vorn liegendes Zentrum zusammenzulaufen. Die Erscheinung geht (a) auf den größeren Erregungsbeitrag fovealer Rezeptoren im Vergleich zu peripheren und (b) auf Unterschiede der Erregungs- und Hemmungslatenz fovealer und peripherer Rezeptoren zurück.
→*Abney-Effekt.*

Gansersches Syndrom *(Ganser syndrome)*. *Klinische Psychologie, Psychiatrie:* Tatsächliche oder vorgetäuschte Unfähigkeit, auf verstandene einfache Fragen adäquat zu antworten, d.h. zwar zu reden, dabei aber den Inhalt der Frage zu verfehlen, daran vorbeizureden. (a) Die vortäuschende Form (erstmals bei Häftlingen beobachtet) deutet auf die ggf. unbewußte Tendenz hin, für verrückt gehalten zu werden, um einen bestimmten Zweck (z.B. vorzeitige Haftentlassung, Gewährung mildernder Umstände) zu erreichen. Syn.: *Gefängnispsychose; pseudodementes Syndrom.* (b) Das G.S. in seiner nicht vorgetäuschten Form tritt oftmals im Zusammenhang mit posttraumatischen Dämmerzuständen, bei Hirntumoren, Hirnverletzungen und progressiver Paralyse auf.

Ganzfeld *(homogeneous field)*. Versuchsanordnung aus der Sinnesphysiologie und -psychologie zum Nachweis, daß dem Zustandekommen von visuellen Eindrücken und ihrer Stabilität ein Minimum an Kontrast und Textur zugrunde liegt. Ein G. wird erzeugt, indem man ein lichtdurchlässiges kugelförmiges Gehäuse mit Gazematerial auslegt und von außen mit homogenem Licht anstrahlt. Blickt man in das Gehäuse, so verschwimmen wegen der Reflex- und Kontrastlosigkeit nach kurzer Zeit alle abgehobenen Eindrücke; verwendet man zur Beleuchtung z. B. rotes Licht, so erscheint nach kurzer Zeit das Kugelinnere nicht mehr in einen roten, sondern in einen grauen Nebel getaucht. Der diffuse Eindruck bzw. die Farblosigkeit verliert sich schlagartig, wenn man z. B. in das Kugelinnere einen farbigen Papierstreifen einführt.

Ganzheit →*Gestalt.*

Ganzheitspsychologie *(holistic psychology).* Von F. Krueger entwickelte Lehrmeinung, deren Betrachtungseinheiten neben *Gestalt* die Ganzheit des Erlebens ist, aus der sich das – ebenfalls ganzheitliche – System der »transphänomenalen Bedingungen« (Struktur) von Erleben und Verhalten erschließen läßt. Da die Entwicklung des Erlebens mit angesprochen ist, trägt die G. auch den Zusatz »genetische«.

LIT. Krueger (1926b); Sander, Volkelt (Hrsg.; 1962); Wellek (1953).

Gastrula. Ein Stadium der embryonalen Entwicklung, das nach dem der *Blastula* erreicht wird; das Aussehen des Embryos in diesem Stadium läßt sich mit einem kugelförmigen, eingestülpten Kelch vergleichen.

gate-keeper, dt. näherungsweise *Schleusenwärter, Türhüter.* In der Massenkommunikationsforschung Bezeichnung für Prozesse der Selektion oder Manipulation von Nachrichten durch Entscheidungsinstanzen oder -personen (z. B. Berichterstatter), die zwischen Ereignis und Empfänger stehen.

Gattung (genus; plur. genera). Bezeichnung für eine Klasse von Lebewesen, die nach Einteilungsregeln eine Mehrzahl von Arten (species) umfaßt. Genera werden wiederum in übergeordnete Klassen, sog. Familien zusammengefaßt. In übertragener Bedeutung bezeichnet G. eine Klasse von Sachverhalten oder Ereignissen, die nach bestimmten Merkmalen zusammengefaßt werden.

Gauß-Kurve, Gauß-Verteilung→*Normalverteilung.*

Gebärmutter →*Uterus.*

Geburtstrauma *(birth trauma).* Angst bzw. Furcht, die das Kind durch das Schreckerlebnis der Geburt erfahren haben soll. In der psychoanalytischen Theorie der Ursprung der Angst bzw. Furcht. *Geburtssymbole* in diesem Zusammenhang sind solche symbolischen Darstellungen, die die erste Trennung vom Liebesobjekt darstellen, wie dies bei der Trennung des Kindes vom Mutterleib der Fall ist.

Gedächtnis *(memory).*

[1] Allgemeine, umfassende Bezeichnung für die Möglichkeiten, Bedingungen und Grenzen des *Einprägens* von Erfahrungen und des *Behaltens (retention),* des *Wiedererkennens (recognition)* bzw. *Erinnerns (recall).* Als G.-Phänomene gelten bewußte Erfahrungen bzw. umschriebene Erfahrungsinhalte, welche die Organisation des aktuellen Erlebens und Verhaltens beeinflussen bzw. bei der Lösung von Aufgaben oder Bewältigung von Problemsituationen verfügbar sind. Als Grundlage des G. gelten neben der bewußten *Erfahrung* auch Prozesse des *inzidentellen* bzw. *latenten Lernens* und die Einbettung neuer Erfahrungsinhalte in bereits vorhandenes Wissen und damit verbundene Assoziationen sowie Konzepte. Die G.-Forschung beschäftigt sich insbesondere mit der Einprägung von Sinneserfahrungen und sprachlich-symbolischen Erfahrungsinhalten, den Arten und Formen ihrer Verarbeitung, Verknüpfung mit vorhandenen Vorstellungen und Konzepten sowie ihrer Wiederverfügbarkeit in konkreten Aufgaben- und Situationszusammenhängen. Sie ist daher ein integratives Teilgebiet der Wahrnehmungs-, Denk- und Lernforschung und befaßt sich mit einem der wichtigsten Aspekte der Informationsverarbeitung und -nutzung: dem Verhältnis zwischen neuer Erfahrung und vorhandenem Wissen.

[2] Die klassischen *Methoden der G.-Forschung* gehen auf H. Ebbinghaus (1885) zurück, der sich um eine Theorie der Gedächtniskapazität nach dem Vorbild der Psychophysik bemühte und dabei wesentliche Erkenntnisse der klassischen Assoziationslehre berücksichtigte. Bei der Erforschung der G.-Kapazität kann man einmal vom *Lernaufwand,* zum anderen von der *Behaltensleistung* unter konstanten Lernbedingungen ausgehen. Besteht der Lernstoff aus gleichwertigen, untereinander nicht durch bereits gestiftete assoziative oder Bedeutungs-Zusammenhänge verbundenen Elementen (z. B. sinnlose Silben), so bewährt sich z. B. die *Lernmethode (learning method).* Gemessen wird, wie

oft oder lange ein Lernstoff dargeboten werden muß, um nach Ablauf einer definierten Zeitspanne fehlerfrei reproduziert zu werden. Varianten der Lernmethode sind die bei der Erstellung der *Vergessenskurve (forgetting curve)* von EBBINGHAUS verwendete *Ersparnismethode (method of savings; saving method)* – Differenz zwischen der Anzahl von Lerndurchgängen beim Erlernen und dem zu einem späteren Zeitpunkt für die korrekte Wiedergabe erforderlichen Lernaufwand – und die *Treffermethode (right associates procedure);* hier wird nach dem Erlernen zu einem späteren Zeitpunkt jeweils das erste Glied von paarigen Lerninhalten (z. B. Silben- oder Wortpaare) dargeboten und festgehalten, in wievielen Fällen das dazugehörige zweite Glied korrekt wiedergegeben wird. Eine Sonderform der Lernmethode stellt die *Methode der* (systematischen) *Hilfen (prompting method)* dar; nach dem Lernen wird zu verschiedenen Zeitpunkten festgestellt, wie oft durch erneute Darbietung einzelner Glieder des Lernstoffes (z. B. Silben- oder Wortreihe) nachgeholfen werden muß, um eine korrekte Wiedergabe des gesamten Stoffes zu erreichen. Der Lernstoff wird in der Regel mit einem sog. *Gedächtnisapparat,* auch *Gedächtnistrommel (memory drum)* genannt, dargeboten. Es handelt sich um eine Vorrichtung, die – gesteuert durch den Versuchsleiter – in einem Fenster einzelne Elemente des Lernstoffes sichtbar macht. Die zweite Gruppe von Verfahren der G.-Prüfung wird als *Behaltens-Methode (retention method)* bezeichnet. Das bewährteste Verfahren ist die *Methode der behaltenen Glieder (retained members method);* nach einer festgelegten Anzahl von Lerndurchgängen wird festgestellt, wieviele Einzelelemente des Stoffes nach Ablauf einer bestimmten Zeit ohne weitere Wiederholungen korrekt wiedergegeben werden können. Die zuletzt genannten Verfahren dienen der Feststellung des G.-Umfanges unter konstanten Lernbedingungen, während die erstgenannten den individuell erforderlichen Einprägungsaufwand mit ins Kalkül ziehen. Geht es um die Reproduktion von Einzelheiten, so erweist sich die *Methode des Wiedererkennens (recognition method)* gegenüber dem *freien Erinnern (free recall)* überlegen. Der Beobachter hat im ersten Fall die Aufgabe, aus einem bestimmten Reiz- oder Informationsangebot diejenigen Elemente herauszusuchen, die er aus vorangegangener Erfahrung bereits kennt; das Verfahren findet seine Anwendung in sog. *Mehrfachwahl-Tests (multiple choice tests).* Bei dem freien Erinnern gibt es keine Anhaltspunkte; die Reproduktion ist – je nach Zeitabstand und vorangegangenem Lernaufwand – auf Einzelheiten beschränkt und zeigt darüber hinaus die für das (Langzeit-) G. typischen Phänomene der semantischen Kategorisierung sowie des Denkens in gestalthaften Zusammenhängen in Form von Fehlern.

[3] *G.-Modelle und -Theorien:*

(a) EBBINGHAUS beschrieb als erster die sog. *Vergessenskurve.* Die Anzahl der behaltenen Einzelheiten schwindet relativ kurze Zeit nach dem Lernen relativ drastisch; der übrigbleibende Kenntnisstand dagegen hält sich über sehr lange Zeit, ggf. über Jahre. Was im einzelnen gut behalten wird, hängt u. a. von seiner Position in der Lernreihe ab; so werden z. B. die ersten und letzten Glieder einer Reihe von Lernelementen besser und länger behalten als die in der Mitte stehenden, weil sie weniger interferierende Konkurrenten besitzen. Diese Erkenntnisse bilden die Grundlage der auf Prozessen der *pro-* und *retroaktiven Hemmung* aufbauenden *Interferenztheorien* des Gedächtnisses. Ähnlichkeiten zwischen Lernelementen bedingen auf der Grundlage von *Assoziationen* engere Verknüpfungen, aber auch Verwechslungswahrscheinlichkeiten. Das G. unterliegt – wie das Lernen auch – den Gesetzmäßigkeiten der *Reizgeneralisierung* und des (Übungs-)*Transfer.*

(b) Die sog. *Engramm-Theorien,* deren Ursprünge in der antiken Philosophie liegen, umfassen u. a. Versuche, die Bedingungen der Festschreibung (Konsolidierung) von Gedächtnisspuren und ihrer Wiederverfügbarkeit mit Hilfe neurophysiologischer und psychophysiologischer Methoden zu erfassen sowie Teile des Nervengewebes als Träger bzw. Vermittler von G. zu identifizieren. Dabei zeigt sich, daß G. in hohem Maße von *Aufmerksamkeits-* und *Aktivationsbedingungen* abhängt, daß G.-Prozesse mit großer Wahrscheinlichkeit einerseits von intraneuronalen RNS- und Eiweißsyntheseprozessen, andererseits von durch Neurotransmitter vermittelten Prozessen der Bahnung und Hemmung (sog. gating-Prozessen) mit-

bestimmt sind und daß G. auf vielfach und auf verschiedenen Ebenen repräsentierten neuronalen bzw. synaptischen Veränderungen in funktional miteinander verknüpften Zellverbänden zu beruhen scheint.
(c) Zwei Befundgruppen lassen sich mit der klassischen Engramm-Theorie nicht vereinbaren, in deren Rahmen angenommen worden war, das Vergessen beruhe auf einem Verblassen der G.-Spuren. Zunächst zeigte sich, daß manche G.-Inhalte durch ihre Anbindung an emotionale Prozesse oder Motive eher, andere dagegen kaum ohne weiteres (z.B. im Falle innerer *Konflikte* oder *Verdrängung*) wieder auftreten und daß unter *Hypnose* weit bessere Erinnerungsleistungen erzielt werden können als unter alltäglichen Bedingungen; darüberhinaus zeigen Erinnerungen – insbesondere im Zusammenhang mit weiter zurückliegenden Ereignissen – eine Reihe typischer Veränderungen gegenüber der ursprünglichen Erfahrung, die darauf hindeuten, daß das ursprüngliche Erfahrungsmaterial bei seiner Speicherung und/oder Wiederverwertung in Bedeutungsklassen, -kategorien oder -schemata eingebettet wird, so daß das Erinnern weit eher einem Prozeß des Neuüberdenkens als einem Reproduzieren gleicht (Bartlett). Zum anderen zeigen sich bei Untersuchungen an Patienten unmittelbar nach einem schweren Schädeltrauma, daß die dem Trauma unmittelbar vorangehenden Erfahrungen kaum, die längere Zeit zurückliegenden dagegen gut erinnert werden *(retrograde Amnesie)* und daß unmittelbar nach dem Trauma die Einprägungsfähigkeit in bezug auf neue Erfahrungen für einige Zeit beeinträchtigt ist *(anterograde Amnesie)*. Die Begrenzungen des G. werden daher – neben den o.g. inhaltlichen Eigenheiten – im Zusammenhang mit Mechanismen diskutiert, die für die *Überführung* neuer Erfahrungen ins G. *(Konsolidierung)* und für ihre *Rückführung (retrieval)* in das aktuelle Bewußtsein maßgeblich sind. Neuere Untersuchungen legen nahe, in der Hippocampus-Formation und ihren Verbindungen zu verschiedenen Hirnstrukturen eine wesentliche Relaisstation für *Einprägungs- (consolidation processes)* und *Rückführprozesse (retrieval processes)* zu sehen.
(d) Prozesse der Einprägung werden in den Modellen der *Informationsverarbeitung* als Übernahme von sensorischen Daten aus den sog. *sensorischen Speichern (sensory stores)* mit begrenzter Haltezeit (*Abbild- oder ikonischer Speicher* bis zu 1 sec, *Echospeicher* bis zu 4 sec) in das *Kurzzeitgedächtnis (short term memory; STM)* mit begrenzter Haltezeit (ca. 30 sec) und Kapazität *(→Aufmerksamkeit)* angesehen, wo sie dem Bewußtsein verfügbar sind und – nach der Transformation in einen semantischen Kode – dem *Langzeitgedächtnis (long term memory, LTM)* mit seiner theoretisch unbegrenzten Kapazität zugeführt werden. Die sensorischen Speicher werden auch als *Ultra-Kurzzeit-Gedächtnis (ultra short-term memory)* bezeichnet.
(e) Eine etwas andere Modellbildung wird angewandt, um Prozesse des Abrufens von älteren Informationen unter dem Eindruck aktueller Informationen oder Aufgabenstellungen zu erklären. Das aktualisierte Wissen einschließlich der Strategien seines Wiederaufsuchens und seiner Nutzung beruht auf komplexen Interaktionen zwischen Speichern auf verschiedenen Verarbeitungsniveaus des Kurzzeitgedächtnisses, den aktualisierten Einzelheiten aus dem sog. *episodischen* (Langzeit-)*Gedächtnis (episodic memory)* und dem latenten Hintergrundwissen des sog. *semantischen* (Langzeit-)*Gedächtnisses (semantic memory)*. Die momentan verfügbare Menge von Einzelheiten und Lösungswegen gilt als Definitionsgrundlage für das *→Arbeitsgedächtnis (working memory)*. Als *Metagedächtnis (metamemory)* bezeichnet man in diesem Zusammenhang das verfügbare Wissen über die Kapazität des eigenen G. und über Strategien, das inhaltliche Wissen erfolgreich zu nutzen. Synonym: *Metakognition (metacognition)*.

LIT. Baddeley (1976); Bergius (1964); Bower, Hilgard (1981); Cofer (1975); Deutsch (1983); Foppa (1966); Kail, Spear (1984); Klatzky (1980); Kintsch (1982); Klix, Sydow (1977); Martinez u.a. (1981); Neisser (1974; 1982); Wippich (1984, 1985).

Gedächtnis, kollektives *(collective memory)*. Bezeichnung für die Annahme, daß bestimmte gemeinsame Erfahrungs- oder Vorstellungsinhalte einer Gruppe durch Vererbung der entsprechenden *»Gedächtnisspuren« (memory traces)* entstanden sind.

Gedächtnisabsuche *→Absuche.*

Gedächtnisapparat →*Gedächtnis.*

Gedächtnisbild, unmittelbares *(memory afterimage; primary memory image).* Bezeichnung für unmittelbare, deutliche und lebhafte, nahezu abbildhafte Erinnerung an etwas unmittelbar vorher Geschehenes oder Wahrgenommenes, z.B. Erlebnisse wie »es klingt mir noch in den Ohren« o.ä. (Bezeichnungen wie »Gedächtnis-Nachbild« sind irreführend, da sonst eine Verwechslung mit eidetischen o.ä. Wahrnehmungsphänomenen, z.B. *Nachempfindungen,* auftreten könnte). Gedächtnisbilder werden oft als Folge des »unmittelbaren Behaltens oder Erinnerns« *(immediate retention, recall)* angesehen.

Gedächtnisspur *(engram, memory trace)* oder **Engramm.** Bezeichnung für eine angenommene Veränderung des Nervensystems, die zwischen *Lernen* und Wiedererkennen (Reproduzieren) stattgefunden hat, und die u.U. relativ überdauernd ist.

Gedächtnis-Theorien →*Gedächtnis.*

Gedächtnistrommel →*Gedächtnis.*

Gedächtnisumfang *(memory span).* Bezeichnung für die Leistungsfähigkeit des Gedächtnisses, erschlossen aus der Anzahl nach Ablauf einer bestimmten Zeit korrekt wiedergegebener Elemente (z.B. sinnlose Silben, Wörter aus Wortreihen, Gegenstände einer Bildvorlage).
→*Aufmerksamkeitsumfang,* →*Bewußtseinsumfang.*

Gedankenübertragung →*Parapsychologie.*

Gefängnispsychose →*Gansersches Syndrom.*

Gefühl →*Emotion.*

Gegenkonditionierung *(counterconditioning).* Die Koppelung einer mit der ursprünglichen Reaktion unvereinbaren neuen Reaktion an denselben konditionellen Reiz bzw. dieselben auslösenden Situationsmerkmale. G. erfolgt z.B. nach dem Prinzip der reziproken Hemmung (→*Hemmung, reziproke).*

Gegenstand *(object).* Allgemeine und umfassende Bezeichnung für alle zu einem Zeitpunkt gegebenen Inhalte (des Bewußtseins), also Wahrnehmungs-, Vorstellungs- und Denkinhalte bzw. etwas, mit dem man sich beschäftigt und das man erlangen möchte (Ziel). Außerdem bezeichnet der Begriff die Objekte, die im Vollzug des Wahrnehmens, Vorstellens oder Denkens voneinander unterschieden werden, die also Gegenstände des Wahrnehmens, Denkens, Vorstellens bzw. Ziel eines Handelns sind.

Gegenstandstheorie *(theory of objects).* Bezeichnung für einen besonders von MEINONG geprägten Ansatz, bei dem die analytischen Einheiten der Forschung nicht Reize oder Empfindungen, sondern Gegenstände und Objekte sind, deren Anschauung von der zugrunde liegenden geistigen (Bewußtseins-)Aktivität abhängen, nicht aber von der Reizkonstellation.
→*Phänomenologische Psychologie.*

Gegenübertragung *(countertransference)* →*Übertragung.*

geglättete Kurve *(smoothed curve).* Statistische Bezeichnung für die graphische Darstellung in Form eines Kurvenbildes, dessen Unregelmäßigkeiten durch Berechnung oder graphisch ausgeglichen wurden.

Gehirn *(brain).* Die Gesamtheit der nervösen Leitungen und Zellverbände innerhalb der Schädeldecke. Die wichtigsten Hirnabschnitte sind in Abb. 1

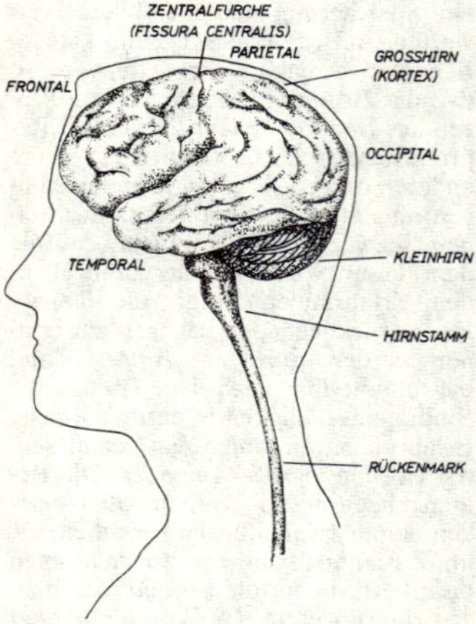

Abb. 1. Lage des Gehirns im menschlichen Schädel (Seitenansicht).

und Abb. 2 dargestellt. Der unterste Abschnitt heißt *Hirnstamm (brain stem).* Die *Medulla oblongata* markiert den Eintritt des *Rückenmarks (spinal cord)* in den untersten Hirnabschnitt. Durch die Medulla ziehen auf- und absteigende *Bahnen (spinal pathways);* da-

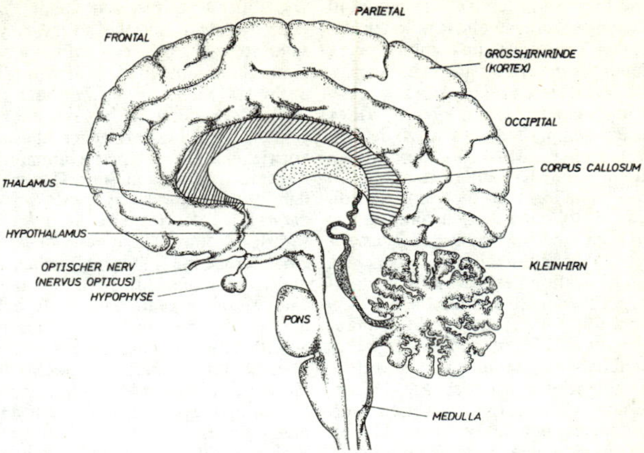

Abb. 2. Schnitt durch das menschliche Gehirn in der Mittellinie (Mediansagittale).

neben enthält sie *Kerne (nuclei),* die wichtige lebenserhaltende Funktionen (z. B. Atem, Kreislauf) mitregeln. Etwa in Höhe der Medulla, in der Hinterhauptregion, liegt das *Kleinhirn (cerebellum),* das Zentrum der Bewegungs- und Körperstellungsregulation. Es erhält Fasern aus den sog. kinästhetischen (den Lagesinn betreffend) und vestibulären (den Gleichgewichtssinn betreffend) Bahnen und ist mit den übrigen Hirnregionen auf zahlreichen Wegen verbunden. Über der Medulla liegt der *Pons;* er enthält die Querverbindungen zwischen den beiden Kleinhirnhemisphären und Kerne, die Impulse aus den *Schädelnerven (cranial nerves)* empfangen bzw. dorthin entsenden. Die Verbindung zwischen der Medulla-Pons-Region und den höheren Hirnabschnitten, in der sich sensorische Reflexzentren befinden, wird als *Zwischenhirn (midbrain),* der gesamte restliche Gehirnabschnitt als *Großhirn (forebrain)* bezeichnet. Im Großhirn, dem bei höheren Tieren und Menschen höchstentwickelten Abschnitt, liegen die für psychologische und psychophysiologische Analysen wesentlichen Schalt- und Verbindungsstationen einschließlich dem sich darüber wölbenden *Kortex (cortex),* der Hirnrinde. Abb. 2 zeigt den *Thalamus,* der gleichzeitig die Grenze zwischen Zwischen- und Vorderhirn markiert. Der Thalamus ist die wichtigste Schaltstation für die Weiterleitung sensorischer Impulse in die höheren Zentren. Der *Hypothalamus* befindet sich vor bzw. unterhalb des Thalamus und gilt als eine der entscheidenden neuralen Strukturen bei der Regelung emotionaler und motivationaler Vorgänge in Verbindung mit dem sog. *limbischen System (limbic system;* Abb. 3). Die sog. *Retikulärformation* oder *formatio reticularis (reticular formation)* ist ein Zellgeflecht, das sich von der Medulla bis in Thalamus und Hypothalamus erstreckt. In dieses Zellgeflecht und seine Zentren gelangen afferente Impulse über sog. *Kollaterale (collaterals;* Verzweigungen afferenter sensorischer Neuronen), gleichgültig aus welchem spezifischen Rezeptorenbereich sie stammen; daher bezeichnet man die Retikulärformation auch als eine unspezifische Schaltstation. Von ihr gelangen dann Impulse in subkortikale und kortikale Zentren; sie empfängt aber auch absteigende Impulse aus diesen höheren Zentren, die dann zum Rückenmark weitergeleitet werden. Die auf- und absteigenden Verbindungen charakterisieren die Retikulärformation als Vermittler zwischen sensorischen und zentralen Informationen. Eine der Hauptfunktionen der Retikulärformation ist die *Aktivation* des Kortex (ARAS; aufsteigendes Retikulärsystem; *ascending reticular activation system).* Ankommende sensorische Impulse gleich welcher Herkunft »wecken« sozusagen alle kortikalen Bereiche (sensorische *und* motorische); darüber hinaus erfolgt auch eine spezifische Mobilisierung kortikaler Areale. Die absteigenden Impulse (vom Kortex zum Rückenmark und weiter zu den Effektororganen, Muskeln) durchlaufen ebenfalls die Retikulärformation, so daß es naheliegt, ihr auch eine koordinierende Rolle bei der Ausführung von Reaktionen nach Maßgabe der sensorischen Information zuzuschreiben. Da das Aktivationsgeschehen von ausschlaggebender Bedeutung für das Verhalten, seine Integration und Organisation ist und da Tierexperimente gezeigt haben, daß bei Abtragung oder Abtrennung höherer Gehirnabschnitte (Dekortizierung) viele Verhaltensweisen noch koordiniert ablaufen können, kommt dieser Region eine große psychophysiologische Bedeutung zu, die mit der des Kortex durchaus vergleichbar ist.

Der obere Gehirnbereich, in älteren Nomenklaturen auch als *Cerebrum* bezeichnet, ist in eine linke und rechte Hemisphäre gegliedert; die beiden Hemisphären sind durch das *Corpus callosum* (Abb. 2) miteinander verbunden. Die äußerste Hirnschicht heißt *Kortex* oder *Hirnrinde (cerebral cortex, cortex);* sie besteht aus mehreren Millionen von grau schimmernden Zellkörpern, daher auch der Name *graue Substanz (grey matter)*. Die unmittelbar darunter liegenden Schichten dagegen bestehen vorwiegend aus weißlich schimmernden Zellfortsätzen (Axone und Dendriten), daher der Name *weiße Substanz (white matter)*. Der Kortex besitzt *Furchen (fissures),* die einzelne Lappen *(lobes)* voneinander trennen. Die zahlreichen *Windungen (fouldings;* lat. gyri) deuten auf eine rasche evolutionäre Entwicklung hin, mit der das Schädelwachstum nicht Schritt halten konnte. Die wichtigsten Kortexbereiche sind: Die *Longitudinalfurche (longitudinal fissure)* trennt die beiden Hemisphären, die – zwar anatomisch nahezu identisch – mit großer Wahrscheinlichkeit verschiedene funktionale Schwerpunkte besitzen. So liegen z. B. die Sprach- und Sprechzentren (Brocasches und Wernickesches Zentrum) beim Rechtshänder links (Hemisphärendominanz). Abb. 2 stellt schematisch einen Schnitt in der Mittellinie (Mediansaggitale) dar. Die *Zentralfurche* (fissura centralis; *central fissure)*

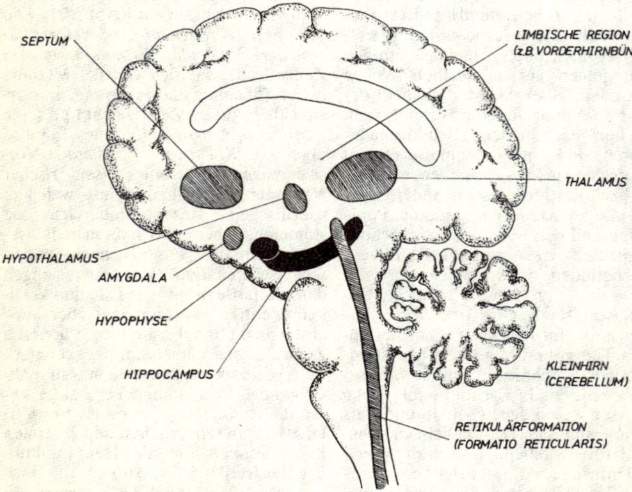

Abb. 3. Links-seitlicher Schnitt durch das menschliche Gehirn unter Hervorhebung des limbischen Systems.

läuft von der Mittellinie senkrecht (Abb. 1) und trifft auf eine seitliche Furche *(lateral fissure)*. Das Gewebe vor der Zentralfurche heißt *Frontallappen (frontal lobe)*, das Gewebe unter der seitlichen Furche heißt *Schläfenlappen (temporal lobe)*, das Gewebe hinter der Zentralfurche *Parietal-* oder *Scheitellappen (parietal lobe)* und das Gewebe in der Hinterhauptregion *Occipitallappen (occipital lobe)*. In der frontalen Region liegen die motorischen und prämotorischen Zentren einschließlich des Sprachzentrums. Im parietalen Bereich finden sich die Zentren für die Körperempfindungen, im temporalen Bereich die Gehörzentren, an der Grenze zwischen parietal und occipital finden sich die somästhetischen Assoziationsfelder und im occipitalen Abschnitt liegen die visuellen Assoziationsfelder, den ganz hinten befindlichen visuellen Kortexbereichen vorgelagert. Den *Assoziationsfeldern (association areas, association centers)* kommt deshalb besondere Bedeutung zu, weil sie der Informationsintegration und den »bedeutungsverleihenden« Prozessen, wie z.B. Wahrnehmen, Denken und Lernen dienen. Eine Sonderstellung nimmt ferner die sog. *frontale Assoziationsregion (frontal association area)* ein. Sie ist keinem der primären Felder direkt zugeordnet; man nimmt an, daß sie (als relativ umfangreiche Gewebestruktur) der allgemeinen Verhaltenskontrolle dient. Läsionen in diesem Bereich führen zu extremer Impulsivität und Emotionalität des Verhaltens.

Abb. 3 zeigt schematisch einen seitlichen Schnitt, parallel zur Mittellinie. Die Regionen einer ringförmigen (limes) Anordnung von Kernen und Verbindungen zwischen Hypothalamus und Thalamus heißen das *limbische System (limbic system)*. Es handelt sich um ein integriertes System, das *Hippocampus, Septum, Amygdala* (Mandelkern), Teile des *Retikulärsystems* und den *Hypothalamus* einschließlich sämtlicher Verbindungen untereinander und mit den restlichen Hirnregionen umfaßt. Seine besondere Bedeutung liegt in der Regelung von *Emotionen* und der *Motivation*. Den Mandelkernen kommt eine eher aktivierende, der Septumregion eine eher hemmende Funktion dieser beiden Prozeßarten zu. Die zentrale Relaisstation für sensorische Prozesse (Thalamus) und die das autonome Geschehen ansteuernde Hypophyse sind mit dem limbischen System eng verbunden. Im Thalamus werden auch Wachheit und Schlaf mitgeregelt, was für die enge Verbindung des limbischen Systems mit Aktivation, Aufmerksamkeit und Vigilanz spricht. Im limbischen System erfolgen überdies Steuerungsprozesse, die mit der Orientierungsreaktion in Verbindung stehen.

LIT. Balint 1963); Carlson (1980); Creutzfeld (1983); Ganong (1971); Schmidt, Thews (1976); Silbernagel, Despopoulos (1979).

Gehirnaktivität →*Aktivität*.

Gehirnhäute →*Meninges*.

Gehirnmantel →*Pallium*.

Gehirnwäsche *(brain washing)* →*Deprivation* [2].

Gehör →*Absolut*.

Geist *(mind)*.

[1] Allgemeine und umfassende Bezeichnung für die Gesamtheit aller in sich und untereinander geordneten *mentalen*, d.h. *psychischen Prozesse* des Individuums (Syn. für Gemüt, Verstand, einschließlich bewußter und unbewußter, rein innerer Vorgänge).

[2] In Philosophie und Theologie versteht man unter diesem Begriff auch das diesen Prozessen zugrunde liegende Substrat (Seele).

Geistesabwesenheit *(absentmindedness)*. Bezeichnung für einen Zustand, in dessen Verlauf der Betreffende derart in Gedanken versunken scheint, daß er seine Umwelt weitgehend nicht gewahr wird.

Geisteswissenschaftliche Psychologie *(cultural science psychology)*, manchmal auch *Kulturanthropologie* oder *anthropologische Psychologie*. Zusammenfassende Bezeichnung für Lehrmeinungen, die die Methoden der psychologischen Forschung im Gegensatz zu den naturwissenschaftlichen (nomothetischen, Gesetze formulierenden) Lehrmeinungen auffassen und die idiographische, verstehende Methode der Auslegung bevorzugen.

Geistige Behinderung *(mental handicap; mental retardation)*. Mittlere bis leichte Formen des Schwachsinns (Imbezillität, Debilität und Fälle im Grenzbereich der intellektuellen Leistungsfähigkeit). G.B. zeigt sich in Beeinträchtigungen der Anpassungs-, Lern- und Bildungsfähigkeit. Diese beruhen auf Intelligenzdefiziten, die durch angeborene oder im Verlauf der frühkindlichen

Entwicklung auftretende biochemische Veränderungen, degenerative Hirnerkrankungen oder Infektionskrankheiten verursacht sind.
→*Schwachsinn.*

Gelbsches Phänomen →*Tau-(τ)-Effekt.*

gelernte Hilflosigkeit →*Hilflosigkeit.*

Gemeinschaft *(community).* Idealtypische Bezeichnung für *Gruppen* oder soziale Systeme, die gemeinsame Ziele spontan und emotional betont als das Ergebnis fester Bindungen der einzelnen Mitglieder entwickeln. Der Begriff wurde von dem Soziologen F. TÖNNIES geprägt. Als Beispiele gemeinschaftsartiger sozialer Gebilde gelten Familie, Freundesgruppen, Nachbarn und religiöse Sekten. Ihre Handlungen werden von TÖNNIES auf den sog. »Wesenswillen« zurückgeführt. Als ebenso idealtypischer Gegenbegriff steht bei TÖNNIES der von der »Gesellschaft«. Es wird dabei angenommen, daß Gesellschaften nur auf der Basis von Gemeinschaften entstehen können, wobei Gemeinschaft in der Entwicklung der Gesellschaft vorangegangen sein soll.

gemeinsames Schicksal →*Gestaltgesetze.*

Gemüt (nicht übersetzbar). Allgemeine und umfassende Bezeichnung für die affektiven bzw. emotionalen Aspekte des Erlebens. In engerer und charakterologischer Bedeutung bezeichnet Gemüt den »Ort« der Werthaltungen und Bindungen eines Individuums.
LIT. THOMAE (1968a); WELLEK (1967).

Gemütsbewegung →*Emotion.*

Gen *(gene).* Erbfaktor oder Erbanlage in den Zellen (in den *Chromosomen* der Zellkernmasse und im *Protoplasma;* für letzteres Syn.: *Plasmagen*). Ihre Feinanalyse erfolgt im Forschungsbereich der →*Molekulargenetik.* Die Gesamtheit aller Gene bzw. der durch Gene repräsentierten Erbinformation wird als *Idiotypus* oder *Erbbild* bezeichnet. Durch chemische Syntheseprozesse bewirken Gene die Herausformung von Merkmalen, führen also zum →*Phänotypus* des Lebewesens.
Als *Genmutation* bezeichnet man nicht auf Teilung oder Wachstum beruhende Veränderungen der Gene. Die Wirkung der Genmutation kann als überdauernde Veränderung der vererbten Merkmale bezeichnet werden.

Genauigkeitsgrad →*Reliabilität.*

generalisierende Assimilation →*Assimilation.*

Generalisierung *(generalization).* Bezeichnung für einen Denkprozeß, in dessen Verlauf ein Urteil in bezug auf eine ganze Klasse von Gegenständen oder Vorgängen aufgrund von einigen wenigen Fällen gefällt wird. Der Prozeß der G. verläuft normalerweise auf der begrifflich-abstrakten Ebene *(→Abstraktion).* Oft bedarf es keines Aussprechens eines Urteils, das Generalisieren vollzieht sich sozusagen mit dem Wahrnehmen und Erkennen selbst. Generalisierung von Reizen →*Reizgeneralisierung,* →*Reaktionsgeneralisierung.*

Generalisierungsgradient →*Reaktionsgeneralisierung,* →*Reizgeneralisierung.*

Genetik *(genetics).* Vererbungsforschung. Zu unterscheiden von *Genealogie,* Familienforschung.

Genetisch *(genetic).* Hinweis auf eine mit dem Ursprung oder der Entwicklung zusammenhängende Betrachtungsweise, z. B. in einer genetischen Psychologie *(→Ganzheitspsychologie). Genetische Methoden* (z. B. Biographien, längs- und querschnittliche Datenerhebungen, Zwillingsforschung; aber auch Tests mit altersspezifischen Normen, sog. Entwicklungstests) dienen der Untersuchung der Entwicklung und des Entwicklungsstandes einer bestimmten Klasse von Verhaltensweisen.

genitale Phase *(genital level, genital phase).* In der Psychoanalyse die letzte Phase der psychischen Entwicklung, die durch das Aufkommen sexueller Impulse gekennzeichnet ist. Diese Phase ist nicht gleichbedeutend mit einem übermäßigen Interesse an den Genitalien, so wie dies etwa in der phallischen Phase der Fall ist; es handelt sich vielmehr um das Interesse am anderen Geschlecht. Syn. *genitaler Charakter (genital character)* als Bezeichnung für das Erreichen der dem Erwachsenen eigenen Synthese verschiedener psychosexueller Impulse. Das Erreichen der genital-erotischen Phase führt zu dem sog. Primat des Genitalen *(genital primacy).*

genitaler Charakter →*genitale Phase.*

Genom *(genome).* Das genetische Material einer Zelle. Als *Genommutation* Bezeichnung für Veränderungen des Chromosomensatzes durch chemische oder Umwelteinflüsse.

Genotypus. Hypothetische Bezeichnung für die Gesamtheit aller individuellen Erbanlagen. Zu unterscheiden vom sog. →*Phänotypus,* mit dem die ebenso hypothetische Gesamtheit aller in Erscheinung tretenden Erbanlagen bezeichnet wird (in manchen Ansätzen, so etwa bei ROHRACHER, wird dem Genotypischen der Begriff vom *Charakter,* dem Phänotypischen der von der *Persönlichkeit* zugeordnet). Neben der medizinischen Vererbungsforschung spielen im Bereich der Psychologie besonders systematische Zwillingsuntersuchungen eine entscheidende Rolle bei der Frage nach angeborenen (genotypischen, kongenitalen) und erworbenen (gelernten, in Erscheinung tretenden, phänotypischen) Eigenschaften, deren volle Klärung noch aussteht.

Geometrische Täuschung *(geometrical illusion).* Bezeichnung für eine Klasse *optischer Täuschungen,* bei denen Längen oder Richtungen Gegenstand der Täuschung sind, z.B. die →*Müller-Lyersche Täuschung.*

Geotropismus, Geotaxis. Orientierungsreaktion in bezug auf die Schwerkraft.

Geräusch *(noise).* Bezeichnung für durch nichtperiodische Schallereignisse ausgelöste Gehörempfindungen.

Gerichtetheit *(directedness).* Bezeichnung für Handlungs- und Denkvollzüge, die durch ein (sichtbares) *Ziel* oder eine *Zielvorstellung* geleitet oder bestimmt sind. (Im deutschen Sprachgebrauch auch gleichbedeutend mit *Einstellung,* jedoch mit einem deutlichen Bezug auf das Erleben einer Zielrichtung.)

Gerichtspsychologie →*Forensische Psychologie.*

Gerichtetsein →*Intentionalismus.*

Gerontologie →*Alternsforschung.*

Geruch *(odour).* Bezeichnung für Empfindungen, die über die Geruchsrezeptoren in der Nasenhöhle zustande kommen und auf chemischer Reizung durch gasförmige Stoffe beruhen. Die Geruchsrezeptoren *(Riechzellen, Riechspalten)* sind blattförmig und haben haarartige Fortsätze. Die verschiedenen, vom Menschen unterscheidbaren *Geruchsqualitäten* konnten bisher nicht eindeutig ermittelt werden. HENNING postulierte im Anschluß an ZWAARDEMAKER ein neun Geruchskontinuen enthaltendes prismenförmiges Schema, an dessen Polen die von ihm sogenannten einfachen Gerüche angeordnet sind, nämlich blumig *(flowery),* faulig *(putrid),* fruchtig *(fruity),* würzig *(spicy),* brenzlig *(scorching)* und harzig *(resinous).* Neuere Untersuchungen konnten diese Einteilung nicht bestätigen, zeigten jedoch, daß jede Klassifizierung dieser Art von der Methode der Ermittlung und den angebotenen sprachlichen Möglichkeiten abhängt.

LIT. EYFERTH (1967); HENNING (1928).

Geruchsqualitäten →*Geruch.*

Geschicklichkeit *(skill).* Allgemeine Bezeichnung für den Grad der Mühelosigkeit, Geschwindigkeit und Genauigkeit motorischer Tätigkeiten. Das englische Wort *»skill«* wird oft auch im Sinne von Grundfähigkeiten oder -fertigkeiten (z.B. Lesen, Schreiben, Rechnen) oder in der Zusammensetzung *»higher level skill«* im Sinne der allgemeinen Beherrschung der Arbeitstechnik verwendet, die dazu geeignet ist, eine ganze Reihe konkreter Tätigkeiten mühelos auszuführen.

Geschlechtsidentität *(gender identity).* Harmonische Übereinstimmung der erlebten Geschlechtszugehörigkeit mit dem anatomischen Geschlecht. *Störung der G. (disorder of gender identity):* Bezeichnung für Abweichungen des Erlebens der Geschlechtszugehörigkeit vom anatomischen Geschlecht. Äußert sich bei Kindern als *Entwicklungsstörung,* z.B. in der Ablehnung der eigenen anatomischen Geschlechtsmerkmale, geschlechtsabhängiger Kleidungsstücke und Spielgegenstände in Verbindung mit dem Wunsch, diejenigen des anderen Geschlechts zu besitzen. Bei Erwachsenen gehen diese Wünsche oftmals bis zur Forderung nach körperlichen Korrekturen oder geschlechtsumwandelnden Operationen. Syn.: *Transsexualismus (transsexualism).*

Geschlossenheit *(closure).* Bezeichnung für eines der *Gestaltprinzipien.* Der Begriff bezieht sich auf den Prozeß, durch den Wahrnehmungsinhalte, Gedächtnisinhalte oder Handlungen miteinander zu einem Ganzen, Zusammengehörigen verknüpft werden und so einen festen Zusammenhalt erfahren. Die darin zum Ausdruck gelangende Tendenz zur Geschlossenheit läßt sich durch Erscheinungen wie die der wahrnehmungsmäßigen Geschlossenheit eines objektiv nicht geschlossenen Kreises u.ä. nachweisen, also durch die mit der Wahrnehmung generell einhergehende Korrektur eines nicht vollständig gegebenen Reizmusters zu einem vollständigen Ganzen.

Geschmacksknospe, Geschmacksbecher *(taste bud)*. Längliche Zellen, die zu 10–40 in knopsen- oder becherförmigen Gebilden zusammengefaßt sind und in Schleimhauterhebungen (Papillen) der Zunge, in der Wangen-, Gaumen- und Schlundschleimhaut liegen. Sie sind Rezeptoren des Geschmackssinns.

Gesellschaft *(society)*. Allgemeine und umfassende Bezeichnung für die Gemeinschaft von Lebewesen mit den sie kennzeichnenden kulturellen Merkmalen und Gruppenbezügen, aufgefaßt als Bezugssystem individuellen Verhaltens.

Gesetz *(law)*. Bezeichnung für solche Feststellungen über Zusammenhänge, die durch empirische Evidenz als gesichert angenommen werden können. Viele der in der Psychologie so bezeichneten Gesetze beruhen auf unvollständiger *Induktion* bzw. auf (vorzeitiger) *Generalisierung*, so daß ihnen weit eher die Bezeichnung *vorläufige Annahme* oder *Hypothese* bzw. *zum Zwecke der Vereinfachung eingeführtes Prinzip oder Regel* zukommen würde. Die reine Form von Gesetzen stellen die sog. *Naturgesetze (natural laws)* dar.

Gesetz der Ähnlichkeit →*Gestaltgesetze*.

Gesetz der Geschlossenheit →*Gestaltgesetze*.

Gesetz der guten Fortsetzung →*Gestaltgesetze*.

Gesetz der Nähe →*Gestaltgesetze*.

Gesetz der spezifischen Sinnesenergien *(law of specific sense energies)*. Bezeichnung für eine auf JOHANNES MÜLLER zurückgehende Annahme, daß der Impuls eines bestimmten Rezeptors ungeachtet der Reizart oder -energie immer zu der für den Rezeptor charakteristischen Empfindung führe (z.B. führen Lichtreize und mechanische Reize beim Auge zu visuellen Empfindungen). Die neuere Forschung hat den Inhalt dieses Gesetzes weitgehend relativiert, da man weiß, daß die Aktionspotentiale der zum jeweiligen Rezeptor gehörigen Nerven gerade *unspezifischen* und gleichartigen Charakter haben. Man müßte heute eher ein »Gesetz von den spezifischen Erregungsarten zentraler Regionen« formulieren, das besagt: Unabhängig von den »Sinnesenergien« hängt die Art der Empfindung von den durch sensorische Erregung erreichten Projektionsarealen des Großhirns ab.

Gesetz der Vergleichsurteile →*Psychophysik*.

Gesetz des Effektes →*Effektgesetz*.

Gesetz des gemeinsamen Schicksals →*Gestaltgesetze*.

Gesetz von der Biogenese →*Biogenese*.

Gesichtsfeld *(visual field)*, auch **Blickfeld.**

[1] Bezeichnung für die Gesamtheit der Reize, die zu einem gegebenen Zeitpunkt auf das Auge einwirken. Man stellt sich meist die Reize als auf eine Kugel projiziert vor, deren Mittelpunkt das Auge selbst darstellt.

[2] Das *subjektive Gesichtsfeld (subjective visual field)* ist meist definiert durch die Gesamtheit aller visuellen Sinneseindrücke (z.B. wahrgenommener Gegenstände), die bei unbewegtem Auge gleichzeitig in bestimmter räumlicher Anordnung wahrgenommen werden. Das G. ist unsymmetrisch; es erweist sich als ausgedehnter auf der temporalen Seite, also schläfenwärts. Nach Untersuchungen mit dem sog. →*Perimeter* ergeben sich die ausgedehntesten Gesichtsfelder für weißes Licht, dagegen für blaues oder gelbes oder rotes oder grünes jeweils engere. Dies hängt mit der Anordnung von *Stäbchen* und *Zapfen* auf der *Retina* zusammen.

Gesprächstherapie, GT *(nondirective therapy; client-centered therapy)*, Syn.: *nichtdirektive Therapie. Klinische Psychologie:* Von C. R. ROGERS eingeführtes psychotherapeutisches Verfahren, in dessen Verlauf der Therapeut eine anteilnehmende, zur Selbstdeutung ermunternde Haltung einnimmt, jedoch weder durch Deutungen noch durch suggestive Hinweise eingreift. Ausgangspunkt der GT ist die Annahme, psychische Störungen wie z.B. Versagensängste oder mangelnde Selbstbehauptung hätten ihre Grundlage in einer Diskrepanz zwischen realem und idealem Selbstkonzept einer Person; diese Diskrepanz könne in einer vertrauensvollen, anteilnehmenden Atmosphäre auf dem Wege der Selbstreflexion durch den Klienten selbst aufgehoben werden.
→*Psychotherapie*.

Gestalt *(configuration, form, gestalt, pattern, structure)*.

[1] Komplexe und anschauliche Reizgebilde, die im Hinblick auf ausgezeichne-

te und von Einzelheiten abstrahierende figurale Eigenschaften beschrieben und voneinander unterschieden werden können bzw. bei deren Auftreten die figuralen Eigenschaften einen die Einzelheiten überspielenden Eindruck hinterlassen. In der neueren Forschung wird versucht, die Metrik der formalen oder figuralen Komponenten auf *Analysatoren* des Wahrnehmungssystems zu beziehen.

[2] In der phänomenologisch orientierten *Gestaltpsychologie* sind G. von der Umgebung abgehobene Erlebniseinheiten (-ganzheiten), deren Einzelheiten als zusammengehörig aufgefaßt werden und transponierbar sind (z.B. Melodie). Sie werden auch als »Unterganze des umfassenden Bewußtseinsganzen mit den Merkmalen der Abgesondertheit und Auseinandergesetztheit der Glieder« und als »in sich geschlossene Gefüge« (Sander) bezeichnet. Der Begriff wird auch auf Handlungen (z.B. Bewegungsgestalten), Gedächtnisinhalte und Denkvorgänge (Prinzip der Einsicht) angewandt. Die der Gestaltwahrnehmung entsprechenden Vorgänge im Großhirn tragen im Sinne des *→Isomorphieprinzips* ebenfalls (angenommenerweise) den erlebten Einheiten entsprechende formale Züge. Für ihr Zustandekommen sind sog. *→Gestaltgesetze* verantwortlich.

[3] In der Verhaltensforschung Bezeichnung für solche komplexen Reizkonstellationen, die regelmäßig und relativ überdauernd Reaktionen einer bestimmten Klasse auslösen *(→Schemata)*. Diese Bedeutung ist G. [1] nahe verwandt.

LIT. Corcoran (1971); Köhler (1947); Lorenz (1965).

Gestaltgesetze *(gestalt laws)*. Unter dem Prägnanzprinzip zusammengefaßte Bedingungen, die zur Auffassung einer Reizkonstellation als Einheit im Sinne von *Gestalt* [2] beitragen und nicht auf Erfahrung beruhen. Es sind dies vor allem (a) *Gesetz der Nähe (law of proximity)*. Elemente in raumzeitlicher Nähe werden als zusammengehörig erlebt. Punkte in Abb. A gruppieren sich daher eher in Kolonnen als in Zeilen. (b) *Gesetz der Ähnlichkeit (law of similarity):* Elemente werden dann als zusammengehörig erlebt, wenn sie einander ähnlich sind. Punkte und Kreuze in Abb. B bilden Zeilen, nicht Kolonnen. (c) *Gesetz der guten Fortsetzung (law of continuity, law of good continuation)*. Vektoren, in denen Elemente angeordnet sind, bestimmen darüber, welche Fortsetzung für eine Elementenreihe »gut« ist. Die Punkte aus Abb. C werden als

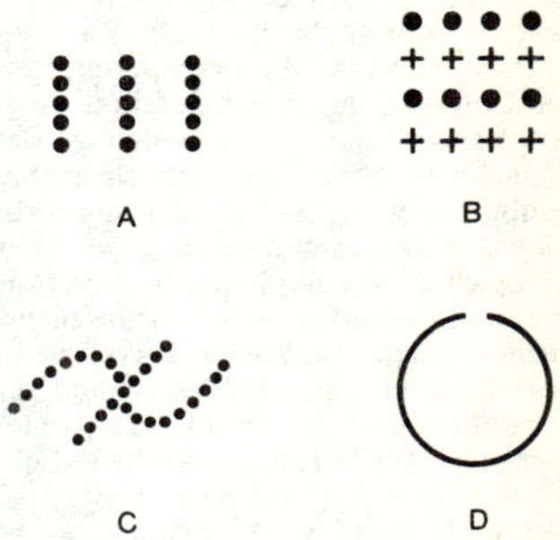

überkreuzte Sinuskurve und Strecke gedeutet. (d) *Gesetz der Geschlossenheit (law of closure):* Nicht vorhandene Teile einer Figur werden in der Wahrnehmung ergänzt. In Abb. D wird ein vollständiger, geschlossener Kreis erlebt, solange man nicht genau hinsieht. (e) *Gesetz des gemeinsamen Schicksals (law of common fate):* Elemente oder Gegenstände, die sich gleichförmig verändern oder gemeinsam bewegen, werden als Einheit erlebt. Verwandt sind die von G. E. Müller gefundenen *Kohärenzfaktoren,* die solche Bedingungen erfassen, unter denen Einzelheiten als zusammengehörig aufgefaßt werden können. Es sind dies (a) *Räumliche Nachbarschaft,* (b) *Gleichheit,* (c) *Ähnlichkeit,* (d) *Symmetrie* und (e) *Kontur.* Nach Rohracher sollte man noch (f) Kontinuität und (g) Geschlossenheit hinzufügen. Die Gestaltpsychologie erklärt die Wirkweise der G. mit dem Isomorphieprinzip und »inneren Notwendigkeiten«. Man könnte auch davon ausgehen, daß die rasche und mit wenig Energieaufwand vollzogene Identifikation von bestimmten Anordnungsformen in der Umwelt (wahrscheinlich durch *Analysatorentätigkeit* vermittelt) der kategorisierenden Ökonomisierung des Wahrnehmungsvorganges in biologisch relevanten Situationen dient.

Gestaltpsychologie *(gestalt psychology)*. Von K. Koffka, W. Köhler und W. Wertheimer begründete Richtung der kognitiven Psychologie, die Gestalt,

Ganzheit und Ordnung *(organization)*, nicht Empfindungen und deren Verbindung (»Und-Verbindung«) als primäre Einheiten von Erleben und Verhalten annimmt. Vorbilder sind Quellen der griechischen Philosophie (ARISTOTELES), die Phänomenologie (HUSSERL) und die Ehrenfelssche Lehre von den *Gestaltqualitäten*. Mit den experimentellen Untersuchungen der G. fällt die sog. *Konstanzannahme* (feste eindeutige Beziehung zwischen Reizparametern und Empfindungen), eines der Grundprinzipien der Elementenpsychologie und der klassischen Psychophysik; in – etwas überinterpretierten – Schimpansenversuchen zeigte KÖHLER die Wirkweise von Einsicht und Geschlossenheit als Lernprinzipien und Problemlösestrategien. Die von TOLMAN aufgestellte Lehre von den »Gestaltzeichen« *(gestalt signs)* als kognitive Komponenten des Lernens gilt als von G. und Behaviorismus gleichermaßen beeinflußt. Die von K. LEWIN konzipierte *Feldtheorie* des Erlebens und Verhaltens gilt – etwas zu Unrecht – als Derivat. Zur Erklärung der Gestaltphänomene werden die unter dem *Prägnanzprinzip* subsumierten *→Gestaltgesetze* im Verein mit dem *→Isomorphieprinzip* herangezogen; beide gelten aus der Sicht der neueren Forschung zur Gestaltwahrnehmung *(→Gestalt)* als überholt. Die Prinzipien der G. werden neuerdings auch zu einer *Gestalttherapie* verwendet.
LIT. ELLIS (1938); METZGER (Hrsg.; 1967); ROHRACHER (1971); SANDER (1962a). – Einschlägige Darstellungen in allen Lehrbüchern der Psychologie.

Gestaltqualitäten *(form qualities)*. Eine von VON EHRENFELS geprägte Bezeichnung für solche Eigenheiten oder Eigenschaften eines Ganzen, die nur diesem, nicht aber den konstituierenden Einzelheiten (Elementen) zukommen. Die beiden G. »Übersummenhaftigkeit« und »Transponierbarkeit« lassen sich am Beispiel der Melodie veranschaulichen: einzelne Töne, auch ihre Summe, machen noch keine Melodie; eine Melodie läßt sich auch dann als solche wiedererkennen, wenn man sie in eine andere Tonart transponiert hat. – VON EHRENFELS nahm an, daß die G. Erlebnisinhalte seien, die den einmal zustande gekommenen Sinnesempfindungen hinzugefügt würden. In der gestaltpsychologischen Auffassung wird dagegen angenommen, daß G. Eigenschaften des Gefüges selbst und von ihm nicht zu trennen seien. – G. sollen begrifflich von sog. *Komplexqualitäten* unterschieden werden. Mit Komplexqualitäten bezeichnete F. KRUEGER Frühformen ganzheitlicher Gefühle.
LIT. EHRENFELS (1890).

Gestalttherapie *(Gestalt therapy)*. *Klinische Psychologe, Psychiatrie:* Von FRITZ PERL eingeführte Therapieform, die von Annahmen der *→Gestaltpsychologie* und der *→Psychoanalyse* geleitet ist. Psychoneurotische Störungen des Realitäts- und Selbstbezugs werden als zwanghafte Wiederholungen der mangelnden Differenzierung zwischen den realen Gegebenheiten (Figur) und Denk- und Interpretationsgewohnheiten (Hintergrund) angesehen. Die G. zielt in Form von Einzel- und Gruppeninterventionen auf die Wiederherstellung eines differenzierten unmittelbaren Realitätsbezuges der Wahrnehmung, Selbsteinschätzung und Selbstdarstellung ab.

Gestaltwandel. Bezeichnung für die mit bestimmten *Entwicklungsphasen* einhergehenden Proportionsverschiebungen der einzelnen Körperabschnitte zueinander. W. ZELLER bezeichnete den Übergang von der kleinkindlichen Erscheinungsform des Kindes zum Schulkind als den ersten (zwischen dem 6. und 7. Lebensjahr sich vollziehenden) Gestaltwandel, den im Pubertätsalter sich vollziehenden als den zweiten.
Mit dem Gestaltwandel gehen Veränderungen des motorischen Verhaltens, der Geschicklichkeit u. ä. einher.
→Entwicklungspsychologie.

Gestik *(gesture)*. Umfassende Bezeichnung für Ausdrucksbewegungen von Kopf und Hand (Gesten) zum Zwecke der Kommunikation oder als Begleiterscheinung individueller Überlegungen bzw. Zustände. Gesten können durch Konventionen mehr oder weniger differenzierender Art zu einer Zeichensprache werden, z.B. als Verständigungsmittel von stummen Mitmenschen (Stummensprache).

Gesundheitspsychologie *(health psychology)*. Zusammenfassende Bezeichnung für die Anwendung psychologischer Erkenntnisse und Forschungsmethoden im Dienste der Gesundheitsförderung und -erhaltung, z.B. durch vorbeugende Maßnahmen, durch Aufdekkung psychosozial bedingter Gesund-

heitsrisiken, durch Beiträge zur Früherkennung von Störungen, ihrer Ätiologie und Differentialdiagnose sowie durch Maßnahmen der Verbesserung der Gesundheitsversorgung.
LIT. TAYLOR (1986).

Gewandtheit *(dexterity)*.
[1] Im Sinne von Handgeschicklichkeit die Bezeichnung für einen flüssigen und raschen, einer Aufgabe angemessenen Bewegungsablauf der Hand, des Armes oder der Finger.
[2] Im übertragenen Sinne Bezeichnung eines »geschickten«, d.h. einer Situation angepaßten, raschen und nicht stockenden Verhaltens im Umgang mit Menschen oder der Ausdrucksweise. Manchmal auch zur Beschreibung der entsprechenden Qualität im Problemlöseverhalten verwendet (engl. *adequate, adroit, skilled*).

Gewichtung *(weighting)*. Statistische Bezeichnung für die nach der Bestimmung der relativen Gewichtigkeit oder des relativen Einflusses von Teilmaßen (z.B. Untertest-Scores) auf das Gesamtmaß (Testscore) bzw. dessen Varianz erfolgende *Multiplikation* (Erweiterung) der Teilscores oder Teilmaße mit einer der Gewichtigkeit bzw. dem relativen Einfluß entsprechenden *Konstanten*. Eine so erweiterte Maßzahl heißt *gewichtetes Maß* oder *gewichteter Score (weighted measure, weighted score)*.

Gewissen *(conscience)*. Allgemeine Bezeichnung für das von einem Individuum als verbindlich angesehene System von (moralischen) Werten, z.B. äußert sich das System hinsichtlich seiner Funktion, wenn eine vorgenommene oder vollzogene Handlung durch das Individuum selbst bewertet wird, wobei intellektuelle und emotionale Komponenten eine Rolle spielen.
Der Erwerb des als Gewissen bezeichneten Systems wird von verschiedenen Autoren mehr oder weniger stark und direkt auf *Lernen* bzw. *Sozialisation* bezogen.
In der Psychoanalyse ist der Begriff *»Über-Ich« (superego)* Bezeichnung und Erklärung für die Funktionen des Gewissens.

Gewohnheit *(habit)*. Bezeichnung für einen relativ automatisierten Reaktionsablauf im motorischen Bereich (z.B. ein bestimmter Handgriff im Rahmen einer Tätigkeit), der durch Übung und Lernen zustande gekommen ist. Im übertragenen Sinne auch Bezeichnung für *Denkgewohnheiten*, wie sie sich im Problemlöseverhalten zeigen, und die ebenfalls auf Übung und Lernen, aber auch auf →*Sozialisation* (soziale Anpassung) beruhen können. Bestimmte →*Einstellungen* sind z.B. relativ überdauernde Denkgewohnheiten oder Gewohnheiten der Sichtweise. Der Prozeß des Herausbildens von Gewohnheiten wird als *Gewohnheitsbildung (habit formation)* bezeichnet. Dieser Prozeß ist nicht identisch mit der Gewöhnung im Sinne von erworbenen Bedürfnissen nach bestimmten Drogen oder Nahrungsmitteln *(→Sucht)*. Werden zwei (in bezug auf dieselbe Situation) einander entgegengesetzte Gewohnheiten herausgebildet, so kommt es zur *Gewohnheitsinterferenz (habit interference)*, die sich in der →*Hemmung*, Störung oder Abschwächung einer der beiden Reaktionsgewohnheiten äußert.
→*Gewohnheitshierarchie*, →*Gewohnheitsstärke*.

Gewohnheitsbildung →*Gewohnheit*.

Gewohnheitshierarchie *(habit family, hierarchy of habits, habit family hierarchy)*. Bezeichnung für eine artspezifische Rangordnung möglicher Verhaltensweisen, die zur Erreichung eines bestimmten Zieles eingesetzt werden, und zwar in jener Reihenfolge, die der Annahme vom geringsten Kraftaufwand und maximalen Erfolg (Effekt) entsprechen. Die Rangordnung läßt sich aus der Häufigkeit des Auftretens der einzelnen Verhaltensweisen rekonstruieren. (Dabei handelt es sich meist um motorische Reaktionen eines Tieres in einer bestimmten Situation, die ein Ziel – z.B. Futter – aufweist.)

Gewohnheitsinterferenz →*Gewohnheit*.

Gewohnheitsstärke *(habit strength)*. Bezeichnung für eines der hypothetischen *Konstrukte* in HULLS System. Mit der Gewohnheitsstärke ($_SH_R$) soll die Stärke der Tendenz erklärt und vorausgesagt werden, mit der ein konditioneller Reiz oder eine konditionelle Reizkonstellation (geordnete Mehrheit von Reizen, Schema) eine bestimmte Reaktion auszulösen vermag. $_SH_R$ ist definiert als eine Funktion der Anzahl der erfolgten *Verstärkungen*, der Anzahl *verstärkender Reize* und *zeitlicher Relationen*.
Effektive Gewohnheitsstärke (effective habit strength), $_S\bar{H}_R$, bezeichnet bei

HULL die Gewohnheitsstärke, welche momentan wirksam wird und neben der direkten Erfahrungswirkung zum Teil auf →*Reizgeneralisierung* beruht.
Die Einheit für die Messung der Gewohnheitsstärke wird bei HULL *hab* genannt. 1 hab wird dabei gleichgesetzt mit 1% des physiologischen Maximalwertes für die Gewohnheitsstärke, die ein Organismus unter optimalen Voraussetzungen zu entwickeln vermag.
LIT. HULL (1943).

Gewöhnung →*Habituation.*

G-Faktor *(G* oder *g factor),* **genereller Faktor** *(general factor).*
[1] Bezeichnung für einen *Faktor,* der nach vollzogener Faktorenanalyse in allen experimentellen Daten oder Tests enthalten ist, deren Korrelationsmatrix einer Faktorenanalyse unterzogen wurde. Ein G-Faktor kann – je nach angewendeter Berechnungsart – entweder direkt ermittelt werden oder aber als Faktor zweiter Ordnung erscheinen.
[2] In K. SPEARMANS *Zweifaktorentheorie* der *Intelligenz* ist der Begriff als Bezeichnung für die allgemeine (generelle) Komponente in allen Intelligenztests verwendet, die gleichzeitig als umfassende (generelle) Grundlage der Intelligenzleistungen aufgefaßt wird, und zwar im Sinne einer allgemeinen Fähigkeit *(general ability).*
→*Intelligenz.*

GHR →*Galvanische Hautreaktion.*

Gigantismus *(gigantism).* Bezeichnung für abnormen Riesenwuchs einzelner Knochenpartien oder des gesamten Skeletts durch Überfunktion des vorderen *Hypophysenlappens* (→*Hypophyse).*

glatte Muskulatur *(smooth muscles).* Muskelgewebe, das aus kleinen, spindelförmigen Zellen besteht und die Wände von Gefäßen und inneren Organen bildet; ihre langsamen Bewegungen werden durch das autonome Nervensystem gesteuert.

gleicherscheinende Intervalle *(equal appearing intervals, mean gradations).* Bezeichnung für eine aus der *Psychophysik* stammende Technik des Skalierens, bei der es darauf ankommt, *Items* (Gegenstände oder Feststellungen) im Sinne gleichgroß erscheinender Abstände anzuordnen, um sie auf eine Intervallskala beziehen zu können (→*Skala).*
→*Psychophysik.*

Gleichgewichtssinn *(sense of equilibrium).* Die durch Rezeptoren in den *Bogengängen* des inneren Ohres vermittelten Empfindungen über Abweichungen von der aufrechten Position des Körpers.
→*Statischer Sinn.*

gleichwertige Gruppen *(equivalent groups, matched groups).* Bezeichnung für eine in der experimentellen Psychologie eingeführte Technik der Stichprobenauswahl. Diese Auswahl wird in der Weise vorgenommen, daß die pro Gruppe zusammengefaßten Individuen nur Unterschiede im Verhalten aufweisen, die verschiedenen Behandlungsweisen oder experimentellen Bedingungen entsprechen, jedoch z. B. hinsichtlich ihres Alters, des Bildungsgrades, der Intelligenz u. ä. gleichwertig sind.

Glia, Neuroglia *(glia, neuroglia).* Stützgewebe des Nervensystems, bestehend aus modifizierten ektodermalen Elementen einschl. Gliazellen. Neben der Stützfunktion erfüllt die G. Stoffwechselfunktionen im Nervengewebe. Im Unterschied zu Nervenzellen vermehren sich die Gliazellen; sie treten in verschiedenen Bereichen des Nervensystems in den verschiedensten Formen auf und bilden z. B. an der Gehirnoberfläche die mit der Pia mater verklebte Grenzhaut.

Glukose, auch **Glykose, Frucht-** oder **Traubenzucker** *(glucose).* G. ist chemisch ein Monosaccharid ($C_6H_{12}O_6$), als Hauptprodukt der Kohlehydratverdauung wichtigster im Blut zirkulierender Zucker *(Blutzucker)* und Nährstoff, aus dem Zellen biologisch nutzbare Energie (ATP) gewinnen. Resorption erfolgt im Dünndarm und abhängig vom Darmschleimhautzustand, Thyroxin, Schilddrüsenaktivität, Kortikoiden und Insulin sowie Vitaminen des B-Komplexes. Die G. gelangt über die Blutbahn zur Leber und wird aufgrund der glukostatischen Leber-Funktion zu ca. 5% unmittelbar in →*Glykogen* umgewandelt, zu ca. 30–40% zu Fett aufgebaut; der Rest wird in Muskeln und Gewebe metabolisiert, wohin G. in Erythrozyten, Thrombozyten und Blutplasma gelangt. Die dadurch entstehende Glukosekonzentration (Blutzuckerkonzentration), *Glykämie,* wird durch einen komplizierten homöostatischen Mechanismus konstant gehalten. Ein Absinken heißt *Hypoglykämie* und führt in leichteren Fällen zu Unruhe, Müdigkeit, Schweißausbrüchen (kalter Schweiß), in schweren Fällen zu Krämpfen, Psychosen, Ohnmachtanfällen, Untertemperatur und Atemlähmung. Ein Ansteigen heißt *Hyperglykämie;* ihm wird durch Abgabe der G. im Urin (Glykosurie) bzw. Netto-Aufnahme der G. durch die Leber begegnet. Bei *Hypoglykämie* nimmt u.a. die Alpha-Frequenz im EEG ab.

Glykogen *(glycogen).* »Tierische Stärke«, Reservestoff in Leber, Muskeln und Zellen des Säugerorganismus; aus Glukosemolekülen aufgebautes Polysaccharid. G. ist nicht löslich und kann daher weder diffundieren noch den intrazellulären Wasserhaushalt belasten. Es enthält mehr Energie als *Glukose* und wird durch Enzyme in Glukose und andere Spaltprodukte zur Energiegewinnung zerfällt. Bei Muskeltätigkeit wird G. verbraucht und aus zirkulierender Glukose nachgebildet. Bei Anstieg des Blutzuckerspiegels unter Insulineinfluß erhöht sich die Bildung von G. Das *Leberglykogen* entsteht aus den Endprodukten der Kohlehydratverdauung, den Metaboliten der Saccharidenumwandlung, hauptsächlich aus Milch- und Brenztraubensäure, Glycerin und den intermediären Metaboliten bei der Aminosäurespaltung; raschester Aufbau erfolgt im Zustand der *Hyperglykämie (→Glukose).* Das G. der Leber stellt ein Glukosedepot für das Blut dar und schützt gleichzeitig die Leber vor Schädigungen durch toxische Stoffe. Es bindet Aminosäuren und trägt so zur Eiweißsynthese in den Geweben bei. Die Bildung von sog. Ketostoffen (Azeton, Azetessigsäure z.B.) aus Fettsäuren wird durch G. gehemmt.

Golgi-Apparat *(Golgi receptor, Golgi apparatus).*
[1] Als GOLGI-*Rezeptorapparat* Bezeichnung für in Sehnengewebe und Bindegewebsscheiden quergestreifter Muskeln eingebettete Rezeptoren, die auf Dehnung und Kontraktion ansprechen und der propriozeptiven Rückmeldung dienen.
[2] Als GOLGI-*Apparat* auch Bezeichnung für eine Feinstruktur der *→Zelle,* die sekretorische Funktionen erfüllt.

Golgi-Mazzonische Körperchen *(Golgi Mazzoni corpuscles).* An Haut (äußere Geschlechtsorgane, Bindehaut), in Nagelbett und Bauchfell liegende Kälterezeptoren.

Gottschaldtsche Figuren *(embedded figures).* Bezeichnung für eine von GOTTSCHALDT entwickelte Reihe von Figuren, bei denen eine Einzelheit durch Einbettung in ein umschließendes figurales Gefüge nur schwer unterschieden werden kann. Die *Eingebettetheit (embeddedness)* in ein umschließendes Ganzes dient als Beleg der *Feldabhängigkeit* des Wahrnehmens.

Gradient. Bezeichnung für die Annahme oder Darstellung gradueller Unterschiede in zeitlichen oder anderen Folgen. Neben Gradientendarstellungen des Wachstums, meist als idealtypischer Verlauf aufgefaßt, werden eine Reihe von Beziehungen zwischen den Bedingungen des Lernens und den Leistungen als Gradienten bezeichnet und dargestellt. Dabei handelt es sich nicht in jedem Fall um eine empirisch zureichend begründete Verlaufskurve. Wird z.B. eine Reiz-Reaktionsverbindung in einem Lernversuch belohnt, so kann man in den nachfolgenden Versuchsdurchgängen die Reaktion mit größerer Wahrscheinlichkeit erwarten als in den ersten. Dieses Ansteigen läßt sich als *Effektgradient* bezeichnen. Der Gradient kann dabei aufgrund des *Gesetzes vom Effekt (→Effektgesetz)* angenommen oder nach erfolgten Experimenten dargestellt werden.

Graph *(graph).* Nicht-numerische Abbildung von Beziehungen zwischen Objekten. Man unterscheidet ungerichtete Graphen (symmetrische Beziehungen), gerichtete Graphen (unsymmetrische Beziehungen) und – zusätzlich – qualitative Merkmale der Graphen, z.B. positive und negative Relationen. Häufige Anwendung dieser Darstellungsart findet sich in der Sozialpsychologie, z.B. bei der Darstellung von Gruppenstrukturen, – Hierarchien und Beziehungen zwischen Personen und Sachen, so etwa Einstellung und Einstellungsgegenstand.
→Soziogramm.

graphische Ratingskala *→Ratingskala.*

Graphologie *(graphology).* Bezeichnung für die Untersuchung und Deutung der Handschrift, aus der auf bestimmte Eigenschaften des Schreibers rückgeschlossen werden soll. Die Deutung bezieht sich meist auf sog. Merkmalsgruppen bzw. »Eindruckscharaktere«. Die Anwendung der G. als diagnostische wissenschaftliche Methode ist weitgehend umstritten, weil das Verfahren der Deutung nur mit größter

Schwierigkeit auf seine Objektivität und Reliabilität hin überprüft werden kann. Fragen nach der Validität müssen ebenfalls als weitgehend ungeklärt angesehen werden. G. wird in der Praxis mit anderen, wissenschaftlichen diagnostischen Methoden *(Tests)* angewandt.

Graphometrie *(graphometry).* Bezeichnung für quantitativ exakte Untersuchungen der Handschrift durch Messung bestimmter Merkmale. Die G. begreift auch Methoden der Messung des Schriftdruckes mit ein.

graue Substanz *(grey matter).* Vorwiegend aus Nervenzellen (die entweder diffus verteilt oder in Kernen zusammengeschlossen oder in Schichten und Kolonnen angeordnet sind) bestehende »nervöse Masse« des Gehirns und Rückenmarks.

Grausamkeit *(cruelty).* Beschreibende Bezeichnung für eine Eigenschaft, die sich in erlebter Lust oder Befriedigung äußert, wenn der Betreffende Tieren oder Menschen Schmerzen zufügen kann.
→Sadismus.

Greifraum *→Greifreflex.*

Greifreflex *(grasping reflex).* Die Reaktion von Fingern oder Zehen, bei Berührung eines Gegenstandes diesen zu greifen und festzuhalten. Dieser Reflex läßt sich beim Säugling sehr früh beobachten und führt zur Vermittlung eines ersten räumlichen Einschätzens der Umgebung *(Greifraum)* im Alter von spätestens sechs Lebensmonaten.

Grenzmethode *(method of limits).* Eine der klassischen Methoden der Psychophysik. Sie dient der Feststellung von *absoluten* und *Unterschiedsschwellen.* Im ersten Falle verändert der Versuchsleiter die Intensität in auf- oder absteigender Darbietungsweise so lange, bis die Versuchsperson den Reiz bemerkt bzw. (bei absteigender Darbietung) nicht mehr bemerkt. Im zweiten Falle (Unterschiedsschwelle) verändert der Versuchsleiter einen variablen Reiz so lange, bis die Versuchsperson äußert, er sei gleich bzw. kleiner oder größer im Vergleich mit einem konstant gehaltenen Vergleichsreiz.
→Psychophysik.

Grenzstrang *(sympathetic trunc).* Teil des vegetativen Nervensystems *(→Sympathikus),* bestehend aus zwei parallel und neben der Wirbelsäule verlaufenden Gangliensträngen. Syn. *Grenzstrangganglien.*

Grenzwerte *→Eben merklicher Unterschied, →Psychophysik, →Unterschiedsschwelle.*

Größengewichts-Täuschung *(size-weight illusion).* Bezeichnung für eine Sinnestäuschung, die dadurch entsteht, daß Größen- und Gewichtsverhältnisse aufeinander bezogen werden. So scheint ein großer Gegenstand im Vergleich zu einem kleinen, objektiv gleichschweren, leichter zu sein.

Größenwahn *(grandeur delusions).* Übertriebene Vorstellungen von der eigenen Bedeutung oder Macht, die bei Störungen aus dem Formenkreis von *→Paranoia, →Psychose* oder *→Schizophrenie* und *→Wahn* auftreten.

Großhirn *(cerebrum).* Über den älteren Hirnpartien gelegener, in zwei Hemisphären angeordneter Hirnanteil, dessen Oberfläche die *Hirnrinde (Kortex)* darstellt.

Grünblindheit *→Farbenblindheit.*

Grundeigenschaften *→Eigenschaft.*

Grundfähigkeit *→Fähigkeit.*

Grundgesamt *→Population.*

Grundton *→Fourier-Analyse, →Klang, →Oberton.*

Grundumsatz *→Metabolismus.*

Gruppe *(group).*
[1] Bezeichnung für eine (a) integrierte soziale Struktur, (b) deren Umfang (Anzahl der Gruppenmitglieder) variabel, jedoch im Einzelfall bestimmbar ist und (c) innerhalb deren feststellbare oder quantifizierbare, auf die Gruppe selbst Einfluß nehmende und durch die Gruppe beeinflußte Beziehungen bestehen, die sich unter den Aspekten der *Kommunikation,* des *Normativen* oder des *Funktionalen* betrachten lassen. Eine G. läßt sich demnach bestimmen als eine Anzahl von Mitmenschen, unter denen ein zu spezifizierender Zusammenhalt besteht, der zur Integration führt und der nach Qualität und Intensität (Quantität) beschrieben werden kann (Syn. *→Primärgruppe,* Wirgruppe).
[2] In Soziologie und Sozialpsychologie manchmal auch im weiteren Sinne als Bezeichnung für eine jede von anderen aus theoretischen oder praktischen Gründen abhebbare Zusammenfassung oder für einen Zusammenschluß von Mitmenschen. In diesem Sinne z. B. bezeichnet man eine Mehrzahl von Mitmenschen ohne den Gesichtspunkt der Integration als *Bezugsgruppe (reference group),* sofern sie bestimmte gemeinsa-

me Merkmale aufweisen (z. B. die »Gruppe der Verheirateten«, die »Gruppe der Manager«). Das Kriterium ist hier eine Standes- oder Statuszugehörigkeit.
LIT. HOMANS (1960).

Gruppe mit direktem Kontakt *(direct contact group, face-to-face group)*. Bezeichnung für Gruppen von kleinem Umfang, deren Mitglieder durch räumliche Nähe und direkten, d. h. visuell-auditiven Kontakt ohne Vermittlung (Kommunikationskanäle) kurzfristig miteinander in Beziehung stehen oder in Beziehung treten können. Die Aufnahme des Kontaktes kann dabei gewollt oder auch ohne besondere Absicht erfolgen.
Der Begriff ist zu unterscheiden von dem der →*Primärgruppen*.

Gruppenabsolutismus *(group absolutism)*. Bezeichnung für die Tendenz einer →*Gruppe,* ihr eigenes Handeln und Denken als Maßstab für andere zu verwenden. Handelt es sich um *ethnische Gruppen,* so ist Gruppenabsolutismus gleichbedeutend mit *Ethnozentrismus.*

Gruppenbewußtsein *(group consciousness)*. Syn. für *Gruppengeist (esprit de corps, group mind)* bzw. *Gruppenverhalten.* Bezeichnung für das den Gruppenmitgliedern in bezug auf Denk- oder Handlungsstile Gemeinsame, das sich nicht aus individuellen Denk- oder Handlungsstilen erklären läßt (engl. *syntality*).

Gruppendynamik *(group dynamics)*. Bezeichnung für eine von K. LEWIN begründete Forschungsrichtung im Rahmen der →*Sozialpsychologie,* die die Arten und Formen der Entstehung und der Funktion von sozialen Gruppen unter Einbeziehung der Entstehungsursachen, ihrer motivationalen Einbettung und Wirkung (z. B. Normenbildung, Zusammenhalt) analysiert. Mitinbegriffen sind Untersuchungen über die Möglichkeiten der Einflußnahme oder Veränderung der Gruppenstruktur und des Verhaltens der Gruppe.
LIT. CARTWRIGHT, ZANDER (eds.; 1960); HOFSTÄTTER (1957a); MORENO (1954).

Gruppenentscheidung *(group decision)*. Bezeichnung für den Prozeß und das Resultat einer Gruppendiskussion oder -vereinbarung, die durch Übereinkunft oder Wahl zustande gekommen ist. Die Vereinbarung bezieht sich auf Pläne für künftiges Handeln und nicht notwendigerweise auf das Handeln selbst.

Gruppen-Faktor *(group factor)*. Bezeichnung für einen durch *Faktorenanalyse* ermittelten Faktor, der in einigen, jedoch nicht in allen experimentellen oder Testdaten erscheint. Verfahren oder Tests, die einen Gruppen-Faktor gemeinsam aufweisen, korrelieren auch untereinander hoch und stellen so eine Gruppe von Verfahren oder Tests mit etwas Gemeinsamem dar. Gruppenfaktoren stehen aus logischen Gründen zwischen *spezifischen* und *generellen (G-)Faktoren.* Beispiele für Gruppenfaktoren sind z. B. die bei Intelligenztests nachgewiesenen *Handlungs-* und *Verbalfaktoren,* deren Definition nicht immer streng der mathematischen Definition eines Gruppenfaktors entspricht.

Gruppengeist →*Gruppenbewußtsein.*

Gruppenstruktur *(group structure)*. Bezeichnung für das Gefüge von Kennzeichen oder Eigenschaften einer Gruppe, meist nach der Art der *Beziehungen* der Gruppenmitglieder (z. B. Freundschaften, Dominanz und Unterwerfung), nach *Gruppengröße, Grad des Zusammenhaltes oder -wirkens,* nach Grad der Gemeinsamkeit hinsichtlich bestimmter *Zielvorstellungen,* der Intensität des *»Wir-Gefühls«* u. ä. gegliedert.

Gruppentest *(group test)*. Bezeichnung für solche Tests, die – meist aus Ökonomiegründen – gleichzeitig bei Gruppen von Individuen angewandt werden können. Es handelt sich in der Mehrheit der Fälle um sog. »Bleistiftpapier-Tests«, d. h. solche, die schriftlich vollzogen werden; zum Unterschied von *individuellen Tests,* die nur einzeln angewandt werden dürfen, da die Gegenwart anderer Individuen einen störenden Einfluß hätte.

Gruppentherapie *(group therapy)*. Bezeichnung für eine Reihe therapeutischer Maßnahmen, in deren Verlauf kleine Gruppen von Patienten mit dem Therapeuten zusammentreffen und miteinander kommunizieren. Der therapeutische Effekt wird auf Prinzipien der *Gruppendynamik* zurückgeführt. Eine besondere Form der G. stellt das sog. *Soziodrama* oder *Psychodrama* dar, in dessen Verlauf frei gewählte Rollen übernommen und gespielt werden, die

es dem Therapeuten ermöglichen, Symptome und deren Ursachen aus dem sozialen Kontext der rollenspielenden Gruppe zu ermitteln (Syn. *Gruppen-Psychotherapie)*.
→*Psychotherapie.*
LIT. MORENO (1959); SLAWSON (1956).

Gruppenverhalten *(group behavior)*. Umfassende Bezeichnung für individuelles Verhalten, erklärt durch die Beziehung oder Zugehörigkeit eines Individuums zu einer bestimmten Gruppe oder Bezugsgruppe, *oder/und* für das Verhalten mehrerer in einer Gruppe zusammengefaßter Individuen (z.B. in der Form der Zusammenarbeit) *oder/und* für das als Ganzes betrachtete Verhalten der Gruppe, wobei sich das Verhalten nicht auf die Summe aller Verhaltensweisen der in der Gruppe subsumierten Individuen bezieht, sondern durch die Gruppe selbst geprägt wird (z.B. durch die einer Gruppe gemeinsam zugehörigen Denk- und Handlungsstile, die außerhalb der Gruppensituation beim Einzelnen nicht nur Grundlage des Verhaltens werden).

GT →*Gesprächstherapie.*

Gültigkeit →*Validität.*

gute Fortsetzung →*Gestaltgesetze.*

Gütekriterien →*Experiment.*

Guttman-Skala *(Guttman scale)*, **Skalogramm** *(scalogram)*, manchmal auch **kumulierte Skala** oder **kumulative Skala** *(cumulative scale)*. Bezeichnung für einen Skalentypus, der bei der Messung der Intensität *sozialer Einstellungen* angewandt wird. Die einzelnen Feststellungen werden dabei nach vollzogener *Skalogrammanalyse (scalogramm analysis)* so angeordnet, daß sie in einer Rangreihe stehend aufgefaßt werden können. Wird eine Feststellung aus der Reihe positiv beantwortet (durch Zustimmung), so ist aufgrund der Rangordnung auch Zustimmung zu allen Feststellungen gegeben, die in der Rangordnung vor dieser liegen.
Die der Rangordnung zugrunde liegende Prozedur der *Skalogrammanalyse* soll gewährleisten, daß die einzelnen Feststellungen der Messung eines eindimensionalen Merkmals dienen.
→*Einstellungs-Skalen.*

Gyrus *(gyrus, convolution)*. Anatomische Bezeichnung für die →*Windungen* an der Groß- bzw. Kleinhirnrinde.

H.
[1] Abk. f. *Habit* oder *→Gewohnheit.*
[2] Seltene Abkürzung für *»harmonisches Mittel«* (*→Mittel, harmonisches*).

Haabscher Pupillenreflex, kortikaler Pupillenreflex *(Haab's pupillary reflex).* Kontraktion der Pupillen bei Betrachtung eines hellen Gegenstandes in einem dunklen Raum.

Haarfollikel, Haarbalg *(hair follicle).* Gebilde an den Haarwurzeln in der Haut, die afferente Nervenendigungen aufweisen. Rezeptoren für Druckempfindungen.

Haarzelle *(hair cell).* Zelle mit faden-, bürsten- oder haarartigen Fortsätzen. H. finden sich u. a. im *Cortischen Organ,* in den *Bogengängen* (ampullae), in der Nasenregion und auf der Zunge.

Habitat. Syn. für Umwelt, natürliche Umgebung oder Lebensraum von Tieren.

Habituation *(habituation).*
[1] Abnahme der Reaktionsstärke bei wiederholter Konfrontation mit einem identischen Reiz, die weder auf sensorische Adaptation noch auf Effektorermüdung bzw. Refraktärzeit zurückgeführt werden kann. H. tritt bei höheren Tieren und beim Menschen in biologisch gleichsinniger Bedeutung auf.
[2] *Arten der H.:* Erste Beschreibungen der sog. *Verhaltens-H. (behavioral habituation)* gehen auf HUMPHREY (1933) zurück. Katzen reagieren z. B. aufgrund eines angeborenen artspezifischen Instinkts auf das Piepsen einer Maus mit erhöhter Aufmerksamkeit und der Einleitung des sog. Beutefangverhaltens. Bietet man einer Katze das auf Tonband aufgenommene Piepsen einer Maus in dem selben Laborraum wiederholt dar, ohne irgend etwas zu verändern, so tritt dieses Verhalten anfangs ebenfalls auf, klingt aber dann allmählich ab; es setzt mit voller Stärke wieder ein, wenn das Piepsen anders klingt, lauter bzw. leiser wird oder die Umgebung verändert ist. Instinktreaktionen werden dann vorübergehend gedämpft bzw. gehemmt, wenn ein auslösender Signalreiz wiederholt und in identischer Weise auftritt, ohne daß ihm das signalisierte Ereignis folgt. Nicht betroffen von der H. sind dagegen *Reflexe,* d. h. biologische Grundfunktionen erfüllende angeborene Reiz-Reaktions-Verbindungen, wie z. B. Abwehr- und Schutzreaktionen auf intensive bedrohliche Reize. Als *H. der →Orientierungsreaktion, OR (habituation of the orienting response)* bezeichnet man das bei höheren Tieren und Menschen beobachtbare Abklingen der Zuwendungsreaktion und ihrer inneren physiologischen Begleiterscheinungen auf ursprünglich neuartige, unerwartete Reize, wenn diese wiederholt unverändert auftreten, ohne dabei irgendeinen Signalwert zu gewinnen. Die OR tritt dann wieder mit voller Stärke auf, wenn Reiz und/oder Reizsituation minimal verändert sind. Erste Beschreibungen dieses Phänomens gehen auf PAWLOW, Feinanalysen auf SOKOLOW (1963) zurück. Beiden Beobachtungen ist gemeinsam, daß sich Tier und Mensch in der Auseinandersetzung mit wechselhaften Umgebungen adaptiv (d. h. anpassend) verhalten. Möglicherweise bedeutsame Reize werden zunächst beachtet, d. h. ihnen wird selektive *→Aufmerksamkeit* geschenkt. Erweisen sie sich bei aller ursprünglichen Auffälligkeit im Verlauf wiederholten Auftretens und näherer Betrachtung als bedeutungslos, so wird ihnen die Aufmerksamkeit wieder entzogen und anderen Reizen oder Ereignissen zugewendet.
[3] *Bedingungen und Erklärung der H.:* H. hängt primär von der unveränderten Reizdarbietung ab, ihre *Geschwindigkeit (habituation rate)* von zusätzlichen Faktoren wie z. B. Darbietungshäufigkeit und -regelmäßigkeit. H. ist verlangsamt, wenn die Reize in komplexeren (Aufgaben-)Zusammenhängen erscheinen oder wenn starke Erregung bzw. Aktivation vorherrscht; auf Reize mit geringer, nahe der absoluten Schwelle liegender Intensität tritt keine H. auf. H. wird innerhalb bestimmter Grenzen auf andere ähnliche Situationen bzw. Reize übertragen *(Habituationstransfer* bzw. *-generalisierung*). Die H.-Geschwindigkeit unterliegt erheblichen interindividuellen Unterschieden; sie wird daher auch als differentialpsychologisches Kriterium benutzt (*→Labilität*). Als bewährter Indikator der H.-Geschwindigkeit gilt der Verlauf der elektrodermalen Reaktion (SCR; *→elektrodermale Aktivität)* auf die wiederholte Darbietung des Reizes; H. zeigt sich als exponentieller Abfall der Hautleitfähigkeit (SCR) in Abhängigkeit von der Darbietungszahl. Nach SOKOLOW werden im Kortex fortlaufend von Reizen herrührende Erregungsmuster mit be-

reits vorhandenen neuronalen Modellen verglichen. Stimmt das etablierte Modell von Reizen mit den eingehenden Erregungsmustern nicht überein, wird die OR ausgelöst. Durch wiederholte Darbietung des identischen Reizes bildet sich (vorausgesetzt überschwellige Intensität) ein stabiles neuronales Modell; stimmen die von den folgenden Reizdarbietungen herrührenden Erregungsmuster damit überein, nimmt die Wahrscheinlichkeit des Auftretens der OR durch Rückmeldungen des kortikalen Übereinstimmungszustandes in tiefere Hirnregionen ab, d.h. die OR habituiert.

LIT. HINDE (1970); HUMPHREY (1933); LYNN (1966); SIDDLE (1983); SOKOLOW (1963); SOKOLOW, VINOGRADOVA (1975); THOMPSON, SPENCER (1966); VOSSEL (1990); VOSSEL, ZIMMER (1988).

Habitus. Bezeichnung für die Gesamtheit aller relativ überdauernden Einstellungen und Verhaltensweisen eines Menschen.
→*Gewohnheit.*

Hackordnung *(peck order, peck right dominance order).* Von SCHJELDERUP-EBBE eingeführte Bezeichnung für die konstante soziale Ordnung bei Tieren. So wird das in der Rangordnung an der Spitze stehende Huhn (Despotenhuhn) von den anderen nicht oder nur selten beim Fressen gehackt, es hackt jedoch seinerseits alle unter ihm stehenden usw.

Halbstarre →*Katalepsie.*

Halbtonschritte →*Tonskala.*

Halluzination *(hallucination).*
[1] Wahrnehmungseindruck mit deutlichem Realitätsbezug, dem jedoch keine relevante oder adäquate Reizung des entsprechenden Sinnesorgans zugrundeliegt, z.B. der deutliche Eindruck eines vermeintlichen, tatsächlich aber nicht vorhandenen Sees in der Wüste oder eines Tones, der aus der Umgebung oder aber aus dem eigenen Kopf zu stammen scheint. H. treten häufig bei veränderten Bewußtseinszuständen (extreme sensorische Deprivation, Erschöpfung, Drogeneinflüsse, hypnotische Suggestion) oder als Symptome *psychotischer* bzw. *wahnhafter Störungen (→Psychose, →Wahn)* sowie im →*Delir* bei Alkohol- oder Drogenentzug auf. Halluzinationsartige Eindrükke, die allerdings im klinischen Sinne nicht zu den eigentlichen H. zählen, findet man beim Einschlafen *(hypnagoge H.)* und Erwachen *(hypnapompe H.)* sowie im Zusammenhang mit intensiven, ekstatischen religiösen Erfahrungen. *Negative H.* ist die selten gebrauchte Bezeichnung für das Ausbleiben von Sinneseindrücken trotz vorhandener überschwelliger Reize. Phantasieprodukte (lebhafte Vorstellungen, Illusionen), Fehldeutungen, Fehlwahrnehmungen und andere kurzfristig auftretende halluzinationsähnliche Erfahrungen müssen von H. im engeren Sinne sorgfältig unterschieden werden.
[2] *Arten und Formen:* Im Glossar des *DSM III–R* werden folgende, im Zusammenhang mit psychischen Störungen beobachtbare H. unterschieden: (a) *akustische H.* (Stimmen, Töne, Musik oder Geräusche »hören«); (b) *gustatorische H.* (halluzinierte Geschmackseindrücke, meist unangenehme); (c) *olfaktorische H.* (halluzinierte Geruchseindrücke, z.B. das Halluzinieren von Leichengeruch); (d) *optische H.* (Bilder, Menschen, Lichtblitze »sehen«); (e) *körperbezogene H.* (halluzinierte Eindrücke, die auf körperliche Vorgänge bezogen sind, z.B. das Gefühl, elektrischer Strom durchlaufe den eigenen Körper; meist in Verbindung mit *wahnhaften Störungen,* die das Körpergeschehen betreffen); (f) *stimmungsinkongruente H. (→affektive Störung, →psychotische Störung);* (g) *taktile H.* (halluzinierte Berührungsempfindungen, z.B. der Eindruck, das etwas auf der Haut krabbelt, *Formicatio*), meist in Verbindung mit *wahnhaften* Interpretationen, z.B. im *Alkoholentzugs-Delir* oder in der Entzugsphase nach Kokainintoxikation.

halluzinatorische Vorstellungen →*Vorstellung.*

Halluzinogene →*Drogenabhängigkeit.*

Halo-Effekt. Bezeichnung für eine bei der (diagnostischen) Beurteilung, besonders bei Anwendung sog. *Rating*-Methoden, auftretende Fehlerquelle. Die Beurteilung einzelner Eigenschaften oder Merkmale wird dabei verzerrt oder zumindest durch die anderen (Eindrucks-)Merkmale oder eine allgemeine Vorstellung von der einzuschätzenden Person beeinflußt (selten verwendeter syn. Ausdruck: *Hofeffekt).*

Haltung *(posture).* Körperstellung. Im übertragenen Sinn auch die mehr oder weniger umfassende *Einstellung* (engl. *attitude)* zu Dingen, Menschen oder Lebensfragen.

Hämozyten →*Blut.*

Händigkeit *(handedness).* Bevorzugung einer der beiden Hände bei der Ausführung von Tätigkeiten, die große feinmotorische Geschicklichkeit erfordern (z. B. Eindrehen einer Schraube, Schreiben, Zeichnen). Neben ausgeprägter *Rechtshändigkeit (dexterality, dextrality)* oder *Linkshändigkeit (sinistrality)* findet man in relativ seltenen Fällen *Ambidexteralität (ambidextrality),* d. h. die näherungsweise gleiche Geschicklichkeit beider Hände. Einen Sonderfall stellt die sog. *Dextrasinistralität (dextrasinistrality)* als aus ursprünglicher Linkshändigkeit durch Umlernen hervorgegangene Rechtshändigkeit dar. H. wird im Zusammenhang mit der *cerebralen Lateralisierung* als Indikator der sog. Hemisphärendominanz diskutiert (→*Lateralität*).

Handlung *(action).* Auf die Erreichung eines Zieles gerichtete, relativ abgehobene, zeitlich und logisch strukturierte koordinierte Bewegungsabfolgen, welche bewußt kontrolliert ausgeführt werden, um eine Veränderung in der Umwelt oder aber der bestehenden (psychologischen) Situation herbeizuführen. H. unterscheidet sich von Verhalten durch seinen bewußten Bezug zu Zielvorstellungen, dem Bedürfnis nach Zielerreichung, durch das begleitende Abwägen von Erwartungen in bezug auf die Entscheidungsmöglichkeiten und ihre Konsequenzen, durch die gedankliche Vorwegnahme bestimmter Handlungsschritte (Pläne) und die fortlaufende Einbeziehung von Rückmeldungen vor der Entscheidung über die folgenden Schritte. Die Analyse von H. in der Motivationsforschung umfaßt die Bemühungen der älteren *Aktpsychologie* und der kognitiv orientierten neueren *Attribuierungsforschung.* Zentraler Gegenstand sind u. a. die Beziehungen zwischen H. und Prozessen der *Bewertung* und ihre Einbettung in relativ überdauernde H.-schemata, -stile und -strategien.

LIT. HECKHAUSEN (1980).

Handlungen, ideomotorische →*Ideomotorik.*

Handlungsforschung *(action research).* Von K. LEWIN eingeführte Bezeichnung für systematische Untersuchungen des Effektes von einstellungsverändernden Maßnahmen in Erziehungs- und Strafvollzugseinrichtungen sowie an verschiedenen Arbeitsplätzen nach Art von Felduntersuchungen und teilnehmender Beobachtung, denen der Vergleich von Handlungen und Normen unter Rückmeldebedingungen zugrunde liegt. Das Verfahren hat sich u. a. auch in der Industrie- und Organisationspsychologie bei der Umstellung auf neue Produktions- und Verkaufsstrategien bewährt.

Handlungsorientierung *(action orientation).* In der kognitiven Motivationsforschung im Zusammenhang mit der Umsetzung des *Leistungsmotivs* geprägte Bezeichnung für die Konzentration der Aufmerksamkeit auf die zu lösende Aufgabe und konkrete Handlungsabsichten. Gegensatz: *Lageorientierung (state orientation)* als Inbegriff der perseverierenden Konzentration auf vergangene, momentane und/oder künftige Befindlichkeiten und Organismuszustände, begleitet von einer gewissen Geistesabwesenheit.

LIT. KUHL, BECKMANN (1985).

Handlungssystem →*System.*

Handlungstheorie *(action theory).* Umfassende Bezeichnung für begrifflich-theoretische und deskriptive Bezugssysteme, welche zur Erklärung von Handlungen im weitesten Sinne herangezogen werden. In der von PARSONS entwickelten *interatkionistischen H.* wird das aufeinander bezogene Verhalten von Partnern auf gemeinsame Ziele. Bedeutungsrelationen und symbolisch ausdrückbare Handlungsstrategien bezogen, wie sie sich z. B. in kulturellen Normen über sozial wünschenswertes bzw. unerwünschtes Handeln äußern. Die verschiedenen Varianten handlungstheoretischer Ansätze gehen von der Abhängigkeit des H. von *Bewertungsprozessen* und ihrer Einbettung in *Erwartungszusammenhänge* aus und interpretieren das aktuelle Handeln einschließlich der zugrunde liegenden Steuerungs- und Organisationsprozesse im Lichte der Einsicht in Situationen, soziale Normen und/oder Wertorientierungen.

LIT. HECKHAUSEN (1980); KAMINSKI (1970); LENK (1980; 1981).

Handlungszerfall →*Psychose.*

haptisch *(haptic).* Bezeichnung für alles, was mit den Hautsinnen zu tun hat.

Hardware. Bezeichnung für die in einen Computer fest eingebauten Schalterelemente oder Verdrahtungen, die die Leistungsfähigkeit des Computers

bestimmen. Im übertragenen Sinn ist H. vergleichbar mit Eigenschaften und der Kapazität des ZNS im lebenden Organismus, von denen die Leistungsfähigkeit des Systems abhängt.
→*Software.*

Haschisch →*Drogenabhängigkeit.*

Häufigkeit, kumulierte *(cumulative frequency).* Statistische Bezeichnung für eine Häufigkeitsangabe, die durch sukzessives Addieren von Häufigkeitsangaben in bezug auf geordnete Maßzahl-Reihen oder -Klassen zustande gekommen ist. →*Frequenz.* Wenn z. B. die Zahlen X jeweils f mal vorkommen (f bezeichnet die Häufigkeit, X die Maßzahl), so sind cum f die kumulierten Häufigkeiten, also die jeweils bis zum Ende des durch die Maßzahl X bezeichneten Intervalls anzutreffenden Fälle.

X	f	cum f
1	2	2
2	5	7
3	4	11

Häufigkeitsverteilung *(frequency distribution).* Statistische Bezeichnung für die in Tabellenform oder graphisch dargestellte Beziehung zwischen den einzelnen Meßwerten einer *Variablen* und der Häufigkeit, mit der die einzelnen Meßwerte gefunden wurden. Bei größeren Datenmengen erhält man oft im Hinblick auf biologische Merkmale (z. B. der Variablen Körpergröße) eine Häufigkeitsverteilung von der Art der *Normalverteilung.*
→*Frequenz.*

Hautimpedanz, Hautleitfähigkeit, Hautpotentiale →*elektrodermale Aktivität.*

Haut-Pupillen-Reflex *(cutaneous pupillary response).* Die Erweiterung der Pupille des Auges als Folge der kratzenden Berührung von Wange oder Kinn.

Hautschweißdrüsen →*elektrodermale Aktivität.*

Hautsekretions-Reflex *(cutaneous secretory reflex).* Die Schweißsekretion der Haut, ausgelöst durch jeden Reiz auf der Hautoberfläche.

Hautsinne *(cutaneous senses).* Zusammenfassende Bezeichnung für alle Empfindungen, die durch die in der Haut liegenden Rezeptoren für Berührung, Druck, Kälte, Wärme und Schmerz vermittelt werden *(→Sinne).*

Hautwiderstand →*elektrodermale Aktivität.*

HAWIE→*Wechsler-Bellevue-Skala.*

HAWIK→*Wechsler-Bellevue-Skala.*

Hawthorne-Effekt *(Hawthorne effect).* Der förderliche Einfluß von sozialen Faktoren wie Interessenzuwendung, informelle Gruppenbildung und Kommunikation auf *Arbeitszufriedenheit* und *Produktivität.* Der H. wurde von E. MAYO und Mitarbeitern erstmals aufgrund von Untersuchungen in den Jahren 1927–1932 beschrieben, die im Hawthorne-Werk (Cicero, Ill.), einem Fertigungsbereich der Western Electric Company, stattfanden und unter der Bezeichnung *Hawthorne-Experiment, -studie* oder *-untersuchung* Geschichte machten. Die Untersuchungsserie zielte ursprünglich darauf ab, durch systematische Variation der Arbeitsplatzumgebung (z. B. Beleuchtung, Pausengestaltung) herauszufinden, welche Bedingungen der Ermüdung entgegenwirken und damit die Arbeitsproduktivität steigern. Dabei zeigte sich, daß eine von den übrigen äußeren Bedingungen weitgehend unabhängige, allein durch die Anwesenheit, Anteilnahme und Kontaktpflege der Untersucher bedingte Produktivitätssteigerung auftrat.
→*Arbeitszufriedenheit.*
LIT. MAYO (1960).

Hebephrenie *(hebephrenia, adolescent insanity).* Ältere Bezeichnung für eine Form der →*Schizophrenie,* in deren Verlauf der Patient den Kontakt mit der umgebenden Realität mehr und mehr verliert, Manierismen zeigt und äußerlich in zunehmendem Maße verwahrlost.

hedonistisch *(hedonic, hedonistic).* Bezeichnung für Erlebnis- und Empfindungsmodalitäten mit der Eigenschaft des »Angenehmen«, »Lusterfüllten«. *Hedonismus* bezeichnet auch zusammenfassend solche Theorien der *Motivation,* die davon ausgehen, daß das menschliche oder tierische Verhalten vorwiegend von der Suche nach Lustgewinn und der Vermeidung von unlusterzeugenden Erfahrungen bestimmt ist.

Heilpädagogik. Bezeichnung für ein Teilgebiet der Pädagogischen bzw. Klinischen Psychologie, in dessen Rahmen Fragen der Erziehung, Unterweisung und Rehabilitation Gestörter bzw. körperlich oder geistig Behinderter behandelt und in entsprechende Maßnahmen umgesetzt werden.

Heilung →*Restitution.*

Heißhunger →*Eßstörungen.*

Helferzellen →*Immunsystem.*

Heliotropismus oder **Phototropismus** →*Tropismus.*

Hellersches Syndrom *(infantile dementia),* Syn.: *Dementia infantilis.* Langsam oder rasch verlaufende Abbauerscheinungen der Intelligenz im Kindesalter aufgrund von Stoffwechselstörungen oder degenerativen Hirnerkrankungen.
→*Demenz,* →*Schwachsinn.*

Helligkeit, Illumineszenz, Lumineszenz *(brightness, illuminance, luminance).*
[1] Bezeichnung für die empfundene *Leuchtdichte.* Als Maßeinheit gilt die Helligkeit, die ein Beobachter mit einem Pupillendurchmesser von 1 mm^2 bei Betrachten einer Fläche mit der *Leuchtdichte* von einer internationalen Kerze (IK) pro m^2 empfindet. Die empfundene Leuchtdichte ist abhängig von der *Adaptation.* Syn. *photometrische Helligkeit.*
[2] Die von der Oberfläche eines Gegenstandes an das Auge gelangende Lichtmenge, gemessen in *Kerzenstärken* oder anderen Helligkeitsmaßen (z.B. *Millilambert).* Die Beleuchtungsintensität oder *Illumineszenz* eines Gegenstandes, z.B. der Tischplatte, ist dabei abhängig von der *Stärke der Lichtquelle* und ihrer *Entfernung vom Gegenstand.* Illumineszenz = Lichtmenge (meist gemessen in *candela, cd):* Quadrat der Entfernung (D). *Ill.* = cd/D^2. Ein Teil der auf den Gegenstand fallenden Lichtmenge wird durch die Oberflächenbeschaffenheit absorbiert, der Rest abgestrahlt (reflektiert). Der sog. *Reflexwert* ist das Verhältnis abgestrahlter und reflektierter Lichtmenge (→*Albedo).* Somit ist die Helligkeit einer Gegenstandsoberfläche oder *Lumineszenz* das Produkt aus *Reflexwert* (zwischen 0 und 1.00) und *Illumineszenz. Lumineszenz* = Reflexwert (Albedo) mal cd/D^2.
[3] *Helligkeit von Farben (color brightness),* ein Fall *spezifischer H.:* bestimmte Farben (z.B. gelb) werden als heller empfunden, andere als dunkler (z.B. rot oder violett). Die H. von Farben ändert sich bei *Dunkel-Adaptation (Adaptation,* →*Purkinjesches Phänomen).*
→*Auge,* →*Sehen.*

Hemisphärendifferenzierung *(hemispheric differentation; left, right brain functions).* Aufgrund von Untersuchungen an Patienten mit Sprachstörungen, Hirnfunktionsstörungen nach Verletzungen oder Läsionen und split-brain-Patienten gewonnene Evidenz, daß die beiden Hirnhälften Träger einander ergänzender, verschiedenartiger Weisen der *Informationsverarbeitung* sind. Mit ca. 95% Wahrscheinlichkeit ist bei Rechtshändern die linke Hemisphäre Träger der sequentiellen Informationsverarbeitung, welche bei Sprechen, Sprachverstehen und logischem Denken dominiert, während die rechte Hemisphäre die für Bewertungen, Gefühle, Bedeutungszusammenhang und räumliches Denken erforderliche Kontextverarbeitung beisteuert. Bei Linkshändern ist die Rechts-Links-Zuordnung der entsprechenden Funktionen weniger eindeutig.
→*Lateralität.*

Hemisphärendominanz *(hemispheric dominance).* Bezeichnung für die inzwischen widerlegte Auffassung, die Funktionen der Informationsverarbeitung und Handlungssteuerung des Menschen seien bei Rechtshändern durch die linke Hemisphäre gesteuert bzw. aktiv koordiniert, während die gegenüberliegende eine Art stille Reserve darstellt.
→*Lateralität.*

Hemmung *(inhibition).* Allgemeine und umfassende Bezeichnung für Zustände, die dadurch erklärt werden, daß eine oder mehrere Funktionen oder irgendwelche (situativen) Gegebenheiten das Wirksamwerden anderer Funktionen, das Einsetzen einer Aktivität oder eines Ausdrucksverhaltens behindern. Seit PAWLOW unterscheidet man *periphere Hemmungen* (z.B. in Muskeln, Drüsensystemen oder Sinnesorganen) von sog. *zentralen Hemmungen* (z.B. in kortikalen oder subkortikalen Regionen). Die Ursache für das Auftreten von Hemmungen wird sowohl in körperlichen als auch in psychischen Vorgängen des Organismus gesehen. Auch die Löschung eines *konditionierten Reflexes (*→*Konditionierung)* kann als ein Hemmungsvorgang angesehen werden und läßt sich je nach Art der Löschbedingungen als »interne« oder »externe« Hemmung klassifizieren (→*Hemmung, äußere,* →*Hemmung, reaktive).* Im engeren Sinne lassen sich drei Wortbedeutungen unterscheiden:
[1] Bezeichnung für einen hypothetischen Zustand des Organismus, mit des-

sen Hilfe das Nachlassen der Reaktionsintensität oder -häufigkeit bzw. die Reduktion der →*Gewohnheitsstärke* erklärt wird. Es wird dabei angenommen, daß Hemmung die Erregungsintensität zu reduzieren bzw. zu löschen vermag.
[2] Ein kortikaler Prozeß, der der *Bahnung* bzw. *Erregung* entgegenwirkt und von dem man annimmt, daß er die Erregung und das durch die Erregung sonst ausgelöste Verhalten (Aktivität, Reaktion oder Handlung) unterdrückt.
[3] Bezeichnung für eine Maßnahme, die das Reagieren durch äußere Maßnahmen (z.B. Festhalten) verhindert bzw. blockiert.

Hemmung, affektive *(affective inhibition).* Bezeichnung für Vorgänge oder Zustände, die als Sonderfälle der *retroaktiven Hemmung* dann auftreten, wenn ein affektbetontes Geschehen (z.B. Furcht) nach dem Erlernen eines Stoffes einwirkt. Die Reproduktionsleistungen sind im Gefolge solchen Geschehens wesentlich geringer als bei ungestörtem Verlauf. Es wird angenommen, daß das affektbetonte Geschehen (Erregung) sich auf den vorher gelernten Inhalt rückwirkend und hemmend auswirkt.

Hemmung, äußere *(external inhibition).* Bezeichnung für Hemmungen, die dadurch zustande kommen, daß bei der Aktivierung eines nervösen Zentrums gleichzeitig irgendein anderes zentralnervöses Reiz- oder Reflex-Zentrum aktiviert wird (nach Pawlow).
Dies wird z.B. deutlich, wenn ein ablenkendes Ereignis während des Lernens auftritt oder wenn ein Signal erscheint, das als Hinweis auf die Unterlassung einer Reaktion, also deren Hemmung, bekannt ist.
→*Hemmung, konditionierte.*

Hemmung, differenzierende, Differenzierungshemmung *(differential inhibition).* Bezeichnung für einen Vorgang, dem zufolge allmählich zwischen dem konditionellen und anderen Reizen unterschieden wird, so daß nur bei Auftreten des konditionellen Reizes die konditionierte Reaktion erfolgt. Diesem Vorgang entspricht demnach ein Lernen des Unterschiedes (Differenzierung). Im Gegensatz dazu →*Generalisierung,* →*Reizgeneralisierung.*

Hemmung, ekphorische. Der Begriff bezeichnet eine Sonderform der *reaktiven Hemmung,* die dann auftritt, wenn ein einmal gelernter Inhalt (z.B. eine Reihe sinnloser Silben) unmittelbar nach dem Lernen einer zweiten Reihe reproduziert werden soll. Im Unterschied zu der retroaktiven Hemmung wird hier angenommen, daß der neue Stoff nicht die Einprägung (also Lernen und Behalten) des ersten beeinträchtigt, sondern daß die mit dem unmittelbar vor der Reproduktion gelernten Stoff einhergehenden Nacherregungen (postmentalen Erregungen) den Reproduktionsvorgang selbst beeinträchtigen (H. Rohracher, 1971).

Hemmung, Feedback →*Hemmung, Renshawsche.*

Hemmung, innere *(internal inhibition).* Von Pawlow eingeführte Erklärung für das Absinken der Reaktionsintensität bzw. -häufigkeit nach Wegfall des (verstärkenden) unkonditionellen Reizes. Es wird angenommen, die innere H. beruhe auf neuro-physiologischen Vorgängen, die durch die Reizsituation ausgelöst sind.
→*Hemmung, reaktive.*

Hemmung, konditionierte *(conditioned inhibition).* Bezeichnung für einen Vorgang, in dessen Gefolge eine konditionierte Reaktion dadurch unterdrückt wird, daß der auslösende konditionelle Reiz wiederholt mit einem nicht relevanten, neutralen Reiz gekoppelt (und nicht mit einem unkonditionellen bzw. einem verstärkenden Reiz) dargeboten wird.

Hemmung, konditionierte reaktive *(conditioned reactive inhibition).* Bezeichnung für eine hypothetische Variable in Hulls System ($_SI_R$). Wird ein Reiz dann dargeboten, wenn eine *konditionierte Reaktion* gelöscht wird, so wird er der Auslöser einer konditionierten reaktiven Hemmung und erhält als Reiz den Stellenwert eines die Hemmung auslösenden Hinweises (→*Hemmungspotential).*

Hemmung, konnektive *(connective inhibition).* Bezeichnung für die hypothetische Ursache von Schwierigkeiten beim Erinnern an Inhalte, die man in einem übergreifenden Zusammenhang kennengelernt und nun isoliert davon reproduzieren soll.

Hemmung, laterale *(lateral inhibition).* In der Sinnesphysiologie eingeführte Bezeichnung für die durch neuronale Verschaltung bedingte wechselseitige Beeinflussung von Erregung und Hemmung bei der Reizung nebeneinanderliegender Rezeptoren (insbes. der Retina). Die von den Rezeptoren nach innen ziehenden Afferenzen stehen über Querverbindungen (Kollaterale) mit einer größeren Zahl übergeordneter Neuronen (z. B. bipolare Ganglienzellen der Retina) in Verbindung. Die übergeordneten Neuronen erhalten daher afferente Meldungen aus einem größeren Rezeptorenbereich. Laterale Hemmung tritt auf, da die gleichzeitige Erregung mehrerer Rezeptoren hemmende Zwischenneuronen aktiviert, die ihrerseits an den Synapsen von benachbarten (im Vergleich zu den Rezeptoren zentralerer) Neuronen eine Hemmungswirkung auslösen. Dadurch erhöht sich die Wahrscheinlichkeit, daß die von der Hemmung nicht betroffenen (zentraleren) Neuronen im Vergleich zu den gehemmten mit einem steileren Erregungsverlauf reagieren. Auf diese Weise erklärt man sich z. B. die *Kontrastwirkung*.

Hemmung, proaktive *(proactive inhibition)*. Bezeichnung für einen hypothetischen Vorgang oder Zustand, der bewirkt, daß ein vorher gelernter Inhalt (z. B. eine Serie von sinnlosen Silben) das Behalten und Lernen eines nachfolgenden (z. B. eine andere Silbenserie) erschwert.

Hemmung, reaktive *(reactive inhibition)*. Bezeichnung für eine der hypothetischen Variablen im System HULLS (I_r). Es wird angenommen, daß reaktive und *konditionierte* reaktive Hemmungen für das Abfallen der Reaktionsintensität und -häufigkeit von gelernten und ungelernten Verhaltensweisen verantwortlich sind. I_r (die reaktive Hemmung) wird als Funktion der Anstrengung bei einem Verhalten, der Anzahl vorangegangener, unverstärkter Reaktionen und der seit dem Auftreten der letzten Verstärkung verstrichenen Zeit aufgefaßt (→*Extraversion*, →*Hemmung, ekphorische*, →*Reaktionspotential*).

Hemmung, Renshawsche *(Renshaw inhibition)*. Neurophysiolog. Sonderfall einer *Feedbackverschaltung* für Hemmungen im Bereich motorischer Schaltkreise. Die motorischen Zellen im Rükkenmark *(Motoneuronen)* geben Kollaterale zu Zwischenneuronen ab, deren Axone wieder hemmende Synapsen am Motoneuron haben. Die hemmenden Zwischenneuronen heißen auch RENSHAW-Zellen. Geringe Aktivität wird schnell zu den Muskeln weitergeleitet, Überschußaktivität dagegen wird eingedämmt.

Hemmung, reproduktive *(reproductive inhibition)*. Bezeichnung für einen hypothetischen Vorgang oder Zustand, dem zufolge die Reproduktion bzw. das Behalten solcher Inhalte erschwert wird, bei denen ein Element mit zwei oder mehreren möglichen Reaktionen verknüpft hintereinander eingeprägt (gelernt) wurde. Die Hemmung äußert sich in einer Verzögerung der geforderten Wiedergabe-Reaktion.

Hemmung, retroaktive *(retroactive inhibition)* oder **rückwirkende Hemmung.** Bezeichnung für einen hypothetischen Vorgang oder Zustand, der bewirkt, daß das Lernen und Behalten (Reproduzieren) eines ersten Inhalts durch einen später gelernten behindert wird. Dies ist besonders dann der Fall, wenn der zweite Inhalt mit dem ersten Ähnlichkeiten aufweist (Syn. *Ähnlichkeitshemmung)*.

Hemmung, reziproke *(reciprocal inhibition)*. Bezeichnung für die Hemmung störender, unerwünschter emotionaler und Verhaltens-Reaktionen (z. B. Furcht; Phobie) durch die Induktion gleichzeitig auftretender (positiver) Emotionen (z. B. Entspannung) bzw. entsprechender Verhaltensweisen, die mit der ersten inkompatibel sind. Das Prinzip der r. H. geht auf Experimente von PAWLOW, Ansätze von GUTHRIE (Graduierungsmethode; *graduation method)* und auf Beobachtungen von M. C. JONES aus dem Schülerkreis von WATSON zurück. JONES konnte die Kaninchenphobie eines dreijährigen Kindes dadurch beheben, daß das Tier zunächst, während das Kind entspannt spielte, in größerer Entfernung erschien; dann wurde das Tier näher gebracht, während man dem Kind Süßigkeiten, die es schätzte, verabreichte; am Ende der Prozedur streichelte das Kind das ehemals gefürchtete Tier. Die Methode der graduellen Annäherung findet sich in den Verfahrensweisen der →*Desensitivierung* wieder. Das Prinzip der r. H. wurde von WOLPE zusammenfassend formuliert und besagt: Das gleichzeitige Auftreten inkompatibler Reaktionen (Furcht und Entspannung) schwächt bzw. hemmt schließlich die konditionierte Verbindung zwischen furchtauslösendem Reiz (CS) und Furchtreaktion (CR) durch wechselsei-

tige Aufhebung gleich intensiver Reaktionstendenzen sympathischer und parasympathischer Herkunft. Die Induktion der mit Angst oder Furcht inkompatiblen Entspannungszustände geschieht durch mit der graduellen Annäherung einhergehende Entspannung, Verstärkung und erfahrene Beherrschbarkeit der Furchtreaktion, vermittelte Überzeugung der objektiven Harmlosigkeit des gefürchteten Objekts in vivo, Anregung von der Angst entgegengesetzten Gefühlen und positiver Verstärkung (z. B. durch Nahrungsaufnahme).
LIT. Jones (1924); Wolpe (1958).

Hemmungsirradiation *(irradiation of inhibition)*. Bezeichnung für die kortikale Ausbreitung eines Hemmungsimpulses, in dessen Gefolge es zu einer weitgehenden Ausschaltung von motorischen Impulsen (z. B. Totstellen bei Schreck) kommt.

Hemmungspotential *(inhibitory potential)*.
[1] In Hulls System Bezeichnung für die Summe aus *reaktiver* und *konditionierter* Hemmung ($\dot{I}_R = I_R + {}_SI_R$). Es entsteht, wenn Reaktionen ohne Verstärkung wiederholt werden und gleichzeitig Reize, die mit der Beendigung der Tätigkeit verbunden sind, zu konditionierten Beendigungssignalen werden konnten. Wie I_R und ${}_SI_R$ wirkt das H. dem Reaktionspotential entgegen und vermindert so die Wahrscheinlichkeit des Wiederauftretens der Reaktion.
[2] Neurophysiologie: →*Synapse* (IPSP).

Hemmungsvorgänge →*Vergessen*.

Herbartsche Psychologie *(Herbartian psychology, Herbartianism)*. Bezeichnung für eine von Herbart im Anschluß an Leibniz entwickelte psychologisch-philosophische Doktrin, nach der Eindrücke und Vorstellungen eine geistige Tätigkeit widerspiegeln, die das Gesamt vorhandenen Wissens, die *apperzeptive Masse*, miteinbegreift, um so zu neuen, das Wiedererkennen fördernden Vorstellungen zu führen. Diese Doktrin der geistigen Aktivität wurde der damals vorherrschenden Assoziationsdoktrin entgegengestellt und beeinflußte als intellektualistische Lehre besonders die pädagogische Psychologie des 19. Jahrhunderts. Herbart (1776–1841) versuchte als erster philosophischer Psychologe, die Interaktion von Vorstellungen mathematisch zu fassen. Geistige Aktivität wird als eine Verlagerung von Inhalten verstanden, die das innere Gleichgewicht beeinträchtigt und so zur Dynamik der Wechselwirkung von Wahrnehmen und Denken beiträgt.
LIT. Herbart (1819).

Herdeninstinkt *(gregariousness)*. Bezeichnung für die manchen Tierarten eigene Tendenz, in Herden oder Scharen zusammenzuleben. Im übertragenen Sinne auch die Tendenz des Menschen, sich in Gruppen zusammenzufinden. Die Bezeichnung »Instinkt« ist in diesem Falle irreführend.

Heringsche Grauskala *(Hering's greys)*. Eine von Hering nach subjektiv gleich erscheinenden Intervallen erstellte Skala von 50 Grautönen.

Heringsches Fenster *(Hering's window)*. Eine Versuchsanordnung nach Hering zur Demonstration des *simultanen Farbkontrasts* durch sog. *Farbschatten*.

Heringsche Täuschung *(Hering's illusion)*. Bezeichnung für eine *optische Täuschung*. Parallele, waagrechte Linien werden dann konkav gekrümmt wahrgenommen, wenn man den Schnittpunkt eines Strahlenbündels zwischen zwei Parallelen einzeichnet und die Strahlengeraden die Parallelen schneiden läßt.

Hermaphroditismus. Bezeichnung für das Vorhandensein männlicher und weiblicher Fortpflanzungsorgane und sekundärer Geschlechtsmerkmale.

Herrschaft *(authority, dominance)*. Allgemeine und umfassende, oftmals mit anderen Bedeutungen vermengte Bezeichnung für zwischenmenschliche Beziehungen bzw. ein Verhalten eines einzelnen oder einer Gruppe, das eine relativ überdauernde Über- und Unterordnung anstrebt und eine solche hierarchische Ordnung entweder durch Hinweis auf legale oder durch Berufung auf ideologische Argumente zu rechtfertigen sucht.

Herstellungsmethode →*Psychophysik*.

heterogen *(heterogenous)*.
[1] Aus verschiedenen oder verschiedenartigen Komponenten zusammengesetzt.
[2] Zwei oder mehrere *Varianzen* werden dann als heterogen bezeichnet, wenn sie sich mehr als zufällig voneinander unterscheiden. Als Tests dienen in der Statistik beim Vergleich zweier Varianzen der *F-Test*, bei Konstellatio-

nen von mehr als zwei Varianzen der *Bartlett-Test* o.ä. Prüfverfahren *(→homogen)*.

heterozygotisch *(heterozygotic)*. Allgemeine Bezeichnung für einen mischerbigen Organismus, z.B. bei zweieiigen Zwillingen *(→Zwilling)*.

Heuristik *(heuristics)*. In der Denkpsychologie allgemeine Bezeichnung für Verfahren zum Finden einer Problemlösung. Bei der Analyse von Urteilsprozessen ist H. die Bezeichnung für eine vereinfachende und daher meist fehlerhafte subjektive Regel, mit deren Hilfe man ohne Berücksichtigung der tatsächlichen Auftretenswahrscheinlichkeit abschätzt, in welchem Grad eine mit gewisser Wahrscheinlichkeit abgegebene Information das zu beurteilende Ereignis repräsentiert.
LIT. TVERSKY, KAHNEMAN (1974).

Hexenschaukel *(haunted swing illusion)*. Bezeichnung für eine *Bewegungstäuschung,* die dadurch entsteht, daß ein umgebender Raum in schwingende Bewegung versetzt wird, wobei die Versuchsperson, auf einem festen Platz sitzend, den Eindruck der schwingenden Bewegung des eigenen Körpers gewinnt, den Raum dagegen als unbewegt ansieht. Die Bezeichnung wurde von ROHRACHER gewählt, weil diese Täuschung auf Jahrmärkten in sog. »Hexenschaukeln« zur Belustigung verwendet wird. Sie demonstriert in eindrucksvoller Weise die wechselseitige Bedingtheit der Wahrnehmung von Bewegungen durch das visuell wahrnehmbare Umfeld und Körperlageempfindungen.

Heymansches Hemmungsgesetz *(Heyman's law of inhibition)*. Bezeichnung für ein von HEYMAN formuliertes Gesetz, das dem Weberschen gegenübergestellt und als allgemeiner angesehen wurde, sich jedoch später ebenso wie andere Gesetze der Psychophysik als ein Erklärungsprinzip von eingeschränkter Aussagekraft erwiesen hat. HEYMAN nahm an, daß der Schwellenwert visueller Reize proportional zu einem gleichzeitig wirksamen hemmenden Reiz angehoben werde. Das Geschehen läßt sich durch die Beziehung

$$L_a = L_o + K_a$$

beschreiben, wobei L_a die Schwelle für das Erkennen eines von einem zweiten Reiz der Intensität A begleiteten visuellen Reizes bedeutet, L_o die Schwelle für diesen selben Reiz – dargeboten ohne einen zweiten, und K_a einen Hemmungskoeffizienten. K_a wird als variabel angesehen.

Hick-Hymansches Gesetz *(Hick-Hyman law)*. In sog. Wahl-Reaktionszeit-Experimenten zeigt sich ein systematischer Zuwachs der Reaktionszeit mit der Anzahl von Reiz- bzw. Reaktionsalternativen. Ist die Anzahl der Alternativen klein, so zieht das Hinzufügen einer weiteren eine verhältnismäßig größere Verzögerung der Reaktion nach sich, als beim Hinzufügen einer weiteren zu einer bereits größeren Zahl von Alternativen. Daher besteht zwischen Reaktionszeit und Alternativenzahl eine negativ beschleunigte, kurvenförmige Beziehung, die mit größerer Alternativenzahl einen zunehmend asymptotischen Verlauf zeigt. Der Zusammenhang ist jedoch dann näherungsweise linear, wenn man anstelle der Alternativenzahl N den entsprechenden *Entropiewert* (Einheiten: bit) nach der Beziehung H_S = ld N errechnet, wobei ld den Logarithmus auf der Basis 2 bezeichnet (logarithmus diadicus). Das H.-H.-Gesetz lautet $RT = a + b\ H_S$. In Worten: Reaktionszeiten steigen als monotone lineare Funktion des Informationsgehaltes (Entropie) des verwendeten Signalsystems. Wird H auf der Abszisse und RT auf der Ordinate abgetragen, so ist a in der o.g. Geradengleichung der Ordinatenausgangswert und entspricht der Latenzkomponente der Reaktionszeit, und b der Steigungsindex der Geraden. Eine entsprechende Beziehung besteht zwischen Reaktionszeit und der pro Sekunde verarbeiteten Information H_t.
→Reaktionszeit.
LIT. HICK (1952); HYMAN (1953).

Hilfeleistungs-Motiv *(altruistic motivation; helping behavior)*. Bezeichnung für die Beweggründe eines Verhaltens, das darauf gerichtet ist, das Wohlergehen anderer Menschen im Auge zu behalten bzw. zu fördern. Wird meist im Lichte von Empathie bzw. Sympathie, dem Spannungsfeld der Fremd- und Selbstbewertung, Erwartungen über Kosten und Nutzen und allgemeiner ethisch-sozialer Grundwerte diskutiert und gilt als polares Konstrukt zur *Aggressivität* (prosoziales vs. antisoziales Verhalten).

Hilflosigkeit; gelernte Hilflosigkeit;

erworbene Hilflosigkeit *(helplessness; learned helplessness).*
[1] Zustand negativer Erwartungen, die auf der Einsicht oder Überzeugung beruhen, Probleme seien mit den vorhandenen Denk- und Handlungsmöglichkeiten nicht zu lösen. In extremen Fällen besteht eine Ähnlichkeit des Zustandsbildes zu *Depression, Erschöpfungsdepression* und psychischem *Streß.*
[2] Als *gelernte Hilflosigkeit* interpretiert SELIGMANN die Genese eines Zustandsbildes, das sich durch Passivität und Teilnahmslosigkeit, negativistische Erwartungen, allgemeinen Aktivitätsverlust, Gewichtsverlust, Appetitlosigkeit, psychosomatische Streß-Symptome sowie übermäßige Noradrenalinausschüttung bzw. Noradrenalinmangel und cholinerge Überaktivität auszeichnet. Tierversuche und humanpsychologische Untersuchungen legen nahe, daß dieses Zustandsbild u.a. nach wiederholten Erfahrungen auftritt, in deren Verlauf *operantes Verhalten* nicht zu der erwarteten (positiven oder negativen) *Verstärkung* führt. Das Wegfallen des erwarteten Zusammenhanges von Handlung und Verstärkung wird von SELIGMAN als *Mangel der Umweltkontrolle* durch den Organismus beschrieben. Mangelnde Kontrolle wirkt sich auf künftiges Lernen aus, so daß Informationsverarbeitung und das Erkennen von Bedeutungszusammenhängen beeinträchtigt sind; die allgemeine Erregung steigt, während die Häufigkeit und Intention gezielter Handlungen unterdrückt ist; gelernte Hilflosigkeit wird überdies auf eine Vielzahl ähnlicher Situationen durch *Generalisierung* übertragen.
[3] Die *Behebung* des Zustandes der gelernten H. erfolgt durch Anregung zur vermehrten Ausführung von Reaktionen, durch Schockbehandlung oder durch Noradrenalin kombiniert mit anticholinergen Medikamenten; gelegentlich klingen die Symptome nach einer gewissen Zeit ab. Eine uneingeschränkte Anwendung des vorwiegend auf Tierexperimenten beruhenden Modells zur Behandlung von Depressionen ist aus mehreren Gründen nicht möglich: Es bestehen begründete Zweifel daran, daß z.B. *endogene Depressionen* auf erfahrene Hilflosigkeit zurückgeführt werden können; das Anspornen eines depressiven Patienten zu wiederholten Handlungsversuchen kann die Symptome ggf. verstärken.
LIT. SELIGMAN (1975).

Hintergrundreize →*Adaptationsniveau.*

Hinterhauptlappen →*Occipitallappen.*

Hinweis-Reiz *(cue).*
[1] Bezeichnung für einen nicht eindeutig auf eine bestimmte Reaktion bezogenen, oftmals nicht klar erkennbaren Reiz, der in einer hinsichtlich des Wahrnehmens oder Handelns mehrdeutigen Situation Wahrnehmen, Denken oder Handeln in bestimmte Bahnen lenken kann.
[2] In der von E. BRUNSWICK entwickelten Wahrnehmungs- und Verhaltenstheorie *(funktionaler Probabilismus)* bezeichnet *»cue-utilization«* den Gebrauch von variablen Hinweis-Reizen bzw. Hinweis-Kategorien. Es wird dabei angenommen, daß ein an die Situation angepaßtes Individuum die Hinweis-Reize der Umwelt in einer solchen hierarchischen Ordnung verwendet, wie es deren *ökologischer Validität* entspricht. Es wird ferner angenommen, daß die verschiedenen Hinweise in einer »Oder-Verbindung« koexistieren.
LIT. BRUNSWIK (1934; 1956).

Hippocampus, Ammonshorn. Unterhalb des Kortex gelegene Zwischenhirnregion, die aus zwei Teilen, nämlich dem hippocampus major (Ammonshorn) und dem hippocampus minor besteht. Der H. gilt als entscheidende Relaisstation für Gedächtnis- und Orientierungsfunktionen.
→*Gehirn.*

hirnorganisches Syndrom →*organisch bedingte psychische Störung.*

Hirnrinde *(cortex)* →*Kortex.*

Hirnstamm *(brain stem)* oder *truncus cerebri.* Ältester Gehirnanteil, zwischen Groß- und Kleinhirn und unmittelbar oberhalb des Rückenmarks gelegen.
→*Gehirn.*

histrionische Persönlichkeitsstörung →*Persönlichkeitsstörung.*

HIV →*AIDS.*

HK →*Kerzenstärke.*

Hofeffekt →*Halo-Effekt.*

Hoffnung *(hope).* Bezeichnung für eine positive, auf Zukünftiges gerichtete Qualität des Erlebens, die man als emotionale *Einstellung* ansehen kann. Ihre Kennzeichen sind vor allem Vorstellungen der Erreichbarkeit von Zielen im Zusammenhang mit Bedürfnissen und

Wünschen, das Vorwiegen angenehmer Gefühle und eine positive, freudig getönte Stimmungslage. H. steht im Gegensatz zu *Angst*. Im Zusammenhang mit der *Leistungsmotivation* wird »Hoffnung auf Erfolg« der »Furcht vor Mißerfolg« gegenübergestellt.

Höhe →*Tonskala.*

höhere Nerventätigkeit *(higher nervous activity).* Von PAWLOW eingeführte Bezeichnung für alle Prozesse, die im Großhirn ablaufen und das Verhalten kontrollieren bzw. steuern. In diesem Sinne Syn. für den Beschäftigungsbereich der biologischen, physiologischen und Neuro-Psychologie, insbes. aber der Psychophysiologie.

Höhlengrau *(cortical grey).* Ein mittleres Grau, das man dann wahrnimmt, wenn das Auge an Dunkelheit adaptiert und sonst keinerlei Reizen ausgesetzt ist.

holographische Projektion →*Bewußtsein.*

Homoerotik *(homo-erotism).* Bezeichnung für erotische, jedoch nicht notwendigerweise genital-sexuelle Beziehungen zu Angehörigen des gleichen Geschlechts.
→*Homosexualität.*

homogen *(homogeneous).*
[1] Aus ähnlichen bzw. gleichartigen Komponenten zusammengesetzt.
[2] In der Statistik im Zusammenhang mit der Frage der *Homogenität* der *Varianzen (→F-Test, →Bartlett-Test)* Bezeichnung für Varianzen, die sich nicht oder nur zufällig voneinander unterscheiden. Die betreffenden Verfahren werden als *Homogenitätstests* bezeichnet, da sie von der Annahme der Homogenität der Varianzen ausgehen und diese in Form der →*Nullhypothese* prüfen.
LIT. FRÖHLICH, BECKER (1972).

Homogenität der Items →*Konsistenz.*

homolog *(homologous).*
[1] Gleichwertig, einander entsprechend, nach einem Gesetz aufeinanderfolgend.
[2] In biologischer Bedeutung Übereinstimmung bezüglich der entwicklungs- und stammesgeschichtlichen Entwicklung. Im engeren Sinne die Gleichheit von Systemen (z.B. Organen) auf der Basis genetischer Verwandtschaft.
[3] Verhaltensmerkmale (z.B. Bewegungsabläufe) werden dann als homologe Elemente bezeichnet, wenn unter Berücksichtigung des Grades der Artverwandtschaft zwischen Lebewesen ein gemeinsamer Ursprung (genetische Verwandtschaft) angenommen werden kann.
→*Analogie.*

homologe Organe *(homologous organs).* Bezeichnung für einander in Aussehen und Aufbau ähnliche Organe, die auch eine gemeinsame Basis der Entwicklung aufweisen, sich jedoch in ihrer Funktion voneinander unterscheiden lassen.

Homöostase *(homeostasis).*
[1] Physiologische Bezeichnung für die Erhaltung des Gleichgewichts im Körperhaushalt und die an der Erhaltung des Gleichgewichts beteiligten (homöostatischen) Mechanismen bzw. Reaktionen. Wirkt z.B. Kälte auf den Organismus ein, so kommt es zunächst durch nachfolgende Gefäßerweiterung zu einer erhöhten Hautdurchblutung, wodurch bei anhaltender Kälte auf Dauer zu viel Wärme nach außen abgegeben würde. Daher umfaßt die homöostatische Regelung eine nachfolgende Verengung der Gefäße, die dies verhindert. Derartige Regelungen werden auch als *Fließgleichgewicht* bezeichnet.
[2] Im übertragenen Sinne auch die Tendenz des Organismus, psychische Antriebe oder Spannungen selbsttätig auszugleichen.

Homosexualität *(homosexuality).* Sexuelle Beziehung zwischen gleichgeschlechtlichen Partnern, meist in Verbindung mit Abneigung oder Desinteresse in bezug auf heterosexuelle Beziehungen. Zu den auslösenden Faktoren der H. zählen Verführung, Milieu- und Familienbedingungen, bei der *männlichen H. (male homosexuality; uranism)* aus psychoanalytischer Sicht unterdrückte sexuelle Wünsche gegenüber der Mutter in Verbindung mit Kastrationsängsten (→*Ödipus-Komplex*), bei der *weiblichen H. (female homosexuality; lesbianism)* sexuelle Wünsche gegenüber dem Vater (→*Elektra-Komplex*). H. zählt nicht zu den psychischen Störungen, da sie weder auf Dysfunktionen zurückgeht noch Leiden verursacht (→*Sexualstörung*). Homoerotische Wunschvorstellungen und latente Neigungen zur H. ohne Aufnahme von sexuellen Beziehungen gelten als Ausdrucksformen der *Homoerotik (homoeroticism).*

homozygotisch *(homozygotic)*. Allgemeine Bezeichnung für reinerbige Organismen, z.B. eineiige Zwillinge (→*Zwilling*).

Horde *(horde)*. Soziale Gruppe unorganisierter Art, mit einer Masse von Individuen vergleichbar, jedoch von relativer Dauer des Zusammenschlusses. S. FREUD nahm an, daß es sich um die Primärform menschlicher Gemeinschaft handle, aus der sich dann *Gruppen* im engeren Sinne herausbildeten.

Hören, Gehör *(hearing, audibility range)*. Bezeichnung für Empfindungen (Töne, Klänge, Geräusche), die durch Erregung der Rezeptoren im →*Cortischen Organ* und neurale Kodierung bzw. analytische Tätigkeit des peripheren und zentralen Hörapparates zustande kommen. Schallereignisse im *Hörbereich (audibility range)* werden durch *audiometrische* Methoden *(audiometrics)* näher bestimmt. Es handelt sich um Untersuchungen der *absoluten* und der *Unterschiedsschwellen*. Beim Menschen liegen die Grenzen hörbarer Schallereignisse zwischen 16 Hz und 20000 Hz. Die obere Grenze ist insbesondere bei Männern mit fortschreitendem Alter herabgesetzt (bei 40–50jährigen bis auf ca 16000 Hz). Die Grenzen der Intensität des Schalles sind von den Frequenzen mit abhängig. Töne zwischen 1000 und 6000 Hz sind bei Intensitäten zwischen 0 dB und 30 dB hörbar. Bei größeren und geringeren Frequenzen dagegen ist unverhältnismäßig mehr Energie des Schalls erforderlich. Bei 16 Hz zwischen 80 und 100 dB, bei 20000 Hz zwischen 80 und 130 dB *(Schmerzschwelle)*. Durch die Lokalisierung von Schallreizen bei beidohrigem *(binauralem)* Hören können Richtung und Entfernung der Schallquelle geortet werden *(Richtungshören)*. Die *Gehörstüchtigkeit* oder *Schärfe des Gehörs (auditory acuity)* und Grade des *Gehörverlustes* bzw. *Schwerhörigkeit (auditory loss)* werden in der *Audiometrie* nach der *Schwellenmethode* festgestellt und in Prozent der Leistung der normalen ungestörten Gehörsleistung ausgedrückt.
Die Leistung des H. ist von Erfahrung und Gedächtnis mit abhängig. Durch ihren Einfluß erkennen wir Bedeutungen von Tönen, Klängen und Geräuschen als Signale oder Sprache.
→*Ohr*, →*Theorien des Hörens*.

hormisch *(hormic)*. Umfassende Bezeichnung für auf Antriebe, Bedürfnisse, Emotionen o.ä. bezogene Aussagen und Theorien. In einer sog. *hormischen Theorie* wird die Bedeutung des Antriebsgeschehens, der Instinkthandlungen bzw. des zielorientierten Handelns in den Vordergrund der Betrachtung gerückt. Die ursprüngliche Bedeutung erfaßt nur die »animalischen Antriebe« (Instinkte; griech. horme, lat. instinctus).
Ein typisches Beispiel für eine hormische Theorie stellt die von MCDOUGALL ausgehende Betrachtung dar.
LIT. MCDOUGALL (1928).

Hormon *(hormone)*. Medizinisch-physiologische Bezeichnung für chemische Substanzen, die von endokrinen *Drüsen* in die Blutbahn gelangen und auf diesem Wege andere Organstrukturen erreichen, die sie aktivieren oder hemmen. Syn. *Inkrete* (z.B. *Adrenalin, Thyroxin)*.
→*Drüsen*, →*Noradrenalin*.

Hornhaut *(cornea)*. Unmittelbare Fortsetzung der Lederhaut und der diese bedeckenden Bindehaut. Ihre Durchsichtigkeit ist durch eine – von den spezifischen H.-Glykoseaminoglykanen beeinflußte – regelmäßige Anordnung der Kollagenfibrillen des H.-Stromas in der Größenordnung der Lichtwellenlänge gewährleistet.
→*Auge*.

Horopter. Bezeichnung für einen (angenommenen) Ort aller Punkte, die bei beidäugiger Betrachtung und Einstellung auf eine bestimmte fixierte Entfernung ohne Augenbewegung zu einem einheitlichen visuellen Eindruck führen. Punkte außerhalb des Horopters dagegen bewirken Doppelbilder, da sie außerhalb der Grenzen für *korrespondierende Netzhautstellen (corresponding points in the retina)* liegen. Der H. wird auf einer Kugeloberfläche dargestellt, wobei der Radius der Kugel der Entfernung des Fixierpunktes vom Auge entspricht.

Hospitalismus *(hospitalism)*. Allgemeine und umfassende Bezeichnung für körperliche und psychische Folgen, die durch den Aufenthalt in Krankenhäusern oder Anstalten, im weiteren Sinne in Heimen und Pflegeanstalten (einschließlich Kinderheimen) bedingt sind.
Besonders häufig treten bei Kindern im Gefolge des Aufenthalts in Pflegeheimen, bedingt durch mangelnde Zuwen-

dung der Erwachsenen bzw. der Eltern, psychische Störungen auf, die sich in einem erheblichen Entwicklungsrückstand, der Regression in Verhaltensweisen früherer Entwicklungsstufen und gesteigerter Anfälligkeit gegenüber Erkrankungen äußern. Syn. *Anstaltsverwahrlosung*.
→*Bedürfnis*, →*Bindung*.
LIT. DÜHRSSEN (1958); SPITZ (1945; 1957; 1959).

Hoytsche Formel *(Hoyt formula)*. Bezeichnung für eine Formel zur Schätzung der *Reliabilität* eines *Tests* aus dem Verhältnis der Restvarianz der Daten zur Varianz zwischen den Versuchspersonen.

$$r_{tt} = 1 - \frac{\text{Restvarianz}}{\text{Varianz zwischen Versuchspersonen}}$$

Konsistenzkoeffizient →*Konsistenz*.

human engineering, Syn.: *Ingenieurpsychologie*. Aus dem Angloamerikanischen übernommene Bezeichnung für ein Teilgebiet der *Arbeits-* und *Organisationspsychologie*, in dessen Rahmen die für das Arbeiten in effektivster und für den Ausführenden möglichst belastungsfreier Weise die notwendigen Voraussetzungen des Arbeitsplatzes, der Gestaltung von Maschinen und des Arbeitsverlaufes (z. B. Pausen, Arbeitsrhythmus u. ä.) behandelt werden.
LIT. LOMOW (1964); MAYER, HERWIG (Hrsg.; 1961); MCCORMICK, SANDERS (1982); WICKENS (1984).

Humanistische Psychologie →*Psychotherapie*.

Humphreys Effekt, Humphreys Paradoxon *(Humphreys' effect; partial reinforcement effect, PRE)*. Bezeichnung für die Tatsache, daß der *Löschwiderstand* gelernter S-R-Verbindungen nach irregulärer (intermittierender) Verstärkung größer ist als nach regelmäßiger. Zur Erklärung wird die sog. *Diskriminationshypothese* herangezogen, die besagt, daß dieser Effekt auf Schwierigkeiten der Unterscheidung zwischen Lern- bzw. Übungs- und Löschbedingungen zurückgeht.

Hunger *(hunger, appetite)*. Bezeichnung für einen primären Bedürfnis- und/oder Antriebszustand (Trieb) des Organismus, der durch die Dauer des Nahrungsentzuges, die Geschwindigkeit nachfolgender Nahrungsaufnahme und durch begleitende Veränderungen im Organismus (z. B. Absinken des Blutzuckerspiegels, Magenkontraktionen u. ä.) hinsichtlich seiner Intensität kontrolliert, manipuliert und gemessen werden kann. H. gehört zu den in Tierversuchen häufigst manipulierten Antriebs-, Bedürfnis- oder Triebintensitäten zum Zwecke der Demonstration des Lernens von konsumatorischen Reaktionen unter variablen Bedingungen.
LIT. F. WEINERT (1965).

Hyaloplasma →*Protoplasma*.

Hydrocephalie. Bezeichnung für extreme Flüssigkeitsbildung im Schädel, so daß sich sein Aussehen verändert (Syn. Wasserkopf), Gehirnteile geschädigt werden und Intelligenzschädigungen auftreten.

Hydrodynamische Hörtheorie →*Theorien des Hörens*.

Hydrotaxis →*Hydrotropismus*.

Hydrotropismus, Hydrotaxis. Orientierung eines Lebewesens oder Organes an Wasser.

hyper-. Präfix mit der Bedeutung »über-« im Sinne von zu stark, z. B. in Hyperfunktion als Bezeichnung für eine Überfunktion.

Hypermnesie *(hypermnesia)*. Intelligenzunabhängige auffällige Steigerung der Erinnerungsleistung in bezug auf irrelevante Einzelheiten, die von jüngeren und/oder weiter zurückliegenden Erfahrungen herrühren. H. findet man bei geistig Behinderten sowie als Folge von Hirntraumen, Hirnentzündungen und hohem Fieber.

Hypersomnie →*Schlafstörung*.

Hypertension →*Hypertonie*.

Hypertext, Syn.: *Hypermedia*. Computerunterstütztes System, das auf der Grundlage verzweigter Programme Bild-, Text- und Toninformationen zu angefragten Sachverhalten einschließlich dazugehöriger Verweisungen anbietet.

Hyperthymie *(hyperthymia)*. Bezeichnung für einen Zustand emotionaler Übererregbarkeit.
→*Psychopathie*.

Hyperthyreoidismus *(hyperthyroidism)*. Überfunktion der Schilddrüse (→*Thyreoidea*), die von einer deutlichen Verstärkung der allgemeinen Aktivität, Emotionalität (Gefühlsansprechbarkeit), verstärkten Reflexen und Schlafstörungen begleitet ist. Die Überfunktion kann durch eine Störung des Körperhaushalts oder durch Drogen entstehen; ihre Wirkung resultiert aus einer verstärkten Absonderung der Schilddrüsenhormone.

Hypertonie *(hypertonia, hypertonicity)*, Syn.: *Hypertonus, arterielle Hypertension.* Dauernde Erhöhung des →*Blutdrucks,* die in leichteren Fällen mit Schwindel, Kopfschmerzen und Sehstörungen, in schweren mit Arteriosklerose, koronaren Herzerkrankungen, Hirndurchblutungsstörungen und dadurch bedingten Funktionsbeeinträchtigungen, Niereninsuffizienz, Arterienverschluß und Netzhautablösung einhergehen kann. Ohne bekannte Ursache auftretende Formen werden als *primäre* oder *essentielle H.,* krankheits- oder psychisch bedingte Formen als *sekundäre H.* bezeichnet; letztere sind in der Regel durch gezielte rechtzeitige Behandlung reversibel bzw. stabilisierbar. H. tritt im höheren Lebensalter gehäuft auf. Zu den Risikofaktoren der sekundären H. zählen u.a. mangelnde Körperbewegung, Übergewicht und psychischer →*Streß.* Die H. ist eine in westlichen Industrieländern weitverbreitete Volkskrankheit.

Hypertrophie *(hypertrophy).* Bezeichnung für ungewöhnliches Wachstum (Überentwicklung) des Muskel- oder Organgewebes durch Überbeanspruchung oder Überbelastung. Gegensatz von →*Atrophie.*

Hypnologie →*Schlaf.*

Hypnose *(hypnosis).* [1] Bezeichnung für einen Zustand, der sich nach HILGARD durch folgende Merkmale umschreiben läßt: (a) Verlust der Planungsfunktion, Initiativelosigkeit; (b) Umverteilung der *Aufmerksamkeit,* gesteigerte Zuwendung zur Quelle der Hypnoseinduktion (z.B. Hypnotisierer) und Abwendung von der sonstigen Umgebung; (c) Minderung des allg. Realitätsbezuges und Toleranz gegenüber Realitätsentstellungen (z.B. Entstellungen der Raum- und Zeitperspektive, *Halluzinationen); (d)* gesteigerte *Suggestibilität;* (e) Bereitschaft zur Übernahme ungewohnter *Rollen* (z.B. suggerierte Rückversetzung in das Kindesalter; sog. *Altersregression);* (f) häufiges Auftreten einer *posthypnotischen Amnesie,* d.h. eines Ausfalls der Erinnerung an Ereignisse und Erlebnisse während der Hypnose, in der Regel dann, wenn dieser Ausfall während der H. suggeriert wurde. Das Phänomen des Gedächtnisschwundes kann aber auch spontan auftreten *(spontane posthypnotische Amnesie).* Dieses Erscheinungsbild betrifft vor allem die *tiefe Hypnose* (sog. *Somnambulhypnose).*
[2] Bei der *Definition der H.* werden i.d.R. drei Aspekte berücksichtigt: (a) die Anwendung eines Induktionsverfahrens, z.B. die *verbale Suggestion,* Gefühle der Entspannung, der Gelöstheit oder zunehmender Müdigkeit zu entwickeln. Dies kann auch auf dem Wege der Selbstbeeinflussung *(Autosuggestion, Autohypnose)* bzw. *Selbstkonzentration* geschehen, (b) die durch Konventionen festgelegten *Suggestibilitätstests* zeigen Ergebnisse in erwarteter Richtung (z.B. Ausführung unwillkürlicher, suggerierter Bewegungen; Halluzinationen; Amnesie), (c) die subjektive Evidenz des Probanden, eine Hypnose erlebt zu haben. Die *Tiefe* der H. hängt von der Situation und von der Hypnoseempfänglichkeit *(hypnotic susceptibility)* ab. Hier zeigen sich große inter- und intraindividuelle Unterschiede.
[3] Die neuere Forschung bedient sich in steigendem Maße der H., um Prozesse der Bewußtseinsänderung und verschiedene psychische Funktionen zu untersuchen. So ist z.B. die Erinnerungsfähigkeit in bezug auf scheinbar vergessene Erlebnisse durch die H. in manchen Fällen verbessert; es kann eine Deblockierung des Gedächtnisses erreicht werden *(hypnotische Hypermnesie).* Im Bereich der *Psychotherapie* wird die H. als eigenständige Methode *(Hypnotherapie)* oder zur Unterstützung anderer Therapieverfahren herangezogen. H. dient auch der Schmerzbekämpfung *(hypnotische Analgesie).* Experimentelle Untersuchungen, die der multidimensionalen Bedingungsstruktur des hypnotischen Zustandes entsprechen, sind in den letzten Jahren häufig und systematisch unternommen worden; sie verweisen deutlich auf die Unzulänglichkeit bisheriger Erklärungsversuche.

LIT. BARBER (1969); GHEORGHIU (1973); HILGARD (1965); SARBIN, COE (1972); ULLMANN, ULLMANN, KLAPPER (1968).

Hypnotoxin →*Schlaf.*

hypo-. Präfix mit der Bedeutung »unter-« im Sinne von »unzureichend« oder defekt.

Hypochondrie *(hypochondria).* Bezeichnung für einen Zustand zwanghafter, an Besessenheit grenzender Beachtung des eigenen Gesundheitszustands,

begleitet von heftigen Ängsten vor Krankheiten. Als *Hypochonder (hypochondriac)* bezeichnet man einen Menschen mit hypochondrischen Symptomen.
→Somatisierungssyndrom, →somatoforme Störung.

hypochondrischer Wahn *→Wahn.*

Hypomanie *(hypomania).* Leichte Form der *→Manie.*

Hypophyse *(pituitary gland, hypophysis).* Hirnanhangdrüse, glandula pituitaria, eine *endokrine Drüse,* am Boden des Zwischenhirns (mit dem Thalamus direkt verbunden). Die Hormonsekretion der H. wirkt sich auf körperliches Wachstum und Reifung (z. B. sexuelle Entwicklung) aus. Im *Vorderlappen* der H. *(anterior lobe of hypophysis)* werden die sog. Wachstumshormone bzw. glandotropen Hormone gebildet, während der *Hinterlappen (posterior lobe of hypophysis, neurohypophysis)* der Speicherung von Kreislaufhormonen (bes. *Vasopressin)* bzw. von Sauerstoff- und Tonuszustand des Organismus regelnden Hormonen dient.

Hypostasierung *(hypostatization).* Annahme einer substantiellen Grundlage für abstrakte Qualitäten (Eigenschaften) eines beobachteten Sachverhaltes, z. B. die Annahme einer Eigenschaft »Aggressivität« aufgrund der mehrfachen Diagnose solcher Verhaltensweisen, die der (abstrakten) Phänomenklasse »aggressives Verhalten« zugeordnet werden können. Das Ergebnis der Setzung wird *Hypostase* genannt, der Vorgang der Hypostasierung *hypostasieren.*

Hypothalamus. Unterhalb des *Thalamus* gelegene Vorder- bzw. Zwischenhirnregion (auch Subthalamus), die die *corpora mamillaria,* die *Sehnervkreuzung* und die *Hypophyse* umfaßt.
→Gehirn.

Hypothese *(hypothesis).*
[1] Bezeichnung für eine nur näherungsweise zutreffende und vorläufige Erklärung für komplexe Zusammenhänge, deren endgültige Analyse bzw. Klärung noch aussteht. Die sog. *Arbeitshypothese* stellt einen Sonderfall dar. Dort werden für die Zwecke der experimentellen Verifikation vorliegende Ergebnisse einschließlich theoretischer Erklärungsversuche dazu benutzt, das konkrete Ergebnis eines weiteren Experiments vorwegzunehmen. *Arbeitshypothesen* sind von der Form der »Wenn-dann«-Aussage und stellen Beziehungen zwischen *unabhängigen* und *abhängigen Variablen* her. Z. B. in der Hypothese: »Wenn ein Individuum ermüdet ist, dann zeigt es eine veränderte Flimmerverschmelzungsschwelle.« Daraus läßt sich die Erwartung formulieren, daß ermüdete Versuchspersonen im Vergleich mit nichtermüdeten bereits bei größerem Intervall der Einzelreize eine Verschmelzung der beiden Eindrücke berichten werden. Diese Aussage wird nun auf ihre wahrscheinliche Gültigkeit geprüft, indem die experimentellen Daten ermüdeter und nichtermüdeter Versuchspersonen mit statistischen sog. *Signifikanztests* auf die Überzufälligkeit des Unterschieds in der erwarteten Richtung geprüft werden *(→Nullhypothese).*
[2] Bezeichnung für einen inneren Bereitschafts- oder Erwartungszustand, von dem angenommen wird, daß er einen Organismus auch dann zu Reaktionen oder Handlungen veranlaßt, wenn der auslösende Reiz nicht oder nicht regelmäßig die Erreichung eines Zieles (z. B. Belohnung) ankündigt *(→Erwartung, →Kognitive Lerntheorien).* Es wird dabei davon ausgegangen, daß die *Erwartung des Zieles* zu diesen Handlungen oder Reaktionen motiviert, obwohl sich diese (innere) Bedingung des Verhaltens nicht offen äußert.
→Hypothesentheorie (der Wahrnehmung), →Nullhypothese, →hypothetico-deduktive Methode.

Hypothesentheorie *(hypothesis theory)* oder **Hypothesentheorie der Wahrnehmung.** Bezeichnung für die Annahme, daß das menschliche Wahrnehmen und Erkennen stets von bestimmten Erwartungen ausgeht, die im Verlauf von Prüfungsprozessen, an der Umwelt orientiert, entweder bestätigt oder aber nicht bestätigt werden, so daß es im letzteren Fall zur Erfahrung der Unstimmigkeit zwischen Erwartung und Umweltaufschluß sowie zu erneuter Informationsaufnahme kommt.
LIT. Bruner (1951).

hypothetico-deduktive Methode. Wissenschaftliche Vorgehensweise, die mit der Formulierung einiger Prinzipien bzw. Definitionen beginnt, die sich auf eine zunächst geringe Zahl von beobachteten Fällen beziehen. Sie werden den Ergebnissen neuer Beobachtungen bzw. neuen Erkenntnissen entsprechend in neue, ebenfalls hypothetische

Form gebracht. Durch *deduktives* Vorgehen kann man auf diese Weise anschließend zu prüfbaren theoretischen Sätzen bzw. zusätzlichen Aussagen von speziellerem Erklärungswert gelangen (Syn. mathematico-deduktive Methode). Das Verhaltenssystem von C. HULL stellt die konsequente Anwendung dieses Vorgehens dar.

hypothetische Konstrukte →*Konstrukte.*

hypothetische Zustandsvariable *(hypothetical state variable).* Bezeichnung für einen nicht weiter erklärbaren, relativ überdauernden variablen Zustand des Organismus, von dem man annimmt, daß er aus den vorangegangenen Auseinandersetzungen mit der Umwelt entstanden ist, z.B. ein *Antriebs- oder Triebzustand,* der sich auf eine bestimmte Klasse von Reizen und Reaktionen beziehen läßt.

Hypothymie →*Psychopathie.*

Hypothyreoidismus *(hypothyroidism).* Schilddrüsen-Unterfunktion, ungenügende Sekretion der Schilddrüse *(→Thyreoidea).* Schilddrüsen-Unterfunktion führt in extremen Fällen zu verschiedenen Formen des *Kretinismus* und zur *Myxödembildung.*

Hypotonie →*Blutdruck.*

Hysterie *(hysteria).* Bezeichnung für anfallsartig oder chronisch auftretende körperliche Symptome, z.B. Lähmungen, Einnehmen einer vermeintlich krankheitsbedingten Körperhaltung oder Empfindungslosigkeiten (Analgesien), denen keine organischen Funktionsstörungen zugrundeliegen und die mit →*Dissoziationen,* erhöhter *Störanfälligkeit,* Neigung zu *Auto-* oder *Selbstsuggestionen* und einer Vielzahl weiterer psychogener Symptome unterschiedlicher Intensität einhergehen können. Die Bezeichnung H. wurde für die o.g. Symptome in der Antike unter der Annahme eingeführt, die bei Frauen auftretende H. sei auf ein Umherwandern oder eine durch unbefriedigte Sexualität bedingte Fehlfunktion der Gebärmutter (griech. hystéra) zurückzuführen. CHARCOT sah in den verschiedenen Erscheinungsformen der H., vor allem in ihrer heute kaum noch beobachtbaren Form des »großen hysterischen Anfalls«, den Ausdruck einer Fehlfunktion des Nervensystems mit psychischen Folgen. Für FREUD dagegen sind hysterische Symptome für eine →*Neurose* kennzeichnend, in der verdrängte Triebimpulse unbewußt in Körpersymptome überführt werden *(Konversionssymptome),* dort ihren mehr oder minder symbolischen Ausdruck finden und/oder auf unbewußten Wegen zu einer Selbstdarstellung führen, die verbirgt, was oder wie man tatsächlich ist. In der lerntheoretisch begründeten Persönlichkeitstheorie EYSENCKS gilt H. als Ausdruck des Zusammengehens einer Neigung zur Erregbarkeit *(Neurotizismus)* mit einem Mangel an selektiver Verhaltenshemmung *(Extraversion).* Im *DSM III–R* zählen die auf *Hypochondrie* hindeutenden Formen der H. zu den →*somatoformen Störungen,* mit →*Dissoziationen* verknüpfte dagegen zu den →*dissoziativen Störungen.*

LIT. EYSENCK (1957; 1961); FREUD (1946ff.).

Hysterische Neurose →*dissoziative Störung.*

IC →*Kerzenstärke.*

ICD *(International classification of diseases).* Im Auftrag der WHO (Weltgesundheitsorganisation) herausgegebenes Klassifikationssystem für organische Krankheiten und psychische Störungen. ICD wird fortlaufend überarbeitet; zur Zeit liegt es in der 10. Auflage als *ICD-10* vor. Im Unterschied zu *DSM,* dem zur Zeit gebräuchlichsten symptomorientierten (nosologischen) Klassifikationssystem psychischer Störungen, entstand das auch alle organischen Erkrankungen umfassende ICD aus einer durchgängig von den Krankheitsursachen geleiteten (ätiologischen) Orientierung unter Einschluß von Therapiemöglichkeiten und Verlaufscharakteristika, die auch bei der Klassifikation psychischer Störungen angewandt wird. Es arbeitet mit einem vierstelligen Zahlencode; die ersten drei Zahlen kennzeichnen die Krankheits- bzw. Störungskategorie, die vierte bezeichnet die jeweilige Unterart. ICD dient vor allem dem internationalen Vergleich von Krankenhausstatistiken sowie als Schlüssel für die Verrechnung ärztlicher Leistungen. Die neueste Version (ICD-10) wurde dem DSM terminologisch weitgehend angepaßt, ist jedoch mit diesem hinsichtlich der Einsatzmöglichkeiten in Differentialdiagnostik und klinischer Grundlagenforschung im Bereich psychischer Störungen nicht vergleichbar.
LIT. DEGKWITZ u.a. (1980); DILLING u.a. (1991).

Ich *(ego, me, proprium).*
[1] Allgemeine Bezeichnung für ein angenommenes »Innerstes«, für den »Kern« oder die »Struktur« der →*Persönlichkeit.* Diese Annahme kann sich (a) auf die Gesamtheit all dessen beziehen, was einem Individuum an und von sich selbst »bewußt« wird, wobei eine bestimmte Ordnung der einzelnen »Inhalte« oder »Bezugspunkte« als gegeben angesehen wird. Sie kann sich (b) auch vorwiegend auf bewußte und unbewußte Arten und Formen der *Orientierung* in bezug auf bestimmte Gegebenheiten beziehen (z.B. *Interessen,* sozialer *Status; Bedürfnisse* und *Wünsche*).
[2] Das dynamische, steuernde und wertende Organisationsprinzip, das Erlebnisse und Handlungen des Individuums bestimmt.
[3] In der Psychoanalyse (FREUD) eine der drei Persönlichkeitsinstanzen (neben dem →*Es* und →*Überich*), die sich durch die sozialen Erfahrungen des Individuums herausbildet und im Sinne des →*Realitätsprinzips* eine das Verhalten kontrollierende Funktion ausübt. Die Funktion des »Ich« wird als weitgehend unbewußt angesehen.
LIT. ALLPORT (1949); LERSCH, THOMAE (Hrsg.; 1961); THOMAE (1968a).

Ichbeteiligung →*Ego-involvement.*

Ichkontrolle →*Kontrolle.*

Ideal *(ideal). Leitvorstellung (Leitbild)* eigenen Handelns, die emotional getönt und als erstrebenswertes Ziel angesehen wird. Es kann sich dabei um Persönlichkeiten oder Persönlichkeitstypen als Vorbilder, aber auch um bestimmte »Erziehungsideale« u.ä. handeln, die Ziele künftigen Verhaltens darstellen und das Handeln in bestimmte Bahnen lenken; sie werden jedoch wegen ihrer »idealen« Beschaffenheit meist nicht vollständig, sondern nur annäherungsweise erreicht.

Idealismus *(idealism).*
[1] Bezeichnung für eine von Idealen oder »Idealvorstellungen« getragene Weltanschauung, die sich an den idealen Zielen des Handelns oder Denkens orientiert.
[2] Bezeichnung für eine philosophische Richtung, die davon ausgeht, daß das Wahrgenommene, raumzeitlich Erfaßte nur etwas Scheinbares (Idola) ist, hinter dem – für den Betrachter zunächst nicht erkennbar – eine Welt der Ideen, eine Art »geistige« Wirklichkeit steht (PLATON, BERKELEY).
[3] In davon abgeleiteter Bedeutung wird der Begriff als Bezeichnung für eine jede philosophische Richtung verwendet, die sich auf Ideen und nicht auf raumzeitlich, d.h. anschaulich Gegebenes stützt.

Idealtypus. Bezeichnung in einer analytischen Technik der Soziologie, eingeführt von M. WEBER. Sie besteht in der Zusammenfassung und Abstraktion von Eigenschaften, die verwandten Gebilden, Tätigkeiten oder Gedanken gemeinsam zukommen, wenn man diese Eigenschaften als »ideale« auffaßt (z.B. die – typische – Industriegesellschaft). Durch die Einführung solcher Idealtypen können Einzelphänomene in ihrer Abweichung voneinander im Hinblick auf den Idealtypus vergleichend beschrieben werden.
LIT. WEBER (1922).

Ideation *(ideation)*, **Ideïerung.**
[1] Prozeß der Herausbildung oder -formung einer Idee, besonders im Hinblick auf das Herausbilden von aus dem Gedächtnis kommenden *Ideen* oder *Vorstellungen* (z.B. ideationale Phase des Denkens).
[2] Bezeichnung für eine (von HUSSERL in seiner Phänomenologie vorgeschlagene) Technik der »Wesensschau«, die darin besteht, unter Verzicht auf induktives Vorgehen und unter strikter Ausschaltung des Vorwissens Beschaffenheit und Aufbau eines Sachverhaltes am erlebten Einzelfall zu beschreiben, um etwas über die »essentielle«, d.h. wesensmäßige Beschaffenheit des Sachverhaltes zu erfahren.

ideative Lösung →*Denken*, →*Idee*.

Idee *(idea, thought)*.
[1] Aus dem Griechischen *idéa, eidos* (Bild, Urbild, Leitgedanke, Muster) hergeleitete, in der Philosophie in unterschiedlicher Bedeutung gebrauchte Bezeichnung (a) für den geistigen »Gehalt« oder »Inhalt« von Vorstellungen und Denkoperationen, (b) für unanschauliche, in Begriffe gefaßte Allgemeinvorstellungen oder (c) für Leitgedanken, Pläne oder Einfälle, die Denken, künftige Handlungsweisen oder Problemlösungsansätze, letztere in Form sog. »ideativer Lösungen« (KÖHLER), orientieren.
[2] *Fixe Idee (fixed idea):* Bereichsspezifische, meist auf erregende Erfahrungen zurückgehende Vorstellungen oder Überzeugungen, die im Bewußtsein vorherrschen und das Denken und Handeln bestimmen, ohne notwendigerweise andere Bereiche störend zu beeinflussen.
[3] *Ideenflucht (flight of ideas; ideachase):* Beständiger Wechsel der Denkinhalte, -bezüge und -ziele, verbunden mit großer Ablenkbarkeit; ein Symptom der *manischen Störungen* (→*Affektive Störung*, →*Manie*).
[4] *Wahnidee (delusional idea):* Leitgesichtspunkt des Denkens und Handelns bei wahnhaften Störungen, z.B. Eifersuchts-, Größen- oder Verfolgungsideen.
→*Wahn*.

Ideenflucht →*Idee*.

Identifikation *(identification)*, **Identifizierung.**
[1] Allgemeine und umfassende Bezeichnung für eine Phase des *Wiedererkennens* im Verlauf des Erinnerns.
[2] In der Psychoanalyse Bezeichnung für einen Prozeß, in dessen Verlauf sich ein Individuum mehr oder weniger unbewußt durch emotionale Bindung an einen Mitmenschen zeitweise oder relativ überdauernd in dessen Lage versetzt, um so wie die Bezugsperson zu denken oder zu handeln bzw. sich dies vorzustellen.
→*Abwehrmechanismen*.

Identität *(identity; personal identity, personality identity)*.
[1] Vollständige Übereinstimmung in allen Einzelheiten.
[2] Bezeichnung für eine auf relativer Konstanz von Einstellungen und Verhaltenszielen beruhende, relativ überdauernde Einheitlichkeit in der Betrachtung seiner selbst oder anderer.

Ideologie *(ideology)*. Bezeichnung für ein System von Überzeugungen und Begriffen, die auf Tatsachen und Normen bezogen sind und mit deren Hilfe komplexe soziale oder politische Gegebenheiten im Hinblick auf ihre oft idealtypischen Leitgedanken oder Eigenschaften beschrieben werden. Sie beeinflussen auch die Wahl von Beziehungen eines Individuums zu einer Gruppe, indem sie Einstellungen positiver oder negativer Art nahelegen. Manchmal wird der Begriff auch als Bezeichnung für Einstellungen, Wertungen und Normen verwendet, die durch eine gesellschaftliche und kulturelle Gruppe geprägt sind. MANNHEIM stellt den Begriff der *Utopie* der I. als Inbegriff der auf Veränderung bestehender Normen gerichteten Einstellungen und Wertungen gegenüber.
LIT. MANNHEIM (1952).

Ideomotorik *(ideomotor)*. Bezeichnung für Bewegungen, die aufgrund von emotional- oder affektgetönten Vorstellungen unwillkürlich zustande kommen. *Ideomotorische Handlungen (ideomotoric actions)* können besonders in Zuständen der Geistesabwesenheit auftreten. Ein Sonderfall der ideomotorischen Phänomene ist der sog. →*Carpenter-Effekt*.

ideomotorisches Gesetz →*Carpenter-Effekt*.

idiographisch *(idiographic)*. Bezeichnung für Untersuchungen, die der Beschreibung individueller Fälle gewidmet sind (zum Unterschied von →*nomothetisch*). Nach WINDELBAND werden Wissenschaften, die das dem Einzelfall anhaftende Eigentümliche behandeln (das heißt die geschichtlichen und geisteswissenschaftlichen Disziplinen) als ideographische Wissenschaften bezeichnet.

Idiolalie *(idiolalia).* Bezeichnung für eine individuell geprägte bzw. erfundene Sprache bei psychisch gestörten Kindern oder Erwachsenen *(Dyslalie).*

idiopathisch *(idiopathic).* Bezeichnung für primäre Erkrankungen, d.h. solche, die weder auf Unfälle noch auf anderweitige Störungen zurückzuführen sind.

Idiosynkrasie *(idiosyncrasy).* Allgemeine Bezeichnung für individuelle Eigenheiten des Wahrnehmens, Denkens und Reagierens, die sich durch Überempfindlichkeit gegenüber bestimmten Klassen von Umweltreizen bzw. -gegenständen auszeichnen und sich daher nicht im Rahmen allgemeiner psychophysischer Gesetzlichkeiten interpretieren lassen.

Idiotie *(idiocy).* Schwerster Grad des →*Schwachsinns.*

Idiotypus →*Gen.*

IK→*Kerzenstärke.*

ikonischer Speicher →*Gedächtnis.*

Illumineszenz →*Helligkeit.*

Illusion, Täuschung. Fehl- oder Trugwahrnehmung; I. bezeichnet ein den Reizdaten nicht entsprechendes Wahrnehmen, das auf Fehl- oder Umdeutungen zurückgeführt werden kann. Im übertragenen Sinne auch für Gedächtnistäuschungen angewandt, die sich durch Hinzufügungen, Auslassungen oder Einfügungen subjektiver Art äußern.

Imago. Von C. G. JUNG geprägte Bezeichnung für die idealisierte Vorstellung einer im Kindesalter bevorzugten Person (meist ein Elternteil), die eine Art Leitbild für künftiges Verhalten abgibt.

Imbezillität *(imbecility).* Mittelschwere Form des →*Schwachsinns.*

Imitation, soziale; Imitationslernen; Beobachtungslernen *(imitative learning, identificatory learning, observational learning).*

[1] In klassischen soziologischen und sozialpsychologischen Theorien (z.B. TARDE) angenommener sozialer Trieb, der als Grundlage der Gleichförmigkeit und Übertragung von Verhaltensweisen angesehen wurde.

[2] Bei Tier und Mensch beobachtete Tendenz, durch das Beobachten und *Nachahmen* des Verhaltens anderer zu lernen und dadurch vorbildkonformes Verhalten zu zeigen. Die Bedingungen wurden erstmals von MILLER und DOLLARD systematisch untersucht.

[3] BANDURA entwickelt hierzu eine eigene Theorie des *Beobachtungslernens.* Das Prinzip der *stellvertretenden Verstärkung* ist dabei von entscheidender Bedeutung. Empfängt eine Modellperson für ein bestimmtes Verhalten Belohnung, so steigt unter geeigneten Bedingungen die Wahrscheinlichkeit des Auftretens dieser Reaktion beim Beobachter in ähnlichen Situationen. Das Verhalten wird relativ überdauernd, wenn beobachtetes Verhalten einschließlich seiner Konsequenzen in das Einstellungs- oder Vorstellungssystem des Beobachters übernommen wird. Beobachtungslernen wird in der modernen Psychotherapie zur Verhaltensmodifikation angewendet.

→*Beobachtungslernen,* →*Lernen.*

LIT. BANDURA (1971); BANDURA, WALTERS (1963); MILLER, DOLLARD (1941).

immanent *(immanent).* Philosophische Bezeichnung für »innerhalb« oder »in einem bestimmten Bereich gegeben«. Bei BRENTANO als »immanente Objektivität« Bez. für die Annahme, daß in jedem Bewußtseinsakt ein Bezug zu etwas außen Liegendem gegeben sei.

Immunglobuline →*Immunsystem.*

Immunität *(immunity).* Schutz des Organismus vor Infektionen mit pathogenen Mikroorganismen *(antiinfektiöse I.),* ihren oder durch ihre Einwirkung abgesonderten Stoffwechselprodukten (sog. *Endo-* und *Exotoxine*) sowie vor pflanzlichen oder tierischen Giften *(antitoxische I.)* durch die Wirkweise des →*Immunsystems* und Immunisierungsmaßnahmen (Schutzimpfungen, Serumgaben).

Immunsystem *(immunity system).*

[1] System der Wahrung der Integrität des Organismus und der körpereigenen Abwehr, bestehend aus einer Vielzahl von Zellen und Molekülen, die im ganzen Körper verteilt sind und die Aufgabe haben, körperfremde, schädigende Substanzen, sog. *Antigene (antigenes),* zu erkennen und abzuwehren, Mikroorganismen (z.B. Bakterien, Viren, Parasiten, Pilze) und die von ihnen befallenen Zellen zu vernichten, bösartig veränderte Zellen (z.B. Tumorzellen) zu zerstören und Reste zerfallender Zellen

zu beseitigen. Fremde und gefahrbringende Organismen und Zellen werden aufgrund ihrer körperfremden Molekularstruktur von normalem, gesundem Körpergewebe unterschieden. Dies führt zu *supraspezifischen,* d.h. allgemeinen bzw. *spezifischen Immunreaktionen,* die auf das jeweilige Antigen abgestimmt sind. Das I. übt seine Funktion über zwei einander ergänzende Teilsysteme aus, die jeweils *zelluläre* und *humorale* Systemkomponenten aufweisen. (a) Das *paraspezifische* oder *unspezifische Abwehrsystem* stellt einen angeborenen bzw. genetischen Schutzwall gegen breite Klassen von Erregern oder Fremdsubstanzen dar. Die *natürliche Immunität* zeigt sich z.B. in der speziesspezifischen spontanen Bekämpfung von Tumorzellen, Zellen mit Virusbefall und der spontanen Abwehrbereitschaft gegenüber Antigenen fremder Blutgruppen. Sie wird ergänzt durch die *angeborene Immunität* als Folge der Übertragung von Abwehrstoffen des mütterlichen Organismus. Zelluläre Abwehrfunktionen erfüllen weiße Blutkörperchen, unter den Leukozyten vor allem *Monozyten (Makrophagen),* unter den Lymphozyten die *natürlichen Killerzellen (NK-Zellen; natural killer cells);* erstere besitzen die Funktion, Fremdstoffe rasch aufzunehmen und durch Fermentbildung (*Phagozytose; phagozytosis*) abzubauen, letztere bekämpfen spontan virusinfizierte und Tumorzellen. Humorale Abwehrfunktionen üben die in Blutplasma, Bindegewebsflüssigkeit und Schleimhäuten enthaltenen sog. *natürlichen Antikörper (antibodies)* des Blutes aus. Sie hemmen die Aktivität eingedrungener Mikroorganismen bzw. bekämpfen sie und tragen so zur Verhinderung der Entstehung und Ausbreitung größerer Erregungsherde bei. (b) Das *spezifische Abwehrsystem* ist hochspezialisiert und operiert auf der Grundlage früherer Kontakte mit bestimmten Antigenen, die zur Entwicklung *spezifischer Antikörper* sowie spezifischer zellulärer Reaktionen führen. Humorale Wirkstoffe der spezifischen Abwehr sind die *Immunglobuline* bzw. *Gammaglobuline.* Diese gehen dann mit bestimmten Teilen des Antigens chemische Verbindungen ein, wenn die reagierende Stelle des Antikörpers und des Antigens molekular sozusagen wie Schlüssel und Schloß übereinstimmen. Die Antikörperproduktion und die rasche Abgabe der Antikörper in das Blutplasma *(Immunreaktion vom Soforttypus)* ist an in Plasmazellen umgewandelte *B-Lymphozyten (B-lymphozytes)* gebunden. Die zellulären Mechanismen des spezifischen Abwehrsystems sind in verschiedenen Arten von *Lymphozyten,* den sog. *T-Zellen (T-cells),* repräsentiert. Diese dienen dem Erkennen des Antigens, der Steuerung und Kontrolle der Produktion und Reifung von T- und B-Zellen sowie der Intensität und Dauer des Abwehrprozesses. Man nennt diese T-Zellen ihren Funktionen entsprechend *Helfer-, Inducer-* oder *Suppressor-Zellen.* Die sog. *cytotoxischen Zellen* schließlich dienen der aktiven Abwehr durch Auflösung der Zellmembranen maligner Zellen.

[2] *Störungen des I.:* Inadäquate Immunantworten auf Antigene werden als *Immundefekte (immune deficiencies; immunity deficiencies)* bezeichnet. *Primäre Immundefekte* sind angeboren; zu ihnen zählen Störungen der Entwicklung bzw. Funktionsdifferenzierung von B- und T-Zellen sowie humoraler Vorgänge des I., in deren Gefolge eine erhöhte Anfälligkeit für bakterielle und Virusinfektionen sowie Beeinträchtigungen der Überwachung maligner Körperzellen auftreten. Als *Allergien (allergies; allergic reactions)* werden von der Norm abweichende gesteigerte Reaktionen (Gegensatz: *Anergien*) des I. bezeichnet, die aufgrund angeborener Dispositionen *(Immunschwäche),* oftmals nach Viruserkrankungen oder im Gefolge von Veränderungen des biochemischen Körperhaushalts bei Kontakt mit bestimmten Antigenen *(Allergene)* durch Inhalation, Injektion, Hautberührung oder Nahrungsaufnahme auftreten und bei wiederholtem Kontakt unmittelbar zu Überempfindlichkeitsreaktionen (z.B. durch Freisetzung von *Histamin*) oder nach Ablauf einer gewissen Zeitspanne (z.B. durch die Freisetzung immunwirksamer humoraler Substanzen antigen-sensibilisierter T-Zellen) zu Krankheitserscheinungen (z.B. Asthma, Entzündungen) führen. *Sekundäre Immundefekte* sind erworben; sie treten auf im Gefolge von Erkrankungen (z.B. Virusinfektionen, Leukämie, Verbrennungen), von Behandlungen, die das I. angreifen (z.B. chemische Immunsuppression zur Vermeidung von Abwehrreaktionen des I.

nach Transplantationen, Krebsbehandlung mit Zytostatika oder Bestrahlungen) oder von →*AIDS. Autoimmundefekte (autoimmunity deficiencies)* stellen eine eigene Klasse dar; sie beruhen auf einer im Organismus vollzogenen Immunisierung gegen körpereigene Substanzen *(Autoantigene)* durch Bildung von *Autoantikörpern.* Zu den *organspezifischen Autoimmunstörungen* gehören u. a. bestimmte Magen-, Bauspeicheldrüsen- oder Nebennierenstörungen (z. B. chronische *Gastritis,* perniziöse *Anämie,* juveniler *Diabetes mellitus, Addison-Krankheit).* Zu den *nicht organspezifischen Autoimmunstörungen* zählen u. a. *rheumatoide Arthritis* sowie *Haut-, Muskel-* und *Nierenkrankheiten* aus dem rheumatoiden Formenkreis. Darüber hinaus gibt es eine Reihe von Mischformen, zu denen u. a. bestimmte Arten der chronischen *Hepatitis* (Leberentzündung) und *Myasthenie* gehören. Zusammenhänge zwischen Autoimmunstörungen und multipler Sklerose werden zur Zeit diskutiert. Das I. wurde zunächst als autonomer Mechanismus angesehen.

[3] *Interaktionen mit psychischen Prozessen:* Ausgangspunkt ist die Erkenntnis, daß das I. im Unterschied zu früheren Annahmen offenbar nicht zu den autonomen Regulationssystemen des Körpers gehört. Die Effektivität des I. zeigt hinsichtlich der Auftretenswahrscheinlichkeit und Schwere von Infektionskrankheiten oder solcher Störungen, die auf zeitweilige oder relativ überdauernde Schwächungen des I. durch Immundefekte oder Autoimmunstörungen zurückzuführen sind, erhebliche interindividuelle Unterschiede. Diese verweisen, ergänzt durch die Erkenntnisse aus Psychosomatik, Krebs- und AIDS-Forschung, auf Interaktionen zwischen Lernprozessen (Konditionierung bestimmter Teilfunktionen des I.), kognitiven sowie emotional-motivationalen Prozessen und dem funktionellen Status des I. Mit großer Wahrscheinlichkeit geht dies einerseits auf die Immunwirksamkeit zentralnervös angesteuerter Ausschüttungen von Nebennierenhormonen (→*Streß*), andererseits auf die zentralnervös vermittelte Wirksamkeit von humoralen Veränderungen des Immunsystems auf die Regulation psychischer Vorgänge zurück. Mit derartigen Fragen beschäftigen sich z. Zt. interdisziplinäre Forschergruppen im Rahmen der *Psychoendokrinologie, Psychoimmunologie, Psychoneuroimmunologie* und *Psychosomatik.*

LIT. KELLER (1981); KLEIN (1991); MILTNER, BIRBAUMER, GERBER (1986).

Impedanz *(impedance).*
[1] Wechselstromwiderstand, zusammengesetzt aus dem Ohmschen Widerstand und dem Blindwiderstand eines zweipoligen Systems. Syn. Scheinwiderstand.
[2] *Akustik:* Quotient aus Schalldruck und Schallfluß zur Kennzeichnung der Hemmung der Schallausbreitung durch die Eigenschaften des den Schall leitenden Mediums.

Impedanzkardiographie *(impedance cardiography).* Verfahren zur Bestimmung der Herzleistung (Blut-Herz-Minuten-Volumen). Dabei wird eine Wechselspannung über die Meßzone geleitet, deren Widerstand durch den Pulswellen-abhängigen Blindwiderstand modifiziert wird.

implicite *(implicit),* auch *impliziert.* Bezeichnung für etwas, das nicht direkt feststellbar oder gegeben, jedoch miteingeschlossen oder mitgegeben ist bzw. als solches angenommen wird.

Implikation. Bezeichnung für ein Miteinbegreifen, ohne es auszusprechen. Syn. *Mitgegebenheit.*

implizierte Persönlichkeitstheorie *(implicit personality theory).* Von BRUNER eingeführte, von CRONBACH systematisierte Bezeichnung für das ungewollte Zurückgreifen auf vorgefaßte Meinungen über die Bedeutung und den Zusammenhang von Persönlichkeitsmerkmalen bzw. -eigenschaften bei der Beurteilung von Mitmenschen. Dadurch entsteht ggf. eine Tendenz zur Verfälschung bzw. mangelnden Berücksichtigung differenzierter Beurteilungsgesichtspunkte.

LIT. CRONBACH (1984).

Implosion, Implosionstherapie *(implosion, implosion therapy). Psychotherapie, Verhaltenstherapie:* Angstauslösende Reize werden in voller Intensität dargeboten bzw. der Patient soll sie sich so lebhaft wie möglich vorstellen. Aufgrund der damit verknüpften Assoziationen einer Kette konditioneller Begleitumstände bis hin zum traumatischen Reiz selbst kann es zu einer mit I. bezeichneten »Explosion nach innen« als Ausdruck eines dramatischen Zusammenbrechens der Angstsymptome kommen. Die I. ist im engeren Sinne eines der Erklärungsprinzipien des sog. *Flooding.*

Imponiergehabe *(display behavior).* Aus der Tierpsychologie stammende Bezeichnung für solche Ausdrucks- und Verhaltensmerkmale, die einen Artgenossen durch »Drohen« oder »Werben« beeindrucken sollen. Das I. läuft bei Tieren nach einem festen Programm (→*Instinkt*) ab..

Impotenz *(impotence).* Die Unfähigkeit des Mannes, den sexuellen Akt zu vollziehen. Als Ursachen werden neben organischen und neural-hormonalen Störungen vor allem psychogene Hemmungen bzw. auf unangenehme Erfahrungen begründete neurotische Symptome angesehen.
→*Sexualstörung.*

Impuls *(impulse).*
[1] *Physik:* Kurzzeitige Wirkung einer Kraft, die sich in Abweichungen vom Ausgangswert äußert.
[2] *Physiologie:* Erregungsimpuls →*Aktionspotential.*
[3] Psychologie: Anstoß bzw. Antrieb zu spontanen, heftigen und/oder unkontrollierten Verhaltensweisen.
→*Impulsivität.*

impulsive Handlung *(impulsive action, impulsive activity; impulsive behavior).* Unüberlegte, unkontrollierte, ggf. unangemessene Verhaltensweise, die rasch und heftig auftritt und (nachträglich) als Folge eines »unwiderstehlichen Dranges« o. ä. interpretiert wird.

Impulsivität *(impulsivity; impulsiveness).*
[1] Von J. Kagan stammende Bezeichnung für einen →*kognitiven Stil,* der sich in der raschen, jedoch unpräszisen Informationsnutzung bei Wahrnehmungs- und Denkaufgaben zeigt, sobald es auf die besondere Beachtung geringfügiger Details ankommt. Gegensatz: *Reflexivität (reflexivity)* als Inbegriff überlegter, Details berücksichtigender und daher verzögerter Urteilsabgaben.
[2] Die relativ überdauernde Neigung, unbesonnen aus dem Augenblick heraus zu handeln, die möglichen Konsequenzen außer acht zu lassen und sich von neuen, ggf. irrelevanten Ereignissen leicht ablenken zu lassen. Gemeinsam mit *Extraversion* und →*Suche nach neuen Eindrücken* ist I. eine *Eigenschaft* der handlungsorientierten →*Persönlichkeit* mit ihrem Defizit an inhibitorischer *Kontrolle.* I. ist insofern ein psychophysiologisches Konstrukt, als deutliche Beziehungen mit gesteigerter Spontanaktivität (insbes. im Bereich der *elektrodermalen Aktivität)* und Verzögerung der *Habituation* nachgewiesen sind. I. eignet sich u. a. für die Vorhersage bzw. Erklärung der Wirkung von Substanzen, welche den Erregungsstatus beeinflussen *(z. B. Monoaminoxidase-Hemmer; MAOH).*
Der Erfassung von I. dient u. a. die *Barrat- Impulsivitätsskala (Barrat impulsivity scale; BIS)* mit den Dimensionen motorische I. *(motor impulsivity),* sensorische Erregbarkeit *(sensory stimulation),* kognitive I. *(cognitive impulsivity)* und I. im sozialen Bereich *(interpersonal impulsivity).*
LIT. Barrat, Patton (1983); Eysenck, Eysenck (1977); Kagan u. a. (1964).

Impulskontrolle *(impulse control).*
[1] Beherrschung von unmittelbar aufkommenden oder zur Gewohnheit gewordenen Bedürfnissen, Trieben oder Wünschen und ihnen entsprechender Handlungstendenzen.
[2] Als Symptome einer *Störung der I. (disorder of impulse control)* werden im *DSM III–R* unbeherrschbare, insbesondere in Versuchungssituationen immer wieder auftretende Handlungen beschrieben, die mit Gefühlen der Befriedigung und Erleichterung einhergehen, gelegentlich später bereut werden, stets aber nachteilige soziale Folgen haben. Zu ihnen zählen (a) *Pathologisches Spielen (pathological gambling),* Spielleidenschaft; (b) *Kleptomanie (kleptomania),* Stehlen von Gegenständen mit Lustgewinn; (c) *Pyromanie (pyromania),* Brände legen mit Lustgewinn; (d) *intermittierende explosive Störung (intermittent explosive disorder),* unbeherrschbare schwere Wutanfälle, verbunden mit gewalttätigen Ausbrüchen, die zu Sachbeschädigungen bzw. Verletzungen anderer führen können; (d) *isolierte explosive Störung (isolated intermittent disorder),* einmaliger, unversehens auftretender dramatischer Verlust der Handlungskontrolle mit extremen Folgen (z. B. schwere Gewalttaten, Tötungsdelikte), sowie (e) *atypische Störungen der I. (atypical impulse disorder*), eine Restgruppe von Symptomen, die auf Verlust der I. zurückgeführt werden können und nicht in die genannten Kategorien passen.

Indeterminismus. Bezeichnung für eine Theorie des Willens, bei der angenommen wird, Handlungen bzw. Entscheidungen seien von den vorhandenen Reizen, Situationen und Motivationslagen weitgehend unabhängig.

Indifferenzbereich →*Assimilations-Kontrast-Theorie,* →*Psychophysik.*

Indikation *(indication).* Begründung der Notwendigkeit und Angemessenheit von Interventionen bzw. therapeutischen Maßnahmen.

Indirektes Sehen *(indirect vision).* Das Wahrnehmen von Objekten, die auf peripheren Netzhautstellen abgebildet werden. Direktes Sehen bezeichnet dagegen das Wahrnehmen von Objekten, die in der Fovea oder im Bereiche der Fovea abgebildet und daher scharf gesehen werden.
→*Auge.*

Individualpsychologie *(individual psychology).*
[1] Bezeichnung für das psychoanalytische System A. ADLERS, in dessen Rahmen besonders die Prozesse der *Sozialisation* untersucht werden.
[2] In seltenen Fällen auch Bezeichnung für das Teilgebiet der Psychologie, das individuelle Unterschiede hinsichtlich der verschiedensten Merkmale exakt erforscht (→*Differentielle Psychologie*). Syn. *Individuelle Psychologie.*

individual-spezifische Reaktionen →*Psychophysiologie.*

Individualtherapie *(individual therapy),* Syn.: *Individualpsychologische Therapie.* Aus dem individualpsychologischen Ansatz ALFRED ADLERS hervorgegangene Form der psychoanalytisch bzw. tiefenpsychologisch orientierten →*Psychotherapie.* Im Verlauf von Gesprächen werden mit Störungen zusammenhängende Fragen des Lebensstils berührt, Veränderungen der Orientierung angestrebt und Minderwertigkeitsgefühle durch die Vermittlung ermutigender Aspekte abgebaut.

individuelle Akzeleration →*Akzeleration.*

Individuation→*Selbstverwirklichung.*

Inducerzellen →*Immunsystem.*

Induktion *(induction).*
[1] *Logik und Mathematik:* Schlußfolgerung von Einzelfällen auf das Allgemeine.
[2] *Physik und Physiologie:* Die Veränderung des Zustandes in einem System auf Grund der Einwirkung von Kräften oder Impulsen außerhalb des Systems, z. B. bei der Magnetspule.
[3] Die Wechselwirkung zwischen Erregungs- und Hemmungsfeldern in der Großhirnrinde. *Positive I.* bezeichnet die lokalisierte Konzentration von Erregung nach der Hemmung benachbarter Felder; *negative I.* dagegen die lokalisierte Konzentration kortikaler Hemmungen nach der Erregung benachbarter Bereiche (PAWLOW).
[4] Wechselwirkung zwischen Reizkombinationen auf Grund selektiver Verstärkung. Erfolgt z. B. im Tierversuch nur in Gegenwart eines bestimmten Signals bei Ausführung einer (konditionierten) operanten Verhaltensweise (z. B. Hebeldrücken) Verstärkung (Futtergabe), während sie ausbleibt, wenn das Signal nicht gleichzeitig vorhanden ist, wird sich das Verhalten auf die Reizkombination einstellen (SKINNER).

induktives Denken →*Intelligenz.*

Industriepsychologie →*Arbeits-, Betriebs- und Organisationspsychologie.*

induzierte Bewegung *(induced movement).* Bezeichnung für die Abhängigkeit der Unterscheidung zwischen bewegten und unbewegten Objekten im Wahrnehmungsfeld von Kontext (z. B. Figur-Grund-Beziehungen) und/oder Erfahrungen über die Gegenstandsbedeutung.

Als Paradebeispiel dient das *Dunckersche Phänomen.* Bietet man gleichzeitig einen Rhombus und einen Punkt innerhalb der Rhombusfläche dar, so hat man bei unangekündigter, langsamer Bewegung des Rhombus den Eindruck, der Punkt habe sich bewegt. Der Erklärung dient die Annahme, der jeweils größere, umschließende Feldanteil (Rhombus) wirke als dem stabilen Hintergrund zugehörig, während der Punkt als Figur aufgefaßt wird, der man von vornherein eine größere Veränderungswahrscheinlichkeit bzw. Beweglichkeit zuschreibt. Von zwei Punkten, die unabhängig voneinander bewegt werden können, wird Bewegung mit hoher Wahrscheinlichkeit dem jeweils fixierten Punkt zugeschrieben, denn der andere gilt als Bestandteil des stabilen Hintergrundes. Führt man dagegen einem Beobachter das Bild eines Schiffes und eines Leuchtturmes vor, so wird Bewegung stets dem Schiff zugeschrieben – gleichgültig, ob der Versuchsleiter das eine oder andere Bild in langsame Bewegung setzt. Im ersten Falle induziert der Kontext, im zweiten die Erfahrung den Bewegungseindruck.

Induzierte psychotische Störung →*Psychotische Störung.*

Infantilismus *(infantilism).* Bezeichnung für ein Zurückbleiben der geistigen Entwicklung und des Organismus auf einer kindlichen Stufe, bedingt durch endokrine Störungen (bes. im Bereich der Hypophysenfunktion).

Inferenz *(inference),* **Schlußfolgerung.** Bezeichnung für besonders in der mathematischen Statistik übliche Aussagen, die sich auf vorher getroffene oder allgemein akzeptierte Urteile (z. B. Hypothesen) und ihre Überprüfung (z. B. Signifikanztests) beziehen.

Information.
[1] In allgemeiner Bedeutung das faktische Wissen bzw. eine ein solches Wissen vermittelnde Aussage oder Wahrnehmung. In manchen Fällen auch als Bezeichnung unsystematischen Wissens über bestimmte Gegenstände oder Vorgänge für etwas, das man vom Hörensagen und nicht aus eigener Erfahrung kennt, verwendet.
[2] In *Informationstheorie* und *Kybernetik* allgemeine Bezeichnung für die mit einem Ereignis verbundene *Ungewißheit,* bei gleich wahrscheinlichen Ereignissen die minimale Anzahl von *Binärziffern,* die zur *Kodierung* eines Ereignisses erforderlich ist *(→Informationsmaß).* Dabei versteht man unter Information jede Art von Zeichen, die eine Nachricht bedeutet. Neben sprachlichen oder sprachanalogen Zeichen werden auch physikalische Veränderungen der Umwelt und ganze Folgen (Ketten) solcher Ereignisse einbezogen.
LIT. Attneave (1965); Fröhlich, Koszyk (1971).

Informationsempfänglichkeit →*Kognitiver Stil.*

Informationskanal →*Sender.*

Informationsmaß. Zusammenfassende Bezeichnung für eine Reihe deskriptiver quantitativer Ausdrücke aus der *Informationstheorie,* die sich auf die Darstellung des Informationsgehalts eines Ereignisses (physikalische Veränderungen in der Umwelt, Kommunikation usw.) oder einer Reihe von Ereignissen beziehen. *Maximale* und *relative →Entropie* sowie *→Redundanz* sind einige der wichtigsten Informationsmaße.

Informationstheorie. Eine mathematische Theorie, die Ereignisse aus dem Bereich der Kommunikation und Regeltechnik systematisch zu erfassen sucht. Im engeren Sinne wird im Rahmen der Informationstheorie abgehandelt, wie viele distinkte Entscheidungselemente eine Nachricht enthalten muß, um sie eindeutig zu identifizieren bzw. zu verstehen. Die Anzahl der erforderlichen Entscheidungsschritte wird meist durch *Binärziffern* in Relation zu der ihnen zukommenden Häufigkeit des Auftretens in einem gegebenen System dargestellt *(→Entropie).* In der psychologischen Forschung spielt die Informationstheorie neben der Analyse von Kommunikationsvorgängen bei der quantitativen Leistungsanalyse der verschiedenen Sinnesorgane bzw. Funktionsbereiche eine entscheidende Rolle. Sie stellt die Grundlage für den gesamten Bereich der *→Kybernetik* dar.
LIT. Attneave (1965); Meyer-Eppler (1959).

Informationsunterdrückung →*Kognitiver Stil.*

Informationsverarbeitung *(information processing).*
[1] Allgemeine, aus der *Computertechnik* und *Kybernetik* stammende Bezeichnung für Prozesse, in deren Verlauf Eingangsdaten (gemäß Programmen) taxiert, klassifiziert, reduziert, transformiert, eingespeichert, mit bereits eingespeicherten Informationen verglichen oder ihnen zugeordnet werden. Hinzu tritt in kybernetischen Systemen die Möglichkeit, durch Rückmeldungen über den Informationsstand den Zugriff zu anderen Daten oder eingespeicherten Informationen einzuleiten. Im Sinne der *Datenverarbeitung (data processing)* ist I. von der Weitergabe der Eingangsdaten an (zentrale) Verarbeitungs- oder Speichersysteme und von Kodierungsprozessen abhängig.
[2] In der *Psychologie* ist I. die Bezeichnung für angenommene oder erschlossene Prozesse, die den Zusammenhang zwischen *Wahrnehmen, Gedächtnis, Denken* und *Handeln* bei der Bewältigung von Erkenntnisdefiziten oder bei der Lösung von Problemen gewährleisten. In den Bereich der I. fallen z. B. die Teilprozesse der Signalerkennung und Bedeutungserfassung, der Verknüpfung und Zuordnung *→kognitiver Elemente* aus aktueller Erfahrung und Gedächtnis, Bewertungen ihres Stellenwertes im situationsbezogenen Erlebniszusammenhang und der Einsatz von Such-, Entscheidungs- und Handlungsstrategien unter Einbeziehung von Er-

folgschancen, Risiken und Effektrückmeldungen. Zu den Eigenarten der menschlichen I. gehört das Ineinandergreifen von *datenbezogenen (data-driven)* und *vorstellungsgeleiteten, konzeptbezogenen (conceptually-driven) Teilprozessen.*

→*Aufmerksamkeit*, →*Gedächtnis*.

LIT. Klix (1976), Lindsay, Norman (1981), Norman (1973), Neisser (1974).

informelle Gruppen (informal groups). Gruppen, deren Mitglieder in einer losen und zwanglosen Beziehung zueinander stehen. Sie werden in betriebspsychologischen oder soziologischen Untersuchungen deshalb als informelle G. bezeichnet, weil sie sich von den formellen (von der betrieblichen Organisation gestifteten) Gruppen durch ihre Entstehung und Funktion unterscheiden. Sie entstehen spontan durch betriebliche oder außerbetriebliche Übereinstimmung von Handlungszielen, Interessen, aber auch durch Freundschaften. Ihre Funktion besteht u. a. in der Förderung der →*Arbeitszufriedenheit*. Haben solche Gruppen störenden Einfluß, so werden sie umgangssprachlich auch als Cliquen bezeichnet. Syn. *Informelle Arbeitsgruppen.*

Ingenieurpsychologie →*human engineering.*

Ingratiation *(ingratiation)*, dt. näherungsweise: *einschmeichelndes Verhalten.* Von Jones in die Sozialpsychologie eingeführte Bezeichnung für Strategien, die ein Individuum zur Verbesserung seiner Stellung, bes. seiner Attraktivität anwendet.

LIT. E. E. Jones (1966).

Inhalantien →*Drogenabhängigkeit.*

inhibitorisches postsynaptisches Potential →*Synapse.*

inkommensurabel *(incommensurable)*. Charakteristik zweier Eigenschaften oder Phänomene, die keine gemeinsame Betrachtung innerhalb einer Kategorie oder Messung mit ein und derselben Skala erfahren können. Syn. *unvereinbar, unvergleichbar.*

inkompatibel *(incompatible)*, Syn.: *unvereinbar*. Bezeichnung für kontradiktorische Aussagen oder miteinander nicht vereinbare Phänomene, das heißt für solche, die nicht gleichzeitig auftreten können, da sie einander ausschließen.

Inkontinenz *(incontinence; incontinency)*. Unfähigkeit, Stuhl *(Stuhl-I.; incontinence of faeces; rectal incontinence)* oder Harn *(Harn-I.; urinary incontinence)* zurückzuhalten. Im Englischen bedeuten *incontinence* bzw. *incontinency* auch Ausschweifung, Zügellosigkeit, Unmäßigkeit, Unaufhörlichkeit und Geschwätzigkeit.

Inkret *(hormone)* →*Hormon.*

inkretorische Drüsen →*Drüsen.*

Inkubationszeit *(incubation time)*. Die Zeit, die zwischen Ansteckung bzw. pathogener oder traumatischer Einwirkung bis zum Ausbruch einer Krankheit oder Störung vergeht.

innere Kontrolle →*Kontrolle.*

innere Sekretion *(inner secretion, internal secretion)*. Sekretion der endokrinen Drüsen.

innere Sinne *(internal senses)*. Sinnesrezeptoren, die auf Reize aus dem Körperinneren ansprechen (z. B. Muskelspannungen, Körperlagesinn).

→*Sinne.*

inneres Sprechen *(inner speech, internal speech)*. In Sprache gefaßte Denkabläufe oder Vorstellungen, ohne diese laut auszusprechen; oftmals begleitet von Innervationen der Sprechmuskulatur. Syn. *subvokales Sprechen;* umgangssprachlich auch »innerer Monolog«.

Innervation. Erregung von Muskeln oder Drüsen durch efferente Nerven.

Innovation *(innovation)*. Absichtsvolle Einführung bzw. Anwendung von neuartigen Ideen, Verhaltensweisen oder -regeln, Produkten, Geräten oder Produktionsmethoden, die ausgedacht bzw. entworfen wurden, um die Entfaltungsmöglichkeiten einzelner Personen bzw. die Kooperation und Kreativität von Gruppen zu fördern oder organisatorische Abläufe zu verbessern.

Insomnie →*Schlafstörung.*

Instinkt *(instinct)*. Überdauernde, angeborene komplexe Verhaltensweisen mit den Merkmalen der *Artspezifität (species specifity)*, der *Geordnet-* oder *Gestaltetheit (organization, patterning)* des Ablaufes der entsprechenden *Instinkthandlungen (instinctive acts)* und der *biologischen Zweckmäßigkeit* bzw. *Anpassung*, die ohne Beteiligung des Bewußtseins ablaufen und durch bestimmte Umgebungsreize oder Verhaltensweisen von Artgenossen ausgelöst werden.

(a) *Artspezifität:* Sowohl die eine Instinkthandlung auslösenden Reize als auch die Handlung selbst sind je nach

Art der betrachteten Lebewesen verschieden. Wegen der Artspezifität der Instinkte wird eine Vererbung der Disposition oder Tendenz angenommen bzw. immer wieder diskutiert.
(b) *Geordnet-* oder *Gestaltetheit:* Instinkthandlungen bestehen meist aus einer relativ stabilen Handlungskette, die mit einer *Appetenzphase* (Suchen u. ä. Verhaltensweisen) einsetzt und zur *Endhandlung* führt. Der Handlungskette scheint jeweils ein »hierarchisch organisierter nervöser Mechanismus« zu entsprechen, der »auf bestimmte vorwarnende, auslösende und richtende Impulse, sowohl innere wie äußere, anspricht und sie mit wohlkoordinierten, lebens- und arterhaltenden Bewegungen beantwortet«. (Definitionen von I. nach Tinbergen, S. 57).
(c) *Biologische Zweckmäßigkeit* oder *Anpassung:* Es wird angenommen, daß die Instinkthandlungen der Erhaltung des eigenen Lebens bzw. der Art dienen. In gewissem Widerspruch dazu steht die Annahme eines die Instinkthandlungen steuernden »Todestriebes« (Thanatos) in der Psychoanalyse (Freud), der dem »Lebenstrieb« (Eros) gegenübergestellt wird. – Die biologische Zweckmäßigkeit bzw. Anpassung läßt sich nicht durchgehend belegen, denn auch sog. *Übersprunghandlungen* oder *Leerlaufreaktionen* oder andere Formen von Spontanhandlungen werden aus den energetisierenden Komponenten des Instinktverhaltens erklärt.
Die Frage, ob Instinkthandlungen gelernt oder ungelernt sind, ist weitgehend ungeklärt bzw. in ihrer Beantwortung von theoretischen Gesichtspunkten stark überlagert. In der *Verhaltensforschung* orientiert man sich weitgehend an dem *offenen Verhalten* und bezeichnet als Instinkthandlungen solche *komplexen Reaktionen,* die unter bestimmten *Umweltbedingungen* (auch experimentell gesetzten Bedingungen) und in Abhängigkeit von *Bedürfnis-* oder *Triebzustand* bei der Mehrzahl der einer bestimmten Art oder Klasse zugehörigen Organismen wiederholt und gleichartig auftreten. In der *Humanpsychologie* tritt der Instinktbegriff relativ selten auf, da man instinktive Komponenten nur aus bestimmten *unwillkürlichen* Ausdruckserscheinungen (z. B. unwillkürlichen Abwehrbewegungen u. ä.) erschließen kann. Instinkte erscheinen beim Menschen weitgehend durch Erziehung und Kontrollen anderer Art überlagert zu sein. In der Psychoanalyse wird angenommen, daß Instinkt- oder Triebansprüche nicht ausgelebter Art zu Quellen des psychischen Konfliktes werden können.
LIT. Arnold (1962); Holst (1961); Thorpe (1956); Tinbergen (1964).

Instinktimpulse →*Verlangen.*

Institution. Bezeichnung für Einrichtungen und relativ festgefügte Vorstellungen über deren Art und Funktion, die sich als Bezugssysteme des sozialen Verhaltens verstehen lassen, dem sie Normen und Stabilität verleihen. Sie beziehen sich meist auf bedeutende soziale Themen wie Erziehung, Ehe oder Besitz und bestimmen das soziale Verhalten weitgehend als Forderung. Die Beziehung zu Institutionen setzt den Vorgang der *Sozialisierung (→Sozialisation)* voraus. Institutionen werden als Vorbedingungen für bestimmbare Kulturen angesehen.
LIT. Parsons (1959).

Instruktion *(instruction).*
[1] In der pädagogischen Psychologie und ihren Anwendungsbereichen allgemeine, aus dem Englischen übernommene Bezeichnung für Lehre, Übung und Unterricht. Im Bereich der sog. *Instruktionspsychologie (instructional psychology)* werden die optimalen Lehr- und Lernbedingungen untersucht und beurteilt.
→*Lehrziel.*
[2] In der experimentellen Psychologie die über das Medium der Sprache vermittelte Anweisung an die Versuchsperson, die vor dem Experiment erteilt wird. Sie gehört zu den kontrollierten Bedingungen eines jeden Experiments.
→*Experiment.*

Insula oder **Reilsche Insel** *(insula, island of Reil).* Teil des Kortex am Grunde der Sylviusschen Furche (fissura cerebri lateralis).

Insulin. →*Hormon* der Bauchspeicheldrüse (pancreas), erzeugt in der Region der *Langerhansschen Inseln,* das die Zuckerspeicherung kontrolliert. Bei Defekten in der Insulin-Produktion kommt es zur Zuckerkrankheit *(diabetes),* der Absonderung von Zucker im Urin (Syn. Zuckerharnruhr). Durch Insulingaben kann dieser Mangel kompensiert werden.

Intake-rejection-Hypothese *(intake-rejection hypothesis).* Von Lacey eingeführte Erklärung des Zusammenhanges zwischen Stress und Abfall der sensorischen Leistungsfähigkeit unter dem Einfluß gesteigerter Herztätigkeit (Acceleration der HR). Während mit herabgesetzter Herztätigkeit (Deceleration der HR) die Aufnahme von Umweltreizen durch Schwellenerniedrigung erleichtert wird *(intake)*, kommt es mit zunehmender Acceleration zu einer Abschirmung gegenüber sensorischen Reizen, d.h. zu Schwellenerhöhungen *(rejection)*; letzteres wird als Ausdruck des durch Erregungssteigerung bedingten Ablenkungseffektes von Stressoren interpretiert. Der physiologische Mechanismus wird in der sog. →*Barorezeptoren-Hypothese* erklärt. Die von LACEY vertretene Auffassung steht in enger Beziehung zu Fragen der Spezifität einzelner autonomer Teilfunktionen. →*Psychophysiologie*.

LIT. LACEY (1967); LACEY, LACEY (1974); ORLEBEKE u.a. (1985).

Integration *(integration)*.
[1] Allgemeine, aus dem Lat. integer (rein, unverletzt, vollständig), integro (wiederherstellen, erneuern) hergeleitete Bezeichnung für Prozesse der (a) Vereinigung von Teilen zur Herstellung einer Einheit und (b) der Aufnahme bisher außerhalb liegender Teile in eine bereits bestehende Einheit, wobei das Ganze an Strukturiertheit und Organisiertheit gewinnt.
[2] Der I.-Begriff tritt in der Psychologie in verschiedenen Bedeutungsvariationen auf.
(a) In der *Psychopathologie* dient er zur Kennzeichnung der wechselseitigen Bedingtheit und Durchdringung von Erlebnis- und Verhaltensfunktionen; PIERRE JANET sieht Neurosen und Psychosen als Desintegrationsphänomene an.
(b) In der *I.Psychologie* von E. R. JAENSCH ist I. Inbegriff des harmonischen Zusammenwirkens von Wahrnehmen, Denken und Vorstellen in Anpassung an äußere Gegebenheiten (Außen-I.) bzw. bei der Herstellung innerer Zusammenhänge (Innen-I.).
(c) Die *Entwicklungspsychologie* sieht in I. ein zentrales Merkmal der Ontogenese kognitiver Funktionen. Im Verlauf der Entwicklung werden z.B. nach K. LEWIN und H. WERNER mit der zunehmenden *Differenzierung* des Erkennens Einzelheiten immer wieder in übergeordnete Einheiten aufgenommen, die im Wechselspiel zwischen Differenzierung und I. Außenwelt und Innenwelt klarer unterscheiden lassen. Ähnlich argumentiert PIAGET im Zusammenhang mit Prozessen der *Assimilation* und *Akkommodation (→Schema)*.
(d) Ähnlich argumentiert auch WITKIN in seiner Theorie der *Feldabhängigkeit* vs. – *Unabhängigkeit;* das Begriffspaar bezieht sich auf das Ausmaß der individuellen Differenzierung von Hinweisen aus der Außenwelt und ihrer integrativen Nutzung bei Wahrnehmungsurteilen und sozialen Handlungen.
(e) In seiner systematischen Analyse der *sozialen I.* geht PARSONS auf die Bedingungen ein, welche der Konsistenz sozialer Gebilde förderlich sind. Zu ihnen gehören *kulturelle I.* (Normenakzeptanz), *normative I.* (Übereinstimmung von Normen und persönlichen Bedürfnissen), *kommunikative I.* (Übermittlung von Normen innerhalb einer Gruppe) und *funktionale I.* (Übereinstimmung von Forderungen, Erwartungen und Handlungen).

LIT. JAENSCH (1926), LEWIN (1954), WERNER (1959), WITKIN u.a. (1962).

Intellekt *(intellect)*. Aus dem Lat. intellectus (Verständnis; Bedeutungserfassung) hergeleitete Bezeichnung für die allgemeine Fähigkeit, durch Einsicht und Denken in Beziehungen Erkenntnisse zu gewinnen bzw. zu verwerten.

Intelligenz *(intelligence)*.
[1] Aus dem Lat. intellego (erkennen, begreifen, verstehen) bzw. intellegentia (Einsicht, Verständnis, Kennerschaft) hergeleitete Bezeichnung für die generelle Fähigkeit
(a) höherer Tiere, durch Erfahrung zu lernen und damit die Art und den Umfang möglicher Verhaltensweisen im Sinne besserer Anpassung an neue Situationen zu modifizieren (darwinistische Interpretation), bzw. die Fähigkeit
(b) des Menschen, durch die Erfassung von Bedeutungsbeziehungen, d.h. durch Einsicht und Denken, neue Aufgaben lösen oder neue Situationen bewältigen zu können. I. im zuletzt genannten Sinn bezieht sich sowohl auf den Leistungs- und Integrationsgrad psychischer Funktionen bei der Bewältigung neuer Aufgaben bzw. Situationen, als auch auf dynamische Komponenten (Motivation), welche das Eingehen auf diese fördern (ROHRACHER; STERN).

SPEARMAN sieht in I. die Manifestation einer »generellen geistigen Energie« *(general mental energy)* auf der Grundlage der Erfassung von Beziehungen zwischen den Aufgabenelementen und ihrer abstrakt-symbolischen Verarbeitung. BURT und THURSTONE heben die Bedeutung einzelner I.-Komponenten (Faktoren) hervor, die umschriebenen Handlungen bzw. sprachlich-symbolischen Operationen des Denkens zugrunde liegen. WECHSLER schlägt daher vor, mit I. die aus zahlreichen Komponenten zusammengesetzte, integrativ wirksam werdende Gesamtfähigkeit zu bezeichnen, die zielgerichtetes Handeln, rationales Denken und die wirkungsvolle Auseinandersetzung mit der Umwelt ermöglicht.

[2] *Intelligenzforschung:* Unter dem Aspekt der *I.-Phylogenese* bilden Zusammenhänge zwischen der Differenziertheit von Leistungen und Großhirnstrukturen eine wesentliche Grundlage vergleichender Ansätze.

Die *I.-Ontogenese* läßt sich unter dem Aspekt reifungs- und erfahrungsbedingter Veränderungen interneuronaler Verbindungsstrukturen (sog. Dendritenwachstum) und Veränderungen des Funktionszustandes von umschriebenen Neuronenverbänden betrachten (HEBB).

PIAGET interpretiert die I.-Entwicklung als Prozeß, in dessen Verlauf die Beziehungen zwischen Denken und Handeln in komplexer und differenzierter werdenden *kognitiven Schemas* repräsentiert sind. Über das Verhältnis zwischen angeborenen und erfahrungsabhängigen Voraussetzungen der I. bestehen erhebliche Meinungsverschiedenheiten, aber keine Gewißheiten. Beherrschender Gegenstand der allgemeinen und differentiellen I.-Forschung mit weitreichenden Konsequenzen in der I.-Testentwicklung ist die Frage nach den *Komponenten* und *Strukturmerkmalen* der I.; sie sind Gegenstand der *faktorenanalytischen* I.-Forschung.

[3] *Intelligenztheorien:* (a) In seiner *Zwei-Faktoren-Theorie* der I. stellt SPEARMAN dem *→G-Faktor* als eigentlichen Repräsentanten der I. in den verschiedensten Aufgaben einen zweiten Faktor gegenüber, der die restliche, aufgabenspezifische Varianz umfaßt.

THURSTONE dagegen stellt I. in einer *multiplen Faktoren-Struktur* dar und sieht in den einzelnen Faktoren erster Ordnung *Elementar-Komponenten* als Ausdruck der Gemeinsamkeit bestimmter Aufgabengruppen. Es sind dies *Wahrnehmungsgeschwindigkeit (perceptual speed), räumliches Denken (spacial orientation), Merkfähigkeit (memory span), Begriffsverständnis (verbal comprehension), Denk-* bzw. *Sprechflüssigkeit (verbal fluency)* sowie *induktives* und *deduktives Denken (reasoning).*

(b) Ein erweitertes I.-Strukturmodell stammt von GUILFORD. Die Ausgangsbasis sind verschiedene Arten von Denkoperationen in bezug auf inhaltliche Operationsklassen und Ergebnismerkmale. Die zahlreichen Primärfaktoren laden auf zwei Faktoren zweiter Ordnung: *induktives Denken, deduktives Denken und räumliches Denken, Sprach- und Sprechfähigkeit, abstrakt-logisches Denken und rechnerisches Denken.* Fragen der I. werden in neueren Ansätzen in engstem Zusammenhang mit Ergebnissen der Denkpsychologie als Inbegriff der operativen I. diskutiert (DÖRNER, JÄGER).

LIT. BURT (1970), DÖRNER (1974), EYSENCK (1980), GUILFORD (1967), HEBB (1949), JÄGER (1967), KLIX (1980), PAWLIK (1982), PIAGET (1966), SPEARMAN (1927), STERN (1928), THURSTONE (1938), WECHSLER u. a. (1964).

Intelligenz, künstliche; KI *(artificial intelligence; AI).* Interdisziplinäres Forschungs- und Anwendungsfeld, das sich mit der Herstellung solcher Computerprogramme befaßt, die eingegebene und gespeicherte Informationen in einer Weise verarbeiten, die man beim Menschen als intelligent bezeichnet. Die KI-Forschung beruht auf der von A. M. TULVING in den 1950er Jahren erstmals formulierten Einsicht, daß Computer nicht nur zur Verarbeitung von Zahlenmaterial, sondern auch zur Verarbeitung von Informationen in Form von Symbolen, Mustern, Buchstaben oder Diagrammen herangezogen werden können. Entscheidende Schritte der »intelligenten« Verarbeitung sind neben der Eingabe und Ausgabe von Informationen in symbolischer Form deren Assoziation, Organisation, Speicherung, deren Vergleich mit bereits vorhandenen Kopien und das Einschlagen unterschiedlicher Bearbeitungswege je nach Vergleichsresultat. Aus der Tatsache, daß Computerprogramme derartiges leisten können, ergeben sich zwei

Schlußfolgerungen und Anwendungsbereiche: (a) Mit entsprechend programmierten Computern läßt sich das menschliche »intelligente« Verhalten in umschriebenen Problemfällen nachbilden, und zwar immer dann, wenn der Ablauf des Problemlösens Regeln folgt, die als feste oder verzweigte (lineare) Abläufe der Symbolverarbeitung dargestellt werden können; ein typisches Beispiel sind Schachspielprogramme. Darüber hinaus können entsprechend programmierte Computer aufgrund ihrer großen Verarbeitungskapazität und -geschwindigkeit als Helfer bei komplexen Entscheidungen, als sog. *Problemlöser (problem solver)*, herangezogen werden, oder sie ermöglichen das rasche Durchspielen verschiedener Entscheidungsmöglichkeiten unter Anforderung zusätzlicher Informationen (→*Expertensystem*). (b) Wenn man »intelligentes« Verhalten mit entsprechenden Computerprogrammen simulieren kann, so wäre denkbar, daß auch bisher nicht nachgebildete Intelligenzleistungen des Menschen in solchen Schritten, Operationen und Symbolstrukturen ablaufen, die durch modifizierte, adaptierte und fortlaufend verbesserte Programme simuliert werden können. Der systematische Vergleich menschlicher und künstlicher Intelligenzleistungen ermöglicht daher auf der Grundlage der Übereinstimmung von Ergebnissen die Herstellung von *Modellen* komplexerer *kognitiver Prozesse.*

LIT. ADLER (1961); ELITHORN, BANERJI (1984); GILHOOLY (1989); KLIX (1976); SHAPIRO, ECKROTH, VALASSI (1987).

Intelligenzalter →*Alter*, →*Intelligenzquotient.*

Intelligenzdefekte →*Schwachsinn.*

Intelligenzquotient *(intelligence quotient, IQ).*

[1] Ursprünglich nach W. STERN ein Verhältnismaß der Intelligenz, das aus der Beziehung

$$\frac{\text{Intelligenzalter (IA)}}{\text{Lebensalter (LA)}} \cdot 100$$

errechnet wird. Das Intelligenzalter ergibt sich aus der Anzahl der Aufgaben, die für die jeweilige Altersgruppe als lösbar ermittelt worden waren. Löst ein Kind z.B. neben den Aufgaben seiner Altersgruppe auch solche einer höheren, so übersteigt sein Intelligenzalter das Lebensalter und der Quotient liegt über 100.

[2] Heute durchgängig ein Abweichungsmaß, das (fälschlicherweise als »Quotient« bezeichnet) sich aus den in altersspezifische Standardskalen mit dem Mittelwert 100 und der Standardabweichung s = 15 umgerechneten Testsummenscores eines Intelligenztests ergibt. Die jeweilige Altersnorm liegt immer bei 100, die Leistungen des Individuums werden als Abweichung von diesem Wert in Einheiten der Standardabweichung dargestellt, z.B. beim Intelligenztest nach WECHSLER (HAWIE, HAWIK →*Intelligenz*, →*Wechsler-Bellevue-Skala*).

Intelligenz-Struktur *(intelligence structure; structure of intelligence).*

[1] Zusammenfassende Bezeichnung für (meist faktorenanalytisch definierte) Komponenten-Konstellationen als Grundlagen des intelligenten Verhaltens. →*Intelligenz [3] (b).*

[2] *Intelligenz-Struktur-Test (IST).* Testsystem von AMTHAUER, dem allerdings keine faktorenanalytische Komponentenanalyse zugrunde liegt.

Intelligenz-Tests *(intelligence tests).* Bezeichnung für standardisierte Verfahren der Intelligenz-Messung unter Zugrundelegung altersspezifischer Normen (→*Intelligenzquotient*). Der erste I.T. mit dem Anspruch, Intelligenz als umfassende Fähigkeit zu messen und Aufgaben dem Entwicklungsalter gemäß zu gestalten, stammt von BINET; er liegt in verschiedenen Revisionen vor (z.B. *Stanford-Binet-Test*). Der Personalauslese dienten bereits im Ersten Weltkrieg zwei von YERKES entwickelte Verfahren (*Army Alpha,* ein sprachgebundenes, und *Army Beta,* ein sprachfreies Testinstrumentar). THURSTONE entwickelte seinen *Primary Mental Ability Test* als erster auf faktorenanalytischer Grundlage; ihm entspricht das in einer deutschen Version vorliegende Leistungsprüfsystem von HORN. Die von WECHSLER und Mitarbeitern entwickelten Verfahren (dt. HAWIE bzw. HAWIK) gehören zu den häufigst angewandten sprachgebundenen Verfahren der psychologischen I.-Diagnostik; weitere Verfahren stammen von CATTELL und AMTHAUER (dt.). Als ein sprachfreies Verfahren der I.-Messung gilt u.a. der *Progressive Matrices Test* von RAVEN bzw. analoge Entwicklungen von EYSENCK.

LIT. BRICKENKAMP (1975), WEWETZER (1972).

Intensitätsverhältnisse →*Dezibel.*

Intentionalismus *(intentionalism; intentionism)*, Syn.: *Aktpsychologie (act psychology).* Bezeichnung für eine vor allem durch phänomenologisch orientierte Forscher (BRENTANO, HUSSERL, SCHELER) vertretene Theorie, die als wichtigstes und grundlegendes Charakteristikum aller geistigen Prozesse oder des Erlebens überhaupt (→*Bewußtsein*) das *Gerichtetsein* oder das Sich-Beziehen-auf-einen-Gegenstand im Sinne eines Aktes (Bewußtseinsakt) hervorhebt. Die Gerichtetheit wird als *Intention,* die Tatsache des Sich-Richtens-auf-etwas als *Intentionalität* bezeichnet. In der modernen Fachsprache entspricht dies weitgehend einem Aspekt des *Einstellungs*begriffes (→*Einstellung*).

Intentionalität →*Bewußtsein,* →*Intentionalismus,* →*Verhalten.*

Interaktion *(interaction)* oder **Wechselwirkung.**
[1] Allgemeine und umfassende Bezeichnung für jede Art wechselseitiger Bedingtheit, z.B. im sozialen Verhalten, wo zwei oder mehrere Versuchspersonen durch Kommunikation einander beeinflussen können und das gemeinsame Verhalten als Ergebnis der Interaktion angesehen werden kann *(soziale I.).*
[2] Bezeichnung für ein Prinzip der neuralen Erregung (nach HULL), dem zufolge alle zu einem Zeitpunkt vorhandenen afferenten neuralen Impulse des Nervensystems einander wechselseitig beeinflussen und ändern, so daß je nach Art der beteiligten Afferenzen neuartige Erregungsmuster entstehen (Prinzip der I., *interaction principle*).
[3] Statistische Bezeichnung für jenen Varianzanteil (→*Varianzanalyse*), der sich nicht durch den Einfluß der einzelnen unabhängigen Variablen, sondern als Funktion der gemeinsamen Variation von zwei oder mehreren Bedingungen (unabhängigen Variablen) erklären läßt.

Interaktion(al)ismus *(interactionism).*
[1] Bezeichnung für psychologische Theorienbildungen, die von der wechselseitigen Bedingtheit der geistig-verstandesmäßigen und körperlichen Erscheinungen ausgeht. Der I. ist Ausdruck einer dualistischen Anschauung.
[2] In der *Sozialpsychologie* Inbegriff der Abhängigkeit des Erlebens und Verhaltens von der Art und Form der Auseinandersetzung mit sozial relevanten Gegenständen (Personen, Situationen) oder Einstellungen, Meinungen und Wertbezügen. Als *symbolischer I.* Bezeichnung für die o.a. Abhängigkeiten im Zusammenhang mit der sprachlichen Kommunikation bzw. an Sprachsymbole geknüpfte Vorstellungen oder Erwartungen.

Interaktionsanalyse →*Soziale Interaktion.*

Interdependenz *(interdependency).* Bezeichnung für eine wechselseitige Abhängigkeit.

Interesse *(interest).* Allgemeine und umfassende Bezeichnung für *Einstellungen* oder Erwartungen, eine innerlich begründete Tendenz, auf bestimmte Gegenstände oder Gegebenheiten der Umwelt besonders zu achten (Selektivität der Aufmerksamkeit), gesteigerte (emotionale) Anteilnahme an bestimmten für bedeutungsvoll erachteten Gegenständen oder Ereignissen, Ideen u.ä. zu zeigen, sich für bestimmte Ereignisse oder Sachverhalte besonders zu interessieren und ihren Wirkungen und Ursachen nachzugehen usw. Der Messung von bestimmten Klassen von Interessen (z.B. Berufsinteressen) dienen sog. Interessentests, die meist in Form von *Fragebögen,* ähnlich wie *Einstellungstests,* vorgelegt werden.
In der Pädagogik wurde zeitweise die sog. Interessendoktrin vertreten, die besagt, daß ein »Interesse« Grundlage der Bildsamkeit sei. Die Veränderung von »Interessen« (z.B. an Dingen oder Lebewesen, an bestimmten Spielen usw.) sind wichtige, wenn auch schwer zu definierende Indikatoren des Entwicklungsgeschehens.
LIT. GRAUMANN (1965a).

Interferenz *(interference).*
[1] Physik: Bezeichnung für das Ergebnis der Überlagerung von zwei Wellenbewegungen oder Wellensystemen. I. kann sich sowohl in einer Unterdrükkung der einen oder anderen, als auch in einer Verstärkung ausdrücken. Interferenzerscheinungen führen z.B. bei Lichtwellen zu *Farbempfindungen,* bei Schallwellen zu sog. →*Schwebungen.*
[2] In psychologischer, übertragener Bedeutung Bezeichnung für die Beeinflussung *(Hemmung)* eines Lernstoffes durch einen in zeitlicher Nähe gelernten weiteren (→*Hemmung, proaktive;* →*Hemmung, retroaktive*).

[3] Bezeichnung für eine differentialpsychologische Variable oder Persönlichkeitsvariable *(Interferenzneigung)*, die eine gesteigerte Störanfälligkeit gegen erfahrungswidrige Reiz- oder Umweltgegebenheiten voraussagen läßt (Syn. *Konfliktbereitschaft*). Es wird angenommen, daß Versuchspersonen mit großer Interferenzneigung »eine langsamere Gliederung der psychischen Vorgänge« und ein unspezifischer gegliedertes, weniger »kanalisiertes« Coding-System genereller Natur aufweisen, als Versuchspersonen mit geringerer *Interferenzneigung* (H. Hörmann, S. 105). Die Messung der Interferenzneigung erfolgt meist mit einem Verfahren nach Stroop. Farbnamen werden in erfahrungswidrigen Farben gedruckt dargeboten; die Versuchsperson muß die Farben benennen, in denen die Farbbezeichnungen gedruckt sind. Die dazu gebrauchte Zeit dient als Indikator der Interferenzneigung. Versuchspersonen mit geringer Interferenzneigung werden im psychologischen Jargon auch als *strong automatizers* bezeichnet, da sie sich quasi automatisch von der Erfahrungswidrigkeit zu lösen vermögen.
LIT. Hörmann (1960).

Interferenzneigung →*Interferenz*.

Interkorrelationen. Bezeichnung für die Korrelationen zwischen verschiedenen Variablen in einer vollständigen Matrix.

Intermittenz *(intermittence, intermission)*. Jede Art von Unterbrechung einer Erscheinung, Reizdarbietung oder Verhaltensweise durch andere oder durch Pausen.

intermodale Interferenz *(intermodale interference)*, Syn.: *intermodale Interaktion (intermodale interaction)*. Die Beeinflussung des Wahrnehmungsurteils durch mehrere, gleichzeitig auftretende sensorische Reize aus verschiedenen Sinnesgebieten. Ein Ton wird z.B. lauter empfunden, wenn die Umgebungshelligkeit zunimmt; soll man einen Stab senkrecht halten und wird dabei auf der linken Schulter berührt, so erhält er unwillkürlich eine Rechtsneigung. Man nimmt an, es handle sich dabei um die Folgen einer integrativen Verrechnung gleichzeitig eingehender Sinneserregungen in thalamischen Kernregionen und die sich daraus ergebenden Veränderungen der *Aktivation* mit ihren Konsequenzen im Kortex.
→*sensorisch-tonische Feldtheorie*.

Intermodale Transferenz →*Sensorisch-tonische Feldtheorie*.

Internationales 10-20-System →*Elektroencephalogramm*.

interne Validität →*Experiment*, →*Validität, interne*.

interne vs. externe Verstärkungskontrolle *(internal vs. external control of reinforcement; locus of control)*. Generalisierte Verstärkungserwartungen eines Individuums, angeordnet auf einem gedachten Kontinuum zwischen den Polen interner und externer Abhängigkeiten. *Interne V.* bedeutet die Zurückführung erfahrener positiver und negativer Verstärkungen auf eigenes Verhalten, während *externe V.* erfahrene positive und negative Verstärkungen auf solche Faktoren bezieht, über die der Betroffene keine Handlungskontrolle ausüben kann (z.B. Glück oder Schicksal). Der Operationalisierung dient eine auf dem forced-choice-Prinzip aufbauende Befragungstechnik, die sog. *I.-E.-Skala.* Der Begriff ist zentral in sog. sozialpsychologischen Lerntheorien, wurde von Rotter geprägt und steht in nächster Nähe zu Vorgängen vom Typus der *Attribuierung*.
→*Kontrolle*.
LIT. Lefcourt (1966); Rotter u.a. (1972).

interner Fehler →*Experiment*.

Intervall *(interval)*. Der zeitliche oder räumliche Abstand zwischen zwei distinkten Reizen oder Ereignissen. Bei Tönen ist I. die Bezeichnung des Unterschiedes in der *Tonhöhe (pitch)*.

Intervallskala →*Skala*.

Intervention *(intervention)*.
[1] Allgemeine Bezeichnung für Maßnahmen, die durch gezieltes Eingreifen in Organismen, soziale oder technische Systeme dem Auftreten von Störungen vorbeugen, Störungen beheben und/oder ihre Folgen eindämmen sollen. In der medizinischen und psychologischen Gesundheitsversorgung zählen hierzu neben *Therapie* bzw. *Psychotherapie* alle Maßnahmen der *Prävention* und *Rehabilitation*.
[2] Als *psychologische I. (psychological intervention)* gelten alle Maßnahmen, die mit psychologischen Mitteln das Erleben und Verhalten ansprechen und durch den Abbau von Störungen bei gleichzeitigem Aufbau positiver Einstellungen (z.B. Ichstärke, Kontrollüberzeugungen) sowie kreativer, kommunikativer und sozialer Fähigkeiten der

Förderung von Gesundheit, harmonischem Zusammenleben, Wohlbefinden und Zufriedenheit dienen. Das größte Anwendungsbiet der psychologischen I. liegt in der →*Klinischen Psychologie.* Im Unterschied zur *medizinischen I.*, die körperliche Gesundheit und Wohlbefinden neben der ärztlichen Beratung vor allem auf dem Weg medikamentöser, physikalischer oder chirurgischer Maßnahmen zu erreichen sucht, umfaßt die *klinisch-psychologische I.* neben Maßnahmen zur Förderung der persönlichen Entfaltung durch *Beratung,* zur *Prävention* von Störungen und zur *Rehabilitation* vor allem Verfahren zum Abbau manifester Störungen des Erlebens und Verhaltens mit psychologischen Mitteln *(Psychotherapie).* Weitere Anwendungsfelder der psychologischen I. finden sich in der *Arbeits- und Organisationspsychologie,* z.B. im Bereich der Unfallverhütung, des Abbaus innerbetrieblicher Konflikt- und Spannungsfelder bzw. organisationsbedingter Belastungen oder der Förderung der Arbeitszufriedenheit. In der *Pädagogischen Psychologie* schließlich gelten als I. z.B. Maßnahmen zur Verbesserung von Bedingungen des Lehrens und Lernens.
→*Psychotherapie,* →*Therapie.*

Intervertebralganglien →*Spinalganglien.*

Interview. Aus dem Englischen übernommene allgemeine und umfassende Bezeichnung für in *Diagnostik, Klinischer Psychologie* und *Meinungsforschung* übliche Ausfrage- oder Befragungsgespräche in freier oder an einen Leitfaden gebundener Form.
LIT. König (Hrsg.; 1965).

Intoleranz gegenüber Mehrdeutigkeit →*mehrdeutig.*

intrinsisch *(intrinsic, intrinsical).*
[1] Lat. intrinsecus; Vorgänge, deren Ursprung und/oder Wirkung in dem betrachteten System (z.B. Organismus) selbst begründet ist. Syn. *inhärent (inherent).*
[2] *Motivationsforschung:* Charakteristik von Verhaltensweisen, die ohne erkennbaren Bezug auf äußere Anlässe oder Konsequenzen, sozusagen um ihrer selbst willen, ablaufen. Typische Beispiele sind das sog. Funktionsspiel des Kindes (→*Spiel*) oder eine sich selbst gestellte Aufgabe zu einem guten, den eigenen Ansprüchen entsprechenden Abschluß zu bringen, ohne daß dabei erwartete Anerkennungen oder Belohnungen eine entscheidende Rolle spielen. Gegenteil: *extrinsisch.*

Introjektion →*Abwehrmechanismen.*

Introspektion *(introspection)* oder **Selbstbeobachtung.** Bezeichnung für die auf eigene Anschauung oder eigene Erlebnisse gründende Aussage. Im strengen Sinne handelt es sich dabei um eine *unmittelbare Retrospektion,* denn die Aussage erfolgt unmittelbar *nach* dem Auftreten des betreffenden Erlebnismodus. Die Methode der I. ist weitgehend ersetzt durch objektivere Ansätze, leistet jedoch in Form standardisierter, systematischer Selbstbeschreibungen oder – beurteilungen (Adjektivlisten, Fragebögen, Ratings) in der Wahrnehmungs-, Emotions- und Persönlichkeitsforschung unentbehrliche Dienste.
LIT. Boring (1953).

Introversion *(introversion),* **introvertiert** *(introvert).*
[1] Von C. G. Jung geprägte Bezeichnung für einen *Persönlichkeitstypus,* der sich durch gesteigerte Selbstbezogenheit, Entscheidungsunfreudigkeit und Mißtrauen gegenüber Mitmenschen auszeichnet. Gegensatz: *extravertiert.*
[2] Von Eysenck in kritischer Auseinandersetzung mit Jung gebrauchte Bezeichnung für den der →*Extraversion* gegenüberliegenden Pol eines Kontinuums (Dimension im Sinne eines sekundären Faktors). In den Bereich der I. fallen solche Verhaltensweisen, die auf leichte Konditionierbarkeit und nur schwache reaktive Hemmungen hinweisen. In der neueren Neuroseforschung hat Introversion einen mit *Neurotizismus* gekoppelten Erklärungswert in bezug auf das Zustandekommen von Symptomen erhöhter Empfindsamkeit, Angst und Depression.
→*Extraversion, Introversion,* →*Neurose,* →*Neurotizismus.*
LIT. Cattell (1973); H. J. Eysenck (ed.; 1981); H. J. Eysenck, Rachmann (1970); Guilford (1964); Jung (1960).

intuitive Bewertung →*Bewertung.*

invasiv *(invasive).* Bezeichnung für Messungen von Körperveränderungen, die an einen Eingriff gebunden sind. Syn. *blutige Verfahren.* Gegensatz: *nicht-invasiv (non-invasive).*

inverse Faktorenanalyse →*Q-Technik.*

in vitro. Lateinisch wörtlich: im Glas. Untersuchungs- oder Behandlungsverfahren, die außerhalb des lebenden Organismus zur Anwendung kommen, z.B. Untersuchungen des Blutbildes nach Blutentnahme. Gegensatz: →*in vivo.*

in vivo. Lateinisch wörtlich: am/im Lebendigen. Untersuchungs- oder Behandlungsverfahren, die im lebenden Organismus zur Anwendung gelangen. Gegensatz: →*in vitro.*

Inzest *(incest).* Sexuelle Beziehungen zwischen Blutsverwandten. Als *Inzestschranke (incest barrier)* bezeichnet man eine Tendenz, bei Auftreten von Inzestphantasien oder -träumen mit Schuldgefühlen zu reagieren und so eine Zensur auszuüben.

inzidentielles Lernen →*Lernen, inzidentielles.*

Inzidenz *(incidence). Epidemiologie:* Anzahl der Neuerkrankungen in einem definierten Zeitraum.

IPSP →*Synapse.*

IQ. Abk. für →*Intelligenzquotient.*

Iris, Regenbogenhaut. Haut mit eingelagerten Muskelfasern vor der Linse des Auges mit der zentral gelegenen Pupillenöffnung, deren Größe durch die auf die Retina fallenden Lichtreize bestimmt und durch die in der Iris gelegenen Muskelfasern reguliert wird.

Irradiation. In verschiedenen Bedeutungen wird der Begriff als Bezeichnung für »Ausstrahlung«, »Streuung« (letzteres nicht in statistischem Sinn) verwendet.

[1] Bezeichnung für ein Kontrastphänomen, das dann erscheint, wenn eine helle Figur auf schwarzem Hintergrund hinsichtlich ihrer Größe mit einer gleichgroßen dunklen Figur auf hellem Grund verglichen wird; die helle Figur erscheint größer.

[2] Bezeichnung für die Tatsache, daß ein afferenter *Nervenimpuls* bei seinem Durchgang durch zentralnervöse Bereiche auch andere Neuronen zu aktivieren vermag (→*Hemmungsirradiation*).

[3] Bezeichnung für die Ursache der Auslösung eines bedingten Reflexes durch die Reizung einer Körperstelle, die der normalerweise auslösenden benachbart ist (→*Generalisierung,* →*Reizgeneralisierung*).

[4] Bezeichnung für das Phänomen des Übergreifens einer reflektorischen Reaktion auf benachbarte und übergeordnete motorische Regionen, wenn der auslösende Reiz intensiv ist.

[5] Bezeichnung für die Tatsache, daß aufgrund der Irradiation [4] beim Einsetzen eines *Versuchs-Irrtums-Lernens* zunächst Reaktionen erheblicher Variationsbreite auftreten.

Irradiationstheorie *(irradiation theory of learning).* Annahme, der zufolge das Lernen durch selektive Verstärkung einer jener Reaktionen erfolgt, die z.B. beim Versuchs-Irrtums-Lernen im Anfangsstadium auftreten. Die verbleibenden, irrelevanten Reaktionen werden dagegen durch die selektive Verstärkungstechnik unterdrückt bzw. eliminiert.

IRT *(inter response time).* Das Zeitintervall zwischen zwei Reaktionen.

ISI *(inter stimulus intervall).* Das Zeitintervall zwischen der Darbietung zweier Reize.

Isolierung →*Abwehrmechanismen.*

Isomorphie, Isomorphismus *(isomorphic relationship; isomorphy; isomorphism).* Bezeichnung für die Übereinstimmung zweier Beziehungsmuster bzw. Strukturen oder Formen. Algebraische Strukturen sind dann isomorph, wenn sie einander eindeutig und umkehrbar abbilden, zwei Kristalle, wenn sie ähnliche Aufbaumerkmale besitzen (Syn.: Homöomorphie), zwei Sprachen, wenn sie phonetische, morphologische, syntaktische und/oder semantische Entsprechungen aufweisen und zwei Lebewesenarten, wenn sie im Erscheinungsbild (Phänotypus) übereinstimmen. In der Psychologie steht I. für die Annahme einer Entsprechung zwischen kortikalen Prozessen der Erregungsverarbeitung aufgrund sensorischer Reizung und der Wahrnehmungserfahrung.
→*Isomorphieprinzip.*

Isomorphieprinzip *(isomorphism hypothesis; isomorphism principle; principle of isomorphism).* Wörtlich: Gestaltgleichheit, von gleicher Form. Von W. KÖHLER begründete Annahme der *Gestalttherapie,* die in der Wahrnehmungserfahrung gegebene phänomenale Ordnung sei das Ergebnis dynamischer Ordnungsprozesse im Kortex. Das I. dient der Erklärung der unter dem Prägnanzprinzip aufgestellten *Gestaltgesetze.* Wenn eine ungeschlossene geometrische Zeichnung (z.B. ein nicht geschlossener Kreis) als geschlossenes Ganzes (Kreisfigur) wahrgenommen wird, so deshalb, weil im Gehirn ein strukturgleicher dynamischer Prozeß

der Schließung abläuft und dem Wahrnehmungsprozeß seinen Stempel aufdrückt. Der Erfahrung von Figuren in Abhebung vom Hintergrund soll ein Prozeß unterliegen, der aufgrund der Polarisierungs- bzw. Sättigungsverhältnisse benachbarter kortikaler Areale in Gang kommt und dem Wahrnehmen Kontrastreichtum verleiht. Das I. enthält die weiterreichende Annahme, das Gehirn werde durch raum-zeitlich benachbarte Erregungshemmungsmuster, die von physikalischen Reizen und ihrer Transformation in neurale Erregung herrühren, zum Einsatz seiner (angeborenen) dynamischen Ordnungstendenzen veranlaßt, um dem Erkennen »seine« Ordnung zu verleihen. Das I. ist weitgehend unbewiesen. Allerdings zeigen neuere Untersuchungen im Zusammenhang mit den sog. *rezeptiven Feldern* Möglichkeiten auf, den Nachweis einer Vorkodierung sensorischer Daten vor ihrer Weiterverarbeitung zur Wahrnehmungsinformation zu erbringen.
→*Gestalt*, →*figurale Nachwirkung*, →*rezeptive Felder*.

LIT. Köhler (1940; 1959), Köhler, Held (1949).

ISR →*Psychophysiologie*.

Item *(item)* oder **Aufgabe.** Aus dem Englischen übernommene Bezeichnung für Einzelaufgaben im Rahmen von Experimenten oder von Testverfahren.

Itemanalyse *(item analysis)*. Bezeichnung für die Bestimmung von Aufgabenschwierigkeit, -Trennschärfe, -Reliabilität im Rahmen der *Testkonstruktion*.

LIT. Lienert (1969).

Itemhomogenität →*Konsistenz*.

Iteration.

[1] Mathematische Bezeichnung für sukzessive Anwendung von Näherungswerten zum Zwecke der Lösung von Gleichungen, z.B. im Rahmen der *Faktorenanalyse* zum Zwecke der Bestimmung optimaler Schätzwerte für die Selbstkorrelation von Variablen u.ä.

[2] Bezeichnung für krankhaftes, zwanghaftes Wiederholen gleichartiger Worte.

ITI *(inter trial interval)*. Das Zeitintervall zwischen zwei Versuchsdurchgängen.

Jacksonsches Gesetz *(Jackson's law).* Bezeichnung für den Umstand, daß bei Störungen oder Ausfallerscheinungen die zuletzt erworbenen Funktionen am ehesten betroffen sind. Die Reihenfolge der von Degenerationserscheinungen betroffenen Funktionen entspricht somit derjenigen der Entwicklung oder des Erwerbs der Funktion in umgekehrter Reihenfolge.

James-Langesche Gefühlstheorie *(James-Lange theory of emotion).* Zusammenfassende Bezeichnung für zwei ähnl. Hypothesen zur Erklärung des Zustandekommens von Gefühlen oder (alte Bezeichnung) »Gemütsbewegungen«.
(a) Die von C. LANGE formulierte Annahme bezeichnet Gefühle (Emotionen) als *identisch* mit den Veränderungen des Kreislaufsystems (Vasodilatation und Vasokontraktion), wie sie als Folge oder Reaktion auf hochgradig emotionale Reize oder Situationen auftreten.
(b) Die von W. JAMES formulierte Annahme geht davon aus, daß das Wahrnehmen emotionaler Reize oder Situationen eine Reihe deutlich spürbarer »reaktiver Entsprechungen« bzw. Phänomene des die wahrgenommenen Reize oder Situationen widerspiegelnden »Widerhalls« im Organismus zur Folge hat. Diese Körperresonanzen betreffen den Kreislauf, die Drüsentätigkeit und Aktivitäten der glatten und quergestreiften Muskulatur. Dabei können die Organismusreaktionen Gefühle verursachen. Organismusveränderungen können auch durch die inneren oder kinästhetischen Sinne registriert werden und so zum Wahrnehmen des Gefühlszustandes führen. Schließlich können – wie bei LANGE – die Organismusreaktionen identisch mit dem Gefühl selbst sein. Welche der drei Möglichkeiten die wahrscheinlichere ist, wird bei JAMES nicht geklärt *(→Emotion).*
LIT. ARNOLD (1962); JAMES (1888); LANGE (1885).

JDS *→Arbeitsanalyse, -beschreibung.*

J-Kurve *(J curve).* Bezeichnung für eine von F. H. ALLPORT ermittelte Gesetzmäßigkeit der *→Konformität.* Unter sozialem Druck oder dem Druck einer Regel ähnelt die Häufigkeit des Verhaltens einer J-förmigen Funktion und weit weniger einer Normalverteilung.

JND *→Psychophysik, →Unterschiedsschwelle.*

job-enlargement *→Arbeitsstrukturierung.*

job-enrichment *→Arbeitsstrukturierung.*

job-rotation *→Arbeitsstrukturierung.*

Jordan-Kurve *(Jordan curve).* Bezeichnung für einen der Abgrenzung von Feldern oder Feldregionen *(→Feldtheorie)* dienenden Kurvenzug, der geschlossen ist und sich nicht überschneidet.

Jostsche Regeln oder Sätze *(Jost's law).* Bezeichnung für zwei Generalisierungen in bezug auf die Funktion des Gedächtnisses. (a) Verfügt man über zwei »Assoziationen« oder gelernte Inhalte gleicher Stärke (z.B. durch gleiches Ausmaß an Übung eingeprägt) und hat man die Inhalte hintereinander erlernt, so behält man mehr von dem zuerst gelernten und somit älteren Inhalt.
(b) Darüber hinaus kann der ältere, zuerst gelernte Inhalt durch Wiederholung leichter gefestigt werden, als dies beim »jüngeren« der Fall ist. – Besonders (b) wird als Jostsches Gesetz bezeichnet; es hat deutliche Beziehung zu der *Vergessenskurve* nach EBBINGHAUS (*→Vergessen*).
LIT. FOPPA (1966); JOST (1897); ROHRACHER (1971).

Jugendalter *(youth).* Bezeichnung für den Entwicklungsabschnitt zwischen dem 16. und 25. Lebensjahr, zwischen *→Adoleszenz* und frühem Erwachsenenalter.

Jugendirresein. Veraltete Bezeichnung für *→Psychosen,* die im Jugendalter auftreten.
→Hebephrenie, →Schizophrenie.

Kalibrierung *(calibration).* Bezeichnung für die Tätigkeit des Fixierens einer Skala bzw. deren Ablesungen in bezug auf einen festen, bekannten Standard, z.B. das Einstellen eines Standardimpulses auf die Bezugsskala beim Oszilloskop oder die Einstellung einer bestimmten abgebildeten Wellenbewegung auf einen gewünschten Vergrößerungs- oder Verkleinerungsmaßstab mittels eines Kalibrators. Viele in der Psychologie gängige Meßinstrumente, etwa ein Mehrkanalschreiber, kalibrieren oft automatisch.

Kanal *(duct, canal).* Bezeichnung für Leitungen oder Leitungssysteme, die Drüsensekrete oder andere Körperflüssigkeiten weiterleiten (z.B. Tränenkanal, Lymphkanäle).

Kanalisierung *(canalization).* Bezeichnung für das Lenken von *Einstellungen* und Verhaltensweisen in bestimmte Bahnen bzw. für die Integration bestimmter Verhaltensaspekte (z.B. der Gefühlstönung o.ä.) in übergeordnete Zusammenhänge. Im weiteren Sinne wird K. als Syn. für *Erziehungs-* und/oder *Sozialisationsphänomene* gebraucht.

Kanalkapazität *(channel capacity).* Informationstheoretische Bezeichnung für das Maximum an Botschaften oder Informationseinheiten, die ein Kanalsystem (z.B. eine Leitung oder der Organismus) aufnehmen und effektiv bewältigen, d.h. enkodieren und dekodieren kann. Als Maß der Kanalkapazität dient ein der maximalen Entropie vergleichbares, das operational durch die Anzahl der eingegebenen Informationselemente definiert ist, die innerhalb eines bestimmten Zeitabschnitts gerade noch diskriminiert, d.h. voneinander unterschieden werden können.

Kannersches Syndrom *(Kanner's syndrome; Kanner's early autism; early infantile autism),* Syn.: *frühkindlicher Autismus. Entwicklungspsychologie, Klinische Psychologie:* Bereits im Säuglingsalter hervortretender Mangel an Kontaktbedürfnis, später zwanghafte Spielgewohnheiten und deutliche Rückstände in der Sprachentwicklung, im späteren Lebensalter ausgeprägte Autismen und geringe Anpassung an die soziale Umgebung.
→*autistisches Denken.*

Kapazität *(capacity).* Syn. für *Begabung, Fähigkeit* oder für bereitstellbare Verarbeitungsmöglichkeiten bzw. -energie zur Auswertung von Informationen.

Kardiograph →*Cardiograph.*

Kardio-somatische Koppelung *(cardio-somatic coupling).* Von Obrist vertretene Auffassung, zwischen Herzaktivität und Muskelaktivierung bestünde eine primäre Kovariation, deren Ausprägung durch Nachregelungen im Sinne der *Homöostase* beeinflußt wird. Unter unbelasteten Bedingungen ergibt sich die Kovariation durch den gegensteuernden Einfluß des Parasympathikus (Vagus); unter Stress überwiegt die Sympathikusaktivität und eine Erhöhung der Herzaktivität tritt auf, welche der verbesserten Energieversorgung der Muskulatur für den »Notfall« dient. Obrist richtet sich damit gegen die von Lacey vertretene Meinung, zwischen Herzacceleration und sensorischer Funktionsbereitschaft bestünde eine – durch kortikale Aktivierungsdämpfung bedingte – Primärbeziehung. Neuere Untersuchungen zeigen, daß Obrist einen der Regulationsmechanismen des »inneren Milieus« beschreibt, während Lacey den damit eng verbundenen Funktionsbereich der sensorischen Leistungsfähigkeit anspricht.
→*Nervensystem,* →*Psychophysiologie,* →*Intake-rejection Hypothese,* →*Barorezeptoren-Hypothese.*
LIT. Obrist (1981).

Kardiotachometer →*Cardiograph.*

kardiovas(c)kulär *(cardio-vascular).* Kennzeichnung von Organen und Funktionen des Herz- und Gefäßsystems (Kreislauforgane).

Kastensystem *(caste system).* Ein soziales System, das sich aus Angehörigen (Gruppen) verschiedener Klassenzugehörigkeit (Kasten) zusammensetzt, wobei die einzelnen Klassen (Gruppen) durch sog. soziale Barrieren voneinander getrennt sind; z.B. Einengung der Bildungschancen für Mitglieder einer Gesellschaft, die einer bestimmten Klasse zugehörig eingestuft werden; Ablehnung bestimmter Gruppen oder Klassen der Bevölkerung, sobald sie sich um ganz bestimmte Stellungen oder die Mitgliedschaft in einem Verein (Club) bewerben.

Kastration. Entfernung der der Fortpflanzung dienenden Drüsen. In der psychoanalytischen Literatur oftmals im Zusammenhang mit der sog. *Kastrationsangst (castration anxiety)* die Bezeichnung für Angst oder Furcht, die mit der Vorstellung der Kastration einhergeht. *Kastrationskomplex* bezeichnet – ebenfalls in der psychoanalytischen Literatur – einen *Komplex,* der auf schreck- und furchterfüllte Vorstellungen über die K. zurückgeführt wird.

Katabolismus *(catabolism)* oder **Dissimilation.** Physiologische Bezeichnung für die Aufspaltung der komplexen organischen Substanzen im lebenden Gewebe *(→Metabolismus).*

Katalepsie *(catalepsy)* oder **Halbstarre** (flexibilitas cerea) bzw. **Starrsucht.** Bezeichnung für einen bei schweren psychischen Störungen aus dem Formenkreis der *→Schizophrenie* auftretenden Zustand, in dem der Patient seine Gliedmaßen in einer Stellung beläßt, in die sie durch eine andere Person gebracht wurden.

Katamnese *(catamnesis).* Bezeichnung für einen nach Einsetzen oder Abklingen einer Erkrankung bzw. Störung gegebenen Bericht; nachgehende Krankengeschichte, Krankenbericht.

Kataplexie *(cataplexy).* Der Zustand der Unbewegtheit, wie man ihn bei manchen Tierarten im Furcht- oder Schockzustand oder aber als eine Verteidigungsreaktion (Totstellen) beobachten kann.

Katathymes Bilderleben *(guided affective imaginary),* Syn.: *Symboldrama.* Von H. Leuner eingeführtes kurztherapeutisches Verfahren auf psychoanalytischer Grundlage. Durch die Anregung zu Tagträumen in entspannter Lage wird der Klient zur Wiedergabe lebhafter Vorstellungs- und Erinnerungsbilder veranlaßt. Diese werden durch den Therapeuten als Projektionen von Konflikten interpretiert. Das auf Symbolkonfrontation basierende K. B. dient vor allem der Krisenintervention bei Jugendlichen und Erwachsenen sowie dem Abbau von Angststörungen.

Katathymie *(catathymia).* Verfälschungen von Wahrnehmungs-, Denk- und Erinnerungsinhalten durch emotionale, affektbesetzte Erfahrungen, Ängste oder Wunschvorstellungen. Relativ überdauernde und allesbeherrschende Formen des katathymen Denkens gelten als Kennzeichen des sog. *katathymen Wahns.*
→Wahn, →Schizophrenie.

katatoner Stupor *→Stupor.*

Katatonie *(catatonia, katatonia, catatony).*
[1] Tage bis Monate andauernde ausgeprägte Beeinträchtigung der Willkürmotorik mit zwei, gelegentlich im Wechsel auftretenden extremen Symptomvarianten: (a) *katatoner Stupor (catatonic stupor),* eine statuenhafte Körperstarrheit und/oder *→Katalepsie* unter Wegfall verbaler oder sonstiger Reaktionen auf Fragen, Anreden oder Anweisungen, des Umweltrapports trotz heller Wachheit, verbunden mit der Unfähigkeit, einfache Tätigkeiten (z.B. essen) ohne fremde Hilfe auszuführen; (b) *katatoner Erregungszustand (catatonic hyperactivity),* eine hochgradige psychomotorische Erregung, die mit Herumlaufen und Umsichschlagen bis zur Erschöpfung einhergeht, gelegentlich verbunden mit Tendenzen zur Selbstverstümmelung oder -tötung. Das Zustandsbild der K. ist für die sog. *katatone →Schizophrenie* charakteristisch, kann aber auch im Gefolge endogener *→Depressionen* sowie schwerer Infektionskrankheiten (z.B. Typhus) und bei Gehirntumoren auftreten.
[2] Im Glossar des *DSM III–R* werden nur jene ausgeprägten motorischen Anomalien, die im Zusammenhang mit *nichtorganischen →psychotischen Störungen* auftreten, als *katatones Verhalten (catatonic behavior)* bezeichnet. Erscheinungsformen sind (a) *katatone Erregung* (ziel- und zwecklose, von Außenreizen unabhängige Aktivitäten wie oben beschrieben); (b) *katatone flexibilitas cerea,* Gliedmaßen fühlen sich wie Wachs an und lassen sich in eine beliebige Stellung bringen, in der sie bleiben *(→Katalepsie);* (c) *katatoner Negativismus,* grundloser Widerstand gegen alle Bewegungsaufforderungen oder Versuche, bewegt zu werden, manchmal auch Ausführung von Bewegungen, die der gewünschten genau entgegengesetzt sind; (d) *katatone Rigidität,* Beibehalten der Starre entgegen allen eigenen Bewegungsversuchen; (e) *katatones Haltungsverharren oder Posieren,* Einnehmen von und Verharren in bizarren Körperhaltungen oder -stellungen ohne jeden Bezug zur Situation; (f) *katatoner Stupor* (siehe [1]a).

Katecholamine *(catecholamines).* Zusammenfassende Bezeichnung für eine Reihe von Hormonen, die vorwiegend im Nebennierenmark gebildet, jedoch in verschiedensten Gehirnbereichen gespeichert werden. Die bekanntesten K. sind *Adrenalin* und *Noradrenalin.* Letzteres gilt einschließlich seiner Vorstufen (z.B. Dopamin, DOPA) als wichtiger *Transmitter* in ANS und ZNS. Die Wirkweise von Psychopharmaka ist u.a. auf den K.-Haushalt bezogen.

Kategorie *(category)*. Eine Klasse, die, z.U. von rein empirisch vorgenommenen Einteilungen, aus grundlegenden oder dem Wesen eines Sachverhaltes entsprechenden Einsichten eingeführt wird.

Katharsis. Aus dem Griechischen stammende Bezeichnung für eine Art Reinigung oder Bereinigung. Der Begriff erscheint in verschiedenen Bedeutungszusammenhängen.
[1] Es wird angenommen, das *Spiel* habe *kathartische Wirkung*, denn in seinem Verlauf könnten solche natürlichen Impulse, die in der Phylogenese irgendwann Bedeutung hatten, jetzt jedoch nutzlos oder mit den Erfordernissen des modernen zivilisierten Lebens unvereinbar geworden sind, ausgelebt werden.
[2] Bezeichnung für ein Sich-Befreien von unterdrückten Emotionen bzw. Spannungen im Sinne einer *Abreaktion*.
[3] Bezeichnung für die durch den Anblick entsprechender Handlungen auf der Bühne ausgelöste befreiende Wirkung, besonders in bezug auf Furcht und Wut, wie dies in der Theorie von ARISTOTELES zum Ausdruck kommt und in nachfolgenden Theatertheorien immer wieder aufgegriffen wurde.

Kathexis.
[1] Allg. Bezeichnung für die Konzentration aller mentalen Energien auf eine ganz bestimmte Vorstellung, einen Gedächtnisinhalt, einen Gedankengang oder einen Handlungsablauf.
[2] Psychoanalyt. Bezeichnung für die Verlagerung von Triebenergie auf Objekte oder Personen (→*Besetzung*).
[3] Bezeichnung angeborener oder erworbener Beziehungen zwischen Bedürfnis oder Triebzuständen und relevanten Zielobjekten im System TOLMANS.

Kausalattribuierung →*Attribuierung.*

Kausalität *(causality)*. Die Annahme einer Beziehung zwischen Ereignissen oder Phänomenen derart, daß das Auftreten des einen oder seine Anwesenheit notwendigerweise das andere voraussetzt, von ihm begleitet oder aber von ihm gefolgt wird. Eine *Kausalverbindung (causal nexus)* bezeichnet die Beziehung oder Verknüpfung zwischen zwei sukzessiven Ereignissen selbst, sofern der gesamte Ablauf als kausal bezeichnet bzw. angenommen wird.

Kehlkopf →*Larynx.*

Keim *(germ)*. Biologische Bezeichnung für eine Organismusstruktur, die sich in einem anderen Organismus oder Organ entwickelt. In der Medizin dient der Begriff auch als Bezeichnung für *Bazillen* oder *Mikroorganismen*, die als Krankheitserreger wirken.
Keimplasma bezeichnet eine Substanz, die die Erbfaktoren *(Gene)* enthält.

Keimzellen. Allgemeine Bezeichnung für fortpflanzungsfähige Einzelzellen, die der geschlechtlichen (→*Gamet*) oder ungeschlechtlichen Fortpflanzung dienen (z.B. Sporen).

Kelvin-Skala *(Kelvin scale of temperature)*. Physikalische Skala zur exakten Temperaturbestimmung (→*Skala*) auf der Basis einer *Verhältnisskala*, deren *Nullpunkt* bei – 273 Grad Celsius *(centigrade)* liegt.

Kendallsches Tau →*Tau-(τ-)Koeffizient.*

Kerne →*Gehirn.*

Kernspinresonanz-Tomographie →*Tomographie.*

Kerzenstärke *(candle power)*. Bezeichnung für Einheiten der *Helligkeitsmessung* (Photometrie). (a) *IK* oder *IC* (internationale Kerze), ein um die Jahrhundertwende entwickelter engl.-amerikan. Standard. Helligkeit einer Flamme, die von einer 120 Gran pro Stunde abbrennenden, 1/6 Pd schweren Walrat-Kerze erzeugt wird. (b) *HK* oder *VK*, Hefner-Kerze; 1 IK = 1.128 HK. (c) *Candela, neue Kerze, cd* ist das heute übliche Bezugsmaß. Ein schwarzer Körper besitzt bei der Temperatur des erstarrenden Platins (1769.3 Grad C oder 2042.5 Grad K) pro Quadratzentimeter seiner ebenen Oberfläche senkrecht zu der Oberfläche die Lichtstärke 60 Candela. Zwischen den verschiedenen Maßen bestehen folgende Beziehungen:
1 cd = 0.981 IK = 1.107 HK,
1 HK = 0.903 cd = 0.886 IK,
1 IK = 1.019 cd = 1.128 HK,
1 sb *(Stilb)* = 1cd/cm^2 (Leuchtdichtemaß).

Ketten, Wortassoziations-Ketten →*Wortassoziation.*

Kettenreflex *(chain reflex)*, **Reflexkette.** Bezeichnung für eine Reihe von Reflexen, die derart miteinander verknüpft sind, daß das Ablaufen des einen Reflexes zur Auslösung des nächsten führt usw.

KFA →*Konfigurations-Frequenz-Analyse.*

KI →*Intelligenz, künstliche.*

Kinästhesie *(kinaesthesis, kinesthesis).* Allgemeine und umfassende Bezeichnung für das Erfassen von Bewegungsempfindungen aus den verschiedenen Körperregionen. Die entsprechenden Rezeptoren liegen in den Gelenken, Muskeln, Sehnen, bzw. im Gleichgewichtsorgan des inneren Ohres (Bogengänge). Syn. *Bewegungsempfindung, Körperlageempfindung.*

Kinästhetisch *(kinaesthetic, kinesthetic).* Bezeichnung für mit der Bewegungs oder Körperlageempfindung zusammenhängende Ereignisse oder Zustände.

Kindchenschema →*Ausdruck,* →*Schema.*

Kindespsychologie →*(child psychology).* Jenes Teilgebiet der *Entwicklungspsychologie,* das sich mit den Eigenheiten und Verlaufsformen der Entwicklung des menschlichen Lebewesens zwischen Geburt und Maturität (Jugendalter) beschäftigt.

LIT. HETHERINGTON, PARK ([2]1986); MUSSEN (1983); OSOFSKY ([2]1987).

Klang *(clang, timbre).* Gehörsempfindungen, die durch periodische, zusammengesetzte Schallschwingungen entstehen. Elemente des K. sind stets reine Sinusschwingungen *(→Ton),* nicht aber zusammengesetzte, unperiodische Schwingungen *(→Geräusch).* Der Klanganalyse dient u.a. die *Fourier-Analyse* und verschiedene Resonanzmethoden. Die durch Musikinstrumente erzeugten »Töne« sind stets Klänge. Der »Ton« einer Klarinette klingt jedoch ganz anders als z.B. der gleiche »Ton«, auf dem Klavier gespielt. Der Unterschied liegt in der *Klangfarbe,* dem *Timbre.* Jeder Klang besteht aus einem *Grundton* relativ kleinster Frequenz, überlagert von einer variablen Zahl von *Obertönen* verschiedener *Intensität.* Die Komposition und Intensität der Obertöne bestimmt die Klangfarbe.

Klassen-Intervall *(class interval).* In der Statistik übliche Bezeichnung für eine Zusammenfassung mehrerer Maßzahlen in Klassen von normalerweise gleicher Größe (Intervallgröße, i). Ein Klassen-Intervall ist definiert durch die *Klassenmitte* und den Intervallumfang, also die Intervallgröße i. Faßt man z.B. die Maßzahlen 1, 2, 3, 4 und 5 zu einer Klasse zusammen, so ist 3 die Bezeichnung der Klassenmitte, der Umfang des entstandenen Intervalls ist i = 5. In manchen Fällen gibt man auch den Umfang der Klasse selbst durch deren Grenzwerte an. Bei einer kontinuierlichen Skala wäre dies in unserem Falle 0.5–5.49, sofern die Konvention gilt, daß die Maßzahlen 1 bis 5 selbst Angaben von Klassen-Intervallen bzw. Intervallmitten darstellen, wobei einer jeden Maßzahl ein gleichgroßes Intervall vom Umfang i = 1 zukommt. Die Zusammenfassung mehrerer Maßzahlen in Klassen dient der Erleichterung der statistischen Behandlung von quantitativen Daten in Darstellung und Berechnung.

Klassensystem *(class system).* Eine Form sozialer Organisation, z.B. das →*Kastensystem,* in der verschiedene Gruppen durch soziale Barrieren voneinander getrennt oder aber als getrennt angesehen werden.

Klassenzugehörigkeit→*Kastensystem,* →*Sozio-ökonomisches Niveau.*

Klaustrophobie. Krankhafte Furcht vor geschlossenen Räumen. →*Phobie.*

Klecksdeute-Verfahren *(ink-blot test)* →*Rorschach-Test.*

Kleptomanie →*Impulskontrolle,* →*Manie.*

Kleinhirn *(cerebellum, little brain)* →*Cerebellum.*

Klinefelter-Syndrom →*Chromosomenanomalie.*

klinisch *(clinical).* Aus dem Griechischen (kliné, Liege) hergeleitete Bezeichnung für den Zusammenhang mit Krankenbehandlung bzw. Interventionen bei Störungen, z.B. klinische Medizin z.U. von theoretischer Medizin (Mikrobiologie, Physiologie) oder →*Klinische Psychologie.*

Klinische Psychologie *(clinical psychology;* auch *abnormal psychology).* [1] Anwendungs- und Forschungsfeld der Psychologie, dessen Gegenstände die Entstehung, Klassifikation, Diagnostik und Therapie psychischer Störungen bzw. psychischer Aspekte somatischer Störungen (→*Störung*) sind. Die K.P. ist in Deutschland neben →*Arbeits-, Betriebs- und Organisationspsychologie* und *Pädagogischer Psychologie* ein mit Vertiefungsmöglichkeiten angebotenes Ausbildungsfach der Diplomprüfungsordnung für Psychologen. Die Ausübung klinisch-psychologischer Praxis ist an eine anerkannte, zertifizierte Zusatzausbildung gebunden. Auskünfte erteilt z. B. der BDP (Berufsverband deutscher Psychologen).

[2] Die K. P. hat ihre Ursprünge zum einen in den um die Jahrhundertwende von KRAEPELIN ausgehenden Bemühungen, die experimentellen Ansätze der Psychologie zur näheren Kennzeichnung von psychiatrisch relevanten Krankheitsbildern heranzuziehen. Zum anderen trugen die Beschreibungen und Deutungen von Neurosen durch FREUD zu ihrer Entwicklung bei. Als Begründer der K. P. im engeren Sinne gilt der WUNDT-Schüler LIGHTER WITMER, der 1896 an der University of Pennsylvania eine erste Psychologische Beratungsstelle (»Psychological Clinic«) eröffnete und die erste klinisch-psychologische Publikationsreihe herausgab. Diesem Beispiel folgten zahlreiche Länder. In Europa ging die Entwicklung von Österreich aus, wo in Wien unter starkem Einfluß der psychoanalytischen Richtung im Jahr 1919 die erste Erziehungsberatungsstelle eingerichtet wurde. Der Übergang zu einer breiter angelegten, nicht nur mit Beratungs-, sondern auch mit Therapieaufgaben betrauten K. P. vollzog sich ab ca. 1950 mit der Entwicklung eigenständiger, genuin psychologischer Therapiearten und -formen wie →*Gesprächstherapie* und →*Verhaltenstherapie* und mit der Einbeziehung von Psychologen in übergreifende Aufgaben der allgemeinen Gesundheitsversorgung. Einen wesentlichen Einfluß auf den heutigen Status der K. P. als umfangreichstes und differenziertestes Teilgebiet der Angewandten Psychologie hatten die internationalen interdisziplinären Bemühungen, den Begriff der psychischen *Störung* von dem klassischen Krankheitsbegriff der Medizin abzuheben und neuartige, psychologisch fundierte Interventionsstrategien zu entwickeln.

[3] Die gegenwärtige K. P. liefert durch *Prävention, Behandlung* (Beratung, Psychotherapie) und *Rehabilitation* neben der medizinisch-ärztlichen Betreuung einen wesentlichen Beitrag zur Gesundheitsversorgung der Bevölkerung. Ihre Erkenntnisse und Verfahrensweisen fußen auf Ergebnissen der *Allgemeinen* und *Differentiellen Psychologie, Sozialpsychologie, Biologischen Psychologie* (Neuro- und Psychophysiologie), *Psychosomatik*, psychologischen *Diagnostik*, der allgemeinen *Psychopathologie* und *Therapieforschung* in enger interdisziplinärer Verbindung mit *Psychiatrie* und *psychosomatischer Medizin*. Teilgebiete der K. P. sind *Pathopsychologie* (Symptomatologie, Ätiologie, Prognose, Klassifikation und Epidemiologie von Störungen), *klinische Psychodiagnostik* und *psychologische Intervention* (Beratung, Psychotherapie, psychosoziale Intervention). Ausführungen über einzelne Methoden der K. P. finden sich z. B. in den Stichwörtern *Diagnose, Intervention, Rehabilitation, Prävention, Psychotherapie* und *Therapie;* Angaben zur Genese, dem Erscheinungsbild und der Therapie einzelner Störungsarten und -formen finden sich z. B. unter *Alkoholismus, Angst, Angstbewältigung, Angststörung, Depression, Drogenabhängigkeit, Eßstörungen, Neurose, Panik, Phobie, Psychose* und *Schlafstörung*.

LIT. BAUMANN, PERREZ (1990); DAVISON, NEALE (1988); PERREZ, BAUMANN (1991); PONGRATZ, WEWETZER (1977/78); REINECKER (1990).

Kniehöcker →*Corpora geniculata*.

Kniesehnenreflex →*Patellarreflex*.

Knochenleitung *(bone conduction)*. Weiterleitung von tonerzeugenden Schwingungen durch die Schädelknochen bis zum Gehör. Hält man z. B. eine schwingende Stimmgabel an eine Stelle der Schädeloberfläche, so hört man den der Schwingungsfrequenz entsprechenden Ton deutlich. Ein *Knochenleitungstest* dient zur Bestimmung der Gehörtüchtigkeit. Man vergleicht in diesem Falle durch die Knochenleitung wahrnehmbare Schwingungen bzw. die entsprechenden Schwellen mit den über die Luft vermittelten Gehörseindrücken bzw. den entsprechenden Schwellenwerten. Diskrepanzen weisen auf eine Störung der natürlichen Gehörfunktion (Luftschwingungen als Reize) hin.
→*Ohr*.

Knoten, semantischer →*Netzwerk*.

Kodierung *(coding)*. Allgemeine und umfassende Bezeichnung für die Umwandlung einer Botschaft in ein Signal *(Enkodierung)* oder eines Signals in eine Botschaft *(Dekodierung)* nach einem vorher bestimmten oder festgelegten *Schlüssel (coding key)*. Syn. *Ver-* und *Entschlüsseln*. Im weiteren Sinne kann eine jede Zuordnung von Einzelfällen zu einer durch ein Symbol gekennzeichneten Klasse eines Merkmals Kodierung genannt werden.

Koeffizient. In der Mathematik eine Konstante, mit der eine Variable multipliziert wird (z.B. ist in dem Ausdruck 3ax die Konstante, also der Koeffizient, 3a, wenn x die Variable bezeichnet. Bei der Grundgleichung für eine Gerade von der Form $Y = aX + b$ ist a der sog. Steigerungskoeffizient, denn die Größe a bestimmt Steil- oder Flachheit der Gerade im Koordinatensystem von X und Y). In der Statistik in etwas abgewandelter Bedeutung Ausdruck für den Grad, in dem Eigenschaften oder Beziehungen bei einem bestimmten Meßgegenstand oder bei einer Klasse von Meßgegenständen auftreten *(→Korrelation, →Reliabilität, →Validität* und *→Variabilität).*

Kognition *(cognition).* Aus dem Lat. cognitio (Erkenntnis; Kennenlernen) hergeleitete, allgemeine und umfassende Bezeichnung für

(a) Erkenntniseinheiten des Bewußtseins, die auf Sinneserfahrungen, Vorstellungen, Denken und/oder Erinnern beruhen, bzw.

(b) die Funktions- und Strukturmerkmale der Repräsentation begründeten und aussagbaren Wissens in bezug auf einen umschriebenen Gegenstand.

Kognitionspsychologie, kognitive Psychologie *(cognitive psychology).* Aus der klassischen Unterteilung der psychischen Phänomene in Denken, Fühlen und Wollen hervorgegangene Bezeichnung für Teilgebiete der Psychologie, die sich mit Prozessen des Erkennens und des Wissens befassen (z.B. Wahrnehmungs-, Denk-, Gedächtnis-, Intelligenz- und Lernforschung). Als kognitive Psychologie im engeren Sinne Bezeichnung für die, sich im Anschluß an Tolman entwickelnde, gegen behavioristische und neubehavioristische Interpretationen des Verhaltens gerichtete Auffassung, Lernen vollziehe sich auf der Grundlage vermittelnder kognitiver Prozesse und sei nicht von direkten, physiologischen Verstärkungseffekten, sondern von *Erwartungen* geleitet. Heute wird K. bzw. k. P. vorwiegend als zusammenfassende Bezeichnung für Ansätze gebraucht, die Prozesse der *Informationsverarbeitung* und *Handlungssteuerung* des Menschen im Licht von *Bewertungen* und des verfügbaren Wissens zu interpretieren suchen. *→Bewertung; →Handlung; →Informationsverarbeitung; →Motivation.*

LIT. Neisser (1974); Lindsey, Norman (1981); Weiner (1972).

kognitiv *(cognitive).* Aus dem Lat. cognitus (bekannt; erkannt) hergeleitete, allgemeine und umfassende Kennzeichnung für Prozesse und Zustände, welche mit dem Erkennen und mit der Verwendung ableitbaren, aussagbaren Wissens bei der Auseinandersetzung mit bestimmten Aufgaben oder Situationen zusammenhängen. Dazu gehören neben gegenstandsbezogenen Erfahrungen auch Bewertungen, Einstellungen und Erwartungen. Im weiteren Sinne Bezeichnung für aus Befindlichkeitsaussagen, Wahrnehmungsurteilen und/oder Handlungen erschlossene Ordnungsprinzipien, welche den Umgang mit symbolischen Repräsentationen von Erfahrungen, ihren hierarchischen Aufbau und ihre Nutzung in Denken und Sprache beherrschen.

kognitive Dissonanz *(cognitive dissonance).* Von Festinger eingeführte Bezeichnung für einen spannungsreich bzw. unangenehm erlebten Zustand, der aus widersprüchlichen Erfahrungs- bzw. Einstellungselementen in bezug auf denselben Gegenstand hervorgeht und nach Veränderung verlangt. Die k. D. ist – wie in zahlreichen Experimenten nachgewiesen – bei Entscheidungen zwischen zwei gleichwertigen Alternativen *(Konflikt),* einander direkt widersprechenden Erfahrungen (z.B. dem Nichteintreffen eines erwarteten Ereignisses, dafür aber eines völlig anderen) und bei sozialem oder Zeitdruck am stärksten ausgeprägt. K.D. wird zum Anlaß für die Einleitung von spannunglösenden Schritten (Suche nach neuer Information, Einstellungsänderungen, Veränderungen der Situationsbewertung oder Handlungstendenzen), sobald die Anzahl inkonsistenter *kognitiver Elemente* gegenüber den konsistenten überwiegt. Ausgangspunkt der zahlreichen experimentellen Untersuchungen aus der Arbeitsgruppe von Festinger waren Beobachtungen der Bewältigung von Konflikten zwischen erwarteten und tatsächlichen Ereignissen, sog. Konflikten nach vollzogener Entscheidung *(postdecisional conflict).* Dabei zeigt sich, daß zusätzliche Informationen oder Belohnungen, welche den Widerspruch zu rechtfertigen scheinen, zur Wiederherstellung der Konsistenz ge-

nutzt werden, so daß sich die grundsätzliche Einstellung nicht zu ändern braucht. Die *K. D.-Theorie (theory of cognitive dissonance)* gehört zu den sog. Konsistenz- oder Balance-Theorien der *Einstellungsänderung*.
LIT. FESTINGER (1978), INSKO (1967), IRLE (1975).

kognitive Elemente *(cognitive elements)*. Aus Wahrnehmungs-, Gedächtnis- und psycholinguistischen Untersuchungen hergeleitete Grundeinheiten der →*Informationsverarbeitung*, des *Denkens, Erinnerns* und *Wissens*. Sie umfassen Repräsentationen sensorischer Daten und Datenmuster (z. B. geometrische Formen, Buchstaben, Klänge), Daten- bzw. Musterverbindungen (z. B. Gestalten, Silben, Melodien), semantische Einheiten (z. B. Worte, Begriffe), abstrakte, semantisch nicht eindeutig bestimmte Einheiten (z. B. Gefahrenzeichen, Kunststile) sowie Such-, Entscheidungs- und Regelprogramme, welche die o. g. k. E. zu Einheiten verbinden, die Abgabe von Urteilen, die Anbahnung von Handlungen, die Speicherung im Gedächtnis bzw. den Abruf von Erinnerungen ermöglichen. In der Gedächtnisforschung unterscheidet man *aktivierte* und *passive k. E.* Die aktivierten k. E. repräsentieren dabei den momentan nutzbaren Vorrat aus einer größeren Menge von k. E. im *Kurzzeit-* oder im *Arbeitsgedächtnis*.
→*Gedächtnis*, →*Pfadaktivierung*.

kognitive Komplexität *(cognitive complexity)*. Grad der Differenziertheit des Erkennens und Denkens bei der Beurteilung komplexer Sachverhalte oder von Mitmenschen. Der Begriff wurde von KELLY eingeführt, der auch eines der Standardverfahren zur Erfassung der k. K. bei der Beurteilung von Mitmenschen, den sog. Rollen-Konstrukt-Repertoire-Test *(role construct repertory test; REP)* entwickelte k. K. wird in neueren Ansätzen der →*Kognitionspsychologie* in verschiedenen Zusammenhängen diskutiert. Sie gilt dort als eine Art →*kognitiver Stil*.
LIT. KELLY (1955), SCHRODER, SUEDFELD (1971).

kognitive Kontrolle →*Kontrolle*.

kognitive Landkarte *(cognitive map)*. Von TOLMAN eingeführte Bezeichnung für die innere Repräsentation einer Anordnung von Reizen, die auf dem Weg zu einem Ziel (z. B. dem Ausgang eines Labyrinths) als Hinweise dienen und daher *Zeichengestalten (sign-gestalts)* darstellen. Verbinden sich k. L. durch Erfahrung mit der Zielerreichung (Verstärkung am Labyrinthausgang), so bilden sie die Grundlage von *Erwartungen*, die in TOLMANS System den hauptsächlichen Lerneffekt repräsentieren. K. L. gehören in TOLMANS System zu den *intervenierenden Variablen*, die den Übergang zwischen *latentem* und *manifestem Lernen* sowie *Transfer* und *Transposition* erklären.
→*Lernen*.

kognitive Lerntheorien *(cognitive learning theories)*. Zusammenfassende Bezeichnung für Lerntheorien, die *kognitive Prozesse* (z. B. die Rolle von Erfahrungsrepräsentationen, Einsichten und Erwartungen) hervorheben und sich dadurch von den eher mechanistischen *Reiz-Reaktions-* und *Verstärkungstheorien* unterscheiden.
→*Lernen*.

kognitive Maskierung *(cognitive masking)*. Von ERDELYI eingeführte Bezeichnung für den Effekt eines die Aufmerksamkeit erregenden, emotionalen Reizes auf die Beachtung und Einprägung umliegender, verhältnismäßig neutraler Einzelheiten. In einem seiner Experimente bot ERDELYI z. B. im Zentrum einer Anordnung neutraler Figuren ein Hakenkreuz dar; es zeigte sich, daß daraufhin die Anzahl deutlich aufgefaßter bzw. gemerkter neutraler Figuren im Vergleich zu der Darbietung eines neutralen Reizes im Zentrum erheblich zurückging. ERDELYIS Untersuchungen gelten als Hinweis auf eine der Informationsverarbeitung und Einprägung vorausgehende Bewertung der Reizbedeutung, welche sowohl die Aufmerksamkeitsrichtung als auch den Aufmerksamkeitsumfang erheblich beeinflußt.
→*Aufmerksamkeit*, →*Bewertung*.
LIT. ERDELYI (1974).

kognitive Prozesse *(cognitive processes)*. Die Gesamtheit aller Vorgänge, die dem Erkennen dienen (Wahrnehmen, Denken, Einprägen, Wiedererkennen bzw. Erinnern). Gegenstand von k. P. sind *kognitive Elemente* als innere Repräsentationen der Erfahrung und Verfahrensweisen des Erfahrungsgewinns bzw. der Erfahrungsnutzung.
→*Informationsverarbeitung*, →*Kognitionspsychologie*, →*kognitiver Stil*.

kognitive Schemata →*Schema*.

kognitiver Stil *(cognitive style)*. Allgemeine, umfassende Bezeichnung für relativ überdauernde und konsistente Arten bzw. Formen der individuellen Auffassung, Verarbeitung und Nutzung von Informationen bzw. Informationskategorien. Vorläufer der k. S.-Forschung sind ältere Wahrnehmungs- und Aufmerksamkeitstypologien. Man sieht in k. S. zentrale Moderatoren der Erfahrungs- bzw. Erlebnisorganisation und diskutiert sie innerhalb verschiedener theoretischer Bezugssysteme. Das Vorwiegen von *Nivellierungstendenzen (leveling)* im Gegensatz zur *Akzentuierung (sharpening)* bei der Wahrnehmung von Unterschieden wird z. B. als Ausdruck einer von *Verdrängungstendenzen* beherrschten *kognitiven Kontrolle (cognitive control)* gedeutet (GARDNER; KLEIN). Ähnliche Überlegungen beherrschen die Diskussion der Stilvariante *Informationsunterdrückung (repression)* im Vergleich zur *Informationsempfänglichkeit (sensitization)*, die von BYRNE ausgeht. *Kognitive Komplexität* gilt als Inbegriff differenzierten Wahrnehmens und Denkens in bezug auf sozial relevante Gegenstände (KELLY). *Feldabhängigkeit* vs. *Feldunabhängigkeit* äußert sich in dem Grad der Mitbestimmtheit von Wahrnehmungsurteilen durch Umfeldbedingungen und soll mit Erziehungsstilen und sozialem Verhalten in enger Beziehung stehen (WITKIN u. a.). *Impulsivität* vs. *Reflexivität* hingegen beziehen sich auf das Vorwiegen der Handlungsorientierung bzw. des Überlegens in der bewältigenden Auseinandersetzung mit Aufgabensituationen (KAGAN). In einer neueren Zusammenfassung wird von ca. 20 derartigen Stilkonstrukten berichtet, die aufgrund einer breiten Palette von theoretischen Annahmen eingeführt wurden, bisher aber nicht mehr als Beschreibungsaspekte darstellen, deren Erklärung noch aussteht.

LIT. BYRNE (1964); FRÖHLICH (1972); GARDNER u. a. (1959); KAGAN u. a. (1964); KAGAN, KOGAN (1970); KELLY (1955); KLEIN (1970); MESSICK (1982); PETZOLD (1985); WITKIN u. a. (1962).

kognitive Therapie *(cognitive therapy)*. Inbegriff therapeutischer Interventionen, die darauf abzielen, Störungen (z. B. Neurosen) über Veränderungen der Einstellungen bzw. Bewertungen von Situation und/oder Symptom anzugehen.
→Kognitive Prozesse, →Kognition, →Psychotherapie.

Kohärenz *(coherence)*. Zusammengehörigkeit, Zusammenhang von Einzelelementen in einem übergeordneten Ganzen.

Kohärenzfaktoren *(coherence factors)*. Von G. E. MÜLLER eingeführte Bezeichnung für den Zusammenhang von Einzelempfindungen begünstigende Bedingungen, z. B. Nähe, Ähnlichkeit, Symmetrie, Konturiertheit.
→Gestalt, →Gestaltgesetze.

Kohärenzkriterium *(coherence criterion)*. Bezeichnung für ein Kriterium, das bei Anwendung eines Tests erreicht werden muß, um klar zu erkennen, daß bei der Lösung der betreffenden Aufgaben eine Einsicht in das Problem tatsächlich gegeben ist und die Lösung nicht durch bloßen Zufall oder Probieren gefunden wurde (im Deutschen selten gebraucht).

Kohäsion, Kohäsivität *(cohesiveness)*. Sozialpsychologische Bezeichnung für das Phänomen des Zusammenhaltes von Gruppen. Unter *Kohäsions-* oder *Kohäsivitäts-Faktoren* versteht man die Bedingungen, unter denen sich ein Individuum veranlaßt sieht, sich einer Gruppe für längere Zeit zugehörig zu fühlen bzw. in ihr zu verbleiben. Zu den wichtigsten K.-Faktoren zählen: Attraktivität der Gruppe, Belohnungen auf kooperativer Basis, sozialintegrativer Führungsstil, Interaktionshäufigkeiten, gegenseitige Vorlieben zwischen einzelnen Gruppenmitgliedern, positive Einstellungen zu den Gruppenaktivitäten und -zielen sowie Statusverbesserungen und Prestigemerkmale. K. steht mit der *Konformität* insofern in Beziehung, als bei hoher Kohäsion auch die Toleranz gegenüber Bestrafungen oder Frustrationen größer ist, die für Normabweichungen erwartet oder empfangen werden.
→Gruppendynamik.

Kohorte *(cohort)*. Subpopulation von Merkmalsträgern, die in bezug auf einen bestimmten Zeitpunkt gleichen Status besitzen bzw. den gleichen epochalen Einflüssen ausgesetzt waren. Im Zusammenhang mit entwicklungspsychologischen Studien eine Population, deren Mitglieder zum gleichen Zeitpunkt bzw. im selben Zeitraum geboren wurden.
→Entwicklungspsychologie, →Längsschnittstudie.

Kohssche Würfel →*Mosaik-Test.*

Kokain →*Drogenabhängigkeit.*

Kollektives Unbewußtes *(collective unconscious).* Eine von C. G. JUNG eingeführte Bezeichnung für solche unbewußten Inhalte, von denen man annimmt, daß sie in jedem Menschen, gleich welcher kulturellen Gruppe, als allgemeinste seelische Grundlage überpersönlicher Natur wirksam werden. Dies soll sich in den bei verschiedenen Völkern ähnlichen Grundmotiven z. B. in Märchen und Mythen sowie in symbolischen Darstellungen offenbaren.

Koma *(coma).*
[1] Tiefe Bewußtlosigkeit aufgrund organischer Veränderungen (z. B. Hirnblutungen, Schlaganfall, Tumoren, Hirnläsionen; Opiate, Überdosis von Sedativa; nach epileptischen Krampfanfällen usw.). Syn. Stupor.
[2] *Somnolentes Koma (coma somnolentium; somnolent coma):* Von zeitweiligen Wachheitszuständen unterbrochene Bewußtlosigkeit, vergleichbar mit Zuständen extremer Schläfrigkeit.
[3] *Vigiles Koma (coma-vigil):* Tiefe Bewußtlosigkeit bei geöffneten Augenlidern; gilt als Anzeichen akuter, meist infektionsbedingter Hirnstörungen (z. B. bei toxischer oder akuter Encephalitis).

Kommissur *(commissure).* Bezeichnungen für ein Bündel von Nervenfasern, das die beiden Hirnhemisphären verbindet. Die operative Durchtrennung der K. nennt man Kommissurektomie.
→*Lateralität,* →*split brain.*

Kommunalität *(communality).* Statistische Bezeichnung für den durch Faktorenladungen erklärbaren Varianzanteil einer Variablen. Dieser Varianzanteil ist gleich der Summe aller quadrierten Faktorenladungen einer Variablen (Quadratsumme).
→*Faktorenanalyse,* →*Faktorentheorie.*

Kommunikation *(communication).* Alle Prozesse, die einen *Sender (initiator), Empfänger (recipient),* einen *Kommunikationsmodus* oder *-kanal* (z. B. Sprache), eine (inhaltlich bestimmbare) *Botschaft* oder *Nachricht (message)* und eine auf Empfang erfolgende Verhaltensänderung oder allg. einen Effekt gleichwelcher Art als analytische Einheiten aufweisen (→*Informationstheorie,* →*Psycholinguistik,* →*Sozialpsychologie,* →*Semantik,* →*Sprache).*

LIT. FRÖHLICH, KOSZYK (1971); HEBB, THOMPSON (1954); MILLER (1954); SHANNON, WEAVER (1949).

Kompensation *(compensation).*
[1] Allgemeine Bezeichnung für den ausgleichenden Ersatz bestehender Mängel durch den Einsatz bestimmter Mittel bzw. Funktionen, z. B. die Ausführung kompensatorischer Bewegungen zur Erhaltung des Körpergleichgewichts, die kompensatorischen Augen-Drehbewegungen bei einer von der Vertikalen abweichenden Körperstellung auf der Grundlage eines *kompensatorischen Reflexes* oder die Übernahme bestimmter Teilfunktionen durch andere Hirnbereiche nach Hirnverletzungen *(Kompensations-Prinzip).*
[2] Von ADLER in die Psychoanalyse eingeführte Bezeichnung für die Verarbeitung an sich selbst konstatierter organischer oder psychischer Mängel (Minderwertigkeitsgefühle; Minderwertigkeitskomplex) durch betonte oder überbetonte *(Überkompensation)* Ansprüche an sich selbst oder Anerkennungswünsche an die soziale Umgebung in bezug auf Ersatzbereiche.

Kompensationsprinzip →*Kompensation.*

Kompetenz *(competence).*
[1] Allgemeine Bezeichnung für die sachliche Zuständigkeit eines Menschen bei der Lösung von Problemen, für bestimmte umschriebene Leistungen oder – als soziale K. – für den Umgang mit Mitmenschen. Die Verfügbarkeit von Kenntnissen und Fertigkeiten bzw. ihr gezielter Einsatz zur erfolgreichen Bewältigung von Aufgaben- oder Problemsituationen wird auch als *Wirksamkeitsmotivation* oder *Effektanzmotiv (effectance motivation)* bezeichnet.
[2] In der Sprachtheorie von CHOMSKY bezeichnet K. die Verfügbarkeit von grammatikalischen Regeln bzw. Regelsystemen, welche dem Verstehen und Hervorbringen einer unendlichen Vielzahl von Sätzen zugrunde liegen.

Komplementärfarben *(complementary colours).* Bezeichnung für je zwei Farben, bei deren Mischung die Empfindung der Farblosigkeit auftritt. Für jede Farbe läßt sich die entsprechende Komplementärfarbe aufsuchen.

Komplex *(complex).*
[1] Allgemeine Bezeichnung für Sachverhalte, Vorgänge oder Zustände, welche auf der Verbindung oder Vereinigung einer Anzahl von Komponenten

beruhen. In der assoziationspsychologischen Denk- und Gedächtnisforschung werden K. als in Gruppen geordnete Assoziationen angesehen, die sich zu komplexeren Vorstellungen verbinden und dem Erkennen, Denken und Erinnern zugrunde liegen.
[2] In der Psychoanalyse Bezeichnung für aus Zensurgründen aus dem Bewußtsein verdrängte Inhalte, die sich im Unterbewußten mit anderen Erlebnisinhalten ähnlicher emotionaler Tönung verknüpfen und die Auseinandersetzung mit der Umwelt durch ihre eigenständige Wirksamkeit, zum Beispiel in Form von *Fehlleistungen* oder neurotischen *Zwangshandlungen* und/oder *-vorstellungen* beeinträchtigen bzw. stören, ohne daß der/die Betroffene die Störungsquelle selbst aufzuspüren vermag. Von C. G. JUNG eingeführt, spricht man auch von *gefühlsbetonten Komplexen* in Abhebung von der Bedeutung [1].

komplexe Assoziationen →*Assoziation.*

komplexe Lernleistung →*Paarassoziationen.*

komplexe Psychologie *(complex psychology).* Von C. G. JUNG eingeführte Bezeichnung für den von ihm vorgeschlagenen psychoanalytischen Weg der Betrachtung komplexer Zusammenhänge zwischen bewußten und unbewußten Prozessen und der sie auslenkenden dynamischen Vorgänge (psychische Energie). Synonym: *Analytische Psychologie (analytic psychology).*

Komplexion *(complexion).* Von MEINONG und BENUSSI (Grazer Schule) eingeführte Bezeichnung für die zahlreiche Einzelheiten umfassende, ganzheitliche Natur von Bewußtseinsinhalten. In der *Komplexionstheorie* dieser Autorengruppe wird angenommen, die unwillkürliche Verknüpfung von Einzelheiten im Bewußtsein gehöre zu den organismischen Eigenarten des Psychischen überhaupt.

Komplexqualität *(complex quality).* Von F. KRUEGER eingeführte Bezeichnung für solche Erlebnisweisen, die eine Vielzahl von Einzelheiten zu einem einheitlichen Ganzen verschmelzen und als relativ ungegliederte Ganzheit bewußt werden, wie z. B. *Gefühle.* Zusätzlich wird in der von KRUEGER ausgehenden genetischen Ganzheitspsychologie angenommen, das gesamte Erleben und Erkennen entwickle sich von ungegliederten K. zu gegliederten und abgehobenen Gestalten.
LIT. KRUEGER (1926).

Komplikation *(complication).* Von HERBART eingeführte, von WUNDT und JAMES aufgegriffene Bezeichnung für einen Sonderfall der *intermodalen Interferenz.* Muß ein Beobachter bewegte Gegenstände zu einem bestimmten Zeitpunkt lokalisieren, so treten individuell verschieden ausgeprägte Schätzfehler auf (→*Persönliche Gleichung*). WUNDT sah in der willentlichen Konzentration auf die Bewegung die Ursache für abweichende Urteile bzw. Reaktionszeiten. JAMES deutet K.-Phänomene als Wirkweise der (unwillkürlichen) Aufmerksamkeit, die bewegten Gegenständen entgegengebracht wird; so hat z. B. ein medizinischer Laie den Eindruck, das Blut spritze aus der Operationswunde, bevor der Chirurg das Skalpell angesetzt hat.

Komplikationsexperiment *(complication experiment).* Von WUNDT u. a. eingeführte Versuchsanordnungen zur Überprüfung der individuellen Neigung, sich bei der Lokalisierung bewegter Gegenstände und Ereignisse zu verschätzen. Soll der Beobachter z. B. den Ort angeben, wo ein schwingendes Pendel ein Klingelzeichen auslöst, so verlagert er diesen in der Bewegungsrichtung; entsprechend verändert sich die Reaktionszeit auf den Klingelton. Soll er dagegen auf einem Zifferblatt genau angeben, wann der rotierende Zeiger den Klingelton ausgelöst hat, so erfolgt die Verschätzung einerseits in der Bewegungsrichtung des Zeigers, andererseits werden die Zeigerstellungen 3h, 6h, 9h und 12h – vermutlich wegen der erfahrungsgeprägten Dominanz des rechtwinkeligen Bezugssystems – deutlich bevorzugt.

Konation *(conation).* Ältere Bezeichnung für Antriebe und Zielorientierungen des Denkens und Handelns, d. h. *Wollen* und *Wünschen.*

konativ *(conative). Antriebs-* und *Willens*aspekte des Erlebens und Verhaltens.
→*Konation.*

Konditionierbarkeit →*Extraversion,* →*Lidschluß-Reflex.*

konditionierte Entspannung →*Entspannung.*

konditionierte Unterdrückung *(conditioned suppression).* Wird ein neutraler Reiz mehrere Male hintereinander als

Signal für ein unangenehmes, schmerzhaftes, Vermeidungsreaktionen auslösendes Ereignis verwendet, so kann bei Wiederauftreten des Signals eine Unterbrechung der momentanen Tätigkeiten beobachtet werden. Die Assoziation mit dem unangenehmen Ereignis verleiht dem Reiz eine emotionale Qualität, die sich generalisierend auswirkt.

konditionierte Verstärkung →*Verstärkung, sekundäre.*

Konditionierung, Konditionieren *(conditioning).* Bezeichnung für Vorgänge bzw. Prozeduren, durch die Reaktionen oder Verhaltensweisen als Ergebnis der Erfahrung mit ankündigenden Umweltreizen *(→Konditionierung, klassische)* oder ihrer Konsequenzen *(Verstärkung; →Konditionierung, operante)* in ihrer Auftretenswahrscheinlichkeit verändert werden.
→ *Lernen.*

Konditionierung erster Art *(first kind of conditioning).* Von Pawlow eingeführtes Synonym für *klassisches Konditionieren.*

Konditionierung zweiter Art *(second kind of conditioning).* Von Pawlow eingeführte Bezeichnung für die Konditionierung von Reaktionen über den Verstärkungseffekt; im Anschluß an Skinner heute *operante Konditionierung* genannt.

Konditionierung, instrumentelle *(instrumental conditioning) →Konditionierung, operante.*

Konditionierung, klassische *(classical conditioning, Pawlowian conditioning).*
[1] Von Pawlow auf der Grundlage von Tierversuchen entwickeltes Modell des *Lernens* durch *Reizverbindungen.* Ausgangspunkt war die Zufallsbeobachtung, daß Hunde mit vermehrter Speichelproduktion nicht nur auf Futter reagieren, sondern auch auf Umgebungsreize, wenn diese vorher in der Fütterungssituation regelmäßig vorhanden waren. In systematischen Untersuchungen wurde die wiederholte Verknüpfung eines neutralen Umgebungsreizes *CS (konditioneller Reiz; conditional stimulus, conditioned stimulus)* mit einem einen Reflex auslösenden Reiz *UCS (nicht- oder unkonditioneller* bzw. *unkonditionierter Reiz; unconditioned stimulus)* erprobt. Einem *UCS* folgt regelmäßig und automatisch die entsprechende Reflexreaktion *UCR (unkonditionierte Reaktion; unconditioned response);* ein sog. konditionierter, bedingter oder »psychischer Reflex« liegt dann vor, wenn nach wiederholter Erfahrung der Koppelung *CS-UCS* auf *CS* allein mit der, dem Reflex weitgehend entsprechenden »psychischen Reaktion« *CR (konditionierte Reaktion; conditioned response)* geantwortet wird. Konditionierbarkeit von komplexeren Reflexen ist bei allen höheren Tieren und beim Menschen gegeben. Folgt z.B. einem Lichtsignal *(CS)* wiederholt ein auf das Auge gerichteter Luftstoß *(UCS),* der automatisch den *Lidschlagreflex (UCR)* auslöst, so reagiert man anschließend auf das Lichtsignal allein eine Weile mit vermehrten Lidschlägen *(CR).* Auch emotionale Reaktionen, z.B. →*Angst,* können durch wiederholte Erfahrungen an neutrale Reize, Gegenstände oder Situationen gekoppelt werden. Daher gilt klassische K. als Modellfall für die Entstehung von →*Phobien* und ihre *Löschung* durch verhaltenstherapeutische *Intervention.*
[2] In Pawlows Versuchen stehen Hunde angeschirrt vor einer Trennwand, aus der eine Röhre herausragt, durch die den Tieren kleinste Mengen von Trockenfleischpulver *(UCS)* ins Maul geblasen wird. Sie reagieren mit vermehrtem Speichelfluß *(UCR),* sobald sich das Trockenfleischpulver im Maul auflöst *(»Nahrungsreflex«).* Der abgesonderte Speichel wird über eine künstliche Fistel abgeleitet. Kurz vor jeder Futtergabe setzt eine Klingel *(CS)* ein und begleitet die Fütterung für kurze Zeit. Während der Wiederholungen verstärkt jede dem Klingeln folgende Fütterung die Verbindung zwischen *CS* und *UCS;* die Tiere zeigen bereits mit dem Einsetzen des *CS* eine, die bevorstehende Fütterung vorwegnehmende, *antizipatorische Speichelreaktion (aCR).* K. ist abgeschlossen, wenn *CR* auf *CS* allein, d.h. unter unverstärkten Bedingungen, eine Weile beibehalten wird. Folgt dem *CS* für längere Zeit kein verstärkender *UCS,* so nimmt die *CR* wieder ab; diesen Vorgang nennt Pawlow *Extinktion* oder *Löschung.* Neben der Anzahl der Wiederholungen (Übung) entscheidet die zeitliche Folge von *CS* und *UCS* darüber, wie rasch K. eintritt. *Simultane K. (simultaneous conditioning)* führt zu rascher K. Hier setzt *CS* mit *UCS* oder unmittelbar davor ein und überlagert den *UCS* teilweise. *Ver-*

zögerte K. (delayed conditioning) ist nahezu ebenso wirkungsvoll. Hier setzt zunächst *CS* ein; ihm folgt nach einer kurzen Pause *UCS,* wobei *CS* und *UCS* einander einige Zeit überlagern. *Spuren-K. (trace conditioning)* ist eine etwas weniger wirksame Methode. Hier folgt dem *CS* nach einer Pause von einigen Sekunden oder Minuten der *UCS.* Je höher die Entwicklungsstufe des betreffenden Lebewesens, desto größer ist die Toleranz gegenüber längeren Pausen. *Spuren-K.* ermöglicht aufgrund der Zeitverhältnisse die Bestimmung des Lernfortschritts während der K.-Prozedur durch Registrierung der *antizipatorischen Reaktionen (aCR)* im Intervall zwischen Einsetzen des *CS* und des *UCS. Rückwirkende K.* (auch *rückläufige K.; backward conditioning)* besteht in der Darbietung von *UCS,* gefolgt von *CS.* PAWLOW ging davon aus, daß hier keine K. zustande kommen könne; inzwischen weiß man, daß dies innerhalb gewisser Zeitgrenzen aufgrund vermittelnder (kognitiver) Prozesse, insbesondere beim Menschen, durchaus möglich ist. Hat ein *CS* durch seine wiederholte Verknüpfung mit *UCS* die Eigenschaft gewonnen, *CR* auszulösen, kann auch ein mit *CS* gekoppelter anderer Reiz (z.B. ein Lichtsignal unmittelbar vor dem Klingelzeichen) nach wiederholter Erfahrung eine Zeit lang *CR* auslösen. PAWLOW nannte dies *K. zweiter Ordnung (second order conditioning);* erklärt wird der Effekt dadurch, daß der dem Lichtsignal unmittelbar folgende *CS* als *sekundärer Verstärker* im Hinblick auf den erwarteten *UCS* (Fütterung) wirkt. Werden mehrere (n) Reize mit dem *CS* gekoppelt, nennt man dies *K. n-ter Ordnung (n^{th} order conditioning). CR* kann durch *Reizgeneralisierung* und *semantische Generalisierung* auch auf Reize auftreten, die dem *CS* ähnlich bzw. bedeutungsverwandt sind. Besonders rasche und haltbare K.-Effekte zeigen sich im Zusammenhang mit konditionierten *Furcht*-Reaktionen.

[3] Klassische K. besteht in der durch Erfahrung geprägten Verknüpfung zweier Reize, *CS* und *UCS.* Daher nennt man sie in Abhebung von der *operanten K.* von Reaktionen auch *K. vom Typ S* (S = Stimulus, Reiz). PAWLOW erklärte klassische K. durch gebahnte Erregungsübertragung im Zentralnervensystem. In der Lernphase führt *CS* zu sensorischer Erregung; der unmittelbar darauf folgende *UCS* aktiviert ein »Reflexzentrum« und löst damit automatisch die zugehörige *UCR* aus. Das stärker erregte »Reflexzentrum« zieht die schwächere sensorische Erregung auf den *CS* zu sich heran. Mit wiederholter Erfahrung der Abfolge *CS-UCS* wird das Überströmen der Erregung in das Reflexzentrum gebahnt, d.h. für künftige Fälle erleichtert. Tritt nach der Lernphase *CS* allein auf, so nimmt die Erregung ihren vorher gebahnten Weg, aktiviert das Reflexzentrum und löst so *CR* aus. Für PAWLOW war klassische K. der Beweis dafür, daß höhere Lebewesen auf der Grundlage von Reflexen ihr Verhaltensrepertoire erweitern. Er nahm an, daß das Nervensystem die für Anpassungen an geänderte Umgebungsbedingungen erforderliche »Plastizität« besitze. Diese äußere sich einerseits im Lernen, andererseits aber auch darin, daß die zeitweise Verbindung von *CS* und *UCS* durch *reaktive Hemmung* automatisch abgeschwächt wird, wenn dem *CS* für längere Zeit keine Verstärkung durch *UCS* folgt. *UCR* und *CR* weisen von vornherein minimale Unterschiede auf, z.B. ist die auf ein Klingelzeichen *(CS)* abgesonderte Speichelmenge im Vergleich zum »Nahrungsreflex« auf Futter *(UCS)* geringer, und der Speichel enthält weniger Verdauungsfermente. Man geht heute davon aus, daß kognitive Prozesse der *Erwartung* eine herausragende Rolle spielen und daß die mit der K. verbundenen zentralnervösen Vorgänge sowohl kortikale als auch subkortikale Zellverbände umfassen. Umstritten ist, ob klassische K. auch auf gelernten Reiz-Reaktions-Verbindungen aufbauen kann.

LIT. KIMBLE (1961); PAWLOW (1956); →*Lernen.*

Konditionierung, operante *(operant conditioning),* Syn.: *operantes Lernen, instrumentelle Konditionierung.*

[1] Von THORNDIKE eingeführtes und von SKINNER weiterentwickeltes Modell des *Lernens* durch *Verstärkung* auf der Grundlage von Tierversuchen. Operante K. betrifft die Bedingungen, unter denen in umschriebenen Situationen die Auftretenswahrscheinlichkeit bestimmter Operationen, Reaktionen oder Handlungen durch *verstärkende Ereignisse* bzw. *verstärkende Reize (reinforcer)* so verändert werden kann, daß diese Verhaltensweisen in derselben oder

ähnlichen Situationen künftig *instrumentell,* d. h. als Mittel zum Zweck der raschen Erlangung von Verstärkung dienen. Operante K. bezieht sich stets auf Aktivitäten, die das Erreichen eines befriedigenden Zustands durch verstärkende Reize ermöglichen. Als *operant* gilt jede Verhaltensweise oder Reaktion, deren Bedeutung durch verstärkende Konsequenzen in der Umgebung erfahren oder modifiziert wird. Die Einsichten über die Wirkweise der operanten K. wurden auf das menschliche Verhalten übertragen und liefern heute – gemeinsam mit dem Prinzip der *klassischen K.* – wichtige Grundlagen für das Verständnis von grundlegenden Lernprozessen auf der Verhaltensebene und – wie z. B. im Fall der operant konditionierten *Angstreaktion* – ihrer *Löschung* durch gezielte *verhaltenstherapeutische Intervention* (→ *Hemmung, reziproke*). SKINNER verwendete operante K. u. a. als Modellfall des *Spracherwerbs* und des *programmierten Unterrichts*.

[2] THORNDIKE ging von Beobachtungen an Katzen aus, die in einen Lattenkäfig eingesperrt wurden, der mit einem Öffnungsmechanismus versehen war. Die Tiere setzten ihr gesamtes Verhaltensrepertoire ein, um aus dem Käfig herauszukommen. Berührten sie dabei (zunächst zufällig) den Öffnungsmechanismus, so gewann diese Operation allmählich Vorrang über alle anderen Verhaltensweisen. Verstärker ist hier die der Operation unmittelbar folgende Öffnung der Käfigtür, die zur Wiedererlangung der Freiheit mit den sie begleitenden angenehmen Empfindungen führt. SKINNER verwendete in seinen Versuchen an Ratten einen Spezialkäfig *(Skinner-Box)* mit Vorrichtungen (z. B. Hebel, Laufrad), deren Betätigung einen Futterspender auslöst oder die Zufuhr unangenehmer Reize (z. B. elektrische Schläge über den Bodenrost) unterbindet. Betätigen die Tiere, zunächst mehr oder weniger zufällig, den entsprechenden Mechanismus, so erhalten sie unmittelbar darauf den verstärkenden Reiz (Futter) bzw. sie erfahren den Fortfall von Schmerz. Diese Erfahrungen führen nach einigen Wiederholungen unmittelbar nach dem Wiedereintreten in die gleiche Situation zur gezielten und häufigen Betätigung der entsprechenden Vorrichtungen. Reaktionsgeschwindigkeit, -dichte und -haltbarkeit sind unter anderem davon abhängig, ob die Verstärkung in der Vergangenheit regelmäßig oder unregelmäßig erfolgte (→*Verstärkungsplan*). Die operante K. unterliegt wie die *klassische K.* Generalisierungs- und Löscheffekten.

[3] THORNDIKE erklärte die Herausbildung instrumenteller Verhaltensweisen als Folge von Versuchen und Irrtümern, aus denen sich die Verknüpfung von situativen Reizen und solchen Reaktionen, die zur Erlangung von Verstärkung führen, unter der Wirkung des →*Effektgesetzes* allmählich herausbildet. Verwendet man die in der Beschreibung der *klassischen K.* (→*Konditionierung, klassische)* eingeführten Bezeichnungen, so ist der Verstärker der *unkonditionelle Reiz (UCS),* der durch eine bestimmte Operation, die *konditionierte Reaktion (CR),* in einer bestimmten Umgebung *(konditioneller Reiz; CS)* erreicht wird. SKINNER interpretiert den Lerneffekt als Folge der Koppelung zwischen Ausführung einer Operation und nachfolgender Verstärkung; die Umgebungsreize seien lediglich der K. vorangehende Auslöser von Operationen jeglicher Art. Er bezeichnete operante K. in Abhebung von *klassischer K.* als *K. vom Typ R* (R = Reaktion). Heute wird operante K. vorwiegend im Licht von *Verstärkungserwartungen* und dem Bedürfnis nach →*Kontrolle* interpretiert.

LIT. SKINNER (1946); THORNDIKE (1932); →*Lernen.*

Konditionierung, semantische *(semantic conditioning)*. (a) Koppelung eines Wortes (konditioneller Reiz; CS) mit einem Objekt, das seiner Bedeutung entspricht (nichtkonditioneller Reiz; UCS). (b) Prozedur mit dem Effekt, daß die auf ein Wort (konditioneller Reiz; CS) konditionierte Reaktion (CR) durch den Gegenstand, den das Wort bezeichnet, durch ein klangähnliches Wort *(phonetographischer Transfer)* oder durch einen bedeutungsverwandten Begriff ausgelöst wird. →*semantische Generalisierung.*

LIT. RAZRAN (1961).

Konditionierung, verbale *(verbal conditioning)*. Verstärkung des verbalen Verhaltens durch Lob oder Zustimmung. Zur Verbesserung des Sprachrepertoires Behinderter, aber auch zur Aufrechterhaltung des therapeutischen Gesprächs angewandte Technik, die auf den Prinzipien des operanten Konditionierens aufbaut.

konfabulieren, Konfabulation *(confabulation; circumstantial stories)*. Erzählungen, deren Inhalte nur in der Phantasie des Erzählers existieren bzw. die mit der wahrgenommenen Situation, ihrer auch für andere geltenden Bedeutung in keinem Zusammenhang stehen und weder durch eigene Anschauung noch durch Argumente anderer korrigierbar sind.
→*Korsakowsches Syndrom.*

Konfiguration *(configuration)*. Zusammengesetztes Reizgebilde bzw. komplexer Reiz.
→*Gestalt.*

Konfigurations-Frequenz-Analyse, KFA *(configuration frequency analysis)*. Von G. A. LIENERT eingeführtes parameterfreies multivariates Verfahren zur Feststellung der Übereinstimmung von Symptomen (Syndrombeschreibung) bzw. aufgrund übereinstimmender Merkmale ähnlich gelagerter Fälle der Typenbeschreibung. Das insbesondere in der Klinischen Psychologie und Diagnostik bewährte Verfahren ersetzt im Falle der Nichterfüllung von Voraussetzungen für die Anwendung parametrischer Verfahren die wesentlich aufwendigere Faktorenanalyse (Q-Technik).

Konflikt *(conflict)*.
[1] Zustand, der dann gegeben ist, wenn zwei einander entgegengerichtete Handlungstendenzen oder Antriebe (Motivationen) zusammen auftreten und sich als Alternativen in bezug auf ein Ziel möglichen Handelns im Erleben des Betroffenen äußern. Dieses Erleben führt zu Spannungen, die oft als unangenehm empfunden werden. Die psychoanalytische Deutung dieses Erlebens geht von der Annahme aus, daß es durch »Verdrängen« der einen von beiden Handlungstendenzen zu Symptombildungen von der Art der →*Neurose* kommen kann, sofern der Konflikt eine nur ungenügende Lösung gefunden hat.
[2] In der Verhaltensforschung übliche Bezeichnung für einen Zustand, der dann entsteht, wenn zwei Reize vorhanden sind, die einander jeweils ausschließende Reaktionen auslösen. Dabei wird vorausgesetzt, daß beide Reaktionen dann, wenn die auslösenden Reize einzeln dargeboten werden, in voller Höhe einsetzen würden. Dabei können verschiedene K.-Richtungen oder -Formen unterschieden werden (→*Konflikt, Annäherungs-Annäherungs-;* →*Konflikt, Annäherungs-Vermeidungs-;* →*Konflikt, Vermeidungs-Vermeidungs-)*.

Konflikt, Annäherungs-Annäherungs- *(approach-approach conflict)*. Von K. LEWIN eingeführte Bezeichnung für den Konflikt zwischen zwei Annäherungs- oder Appetenztendenzen. Er entsteht dann, wenn ein Lebewesen durch zwei positive, gleichzeitig einwirkende, jedoch einander ausschließende Reize oder Ziele angezogen wird. Dabei gilt, daß jeder der Zielreize bei Einzeldarbietung eine Annäherung zur Folge hätte. Werden beide Reize gleichzeitig dargeboten, so bedeutet eine Annäherung an den einen gleichzeitig ein sich Entfernen von dem anderen.

Konflikt, Annäherungs-Vermeidungs- *(approach-avoidance conflict)*. Ebenfalls auf LEWIN zurückgehende Bezeichnung für den Konflikt zwischen einem positiven und einem negativen zielbezogenen Reiz. Dabei muß vorausgesetzt werden können, daß sich das Lebewesen bei Einzeldarbietung dem positiven Reiz nähern und den negativen Reiz meiden würde. Werden beide Reize in raum-zeitlicher Nähe dargeboten, so bedeutet die Annäherung an den positiven Reiz gleichzeitig auch die Annäherung an jenen Reiz, in bezug auf den Vermeidungstendenzen bestehen. Dies entspricht etwa dem Fall, bei dem ein positives Ergebnis nur dann erzielt werden kann, wenn eine unangenehme Sache dabei in Kauf genommen wird.

Konflikt, Vermeidungs-Vermeidungs- *(avoidance-avoidance conflict)*. Konflikt zwischen zwei negativen, gleichzeitig dargebotenen Zielreizen, da bei jeder Annäherung gleichzeitig Vermeidungstendenzen ausgelöst werden.

Konformität *(conformity)*. Sozialpsychologische Bezeichnung für durch Normen und Rollen festgelegte Einstellungen und Verhaltensweisen, die in Übereinstimmung mit einer *Gruppe* gezeigt werden bzw. die den Einstellungen und Verhaltensweisen der anderen Gruppenmitglieder in hohem Maße entsprechen. Das Streben nach Konformität gilt als eine in der Sozialpsychologie relevante Einstellungs- bzw. Verhaltenseigenschaft.
→*J-Kurve.*

Konfundierung *(confounding of independent variable)*. Die Vermengung von Effekten aufgrund einer systematischen Beziehung zwischen der zu untersuchenden unabhängigen Variablen und einer Störvariablen. Wird z.B. die Wahrnehmungsleistung eines Versuchstiers nach Abtragung bestimmter Gehirnpartien experimentell untersucht, so könnten sich die Effekte von Hirnläsion- bzw. -exstirpation mit dem allgemeinen Operations- bzw. Verletzungstrauma vermengen; untersucht man den Einfluß der Beleuchtung auf die Arbeitsleistung, so könnten sich die Effekte der Beleuchtungsänderung mit jenen der Wärmeentwicklung vermengen. In *Experimenten* lassen sich diese Effektvermengungen durch systematische Kontrollen ausschließen, so z.B. bei dem *Versuchsleiter-Erwartungseffekt.*

kongenital *(congenital).* Bezeichnung für Eigenheiten eines Individuums, die bereits zum Zeitpunkt der Geburt vorhanden sind. Syn. für angeboren.

Konnotation *(connotation).* Bezeichnung aus der Aussagelogik für die über den Sachsinn (→*Denotation*) hinausgehenden Eigenheiten und Qualitäten eines durch ein Sprachsymbol (Wort) bezeichneten Gegenstandes. Manchmal auch frei als »Bedeutungshof« des Wortes bezeichnet. Gegenstand psycholinguistischer Forschung im Rahmen der Untersuchungen mit dem semantischen Differential (Osgood).

Konsistenz *(consistency).*

[1] Allgemeine Bezeichnung für die Eigenschaft eines Aussage- oder Funktionssystems, aus relativ überdauernden, festgefügten und/oder stimmigen Elementen zu bestehen. In der *Persönlichkeits-* und *Sozialpsychologie* der Zusammenhang zwischen stimmigen *Eigenschaften* bzw. *kognitiven Elementen.* Die sog. *Konsistenz-* oder *Konsonanztheorien (consistency theories; theories of consistency)* gehen von der Tendenz des Menschen aus, Einstellungen, Gefühle und Erfahrungen in bezug auf denselben Gegenstand oder Gegenstandsbereich in größtmögliche Übereinstimmung zu bringen (→*Einstellungsänderung;* →*Kognitive Dissonanz*); derartige Tendenzen wirken sich z.B. bei der Beurteilung von Mitmenschen in Fehleinschätzungen aus *(→Halo-Effekt).*

[2] *Test- und Meßtheorie:* (a) *Innere oder interne K. (internal consistency)* ist als Grad der Übereinstimmung *(→Korrelation)* zwischen Meßwerten von Test-Items und dem Gesamtscore definiert. Syn. *Item-, Test-Homogenität.* Die Berechnungsgrundlagen für den sog. *Konsistenzkoeffizient (coefficient of consistency; consistency coefficient),* einem Maß der *Reliabilität,* stammen von Cronbach, Hoyt und Kuder und Richardson. (b) Der Grad der Übereinstimmung von Alternativreaktionen (Ja-Nein; vorhanden – nicht vorhanden) bei wiederholter Darbietung derselben Reize oder Items, ermittelt bei denselben Beobachtern bzw. Testpersonen, wird mit dem sog. *Konsistenzindex (consistency index, index of consistency)* ausgedrückt.

[3] *Statistik:* Ein Prüfverfahren besitzt dann die Eigenschaft der K., wenn es mit zunehmendem Stichprobenumfang Unterschiede zwischen den Stichprobenmittelwerten mit größerer Sicherheit erfaßt. K. ist in diesem Fall ein Ausdruck der *Teststärke* in bezug auf die Vermeidung des *Fehlers zweiter Art.*

LIT. Cronbach (1970); Irle (1975); Lienert (1969).

Konsistenz-Index →*Konsistenz.*

Konsistenzkoeffizient →*Konsistenz.*

Konsolidierung →*Gedächtnis.*

Konstanter Fehler →*Fehler,* →*Psychophysik.*

Konstanzannahme *(constancy hypothesis).* Bezeichnung für die Annahme vollständiger Abhängigkeit der Empfindungen von den korrespondierenden physikalischen Reizgegebenheiten. Die Annahme wurde durch die gestaltpsychologische Forschung weitgehend relativiert.

Konstanzmethode *(constant method; right or wrong cases method).* Eine der Standardmethoden der Psychophysik zur Bestimmung von *Unterschiedsschwellen,* eingeführt von Fechner unter dem Namen »Methode der richtigen und falschen Fälle«. Ein Normal- oder Bezugsreiz konstanter Intensität wird dabei mit jedem Vergleichsreiz kombiniert. Die so entstandenen Paare werden in unregelmäßiger Reihenfolge mehrmals zur Beurteilung vorgeführt. Die Versuchsperson entscheidet nach jeder einzelnen Darbietung, ob der Vergleichsreiz größer oder kleiner, heller oder dunkler usw. als der Bezugsreiz war. In manchen Fällen werden auch Gleich-Urteile zugelassen. Die Schwelle wird dort angenommen, wo 50% der Urteile einen Unterschied aussagen. Der Wert kann graphisch oder durch Bezug auf die Wahrscheinlichkeitstheorie ermittelt werden.
→*Psychophysik.*

Konstanzphänomene *(constancy phenomena)*. Bezeichnung für eine Reihe von Phänomenen, die im Zusammenhang mit dem Wahrnehmen auftreten und die scheinbar im Widerspruch zu den physikalisch definierten Reizgegebenheiten stehen bzw. bei dem Vermittlungsprozeß der Umweltgegebenheiten über die Wahrnehmung eine modifizierende Rolle spielen. So behalten z. B. Gegenstände bestimmte Eigenschaften auch dann, wenn man sie von verschiedenen Gesichtspunkten aus (Dingkonstanz), aus verschiedenen Entfernungen (Größenkonstanz) oder unter verschiedenen Beleuchtungen (Farbkonstanz bzw. Helligkeitskonstanz) betrachtet. Die Konstanzphänomene äußern sich mindestens in der Form, daß die am Gegenstand wahrgenommenen Veränderungen in keinem Verhältnis zu dessen physikalisch definierten Veränderungen stehen. So kann z. B. das Netzhautbild als Abbild der physikalischen Gegebenheit relativ klein ausfallen, und trotzdem wird ein Stab bestimmter Länge einigermaßen realistisch hinsichtlich seiner tatsächlichen Länge eingeschätzt, solange ein *Bezugssystem* mitgegeben ist, solange man z. B. seine Entfernung vom Betrachter abschätzen kann. Der Begriff der K. ist zu unterscheiden von der sog. →*Konstanzannahme* oder Konstanzhypothese.

Konstellation →*Pattern*.

Konstitution *(constitution)*. Bezeichnung für die Gesamtheit aller ererbten und erworbenen Bedingungen für körperliche Erscheinungsformen oder für die Gesamtheit dieser Erscheinungsformen selbst, wie sie zu einem gegebenen Zeitpunkt vorhanden sind und wie sie sich entwickeln werden. Die sog. *Konstitutionstypologien* überschreiten meist diesen engen Rahmen, indem sie eine Beziehung zwischen den Körperbau-Merkmalen (Konstitution im engeren Sinne) und einer Vielzahl psychischer Merkmale herzustellen versuchen (z. B. KRETSCHMERS Typologie).

Konstriktor *(constrictor)*. Anatomische Bezeichnung für Muskeln oder Muskelsysteme, die ein Zusammenziehen (Beugen) ermöglichen. Gegensatz: Dilatator (Strecker).

Konstrukt *(construct)*.

[1] Aus dem Lat. constructum stammende Bezeichnung für Systeme von Begriffen bzw. Begriffsbeziehungen, auch *Konstruktionen* genannt, die der Erfahrung vorangestellt werden, um konkrete Einzelerscheinungen abzuleiten, zu ordnen oder zu erklären. K. steht in deutlicher Abhebung von *Konzept* (*concept;* lat. conceptus), worunter man die sprachliche Bezeichnung einer Mehrheit konkreter Vorstellungsinhalte durch einen einheitlichen Begriff versteht, dessen Bildung durch Abstraktion und Generalisierung zustande kommt.

[2] Auf ein begriffliches Bezugssystem bezogene *Beschreibung* (deskriptives K.) oder *Erklärung* (explikatives K.) von komplexen Vorgängen oder Zuständen, die als *funktionale Einheit* aufgefaßt sind. In der Regel umfaßt ein K. Annahmen über den Zusammenhang und die Wirkweise bestimmter begrifflich gefaßter, nicht oder noch nicht direkt beobachteter Systemkomponenten und verbindet sie mit möglichen Indikatoren, über deren Repräsentativität zu entscheiden ist. Die Annahmen können dabei den Rang von *Modellen* oder *Theorien* besitzen. Um z. B. das K. »Feldabhängigkeit« darzustellen, geht man von WITKINS Theorie der Persönlichkeitsdifferenzierung aus und bestimmt von dort aus den Stellenwert der einzelnen Indikatoren oder Maße für dieses K. Ähnlich verfährt man bei der Darstellung und Erklärung des K. »Abwehrmechanismus«, dessen theoretische Voraussetzungen in FREUDS Theorie von der Regulation und Genese der Triebkräfte zu suchen sind. Damit sind zwei wesentliche Funktionen des K. angesprochen. (a) K. sind einerseits begriffliche Ordnungen, die der Herleitung von Hypothesen dienen *(theoretische* oder *hypothetische Konstrukte; hypothetical constructs)*. (b) K. sind andererseits ein wissenschaftlich-logisches Instrument, um Beziehungen zwischen begrifflichen Systemen und Beobachtungsdaten herzustellen. Gelingt es, ein K. vollständig durch vorangehende (antecedente) und nachfolgende Vorgänge und/oder Zustände zu bestimmen, so nimmt es den Rang einer *intervenierenden Variablen* ein.

LIT. MACCORQUODALE, MEEHL (1948).

Konstruktionsspiel →*Spiel*.

Konstruktvalidität *(construct validity)*. Bezeichnung für einen Sonderfall der *inhaltlichen Validität*. Es wird untersucht, inwieweit ein Test (bzw. die einzelnen Untertests) einer begrifflich ge-

faßten Klasse von Merkmalen (Konstrukt) bzw. Verhaltensweisen entspricht. Dabei ist es erforderlich, das *Konstrukt* so zu definieren, daß man bei jeder Test- oder Untertest- bzw. Aufgabereaktion genau bestimmen kann, ob sie dem Konstrukt entspricht oder nicht.
LIT. →*Test*, →*Testkonstruktion*.

konsumatorischer Akt →*Akt*.

Kontiguität *(contiguity)*, Syn.: *Kontingenz*. Berührung bzw. Überlappung zweier Ereignisse aufgrund raum-zeitlicher Nähe. K. ist ein Grundprinzip der klassischen Assoziationslehre.

Kontiguitätstheorie *(contiguity theory)*. Von GUTHRIE begründete Theorie des motorischen Lernens. Das erste Auftreten einer Reaktion in einer bestimmten Reizumgebung und der gleichzeitige Empfang von Rückmeldungen aus dem Körperinneren über die veränderte Position sind die einzigen notwendigen und zureichenden Bedingungen des Lernens. Die K. steht im Widerspruch zu den übrigen Lerntheorien, welche *Verstärkung* und *Übung* neben der K. zu den Grundlagen der Gewohnheitsbildung zählen.
LIT. GUTHRIE (1952).

Kontingenz *(contingency)*.
[1] Bezeichnung für die Abhängigkeit bzw. Verbundenheit zweier Größen oder Ereignisse, die sich in der Wahrscheinlichkeit des gemeinsamen Auftretens ausdrückt. Der *Kontingenz-Koeffizient (contingency coefficient)* drückt den Grad des wahrscheinlichen gemeinsamen Auftretens zwischen zwei oder mehreren qualitativen Merkmalen bzw. Merkmalsklassen aus; er ist ein Sonderfall des *Korrelations-Koeffizienten*.
[2] Als *soziale K. (social contingency)* Bezeichnung für den Übereinstimmungsgrad, den zwei Personen im Verlauf von (dyadischen) Interaktionen in ihren Plänen bzw. Handlungen zeigen. *Pseudo-K.* liegt vor, wenn Übereinstimmungen zufällig zustande kommen. *Symmetrische K.* ist gegeben, wenn Übereinstimmungen sowohl durch gleichartige Pläne als auch Reaktionen entstehen. *Asymmetrische K.* kommt dadurch zustande, daß A nach eigenem Plan handelt und die Handlungen von B dazu bestimmt, oder dadurch, daß die Reaktionen von A und B durch die vorangegangenen Reaktionen von A oder B – ungeachtet individueller Pläne – beeinflußt werden (Nachahmung).

Kontingenz-Management *(contingency management)*. Nach dem Prinzip von PREMACK verstärkt sich jedes Verhalten dann automatisch, wenn ihm ein anderes mit großer Reaktionswahrscheinlichkeit und Alltagsroutine behaftetes Verhalten unmittelbar folgt, das mit keinen aversiven Assoziationen einhergeht. In psychotherapeutischer Anwendung bedeutet dies: Ist bei einem Patienten z.B. durch Gegenkonditionierung eine bestimmte neutrale Reaktion aufgebaut worden, so kann man deren Beständigkeit dadurch erhöhen, daß man unmittelbar nach ihrer Ausführung Alltagshandlungen (z.B. etwas trinken, ein Telefongespräch führen usw.) folgen läßt.

kontinuierliche Variable →*Variable*.

kontinuierliches Verstärken →*Verstärkungsplan*.

Kontraktion *(contraction)*.
Das kurzfristige Zusammenziehen eines Muskels als Reaktion auf einen Reiz *(contracture)*. *Dauer-Kontraktionen* gehen auf Störungen oder Schädigungen des motorischen Systems zurück. Sie können zu *Mißbildungen* (z.B. Klumpfuß) oder *Lähmungen* führen.

Kontrast *(contrast)*. Umfassende Bezeichnung für eine Reihe von Phänomenen, bei denen es durch die Wechselwirkung zweier Reize oder Empfindungen innerhalb desselben Sinnesgebiets zum Feststellen oder Erleben eines Unterschiedes kommt, der sich nicht aus den Einzelreizen allein erklären läßt, sondern nur aus deren *Feldwirkung*. Man unterscheidet den *simultanen Kontrast* – bei gleichzeitiger Einwirkung der beiden Reize – und den *Sukzessiv-Kontrast* – bei Reizfolgen.

Kontroll-Analyse *(control analysis)*. In der Psychoanalyse das Beaufsichtigen der Durchführung und des Fortgangs einer Analyse durch einen weiteren Analytiker.

Kontrolle *(control)*.
[1] *Allgemein:* Überwachung bzw. fortlaufende Überprüfung von Systemfunktionen, Einrichtungen, Ereignissen oder Personen, meist in Verbindung mit dem Ziel eines korrigierenden Eingreifens im Falle der Abweichung von Normen, Regeln oder Erwartungen.
[2] *Psychologie:* (a) In Anlehnung an den engl. Sprachgebrauch alle Arten und Formen der Regelung, Steuerung, Beeinflussung, Vorhersage oder Interpreta-

tion von Ereignissen. In diesem weiten Sinne beschreibt K. z.B. die Ausübung *sozialer Macht,* um durch Sanktionen unerwünschte, normenwidrige Verhaltensweisen zu unterbinden, durch Belohnungen erwünschte zu fördern, die willentliche *Steuerung* des Verhaltens überhaupt; als *Selbst-K. (ego control; self control)* die Beherrschung eigener Verhaltensimpulse oder Empfindungen (z.B. Schmerz-K.); als *Aufmerksamkeits-K. (attention control)* die mehr oder weniger bewußt-willentliche Auslenkung der Zuwendung und Konzentration (Syn.: *kontrollierte Prozesse),* aber auch die unwissentliche und unwillkürliche körpereigene *Regelung* physiologischer Grundfunktionen (z.B. K. der Herz-Kreislauf-Tätigkeit durch innere Homöostaten). (b) K. oder *Kontrollierbarkeit* im engeren Sinne umfaßt alle subjektiven Momente der Beeinflussung, Vorhersage oder Interpretation von Ereignissen, die als Ausdruck eines allgemeinen Motivs zur Meisterung belebter und unbelebter Umweltereignisse bzw. einer Tendenz in der Wahrnehmung, Auslegung und Bewertung solcher Möglichkeiten aufgefaßt werden können. Auf ein allgemeines *Bedürfnis* nach K. verweisen Verhaltensweisen zur Beherrschung der Verstärkungsbedingungen und die Wirkweise ihrer Konsequenzen. Als *Kontrollort (locus of control)* bezeichnet man generalisierte Erfolgs- bzw. Mißerfolgserfahrungen, die das künftige K.-Verhalten beeinflussen; vollzog sich die Verstärkungserreichung vorwiegend in Abhängigkeit von eigenen Fähigkeiten oder Fertigkeiten, so spricht man von *innerer K. (internal control),* war sie von äußeren Umständen oder Glücksfällen abhängig, von *externer K. (external control).* Als *Kontrollmotiv* oder *Kontrollmotivation (control motivation)* gilt das allgemeine Streben, *Selbstwirksamkeit (self-efficacy)* zu zeigen und aufrechtzuerhalten, d.h. aufgrund eigener Fähigkeiten durch eigenes Verhalten positive Umwelteffekte zu erzielen, Belohnung zu erhalten, von anderen anerkannt oder in der eigenen Meinung bestätigt zu werden, Unangenehmes aus dem Weg zu räumen, in Problemfällen nach Mitteln und Wegen zu suchen, K. wiederzuerlangen, Denkweisen zu bevorzugen, die eine Beeinflussung in die gewünschte Richtung aussichtsreich erscheinen lassen, in ungewissen Situationen nach einer Interpretation zu suchen, die eine Vorhersage der Ereignisse ermöglicht, K.-Verlust als etwas Unangenehmes zu erleben und bei fortgesetzter K.-Verlust-Erfahrung unter den Folgen der *Hilflosigkeit* zu leiden. *Kontrollerwartung* oder *-überzeugung (control expectancy; control belief)* sind zentrale Begriffe der psychologischen Streßforschung (→*Streß*). Man bezeichnet damit subjektive Annahmen bzw. Gewißheiten, über Reaktionen zu verfügen, mit deren Hilfe aversive bzw. unangenehme Ereignisse abgewendet, zumindest aber beeinflußt werden können. Derartige Erwartungen oder Überzeugungen reduzieren auch dann psychischen Streß, wenn keine konkreten Kontrolloperationen ausgeführt werden oder ihre Umsetzbarkeit in Frage steht. Es genügt, daß sie für effektive Maßnahmen gehalten werden bzw. daß die Situation in ihrem Licht weniger gefährlich oder bedrohlich erscheint. Die subjektive Aussicht auf Meisterung bedrohlicher Situationen ist das Resultat der Wechselwirkung von erwarteter *Verhaltenskontrolle (behavioral control)* als Innewerden der Verfügbarkeit von Reaktionen, die auf direktem Weg die objektiven Merkmale eines bedrohlichen Ereignisses beeinflußt, *kognitiver Kontrolle (cognitive control)* als Verarbeitung potentiell bedrohlicher Inhalte in einer die Streßwirkung lindernden und den Anstrengungsaufwand in Richtung →*Bewältigung* umsteuernden Weise und *Entscheidungskontrolle (decisional control)* als Gewißheit, aus verschiedenen verfügbaren Handlungsmöglichkeiten die erfolgversprechendste auswählen zu können (AVERILL, 1973). Hinzu treten die *Informationskontrolle (information control)* als Wirkweise von Warnungssignalen oder Mitteilungen von Personen, die selbst bewältigbaren abversiven Ereignissen ausgesetzt waren, und die *retrospektive Kontrolle (retrospective control)* als Überzeugungen über die Beherrschbarkeit bereits durchlebter belastender Ereignisse und ihrer Ursachen (THOMPSON, 1991).

[3] *Experiment, Statistik: Kontrollierte Bedingungen* liegen dann vor, wenn die Varianz der abhängigen Variablen durch die Variation der Versuchsbedingungen aufgeklärt werden kann. *Kontrollgruppe (control group)* nennt man eine Stichprobe von Merkmalsträgern aus der gleichen Population wie die *Experimentiergruppe (experimental group),* deren Mitglieder jedoch den erwartungsgemäß effektsetzenden Versuchsbedingungen nicht oder

in abgewandelter Form ausgesetzt sind.
LIT. AVERILL (1973); LEFCOURT (1982); OSNABRÜGGE u.a. (1985); ROTTER (1966; 1975); SELIGMAN (1975); THOMPSON (1991).

kontrollierte Assoziationen →*Assoziation.*

kontrollierte Prozesse →*Prozesse, kontrollierte.*

Konvention *(convention).* Allgemeine Bezeichnung für Vereinbarungen oder soziale bzw. kulturelle Normen, welche das soziale Denken und Verhalten in mehr oder weniger überdauernder, genereller Weise am allgemein Üblichen orientieren, ohne notwendigerweise als auferlegter Zwang erlebt zu werden.

konvergentes Denken *(convergent thinking).* Von J. P. GUILFORD eingeführte Bezeichnung für Denkleistungen, bei denen eine richtige Lösung oder Folgerung gesucht bzw. eine neuartige Lösung entwickelt werden muß. Gegensatz: *divergentes Denken.*
→*Kreativität,* →*schöpferisches Denken,* →*Intelligenz.*

Konvergenz *(convergence).*
[1] Bezeichnung für das Zusammenlaufen der Blickrichtung (Sehachsen) bei Betrachtung eines nahe gelegenen Gegenstandes (Schielen); hervorgerufen durch die Augenbewegungsmuskeln mit der Wirkung der Reizung weitgehend korrespondierender Netzhautstellen.
[2] Allgemeine Bezeichnung für die biologische Tatsache, daß bestimmte Entwicklungsreihen verschiedener Arten und Gattungen von Lebewesen hinsichtlich der Funktion von Organen gewisse Ähnlichkeit zeigen. Haben sich die Organfunktionen im Verlauf der Entwicklung »auseinanderentwickelt«, obwohl die morphologischen Kennzeichen des Organs auf einen gemeinsamen Ursprung schließen lassen, so spricht man von *Divergenz.*
[3] Im Rahmen der von W. STERN formulierten *Konvergenz-Theorie* bedeutet K. die Interaktion und wechselseitige Durchdringung von Umwelt und »Innenwelt«. Besonders handelt es sich dabei um das Konvergieren (Zusammengehen) von erworbenen und angeborenen Erlebnis- und Verhaltensweisen im Einklang mit den spezifischen Eigentümlichkeiten »äußerer« Situationen. Die Konvergenz-Theorie wendet sich besonders gegen einseitige Positionen des →*Empirismus* bzw. →*Nativismus.*

Konversion *(conversion),* Verb: konvertieren.
[1] In sozialpsychologischer Bedeutung eine grundlegende *Einstellungs-* oder *Meinungsänderung,* z.B. von einer oppositionellen oder neutralen Einstellung zur bedingungslosen Zustimmung hin. Sie geht meist mit erheblichen emotionalen Begleiterscheinungen einher (z.B. Konflikt).
[2] In psychoanalytischer Bedeutung bezeichnet K. die »Umwandlung« oder »Umkehrung« von (verdrängten) Triebansprüchen oder Affekten in körperliche Symptome *(Konversionshysterie; Konversionsneurose).*
[3] In der Logik bezeichnet K. die Veränderung einer Aussage durch Vertauschung von Subjekt und Prädikat.

Konversionsstörung →*somatoforme Störung.*

Konversionssymptome →*Hysterie,* →*Somatisierung.*

Konvulsion *(convulsion).* Bezeichnung für heftige und schmerzhafte Schüttelkrämpfe auf Grund zentralnervöser Störungen (z.B. von epileptischen Herden, Schädeltraumen oder Elektroschock).

konzeptbezogene Prozesse →*Informationsverarbeitung.*

Konzeption *(conception).* Bezeichnung für eine Phase des kognitiven Geschehens, in deren Verlauf ein *begriffliches Erfassen* von Aspekten, Eigenschaften oder Relationen von Gegenständen oder Sachverhalten stattfindet. In den Bereich der K. fallen somit Vorgänge, die als *Abstraktion, Generalisierung, Überlegen* und *Vergleichen* beschrieben werden. Das Instrument der K. ist die *Sprache,* das Ergebnis sind *Aussagen* (engl. Syn. *concept formation).*

Koordination *(coordination).*
[1] Logische Beziehung zwischen zwei Gegenständen einer Klasse von Gegenständen, die in bezug auf eine nächsthöhere, allgemeine Klasse Übereinstimmungen zeigen, d.h. zu der übergeordneten Klasse übereinstimmende Beziehungen aufweisen.
[2] Bezeichnung für das harmonische Zusammenwirken von Muskeln oder Muskelgruppen in einer komplexen Handlung bzw. einer komplexen Handlungsreihe (z.B. einer Handlungsreihe, an deren Ende der *konsummatorische Akt* liegt).
[3] Als *Erbkoordination* bezeichnet

man in der Verhaltensforschung (Tierpsychologie) angeborene Weisen koordinierten Verhaltens bzw. Handelns (z. B. die neuro-physiologische Grundlage für sog. *Instinkthandlungen*).

Körperlageempfindung →*Kinästhesie.*

Körperlagesinn →*Propriozeptor.*

Körperschema *(body image; body schema).* Von H. Head eingeführte Bezeichnung für die räumliche Vorstellung des eigenen Körpers und von Körperbewegungen, beruhend auf visuellen und taktilen Eindrücken sowie kinästhetischen Rückmeldungen. Störungen des K. können auf Beeinträchtigungen von Hirnfunktionen (z.B. bei Vorliegen von →*Aphasie,* →*Seelenblindheit* oder →*Neglect)* oder psychisch bedingten Störungen (z. B. →*Depersonalisation,* →*Hypochondrie)* beruhen. Unrealistische Ideal- und Wunschvorstellungen in bezug auf das Körperbild führen oftmals zu →*Eßstörungen* mit den Folgen übertriebener Abmagerung oder Fettleibigkeit.

Korrelation *(correlation).*
[1] Allgemeine Bezeichnung für das häufige gemeinsame Auftreten von Gegenständen oder Ereignisse bzw. Eigenschaften von Gegenständen oder Ereignissen.
[2] Statistische Bezeichnung für die →*Kovarianz* zweier Messungen, die in der Regel zwei verschiedene Merkmale eines und desselben Gegenstandes betreffen, wobei zahlreiche Gegenstände (N) der Messung unterlagen. Variieren zwei Messungen in der angegebenen Weise, so läßt sich bei Bekanntheit des Grades der *Übereinstimmung (Korrelationskoeffizient)* der eine Meßwert aus dem jeweils anderen voraussagen (→*Regression*). Der *Produkt-Moment-Korrelationskoeffizient* ist ein Maß für die Richtung und Stärke des Zusammenhangs zwischen zwei quantitativen Merkmalen, bezieht sich jedoch in der Regel nur auf den *linearen* Anteil. Ist eine Beziehung zwischen zwei Meßwertreihen *kurvenförmig* (kurvilinear), so können Stärke und Richtung des Zusammenhangs entweder mittels des *Korrelationsverhältnisses (correlation ratio)* oder durch *verteilungsfreie* Verfahren geschätzt werden (→*multiple Korrelation,* →*partielle Korrelation*).

korrespondierende Netzhautstellen *(corresponding points in the retina).* Punkte auf beiden Netzhäuten, die eine einzige Empfindung bzw. ein deckungsgleiches Bild erzeugen, wenn ein einzelner Reiz oder Gegenstand betrachtet wird (das Gegenteil von disparaten Netzhautstellen, *Querdisparation* →*Disparation*).
→*Horopter.*

Korsakowsches Syndrom *(Korsakow syndrome).* Bezeichnung für eine Gruppe von Symptomen, die im Gefolge von *Alkoholismus* bzw. einer *Polyneuritis* auftreten, vor allem *Gedächtnisstörungen,* daraus resultierende *Orientierungsstörungen* und – in manchen Fällen – →*konfabulieren.*

Kortex, Cortex, cortex cerebri *(cortex),* Syn. Hirnrinde. Dünne graue Nervenzellschicht direkt unter der vielfach gefurchten Hirnoberfläche. Grob-anatomisch wird der (oder die) Kortex in *Lappen* (Stirnlappen, lobus frontalis; Scheitellappen, lobus parietalis; Schläfenlappen, lobus temporalis; Hinterhauptslappen, lobus occipitalis) eingeteilt; funktionale Einteilungsgesichtspunkte sind die sog. *Projektionsfelder* (Brodmann-Areale). Der Kleinhirnkortex wird meist in die Beschreibung direkt mit einbezogen. Das engl. Wort *adrenal cortex* bezeichnet die Nebennierenrinde.
→*Gehirn.*

kortikaler Pupillenreflex →*Haabscher Pupillenreflex.*

kortikale Sättigung →*Sättigung [4].*

kortikale Taubheit →*Taubheit.*

Kortikoide *(corticoides, corticosteroides).* Hormone der Nebenniere, die durch ACTH-Einfluß (Ausnahme Aldosteron) in der *Nebennierenrinde* gebildet werden und den Fett-, Kohlehydrat- und Mineralhaushalt des Organismus regeln.

Kovarianz *(covariance).* Statistische Bezeichnung für die Tatsache, daß zwei Reihen von Meßwerten miteinander variieren. Kovarianz setzt voraus, daß jeweils Meßwert-Paare, erhoben an einem Gegenstand, vorliegen. Sind x und y die jeweiligen Abweichungen der Meßwerte X und Y von den Mittelwerten der beiden Variablen, so wird die Kovarianz mathematisch durch die Bezeichnung

$$\frac{\Sigma\,(xy)}{N}$$

ausgedrückt. Es handelt sich um die Summe aller Produkte aus den Mittelwertabweichungen der jeweiligen Meßwert-Paare, dividiert durch die Anzahl der Meßwert-Paare N. Genau genommen handelt es sich demnach um das gemittelte Produkt (mittlere oder durchschnittliche Produkt) der Abweichungs-Wert-Paare (vgl. auch die Formel für die *Produkt-Moment-Korrelation*).

Kraniologie →*Phrenologie*.

Krausesche Endkolben oder **corpuscula bulboida** *(Krause endings; Krause endbulbs)*. Rezeptoren für Kälte, vorwiegend in den Bindehäuten des Auges, der Haut, der Brustwarzen und der Genitalien.

Kreativität *(creativity)*, auch: **schöpferisches Denken.** Bezeichnung für die Möglichkeit eines Individuums, bei *Problemlöse*vorgängen neue Beziehungen zu finden, relativ flüssig und flexibel neuartige Einfälle und originelle Lösungen zu produzieren. Z. U. vom konventionellen Denkmodus *(konvergentes Denken)* ist hier das *divergente Denken* entscheidend. K. erweist sich als nur relativ abhängig von *Intelligenz*. Ihre Förderung ist weitgehend von *Sozialisations*faktoren mitbestimmt.
LIT. GUILFORD (1967).

Kretinismus *(cretinism)*. Schwere, relativ selten auftretende Beeinträchtigung der körperlichen und intellektuellen Entwicklung aufgrund eingeschränkter oder fehlender Schilddrüsenfunktion (→*Myxödem*), deren Symptome ab dem 6. Lebensmonat bemerkbar werden. Zu ihnen gehören Haar- und Hauttrockenheit, gedunsenes Gesicht, kurzfingerige teigige Hände, hervortretender Bauch, Ausbleiben der Geschlechtsentwicklung und Zwergwuchs. Das Verhalten zeichnet sich durch Trägheit und Gutmütigkeit aus, die geistige Behinderung ist schwerwiegend.

Kreuzbein oder **Sacrum.** Dreieckiges Knochengebilde in unmittelbarer Nähe der Wirbelsäulenbasis, das die hintere Begrenzung des Beckens darstellt (Adj. sacral).

Kreuzvalidierung *(cross validation)*. In der Testtheorie Bezeichnung für die Wiederholung von Validitätsüberprüfungen an anderen Stichproben zum Zwecke der Überprüfung der Allgemeingültigkeit von Validitätskoeffizienten in bezug auf dieselben Testitems.

Kriterienwert →*Signalentdeckung*.

kritische Flimmerfrequenz →*Flimmerfusionsfrequenz*.

kritischer Personalismus →*Personalismus*.

kubischer Trend →*Trend*.

Kuder-Richardson-Formeln *(Kuder-Richardson formulas; Kuder-Richardson-coefficients of equivalence)*. Bezeichnung für eine Reihe von Formeln zur Schätzung der *Reliabilität* bzw. Stabilität eines Tests unter Berücksichtigung von Trennschärfe und Testschwierigkeit.

Kultur *(culture)*. Allgemeine, umfassende Bezeichnung für die intellektuellen Aspekte der Zivilisation innerhalb einer bestimmten Bevölkerungsgruppe, die als ethnische, geographische oder sprachliche Einheit verstanden wird. K. bezieht sich im weiteren Sinn auf die Gesamtheit der Mythen, Künste, Wissenschaften, sozialen Normen und Gewohnheiten einschließlich ihrer Entstehung und Auswirkung. *Kulturgefüge (cultural pattern)* bezieht sich auf ein Muster kultureller Erscheinungen, hinsichtlich dessen sich verschiedene Gruppen vergleichen lassen. *Kultursystem (cultural system)* dagegen bezeichnet die Art der Beziehungen, die in einer umschriebenen Gruppe oder Gesellschaft zwischen den einzelnen kulturellen Normen vorherrscht. Die *kulturvergleichende Psychologie (cross-cultural psychology)* berücksichtigt vor allem konkrete Verhaltensweisen, die den Bezug zu kulturgeprägten Eigenheiten und/oder Normen erkennen lassen.
LIT. BOESCH (1980), MARSELLA u. a. (1979); TRIANDIS u. a. (1980).

Kulturanthropologie →*Anthropologie*, →*Sozialanthropologie*.

Kultureller Parallelismus →*Parallelismus*.

Kulturepochen, Theorie der *(culture epoch theory)*. Bezeichnung für die generelle Annahme, daß alle menschlichen Gruppen ähnliche Stufen ihrer kulturellen Entwicklung in der übereinstimmenden Reihenfolge vom Jäger über Hirten und Bauern bis hin zur industriellen Gesellschaft durchlaufen. Die Anwendung dieser Theorie auf das Individuum wird als *»biogenetisches Gesetz«* bezeichnet.

Kulturgefüge →*Kultur*.

Kulturpsychologie *(cultural psychology; psychology of culture)*. Teilgebiet der Sozialpsychologie, das sich mit Prozessen der Entwicklung, Rezeption und Wirkung von Kulturgütern im weitesten Sinn beschäftigt, z.B. mit Kunst und

Kunststilen, Sitten und Gebräuchen, Gruppen und Rechtsnormen, Sprache, Wissensvermittlung und Wissenschaft, allgemeinen kulturgeprägten Wertbezügen etc. Die K. war lange Zeit eine Domäne der verstehenden, geisteswissenschaftlichen Psychologie, entwickelte sich aber im Zusammenhang mit den erweiterten Interessen der empirischen Sozialpsychologie zu Beginn der 60er Jahre zu einer erfahrungswissenschaftlichen Disziplin. Ihr Forschungsziel ist die Analyse der wechselseitigen Bedingtheit von Kulturerscheinungen, Gruppen- oder Gesellschaftsnormen und individuellen Einstellungen, Interessen und Handlungen.
LIT. BOESCH (1980).

Kulturrelativismus *(cultural relativism).* Bezeichnung für einen Forschungsansatz, der bestimmte Wertvorstellungen der eigenen Kultur zur Grundlage der Beurteilung anderer Kulturen erhebt (z.B. bei der Klassifikation sog. »primitiver« vs. »Hochkulturen«).

Kultursystem →*Kultur.*

kulturvergleichende Psychologie *(cross-cultural psychology).* Teilgebiet der Psychologie, das sich im Anschluß an die ältere *Kultur-* und *Völkerpsychologie* entwickelte. Es umfaßt empirische Untersuchungen im Bereich der Grundfunktionen (z.B. Wahrnehmung, Denken), der Motivation, Einstellungen, Kunstrichtungen, der Entwicklung und Erziehungspraxis, der Gruppenbeziehungen und -normen sowie von psychischen Störungen und ihrer Wirkung auf andere und der Therapieformen.
LIT. MARSELLA u.a. (1979), TRIANDIS u.a. (1980).

kumulative Skala →*Guttman-Skala.*

kumulierte Skala →*Guttman-Skala*

künstliche Intelligenz →*Intelligenz, künstliche.*

Kunstpsychologie *(psychology of the arts; art psychology; aesthetical psychology; psychological aesthetics; experimental aesthetics).* Teilgebiet der Angewandten Psychologie, das sich mit den (a) Motiven und der Dynamik des künstlerischen Schaffensprozesses als persönlichkeits- und sozialpsychologisches Ereignis sowie mit den (b) Wirkungen des Kunstwerkes auf den Betrachter oder Zuhörer als wahrnehmungs-, emotions- und kognitionspsychologisches Ereignis der Ausdrucks- und Eindrucksvermittlung beschäftigt. In der experimentellen Kunstpsychologie stehen Fragen der bestimmte Eindrucksqualitäten vermittelnden Ausdrucksmerkmale des Kunstwerkes im Vordergrund; innerhalb bestimmter Grenzen werden hier Verfahrensweisen der *Informationstheorie* und *Psychophysik* ebenso angewandt wie die Prinzipien des Formen-Wahrnehmens (z.B. *Gestaltpsychologie).* Das Teilgebiet der *Musikpsychologie (psychology of musics)* bildet u.a. die Grundlage für sog. musiktherapeutische Ansätze. Als Begründer der Kunstpsychologie gilt Gustav Theodor FECHNER mit seinem Werk ›Vorschule der Ästhetik‹ aus dem Jahre 1876.
LIT. DE LA MOTTE-HABER (1985); KREITLER, KREITLER (1980); PRATT (1961); WELLEK (1958); WÖLFFLIN (1958).

Kurtosis oder **Exzeß** *(kurtosis).* Bezeichnung für Abweichungen einer *Häufigkeitsverteilung* vom Idealbild der Normalverteilung (Gausssche Kurve). (a) Liegen die Extremwerte weit von dem jeweiligen Mittelwert entfernt, so entsteht im Vergleich zu einer flächengleichen Normalverteilung eine abgeplattete, flache Kurve mit breiter Gipfelzone (platykurtisch; engl. *platykurtic).* (b) Liegen die Extremwerte eng um den Mittelwert, so entsteht ein schmales, enges Schaubild (leptokurtisch; engl. *leptokurtic).* Syn. für (a) übernormaler Exzeß, für (b) unternormaler Exzeß.
Die Art der K. oder des Exzesses läßt sich näherungsweise aus dem Verhältnis des vierten Momentes zum Quadrat des zweiten berechnen (→*Moment*). Andere Methoden vgl. FRÖHLICH, BECKER (^{6}1972).

kurvilineare Regression →*Regression.*

kurvilinearer Trend →*Trend.*

Kurze reaktive Psychose →*Psychotische Störung.*

Kurzzeitgedächtnis →*Gedächtnis.*

Kybernetik *(cybernetics).* Eine von N. WIENER begründete Disziplin, die in verschiedenen Einzelwissenschaften (Biologie, instrumentelle Mathematik, Psychologie, Kommunikationsforschung) ihre Anwendung findet. Die K. beschäftigt sich unter Einbeziehung der →*Informationstheorie* mit der Analyse der Struktur von Regelungsvorgängen jedweder Art und deren Nachahmung

durch entsprechende (meist elektronisch gesteuerte) Apparaturen.
LIT. STEINBUCH (1965).

kybernetisches System →*System.*

Kymograph. Eine Vorrichtung zur Registrierung von Veränderungen der Reaktionsintensität (z. B. bei Atmung, Blutdruck, Muskelkontraktion) in zeitlich erstreckten Prozessen. Dabei wird das Kymogramm auf einer bewegten Trommel oder Rolle aufgezeichnet, z. B. bei der Registrierung des EEG oder des EKG mittels sog. *»Mehrkanalschreiber« (multi channel recorder).*

Labilität *(lability).*
[1] Allgemeine und relativ undifferenzierte Bezeichnung für eine mehr oder minder ausgeprägte Störanfälligkeit im psychischen und physischen Bereich. Dazu gehören z. B. sowohl Symptome der Ablenkbarkeit, Irritierbarkeit und Stimmungsschwankungen als auch neurovegetative Schwankungen (z. B. unmotivierte Schweißausbrüche, Herzflattern, Handzittern usw.). Gegensatz: *Stabilität (stability).*
[2] Bezeichnung für die erhöhte Ansprechbarkeit des vegetativen Nervensystems als allgemeines und konstitutionelles Kennzeichen der von EYSENCK aufgrund faktoranalytischer Untersuchungen definierten *Neurotizismusdimension* der Persönlichkeit; *vegetative Labilität (vegetative lability).*
[3] Als *autonome Labilität (autonomic lability)* von LACEY & LACEY eingeführte Bezeichnung für relativ überdauernd und situationsunabhängig auftretende →*Spontanreaktionen* der *galvanischen Hautreaktion.* Da die Labilitätsbestimmung von der Hautreaktion ausgeht, spricht man auch zur näheren Kennzeichnung von *elektro-dermaler Labilität* vs. *Stabilität (electro-dermal lability; electrodermal stability).* Die Verallgemeinerung der elektrodermalen Labilität vs. Stabilität als Persönlichkeitsmerkmal relativ überdauernder Art stützt sich vor allem auf den Nachweis von Beziehungen zwischen *Spontanfluktuationen* und der *Habituationsgeschwindigkeit* der galvanischen Hautreaktion. Labile habituieren merklich langsamer auf eine wiederholte Reizdarbietung *(→Habituation)* als Stabile; die Korrelationen zwischen der Anzahl von Spontanfluktuationen und der Habituationsgeschwindigkeit liegen bei − 0.40 bis − 0.74. Da die Habituationsgeschwindigkeit der *Orientierungsreaktion* und das Verhältnis zu *Spontanfluktuationen* Einflüsse auf die Wahrnehmungsselektivität und -genauigkeit ausüben, wird die Variable »Labilität vs. Stabilität« im Zusammenhang mit Aufmerksamkeits- und *Vigilanz*-Untersuchungen herangezogen.
LIT. KATKIN (1975); LACEY, LACEY (1958); MACKWORTH (1969); VOSSEL (1990).

Labyrinth.
[1] *(labyrinth).* Bezeichnung für den Sitz des Gleichgewichtsorgans im inneren Ohr.
[2] *(maze).* Bezeichnung für ein System von Gängen nach Art eines Irrgartens, mit Sackgassen und einem durchgehenden, zum Ziel führenden Weg. Größe und Komplexität sind dabei variabel. In der Psychologie des Lernens (motorisches Lernen) verwendet man am häufigsten T-förmige oder zusammengesetzte T-förmige Labyrinthe, um eine möglichst große Zahl gleichwertiger Alternativentscheidungen beobachten zu können.

Lageorientierung →*Handlungsorientierung.*

Lallen *(lalling).* Fortgesetzte Wiederholung eines einzigen Lautes, bei Kleinkindern in Form sog. *Lallmonologe.*

Lalopathie *(lalopathy).* Allgemeine und umfassende Bezeichnung für alle Arten und Formen von Sprachstörung.

Lalophobie *(lalophobia).* Bezeichnung für die Furcht zu sprechen; z. B. Sprechhemmung bei bereits bestehenden Sprachstörungen.

Lambertsches Gesetz *(Lambert's law).* Bezeichnung für ein physikalisches Gesetz, das eine Beziehung zwischen Lichtintensität und Einfallswinkel des Lichtes auf eine reflektierende Körperoberfläche herstellt, und zwar in Abhängigkeit vom Kosinus des Einfallswinkels.

Längsschnittstudie, -untersuchung *(longitudinal study).* Erfassung individueller Entwicklungsverläufe anhand umschriebener Merkmale durch wiederholte Beobachtungen oder Messungen im Zeitverlauf, meist in regelmäßigen Zeitintervallen. Wird der Entwicklungsstatus von Angehörigen verschiedener Altersgruppen zum gleichen Zeitpunkt erhoben, handelt es sich im Unterschied zu einer L. um eine *Querschnittstudie* oder *-untersuchung (cross-sectional study).* In der modernen entwicklungspsychologischen Forschung werden oftmals längs- und querschnittliche Betrachtungsweisen kombiniert.
→*Entwicklungspsychologie.*

Langzeitgedächtnis →*Gedächtnis.*

Lappen *(lobe).* Durch größere Furchen voneinander getrennte größere Gehirnbereiche (z. B. Stirnlappen, Schläfenlappen u. a.).

Lärm *(noise).*
[1] Durch unregelmäßige, nicht-periodische Schallwellen-Muster erzeugte, mehr oder weniger intensive Geräusche, die für den Empfänger keine sach-

sinnhafte Information enthalten und in der Regel als störend empfunden werden. Ein Sonderfall von L. bildet das sog. *Rauschen* (im Engl. ebenfalls *noise*) mit seinen zahlreichen Nebenbedeutungen.
[2] Da Lärm zu den prominentesten Alltagsbelastungen gehört, befaßt sich die *Lärmforschung* seit den 50er Jahren mit seinen Auswirkungen auf Gesundheit und Leistungsfähigkeit. Intensiver Dauerlärm führt nicht nur zu irreversiblen Gehörschäden; er beeinträchtigt die allgemeine Leistungsfähigkeit und führt zu somatopsychischen Störungen, sog. Stress-Erkrankungen mit Erschöpfungssymptomen. Letzteres gilt auch für die wiederholte Einwirkung relativ schwacher Hintergrundgeräusche, deren störender Einfluß durch erhöhte Konzentrationsanstrengungen kompensiert werden muß. Lärm wirkt dann belastend, wenn er ohne Unterbrechung fortdauert, wenn wiederholt auftretende Lärmperioden eine Intensität von ca. 100 dB erreichen oder überschreiten, wenn der/die Betroffene Tätigkeiten ausführen muß, die kompliziert sind und semantische Operationen erfordern, wenn der/die Betroffene auch an schwächeren Lärm nicht gewöhnt ist und/oder eine für ihn/sie neuartige Tätigkeit ausführen muß. Handelt es sich dagegen um eine gewohnte Tätigkeit und ist vorhersehbar, daß gelegentlich Lärm auftritt bzw. welche Wirkung er hat, so bleiben die Beeinträchtigungen in Grenzen. Unter Daueraufmerksamkeits-Bedingungen *(Vigilanz)*, z.B. bei Signal-Entdeckungsaufgaben, wo Signale relativ selten auftreten, wirkt nicht allzu intensiver intermittierender Lärm zunächst störend (wachsende Fehlerzahl und Reaktionszeitverzögerungen); nach der Gewöhnung an sein gelegentliches Auftreten hat Lärm in derartigen Situationen gelegentlich einen leistungssteigernden, durch seinen aktivierenden Einfluß die Monotoniewirkung kompensierenden Effekt. Eine umfassende Erklärung der höchst differenzierten Lärmwirkung liegt z.Zt. noch nicht vor. Von Broadbent stammt ein Modell, das Beeinträchtigungseffekte auf die Erschöpfung der Kapazitätsreserven zurückführt, die unter ungestörten Bedingungen durch ein übergeordnetes Kontrollsystem dann mobilisiert werden, wenn Aufgaben schwieriger oder komplexer werden.

LIT. Broadbent (1979), Hörmann, Osterkamp (1966), Schick (1979).

larvierte Depression →*Depression.*

Larynx, Kehlkopf. Organ am oberen Ende der Luftröhre, in dessen Inneren die Stimmbänder *(vocal cords)* liegen.

Läsion *(lesion)*. Durch Verletzung oder Krankheit hervorgerufene Geweveränderungen bzw. -unterbrechungen von neuralen Systemen.

latente Eigenschaft *(latent trait)*. In Lern- und Persönlichkeitstheorien gebrauchte Bezeichnung für angenommene Reiz-Reaktions-Verbindungen bzw. komplexere Verhaltenstendenzen, die – durch Erfahrung geprägt – erst im Zusammenhang mit bestimmten Situationsmerkmalen zum Vorschein kommen und das aktuelle Verhalten modifizieren. Zu den l.E. gehören neben *Gewohnheiten (habits)* vor allem die *Neigungen* eines Menschen, in bezug auf bestimmte Klassen von Situationen mit ausgeprägten Zustandsveränderungen zu reagieren (z.B. Angstneigung als l.E., Angstzustand als manifester Ausdruck der situationsbezogenen Angst). Gegensatz: manifeste Eigenschaft.

latentes Merkmal *(latent hereditary characteristics)*. In Biologie und Genetik Bezeichnung für Merkmale, die auf Nachkommen übertragen werden, ohne bei ihrem Träger sichtbar geworden zu sein.

Latenz *(latency)*. Bezeichnung für die Zeit zwischen Reiz und Reaktion bei der Ausführung von Reflexen oder hochgradig automatisierten Verhaltensweisen, bei Hull $_{S}t_{R}$. Bei der Bestimmung von *Reaktionszeiten* ist L. gleichbedeutend mit der physiologischen Leitungszeit afferenter sensorischer Impulse, während die bewußte Auseinandersetzung mit Signalen und ihrer Beantwortung als *Entscheidungszeit* gilt.

Latenzperiode, Latenzphase *(latency period, latency phase)*. Von Freud eingeführte Bezeichnung für den Übergang zwischen kindlicher Triebentwicklung (ödipale Phase) und Pubertät (zweite genitale Phase), der sich zwischen dem 6. und 12. Lebensjahr erstrecken und mit relativ konfliktfreien bewußten und intellektuellen Auseinandersetzungen mit der Umwelt einhergehen soll.

Lateralität, Lateralisierung *(laterality; lateralization)*.
[1] Allgemeine Bezeichnung für die funktionale und/oder morphologische

Differenzierung paariger Sinnesorgane (Auge, Ohr) bzw. Gliedmaßen (Hände, Füße) einschließlich der Wege ihrer zentralnervösen Innervation sowie der Art ihrer zentralnervösen Kontrolle und Repräsentation.
[2] Als *cerebrale L. (cerebral lateralization)* oder *Hemisphärendifferenzierung* Bezeichnung für das Überwiegen der Aktivität in der linken bzw. rechten Hirnhemisphäre bei bestimmten Arten und Formen der Informationsverarbeitung sowie Bewegungsabläufen. Man vermutete zunächst aufgrund von Untersuchungen an Hirnverletzten feste Beziehungen zwischen der *Händigkeit (handedness)* und der *cerebralen Hemisphärendominanz (cerebral dominance; hemispheric dominance)*, d.h. z.B. die eindeutige Lokalisierung der Sprach- und Sprechfunktionen in der gegenüber der Händigkeit kontralateralen Hemisphäre; man nahm ferner an, die nichtdominante Hemisphäre *(minor hemisphere)* repräsentiere im Vergleich zur dominanten Hemisphäre *(dominant hemisphere)* eine Art stille Reserve, die lediglich bei Ausfall von Funktionen der dominanten Hemisphäre (z.B. nach Verletzungen oder Operationen) aktiviert werde. Neuere Untersuchungen unter Einbeziehung von *split-brain-Patienten*, d.h. von Patienten, bei denen aus Krankheitsgründen die Querverbindungen zwischen den beiden Hemisphären durch Kommissurektomie *(commissurectomy)* durchtrennt werden mußten, ergeben ein völlig anderes Bild: 95% aller Rechtshänder kontrollieren Sprach- und Sprechfunktionen über die linke Hemisphäre, während man unter Linkshändern in 70% der Fälle Sprach- und Sprechfunktionen ebenfalls links, in 15% rechts und in den restlichen 15% der Fälle in beiden Hemisphären repräsentiert findet. Bei Rechtshändern dominiert die linke Hemisphäre bei sprachgebundenen, logisch-sequentiellen und willkürlichen Prozessen der Informationsverarbeitung, die rechte bei kontextabhängigen Prozessen (z.B. räumliches Denken; Musikstücke erkennen) und damit zusammenhängenden Gefühlen. Da sich aber sowohl nach Kommissurektomien als auch bei der Darbietung von Informationsmaterial in einer Weise, die nur den Zugriff einer der beiden Hemisphären erlaubt, Verarbeitungsdefizite bei sequentiellen und kontextbezogenen Aufgaben ergeben, muß angenommen werden, zwischen den beiden Hemisphären bestehe ein beständiger Informationsaustausch *(interhemispheric interaction; interhemispheric transference)* und die beiden Hemisphären seien Träger von zwei verschiedenen, einander jedoch ergänzenden Stilen der Informationsverarbeitung. Offenbar üben die beiden Hemisphären je nach Aufgabenart und Darbietungsweise abwechselnd oder gleichzeitig die Kontrolle über Wahrnehmen und Verhalten aus. Die Kommissuren sind Kanäle für Nachrichten zwischen den beiden Hemisphären und schaffen die Voraussetzung für die synchrone Informationsverarbeitung und einander ergänzende Verarbeitungsschritte in beiden Hemisphären. Dies ist erforderlich, da z.B. bei Rechtshändern die linke Hemisphäre nur in begrenztem Umfang Kontextinformationen, die rechte nur in unvollständiger Weise sequentielle, sprachgebundene Informationen verarbeiten kann, beide Informationsarten aber in der Regel gleichzeitig verfügbar sein müssen, um eine optimale Orientierung zu gewährleisten.

LIT. Galin (1974); Gazzaniga (1970; 1974); Kinsbourne (1978); Moscovitch (1979); Sperry (1966; 1969; 1974); Springer, Deutsch (1985).

Lawinenreaktion *(avalanche conduction)*. Eine Reaktion im nervösen Bereich, bei der ein Impuls eine die Intensität des Reizes weit übertreffende Wirkung auslöst, indem durch das Feuern einiger weniger Neuronen viele Neuronen mitzufeuern beginnen.

Lebensalter →*Alter.*

Lebenslauf →*Methoden.*

Lebensraum *(life space)*.
[1] In der Lewinschen →*Feldtheorie* umfassende Bezeichnung für die Beziehungen zwischen den Kräften im und jenen außerhalb des Individuums.
[2] Gesamtheit aller Umweltbedingungen, die das Erleben und Verhalten beeinflussen.

Lederhaut →*Auge,* →*Sklera.*

Legasthenie (dyslexia; legasthenia), auch **Dyslexie, Schreib-Leseschwäche.** Mehr oder weniger ausgeprägte Beeinträchtigungen beim Erlernen des Lesens und der Rechtschreibung, oftmals in Verbindung mit Sehschärfeproblemen, erhöhter Lichtempfindlichkeit, Links-Rechts-Verwechslungen, Aufmerksamkeitsengpässen, Schwierigkeiten beim Zahlenrechnen, bei Zeiteinschätzungen, beim Erinnern und Wiedererkennen von Klängen sowie mit einer verzögerten Sprachentwicklung. Die Ursachen sind noch weitgehend ungeklärt.

Lehrmaschinen *(teaching machines)* →*Programmierter Unterricht.*

Lehrziel *(instructional objective, educational objektive). Pädagogik und pädagogische Psychologie:* Die im Rahmen des Unterrichts zu erreichenden Fertigkeiten, Kenntnisse oder Verhaltensweisen einschließlich der damit verbundenen *Einstellungen.* Neuere taxonomische Ansätze gehen von affektiv-emotionalen, kognitiven und motorischen Komponenten aus, die sich in einer der Aufgabenart entsprechenden hierarchischen Struktur anordnen lassen, wobei Verhaltensklassen und (Lehr-)Inhalte in einer sog. *Lehrzielmatrix* dargestellt werden können.
LIT. Bloom u.a. (Hrsg.; 1972); Krathwohl u.a. (Hrsg.; 1975).

Lehrzielvalidität *(instructional validity).* In der pädagogischen Psychologie und ihren Anwendungsbereichen Bezeichnungen für die Güte einer Unterweisung (Instruktion) oder eines auf ein Lehrziel bezogenen Tests, das angestrebte Ziel tatsächlich zu repräsentieren. Kriterium ist der Lernzuwachs, der sich im Unterschied der gelösten Aufgaben vor und nach der Unterweisung darstellt.
→*Instruktion,* →*Validität,* →*Validität, curriculare,* →*Test, lehrzielorientierter.*
LIT. Herbig (1976).

Leib →*Organismus.*

Leibseelisches Ganzes →*Organismus.*

Leidenschaft *(passion).* Bezeichnung für ein besonders starkes (affektähnliches) Streben nach bestimmten Zielen (z.B. Sammlerleidenschaften) mit manchmal an Besessenheit grenzenden Begleiterscheinungen.

Leistung.
[1] *(performance).* Allgemeine Bezeichnung für den Grad, in dem ein Individuum eine Reihe von standardisierten Aufgaben (→*Test*) mit Erfolg zu lösen vermag.
[2] *(achievement).* Bedeutung wie oben, jedoch mit deutlicher Betonung des erfolgreichen Abschlusses. Im Englischen besonders häufig im Zusammenhang mit Leistungen in speziellen und umschriebenen Fähigkeitsbereichen verwendet, z.B. im Zusammenhang mit *Leistungstests (achievement tests),* die der Ermittlung der Leistungsfähigkeit für bestimmte Berufe o.ä. dienen. Die Verfahren sind meist darauf abgestimmt, den relativen Grad der Güte einer durch *Lernen bzw. Üben* erworbenen Fertigkeit zu bestimmen. In diesem Zusammenhang ist das *Leistungsalter (achievement age)* eine Bezeichnung für das einer bestimmten Altersgruppe (im Durchschnitt) zukommende Leistungsniveau. *Leistungsquotient (AQ, achievement quotient)* bezeichnet z.B. bei Schulreifetests u.ä. Verfahren aus dem Bereich der Pädagogischen Psychologie das Verhältnis des aktuellen Leistungsniveaus (z.B. in einem bestimmten Schulfach) zum erwarteten, der Altersstufe entsprechenden Leistungsmaß (Leistungsalter, s.o.). Die Angaben erfolgen meist in Prozentquotienten.
→*Aktivation,* →*Yerkes-Dodson-Gesetz.*

Leistungsmotivation, Leistungsmotiv *(need for achievement).* Von McClelland eingeführte Bezeichnung für die allgemeine und relativ überdauernde Tendenz, als wesentlich bewertete Aufgaben mit Energie und Ausdauer bis zum erfolgreichen Abschluß zu bearbeiten. Dies geschieht im Sinne eines individuellen Gütemaßstabes (Heckhausen). Der Messung der Stärke der L. dienen projektive Verfahren (→*TAT*) sowie Fragebögen. Nach McClelland handelt es sich bei der L. um eine kulturabhängige Form der →*Motivation,* deren individuelle Ausprägung u.a. vom Grad der Gewährung selbständiger Handlungen im Kindesalter und anderen Sozialisationsbedingungen abhängt.
LIT. Heckhausen (1965; 1980).

Leistungsquotient →*Leistung.*

Leistungsstruktur →*Faktorentheorie.*

Leistungstests →*Leistung,* →*Test.*

Leiter →*Führung.*

Leitungsbogen, nervöser *(nervous arc, neural arc).* Meist am Beispiel des *sensorisch-motorischen* Leistungsbogens demonstrierte funktionale Einheit des Nervensystems, durch die eine Verknüpfung von wahrgenommener Situation (durch Rezeptoren) und motorischer Reaktion (durch Effektoren) hergestellt wird. Ein solcher Bogen besteht aus zwei oder mehreren *Neuronen,* einem afferenten Neuron, das den sensorischen Impuls vom Rezeptor nach innen leitet, und einem efferenten Neuron, das den motorischen Impuls zum Effektor, Muskel oder zur Drüse leitet. Das einfachste Modell ist der sog. *Reflexbogen,* bei dem zwei Neuronen beteiligt sind, die im Rückenmark durch →*Synapsen* miteinander verbunden sind. Bei höheren Leitungsbögen ist die Anzahl der Synapsen und der beteiligten Neuronen größer, außerdem besteht eine Verbindung zu verschiedenen Hirnregionen.

Leitvorstellung →*Ideal.*

leptosom *(leptosomic, leptosomal).* Schmaler, hagerer, langgliedriger Körperbau mit ovaler Gesichtsform und scharfen Zügen; bei extremer Ausprägung auch *asthenischer Habitus* genannt. Nach KRETSCHMER neigen Menschen dieses Körperbautyps zur →*Schizothymie.* Gegensatz: →*pyknisch.*

Lerneinstellung *(learning set).* Von HARLOW eingeführte Bezeichnung für Verbesserungen der Auffassung eines Lern- oder Problemlösestoffes mit dem Effekt besseren/schnelleren Lernens oder Problemlösens im Gefolge der Befassung mit Aufgaben, die eine gemeinsame Lern- oder Lösungsgrundlage besitzen. Die vorher gemachten Erfahrungen wirken wie vom Lernenden selbst erschlossene Hinweise von der Art »man macht es am besten so und so« oder »man lernt den Stoff am besten so und so« *(to learn how to learn).* Lerneinstellungen gehören zu den *vermittelnden Prozessen,* wobei eine gewisse Nähe zum *»Lernen am Prinzip«* und zu *Transfer* gegeben ist. L. n spielen in der Analyse des Lehr- und Lernverhaltens *(Pädagogische Psychologie)* eine große Rolle.

LIT. HARLOW (1949); RESTLE (1962).

Lernen *(learning);* **Lerntheorien** *(learning theories; theories of learning).*

[1] Allgemeine, umfassende Bezeichnung für Veränderungen des individuellen Verhaltens auf bestimmte Reize, Signale, Objekte oder Situationen. Sie haben ihre Grundlage in (wiederholten) Erfahrungen, die automatisch registriert und/oder bewußt verarbeitet werden. Lernen ist nur dann gegeben, wenn ausgeschlossen werden kann, daß dieselben Veränderungen des Verhaltens auf (a) angeborene Reaktionstendenzen (z.B. Reflexe, Instinkte), (b) Reifungsprozesse oder (c) vorübergehende Veränderungen des Organismuszustandes (z.B. durch Ermüdung, Drogen, Pharmaka, biologische Bedürfnisse, Erkrankungen) zurückgehen (BOWER, HILGARD; S. 11). Die vermittelnden Prozesse des Lernens beziehen sich auf Veränderungen der Verhaltensmöglichkeiten oder -bereitschaften und bilden die latente Grundlage für im Situationsbezug manifeste Verhaltens-, Auffassungs- und/oder Denkweisen. Lernen und *Gedächtnis* stehen in engem Zusammenhang; Lernen bezieht sich auf Verhalten nach *Erfahrungen* bzw. Übung, Gedächtnis dagegen auf die Prozesse der Einspeicherung von Erfahrungsrepräsentationen und ihren Abruf im Dienst neuer Aufgaben bzw. der Bewältigung von Situationen.

[2] Erklärungen des Lernens, sog. *Lerntheorien,* gehen von verschiedenen Voraussetzungen aus und unterscheiden sich in der Art und Komplexität der berücksichtigten Prozeßvariablen. Sie lassen sich in drei Klassen unterteilen.

(a) *Verhaltensorientierte Lerntheorien* gehen von der Annahme einer automatischen Registrierung von *Assoziationen* zwischen Reizen, Reizen und Reaktionen oder Operationen und nachfolgender Verstärkung aus. In der von PAWLOW ausgehenden Theorie des *klassischen Konditionierens* erhält ein ursprünglich neutraler Reiz Signalqualität, wenn er mit dem eine Reflexreaktion auslösenden Reiz wiederholt zusammen auftritt. Die wiederholte Koppelung der beiden Reize bewirkt eine Bekräftigung *(Verstärkung)* der Verbindung, der nach Meinung PAWLOWS ein Überfließen der signalspezifischen Erregung in das betreffende Reflexzentrum des Großhirns entspricht. THORNDIKE vertritt den Standpunkt, daß sich Reize bzw. Situationsmerkmale mit Reaktionen – unabhängig von ihren Beziehungen zu Reflexen – dann miteinander verbinden, wenn der Reaktion Verstärkung folgt *(Effektgesetz);* Reaktionsweisen, die von angenehmen Zuständen gefolgt sind, werden aufrechterhalten, wiederholt herbeigeführt und in ihrer Verbindung mit Umweltreizen eingeprägt. SKINNER, der sich jeder theoretischen Interpretation enthält, sieht in der Verbindung zwischen bestimmten, spontan ausgeführten Bewegungen (Operationen) und nachfolgender Verstärkung das entscheidende Lern-Prinzip des *operanten Konditionierens;* er entwickelt verschiedene regelmäßige und unregelmäßige Verstärkungsstrategien *(Verstärkungspläne)*, um die Häufigkeit und Haltbarkeit gelernter Verhaltensweisen zu überprüfen. Für PAWLOW, THORNDIKE und SKINNER sind wiederholte Erfahrung, Übung und Verstärkung entscheidende Voraussetzungen des Lernens. Einen anderen Weg schlägt GUTHRIE ein. In seiner Reiz-Reaktions-Theorie des motorischen Lernens, die sich wie die o.g. auf Tierversuche stützt, wird Lernen als Ergebnis des Effektes der ersten Erfahrung dargestellt; Übung zieht lediglich den Fortfall überflüssiger Teilbewegungen auf dem Weg zum Zielreiz nach sich; die Verabreichung von Verstärkung (z.B. Futter) verhindert lediglich die Ausführung und Einprägung irrelevanter Verhaltensweisen, steht aber mit dem Lernen selbst – das sich nach dem Alles-oder-Nichts-Prinzip vollzieht – in keiner direkten Beziehung. HULL greift die Befunde der o.g. Forschergruppe auf und ergänzt sie durch differenzierte Aussagen über *intervenierende Variablen* zwischen Reiz und Reaktionstendenzen (z.B. die übungsabhängige *Gewohnheitsstärke*, Bedürfnisse bzw. *Triebniveau, Triebreize,* bedürfnisbezogene Umgebungshinweise wie *Anspornkomponente* oder *Triebreizdynamik,* vorweggenommene *Zielreaktionen*). MOWRER, MILLER und DOLLARD schlagen vor, gelernte *emotionale Reaktionen* (z.B. Angst) auf den Grundlagen der Theorien des klassischen und operanten Konditionierens zu interpretieren *(Zwei-Faktoren-Theorie)*. Insgesamt sind die verhaltensorientierten Lerntheorien, obwohl vorwiegend auf Tierversuche gestützt, eine entscheidende Voraussetzung für das Verständnis von *Verhaltensstörungen* und Methoden der *Verhaltenstherapie*. Sie enthalten wesentliche Aufschlüsse über den Zusammenhang zwischen Übung und Verhalten, Übungsübertragung durch *Generalisierung* und *Transfer* und das Lernen von Reizbeziehungen *(Transposition)*.

(b) *Kognitive Lerntheorien:* Für TOLMAN ist die Rolle *kognitiver Repräsentationen,* ihre gestalthafte *Organisation* und die Bildung von *Verstärkungs-* bzw. *Zielerwartungen* zentrales Thema. Obwohl ebenfalls durch Tierversuche belegt, eignen sich die Aussagen TOLMANS für die Erklärung des Einflusses vermittelnder kognitiver Prozesse beim Menschen, welche Lerneffekte im Bezugssystem *kognitiver Elemente* organisieren und steuern. OSGOOD wendet diese Erkenntnisse in seiner Theorie der Verknüpfung sprachlicher Informationselemente an. In den kognitiven Lerntheorien wird u.a. die Frage behandelt, ob und innerhalb welcher Grenzen Verstärkungseffekte beim Menschen auf *Einsicht,* d.h. auf bewußte Verarbeitung von Erfahrungen, beruhen. Verhaltensorientierte Theoretiker gehen einzig und allein von automatischen Wirkungen aus und sehen im Lernen die Wirkweise von Mechanismen der biologischen Anpassung, die weitgehend ohne Bewußtseinskontrolle operieren. Ein weiteres Thema ist das *soziale Lernen* bzw. Lernen durch *Imitation* einer Modellperson. BANDURA greift diese Frage auf und findet die Grundlagen für eine umfassende Theorie der prägenden Wirkung von Vorbildern und der *Selbststeuerung* des Menschen durch *Einstellungen und Erwartungen*. Kognitive Lerntheorien dienen insgesamt der Klärung des Anteils symbolisch-sprachlicher Prozesse bei dem Erwerben und Umsetzen von Erfahrungen; sie liefern darüber hinaus Grundlagen für die *Denk-*, *Gedächtnis-* und *Sprachpsychologie* sowie für sog. *kognitive* (Verhaltens-)*Therapien*.

(c) *Neurophysiologische Lerntheorien* suchen in Beziehungen zwischen umschriebenen Teilen des Nervengewebes, sog. *Zellverbänden* (HEBB), *intrazellulären* und Veränderungen der *synaptischen Permeabilität* Anhaltspunkte für das Substrat der Erfahrungswirkung und Verhaltensorganisation. In neueren Untersuchungen geschieht dies im Zusammenhang mit Erkenntnissen über die Rolle von *Neurohormonen* (z.B. ACTH, Adrenalin), von *Neuropeptiden* (z.B. MAO) und dem intrazellulären RNA-Haushalt. Die von OLDS und MILNER ausgehenden Erkenntnisse der Beziehungen zwischen hypothalamischen »Lust«- bzw. »Unlustzentren« und der Verstärkungswirkung sind Ausgangspunkt für Untersuchungen über die Beteiligung größerer Hirnstrukturen (z.B. *Aktivationssystem, limbisches System, Basalganglien*) an der Dynamik des Lernens und Gedächtnisses, wobei die *Hippocampusformation* von entscheidender Bedeutung für die Orientierung zu sein scheint. Neben Tierversuchen (Läsions- und Stimulationsversuche) haben Untersuchungen an Hirnverletzten wesentlich zum heutigen Erkenntnisstand beigetragen, der zwar vielversprechend, aber ebenso unvollständig ist wie die oben aufgeführten psychologischen Erklärungsversuche. →*Gedächtnis.*

LIT. BANDURA (1977; 1979), BOWER, HILGARD (1981), BREDENKAMP, WIPPICH (1977), ESTES (1975–77), FOPPA (1966), MARTINEZ u. a. (1981), THOMPSON u.a. (1981), ZEILER, HARZEM (1983).

Lernen, inzidentelles *(incidental learning).* Bezeichnung für einen Prozeß, in dessen Verlauf Sachverhalte eingeprägt werden, ohne daß eine entsprechende Lerninstruktion oder -absicht vorliegt, z.B. das beiläufige Mitlernen von Begleitumständen, die mit der gewünschten Tätigkeit oder dem Verhaltensziel in keiner direkten Beziehung stehen. Solche Lernvorgänge ohne Instruktion und Absicht haben beim Menschen einen mindestens so großen Anteil wie willentlich vollzogene.

Lernen, latentes *(latent learning).* Bezeichnung für den angenommenen Erwerb bestimmter Reaktionshinweise (z.B. *Zeichen* oder *Zeichengestalten*) ohne daß eine Verstärkung (z.B. Belohnung) gegeben ist. Wird z.B. eine satte Ratte in ein Labyrinth gesetzt und kann dort umherlaufen (ziellos), so wird sie in hungrigem Zustand ihr Ziel (Futter) schneller finden als mit dem Labyrinth nicht vertraute Ratten.

Lernen, programmiertes *(programmed learning).* Eine von SKINNER ausgehende Form des L., bei der Lernmaterial in kleinen, aufeinanderfolgenden Teilen dargeboten und jeder Lerneffekt sofort verstärkt wird. Dem p.L. dienen sog. *Lernmaschinen (learning machines),* die auf Abruf durch den Lernenden den nächstfolgenden Teil des Programms darbieten und Verstärkungen verabreichen bzw. nach erfolgreicher, verstärkter Lösung einer Teilaufgabe die nächste darbieten. P.L. erfolgt nach den Prinzipien der *operanten Konditionierung.*

Lernen, serielles *(serial learning; rote learning, sequential learning).* Lernen von Einzelheiten in der dargebotenen Reihenfolge, z.B. einer Silben-, Wort- oder Bewegungsfolge. Als Sonderfall des s.L. gilt das sog. *Paar-Assoziations-Lernen (pair associate learning);* hier bilden Silben- oder Wortpaare jeweils eine Einheit und es wird geprüft, ob die Nennung des ersten Elements mit dem zweiten beantwortet wird. Das zuletzt genannte Verfahren wird häufig in der Gedächtnisforschung angewandt.

Lernen, subliminales *(subliminal learning).* Erwerb von Gewohnheiten bzw. Wissen ohne Bewußtseinsbeteiligung, z.B. durch die schwellennahe Intensität oder fragmentarische Darbietung des Lernstoffs, einige wenige Erfahrungen ohne Übungs- oder Wiederholungsmöglichkeiten oder durch die Vermittlung des Lernstoffs zu Zeiten herabgesetzter Aktivation bzw. verminderten sensorischen Umweltrapports (z.B. während des Schlafes).

Lernen durch Einsicht *(insightful learning; learning by insight).* Von WOLFGANG KÖHLER eingeführte Bezeichnung für die Erfassung von Beziehungen zwischen zunächst unverbunden erscheinenden Umwelteindrücken durch denkanaloge Prozesse, ihre Umsetzung in gezielte Tätigkeiten ohne vorausgehendes Probieren bzw. Üben und die wiederholte Anwendung dieses Wissens in gleichartigen oder ähnlichen Situationen. Als Grundlage dienen Schimpansenversuche. Das Tier sieht z.B. herumliegende, ineinandersteckbare Bambusstäbe und hinter einem unübersteigbaren Gitter Bananen. Nach erfolglosen Versuchen, an die Banane heranzukommen, hält es inne und geht dann nach einer Art »Denkpause« dazu über, mit den vorher ineinandergesteckten Stäben nach der Banane zu langen. KÖHLER nimmt an, daß die Einzeleindrücke im Situationsbezug in eine Mittel-Zweck-Ziel-Relation zusammengeschlossen wurden. Ähnlich argumentiert TOLMAN in seiner *Erwartungstheorie* des Lernens. Gegensatz: *Lernen durch Versuch und Irrtum.*

Lernen durch Versuch und Irrtum, Versuch-Irrtums-Lernen *(trial and error learning, learning by trial and error).* Von THORNDIKE eingeführte Bezeichnung für den Effekt erfolgreicher vs. erfolgloser Bemühungen bei der Erreichung eines Zieles durch die Ausführung bestimmter Tätigkeiten. Sperrt man eine Katze in einen Lattenkäfig, dessen Ausgang durch einen Hebelmechanismus von innen geöffnet werden kann, so probiert sie zunächst, durch Klettern, Springen oder Kratzen herauszukommen. Hat das Tier dagegen einmal den Hebel berührt und damit die Türe geöffnet, so treten die übrigen

Verhaltensweisen bei den folgenden Versuchen im gleichen oder einem ähnlichen Käfig weitgehend zugunsten der neuen zurück. Das Tier hat am Effekt (*→Effektgesetz)* gelernt. Im Gegensatz zum *Lernen durch Einsicht* vollzieht sich der Wissenserwerb hier durch aktives Probieren und Manipulieren. *→Konditionierung, operante.*

Lernen nach einem Versuchsdurchgang *(one-trial learning).* Erzielen eines relativ überdauernden Lern- bzw. Konditionierungseffektes durch eine einzige Erfahrung mit der Reiz-Reaktions-Verstärkungskontingenz. Effekte dieser Art werden beobachtet (a) bei der *Verhaltensformung,* (b) der *Selbstreizung,* (c) dem Beobachtungs- bzw. Imitationslernen, (d) dem Lernen von labyrinthartigen Wegen unter Einbeziehung der vollen Wahrnehmungskontrolle und der Übersetzung der Weg-Zeichen-Relationen in einen sprachlichen Code (z.B. Links-Rechtsfolgen als LR einprägen), (e) in Situationen, denen man sich mit großem Interesse widmet und deren Bewältigung keine allzu großen Schwierigkeiten macht, (f) bei Anwendung drastischer schmerzhafter Reize (Vermeidungslernen) etc. Diese Art des Lernens ist sowohl für den verstärkungstheoretischen als auch für den gedächtnispsychologischen Bereich eine wesentliche Informationsquelle.

Lernerfolg, Lerneffekt *(learning effect).* Ergebnis einer Leistungsprüfung nach definiertem Lern- bzw. Übungsaufwand. Kriterien sind z.B. Reaktions-Latenz-Zeiten, Reaktionshäufigkeiten und -stärken, und/oder die Löschresistenz nach der Übung im Vergleich zum Ausgangswert oder zwischen Gruppen mit verschiedenem Übungsaufwand. Die Rückmeldung des L. im Zusammenhang mit komplexen Lernstoffen des schulischen Lernens ist ein wesentliches Ziel der pädagogischen Psychologie im Zusammenhang mit der Definition von Lernzielen und der Entwicklung angemessener Unterrichtsprogramme in der Curricularforschung.

Lernfähigkeit *(learning ability; ability to learn).* In der Pädagogischen Psychologie gebrauchte umfassende Bezeichnung für die individuelle Ansprechbarkeit eines Schülers für in verschiedenen Weisen dargebotene Lerninhalte, aus der Rückschlüsse auf eventuell bestehende Lernschwierigkeiten und ihre Ursachen gezogen werden. L. ersetzt in der Pädagogik den verwaschenen Begriff »Begabung«.

Lernkriterium *(learning criterion).* Vor einer Lernprozedur festgelegter Leistungsstandard, der erreicht werden muß, um unter verschiedenen Bedingungen zustande gekommene Lernleistungen miteinander vergleichen zu können, z.B. die dreimalige rasche Ausführung einer bestimmten Reaktion auf ein bestimmtes Signal oder die fehlerfreie Wiedergabe einer Silbenreihe.

Lernkurve *(learning curve).* Bezeichnung für graphische Darstellungen, die die Beziehung zwischen dem Übungsaufwand (in den Einheiten der Übungsdurchgänge, *trials,* oder der Zeit) und den Leistungs- oder Verhaltensänderungen herstellen lassen.

Lernmaschinen *Lernen, programmiertes.*

Lerntheorie *→Lernen.*

Leuchtdichte *→Helligkeit.*

Leugnung der Realität *→Abwehrmechanismen.*

Leukozyten *→Blut.*

Leveling. Aus dem Englischen übernommene Bezeichnung für eine Tendenz, irreguläre, unstimmige Gegebenheiten als symmetrische oder stimmige wahrzunehmen bzw. zu erinnern. Gegensatz: *→sharpening.*

Lexikon, lexikalisches Gedächtnis *(lexicon, lexical memory).* In der *Gedächtnis-* und *Sprachpsychologie* eingeführte Bezeichnung für die Annahme von Einheiten, welche das praktische Wissen des Sprachgebrauches (Phonetik, Syntax) und der Sprachbedeutung (Semantik) zusammenfassen bzw. beim Lesen oder Hören einer Nachricht Kontextinformationen bereitstellen. Gelegentlich wird zwischen innerem *Wörterbuch (dictionary)* als Repräsentation des praktischen Sprachgebrauchs und L. als Inbegriff des theoretischen Wissens und semantischen Gedächtnisses unterschieden.

Liaison-Gehirn *→Bewußtsein.*

Libido. Psychoanalytische Bezeichnung für sexuelle Impulse bzw. Inbegriff der von FREUD so genannten »Vitalenergie«.

Lidschluß-Reflex *(corneal reflex, eye blink reflex).* Bezeichnung für eine biologische Schutzreaktion (Reflex), die dann einsetzt, wenn die Cornea selbst oder die Bindehäute durch Berührung oder durch einen Luftstrom gereizt werden. Der Lidschluß setzt auch ein, wenn ein heranfliegender Gegenstand registriert, jedoch nicht notwendigerweise bewußt wahrgenommen wird. Der Lidschluß-Reflex läßt sich – auch beim Menschen – leicht auf einen neutralen Reiz hin bedingen (→*Konditionierung*) und dient in zahlreichen Untersuchungen als Indikator für die *Konditionierbarkeit* eines Individuums.

Liebeswahn → *Wahn.*

Life Stress →*Streß [6].*

Likelihood-Funktion *(likelihood function).* Likelihood bezeichnet die Wahrscheinlichkeit, mit der ein bestimmtes Stichprobenergebnis in Abhängigkeit von einem oder mehreren unbekannten Parametern unter der Voraussetzung der Bekanntheit des Verteilungstyps einer Variablen auftritt. Die L. liefert diese Wahrscheinlichkeitsangaben für die möglichen Stichprobenergebnisse. Als Variablen werden dabei die unbekannten Parameter, nicht die Stichprobenwerte aufgefaßt. Setzt man das *Likelihood-Maximum* von Stichprobenwerten bezüglich zur Nullhypothese gehöriger Parameter in den Nenner und das entsprechende L.-Maximum bezüglich der zur Alternativhypothese gehörigen Parameter in den Zähler, so erhält man über diesen Quotienten aus den Grenzwerten des Parameterbereichs das *Likelihood-Verhältnis (likelihood ratio)* als wichtige Prüfzahl für statistische Tests, das mit λ bezeichnet wird.

Likert-Skala *(Likert procedure, Likert-attitude scale, Likert-type scale).* Bezeichnung für eine Methode und das Ergebnis der Skalierung von Skalen, die die Intensität einer *Einstellung (attitude)* messen. Die von LIKERT entwickelte Technik besteht darin, zu jeder Feststellung (Item) graduelle Möglichkeiten der Zustimmung oder Ablehnung anzubieten. Die Likert-Skala ist von der sog. →*Thurstone-Skala* zu unterscheiden, bei der nur Zustimmung oder Ablehnung zu jeder Feststellung möglich sind, wobei allerdings die Feststellungen selbst hinsichtlich des Grades der in ihnen angesprochenen Intensität der Einstellung auf einer *Intervallskala (→Skala)* angeordnet sind.
→*Einstellungsskalen.*

limbisches System *(limbic system).* Bezeichnung für eine Hirnregion, die Teile des *Zwischenhirns* und subkortikale Kerne umfaßt. In neuerer Forschung konnte die Vermutung gestützt werden, daß dieses System mit seinen Verbindungen zu anderen Hirnregionen an der Entstehung und Dauer von emotionalen Reaktionen, auch bei unterschwelliger Reizung, beteiligt ist.
→*Gehirn.*
LIT. ARNOLD (1962).

linear. Die Beziehung zwischen je zwei Variablen ist dann linear, wenn sie der Geradengleichung $Y = a + bX$ folgt. Linearität der Beziehung wird bei Produkt-Moment-Korrelation und linearer Regression vorausgesetzt.

lineare Regression →*Regression.*

linearer Trend →*Trend.*

Linkshändigkeit →*Händigkeit.*

Linsenmodell *(lens model).*
[1] Von Egon BRUNSWIK im Rahmen seiner *Probabilistischen Psychologie* eingeführtes Modell zur Erklärung der menschlichen Gegenstands-Wahrnehmung als Prozeß. Die von einem Gegenstand herrührenden Eindrücke (Sinnesdaten) allein reichen für die Erklärung des Wahrnehmens als Rekonstruktion der Umwelt nicht aus. Sie werden nach Art einer konvexen Linse gebündelt, wobei der Bündelungsprozeß von Hinweisen, hierarchischen Hinweisstrukturen, Gewohnheiten und früheren Erfahrungen geleitet ist. Da die Vertrauenswürdigkeit verschiedener Hinweise und ihrer Kombinationen variabel ist, entsprechen Hinweisgebrauch und Bündelungsprozesse einem intuitiv-statistischen, d.h. probabilistischen Geschehen. Für die Gewichtung von Hinweisen ist u.a. deren *ökologische Validität (ecological validity)* ausschlaggebend; darunter darf man z.B. das Ausmaß der Bewährung bestimmter Hinweise oder Hinweisstrukturen bei der Rekonstruktion der Gegenstandswelt verstehen. Die Wahrnehmung der Gegenstandswelt ist daher an *multiple Vermittlungsprozesse* gebunden, die in jeweils verschiedenem Ausmaß stellvertretende funktionale Bezugsgrößen darstellen.
[2] Im Rahmen einer Theorie des *multiplen Wahrscheinlichkeitslernens (multiple probability learning)* wurde ein erster Quantifizierungsversuch des Linsenmodells vorgelegt. Faßt man einen Begriff in seinen multiplen Beziehungen zu Gegenständen und Gegenstandsmerkmalen auf, so läßt sich dieses Beziehungsnetz mit einer Reihe *multipler Regressionen* darstellen. Der Lernprozeß selbst hat die Kennzeichen eines

multiplen probabilistischen Hinweis-Lernens (multiple- cue probability learning). Weitere Quantifizierungsversuche betreffen die Prozesse und Strukturen der *sozialen* und *klinischen Urteilsbildung.* Im Rahmen einer umfassenden *Theorie des sozialen Urteils (social judgment theory; theory of social judgment)* wird ein sog. *doppeltes Linsenmodell* angewandt. Dabei ist die Beziehung zwischen beurteilten Personen (Objekten oder Situationen) und dem Beurteiler in einem Netzwerk probabilistischer Regressionen dargestellt.
→*Probabilismus.*
LIT. HAMMOND u. a. (1975).

Lippenschlüssel *(lip key).* Bezeichnung für eine an den Lippen angeschlossene Vorrichtung, die – meist auf elektrischem Wege – in Reaktionsversuchen das Einsetzen bzw. die Latenzzeit des Sprechens messen läßt. Der L. ist zu unterscheiden vom sog. *Schallschlüssel (voice key),* bei dem die entsprechende Messung über ein Mikrophon und einen angeschlossenen Zeitmesser erfolgt.

Lispeln →*Paralalie.*

Lithium *(lithium).* Einwertiges Alkalimetall, chem. Li (OZ 3), dessen Salze eine psychoaktive Wirkung besitzen. Die *L.-Therapie (lithium therapy)* besteht in der Verabreichung von L.-Salzen (Serum mit L.-Azetat, -Jodat, -Karbonat oder -Zitrat) in körperverträglichen Dosen zur Eindämmung akuter *manischer* bzw. *manisch-depressiver* Symptome (→*affektive Störung,* →*manisch,* →*manisch-depressive Störung*) und/oder, als *L.-Prophylaxe,* zur Vorbeugung ihres Wiederauftretens. Bei Überdosierung auftretende Symptome wie z. B. Müdigkeit, Übelkeit, Handzittern und Muskelkrämpfe sind vollständig reversibel, d. h. sie verschwinden bei reduzierter Dosierung.

Lobektomie *(lobectomy).* Entfernung eines Teiles des Gehirns, meist der präfrontalen Region auf beiden Seiten.

Lobotomie *(lobotomy).* Bezeichnung für eine Gehirnoperation, bei der die Verbindungen zwischen den präfrontalen Regionen (Lappen) und dem Thalamus durchtrennt werden.

Logogen *(logogen).* Von MORTON (1969; 1970) eingeführte Bezeichnung für hypothetische Prozeßeinheiten bei der integrativen Verarbeitung sprachlicher Informationen, mit deren Hilfe sich Reaktionszeit-Unterschiede bei Versuchen zum Worterkennen bzw. Wiedererkennen erklären lassen. Das Logogen-System gilt als eine Art Wortbedeutungs-Generator, in den Informationen über erkannte Buchstaben beim Lesen oder Phoneme beim Hören zusammenlaufen und diese unter Berücksichtigung bereits bekannter bzw. vertrauter Bedeutungszusammenhänge aus dem semantischen Speicher für sprachliche Reaktionen bereit machen. Mit dem Erkennen bestimmter gelesener Buchstabenfolgen und/oder gehörter Buchstaben- und Silbenklänge werden die entsprechenden Logogene einschließlich der in die gleiche Bedeutungskategorie fallenden Assoziationen aktiviert und haben so einen förderlichen Einfluß auf die Verarbeitung damit übereinstimmender oder ergänzender Informationen. Logogen-Systeme gelten als dynamische Einheiten des *lexikalischen Gedächtnisses.*
LIT. MORTON (1969; 1970).

Logorrhoe *(logorrhea).* Bezeichnung für unzusammenhängendes Sprechen (Wortsalat) bei schweren psychischen Störungen oder zentralnervös bedingten Sprachstörungen.

Logotherapie *(logotherapy).* Von FRANKL eingeführtes, an die Einsicht appellierendes Therapieverfahren zur Selbst- und Sinnfindung auf existenzanalytischer Grundlage. Im Verlauf von Gesprächen mit dem Therapeuten wird der Klient dazu veranlaßt, über die existentielle Bedeutung seiner bisherigen Lebenserfahrungen, Handlungen und Symptome nachzudenken. Das Verfahren baut auf dem Grundsatz auf, daß jeder Mensch die Tendenz habe, sein Denken und Handeln am Sinn seiner Existenz zu orientieren. Ziel des Verfahrens ist die Formulierung bzw. Neuformulierung des Lebenssinns und eine Neubewertung der Erfahrungen und Handlungen. Die L. wird insbesondere bei *Existenzängsten* und *depressiven Neurosen* im Gefolge einschneidender Lebensereignisse angewandt.
→*Angstneurose,* →*Angststörung,* →*Depression.*
LIT. FRANKL (1951; 1959; 1979).

Lokalisierung *(localization).* Bezeichnung für die raumzeitliche Festlegung einer die betreffende Empfindung auslösenden Reizquelle, z. B. bei der Tiefenwahrnehmung oder dem räumlichen Hören.

Lokomotorische Ataxie →*Tabes dorsalis.*

Löschung *(extinction)*. Bezeichnung für eine Reihe von Techniken, die eine *bedingte Reaktion* zu hemmen vermögen. Meistens wird L. dadurch erreicht, daß der konditionelle Reiz wiederholt dargeboten wird, ohne daß ihm der nichtkonditionelle, verstärkende folgt. (Wurde z.B. ein Tier konditioniert, auf ein Lichtsignal, gefolgt von Futtergabe, mit Speichelfluß zu reagieren, so erfolgt die Löschung durch mehrfache Darbietung des Lichtsignals, ohne daß weitere Futtergaben erfolgen. Nach einiger Zeit wird die Häufigkeit des Reagierens auf Lichtsignale mit Speichelfluß absinken und schließlich ganz verschwinden.)

Lösch(ungs)widerstand *(resistance to extinction)*. Der L. ist definiert als der Aufwand, der erforderlich ist, um eine konditionierte Reaktion zum Abklingen oder Verschwinden zu bringen. Im Modellfall der klassischen Konditionierung *(→Konditionierung, klassische)* ist dieses Maß definiert aus der Anzahl der Darbietungen des konditionellen Reizes ohne nachfolgende Verstärkung, die notwendig ist, um ein deutliches Abnehmen der Reaktionshäufigkeit bzw. -intensität zu erzielen. Im Modell der operanten Konditionierung *(→Konditionierung, operante)* ist das entsprechende Maß die Anzahl der noch ausgeführten Reaktionen nach Wegfall der Verstärkung o.ä. Als besonders löschresistent erweisen sich konditionierte aversive Reaktionen (Vermeidungslernen) und Reaktionen, die über intermittierende Verstärkung erworben wurden.
→Humphreys-Effekt; →Verstärkungseffekt, partieller.

LSD oder **D-Lysergsäurediäthylamid.** Bezeichnung für eine zu Gefühlstönungs-Änderungen und Halluzinationen führende Droge.

Lügendetektor *→elektrodermale Aktivität.*

Lumineszenz *→Helligkeit.*

Lust *(pleasure)*. Bezeichnung für die dem Schmerz (Unlust) entgegengesetzte Gefühlsqualität, die sich, gekoppelt mit dem Wunsch nach Fortsetzung der – Lust vermittelnden – Tätigkeit bzw. mit dem Wunsch nach Annäherung an den – Lust vermittelnden – Gegenstand, einstellt. *→Emotion.*

Lustprinzip *(pleasure principle)*. Psychoanalytische Bezeichnung für das Streben nach unmittelbarer Erfüllung von Triebansprüchen durch Erreichen des betreffenden Zieles bzw. einer entsprechenden Vorstellung (Phantasie).
→Realitätsprinzip.

Lymphozyten *→Blut.*

Macht, soziale *(social power)*. Umfassende Bezeichnung für Einflußmöglichkeiten eines Individuums auf Einstellungen, Emotionen, Verhalten und Wahrnehmen anderer. Als wichtige Faktoren gelten (a) *Fachautorität (expert power)*, (b) *persönliche Macht (referent power)*, (c) *brachiale Macht (coercive power)* und (d) *Nützlichkeit* (pretiale Macht, *utilitarian power*).

Magnetfeld-Encephalographie, Magnetencephalographie, MEG *(magnetoencephalography)*. Verfahren zur Erfassung der bioelektrischen Aktivität des Gehirns durch Magnetfeldmessungen an der Schädeloberfläche mit Hilfe von technisch aufwendigen Magnetscannern (→*Tomographie*) mit mehreren Sensoren. Die Anwendung mathematischer Modelle und computerunterstützter Auswertungsverfahren ermöglicht die Darstellung der Erregungsausbreitung und die Tiefenlokalisierung von Erregungsgeneratoren *(Dipolen)* in Millimetergröße. Durch sensorische Reize ausgelöste Magnetfeldveränderungen werden in Analogie zu den →*evozierten Potentialen* des EEG als *evozierte Magnetfelder (evoked field, evoked magnetic field)* bezeichnet.
LIT. Pfurtscheller, Lopes da Silva (1988).

Magnetismus *(animal magnetism)*. In der Theorie von Mesmer eine Erklärung für hypnotische Phänomene. Es wurde angenommen, daß ein minimaler magnetischer Impuls vom Hypnotiseur auf das Medium überfließt.

Makro-Mikro-Korrespondenz →*Entwicklungstheorien*.

Magnetotropismus, Magnetotaxis. Die Orientierung an den Kraftlinien eines magnetischen Feldes.

Major Depression →*Affektive Störung*, →*Depression*.

Makrophagen →*Immunsystem*.

Manie *(mania)*.
[1] Mit *mania* bezeichnete man in der antiken Philosophie alle Zustände der psychischen Übererregtheit.
[2] In der Medizin und Psychiatrie des 18. und 19. Jh. galt M. als allgemeinster Ausdruck für erregungsbedingte Arten und Formen des »Wahnsinns«, sich in umschriebenen Symptomen und/oder Funktionsbereichen äußernde Übererregung als *Monomanie (monomania)*. Auf diese Tradition der Begriffsverwendung verweisen umgangssprachliche Bezeichnungen wie z. B. *»Melomanie«* für Musikleidenschaft oder (im Englischen) *»workomanics«* bzw. *»workoholics«* für Arbeitsbesessenheit. In der gleichen Tradition stehen aus der deskriptiven Psychopathologie der Jahrhundertwende stammende Bezeichnungen, wie z. B. *Kleptomanie* für den unwiderstehlichen Drang zu stehlen oder *Pyromanie* für das leidenschaftliche Interesse an Feuer bzw. den Drang, Brände zu legen und sich daran zu erfreuen. Diese Arten der M. deuten auf Mängel der *Impulskontrolle* hin und gelten als Symptome neurotisch-zwanghafter Störungen.
[3] In der durch die klassische Beschreibung und Klassifikation von *Psychosen* von Kraepelin geprägten Fachsprache ist M. die Bezeichnung für ein Zustandsbild, das durch das Vorherrschen einer unbegründet heiteren, optimistischen Stimmungslage gekennzeichnet ist, die mit Gefühlen des uneingeschränkten körperlichen Wohlbefindens, der Selbstüberschätzung sowie mit einem allgemein gesteigerten Aktivitätsdrang einhergeht und nicht selten in unkontrollierte, enthemmte Verhaltensweisen und/oder erhöhte Irritierbarkeit, Reizbarkeit, gelegentlich auch Agitiertheit einmündet. Gegensatz: *Depression, Deprimiertheit*.
→*manisch*, →*manisch-depressive Störung*.

Manieriertheit *(affectation, mannerism)*. Stereotypes Wiederholen gekünstelter, bizarrer, funktionell irrelevanter Ausdrucks-, Bewegungs- oder Handlungsweisen (z. B. Grimassieren, zeremoniell wirkende Gesten, Gebrauch ausgefallener Worte oder Redewendungen, pathetisches Sprechen oder Auftreten). Syn.: *Affektiertheit, Manierismus* (letzteres auch Bezeichnung für eine Kunstrichtung, in der Formphantasien vorherrschen), *verschrobene Manieren, Verschrobenheit*. Extreme Ausprägungsgrade gelten als Symptome von Störungen aus dem Formenkreis der →*Schizophrenie* oder weisen auf degenerative Beeinträchtigungen aus dem Formenkreis der →*Demenz* hin; in schwächerer Ausprägung findet sich M. auch bei *Angst-* und *Zwangsneurosen*.

Manierismus →*Manieriertheit*.

manisch *(maniac, maniacal, manic)*.
[1] Stimmungslage, die sich im Gegensatz zur Deprimiertheit in Optimismus, gesteigertem Selbstgefühl und Aktivitätsdrang äußert.

[2] Auf KRAEPELIN zurückgehende Bezeichnung für psychotische bzw. neurotische Störungen mit den Kennzeichen übertriebener heiter-optimistischer Stimmung (→*Manie* [3]). Gegensatz: →*depressiv*. In schwächerer Ausprägung wiederholt oder chronisch auftretende manische Zustandsbilder deuten auf psychische Störungen, z. B. auf das Vorliegen (früher auch als Charakterneurosen bezeichneter) neurotischer Störungen aus dem Formenkreis der →*Persönlichkeitsstörung* hin. Stark ausgeprägte, die gesamte Stimmungslage beherrschende manische Verstimmungen gelten dagegen als Hinweis auf →*Psychosen* bzw. →*Affektive Störungen*.
[3] Als *manische Episoden* gelten längeranhaltende Zustände der gehobenen, gelegentlich auch reizbaren Stimmungslage, die mit gesteigerter Aktivität, erhöhtem Selbstgefühl, geringem Schlafbedürfnis und erhöhter Ablenkbarkeit einhergehen. Gegensatz: *depressive Episode*. Im Wechsel mit depressiven Episoden auftretende manische Episoden sind zentrale Kennzeichen der →*manisch-depressiven Störung*.

manisch-depressiv →*Zyklothymie*.

manisch-depressive Störung *(maniac-depressive disorder)*. *Klinische Psychologie, Psychiatrie:* Störungen, die durch den Wechsel von manischen und depressiven Stimmungslagen gekennzeichnet sind. (a) In der von KRAEPELIN geprägten klassischen Systematik deutet der Wechsel von ausgeprägten manischen und depressiven Stimmungslagen auf das Vorliegen einer endogenen →*Psychose*, der sog. *manisch-depressiven Psychose* hin. (b) In der symptomorientierten Klassifikation des *DSM III–R* werden die verschiedenen Formen der m.-d. S. gemeinsam mit den unipolaren depressiven Störungen unter dem Oberbegriff →*Affektive Störung* zusammengefaßt und als *bipolare affektive Störungen* bezeichnet. Eine *bipolare Störung (bipolar disorder)* im engeren Sinne liegt dann vor, wenn sich in der Vorgeschichte eine oder mehrere länger anhaltende *manische* (oder hypomanische) Episoden sowie vereinzelte Episoden der *Major Depression* finden (→*Depression*). Für die ebenfalls zu den bipolaren Störungen zählende *zyklothyme Störung (cyclothymia)* sind dagegen neben mehreren (hypo-)manischen Episoden ebenso zahlreiche Perioden mit depressiver Symptomatik charakteristisch.

manische Episode →*Affektive Störung*, →*manisch*.

MAO, MAOH, MAOI →*Monoaminoxidase*.

Mapping *(Erfahrungsrepräsentation)*. Aus dem Engl. übernommene Bezeichnung für kognitive Prozesse, die dem Vergleich zwischen soeben wahrgenommenen, kurzzeitig gespeicherten Informationen mit neuen Informationen zugrunde liegen. Stimmen die Merkmale relevanter bzw. irrelevanter Reize in beiden Fällen überein (z. B. beim Wiedererkennen einer bestimmten Zahl in einer aus Zahlen und Buchstaben bestehenden Anordnung) und macht man die wiederholte Erfahrung, daß diese Übereinstimmung erhalten bleibt *(consistent mapping; CM)*, so werden die Entscheidungszeiten durch das Mitlernen der an Reizmerkmalen orientierten Suchstrategie kürzer; der Prozeß wird *automatisiert*.
Macht man dagegen die Erfahrung, relevante und irrelevante Reize würden beständig vertauscht *(varied mapping; VM)*, so dauert die Entscheidung länger, denn die Suche nach relevanter Information hat wechselnde Ausgangspunkte, die *kontrolliert* werden müssen.
→*Absuche*.
LIT. SHIFFRIN, SCHNEIDER (1977); SCHNEIDER, SHIFFRIN (1977).

Marathon-Encounter *(marathon encounter)*, Syn.: *Marathongruppe (marathon group)*. Gruppendynamisches Interventionsverfahren, in dessen (meist mehrtägigem) Verlauf die Gruppenmitglieder (in der Regel 10–15 Personen) beständig zusammenbleiben und fortlaufend dazu ermuntert werden, ihren Gefühlen anderen gegenüber freien Ausdruck zu verleihen, um innere Widerstände abzubauen und auf andere eingehen zu lernen. M. baut auf ähnlichen Prinzipien auf wie das sog. →*Sensitivity-Training;* es soll dazu dienen, die Erlebnisintensität und soziale Sensibilität zu erhöhen. M. wird z. B. zur Förderung des gegenseitigen Verständnisses und der Konsensfähigkeit zwischen Mitgliedern betrieblicher Arbeitsgruppen angewandt.

Mareyscher Tambour oder **Mareysche Trommel** *(Marey tambour)*. Vorrichtung zur Registrierung von Atem-

und Pulsbewegungen durch pneumatisch-mechanische Übertragung der Bewegungen auf eine Trommelmembran, von der aus eine ebenfalls mechanische Registrierung (z.B. mittels →*Kymographen*) in vergrößertem Maßstab möglich ist.

marginal.
[1] Am Rande gelegen, z.B. das Marginal- oder Randfeld als Bezeichnung für die peripheren Regionen der Netzhaut.
[2] Bezeichnung für einen Bereich zwischen zwei Entscheidungsmöglichkeiten (Bereich der *Unsicherheit*).

Markscheide →*Neuron*.

Marktforschung *(consumer psychology, marketing)*. Bezeichnung für ein Teilgebiet der *Angewandten Psychologie,* in dessen Rahmen im Zusammenhang mit Marktanalysen die Bedürfnisse und Wünsche potentieller Konsumenten untersucht und die entsprechenden Werbemaßnahmen ausgearbeitet werden.

maskierte Depression →*Depression*.

Maskierung, Abdeckung *(masking)*.
[1] Allg. Bezeichnung für Versuchstechniken, bei denen ein Reiz durch einen anderen, der gleichzeitig, unmittelbar vorher oder nachher dargeboten wird, in seiner Erkennbarkeit oder Wahrnehmbarkeit beeinträchtigt oder verändert wird, z.B. die Überlagerung eines Tones (Signal) mit *Rauschen*.
[2] Mit *visueller Maskierung (visual masking)* werden Versuchsanordnungen bezeichnet, die den Einfluß von hintereinander dargebotenen Reizen auf das Erscheinungsbild in Abhängigkeit von bestimmten Reizparametern und dem kritischen Intervall zwischen ihrer Darbietung nachweisen. Unter *rückwirkender Maskierung (backward masking)* versteht man den Effekt eines nachher gebotenen Reizes auf die Wahrnehmung eines unmittelbar davor gezeigten Reizes. Maskierung von Reizen mit einem zweiten, der angrenzende Konturen besitzt, nennt man *Metakontrast (metacontrast)*. Bietet man einer Versuchsperson einen Kreis dar und unmittelbar darauf (ca. 50 msec) einen den Kreis umgebenden Ring, so kann der Kreis entweder nicht oder nur mit verschwommenen Konturen erkannt werden. Haben die Figuren keine gemeinsame Begrenzung, so ist der Effekt geringer bzw. nur mehr abhängig von dem Helligkeitsunterschied zwischen der ersten und zweiten Figur.
→*Figurale Nachwirkung*.

Maskierung, kognitive →*kognitive Maskierung*.

Masochismus. Bezeichnung für sexuelle Lustgefühle bei zugefügtem körperlichem Schmerz.
→*Sexualstörung*.

Masse *(crowd)*. Bezeichnung für eine Gruppe von Menschen, die temporäre Übereinstimmung in Fühlen und Handeln zeigt, weil die einzelnen Individuen sich demselben Gegenstand oder Ideal mit voller Aufmerksamkeit zuwenden. Wegen dieser Einheit – so wird in der *Massenpsychologie* angenommen – des Fühlens und Handelns kann es zu Reaktionen kommen, die im Vergleich zu individuellen Reaktionen primitiv erscheinen. Man spricht oftmals von einem *Massengeist,* von einer *Massenseele* oder von *Massenerscheinungen* (Massenhysterie, Panik u.ä.).

Maße der zentralen Tendenz →*Zentrale Tendenz*.

Massenerscheinungen →*Masse*.

Massengeist →*Masse*.

Massenmedien *(mass media)*. Zusammenfassende Bezeichnung für Kommunikationsmittel (Medien), die gleichzeitig einer großen Anzahl von Individuen gleiche Botschaften oder Nachrichten übermitteln. Die Erforschung der Wirkung von M. umfaßt die Fragen nach der Bedeutung, Verbreitung und Wirkung von *Büchern, Comics, Flugblättern, Zeitungen* und *Zeitschriften, Rundfunk, Fernsehen* und *Film*. Die Frage nach der direkten Wirkung ist bisher nicht vollständig geklärt. Es kann angenommen werden, daß die Wirkung nicht unmittelbar, sondern über vermittelnde Personen oder Gruppen erfolgt. Bestimmende Faktoren sind Quelle, Inhalt und Form der Botschaft, Eigenheiten des Empfängers und situative Merkmale.
→*Einstellungsänderung*.
LIT. HOVLAND (1954); KLAPPER (1966); WEISS (1970).

Massenpsychologie →*Masse*.

Massenseele →*Masse*.

massierte Übung →*Übung*.

Massonsche Scheibe *(Masson disc)*. Drehbare weiße Scheibe mit auf einem Radius eingezeichneten Quadratfiguren, die bei Drehung durch ihre verschiedene Entfernung vom Mittelpunkt den Eindruck verschieden grauer Kreise erzeugen. Die Massonsche Scheibe dient der exakten Bestimmung der Unterschiedsschwelle für Grautöne.

Maßzahl →*Score*.

Masturbation. Syn. für *Onanie, Selbstbefriedigung*.

matched-dependend behavior, dt. etwa *unselbständiges Kopieren*. Ein von Miller und Dollard beschriebener Lernprozeß des Imitierens, bei dem das Modell die Belohnung durch unabhängiges Reagieren auf einen Reiz erhält, während der Beobachter auf Grund der Imitation des Modellverhaltens belohnt wird.

mathematische Definition →*Definition*.

Mathematische Psychologie *(mathematical psychology)*. Teilgebiet der Allgemeinen Psychologie, in dessen Rahmen mathematische Methoden zur Beschreibung bzw. Theorienbildung, zur Modellgewinnung, Modellüberprüfung und zur Herleitung weiterführender Hypothesen herangezogen werden. In der Regel beschränkt sich die Anwendung mathematischer Methoden auf solche Sachverhalte, die aufgrund experimenteller Untersuchungen regelhafte Zusammenhangsstrukturen aufweisen, z.B. *Psychophysik* und Lernpsychologie. Einen relativ breiten Raum nehmen Verfahren der Überprüfung der Adäquatheit von Modellen ein, wozu auch der Bereich der Erstellung von sog. Simulationsmodellen gehört; ferner vergleichende Untersuchungen verschiedener Modelle hinsichtlich ihrer Eignung, empirisch-experimentelle Beziehungen exakt bzw. repräsentativ abzubilden. Die M.P. steht in enger Verbindung zur psychol. Meßtheorie.

LIT. Coombs u.a. (1970).

Matrix *(matrix)*.

[1] Mathematische Bezeichnung für die in einem quadratischen Schema angeordneten Zahlen oder Symbole (z.B. Korrelationskoeffizienten) zum Zwecke weiterer algebraischer Behandlung (z.B. der Ermittlung von Faktoren u.ä.). Die Behandlung von Matrices geschieht nach den Regeln der Matrix-Algebra.

[2] Allgemeine Bezeichnung für ein System, in dessen Rahmen einzelne Komponenten oder Faktoren definiert sind, z.B. Lernmatrix als das Gesamt aller Operationen bei einem Lernautomaten.

LIT. Horst (1963).

Maudsley Personality Inventory →*Extraversion*.

Maximum-Likelihood-Methode *(maximum likelihood method, method of ml)*. Universelle statistische Methode zur Auswahl *optimaler Schätzungen* für unbekannte Parameter. In der Testtheorie dient sie der Ermittlung solcher Tests, die optimale Eigenschaften aufweisen. Man bestimmt nach der M.-L.-M. als Schätzwerte diejenigen Werte für unbekannte Parameter, die einem erzielten Stichprobenergebnis die größte (differentielle) Auftretenswahrscheinlichkeit verleihen, d.h. man gewinnt mit der Methode Schätzwerte für Parameter mit maximaler Likelihood *(→Likelihood-Funktion)*. Voraussetzung für die Anwendung ist die Bekanntheit des Verteilungstyps der Variablen.

McCollough-Effekt *(McCollough-effect)*. Bietet man einer Versuchsperson jeweils etwa 2–4 Minuten lang senkrechte schwarze Linien auf einem orangefarbigen und waagrechte Linien auf einem blauen Hintergrund dar und anschließend eine Testfigur, deren linke Hälfte aus senkrechten schwarzen Linien auf grauem Hintergrund und deren rechte aus waagrechten Linien, ebenfalls auf grauem Grund besteht, so färbt sich der linke Grund blau-grün, der rechte dagegen orange. Es handelt sich um *Farbnachbilder (color aftereffects)* in den Gegenfarben, gekoppelt an die Linienränder und ihre Richtung. Der Effekt hält mehrere Stunden an und ist auf andere Figuren übertragbar. Im Zusammenhang mit der Untersuchung *rezeptiver Felder* wird angenommen, daß es sich um Farbadaptation von orientierungsspezifischen *Rand-Analysatoren* oder *-detektoren* handelt.

Md →*Median*.

MDS →*multidimensionale Skalierung*.

Med →*Median*.

Median (Abk. **Md** oder **Med**). Bezeichnung für die Maßzahl des mittleren Falles bei nach der Größe geordneten Maßzahlen, z.B. erfüllt bei den Werten 3, 8, 11, 15, 16 die Maßzahl 11 diese Bedingungen. Bei gerader Anzahl von Maßzahlen wird der M. zwischen den beiden mittleren liegend angenommen und durch Interpolieren ermittelt. Liegen N Daten vor, so läßt sich die Position des dem Median entsprechenden Falles durch die Beziehung $(N + 1)/2$ ermitteln. In unserem Falle entspricht der M. der $(5 + 1)/2 = 3$. Maßzahl.

Mediansagittale *(medial plane, sagittal plane)*. Anatomische Bezeichnung für eine zum Zwecke der Beschreibung des menschlichen Körpers gedachte vertikale Ebene, die senkrecht auf der Verbindungslinie zwischen den Ohren steht und den Körper in annähernd oberflächengleiche symmetrische Hälften teilt.
→*Sagittale.*

Mediatorvariable *(mediator variable, mediating variable)*. Variable Einflüsse innerer Mechanismen, die durch spezifische Reiz- oder Prozeßeigenschaften in Gang kommen und die Reaktionsvarianz mitbestimmen. Syn.: *vermittelnde Prozeßvariablen.*

Medizinische Psychologie *(medical psychology)*. Auf das ärztliche Berufsfeld bezogenes Anwendungs- und Forschungsgebiet der Psychologie. Die M. P. befaßt sich vorrangig mit den allgemein-, persönlichkeits- und sozialpsychologischen Grundlagen der Interaktionen zwischen Ärzten, Pflegepersonal, Patienten und ihren Angehörigen in Kliniken und Rehabilitationseinrichtungen, mit Fragen der Gesprächsführung, der Vorbereitung von Patienten auf diagnostische oder operative Eingriffe und therapeutische Maßnahmen, mit Fragen der Formulierung ärztlicher Anweisungen und Präventionsempfehlungen sowie mit den Erlebnis- und Verhaltensreaktionen Gesunder und somatisch Kranker auf ärztliche Empfehlungen und Interventionen. Die M.P. ist für Ärzte ein Ausbildungs- und Prüfungsfach im Rahmen der medizinischen Vorprüfung.
LIT. Beckmann (1984); Huppmann, Wilker (1988).

Medulla oblongata oder **Medulla,** verlängertes Rückenmark. Das obere Ende des Rückenmarks mit einer kolbenförmigen Erweiterung (Bulbus); gleichzeitig der unterste Abschnitt des Gehirns mit Atem- und Kreislaufzentren.
→*Gehirn.*

MEG →*Magnetfeld-Encephalographie.*

Megalomanie *(megalomania)*. Krankhafte Selbstüberschätzung, Größenwahn.

mehrdeutig *(ambiguous)*. Allgemeine Bezeichnung für einen Sachverhalt, der zwei oder mehrere Möglichkeiten der Deutung eröffnet. Die ursprüngliche Bedeutung bezieht sich besonders auf *mehrdeutige Konfigurationen* (Umspringbilder; *ambiguous figures*) oder Darstellungen in mehrdeutiger perspektivischer Anordnung *(ambiguous perspective)*.
Intoleranz gegenüber Mehrdeutigkeit (intolerance of ambiguity) bezeichnet (nach Else Frenkel-Brunswik) die generelle Unfähigkeit eines Menschen, Urteile in der Schwebe zu halten oder zu nuancieren. Die Intoleranz gegenüber Mehrdeutigkeit wird meist als eine relativ überdauernde *Einstellung* angesehen und steht in engem Zusammenhang mit dem Syndrom der *autoritären Persönlichkeit.* Die Intoleranz gegenüber Ambiguität steht auch in offensichtlich engem Zusammenhang mit der Anfälligkeit eines Menschen, sich im Sinne von Vorurteilen vorschnell festzulegen, sobald ein Sachverhalt mehrere Deutungsmöglichkeiten eröffnet. Ambiguität, das entsprechende Fremdwort mit dem lateinischen Präfix »ambi« heißt wörtlich »Zweideutigkeit«, wird jedoch im Deutschen zur Vermeidung einer allgemein üblichen Bedeutung dieses Wortes hier mit Mehrdeutigkeit wiedergegeben.

Mehrfachschreiber →*Polygraph.*

Mehrfachwahl, Mehrfachwahl-Antwort *(multiple choice)*. Test oder Versuchsanordnung, bei der mehrere Antwort- oder Reaktionsmöglichkeiten zur Auswahl stehen, wobei jedoch nur eine richtig bzw. von Verstärkung gefolgt ist.

Meinungsforschung *(opinion research)*. Bezeichnung für ein Teilgebiet der *Angewandten Psychologie,* in dessen Rahmen durch Befragungen an *repräsentativen Stichproben* (Meinungsumfragen) Einstellungen, Meinungen oder Überzeugungen der Bevölkerung zu bestimmten Meinungsgegenständen (Konsumartikel, Politiker, politische Parteien) ermittelt bzw. (Wahlergebnisse) vorausgesagt werden. Die Meinungsforschung wird im Zusammenwirken von Soziologen (Politologen), Psychologen und Sozialstatistikern betrieben.
LIT. Spiegel (1961).

Meiose →*Zellteilung.*

Meissnersche Tastkörperchen *(Meissner corpuscles)* oder **Endkolben.** Druckrezeptoren auf Handflächen und Fußsohlen.

Membran, Zellmembran *(membrane, plasma membrane)*. Äußere Schichtstruktur pflanzlicher und tierischer Zellen. Sie umgibt das *Cytoplasma.* Mem-

branen sind selektiv permeabel, d. h. für bestimmte Stoffe durchlässig. Diese Eigenschaft hat Bedeutung für Stoffwechselvorgänge bzw. Erregungsprozesse und ihre Übertragung.
→*Synapse*.

Menarche. Bezeichnung für die erste Menstruation bzw. den Zeitpunkt des Einsetzens.

Mendelsche Regeln oder **Mendelsche Gesetze** *(Mendel's laws, Mendelian laws)*. Bezeichnung für eine von Gregor MENDEL in Pflanzenversuchen entdeckte Reihe von Regelmäßigkeiten des Erbganges von Merkmalen bzw. Eigenschaften unter Berücksichtigung der Dominanz bzw. Rezessivität der jeweiligen Merkmale bzw. Eigenschaften im Erbgefüge der Eltern. Als *dominant* bezeichnet man solche Erbeigenschaften, die in jedem Falle auftreten; *rezessiv* heißen solche, die nicht oder erst dann in Erscheinung treten, wenn dominante Eigenschaften ausfallen und beide Eltern die betreffende Eigenschaft rezessiv, d.h. verdeckt aufweisen.
→*Dominanz*.
LIT. KÜHN (1965).

Meninges oder **Gehirnhäute.** Zusammenfassende Bezeichnung für die drei das Gehirn und das Rückenmark umschließende Häute (pia mater, arachnoidea, dura mater). Die Entzündung dieser Häute wird *Meningitis* genannt.

Menopause *(menopause)*. Bezeichnung für das Ausbleiben der Menstruation bei Frauen im Alter von ca. 50 Jahren.

Mensch-Maschinen-System →*System*.

mental. Im Englischen gebräuchliche Bezeichnung für Geistiges, Seelisches oder Verstandesmäßiges; z. B. in *mental disorder* (psychische Störung), *mental age* (Intelligenzalter) u. ä., *mental content* (Bewußtseins-, Erlebnis- oder Denkinhalt), *mental hygiene* (Inbegriff der prophylaktischen Maßnahmen zur Verhinderung von psychischen Schädigungen, z.B. durch Milieu u. ä., Syn. *mental health*), *mental test* (Syn. für Intelligenztest), *mental work* (geistige Tätigkeit jeder Art). *Mental set* →*Einstellung*.

Mentale Rotation *(mental rotation)*. Von SHEPARD erstmals beschriebener vermittelnder Prozeß bei der Verarbeitung anschaulicher räumlicher Eindrücke und Vorstellungen. Wird ein unsymmetrisches zwei- oder dreidimensionales visuelles Reizmuster in verdrehter Raumlage dargeboten und soll man entscheiden, ob es sich dabei um die korrekte oder spiegelbildliche Darstellung eines Vergleichsobjekts handelt, so dauert die Entscheidungszeit um so länger, je verdrehter der Reiz dargeboten wurde. Die lineare Beziehung zwischen Entscheidungszeit und Verdrehungsgrad legt die Vermutung nahe, man vollziehe in der Vorstellung eine dem physikalisch-geometrischen Verdrehungsgrad entsprechende Rückdrehung, die um so länger dauert, je verdrehter der Zielreiz im Vergleich zum Vergleichsreiz erscheint.
LIT. SHEPARD, METZLER (1971); SHEPARD, COOPER (1982).

Mentalismus *(mentalism)*. Bezeichnung für psychologische Richtungen, die die mentalen Prozesse (z.B. Denken, Fühlen) oder die Persönlichkeit vom Erlebnis her mit den Mitteln der *Introspektion* beschreiben bzw. diesen Prozessen in ihren Systemaussagen besondere Aufmerksamkeit schenken (im Englischen meist in kritisch-abfälligem Sinn gebraucht).

Merkelsches Gesetz *(Merkel's law)*. Bezeichnung für eine generelle Form des *Weberschen Gesetzes;* gleichen Unterschieden der Empfindungen entsprechen gleiche Unterschiede der Reize (das Webersche Gesetz stellt eine solche Beziehung nur in bezug auf Unterschiedsschwellen her; das Fechnersche Gesetz behauptet dagegen die Entsprechung der Logarithmen der Reizunterschiede zu den Empfindungsunterschieden).

Merkelsche Tastzellen *(Merkel corpuscles)*. Druckrezeptoren in der Mundhöhle und auf der Zunge.

Merkfähigkeit →*Intelligenz*.

Merkmal *(attribute)*. Ein wesentlicher Aspekt oder ein wesentliches Kennzeichen für ein Phänomen, ohne dessen Vorhandensein das Phänomen selbst nicht erfaßt werden kann. So müssen z.B. alle *Empfindungen* Qualität, Intensität und *Dauer* aufweisen.

Mesencephalon, Mittelhirn. Gehirnteil, der sich aus der mittleren embryonalen Keimblase entwickelt und die crura cerebri und die quadrigemina (Vierhügelregion) umfaßt.

mesomorph. Anthropometrische Bezeichnung für einen Körperbau, der sich durch kräftigen Knochenwuchs, stark entwickelte Muskulatur und starkes

Bindegewebe auszeichnet (Syn. athletisch).

Messen *(measurement).*
[1] Allg. Bezeichnung für den Vergleich eines Dinges oder einer Erscheinung mit einem Maßstab oder Standard und der Möglichkeit, das Ergebnis quantitativ darzustellen.
[2] In etwas strengerem Sinne ist M. eine durch Regeln festgelegte Bezeichnung bestimmter Aspekte oder Eigenschaften von Gegenständen oder Erscheinungen mit Symbolen, meist Zahlen.
[3] In noch strengerer (axiomatischer) Bedeutung ist Messen das Zuordnen von Zahlen zu Objektmerkmalen dergestalt, daß bestimmte Relationen zwischen den Zahlen entsprechende Relationen zwischen den gemessenen Objekten (möglichst einwandfrei) abbilden. Beim Messen gilt es daher, genau anzugeben bzw. zu ermitteln, welche Eigenschaften der Symbole, der Zahlen, im vorliegenden Fall einen empirischen Sinn haben und welche Transformationen mit den Zahlen vorgenommen werden können, ohne daß die empirisch sinnvollen Relationen deformiert werden.
LIT. CAMPBELL (1928); ORTH (1974); PFANZAGL (1971).

Metabolismus *(metabolism)* oder **Stoffwechsel.** Allgemeine und umfassende Bezeichnung für alle chemischen Veränderungen des lebenden Organismus. *Anabolismus (anabolism)* bezeichnet die aufbauenden Prozesse, *Katabolismus (catabolism)* die abbauenden Prozesse, bezogen auf die Protoplasmaproduktion bzw. den -verbrauch. Bei der Messung des *Grundumsatzes (basic metabolic rate)* wird der Katabolismus des wachen, jedoch im Ruhestand befindlichen Organismus bestimmt.

Metakontrast *(metacontrast; backward masking).* Bezeichnung für die Rückwirkung eines unmittelbar nach Darbietung eines Reizes empfangenen Eindruckes auf das Erscheinungsbild des ersten Reizes. Der Einfluß ist dann besonders stark, wenn die Konturen des zweiten Reizes an den ersten angrenzen. Die M.-Technik gibt besonders Aufschlüsse über die Funktion der kurzzeitigen Speicherung von Wahrnehmungsbildern.
→figurale Nachwirkung, →Maskierung.

Metamorphose *(metamorphosis).* Bezeichnung für die den Entwicklungsgang mancher Lebewesen charakterisierenden abrupten und nahezu vollständigen Wandlungen des äußeren Erscheinungsbildes, z. B. die Umwandlung vom Lurch zum Frosch oder von der Larve zur Fliege. Im übertragenen Sinn allgemeine Bezeichnung für jedwede Veränderung des äußeren Erscheinungsbildes während der Entwicklung.

Metasprache *(meta language).* Sprachsystem höherer oder zweiter Ordnung, z.B. eine Fachsprache, die über das Medium der Normalsprache gegebene Aussagen zu neuen, eventuell allgemeineren und formalisierten machen läßt. Oftmals auch Syn. für eine in mathematischen Symbolen gegebene Fachsprache nach dem Vorbild der Physik (vgl. z.B. HULLS Systemaussagen *»drive«, »habit«* u. ä.).

Methode der behaltenen Glieder *(retained members method).* Bezeichnung für eine Methode der Gedächtnisprüfung *(→Gedächtnis).* Es wird geprüft, wieviele der Elemente eines Lernstoffes, der einmal dargeboten wurde, richtig reproduziert werden können.

Methode der gleicherscheinenden Intervalle *→Psychophysik.*

Methode der kleinsten Quadrate *(least squares method).* Bezeichnung für eine mathematisch-statistische Methode zur Ermittlung der ausgeglichenen Kurve, die einem empirischen Kurvenverlauf am besten entspricht bzw. die Ermittlung der Kurvengleichung durch Einführung von Gleichungen, die sich auf empirische Daten stützen. Die Methode hat ihren Namen daher, daß die gesuchte Funktion in den einzelnen Meßpunkten von der empirischen minimalste (quadratische) Abweichungen aufweisen soll.
LIT. FRÖHLICH, BECKER (1972).

Methode der Hilfen *→Gedächtnis.*

Methode der konstanten Reize *→Phi-Gamma-Funktion, →Psychophysik.*

Methode der konstanten Reizintervalle *→Psychophysik.*

Methode der »verschwindenden« Unterschiede *(disappearing differences method).* Bezeichnung für einen Sonderfall der *Grenzmethode* zur Ermittlung von *Unterschiedsschwellen.* Zwei Reize werden zunächst so dargeboten, daß ihr Unterschied merklich ist. Sodann wird einer der beiden Reize hinsichtlich seiner Intensität so lange abgeschwächt, bis kein Unterschied mehr wahrgenommen wird.

Methode des mittleren Fehlers →*Psychophysik.*

Methoden (der Psychologie). Allgemeine und umfassende Bezeichnung für alle mehr oder weniger systematischen Zugänge im Dienste einer mehr oder weniger weitreichenden Fragestellung (z.B. Hypothese). Zu den wichtigsten methodischen Ansätzen gehören in der Psychologie alle Formen der *Beobachtung* von außen, das *Experiment* (einschließlich der mathematisch-statistischen Bearbeitung der Daten), *Tests* und ungeeichte diagnostische Verfahren (einschließlich der Anamnese und Exploration) und die Untersuchung des *Lebenslaufes.*

Methodenpluralismus →*Pluralismus.*

mho →*elektrodermale Aktivität.*

Mikrogenese →*Aktualgenese.*

Mikron *(micron).*

$$\frac{1}{10000}\ \text{cm}$$

Abk. μ (griech. my). Lichtwellenlängen werden in Milli-Mikron (d.h. 1/1000 μ) gemessen.

Mikrotraum →*Schlaf.*

Millilamber, mla. Photometrische Einheit der Helligkeitsmessung des Lichts. 1 la = 1/π sb, wobei sb (Stilb) = 1 candela pro cm^2. Ein mla ist dann 1/1000 la. Das menschliche Auge ist für Helligkeiten zwischen 10^7 und 10^{-6} mla eingerichtet.
→*Adaptation.*

mimetic response →*Mimikry.*

Mimik *(miming).* Der Gesichtsausdruck *(→Ausdruck).*

Mimikry *(mimicry,* auch *mimetic response).* Bezeichnung für instinktives Imitationsverhalten bzw. artspezifische Anpassungsreaktion von Tieren an ihre Umgebung durch Veränderungen des äußeren Erscheinungsbildes (z.B. Verfärben).

Minderwertigkeitskomplex *(inferiority feeling, inferiority complex).* Ein Gefühl bzw. ein Komplex, der als aus dem Konflikt zwischen Anspruch auf Anerkennung und Furcht vor Mißerfolg – aufgrund vorher gemachter Erfahrungen – entstanden gedacht wird. In kritischen Phasen der Entwicklung treten solche Phasen der Unsicherheit regelmäßig auf, ohne daß sie notwendigerweise die relativ überdauernde Form des M. annehmen müssen. Man bezeichnet die letztere Erscheinung eher als *Minderwertigkeitsgefühl.*

Minimax-Prinzip *(minimax principle).* Prinzip der Optimierung bei *statistischen Entscheidungen* und in der *Spieltheorie.* Bei statistischen Entscheidungen werden solche Entscheidungsregeln ausgewählt, deren Risiko in der ungünstigsten Situation am kleinsten ist. Damit ist das maximale Risiko am kleinsten gehalten (minimiert). Ist die ungünstigste Situation nicht relevant oder abwegig, so könnte das M.-Prinzip zu sehr ungünstigen Regelauswahlen führen; in diesem Fall kann durch zusätzliche Information unter Zuhilfenahme der *Bayesschen Statistik* eine Modifikation der Auswahl des ungünstigsten, jedoch noch plausiblen Falles herbeigeführt werden. In der Spieltheorie erfolgt mit Hilfe des M.-P. die Auswahl der besten Spielstrategie, d.h. einer solchen, deren Risiko bei der für den betreffenden Spieler ungünstigsten Strategie des Gegenspielers minimal ist. Dabei gilt das sog. *Minimax-Theorem (minimax theorem)* als Hauptsatz der *Spieltheorie:* Der größte durchschnittliche Mindestgewinn eines Spielers A, der sich für eine seiner Strategien bei der ungünstigsten Reaktion des Gegners B ergibt, ist gleich dem kleinsten durchschnittlichen Maximalverlust des anderen Spielers B, der für eine seiner Strategien aus der ungünstigsten Reaktion des Spielers A erwächst.

Minimax-Strategie *(minimax risk strategy).* Die Anwendung des *Minimax-Prinzips* bei Spielen oder statistischen Entscheidungen. Die Orientierung erfolgt an der ungünstigsten Entscheidung des Gegners bzw. der ungünstigsten Situation. Ihre Anwendung bringt den kleinsten durchschnittlichen Höchstverlust. →*Spieltheorie.*

Minoritätsgruppe *(minority group).* Bezeichnung für eine klar umrissene Gruppe im Gefüge einer Nation, eines Staates oder einer kulturellen Region, die sich hinsichtlich äußerer Kennzeichen (Hautfarbe) oder Denkgewohnheiten (Religion) von der übrigen Gesellschaft, die die Mehrheit bildet, unterscheidet, wobei diese Unterschiede von der Majorität zum Anlaß unfreundlicher bzw. aggressiver Verhaltensweisen genommen werden. In dieser Definition stellt nicht jede Minorität eine solche M. dar (z.B. ist etwa die Bezugsgruppe der Manager, weil sie Minorität ist, nicht gleichzeitig Gegenstand unfreundlicher Maßnahmen seitens der übrigen Gesellschaft).

mitbewußt →*Einstellung*, →*unbewußt*.

Mitgegebenheit →*Implikation*.

Mitose →*Zellteilung*.

Mittel, geometrisches. Die n-te Wurzel aus dem Produkt von n Ausdrücken. Bei n = a, b und c ist

$$M_g = \sqrt[3]{a \cdot b \cdot c}$$

Mittel, harmonisches. Der Reziprokwert des arithmetischen Mittels aus allen Reziprokwerten einer Reihe von Maßzahlen.

$$M_h = \left(\frac{1}{N}\right) \sum_{i=1}^{N} \frac{1}{X_i}$$

N bezeichnet die Anzahl der Fälle (Maßzahlen), X_i die Maßzahlen.

Mittelhirn →*Mesencephalon*.

Mittelwert *(mean)* oder **Durchschnitt.** Arithmetisches Mittel (Abk. M).

mittlere Abweichung →*Abweichung*, →*Standardfehler*.

mittlere Quartilabweichung →*Abweichung*.

mittlerer Fehler *(average error)*. Die durchschnittliche Differenz zwischen dem wahren Wert eines Reizes und den Schätzwerten bzw. Beurteilungen. Manchmal auch die durchschnittliche Differenz zwischen gezeigten Leistungen (Leistungsmaßen) und der optimalen Leistung. Als Durchschnitt fungiert der Mittelwert.

mittlerer Quartilabstand →*Abweichung*, →*Quartil*.

Mneme. Bezeichnung für »Gedächtnis« als Oberbegriff für sowohl vererbte als auch erworbene Eigenschaften, insbesondere eine laufende Modifikation der Organismen durch Außenreize, die vererbt wird (bei niedrigen Lebewesen, z. B. Pflanzen, wie auch bei höheren bis zum Menschen). Die entscheidende Annahme besteht in der bereits von LAMARCK betonten Möglichkeit der Vererbbarkeit erworbener Eigenschaften durch Engramme.

LIT. SEMON (1920).

mnemisch *(mnemic)*. Auf *Gedächtnis* oder *Mneme* bezogen.

Mnemotechnik *(mnemotechnics)*. Bezeichnung für Maßnahmen, die ein besseres, d.h. dauerhafteres Einprägen von Gedächtnisinhalten ermöglichen bzw. das Erinnern erleichtern.

Modalität, Sinnesmodalität *(modality, sense modality)*. Bezeichnung für qualitative Aspekte oder Eigenschaften der Sinneserfahrung in einem bestimmten Sinnesgebiet *(→Sinne)*.

Modell *(model)*. Graphische, räumliche oder symbolische (z. B. mathematische) Darstellung von Beziehungen von vorwiegend empirisch erfaßten oder erfaßbaren Eigenschaften, Merkmalen oder Variablen zum Zwecke der Veranschaulichung oder Ableitung damit zusammenhängender Fragestellungen (Hypothesen). Viele der als *Theorie* bezeichneten Relationsaussagen im Bereich der empirischen Psychologie sind weit eher *theoretische Modelle* im Sinne von →*Theorie* [2]. Im Idealfall ist das M. eine vereinfachte oder verkleinerte Abbildung von etwas. Ein M., das vorwiegend Anweisungen zur Darstellung künftig zu beobachtender Ereignisse zum Inhalt hat, wird auch als *a priori Modell* bezeichnet.

Modell der additiven Faktoren →*Reaktionszeit*.

Moderatorvariable *(moderator variable, moderating variable)*. Variable Merkmale, deren Einbeziehung zur Verbesserung der aufgeklärten Varianz von Reaktions- oder Leistungsdaten bzw. des korrelativen Zusammenhangs zwischen ihnen und einem Kriterium führt, z. B. die nachträgliche Berücksichtigung individueller Ausprägungsgrade von Persönlichkeitseigenschaften.

Modul, Modulus. Mathematische Bezeichnung für eine konstante Größe, mit der jeder Einzelwert zum Zwecke einer Transformation multipliziert werden muß.

Modulator *(modulator)*. Bezeichnung für einen Rezeptor oder einen Teil des Rezeptionsapparates, der Unterschiede pshysikalischer Reize in Wahrnehmungsinformation umwandelt; es wird z. B. ein solcher M. zur Erfassung von Farbtönen oder verschiedenen Helligkeiten angenommen.

Modulatorentheorie →*Farbensehen*.

Modus *(mode)*.

[1] Allgemeine Bezeichnung für »Erscheinungsweise«.

[2] Stat. Bezeichnung für die dem oder den Gipfeln der Verteilung entspr. Maßzahlen. Verteilungen mit einem Gipfel werden unimodal oder eingipflig genannt, solche mit zweien bimodal und mit mehreren multimodal. Je nach Berech-

nungsweise unterscheidet man den (a) *rohen Modus (crude mode)* als Bezeichnung der Klassenmitte derjenigen Maßzahlklasse mit größter Fallzahl (größter Frequenz) vom (b) *exakten Modus (refined mode, computed mode),* der sich auf die Population beziehen läßt und durch Näherungsformeln gefunden werden kann *(estimated mode).*

molar. Bezeichnung für eine Betrachtung in größeren Einheiten.
→*Behaviorismus.*

molekular *(molecular).* Bezeichnung für eine Betrachtung in kleinsten (analytischen) Einheiten.
→*Behaviorismus.*

Molekulargenetik *(molecular genetics).* Bezeichnung für einen modernen Zweig der biologisch-chemischen Vererbungslehre, in deren Rahmen der Aufbau, die Vermittlung und die Veränderung der Erbinformation untersucht werden. Die Erbinformation bzw. genetische Information, so konnte nachgewiesen werden, beruht auf Nukleinsäuren, vor allem auf *Desoxyribonukleinsäure* (DNS) und *Ribonukleinsäure* (RNA), die über chemische Syntheseprozesse auf das Eiweiß bzw. die Reihenfolge der es bestimmenden *Aminosäuren* einwirken, wie sie im Zellplasma zu finden sind. Die Regulation dieses Vorganges wird als eine Art Rückmeldesystem beschrieben. *Gene* sind in diesem Zusammenhang nichts anderes als Teilabschnitte der aus DNS und RNA zusammengesetzten, fadenförmigen Nukleinsäure-Moleküle.

Moment.
[1] Kurzer Zeitraum (der M.).
[2] Bezeichnung für die pro Zeiteinheit auffaßbaren Sinneseindrücke bzw. die kleinste noch wahrnehmbare Zeiteinheit. Der Mensch vermag z. B. auf Ereignisse, die mit einer Geschwindigkeit von $1/16$ sec aufeinander folgen, noch zu reagieren, also Information zu beziehen. Werden diese Grenzen unterschritten, so kommt es zu verschmolzenen Eindrücken (z. B. Bewegungswahrnehmung beim Film).
[3] Mathematische Bezeichnung für die durchschnittliche Abweichung der Meßwerte von einem Bezugswert (z. B. Mittelwert), wobei die Abweichungen quadriert, kubiert oder zur n-ten Potenz erhoben werden können. Demgemäß unterscheidet man das erste Moment vom zweiten, dritten usw. bis zum n-ten. Ist M der Bezugswert, sind X_i die einzelnen Werte und bezeichnet N die Anzahl der Fälle, so läßt sich das m-te Moment aus der folgenden Beziehung errechnen:

$$\frac{1}{N} \sum_{i=1}^{N} (X_i - M)^m$$

Produkt-Momente (product moments) liegen dann vor, wenn die Abweichungen zweier Variablen von ihren Bezugs- bzw. Mittelwerten miteinander multipliziert werden (z. B. bei der sog. Produkt-Moment-Korrelation nach PEARSON) und dann die Summe gemittelt wird.

momentan wirksames effektives Reaktionspotential →*Reaktionspotential.*

monaurales Hören *(monaural hearing).* Hören mit einem Ohr.

Mondtäuschung *(moon illusion).* Der Mond erscheint in der Nähe des Horizonts größer als im Zenit. Man nimmt an, die Täuschung käme durch die Entfernungsschätzung zustande, welche über die Größenschätzung dominiert. Die Entfernung zum Horizont wirkt im Vergleich zum Zenit größer, so daß der objektiv gleichgroße Winkel, der durch das Mondabbild, unabhängig von seiner Stellung gegenüber Horizont oder Zenit auf den Netzhäuten ausgefüllt wird, einmal auf eine entferntere, das andere Mal auf eine nähere Fläche projiziert wird. Für diese Interpretation im Sinne des *Emmertschen Gesetzes* spricht die Tatsache, daß bei Beobachtern mit genauen Kenntnissen über die tatsächliche Entfernung der Täuschungseffekt zurücktritt. Ein weiterer Grund könnte darin liegen, daß alle in Horizontnähe bzw. im unteren Teil des Sehfeldes erscheinenden Gegenstände näher und größer eingestuft werden als weiter oben liegende. Diese Gesetzmäßigkeit benutzte bereits die vorperspektivische Malerei, um räumliche Eindrücke und Tiefenwirkungen zu erzielen.

Mongolismus *(mongolism, Down's syndrome).* Angeborene Form der geistigen Behinderung (Imbezillität bis Schwachsinn und Idiotie), die auf ein überzähliges *Chromosom (Chromosomenanomalie)* zurückgeht. Die Grade der Behinderung sind individuell verschieden ausgeprägt, so daß eine Verbesserung der geistigen Leistungsfähigkeit und Beherrschung bestimmter körperlicher Symptome (Heraushängen der übergroßen und gewölbten Zunge) durch gezielte Erziehungsmaßnahmen in manchen Fällen gelingt. Der Name

M. geht auf das charakteristische körperliche Erscheinungsbild (breites Gesicht, enge Lidspalte, schlaffe Haut, kurze Finger) zurück.

Monoaminoxidase, MAO *(monoamine oxidase, MAO)*; ältere Schreibweise: Monoaminoxydase. M. bauen durch oxidative Prozesse Aminosäuren im Körpergewebe ab. Sog. MAOH, *M-Hemmer (monoamine oxidase inhibitors; MAOI)* wirken dem Prozeß der Desaminierung partiell entgegen und besitzen eine antriebssteigernde bzw. stimmungsanhebende Wirkung. Aus der Gruppe der MAOH wird z. B. Tranylcypromin (-e) als *Antidepressivum* verwendet. Andere MAOH werden gegen *Appetitlosigkeit* oder *Angst* vor heftigen *Schmerzanfällen* verabreicht, Pargylin (-e) wird bei *Hochdruck* (Hypertonie) verwendet.

monochromatisch *(monochromatic)*. Strahlung mit einer einzigen Wellenlänge bzw. einem homogenen, engen Ausschnitt aus dem Wellenspektrum. Die den Spektralfarben entsprechenden Wellenlängen werden z. B. als m. bezeichnet.

Monochromatismus *(monochromatism, monochromatic vision)*. Störung des Farbensehens (*→Farbenblindheit*). Es werden nur Helligkeitsunterschiede als Grautöne wahrgenommen. Syn. *Achromatopsie.*

Monochromatopsie *→Farbenblindheit.* Syn. *Achromatopsie.*

Monoideismus *(monoideism)*. Das Vorherrschen einer Idee unter Ausschaltung des normalen (relativierenden) Denkablaufs und das Festhalten an dieser (fixen) Idee bzw. *Perseverieren (→Perseveration)*. Syn. *Monomanie (monomania)*, relativ selten gebrauchte Bezeichnung für den abnormen Zustand des Vorherrschens einer Idee bzw. einer Besessenheit.

monokulares Sehen *(monocular vision)*. Einäugiges Sehen.

Monomanie *→Monoideismus.*

monopolare Störung *→Affektive Störung, →Depression.*

Monosomie *→Chromosomenanomalie.*

Monotonie *(monotony)*.
[1] Eintönigkeit des Erlebens bzw. Verhaltens, z. B. Sprechen ohne Veränderung des Tonfalls oder der Geschwindigkeit.
[2] Bezeichnung für den Umstand, einer Situation ausgesetzt zu sein, die sehr wenige oder gar keine Veränderungen aufweist bzw. Bezeichnung für die Forderung nach einem fortdauernden Handeln oder Reagieren in ein und derselben Weise über längere Zeit hinweg. Es kommt dabei zu einem Abfall der psychischen Wachheit *(→Vigilanz)* bzw. zu ermüdungsähnlichen Erscheinungen und Sättigungsphänomenen *(→Sättigung)*.

Monozyten *→Immunsystem.*

Moral *(moral)*. Inbegriff des ethisch-sittlichen Verhaltens des Individuums oder einer Gruppe in bezug auf Selbstbeherrschung und -kontrolle u. ä. *(→Gewissen)*.

Morphem *(morpheme)*. Bezeichnung für die kleinste linguistische Einheit zur Analyse von Sprachphänomenen. Ein M. ist genau genommen ein aus einem oder mehreren *→Phonemen* zusammengesetztes Gebilde, das für sich genommen eine Bedeutung aufweist. Z. B. besteht das Wort »Hut« aus einem Phonem, ist aber gleichzeitig auch M., denn es hat Bedeutung. Das Wort »Katze« dagegen besteht aus zwei Phonemen und ist *ein* M.
LIT. HÖRMANN (1967).

Morphin, Morphium *(morphine)*. Ein Opium-Alkaloid, das narkotische und schmerzstillende Wirkung hat, da es die vegetativen Funktionen dämpft. *Morphinismus* ist die Sucht nach M. durch Gewöhnung.

Morphologie *(morphology)*. Biologische und philosophisch-psychologische Lehre von den Erscheinungsformen, Gestalten.

Mosaik-Test, Kohssche Würfel *(block design test)*. Ein Intelligenztest (Untertest des WECHSLER-Intelligenz-Tests), bei dem verschieden gefärbte Würfel nach einer Vorlage angeordnet werden sollen.

Motiv *(motive)*. Allgemeine Bezeichnung für mehr oder minder bewußte und komplexe Beweggründe des menschlichen Verhaltens, die sich in gedanklichen Vorwegnahmen eines angestrebten Zielzustandes bzw. Veränderungserwartungen in bezug auf bestimmte Situationen äußern. M. sind eingebettet in kognitive und emotionale Prozesse und von relativ überdauernden Einstellungen bzw. Wertmaßstäben überlagert. Prozesse der Aktualisierung von M. und ihre Umsetzung in Handlungen werden als *Motivation* bezeichnet.

Motivation *(motivation).*
[1] Aus dem Lat. motivus (Bewegung auslösend) hergeleitete allgemeine, umfassende Bezeichnung für Prozesse, die dem Verhalten *Intensität,* bestimmte *Richtung* und *Ablaufform* verleihen, d.h. als abgehobene Phasen des individuellen Aktivitätsverlaufs hervortreten (THOMAE). Im weitesten Sinne dient das M.-Konstrukt der Erklärung, warum und wie Verhalten in spezifischen Situationen an bestimmten Zielen orientiert und in Richtung auf die Zielerreichung gesteuert wird. M. wird im Zusammenhang mit *biologisch-homöostatischen Bedürfnissen* (*Trieben, Antrieben,* z.B. Hunger), mit erfahrungsgeprägten *Gewohnheiten* und *Erwartungen,* mit *Einstellungen* und bewußten Vorsätzen *(determinierende Tendenzen; Gerichtetheiten, Strebungen, Wünschen),* mit *Interessen* und *Werthaltungen* sowohl im *Selbst-* als auch im *Sozialbezug* als Inbegriff der dynamischen Richtungs- und Organisationskomponente des zielorientierten Verhaltens diskutiert. M.-Prozesse stellen Beziehungen zwischen aktualisierten *Motiven,* Verhaltenstendenzen und aktuellem Verhalten dar; sie umfassen sowohl ohne Bewußtseinsbeteiligung ablaufende innere Zustandsregulationen (darunter auch die von FREUD angenommenen Vorgänge der unbewußten Verarbeitung von Triebansprüchen) und intuitive *Bewertungen,* als auch bewußte Auseinandersetzungs- und *Bewältigungsweisen.* M. wird von *Instinktverhalten* durch ihre relative Unabhängigkeit von auslösenden Signalen, durch ihren Erfahrungs- bzw. Erwartungsbezug und ihre durch Kognitionen modifizierbare Auftretenswahrscheinlichkeit unterschieden. Während *Emotionen* auf intensive äußere oder innere Reize zurückgehen und an Verhaltensunterbrechungen bzw. -desorganisationen erkennbar sind, dynamisiert und leitet die M. gezieltes und organisiertes Verhalten aus inneren Beweggründen heraus. Motiviertes Verhalten läßt sich als ein *dreiphasiger Zyklus* darstellen: (a) Ein *Bedürfnis* meldet sich (z.B. Hunger) bzw. eine als unbefriedigend eingeschätzte Lage drängt nach Bewältigung (z.B. die Befürchtung, eine Aufgabe nicht lösen zu können), (b) Verhaltensschritte zur Bedürfnisbefriedigung werden eingeleitet (z.B. Aufsuchen von Plätzen, wo Nahrung erwartet wird) bzw. man sucht nach Mitteln und Wegen, die – begründet auf Erfahrung oder Einsicht in die Situation – geeignet sind, die Lage zu verbessern; man nennt dies *instrumentelle Phase.* (c) Das Ziel ist erreicht (z.B. Nahrungsaufnahme) bzw. die Situation ist durch Handeln oder Umdenken in befriedigender Weise gemeistert, so daß das *Bedürfnis* (nach Nahrung bzw. einer mit den persönlichen Erwartungen und Zielen übereinstimmenden Situation) *befriedigt* ist. Gelingt dies nicht bzw. setzt das Bedürfnis wieder ein, so wird der Zyklus abermals durchlaufen. Auftretende Bedürfnisse, deren Befriedigung eingeleitet, aber nicht abgeschlossen ist, hinterlassen den für unvollendete Handlungen typischen Spannungszustand, von LEWIN *Quasibedürfnis* genannt, erkennbar an der Wiederaufnahme der unterbrochenen Tätigkeit bei erstmöglicher Gelegenheit.
[2] *Motivationsforschung:* Ihre Methoden sind Beobachtungen und Experimente in Situationen mit Zielbezug unter Berücksichtigung der Beziehungen zwischen Befindlichkeits- oder Erlebnisaussagen, Testergebnissen (insbes. projektiven Verfahren), physiologischen Kennwerten und Leistungsdaten. Die Aussagen der M.-Forschung sind von verschiedenen theoretischen Grundpositionen mitbestimmt. In den meisten Ansätzen wird zwischen M.-Arten und -Formen unterschieden, die auf angeborene *primäre Bedürfnisse* (z.B. Hunger, Durst, Sexualität, Schmerzvermeidung, Sicherheit) oder erworbene *sekundäre Bedürfnisse* zurückgeführt werden können (z.B. Sozialkontakt, Anerkennung, Leistung). Primäre M. werden am Modellfall der biologisch-homöostatischen Regulation von Hunger bzw. Nahrungssuche oder Schmerzabwehr bzw. Vermeidungsverhalten bei Tieren untersucht. Für *lerntheoretisch* orientierte M.-Forscher ist die Herausbildung *instrumenteller* Verhaltensweisen (z.B. Futtersuche im Labyrinth; Weglaufen aus einer Umgebung, in der vorher Schmerz erfahren wurde) Ausdruck des *Verstärkungseffekts* (Futter erhalten; dem erwarteten Schmerz entkommen) als Grundlage der Herausbildung generalisierter, sekundärer M. in Form von Erwartungen (z.B. Hoffnung bzw. Furcht). Die Dynamik des Verhaltens wird aus der allgemeinen Tendenz aller höheren Lebewesen erklärt, sich in Bewegung zu setzen, wenn Lustgewinn

oder Spannungsreduzierung erwartet werden kann. LEWIN sieht in seiner *Feldtheorie* die Entstehung und Wirkung von Spannungszuständen in einem anderen Licht. Eine bedürfnisartige Spannung entsteht dann, wenn in der gegebenen Situation ein Ziel erkannt wird, das aus subjektiven Gründen auffordernd wirkt (*Aufforderungscharakter* besitzt), so daß im positiven Fall seine Nähe, im negativen Fall größere Entfernung durch motorische oder intellektuelle Bewegung (Umdenken, Umdeuten) wünschenswert erscheint. *Aktivations*-Theoretiker können zwar die Intensität von Annäherung bzw. Vermeidung erklären (z.B. DUFFY). Aber die richtungweisenden Zielbezüge des Menschen sind von kognitiven Prozessen der Situations-*Bewertung* überlagert. Dies zeigt sich selbst im Zusammenhang mit primären Bedürfnissen, z.B. wird der Mensch nicht nur durch die Stärke seines Hungers zum Essen veranlaßt, sondern auch durch die Attraktivität und leichte Zugänglichkeit der Nahrung. In bezug auf die *Entwicklung* einzelner M.-Arten beim Menschen geht MASLOW von einer (angeborenen) *Wachstumstendenz* des *M.-Spektrums* aus, das sich von den biologischen Grundbedürfnissen zu Bedürfnissen höherer Ordnung ausfaltet (z.B. soziale Kontakte, Erkenntnisgewinn, schöpferische Leistungen und Selbstverwirklichung). Ihr Auftreten hängt von Reifung und Lebensalter, aber auch von dem Ausmaß ab, in dem primäre Bedürfnisse im Verlauf der persönlichen Entwicklung befriedigt werden konnten. In den Modellen der *kognitiven Entwicklung* sind die verschiedenen M.-Arten und -Formen Ausdruck der fortschreitenden *Differenzierung* und *Integration* in bezug auf die Bewältigungsmöglichkeiten gegenüber Situationen, die zur Bereinigung von Unsicherheiten auffordern. Diese Möglichkeiten entwickeln sich – wie das Denken – von konkreten zu symbolischen Operationen (PIAGET; KAGAN). Die *kognitionspsychologischen* Modellvorstellungen der M. des Erwachsenen – die von MCCLELLAND ausgehen und von B. WEINER wesentlich fortgeführt sind – befassen sich vor allem mit sekundären Bedürfnissen und den Wegen ihrer Aktualisierung im Lichte individueller *Bewertungen* (Ziel-, Erfolgs- und Risikoerwartungen) und *Bewältigungsstrategien*. Die neueren Entwicklungen der M.-Forschung stellen einen umfassenden Versuch dar, Erkenntnisse der Emotions-, Denk-, Lern- und Persönlichkeitspsychologie in ein allgemeines Modell der Handlungsorientierung und -steuerung zu überführen.

LIT. ATKINSON (1966), COFER (1975), COFER, APPLEY (1964); GRAUMANN (1968), HECKHAUSEN (1980), MCCLELLAND u.a. (1953), THOMAE (1965; 1968; 1983), WEINER (1972).

motivationsspezifische Reaktionen →*Psychophysiologie.*

Motoneuronen →*Hemmung, Renshawsche.*

Motorik *(motor behavior).* Allgemeine und umfassende Bezeichnung für alle Komponenten von Bewegungsabläufen oder für deren persönliche Eigenart.

motorische Aphasie →*Aphasie.*

motorische Empfindungen oder **Bewegungsempfindungen** *(motor sensations).* Empfindungen aus den Rezeptoren in Muskeln, Sehnen und Gewebe einschließlich des Gleichgewichtsorgans.

motorische Region *(motor area).* Kortikaler Bereich in der aufsteigenden präzentralen Windung (gegenüber der fissura centralis und der Rolandoschen Furche) im Frontallappen.

MRI →*Tomographie.*

MSR →*Psychophysiologie.*

Müller-Lyersche Täuschung *(Müller-Lyer-illusion).* Eine der bekanntesten optischen Täuschungen, bei der zwei gleichlange Strecken durch nach außen bzw. innen gerichtete spitzwinklige Begrenzungen jeweils länger bzw. kürzer erscheinen.
→*Täuschung.*

multidimensionale Skalierung, MDS *(multidimensional scaling).* Zusammenfassende Bezeichnung für Skalierungstechniken, die z.B. aufgrund von Ähnlichkeitsurteilen bezüglich einer Reizstichprobe Anzahl und Art der beteiligten Dimensionen durch Anwendung räumlicher Modelle erschließen lassen. Dabei werden die Reizobjekte als Punkte in einem (metrischen) Raum so dargestellt, daß die Abstände zwischen den Punkten den subjektiven Ähnlichkeitsurteilen entsprechen. Die den Raum charakterisierenden Dimensionen können sodann als Grundlage der Ermittlung von Reizparametern herangezogen werden, die für die Ähnlichkeitsurteile maßgebend waren.

LIT. Ahrens (1974); Kruskal (1964); Restle (1961); Shepard u.a. (eds.; 1972); Torgerson (1965); Wender (1971).

multifaktorielle Methoden *(multifactorial methods, multifactorial analysis, multifactorial statistics).* Statistische Verfahren, die der systematischen Analyse des Einflusses und der Wechselwirkungen einer Vielzahl *unabhängiger Variablen* (Faktoren, Ausgangsbedingungen eines Experimentes) dienen. Hierzu dienen vor allem die verschiedenen Modelle der *Varianzanalyse.*

multiple choice. Bezeichnung für eine bei Tests und anderen Verfahren üblichen Technik, bei der zu einer Frage oder einem Reiz mehrere Antwortmöglichkeiten vorgegeben werden; die Versuchsperson soll die ihrer Meinung nach »richtige« herausfinden. Deutsch manchmal »Mehrfach-Wahl«. Der englische Begriff ist auch in der deutschen psychologischen Fachsprache eingebürgert.

multiple Faktoren →*Faktorentheorie.*

multiple Faktorenanalyse →*Faktorenanalyse.*

multiple Korrelation *(multiple correlation).* Statistische Bezeichnung für die Korrelation zwischen zwei Variablen unter Einschluß der Wirksamkeit einer dritten (zum Unterschied vom gegenteiligen Verfahren, der sog. *partiellen Korrelation*).

Multiple Persönlichkeitsstörung →*dissoziative Störung.*

multiple Regression →*Regression.*

multiple Sklerose *(multiple sclerosis, Charcot's disease, encephalomyelitis disseminate).* Ätiologisch weitgehend ungeklärte Entmarkungserscheinungen im ZNS mit sekundären Verhärtungen (Glianarben) in Gehirn und Rückenmark. Symptome der m.S. sind Beeinträchtigungen der Motorik, z.B. unkoordinierte Bewegungen, Sprechstörungen und Nystagmen.

Multitrait-Multimethod-Validierung *(multitrait-multimethod validation).* Statistische Methode zur Feststellung der *Validität* von zwei oder mehreren Tests *(methods)* in bezug auf zwei oder mehrere *Eigenschaften (traits)* durch Analyse der *Korrelationsmatrix.* Von Tests als unabhängigen Messungen einer bestimmten Eigenschaft wird *Konvergenz (convergence)* erwartet; d.h. Testwerte, die als Messungen der gleichen Eigenschaft gelten, müssen untereinander höher korrelieren als mit Testwerten anderer Eigenschaften.

LIT. Campbell, Fiske (1959).

multivariate Methoden *(multivariate methods, multivariate analysis, multivariate statistics).* Statistische Verfahren, die der systematischen Verarbeitung einer Vielzahl *abhängiger Variablen* dienen. Hierzu zählen vor allem *Clusteranalyse, Diskriminanzanalyse, Faktorenanalyse* und verwandte Verfahren, wie z.B. die multivariate *Varianzanalyse.*

LIT. Overall, Klett (1970).

Münchhausen-Syndrom, Traumatophilie *(traumatophilia).* Verhalten, bei dem falsche Angaben über akute, lebhafte und komplexe Körpersymptome (z.B. »Bauchweh«) meist unter Hinzufügung einer erfundenen dramatischen Krankengeschichte mit dem Zweck gemacht werden, die Einweisung in ein Krankenhaus zu erreichen.
→*Hypochondrie,* →*somatoforme Störung.*

Musikpsychologie →*Kunstpsychologie.*

Muskel *(muscle).* Bezeichnung für das zusammenziehbare Gewebe des Körpers, das Bewegungen ermöglicht. Man unterscheidet zwei Gruppen von M.: (a) quergestreifte *(striped muscles),* Skelett- oder Willkürmuskeln, die durch das cerebro-spinale System (motorische System) kontrolliert werden und (b) glatte *(smooth muscles)* oder unwillkürliche Muskeln, die durch das vegetative System gesteuert werden.

Muskeltonus →*Hypertonie.*

Muster →*Pattern.*

Mutation *(mutation).* Bezeichnung für zufallsbedingte Veränderungen des Erbgefüges innerhalb von Lebewesenarten, deren Vererbung davon abhängt, zu welchem Zeitpunkt der Mutationsvorgang in *Genen* bzw. *Chromosomen* einsetzt. Tritt er in der Keimbahn relativ früh auf, so werden viele Keimzellen Träger der Mutation und die Wahrscheinlichkeit einer Übertragung auf die Nachkommenschaft ist groß; tritt der Mutationsvorgang in der reifen Keimzelle, also relativ spät auf, so trifft die Veränderung oftmals nur einen Einzelfall der Nachkommenschaft. Erscheint eine Mutation in einer Zellfolge von Körperzellen, so bezeichnet man sie als *somatische Mutation.*

Mutationsdruck →*Evolution.*

Mutismus *(mutism).*
[1] Zustand der Unansprechbarkeit und Bewegungslosigkeit, insbes. der Mangel des Bedürfnisses bzw. Antriebes zum Sprechen. Gilt als Symptom der Schizophrenie und Neurosen aus dem Formenkreis der Hysterie.
Der *selektive M. (selective mutism)* ist eine Sonderform im Kindesalter auftretender Neurosen; mutist. Kinder sprechen nur mit bestimmten Personen (Eltern, Freunden) und verweigern das Sprechen in Kindergarten oder Schule.
[2] *Akinetischer Mutismus (acinetic mutism; Cairns stupor):* Durch Hirntumoren bedingte partielle Bewegungsunfähigkeit bzw. Kraftlosigkeit (auch beim Sprechen) bei vollem Umweltrapport, insbes. bei Schädigungen des *Aktivationssystems.*

Myasthenie *(myasthenia).* In Belastungssituationen oder bei starker Ermüdung deutlich hervortretender Tonusverlust der quergestreiften Muskulatur, der sich insbesondere in der Gesichts- und Schlundregion durch herabhängende Augenlider bzw. Mundwinkel sowie Schluckbeschwerden, gelegentlich auch durch Atembeschwerden äußert. Das M.-Syndrom geht auf Beeinträchtigungen der neuromuskulären Reizübertragung (reversible Blockade von Acethylcholinrezeptoren an den motorischen Endplatten) zurück, die durch Autoimmunstörungen bedingt sind (z. B. Autoimmunkrankheiten oder durch krankhafte Veränderungen der Thymusfunktionen, durch Virusinfektionen oder Medikamentenallergien bedingte Beeinträchtigungen der Immunfunktionen).
→*Immunsystem.*

Myelencephalon. Bezeichnung für das cerebro-spinale System oder für die *Medulla* einschließlich Bulbus.

Myelitis. Entzündung des Rückenmarks.

myopsia convulsiva →*Tic.*

Myxödem *(myxedema).* Durch Mangel oder Fortfall der Schilddrüsenhormon-Produktion bedingte körperliche (z. B. trockene und gedunsene Haut) und psychomotorische (Trägheit) Veränderungen, die mit schwerwiegenden Beeinträchtigungen intellektueller Funktionen einhergehen (→*Schwachsinn*). Die bei Kindern mit angeborenen oder in der frühesten Kindheit erworbenen Schilddrüsenstörungen beobachtete Form des M. bezeichnet man als →*Kretinismus,* als *M.-Psychose* eine früher oftmals unmittelbar nach totaler Entfernung der Schilddrüse *(Thyreoidektomie)* beobachtete psychische Störung, die mit Symptomen akuter (exogener) *Psychosen* aus den Formenkreisen der →*Schizophrenie* oder →*manisch-depressiver Störungen* im Übergang zu schweren intellektuellen Beeinträchtigungen einhergeht.

Myxödembildung →*Hypothyreoidismus.*

N_1. *Psychophysiologie:* Im Übergang zwischen schnellen exogenen und langsamen endogenen →*ereignisbezogenen Potentialen* des EEG auftretende, frontal einsetzende Negativierung, deren Ausgeprägtheit u.a. mit dem Grad der Vertrautheit eines Reizes, seiner Erscheinungsweise und seinem Erscheinungsort variiert.

Nachahmung →*Imitation.*

Nachbild *(after-image)* →*Nachempfindung.*

Nachempfindung *(after-sensation).* Allgemeine Bezeichnung für eine breite Klasse von Wahrnehmungsphänomenen, die durch das Andauern von Erregungsprozessen über einen längeren Reizkontakt hinaus zustande kommen. Es treten dabei Empfindungen auf, die mit echten Sinneseindrücken während des Reizkontaktes vergleichbar sind. N. sind im Bereich der *visuellen Wahrnehmung* besonders ausgeprägt. Man nennt sie dort *Nachbilder.* Stimmt eine visuelle N. mit der Reizvorlage weitgehend überein, so nennt man dies *positives* Nachbild. Sind N. mit dem Negativ eines Films vergleichbar, so spricht man von *negativen* Nachbildern. Die längere Fixierung eines beweglichen Reizmusters (z.B. einer rotierenden Spirale) führt zu Nachbildern, die sich in der Gegenrichtung zu bewegen scheinen. N. farbiger Reizvorlagen treten in der Regel in den Komplementärfarben auf. Der Erklärung dienen Sättigungserscheinungen in den Rezeptoren bzw. damit einhergehende Hemmungen in den *Analysatoren* des visuellen Systems.

Nachricht →*Sender.*

Nachtblindheit, Hemeralopie *(night blindness).* Durch Vitaminmangel erworbene oder als Funktionsstörung angeborene Beeinträchtigung oder Ausfall des skotop. Stäbchensehens in Dämmerung oder Dunkelheit.

Nähe →*Gestaltgesetze.*

Narkoanalyse *(narco analysis).* Bezeichnung für eine Form der psychoanalytischen Behandlung, vor deren Beginn der Patient durch Gaben von Narkotika in einen entspannten, leicht suggestiblen Zustand versetzt wird, um seinen Widerstand gegen das therapeutische Gespräch zu reduzieren.

Narzißmus *(narcissism).* Übersteigerte Selbstbezogenheit bzw. Selbstliebe (Autoerotizismus). In psychoanalytischer Sichtweise eine Frühphase der psychosexuellen Entwicklung, in der das »Selbst«, die eigene Person, Sexualobjekt ist.

narzißtische Persönlichkeitsstörung →*Persönlichkeitsstörung.*

Nativismus *(nativism).* Bezeichnung für eine Lehrmeinung, in deren Rahmen die Angeborenheit verschiedener Eigenschaften und/oder Fähigkeiten betont wird. *Nativistische Theorien* stehen im Gegensatz zu *genetisch-empirischen* oder *empiristischen Theorien (→Empirismus).*

natürliche Antikörper →*Immunsystem.*

natürliche Immunität →*Immunsystem.*

natürliche Killerzellen →*Immunsystem.*

Natürliche Selektion →*Darwinismus,* →*Evolution.*

Nebennieren *(adrenal glands, suprarenal capsules).* Endokrine Drüsen oberhalb der Nieren, in deren Rinde *(adrenal cortex)* z.B. Aldosteron, Kortisol und Kortison, in deren Mark *(adrenal medulla)* Adrenalin und Noradrenalin produziert werden. Der Zusammenhang zwischen N.-Funktion, ACTH und *Streß* und *Aktivation* gilt als gesichert.

Nebenschilddrüse →*Parathyreoidea.*

negative Chemotaxis →*Chemotaxis.*

negative Halluzination →*Halluzination.*

negativer Transfer →*Transfer.*

negativer Tropismus →*Tropismus.*

Neglect, unilateraler Neglect, Neglect-Syndrom *(neglect, unilateral neglect, neglect syndrome).* Aus dem Englischen übernommene Bezeichnung für das Nichtbeachten von Gegenständen oder Ereignissen in der linken bzw. rechten Raumhälfte und/oder den Wegfall von orientierenden Blick-, Kopf- und Rumpfbewegungen dorthin, ohne daß Beeinträchtigungen der Sinnesorgane und/oder des Bewegungsapparates vorliegen. Im Extremfall verhalten sich die Betroffenen so, als existiere die entsprechende Raum- bzw. Körperhälfte nicht. Der N. tritt als Folge von (parietalen, frontalen und/oder subkortikalen) lateralisierten Hirnläsionen auf und beruht vermutlich auf einer Beeinträchtigung des Informationsaustausches zwischen den beiden Hirnhemisphären. →*Lateralität.*

Neoanalyse *(neoanalysis).* Bezeichnung für eine Richtung der *Psychoana-*

lyse, die die Gedanken FREUDS nur teilweise akzeptiert. Sie lehnt z. B. die Betonung der Instinkte oder Triebe als alleinige Ursache von Konflikten ab und geht statt dessen von sozialen Ereignissen und Interaktionen als Konflikt- und Neurosestoffen aus.

Neobehaviorismus. Zum Unterschied vom klassischen Behaviorismus werden in dieser Richtung Bezüge zu inneren, vermittelnden Prozessen hergestellt; nicht nur das offene Verhalten ist Gegenstand der Untersuchungen sondern auch Erwartungen und kognitive Prozesse. Im N. wurden viele der heute üblichen Konstrukte und intervenierenden Variablen (z. B. Zielorientiertheit) zur Erklärung des Lernens und Erinnerns eingeführt *(→Behaviorismus).*

Neoencephalon. Neuhirn, d. h. die jüngsten Hirnpartien in der Entwicklungsgeschichte der höheren Lebewesen, Großhirn (Cerebrum, Kortex).

Neologismus *(neologism).* Bezeichnung für skurrile Wortneuschöpfungen bzw. für den Gebrauch von Wörtern in nicht üblichem Zusammenhang. Syn. *Neolalie (neolalia).*

Nerv *(nerve).* Ein Bündel von Nervenfasern *(nerve fibres),* das aus den Fortsätzen der Nervenzellen *(→Neuron)* besteht und je nach Funktion und Leitungsrichtung unterschieden wird (z. B. efferente oder zentrifugale und afferente oder zentripetale Nerven).

Nervenfaser *→Neuron.*

Nervenleitung *(nervous conduction, neural conduction).*

[1] Syn. für Nervenleitungen mit umschriebener Funktion (z. B. nervus opticus, tractus opticus usw.).

[2] Syn. für Erregungsleitung, d. h. biologische Signale im Nervensystem. Hier unterscheidet man *afferente* und *efferente* N.

[3] Syn. für *Aktionspotential* und synaptische Übertragung *(Synapse).*

Nervensystem *(nervous system).* Die Gesamtheit aller Nervenzellen, Nervenleitungen, Synapsen, Ganglien und aus Nervengewebe bestehenden Strukturen. Aus anatomischen und funktionellen Gründen unterscheidet man das *Zentral-Nerven-System (ZNS; central nervous system, CNS)* – dem ein ausführlicher Beitrag unter dem Stichwort *Gehirn* gewidmet ist – vom *autonomen* oder *vegetativen Nervensystem (ANS; autonomic division, autonomic nervous system, visceral division)* mit seinen beiden, antagonistisch arbeitenden und integrierten Teilsystemen, dem *Sympathikus (sympathetic system)* und dem *Parasympathikus (parasympathetic system).* Die beiden Teilsysteme regeln auf autonome Weise Stoffwechselfunktionen, Blutdruck, die Tätigkeit der glatten Eingeweidemuskulatur, des Herzmuskels und der Drüsensysteme. Sie sind ferner an sämtlichen emotionalen Reaktionen beteiligt. Das *Sympathikussystem* geht von Zentren in der grauen Substanz des vorderen und seitlichen Rückenmarks aus; von dort ziehen präganglionäre Fasern in die neben der Wirbelsäule gelegenen Nebenstrang- oder Seitenstrangganglien; die Endorgane werden von dort über postganglionäre Fasern aktiviert. Das *Parasympathikussystem* besitzt präganglionäre Fasern aus Gehirn und Rückenmark, die zu den in unmittelbarer Nähe der Endorgane liegenden Ganglien ziehen, wo die postganglionären Fasern entspringen. Die Abbildung unten zeigt schematisch die Beziehungen des ANS zu den wichtigsten Endorganen. Die antagonistische Funktionsweise der beiden Teilsysteme läßt sich an einem Beispiel verdeutlichen. So bewirkt der Sympathikus u. a. Pupillenerweiterung und Herzbe-

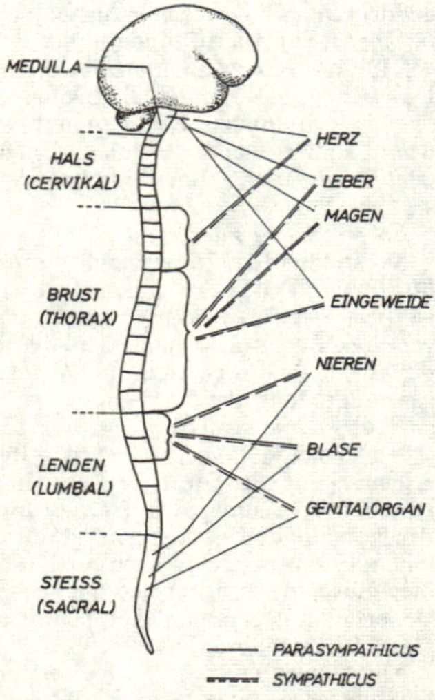

Das autonome Nervensystem (schematisch).

schleunigung, der Parasympathikus dagegen Pupillenverengung und Herzdeceleration. In manchen Darstellungen wird ein sogen. somatisches Teilsystem *(somatic division)* beschrieben. Es dient der Regelung sensorischer und motorischer Funktionen. Eine solche Teilfunktion kann jedoch aus anatomischen und funktionellen Gründen nicht getrennt vom ZNS behandelt werden.
→*Gehirn,* →*Parasympathikus,* →*Sympathikus.*
LIT. BALINT (1963); CARLSON (1980); GANONG (1971); SCHMIDT, THEWS (1976); SILBERNAGL, DESPOPOULOS (1979).

Nervenzelle →*Neuron.*

Nervus vagus →*Parasympathikus.*

Netzhaut →*Auge,* →*Retina.*

Netzwerk, Netz, semantisches Netz *(network, semantic network).* In der Denk-, Gedächtnis- und Sprachpsychologie Bezeichnung für systematische Darstellungen angenommener Zusammenhänge zwischen komplexen Begriffs- bzw. Sprachausdruckssystemen des Menschen, mit deren Hilfe man vor allem die Funktionen des semantisch operierenden Langzeitgedächtnisses darstellt. Den Ausgangspunkt bilden Propositionen, d.h. die Verbindung zwischen einem Gegenstand, seinen Eigenschaften und dem allgemeinen Kontext in Form von abstrakten Aussagen mit Subjekt, Prädikat und ihren Relationen. Die formalen Komponenten eines Satzes bilden – so wird im *Netzwerkmodell (network model)* angenommen – *Knoten (semantic knots),* deren Muster als ein Netz dargestellt werden kann. Erhält man Informationen, so erregen diese im Gedächtnis Knoten; diese Erregung breitet sich über die Verbindungen zu benachbarten Knoten aus, wodurch das ganze Netz aktiviert wird. Auf diese Weise werden die Informationen entschlüsselt und eingespeichert, aber auch wieder aufgesucht und – in ihr Netz eingebettet – wiedergefunden. Um den Umfang solcher Netze zu bestimmen, werden spezielle Arten des Reaktionszeit-Experimentes verwendet. Dabei zeigt sich z.B., daß die Abgabe eines Urteils über die Richtigkeit eines Satzes wie z.B. »Der Kanarienvogel ist gelb« oder »Kanierenvögel singen« wesentlich rascher erfolgt als dann, wenn es darum geht, festzustellen, ob Kanarienvögel zu den Warmblütern gehören. Der Grund: Zunächst werden jene Knoten des Netzes aktiviert, welche in möglichst direkter bzw. häufig gebrauchter Beziehung zu dem Objekt und seinen konkreten Verhaltensweisen stehen. Reaktionszeit-Verlängerungen deuten nach Meinung der Netzwerktheoretiker darauf hin, daß mehrere Verzweigungen des Knotenmusters auf verschiedenen semantischen Niveaus mitaktiviert sein müssen, um die benötigten Informationen im Gedächtnis wiederzufinden bzw. zu nutzen.
LIT. ANDERSON, BOWER (1973).

neue Kerze →*Kerzenstärke.*

Neugierde *(curiosity).*
[1] Eine – manchmal als angeboren angenommene – Tendenz, alles Fremdartige oder Neue als besonders anziehend zu bewerten und mit erhöhter Zuwendung zu reagieren. In höchstentwickelter Form auch als Wissensdrang oder -durst *(knowledge seeking)* bezeichnet.
[2] Im Rahmen neuerer Befunde aus der Verhaltensforschung eine Klasse von Verhaltensweisen, die auf einen Trieb zur Exploration *(exploratory drive)* zurückgeführt werden, der sich auch dann äußern kann, wenn ein Tier bereits mit schmerzhaften Reizen in einer ganz bestimmten Situation konfrontiert wurde.
LIT. BERLYNE (1960).

Neuigkeitssuche →*Suche nach neuen Eindrücken.*

Neupositivismus →*Positivismus.*

neural *(nervous, neural).* Das nervöse Geschehen oder das *Nervensystem* betreffend. Syn. nervös (z.B. in »nervöse Energie«).

Neurasthenie *(neurasthenia).* Allgemeine und umfassende Bezeichnung für einen Zustand extremer Inaktivität bzw. Ermüdbarkeit bzw. genereller Antriebslosigkeit in körperlicher und geistiger Hinsicht. N. tritt besonders häufig im Zusammenhang mit hypochondrischen, hysteroiden oder paranoiden Zuständen auf.

Neurasthenisches Syndrom →*Hysterie.*

Neurit →*Axon.*

Neurofibrillen →*Neuron,* →*Fibrillen.*

Neuroleptika *(neuroleptics, neuroleptic drugs, major tranquilizer);* alte Bezeichnung: *Neuroplegika.* Psychopharmaka, die zur Behandlung bestimmter Psychosen und starker Erregungszustände zur Anwendung kommen. Bekannt ist das aus der Gruppe der Phenothiazine stammende *Chlorpromazin (chlorpromacine)*. Die Wirkung liegt besonders im Bereich der Minderung hyper- oder akinetischer Erregungszustände und der Herabminderung von halluzinatorischen Wahnideen.

Neurologie *(neurology)*. Bezeichnung für ein Teilgebiet der biologisch-medizinischen Wissenschaften, das dem Studium von strukturellen und funktionalen Eigenarten des *Nervensystems* gewidmet ist und in dessen Rahmen Diagnose- und Behandlungsmethoden von Nervenkrankheiten und -störungen entwickelt werden.
Im englisch-amerikanischen Sprachgebrauch wird die N. von der Psychiatrie streng unterschieden, im zentraleuropäischen Sprachgebrauch dagegen sind die Grenzen fließender.

Neuron, Nervenzelle, Ganglienzelle, Ganglion *(neuron, nerve cell, neuro-ganglion)*. Erregbare Zelle einschließlich ihrer Fortsätze, eine funktionale und morphologische Einheit des Nervensystems. Größen und Formen variieren beträchtlich. Gehirn und Rückenmark des Menschen enthalten ca. 15^{10} Neuronen. Wie alle tierischen Zellen sind N. mit *Membran* umgeben; hier vollziehen sich die Vorgänge von Erregung und Erregungsleitung. Im Inneren finden sich *Zellkern* und *Cytoplasma*. Der Zellkern ist je nach Zellenart kugel- oder bläschenförmig und liegt in der Mitte oder (im vegetativen Bereich z. B.) regelmäßig-exzentrisch. Im Kern befinden sich hochkonzentrierte *Nukleinsäuren* (DNS als Bestandteil der Chromosomen). Im Cytoplasma sind die sog. Nisslschen Schollen (Klumpen von RNS-Molekülen). RNS und DNS steuern die Zellfunktionen und sind für die Eiweißsynthese zuständig. Weitere Organellen im Cytoplasma sind ebenfalls für den Energiehaushalt wichtig, insbesondere die *Mitochondrien* und das sog. *endoplasmatische Retikulum*. Der im Schnitt 5–100 µ Durchmesser aufweisende *Zellkörper* (Soma, Neurosoma) besitzt ein (in seltenen Fällen auch zwei) *Axon (Neurit, Achsenzylinder)*, das zwischen wenigen Mikron und (beim Menschen) über einen Meter lang sein kann. Axone werden manchmal auch als *Nervenfaser (nervous fibre, nerve fibre)* bezeichnet. Die *Membran* der *Axone* besitzt unmittelbar nach Austritt des Axons aus dem Zellkörper eine mehr oder weniger dicke *Myelinscheide* (Markscheide; *myelin sheath*) aus Lipoiden und Proteinen, die durch *Einschnürungen* in relativ regelmäßigen Abständen *(Ranviersche Schnürringe; Ranviers nodes)* unterbrochen ist. Myelinreiche Axone finden sich in der weißen Substanz der peripheren Nerven, myelinärmere vorwiegend in der grauen Substanz und im vegetativen Bereich. Die Dicke der Myelinscheide (2–20 µ) und die Einschnürungen vergrößern die Leitungsgeschwindigkeit. Periphere Axone besitzen eine zweite, die *Schwannsche Scheide (neurilemma, Schwann sheath)*. Ihre Zellen bilden die Myelinscheide; im ZNS kommt diese Form nicht vor; hier wird Myelin durch Gliazellen gebildet. Axone können in *Axonkollateralen* verästelt sein. Axone leiten die Erregung von der Zelle weg; ihrer Zuleitung dienen *Dendriten (dendrites)*, die zweite Art der Fortsätze des N. Die Mehrzahl der N. besitzt eine Vielzahl von Dendriten, die feiner als Axone sind und ebenfalls verästelt auftreten. Nur ein einziger Zelltypus besitzt überhaupt keinen Dendriten. Axone haben innen *Neurofibrillen*, Dendriten nicht.

Neurophysiologie *(neurophysiology)*. Teilgebiet der Physiologie, das sich mit der Funktionsanalyse des Nervensystems bzw. der chemisch-elektrischen und hormonalen Grundlage seines Funktionierens beschäftigt.

Neuropsychologie *(neuropsychology)*. Interdisziplinäres Forschungs- und Anwendungsfeld der *Biologischen Psychologie*, das die funktionale Bedeutung lokalisierbarer zentralnervöser Strukturen für das Erleben und Verhalten sowie Störungen des Erlebens und Verhaltens im Gefolge von Beeinträchtigungen des Zentralnervensystems (z. B. durch Hirnverletzungen, Schlaganfälle, degenerative oder drogenbedingte Funktionsveränderungen des ZNS) zum Gegenstand hat. Ausgangspunkt der N. waren Untersuchungen über die Folgen von Hirnverletzungen bzw. -operationen. Im Rahmen der *experimentellen N.* wurden sie später ergänzt durch Befunde aus Läsionsexperimenten am Tiermodell, Untersuchungen an Patienten während operativer Eingriffe am Gehirn sowie durch Testreihen an Personen mit auf chemischem Weg herbeigeführten, kurzzeitigen und reversiblen

Stillegungen umschriebener neuraler Strukturen. Die *klinische N.* baut auf diesen Erkenntnissen auf; sie befaßt sich neben der Differentialdiagnose zentralnervös verursachter Störungen mit der Entwicklung und Anwendung von Programmen zur *Rehabilitation* Hirnverletzter, von Patienten nach Gehirnoperationen oder Schlaganfällen und entwickelt Programme der *Intervention* für Patienten mit degenerativen oder drogenbedingten zentralnervösen Funktionsstörungen.

LIT. Beaumont (1987); Gray (1982); Kolb, Wishaw (1985); Poeck (1989); Walsh (1987).

Neurose *(neurosis)*, Syn.: *Psychoneurose (psychoneurosis), neurotische Funktionsstörung (functional disorder).*

[1] Im 18. Jh. eingeführte Bezeichnung für Störungen des Nervensystems ohne nachweisbare Ursache, später für alle als nervös bedingt angesehenen Funktionsbeeinträchtigungen unverletzter, intakter Organe (z.B. Herzneurosen).

[2] Auf der Grundlage der von Freud geprägten klassischen Systematik wird die N. zum Inbegriff psychisch bedingter Störungen, die sich im Unterschied zu →*Psychosen* bei ansonsten erhaltenem Realitätsbezug auf umschriebene Situationen beziehen und in diesem Bezug zu Beeinträchtigungen sensorischer, motorischer, emotionaler und/oder vegetativer Funktionen führen. Die *psychoanalytische Theorie* der Entstehung von N. geht von der zentralen Annahme aus, die Symptome seien mittelbarer Ausdruck eines in der Regel in der frühen Kindheit begründeten Konflikts zwischen Triebwünschen und der Zensur bzw. Abwehr ihrer Verwirklichung. Zu den von Freud aufgrund der angenommenen Konfliktstrukturen hervorgehobenen *Neuroseformen* zählen neben der sog. *Aktualneurose (actual neurosis)* mit ihrem Bezug zu aktuellen Konflikten und Angst- und Neurastheniesymptomen vor allem →*Angstneurosen*, →*Phobien*, →*Zwangsneurosen*, *Organneurosen* und *Hypochondrie* (→*somatoforme Störung)* sowie *neurotische Depression (depressive neurosis)* und *neurotische Depersonalisation (neurotic depersonalization)*, die heute unter dem Oberbegriff →*dissoziative Störung* zusammengefaßt sind. Die Rückführbarkeit von N. auf unbewußte Konflikte, die durch →*Psychoanalyse* aufdeckbar sind, war für Freud das entscheidende Kriterium für die Unterscheidung zwischen N. und *Psychosen.*

[3] Aus *lerntheoretischer* Sicht gehen N. aus Fehlanpassungen hervor, die aufgrund *instrumenteller Konditionierung* trotz ihrer für den Außenstehenden nachteilig erscheinenden Folgen beibehalten werden. Für die Entstehung von N. aus dem sog. disthymischen Formenkreis (Angstneurosen, Phobien und Zwangsneurosen) boten Eysenck und Rachman eine auf der *Zwei-Faktoren-Theorie* der *Angst* und Eysencks faktorenanalytischer Theorie der *Persönlichkeit* basierende Erklärung an. Personen mit schwachen Hemmungstendenzen *(Extraversion)* und hoher Erregbarkeit *(Neurotizismus)* tendieren eher zu egozentrischen, sozial unangemessenen (z.B. Lügen, Stehlen) bzw. unkontrollierten Verhaltensweisen (z.B. Bettnässen), weil sie eigene Verhaltenstendenzen nicht hemmen können und dadurch Schwierigkeiten beim Erlernen von normgerechten Verhaltensweisen und Bewertungsmaßstäben haben. Personen mit ausgeprägten Hemmungstendenzen *(Introversion)* und hoher Erregbarkeit dagegen neigen eher zu Angst und Zwängen. Die Behandlungsvorschläge zielen auf den Symptomabbau durch die Verfahren der →*Verhaltenstherapie* ab. Im Sinne kognitiver Lerntheorien gelten N. als Folgen konditionierter Fehlanpassungen bzw. zur Gewohnheit gewordener Fehleinschätzungen, die mit Hilfe der kognitiven →*Verhaltensmodifikation* korrigiert werden können. Faßt man die beiden an den vermuteten Ursachen orientierten (ätiologischen) Ansätze [2] und [3] zusammen, so zeigt sich in jeder N. ein auf bestimmte Situationen bezogenes Vorherrschen subjektiver Auslegungen der Umwelt, ihrer Gegenstände und/oder der Selbstwirksamkeit, die im Wechselspiel zwischen individueller Erregbarkeit und (sozialen) Erfahrungen geprägt wurden und auf unwissentlichen (unbewußten) Wegen Gedanken, Erinnerungen, Einstellungen, Handlungsvorsätze, Gefühle und psychophysiologische Reaktionsmuster relativ überdauernd beeinflussen. Die Schwierigkeiten bei der *diagnostischen* Erfassung der unter N. zusammengefaßten komplexen Störungen sowie bei ihrer Bewertung in Abgrenzung gegenüber →*Psychosen* (insbeson-

dere bei Störungen aus dem Formenkreis der →*Depression*) liegen auf der Hand. In den nosologischen, d.h. von *Symptomen* und *Syndromen* ausgehenden Klassifikationsansätzen psychischer *Störungen* gilt der Begriff N. daher bestenfalls als grobe Kennzeichnung einer bestimmten Störungsart im oben dargelegten Sinn. Die einzelnen *Störungsformen* dagegen werden unter dem leitenden Gesichtspunkt dominanter Symptome bzw. Syndrome klassifiziert. Im *DSM III–R* wird dieses Vorgehen umgesetzt; die Hauptformen der neurotischen Störungen werden dort als →*Angststörung*, →*Zwangsneurose*, →*somatoforme Störung* und →*dissoziative Störung* bezeichnet.

LIT. BAUMANN, PERREZ (1990); EYSENCK, RACHMAN (1970); FREUD (1946ff.); FRANKL u.a. (1959–61); PERREZ, BAUMANN (1991); PETERS (1983); REINECKER (1990); TÖLLE (1985).

neurotische Depression →*Depression*.

Neurotizismus *(neuroticism)*.
[1] Neigung zu Erlebnis- und Verhaltensweisen, die für neurotische Störungen charakteristisch sind.
[2] In EYSENCKS Persönlichkeitstheorie ein Faktor, auf dem die Kennwerte von Tests zur Erfassung der emotionalen Erregbarkeit und Instabilität hohe Ladungen zeigen. Ausgeprägter N. gilt in dieser Theorie gemeinsam mit Extra- bzw. Introversion als Prädisposition für das Auftreten neurotischer Störungen.
→*Neurose*.

Neurowissenschaften *(neurosciences)*.
[1] Zusammenfassende Bezeichnung für interdisziplinäre Forschungsansätze, die sich mit den Funktionen des Zentralnervensystems, mit der Erstellung mathematisch-kybernetischer Modelle der für umschriebene Regulationsvorgänge maßgeblichen neuronalen *Netzwerke*, mit der Anwendung neurophysiologischer Erkenntnisse zur Erklärung kognitiver bzw. verhaltenssteuernder Prozesse sowie mit der Nachbildung derjenigen neuronalen Systeme mit Hilfe elektronischer datenverarbeitender Systeme befassen, die kognitiven bzw. verhaltenssteuernden Prozessen zugrundeliegen.
[2] Als *Kognitive Neurowissenschaft (cognitive neuroscience)* werden Ansätze der N. zusammengefaßt, die sich auf *Wahrnehmungs-, Denk-, Gedächtnis-* und *Sprachfunktionen* sowie ihre Nachbildung durch Computerprogramme beziehen, z.B. in Anwendungsbereichen, die sich mit *Künstlicher Intelligenz* (→*Intelligenz, künstliche)* oder mit der Gestaltung und Programmierung von Robotern oder →*Expertensystemen* befassen.

LIT. GAZZANIGA (1984); LEDOUX, HIRST (1986); SEELEN, SHAW, LEINHOS (1988).

Nexus. Die Beziehung zwischen den Elementen eines seriellen Ereignisses, z.B. als Kausal-Nexus jenes Ereignis in einem übergreifenden Ganzen, das zwei Dinge oder Ereignisse voneinander abhängig macht, so daß das eine nur auftreten kann, wenn das andere gegeben war.

nichtdirektive Therapie *(nondirective therapy)*, Syn.: *Gesprächstherapie*. Bezeichnung für ein psychotherapeutisches Verfahren, in dessen Verlauf der Therapeut weder durch Deutungen noch durch suggestionsähnliche Maßnahmen eingreift, sondern durch neutrale und das Reden des Klienten erleichternde Maßnahmen die Voraussetzungen für die (verbale) Selbstanalyse des Klienten schafft, die zu einem besseren Selbstverständnis führen soll.
→*Gesprächstherapie*, →*Psychotherapie*.

nichtreaktive Meßverfahren *(non-reactive measures)*. Sonderform der *unwissentlichen Beobachtung*, bei der die Versuchsperson nicht bemerkt, daß ihr Verhalten registriert wird. So z.B. Beobachtung durch einen nicht-sichtbaren (z.B. Einwegscheibe) oder als solchen nicht erkenntlichen Beobachter *(teilnehmende Beobachtung)*.

Nikotin →*Drogenabhängigkeit*.

Nisslsche Körperchen oder **Tigroidschollen** *(Nissl bodies, Nissl granules)*. Kleine schollenförmige Gebilde im Zellkörper der Nervenzelle (Neuron), besonders deutlich in motorischen Wurzelzellen und den größeren Pyramidenzellen. Die Nisslsche Substanz dient der Proteinsynthese in den Nervenzellen.

NK-Zellen →*Immunsystem*.

Noesis. Philosophische Bezeichnung für den Vollzug des Erkennens eines Gegenstandes bzw. für den einer Beurteilung zugrunde liegenden mentalen Prozeß. Die Analyse eines solchen Vorganges wird als *noetisch (noetic)* bezeichnet (zum Unterschied von *Noema, noematisch*).

Nominaldefinition →*Definition*.

Nominalismus *(nominalism)*. Bezeichnung für einen philosophisch-erkenntnistheoretischen Standpunkt, der die allgemeinen Begriffe als Namen der Dinge, jedoch nicht als etwas Wirkliches auffaßt. Die Gegenposition wird als *Begriffsrealismus* bezeichnet.

Nominalskala →*Skala*.

Nomologie *(nomology)*, Adj. **nomologisch** *(nomological)*. Allgemeine und umfassende Bezeichnung für das Teilgebiet einer Einzelwissenschaft, das sich mit der Erstellung allgemeiner Prinzipien und Gesetze beschäftigt. Die Erstellung eines Modells über die Beziehung eines Ereignisses oder einer Variablen zu anderen wird oftmals in der anglo-amerikanischen Fachliteratur als *»nomologisches Netz« (nomological network)* bezeichnet, z.B. bei der sog. *Konstruktvalidierung*.

nomothetisch *(nomothetic, nomothetical)*. Bezeichnung für eine Aussage oder eine Wissenschaftsrichtung, die sich mit Gesetzmäßigkeiten bzw. mit der Erstellung von Gesetzen beschäftigt (zum Unterschied von →*idiographisch)*.

Noradrenalin, Norepinephrin, Arterenol *(noradrenaline, norepinephrine)*. *Hormon* des Nebennierenmarks, chem. ein *Katecholamin* ($C_8H_{11}NO_3$). Die Wirkung ist mit der des *Adrenalin* koordiniert. Verstärkte Produktion wird bei körperlichem *Stress* (Überanstrengung, Überbelastung) beobachtet. N. ist gleichzeitig wichtiger *Transmitter* sowohl im autonomen als auch im zentralen Nervensystem. Die Hypothese über einen Zusammenhang zwischen N. und bestimmten Emotionen wie Wut oder Zorn konnte bisher nicht bestätigt werden.

Norm, soziale *(social norm, social standard)*. Bezeichnung für *Einstellungen, Wertungen* oder *Verhaltensstandards,* die in einer Gruppe herausgebildet wurden und bezüglich deren *Konformität* herrscht. Die Allgemeinverbindlichkeit bzw. Anerkennung von Normen hat einen wesentlichen Einfluß auf die *Kohäsion* von Gruppen.

Normalverteilung, Gauß-Kurve, Gauß-Verteilung, normale Häufigkeitsverteilung *(normal distribution curve)*. Beobachtet man Merkmale an Populationen, die sog. natürlichen Ereignissen entsprechen (z.B. Verteilung der Körpergröße), so häufen sich die Meßwerte im Bereich des *Mittelwertes,* ihr Vorkommen nimmt dagegen mit Entfernung vom Mittelwert symmetrisch ab. Es entsteht eine glockenförmige Kurve mit symmetrisch-asymptotischem Verlauf.

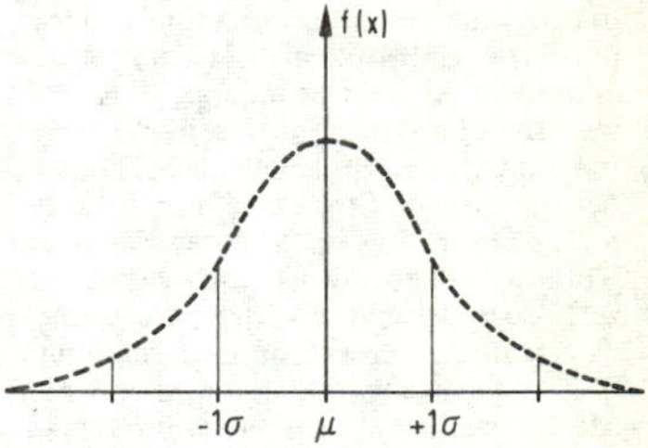

Die Dichtefunktion um den Mittelwertsparameter μ und mit der Standardabweichung σ lautet

$$f(X) = \frac{1}{\sigma\sqrt{2\pi}}\ e - \frac{(x-\mu)^2}{2\sigma^2}$$

Die N. dient als Modell für parametrische Prüfverfahren. Wichtige Eigenschaften: (a) Lineare Funktionen normalverteilter Variablen sind ebenfalls normalverteilt, (b) Mittelwert und Varianz sind unabhängig voneinander, (c) Mittelwertsdifferenzen normalverteilter Stichproben sind wieder normalverteilt und (d) aus der Dichtefunktion läßt sich bei bekanntem Abstand einer Maßzahl vom Mittelwert bezogen auf die Standardabweichung (z-Wert) die Wahrscheinlichkeit der Maßzahl berechnen.

LIT. FRÖHLICH, BECKER (1972).

Nosologie *(nosology)*. Bezeichnung für die Klassifizierung von Erkrankungen bzw. Störungen auf der Grundlage systematischer Beschreibungen von Symptomen und Verlaufsmerkmalen.

Notfall-Reaktion *(emergency reaction, fight or flight reaction)*. Von CANNON (1911) anhand von Versuchen mit Katzen erstmals beschriebenes Muster von vegetativen Veränderungen als Folgen der Wahrnehmung emotional erregender Reize. Erschreckende oder bedrohliche Reize (bei Katzen z.B. Hundegebell) lösen *emotionalen Streß* und damit adaptive Maßnahmen zur Aufrechterhaltung des Gleichgewichtszustandes im inneren Milieu aus. Der Ausgleich wird durch vermehrte Ausschüttung von

Adrenalin angebahnt. Die damit einhergehenden vegetativen Veränderungen (z. B. Herzschlag- und Herzleistungserhöhung, Atemfrequenzerhöhung, Schwitzen, Erhöhung des Blutzuckerspiegels, erhöhte Durchblutung der Skelettmuskulatur, Hemmung der Verdauungs- und Nierentätigkeit, Verminderung der Hautdurchblutung) interpretierte CANNON als Zeichen einer adaptiven Mobilisierung des Organismus für den Notfall und seiner Begegnung durch Angriff bzw. Flucht. Dauert der emotionale Streß und damit die N. fort, so führt dies in extremen Fällen zu Veränderungen des Körpergewebes, z. B. zu Magengeschwüren, die seither wegen ihrer Verursachung durch einen ursprünglich der Anpassung dienlichen Mechanismus als *anpassungsbedingte Erkrankungen* oder *adaptive Erkrankungen (adaptation diseases)* bezeichnet werden.
→*Streß*.

NREM →*Schlaf*.

Nucleoli →*Zelle*.

Nucleus caudatus *(caudate nucleus)*. Anhäufung von Nervenzellen, die einen Teil des corpus striatum, neben dem Thalamus gelegen, bildet. →*Gehirn*.

Nucleus dendatus *(dendate nucleus)*. Bezeichnung für eine Formation von Nervenzellen im Kleinhirn. →*Gehirn*.

Nukleinsäuren *(nucleic acids)*. Große, aus regelmäßig angeordneten Bauelementen zusammengesetzte Kettenmoleküle, welche die Voraussetzung für lebende Organismussysteme darstellen. Die drei Bauelemente (ein Zucker- mit fünf Kohlenstoffatomen, eine Purin- oder Pyrimidinbase und Phosphorsäure) sind mit Proteinen (Eiweiß) verbunden. Je nach Art des Zuckers unterscheidet man bei Desoxyribose die *Desoxyribonukleinsäuren* (DNS, *desoxyribonucleic acid, DNA*) und bei Ribose die *Ribonukleinsäuren* (RNS, *ribonucleic acids, RNA*). DNS findet sich bei Pflanzen und Tieren im Zellkern; in den Chromosomen ist es Träger der Erbanlagen. RNS findet sich in Cytoplasma und Kern und gilt als Überträger der genetischen Information.

Nullhypothese *(null hypothesis)*. Bezeichnung für die der Arbeitshypothese entgegengesetzte (kontradiktorische) Aussage, die mittels statistischer *Signifikanztests* geprüft wird. Erwartet man z. B. einen Unterschied in einer Leistung zwischen ermüdeten und nicht ermüdeten Versuchspersonen, so lautet die Nullhypothese: Der Unterschied zwischen den beiden Gruppen ist (dargestellt durch die beiden Mittelwerte) gleich Null oder nur so weit von Null verschieden, daß dies noch durch den Zufall erklärt werden kann. Die Falsifikation der N. entspricht dem Akzeptieren der Arbeitshypothese. Aus logischen Gründen muß dann, wenn die N. *nicht* falsifiziert werden kann, auf jede weiterführende Aussage in bezug auf die Arbeitshypothese verzichtet werden.

LIT. FRÖHLICH, BECKER (1972).

Null-Summen-Spiel →*Spieltheorie*.

numerische Taxonomie →*Taxonomie*.

Nymphomanie *(nymphomania)*. Bezeichnung für gesteigerte sexuelle Bedürfnisse der Frau, meist Symptom einer neurotischen Störung.

Nystagmus *(nystagm)*. Unwillkürliche Augenbewegungen in horizontaler und vertikaler Richtung; sie dienen der Anpassung der Augenstellung an Bewegung oder Körperlageveränderung bei Fixierung eines Punktes. Kennzeichen sind: langsame Bewegung in eine, ruckartige Bewegung in entgegengesetzte Richtung *(nystagmatic shift)*. Die Richtung der ruckartigen Bewegung hängt ab von der Bewegungsrichtung (Steuerung durch das Gleichgewichtsorgan). N. ist leicht beobachtbar beim Fixieren eines Punktes aus einem fahrenden Auto oder Zug. Tritt bei Kleinhirnstörungen gehäuft und spontan auf.

Oberflächeneigenschaften →*Eigenschaften.*

Oberton *(overtone).* Bei *Klängen* sind mehrere tonale Elemente beteiligt: Der Grundton (z. B. 440 Hz) und – je nach Instrument – ein oder mehrere O. Sie sind stets einfache Vielfache des Grundtones (z. B. 880 Hz, 1320 Hz). →*Fourier-Analyse,* →*Klang.*

Objektive Psychologie *(objective psychology).*
[1] Bezeichnung für eine psychologische Richtung, die nur direkte Beobachtung als wissenschaftliche Methode zuläßt, d. h. solche Daten verarbeitet, die einer Messung im Sinne der Physik zugänglich sind. Der *Behaviorismus* z. B., aber auch die auf physiologischen Messungen beruhende Teilrichtung der Ausdruckspsychologie zählen zu den Formen der objektiven Psychologie, in deren Rahmen auf *Introspektion* oder introspektiver Auslegung beruhende Aussagen nicht zugelassen sind.
[2] Bezeichnung für psychologische Forschungsrichtungen, die gelerntes Verhalten auf das Herausbilden von Reflexen zurückführen, besonders BECHTEREWS und PAWLOWS Ansätze *(→Reflexologie).*

Objektivität *(objectivity).*
[1] Allgemeine Bezeichnung für eine Einstellung, die sich streng sachlich an vorhandenen Daten oder Fakten orientiert und die zu fehlerfreien Schlußfolgerungen führt.
[2] Bezeichnung für ein Kriterium des *Tests.* Ein Test ist dann *objektiv,* wenn mehrere unabhängige Auswerter zu übereinstimmenden Ergebnissen kommen. Ihm fehlt die O. dann, wenn die Beurteilungen der verschiedenen Auswerter durch divergierende Einstellungen oder Gefühle zu voneinander abweichenden Ergebnissen führen. O. hängt u. a. von der Art des Kodierungssystems der Testergebnisse sowie von der Art der Testaufgaben *(items)* ab. Gegensatz: Subjektivität.

oblique Faktoren →*Rotation,* →*schiefwinklig.*

oblique Rotation →*Rotation.*

Occipitallappen *(occipital lobe),* **Hinterhauptlappen, Hinterlappen.** In den beiden Hemisphären liegende Kortexabschnitte des Hinterkopfes, über dem Kleinhirn. Hier liegen der sog. *Sehkortex* (Area 17) und die zugehörigen Assoziationsbereiche (Area 18 und 19).

Oddball-Aufgabe, Oddball-Experiment *(oddball task, oddball experiment).* Wörtlich: sonderbarer Kauz; kauzig, verschroben. Aus dem Englischen übernommene Bezeichnung für eine Variante der *Wiedererkennungsmethode* aus der Gedächtnisforschung. Bei O. muß ein überaus selten auftretender Zielreiz, dargeboten in oder mit einer Reihe anderer, ähnlicher Reize, herausgefunden bzw. wiedererkannt werden.

Ödipus-Komplex *(Oedipus complex).* Psychoanalytische Bezeichnung für eine unbewußte Denk- und Verhaltensdisposition, die aus einer übermäßigen Bindung an die Mutter und Eifersucht gegenüber dem Vater entstanden sein soll und sich in *Schuldgefühlen* und *emotionalen Konflikten* des Sohnes äußert. Bei Töchtern wird der sog. *Elektrakomplex* als Entsprechung angenommen. Eine Entwicklungsphase, in der die oben beschriebenen Einstellungen und Gefühle in der Regel vorkommen, nennen die Psychoanalytiker *ödipale Phase.*

Ogive. Statistische Bezeichnung für eine s-förmige Häufigkeitsverteilung, die man dann erhält, wenn man *normalverteilte* Datenhäufigkeiten *kumuliert.* An dieser Kurve lassen sich z. B. *Perzentile* oder *Prozentränge* ablesen, sofern die Darstellung auf relativen Häufigkeiten und deren Kumulierung *(→Häufigkeit, kumulierte)* beruht. Syn. →*Phi-Gamma-Funktion.*

Ohr *(ear).* Sinnesorgan zur Vermittlung von Informationen aus Schallereignissen. Reize sind longitudinale Luftschwingungen, beim Menschen im Frequenzbereich zwischen ca. 16 Hz und 16000 Hz. Die optimale Leistungsfähigkeit liegt im Frequenzbereich von 500 bis 4000 Hz. Der Schall gelangt durch die als Schalltrichter wirkende *Ohrmuschel (auricle)* in den *äußeren Gehörgang (external auditory meatus).* Dieser ca. 2.5 cm lange und 7.5 mm breite Gang wirkt als Resonanzverstärker, und zwar so, daß das *Trommelfell* (*tympanic membrane,* tympanum) immer mit der Maximalschwingung erreicht wird. Das Trommelfell verschließt den äußeren Gehörgang und grenzt das äußere Ohr gegen das *Mittelohr* ab. Das Trommelfell reagiert auf Frequenzen bis ca. 2000 Hz mit Schwingungen, die im Mittelohr auf drei wie ein Hebelsystem angeordnete *Knöchelchen (ossicles),* nämlich *Hammer (hammer), Amboß (anvil)* und *Steigbügel (stirrup)* übertragen werden. Ein Mus-

kelsystem bewirkt dämpfende Versteifung bzw. Adaptation des Knöchelchensystems an hohen Schalldruck. Die Luftdruckverhältnisse in Mittelohr und Rachenraum sind durch die Eustachische Röhre ausgeglichen. Der Steigbügel setzt mit seiner Platte an der Membran des *ovalen Fensters* (fenestra ovalis) auf. Hier erfolgt der Übergang in das *Innenohr,* einer Höhle im Felsenbein, die mit Flüssigkeit (Perilymphe) gefüllt ist und den Namen *Labyrinth* trägt. In ihrem unteren Teil findet sich die *Schnecke* (cochlea), darüber das System der *Bogengänge* (Gleichgewichtsorgan). Die durch die Gehörknöchelchen verstärkte und übertragene Kraft wirkt über die Membran des ovalen Fensters und erzeugt im Innenohr *hydraulische Druckwellen;* Schallereignisse, die durch Trommelfell und Knöchelchen nicht verarbeitet werden können, gelangen durch Resonanz der Schädelknochen (sog. *Knochenleitung*) ebenfalls als hydraulische Druckwellen in das Innenohr. Die Druckwellen verbreiten sich über Vorhof- und Paukentreppe und durch den Schneckengang in die *Schnecke* und können so auf das *Cortische Organ,* den Sitz der Rezeptoren, einwirken, wo schließlich ihre Umwandlung in Erregungsimpulse einsetzt *(→Hören).* Die Druckwelle endet am *runden Fenster* (fenestra rotunda), einer membranbedeckten Öffnung zwischen Innen- und Mittelohr, schräg unterhalb des ovalen Fensters.
LIT. STEVENS, WARSHOFSKY (1970).

Ohrspeicheldrüse *→Parotis.*

okkulte Erscheinungen *→Parapsychologie.*

Ökologie *(ecology).*
[1] Ein Teilgebiet der Biologie, das sich mit den Beziehungen von Organismen zu ihrer Umgebung beschäftigt.
[2] In der Humanpsychologie ein Teilgebiet der Sozialpsychologie, das in Analogie zu der soziologischen Ö. die sozialen, institutionellen und kulturellen Beziehungen der Menschen im Zusammenhang mit auferlegten oder geschaffenen physikalischen Umgebungsbedingungen (z.B. Architektur) betrifft.
[3] Bei E. BRUNSWIK die Erforschung der »Lebenswelt«. Die Bedeutung von Umwelthinweisen wird als *»ökologische Validität«* bezeichnet.

ökologische Validität *→Linsenmodell, →Ökologie.*

okzipital *(occipital).* Zur hinteren Schädelregion gehörig; die hintere Schädelregion betreffend. Gängige Abkürzung bei Lokalisierungen auf der Schädeloberfläche O.
→Elektroencephalogramm.

Oligophrenie *(oligophrenia).* Allgemeinste Bezeichnung für *→Schwachsinn.*

Omnibus-Test.
[1] Bezeichnung für ein selten benutztes Verfahren der Testanwendung, bei dem die einzelnen Aufgaben nicht im Zusammenhang des Aufgabentyps, sondern in gemischter Reihenfolge dargeboten werden, wobei ein *Gesamtscore* als Maß der betreffenden Leistung ermittelt wird.
[2] Bezeichnung für solche statistischen Entscheidungsverfahren, die mehreren Unterschiedskriterien gleichzeitig genügen, wobei nicht zu entscheiden ist, in welcher Hinsicht ein Unterschied zu interpretieren ist. Der sog. KOLMOGOROFF-SMIRNOFF-Test zur Prüfung des Unterschieds zwischen zwei unabhängigen Stichproben gehört zu diesen Verfahren; er spricht sowohl auf Unterschiede hinsichtlich der zentralen Tendenzen als auch auf solche hinsichtlich der Varianz an.

Ontogenese *(ontogenesis, ontogeny).* Die Entwicklung des Individuums im Gegensatz zur *Phylogenese,* der Entwicklung der betreffenden Art.

Ontologie *(ontology).* Bezeichnung für jenes Teilgebiet der Metaphysik, das sich mit dem Wesen der Existenz oder des Seins beschäftigt.

operant *→Konditionierung, operante.*

Operation.
[1] Leistung, Handlung, (etwas) tun.
[2] Das Ergebnis eines Handelns, durch das neue Beziehungen ermittelt bzw. hergestellt wurden.

operational. Auf eine Handlung bezogen.

operationale Definition *(operational definition).* Bezeichnung für solche Definitionen, welche auf der Methode der Herstellung bzw. der Bedingungen für das Auftreten eines Phänomens beruhen. So ist z.B. Hunger als der Zustand eines Individuums nach so und soviel Stunden Nahrungsentzug operational definiert *(→Operationalismus).*

Operationalismus *(operationalism, operationism).* Bezeichnung für eine aus der Physik stammende wissenschaftliche Doktrin, der zufolge alle Begriffe oder Beziehungen zwischen Begriffen sowie Theorien nur dann sinnvoll sind, wenn in ihre Definition die Verfahren bzw. Operationen mit eingehen, unter denen die betreffenden Vorgänge oder Zustände beobachtet bzw. zum Erscheinen gebracht wurden. Syn. *Operationismus.*

LIT. BRIDGMAN (1927).

operational research. Bezeichnung für eine Forschungstechnik, die dazu dient, die in einem technischen oder sozialen System *(→Gruppe)* wirksamen Tatsachen und Variablen zu erfassen, sie in quantitativer Weise auszudrücken und sie so aufeinander zu beziehen, daß ein Funktionsmodell resultiert, aus dem Vorhersagen in bezug auf bestimmte komplexe Ereignisse möglich werden. Die *operational research* findet ihre häufigste Anwendung in der industriellen bzw. Betriebspsychologie; der Begriff stammt aus der Wirtschaftswissenschaft.

Operationismus *(operationism) →Operationalismus.*

operativ *(operative, operational).*
[1] Auf die Ausführung von Operationen (Handlungen, Tätigkeiten) bezogen.
[2] Syn. für *operant.*
→Konditionierung, operante.

Operatives Abbildungssystem, OAS (sinngemäß: *operative cognitive task representation).* Von W. HACKER in die Arbeitspsychologie eingeführte Bezeichnung für die Gesamtheit aller relativ überdauernden tätigkeitsregulierenden Repräsentationen des tätigkeitsbezogenen Wissens. Das O.A. umfaßt Ausführungsbedingungen, Maßnahmen und Ziele als antizipierte Sollzustände; diese leiten die Umsetzung von Wissen in konkrete Handlungen. O.A. äußern sich z.B. im unmittelbaren Verständnis der Bedeutung von Zustandsanzeigen aufgrund der Mitkenntnis des Aufbaus und der Funktionen eines Arbeitssystems oder im Vorhersehen von Folgen bestimmter Funktionsstörungen für den Gesamtablauf in einem Arbeitssystem. Das Konzept OAS hat deutlichen Bezug zur *kognitiven Lerntheorie* TOLMANS.

LIT. HACKER (1986).

Operator. Mathematische Bezeichnung für ein Zeichen, das die Operation festlegt. Bei dem Ausdruck x^3 ist 3 der Operator und zeigt an, daß kubiert werden muß.

opiatanaloge Peptide *→Endorphine.*

Opiate *→Drogenabhängigkeit.*

oral. Die Mundregion betreffend.

orale Phase *(oral stage).* Psychoanalytische Bezeichnung für die erste der sexuellen Entwicklungsphasen, gefolgt von der analen und der genitalen. Sie ist gekennzeichnet durch gesteigertes Interesse bzw. Lustgewinn in bezug auf die Mundregion bzw. in bezug auf die mit der Mundregion zusammenhängenden Reize (Berührung, Ernährung).

orbital. Die Augenhöhlen bzw. Augenregion betreffend.

Orexis. Griechisches Wort für Begierde, Verlangen. Inbegriff des Trieb- und Antriebsgeschehens. Adj. *orektisch.*

Organempfindung *(organic sensation).* Bezeichnung für Empfindungen, ausgelöst von inneren Organen; Syn. für vegetative Vorgänge.

Organisationspsychologie *→Arbeits-, Betriebs- und Organisationspsychologie.*

organisch bedingte psychische Störung *(organic mental disorder). Klinische Psychologie, Psychiatrie:* Im *DSM III–R* psychische Störungen mit nachgewiesenen oder eindeutig begründbaren organischen Ursachen. Zu den o. b. p. S. im engeren Sinn zählen Störungen, die vorwiegend durch biochemische Veränderungen des Körperhaushalts verursacht werden, z.B. Alkoholdelir und -demenz, präsenile und senile *→Demenz,* durch gehäufte bzw. mißbräuchliche Einnahme von Schlafmitteln (z.B. Barbituraten), Schmerz- und Beruhigungsmitteln (Psychoanaleptika) oder psychotropen Drogen (z.B. Kokain) verursachte Störungen. Schwerwiegende Aufmerksamkeits-, Denk-, Gedächtnis- und/oder Verhaltensstörungen, die auf Hirnläsionen, Hirntumoren oder Hirnerkrankungen zurückgehen, werden als *hirnorganisch bedingtes (psychisches) Syndrom, hirnorganisches Psychosyndrom (organic brain syndrome),* gelegentlich auch als *organische Psychose (organic psychosis)* bezeichnet. Komplexe Syndrome der gleichen Art, die im Gefolge somatischer Erkrankungen bzw. Veränderungen auftreten, ohne daß eine in Einzelheiten gehende Zuordnung möglich ist, gelten als *organisch bedingtes psychisches Syndrom (organic mental syndrome).*

Organismus *(organism).* Bezeichnung

für ein System, das aus miteinander verbundenen und voneinander abhängigen Teilen besteht und das aufgrund dieser wechselseitigen Verbundenheit der Teile leben kann. Syn. für *Leib, Leibseelisches Ganzes,* der lebende Mensch bzw. das Lebewesen.
Im übertragenen Sinn wird der Begriff auch auf soziale Gebilde angewandt.

Orientierung *(orientation).*
[1] Allgemeine und umfassende Bezeichnung für die Wahrnehmung der eigenen raum-zeitlichen bzw. Lebenssituation und das Anpassen an sie; auch »geistige Orientierung«.
[2] Bezeichnung für das Zurechtfinden von Lebewesen in bezug auf äußere Reize (z. B. »Richtung« beim Vogelflug u. ä.), inbegriffen die Orientierung der niedrigeren Tiere *(Taxis, Tropismus).*

Orientierungsreaktion, -reflex, OR *(orienting response, orienting reflex).*
[1] Zentralnervös vermittelte unmittelbare Antwort höherer Organismen auf neuartige, ungewohnte Reize geringer bis mittlerer Intensität, auf unerwartet eintretende geringfügige Änderungen der Erscheinungsweise von Gegenständen, Umweltereignissen oder ihrer Abfolge. Die OR äußert sich in der Unterbrechung momentaner Tätigkeiten, in der Hinwendung der Sinnesrezeptoren zur Reizquelle, in der Einleitung von Erkundungsoperationen bzw. der Bedeutungssuche sowie in einer Reihe physiologischer Veränderungen zur Erhöhung der Sensibilität in den Sinnesorganen und zur Steigerung der Reaktionsbereitschaft. Die OR mit den äußeren Merkmalen der Hinwendung und Erkundung wurde erstmals von PAWLOW bei Hunden beobachtet und als *Untersuchungs-* oder *»Was-ist-das?«-Reflex (investigatory reflex; »what-is-it?« reflex)* bezeichnet. Interpretiert wird die Funktion des angeborenen Mechanismus der OR seit PAWLOW im Sinne einer universellen Vorkehrung gegen das Ignorieren möglicherweise biologisch bedeutsamer Umweltereignisse bei Tier und Mensch, als Grundlage der Herausbildung konditionierter Reflexe dann, wenn dem die OR auslösenden Ereignis ein biologisch oder psychologisch bedeutsames Ereignis folgt, als unwillkürliche Komponente der Aufmerksamkeitsregulation (→*Aufmerksamkeit)* sowie als Auslöser von Neugierde und Erkundungsschritten zur Erweiterung des Wissens. Die OR ist *unspezifisch,* d.h. sie tritt unabhängig von dem jeweils angesprochenen Sinnesgebiet in gleicher Weise auf und zeigt sich als komplexes Muster von inneren und äußeren Reaktionen, die automatisch einsetzen. Neben ihrer Unspezifizität und Komplexität unterscheidet sich die OR von der Mehrzahl der übrigen Reflexe dadurch, daß sie bei wiederholtem konsequenzenlosen Kontakt mit dem identischen Reiz allmählich abklingt (→*Habituation*), um erst dann erneut aufzutreten, wenn Reiz bzw. Situation im Vergleich zum ursprünglich auslösenden Ereignis verändert erscheinen. Ausprägungsgrad und Habituationsresistenz der OR sind dann groß, wenn das auslösende Ereignis von vornherein biologisch bedeutsame Hinweise bietet, die Instinktverhalten auslösen, z. B. bei einer Katze das Piepsen einer Maus, oder wenn das auslösende Ereignis ein psychologisch relevantes Signal darstellt, dessen Bedeutung durch Erfahrung geprägt ist, z. B. das unvermittelte Hören des eigenen Namens oder des Zurufs »Achtung« als Auslöser einer *konditionierten OR.*
[2] *Komponenten und Indikatoren der OR:* SOKOLOW unterscheidet vier Komponenten der OR. (a) Die *motorische Komponente* der OR zeigt sich in Zuwendungsbewegungen und Tonuserhöhungen der Skelettmuskulatur, (b) die *sensorische Komponente* in Veränderungen zur Optimierung der Leistungsfähigkeit der Sinnesorgane, z. B. Pupillenerweiterung, Spannungserhöhung des Tympanalmuskels, (c) die *zentralnervöse Komponente* in einer erhöhten Aktivierung des sensorischen und motorischen Kortex mit dem allgemeinen Kennzeichen einer Desynchronisation und Alpha-Blockierung des EEG und (d) die *vegetative Komponente* in erhöhter elektrodermaler Aktivität (EDA) mit einer dem Reiz folgenden Erhöhung der Hautleitfähigkeit (SCR), Herzratenverminderung (HR-Dezeleration), Verengung der Gefäße (Vasokonstriktion) in den Gliedmaßen und Erweiterung (Vasodilatation) der Kopfgefäße. Diese Veränderungen werden im Sinne einer einheitlichen Funktion der OR interpretiert, den Reizkontakt zu intensivieren, die Leistungsfähigkeit der Sinnesorgane und die kortikale Informationsverarbeitung zu optimieren, die Hautsensibilität und Greiffähigkeit zu verbessern und gleichzeitig die allgemeine Reaktionsfähigkeit in Vorberei-

tung auf Annäherung oder Vermeidung zu gewährleisten. Als zuverlässiger *Indikator* der OR gilt wegen ihrer Abbildungseigenschaften in bezug auf die Habituation die *elektrodermale Aktivität* (EDA, SCR). Als Kriterien der Unterscheidung zwischen OR und Abwehr- oder Defensivreaktionen (DR, *→Abwehr, →Schreckreaktion*) gelten für die vegetative Komponente das gemeinsame Auftreten von SCR und Herzratendezeleration sowie die Habituation der SCR bei wiederholter Darbietung als Kennzeichen der OR; das gemeinsame Auftreten von SCR und Herzratenakzeleration und das weitgehende Ausbleiben der Habituation als Kennzeichen der DR. Auf der Verhaltensebene zeigt sich die OR stets in der Zuwendung zur Reizquelle, Intensivierung des Reizkontakts durch Annäherung und anschließender Erkundung. Die DR dagegen äußert sich im unmittelbaren Abbruch des Reizkontakts bei gleichzeitiger Anbahnung von Abwehrmaßnahmen, manchmal gefolgt von vorsichtigen Erkundungen der Reizquelle aus sicherer Entfernung. Die sog. *Weckreaktion (waking-up response)* stellt eine der OR verwandte Antwort des Organismus auf neuartige oder ungewohnte Situationsveränderungen dar; sie tritt z.B. auf, wenn die OR auf ein bestimmtes, länger andauerndes Geräusch habituiert ist und das Geräusch plötzlich wegfällt. Die Weckreaktion besitzt mit Ausnahme der Hinwendung zur Reizquelle alle übrigen Kennzeichen der OR.

[3] *Erklärungsansätze:* (a) Der *zentralnervöse Auslösemechanismus* der OR besteht nach SOKOLOW aus einem Verbund dreier neuronaler Teilsysteme, die auf Reizintensität, Reizneuheit bzw. Reizbedeutung ansprechen. Je nach Intensität variiert die über die *formatio reticularis* vermittelte unspezifische tonische Aktivierung; gleichzeitig registrieren im Hippocampus zentrierte sog. *Neuheits-Detektoren (novelty detectors)* aufgrund eines Vergleichs eingehender Reizdaten mit gespeicherten »Reizmodellen« fehlende (OR) oder vorhandene Übereinstimmung (vollständige Habituation der OR), während Signale aus dem Frontallappen gemäß dem Bedeutungsanteil des Reizes zur Aktivierung der willkürlichen aufmerksamen Zuwendung zur Reizquelle führen. (b) Von BERLYNE und SOKOLOW stammen Ansätze, die Reizneuheit und den erforderlichen Aufwand zur Bedeutungserfassung in ein informationstheoretisches *Entropiemodell* der OR einbringen. Es wird angenommen, daß die Ausgeprägtheit der OR mit dem zur Erfassung der Reizbedeutung erforderlichen Informationsbedarf korreliert. (c) ÖHMAN schlägt vor, die OR als Initialphase eines durch Reizneuheit oder -bedeutung ausgelösten kognitiven Prozesses anzusehen, der mit einer Mobilisierung zentraler unspezifischer »Verarbeitungsressourcen« einsetzt und in die kontrollierte, d.h. von willkürlicher *Aufmerksamkeit* geleitete Verarbeitung der Information übergehen kann.

LIT. BARRY (1984; 1990); BERLYNE (1960); KIMMEL u.a. (1979); LYNN (1966); ÖHMAN (1979); SIDDLE (1983); SOKOLOW (1963; 1966; 1967; 1975); TURPIN (1986); VOSSEL (1990); VOSSEL, ZIMMER (1988).

orthogenetisches Gesetz (law of orthogeny). Von H. WERNER aufgestellter Grundsatz, daß sich die individuelle Entwicklung des Menschen in geordneten, hierarchisch organisierten irreversiblen Schritten unter Ausschluß von Zufälligkeiten vollzieht (Orthogenese), wobei Prozesse der *Differenzierung* und *hierarchischen Integration* einander durchdringen.

→Entwicklung, →Entwicklungstheorien.

LIT. WERNER (1959).

orthogonale Rotation *→Rotation.*

Ösophagus, Speiseröhre *(esophagus).* Röhrenförmige Verbindung zwischen Rachen und Magen.

Osteoporose *→Cushing-Syndrom.*

Oszillation *(oscillation).* Aus der Physik stammende Bezeichnung für Impulsschwankungen.

In psychologischer Bedeutung:

[1] Bezeichnung für die keinem definierten Trend folgenden Schwankungen, die Variabilität eines bestimmten Reaktionssystems, bei HULL mit dem Symbol $_SO_R$ bezeichnet und auf Schwankungen des *Reaktionspotentials* ($_SE_R$) zurückgeführt.

[2] Bezeichnung für die Tatsache, daß ein Individuum in ein und demselben Test zu verschiedenen Zeitpunkten Leistungsschwankungen aufweist, die keinem Ermüdungstrend oder ähnlichem folgen.

Oszillograph *(oscillograph).* Instrument zur Darstellung und/oder Registrierung von Veränderungen elektrischer Potentiale oder in elektrische Potentiale umgesetzter Wellen. In der Regel werden die Veränderungen durch eine Kathodenröhre auf eine Mattscheibe projiziert und/oder mittels Kanalschreiber aufgezeichnet bzw. digitalisiert und ausgedruckt.

Ovidukt →*Eileiter*.

P_3, P300, P_{300}-Komplex. *Psychophysiologie:* Bezeichnung für einen Komplex positiver langsamer kortikaler →*ereignisbezogener Potentiale,* der 200–600 msec (Millisekunden) nach dem Reiz auftritt, besonders ausgeprägt im parietalen Bereich nach seltenen, unerwarteten oder auffälligen Reizen. Zahlreiche Untersuchungen zeigen, daß Amplitude und Latenz des P_3 in Abhängigkeit vom Verarbeitungsaufwand der Reizinformation variieren. Es wird angenommen, daß dieser Komplex die Aktivität eines kortikalen Mechanismus reflektiert, der die Erwartung zukünftiger Ereignisse und die Strategien ihrer Verarbeitung aktualisiert bzw. den Abschluß eines kognitiven Prozesses durch Entscheidung begleitet.
LIT. ROCKSTROH u. a. (1989); VERLEGER (1989).

PA →*Psychoanalyse.*

Paarassoziationen *(paired associates).* Bezeichnung für eine in Lern- und Gedächtnisversuchen häufig verwendete Methode. Der Lernstoff besteht in der Regel aus paarweise dargebotenen sinnlosen Silben oder Silben-Wort-Kombinationen. Nach einer Übungsphase wird das jeweils erste Glied der Paare dargeboten und die Versuchsperson soll das dazugehörige nennen oder niederschreiben. Das Lernen von solchen Paaren wird bereits als *komplexe Lernleistung* bezeichnet.

Paarungsverhalten *(mating behavior).* Bezeichnung für eine Kette von Instinkthandlungen von der Partnerwahl bis zur Kopulation *(→Instinkt).*

Paarvergleich *(paired comparison).* Eine aus der *Konstanzmethode* der Psychophysik weiterentwickelte Methode. Sie besteht darin, alle Kombinationen von Reiz- oder Gegenstandspaaren herzustellen und der Versuchsperson vorzulegen. Es wird beurteilt, welches Glied eines Paares jeweils eine bestimmte Eigenschaft (z.B. Größe, »Schönheit«) in stärkerem Maße aufweist als der Vergleichsreiz oder -gegenstand. Die *Matrix* der Ergebnisse wird Ausgangspunkt der Schwellenstimmung bzw. der *Skalierung.* Paarvergleichstechniken werden auch bei der Skalierung von *Einstellungen* angewandt. →*Psychophysik.*

Pacinische Körperchen *(Pacini corpuscles, lamellated corpuscles).* Lamellenkörperchen im Unterhautgewebe, die auf Feuchtigkeitsgehalt des Gewebes und Blutes reagieren (sog. Schwellsinnesorgane). Besonders starke Verbreitung in Handflächen- und Fußsohlengewebe.

Pädagogische Psychologie *(educational psychology).* Bezeichnung für ein Teilgebiet der *Angewandten Psychologie,* das sich mit der Anwendung psychologischer Forschungsergebnisse und Theorien auf Probleme des Erziehens bzw. mit der Erforschung von Problemen beschäftigt, die aus der Erziehungssituation (im häuslichen und schulischen Bereich) erwachsen. Es besteht ein enger Zusammenhang mit Fragen der Entwicklungs-, Sozialpsychologie und der Psychologie des Lernens sowie anderen Teilgebieten der allgemeinen und differentiellen Psychologie.
LIT. F. WEINERT (Hrsg.; 1967).

Päderastie *(pederasty).* Bezeichnung für eine Form der Homosexualität, sexuelle Beziehungen zwischen Erwachsenen und gleichgeschlechtlichen Kindern bzw. Jugendlichen (Syn. »Kinderliebe«, »Knabenliebe«).

Pädophilie →*Sexualstörung.*

Pallium, Gehirnmantel, pars palliaris. Den Hirnstamm überdeckender Bereich der Großhirnhemisphären.

Palmarer Schweißdrüsen-Index, PSI *(palmar sweat index). Psychophysiologie:* Von SUTARMAN eingeführtes Verfahren zur Erfassung der *dermalen Aktivität* durch Abzählen der aktiven Schweißdrüsen pro ca. 4 mm der palmaren Hautfläche (Innenhand). Auf einer Fingerkuppe wird eine ca. vierprozentige Formvar-Lösung aufgetragen. Diese erstarrt rasch und kann mit einer Klebefolie abgezogen werden. Aktive Schweißdrüsen hinterlassen auf dem Abzug helle Stellen, die unter dem Mikroskop gezählt und im Verhältnis zu den ebenfalls am Abdruck erkennbaren nichtaktiven Schweißdrüsen ausgedrückt werden können. Der PSI gilt, ähnlich wie die Kennwerte der →*elektrodermalen Aktivität,* als Indikator der von Reizen oder Ereignissen ausgehenden vegetativen Erregung.
LIT. KÖHLER, VÖGELE, WEBER (1989); SUTARMAN, THOMSON (1952).

Panik, Panikreaktion *(panic, panic reaction).*
[1] Heftiger *Angstzustand* mit ausgeprägten Anzeichen somatischer Erregung, mit dessen Auftreten planvolles Handeln weitgehend blockiert ist. Wiederholt auftretende extreme P. ohne er-

kennbaren äußeren Anlaß wurde als anfallsartige Form der →*Angstneurose* angesehen, die heute unter dem Oberbegriff der Angststörung subsumiert und als →*Panikstörung* bezeichnet wird.
[2] Als Panikreaktion im engeren Sinn gelten bei Unfall- oder Naturkatastrophen auftretende Zustände der Übererregung, die sich in Entscheidungsunfähigkeit, Übersehen realistischer Rettungsmöglichkeiten, Bewegungsstürmen und Massenflucht mit fatalen Folgen äußern.

Panikstörung *(panic disorder)*. *Klinische Psychologie, Psychiatrie:* Der Begriff P. des *DSM III–R* ersetzt und erweitert das in der klassischen Neurosenlehre eingeführte Konzept vom *Angstanfall (→Angstneurose)*. P. gilt als Angststörung, die sich in wiederholt auftretenden, minutenlangen Episoden heftiger Angst und körperlichen Unbehagens äußert. Zu den häufigsten Begleitsymptomen gehören Atemnot und Erstickungsgefühle *(Dispnoe)*, Benommenheit, Unsicherheits- oder Ohnmachtsgefühle, Herzschlagbeschleunigung *(Tachykardie)*, Zittern, Schwitzen, Übelkeit, Depersonalisation (Identitätsverlust) oder Derealisation (Realitätsverlust), Taubheit oder Kribbeln in den Gliedmaßen *(Parästhesien)*, Hitze- oder Kälteschauer, Schmerzen bzw. Beklemmungsgefühle im Brustraum, die Furcht, sterben zu müssen, den Verstand oder die Selbstkontrolle zu verlieren. Die Panikattacken treten, zumindest anfangs, unerwartet auf (d.h. im Unterschied zu *einfachen Phobien* ohne Bezug zu Gegenständen, im Unterschied zu *sozialen Phobien* ohne Bezug zu sozialen Situationen, in denen Blamagen befürchtet werden), im weiteren Verlauf häufig gekoppelt mit Symptomen der →*Agoraphobie*, d.h. mit der Meidung von Situationen, die ausweglos erscheinen, in denen keine Hilfe erwartet wird oder eine Flucht zu einer peinlichen Blamage werden könnte. In vielen Fällen gehen der P. Trennungsängste in der Kindheit oder Abbrüche bzw. Verluste sozialer Beziehungen voraus. P. setzen meistens im dritten Lebensjahrzehnt ein, sind weit verbreitet, treten in der Form ohne Agoraphobie bei Frauen und Männern gleich häufig, mit Agoraphobie dagegen bei Frauen etwa doppelt so häufig auf wie bei Männern.
LIT. EHLERS, MARGRAF (1990); MARGRAF, SCHNEIDER (1989); REINECKER (1990a).

Panumsches Phänomen *(Panum phenomenon)*. Bezeichnung für eine Verschiebung der wahrgenommenen räumlichen Entfernung, die dann entsteht, wenn man zwei parallele und nahe beieinander gelegene Linien für ein Auge sichtbar stereoskopisch vorführt, für das andere Auge eine Linie wählt, die mit einer der beiden zur Deckung gebracht werden kann. Bei Deckung erscheinen die beiden Linien in verschiedener Entfernung, wobei die zur Deckung gebrachte als subjektiv näher eingeschätzt wird.

PAQ →*Arbeitsanalyse.*

Paradoxe Intention *(paradoxical intention)*. *Psychotherapie:* Von FRANKL entwickelte Konfrontationstechnik, die sich besonders bei der Behandlung von Angst- und Zwangssymptomen sowie Schlafstörungen bewährt. Der Klient wird durch den Therapeuten aufgefordert, seine Symptome bzw. sein Problemverhalten demonstrativ auszuführen bzw. vorzustellen, um sich dessen Sinnlosigkeit zu vergegenwärtigen. Gelegentlich wird dies durch ironisierende Bemerkungen des Therapeuten unterstützt.
→*Logotherapie.*

paradoxe Kälteempfindung *(paradoxical cold, paradoxical coolth)*. Bezeichnung für eine Kälteempfindung, die dann auftritt, wenn man mit einem auf ca. 43–45 Grad Celsius erhitzten Stab einen Kälterezeptor an der Hautoberfläche berührt.

paradoxer Schlaf →*Schlaf.*

paradoxe Wärmeempfindung *(paradoxical warmth)*. Bezeichnung für eine Wärmeempfindung, die dann auftritt, wenn man mit einem 29–31 Grad Celsius warmen Gegenstand einen Wärmerezeptor der Hautoberfläche berührt.

Paralalie *(paralalia)*. Bezeichnung für eine Form der *Dyslalie*, die z.B. beim *Stammeln oder Lispeln (lisping)* durch Verwechslung von Lauten charakterisiert ist.

Paralexie *(paralexia)*. Bezeichnung für eine beim Lesen auftretende Sprachstörung, die durch Veränderungen im Gehirn verursacht ist und sich in Wortverwechslungen äußert *(→Aphasie)*.

Parallaxe *(parallax)*. Physikalische Bezeichnung für Abweichungen im optisch-visuellen Bereich, die dann entstehen, wenn man einen Punkt aus zwei verschiedenen Winkeln betrachtet. Die P. ist definiert durch die Winkeldifferenz. Davon leitet sich die psychophysiologische Bedeutung ab. Dort bezeichnet P. die durch den Augenabstand definierte Abweichung in den Retina-Bildern eines fixierten Punktes, gemessen im Winkelmaß. Die Entfernungsschätzung bzw. Wahrnehmung der Tiefe hängt von dieser Bedingung mit ab.

Parallelismus *(parallelism)*.
[1] Meist als *psycho-physischer Parallelismus (psychophysical parallelism)* Bezeichnung für eine Theorie oder Arbeitshypothese, die in Gehirntätigkeit und kognitiven Prozessen parallele, einander nicht beeinflussende Vorgänge sieht, die als zwei Aspekte desselben Geschehenstypus aufgefaßt werden können *(→Zwei-Aspekten-Lehre)*.
[2] Als *kulturellen Parallelismus (cultural parallelism)* bezeichnet man die Annahme, daß sich verschiedene Kulturen mit bestimmten gesellschaftlichen Strukturen unabhängig voneinander entwickeln, im Endergebnis jedoch Ähnlichkeiten aufweisen.
[3] *Psycho-neurologischer* oder *psychoneuraler Parallelismus (psycho-neural parallelism)* bezeichnet die Annahme, daß einem jeden bewußten Vorgang eine ganz bestimmte Nervenaktivität entspricht bzw. (seltenere Formulierung) daß jeder spezifischen Nervenaktivität ein bewußter Vorgang entspricht.

Parallelität der Entwicklung *→phylogenetisches Prinzip.*

Paralogie *(paralogia)*. Bezeichnung für eine Form der *→Dyslogie,* bei der es dem Sprecher schwerfällt, Vorstellungen auszudrücken.
Der Sprecher kann auch zu unlogischen, unzusammenhängenden Formulierungen oder zu falschem Wortgebrauch kommen.

Paralogismus *(paralogism)*. Bezeichnung für ungewollte oder unbewußte Fehlschlüsse bzw. auf solchen beruhende Aussagen.

Paralyse *(paralysis)*.
[1] Lähmung eines Organs oder Organsystems durch Störungen im Nervensystem (Krankheit, toxische Einwirkung, Schlaganfall).
[2] *Progressive P. (progressive paralysis):* Demenz, Psychose, geistiger Verfall im Gefolge luetisch bedingter Stirnhirnentzündung.
[3] Die sog. Paralysis agitans oder *Parkinsonsche Krankheit (Parkinson's disease, Parkinsonism)* dagegen äußert sich als sog. Schüttellähmung *(palsy)* in einem bei Willkürbewegungen ausgeprägt auftretenden Tremor der Hände bzw. in Schüttelbewegungen des Kopfes.

paralytische Demenz *→Demenz.*

Parameter, parametrisch *(parameter, parametric)*.
[1] Mathematische Bezeichnung für als (relativ) konstant angesehene Größen, die verschiedene Werte annehmen und als Hilfsvariablen fungieren können. Eine Funktion (z.B. Lernkurve, Wachstumskurve) ist durch Bekanntgabe der P. insofern allgemeingültig, als damit der Funktionstypus gekennzeichnet ist. Funktionen des gleichen Typs unterscheiden sich nur hinsichtlich der P.-Werte. Ist z.B. $y = d^x$ eine allgemeine Exponentialfunktion, so erhält man durch Einsetzen verschiedener P.-Werte von d die zur gleichen Familie gehörigen Funktionen.
[2] In der mathem. Statistik sind P. *Kennzahlen der Population* (Grundgesamt), die als *Konstanten* einen *Verteilungstypus* charakterisieren. Die *Normalverteilung* z.B. ist durch die beiden P. Populationsmittelwert und Populationsstreuung (μ) und σ) vollständig definiert.
[3] Als *parametrische Prüfverfahren* oder *Tests (parametric tests, parametric statistics)* bezeichnet man Tests einer Parameterhypothese. Vorausgesetzt ist die Kenntnis der p. Voraussetzungen über den Verteilungstypus der betrachteten Variablen. Die dazugehörigen P. werden auf Grund der Stichprobenerhebung geschätzt. Fehlen Informationen über den Verteilungstypus, so werden *parameterfreie* oder *nicht-parametrische* Tests angewendet.

Paramnesie *(paramnesia)*. Bezeichnung für Gedächtnistäuschungen mit Evidenz- oder Bekanntheitserlebnissen *(→déjà vu)*.

Paranoia *(paranoia)*. Aus der klassischen griech. Philosophie und Dichtung (paranoia = allgemeine Geistes- bzw. Verstandesstörung) in die Psychiatrie übernommene Bezeichnung für Störungen mit Anzeichen des sog. *systematisierten Wahns,* d.h. einem ohne Anzeichen von *→Demenz* auftretenden, überzeugend wirkenden, logisch begründbaren und in sich geschlossenen System von Wahnideen, bei dem weite Teile des Wahrnehmens und Denkens unbeeinträchtigt bleiben. Hierzu zählen vor allem chronische, sich aus der Persönlichkeit entwickelnde, mit umschriebenen Selbsttäuschungen und systematisierten Wahnvorstellungen einhergehende (nichtschizophrene) Formen des Beziehungs-, Eifersuchts- und Verfolgungswahns sowie die sog. →*paranoide Schizophrenie.* In der Systematik KRAEPELINS zählte die P. neben *Hebephrenie* und *Katatonie* ursprünglich zu den Grundformen der →*Schizophrenie.* Heute werden die verschiedenen Arten und Formen paranoider Störungen im *DSM III–R* je nach Symptomatik als *wahnhafte (paranoide) Störung* (→*Wahn)* oder als *Schizophrenie* vom paranoiden Typus bezeichnet.

paranoid *(paranoid, paranoidal).* Tendenz zu Wahnvorstellungen, insbes. zu systematisierten Beeinträchtigungs- oder Verfolgungsideen.

paranoide Demenz →*Demenz.*

Paranoide Schizophrenie *(paranoid schizophrenia, paranoid type of schizophrenia).* Ursprünglich dem Formenkreis der →*Paranoia* zugeordnete *wahnhafte Störung,* die mit Größen- oder Verfolgungswahnsymptomen sowie Halluzinationen ohne nachhaltige Beeinträchtigungen der Gefühlsansprechbarkeit und intellektueller Fähigkeiten einhergeht. Syn.: *Paraphrenie (paraphrenia).*
→*Schizophrenie* [2c], →*Wahn* [2].

Paraphasie, Paraphrasie *(paraphasia).* Eine Sonderform der *Aphasie,* gekennzeichnet durch falsche Wortwahlen und/oder den gehäuften Gebrauch von nicht passenden, sinnentstellenden Silben- oder Wortergänzungen, die sich auch in der geschriebenen Sprache wiederfinden *(Paragraphie).*

Paraphilie →*Sexualstörung.*

Paraphonie *(paraphonia).* Bezeichnung für das Umschlagen der Stimme bei Erregung oder im Stimmbruch.

Parapsychologie *(parapsychology).* Bezeichnung für den Versuch, Erscheinungen wie *Gedankenübertragung* (Telepathie) oder *okkulte Erscheinungen* (Hellsehen, mediale Fähigkeiten u. ä.) zu erklären bzw. die Gesetzmäßigkeiten ihres Auftretens in Abhängigkeit von den Bedingungen zu klären.
LIT. BENDER (Hrsg.; 1957); RHINE, PRATT (1961).

Parasomnie →*Schlafstörung.*

paraspezifisches Abwehrsystem →*Immunsystem.*

Parästhesie *(paresthesia).* Bezeichnung für Empfindungen, die ohne jede Reizgrundlage auftreten.
→*Panikstörung.*

Parasympathikus *(parasympathetic division of the nervous system).* Bezeichnung für einen Teil des *vegetativen* oder *autonomen* →*Nervensystems,* der besonders an Zuständen der Entspannung beteiligt ist. Sein wichtigster Nerv ist der *Nervus vagus* oder *Vagus* (10. Gehirnnerv).

Parataxie *(parataxis).* Bezeichnung für emotionale Fehlanpassung vorwiegend im sozialen Bereich.

Parathyreoidea, Nebenschilddrüse, Epithelkörperchen *(parathyroid).* An der Schilddrüsenhinterseite liegende, vier erbsengroße, paarig angeordnete endokrine Drüsen, die das zur Regelung des Kaliumhaushaltes erforderliche Parathormon in die Blutbahn ausschütten. *Unterfunktion* führt zu tonischen Muskelkrämpfen (Tetanie), *Überfunktion* dagegen zu generalisierter Dystrophie der Knochensubstanz (Festigkeitsschwund) und – durch vermehrte Kalziumausscheidung – zur Nierensteinbildung.

Parese *(paresis).* Bezeichnung für Teillähmungen, die auf umschriebene Ausfälle des Zentralnervensystems zurückgehen (z. B. auf syphilitische Erkrankungen).

parietal *(parietal).*
[1] Biologisch-anatomische Bezeichnung für Gewebeteile, die entweder eine Körper-, Organ- oder Gefäßwand darstellen (z. B. das parietale Mesoderm oder Hautfaserblatt) oder als wandständig lokalisierbar sind (z. B. parietale Peritoneumschichten, d. h. an der Bauchfellwand liegende Gewebeteile).
[2] Biologisch-anatomische Bezeichnung für Schädelregionen in der Nähe des Scheitelbeins *(parietal bone).*
[3] Parietallappen *(parietal lobe; lobus parietalis)* heißt der Kortexabschnitt hinter der Zentralfurche und oberhalb der fissura cerebri lateralis (Sylvius-Furche). Gängige Abkürzung bei der Lokalisierung auf der Schädeloberfläche P.
→*Electroencephalogramm.*

Parkinsonsche Krankheit, Morbus Parkinson, paralysis agitans *(Parkinson's disease).* Degenerativer Prozeß in den Stammhirnganglien, der zu allmählicher Bewegungsverarmung *(Akinese),* Versteifung der Körperhaltung und Erstarrung der Mimik sowie zu *Tonuserhöhung* und *Tremor* in Händen, Kopfmuskulatur und Füßen führt. Häufigstes Auftreten zwischen 50 und 60 Jahren; Erblichkeit der Disposition wird angenommen; medikamentöse und neurochirurgische Behandlung ist aussichtsreich.

Parorexie *(parorexia)*. Bezeichnung für gesteigertes Bedürfnis nach ausgefallenen Lebensmitteln oder Speisen bzw. Zusammenstellungen, z. B. während der Schwangerschaft.

Parotis *(parotid gland)* oder **Ohrspeicheldrüse.** Die größte der menschlichen Speicheldrüsen; sie liegt in Ohrenhöhe.

Parsimonieprinzip *(principle of parsimony; parsimony principle)*. Aus dem Lat. parsimonia (Einfachheit; Sparsamkeit) hergeleitete Bezeichnung für den von OCCAM propagierten Grundsatz, aus mehreren alternativen Erklärungsansätzen stets den einfacheren zu bevorzugen. MORGANS *Kanon der Einfachheit* präzisiert dies für die Zwecke der vergleichenden Verhaltensforschung: Zur Erklärung von Verhaltensweisen soll man zuerst einfache Funktionszusammenhänge heranziehen, um nicht von vornherein der Versuchung zu erliegen, das Verhalten von Tieren mit demselben Aufwand zu erklären, wie ein vergleichbares Verhalten des Menschen.

Parthenogenesis. Bezeichnung für die Entwicklung eines neuen Organismus aus einem unbefruchteten Ei (Syn. *Jungfernzeugung*).

partielle Amnesie →*Amnesie*.

partielle Korrelation *(partial correlation)*. Statistische Bezeichnung für die Korrelation zwischen zwei Variablen unter Ausschluß der Wirksamkeit einer dritten Variablen, die mit der ersten und zweiten korreliert. Mißt man z. B. bei einer Gruppe von Versuchspersonen zwei motorische Leistungen (1 und 2) und die Intelligenz (3) und zeigt sich eine Korrelation zwischen (1) bzw. (2) und der Intelligenz (3), so läßt sich mit Hilfe der partiellen Korrelation die »reine« Korrelation zwischen 1 und 2 errechnen, die dann ermittelt worden wäre, wenn die Intelligenz keinen Einfluß auf das Ergebnis gehabt hätte.

partielle Verstärkung →*Verstärkungsplan*.

Partil *(partile)*. Bis auf den Grad genau. Statistisch-mathematische Bezeichnung für jede Art von Unterteilung von Rangordnungen in gleichgroße Klassen. Eine Einteilung in 100 (Prozenteinteilung) führt zu →*Perzentilen* oder *Prozenträngen*, in 10 zu Decilen, in 8 zu Oktilen usw.

passiv-aggressive Persönlichkeitsstörung →*Persönlichkeitsstörung*.

Patellarreflex *(patellar reflex)* oder **Kniesehnenreflex** *(knee jerk)*. Reflex, der durch einen Schlag knapp unterhalb der patella *(Kniescheibe)* bei entspannter Beinlage ausgelöst wird und in einer durch den musculus quadriceps bewirkten Aufwärtsbewegung des Beines (unterhalb des Kniegelenks) besteht.

Pathognomik *(pathognomy)*. Bezeichnung für den Bewegungsausdruck *(→Ausdruck)*.

Pathologie *(pathology)*. Bezeichnung für das Teilgebiet der biologisch-medizinischen Wissenschaften, das sich mit abnormen und Krankheitserscheinungen des (menschlichen) Organismus beschäftigt.

pathologisch *(pathological)*. Durch Krankheit verändert, auf Störung oder Krankheit zurückgehend.

Pattern. Englische Bezeichnung für *Muster, Konstellation* oder *Struktur* (Syn. engl. *cluster, structure*) als aus Teilen zusammengesetzte funktionale Einheit, wobei die Teile mehr oder weniger deutlich unterschieden werden können. »Erregungskonstellation« *(excitatory pattern, neural pattern)* bezeichnet z. B. die Erregung eines Verbandes von Neuronen; als sensorische oder Empfindungskonstellationen *(sensory patterns)* werden Eindrücke von der Qualität der →*Gestalt* (→*Struktur*) bezeichnet. Der Begriff wird meist deskriptiv verwendet und bedarf zusätzlicher Erläuterungen.

Pavor nocturnus →*Schlafstörung*.

Payoff-Funktion →*Spieltheorie*.

PCP →*Drogenabhängigkeit*.

pensée opératoire. Aus dem Franz. übernommene Bezeichnung für ein Denken, das sich mit Vorrang an konkreten und aktuellen Objektbeziehungen bzw. Tätigkeiten orientiert und bei zahlreichen psychosomatischen Erkrankungen den Zugang zu den Erlebnissen und Erfahrungen des Patienten erschwert.
Die p. o. gilt als Sonderfall der →*Alexithymie*.

Percept-Genese →*Aktualgenese*.

Perimeter. Ein in der Augenheilkunde und Sinnesphysiologie bzw. – psychologie gebrauchtes Gerät zur Ermittlung des Blick- oder Gesichtsfeldes. Der betreffende Reiz (farblos oder farbig) kann dabei in jedem beliebigen Winkel und in verschiedenen Entfernungen vom Augapfel auf einer drehbaren, halbkreisförmigen Schiene dargeboten werden. →*Campimeter.*

Periodische Trunksucht →*Dipsomanie.*

periodische Verstärkung →*Verstärkungsplan.*

peripher *(peripheral).* Außen oder an der Körperoberfläche liegend. Als *peripherer Reiz* wird z.B. ein solcher bezeichnet, der einen nicht-zentralen Teil der Retina trifft. *Periphere Nerven* oder *periphere Nervenbahnen* nennt man Teile des Nervensystems, die von Gehirn und Rückenmark abseits liegen. *Peripheres Nervensystem* →*Nervensystem.*

peripherer Reiz →*Peripher.*

Peristaltik *(peristalsis).* Wellenförmige Kontraktionen, durch die der Darminhalt im Verdauungstrakt transportiert wird.

Perseveration. Allgemeine und umfassende Bezeichnung für eine Klasse von Phänomenen, die in einem Verharren auf und in einem Wiederauftauchen von bestimmten Erlebnis- oder Gedächtnisinhalten bestehen oder sich auf die Bevorzugung bestimmter stereotyper Handlungs- und Verhaltensweisen beziehen *(→Rigidität;* Syn. *subjektive Wiederholungstendenzen).*
LIT. MITTENECKER (1953).

Person *(person),* aus dem lat. persona (Maske).
[1] In der philosophischen Anthropologie (a) unteilbare Substanz des vernünftigen Wesens (BOETHIUS; Scholastik), (b) Ansehen, Freiheit und Würde kennzeichnende Qualität des Menschen (frühes römisches Recht) bzw. (c) Inbegriff der erfahrenen Handlungsmöglichkeiten und ihrer Verwirklichung in bezug auf Erfahrungsgegenstände (KANT).
[2] In der Persönlichkeitspsychologie W. STERNS *(→Personalismus),* die unitas multiplex, d.h. eine reale, eigenartige und eigenwertige Einheit, die trotz der Vielheit der Teilfunktionen die Fähigkeit zu einheitlicher zielstrebiger Selbsttätigkeit besitzt. In der neueren psychologischen Fachliteratur weitgehend durch die Begriffe →*Persönlichkeit* bzw. →*Selbst* und *Selbstkonzept* ersetzt.
LIT. AYER (1963); W. STERN (1923).

Persona (lat. *persona,* Maske).
[1] Nach C. G. JUNG Inbegriff individueller Reaktionen auf die soziale Umwelt als Gegensatz zur →*Anima,* dem individuellen umweltunabhängigen Unbewußten.
[2] Allgemeine Bezeichnung für den Rollenaspckt der Persönlichkeit. In diesem Sinne nur in der anglo-amerikanischen Fachsprache als Generalisierung der Bedeutung [1] gebraucht.

Personalismus *(personalism, personalistic psychology).*
[1] Psychologische Standpunkte und Theorien, die den individuellen Aspekt der Persönlichkeit zum Hauptgegenstand der Betrachtung erheben. So betonte z.B. G. W. ALLPORT die Eingebettetheit jeden Verhaltens in die →*Persönlichkeit.*
[2] Als *kritischer P.* Bezeichnung für die Auffassung W. STERNS, in deren Rahmen die →*Person* einheitlicher Kreuzungspunkt von Psychischem und Physischem ist.
LIT. ALLPORT (1960); W. STERN (1935).

Personifikation, Personifizierung *(personification).* Allegorische Vermenschlichung unbelebter Dinge, Naturerscheinungen und abstrakter Begriffe. Ursprünglich Bezeichnung für religiöse Vorstellungen, daß hinter Naturerscheinungen (wie z.B. Blitz und Donner) das Wirken göttlicher Personen stünde bzw. daß sich in bestimmten zentralen Begriffen (wie z.B. Gerechtigkeit) das Wesen von Gottheiten verberge.
→*Animismus.*

persönliche Gleichung *(personal equation).* Aufgrund der Beobachtungen des Astronomen BESSEL (1784–1846) von ROBINSON (1830) eingeführte Bezeichnung für den Fehler, den ein bestimmter Beobachter macht, wenn er auf ein Zeitzeichen hin den Ort von Himmelskörpern festhalten soll. Genauere Untersuchungen der später sog. *Reaktionszeit* wurden erst möglich, als HIPP – noch vor der Erfindung der Stoppuhr – das von ihm sog. *Chronoskop* in der Mitte des vorigen Jh. einführte. Die gefundenen Beobachterunterschiede beruhen u.a. auf *intermodalen Interferenzen,* d.h. Wechselwirkungen zwischen den gleichzeitig registrierten visuellen und auditiven Eindrükken.
→*Komplikation.*

Persönlichkeit, Persönlichkeitstheorien *(personality, personality system, personality theories, theories of personality).* Umfassende Bezeichnung für Beschreibung und Erklärung der Bedingungen, Wechselwirkungen und Systeme, die interindividuelle Unterschiede des Erlebens und Verhaltens erfassen und ggf. eine Vorhersage künftigen Verhaltens ermöglichen. Verschiedene Bezugssysteme (z.B. Personalismus, Eigenschaftstheorien und Wechselwirkungstheorien) führten zur Ausformung recht verschiedenartiger P.-Theorien. Den z.Zt. gängigen Ansätzen ist gemeinsam, daß sie sich quantitativer Methoden der Merkmalserfassung bedienen und ihre Annahmen durch Feld- oder Laborexperimente zu stützen suchen. Die P.-Forschung hat einen erheblichen Einfluß auf die Entwicklung der psychologischen Diagnostik und ihrer einzelnen Verfahren.

[1] *Eigenschafts- oder Dispositionstheorien (trait theories).* ALLPORT, ein Schüler STERNS, sah in der P. die dynamische Ordnung jener psychophysischen Systeme des Individuums, die seine einzigartige Anpassung an die Umwelt bestimmen. Dynamische Ordnung bedeutet ein übergeordnetes System, das sich durch fortgesetzte Entwicklungen und Selbstregulation wandelt. Die psychophysischen Teilsysteme werden als *Eigenschaften* im Sinne von Dispositionen, Gewohnheiten und Einstellungen verstanden. In ihnen fließen angeborene und erworbene Verhaltenstendenzen zusammen. Für GUILFORD ist P. das einzigartige individuelle Muster meßbarer Eigenschaften, die relativ überdauernd wirksam sind. Für CATTELL ist P. identisch mit allen Faktoren, die eine Vorhersage darüber erlauben, was eine Person in einer bestimmten Situation tun wird. Der Beschreibung von Merkmalszusammenhängen, die eine Eigenschaft oder einen Typus definieren lassen, dienen *Cluster-, Faktoren-Analyse* und verwandte multivariate Techniken. Eigenschaften wie z.B. »Intelligenz«, »Extra-Introversion«, »Feldabhängigkeit« oder »Prüfungsängstlichkeit« sind komplexer Natur. Da die erfaßbaren Merkmale nur eine Teilmenge aller möglichen Merkmale repräsentieren und ihr Zusammenhang nur unter Zuhilfenahme theoretischer Annahmen definiert werden kann, muß man sie als *Konstrukte* bezeichnen. Den Eigenschaftsansätzen verdanken wir u.a. eine Übersicht über jene Faktoren, die bei der Analyse interindividueller Differenzen im Sinne einer Bedingungsmatrix berücksichtigt werden sollten. Nach CATTELL sind dies Fähigkeiten, Temperamentseigenschaften, biologische und erworbene Motivationen, sozial geprägte Erlebens- und Verhaltensweisen und momentane Zustände. Die Treffsicherheit der Vorhersage eines konkreten individuellen Verhaltens aus einzelnen Eigenschaften ist jedoch sehr gering. Aus dieser Kritik entwickelten sich

[2] *Wechselwirkungstheorien der P. (interactionistic personality theory, interactionism).* Zunächst wurde angenommen, daß das konkrete Verhalten in hohem Maße von Situationsmerkmalen gesteuert ist. Diese Auffassung stützt sich auf Lerntheorien, die von der Kontingenz der Reiz-Reaktions-Verstärkungs-Abfolge ausgehen. Definiert man jedoch eine Situation nach MISCHEL als die subjektive Kodierung von Reizen, so versagt ein reiner *Situationismus (situationism).* Die Wechselwirkungstheorie geht daher einen kognitiven Weg und beschreibt die Persönlichkeit als System von Erwartungen, die ein Individuum in bezug auf die Konsequenzen von Ereignissen oder eigenen Handlungen entwickelt hat, um sie in konkreten Situationen ins Spiel zu bringen. Die Verwandtschaft zu *kognitiven* Lerntheorien, der Erforschung von *kognitiven Stilen* und dem *Bewältigungsverhalten* ist offenkundig. Noch genereller operiert der Ansatz des sog. *Selbstkonzepts.*

Der von FREUD ausgehende Versuch zur Erklärung der Entstehung von Eigenschaften kann ebenfalls unter dem Aspekt der Wechselwirkung betrachtet werden. Zentral ist die Annahme, daß Triebimpulse des »Es« im Verlauf der Entwicklung unter die Kontrolle des »Über-Ich« geraten. Das »Ich« entwikkelt daraufhin *Abwehrmechanismen* bzw. Strategien der Objektbesetzung. Die Konstellation individueller Abwehr- und Kontrollstrategien bestimmt die individuelle Weise des Umgangs mit den eigenen Bedürfnissen. Weitergeführt ist dieser Gedanke in der Erforschung *kognitiver Stile* als Kontrollmechanismen über den Umweltaufschluß.

LIT. ALLPORT (1960); BOWERS (1973); CATTELL (1950; 1957); ENDLER, MAG-

NUSSON (1975); H. J. EYSENCK (1952; 1970); GUILFORD (1964); HERRMANN (1969; 1973); HERRMANN, LANTERMANN (1985); KROHNE (1977); LERSCH, THOMAE (Hrsg.; 1961); MISCHEL (1973); SCHRODER, DRIVER, STREUFERT (1967).

Persönlichkeitsstörung *(personality disorder). Klinische Psychologie, Psychiatrie:*
[1] Relativ überdauernde Verhaltensmuster, die zu erheblichen Fehlanpassungen, deutlichen Beeinträchtigungen des sozialen Verhaltens und/oder zu schwerwiegenden subjektiven Belastungen und Beschwerden führen.
[2] Im *DSM III–R* werden folgende Gruppen *spezifischer Persönlichkeitsstörungen* unterschieden: (a) P. aus der Gruppe A sind allgemein durch Sonderbarkeiten und Exzentrizität des Verhaltens gekennzeichnet. Zu ihnen zählen *paranoide P. (paranoid personality disorder)* mit den Symptomen Mißtrauen, Argwohn, Kritikempfindlichkeit bei gleichzeitiger Tendenz, andere zu kritisieren, Bedürfnis nach Selbstzufriedenheit; *schizoide P. (schizoid personality disorder)* mit Ungeselligkeit, Introversion und ambivalenten Gefühlen; *schizotypische P. (schizotypical personality disorder)* mit Neigungen zu Magien (Glauben an eine Phantasiewelt, an Beschwörungshandlungen, Zauberriten), Beziehungs- und Beeinträchtigungsideen, weitschweifigen, vagen Redeweisen. (b) P. aus der Gruppe B haben die allgemeinen Kennzeichen der Launenhaftigkeit, Dramatik des Auftretens und starker Emotionalität. Zu ihnen zählen die *antisoziale P. (antisocial personality disorder)*, gekennzeichnet durch sich bereits im Jugendalter abzeichnende Auffälligkeiten des Sozialverhaltens, die später in verantwortungsloses Verhalten, Stehlen, Nichteinhalten eingegangener Verpflichtungen, trunkenheitsbedingte Verkehrsdelikte, Gewalttätigkeiten zusammen mit erhöhter Reizbarkeit und Unfähigkeit zur Reue übergehen können; die *Borderline-P. (borderline personality disorder)* mit Symptomen von Identitätsstörungen, gesteigerter Selbstunsicherheit und Instabilität von Gefühlen und Interessen, die sich nachteilig auf Berufsleben, soziale und sexuelle Beziehungen auswirken und oftmals von erhöhter Reizbarkeit, Angstepisoden, Wut- und Zornausbrüchen und/oder impulsiven Handlungen begleitet sind (→*Borderline-Syndrom); die histrionische P. (histrionic personality disorder)* bezeichnet ein Störungsbild, bei dem exzentrische, dramatische und expressive Verhaltensweisen des früher sog. *hysterischen Charakters* vorherrschen; die *narzißtische P. (narcissistic personality disorder)* betrifft ein Zustandsbild, das sich durch gesteigerte Selbstzuwendung, Ehrgeiz, Bedürfnis nach Anerkennung und Beneiden anderer beschreiben läßt. (c) P. der Gruppe C zeichnen sich durch Symptome extremer Ängstlichkeit bzw. Furchtsamkeit aus. Zu ihnen zählen die *selbstunsichere P. (avoidant personality disorder)* mit dem zentralen Merkmal der Überempfindlichkeit, die *dependente P. (dependent personality disorder)* mit deutlichen Anzeichen sozialer Abhängigkeit, die *zwanghafte P. (compulsive personality disorder)* in deutlicher Nähe zu dem Zustandsbild der Zwangsneurosen und die *passiv-aggressive P. (passive-aggressive personality disorder)* mit dem zentralen Symptom des passiven Widerstands gegen alle Arten von Leistungsanforderungen, von dem angenommen wird, er sei Ausdruck gehemmter Aggressionen. (d) Eine sog. Restkategorie umfaßt schließlich spezifische P. und Mischformen, die keinem der erwähnten Zustandsbilder direkt entsprechen. Anzumerken ist, daß die Diagnose einer P. von erheblichen Unsicherheiten belastet ist, da gleiche oder ähnliche Symptome auch bei anderen klinisch relevanten Syndromen vorkommen, die anderen oder aber keiner Hauptgruppe von Störungen zugeordnet werden können. Daher liegt die diagnostische Reliabilität bei P. im Unterschied zu den übrigen Störungsgruppen nur bei Werten zwischen 0.3 und 0.5.

Persönlichkeits-Tests →*Test.*

Persönlichkeitstypen *(personality types)*. Allgemeine und umfassende Bezeichnung für Versuche, die der Klassifikation von Individuen nach ihrem äußeren Erscheinungsbild (Körperbautypen) oder nach verschiedenen Verhaltensmerkmalen (Eigenschaften) in mehr oder weniger idealtypischer Weise *(→Idealtypus)* dienen. Typologische Ansätze sind heute in der psychologischen Forschung und Theorienbildung äußerst selten. An ihre Stelle sind weitgehend Analysen der *Eigenschaften, Eigenschaftsbündel (clusters)* und *Faktoren* getreten, wobei allerdings ältere

deskriptive Ansätze wie jener von C. G. JUNG (Extraversion vs. Introversion) weiter ausgebaut und empirisch untermauert werden (→*Extraversion*, →*Introversion* im Sinne EYSENCKS).
LIT. LERSCH, THOMAE (Hrsg.; 1961).

Perspektive *(perspective)*.
[1] Bezeichnung für die Erscheinungsweise anschaulicher Gegebenheiten in bezug auf ihre räumliche Position (z.B. ihre relative Verkürzung in Abhängigkeit vom Standpunkt des Betrachters u.ä.). Man unterscheidet dabei verschiedene Ursachen der erscheinungsmäßigen Verkürzung bzw. der Tiefenwirkung: *atmosphärische Perspektive (aerial perspective, atmospheric perspective)* bezeichnet die Wirkweise des Dunstes bzw. diejenige von Licht und Schatten bei der Tiefenwahrnehmung, die sogenannte *binokulare Perspektive (binocular perspective)* bezieht sich auf die durch beidäugige Betrachtung und *Querdisparation* bedingten Tiefenwirkungen.
[2] In übertragener Bedeutung Bezeichnung für den Umstand, etwas von einem bestimmten Standpunkt aus zu betrachten (Perspektivität) bzw. die Bedeutung von Einstellungen, Prinzipien u.ä. bei der Beurteilung von Sachverhalten.
[3] Als Zeitperspektive *(temporal perspective, time perspective)* bezeichnet man die Tatsache des Erinnerns oder Vorstellens in Abhängigkeit von der Zeit. Als *Zukunftsperspektive* schließt der Begriff Vorstellungen in bezug auf einen ganz bestimmten zukünftigen Zeitpunkt oder Zeitraum ein.

Persuasion. Bezeichnung für den Prozeß oder die Methode der *Beeinflussung* von Menschen in bezug auf ihre Einstellung oder Meinung bzw. ihr Handeln. P. wird meist durch Gespräche rationalen Gehaltes bzw. durch Appellieren an intellektuelle Momente erreicht, ist jedoch hinsichtlich ihrer Wirkung sehr stark von nichtrationalen Momenten mitbestimmt. Der Grad der Beeinflußbarkeit bzw. Überredbarkeit eines Individuums wird in der anglo-amerikanischen Fachliteratur als *Persuasibilität (persuasibility)* bezeichnet.

Perturbation. Informationstheoretische Bezeichnung für Störungen, die auf die Informationsaufnahme Einfluß nehmen, so daß eine Nachricht nicht voll deutlich bzw. mit der gesendeten Informationsmenge nicht übereinstimmend ankommt (gleichbedeutend mit *Rauschen*).

Perversion *(perversion)*. Ältere, heute in der Fachsprache nicht mehr gebräuchliche Bezeichnung für Normabweichungen (a) des Sexualverhaltens und sexueller Praktiken (→*Homosexualität*, →*Sexualstörung*) bzw. (b) des Verständnisses der Geschlechterrolle (→*Transvestitismus*, Störung der →*Geschlechtsidentität*).

Perzentil *(percentile)*. Statistische Bezeichnung für Maßzahlen, die bei nach der Größe geordneten, kumulierten Daten und durch Umrechnung in Prozente errechnet werden können. Der sog. *Perzentil-Score* oder *Prozentrang* gibt an, wieviel Prozent der Fälle unterhalb einer bestimmten erreichten Maßzahl liegen. Die Aussage »die Leistung von X liegt im 85sten Perzentil« bedeutet, daß X im Vergleich zur Gesamtgruppe so gut abgeschnitten hat, daß 85% der Leistungen geringer und nur 15% der Leistungen höher als die von X ausgefallen sind. Die Umrechnung in Perzentile entspricht der Konstruktion der *Ogive*, engl. auch *percentile curve*.

perzeptiv-motorisches Lernen *(perceptual-motor learning)*. Bezeichnung für ein Lernen von motorischen Handlungen (z.B. einer bestimmten Bewegung; manchmal auch sprachlicher Äußerungen) auf einen bestimmten Wahrnehmungsreiz oder auf eine bestimmte wahrnehmbare Reizkonstellation hin.

PET →*Tomographie*.

Pfadaktivierung *(path activation)*. Von POSNER eingeführte Bezeichnung für Prozesse der *differentiellen Aktivierung* von kognitiven Elementen, ihren Verbindungen und Kodierungsweisen durch die Darbietung eines Signals bzw. Hinweises. Pfade sind durch Erfahrung (Übung) geprägte Abfolgen von invarianten Sequenzen innerer (kognitiver) Vorgänge, die durch bestimmte Signale oder Hinweise automatisch aktiviert bzw. reaktiviert werden. Wird z.B. jemandem der Buchstabe A dargeboten und er soll rasch entscheiden, ob A in der folgenden Buchstabengruppe enthalten ist oder nicht, so wird rascher reagiert als dann, wenn zwischen A oder Nicht-A entschieden werden muß, vorher aber ein anderer Buchstabe dargeboten worden war. Die vorangegangene Darbietung des A hat die Reaktivierung eines eingefahrenen Pfades beim Buchstabenlesen zur Folge, der

sich im Sinne eines *Primingeffektes* auswirkt. Ähnliche Effekte treten auf, wenn man vorher *semantische Pfade* aktiviert, z.B. durch Nennung eines Begriffes, der in dieselbe Bedeutungskategorie fällt wie das nachfolgende Wort. Pfadaktivierung ist ein Sonderfall des sog. →*Priming*.
LIT. POSNER (1978); POSNER, SNYDER (1975a; 1975b); ULEMAN, BARGH (1989).

Pfadanalyse *(path analysis)*. Teilgebiet der multivariablen Analyse bzw. der Theorie der *multiplen Regression*. Die Methode erlaubt es, Kausalbeziehungen zwischen Variablen in sog. *Pfaddiagrammen (path diagrams)* darzustellen, die den Einflußrichtungen der Variablen entsprechen. Der sog. *Pfadkoeffizient (path coefficient)* kennzeichnet den von der Einflußrichtung unabhängigen Pfad von einer Kausalvariablen zu einer Wirkungsvariablen und entspricht mathematisch einem standardisierten partiellen *Regressionskoeffizienten*. Neuere Entwicklungen der P. erlauben darüber hinaus die Systematisierung multivariater Regressions- bzw. Korrelationsmatrizen und die Überprüfung von Abhängigkeitshypothesen.
LIT. HEISE (1975).

Phagozytose →*Immunsystem*.

phallische Phase *(phallic stage)*. Psychoanalytische Bezeichnung für eine Phase in der Entwicklung der kindlichen Sexualität, die bei beiden Geschlechtern mit einem gesteigerten Interesse am Penis oder – bei Mädchen – an einem als äquivalent bewerteten *phallischen Symbol (phallic symbol)* einhergeht. Als *Phallus* bezeichnet man jeden spitzen oder nach oben gerichteten Gegenstand.

Phänomen →*Erscheinung*.

Phänomenalismus *(phenomenalism)*. Bezeichnung für eine philosophische Lehrmeinung, die das menschliche Erkennen auf das erscheinungsmäßig Gegebene (auf Phänomene) einschränkt und das Erkennen der »wahren« Natur der Dinge ausschließt. P. ist nicht gleichbedeutend mit →*Phänomenologie*.

Phänomenologie *(phenomenology)*. Bezeichnung für eine philosophisch-psychologische Richtung, die von den Phänomenen (den Dingen, so wie sie sich dem Betrachter jeweils zeigen, was sie ihm bedeuten) ausgeht und annimmt, daß das Verhalten stärker von der Art des Erfassens von Erscheinungen bzw. von den Erfahrungen bestimmt ist als durch die physikalisch definierbare, äußere »Wirklichkeit«.

Phänomenologische Psychologie *(phenomenological psychology)*. Bezeichnung für eine von den Ansätzen E. HUSSERLS ausgehende psychologische Richtung, die sich der Analyse von den Bewußtseinsstrukturen bzw. Strukturen des bewußten Erlebens widmet (→*Bewußtsein*, →*Intentionalismus*). Die dabei angewandte Methode der Reduktion, dem Absehen von den akzidentiellen Erlebnisvarianten, kennzeichnet diese Methode als von der *Selbstbeobachtung* deutlich unterscheidbares Vorgehen. Im englischen Sprachgebrauch allerdings werden (bedauerlicherweise) phänomenologisch und deskriptiv bzw. introspektiv in gleichem Sinne gebraucht.
LIT. GRAUMANN (1960); LINSCHOTEN (1961); WELLEK (1955).

Phänomotive *(phenomotives)*. Von W. STERN eingeführte Bezeichnung für dem Individuum bewußte Motive, die als Antizipationen eines Zieles vor einer Handlung auftreten. Sie sind zu unterscheiden von den *Genomotiven*, die den generellen Antrieb und das Auftreten der P. bewirken.

Phänotypus *(phenotype)*. Bezeichnung für die Gesamtheit aller in Erscheinung getretenen Anlage- und Erbfaktoren bzw. umfassende Bezeichnung für die Ursache des Auftretens bestimmter Eigenschaften; z.u. von →*Genotypus*.

Phantasie *(fantasy, imagination)*.
[1] Wahrnehmungsnahe bzw. wahrnehmungsorientierte Vorstellungen; durch Umwandlungen und Ergänzungen anschaulicher Vorbilder angereicherte Bewußtseinsinhalte. →*Einbildungskraft*.
[2] Mehr oder minder schöpferische Vorstellungstätigkeit, deren Inhalte durch momentane Einfälle und veränderte oder abgeschwächte Erinnerungen an Gegenstände, Ereignisse, Situationen einschließlich ihrer emotionalen Bedeutung bestimmt sind. In P.-Vorstellungen wird das aus der Erfahrung stammende Material zu Kombinationen zusammengefaßt, die selbst nicht aus der Erfahrung stammen (ROHRACHER, 1971). In diesem Sinne unterscheidet sich ein Produkt der P. von der →*Halluzination* durch seine Komplexität und Anbindung an vergangene Sinneserfah-

rungen. P. sind in aller Regel durch suggestive Beeinflussung veränderbar.
[3] *Phantasieren* gilt in der Klinischen Psychologie und Psychiatrie als Ausdruck des Lebens in einer gestörten Vorstellungswelt (z.B. →*Delir*). Als *Phantasma* oder *Phantasmie (fantasm, phantasm, phantasmagoria)* bezeichnet man auch heute noch gelegentlich bildhafte Handlungs- und Situationserlebnisse ohne jede Reizgrundlage (→*Illusion*, →*Halluzination*) sowie das tagtraumartige Erleben von Szenen, die mit Wunschvorstellungen verknüpft sind. Syn.: *Pseudohalluzination, Phantasmagorien.*

Phantasietätigkeiten →*Tagträumen.*

Phantasietests →*Projektive »Tests«.*

Phantomglied *(phantom limb).* Nach einer Amputation wiederholt, langzeitig und gegen besseres Wissen mit zwingender Lebhaftigkeit auftretende Empfindungen, der verlorene Arm oder das verlorene Bein befände sich noch an der ursprünglichen Stelle, passe sich der jeweiligen Körperstellung an, diene den gewohnten Funktionen und weise diejenigen Merkmale auf, die vor der Amputation vorhanden waren, z.B. einen Ring am Finger der nicht mehr vorhandenen Hand zu tragen oder ein schmerzhaftes Geschwür am nicht mehr vorhandenen Bein zu haben. Bis zur Unerträglichkeit gesteigerte Schmerzempfindungen, die von dem nicht mehr vorhandenen Körperteil herzurühren scheinen, werden als *Phantomschmerz (phantom pain)* bezeichnet. P.-Empfindungen werden von MELZACK auf die spontane Aktivierung komplexer Zellverbände im Gehirn zurückgeführt, die bei Nichtamputierten sowohl die Lokalisierung sensorischer Reize im entsprechenden Körperbereich als auch das allgemeine Gefühl der Zugehörigkeit dieses Bereichs zum eigenen Körper vermitteln. Bei Amputierten führt die spontane Aktivierung dieser Hirnbereiche zu der Fiktion, alle dem Körper ursprünglich zugehörigen Teile seien nach wie vor vorhanden und man habe dort jene Berührungs- oder Schmerzempfindungen, die vor der Amputation registriert worden waren. Phantomschmerzen werden darüber hinaus als Folgen einer wiederholten, zentralnervösen Innervation in Richtung der vormals vorhandenen Bewegungsmuskulatur eines P. angesehen, deren ineffektive Ankunft im Stumpf rückgemeldet wird und zu jenen unangenehmen Empfindungen führt, die man von starken Muskelkrämpfen her kennt. Das Auftreten von P.-Empfindungen läßt sich nicht unterbinden. Der Dämpfung von häufig auftretenden peinigenden Phantomschmerzen dienen verschiedene Verfahren, z.B. die elektrische Reizung oder Vibratorbehandlung des Arm- oder Beinstumpfes, Akupunktur, die Verabreichung von Medikamenten mit entkrampfender oder narkotisierender Wirkung, meist in Verbindung mit der Gabe von Antidepressiva, mit Hypnose- und/oder Entspannungstherapien. In extremen Fällen bewährt sich die operative Durchtrennung der vom Stumpf kommenden sensorischen Nervenfasern (Afferenzen) an der Eintrittstelle in das Rückenmark.

LIT. KATZ, MELZACK (1990); MELZACK (1989).

Phantomschmerz →*Schmerz.*

Pharmakopsychologie *(pharmacopsychology).* Bezeichnung für ein Teilgebiet der psychologisch-medizinischen Grenzdisziplin, in deren Rahmen Funktionsveränderungen in Abhängigkeit von Drogen, Hormonpräparaten u.ä. nach den Regeln des psychologischen Experiments untersucht werden (engl. oft als *drugs research* oder *experiments with drugs* bezeichnet). Syn. *Psychopharmakologie.*

Phase.
[1] *(phase).* Aus der Physik stammende Bezeichnung für ein Teilereignis im Verlaufe eines Vorganges, das (periodisch) immer wieder auftritt (z.B. elektrischer Strom, Sinusschwingungen) oder für ein periodisches Ereignis, das in Teilvorgänge definierter Veränderungen zerlegt werden kann (z.B. Mondphasen). Im Englischen bedeutet *phase* darüber hinaus Aggregatzustand (Physik).
[2] *(stage).* Bezeichnung für einen vorübergehenden, zu einem bestimmten Zeitpunkt betrachteten Zustand (z.B. *Entwicklungsphase*) eines Menschen (seiner geistigen und/oder körperlichen Entwicklung). Im Unterschied zu der aus der Physik stammenden Bedeutung [1] handelt es sich hier um einen nicht wiederkehrenden Zustand, wobei der Zeitpunkt der Beobachtung bzw. Beschreibung sowie die Art und Häufigkeit weiterer Beobachtungen über die Verlaufsbeschreibung und ihre Charakteristika mitentscheiden.

Phasenfolge, Theorie der *(phase sequence theory)*. Bezeichnung für eine von D. O. Hebb formulierte Theorie, in der angenommen wird, daß die dem Verhalten oder Bewußtseinsprozessen entsprechenden Nervenprozesse über Zellverbände *(cell assemblies)* verlaufen, die in – in Phasen gegliederten – Folgen (Serien) erregt werden bzw. feuern und so Zusammenhänge von Funktionen auf verschiedenen Ebenen des Erlebens bzw. Verhaltens vermitteln.

phasisch *(phasic)*.

[1] In Phasen gegliederte Abläufe oder Prozesse, z. B. der Entwicklung.

[2] Bezeichnung für (autonome und zentralnervöse) Aktivitätsveränderungen, die auf einen spezifischen Reizeinfluß zurückgehen, z. B. die sog. *evozierten Potentiale* des EEG oder die phasische Komponente der *galvanischen Hautreaktion;* Kennzeichen der frühen Reaktionskomponenten.

[3] Im Zusammenhang mit der *Orientierungsreaktion* auch Bezeichnung für *lokalisierte* Wirkung z. U. von den *generalisierten* Effekten.

→tonisch.

Phi-Gamma-Funktion, φ-(γ)-Funktion *(phi-gamma function)*. Statistische Bezeichnung für die *→Ogive* als Integral der Normalverteilung bzw. für die aus der kumulierten relativen Häufigkeitsverteilung abgeleitete Funktion, die in der Psychophysik im Zusammenhang mit Schwellenuntersuchungen *(Methode der konstanten Reize)* verwendet wird.

Philosophie *(philosophy)*. Allgemeine und umfassende, im Verlauf der Geschichte der P. mehrfach hinsichtlich Inhalt und Umfang sowie der Gliederung veränderte Bezeichnung für die Lehre vom Erkennen und Wissen und den Ursachen, Prinzipien (Methoden) sowie der wahren Natur (Sinn, Wesen) der Dinge und des Menschen *(→Anthropologie)*. Ihre Teilgebiete sind u. a. *Ontologie* bzw. *Metaphysik* als Lehre von der wahren Natur oder Existenz (Existentialphilosophie, Existenzphilosophie), *Epistemologie* als Lehre vom Erkennen bzw. Wissen und seiner Systematik (Erkenntnislehre) sowie die *Logik* als Lehre vom Denken und Schließen bzw. von der Beschaffenheit der wissenschaftlichen Aussage (engl. *science of science*) mit dem Teilgebiet der Logistik (Lehre von den logischen Operationen), dazu *Ethik* (Moralphilosophie) als Lehre von der Moral bzw. vom Guten und *Ästhetik* als Lehre vom Schönen (Kunstphilosophie). Die oben aufgeführten Teilgebiete Logik bzw. Logistik sowie der gesamte Bereich der *»science of science«* werden heute vielfach als die Methodenlehre der Naturwissenschaften bezeichnet und in den betreffenden Fakultäten gelehrt. Die Einteilung der P., wie sie hier aufgeführt ist, stellt eine von vielen Möglichkeiten dar. – Die Psychologie war ursprünglich ein Teilgebiet der P., sonderte sich jedoch als Einzelwissenschaft nicht zuletzt aus methodischen Gründen im vorigen Jahrhundert ab. Die engste Beziehung besteht noch im Bereich der philosophischen Anthropologie.

Phi-Phänomen *(phi phenomenon)*. Von Wertheimer eingeführte Bezeichnung für eine *Scheinbewegung,* die bei der Beobachtung zweier abwechselnd aufleuchtender Lichtquellen in einem abgedunkelten Raum (d. h. ohne ein sichtbares Bezugssystem) entsteht. Der Beobachter hat – gleiche Reizintensität, eine bestimmte Reizgröße und eine der Reizentfernung angepaßte Geschwindigkeit des abwechselnden Aufleuchtens vorausgesetzt – den Eindruck eines zwischen zwei Punkten auf einer Geraden hin und her wandernden Lichtimpulses. Wertheimer erklärt das P. im Sinne des *Isomorphieprinzips*. Intermittierende Lichtimpulse werden in benachbarten kortikalen Regionen registriert und führen zu einer wechselnden Folge von Depolarisierungen. Da immer eines der beiden kortikalen Felder durch die unmittelbar vorangegangene Reizung stärker polarisiert ist als das andere, findet eine Art »kortikaler Kurzschluß« statt, was zu einem Überfließen der Erregung von der polarisierten in die weniger polarisierte Region führt und so einen Bewegungseindruck erzeugt.

Phobie *(phobia)*.

[1] Bezeichnung für unbeherrschbare Angstzustände, die sich in heftigen Vermeidungsreaktionen äußern und relativ überdauernd in bezug auf bestimmte Gegenstände bzw. Gegenstandsklassen, Situationen, deren Vorstellung oder Nennung auftreten. P. zählen in der klassischen Neurosenlehre zu den *→Angstneurosen*. Ihrer näheren Kennzeichnung dient der Gegenstands- oder Situationsbezug (z. B. Arachno- oder Spinnen-P., Klaustro-P. als Angst vor

engen Räumen, Agora-P. als Angst vor großen, weiten Plätzen). In der Regel wird die Übertriebenheit der Reaktion eingesehen, ihre willentliche Unterdrückung gelingt jedoch nur in seltenen Fällen.

[2] Im *DSM III-R* gehört die P. zu den →*Angststörungen*. Es werden drei Klassen von P. unterschieden. (a) *Einfache Phobie (phobia, simple phobia)*, Syn: *spezifische Phobie:* Heftige, kaum beherrschbare Vermeidungsreaktionen, die u. a. in bezug auf bestimmte Tiere (bes. Hunde, Schlangen, Insekten, Mäuse) auftreten, aber auch auf den Anblick von Blut oder Verletzungen, auf geschlossene Räume, auf Höhen oder auf das Besteigen eines Flugzeugs. Tier-P. treten häufig bereits im Kindesalter auf oder haben zumindest ihren Ursprung in traumatischen Erfahrungen während der Kindheit. Blut- und Verletzungs-P. (oftmals von Übelkeits- und Ohnmachtsanfällen begleitet) setzen gehäuft während der Adoleszenz oder im frühen Erwachsenenalter ein, Höhen-, Klaustro-, Reise- und Flugreise-P. ab dem 4. Lebensjahrzehnt. Insgesamt sind die einfachen P. bei Frauen häufiger als bei Männern. (b) *Agoraphobie (agoraphobia)*: P. ohne →*Panikstörungen* in der Vorgeschichte, die sich in der (im Extremfall bis zur Panik gesteigerten) Vermeidung solcher Orte oder Situationen manifestiert, an bzw. in denen von den Betroffenen in Notfällen (z.B. Ohnmacht, Herzanfall, Sturz, Übelkeit und Erbrechen, Harndrang, Durchfall) Hilflosigkeit, Ausweglosigkeit und blamable Folgen erwartet werden. Oftmals werden bei derartigen Erwartungen deshalb nicht nur die Orte und Situationen selbst vermieden, sondern allgemein z.B. das Alleinsein, Menschenmengen, ausgedehnte Gänge, das Überqueren von Brücken oder Reisen. Agora-P. findet man bei Frauen häufiger als bei Männern; sie setzt meistens zwischen dem 20. und 30. Lebensjahr ein und dauert unbehandelt über Jahre hinweg an. (c) *Soziale Phobie (social phobia)*: Anhaltende heftige Angst- und Vermeidungsreaktionen in bezug auf Situationen, in denen die Betroffenen im Mittelpunkt stehen und sich blamieren könnten. Sie fürchten sich vor Gesprächen, davor, Fragen nicht beantworten zu können, oder aber von anderen in ihrer Angst beobachtet und bloßgestellt zu werden. Schon der geringste Hinweis auf das Bevorstehen derartiger Situationen kann zu panikartiger Befangenheit, Schweißausbrüchen, Herzbeschleunigung und Kurzatmigkeit führen. Die Betroffenen sehen zwar die Übertriebenheit und Unangemessenheit ihrer Ängste ein, können sie aber nicht beherrschen. Zu den häufigsten Formen der sozialen P. gehört die Angst vor öffentlichen Auftritten, besonders vor öffentlichem Sprechen. Relativ selten äußert sie sich auch in der Vermeidung, öffentlich zu essen, in Gegenwart anderer zu schreiben oder eine öffentliche Toilette aufzusuchen. Die soziale P., die häufig in der späteren Kindheit und Adoleszenz einsetzt, tritt oftmals im Zusammenhang mit *einfachen Phobien* und *Panikstörungen* auf.

LIT. EHLERS, MARGRAF (1990); REINECKER (1990a).

Phon. Kennzeichen für Lautstärke, definiert als das Zwanzigfache des dekadisch-logarithmischen Verhältnisses zwischen dem Schalldruck eines bestimmten Reizes und dem Standard-Normalschall von $P_0 = 2.10^{-4}$ dyn/cm^2 Druck. Die Bestimmung erfolgt durch subjektiven Hörvergleich. Der Unterschied von 1 Phon liegt an der Grenze der *Unterschiedsschwelle*. Ihm entspricht ein Schalldruckverhältnis in der Größenordnung von 1.1220.
→*Dezibel*.

Phonation. Bezeichnung für das Hervorbringen von Lauten (zum Unterschied von *Artikulation*, dem Hervorbringen von Konsonanten).

Phonem *(phoneme)*. Linguistische Bezeichnung für die lautlichen Einheiten der Sprache.
→*Morphem*.

Phonetik *(phonetics)*. Bezeichnung für ein Teilgebiet der Sprachwissenschaften, das sich mit den verschiedenen Klangphänomenen der Sprachen (Syn. Lautlehre) und deren anatomisch-physiologischen Voraussetzungen beschäftigt.

Photismen *(photisms)*.

[1] Bezeichnung für *Halluzinationen* mit Empfindungen grellen Lichtes oder für

[2] *Synästhesien* im Bereiche des Visuellen, besonders der Farbwahrnehmung.

photochemisch *(photochemical)*. Physikalisch-physiologische Bezeichnung für solche Substanzen, die auf Lichtreize hin chemisch verändert bzw. für solche Prozesse, die durch Lichtreize eingeleitet werden (z. B. Prozesse in der Retina).

photochromatisches Intervall *(photochromatic interval).* Bezeichnung für den Schwellenunterschied bei Helligkeits- und Farbwahrnehmung in Abhängigkeit von Reizintensität, Reizausdehnung und Darbietungsdauer. Bei niedrigeren Werten können nur Helligkeiten unterschieden werden, da der der Farbwahrnehmung dienende Zapfenapparat erst auf größere Energiemengen hin anspricht.

Photokinese, Photokinesis. Bezeichnung für die bei niedrigen Organismen durch Lichtreize ausgelöste Aktivität.

Photometer.
[1] Bezeichnung für eine Apparatur zur Messung von Licht bzw. von Helligkeitswerten.
[2] Bezeichnung für eine Apparatur zur Messung der einem Reiz entsprechenden Helligkeitsempfindung im Bereich der *visuellen Photometrie (photometry).*

photometrische Helligkeit *→Helligkeit.*

Photon oder **Troland-Einheit.** Bezeichnung aus der visuellen Photometrie für die Einheit der Messung retinaler Helligkeit als Oberflächenhelligkeit von einer Kerzenstärke pro Quadratmeter, die durch eine Pupillenöffnung von einem Quadratmillimeter einfällt. (In der Physik bedeutet Photon ein Quantum elektromagnetischer Strahlung).

Photorezeptor *(photoreceptor).* Allgemeine Bezeichnung für Sinnesorgane, die auf Ausschnitte aus dem Spektrum elektromagnetischer Wellen (Lichtwellen) ansprechen, z. B. Retinarezeptoren (Stäbchen- und Zapfenzellen).

Phototropismus oder **Phototaxis.** Bezeichnung für die Orientierung an Licht.

Phrenologie *(phrenology).* Bezeichnung für die von GALL und SPURZHEIM entwickelte Annahme, daß sich affektive und intellektuelle »Fähigkeiten« in bestimmten Hirnregionen lokalisieren lassen, wobei die Größe der Regionen über die Stärke der betreffenden Eigenschaft entscheide und an der äußeren Gestalt des Schädels erkennbar sei. Ursprüngliche Bezeichnung *Kraniologie.*

pH-Wert *(potential of hydrogen value, pH value),* Syn. *Wasserstoffexponent.* Ausdruck der Wasserstoffionen-Konzentration bzw. der Säure-Basen-Balance in einer Flüssigkeit nach der von SØRENSEN angegebenen Beziehung

$$pH = \log \frac{1}{(H.)}$$

(H.) steht für den effektiven H-Ionenkonzentrationswert. Der pH-Wert von Wasser ist 7.00. Größere Werte markieren Basen, kleinere Säuren.

Phylogenese *(phylogenesis, phylogeny).* Bezeichnung für Ursprung und Entwicklung einer bestimmten Art, Klasse oder eines Stammes von Lebewesen (Syn. *Stammesentwicklung*) im Unterschied zur Entwicklung des Individuums (Ontogenese).
Vgl. auch *biogenetisches Grundgesetz (→Biogenese), →phylogenetisches Prinzip.*

phylogenetisches Prinzip *(phylogenetic principle).* Andere Bezeichnung für das *biogenetische Grundgesetz (→Biogenese),* das die teilweise oder vollständige Wiederholung der *Phylogenese* in der *Ontogenese* annimmt. Syn. *Parallelität der Entwicklung (recapitulation theory).*

Physiognomik *(physiognomy).* Bezeichnung für ein Teilgebiet der *Ausdruckspsychologie,* das sich mit der Entsprechung von Gesichts- oder Körperhaltungsausdruck bzw. körperlichen Merkmalen mit bestimmten relativ überdauernden Eigenschaften beschäftigt *(→Ausdruck).*

Physiologie *(physiology).* Biologisch-medizinische Wissenschaft, die sich mit dem Aufbau und der Funktion von Organen und Organgruppen einschließlich des endokrinen und nervösen Geschehens sowie mit dem Vergleich bestimmter Erscheinungen bei verschiedenen Arten von Organismen beschäftigt.
LIT. BALINT (Hrsg.; 1963); BECKER-CARUS (1981); CARLSON (1980); GANONG (1971); SCHMIDT, THEWS (1976); SILBERNAGL, DESPOPOULOS (1979).

Physiologische Psychologie *(physiological psychology).*
[1] (a) Mitte des 19. Jh. von F. W. HAGEN eingeführte Bezeichnung für psychologische Ansätze, die von den Funktionen der Sinnesorgane und des Nervensystems ausgehen, um deren Zusammenhang mit psychischen Zuständen und Vorgängen zu erforschen. WUNDT übernahm den Begriff P. P. als Titel seines Hauptwerks, um die von ihm begründete systematische erfahrungswis-

senschaftliche Psychologie von ihren philosophisch orientierten Vorläufern abzuheben und gleichzeitig auf die Rolle der Psychologie als notwendige Ergänzung der (Sinnes-)Physiologie hinzuweisen. Nach WUNDT hat die P. P. die Aufgabe, jene Strukturen von Empfindungselementen zu erforschen, die den durch Sinne und Nervensystem vermittelten bewußten Erfahrungen des Menschen zugrundeliegen. Gleichzeitig aber sollten sich seiner Auffassung nach die Methoden der Psychologie an den Exaktheitsansprüchen der Physiologie orientieren; psychologische Daten sollten – wo immer dies möglich ist – durch physiologische Messungen ergänzt werden. (b) Im Verlauf der weiteren Entwicklung wurde die P. P. sowohl bedeutungsgleich mit →*Psychophysiologie* als auch zur Kennzeichnung aller Forschungs- und Erklärungsansätze verwendet, die auf Zusammenhängen zwischen physiologischen Prozessen und Erleben und Verhalten bauen (→*Biologische Psychologie).*

[2] Im engeren, auch heute noch gebräuchlichen Sinn ist die P. P. jenes Teilgebiet der *Biologischen Psychologie,* in dessen Rahmen systematische Zusammenhänge zwischen Funktionen des Nervensystems und dem Verhalten erfaßt und interpretiert werden. Die nahezu ausnahmslos an Tiermodellen vollzogenen Untersuchungen im Rahmen der P. P. betreffen Verhaltensänderungen, die aufgrund elektrischer oder durch Applikation neuroaktiver Substanzen vollzogener Reizungen, von Abtragungen oder Läsionen bestimmter Teile des Nervengewebes auftreten. Die P. P. liefert wesentliche Voraussetzungen für die allgemeine und klinische →*Neuropsychologie.*

LIT. DEUTSCH, DEUTSCH (1966); ISAACSON (1964); WUNDT (1911); →*Biologische Psychologie.*

Pica →*Eßstörungen.*

Picksche Krankheit *(Pick's disease, lobar atrophy),* Syn.: *Picksche Atrophie. Klinische Psychologie, Psychiatrie:* Schwerwiegende degenerative Hirnerkrankung (erbliche Hirnatrophie), die frühestens im 40. Lebensjahr auftritt und mit Symptomen des Persönlichkeitszerfalls (Verfall sozialer Bindungen, Hemmungsverlust, ziellose Aktivitäten) und anderen für die primäre Demenz charakteristischen Anzeichen (leichte Ermüdbarkeit, Unfähigkeit zum abstrakten Denken, Führen sinnleerer Reden) einhergeht.

→*Demenz.*

Pikazismus →*Eßstörungen.*

PINV, postimperative negative Variation *(postimperative negative variation). Psychophysiologie:* Die PINV gehört zu den langsamen kortikalen negativen Potentialen aus der Klasse der →*ereignisbezogenen Potentiale.* Sie zeigt sich in vorgewarnten Reaktionszeitversuchen (→*Reaktionszeit*) in einem mehr oder weniger anhaltenden Ausbleiben der Rückkehr der langsamen Gleichspannungs-Negativität (→*CNV*) auf das Ausgangsniveau (Gleichspannungsniveau vor der Darbietung des Warnreizes) nach der Ausführung der motorischen Reaktion auf den imperativen Reiz. Die PINV tritt ausgeprägt bei Patienten mit *affektiven Störungen,* insbesondere während *manischer Phasen* auf und gilt als Ausdruck einer vorübergehenden Störung von kortikalen Prozessen der Informations- bzw. Aufmerksamkeitskontrolle.

LIT. TIMSITH-BERTHIER u. a. (1973).

Pipersches Gesetz *(Piper's law).* Bei der Ermittlung der absoluten Schwelle besteht für Reize in Größenordnungen zwischen 10′ und 24° Durchmesser des durch ihre Abbildung bedeckten Netzhautareals (A) zwischen diesem und der Reizintensität bzw. Leuchtdichte (I) die näherungsweise Beziehung $I \times \sqrt{A} = k$. Bedeckt ein relativ großer Reiz auch periphere Netzhautbereiche, in denen Rezeptoren in größerem Ausmaß als in der fovealen Zone zu mehreren in bipolaren Ganglienzellen konvergieren, so vermindert sich der Einfluß der Ausdehnung im Vergleich zur Helligkeit, um die Schwelle zu erreichen (vgl. →*Riccosches Gesetz* für kleine Reize). Ab Reizgrößen mit einer Netzhautabbildung von mehr als ca. 24° fallen weitere Vergrößerungen nicht mehr ins Gewicht, d. h. für die Erreichung der Reizschwelle ist allein die Helligkeit maßgeblich.

Placebo. Pharmakopsychologische Bezeichnung für ein Leerpräparat, das sich äußerlich von einem wirkungsvollen nicht unterscheidet und zu Zwecken der Kontrolle von Experimenten (z. B. des Einflusses der Suggestion) verwendet wird.

Plantar-Reflex →*Babinski-Reflex.*

Plasmamembran →*Zelle.*

Plastizität *(plasticity).* Allgemeine und umfassende Bezeichnung für die

Tatsache, daß der Organismus sich in seinen Reaktionen im Verlaufe der Entwicklung verändern, neuen Gegebenheiten anpassen und bestimmte Reaktions- oder Handlungsstile herausbilden kann, bei Funktionsausfall andere Funktionen einzusetzen und neuen Situationen im Sinne der Erfahrung oder in darauf aufbauender, neuartiger Weise zu begegnen vermag. Im übertragenen Sinne auch eine Eigenheit des *Denkens* bzw. der *Intelligenz*. In genetischen Betrachtungen oftmals synonym gebraucht für die Formbarkeit des menschlichen Verhaltens.

Plethysmograph. Vorrichtung zur Messung und Registrierung von Veränderungen des Volumens bei verschiedenen Körperteilen als Ausdruck der Veränderung der Blutversorgung in den betreffenden Körperteilen (z. B. Arm).

Plexus. Neurologisch-physiologische Bezeichnung für Nervengeflechte aus Nervenfasern außerhalb des Zentralnervensystems, als Teile des autonomen Nervensystems in der Nähe wichtiger innerer Organe, z. B. in der Bauchhöhle (plexus coeliacus) oder das vor der Wirbelsäule gelegene autonome Kontrollzentrum für Magen- und Darmtätigkeit, das Sonnengeflecht (plexus solaris, Solarplexus).

Pluralismus *(pluralism)*. Bezeichnung für eine dem Monismus bzw. »Egoismus« entgegengesetzte philosophische Lehrmeinung, nach der es eine Vielheit von Weltprinzipien oder -wesen geben soll, die voneinander zu unterscheiden, nicht aufeinander zurückführbar und nicht voneinander ableitbar sind. In der psychologischen Methodendiskussion spielt die Anschauung eines *Methodenpluralismus* als Ausdruck des Nebeneinanders verschiedener, gleichwertiger methodischer Zugänge eine bedeutende Rolle.

PMA →*Fähigkeit.*

Pneumograph. Vorrichtung zur Messung und Registrierung der Atemtätigkeit.

Poggendorffsche Täuschung *(Poggendorff illusion)*. Bezeichnung für eine geometrisch-optische Täuschung, die dann auftritt, wenn man über eine z. B. von links oben schräg nach rechts unten laufende Linie in einem Winkel von weniger als 90° einen Streifen legt oder die Linie von zwei streifenförmig gezeichneten waagerechten Linien unterbrochen darstellt. Die schräge unterbrochene Linie erscheint daraufhin nicht mehr als eine hinter dem Streifen liegende

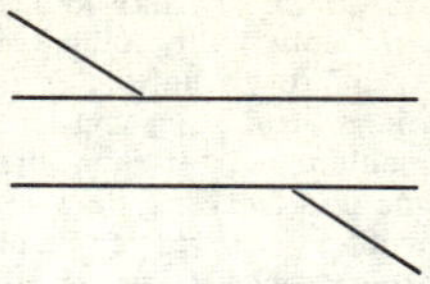

durchgezogene, sondern (im Beispiel unten gesehen) nach rechts versetzte Parallele im Vergleich zu einer oben hinter dem Streifen verschwindenden Linie.

Poisson-Verteilung *(Poisson distribution)*. Statistische Bezeichnung für einen Sonderfall der *Binomialverteilung,* die bei seltenen Ereignissen, z. B. Unfallhäufigkeiten, auftritt. Eine POISSON-Reihe oder -Serie stellt eine Häufigkeitsverteilung dar, die unsymmetrisch um den Mittelwert ausfällt und nicht auf der Nullinie beginnt, sondern mit größeren Ereignishäufigkeiten einsetzt, dann den Gipfel erreicht und allmählich (ähnlich der rechten Hälfte einer Normalverteilung) asymptotisch absinkt. Vom Aussehen her kann man sich eine Normalverteilung (Glockenkurve) vorstellen, deren linker Anteil nahe dem Mittelwert abgetrennt wurde.

Polarität *(polarity)*. Bezeichnung für die Eigenschaft eines Phänomens, sich zwischen zwei entgegengesetzten Polen lokalisieren oder registrieren zu lassen; z. B. die Gefühlspolarität »Lust und Unlust«.

Polaritätsprofil *(semantic differential)*. Bezeichnung einer von OSGOOD eingeführten Technik der quantitativen Analyse der Bedeutung von Begriffen und der Erfassung der dabei ins Spiel tretenden Bezugssysteme (z. B. die Dimensionen des semantischen Raumes). Die Versuchspersonen werden gebeten, Begriffe mit Hilfe von meist 12 Adjektivpaaren (z. B. angenehm-unangenehm, schwach-stark u. ä.) zu beschreiben, indem ihre Angaben auf einer zwischen den Adjektiven angeordneten *Ratingskala* mit 7 Abstufungen notiert werden. Das P. dient vor allem der Erfassung von Dimensionen der *konnotativen Bedeutung.*

LIT. OSGOOD u. a. (1957).

politisch-ökonomischer Konservatismus →*autoritäre Persönlichkeit.*

Polygraph. Vorrichtung zur gleichzeitigen Messung und Registrierung verschiedener psychologisch-physiologischer Funktionen, auch *Mehrfach-* oder *Mehrkanalschreiber* (z. B. Registrierung von Atem- und Muskeltätigkeit und der Veränderungen des galvanischen Hautwiderstandes sowie Zeitmarkierung bei Einsetzen von Reizen u. ä.).

Polyneuritis →*Korsakowsches Syndrom.*

Polyphagie →*Eßstörungen.*

Population.
[1] Gesamtheit aller Bewohner in einem bestimmten Wohngebiet zu einem gegebenen Zeitpunkt der Beobachtung (Bevölkerung).
[2] *Population* oder *Grundgesamt.* Statistische Bezeichnung für die Gesamtheit aller denkmöglichen Merkmalsträger, aus der eine repräsentative →*Stichprobe* gezogen wird oder als gezogen vorgestellt wird. Die Populationsmaße heißen →*Parameter* zum Unterschied von *Statistiken,* den Maßen der Stichprobe.

Position. Bezeichnung für einen Ausschnitt aus einem umfassenderen sozialen Gebilde (soziale Struktur; z. B. *Gruppe),* der das Verhalten eines Individuums, das die entsprechende Stelle innehat (Status), entscheidend mitbestimmt. Das entsprechende Verhalten wird oft als *Rollenverhalten* bezeichnet (Syn. *Stellung, Status*). Im Zusammenhang mit der neueren *Ausdrucksforschung* spielt der daraus abgeleitete Begriff »Positionalität« (des Ausdrucksträgers) eine gewisse Rolle und soll die Eingebettetheit des Ausdrucksgeschehens in bestimmte Feldbedingungen ausdrücken.

positive Chemotaxis →*Chemotaxis.*

positiver Transfer →*Transfer.*

positiver Tropismus →*Tropismus.*

Positivismus *(positivism).* Bezeichnung für eine philosophisch-methodologische Lehrmeinung, die die Erfahrung als einzige gültige Quelle der Erkenntnis annimmt; alle Spekulationen in bezug auf die »wahre Natur« werden dagegen abgelehnt *(→Operationalismus).* Der P. gilt als eine der Quellen der modernen Psychologie und der in ihr vorwiegenden quantitativen Betrachtungsweise bzw. des Einsetzens naturwissenschaftlicher Methoden. Der *Neupositivismus* dagegen ist eine philosophisch-naturwissenschaftliche Richtung, in der versucht wird, die laufend eintreffenden und vorläufige Ergebnisse modifizierenden Erkenntnisse der Einzelwissenschaften zu ordnen und die Richtlinien für Ordnungssysteme zu erarbeiten. Auch der Neupositivismus hat einen starken Einfluß auf die Psychologie ausgeübt, da in ihm das Einsetzen von Wahrscheinlichkeitsberechnungen mitbegründet ist *(→Philosophie,* Aspekt der *science of science).*

LIT. Comte (1830–42); Carnap, Reichenbach (1930f.); Carnap, Stegmüller (1959).

Positronen-Emissions-Tomographie →*Tomographie.*

postganglionär *(postganglionary).* Bezeichnung für Nervenfasern des autonomen (vegetativen) Systems, die von einer synaptischen Umschaltung in einem peripheren Ganglion zum Erfolgsorgan ziehen. Die efferenten Nerven des autonomen Systems werden außerhalb des ZNS mindestens einmal oder mehrfach umgeschaltet.

postnatale Entwicklung →*Entwicklung.*

posttraumatische Belastungsstörung *(post-traumatic stress disorder).* Im *DSM III–R* eingeführte Bezeichnung für anhaltende Angstzustände, die nach schwer belastenden Erlebnissen wie z. B. Naturkatastrophen, Bränden, Explosionen, Unfällen, Überfällen, Vergewaltigungen, Konzentrationslageraufenthalten, Folterungen, Kriegshandlungen usw. auftreten und mit einer Reihe von Begleitsymptomen (mindestens zwei aus den aufgeführten) einhergehen: (a) Ein- und Durchschlafstörungen, (b) Reizbarkeit, Wutanfälle, (c) Konzentrationsschwierigkeiten, (d) Überwachsamkeit (Hypervigilanz), (e) Schreckhaftigkeit und (f) heftige physiologische Reaktionen auf Ereignisse, die dem auslösenden Erlebnis ähnlich sind oder dieses symbolisieren. P. B. sind aufgrund ihrer tiefgreifenden Wirkung, ihrer kognitiven Einbettung und psychosomatischen Symptomkomplexität außerordentlich schwer zu behandeln.
→*Depression.*

Postulat *(postulate).* Bezeichnung für ein Prinzip bzw. eine provisorische Annahme, die nicht oder noch nicht bestätigt ist, von der jedoch Schlußfolgerungen bzw. Argumente abhängen.

Potentiale, evozierte →*evozierte Potentiale.*

Prädisposition *(predisposition).* Bezeichnung für als angeboren angenommene Bereitschaften zur Entwicklung in eine bestimmte Richtung bzw. zur Ausprägung eines bestimmten Merkmals. Der Ausdruck bezeichnet auch die allgemeine Neigung, sich bestimmten Überzeugungen anzuschließen oder bestimmten Richtlinien des Handelns zu folgen.

Pragmatismus *(pragmatism)*. Bezeichnung für eine philosophische Lehrmeinung, die das Kriterium der Nützlichkeit oder Zweckdienlichkeit als Maß der Wahrheit einführt und, als besondere Form des Relativismus, keine allgemein gültige Wahrheit kennt. MACH prägte in seinem *Prinzip der Denkökonomie* eine weitere Sonderform des Pragmatismus: Eine Theorie ist wahr, wenn sie unsere Erfahrung auf die einfachste Form zu bringen vermag.

präganglionär *(preganglionary)*. Bezeichnung für Zellen und Fasern des autonomen Systems, die vor der Schaltstelle in peripheren Ganglien, also zentral, liegen.
→*postganglionär*.

Prägnanz. Bezeichnung für optimale Klarheit und Geordnetheit des einem Erkenntnis- oder Denkinhalt »Wesentlichen« im Sinne der →*Gestaltpsychologie*. Die unter P. subsumierten Kennzeichen der Sinnhaftigkeit, Vollständigkeit und relativen Einfachheit werden – so wird angenommen – bei unvollständigen oder undeutlichen Gebilden aufgrund der *Prägnanztendenz* durch Verbesserungen hergestellt.

Prägung *(imprinting)*. Bezeichnung für einen in der Tierpsychologie experimentell erforschten lernanalogen Prozeß. Bietet man einem Tier in den ersten Stunden nach seiner Geburt einen großen und/oder Geräusche von sich gebenden Gegenstand dar, so verhält es sich nachher diesem Gegenstand gegenüber wie zu einem Artgenossen. K. LORENZ konnte frisch geschlüpfte Graugänse auf sich selbst prägen, indem er unmittelbar nach ihrem Ausschlüpfen in Erscheinung trat. Dieser Prozeß des Prägens ist in speziesspezifischer Weise an bestimmte Entwicklungsphasen gebunden, die meist unmittelbar nach der Geburt auftreten und als *Prägungsphase* bezeichnet werden.

prämorbide Persönlichkeit *(premorbid personality)*, Syn.: *Primärpersönlichkeit*. Vor dem Beginn einer psychischen Störung vorhandene Persönlichkeitseigenschaften, deren Bekanntheit eine wesentliche Voraussetzung für die Ursachenaufklärung und Einschätzung der mit einer Störung verbundenen Veränderungen darstellt (z.B. bei affektiven Störungen, Persönlichkeitsstörungen und Schizophrenie).

pränatale Entwicklung →*Entwicklung*.

präsenile Demenz →*Demenz*, →*Alzheimersche Krankheit*.

Präsenzzeit, psychische *(present; specious present, sensory present)*. Bezeichnung für ein Zeitintervall zwischen zwei Reizen, das gerade so groß ist, daß eine einheitliche Empfindung, jedoch nicht zwei zeitlich trennbare Empfindungen auftreten. Es wird dabei angenommen, daß innerhalb dieses Intervalls – das je nach Versuchsbedingungen und Reizbeschaffenheit ungefähr zwischen 0.5 und 7 sec liegt – Eindrücke ohne Beteiligung des Gedächtnisses (Erinnern) »präsent«, d.h. verfügbar, bewußt sind. Der Begriff stammt von W. STERN.

Prävalenz *(prevalence)*.
[1] Allgemeine Bezeichnung für die Auffälligkeit, das Überwiegen oder Vorherrschen bestimmter Erscheinungen oder Merkmale.
[2] In der →*Epidemiologie* das Vorkommen von bestimmten Erkrankungen oder Störungen in der Population, dargestellt als Quotient aus Krankenzahl und Anzahl der Untersuchten oder als Prozentsatz von Erkrankten unter den Untersuchten.

Prävention *(prevention)*. Maßnahmen zur Vorbeugung und Verhinderung des Auftretens und/oder der Verbreitung unerwünschter psychischer oder physischer Zustände (z.B. →*Streß*) oder Störungen. Als *primäre P.* oder P. im eigentlichen Sinn gilt die Abwendung von Ansteckungsgefahren (z.B. durch Schutzimpfungen), die Meidung von Risikosituationen, die Verminderung von gesundheitsrelevanten Wissensdefiziten und der Aufbau des Problembewußtseins und der Motivation zu neuen Verhaltensweisen durch Aufklärung *vor* dem Auftreten schädigender oder beeinträchtigender Effekte. Neben vielen anderen Gesichtspunkten zur Klassifikation von P.-Programmen ist die Unterscheidung zwischen der auf *Populationen* und der auf *Risikogruppen* orientierten P. wichtig. Erstere richten sich an die Gesamtbevölkerung oder an Teile der Gesamtbevölkerung, die nicht durch Risikokriterien definiert sind, zweitere an spezielle Gruppen, die in bezug auf bestimmte Störungen besonders gefährdet sind (→*AIDS*). Als *sekundäre P.* oder Behandlung bzw. Therapie gelten Maßnahmen zur Eindämmung von Symptomen und ihren Ursachen *während* ihres Auftretens (z.B. das Immunsystem stützende oder psychisch immunisierende Interventionen) und als *tertiäre P.* oder *Rehabilitation* kurative oder psychologische Interventionen *nach* deren Auftreten.

Präzision →*Experiment.*

Prestige. Bezeichnung für den Einfluß (oder die Anziehungskraft), der von einem Individuum, einer Berufsart oder einer Institution u.ä. ausgeht und der zur Folge hat, daß von diesen Quellen ausgehende Informationen, geäußerte Meinungen, Ausdruckserscheinungen u.ä. besonders suggestiv, d.h. einflußnehmend und das Verhalten bestimmend ausfallen. In der Sozialpsychologie wird dieses Phänomen als *Prestigesuggestion* bezeichnet und läßt sich demonstrieren, wenn man z.B. eine bestimmte Meinungsäußerung oder Verhaltensäußerung einmal einem beliebten und ein andermal (in derselben Kontrollgruppe) einem neutralen oder unbeliebten Mitbürger unterstellt. Es zeigt sich, daß die positive oder negative Beurteilung der Meinungsäußerung oder Verhaltensäußerung dadurch beträchtlich beeinflußt wird.
Soziales Prestige syn. für Ansehen, das der Inhaber einer bestimmten Position genießt.

primär *(primary).* Bezeichnung für ein erstes, logisch erstes oder erstmaliges Ereignis. In verschiedenen Zusammensetzungen und als Adj. gebraucht, z.B. *Primärfarbe (primary colour)* als Bezeichnung aller Farben, aus deren Mischung die restlichen erhalten werden (rot, blau, gelb, weiß und schwarz).

primäre Triebe →*Trieb.*

Primärfähigkeiten →*Fähigkeit.*

Primärfarbe →*primär.*

Primärgruppe *(primary group).* Bezeichnung für eine Form der *Gruppe mit direktem Kontakt,* in deren Rahmen die Individuen in bezug auf gemeinsame Ziele zusammenarbeiten oder -wirken. Die Art des Handelns und Denkens ist den Mitgliedern in starkem Maße gemeinsam, unter den Gruppenmitgliedern herrscht Einvernehmen und Vertrauen, und die Mitglieder sind sich der Ähnlichkeit untereinander bewußt (z.B. Familie, Banden). Primärgruppen werden meist zu den *Kleingruppen gezählt.*

Primärprozeß →*Prozeß, primärer.*

Primat *(primacy, primate).*
[1] *Primat, das, der (primacy).* Bezeichnung für einen Vorgang oder Zustand, der zuerst, als erster gegeben ist. Syn. Vorrang. In diesem Sinne auch als *»law of primacy«* ein *sekundäres Assoziationsgesetz,* das besagt: Werden alle anderen Bedingungen konstant gehalten, so wird der erste gelernte Inhalt oder die erste Handlung einer Serie besser gelernt und/oder behalten und am langsamsten vergessen (→*Jostsche Sätze).*
[2] *Primat, der (primate).* Zoologische Bezeichnung für die höchstentwickelte Klasse der Säugetiere (Lemuriden und Anthropoiden; Affen, Menschenaffen und Mensch).

Prime, priming stimulus. *Aktivierungsreiz.* Bezeichnung für einen Reiz oder Hinweis, der eine *differentielle Aktivierung* bestimmter Strukturen des Zentral-Nerven-Systems bzw. *kognitiver Elemente* und *Prozesse* nach sich zieht.
→*Pfadaktivierung,* →*Priming.*

Priming *(priming).* Aus dem Engl. *to prime* (füllen; laden; scharf machen; erleichtern, vorbereiten) hergeleitete Bezeichnung für Prozesse, in deren Verlauf ein System durch äußere oder innere Anlässe in erhöhte Funktionsbereitschaft versetzt wird bzw. seine Organisation einer bevorstehenden Operation entsprechend verändert. In *Neurophysiologie* und *Psychophysiologie* steht P. für die *differentielle Aktivierung* bestimmter zentralnervöser Strukturen unter dem Einfluß sie ansprechender Reiz- bzw. Informationskategorien. So wird z.B. bei Rechtshändern die linke Hirnhemisphäre durch die Ankündigung der Aufgabe besonders aktiviert, eine Wortliste einzuprägen, beim Behalten eines Bildes oder Musikstückes dagegen bezieht sich der P.-Effekt auf die rechte Hemisphäre. In der *Gedächtnisforschung* ist P. Inbegriff der Aktivierung von Erinnerungen, welche in die gleiche Bedeutungskategorie fallen wie der auslösende Reiz oder Hinweis. Der *semantische P.*-Effekt äußert sich z.B. darin, daß nach Nennung des Wortes »Arzt« das Wort »Krankenschwester« in einer Wortliste rascher herausgefunden wird, als ein Wort aus einem

völlig anderen Bedeutungsfeld. Synonym: *Prompting.*
→*Pfadaktivierung.*
LIT. POSNER (1978), POSNER, SNYDER (1975a; 1975b).

primitiv *(primitive).*
[1] Allgemeine und umfassende Bezeichnung für ein frühes bzw. undifferenziertes Evolutions- bzw. Entwicklungsstadium, auch für relativ undifferenzierte (atavistische) Reaktionen von Lebewesen einer hohen Entwicklungsstufe.
[2] Bezeichnung für Kulturen, die keine geschriebenen Dokumente ihrer Geschichte hinterlassen haben *(preliterate peoples, unliterate peoples).* In dieser Bedeutung (z.B. Primitivkulturen) ist nicht notwendigerweise impliziert, daß sich die Lebewesen primitiv im Sinne von undifferenziert (*primitiv* [1]) verhalten.

Prinzip *(principle).*
[1] Allgemeine Bezeichnung für Regeln oder Grundsätze, die das Erkennen und Denken hinsichtlich formaler oder inhaltlicher Komponenten und deren Verknüpfung lenken (z.B. Prinzipien der Aussagelogik, Kausalitätsprinzip u.ä.). Syn. *Methodische Prinzipien.*
[2] Bezeichnung für die Aussage über beobachtete Regelmäßigkeiten von Ereignissen, die auf einer noch unvollständigen Erfahrungsgrundlage beruhen, so daß *Gesetze* im strengen Sinn nicht aufgestellt werden können. Dies ist besonders bei Wissenschaften wie der Psychologie der Fall, deren Erkenntnisweg sehr häufig der der »unvollständigen Induktion« *(→Induktion)* ist. Vgl. Prinzip der *→Verstärkung (reinforcement).*
[3] Bezeichnung für Leitgedanken der Erziehung oder der Bewertung des Verhaltens.

Prinzip der geringsten Bedürfnisabweichung *(principle of minimal needdeviation).* Von WILLIAM STERN aufgestellter Grundsatz der Bedürfnisregulation, demzufolge bei der Unterbindung der Befriedigung eines Bedürfnisses, aufgrund der Bedürfnissen eigenen Dynamik, eine der ursprünglichen möglichst ähnliche Befriedigungsweise gesucht wird. Das P. läßt sich u.a. auf die Dynamik von *Quasi-Bedürfnissen* und *Ersatzhandlungen* anwenden *(→Bedürfnis).*

Prinzip von der Einheit der Gemütslage *(principle of unity in feeling states).* Von W. WUNDT formuliertes Prinzip, dem zufolge im menschlichen Bewußtsein mehrere Empfindungs- und Vorstellungselemente niemals nebeneinander bestehen können, ohne sich zu einem resultierenden Gefühl zu verbinden.

Probabilismus *(probabilism).* Bezeichnung für eine philosophisch-methodische Richtung, in deren Rahmen Erkenntnisse und Aussagen hinsichtlich ihrer Gültigkeit nicht sicher (wahr oder falsch), sondern nur wahrscheinlich sind. In methodischer Hinsicht besagt der P., daß es möglich ist, aufgrund vorliegender Erfahrung und durch die Anwendung logisch-statistischer Operationen bestimmte Ereignisse oder Ereignisfolgen in ihrem wahrscheinlichen Auftreten vorhersagen zu können. Bei vollständiger Kenntnis aller eine Erscheinung oder einen Vorgang bestimmenden Bedingungen, die Quellen der Variabilität sein können, geht der P. in den *Determinismus* über.
→Linsenmodell; →Probabilistische Psychologie.

probabilistic cue learning *→Probabilistische Psychologie.*

probabilistic hypothesis *→Probabilistische Psychologie.*

Probabilistische Psychologie *(probabilistic psychology).* Bezeichnung für eine von E. BRUNSWIK eingeführte Auffassung, ausgehend von der Annahme (probabilistische Hypothese; *probabilistic hypothesis),* daß das Erkennen (Wahrnehmen) nicht notwendigerweise, sondern nur mit Wahrscheinlichkeit zu einer adäquaten oder angepaßten Reaktion (z.B. Größenangabe oder -schätzung) führt und daß z.B. beim Lernen ein bestimmter Reiz mit Hinweischarakter *(cue)* nicht nur *eine* Reaktion, sondern eine ganze Reihe von Reaktionen auslöst, deren Wahrscheinlichkeit des Auftretens verschieden groß ist *(probabilistic cue learning).*
LIT. BRUNSWIK (1934; 1956); HAMMOND (ed.; 1966).

probabilistische Theorie *→Linsenmodell.*

Problemkäfig *(problem box).* Bezeichnung für Vorrichtungen zur Untersuchung von Lernvorgängen bei Tieren (eingeführt von THORNDIKE, auch SKINNER-BOX genannt). Es handelt sich um einen Käfig, in dessen Inneren verschiedene Vorrichtungen (z.B. Lichtsignale, Hebel, Rädchen u.ä.) angebracht sind, die mit bestimmten anderen (z.B. Türöffner, Futterspender, Wasserspender) kombiniert werden können (→*Konditionierung, operante*). Die verschiedenen Verbindungen zwischen den Vorrichtungen werden je nach Intention des Experimentators variiert.

Problemlösen *(problem solving)*. [1] Allgemeine Bezeichnung für eine Art des Denkexperiments, in dessen Verlauf Tier oder Mensch mit einer neuartigen und komplexen Situation konfrontiert werden, in der ein bestimmtes Ziel (Futter, Lösen einer Aufgabe) nur durch eine relativ neuartige Kombination von Erfahrungen oder durch eine durch Überlegen gefundene Synthese erreicht werden kann.
[2] Bezeichnung für den unter [1] beschriebenen Prozeß, bei dem aus einer Anzahl von Möglichkeiten des Handelns oder Nachdenkens diejenige ausgewählt werden muß, die zum Ziel (zur Lösung) führt.

Problemlöser →*Intelligenz, künstliche.*

Prodrom, Prodromalsymptom, prodromales Symptom *(prodrome, prodromal symptom)*. Dem Ausbruch einer Krankheit oder Störung vorausgehendes Anzeichen.

produktives Denken →*schöpferisches Denken.*

Produkt-Moment-Korrelation *(product moment correlation)*. Bezeichnung für eine der statistischen Standardtechniken zur Ermittlung der Stärke und der Richtung des Zusammenhangs zwischen zwei Messungen, vorgenommen an derselben Gruppe von Individuen oder Fällen. *Produkt-Moment* bezeichnet das Durchschnittsprodukt von Meßwertpaaren, sofern diese als Abweichungen vom jeweiligen Mittelwert dargestellt wurden. Bezeichnet x_i die Abweichung eines Meßwertes X_i vom Mittelwert M_x und y_i diejenige des Meßwertes Y_i vom Mittelwert M_y bei einem Fall (Individuum) von i = 1 bis N (N bezeichnet die Größe der Stichprobe), so ergibt sich der *Koeffizient* der Produkt-Moment-Korrelation nach der PEARSONSCHEN Beziehung:

$$r_{xy} = \frac{\sum_{i=1}^{N} (X_i y_i)}{N\, \sigma_x\, \sigma_y}$$

σ_x bzw. σ_y bezeichnet die Standardabweichungen der beiden Verteilungen.

Profil *(profile, mental profile, psychological profile)*. Bezeichnung für eine Darstellung von Meßergebnissen verschiedener Eigenschaften bei einem Individuum. Die gemessenen Eigenschaften oder Merkmale werden je nach dem Grad ihrer (relativen) Ausprägung durch entsprechend hohe oder (bei seitlicher Darstellung) lange Blöcke oder Linien repräsentiert. Verbindet man die so definierten Endprodukte, so ergibt sich das Profil. Bei Verwendung von standardisierten Verfahren im Rahmen eines Tests entsteht ein *Testprofil,* das den Vorteil einer guten Vergleichbarkeit mit anderen aufweist.

Prognose *(prognosis)*. Vorhersage eines Ereignisverlaufs bzw. eines Ergebnisses. Im klinischen Sinn die Vorhersage eines Störungsverlaufs im Hinblick auf die Wahrscheinlichkeit einer günstigen bzw. ungünstigen Entwicklung.

programmierter Unterricht *(programmed instruction)*. Allg. Bezeichnung für eine vor allem auf PRESSEY und SKINNER zurückgehende Unterrichtstechnik, oftmals angewandt unter Zuhilfenahme sog. *Lehr-(Lern-)Maschinen (teaching machines)*. Der Lehrstoff wird in mehr oder weniger große Lehrschritte zerlegt. Nach jedem Schritt erfolgt unmittelbar eine Rückmeldung darüber, ob er verstanden wurde oder nicht. Dies gilt als entscheidende lerntechnisch-motivationale Voraussetzung für effektives Lernen. Die Schritte des Lehrprogramms müssen dabei folgerichtig aufgebaut und nach Art und Umfang sowohl der Komplexität des Gegenstandes als auch der Lern- oder Verarbeitungskapazität der Adressaten entsprechen. Weiteres Kennzeichen ist die Steuerung von Darbietungsdauer und Folgegeschwindigkeit der einzelnen Programmschritte durch den Lernenden selbst. Bei sog. *linearen Programmen (linear programs)* wird bei einem Versagen des Probanden in Test- oder Übungsaufgaben der vorangehende Programmschritt automatisch wiederholt dargeboten; dies geschieht so lange, bis die Test- oder Übungsaufgabe gelöst werden kann. Bei sog. *verzweigten Programmen (branched programs, branching)* dagegen wird der Programmschritt, bei dessen Überprüfung Fehler auftraten, in neuer und ausführlicher Form dargeboten. Erfolgen dagegen wiederholt richtige Lösungen, so werden Zwischenschritte des Programms automatisch übersprungen.

LIT. H. G. FRANK (Hrsg.; 1963); FRY

(1963); LUMSDAINE, GLASER (Hrsg.; 1960).

Programm, lineares →*programmierter Unterricht.*

Programm, verzweigtes →*programmierter Unterricht.*

progressive Paralyse →*Paralyse.*

Projektion *(projection).*
[1] Alte Bezeichnung für das Wiederhinausverlegen von Empfindungen in den Raum, in dem die die Reizgrundlage abgebenden Gegenstände oder Ereignisse liegen, wodurch die Gegenstände oder Ereignisse als objektive, d. h. außerhalb des eigenen Körpers oder der Vorstellung gelegene erkannt und von subjektiven Gegebenheiten unterschieden werden können.
[2] In der Psychoanalyse bezeichnet der Begriff den Vorgang, einem anderen Menschen eigene Fehler oder Wünsche zuzuschreiben; dies wird als Ausdruck bestehender Schuld- oder ähnlicher Gefühle bewertet und als *Abwehrmechanismus* bezeichnet. – Die bei Kindern angetroffene Tendenz, Erwachsenen oder Gegenständen eigene Zustände oder Gefühle zuzuschreiben, wird als animistische Projektion bezeichnet und dient als Modell für Projektion [2]. →*Projektive »Tests«;* →*Abwehrmechanismen.*

Projektionsfasern *(projection fibres).* Nervenverbindungen innerhalb des Gehirns, die direkt in tiefer gelegene Gehirnabschnitte führen und keine Querverbindungen darstellen.

Projektionsfelder *(projection areas).* Umschriebene Bereiche des Kortex, die Nervenimpulse aus den jeweiligen Sinnesorganen bzw. tieferen Hirnzentren empfangen.

Projektionszentrum *(projection area), projection center).* Bereich des Kortex, der mit sensorischen und motorischen Zentren (Basalganglien, Rückenmark) direkt verbunden ist.

projektive Tests *(projective tests, projective techniques).* Bezeichnung für solche diagnostischen Verfahren, die dazu dienen, die emotionalen oder andere Reaktionen auf relativ unstrukturierte oder mehrdeutige Situationen oder bildliche Darstellungen (z. B. Rorschachsche Klecksfiguren, der sog. TAT u. ä.) nach Einstellungen, dynamischen (motivationalen) u. ä. Merkmalen und Persönlichkeitseigenschaften zu interpretieren. Wegen der weitgehend ungeklärten Frage nach Objektivität, Reliabilität und Validität im Sinne der Testkonstruktion kann man diese Verfahren bestenfalls als »Tests«, besser aber als Verfahren mehr heuristischer denn exakt-diagnostischer Natur bezeichnen. Das Ausgangsmaterial der Interpretation sind Projektionen bzw. Phantasieleistungen der Versuchspersonen (z. B. in der *Spieltherapie*). Syn. Entfaltungstests, Phantasietests, Deuteverfahren.
LIT. K. L. FRANK (1948); HEISS (Hrsg.; 1966); HÖRMANN (1964).

Propaganda. Allgemeine und umfassende Bezeichnung für alle Handlungen oder Meinungsäußerungen eines Individuums oder einer Gruppe, die nach einem Plan ablaufen und andere Individuen oder Gruppen hinsichtlich ihrer Handlungen oder Meinungsbildung beeinflussen sollen. Dies kann in offener Form *(white propaganda)* oder versteckter Form *(black propaganda)* der *Suggestion* geschehen. Der Begriff bezieht sich auch auf die dabei angewandten Techniken.
LIT. HOFSTÄTTER (1951); IRION (1950); KLAPPER (1966).

Propensity (Neigung, Hang, Antrieb, Instinkt). Englische Bezeichnung aus der McDougallschen Psychologie für angeborene Antriebe in bezug auf bestimmte Verhaltensziele.

Prophylaxe *(prophylaxis).* Allgemeine und umfassende Bezeichnung für medizinisch-psychologische Maßnahmen der Vorbeugung von Erkrankungen und Störungen. In der Psychologie gehört die P. milieu- bzw. umweltbedingter Störungen in den umfassenden Bereich der →*Psychohygiene.*

propriozeptive Reflexe →*Propriozeptor.*

Propriozeptor *(proprioceptor).* Sinnesrezeptor oder -zellen, die Bewegungen und Lageveränderungen des Körpers registrieren und entsprechende Empfindungen vermitteln. Man unterscheidet den sog. »Körperlagesinn«, d. h. im vestibulum und inneren Ohr gelegene Rezeptoren als Orientierungssysteme über die räumliche Lage bzw. über Drehung und Rotation des Körpers von den Rezeptorensystemen in Gelenken, Muskeln und Sehnen, die der Vermittlung von Bewegungsempfindungen *(kinästhetischen Empfindungen)* dienen. Da die entsprechenden Rezeptoren im Inneren des Körpers bzw. Körpergewebes liegen, werden sie manch-

mal unter dem Sammelbegriff »Interozeptoren« zusammengefaßt und von den »Exterozeptoren« (Rezeptoren in oder an der Hautoberfläche) unterschieden.
Als *propriozeptive Reflexe (proprioceptive reflexes)* bezeichnet man Reflexe, die durch Rezeptoren in den Sehnen durch einen einfachen Reflexbogen über das Rückenmark ausgelöst werden.

Proprium. Syn. für »Selbst«, »Ich« oder »Selbstgefühl«, »Identität« als Ausdrücke der inneren Einheit (Erlebniseinheit) des Individuums (z.B. bei ALLPORT; *→Persönlichkeit*).

propulsiv *(propulsive)*. Bezeichnung für Vorgänge von der Art hypothetischer *Prozeßvariablen,* die relativ diffuse Antriebe oder den Drang nach etwas bewirken sollen bzw. Inbegriff dieses Antriebsgeschehens sind.

prospektiv *(prospective)*. Bezeichnung für *(kognitive)* Vorgänge, die eine auf die Zukunft gerichtete Einstellung, ein Vorausblicken erschließen lassen.

Protanopie *→Farbenblindheit.*

protensity (Dauer, zeitliche Erstreckung). Englische Bezeichnung für die allgemeine Eigenschaft von Empfindungen bzw. bewußten Vorgängen, zeitliche Dauer aufzuweisen, jedoch nicht im Sinne der physikalischen Zeit und auch nicht durch Zeitschätzungen des Selbstbeobachters erfaßbar, somit eine Art »unmittelbar gegebener Dauer« (die Bezeichnung wurde vor allem bei TITCHENER und WARD verwendet). Der Begriff ist zu unterscheiden von *Protention* (philosophisch-phänomenologische Bezeichnung des im Denken vollzogenen Vorgreifens auf Zukünftiges).

Protoplasma *(protoplasm),* **Hyaloplasma** oder **Zellplasma.** Als dickflüssig angenommene Substanz des Zelleibes *(Cytoplasma),* ein eiweißhaltiges Gemisch verschiedener Stoffe, das im Verein mit dem *Zellkern* als Träger des Lebens bezeichnet werden kann.

Prozentrang *→Ogive, →Partil, →Perzentil.*

Prozeß *(process)*. Bezeichnung für einen *Verlauf* oder *Vorgang,* der eine Zustandsänderung des Organismus bzw. Erscheinungsbildes mit sich bringt bzw. aus solchen Veränderungen erschlossen wird (*→Prozeßvariable*). Die Bezeichnung wird sowohl für molekulare Veränderungen (z.B. Nervenerregungen) als auch für molare (z.B. Wachstum) verwendet, setzt aber in jedem Fall eine Aktivität voraus. Im weiteren Sinne ist jedes geäußerte Verhalten als P. verstehbar (Syn. *Verlauf, Vorgang*).

Prozeß, primärer oder **Primärprozeß** *(primal process, primary process)*. Psychoanalytische Bezeichnung für die eshaften *(→Id, →Es)* Prozesse, d.h. nach Befriedigung drängenden Trieb- oder Instinktansprüche bzw. der symbolische Ausdruck solcher Ansprüche in Konflikten *(→Abwehrmechanismen)*.

Prozeß, sekundärer oder **Sekundärprozeß** *(secondary process)*. Psychoanalytische Bezeichnung für die regulatorischen Vorgänge im Bereich der Ich-Funktion *(→Ego, →Ich),* allgemein als *Realitätsprinzip (reality principle)* bezeichnet.

Prozeßdiagnostik *→Statusdiagnostik.*

Prozesse, automatische *(automatic processes)*. Bezeichnung für Prozesse der Informationsverarbeitung und -nutzung, die auf eingefahrenen Gewohnheiten beruhen, relativ anstrengungsfrei und rasch ablaufen und die Möglichkeit eröffnen, sich nebenbei auch mit anderen Dingen zu beschäftigen. Gegensatz: kontrollierte Prozesse.
→Aufmerksamkeit, →Pfadaktivierung, →Priming.
LIT. SHIFFRIN, SCHNEIDER (1977); SCHNEIDER, SHIFFRIN (1977).

Prozesse, kontrollierte *(controlled processes)*. Bezeichnung für Prozesse der Informationsverarbeitung und -nutzung, die wegen der Neuartigkeit bzw. Ungewohntheit der Aufgabe volle Aufmerksamkeit und bewußt gelenkte Steuerung *(Kontrolle)* verlangen, mit Anstrengung verbunden sind, relativ lange Entscheidungszeiten nach sich ziehen und weitgehend ausschließen, sich mit anderen Dingen gleichzeitig zu beschäftigen. Gegensatz: automatische Prozesse.
→Aufmerksamkeit.

Prozeßvariable, hypothetische *(hypothetical process variable)*. Bezeichnung für ein *hypothetisches Konstrukt* bzw. eine *intervenierende Variable,* die aus den im Verlaufe eines (Verhaltens-) Prozesses auftretenden Veränderungen erschlossen wird, jedoch als in den Prozeß eingreifende Größe nicht oder nicht direkt beobachtet werden konnte, z.B. die Annahme von »D« (Trieb) im Hullschen System *(→Trieb)* oder die Annahme einer Abwehr auslösenden Zensur im Sinne der Psychoanalyse.

Prüfverteilung. Statistische Bezeichnung für gebräuchliche Verteilungsparameter zur Signifikanzprüfung kennzeichnender Prüfwerte (z.B. Chi-Quadrat-Verteilung, t-Verteilung, F-Verteilung).
→Verteilung.

pseudodementes Syndrom *→Ganser-sches Syndrom.*

Pseudo-Kontingenz *→Kontingenz.*

pseudologia phantastica. Bezeichnung für zwanghafte Geschwätzigkeit und Lügenhaftigkeit bzw. auffälligen Hang zu verbalen Phantasieäußerungen.

Pseudoskop *(pseudoscope).* Optische Vorrichtung (Linsen- und Prismensystem) zur Herstellung von verzerrten oder links-rechts-vertauschten visuellen Eindrücken (z.B. kann ein flacher Gegenstand konkav oder konvex erscheinen bzw. die auf die Netzhaut gelangenden Bilder werden links-rechts-vertauscht u.ä.).

PSI *→Palmarer Schweißdrüsen-Index.*

Psychasthenie *(psychasthenia).* Veraltete Bezeichnung für neurotische Symptome wie Angst oder Zwangshandlungen und -vorstellungen.

Psyche. Philosophisch-theologische Bezeichnung für den Inbegriff oder die Personifikation des Lebensprinzips, das als Bezugssystem oder Grundlage der psychischen Funktionen bzw. des Handelns und Verhaltens angenommen wird (zum Unterschied von *→psychisch).* Syn. Seele, Geist, Gemüt, Verstand. Vgl. auch *Einführung.*

Psychiatrie *(psychiatry).* Wörtlich übersetzt »Seelenheilkunde«. Teilgebiet der Klinischen Medizin, das neben der Diagnose und nichtoperativen, stationären oder ambulanten medikamentösen Therapie sowie der Psychotherapie von Patienten mit psychischen *→Störungen* Maßnahmen der Prävention und Rehabilitation umfaßt und dessen Vertreter systematische Beiträge zur ätiologischen und nosologischen Klassifikation psychischer Störungen, zur *Epidemiologie* und *Therapie* leisten. Der klassische Katalog »psychiatrischer Krankheiten« (Psychosen, Neurosen, Psychopathien), der im deutschen Sprachbereich durch die Ansätze von FREUD, KRAEPELIN und SCHNEIDER geprägt war, ist heute nach zahlreichen Revisionen weitestgehend von dem integrativen symptomorientierten *→DSM* der American Psychiatric Association und den im *→ICD* niedergelegten vereinheitlichenden Bemühungen der Weltgesundheitsorganisation abgelöst worden. Wichtige, teilweise interdisziplinäre Teilgebiete der P. sind *Biologische P., Forensische P., Pharmako-P., →Psychopathologie, →Psychosomatik und Sozial-P.*

LIT. BENKERT, HIPPIUS (1980); BLEULER (1966); GRUHLE u.a. (1960f.); KAPLAN, SADOCK (1989); PETERS (1983); SCHULTE, TÖLLE (1971); TÖLLE (1985); WEITBRECHT (1968).

psychisch *(mental;* umgangssprachlich auch *psychological;* äußerst selten *psychic, psychical,* da mit den Nebenbedeutungen »übersinnlich«, »parapsychologisch«, »gestört« behaftet).
[1] Meist in Abhebung von *somatisch* (körperlich) gebrauchte Bezeichnung für (a) Inhalte des menschlichen Bewußtseins (*psychische Phänomene, mental phenomena*) oder (b) Zustände und Vorgänge, die dem Erleben und Verhalten zugrundeliegen bzw. in mehr oder weniger bewußter Weise Wahrnehmen, Denken, Erinnern, Fühlen, Motive und Handeln miteinander verknüpfen. Der engl. Begriff »mental« steht im engeren Sinn für »geistig«, »innerlich«, »verstandesmäßig«, »intellektuell« und ist daher nicht in jedem Fall gleichbedeutend mit dem deutschen Begriff »psychisch« in seiner weiterreichenden Bedeutung. Der Gebrauch von »psychisch« (griechisch psyché = Seele) setzt nicht notwendigerweise den Rekurs auf einen wie immer definierten Seelenbegriff voraus.
[2] Als *psychische →Störung* jene Klasse von Störungen, die sich – unabhängig von ihrer möglichen somatischen Bedingtheit oder Mitbedingtheit – vorrangig in Dysfunktionen des Erlebens und/oder Verhaltens äußern.

psychische Abwehr *→Abwehr, →Abwehrmechanismen.*

psychische Sättigung *→Sättigung.*

psychisches Feld *→Feldtheorie.*

psychische Störung *→Klinische Psychologie, →Störung.*

Psychoanalyse, PA *(psychoanalysis).* Bezeichnung für die von FREUD eingeführte und von seinen Schülern fortgeführte bzw. modifizierte Behandlungstechnik sog. psychoneurotischer Störungen (*→Neurose*) durch aufdeckende Deutung und *→Übertragung.* FREUD ging von der Annahme aus, derartige Störungen und ihre somatischen Be-

gleiterscheinungen seien Ausdruck eines verdeckten, unbewußten Konflikts, der auf Interaktionen zwischen Triebimpulsen und →*Abwehrmechanismen* beruht. Die Aufgabe des Therapeuten bestehe darin, Entstehungsgeschichte, Stoffe und Bedeutung der Konflikte durch Deutung von Erzählungen, Assoziationen, Fehlleistungen und Träumen im Kontext der Lebensgeschichte aufzudecken, um deren zwangartige Wiederholung einzudämmen.
→*Psychotherapie.*
LIT. BRENNER (1967); FREUD (1946ff.); HEISS (1956); KERNBERG (1981); LOCH (1986); RAPAPORT (1961); THOMÄ, KÄCHELE (1985; 1988); WYSS (1966).

Psychobiologie *(psychobiology).* Zusammenfassende Bezeichnung für Ansätze zur Erforschung und Erklärung der Entwicklung, Organisation und Steuerung des menschlichen Erlebens und Verhaltens auf der Grundlage biologischer Methoden, Erkenntnisse, Modelle und/oder Theorien. Syn.: →*Biologische Psychologie.*

Psychochirurgie *(psychosurgery).* Von MONIZ in den dreißiger Jahren eingeführte Technik, durch gezielte Gehirnoperationen psychotisches Verhalten (z.B. quälende Perseverationen und Zwangshandlungen) zu beheben, in dem angenommene Fehlverbindungen zwischen einzelnen Gehirnabschnitten durchtrennt werden. Besonders häufig bediente man sich der sog. präfrontalen →*Lobotomie.* Schwerwiegende Bedenken wegen der mit solchen Operationen nachweislich verbundenen Persönlichkeitsveränderungen und Spätfolgen z.B. bei der Behebung aggressiver Zwangszustände schränken die P. heute auf solche Fälle ein, in denen z.B. Schmerzlinderung u.ä. verschafft werden kann.
LIT. MARK, ERVIN (1970); VALENSTEIN (1973).

Psychodrama →*Gruppentherapie.*

Psychoendokrinologie *(psychoendokrinology).* Bezeichnung für ein interdisziplinäres Forschungsgebiet, in dessen Rahmen Zusammenhänge zwischen psychischen und endokrinen Vorgängen erfaßt und erklärt werden. Es konnte z.B. gezeigt werden, daß psychischer *Streß* in nicht kontrollierbaren, nicht bewältigbar erscheinenden Situationen sowohl mit vermehrter Ausschüttung von *Cortisol* als auch mit erhöhter Ausschüttung von *Katecholaminen (Adrenalin, Noradrenalin)* einhergeht. Ist dagegen die streßinduzierende Situation kontrollierbar, bewältigbar oder erscheint so, wird nur die anstrengungsspezifische Katecholamineausschüttung erhöht, während die Cortisolproduktion als Reaktion auf den unangenehmen Beigeschmack einer unkontrollierbaren, unbewältigbaren Situation zurückgeht.
→*Streß.*
LIT. FRANKENHAEUSER (1981); O'LEARY (1990).

psychogalvanische Reaktion →*Elektrodermale Aktivität.*

psychogalvanischer Reflex, psychogalvanische Reaktion, PGR *(psychogalvanic reflex; psychogalvanic response).* Von VERAGUTH (1908) eingeführte Bezeichnung für Veränderungen der bioelektrischen Gleichspannung bzw. des Widerstandes der Hautoberfläche als Antwort auf Außenreize. Wegen seiner Mehrdeutigkeit wird dieser Begriff heute kaum noch verwendet.
→*Elektrodermale Aktivität.*

psychogene Amnesie →*dissoziative Störung.*

psychogene Fugue →*dissoziative Störung.*

Psychohygiene *(mental health, mental hygiene).* Allgemeine und umfassende Bezeichnung für die Erforschung, Planung und Anwendung aller Maßnahmen, die geeignet sind, durch Erziehung, Aufklärung und Forschung sowie durch die Einrichtung von Beratungsstellen (Ehe-, Erziehungsberatung u.ä.) den verschiedensten Formen der Fehlentwicklung und Fehlanpassung vorzubeugen bzw. Abhilfe zu schaffen. Die P. ist ein Teilgebiet der *Angewandten Psychologie* (bzw. *Klinischen Psychologie)* und wird in Zusammenarbeit mit der Psychiatrie und öffentlichen Einrichtungen sowie konfessionellen Instanzen betrieben.

Psychoimmunologie *(psychoimmunology).* Bezeichnung für ein interdisziplinäres Forschungsgebiet, in dessen Rahmen Zusammenhänge zwischen psychischen Vorgängen und dem Status und der Funktionsweise des *Immunsystems* erfaßt und erklärt werden. Untersuchungen über die Einwirkung belastender, streßinduzierender Lebensbedingungen auf das Immunsystem und seine Funktionen zeigen, daß sich mit ihnen die Wahrscheinlichkeit des Auftretens psychosomatischer Störungen erhöht.

Beanspruchung durch aktuelle Belastungen führt vor dem Hintergrund belastender Lebensereignisse zu Verzögerungen der Erholungszeit physiologischer Grundfunktionen und zur Herabsetzung der zellulären Immunität, z.B. durch Verringerung der Lymphozytenproduktion, der Anzahl von T-Lymphozyten und der Aktivität natürlicher Killerzellen.
→*Immunsystem.*
LIT. HOLMES, RAHE (1967); MILTNER (1986); O'LEARY (1990).

Psychokinese *(psychokinesis).* Parapsychologische Bezeichnung für eine mechanisch-physikalisch nicht erklärbare Einwirkung des Menschen auf die Körperwelt, z.B. Bewegungen von Gegenständen in Anwesenheit oder nach Anwesenheit einer bestimmten Person in einem Raum.

Psycholinguistik (psycholinguistics), **Sprachpsychologie, Psychologie der Sprache.** Umfassende Bezeichnung für mehr oder weniger systematische Ansätze zur Analyse (a) der Sprachfunktion, z.B. der Sprache als Reiz in sozialen Situationen, (b) der Sprachentwicklung (Entwicklung des Sprechenlernens), (c) der in der sprachlichen Kommunikation entscheidenden Bedeutungs- und Informationsstrukturen und (d) der Interdependenz von Sprache, Sprecher und Kultur in Abhängigkeit vom sprachlichen Niveau u.ä.
LIT. K. BÜHLER (1934); HERRMANN (1972); HÖRMANN (1967); KAINZ (1943); CH. OSGOOD (1963).

Psychologie der Sprache →*Psycholinguistik,* →*Sprache.*

psychologische Gerontologie →*Alternsforschung.*

psychologische Refraktärzeit →*Refraktärzeit, psychologische.*

Psychologismus *(psychologism).* Bezeichnung für die philosophische Lehrmeinung, daß alle Sachverhalte bzw. Gegenstände der Erkenntnis über das psychologisch definierte Erkennen (Erfahrung) zu erfassen seien, so daß die Psychologie Grundlage aller philosophischen Aussagen wird.

Psychometrie *(psychometry).* Allgemeine und umfassende Bezeichnung für alle quantitativen Methoden der Psychologie (in *Experiment, Test* und in der *Psychophysik*). Die entsprechenden Methoden werden *psychometrische (psychometric)* genannt.
LIT. GUILFORD (1954).

psychomotorisch *(psychomotor).* Bezeichnung für die motorischen Aspekte des psychischen Geschehens.

psychomotorische Erregung →*Agitiertheit.*

psychomotorische Tests *(psychomotor tests).* Bezeichnung für Testverfahren, die die Koordination von Wahrnehmungsprozessen und motorischen Vollzügen erfassen, z.B. den Vollzug einer komplizierten Handbewegung unter visueller Kontrolle. (Das Greifen nach einem bewegten Gegenstand u.ä.)

Psychoneuroimmunologie *(psychoneuroimmunology).* Bezeichnung für einen relativ jungen interdisziplinären Forschungszweig, in dessen Rahmen Zusammenhänge zwischen psychischen Vorgängen, Funktionen des vegetativen Nervensystems und neurohumoralen Prozessen im Hinblick auf ihre Konsequenzen bezüglich des Funktionsstatus des →*Immunsystems* und konkreter Immunreaktionen untersucht und in Präventions- und psychologisch-medizinische Interventionsprogramme umgesetzt werden. In die P. fließen die Ergebnisse und Modelle der →*Psychoendokrinologie* und →*Psychoimmunologie* ein. Die P. befaßt sich u.a. mit der Aufklärung der psychisch-somatischen Interaktionsstrukturen, die Allergien, Autoimmunstörungen (z.B. rheumatoide Arthritis) und Krebserkrankungen zugrundeliegen bzw. den Therapieeffekt beeinflussen.
LIT. ADER (1981); KROPUINIGG (1987); O'LEARY (1990).

psycho-neurologischer Parallelismus →*Parallelismus.*

Psychopathie *(psychopathy).* Breite Klasse von *Persönlichkeitsstörungen* (sog. »Charakterstörungen«), die sich – ohne Anzeichen für intellektuelle Defizite – in relativ überdauernden, von sozial geprägten Erwartungen und Normen abweichenden und das Zusammenleben erschwerenden Affekten, Einstellungen und Verhaltensweisen äußern. Die P. hat in der deutschen und englischen Fachsprache unterschiedliche Bedeutungsnuancen. (a) Im deutschsprachigen Bereich geht die Begriffsbedeutung vor allem auf KURT SCHNEIDER zurück. Er gebrauchte P. und *Abnorme Persönlichkeit* synonym und sah in den verschiedenen Arten und Formen der P. nichtkrankhafte Abweichungen von einer »uns vorschwebenden Durchschnittsbreite von Persönlichkeiten«, unter denen die Betroffenen und/oder ihre Umgebung leiden. Diese Abweichungen können sich nach K. SCHNEIDER und E. KAHN z.B. äußern in Geltungsbedürfnis, Selbstunsicherheit, erhöhter Reizbarkeit, in *Hyperthymie* (Übererregbarkeit und Überaktivität), in *Hypothymie* (mangelnde Gefühlsansprechbarkeit, herabgesetzte Aktivität, phlegmatisches Verhalten), in euphorischen oder traurig-deprimierten Stimmungslagen bzw. in Stimmungslabilität, in Hypochondrien, Verschrobenheiten und Perversionen. Als Ursachen der P. gelten angeborene Dispositionen, in seltenen Fällen auch hirnorganische Störungen (z.B. bei der sog. epileptoiden P.) in Wechselwirkung mit Lebenserfahrungen oder einschneidenden Ereignissen. Aus der Sicht FREUDS ist P. Ausdruck übermächtiger *Abwehrmechanismen,* deren Wirkweise die Einsicht in die Gestörtheit des Erlebens und Verhaltens verhindert und die daher durch Psychoanalyse nicht aufgedeckt werden können. (b) Im englischsprachigen Bereich steht P. dagegen nahezu ausschließlich für konstitutionell bedingte moralische Anfälligkeiten, die sich vor allem in antisozialem Verhalten und Neigungen zu sozialen Delikten äußern. Allgemeine Kennzeichen sind Impulsivität, Hedonismus, mangelnde Selbstkontrolle und Einfühlung in andere sowie Mangel an sozialer Verantwortung, Einsicht, Furcht-, Reue- und Schuldgefühlen. Syn.: *Soziopathie, Antisoziale Persönlichkeit.* EYSENCK betrachtete die P. in diesem Sinn als eine Persönlichkeitsstörung zweiter Art, der sowohl *Extraversion* (konstitutionell bedingte Schwäche im Aufbau von Hemmungen mit den Folgen mangelnder sozialer Lernfähigkeit und Unterdrückung sozial unangemessener Verhaltensweisen) als auch *Neurotizismus* (konstitutionell bedingte Übererregbarkeit) zugrundeliegen. Im *DSM III-R* sind die Bedeutungen (a) und (b) innerhalb unterschiedlicher Gruppen von →*Persönlichkeitsstörungen* unter Hinweis auf dominierende Äußerungsweisen ersetzt.

LIT. H. J. EYSENCK, RACHMAN (1970); WEITBRECHT (1968); →*Psychopathologie.*

Psychopathologie *(psychopathology).* Wissenschaft von der Erfassung, Taxonomie und Erklärung derjenigen Veränderungen des Erlebens, Verhaltens und der Persönlichkeit, die aus der Norm fallen und/oder Leiden verursachen und daher als Ausdruck psychischer Störungen aufgefaßt werden. Die P. entwickelte sich – zunächst in der deutschsprachigen Psychiatrie um die Jahrhundertwende – aus der Notwendigkeit, die vielfältigen Erscheinungsweisen psychischer Störungen klassifizieren und erklären zu müssen, ohne sich dabei auf die in der klassischen medizinischen Pathologie gängigen Kausalzusammenhänge zwischen krankmachenden Ursachen und ihren körperlichen Folgen stützen zu können. Daher wählten die Vertreter der P. als Ausgangspunkt einen phänomenologisch-beschreibenden bzw. hermeneutisch-auslegenden Ansatz, um auf der Grundlage des »Verstehens« Art und Schweregrad psychischer Störungen bewerten und klassifizieren zu können. Ergänzt durch systematische Symptomanalysen und gestützt auf Befunde der experimentellen medizinischen, psychologischen und psychophysiologischen Forschung sowie auf Ergebnisse der psychologisch-klinischen Diagnostik liefern die Ergebnisse der P. auch heute noch wesentliche Anhaltspunkte für die Differentialdiagnose, für die Erfassung des Schweregrades, für die Klassifikation und Interpretation psychischer Störungen sowie für die Entwicklung und Indikation angemessener Therapieverfahren.

LIT. BLASHFIELD (1984); GLATZEL (1978; 1981); JASPERS (1965); SCHNEIDER (1967).

Psychopharmaka, psychotrope Substanzen *(psychopharmaca; psychotropic drugs).* Zusammenfassende Bezeichnung für chemisch-synthetische oder organische Wirkstoffe, die direkt oder über das autonome Nervensystem das Zentral-Nerven-System beeinflussen und dadurch das Erleben und Verhalten – in der Regel in reversibler Art – verändern. Zu den P. gehören neben Präparaten mit anregender oder erregender und beruhigender oder einschläfernder Wirkung auch alle Arten von Genußmitteln sowie die sog. halluzinogenen Drogen. Die Wirkweise von P. wird in der *Psychopharmakologie* erforscht.

LIT. JULIEN (1981); LICKEY, GORDON (1983); VAN PRAAG (1979).

Psychopharmakologie, Pharmakopsychologie *(psychopharmacology; pharmacological psychology; behavioral pharmacology).* Bezeichnung für ein interdisziplinäres Grenzgebiet zwischen Psychologie, Pharmakologie und klinischer Medizin, in dessen Rahmen psychische und physiologische Wirkungen chemischer Substanzen auf den gesunden Organismus untersucht werden. Im engeren Sinne handelt es sich bei der Psychopharmakologie vor allem um die Erforschung der Wirkung sog. *psychotroper Substanzen* (z.B. *Antidepressiva, Tranquilizer*), während man unter Pharmakopsychologie im engeren Sinne den w.o. genannten, allgemeineren Gegenstandsbereich zusammenfaßt. Die P. arbeitet sowohl mit Tier- als auch mit Humanversuchen und findet ihre Anwendung sowohl in der psychophysiologischen Grundlagenforschung als auch in der Erprobung von Pharmaka (z.B. zur Ausschließung von Nebenwirkungen) und ihrer Anwendung im Rahmen pharmakotherapeutischer Interventionen.

LIT. BENKERT, HIPPIUS (1980); EYSENCK (1963); IVERSEN u.a. (1984); JANKE (1981a, 1981b); LEVITT (1975); LIPTON u.a. (1978).

Psychophysik *(psychophysics)*.
[1] Bezeichnung für die von E. H. WEBER (1834) begründete und durch G. Th. FECHNER (1850; 1907) und G. E. MÜLLER (1878) systematisierte Erforschung von Beziehungen zwischen Reizintensitäten und Empfindungsstärken, letztere erschlossen aus Wahrnehmungsurteilen. Die klassische P. ging von der Determiniertheit der Empfindungsstärke durch die der Reizintensität entsprechenden Erregungsintensität aus *(→Konstanzannahme)*. Gegenstand der P. sind: (a) Bestimmungen der kritischen Reizintensitäten auf verschiedenen Sinnesgebieten, die erreicht oder überschritten werden müssen, um bei einem Beobachter überhaupt Empfindungen auszulösen; man nennt die Kennwerte *absolute Schwellen* oder *Reizschwellen (absolute threshold; stimulus threshold)*. (b) Bestimmungen kritischer Intensitätszuwächse oder -abnahmen, die im Vergleich zu einem Standard in den verschiedenen Sinnesgebieten erforderlich sind, um einen eben merklichen Intensitätsunterschied *(just noticeable difference; JND)* festzustellen. (c) Ermittlung von Gesetzmäßigkeiten in den o.g. Bereichen. (d) Analysen der Abhängigkeit der Wahrnehmungsurteile von Reizdarbietungsbedingungen, Kontextmerkmalen, Erwartungen, Risikoeinschätzungen und Urteilsstrategien. Die Bereiche (a) bis (c) dominieren in der klassischen P., der Bereich (d) dagegen ist, in enger Anbindung an die Entwicklung verfeinerter *Skalierungsverfahren,* Erkenntnisse über das *Adaptationsniveau* und Methoden der Untersuchung von *→Signalentdeckungs-Leistungen* Thema der neueren P. unter weitgehender Aufhebung der Konstanzannahme.

[2] *Methoden der P.:* (a) Bei der *Grenzmethode (method of limits)* wird zur Bestimmung der *absoluten Schwelle* der Reiz wiederholt in auf- und absteigender Intensitätsreihe dargeboten. Die bei einem Beobachter festgestellte obere und untere Intensitätsstufe, die erreicht werden muß, um eine Empfindung auszulösen, bildet den Grenzbereich; seine Mitte markiert die Reizschwelle. Zur Ermittlung der *Unterschiedsschwelle* müssen die in auf- und absteigender Intensitätsreihe dargebotenen Vergleichsreize mit einem *Standardreiz* verglichen werden, und zwar in Form von Gleichheits- und/oder Abweichungsurteilen. Die mittlere Abweichung der Gleichheitsurteile vom Standardreiz ergibt den *konstanten Fehler* des Beobachters, d.h. einen Hinweis auf seine Ungenauigkeiten bei der Gleichheitseinschätzung. Die beiden Punkte auf dem Reizintensitäts-Kontinuum, die dem Übergang von Kleiner- in Gleichurteile bzw. von Gleich- in Größerurteile entsprechen, bilden die *Grenzwerte (difference limen; DL)* des sog. *Indifferenzbereiches;* die Mitte des Intervalls markiert in Einheiten der Reizintensitäts-Skala den Wert, der als Abweichung von der Intensität des Standardreizes der Unterschiedsschwelle entspricht. (b) Bei der *Konstanzmethode,* auch *Methode der konstanten Reize* oder *Reizintervalle* genannt *(method of constant stimuli; constant stimulus method)*, wird zur Bestimmung der *absoluten Schwelle* eine Menge von Reizen, die sich voneinander um einen konstanten Intensitätsbetrag unterschieden (z.B. um je 0.1 candela oder 0.5 g) wiederholt in zufallsgemischter Folge dargeboten. Der Schwellenwert liegt bei derjenigen Reizintensität, die in 50% aller Fälle bemerkt wurde. Dies entspricht in einer kumulierten Häufigkeitsdarstellung von Wahrnehmungsurteilen über dem Reizintensitäts-Kontinuum der Maßzahl des mittleren Falles, dem *Median.* Die *Unterschiedsschwelle* wird auf der Grundla-

ge des Vergleichs zwischen den in zufallsgemischter Intensitätsreihe dargebotenen Reizen und einem Standardreiz ermittelt. Der *konstante Fehler* ergibt sich aus dem Intervall zwischen der Standardreiz-Intensität und dem Median der Gleichheitsurteile. Die Grenzwerte des Indifferenzbereiches, dessen Mitte den Schwellenwert darstellt, entsprechen den Werten auf dem Reizintensitäts-Kontinuum, welche den Übergang zwischen Kleiner- und Gleichurteilen (25%-Fall; 1. Quartil) bzw. zwischen Gleich- und Größerurteilen (75%; 3. Quartil) markieren. Sie werden auf der Grundlage kumulierter Häufigkeiten von Gleich- bzw. Kleiner- und Größerurteilen berechnet. (c) Bei der *Herstellungsmethode* oder *Methode des mittleren Fehlers (adjustment method; method of average error; mean deviation method)* muß der Beobachter mittels einer geeigneten Vorrichtung wiederholt diejenige Reizintensität einstellen, die ein Bemerken ermöglicht. Die *absolute Schwelle* entspricht dem Mittelwert der ausgewählten Reizintensitäten. Bei der Bestimmung der *Unterschiedsschwelle* erfolgt die Herstellung der Reizintensitäten entweder unter der Instruktion, gleiche Intensität wie der Standardreiz oder eine doppelt so große Intensität zu erreichen; in manchen Fällen wird auch die Herstellung eines im Vergleich zum Standardreiz halb so intensiven Reizes verlangt. Unter der ersten Bedingung erhält man den Punkt der subjektiven Gleichheit als Mittelwert der gewählten Einstellungen; unter der zweiten berechnet man den Mittelwert der Unterschiedsurteile und stellt ihn als Abweichung vom Punkt subjektiver Gleichheit in Einheiten der Standardabweichung dar. Auf einer entsprechenden Prozedur beruht das →*Fechnersche Gesetz*. Der Punkt subjektiver Gleichheit markiert den Ausgangspunkt für die Skalierung der Empfindungsstärke. (d) Bei der von THURSTONE (1924) vorgeschlagenen *Methode des Paarvergleiches (method of paired comparison; pair comparison method)* wird zur Bestimmung der *Unterschiedsschwelle* jede Reizintensitäts-Variante mit jeder anderen verglichen. Bei der – ebenfalls von THURSTONE eingeführten – *Methode der gleicherscheinenden Intervalle (method of equal-appearing intervals)* müssen die dargebotenen Reize hinsichtlich ihrer Intensität bzw. Merkmalausprägung Kategorien zugeordnet werden, die – ohne Darbietung eines Standards – zwischen »sehr stark« und »sehr schwach« variieren. Das der Urteilsbildung zugrunde liegende Intensitätsintervall wird aus den Urteilshäufigkeiten erschlossen und nach dem *Gesetz der Vergleichsurteile (law of comparative judgment)* in Standardeinheiten ausgedrückt. Das Verfahren wurde vor allem zur Skalierung von *Einstellungs-Items* entwickelt, wo kein physikalisch definierbares Intensitätskontinuum, sondern lediglich Urteilshäufigkeiten zur Verfügung stehen. (e) Die Methode der *direkten Skalierung der Empfindungsstärke,* insbesondere von STEVENS verwendet, besteht in der Vorgabe eines Standardreizes, dessen empfundener Intensität ein numerischer Wert (z. B. 10) zugeordnet wird. Die empfundene Intensität der folgenden Reize wird als ein Vielfaches der Standardreiz-Intensität ausgedrückt (ein doppelt so intensiv empfundener Reiz erhält z. B. den numerischen Wert 20, ein halb so intensiver den Wert 5).

(3) *Ergebnisse der P.:* Absolute Schwellen variieren intraindividuell z. B. mit dem →*Aktivations-Zustand;* interindividuelle Unterschiede treten u. a. in Anhängigkeit vom Lebensalter, Erkrankungen, Erfahrungen und Gewohnheiten auf. Das →*Webersche Gesetz* und das →*Fechnersche Gesetz* drücken die bei der Bestimmung von Unterschiedsschwellen ermittelten Zusammenhänge zwischen Reizintensitäts- und Empfindungszuwächsen nur näherungsweise für bestimmte Reizarten und deren mittleren Intensitätsbereich aus. Die von STEVENS eingeführte Darstellungsart, die auf einer direkten Skalierung der Empfindungsstärkeveränderungen in Abhängigkeit von der Reizintensität beruht und die Beziehung zwischen Reiz- und Empfindungsintensität als Exponentialfunktion wiedergibt, hat sich als modifizierte Verallgemeinerung der von WEBER und FECHNER ausgehenden Bemühungen bewährt, psychophysische Gesetzmäßigkeiten aufzuweisen (→*Stevensches Potenzgesetz*). Wahrnehmungsurteile sind allgemein vom Kontext des äußeren und inneren Bezugssystems abhängig. Der systematischen Erfassung von Kontextbedingungen dient u. a. die von HELSON eingeführte Berücksichtigung der Determinanten des →*Adaptationsniveaus.* Die Auswertung

von psychophysischen Experimenten nach den Regeln der →*Signalentdekkungs-Theorie* schließlich eröffnet die Möglichkeit, den Grundlagen des Wahrnehmungsurteils sowohl im Hinblick auf die sensorische Sensitivität als auch auf die subjektive Urteilsneigung des Beobachters nachzugehen und so die Ergebnisse der herkömmlichen P. um einen psychologisch bedeutsamen Aspekt zu bereichern.

LIT. Campenhausen (1981), Ekman (1968); Fechner (1907); Galanter (1962); Stevens (1961; 1975); Thurstone (1927).

Psychophysiologie *(psychophysiology).*

[1] Bezeichnung für ein interdisziplinäres Teilgebiet der experimentellen Psychologie und ihrer Anwendung. Dabei werden in die Hypothesen- und Modellbildung biologisch-physiologische und neurophysiologische Erkenntnisse einbezogen und physiologische Indikatoren von Prozessen der Erlebnis- und Verhaltensorganisation mit psychologischen Daten auf der Ebene abhängiger Variablen in Beziehung gebracht. Das Erkenntnisziel der P. ist die Erklärung des Erlebens und Verhaltens unter Einbeziehung ihrer Kovariation mit Veränderungen umschriebener zentralnervöser und autonomer Prozeß- und Zustandskennzeichen. Die P. ist ebenfalls ein Teilgebiet der *Biologischen Psychologie* und daher vom Ertrag der biologisch-medizinischen Grundlagenforschung sowie von den Forschungsergebnissen aus anderen biologisch orientierten Teilgebieten der Psychologie, insbesondere der →*Neuropsychologie,* →*Physiologischen Psychologie* und →*Psychopharmakologie* mitbestimmt. Als *Klinische Psychophysiologie (clinical psychophysiology)* bezeichnet man die Anwendung psychophysiologischer Methoden und Erkenntnisse im Rahmen der →*Klinischen Psychologie* und →*Psychosomatik.*

[2] *Methoden der P.:* Je nach Fragestellung und Erkenntnislage über Funktionszusammenhänge werden schwerpunktmäßig bioelektrische Indikatoren der zentralnervösen Aktivitäten (EEG; EP) und/oder Indikatoren der autonomen Vorgänge (Elektrodermale Aktivität, EDA; kardiovasculäre Veränderungen, EKG, HR, Gefäße; Pupillenveränderungen, Atemveränderungen) und/oder der Innervation bestimmter Muskelbereiche (Elektromygraphie; EMG) herangezogen, um in streng kontrollierten experimentellen Situationen ihre Kovariation mit Reiz- und Situationsparametern sowie mit Befindlichkeitsaussagen und Leistungsdaten zu bestimmen. Dabei ging man zunächst von der Annahme aus, psychischen Zuständen und Vorgängen entsprechen typische Muster physiologischer Kennwerte. Diese Auffassung wurde z. B. in der älteren *Aktivations-, Emotions-* und *Streßforschung* im Zusammenhang mit autonomen Indikatoren vertreten; man nennt sie *Generalitätshypothese.* Nähere Untersuchungen der Kovariation einzelner Indikatoren bei verschiedenen Menschen in verschiedenen Situationsvarianten verweisen auf (a) den Einfluß von individuellen *Reaktionsstereotypien,* von *Situationsstereotypien* und auf (b) eine *Fraktionierung der Aktivierungsrichtung (directional fractionization);* man arbeitet daher heute unter der sog. *Spezifitätshypothese.* Verwendet werden drei Gruppen von Reaktionsmaßen: (a) *individual-spezifische Reaktionen (ISR),* (b) *situations-spezifische (SSR)* und (c) *motivations-spezifische Reaktionen (MSR),* letztere definiert aus Interaktionen zwischen ISR, SSR und experimentellen Variablen. Für die *Reaktionsskalierung* stehen verschiedene Verfahren zur Verfügung. Die klassische Methode geht von Unterschieden zum Ausgangswert aus *(Differenzwerte)*; wegen ihrer Stichproben-Unabhängigkeit bevorzugt man heute Maße der *autonomen Labilität (autonomic lability scores; ALS)* bzw. Kernwerte der Steigung, definiert nach dem Orthogonalitätsprinzip in bezug auf die erste Hauptachse *(Abstand zur Haupt-Achse; AHA).*

[3] *Anwendungsbereiche:* Da man mit Hilfe der P. Kennwerte der mit Energiemobilisierung bzw. Aktivation einhergehenden Intensitätsveränderungen im Körper erfaßt, sind die Anwendungsbereiche sehr breit gestreut. Neben der wahrnehmungs-, kognitions-, emotions-, motivations-, lern- und gedächtnispsychologischen *Grundlagenforschung* liegen sie vor allem in der Arbeitspsychologie *(Ergonomie, human factors),* der Streßforschung, der *Pharmakopsychologie* bzw. *Psychopharmakologie,* in der *Klinischen Psychologie, Psychosomatik* und *Verhaltensmedizin.*

LIT. Becker-Carus (1981); Fahren-

BERG (1979); GAZZANIGA, BLAKEMORE (1975); GREENFIELD, STERNBACH (1972); RÖSLER (1982); SCHANDRY (1981); STERN u.a. (1980); TURPIN (1989); VENABLES, CHRISTIE (1975).

psycho-physischer Parallelismus →*Parallelismus.*

Psychose *(psychosis, psychotic disease, psychotic disorder).*

[1] In der Psychiatrie des 19. Jh. eingeführte Bezeichnung für eine breite Klasse schwerer Affekt-, Denk-, Verhaltens- und Persönlichkeitsstörungen (früher auch Geistes- oder Seelenkrankheiten, »Irresein«), die mit für den Außenstehenden unverständlichen »abnormen« Erlebnis- und Verhaltensweisen, mit der teilweisen oder allgemeinen Unfähigkeit, den objektiven Gehalt von Erfahrungen und subjektive Erlebnisweisen auseinanderzuhalten, mit fehlender Einsicht in die Störung, mit Beeinträchtigungen der Kommunikationsfähigkeit und sozialen Anpassung sowie (in extremen Fällen) mit einer Desintegration der gesamten Persönlichkeit einhergehen. Die Symptome können kurzfristig oder aber im Verlauf eines länger dauernden Prozesses mit zunehmender Schwere auftreten. Im Unterschied zu →*Neurosen,* die in der klassischen Sichtweise auf traumatische Erfahrungen bzw. auf die unbewußte Verarbeitung psychischer Konflikte zurückgeführt werden, gelten P. als Folgen erkennbarer Organ- bzw. Hirnveränderungen oder werden auf angenommene körperliche Ursachen zurückgeführt. Als *exogene Psychose (exogenous psychosis)* gelten durch Organ- oder Hirnveränderung (z.B. progressive Paralyse) bedingte psychotische Störungen; jene ohne erkennbare organische Grundlagen werden als *endogene Psychose (endogenous psychosis)* bezeichnet, ohne damit eine Verursachung durch körperliche Veränderungen grundsätzlich auszuschließen.

[2] *P-Arten:* (a) In den traditionellen Klassifikationsversuchen der Psychiatrie zählen zu den *endogenen P.* vor allem Störungen aus dem *manisch-depressiven Formenkreis* (zwischen Hyperaktivität und Niedergeschlagenheit schwankende Stimmungslagen; →*Affektive Störung, bipolare Störung), psychotische Depression* (anhaltende tiefe Niedergeschlagenheit und Inaktivität; *Affektive Störung,* →*Depression*) sowie die verschiedenen Arten und Formen der →*Schizophrenie* (tiefgreifende Denkbeeinträchtigungen, Halluzinationen, Wahnvorstellungen, mangelnde Einfühlung, Stimmungslabilität) sowie Größenwahn bzw. Verfolgungswahn und verwandte paranoide Zustandsbilder (→*Persönlichkeitsstörung,* →*Psychotische Störung,* →*Wahn*). (b) Neuere Klassifikationsansätze gingen von sog. *Symptomlisten (symptom lists)* aus. Die Ausgangsdaten sind die individuellen Ausprägungsgrade einzelner Störungsmerkmale (z.B. ängstliche Verstimmtheit, Aggressivität, Erregtheit, Wahrnehmungsstörungen, motorische Störungen, Zwangsideen, Zwangshandlungen). Mit Hilfe multivariater Verfahren konnten fünf Hauptsyndrome ermittelt werden, mit deren Hilfe Einzelfälle und die Schwere der jeweiligen Symptomkombination beschrieben werden können: *Handlungszerfall (disorganized hyperactivity)* mit den Symptomen der Übererregtheit, Wahrnehmungs-, Denk- und motorischen Störungen, Tendenzen zu Größenwahnideen; *psychotische Depressionen (psychotic depressions)* mit allgemeiner Ängstlichkeit, Phobien, Zwängen, Funktionsschwächen, Inaktivität; *Persönlichkeitszerfall (schizophrenic disorganization)* mit den Symptomen Apathie, Funktionsverlangsamung, Auffassungsstörungen in allen Sinnesbereichen, Desorientiertheit; *paranoide Züge (paranoid processes)* mit Fehlwahrnehmungen, Halluzinationen, Größenwahn-, Verfolgungs- und/oder Zwangsideen; *aggressiv-paranoide Züge (hostile paranoid behavior)* mit Symptomen der Angriffs- und Streitsucht, Verfolgungsideen. Systematische Analysen der Symptomkombination verweisen auf Übergänge zwischen den ursprünglich unter *Neurose,* →*Psychopathie* und/oder Psychose subsumierten Störungsarten. Daher verzichtet das symptomorientierte *DSM III–R* auf die klassische Unterscheidung zwischen diesen Störungsarten und beschreibt die früher unter *endogenen P.* zusammengefaßten Störungsformen je nach dominanten Symptomen als *Affektive Störung, Persönlichkeitsstörung, Psychotische Störung, Schizophrenie* oder *Wahnhafte (paranoide) Störung, exogene P.* als Formen von *organisch bedingten* bzw. *hirnorganisch bedingten psychischen Störungen* und Grenzfälle als Ausdruck *organisch bedingter psychischer Syndrome.*

LIT. Blashfield (1984); Degkwitz u.a. (1980); DSM III–R (1989); Klug (1983); Lorr u.a. (1963; 1967); Overall u.a. (1967); Peters (1983); Schulte, Tölle (1971); Süllwold (1977); Tölle (1985).

Psychosomatik *(psychosomatics),* Syn.: *Klinische Psychophysiologie (clinical psychophysiology), Psychosomatische Medizin (psychosomatic medicine).* Systematische Ansätze zur Erforschung von Zusammenhängen zwischen psychischen Prozessen und relativ überdauernden Störungen umschriebener Organ- bzw. Körperfunktionen. Die P. gilt heute als interdisziplinäres Arbeitsgebiet, in dessen Rahmen unter Beteiligung von Fachvertretern aus Innerer Medizin, Psychiatrie, Klinischer Psychologie, Psychophysiologie und Verhaltensmedizin Ursachen *→psychosomatischer Störungen* erforscht und Wege der *→Intervention* gesucht und angewendet werden.

LIT. Alexander (1977); Leplow, Ferstl (1990); Miltner, Birbaumer, Gerber (1986); Turpin (1989); Uexküll (1986).

Psychosomatische Störung *(psychosomatic disease, psychosomatic disorder).* Längerfristige Beeinträchtigungen von Organ- und Körperfunktionen durch »krankmachende« psychische Belastungen (z.B. längerfristige Auseinandersetzungen mit unlösbar erscheinenden Lebensfragen oder persönlichen Konflikten), die unwillkürlich und unwissentlich mit Veränderungen des vegetativen Nervensystems und neurohumoraler Vorgänge einhergehen. Psychosomatische Störungen (oder Erkrankungen) betreffen das *Herz-Kreislauf-System,* die *Atemwege,* den *Magen-, Darm-* und *Urogenitaltrakt,* den *Schlaf-Wach-Rhythmus, neurohumorale* und *neurovegetative Grundvorgänge* sowie das *Immunsystem,* letzteres mit den Folgen herabgesetzter Abwehr gegen Infektionen und Allergien. Zu den häufigsten p.S. gehören *essentielle Hypertonie* (Bluthochdruck), *koronare Herzerkrankungen* (mangelnde Blutversorgung des Herzmuskels über die Herzkranzarterien), *Herzrhythmusstörungen, Asthma bronchiale* (reversible Atemnotanfälle), *chronische Kopfschmerzen* (Migräne und Spannungskopfschmerzen), gutartige *Magen- und Darmgeschwüre, Darmbeschwerden* (Bauchkrämpfe, Durchfall, Verstopfung) und *→Eßstörungen (Anorexia nervosa, Bulimia nervosa).* Der Therapie dienen neben medizinisch-medikamentösen Interventionen (z.B. Biofeedback-Verfahren) Verfahren der systematischen Entspannung sowie die verschiedenen Arten und Formen der *→Psychotherapie.*

LIT. *→Psychosomatik.*

Psychotechnik *(psychotechnics, psychotechnology).*
[1] Von William Stern eingeführte Bezeichnung für jegliche Anwendung psychologischer Erkenntnisse und Methoden in Praxisfeldern, z.B. in Erziehung, Industrie, Klinik, Rechtsprechung, Strafvollzug. In diesem allgemeinen Sinn gleichbedeutend mit *→Angewandter Psychologie.*
[2] In der durch Hugo Münsterberg u.a. Begründern der *Arbeitspsychologie* geprägten Bedeutung wurde P. oder *Industrielle P. (industrial psychotechnics)* zum Inbegriff der Anwendung experimentalpsychologischer Methoden bei der Analyse von Arbeitsprozessen und zur Personalauslese durch sog. *Arbeitsproben* mit dem Ziel, Arbeitsplätze so zu gestalten und Personal so einzusetzen, daß dies den psychischen Bedürfnissen nach Arbeitszufriedenheit, dem angemessenen Einsatz von Fähigkeiten und Fertigkeiten sowie der Einsicht in den Sinn der Arbeit entspricht. Die Erkenntnisse der P. wurden (erstmalig nach dem Ersten Weltkrieg) auch dazu genutzt, Rehabilitationsprogramme für Kriegsverletzte bzw. Unfallgeschädigte mit dem Ziel der Wiedereingliederung in die Arbeitswelt zu entwickeln.

LIT. Eliasberg (1926); Giese (1927); Jaeger, Staeuble (1981); Münsterberg (1914).

Psychotherapie *(psychotherapy).*
[1] Bezeichnung für Interventionsverfahren auf der Grundlage psychischer Prozesse, die in Übereinkunft zwischen Klient und Therapeut auf dem Weg der Kommunikation der planvollen Beeinflussung von Störungen des Erlebens und Verhaltens mit dem Ziel dienen, solche Verhaltenssymptome, Befindlichkeiten und/oder Sichtweisen abzubauen, die Leiden verursachen, das Wohlbefinden beeinträchtigen und/oder die Beziehungen zur Umwelt stören. Wissenschaftliche P.-Verfahren lassen sich von fragwürdigen Außenseiterverfahren (vgl. die Auflistung von Eichmann und Mayer) durch Anwendung der folgenden Kriterien abgrenzen:

Auswahl und Einsatz psychotherapeutischer Maßnahmen sollten (a) auf Ergebnissen fachkundiger Anamnese, Exploration und Diagnose beruhen und (b) von klaren Indikationen (Aussagen über die Angemessenheit ihrer Anwendung für bestimmte Störungsarten und -formen) geleitet sein. Ihnen sollen darüber hinaus (c) wissenschaftlich begründete und (d) erlernbare Regelsysteme der Anwendung zugrundeliegen. Die Wirksamkeit soll (e) aus wissenschaftlichen Aussagesystemen (Theorien, Modelle) hergeleitet und (f) mit wissenschaftlichen Methoden, durch therapiebegleitende Diagnostik und/oder systematische nachgehende Effektkontrolle überprüfbar sein. (g) Indikation und Ausübung psychotherapeutischer Tätigkeiten (in der Regel durch Ärzte und Psychologen) sind an eine spezielle, von Berufs- oder Fachverbänden bzw. durch Gesetz anerkannte Ausbildung gebunden (→*Klinische Psychologie*). P.-Verfahren unterscheiden sich durch ihren Bezug zu relativ schwerwiegenden Störungen und im Hinblick auf die stringente Anwendung der o.g. Kriterien von anderen *kommunikationsorientierten* Interventionsverfahren, die im Zusammenhang mit Beratungen von Einzelpersonen oder Gruppen, z.B. zur Vermittlung von Entspannung, Erhöhung der sozialen Sensitivität, Verbesserung des gegenseitigen Verstehens und der Kommunikationsbedingungen eingesetzt werden.

[2] *Klassifikation der P.-Arten und -Formen:* Als formale Kriterien gelten (a) Personenzahl (Einzel- und Gruppentherapien), (b) Zielgruppen (Kinder-, Jugendlichen-, Erwachsenentherapien; Ehe-, Paar-, Familientherapien), (c) der Zeitaufwand (Kurz-, Langzeittherapien), (d) instrumentelle bzw. prozedurale Merkmale (z.B. Bewegungs-, Biofeedback-, Entspannungs-, Gesprächs-, Hypnose-, Imaginations-, Kommunikations-, Milieu-, Musik-, Pharmako-, Physio-, Spiel-, Verhaltenstherapie). (e) Geht man davon aus, worauf einzelne P. abzielen, ergibt sich die grobe Unterscheidung von an Einsicht appellierenden (z.B. →*Gesprächstherapie,* →*Logotherapie,* →*Psychoanalyse*) und auf Verhaltensänderung gerichteten Verfahren (z.B. →*Verhaltenstherapie*). Allerdings gibt es unter den auf Verhaltensänderung abzielenden Verfahren nur wenige, die ausschließlich sensomotorische Regulationen ansprechen; die meisten bauen zumindest auf vermittelnde kognitive bzw. intellektuelle Prozesse (z.B. →*Desensitivierung,* kognitive →*Verhaltensmodifikation*).

[3] *Theoretische Orientierungen der P.:* (a) Psychoanalytische Orientierung: In der von Freud begründeten →*Psychoanalyse* werden psychische und somatische Symptome als Ergebnisse nicht bewußt werdender Interaktionen von Triebimpulsen und →*Abwehrmechanismen* angesehen, die in unbewußte Konflikte einmünden. Die daraus hergeleiteten Verfahren dienen der aufdeckenden Deutung dieser Konflikte sowie ihres lebensgeschichtlichen und aktuellen Stellenwerts durch den Therapeuten auf der Grundlage von Erzählungen, Assoziationen, Fehlleistungen und Träumen der Klienten unter systematischer Berücksichtigung der →*Übertragung*. Therapieziel ist die Aufdeckung der Konfliktstruktur und die Aufhebung der zwanghaften Tendenz zur Wiederholung des Konflikts zwischen Triebregungen und Abwehr, in dessen Gefolge Symptome auftreten. Psychoanalytisch orientierte Langzeit- oder Kurzzeittherapien werden z.B. bei (neurotischen) Angst- und Sexualstörungen sowie bei psychosomatischen Persönlichkeits- und Leistungsstörungen angewandt. (b) Verhaltenstherapeutische Orientierung: Den verschiedenen Arten und Formen der *Verhaltenstherapie* (VT) ist der Rekurs auf die Prinzipien der Lernforschung in ihrer gesamten Bandbreite gemeinsam, von den Theorien der klassischen und operanten Konditionierung angefangen über kognitive Erwartungstheorien bis hin zum sozialen Lernen am Modell (→*Lernen*). Überdies fließen in zahlreiche Verfahren der VT Erkenntnisse der *Psychophysiologie* und *kognitiven Psychologie* mit ein. Die Anwendung der VT hat das Ziel, Einschränkungen der Verhaltenskompetenz, der Angemessenheit von Emotionen, Erwartungen und Einstellungen auf der Grundlage vorangehender Verhaltensanalysen durch Veränderungen der Interaktionen mit der Umwelt, durch die Ausbildung und Förderung bestimmter Fähigkeiten und/oder verbesserte Selbstkontrolle aufzuheben. In den Bereich der VT gehören Verfahren der systematischen Reizkontrolle und Reizkonfrontation (z.B. systematische *Desensibilisierung;* →*Aversionsthera-*

pie; →*Flooding*), der Konsequenzenkontrolle (z.B. →*Biofeedback,* Problemlösetraining mit Rückmeldungen usw.), des *Modellernens* sowie eine Reihe kognitiver, auf Selbstinstruktion und Selbstkontrolle bauender Methoden zur *Verhaltensmodifikation.* Verhaltenstherapeutische Interventionen werden in Übereinstimmung mit den oben genannten Zielen insbesondere bei solchen Störungen bzw. Beeinträchtigungen der Handlungsfähigkeit und Handlungskontrolle angewandt, die auf den Erwerb (Lernen) funktionswidriger Gewohnheiten bzw. unangemessener Formen von Umwelt-Interaktionen zurückgeführt werden können. (c) Gesprächstherapeutische Orientierung: Für den Begründer der *Gesprächstherapie* (GT) CARL R. ROGERS gehen psychische Störungen, die sich in Fehlanpassungen des Erlebens und Verhaltens äußern, auf eine Leugnung wichtiger Sinnes- und Körpererfahrungen zurück, die damit nicht im Bewußtsein repräsentiert werden, nicht zum *Selbstkonzept* beitragen und so zu Fehleinschätzungen der konkreten Leistungsfähigkeit, Selbstwirksamkeit und sozialen Rolle, zu einer Diskrepanz zwischen idealem und realem Selbst führen können. Leitende Voraussetzung für die GT ist der Wunsch des Klienten nach einer Milderung störungsbedingter Spannungen und die Bereitschaft zu offenen Gesprächen mit dem Therapeuten. Das *nichtdirektive Verfahren* der GT ist gekennzeichnet durch eine die Selbstexploration unterstützende einfühlende, anteilnehmende Gesprächsführung mit dem Ziel, die Diskrepanz zwischen idealem und realem Selbstbild durch Einsicht abzubauen. Die in vielen Varianten als Einzel- und Gruppenverfahren praktizierte GT wird bei psychoneurotischen Angststörungen (insbes. Versagensängsten), depressiven Verstimmungen, Kontaktstörungen und einigen psychosomatischen Störungen angewandt. Das auf Selbstverwirklichung durch selbstgewonnene Einsicht bauende Verfahren unterscheidet sich von jenen mit psychoanalytischer Orientierung durch den Wegfall der Übertragungsproblematik und Deutungsabhängigkeit des Klienten vom Therapeuten, von der Verhaltenstherapie durch seine Betonung des sozial mitgeprägten Selbstbildes und Selbstwertgefühls. Um diese Position zu verdeutlichen, wurden in den 1950er Jahren die von ROGERS vertretenen Auffassungen (zusammen mit den Ansätzen von ERICH FROMM, ABRAHAM MASLOW und VIKTOR E. FRANKL), die auf Fragen des Lebenssinns, der Selbstverwirklichung und Wertorientierung abzielen, unter der Bezeichnung *Humanistische Psychologie (humanistic psychology)* zusammengefaßt.

LIT. BANDURA (1979); BASTINE u.a. (1982); BAUMANN (1981); BIERMANN (1968); BREWIN (1988); EICHMANN, MAYER (1985); EYSENCK (1959); FRANKS (1969); GARFIELD, BERGIN (1986); HELM (1980); LANGEN (1971); LOCH (1986); MEICHENBAUM (1985); MEYER, CHESSER (1971); PERREZ, BAUMANN (1991); PREUSS (1966); REINEKKER (1987); ROGERS (1972; 1973); SCHELKOPF (1968); TAUSCH (1981); THOMÄ, KÄCHELE (1985; 1988); WATZLAWIK, WEAKLAND, FISCH (1974); WOLMAN (1965); WOLPE (1974).

psychotisch *(psychotic).* Bezeichnung für schwerwiegende und generalisierte Beeinträchtigungen der Realitätskontrolle, die mit wahnhaften bzw. halluzinatorischen Ideen und Überzeugungen sowie mit desorientierten Ausdrucks- und Verhaltensweisen ohne Einsicht in die Gestörtheit einhergehen.
→*Psychose,* →*Psychotische Störung.*

Psychotische Störung *(psychotic disorder).*
[1] Zusammenfassende Bezeichnung für Störungen mit Symptomen einer →*Psychose.*
[2] Im *DSM III–R* gehören zu den P.S. →*Schizophrenie, wahnhafte Störungen,* einige →*organisch bedingte psychische Störungen,* einige →*Affektive Störungen* sowie *Psychotische Störungen, die nicht andernorts klassifiziert sind.* Hierzu zählen fünf in der Regel befristet auftretende psychoseartige Erlebnis- und Verhaltensabweichungen ohne erkennbare organische Grundlage: (a) Die sog. *Kurze reaktive Psychose (brief reactive psychosis)* tritt im Gefolge starker Belastungen oder krisenhafter Situationen vorwiegend im Jugend- bzw. frühen Erwachsenenalter auf, äußert sich in starker emotionaler Erregung im Wechsel mit Ratlosigkeits- und Verwirrtheitszuständen und dauert zwischen einigen Stunden und maximal vier Wochen. (b) Die sog. *Schizophreniforme Störung (schizophreniform disorder)* zeigt sich in mit der *Schizophrenie* verwandten Symptomen der Desorientiertheit, Ratlosig-

keit, Verwirrtheit und Neigung zu Halluzinationen bzw. wahnhaften Vorstellungen, die bis zu 6 Monate anhalten können. (c) Bei der sog. *Schizoaffektiven Störung (schizoaffective disorder)* treten zu einigen länger anhaltenden Symptomen *Affektiver Störungen* (sog. *Major Depression* bzw. *Manie*) zu einem bestimmten Zeitpunkt einige Symptome hinzu, die ansonsten bei Störungen aus dem Formenkreis der *Schizophrenie* angetroffen werden (z. B. Halluzinationen, Wahnvorstellungen). (d) Eine sog. *Induzierte psychotische Störung (induced psychotic disorder)* liegt dann vor, wenn eine vormals störungsfreie Person nach längerem Kontakt mit einer nachweislich an psychotischen Wahnvorstellungen leidenden Person ähnliche Wahnvorstellungen wie diese entwickelt. (e) Bei der sog. *Atypischen Psychose (atypical psychosis)* schließlich, die im *DSM III–R* als *nicht näher bezeichnete psychotische Störung* klassifiziert ist, handelt es sich um eine Restkategorie für solche Fälle, bei denen zwar psychotische Symptome (z. B. Wahnvorstellungen, Halluzinationen, Erregungszustände, Zerfahrenheit, Verhaltensdesorganisation) bestehen, deren Art, Ausprägung bzw. Kombination jedoch keine Zuordnung zu den übrigen Klassen nicht organisch bedingter psychotischer Störungen erlauben.

Psychotizismus *(psychoticism).*
[1] Neigung zu Erlebnis- und Verhaltensweisen, die mit Symptomen von Psychosen vergleichbar sind.
[2] Neben *Extra-/Introversion, Neurotizismus* und *Intelligenz* ein Faktor in EYSENCKS Dimensionssystem zur Beschreibung der Persönlichkeit. Der P.-Faktor ist durch Tests gekennzeichnet, die zwischen normalem, ungestörtem Erleben bzw. Verhalten und Abweichungen in Richtung manisch-depressiver und schizophrener Störungen differenzieren. Der Faktor ist im Vergleich zu den übrigen wegen seiner statistischen Eigenschaften eher mehrdeutig. Die neuere symptomorientierte Forschung hält seine klinische Bedeutung für zweifelhaft.
→*Psychose.*

psychotrope Substanzen *(psychotropic substances).* Alle Substanzen, die eine obligatorische Wirkung auf das menschliche Erleben und Verhalten ausüben.
→*Droge,* →*Psychopharmaka.*

Pubertät *(puberty).* Bezeichnung für die Entwicklungsphase, in deren Verlauf sich die sekundären Geschlechtsmerkmale und Geschlechtsreife zeigen. Die Phase endet beim männlichen Jugendlichen etwa im Alter von 14, beim weiblichen von 13 Jahren. Als pubertas praecox bezeichnet man den vorzeitigen Eintritt in diese Phase.
→*Adoleszens,* →*Jugendalter.*

Pubertätsmagersucht →*Eßstörungen.*

Puerilismus *(puerility, puerilism).* Bezeichnung für das von Erwachsenen gezeigte kindliche Verhalten als Folge einer *Regression* oder *Fixierung* oder allgemeiner degenerativer Störungen.

Pulfrich-Effekt *(Pulfrich effect, Pulfrich phenomenon).* Wird ein vor den Augen in einer frontal-parallelen Ebene schwingender Gegenstand durch ein mittelstarkes Filter einäugig beobachtet, so scheint er sich in einer ellipsen- oder kreisförmigen Bahn (und zwar in die Tiefe) zu bewegen.

Puls *(pulse).*
[1] Dehnung der Arterienwand durch die Druckwelle, die durch die Herzmuskelkontraktion erzeugt und in der Blutsäule bis zum Meßpunkt fortgepflanzt wird. Die Fortpflanzungsgeschwindigkeit liegt bei einigen m/sec. Sie ist durch die Elastizität der Gefäßwände, das Verhältnis zwischen Wanddicke und Gefäßdurchmesser und den jeweils mittleren Blutdruck mitbestimmt.
[2] *Pulsmessungen* werden in der Psychophysiologie verwendet, um Rückschlüsse auf *Blutdruck* und seine Veränderungen ziehen zu können, ohne dabei eine evasive (blutige) Methode heranziehen zu müssen. Für den Rückschluß auf den Blutdruck eignen sich drei Maße: (a) Messungen der *Pulsvolumen-Amplitude, PVA (pulse volume amplitude):* An einem definierten Meßpunkt (z. B. inneres Handgelenk, Fingerkuppen, Ohrläppchen) wird die pro Herzschlag auftretende Differenz zwischen maximaler und minimaler Dehnung festgehalten. (b) *Pulswellengeschwindigkeit, PWG (pulse wave velocity):* Bestimmung der Zeit, die zwischen Herzmuskelkontraktion (R-Zacke) und dem Eintreffen der Pulswelle am Meßpunkt (z. B. Finger oder Ohr) vergeht, bezogen auf die Entfernung des Meßpunktes (Angaben in m/sec), oder Bestimmung der Zeit, die zwischen dem Erreichen eines Meßpunktes (z. B. am Unterarm)

und eines anderen (z. B. 10 cm weiter unten) vergeht, bezogen auf die Entfernung zwischen den beiden Meßpunkten. (c) *Pulstransitzeit, PTZ (Pulse transition time):* Zeit, die zwischen dem Durchlaufen der Pulswelle an zwei Meßpunkten vergeht. Sie wird bei interindividuellen Vergleichen herangezogen, wo die Entfernungsrelationen aufgrund verschiedener Körpermaße eine zusätzliche Varianzquelle darstellen; die Meßpunkte werden aufgrund ihrer anatomischen Lage bestimmt. Bei den Methoden (b) und (c) wird der Zeitpunkt der Herzkontraktion (R-Zacke) zum Nullpunkt, d. h. als Ausgangspunkt der Zeitmessung herangezogen. Pulsmessungen werden häufig herangezogen, um die Druckverhältnisse bei Hyper- und Hypotonikern längerzeitig zu bestimmen und/oder die Wirksamkeit von Blutdruck-dämpfenden Maßnahmen (z. B. Biofeedback oder Beruhigungstherapie) zu überprüfen.

Pupille *(pupil of the eye).* Irisöffnung vor der Linse des *Auges.* Die *Öffnungsgröße der P. (pupillary size)* wird von zwei Muskelanordnungen der Iris (sphincter pupillae und dilator pupillae) geregelt. Während des Schlafes ist die P. konstant verengt, im Wachheitszustand verändert sich ihre Größe laufend. Beeinflussende Faktoren der P.-Größe sind (a) Helligkeitsveränderungen an der Retina, (b) Lidschluß, (c) Akkomodation, (d) Zustand und Veränderungen im autonomen Nervensystem (z. B. durch Narkotika), (e) Störungen im ZNS oder Gehirnläsionen und (f) spontane und/oder reaktive Veränderungen in *Sympathikus* oder *Parasympathikus.* Die komplizierte Verschaltung des *Pupillenreflexes (pupillary reflex)* ist nur teilweise erforscht. In der Psychophysiologie der *Aufmerksamkeit* bzw. *Orientierungsreaktion* wird die Methode der *Pupillometrie (pupillometrics)* im Zusammenhang mit den unter (f) genannten Faktoren häufig angewandt; man kann davon ausgehen, daß sensorische oder emotionale Einflüsse über den Hypothalamus und Kortex Veränderungen bewirken, so daß bei Erregung Pupillenerweiterungen auch dann auftreten, wenn große Umgebungshelligkeit zu verzeichnen ist.

→Adaptation, →Akkommodation, →Auge.

Purkinjesches Nachbild *(Purkinje after-image, Bidwell's ghost).* Eine im Bereich des Visuellen auftretende *Nachempfindung.* Sie entsteht, wenn man eine Scheibe mit schwarzen und weißen Sektoren rotieren läßt und eine ideale Beleuchtung und ideale Geschwindigkeit der Rotation wählt. Man hat den Eindruck, als würde ein im Schatten liegendes Weiß am Rande des schwarzen Anteils entstehen. Eine einfachere Demonstration besteht in der Darbietung eines Farbfleckens, der im Nachbild in der jeweiligen Gegenfarbe, der Komplementärfarbe, erscheint.

Purkinjesches Phänomen, Purkinje-Effekt *(Purkinje effect).* Veränderung der empfundenen Helligkeit von Farben in Abhängigkeit vom jeweiligen Adaptationszustand. Bei hellem Sonnenlicht können z. B. blaue und rote Blumen gleichhell erscheinen; im Zwielicht dagegen wirken blaue heller als rote. Der Farbe blau entspricht ein größerer Anteil kurzwelligen Lichts im Vergleich zu rot. Zapfenzellen der Retina besitzen ihr Sensibilitätsmaximum im langwelligeren Bereich, Stäbchen im kurzwelligeren. Im Zwielicht überwiegen die Stäbchenfunktionen. Fällt kurz- und langwelliges Licht ein, so erweckt das kurzwellige den Eindruck größerer Helligkeit auch dann, wenn es objektiv von gleicher Leuchtdichte ist wie das längerwellige Licht.

→Adaptation, →Auge, →Duplizitätstheorie, →Retina, →Sehen.

Purkinjesche Zellen *(Purkinje cells).* Große Zellen mit zahlreichen Dendriten im Kleinhirn.

Purposivismus *→Verhalten, zielorientiertes.*

Pursuitmeter. Englische Bezeichnung für Versuchsanordnungen zur Messung der Leistungen im Bereich der visuellmotorischen Koordination. Die Versuchsperson muß z. B. dem aus einem an ein schwingendes Pendel gehängten Sandgefäß oder Wassergefäß auslaufenden Sand oder Wasser mit einem von ihm gehaltenen Gefäß so folgen, daß kein Sand oder Wasser zu Boden fällt. Eine Versuchsanordnung ähnlicher Art wird als *pursuit rotor* (auch *rotary pursuit*) bezeichnet. Die Versuchsperson folgt hier mit einem Kontaktstift einem auf einer bewegten Scheibe rotierenden Punkt. Durch elektrischen Kontakt kann die Berührungszeit als Index der Leistung registriert werden.

pursuit rotor *→Pursuitmeter.*

Pygmalion-Effekt *(Pygmalion-effect).* Von ROSENTHAL eingeführte Bezeichnung für die Beeinflussung des (Leistungs-) Verhaltens von Schülern durch (Leistungs-) Erwartungen bzw. Vorurteile des Lehrers im Sinne eines →*Versuchsleiter-Erwartungseffektes.*

LIT. ROSENTHAL, JACOBSON (1971).

pyknisch *(pycnic, pyknik).* Gedrungener, zartknochiger, kurzgliedriger und zur Fettleibigkeit tendierender Körperbau mit runder Gesichtsform und wenig ausgeprägten Zügen. Nach KRETSCHMER neigen Menschen dieses Körperbautyps zur →*Zyklothymie.* Gegensatz: →*leptosom.*

Pyramidenbahn *(pyramidal tract).* Nervenbahn, die von den motorischen Kortexteilen zu den motorischen Ganglien in tieferen Regionen zieht.

Pyromanie *(pyromania).* Unwiderstehlicher Drang zur Brandstiftung, dem Entzünden von Feuer und/oder dem Betrachten von brennenden Gegenständen.

→*Impulskontrolle,* →*Manie.*

Pyrophobie *(pyrophobia).* Krankhafte Furcht vor Feuer.

Q.
[1] Abkürzung für →*Quartil* bzw. *mittleren Quartilabstand.*
[2] Englische Abkürzung für *Fragebogen-Daten (Q data).*
[3] Als *Q-Technik (Q technique)* aus dem Englischen stammende Abkürzung für eine Technik der →*Faktorenanalyse* bzw. *Korrelationsanalyse,* bei der die Testprofile bzw. Leistungsdaten von je zwei Versuchspersonen zum Zwecke der Analyse der Übereinstimmung der Profile die Ausgangsmatrix der Faktorenanalyse bilden.

quadratischer Trend →*Trend.*

Quadrigemina, Vierhügelplatte *(corpora quadrigemina).* Bezeichnung für eine aus vier hügelförmig angeordneten Nervenzell-Formationen bestehende Struktur im hinteren Teil des Mittelhirns.

Qualität *(quality).*
[1] Allgemeine und umfassende Bezeichnung für die erfaßbaren und voneinander unterscheidbaren Eigenschaften eines (wahrgenommenen) Dinges oder Sachverhaltes (z.B. Farbe, Form, Gewicht usw.), die – für sich genommen – auch quantifizierbar sein können; ebenso für den Inhalt eines Begriffes bestimmende Merkmale und Eigenschaften von Urteilen (Bejahung, Zustimmung, Verneinung, Ablehnung).
[2] Bezeichnung für den Aspekt bei der Analyse von Sinnesempfindungen bzw. -eindrücken, der sie voneinander unterscheiden läßt, auch wenn sie von ein und demselben Gegenstand herrühren (z.B. Gesichts- und Gehörseindrücke).
[3] Bezeichnung für voneinander unterscheidbare Eigenschaften von Gefühlen, die sich dem Inhalt nach unterscheiden lassen (z.B. Schmerz, Freude usw.). Dies schließt nicht aus, daß die entsprechende Q. bei Auftreten neuer Empfindungen hinsichtlich quantitativer Kriterien variieren kann (starke und schwache Schmerzen; große Freude, mäßige Freude).
Alte Bezeichnung: *Quale* oder *Erlebnisquale.* Syn. *Erlebnisqualität.*
[4] Bezeichnung für einen Gütemaßstab zur Beurteilung der Ausführung eines Gegenstandes oder einer Handlung.

Qualitäts-Zirkel, QZ *(quality circles).* Gesprächsrunden von 5–10 Mitarbeitern eines Arbeitsbereichs, die sich unter der moderierenden Mitwirkung eines Vorgesetzten, eines auswärtigen Betreuers oder einer als Leiter aus dem eigenen Kreis gewählten Person auf freiwilliger Basis während der bezahlten Arbeitszeit regelmäßig treffen, um von ihnen ausgewählte arbeitsbezogene Probleme zu besprechen und eigenverantwortlich Lösungsvorschläge zu erarbeiten. Zu den behandelten Problemen gehören neben Fertigungsmethoden und Fragen der Produktqualität auch Arbeitsplatzgestaltung und -sicherheit, Arbeitsablauf und Entwicklung bzw. Einsatz von technischen Neuerungen. Im Rahmen des betrieblichen Vorschlagswesens werden dabei oftmals effiziente Lösungsvorschläge nach einem vorgegebenen Schlüssel honoriert. Die Einrichtung von Q. stellt eine organisatorisch aufwendige Erweiterung von Maßnahmen der →*Arbeitsstrukturierung* im Sinne teilautonomer Gruppen dar. Sie fördert die Kommunikation innerhalb von Arbeitsgruppen sowie zwischen diesen und dem Management und kann auf diese Weise zur →*Arbeitszufriedenheit* und Verbesserung des *Betriebsklimas* beitragen.
LIT. ZINK (1986); ZINK, SCHICK (1984).

qualitative Merkmale. Statistische Bezeichnung für solche Merkmale, deren *Messung* nur mit Hilfe einander ausschließender Klassenbestimmungen vorgenommen werden kann *(→Skala, Nominalskala).*

Quantifizierung, Quantifikation *(quantification).* Bezeichnung für das Ausdrücken von Eigenschaften in Zahlen bzw. in bezug auf Skalen des Messens, einschließlich der eventuell notwendigen Prozedur der Umwandlung von Qualitäten in Quantitäten (z.B. die Darstellung einer bestimmten Tonhöhe [Qualität] durch die den Ton auslösende Reizquantität, d.h. hier Schwingungsfrequenz u.ä.). Verschiedene Techniken aus der neueren Psychophysik wurden zur Erstellung solcher quantitativer Merkmale entwickelt, z.B. die Skalierung von Aussagen hinsichtlich ihrer Beliebtheit durch Erstellung einer »Beliebtheitsskala« auf der Basis sog. *Paarvergleiche.*

Quantität *(quantity).* Allgemeine und umfassende Bezeichnung für Eigenschaften der Größe bzw. Intensität, deren Ausprägungsgrad bei einem bestimmten Gegenstand oder Sachverhalt meßbar und durch Zahlen ausdrückbar ist.

Quartil *(quartile).* Statistische Bezeichnung für die drei Punkte auf einer

Maßskala bzw. Rangskala, die sich bei nach der Größe geordneten Maßzahlen aus der Häufigkeit *(→Häufigkeit, kumulierte)* als *→Partile* errechnen lassen, sofern man die Gesamthäufigkeit in vier gleichgroße Anteile (zu je 25% der Fälle) zerlegt. Dem ersten Quartil (Q_1) entspricht dann die Maßzahl des 25. Falles von insgesamt 100 der Größe nach geordneten, Q_2 bezeichnet die Maßzahl des mittleren Falles *(→Median)* und Q_3 diejenige des 75. Falles von 100. Man kann auch von den *→Perzentilen* ausgehen, denn Q_1 ist z. B. identisch mit dem 25. Perzentil. Q_1 und Q_3 werden häufig zur Auslese von Extremfällen (unterste 25% und oberste 25% aller Fälle) verwendet.
Der *mittlere Quartilabstand (quartile deviation, semi-interquartile range)* dient bei kumulierten Häufigkeitsdaten als Indikator der *Streuung* und ist definiert als

$$Q = \frac{Q_3 - Q_1}{2}$$

in Worten: die Hälfte des Intervalls zwischen der Maßzahl des 75%- und des 25%-Falles.

Quasibedürfnis *→Bedürfnis.*

quasi-experimenteller Versuchsplan *(quasi-experimental design).* Versuchsplan, bei dem nicht alle Kriterien des »echten« Experiments verwirklicht werden können, z. B. keine zufallsgemäße Stichprobenbildung, keine umfassende Kontrolliertheit der möglichen Störfaktoren *(→reaktiver Effekt),* keine vollständige Variation der unabhängigen Bedingungen usw. Solche Versuchspläne gestatten jedoch in pädagogischen und sozialwissenschaftlichen Bereichen einen gewissen Erkenntnisgewinn, bei dem geringerer Aufwand und weniger Eingriffe in vorgegebene Organisationsformen (z. B. Gruppen, Schulklassen), aber auch der Mangel an Präzision und damit an Aussagekraft abzuwägen sind.
LIT. CAMPBELL, STANLEY (1971).

Quasimessung oder **Scheinmessung** *(quasi measurement).* Bezeichnung zur Hervorhebung der Tatsache, daß nicht jede Beobachtung, die sich in Zahlen (quantitativ) ausdrücken läßt, damit auch den Kriterien des *Messens* entspricht *(→Rating-Skala).*

Querdisparation *→Disparation.*

quergestreifte Muskeln *(striate muscles, striped muscles).* Syn. *Skelett-* oder *Willkürmuskeln.* Gesamtheit der hinsichtlich ihres Aufbaus quergestreift aussehenden Muskeln, die am Skelett ansetzen und der Willkürbewegung dienen. Eine Ausnahme stellt die Herzmuskulatur dar, die zwar quergestreift ist, jedoch nicht willkürlich kontrolliert werden kann. Gegensatz: glatte Muskeln.

Quote *(quota).* Bezeichnung für einen einem Vorbild entsprechenden Anteil. Als *Quotenstichprobe (quota sample)* bezeichnet man z. B. das Vorkommen des Anteils einer Gruppe bestimmter Merkmalsträger, wie sie dem Grundgesamt *(→Population)* entspricht. Leben in einer bestimmten Stadt z. B. 30% Angestellte und 70% Arbeiter, so muß eine Quotenstichprobe diese Proportion annähernd widerspiegeln.
→Stichprobe.

Quotient. Mathematische Bezeichnung für einen Ausdruck von der Form a/b. Im Falle des klassischen *Intelligenzquotienten* z. B. wird der Q. aus der Division des Intelligenzalters durch das Lebensalter gewonnen.

Q-Technik *(Q technique).* Bezeichnung für eine besonders in der Persönlichkeitsforschung übliche Technik der *inversen Faktorenanalyse* zur Ermittlung von Ähnlichkeiten zwischen Versuchspersonen, die mit einer und derselben Serie von Tests untersucht wurden. Die Testdaten jeder Versuchsperson werden mit den Testdaten einer jeden anderen korreliert. Die Matrix der Korrelationen spiegelt nicht wie üblich die Ähnlichkeiten der Testergebnisse wider, sondern die Ähnlichkeiten zwischen den einzelnen Versuchspersonen. Die resultierenden Faktoren lassen die jeweils ähnlichsten Versuchspersonen als eine Art »Typus« oder »Gruppe« mit ähnlichsten Leistungen in sämtlichen Tests erscheinen. Die einfachste Form der Q-Technik könnte z. B. darin bestehen, zwei Menschen mit ein und derselben Serie von Tests zu untersuchen, die Testergebnisse als Testprofile darzustellen und sodann die Ähnlichkeit zwischen den beiden Testprofilen mit einer Maßzahl (Korrelation) darzustellen.
Dieses Verfahren kann nun auf alle Versuchspersonen-Paare ausgedehnt werden, so daß eine Ähnlichkeitsmatrix entsteht, die wie jede andere Korrelationsmatrix *faktoranalysiert* werden kann.

QZ *→Qualitäts-Zirkel.*

R.
[1] Abkürzung für →*Reaktion* oder *response*. Als Abk. für *Reiz* kaum noch verwendet, sondern durch *S* (stimulus) ersetzt.
[2] Abkürzung für →*multiple Korrelation,* meist mit der Indizierung vom Typus $R_{1.23}$ (Variable 1 korreliert mit den beiden Variablen 2 und 3).

r. Abkürzung für *Korrelationskoeffizient,* meist mit die Art der *Korrelationsmethode* kennzeichnender Indizierung (z. B. r_{bis} für biserielle Korrelation).

ramus. Anatomisch-neurologische Bezeichnung für Nerven- oder Venenäste. *Rami communicantes* sind Nervenbahnen, die die Sympathikusganglien mit den Spinalnerven verbinden.

randomisieren *(randomize, randomization).* Aus dem Englischen stammende Bezeichnung für das Herstellen einer Zufallsfolge (von Reizen) oder einer Zufallsauswahl.

Rang, Rangplatz *(rank).* Statistische Bezeichnung für die Position eines Einzelfalles bei nach der Größe oder anderen Gesichtspunkten geordneten Fällen (z. B. Zeitreihe) in bezug auf die anderen Fälle. Die dabei implizierte Skala wird als *Ordinal-* oder *Rangskala* bezeichnet. Trifft man die Feststellung X ist der erste, Y der zweite usw. in bezug auf ein bestimmtes Merkmal, so lassen sich keine Aussagen über den Abstand (Intervall) zwischen dem ersten und zweiten, sondern nur über die Folge feststellen.

Rangkorrelation *(rank order correlation).* Statistische Bezeichnung für Verfahren, die Stärke und Richtung von Zusammenhängen auf der Basis von Rangplätzen ermitteln lassen.
[1] Das von SPEARMAN entwickelte Verfahren geht von den Rangplatzdifferenzen zwischen den Maßzahlpaaren (d) aus. Es darf dann angewendet werden, wenn die Intervalle zwischen den verarbeiteten Rangplätzen annähernd gleichgroß bzw. nur so weit voneinander unterschieden sind, daß dies noch durch den Zufall erklärt werden kann. Die Berechnung erfolgt nach der Beziehung

$$r_s = 1 - \frac{6 \sum_{i=1}^{N} d_i^2}{N(N^2-1)}$$

r_s bezeichnet den Korrelationskoeffizienten nach SPEARMAN, d_i jede der auftretenden Rangplatzdifferenzen bei i = 1 bis N Rangplatzpaaren, N die Stichprobengröße bzw. Anzahl der Rangplatzpaare.
[2] Andere Methoden, die auch dann angewendet werden können, wenn keinerlei Aufschluß über die Intervalle zwischen den Rangplätzen erhältlich ist, wurden von KENDALL entwickelt (τ[tau]-*Koeffizient, W-Koeffizient*).
LIT. FRÖHLICH, BECKER (1972); KENDALL (1962).

Ranschburgsche Hemmung *(Ranschburg inhibition).* Bezeichnung für ein Phänomen, das man z. B. bei kurzzeitiger (tachistoskopischer) Darbietung von Zahlenserien beobachten kann. Je weniger Zahlen wiederholt vorkommen, desto besser können die einzelnen Zahlen unter den erschwerten Bedingungen der kurzzeitigen Darbietung erkannt werden; wiederholte Elemente dagegen erschweren das deutliche Erkennen. In allgemeinerer Formulierung: ähnliche Inhalte hemmen das deutliche Erkennen. Manchmal auch Ranschburgsches Phänomen genannt.

Rapport. Bezeichnung für unmittelbaren bzw. besonders guten Kontakt zwischen zwei Menschen aufgrund gemeinsamer Denkweise, Interessen oder Einstellungen. Auch die Beziehung zwischen Hypnotiseur und dem Hypnotisierten, gekennzeichnet durch die gesteigerte Suggestibilität des Hypnotisierten. Ähnliche Beziehungen werden in der klassischen Psychoanalyse zwischen Analytiker und Patient als Ergebnis stattgefundener *Übertragung* bezeichnet.

Rasse *(race).*
[1] Zoologische Bezeichnung für Klassen von Lebewesen, unterschieden nach definierten Merkmalen des äußeren Erscheinungsbildes (z. B. Rinderrassen u. ä.).
[2] Anthropologische Bezeichnung für Klassen von Menschen, unterschieden nach definierten Merkmalen des äußeren Erscheinungsbildes (Hautfärbung, Knochengerüst u. ä.).
Die zeitweise Anwendung des Rasse-Begriffes auf ethnische oder kulturelle Gruppen und die Aussagen über angenommene Zusammenhänge zwischen äußerem Erscheinungsbild und »Charakter« ist wissenschaftlich nicht haltbar und weitgehend ein Produkt von Spekulationen, die Ausdruck von rassischen

Vorurteilen politischer oder religiöser Natur waren oder sind. Die meisten ethnisch-kulturellen Gruppen weisen Merkmale auf, die in allen anderen ebenso vorkommen können. Außerdem konnten (außer bei Untersuchungen von Vorurteilen gegenüber Mitmenschen mit bestimmten Körpermerkmalen) keine differenzierenden Aussagen in bezug auf den Zusammenhang zwischen Merkmal und Persönlichkeit wissenschaftlich gestützt werden. So kann es zwar eine psychologische Analyse dieses weitgehend sozialpsychologischen Problems, jedoch keine »Rassenpsychologie« als eigene Disziplin geben. Bezieht man den Rasse-Begriff auf ethnisch-kulturelle Gruppen, so sollte man zur Vermeidung von Mißverständnissen lieber von →*Sozial-* oder →*Völkerpsychologie* reden.

LIT. KAFKA (1949); KLINEBERG (1935).

Rating. Aus dem Englischen übernommene Bezeichnung für »Beurteilung« oder »Einschätzung« der Qualität oder des Ausprägungsgrades von *Eigenschaften, Merkmalen* oder *Eigenheiten* eines Mitmenschen, Gegenstandes oder Ereignisses mit Hilfe vorbereiteter *Skalen (Ratingskalen),* deren Anwendung entweder durch den geübten *Beurteiler (Rater)* oder durch den sich selbst Beschreibenden *(Self-Rating)* erfolgt, wobei bestimmte Regeln der Anwendung entweder aus der Beschreibung der Skalenmerkmale selbst oder durch zusätzliche Informationen bekannt gemacht und als verbindlich erklärt wurden. Der Beurteiler wird *Rater,* der Beurteilte (ebenfalls aus dem Englischen übernommen) *Ratee* genannt. Die einzelnen Beurteilungsmerkmale werden in der Literatur meist als »Eigenschaften« *(traits)* bezeichnet. Die Methode des R. zählt zu den »subjektiven Schätz- oder Beurteilungsverfahren« *(subjective estimate methods).* Werden mehrere Merkmale zur Beurteilung vorgelegt, so nennt man dies ein Rating-System. Die Beziehung zwischen Skala und Merkmal kann dann als direkt bezeichnet werden, wenn es sich um aus dem Verhalten direkt ersichtliche Merkmale (z.B. Bewegungsgeschwindigkeit, Anzahl der gelesenen Bücher pro Woche u.ä.) handelt. Ist das Merkmal komplexerer Natur (z.B. Erregbarkeit oder Geschmeidigkeit von Bewegungsabläufen), so ist die Relation zwischen Skalenwert und Verhaltensbeobachtung indirekt, d.h. durch Zwischenprozesse vermittelt.

Ratingskala. Allgemeine und umfassende Bezeichnung für eine Skala zum Zwecke der Fremd- und Selbstbeurteilung. Die Merkmale erscheinen in verschiedenen Klassen (verbal oder durch Abschnitte bezeichnet) aufgeteilt oder durch Zahlen symbolisiert *(numerische Ratingskala).* In regelmäßige Intervalle aufgeteilte Bezugsskalen werden als *graphische Ratingskala* bezeichnet. Die *Objektivität* ist dann gewährleistet, wenn mehrere Beurteiler bei Fremdbeurteilungen bei gleichem Training zu hochgradig übereinstimmenden Rating-Werten gelangen. Die *Reliabilität* (Zuverlässigkeit) dieser Quasimessung ist damit noch nicht bewiesen, sondern an die Anwendung komplizierterer Techniken (mehrfache Varianzanalyse) gebunden (vgl. GUILFORD, WINER). Sie hängt ab (a) von der Komplexität des/der Merkmales/e, (b) von der Form der Rantingskalen, (c) vom Training der Rater und (d) von Fehlertendenzen (z.B. allgemeine Tendenz zur Überschätzung) der Beurteiler in bezug auf alle gerateten Eigenschaften oder in bezug auf bestimmte Individuen. *Rating* sollte vor der Überprüfung aller dieser einflußnehmenden Größen als eine *Quasimessung* bezeichnet werden; eine *Ratingskala* kann erst dann als Skala im strengen Sinn bezeichnet und als solche statistisch behandelt werden, wenn sie objektiv und *reliabel* ist.

LIT. GUILFORD (1954); SCHMIDT (1965; 1966); WINER (1962).

rational. Schlüssige, vom Verstande her begründete Schluß- oder Urteilsbildung. Oft als Gegensatz von *emotional* verwendet. Syn. *objektiv.* Der englische Begriff *»rationale«,* z.B. in *»rationale of a test«* bezieht sich auf die schlüssige bzw. überdachte und stimmige Begründung für etwas (z.B. für Form und Inhalt eines Testverfahrens). Als *»rational behavior«* (vernünftiges, verstandesgemäßes Verhalten) wird ein in bezug auf eine gegebene Situation stimmiges, angemessenes Verhalten bezeichnet, das sich auf intellektuelle Einsicht begründet. Gegensatz: *irrationales Verhalten.*

Rationalisierung *(rationalization).* [1] Bezeichnung für die Prozesse verstandes- oder vernunftmäßiger Begründungen oder des Aufsuchens von Gründen für das Auftreten eines Ereignisses; die R. kann erst nach dem Ereignis selbst folgen.

[2] Psychoanalytische Bezeichnung für einen *Abwehrmechanismus* gegen übermächtige Selbstanklage bzw. Schuldgefühle.

→Abwehrmechanismen.

[3] Industriepsychologische Bezeichnung für Maßnahmen, die – auf wissenschaftliche Analysen und Erkenntnisse gegründet – der Verbesserung des Arbeitsablaufes bzw. – Bedingungen dienen, so daß eine Verbesserung der Bedingungen und der Produktivität eintreten kann.

Rationalismus *(rationalism).* Philosophische Bezeichnung für eine Lehrmeinung, die die Auffindung der Wahrheit bzw. letzter Erkenntnis allein durch Mittel der formalen Analyse bzw. angeborener Anschauungsformen und unabhängig von empirischen Methoden zu erreichen sucht. Als prominentester Vertreter dieser Richtung gilt DESCARTES.

räumliche Orientierung *→Raumorientierung.*

räumliches Denken *→Intelligenz.*

räumliches Sehen *→Raumorientierung, →Tiefenwahrnehmung.*

räumliches Wahrnehmen *→Raumwahrnehmung.*

Raumorientierung, räumliche Orientierung *(space orientation).* Bezeichnung für durch *räumliches Sehen* vermitteltes Wahrnehmen und Einschätzen der eigenen Position im Raum zum Zwecke angemessenen Handelns.

Raumwahrnehmung, räumliches Wahrnehmen *(space perception).* Bezeichnung für das Erkennen räumlicher Anordnung und räumlicher Beziehungen von Dingen der Außenwelt hinsichtlich ihrer Stellung, Richtung, Entfernung, Größe und Ausdehnung *(→Tiefenwahrnehmung).*

Rauschen *(noise).*

[1] *Physik:* Unregelmäßige thermische Bewegungen von freibeweglichen Elektronen in einem Leiter, die Spannungsveränderungen bewirken. Bei elektroakustischer Wiedergabe klingt dies wie R.

[2] *Informationstheorie:* Jedwede Störung in einem Informationsübertragungs-System, wobei Signale mehr oder weniger unverständlich werden, sobald sie von R. überlagert sind.

[3] *weißes R. (white noise):* Durch Rauschgenerator erzeugter Störimpuls, der gleichmäßige Stärke in allen Frequenzbereichen aufweist, wobei die Frequenzhäufigkeiten der Normalverteilung folgen. Ist das R. auf bestimmte Frequenzbereiche konzentriert, spricht man von *farbigem R. →Lärm, →Perturbation, →Signalentdeckung.*

Reafferenzprinzip *(reafference principle, feed back).* Bezeichnung für ein aus der Biologie und Verhaltensforschung stammendes experimentell begründetes *Regelkreismodell* zur Erklärung des Raumorientierungsverhaltens des Organismus. Soll z.B. durch efferente (vom Zentrum ausgehende neurale) Impulse die Raumlage korrigiert werden, so liefern die von den Sinnesorganen nach innen gelangenden Afferenzen einen Kontrollwert. Auch die Efferenzwerte werden zentral abgebildet und können so mit den Afferenzinformationen im Gehirn verglichen werden. Im Falle des Ungleichgewichts erfolgt eine Korrektur. *Reafferenzen* im engeren Sinne sind die durch die Eigenbewegung des Organismus verursachten Rezeptorerregungen.

LIT. HOLST, MITTELSTAEDT (1950).

Reaktanz, psychologische *(psychological reactance, reactance).* Von BREHM vertretene Auffassung, daß eine tatsächliche oder antizipierte Einengung des Verhaltensspielraumes einen *Zustand der Erregung* (R.) bewirkt, der sich gegen jede weitere Beschränkung richtet und auf Wiedergewinnung der verlorenen Handlungsfreiheit hinwirkt.

Reaktion *(reaction, response).* Allgemeine und umfassende Bezeichnung einer Klasse von Verhaltensänderungen bzw. Veränderungen des Organismuszustandes (Muskeltonus, endokrine Veränderungen, Kreislauf usw.), die in Abhängigkeit bzw. als Funktion äußerer oder innerer Reize, z.B. der Situation, der dargebotenen Signale oder der inneren Erregung u.ä., variieren. Man unterscheidet zwischen einfachen und komplexen R., außerdem können R. zu Reaktionsklassen zusammengefaßt werden (z.B. schriftliche und mündliche, d.h. verbale Reaktion auf einen bestimmten Reiz oder eine Reizkonstellation). Zur näheren Kennzeichnung von Reaktionen empfiehlt sich die Verwendung zusätzlicher Bezeichnungen, z.B. Muskelreaktion, endokrine Reaktion, motorische Reaktion usw. Im Englischen wird der Begriff *»response«* in der psychologischen und Verhaltensforschung bevorzugt. Während *»response«* die mehr oder weniger komplexe »Antwort« auf etwas bezeichnet, wird oftmals *»reaction«* für die rein physiologischen und vereinzelten Reaktionen (z. B. Muskelkontraktion auf einen elektrischen Reiz hin) gewählt. Syn. Antwort, Response.

Reaktion, emotionale →*Verhalten, emotionales.*

Reaktion, konditionierte →*Konditionierung.*

Reaktion, verzögerte →*verzögertes Verhalten.*

Reaktion, vorbereitende *(preparatory response).*
[1] Aufmerksame Bereitschaft, auf Reize zu achten bzw. Signale zu befolgen, die in naher Zukunft die Einleitung von Handlungen oder Reaktionen anzeigen. In Reaktionszeitexperimenten handelt es sich um die seit LANGE (1888) beschriebene *sensorische* Komponente der Bereitschaft, eine auf die Analyse sensorischer Einflüsse gerichtete *Einstellung.*
[2] Auf ein Ziel (z. B. das Finden oder Herausfinden von etwas) gerichtete Bereitschaft, z. B. Aktivations- und Tonusveränderungen in der einer Reaktion oder Handlung vorausgehenden Zeit. Theoretisch liegt ein Vergleich mit den Substraten der partiell antizipatorischen *Zielreaktion* nahe. In Reaktionszeitexperimenten spricht man von der ebenfalls von LANGE erstmals beschriebenen *motorischen* Komponente der Reaktionsbereitschaft, die mit sog. *Bereitschaftspotentialen* einhergeht.

Reaktionsbildung *(reaction formation).* Psychoanalytische Bezeichnung für einen unbewußten (Abwehr-)Mechanismus, der relativ überdauernd heftige oder aggressive Handlungen in das Gegenteil umschlagen läßt bzw. die Triebenergie auf andere Handlungen zu übertragen scheint, die dann ebenso heftig und energisch auftreten, jedoch von außen betrachtet irrational wirken. Syn. *Symptombildung.*
→*Abwehrmechanismen.*

Reaktionsblockierung *(response blocking; blocking of response).* Bezeichnung für Reaktionsverzögerungen bzw. zunehmende Fehlerzahl, die bei fortschreitender Bearbeitungszeit monotoner Reaktionsaufgaben auftreten. Man nimmt an, es handle sich um den Ausdruck sinkender *Vigilanz.* Bei dichten Reaktionsfolgen kann R. auch auf *reaktive Hemmung* und/oder Einflüsse der sog. *psychologischen Refraktärzeit* zurückgehen.

Reaktionsdifferenzierung →*Differenzierung.*

Reaktionseinstellung *(response set).* Bezeichnung für Arten oder Klassen des Reagierens, die sich z. B. bei der Beantwortung von Fragebogen-Items (Feststellungen) als generelle *Ja-Sage-Tendenzen,* Beeinflussung durch *sozial wünschenswerte Einstellungen* oder *Meinungen (social desirability)* und einen allgemeinen Hang zur *Zustimmung (acquiescence)* äußern können.
→*Soziale Erwünschtheit.*
LIT. BERG (1967).

Reaktionsgeneralisierung *(response generalization, reaction generalization).* Bezeichnung für die Tatsache, daß nach dem Lernen der Reaktion auf einen bestimmten Reiz hin auch ähnliche Reaktionen nach Vorgabe dieses Reizes auftreten. Analog zum *Generalisierungsgradienten* bei Reizen läßt sich hier eine Beziehung zwischen Häufigkeit des Auftretens bzw. Intensität und Ähnlichkeit der Reaktionen erstellen *(→Gradient).*

Reaktionsneigung →*Signalentdekkung.*

Reaktionspotential, exzitatorisches Potential *(excitatory potential).* Bezeichnung für hypothetische Zustände variabler Intensität, die in HULLS System mathematisch definiert sind. Danach unterscheidet man (a) *Reaktionspotential* $_SE_R$ als die kombinierte Wirkung von Reiz- und Triebvariablen auf die Reaktionsstärke, (b) *effektives Reaktionspotential (effective excitatory potential)* $_S\bar{E}_R$ als die gemeinsame Wirkung des Reaktionspotentials *und* der *reaktiven Hemmungen* auf die Reaktionsstärke und (c) *momentan wirksames effektives Reaktionspotential (momentary effective excitatory potential)* $_S\hat{E}_R$ als das unter Berücksichtigung momentan wirksamer Variablen auftretende effektive R.
LIT. HULL (1943).

Reaktionsstereotypie *(reaction stereotypy). Psychophysiologie:* LACEY'S Bezeichnung für die Tatsache, daß ein Individuum in bezug auf verschiedenartige als belastend beurteilte Situationen mit einem individuell gleichartigen Muster *(pattern)* autonomer Reaktionen antwortet. Man findet solche Stereotypien dann, wenn man ein und dasselbe Individuum hinsichtlich seiner Reaktionen in einer Vielzahl von Situationen beobachtet. Reaktionsstereotypien dienen u. a. der Erklärung großer interindividueller Varianz im Bereich der autonomen Reaktionen und der Ausgeprägtheit individueller Reaktionen bis hin zu psychosomatischen Störungen. Die Auffassung wendet sich gegen Ansätze, die von der Annahme ausgingen, jedes Individuum reagiere in gleichartigen Situationen mit einem gleichförmigen charakteristischen Muster autonomer emotionaler Reaktionen. →*Situationsstereotypie*.

Reaktionssummation →*Summation*.

Reaktions-Variable →*Variable*.

Reaktionsverzögerung →*Verstärkungsverzögerung*.

Reaktionszeit, RT *(reaction time)*. [1] Bezeichnung für das Zeitintervall zwischen Signaldarbietung und Ausführung einer einfachen motorischen Reaktion, gemittelt über mehrere Versuchsdurchgänge unter der Instruktion, so rasch wie möglich auf Signale zu antworten. Die RT setzt sich aus der *Latenzzeit* (Dauer der Erregungsleitung im Nervensystem) und der *Entscheidungszeit* (Dauer der Informationsverarbeitung und Reaktionsanbahnung) zusammen. Latenz- und Entscheidungszeit fallen zusammen, wenn es sich um *Reflexe* oder durch *Übung* automatisierte Reiz-Reaktions-Verbindungen handelt. Die Entscheidungszeit hängt in den übrigen Fällen von der Sinnesmodalität, der Signal- und Reaktionsart, der Aufgabenkomplexität, dem Grad und Niveau der Beteiligung höherer kognitiver Funktionen, Einstellungen und Situationsbewertungen sowie vom Aktivationszustand ab. RT-Experimente liefern Hinweise auf den Zusammenhang zwischen *Aufmerksamkeit* und Kapazität der *Informationsverarbeitung*.
[2] *Reaktionszeit-Messung (reaction time measurement):* Die Beziehung zwischen Signalen und Reaktionen wird durch Instruktion eindeutig bestimmt. Die Reaktion besteht in der Regel aus einem Taster- oder Pedaldruck, manchmal auch in der Ausführung komplexerer Bewegungen (z.B. Kopfnicken, Hinzeigen, *Tracking*) oder in sprachlichen Feststellungen (z.B. Aussprechen des Wortes »Jetzt« oder eines bestimmten Begriffes). Das Intervall zwischen Signaldarbietung und Reaktion wird mit automatischen Zeitmessern festgehalten *(Chronoskop, chronoscope);* Vorrichtungen zur Registrierung des Zeitpunkts verbaler Reaktionen heißen *Lippen-* oder *Schallschlüssel (lip key; voice key)*. Gewöhnungseffekte an den Zeitablauf äußern sich in *antizipatorischen Reaktionen (anticipatory reactions), d. h. einem Reagieren vor der Signaldarbietung*. Man wählt deshalb variable Intervalle zwischen den einzelnen Versuchsdurchgängen *(variable inter-trail intervals, variable ITI)*. Dem Einfluß von spontanen *Aufmerksamkeitsschwankungen* begegnet man durch die Ankündigung des Erscheinens von Signalen durch einen *Warnreiz (warning stimulus; warning signal)* ca. 1–4 Sekunden vor dem, die Reaktion auslösenden *imperativen Reiz (imperative stimulus);* man spricht in solchen Fällen von RT-Versuchen mit *Vorwarnung oder Vorgewarnten RT-Versuchen (forewarned reaction time paradigm)*. Die Dichte der Versuchsdurchgänge ist durch die sog. psychologische *Refraktärzeit* und durch *Reaktionsblockierungen* beschränkt.
[3] *Reaktionszeit-Paradigmen (reaction time paradigms):* Seit DONDERS (1868) unterscheidet man drei Vorgehensweisen. (a) *Einfache RT-Versuche (Donders a-Paradigma)* bestehen in der Darbietung eines einzigen Signals mit der Aufforderung, darauf mit derselben einfachen motorischen Reaktion zu antworten. Die mittlere RT des Erwachsenen auf *optische* Reize liegt bei ca. 170–200, auf *akustische* bei ca. 130–150 und auf *taktile* Reize bei ca. 120–140 msec. (b) *Wahl-RT-Versuche (Donders b-Paradigma; choice reaction time)* bestehen in der Darbietung von zwei oder mehreren verschiedenen Signalen in Zufallsfolge; auf jedes Signal muß mit einer anderen Reaktion geantwortet werden. In diese Kategorie fallen *Mehrfachwahl-* oder *Determinationsversuche (multiple choice reaction time)*. Der Beobachter muß z.B. auf ein grünes Licht das linke, auf ein rotes das rechte Pedal, auf einen – simultan dargebotenen – hohen Ton die linke, auf einen tiefen die rechte Taste betätigen. Mit solchen Versuchen ermittelt man die Konzentrationsfähigkeit unter Bedingungen, welche *verteilte Aufmerksamkeit* bzw. rasche Aufmerksamkeitswechsel erfordern. (c) *Signal-Diskriminations-* oder *Unterscheidungs-RT-Versuche (Donders c-Paradigma; discriminatory reac-*

tion time) schließlich bestehen darin, den Beobachter bei jeder Darbietung eines größeren Reizangebotes derselben Reizkategorie entscheiden zu lassen, ob sich darunter bestimmte kritische Reize oder Reizmuster befinden oder nicht (z. B. eine »Ja«-Taste drükken, wenn in einer größeren Zahl geometrischer Figuren ein Dreieck, in einer Buchstabenreihe ein sinnvolles Wort oder wenn in einer Wortreihe ein Begriff aus einer bestimmten Bedeutungskategorie enthalten ist; im anderen Fall ist die »Nein«-Taste zu betätigen). Dieser Versuchstypus wurde von McKeen Cattell um die Jahrhundertwende in die Denk- und Gedächtnispsychologie eingeführt; er gilt heute als Standardparadigma zur Untersuchung von *automatischen* bzw. *kontrollierten Prozessen* der *Absuche* und *Pfadaktivierung.* Die RT variiert einerseits mit der Anzahl von Reizalternativen *(→Hick-Hyman Gesetz),* andererseits mit der Anzahl und Komplexität der erforderlichen Entscheidungsschritte *(→Netzwerk).* Darüber hinaus bestehen Beziehungen zwischen RT und Fehlerzahl *(→Abgleichfunktionen).* Einen Sonderfall des c-Paradigmas stellen sog. Go-NoGo-Versuche *(Go-NoGo-discriminatory RT)* dar. Hier werden die zu unterscheidenden Signale an der Stelle des Warnreizes ca. 1–4 sec vor dem gleichbleibenden imperativen Reiz in Zufallsfolge dargeboten; bei bestimmten Warnsignalen (z. B. hoher Ton) muß auf den imperativen Reiz (z. B. ein Lichtsignal) mit Tasterdruck, bei anderen Warnsignalen (z. B. tiefer Ton) dagegen auf den imperativen Reiz nicht reagiert werden. In der Phase zwischen Warn- und imperativem Reiz kann man die bahnungs- und hemmungsspezifischen Veränderungen im EEG bestimmen und sie mit der RT bzw. Fehlerzahl vergleichen. Auf diese Weise erhält man einen Einblick in die Aufmerksamkeitsregulation und Prozesse der Reaktionsanbahnung.

[4] *Reaktionszeit-Theorien (reaction time theories):* Eine erste RT-Theorie stammt von Donders (1868). Um die Zeitkosten von Unterscheidungs- und Entscheidungsprozessen verschiedener Komplexitätsgrade zu ermitteln, verwendete Donders die Differenzen zwischen Versuchen im c- bzw. b-Paradigma und im a-Paradigma. Dieses Verfahren nennt man *Subtraktionsmethode (subtraction method).* Sternberg (1969) baut auf diesen Erkenntnissen sein *Modell der additiven Faktoren (additive factor model of reaction time),* um einzelne Phasen und Klassen von Prozessen der Informationsverarbeitung auf verschiedenen Komplexitätsniveaus zu erschließen. Additivität von RT-Komponenten ist dann gegeben, wenn einzelne unabhängige Teilprozesse (z. B. die Anzahl von Signalen und ihre Deutlichkeit) zu einem RT-Zuwachs führen. Interaktionseffekte dagegen treten dann auf, wenn zwei Signaleigenschaften gleichzeitig auf demselben Niveau verarbeitet werden müssen (z. B. bei der kurzzeitigen bzw. maskierten Darbietung ohnehin schwer voneinander unterscheidbarer Signale). Neuere Entwicklungen der RT-Theorie zielen darauf ab, Beziehungen zwischen Art und Komplexität der Signalverarbeitung, der Reaktionsauswahl und der Reaktionsausführung bei sprachfreien und sprachgebundenen Operationen zu ermitteln, um die gewonnenen Erkenntnisse auf die Gestaltung von Arbeitsplätzen anzuwenden (Wickens).

LIT. Donders (1868; 1969); Duncan Luce (1986); Pachella (1974); Posner (1978); Prinz (1983); Sternberg (1969); Wickens (1984).

reaktive Hemmungen *→Reaktionspotential.*

reaktive Psychose *→Psychotische Störung.*

reaktiver Effekt, Reaktivität *(reactive effect, reactivity effect).* Ein r. E. liegt dann vor, wenn der Meßvorgang bzw. die Situation, in der er sich vollzieht, dasjenige ändert, was gemessen werden soll. Eine Gruppeninteraktion kann sich in Art und Form nachhaltig ändern, wenn z. B. ein Tonbandgerät zur Aufzeichnung des Gespräches aufgestellt wird.

→quasi-experimenteller Versuchsplan.

Realdefinition *→Definition.*

Realismus *(realism).* Philosophische Bezeichnung für Lehrmeinungen, die die erkennbare Existenz einer nichtsubjektiven Welt voraussetzen. In der Kunsttheorie eine Annahme, die die Darstellung und Darstellbarkeit der Dinge und Menschen, so wie sie sind, bzw. die Erfaßbarkeit ihrer wirklichen Bedeutung durch den Künstler postuliert.

Realität *(reality).* Bezeichnung für die Gesamtheit der materiellen Gegebenheiten, auf die sich das Verhalten des

Menschen bezieht bzw. von ihm begrifflich oder in der Vorstellung erfaßt und behandelt werden kann.

Realitätsprinzip *(reality principle)*. Psychoanalytische Bezeichnung für einen Teil des »Ich«, der das Verhalten gemäß dem *Lustprinzip (pleasure principle)* den Erfordernissen der Umwelt anpaßt, jedoch in der Weise, daß daraus Lustgewinn bezogen werden kann.

reasoning test →*Schlußfolgern.*

Rechtshändigkeit →*Händigkeit.*

Redundanz *(redundancy)*.
[1] Ein aus dem englischen Sprachgebrauch stammender Ausdruck für Überflüssiges oder Weitschweifiges in den Aussagen oder Verhaltensweisen eines Mitmenschen.
[2] In der *Informationstheorie* die allgemeine Bezeichnung für das Komplement des Entropiemaßes H. Man könnte dieses Maß als Ausdruck des in einem Informationssystem enthaltenen Informationsüberschusses bezeichnen.

$$C = 1 - H \text{ (meist } H_{rel})$$

ist der allgemeine Ausdruck für das Redundanzmaß.
LIT. ATTNEAVE (1965).

Reflex *(reflex)*. Ungelernte, unwillkürliche und automatische Reaktion auf einen inneren oder äußeren Reiz mit den Eigenschaften der Gleichförmigkeit, Beständigkeit und relativ kurzen Latenz. Die durch einen Reiz ausgelöste Erregung läuft auf afferentem, festverschaltetem Weg, dem *Reflexbogen (reflex arc)*, in das zugeordnete *Reflexzentrum (reflex center)*, das je nach Art des Reflexes aus einfachen Synapsen oder einem Netzwerk von Synapsen, Neuronen und Kollateralen besteht; von dort fließt Erregung über efferente Fasern zum Erfolgs- oder Effektororgan und löst so die Reaktion aus. Bei den *motorischen* Reflexen besteht die Reaktion aus Veränderungen der Skelettmuskulatur mit dem Effekt von Muskel- oder Gliedmaßenbewegungen. Reflexe, bei denen Rezeptor- und Erfolgsorgan eng benachbart liegen, wie z. B. beim Patellar- oder Kniesehnenreflex, zeichnen sich durch geringe Latenz aus; der Reflexbogen nimmt den kürzesten Weg und das Reflexzentrum ist einfacher Natur (Synapsen im Rückenmark). Man nennt sie auch *Eigenreflexe (proprioceptive reflexes)*. Reflexe, bei denen Rezeptor und Erfolgsorgan voneinander entfernt angeordnet sind, nennt man dagegen *Fremdreflexe (exteroceptive reflexes)*. Von der Funktion her lassen sich adaptive, defensiv-protektive und homöostatische Reflexe unterscheiden. Eine komplexe homöostatische Reflexstruktur sorgt z. B. für den Wärmehaushalt des Körpers über verschiedene Tastfühler nach dem Prinzip des Fließgleichgewichts *(Regelkreis)*. Einen Sonderfall repräsentiert die sog. →*Orientierungsreaktion*, die alle Eigenschaften eines (adaptiven) Reflexes mit Ausnahme der Beständigkeit besitzt (→*Habituation*).
PAWLOW und seine Mitarbeiter konnten zeigen, daß die Reaktion auch auf neutrale Situationsmerkmale nach dem Prinzip der →*Konditionierung* (klassische K.) übertragen werden kann. Hier ist der R. die Basis für einfache Lernvorgänge. Konditionierte Reflexe, besser: Reiz-Reaktionsverbindungen, zählen daher nicht zu den Reflexen im engeren Sinne.

Reflexion *(reflection)*.
[1] *Physik:* Unstetige Änderung der Ausbreitungsrichtung von Wellen (z. B. Licht, Schall) nach deren Auftreffen auf einer Grenzfläche zwischen zwei Medien (z. B. Körperoberflächen, Wände, Wasserspiegel).
[2] *Philosophie:* Systematisches Nachdenken über die Bedingungen, Möglichkeiten und Grenzen des Denkens, des Verstandes, der Vernunft. In allgemeinerer Bedeutung Bezeichnung für das Zurückwenden der Aufmerksamkeit nach »innen« bzw. das Abwenden von den Gegenständen bzw. in der Außenwelt gemachten Erfahrungen und Zuwenden auf das individuelle Erleben und Denken, z. B. Überlegen, Beziehungen überdenken, eine künftige Handlung in bezug auf die äußeren Bedingungen planen.

reflexive Bewertung →*Bewertung.*

Reflexivität →*Impulsivität.*

Reflexkette →*Kettenreflex.*

Reflexologie *(reflex[i]ology)*. Bezeichnung für die von BECHTEREW eingeführte Auffassung, daß alle psychischen Erscheinungen auf Reflexe zurückgeführt werden können.
LIT. BECHTEREW (1913).

Reflexwert →*Helligkeit.*

Reflexzentrum →*Reflex.*

Refraktärphase, Refraktärperiode, Refraktärzeit *(refractory period)*.
[1] *Refraktärphase, absolute:* Intervall unmittelbar nach Reizung einer Ner-

venzelle, in dem kein weiterer Reiz eine Erregung auslösen kann, gleichgültig, wie intensiv der zweite Reiz ist *(Alles-oder-Nichts-Gesetz).*
[2] *Refraktärphase, relative:* Intervall nach Ablauf der absoluten R. In ihm hängt der Erfolg eines zweiten Reizes davon ab, wie stark er ist. Besitzt er überschwellige Intensität, so kann in diesem Zeitabschnitt ein weiteres *Aktionspotential* entstehen.

Refraktärzeit, psychologische *(psychological refractory period).* Von WELFORD (1931) eingeführte Bezeichnung für Reaktionsverzögerungen bei Beantwortung eines Signals, wenn zwischen ihm und seinem Vorgänger weniger als ca. 100–500 msec vergangen sind. Voraussetzung ist, daß es sich um dieselben Signale und Reaktionen handelt (z.B. im Reaktionszeit-Experiment). Das Ausmaß der Verzögerung hängt vom Intervall zwischen den auslösenden Signalen ab. Daher wird angenommen, die Verarbeitung des vorangehenden Signals bzw. die Vorbereitung auf die Reaktion und/oder die Nachwirkungen des Reagierens beanspruchten die entsprechenden Systeme eine Zeit lang. Fällt das nächste Signal in das kritische Intervall, so hängt es vom Grad der Wiederherstellung des optimalen Funktionszustandes ab, wie rasch reagiert werden kann. Erst nach Ablauf von ca. 500 msec erreicht die Reaktionsgeschwindigkeit auf das zweite Signal wieder den Ausgangswert.
LIT. SMITH (1967).

Regelkreis *(feed back system, servo mechanism).*
Bezeichnung für eine Einrichtung, die fortlaufend über Tastfühler einen Istwert feststellt, mit einem Sollwert vergleicht und die zu regelnde Größe trotz variablen Istwertes auf einem konstanten Sollwert-Niveau hält. Der Informationsfluß vollzieht sich in einem geschlossenen Kreis. Das System arbeitet mit Zeichenumkehr zwischen Eingangs- und Ausgangswert (Stellgröße). Die Funktion läßt sich am Beispiel des *Thermostaten* verdeutlichen: Sollwert ist die gewünschte Zimmertemperatur, Istwert die herrschende Temperatur. Sinkt der Istwert, so muß der Heizwert (Stellgröße) erhöht werden (Zeichenumkehr). Ein System ohne Vorzeichenumkehr nennt man *Verstärker.*
Regelkreis-Vorgänge finden sich im menschlichen und tierischen Organismus. So wird z.B. die *Bluttemperatur* durch eine *negative Rückkoppelung* (Syn. für Regelkreis mit Zeichenumkehr) geregelt.
→Reafferenzprinzip, →Rückkoppelung.

Regelspiel *→Spiel.*

Regelung *→Kontrolle.*

Regenbogenhaut *→Auge, →Iris.*

Regression. Bezeichnung für »Zurückbewegungen«, d.h. rückschreitende oder rückgreifende Vorgänge. Gegenteil: Fortschritt, Progression.
[1] Allgemeine und umfassende Bezeichnung für das Wiederauftreten von in der Entwicklung bereits durchlaufenen Phasen oder Stadien in Situationen erhöhter Belastung oder mit äußeren bzw. inneren konfliktanalogen Bedingungen. Die in der R. gezeigten Verhaltens-, Erlebnis- und Ausdrucksmerkmale sind jeweils primitiver oder sogar »infantil« im Vergleich zu einem bereits erreichten Entwicklungsstadium. Sie können deshalb auch als »Dedifferenzierung« *(dedifferentiation),* also als ein Aufheben eines bereits differenzierteren Verhaltens- oder Erlebnisniveaus, bezeichnet werden. In psychoanalytischer Deutung handelt es sich bei der R. um die libidinöse bzw. affektive Besetzung kindlichen Verhaltens.
→Abwehrmechanismen.
[2] Statistische Bezeichnung für die durch einen *Regressionskoeffizienten* und darauf aufbauende Gleichungen bestimmten Voraussagen eines Wertes einer Variablen aus der Kenntnis eines Wertes einer anderen Variablen, vorausgesetzt, daß die beiden Variablen miteinander korrelieren und die Stärke und Richtung der *Korrelation* in Form eines Produkt-Moment-Koeffizienten vorliegt. Im Falle der *linearen Regression* läßt sich beispielsweise die Größe X, die einem bestimmten Y entsprechen soll, aus

$$X = r_{xy} \left[\frac{s_x}{s_y} (Y - M_y) \right] + M_x$$

voraussagen. r_{xy} ist der Korrelationskoeffizient, s_x und s_y sind die Standardabweichungen der beiden Variablen, M_y ist der Mittelwert der Variablen, von der her vorausgesagt werden soll, M_x der Mittelwert der Variablen, auf die hin vorausgesagt werden soll. Der Ausdruck

$$r_{xy} \frac{s_x}{s_y}$$

wird als *Regressionskoeffizient* bezeichnet und ist die Konstante in der oben aufgeführten Gleichung. Für die beiden möglichen Voraussagerichtungen lassen sich für die *lineare Regression* durch Einsetzen der Werte zwei Linien definieren, die man als *Regressionslinien* oder *-geraden (regression lines)* bezeichnet. Kurvenförmige Regressionsbeziehungen werden als *kurvilineare Regression (curvilinear regression)* bezeichnet. Werden mehrere Variablen gleichzeitig aufeinander bezogen, so bezeichnet man dies als *multiple Regression (multiple regression)*.

Rehabilitation *(rehabilitation)*. Verfahren und Maßnahmen, die im engeren Sinn der sozialen Integration geistig oder körperlich Behinderter, im weiteren Sinn auch der sozialen Reintegration von Patienten mit reversiblen oder teilweise reversiblen Störungen oder straffällig gewordener Menschen dienen.

Reife *(maturity)*. Bezeichnung für den Zustand am Ende der Reifung, z. B. Erreichen des Erwachsenenalters, gekennzeichnet durch bestimmte artspezifische Merkmale. Meist unterscheidet man beim Menschen zwischen *körperlicher, geistiger* (intellektueller), *emotionaler* und *sozialer* Reife. Als Alter der Reife in allen diesen Hinsichten wird häufig der Abschnitt zwischen dem 21. und 65. Lebensjahr angesehen.

Reifung *(maturation)*. Biologische Bezeichnung für die Entwicklung in körperlicher oder geistiger Hinsicht auf einen Endzustand *(Reife)* hin im Gegensatz zur Entwicklung unter Einbeziehung des Lernens.
→Entwicklung; →Entwicklungspsychologie; →soziale Entwicklung.

Reihenkorrelationskoeffizient *→Autokorrelation.*

reinforcement *→Bahnung, →Verstärkung.*

Reissnersche Membran *(Reissner's membrane)*. Membrana vestibularis: Membran in der Cochlea (Schnecke im inneren *Ohr*), die die scala vestibuli von der scala media trennt.

Reiz, stimulus; Abk. *S (stimulus)*. Allgemeine und umfassende Bezeichnung für:
[1] Physikalisch-energetische Veränderungen, die die Rezeptorensysteme des Organismus erreichen und erregen können.
[2] Physikalisch-energetische Veränderungen, die die Rezeptoren des Organismus nachweislich erregen (d. h. neurale Aktivität in den Rezeptoren auslösen).
[3] Jener mehr oder weniger komplexe Ausschnitt der Umwelt, bei dessen qualitativer und/oder quantitativer Veränderung entsprechende, mit den Graden und Arten der Veränderung einhergehende, nach Qualität oder Quantität unterscheidbare Reaktionen erfolgen.
[4] Jeder innerhalb des Organismus angenommene oder beobachtete Vorgang, in dessen Gefolge ein bestimmtes Verhalten (komplexe Reaktion) auftritt bzw. in die Wege geleitet wird (z. B. *Triebreiz; drive stimulus,* oder durch *somästhetische* Impulse ausgelöste Aktivitäten). Syn. *theoretischer* oder *hypothetischer Reiz, somästhetischer Reiz.*
Die Bedeutung [2] ist die in der physiologischen Forschung übliche, [3] und [4] entsprechen eher der psychologischen Auffassung. Bei [3] wird als *Veränderung* auch die Aussage der Empfindung über eine Veränderung einbegriffen. Sinnvoll erscheinen nur die Bedeutungen [2] bis [4]; die Bedeutung [1] könnte dagegen dazu verführen, eine jede physikalisch-energetische Gegebenheit einfacher oder komplexer Art als Reiz zu bezeichnen.

Reiz, aversiver *(aversive stimulus)*.
[1] Reiz, der defensive *Reflexe* auslöst.
[2] Reiz, der als unangenehm oder bedrohlich eingeschätzt wird und daher Vermeidungsverhalten und die damit verbundenen emotionalen Reaktionen auslöst.
[3] Reiz, der mit unangenehmen oder bedrohlichen Ereignissen gekoppelt ist, so daß bei seinem Wiederauftreten auf Grund von Konditionierungsvorgängen Abwehrtendenzen aufgebaut werden (in diesem Sinne nur sehr selten gebraucht).

Reiz, differenzierender *(discriminative stimulus)*. Abk. S^D. Bezeichnung für einen Reiz bei der operanten Konditionierung *(→Konditionierung, operante)*, in dessen Gefolge die Verstärkung auftritt bzw. auftreten wird. Ein Reiz kann dann als differenzierender Reiz bezeichnet werden, wenn das Versuchstier oder die Versuchsperson eine Reaktion – auf die hin Verstärkung erwartet wird – bei Auftauchen des entsprechenden Reizes häufiger zeigt als bei dessen Abwesenheit oder bei Anwesenheit eines anderen Reizes.

Reiz, somästhetischer oder **Bewegungsreiz** *(movement-produced stimulus)*. Bezeichnung für einen inneren Reiz, der durch die propriozeptive Rückmeldung über eine bereits erfolgte Bewegung entsteht und Auslöser für weitere Reaktionen oder eine Reaktionskette wird. Manchmal auch Syn. für *Triebreiz*.

Reiz, unterschwelliger *(subliminal stimulus)*. Bezeichnung für Reize unterhalb der Schwelle des deutlichen Erkennens bzw. (bei Unterschiedsfeststellungen) im Bereiche der Gleichempfindung, die zwar registriert werden und (autonome) Reaktionen auslösen, deren Beschaffenheit und/oder Bedeutung jedoch nicht erkannt bzw. bewußt wird.

Reiz-Einstellung *(stimulus attitude)*. Bezeichnung für die Erwartung des Auftauchens eines Reizes im Reiz-Reaktions-Experiment. Im Unterschied zu motorischen oder Reaktionseinstellungen handelt es sich hier nicht um die Bereitschaft zum Reagieren.

Reizfehler *(stimulus error)*. Von TITCHENER bei Selbstbeobachtung eingeführte Bezeichnung für die Tatsache, daß sich ein Individuum bei der Einschätzung von Dingen und Sachverhalten (z.B. Lautstärken) nicht von der »Empfindung« (wie gefordert), sondern von den Bedingungen der Reizdarbietung oder den damit verknüpften Assoziationen leiten läßt.

Reizgeneralisierung *(stimulus generalization)*. Bezeichnung für die Tatsache, daß nach dem Lernen einer Reaktion auf einen ganz bestimmten Reiz hin *(→Konditionierung)* auch auf relativ ähnliche Reize dieselbe gelernte Reaktion erfolgt. Man kann mit einiger Wahrscheinlichkeit voraussagen, daß mit größerer Ähnlichkeit des nachfolgenden Reizes mit dem Originalreiz die Reaktion häufiger oder stärker ausfallen wird als bei relativer Unähnlichkeit. Diese Gesetzmäßigkeit läßt sich als *Generalisierungsgradient (generalization gradient)* bezeichnen. Als sog. *vermittelte Reizgeneralisierung (mediated stimulus generalization)* bezeichnet man den Fall, wo zwar keine wahrnehmungsmäßige Ähnlichkeit zwischen den Reizen, jedoch eine Ähnlichkeit in der ausgelösten Reaktion einen Reiz an Stelle des Originalreizes die Reaktion auslösen läßt. In sog. *»verbal chaining«* – Experimenten, also verbalen Kettenbildungen, läßt sich dieser vermittelnde Einfluß zeigen. Die Versuchsperson lernt Paare von sinnlosen Silben und Reizwörtern, z.B. ges-Zitrone usw. Nun soll sie eine neue Paarreihe lernen, wobei z.B. ges mit Baum verknüpft wird. Es zeigt sich, daß bei Abfragen des jeweils zweiten Gliedes des Paares nach Vorgabe des ersten (hier also ges) die Reihe von Paaren schneller gelernt wird, wenn – wie in dem Beispiel – die Reaktionen auf ges (erst Zitrone, dann Baum) einen bestimmten Zusammenhang zeigen. Dieser Vorgang gilt als Sonderfall der *semantischen Generalisierung*.

Reiz-Reaktions-Psychologie *(stimulus-response psychology, stimulus-response theory, stimulus-response view)*. Bezeichnung für die Ansicht, die wichtigste Aufgabe der Psychologie sei das Auffinden von gesetzmäßigen Verknüpfungen bestimmter Reize mit bestimmten Reaktionen, so daß Funktionen von der Art: Jede Reaktion ist eine Funktion des jeweiligen Reizes oder der Reizklasse (S_j), d.h.

$$R_i = F(S_j)$$

aufgestellt werden können. Die Analyse von Erlebniszuständen oder -vorgängen ist damit nicht grundsätzlich ausgeschlossen (wie z.B. im Behaviorismus Watsonscher Prägung). Diese Art der Anschauung und Theorienbildung dominiert in den modernen *Lerntheorien* und ist an dem Vorbild der Sinnesphysiologie (Reiz-Empfindungs-Beziehungen) und Reflexlehre orientiert.

Reizschwelle *→Psychophysik*.

Reizspur *(stimulus trace)*.

[1] Bezeichnung für die von HULL angenommene Nachwirkung eines kurzzeitig dargebotenen Reizes.

[2] Bezeichnung für sog. *Nacherregungen*, einen afferenten Prozeß, der rasch sein Maximum erreicht und dann je nach Intensität des auslösenden Reizes mit der Zeit allmählich abklingt.

Reizstärkedynamik *→Trieb*.

Reizsummation *→Summation*.

Reizsummeneffekt *→Summation*.

Reizsummenregel *→Summation*.

Reizüberflutungstherapie *→Flooding*.

Reiz-Variable *→Variable*.

Reliabilität *(Zuverlässigkeit, Verläßlichkeit*, engl. *reliability)*. Bezeichnung für den statistisch ermittelbaren *Genau-*

igkeitsgrad (accuracy) eines Maßes bzw. Tests.

Ein Maß oder ein Test kann dann als reliabel bezeichnet werden, wenn es/er das Merkmal, das es zu messen/testen gilt, exakt mißt, d. h. wenn es/er bei einer Wiederholung der Messung/Testung unter gleichen Bedingungen und an denselben Gegenständen zu dem gleichen Ergebnis führt.

Das *Maß der Zuverlässigkeit* heißt *Reliabilitätskoeffizient (reliability coefficient)*. Er ist definiert aus der Korrelation zwischen den beiden Messungen oder Testungen und wird mit r_{tt} bezeichnet. Aus praktischen Gründen wird die zweite Testung meist entweder mit Hilfe sog. Paralleltests (gleichwertiger Tests) vorgenommen oder durch Zerlegung eines Tests in zwei vergleichbare Hälften geschätzt. Im ersten Falle spricht man von der Paralleltest-Reliabilität *(test-retest reliability)*, im zweiten von der Halbierungs-Reliabilität *(split-half reliability)*.

LIT. →*Test*, →*Testkonstruktion*.

Religionspsychologie *(psychology of religion)*. Teilgebiet der vergleichenden Kultur- bzw. Sozialpsychologie, in dessen Rahmen Ursprünge und Arten von religiösen Einstellungen oder Erfahrungen und Erlebnisse religiöser Art untersucht werden.

LIT. Thouless (1961).

REM *(rapid eye movement)*.

[1] Bezeichnung für rasche Bewegungen des Augapfels, die mittels →*EOG (Elektrookulogramm)* während des Schlafes registriert werden können und bestimmte *Schlafphasen* (→*Schlaf*) kennzeichnen.

[2] *REM-Phase* oder *REM-Schlaf* bezeichnet diejenige Phase im Schlafzyklus (→*Schlaf*), in der schnelle Augenbewegungen auftreten; es gilt als sehr wahrscheinlich, daß nur in diesen Phasen geträumt wird. Den REM-Phasen entsprechen EEG-Veränderungen, die auf ein erhöhtes Aktivationsniveau hindeuten.

Reminiszenz *(reminiscence)*. Bezeichnung für einen Leistungsanstieg während des Lernens, der nach einer Unterbrechung der Übung auftritt. R. zeigt sich darin, daß nach der Unterbrechung ein höheres Leistungsniveau auftritt als während und unmittelbar nach der vorangegangenen Übung. Reminiszenz-Effekte sind bei motorischen Aufgaben besonders deutlich. Es wird angenommen, daß – insbesondere bei anstrengenden, ermüdenden Aufgaben – die Unterbrechung Erholung verschafft, reaktive Hemmungen abgebaut werden können, während in der Vorstellung *mental* weitergeübt wird *(mentales Training; mentale Übung)*.

Remission *(remission)*, Adj. *remittierend (remittent)*. Wörtlich: Nachlassen.

[1] *Medizin, Klinische Psychologie:* Minderung des ursprünglichen Ausprägungsgrades von Symptomen und der durch sie erfahrenen Beeinträchtigungen, jedoch keine vollständige Genesung bzw. Wiedererlangung eines störungsfreien Zustands (→*Restitution*).

[2] *Soziale R. (social remission)* bezeichnet ein Nachlassen des Ausprägungsgrades von Symptomen psychischer Störungen so weit, daß eine Wiederaufnahme familiärer u. a. sozialer Beziehungen sowie der Wiedereintritt in das Berufsleben möglich ist.

[3] *Spontane R. (spontaneous remission)* nennt man das Nachlassen von Symptomen ohne jede Intervention.

REP →*kognitive Komplexität*.

REP-Test →*kognitive Komplexität*.

reproduktive Assimilation →*Assimilation*.

Residualreize, Restreize →*Adaptationsniveau*.

Resonanz. Physikalische Bezeichnung für das Mitschwingen von Gegenständen (z. B. einer Klaviersaite) bei Auftreten einer Vibration innerhalb eines für das Mitschwingen relevanten kritischen Bereiches (z. B. dem der Klaviersaite entsprechenden Ton).

Resonanztheorie *(resonance theory)*. Bezeichnung für eine nicht bewiesene Theorie des Hörens, in deren Rahmen angenommen wird, daß Gehörseindrücke durch ein Mitschwingen entsprechender Fasern des Gehörorgans zustande kommen.

→*Theorien des Hörens*.

Response →*Reaktion*.

Ressourcenzuweisung *(allocation of resources)*.

[1] *Sozialpsychologie, Spieltheorie:* Verteilung von Gewinn bzw. Belohnung proportional zur erbrachten Leistung einzelner Gruppenmitglieder oder Spielpartner aufgrund aus dem gegenseitigen Vergleich hervorgehender Regeln.

[2] *Aufmerksamkeits- und Wahrnehmungspsychologie:* Prozesse der Zutei-

lung von Arbeitskapazität an Teilsysteme der Informationsverarbeitung, so daß die Aufgabe klaglos und rasch gelöst werden kann bzw. die Bearbeitung einer zweiten Aufgabe ohne nachhaltige Beeinträchtigung der ersten erfolgt.
→*Aufmerksamkeit.*
LIT. Foa, Foa (1976); Navon, Gopher (1979).

Restitution *(restitution).* Vollständige Wiederherstellung der Gesundheit bzw. eines ungestörten Zustands. Syn.: *Heilung, restitutio ad integrum.*

Restorff-Effekt *(Restorff effect).* Bezeichnung für die von Restorff erstmalig nachgewiesene Tatsache, daß in einem Lernstoff eingebettete, auffällige, andersartige Aufgaben bzw. Glieder besser behalten werden, als relativ gleichförmige. Bietet man z. B. im Paarassoziations-Lernversuch im Gefüge von paarweisen sinnfreien Silben an verschiedenen Stellen Paare verschiedenfarbiger einfacher geometrischer Figuren dar und sind diese im Vergleich zu den Silbenpaaren in der Minderzahl, so werden diese Figuren besser behalten als die Silbenpaare. Diese Beobachtung berechtigt jedoch nicht zu der Schlußfolgerung, daß ein aus heterogenen Elementen zusammengesetzter Lernstoff grundsätzlich zu besseren Behaltensleistungen der selteneren oder andersartigen Glieder führt.

Restreize →*Adaptationsniveau.*

Retardation. Allgemeine Bezeichnung für die Verlangsamung einer Bewegung bzw. einer Entwicklung. Im engeren Sinne Bezeichnung für ein Zurückbleiben in der Intelligenzentwicklung bei Kindern im Vergleich zur normalen Entwicklung. R. bezieht sich auf der Intelligenzskala auf den Grenzbereich zwischen »niedrig« und der oberen Grenze des Schwachsinns. Meist deutet ein IQ um 70 (60–85) auf R. hin.

Retention oder **Behalten.** Allgemeine und umfassende Bezeichnung für den Leistungsaspekt des Gedächtnisses in bezug auf Lern-, Reproduktions- und Wiedererkennungsleistungen (verbal und motorisch), die an Erfahrungen oder Übung gebunden sind (→*Gedächtnis).*

Retikularsystem, retikuläres System *(reticular formation,* lat. formatio reticularis). Aus Zellkörpern und Nervenfasern zusammengesetztes netzförmiges Gebilde in Hirnstamm und Rückenmark, das als verstärkendes Wecksystem arbeitet.
→*Aktivation.*

Retina, Netzhaut *(retina).* Bei Wirbeltieren (einschl. Mensch) an der lichtabgewandten Seite des inneren Augapfels liegende, aus dem Zwischenhirn entstandene mehrschichtige »Haut«, die das vom dioptrischen Apparat entworfene Bild empfängt und in neuraler Kodierung dem Gehirn zuleitet. Sie enthält neben Blutgefäßen, Nerven- und Stützgewebezellen in ihrer lichtabgewandtesten Schicht (insgesamt 10 Schichten, davon 9 vorgelagert) ca. 125 Millionen Rezeptoren. Die Absorption erfolgt an dem zwischen Retina und Aderhaut gelegenen Pigmentepithel. Die lichtempfindlicheren Rezeptoren außerhalb der *macula lutea* (blinder Fleck) dienen dem *skotopischen Sehen* (Dämmerungssehen) und sprechen auf einen Intensitätsbereich bis zu 10^{-6} Millilambert (absolute Schwelle bei *Dunkeladaptation*) an. Die helligkeitsunempfindlicheren Rezeptoren sind gedrungen, heißen daher *Zapfen* und finden sich vorwiegend in der *fovea* und bis zu 16° von ihr entfernt mit radikal abnehmender Häufigkeit. Nur in diesem Bereich ist das menschliche Wahrnehmen »farbig«; das *photopische* Zapfensystem arbeitet nur bei ausreichendem Licht (ab ca. 10 Millilambert). In der Dunkelheit herrscht demnach Farblosigkeit, man sieht nur Grautöne. Stäbchen und Zapfen enthalten Sehfarbstoffe, die durch Lichteinwirkung zersetzt werden. Die Absorption erfolgt an der unter der Retina gelegenen *Aderhaut.* (Bei Katzen erfolgt dort Reflexion.) Die Erregung wird bei fovealen Zapfen auf je eine, bei Stäbchen zu mehreren zusammengefaßt, auf *bipolare* Zellen übertragen und von diesen wieder auf größere *Ganglienzellen,* deren Axone den *Sehnerv* bilden. An der Stelle seines Austritts befinden sich keine Rezeptoren *(blinder Fleck).* Bipolare und Ganglienzellen liegen linsenwärts, also vor den Rezeptoren, die nur von rd. 1/10 der einfallenden Lichtenergie erreicht werden.
→*Auge,* →*Adaptation,* →*Farbensehen,* →*rezeptive Felder,* →*Sehen.*

retrieval →*Gedächtnis.*

retroaktive Amnesie →*Amnesie.*

Retrospektion *(retrospection).* Bezeichnung für aus der Erinnerung erfolgende Beschreibungen.

Reversibilität *(reversibility)*, Adj. *reversibel (reversible). Medizin, Klinische Psychologie:* Rückbildungsfähigkeit von Symptomen einer Krankheit oder Störung im Sinne einer *→Remission* oder *→Restitution.*
Gegensatz: *Irreversibilität (irreversibility),* Adjektiv: *irreversibel (irreversible).*

Rezeptionsspiel *→Spiel.*

rezeptive Felder *(receptive fields).* Mechanismus der Vorkodierung visueller Information, entdeckt durch HUBEL und WIESEL. Ein r. F. ist definiert durch die Konstellation von Retina-Rezeptoren (*→Auge*), die ihre Erregungspotentiale (*→Aktionspotentiale*) einer lokalisierbaren, zentraleren Nervenzelle zuleiten und dort aufgrund synaptischer Verrechnung Erregung oder Hemmung auslösen. Mit Ausnahme des Foveabereichs gehen Rezeptorimpulse gleichzeitig an mehrere bipolare Retinazellen und von dort gleichzeitig an mehrere Retinaganglien. So kann eine einzige Rezeptorzelle gleichzeitig mehreren hundert r.F. zugehören; r.F. überlagern und überschneiden einander. Die Rekonstruktion von r.F. geschieht im Tierversuch durch Mikroelektroden, die in Retinaganglien, Schichten und Kolonnen von Ganglien des nucleus geniculatus laterale oder im Sehkortex eingestochen werden. Während Retinaganglien und Zellen im Bereich der corpora geniculata vor allem auf Größe, Intensität und Lokalisierung von Reizen auf der Retina jeweils optimal ansprechen, ist die Funktion kortikaler Zellen differenzierter. Diese reagieren optimal auf Helligkeits- und Größenunterschiede, auf Helligkeitskontraste, auf Bewegungen und Richtungen. Andere wieder sprechen optimal auf bestimmte Formen an, wenn die entsprechenden Retinaregionen gereizt werden. Sog. *hyperkomplexe Zellen* schließlich reagieren auf verschiedene Winkelgrößen oder auf das Ansprechen korrespondierender Retinaregionen in beiden Augen, so daß man sie mit der Wahrnehmung von Tiefe und Entfernung in Verbindung bringt. Auch das Wahrnehmen von Farben wird in der neueren Forschung auf r.F., registriert in den corpora geniculata, bezogen. Die noch nicht abgeschlossene Erforschung von r.F. zeigt, daß viele Reizparameter offenbar vorkodiert sind und von eigenen *Analysatoren* verarbeitet werden, wodurch die kortikale Informationsverarbeitung wesentlich entlastet ist.
LIT. HUBEL, WIESEL (1962; 1968).

Rezeptor *(receptor).* Nervenendigung oder Zelle, die durch Umwandlung spezieller Reize oder Reizqualitäten in nervöse Erregung Information aus der Außenwelt oder dem Körperinneren aufnimmt und sie über afferente Nerven zum ZNS leitet.

Rezeptoradaptation *(adaptation of receptors; receptor adaptation).* Man unterscheidet *rasch adaptierende (phasische)* und *langsam adaptierende (tonische) Rezeptoren.* Die R. vollzieht sich unabhängig von Ermüdung und Reizfrequenz und äußert sich z. B. bei Aufrechterhaltung konstanter Reizstärke in einem monotonen Abfall der Frequenz des *Aktionspotentials.*

Rezeptor, An- *→An-Reaktion.*

Rezeptor, An-Aus- *→An-Aus-Reaktion.*

Rezeptor, Aus- *→Aus-Reaktion.*

rezessiv *→Mendelsche Regeln.*

reziproke Innervation *(reciprocal innervation).* Steuerungsprinzip innerhalb solcher neuraler motorischer Zentren, die antagonistische Muskeln oder Muskelsysteme versorgen. Wird der eine Muskel zusammengezogen, so wird der andere entweder entspannt oder seine Kontraktion durch das Steuerungsprinzip gehemmt, so daß die antagonistische Funktion der jeweiligen Muskelpaare gewährleistet ist.

Rhinencephalon *→Riechhirn.*

Rhodopsin oder **Sehpurpur** *(visual purple).* Photochemische Substanz in den *Stäbchenzellen* der Retina, die bei Lichteinwirkung ausgebleicht wird.

Rhythmus *(rhythm).* Allgemeine Bezeichnung für das periodische Wiederauftreten von Ereignissen oder subjektiven Erscheinungen innerhalb einer Reihe von Ereignissen bzw. wahrgenommenen Prozessen. Die Bedeutung reicht von der Beschreibung des musikalischen Rhythmus als zeitlicher Intervallgliederung bis zu der rhythmischen Gliederung als Eindrucksmerkmal bei der Beschreibung von Bewegungsabläufen. Unter dem Gesichtspunkt des R. werden auch biologische und Entwicklungsprozesse betrachtet (z. B. Wach-Schlafrhythmus; *→Biorhythmus).*

Ribonukleinsäuren *→Nukleinsäuren.*

Ribotsches Gesetz *(Ribot's law).* Von THÉODULE ARMAND RIBOT Ende des

19. Jh. erstmals beschriebene Regelhaftigkeit des Gedächtnisabbaus nach Gehirnverletzungen bzw. mit fortschreitendem Alter. Der Gedächtnisabbau vollzieht sich in umgekehrter Reihenfolge wie der Aufbau. Als erste sind betroffen neue Erinnerungen, affektive, ungewohnte und komplexere Erinnerungseindrücke, dann erst verschwinden ältere Erinnerungen, das Einfache und Gewohnte.

Riccosches Gesetz *(Ricco's law)*. Aus dem *Charpentierschen Gesetz* von Ricco hergeleitete Beziehung zwischen Reizintensität bzw. Leuchtdichte (I) und Größe der fovealen Reizabbildung (A) für Reize in der Größenordnung bis zu ca. 10′ Abbildungsdurchmesser, formuliert in bezug auf die absolute Schwelle. Um die Reizschwelle zu erreichen, muß bei abnehmender Leuchtdichte die Größe proportional zunehmen; bei zunehmender Helligkeit kann die Größe dagegen proportional abnehmen. Daher gilt näherungsweise die Beziehung $I \times A = k$, d.h. das Produkt aus Intensität und Areal ist in bezug auf die Reizschwelle konstant. Für größere Reize gilt das →*Pipersche Gesetz*.

Richtung *(direction)*. Gerichtetheit eines Zustands oder Vorganges in bezug auf ein Ziel, meist im Zusammenhang mit den räuml. Gegebenheiten oder mit dem »Verhaltensraum« im übertragenen Sinne aus Bewegungen bzw. Zielorientierungen des Denkens erschlossen.

Richtungsdispositionen. Von W. Stern eingeführte Bezeichnung für die die Richtung des Handelns bestimmenden, individuellen Eigenschaften (Dispositionen), die zu den allgemeinen Fähigkeiten (»Rüstungsdispositionen«) hinzutreten müssen, um konkretes Verhalten erklären zu können.

Richtungshören →*Hören*.

Richtungssinne *(senses of direction)*. Umfassende Bezeichnung für Organe und Elemente des Erkennens, die es ermöglichen, einen Gegenstand in seiner räumlichen Lage zu lokalisieren (Richtungssehen, Richtungshören). In der Tierpsychologie auch die Bezeichnung einer nur zum Teil erforschten Organismusfunktion, die es den Zugvögeln ermöglicht, Brut- und Überwinterungsplätze wiederzufinden.

Riechhirn oder **Rhinencephalon.** Riechregion des Vorderhirns einschließlich *Riechkolben (olfactory bulbs)* und Hippocampi *(Ammonshörner)* im seitlichen Teil der Großhirnhemisphären.

Riechspalten →*Geruch*.

Riechzellen →*Geruch*.

Rigidität *(rigidity)*.

[1] Physiologische Bezeichnung für einen Zustand allgemeiner und relativ andauernder Muskelkontraktion, wie er z.B. unter Hypnose oder bei Störung der motorischen Nervenbahnen auftreten kann. Syn. *Starrheit*.

[2] Allgemeine und umfassende Bezeichnung für die Unfähigkeit oder nur eingeschränkte Fähigkeit eines Menschen, sich angesichts der Veränderungen der objektiven Bedingungen in *Handlung* (motorische R.) oder *Einstellung* (affektive, kognitive R.) von einmal eingeschlagenen Handlungs- oder Denkwegen zu lösen und angemessenere (angepaßtere) zu wählen. Manche Forscher beschreiben die R. entweder in bezug auf einzelne Verhaltens- oder Reaktionsklassen, andere sehen in der R. eine allgemeine Eigenschaft, die Denk- oder Verhaltensstile weitgehend beeinflußt. Es wird angenommen, daß sich die R. mit zunehmendem Alter verstärkt.

LIT. Zu [2] Brengelmann (1968); Cattell (1950); Chown (1959); Luchins, Luchins (1959).

Risiko *(risk)* oder **Ungewißheit** *(uncertainty)*. Bezeichnung für die (objektiven) Verlustchancen, die sich aus der unvollständigen Vorhersagbarkeit künftiger Ereignisse bzw. Ereignisalternativen ergeben. *Risiko* bezeichnet den allgemeinen Fall, *Ungewißheit* dagegen den mehr subjektiven Aspekt des Risikos und somit einen nicht in der Situation allein begründeten, sondern den auf kognitiver Einschätzung basierenden Zustand des Individuums in dieser Situation. Risikofurcht bzw. der Umgang mit dem R. *(risk taking behavior)* werden im Rahmen der Motivations- und Persönlichkeitsforschung als Eigenschaft diskutiert. Risikotendenzen lassen sich mit sog. *Marginaltests* erfassen. Die Versuchsperson beobachtet einen sich bewegenden Zeiger und soll dann einen Taster drücken, wenn sie meint, der Zeiger würde eine auf der Skala sichtbare Sicherheitsmarke erreichen. →*Spieltheorie*.

LIT. Cohen (1964).

Risikoschub *(risky shift)*. Von Stoner geprägte Bezeichnung für einen durch

Gruppendiskussion hervorgerufenen Schub in Richtung auf extremeres Verhalten, der sich in der größeren Häufigkeit risikoreicher Entscheidungen im Anschluß an Gruppeninteraktionen eines Individuums äußert, sofern vorher in der Gruppe über das Für und Wider, der entsprechenden Entscheidung diskutiert worden war.

ROC-Kurve →*Signalentdeckung.*

Rohpunkt →*Score.*

Rohwert →*Score.*

Rolle *(role).* Bezeichnung für (a) Erwartungen und Normen, die sich in einer Gruppe in bezug auf die einen bestimmten *Status* oder eine *Position* innehabende Persönlichkeit bzw. deren Handlungen bei bestimmten Klassen von Situationen herausbilden. Syn. *Rollenerwartung.* Manchmal werden die dem Status oder der Position zugeschriebenen Erwartungen unter den beiden Begriffen *Status* und *Position* selbst subsumiert. (b) Im engeren Sinne bezeichnet R. nach T. R. SARBIN ein Element der sozialen Interaktion, das sich als eine gegliederte Folge von gelernten Verhaltensweisen beschreiben läßt, die ein Individuum in einer Situation sozialer Interaktion (Kommunikation) zeigt. Im letzteren Falle sind Status oder Position Inbegriff der sozialen Rechte und Pflichten, während R. den dynamischen Aspekt des sozialen Verhaltens bezeichnet.

LIT. LINTON (1936); PARSONS (1959); SARBIN (1954).

Rollenspiel →*Spiel.*

Rorschach-Test. Bezeichnung für ein von H. RORSCHACH eingeführtes Verfahren der *Klecksdeutung (ink-blot test),* das zu den *projektiven Techniken* gezählt wird *(→projektive »Tests«).* Das Verfahren besteht aus zehn teils unbunten und teils bunten symmetrischen Kleckstafeln, die der Versuchsperson zur freien Deutung (Phantasiedeutung) vorgelegt werden. Die Antworten der Versuchspersonen werden nach einem Schlüssel signiert.

Da die Determiniertheit der Signa dem auswertenden Psychologen gewisse Freiheiten läßt, die sich besonders bei der Interpretation nach *Erfassungs-* und *Erlebnistypus* ins Spiel setzen, muß das Verfahren zu den subjektiven gezählt werden; Fragen der *Reliabilität* und *Validität* sind weitgehend ungeklärt, so daß das Verfahren nicht als *Test* im engeren Sinne gelten kann; es dient in der Persönlichkeitsdiagnostik weitgehend allgemeinen, heuristischen Zwecken.

LIT. BECK, MOLISH (1967); BOHM (1967); KLOPFER, KELLY (1946); RORSCHACH (1948); VOGEL (1966).

rotary pursuit →*Pursuitmeter.*

Rotation *(rotation),* besser: **Rotation der Faktorenachsen** *(rotation of factor axes).* Bezeichnung für eine Reihe von Techniken, die in der *Faktorenanalyse* üblich sind. Die Faktorenachsen werden so gedreht, daß entweder das mathematisch-geometrische Modell der *Einfachstruktur* erreicht oder eine optimale Möglichkeit der Interpretation der *Faktoren* gegeben ist. Als *oblique Rotation* bezeichnet man solche Techniken, bei denen das Ergebnis auch solche Faktorenachsen sein dürfen, die in einem schiefen Winkel zueinander stehen (z.B. in der Analyse von R. B. CATTELL). Als *orthogonale Rotation* dagegen werden solche Techniken bezeichnet, bei denen das Ergebnis nur aus solchen Faktorenachsen besteht, die senkrecht – im rechten Winkel – aufeinander stehen. Im letzteren Falle ist die Korrelation zwischen den Faktoren immer gleich Null. Im ersten Falle dagegen ergeben sich Faktoren, die miteinander korrelieren können. Ist dies der Fall, so können aus der Matrix der Faktoren-Korrelationen *Faktoren zweiter Ordnung* extrahiert werden.

Rotblindheit →*Farbenblindheit.*

rotes Blutbild →*Blutbild.*

rotierender Arbeitswechsel →*Arbeitsstrukturierung.*

R-R-Gesetz *(R-R-law).* Bezeichnung für eine regelmäßige und wiederholbare Beziehung zwischen einem Reaktionsereignis und einem anderen; erreicht z.B. eine Versuchsperson einen hohen Score in Test X, so erreicht sie auch einen hohen in Test Y oder

$$R_Y = F(R_X)$$

Die Reaktion vom Typus Y ist eine Funktion der Reaktion vom Typus X. →*S-R-Gesetz.*

RT →*Reaktionszeit.*

Rubinscher Becher *(Rubin's goblet figure).* Eine Umspringfigur zum Beleg der Figur-Grund-Beziehung. In einer rahmenförmigen Begrenzung sind zwei symmetrische Linienzüge so eingezeichnet, daß man entweder (innen) die Darstellung eines Bechers oder Pokals oder (von außen her) zwei einander zugewandte Profile sieht.

Rückenmark *(spinal cord; medulla spinalis)*. Langer dicker Strang von Nervenfasern und Nervenzellen sowie Bindegewebe im Rückenmarkskanal *(spinal canal)* der Wirbelsäule *(spinal column)*.
→*Gehirn*.

Rückenmarksnerven →*Spinalnerven*.

Rückenmarksreflex →*Spinalreflex*.

Rückführung, Rückführprozeß →*Gedächtnis*.

Rückkoppelung. Bezeichnung für die Wirkweise einer Rückmeldung in einem Regelmechanismus oder →*Regelkreis*.
Tritt in einem rückgekoppelten System eine Störung oder ein Ungleichgewicht auf, so führt die Rückmeldung automatisch zu einer ausgleichenden Aktivität, die die Eigenschaft einer Verstärkung oder Hemmung aufweisen kann.
→*ARAS*, →*Feedback*.

rückläufiges Konditionieren →*Konditionierung, klassische*.

Rückmeldung →*Feedback*.

rückwirkende Maskierung →*Maskierung*.

rückwirkendes Konditionieren →*Konditionierung, klassische*.

Ruhepotential →*Aktionspotential*.

Ruminationsstörung →*Eßstörungen*.

S.
[1] Abkürzung für stimulus, Reiz.
[2] Englische Abkürzung für *subject,* dt. *Versuchsperson,* Abk. *Vp,* plur. *Vpn.*

sacculus *(saccule).* Säckchen im *Labyrinth,* das mit den *Bogengängen* in Verbindung steht. Es ist mit kleinsten Steinchen *(Statolithen)* gefüllt, die bei senkrechter Position des Kopfes auf die Sinneshaare am S.-Boden drücken. Auf diese Weise wird die vertikale Körperposition kontrolliert.

sacrum →*Kreuzbein.*

Sadismus *(sadism).* Bezeichnung für eine Form der sexuellen Perversion, bei der durch den einem Mitmenschen zugefügten Schmerz sexuelle Lustgefühle oder Befriedigung erzielt werden; als *Sado-Masochismus* wird die Auslösung von Lustgefühlen sowohl bei den anderen zugefügten als auch bei den von anderen zugefügten Schmerzen bezeichnet.

Sagittale, Sagittalebene *(sagittal axis, sagittal plane).* Anatomische Bezeichnung für eine gedachte Linie oder Ebene, die von hinten nach vorn durch den Körper geht und die Lokalisierung von Organen erleichtert. Die mittlere dieser Linien oder Ebenen, die den Körper in zwei (äußerlich) annähernd symmetrische Hälften durchtrennt, wird als →*Mediansagittale* bezeichnet.

säkulare Akzeleration →*Akzeleration.*

Sättigung *(satiation, satiety, saturation).*
[1] Englisch *satiation* oder *satiety:* Bezeichnung für den Zustand nach Aufnahme von Nahrung, im übertragenen Sinne Bezeichnung für den Zustand der Befriedigung nach Erreichen einer Bedürfnisreduktion oder eines Wunschzieles.
[2] Englisch *satiation effect:* Bezeichnung für die relative Unempfänglichkeit gegenüber Reizen, die gegen Ende einer monotonen Folge sehr ähnlicher Reize auftreten. Als *psychische Sättigung* Bezeichnung für das Nachlassen des Interesses an monotonen Folgen gleichförmiger Aufgaben oder Handlungen, dem durch in der Instruktion nicht vorgesehene, eigenständige Variationen der Aufgabenlösung begegnet wird.
LIT. Karsten (1928).
[3] Englisch *saturation:* Sättigung von Farben oder Chromatizität, gemessen an dem Grad, in dem sich »Farbigkeit« von einem Grau gleicher Helligkeit unterscheidet *(→Farbpyramide).* In sogenannten Farbsättigungsskalen der Spektralfarben zeigt sich Rot als die gesättigtste und Gelb als die Farbe geringster Sättigung.
→*Farbensehen.*
[4] **Sättigung, kortikale** *(cortical satiation, satiation hypothesis).* Bezeichnung für eine von W. Köhler getroffene, nicht direkt bewiesene Annahme. Wird ein kortikaler Feldanteil aktiviert, so verändert sich der elektrotonische Status der betroffenen Neuronen. Trifft nach nur kurzzeitiger Reizeinwirkung ein neuer Reiz in einer eng benachbarten Region ein, so entsteht eine Art Kurzschluß und im Sinne des →*Isomorphieprinzips* eine wahrgenommene Verschmelzung der beiden Reizgegebenheiten (z.B. *Phi-Phänomen, Scheinbewegung).* Ist jedoch der betreffende kortikale Feldanteil einer länger andauernden Reizeinwirkung ausgesetzt, so tritt eine Veränderung des elektrostatischen Tonus im Sinne einer länger anhaltenden Polarisation (Sättigung) auf. Wird z.B. nach längerer Fixierung eines bestimmten Reizmusters ein anderes dargeboten, dessen isomorph entsprechende Erregung ein benachbartes Feld im Kortex aktiviert, so kann es – wie bei Annäherung zweier positiver Enden eines Magnets – zur Abstoßung kommen, die sich in entsprechenden Wahrnehmungseindrücken äußert *(→Figurale Nachwirkung).*

Satzordnen *(disarranged sentence test).* Bezeichnung für einen Aufgabentypus *(→Testaufgaben),* der in *Intelligenztests (→Test)* häufig vorkommt, bei dem die Versuchsperson aufgefordert wird, Worte zu einem sinnvollen Satz umzuordnen *(Umordnungsaufgabe).* Die Worte werden in einer gemischten Anordnung dargeboten, die noch keinen sinnvollen Satz darstellt.

Saugreflex *(sucking).* Saugen des Neugeborenen, sobald es die Brustwarze o.ä. zwischen den Lippen spürt. Der sog. *Saug-Schluck-Reflex (suckling)* bezeichnet den Gesamtablauf von Bewegungen beim Füttern eines Säuglings.

Säulendarstellung *(bar diagram).* Eine Art der graphischen Darstellung von Häufigkeitsverteilungen. Über jedem Skalenpunkt (genau genommen über der Mitte des entsprechenden Skalenintervalls bei kontinuierlichen Skalen) wird eine Ordinate errichtet, deren Hö-

he der Häufigkeit entspricht, in der der Skalenwert in einer gegebenen Verteilung vorkommt.
Grenzen die Säulen unmittelbar aneinander, so spricht man von einem *Histogramm*.

Scanner →*Tomographie*.

Sceno-Test →*Spieltherapie*.

Schädelindex *(cephalic index)*. Bezeichnung für ein in der *Anthropometrie* übliches Standardmaß, das aus dem Verhältnis von maximaler Breite und maximaler Länge des Schädels berechnet wird.

Schall *(sound, resonance)*. Schwingungen im Frequenzbereich von ca. 16 Hz bis 16000 Hz, die *Geräusch-*, *Klang-* oder *Ton-*Empfindungen beim Menschen auslösen. Unterhalb 16 Hz Infra-, über 16000 Hz Ultraschall. Die Ausbreitung erfolgt wellenförmig und entsteht durch geordnete Bewegungen der Moleküle in einem elastischen Medium, ausgelöst durch einen im Medium schwingenden Körper (z. B. Stimmgabel). Die *Schallgeschwindigkeit* ist in festen Medien größer als in weichen und beträgt in der Luft bei 20 Grad C 343 m/sec. In einem Schallereignis subsumierte Amplituden (Schalldruck) und Frequenzen lassen sich durch Darstellung in einem *Schallspektrum* analysieren.
→*Geräusch*, →*Hören*, →*Klang*, →*Ohr*, →*Ton*.

Schallreize →*Hören*.

Schallschlüssel →*Lippenschlüssel*.

Schärfe *(acuity; sharpness)*. Meist im Zusammenhang mit der Sinneswahrnehmung gebrauchte Bezeichnung für das Wahrnehmen (z. B. Sehschärfe) von Reizen geringerer Intensität (oder geringer Abgehobenheit u. ä.), das von der jeweiligen Empfindlichkeit des betreffenden Sinnesorgans abhängig ist.

Scheinbewegung *(apparent movement)*. Zusammenfassende Bezeichnung für Bewegungseindrücke, denen keine physikalisch bewegten Reize zugrunde liegen. Die verschiedenen Arten und Formen von Sch. werden mit den Buchstaben des griechischen Alphabets bezeichnet. (a) Als *Alpha-Phänomen (alpha phenomenon)* gelten Bewegungseindrücke, die bei dichten Folgen verschieden großer Reize auftreten. (b) *Beta-Phänomen (beta phenomenon)* nennt man Bewegungseindrücke aufgrund der veränderten Lokalisierung und/oder Größe einzelner Reize oder Reizmuster bei dichten Darbietungsfolgen (z. B. Film). (c) Das →*Gamma-Phänomen (gamma phenomenon)* entsteht bei dunkeladaptierten Beobachtern, wenn ein relativ großer und heller Lichtreiz plötzlich erscheint (Dehnungsbewegung) oder verschwindet (Schrumpfungsbewegung). (d) Mit *Delta-Phänomen (delta phenomenon)* werden Bewegungseindrücke bezeichnet, die bei dichten Folgen von Reizen verschiedener Helligkeit auftreten; hellere Reize erscheinen weiter vorn, dunklere weiter hinten. Das D.-Phänomen ist in seiner Ausgeprägtheit von den Helligkeitskontrasten abhängig. (e) *Epsilon-Phänomen (epsilon phenomenon)* ist die Bezeichnung für Entfernungsverlagerungen, die z. B. dann entstehen, wenn der Darbietung einer weißen Linie auf schwarzem Hintergrund eine schwarze Linie auf weißem Grund folgt. (f) Das →*Phi-Phänomen (phi phenomenon)* äußert sich bei intermittierendem Aufleuchten von zwei gleichstarken stationären Lichtquellen im abgedunkelten Raum als Eindruck eines einzigen, auf einer Geraden hin- und herwandernden Lichtimpulses. (g) Einen komplexen Sonderfall der Sch. stellt die *figurale Nachwirkung (figural aftereffect)* dar. Sie beruht auf dem Zusammenfließen von Eindrücken hintereinander dargebotener Figuren, deren Konturen einander berühren. Sie zeigt sich sowohl in flächigen als auch in räumlichen Scheinverlagerungen der zuerst dargebotenen Figurenkonstellation.

Scheingröße, Erscheinungsgröße *(apparent size)*. Von den physikalischen Reizgegebenheiten abweichender Wahrnehmungseindruck über die Größe von Gegenständen, hervorgerufen durch Kontextmerkmale, Erfahrungskorrekturen oder Einstellungen, z. B. geometrisch-optische *Täuschungen*, *Konstanzphänomene*.

Scheinleitwerte →*elektrodermale Aktivität*.

Schema, pl. **Schemas, Schemata,** auch **Schemen** *(scheme;* pl. *schemes)*.
[1] Aus dem Griech. (schema = Anschein [haben], Figur, Haltung) stammende Bezeichnung für vereinfachte graphische Darstellungen *(diagram)*, Muster *(pattern)* oder Entwürfe, welche die Umrisse einer bestimmten Erscheinungsform wiedergeben; als *Denk-* oder *Handlungs-Schema (cognitive pattern; thought pattern; action pattern; action*

scheme) Charakteristik der Form eines Denk- oder Handlungsansatzes bzw. eines Vorsatzes oder Planes.
[2] In *Philosophie, Erkenntnistheorie* und *Wissenschaftstheorie* als *axiomatisches* oder *definitorisches S.* der Umriß von Verfahrens- und Definitionsmöglichkeiten in Abhebung von den tatsächlichen, konkreten und realisierbaren Vorgehensweisen.
[3] In der *vergleichenden Verhaltensforschung* als *Auslöseschema* oder *angeborenes auslösendes Schema (→Auslöser)* Bezeichnung für die ausgezeichneten Merkmale eines komplexen Reizes, der ein bestimmtes angeborenes Instinktverhalten auslöst. Dem Nachweis dienen Attrappenversuche. K. LORENZ bezeichnete die Merkmale kindlicher Gesichts- und Körperformen, die bei höheren Tieren und beim Menschen in spezifischer Weise Brutpflegeverhalten und emotionale Zuwendung auslösen, als *Kindchenschema.*
[4] Von Frederic BARTLETT eingeführte Bezeichnung für die durch Vereinfachungen gekennzeichnete Struktur von Gedächtnisinhalten.
[5] Als *kognitive Schemata (cognitive schemes)* relativ unspezifische Bezeichnung für *intervenierende Variablen* bzw. *hypothetische Konstrukte,* von denen man annimmt, sie bestimmten wie *Einstellungen* oder *Erwartungen* die Erlebnis- und Verhaltensorganisation mit. In diesem Sinne versteht man unter S. durch Erfahrung und/oder Prägung und/oder Reifung zustande gekommene latente Ordnungstendenzen, die bestimmte Aspekte anschaulicher oder vorgestellter Gegebenheiten gleichartig erscheinen lassen und so zur Gleichförmigkeit von Reaktionen beitragen (vgl. z.B. *Erwartung* oder *Kognitive Landkarte* bei TOLMAN).
[6] Bei PIAGET aus dem Franz. schéma hergeleitete Bezeichnung für den operativen, d.h. handlungsbezogenen Aspekt des Denkens und der Intelligenz. Dem Saugen und Greifen des Kleinkindes entsprechen nach PIAGET z.B. *sensumotorische Schemas (sensorymotor schemes).* Bei komplexeren Verhaltensweisen, z.B. bei organisierten Denkoperationen, bezeichnen *kognitive Schemas* das dem Verhalten denkmöglicherweise zugrunde liegende Denk- und Planungsmuster. Für PIAGET entwickelt sich die Intelligenz aus sensumotorischen Handlungen, die im Verlauf der Ontogenese zunehmend internalisiert werden, d.h. eine innere (schematische) Repräsentation erhalten. Typische Arten von Schemas liegen nach PIAGET z.B. der Auffassung und dem Denken in räumlichen, zeitlichen, Geschwindigkeits- und Mengen-Kategorien zugrunde. Kognitive Schemas verändern und differenzieren sich durch *Akkommodation* bzw. *Assimilation.* Der funktionale Zusammenschluß von mehreren miteinander vereinbarten Schemas wird als *→Struktur* bezeichnet. Als *assimilierende Schemas* oder *Assimilationsschemas (assimilatory schemes)* werden in diesem Zusammenhang die Grundlagen von Handlungswiederholungen bezeichnet, die bei Kindern ohne von außen zugeführte *Verstärkung* ablaufen und zur Verhaltenskonsolidierung und -generalisierung beitragen.
LIT. LORENZ (1965b); PIAGET (1947; 1973); TOLMAN (1951); TRAUTNER (1978).

Schichtenlehre, Schichtentheorie. Bezeichnung für eine Reihe von philosophisch-anthropologischen Theorien bzw. Erklärungssystemen der Psychologie, die von der Hilfsvorstellung des schichtenweisen Aufbaus der verschiedenen Funktionen bzw. vom Bild der Überlagerung der Schichten ausgehen. In den »tieferen Schichten« werden meist die stammesgeschichtlich älteren bzw. biologischen Funktionen des Antriebs bzw. Gefühlslebens lokalisiert, in den »höheren« die bewußten Vorgänge bzw. die Steuerungs- und Orientierungsvorgänge (z.B. das *Über-Ich*).

Schichtröntgen *→Tomographie.*

Schichtung *→Entwicklungstheorien.*

schiefwinklig *(oblique).* Bezeichnung für eine Linie oder Ebene, die auf eine andere mit einem von 90° abweichenden Winkel auftrifft, z.B. werden *Faktorenachsen,* die nicht rechtwinklig angeordnet sind, als oblique Achsen bzw. als *oblique Faktoren* bezeichnet.

Schilddrüse *→Thyreoidea.*

schizoaffektive Störung *→Psychotische Störung.*

schizoide Persönlichkeit *(schizoid personality).* Klinisch-psychiatrische allgemeine und umfassende Bezeichnung für ein Verhalten, das sich (a) durch einen Zerfall der emotionalen und intellektuellen Aspekte charakterisieren läßt, den der Betroffene nicht wahrnehmen und kontrollieren kann, und/oder für ein Verhalten und Erleben, das (b) knapp an der Grenze oder am Übergang zur →*Schizophrenie* (Syn. →*Schizothymie*) liegt.

Schizophrenie *(schizophrenia, schizophrenic disorder).*
[1] Von Bleuler (1911) eingeführte zusammenfassende Bezeichnung für eine Gruppe endogener →*Psychosen* (den »Schizophrenien«), deren Grundsymptome auf ein Nichtzusammenpassen, auf eine »Spaltung« des Denkens und Handelns hindeuten (letzteres entspricht dem Wortsinn des aus dem Griechischen hergeleiteten Begriffs, der in älteren Quellen als »Spaltungsirresein« rückübersetzt wurde). Störungen aus dem Formenkreis der S. äußern sich nach Bleuler u. a. in schwerwiegenden Beeinträchtigungen des Denkens einschließlich der Sprache, z. B. übertriebenes Symboldenken, Begriffskontaminationen, Zerfahrenheit, Konzentrationsstörungen *(primäre Symptome),* in Beziehungs- und Verfolgungsideen (→*Wahn*), vorwiegend akustischen →*Halluzinationen,* zeitweiligen Verstimmungen, Ängsten oder inadäquaten →*Affekten (sekundäre Symptome),* bei *akuten* Formen meist ohne nachfolgende (mit *geistiger Behinderung* bzw. *Demenz* vergleichbare) intellektuelle Beeinträchtigungen, bei chronischen gelegentlich mit Anzeichen herabgesetzter intellektueller Leistungsfähigkeit in umschriebenen Bereichen und affektiven Veränderungen (*schizophrener Defekt, Defizienz).* S. entwickelt sich oftmals in einem durch Schübe gekennzeichneten Verlauf (mit Remissionen in den Zwischenphasen), in dem Affektveränderungen, Veränderungen des Selbstgefühls und der Sichtweise bestimmter Umweltgegebenheiten immer deutlicher hervortreten. Akute Formen werden hinsichtlich der Wiederherstellung günstiger beurteilt als chronische, in Schüben verlaufende. Nach Kraepelin unterscheidet die klassische Psychiatrie die (ggf. bei demselben Patienten hintereinander auftretenden) Formen der (a) →*Hebephrenie,* (b) →*Katatonie* und (c) *paranoiden Schizophrenie.*
[2] Im *DSM III–R* Störungen, die (im Unterschied zu den Annahmen Bleulers) keine Grund- oder Leitsymptome oder bestimmte charakteristische Störungsbilder (z. B. bizarrer Wahn oder akustische Halluzinationen) aufweisen müssen, jedoch immer mit charakteristischen Beeinträchtigungen in mehreren der Bereiche inhaltliches bzw. formales Denken, Wahrnehmung, Affekt, Psychomotorik, Selbstgefühl (Ichbewußtsein), Wille und/oder Beziehung zur Umwelt einhergehen. Dabei tritt keines dieser Merkmale immer oder ausschließlich nur bei S. auf, was die Differentialdiagnose insbesondere im Hinblick auf *affektive Störungen (schizoaffektive Störung)* und *Depression (Major Depression)* außerordentlich erschwert. Mindestvoraussetzungen für die Klassifikation von Störungen aus der Gruppe der S. sind eine Woche anhaltende psychotische Symptome (z. B. Wahn, Zerfahrenheit, Lockerung der Assoziationen beim Denken, katatones Verhalten und/oder inadäquate Affekte, Sinken der allgemeinen Leistungsfähigkeit, sozialer Beziehungen und der Selbstständigkeit), kontinuierliche Störungsanzeichen mindestens 6 Monate lang (wenn kürzer, liegt eine *schizophreniforme Störung* vor) und in der prodromalen bzw. Residualphase das Beibehalten von mindestens zwei der o. g. Symptome. Das Vorherrschen der sog. *Positiv-Symptomatik* (Wahn und Halluzinationen) erlaubt eine günstige Prognose, sog. *Negativ-Symptomatik* (Affektverflachung, Apathie, *Affektlosigkeit, Anhedonie, Alogie,* Aufmerksamkeitsbeeinträchtigungen) dagegen veranlaßt zu einer eher ungünstigen Prognose einer durch Intervention erzielbaren Wiederherstellung. Neben unterschiedlichen Verlaufsformen (z. B. akut vs. chronisch) unterscheidet die DSM-Systematik je nach vorherrschenden Symptomen verschiedene Typen der S.: (a) *Desorganisierter Typ (disorganized type):* Zerfahrenheit, Assoziationslockerung, erhebliche Verhaltensdesorganisation und deutlich inadäquate Affekte; entspricht der *Hebephrenie.* (b) *Katatoner Typ (catatonic type):* ausgeprägte psychomotorische Störungen, erregungsbedingte ziellose Hyperaktivität, oftmals in schnellem Wechsel mit Stupor (starre Körperhaltung, Rigidität), sowie Negativismus (umweltablehnende Einstellung) und Mutismus; entspricht der *Katatonie.* (c) *Paranoider Typ (paranoid type):* ein oder mehrere Wahnsysteme, akustische Halluzinationen, die sich alle auf ein einziges Thema beziehen; keine anderen Symptome. (d) *Undifferenzierter Typ (indifferentiated type)* mit ausgeprägtem Wahn und Halluzinationen sowie Zerfahrenheit oder

deutlich desorganisiertem Verhalten. (e) *Residualer Typ (residual type):* mindestens eine schizophrene Episode (einwöchige Dauer), keine auffälligen psychotischen Symptome, jedoch affektive Abstumpfung, soziale Zurückgezogenheit, exzentrische Verhaltensweisen, Assoziationslockerung, unlogisches Denken, gelegentlich auch affektfreie Halluzinationen und/oder leichte Wahnvorstellungen. Zur Zeit sind im Rahmen der geplanten Neufassung des DSM (DSM-IV) vor allem Revisionen im Hinblick auf die Wahnsymptomatik sowie eine differenziertere Betrachtung der Negativ-Symptome geplant.
[3] (a) *Epidemiologie:* Von S. ist etwa 1% der Bevölkerung betroffen; S. tritt bei Männern und Frauen gleich häufig auf, in 50% der Fälle vor dem 30. Lebensjahr, größte Gesamthäufigkeit zwischen 15 und 45 Jahren. (b) Die *Ursachen* der S. waren und sind bis heute Gegenstand kontroverser Debatten. Vermutet werden vererbte Dispositionen, somatische Faktoren wie z.B. Autoimmunstörungen, Stoffwechsel- und Körperenzymstörungen oder hormonelle Störungen. Zu den diskutierten psychischen Faktoren zählen traumatische Einflüsse aus der frühen Kindheit, durch *Abwehrmechanismen* fehlregulierte Ichschwächen, soziale (nicht notwendigerweise schichtspezifische) Faktoren wie z.B. gestörte Familienbeziehungen oder Einflüsse des elterlichen Verhaltens durch sog. *«double-binding»*, d.h. mangelnde Übereinstimmung zwischen einzelnen Kommunikationsinhalten und Handlungsweisen der Erziehungspersonen (z.B. die freundliche Aufforderung zu kommen, gefolgt von Schimpfkanonaden oder körperlicher Züchtigung). Die prämorbide Persönlichkeit weist oftmals Züge von Mißtrauen, Introversion, Zurückhaltung, Exzentrizität, Impulsivität in gewisser Nähe zu paranoiden, schizoiden oder mit dem Borderline-Syndrom verwandten Charakteristika auf. (c) *Therapie:* Akute psychotische Episoden werden in der Klinik behandelt, während spätere Rückfälle in der Regel mit Hilfe gezielter psychologischer Intervention und psychosozialer Maßnahmen im privaten Milieu, gestützt auf die verständnisvolle Hilfe von Angehörigen, ohne Klinikaufenthalt behandelt werden können. Während ursprünglich die S. vorwiegend medikamentös behandelt wurde (z.B. mit Phenotiazinen und Neuroleptika zur Dämpfung der Übererregbarkeit im akuten Zustand; durch Gaben von Trifluperazin, Butyrilperazin bei Gleichgültigkeitssymptomen und bei katatonen Formen; die meisten von ihnen mit erheblichen Nebenwirkungen verbunden), verweisen neuere Untersuchungen auf den Erfolg einer Kombination feindosierter medikamentöser Behandlungen mit psychosozialen Maßnahmen. Zu letzteren zählen die Schaffung eines möglichst entspannten, übersichtlichen und reizarmen Behandlungsmilieus mit konstanten Bezugspersonen, eindeutige Kommunikation mit dem Patienten und seinen Angehörigen über Behandlungsziele und Prognosen, Aufbau realistischer, positiver Zukunftserwartungen und systematiscnes Training sozialer Fertigkeiten. Eine von LAING und COOPER 1960 in den USA (Kingsley Hall) begründete Bewegung, die sog. *Antipsychiatrie (antipsychiatry)*, geht von der These aus, S. sei eine Reaktion auf die Versuche der Gesellschaft und Familie, das Individuum zu beherrschen bzw. zu unterdrücken. Behandlungen Schizophrener seien daher weder möglich noch notwendig; man müsse ihnen nur die Gelegenheit geben, ihre »Reise durch den Wahnsinn« ungestört zu unternehmen.

LIT. BLEULER (1911); BÖKER, BRENNER (1986); GLATZEL (1975); HÄFNER, GATTAZ, JANZARIK (1987); REY, THURM (1990); SÜLLWOLD (1977); WATZL, COHEN (1991).

schizophreniforme Störung →*Psychotische Störung.*

Schizothymie *(schizothymia)*, Adj. *schizothym (schizothymic). Klinische Psychologie, Psychiatrie:* Neigung zu Erlebnis- und Verhaltensweisen mit den Kennzeichen überspitzter Feinsinnigkeit, Versunkenheit in eigene Gedanken- und Ideengebäude und Abgrenzung der eigenen Erlebniswelt gegenüber Einflüssen von außen, wie man sie in ausgeprägterer und komplexerer Art bei Störungen aus dem Formenkreis der →*Schizophrenie* findet. Der Begriff wurde von KRETSCHMER geprägt, der S. mit dem *leptosomen* Habitus in Verbindung brachte. Gegensatz: →*Zyklothymie.*

schizotypische Persönlichkeitsstörung →*Persönlichkeitsstörung.*

Schlaf *(sleep)*. Im 24stündigen (circadianen) *Biorhythmus* periodisch wiederkehrender Zustand, der sich vom Wachsein durch relative motorische Ruhe, herabgesetzte sensorische Reaktivität sowie durch den Wegfall bewußter Erfahrungen im aktuellen Selbst- und Umweltbezug bei gleichzeitigem Auftreten von Traumerlebnissen unterscheidet. Träume zeigen an, daß der Bewußtseinszustand im S. nicht mit Bewußtlosigkeit gleichgesetzt werden kann. Die Weckbarkeit Schlafender durch relevante Reize gemeinsam mit der relativ raschen Wiedererlangung der Reaktions- und Aktionsfähigkeit weisen darauf hin, daß S. keine generelle Desaktivierung bedeutet. S. wird daher auch als ein aktiver Erholungszustand des Vegetativums bezeichnet. Die Ergebnisse der physiologischen und psychophysiologischen *Schlafforschung (sleep research)* oder *Hypnologie (hypnology)* zeigen, daß im S. mehrere Male eine Phasenfolge charakteristischer Aktivierungsmuster auftritt. Anhand typischer, im Vergleich zum ruhigen Wachsein auftretender Aktivierungsveränderungen lassen sich mehrere *Schlafphasen* oder *-stadien (sleep phases, sleep stages)* unterscheiden. Die *NREM-Phasen (no rapid eye movements)* und die *REM-Phasen (rapid eye movements)* sind durch das Fehlen bzw. Vorherrschen rascher Augenbewegungen charakterisiert. Die *NREM-1* oder *Einschlafphase* zeigt sich in einer Abnahme von Alphawellen und dem Hervortreten sog. scharfer Vertexwellen im *EEG,* in gelegentlichen langsamen Augenbewegungen, schwachem bis mittlerem Muskeltonus, vereinzelt auftretenden nicht zielgerichteten Bewegungen, sog. *Bewegungsartefakten (movement artifacts)* bei erhaltenen Reflexen, und in mit Tagträumen vergleichbaren kurzen *hypnagogen Zuständen,* den sog. *Mikroträumen (microdreams).* In der *NREM-2,* der ersten Schlafphase im engeren Sinn, treten im *EEG* spindelförmige sowie dichte feinschlägige Wellenkomplexe auf, dazwischen Beta- und vereinzelte langsamere Wellen; Augenbewegungen und Bewegungsartefakte fehlen, der Muskeltonus ist mittelstark, Reflexe sind erhalten. Mit der *NREM-3* setzt der sog. *Tiefschlaf* ein; in 20–50% der Zeit treten Deltawellen im EEG auf, Augenbewegungen und Bewegungsartefakte fehlen, der Muskeltonus bleibt im Mittelfeld, Reflexe sind erhalten; allerdings treten bei exterozeptiven Reflexen, die sich im Verlauf der Ontogenese ändern, gelegentlich anstelle der ontogenetisch späteren die frühen Formen auf (z. B. bei Fußsohlenberührung anstelle des *Plantar-Reflexes* der *→Babinski-Reflex*). In der *NREM-4,* der zweiten *Tiefschlafphase,* zeigen sich im EEG während 50–100% der Zeit Deltawellen mit auffällig großen Amplituden, keine oder nur vereinzelte Augenbewegungen, ein im Vergleich zu NREM-2 und NREM-3 eher niedriger Muskeltonus; Bewegungsartefakte fehlen, die exterozeptiven Reflexe sind herabgesetzt, ontogenetisch frühe Reflexarten treten nun regelmäßig anstelle der späteren auf (Babinski- anstelle des Plantar-Reflexes). NREM-3 und NREM-4 werden wegen des Vorherrschens langsamer Wellen im EEG auch als *SWS (slow wave sleep)* bezeichnet. Das sog. *Schlafwandeln (somnambulism),* eine relativ seltene *Schlafstörung,* setzt meistens bei NREM-3 oder NREM-4 ein; dies deutet auf die relativ hohe motorische Funktionsbereitschaft auch in den sog. Tiefschlafphasen hin. Die *REM-Phase* ist durch dichte Folgen rascher Augenbewegungen gekennzeichnet; im EEG zeigen sich im Betamuster Alpha- und Thetawellen sowie zackenförmige Wellen; der Muskeltonus sinkt gegen Null, gelegentlich treten Zuckungen auf, exterozeptive Reflexe bleiben aus. In der REM-Phase treten im Unterschied zu den NREM-Phasen Muster der zentralnervösen Aktivierung auf, die man auch im Wachzustand vorfindet; daher bezeichnet man die REM-Phase auch als *paradoxen Schlaf (paradoxical sleep).* Während in den NREM-Phasen die Bereitschaft zu motorischen Reaktionen fortbesteht, kommt es in der REM-Phase zu einer Art Abkopplung bzw. Hemmung der Motorik, deren Konsequenzen auch Reflexe betreffen. *Traumerlebnisse* werden am häufigsten im Anschluß an REM-Phasen berichtet, nach NREM-Phasen dagegen äußerst selten; dafür treten in NREM-Phasen manchmal mit Gedankensplittern vergleichbare kurze Denkerlebnisse auf. Während des S. kommt es zu einer Reihe vegetativer Veränderungen (z. B. Verlangsamung der Herztätigkeit und Atmung, Sinken der Körpertemperatur). Die mittlere *Schlafdauer* des Menschen liegt bei ca. acht Stunden; sie weist inter- und intraindividuelle Variationen auf, ist bei älteren Menschen meistens etwas kürzer als bei jüngeren und kann für einige Zeit durch Schlafverkürzung an besondere Erfordernisse angepaßt werden. Während des ungestörten Nachtschlafs werden die o.g. Phasen in ungefähr neunzigminütigen Durchgängen bis zu fünfmal durchlaufen. Im ersten und zweiten Durchgang sind alle Phasen in der o.g. Reihenfolge vertreten, in den folgenden drei dagegen setzt auf die REM-Phase des vorangehenden Durchgangs – oftmals nach kurzem, sog. »abortivem« Erwachen – eine verkürzte Phasenfolge ein, die immer in REM ausklingt, in deren Verlauf aber die vorangehenden sog. Tiefschlaf-Phasen mit ihren charakteristischen langsamen Wellenmustern im EEG fortfallen, zunächst NREM-4, dann auch NREM-3. Untersuchungen des S. nach *Schlafentzug (sleep deprivation)* zeigen, daß insbesondere NREM-3- und NREM-4-, aber auch REM-Phasen in der Erholungsphase häufiger und länger auftreten als unter normalen Schlafbedingungen; der Erholungswert des S. ist offenbar von den Phasen mit langsamer EEG-Aktivität abhängig. Auslöser des Schlafbedürfnisses mit seinen charakteristischen subjektiven Anzeichen der Ermüdung sind äußere (z.B. Einbruch der Dunkelheit) und innere *Zeitgeber* (z.B. komplexe, als »innere Uhr« bezeichnete Abläufe neurohumoraler Regulationsprozesse) sowie eine während des aktiven Wachseins oder Schlafentzugs zunehmende Konzentration von *Hypnotoxin* und anderen Peptiden in Blut, Liquor bzw. Gehirngewebe. Unter Bedingungen wie Schichtarbeit oder Wechsel in andere Zeitzonen paßt sich der Schlaf-Wachrhythmus den neuen Gegebenheiten nach relativ kurzer Übergangszeit an. Die Auslösung und Steuerung des S. erfolgt durch Signale aus den sog. S.-Zentren, einem komplexen Verbund von Stammhirn-, Zwischenhirn- und kortikalen Bereichen des Zentral-Nerven-Systems, deren Struktur und Wirkweise noch nicht völlig erforscht sind.

→Aktivation, →Biorhythmus, →Elektroencephalogramm, →Schlafstörung.

LIT. Foulkes (1969); Koella (1988); Tart (1969).

Schlafphasen *→Schlaf.*

Schlafstörung *(sleep disorder).* Beeinträchtigungen des Schlafverhaltens bzw. während des Schlafes auftretende, von der Norm abweichende Ereignisse. Das *DSM III–R* bietet folgende, auf einer Vereinfachung des Diagnosesystems für S. von Coleman u.a. beruhende Klassifikation an:

[1] *Dyssomnien (dyssomnias),* d.h. vorübergehende oder chronische Schlafstörungen im engeren Sinn. Zu den Dyssomnien zählen (a) *Insomnie (insomnia),* Syn.: *Agrypnie (agrypnia),* gekennzeichnet durch Einschlaf- bzw. Durchschlafschwierigkeiten oder das Gefühl, nach dem Schlaf nicht erholt zu sein; (b) *Hypersomnie (hypersomnia),* überwältigende Schläfrigkeit und Schlafattacken auch tagsüber, lange Übergangszeiten zwischen Erwachen und vollständiger Wachheit; (c) S. in Form von Veränderungen des *Wach-Schlaf-Rhythmus,* z.B. bei Umstellungen im Rahmen von Schichtarbeit oder nach langen, Zeitgrenzen überschreitenden Flugreisen.

[2] *Parasomnien (parasomnia)* sind gekennzeichnet durch abnorme Ereignisse während des Schlafes. Zu ihnen zählen u.a. (a) *Angstträume (nightmares),* (b) *Pavor nocturnus* (nächtliches Aufschrecken), (c) *Schlafwandeln (somnambulism).*

[3] Insomnien, Hypersomnien, Angstträume und Pavor nocturnus sind oftmals Symptome anderer psychischer Störungen, insbesondere von *→Angststörungen* und *→Depressionen,* oder von organischen Störungen (z.B. Atemstörungen). Für die Beurteilung von S. und ihre Therapie ist daher eine umfassende Diagnostik erforderlich. Neben der medikamentösen Behandlung bewähren sich bei S. v.a. *Entspannungsverfahren (→Verhaltenstherapie),* bes. ein von Bootzin entwickeltes, auf Selbstinstruktion bauendes Verfahren der Stimulus- und Bettzeitkontrolle sowie Verfahren der kognitiven *→Verhaltensmodifikationen* sowie psychoanalytische Verfahren.

→Psychotherapie.

LIT. Bootzin (1980); Borbély (1986); Coleman u.a. (1982); Roffwarg (1979); Schindler (1990); Strauch (1990a; 1990b; 1991).

Schlafzentrum *(sleep center).* Teil des Hypothalamus, bei dessen elektrischer Reizung oder entsprechendem chirurgischen Eingriff ein Versuchstier in Schlaf verfällt.

Schläge, elektrische *→Schock.*

Schleusen-Kontroll-Theorie →*Schmerz.*

Schließmuskel →*Sphinkter.*

Schlüsselreiz →*Auslöser.*

Schlußfolgern, schlußfolgerndes Denken *(reasoning, inference).*
[1] *Logik:* Zusammenfassende Bezeichnung für Denkoperationen, welche aus gegebenen Voraussetzungen (Prämissen) Folgerungen (Konklusionen) nach bestimmten Regeln (Syllogismus) herleiten *(syllogistic reasoning).* Als *Inferenz* werden Schlußfolgerungen bezeichnet, die aus bereits vollzogenen Schlußfolgerungen (Urteilen) hergeleitet sind. Die typische Form von Schlußfolgerungen sind Wenn-Dann-Sätze. *Statistische Inferenz* oder *Inferenzstatistik (statistical inference; inferential statistics)* nennt man die Gesamtheit von Verfahren, welche aus Kennwerten von Stichprobenerhebungen (z.B. Mittelwert, Standardabweichung) Parameterschätzungen herleiten, um auf deren Grundlage statistische Entscheidungsmodelle anzuwenden.
[2] In der *Denkpsychologie* allgemeine Bezeichnung für das Lösen von Problemen aufgrund eines erkannten oder vorher bekanntgegebenen Prinzips. Aufgaben des schlußfolgernden Denkens in *Intelligenztests* geben in Worten oder Symbolen eine Auswahl möglicher Lösungen vor, aus denen diejenige herauszufinden ist, welche dem vorher bekanntgegebenen Lösungsprinzip entspricht, oder sie bedienen sich eingekleideter Aufgaben, welche durch Anwendung eines Prinzips zu lösen sind *(reasoning test; verbal reasoning; algebraic reasoning; mathematical reasoning).*

Schmerz *(pain).* Komplexe Empfindung, die in der Regel durch Gewebeschädigungen (z.B. Entzündung, Verletzung) oder Gewebeveränderung (z.B. Druck, sehr intensive Sinnesreize, Gefäßkrämpfe) ausgelöst wird. Von *lokalisiertem* Sch. spricht man dann, wenn die Sch.-Empfindungen mit dem Ort des Sch.-Reizes übereinstimmen. Sch.-Empfindungen lassen sich darüber hinaus nach ihrer (subjektiven) Intensität und (subjektiven) Qualität differenzieren. In der Diagnostik des Sch. lassen sich innerhalb bestimmter Grenzen aus den qualitativen Hinweisen des Patienten Rückschlüsse auf die Art der schmerzauslösenden Veränderungen ziehen, so z.B. brennender Sch. bei Wunden, pochender Sch. bei Entzündungen, schneidender Sch. bei Krämpfen, ziehender Sch. bei rheumatischen Erkrankungen etc. Das *Schmerz-Erleben* korrespondiert jedoch weder hinsichtlich der Lokalisierungsmöglichkeiten noch hinsichtlich seiner Intensität und Qualität durchgängig mit der Sch.-Ursache. So kommt es z.B. bei der Blinddarmentzündung zu Schmerzirradiation in der gesamten vorderen und hinteren Unterleibsregion, beim sog. Cervikalsyndrom (Bandscheibenschaden) zu Kopfschmerzen, bei Neuralgien zu weitreichenden Irradiationen; die von DESCARTES eingeführte *Spezifitätshypothese* kann daher nicht allgemein gelten. Einen besonderen Fall repräsentieren sog. *Phantomschmerzen (phantom sensations, phantom limb sensations; phantom pain),* d.h. die Lokalisierung des Sch. oder anderer Empfindungen in einer nicht mehr vorhandenen, weil amputierten Gliedmaße; dies unterstreicht die Bedeutung psycho-somatischer Betrachtungsweisen. Für die *psychologische Schmerz-Forschung* sind zwei weitere Faktoren maßgeblich: (a) Menschen unterscheiden sich erheblich hinsichtlich ihrer *Sch.-Anfälligkeit (pain proneness),* der *Sch.-Empfindlichkeit (pain sensitivity)* und dem Verhältnis zwischen Sch.-Ursache und den berichteten Sch.-Empfindungen. (b) Auf die starke Situationsbezogenheit verweist der Umstand, daß Schmerzen ggf. vorübergehend nicht registriert werden, wenn eine Ablenkung nachhaltiger Art erfolgt oder wenn der Sch. mit anderen Vermeidungssituationen konkurriert. Hierzu gehört das berühmte Phänomen, im Wartezimmer des Zahnarztes »keine« Zahnschmerzen zu verspüren. Daher betrachtet der Psychologe Sch. unter mindestens drei verschiedenen Gesichtspunkten: (1) sensorische Faktoren, (2) affektiv-emotionale Faktoren und (3) kognitive Faktoren. Die kognitiven Faktoren spielen sowohl bei der Sch.-Beurteilung durch den Betroffenen als auch bei den psychosomatischen Schmerzursachen eine entscheidende Rolle. Für die Prinzipien der *Schmerz-Kontrolle* stehen bisher keine eindeutigen Erklärungen zur Verfügung. Aus psychophysiologischer Sicht hat die von MELZACK und WALL formulierte *Schleusen-Kontroll-Theorie (gate-control theory of pain)* den größten Erklärungswert. Es wird ein *Modulationsmechanismus* im Rückenmark angenommen, der aufgrund der afferenten Impulse und absteigender Erregung aus dem ZNS die Auslösung von Sch. kontrolliert *(→Schmerzsinn)*. Die heute weitgehend interdisziplinäre Sch.-Forschung integriert die Ergebnisse der *Anästhesiologie, Pharmakologie* und der experimentellen psychophysiologischen Sch.-Analyse.

LIT. Melzack (1973); Melzack, Wall (1965); Weisenberg (1977).

Schmerzsinn *(pain sense)*. Die Gesamtheit aller in den verschiedenen Körperregionen vorhandenen freien Nervenendigungen, die man z.B. in der Haut als sog. *Schmerzpunkte* lokalisieren kann, sowie die Weiterleitung der Schmerzempfindungen auslösenden Erregungen einschl. ihrer zentralen Verarbeitung und die physiologischen Begleiterscheinungen der schmerzinduzierenden Erregungen. Im engeren Sinne ist diese Bezeichnung irreführend, denn (a) freie Nervenendigungen haben auch die Funktion von Rezeptoren unabhängig von Schmerz (z.B. Druck), (b) die Weiterleitung ist nach der synaptischen Verschaltung afferenter Impulse aus verschieden dicken Fasern (A-beta, A-delta und C) im Rückenmark nur hinsichtlich des spino-thalamischen Traktes spezifisch, ansonsten weitgehend unspezifisch; (c) die physiologischen Begleiterscheinungen sind ebenfalls unspezifisch und entsprechen weitgehend denjenigen von Flucht- und Vermeidungsverhalten.

Schock *(shock)*. Bezeichnung für einen durch kurzzeitiges Aussetzen von Körperfunktionen (z.B. Atmung, Puls, Bewußtsein), vegetative (z.B. Schweißausbruch, Herzjagen) oder psychische Symptome (z.B. Orientierungsverlust) gekennzeichneten Zustand, der auf traumatische äußere Einwirkungen (z.B. Schädeltrauma), innere Verletzungen (z.B. Hirnblutungen), Über- oder Unterfunktionen des chemischen Körperhaushalts (z.B. Insulinschock) oder heftiges Erschrecken eintritt. Als *Elektroschock (electric shock)* oder *elektro-konvulsiven Schock (electro-convulsive shock, ECS)* bezeichnet man die Verabreichung hochvoltiger Stromstöße in der Schädelregion, welche bei dem/der Betroffenen eine traumatische Desynchronisation der Hirntätigkeit zur Folge haben und nach krampfartigen Zuckungen zur Bewußtlosigkeit führen. Das inzwischen heftig umstrittene Verfahren der Elektro-*Schocktherapie (shock therapy)* wurde in den 30er Jahren von Ugo Cerletti eingeführt, um durch die schockbedingte zeitweilige Lahmlegung der Gehirntätigkeit schwere psychische Störungen aus dem Formenkreis der Psychosen zu beheben. Entsprechende Wirkungen können auch auf chemischem Weg erzielt werden. Der engl. Begriff *electric shock* bezeichnet auch niedervoltige *elektrische Schläge*, die man z.B. in der Lernforschung zur Konditionierung aversiver Verhaltensweisen heranzieht.

Schocktherapie *→Schock.*

schöpferisches Denken *(creativeness, creativity, creative imagination, creative thought)*. Allgemeine Bezeichnung für das Auffinden neuer und origineller Problemlösungen bzw. Mittel des künstlerischen Ausdrucks durch eine *Synthese* von Erfahrung und Phantasie. Syn. *produktives Denken.*

schöpferische Synthese *→Synthese [2].*

Schreckreaktion *(startle response, startling response pattern, startle reflex)*. Reaktion auf plötzlich auftretende intensive Reize (z.B. heftiger, unerwarteter Knall), unerwartet eintretende drastische Situationsänderungen (z.B. Anblick eines vor das Auto laufenden Kindes) oder unvermittelt auftauchende Erinnerungen oder Vorstellungen bedrohlichen oder blamablen Inhalts (z.B. einen wichtigen Termin versäumt zu haben, sich gleich übergeben zu müssen). Typische Kennzeichen der S. sind bei Tier und Mensch neben der mit dem erschreckenden Ereignis unmittelbar auftretenden sog. Schreckstarre eine Reihe autonomer Reaktionen. Diese stimmen mit dem für Abwehr- und Furchtreaktionen typischen Muster autonomer Reaktionen weitgehend überein (*→Abwehr, →Angst*). Allerdings setzt die Herzraten-Akzeleration im Vergleich zur Abwehrreaktion rascher ein und zeigt – in Abhängigkeit von der Reizintensität – eine relativ rasche Habituation. Traumatische Schreckerfahrungen können zu längerandauernden Funktionsstörungen (z.B. Beeinträchtigungen oder Verlust der Sprache, Lähmungserscheinungen) aus dem Formenkreis psychosomatischer Neurosen führen. Das Reaktionsmuster verweist auf die entwicklungsgeschichtliche Verwandtschaft zwischen Schreck, *Notfallsreaktion* und *Angst.*

Schrecksekunde *(startle latency)*. Bezeichnung für die Zeit zwischen dem Auftreten erschreckender Ereignisse und der Einleitung abwehrender Gegenmaßnahmen bzw. der Wiederaufnahme angemessener Handlungen. Das Zeitintervall ist von der Art des auslösenden Ereignisses, der Verfügbarkeit von Abwehr- und Bewältigungsweisen und von interindividuellen Unterschieden der Erregbarkeit bzw. Schreckanfälligkeit mitbestimmt. In der Unfallforschung bzw. Rechtsprechung wird von einer mittleren Latenzzeit von 800 msec unter Schreckeinflüssen ausgegangen.

schulpsychologische Beratung →*Beratung*.

Schüttellähmung →*Paralyse*.

Schutzreaktion *(protective response, protective reaction)*. Bewegungen bei Tier und Mensch, die der (reflektorischen bzw. instinktanalogen) Abwehr von schädigenden Reizen dienen (z.B. Lidschlußreflex und/oder die die Augen schützende Handbewegung bei grellem Licht bzw. bei Auftauchen eines auf die Hornhaut zielenden Gegenstandes).

Schwachsinn *(amentia, feeblemindedness, mental deficiency)*, Syn.: *Oligophrenie (oligophrenia)* für alle Schweregrade; *geistige Behinderung (mental retardation, mental handicap)* für mittelschwere und leichte Arten.

[1] Intelligenzdefizite, die im Unterschied zur →*Demenz* auf einem von vornherein niedrigen Intelligenzniveau beruhen und zu schwerwiegenden Beeinträchtigungen der Anpassungs-, Lern- und Bildungsfähigkeit führen. S. tritt in verschiedenen Schweregraden auf und wird in der Regel durch angeborene oder im Verlauf der frühkindlichen Entwicklung auftretende biochemische Veränderungen, Stoffwechselstörungen (→*Kretinismus*), degenerative Hirnerkrankungen oder Infektionskrankheiten verursacht; tritt in seltenen Fällen aber auch im Gefolge schwerwiegender psychischer Störungen (z.B. →*Psychosen*) auf.

[2] *Schweregrade des S.:* (a) *Idiotie (idiocy, idiotism)* stellt die schwerste Form des jede Bildungsmöglichkeit ausschließenden angeborenen S. dar; ihr entspricht nach WECHSLER ein Intelligenzquotient (IQ) zwischen 20 und 25 (lebenslanges Intelligenzalter zweijähriger Kinder). Kennzeichnend sind ausdrucksloses Gesicht, Grimassieren, offener Mund mit ausfließendem Speichel, mangelnde Bewegungs- und Impulskontrolle, auf einige wenige Worte eingeschränkte Sprechfähigkeit und lebenslange Pflegebedürftigkeit. (b) *Imbezillität (imbecility)* nennt man eine mittelschwere Form des S.; ihr entspricht ein IQ von 25 bis 50 (lebenslanges Intelligenzalter Zwei- bis Siebenjähriger). Imbezille sind zwar lebenslang auf die Hilfe anderer angewiesen, können jedoch starke Bindungen zu anderen eingehen und sind aufgrund ihrer Merk- und Sprechfähigkeit unter Fortfall abstrakter Denk- und Sprachoperationen bedingt schulungsfähig, um einfache Arbeiten zu verrichten. (c) *Debilität (debility)* mit einem IQ von 70 bis 80 ist die leichteste Form der geistigen Behinderung. Debile können bei entsprechender Betreuung eine (allerdings unterdurchschnittliche) Grundschulbildung erreichen, sich selbständig zurechtfinden und einfachen Erwerbstätigkeiten nachgehen, die den Unterhalt sichern. (d) Im *DSM III–R* wird der obere Grenzwert geistiger Behinderung bei einem IQ von 70 festgelegt, ein IQ zwischen 71 und 84 markiert dort den sog. *Grenzbereich der intellektuellen Leistungsfähigkeit (borderline intellectual functioning)*.

Schwebung *(beat, beats)*. Das regelmäßige Schwanken der Intensität eines Klangeindrucks, das entsteht, wenn zwei Töne mit einer geringfügigen Frequenzdifferenz (Tonhöhe) gleichzeitig auftreten. Das Phänomen der Schwebung geht auf die *Interferenz* der beiden Schallwellen zurück. Das Ausmaß der Schwebung hängt von dem Frequenzunterschied zwischen den beiden Tönen ab. Eine ähnliche Schwankung läßt sich erzielen, wenn man die beiden leicht unterschiedlichen Töne einzeln je einem Ohr darbietet (binaurale Schwebung). Der Schwebungston ist in seiner Höhe als zwischen den beiden Ausgangstönen gelegen wahrnehmbar. Treten Schwebungen häufig auf, so erhält der entsprechende Klang die Qualität des Ungenauen und der Härte, z.U. von *Differential-* und *Obertönen*.

Schwelle *(threshold)*. Bezeichnung aus der Psychophysik für

[1] *absolute Schwelle (absolute threshold)* als den statistisch ermittelten Punkt auf dem Reizkontinuum, der erreicht werden muß, um eine eben merkliche Empfindung auszulösen, oder

[2] *Unterschiedsschwelle (differential threshold)* als jenen Unterschied auf dem Reizkontinuum, der eingehalten werden muß, um zwei eben merklich unterscheidbare Empfindungen hervorzurufen.
→*Psychophysik.*

science of science →*Philosophie.*

Scientific Management →*Taylorismus.*

SCL →*elektrodermale Aktivität.*

Score. Aus dem Englischen übernommene Bezeichnung für den zahlenmäßigen Ausdruck einer Leistung (auch Schulnote) in *Experiment* oder *Test* (Syn. *Maßzahl).* Setzt sich der S. aus mehreren Einzelleistungen zusammen, so wird er *zusammengesetzter (composite score)* oder – falls durch Summierung der Einzelleistungsmaße entstanden – *Summenscore (sum score)* genannt. Verlangt ein Test die Umwandlung eines Originalwertes in einen Standardwert, so unterscheidet man zwischen *Rohpunkten, Rohwert* oder *Ausgangsscore (crude, obtained, original, raw score)* und *abgeleitetem* oder *Standardscore (derived score, standard score),* manchmal gewonnen über den Umweg einer Zwischentransformation (z.B. Rohpunkte umgewandelt in Wertpunkte, und diese nach Summierung in Standardscores).
Die einfachste Form der Herstellung von *Standardscores* besteht in der Umwandlung eines jeden Meßwertes *(score)* in ein Abweichungsmaß durch Bildung der Differenz zwischen Score und Mittelwert der Verteilung (X – M) = x und der Division durch die *Standardabweichung.* Syn. *z – Score.*
→*Test;* →*Testkonstruktion.*

SCR →*elektrodermale Aktivität.*

S_D →*Triebreiz.*

S_d →*Triebreiz.*

Sedativa *(sedatives).* Beruhigungsmittel mit einschläfernder und leistungsmindernder Wirkung, Vorläufer der Tranquilizer und mit diesen chemisch verwandt.

Seelenblindheit *(mind blindness)* oder **Agnosie.** Bezeichnung für eine (durch Krankheit bedingte) Unfähigkeit, gesehene Gegenstände oder Ereignisse in ihrer Bedeutung zu erfassen bzw. zu benennen.

Sehen *(vision, visual perception).*
[1] Bezeichnung für auf elektromagnetische Wellen mit bestimmter Energie (Quanten, Photone) zurückgehende Empfindungen. Wir sehen »Licht« und nicht andere Formen der elektromagnetischen Energie, weil Stäbchen und Zapfen der Retina Pigmentgranula enthalten, die vorzugsweise Quanten (Photone) mit Wellenlängen zwischen 400 und 700 nm (Nanometer) absorbieren. Die Energie der Quanten wird in elektrische Reaktionen umgewandelt, die dann zum Gehirn weitergeleitet werden.
[2] Im weiteren Sinne das Beziehen von Information über die sichtbare Umwelt durch zentrale Verarbeitung der sensorischen Daten und ihrer Interpretation im Lichte von Erfahrungen und Bedeutungszusammenhängen. Der *Bereich des Sehens (visibility range)* ist abhängig von *Seh-* und *Blickfeld-*Größe, der *Helligkeit* und *Wellenkomposition* der Reize, dem Kontrast, dem *Adaptations-* und *Akkomodationszustand* des Auges, der Art und dem Umfang der *Augenbewegungen* und – schließlich – den Organismusbedingungen wie Aktivationszustand und Erfahrungen (Einstellungen, Selektivität der Wahrnehmung). Für das adaptierte skotopische System (Stäbchen) sind Lichtquellen bis 10^{-6} Millilambert Intensität ausmachbar, das *photopische System* (Zapfen) vermittelt Farbeindrücke und spricht auf Energien um 10 Millilambert gerade noch an. Der Helligkeitseindruck von Reizen ist für das skotopische System bei 500 nm, für das photopische bei 550 nm Wellenlänge maximal *(Purkinjesches Phänomen).*
→*Adaptation,* →*Auge,* →*Augenbewegung,* →*binokular,* →*Retina,* →*rezeptive Felder,* →*Wahrnehmen.*

Sehkortex →*Occipitallappen.*

Sehpurpur →*Rhodopsin.*

Sehstrang →*tractus opticus.*

Sekundärbewertung →*Bewertung.*

sekundäre Geschlechtsmerkmale *(secondary sex characteristics).* Anatomische, körperliche und psychische Merkmale, die die Geschlechter unterscheiden lassen, jedoch nichts mit der Fortpflanzung zu tun haben.

sekundäres Assoziationsgesetz →*Primat.*

Sekundärgruppe *(secondary group).* Bezeichnung für Gruppen, deren Mitglieder keine direkten und relativ überdauernden Kontakte und Gemeinsamkeiten, sondern nur eine oberflächliche Übereinstimmung in ihren Interessen aufweisen *(→Primärgruppe).*

Sekundärprozeß →*Prozeß, sekundärer.*

Selbst, Selbstkonzept *(self, self-concept; self-esteem, self-image, self-evaluation).*
[1] *Sozialpsychologie:* Die Struktur der Einschätzung eigener Denk- und Handlungsweisen im Hinblick auf Eigenheiten des sozialen Bezugssystems (G. H. MEAD, NEWCOMB, PARSONS).
[2] *Persönlichkeitsforschung:* Relativ überdauernde Struktur individueller Erfahrungen über die Besonderheiten der Beziehungen eines Individuums zu seiner sozialen Umwelt (ROGERS).
[3] *Selbstkonzept* oder Selbstbild: Aus älteren Quellen hergeleitete Bezeichnung für die Theorie eines Individuums über sich selbst, von der angenommen wird, daß sie zu einer Art Maßstab oder Leitschnur des Verhaltens in Situationen wird, die mit sog. Ichbeteiligung *(ego-involvement)* erlebt werden. Erkenntnisquellen für das Selbstkonzept sind Aussagen eines Individuums über sich selbst (Fragebögen, Interviews) in bezug auf den erlebten Unterschied zu anderen, die emotionalen Aspekte des Gegenstandsbereichs oder der Situation und die Aufgaben, mit denen sich der Betreffende auseinandersetzen muß. Das S. steht in deutlicher Nähe zu sog. kognitiven Motivations- und Persönlichkeitstheorien.
LIT. EWERT (1978); THOMAE (1968b).

Selbständigkeits-Abhängigkeits-Balance →*Bindung.*

Selbstbeobachtung →*Eindrucksmethode,* →*Introspektion.*

Selbsterfahrungsgruppe →*Sensitivity-Training.*

Selbstkontrolle *(self-control).* In der kognitiv orientierten *Verhaltenstherapie* eingeführte Bezeichnung für Prozesse, bei denen ein Individuum die Auftretenswahrscheinlichkeit bestimmter eigener Verhaltensweisen ändert, indem es Ansichten oder Einstellungen gegenüber solchen Faktoren (mit oder ohne Hilfe eines Therapeuten) modifiziert, die vorher das Verhalten weitgehend bestimmt haben. In der Regel handelt es sich um Kontrolle über auslösende Reize, Hinweise oder Situationen bzw. über Konsequenzen des bislang geübten Verhaltens.
→*Kontrolle.*

Selbstreizung *(self-stimulation, autostimulation).* Versuchstechnik von OLDS und MILNER. Ratten wurden Elektroden in Stammhirnregionen eingepflanzt, die wie Belohnung wirkende angenehme Empfindungen vermitteln (Septalregion, mediales Vorderhirnbündel im limbischen System). Die Versuchstiere konnten mittels Hebelzug eine elektrische Reizung dieser Regionen auslösen. Diese operante Reaktion wird sehr schnell gelernt und extrem häufig ausgeführt. Auf diese Weise ist es gelungen, auf dem Umweg über ein Lernexperiment den Nachweis der Existenz solcher Hirnregionen zu führen, die mit der Vermittlung von Belohnungsempfindungen etwas zu tun haben.
LIT. OLDS, MILNER (1954).

Selbstsicherheitstraining *(assertive training). Psychotherapie, Verhaltenstherapie:* Inbegriff von Programmen, mit deren Hilfe der Patient lernt, Hemmungen im sozialen Umgang mit Mitmenschen zu überwinden.

selbstunsichere Persönlichkeitsstörung →*Persönlichkeitsstörung.*

Selbstverwirklichung, Selbstaktualisierung *(self actualization).* Von KURT GOLDSTEIN geprägte Bezeichnung für die angenommene Tendenz des Menschen, seine Fähigkeiten und Fertigkeiten – unabhängig von spezifischen Bedürfnissen und ihrer Befriedigung – in seinem Denken und Handeln optimal zur Geltung zu bringen. Nach MASLOW stellt S. die Spitze der Hierarchie verschiedener *Motivations*-Arten und -Formen dar und läßt sich mit dem Satz »Der Mensch muß das sein, was er sein kann« umschreiben. C. G. JUNG sieht in S. die Aufhebung aller Widersprüche zwischen Bewußtem und Unbewußtem auf dem Weg der *Individuation* bzw. die Erreichung des »Lebenszieles«. Eine nicht minder mehrdeutige Umschreibung bietet CARL ROGERS an; S. ist aus seiner Sicht die allgemeine und umfassende Tendenz des Menschen, in seinem Denken und Handeln Autonomie anzustreben und Einschränkungen durch die Umwelt nicht hinzunehmen bzw. zu meiden.

Selbst-Wirksamkeit *(self-efficacy).* Von BANDURA aus Untersuchungen zum Imitations- bzw. Modell-Lernen *(→Lernen)* hergeleitete Auffassung, das Verhalten sei neben Erwartungen über sein Ergebnis (z. B. Verstärkungserwartungen) von Überlegungen getragen, ob unter den gegebenen Situationsbedingungen bestimmte Verhaltensweisen überhaupt ausgeführt werden können, ohne damit Risiken einzugehen. In der *Verhaltenstherapie* wird z. B. davon ausgegangen, daß Veränderungen der Einstellung über die Selbst-Wirksamkeit ggf. bedeutsamer sind, als die auf konkrete Reaktionen bezogenen Ergebniserwartungen, um eine Störung zu bereinigen.

Selektionsdruck →*Evolution.*

Semantik *(semantics).*
[1] Allgemeine Bezeichnung für die Lehre von den Zeichen *(signs)* und ihrer Bedeutung *(meaning)* einschließlich der sprachwissenschaftlichen »Wort-Bedeutungslehre« und der logischen Analyse von Zeichen und Bedeutung (in der symbolischen Logik oder Logistik).
[2] Bezeichnung für die spezielle Lehre der menschlichen Reaktionen auf Zeichen und Symbole *(general semantics; applied semantics).* Die Lehre von der Entwicklung und von den Veränderungen der Bedeutung von Zeichen (historische Bedeutungslehre oder historische Semantik) wird auch als *Semasiologie (semasiology)* bezeichnet. *Semiotik (semeiology, semiotics)* ist jenes Teilgebiet der S., das der speziellen Analyse von Zeichensystemen dient.

semantische Generalisierung *(semantic generalization).* Bezeichnung für die Übertragung konditionierter Reaktionen auf Reize, die mit dem ursprünglichen konditionellen Reiz in einer semantischen Beziehung stehen. Während bei der *Reizgeneralisierung* Reizähnlichkeiten in bezug auf physikalische Reizparameter (z. B. Helligkeit, Größe) über die Reaktionswahrscheinlichkeit entscheiden, bei der *semantischen Konditionierung* über die engere Bedeutungsverwandtschaft von Begriffen generalisiert wird, geht die s. G. über diese Grenzen hinaus. Razran konnte z. B. zeigen, daß nach der Herausbildung einer konditionierten Reaktion auf einen Geigenton sowohl auf das Bild einer Geige als auch auf das Wort Geige (in abgeschwächter Form) reagiert wird. *Semantisches Konditionieren* und *semantische Generalisierung* gelten als diagnostisches Hilfsmittel zur *Erfassung von Rückständen der Entwicklung* des *abstrakten Denkens,* Störungen aus dem Formenkreis der (sensorischen) *Aphasie* und des *Schwachsinns.*
→*Konditionierung, semantische.*
LIT. Razran (1961).

semantische Negativierung →*ereignisbezogene Potentiale.*

semantische Pfadaktivierung →*Pfadaktivierung.*

semantisches Netz →*Netzwerte.*

semantisches Priming →*Priming.*

Semasiologie →*Semantik.*

Semiotik →*Semantik.*

Sender *(transmitter).* Bezeichnung aus der Kommunikationsforschung für die Stelle des *Verschlüsselns (encoding)* einer *Nachricht,* die durch einen *Informationskanal (channel)* zum *Empfänger* gelangen soll, wo sie wiederum *entschlüsselt (decoding)* wird.

senile Demenz *(senile dementia).* Im Senium auftretende Störung der Intelligenz und des Denkens, bedingt durch degenerative Veränderungen des Gehirns.
→*Demenz.*

Senilität *(senility).* Bezeichnung für die mit dem Altern auftretenden Intelligenz- und Gedächtnisstörungen.

Sensibilität *(sensibility).* Allgemeine Bezeichnung für die Empfindlichkeit bzw. Empfänglichkeit Reizen gegenüber. *Sensitivität (sensitivity)* bezeichnet dagegen die besondere Empfindlichkeit oder Empfänglichkeit gegenüber Reizen geringer Intensität.

Sensitivity-Training *(sensitivity training),* Syn.: *T-Gruppe, Selbsterfahrungsgruppe (T-group, encounter group).* Gruppendynamisches Interventionsverfahren, in dessen aufeinanderfolgenden Einzelsitzungen die Gruppenmitglieder (in der Regel 10–15) ermuntert werden, ihre Gefühle, Einschätzungen und Einstellungen in bezug auf andere Teilnehmer spontan oder im Zusammenhang mit der Lösung vorgegebener Probleme zu äußern. Auf diese Weise sollen Erfahrungen vermittelt werden, wie andere auf einen und man selbst auf andere wirkt, um die soziale Sensitivität zu steigern. Gleichzeitig soll vermittelt werden, was Gruppen zusammenhält bzw. trennt, wie Gruppenmitglieder gemeinsame Interessen entwikkeln und artikulieren oder im größeren Zusammenhang, z. B. einer Organisation, zusammenarbeiten. S. wird u. a. zur Unterstützung von Rehabilitationsmaßnahmen bei straffällig gewordenen Sozialdelinquenten, bei Drogenabhängigen, zur Unterstützung von therapeutischen Maßnahmen bei Störungen des Selbstwertgefühls oder sozialen Beziehungen sowie zur Förderung der Konsensfähigkeit in betrieblichen Organisationen herangezogen.

Senso(u)motorik *(sensori-motor activity).* Bezeichnung für die durch Reize hervorgerufene Gesamtaktivität in sensorischen und motorischen Teilsystemen des Nervensystems und Körpers einschließlich der resultierenden Muskelaktivität. Als *senso(u)-motorischen Kreisprozeß* bezeichnet man die Aktivation der Sprechmuskulatur des Kindes durch Gehörseindrücke, die über die Knochenleitung aufgrund der vom Kinde selbst hervorgebrachten Laute auftreten. *Sensomotorische Koordination* nennt man die Ausrichtung von Bewegungen an orientierenden Wahrnehmungshinweisen.

sensorisch *(sensory).* Bezeichnung für alle mit der Sinneswahrnehmung einschließlich der Nervenleitungen und Gehirnzentren zusammenhängenden Prozesse.

sensorische Automatismen →*Automatismus.*

sensorische Deprivation →*Deprivation.*

sensorisch-tonische Feldtheorie *(sensory tonic field theory).* Von WERNER und WAPNER aufgestellte Theorie zur Erklärung der *intermodalen Transferenz.* Hat jemand die Aufgabe, in einem verdunkelten Raum einen Leuchtstab in die Vertikale zu drehen und wirken gleichzeitig sensorische Reize (z.B. ein Ton, dargeboten über das linke Ohr) über einen anderen Sinneskanal ein, so wird die Vertikalität u.U. nicht erreicht, sondern der Stab erhält eine Neigung in die dem Reizeinfluß entgegengesetzte Richtung (im Beispiel: rechts). Wenn sich mehrere, über verschiedene Sinneskanäle einwirkende Ereignisse (Anblick des verdrehten Stabes; Ton; Rückmeldung über die Vertikalität der Körperlage aus dem Vestibulärorgan) gemeinsam auf die Wahrnehmungsleistung auswirken, so operiert das Sensorium offenbar wie ein dynamisches Feld, wobei die Resultante (das Wahrnehmungsurteil) von den aus verschiedenen Sinnesbereichen gemeldeten Veränderungen beeinflußt ist. Unter *intermodalem Transfer* oder *intermodaler Transferenz (intermodal transference)* versteht man die Ursache für die wechselseitige Beeinflussung des Wahrnehmungsurteiles aus Informationen, welche aus verschiedenen Sinneskanälen stammen.

LIT. WERNER, WAPNER (1952).

Sensorium. Ältere, allgemeinste Bezeichnung für die Gesamtheit aller sensorischen, d.h. Empfindungen vermittelnden Mechanismen in Sinnesorganen und Gehirn.

Sensualismus *(sensualism).* Philosophische Doktrin, die nur solche Erkenntnisse zuläßt, die durch Sinneswahrnehmung zustande gekommen sind.

Sentiment. Alte Bezeichnung für die mit einem Objekt verbundenen individuellen affektiven Regungen, Vorlieben usw., im Unterschied zu *Sentimentalität* als Bezeichnung für eine gesteigerte Gefühlsansprechbarkeit.

Serotonin *(serotonine).* Als Mediator und Neurotransmitter wirksames biogenes Amin (5-Hydroxi-tryptamin), das im Zentralnervensystem (Hypothalamus), im Blut (Thrombozyten, Granulozyte) und in der Darmschleimhaut nachgewiesen ist und dessen Konzentration aus dem Vorkommen seiner Abbauprodukte im Harn erschlossen werden kann. S. ist u.a. bei der Vermittlung von Gefäßverengungen (Arteriolenkonstriktion) in Lunge und Nieren, von Gefäßerweiterungen (Arteriolendilatation) in der Skelettmuskulatur sowie von Erregungs- und Hemmungsvorgängen der glatten Muskulatur des Herz-Kreislauf-Systems, des Magen-Darm-Trakts und der Bronchien beteiligt. Zusammenhänge zwischen S.-Überproduktion und →*Depression* sowie *Migräne* werden vermutet.

Sexualität *(sexuality).* Allgemeine und umfassende Bezeichnung für die Gesamtheit aller mit dem Sexualakt (Coitus) zusammenhängenden mehr oder weniger komplexen Antriebe, Gefühle, Erwartungen, Einstellungen und Verhaltensweisen bei Mensch und Tier, sowie der daraus resultierenden Konflikte (beim Menschen). Die Lerntheorien beschäftigen sich mit S. unter besonderer Berücksichtigung des Sexualtriebes (primärer Trieb; →*Trieb*); in der *Sozialpsychologie* wird S. unter den Aspekten der *Geschlechterrollen (sex roles),* der *Partnerwahl* sowie kulturell verschiedener *Einstellungen* zur S. und Sitten und Gebräuchen sowie *Normen* im Zusammenhang mit der S. betrachtet *(→Tabu).* Die *Verhaltensforschung* (Tierpsychologie) schließlich betrachtet S. unter dem Aspekt der artspezifischen Arten und Formen des *Werbe-* und des *Paarungsverhaltens (mating behavior).*

Sexualstörung *(sexual disorder)*, Syn.: *sexuelle Störung.*
[1] Zusammenfassende Bezeichnung für Syndrome, die sich auf das heterosexuelle Verhalten beziehen und auf das Vorliegen von Störungen schließen lassen. Im *DSM III–R* werden zwei Gruppen von S. unterschieden. (a) *Paraphilie (paraphilia)* umfaßt zur Gewohnheit gewordene Praktiken, sexuelle Erregung oder Befriedigung unter außergewöhnlichen Bedingungen und ohne Vollzug des Geschlechtsverkehrs zu erreichen. Ältere Bezeichnung: *Perversionen (perversions).* Hierzu zählen *Exhibitionismus (exhibitionism),* d.h. das Zurschaustellen des Körpers bzw. der Geschlechtsteile; *Fetischismus (fetishism),* d.h. das Erreichen sexueller Befriedigung durch Besitz bzw. Berührung von Gegenständen, die von einer konkreten Person herrühren oder mit sexuellen Vorstellungen in Beziehung gebracht werden; *Frotteurismus (frotteurism),* d.h. sexuelle Erregung durch Reiben am Körper oder durch die Berührung von Körperteilen anderer, in der Regel gegengeschlechtlicher Personen, zu erreichen; *Pädophilie (pedophilia),* d.h. sexuell motivierte Zuneigung zu Kindern; *sexueller Masochismus (sexual masochism),* d.h. sexuelle Erregung beim Vorstellen oder Erleiden von Bestrafung oder Schmerz durch einen Partner; *sexueller Sadismus (sexual sadism),* d.h. sexuelle Erregung bei tatsächlicher oder vorgestellter körperlicher Züchtigung eines Partners; *transvestitischer Fetischismus (transvestism, transvestitical fetishism),* d.h. sexuelle Erregung beim Tragen von Kleidern des anderen Geschlechts; *Voyeurismus (voyeurism),* sexuelle Erregung bei der Beobachtung des Entkleidens, aufreizender Bewegungen oder des Sexualverkehrs einer anderen Person; andere, *nicht näher bestimmte Formen der Paraphilie.* (b) *Psychosexuelle Dysfunktion (psychosexual dysfunction)* gilt im DSM III–R als zusammenfassende Bezeichnung für alle Störungen, die in den verschiedenen Phasen eines intendierten oder ausgeübten (heterosexuellen) Geschlechtsverkehrs regelmäßig zu Beeinträchtigungen oder Behinderungen der Erlangung sexueller Befriedigung bei beiden oder einem Partner führen und auf diesem Weg die Partnerbeziehung belasten. Die einzelnen funktionalen S. bei Frauen und Männern werden in bezug auf die Phasen der Einleitung und des Vollzugs des Geschlechtsverkehrs klassifiziert. Zu den Störungen der sexuellen *Appetenz* zählen die *verminderte Appetenz (Libidoverlust)* eines Partners und sexuelle *Aversionen,* die durch eine Reihe von Bedingungen verursacht sein können, z.B. durch exzessive Interessenbekundungen oder homophile Neigungen eines Partners; Störungen der sexuellen *Erregungsphase,* sog. *Erregungshemmungen* durch *Ausbleiben der vaginalen Erregung* bei Frauen (Syn.: *Frigidität*), bei Männern durch *Erektionsdefizite* (Syn.: *Impotenz*). Zu den *Orgasmusstörungen* zählen bei Frauen die *Anorgasmie (anorgasmy),* d.h. das Ausbleiben der Kontraktion im Vaginalbereich, bei Männern *ejaculatio praecox,* der vorzeitige Samenerguß. Eine besondere Kategorie stellen *Störungen* mit *sexuell bedingten Schmerzen* dar; zu ihnen zählen u.a. *Dyspareunie (dyspareunia),* schmerzhafte Empfindungen (Brennen, Jucken), *Vaginismus (vaginism),* krampfartige Kontraktion der äußeren Vaginalwand, die den Sexualverkehr unmöglich oder für beide Partner schmerzhaft macht. Ausdruck von Störungen können schließlich die in der Systematik des DSM III–R nicht eigens erwähnten, in der *Entspannungsphase* auftretenden sog. *nachorgastischen Verstimmungen* (z.B. Gereiztheit, Unruhe, Schlafstörungen, Deprimiertheit oder Mißempfindungen im Genitalbereich) sein. *Homoerotische Neigungen* bzw. →*Homosexualität* zählen im DSM III–R nur dann zu den *atypischen psychosexuellen Funktionsstörungen,* wenn sie von dem/der Betroffenen als störend bzw. leidenverursachend empfunden werden.
[2] *Störungsursachen* und *Therapie:* Für die unter [1] (a) und (b) genannten Störungen gibt es zahlreiche Ursachenmuster und eine entsprechende Vielfalt von Therapiemöglichkeiten. In den Paraphilien einschließlich der sog. »schweren« Perversionen, z.B. *Sodomie (sodomia)* – Ausübung geschlechtlicher Beziehungen mit Tieren – sah FREUD den Ausdruck einer gestörten, durch frühkindliche Erfahrungen oder soziale Tabus blockierten Sexualentwicklung, als deren Folgen psychoneurotische Konflikte auftreten, die sich in Ersatzhandlungen, Identitätsunsicherheiten (z.B. →*Homosexualität*) oder →*Neurosen* äußern. Die regelmäßige Anwendung an-

tikonzeptioneller Praktiken wie *coitus reservatus* (Verhinderung des Samenergusses durch willkürliche Muskelkontraktion), *coitus interruptus* oder *incompletus* (willkürliche Unterbrechung des Verkehrs unmittelbar vor dem Samenerguß) oder *ejaculatio retardata* (unwillentliche Verzögerungen des Samenergusses) zählen zu den Ursachen neurotischer Störungen, gehören aber nicht zu den S. im engeren Sinn. FREUD empfahl insgesamt die *Psychoanalyse* als geeignete Therapie von S. sowohl aus der Gruppe der Paraphilie als auch aus der der psychosexuellen Dysfunktionen. Gründe für die zuletzt genannten Störungen sind (neben organischen Beeinträchtigungen oder Mißbildungen) Alkoholismus, Drogen (z.B. die Einnahme von Antidepressiva, Sedativa), die mit Appetenzverlust, Anorgasmie, Erektionsschwäche, *ejaculatio praecox* oder Ejakulationsverlust einhergehen können, ferner Angststörungen, affektive und psychotische Störungen, die mit Libidoverlust verbunden sind, sowie durch Streit, Zärtlichkeitsverluste oder Kommunikationsschwierigkeiten bedingte Beziehungsstörungen. Heute werden bei Paraphilien und Funktionsstörungen sowohl psychoanalytische als auch einstellungsändernde Therapieformen angewandt. Sie umfassen u.a. Sensitivitätstraining der Partner, Diskussionsverfahren zur Klärung der Störungsursachen, Abbau von Versagensängsten und Konflikten durch Gesprächsführung.
LIT. FAHRNER, KOCKOTT (1990); REVENSTORF (1990; 1991).

s-Faktor *(s-factor)*, **spezifischer Faktor** *(specific factor)*. Bezeichnung für einen *Faktor,* der nur in bezug auf einen einzigen Test bzw. eine experimentelle Variable gefunden wurde. Manchmal auch Bezeichnung für einen Faktor, der nur für einige wenige Tests oder Variablen gilt. Besitzt der spezifische Faktor nur in bezug auf eine einzige Variable Aussagewert, so wird er auch als *»einzigartiger« Faktor (unique factor)* bezeichnet.
→Faktorentheorie.

sharpening. Aus dem Englischen übernommene Bezeichnung für das Hervorheben oder Akzentuieren von Unterschieden zwischen wahrgenommenen Gegenständen im Wahrnehmungsfeld.
Gegensatz: *→Leveling.*

sigma (σ).
[1] 1/1000 Sekunde.
[2] Statistische Abkürzung für *Standardabweichung (→Abweichung).*

Sigmascore *→Score.*

Sigmatismus *(sigmatism).* Lispelnde Aussprache von Zischlauten (c, s, z), die entweder auf Gewohnheiten oder auf Anomalien im Zahn- und Kieferbereich zurückgeht. Der S. gehört zu den häufigsten Sprechstörungen.

Signal *(signal).* Informationstheoretische und psycholinguistische Bezeichnung für ein durch die Verbindung mit einem Ereignis mit Bedeutung versehenes (kodiertes) *Zeichen.* Z.B. wird im Versuch zum *klassischen Konditionieren* ein konditioneller Reiz zum Signal für die Abfolge von unkonditionellem Reiz und konditionierter Reaktion.
→Signalentdeckung.

Signalentdeckung, Signalentdekkungs-Theorie, TSD, SDT *(signal detection; theory of signal detection, TSD, signal detection theory, SDT).*
[1] S. bezeichnet die Unterscheidung schwacher und/oder verrauschter Signalreize von irrelevanten Hintergrund- oder Störreizen (z.B. Fremd- oder Eigenrauschen). Die aus der Nachrichtentechnik hergeleitete S.-Theorie (TSD) beruht auf einem statistisch-mathematischen Modell, in das neben wahrscheinlichkeitstheoretischen auch spieltheoretische Überlegungen einfließen. Es wurde von TANNER u.a. (1956) und SWETS u.a. (1961) in die Wahrnehmungsforschung und Psychophysik eingeführt, um die Frage der klassischen Psychophysik nach den Beziehungen zwischen Reizintensität und Empfindungsstärke durch die Frage nach den Beziehungen zwischen Wahrnehmungsurteil und der *Reaktionsneigung (response bias)* zu ergänzen. Das Verfahren der TSD ermöglicht die Berechnung zweier mathematisch unabhängiger Kennwerte. Der erste betrifft die *Unterscheidungs-Sensitivität (discriminatory sensitivity)* des Beobachters unter den gegebenen Signal- bzw. Reizintensitätsbedingungen; er wird mit d' bezeichnet und stellt eine wahrscheinlichkeitstheoretische Parameterschätzung dar. Der sog. *Kriterienwert* X_c *(criterion value; cutoff-point)* dagegen dient der Kennzeichnung des *Entscheidungsrisikos,* das der Beobachter seinen Wahrnehmungs-Urteilen in der gegebenen Situation zugrunde legt; der parametrische Kriterienwert wird

mit β bezeichnet. Während d' mit den physikalischen Reizeigenschaften, Darbietungsbedingungen und dem Aktivationszustand des Beobachters variiert, zeigt β die Abhängigkeit der abgegebenen Urteile von Erfahrungen oder Annahmen des Beobachters über die Auftretenswahrscheinlichkeit von Signalen bzw. Reizen, von Überlegungen über Nutzen *(values, gains)* und Kosten *(costs; losses)* und damit verbundenen Risiken. Mit d' und X_c bzw. β kann man darstellen, wie ein Beobachter unter gegebenen Wahrnehmungs- und Situationsbedingungen seine Empfindungen interpretiert und in mehr oder weniger zutreffenden Wahrnehmungsurteilen nutzt. Damit wird die Lücke zwischen Empfindung und Wahrnehmungsurteil, welche in der klassischen Psychophysik durch eine Gleichsetzung geschlossen wurde, in Form der Beziehung zwischen zwei unabhängigen Maßen geschlossen.

[2] Im *S.-Versuch* werden dem Beobachter in der Regel kurzzeitig in zufallsgemischter Folge Reize knapp überschwelliger Intensität dargeboten. Er muß nach jeder Darbietung eines *Ereignisses (event)* entscheiden, ob der Signalton im Rauschen vorhanden war *(Signal+Rauschen; signal plus noise; SN)* oder ob es sich um Rauschen allein *(noise; N)* handelte. Dabei ergeben sich vier Möglichkeiten. Wurde SN dargeboten und der Beobachter reagiert mit »Signal vorhanden«, so handelt es sich um Treffer *(hits; H);* reagiert er bei SN mit »Signal nicht vorhanden«, so liegt eine Auslassung *(miss)* vor. Reagiert der Beobachter auf N allein mit »Signal vorhanden«, so handelt es sich um einen *falschen Alarm (false alarm; FA);* bei »Signal nicht vorhanden« liegt eine korrekte Zurückweisung *(correct rejection)* vor. Geht man von der Menge dargebotener SN und N aus, so ergänzen Treffer und Auslassungen bzw. falsche Alarme und korrekte Zurückweisungen einander jeweils auf 100%. Da die Berechnung der Kennwerte d' und β an das Modell der Standardnormalverteilung gebunden ist, müssen große Urteilsmengen vorliegen. Die Auswertung entfällt auch dann, wenn die Trefferproportion p_H oder der Anteil falscher Alarme $p_{FA} < 0.1$ sind. d' ist definiert als die in Standardeinheiten der Normalverteilung ausgedrückte Differenz zwischen den Mittelwerten der Urteilshäufigkeitsverteilung über SN und N auf dem Empfindungskontinuum, d.h.

$$d' = \frac{M_{(SN)} - M_{(N)}}{s_{diff}}$$

Abb. 1 zeigt die der TSD entsprechenden Verteilungsfunktionen eines Beobachters, der in 70% der Darbietungen von SN Treffer und in 20% der Darbietungen von N falsche Alarme erzielte. Die in z-Werte transformierten Flächenanteile unter den beiden Verteilungsfunktionen ergeben nach der Beziehung $d' = z\,(p_H - 0.5) - z\,(p_{FA} - 0.5) = z\,(0.7 - 0.5) - z\,(0.2 - 0.5) = z\,(0.2) + z\,(0.3) = 0.52 + 0.84 = 1.36$. Bei der Berechnung müssen die Proportionsangaben, welche Flächenanteile repräsentieren, mit Hilfe der z-Tabelle in die Standardabweichungs-Maße z transformiert werden; deren Differenz ergibt d', definiert in Standardeinheiten der Empfindungsskala. Die Reizintensitätsunterschiede zwischen SN und N waren für unseren Beobachter deutlich genug, um die o.g. Trefferzahl zu erreichen. Bei $d' = 0$ wären die Urteile rein zufällig ausgefallen, bei einem $d' > 2.88$ hätte eine nahezu optimale Unterscheidungs-Sensibilität vorgelegen. Die sog. ROC-Kurve *(receiver operating characteristics curve)* stellt die Beziehungen zwischen d', Treffern und falschen Alarmen in Form einer *Abgleichfunktion* dar (vgl. Abb. 2). Sind SN und N für den Beobachter nicht mehr unterscheidbar, so sind die Proportionen von Treffern und falschen Alarmen stets gleich groß, d.h. die Werte liegen auf der Diagonalen in Abb. 2. Bei $d' > 0$ erhöht sich die Wahrscheinlichkeit, mit vielen Treffern viele falsche Alarme und mit wenig Treffern wenig falsche Alarme einzuhandeln, im mittleren oder höheren Trefferbereich dagegen gut abzuschneiden. Letzteres gilt für die Ergebnisse des w.o. gegebenen Beispiels eines Beobachters mit 70% Treffern und 20% falschen Alarmen. Welchen Punkt auf der ROC-Kurve ein Beobachter erreicht, hängt von der Lage seines Urteilskriteriums β ab. Ist er übervorsichtig und reagiert nur dann, wenn er meint, SN genau erkannt zu haben, so wandert sein Entscheidungspunkt über den Durchschnitt unter SN (Abb. 1) nach außen rechts; dabei gehen aber mit den falschen Alarmen auch die Trefferzahlen zurück (vgl. Abb. 2). Nimmt er dagegen jedes Risiko in Kauf und verlagert seine Entscheidungsgrenze über den Mittelwert der N-Verteilung nach links außen (Abb. 1), so erhöht sich mit

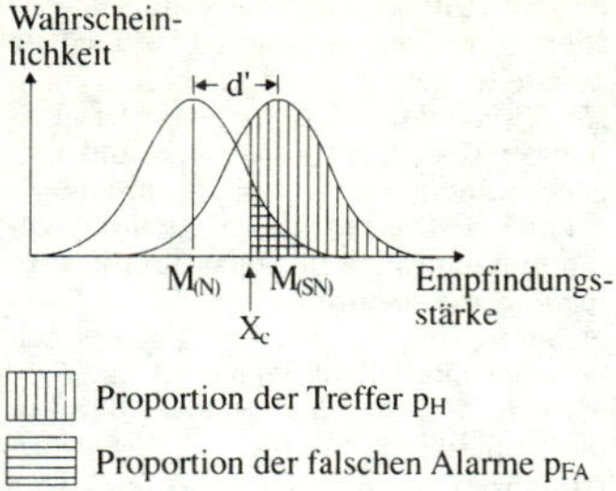

Abb. 1. Urteilsverteilungen des d'-Werts und der Lage des Kriterienwerts X_c (Beispiel im Text)

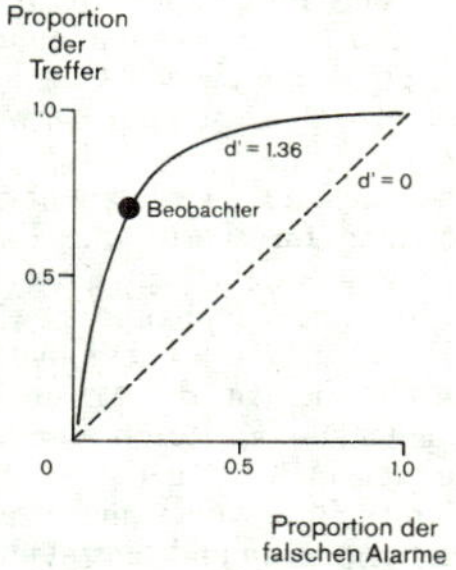

Abb. 2. Idealisierte ROC-Kurve (Beispiel im Text).

der Trefferwahrscheinlichkeit der Anteil falscher Alarme drastisch (oberer Teil der ROC-Kurve in Abb. 2). Die Lage des Kriterienwertes im Intervall d' ist durch die Ordinate bestimmt, welche die Flächen der Urteilsverteilungen (Abb. 1) den Proportionen von Treffern und falschen Alarmen entsprechend schneidet. Der parametrische Kennwert β errechnet sich aus dem Verhältnis der Ordinatenhöhe unter der SN- und der N-Verteilung; er liegt in unserem Beispiel, berechnet mit Hilfe der z-Funktion in bezug auf die Standardnormalverteilung, bei β = Ordinate (z = 0.2)/Ordinate (z = 0.3) = 0.348/0.280 = 1.24. Mit dieser Kriteriensetzung erreicht unser Beobachter sein relativ günstiges Ergebnis, das sich auf der ROC-Kurve (Abb. 2) in der Nähe des Kurvenscheitelpunktes lokalisieren läßt.

[3] Die TSD findet neben der *Psychophysik* in zahlreichen Forschungsgebieten ihre Anwendung. Mit ihrer Hilfe können z. B. Einflüsse von *Aufmerksamkeitsschwankungen* erfaßt werden und als nachlassende Sensitivität von Verlagerungen des Entscheidungsrisikos abgehoben werden. In der *Schmerzforschung* gelten TSD-Indikatoren als Hinweise auf die medikamentöse Beeinflussung der Empfänglichkeit gegenüber Schmerz in Abhebung von therapeutischen Maßnahmen, welche das Kriterium beeinflussen. Ähnliche Problemstellungen der *Psychopharmakologie* werden ebenfalls mit der TSD bearbeitet.

LIT. Green, Swets (1966); Tanner u. a. (1956); Swets u. a. (1961); Velden (1982).

Signalsystem *(signalling system, signal system)*. Von Pawlow eingeführte Bezeichnung für die Gesamtheit aller von einem Lebewesen erworbenen bzw. erlernten Verknüpfungen zwischen Umweltreizen (Signale) und angeborenen Reaktionen im Sinne des klassischen Konditionierens (→*Konditionierung, klassische*). Tiere haben nach Pawlow nur ein einziges, ihnen zukommendes Signalsystem *(single signalling system of animals)*, während der Mensch im Verlaufe der aktiven Auseinandersetzung mit einer sich stets ändernden Umwelt auch abstrakte Zeichen oder Symbole der Sprache stellvertretend für Gegenstände oder Ereignisse in Signalfunktion verwendet. Der Mensch verfügt daher über ein von Pawlow sog. *zweites* oder *verbales Signalsystem (second-verbal-signalling system)*, das die Gesamtheit aller verbalen Signalbeziehungen zu Reaktionen bezeichnet. Als *erstes Signalsystem (first signalling system)* des Menschen bezeichnete Pawlow temporäre Verknüpfungen von Reflex-Reaktionen mit ursprünglich neutralen Umweltreizen; das *zweite Signalsystem* dagegen charakterisiert die habituell gewordenen Verknüpfungen und ihre symbolische Repräsentation durch begriffliches Denken und Sprache. Daraus erhellt, daß das zweite Signalsystem die Leistungen des ersten Signalsystems zu beeinflussen bzw. zu steuern vermag.

Signifikanz *(significance)*.

[1] →*Bedeutung*, Sinn, Signal- oder Sprachzeichenbedeutung.

[2] Statistische Bezeichnung für überzufällige Beziehungen oder Abweichungen von Populationsdaten, deren Parameter aus empirisch erhobenen Daten geschätzt werden. Der Signifikanzprüfung dienen sog. →*Prüfverteilungen.*
Mit *Signifikanzniveau* bezeichnet man den vor einer statistischen Signifikanzprüfung (Signifikanztest) festgelegten Umfang des in Kauf genommenen *Fehlers erster Art;* die konventionellen Signifikanz-Grenzen liegen bei $\alpha = 1\%$ oder 5%.

Simulation *(simulation).*
[1] Bezeichnung für die willentliche Vortäuschung von Krankheitssymptomen.
[2] Die Nachbildung einer bestimmten Situation oder eines Arbeitsplatzes (z.B. das Cockpit eines Flugzeuges) zu Trainings- oder Untersuchungszwekken. Als Computer-S. Bezeichnung für die (vereinfachte) Nachbildung kognitiver Prozesse mit Hilfe eines an den Algorithmen tatsächlicher kognitiver Prozesse orientierten Programmes zum Zwecke der Veranschaulichung oder Modellerprobung mit dem Ziel der Vorhersage. Derartige Computer-S. dienen u.a. der Weiterentwicklung von Programmen, mit deren Hilfe Probleme gelöst bzw. intelligentes Verhalten nachgebildet werden soll.
→*Intelligenz, künstliche.*

Simulationsspiel →*Spiel.*

simultan *(simultaneous).* Gleichzeitig.

simultanes Konditionieren →*Konditionierung, klassische.*

Simultankontrast →*Farbige Schatten,* →*Kontrast.*

Sinistralität →*Händigkeit.*

Sinn *(sense; meaning).*
[1] *Philosophie:* Einsicht in die Bedeutung, Ordnung, Herkunft und Zweckgerichtetheit eines Ereignisses oder Verhaltens im Wirklichkeits-, Vorstellungs- oder theoretischen Bezug. In Metaphysik und Theologie Bezeichnung für das hinter dem Wahrnehmbaren stehende Wesen von Dingen oder Ereignissen bzw. der auf einen bestimmten Endzustand gerichtete Plan einer Entwicklung (z.B. der Sinn der Schöpfung).
[2] *Semantik:* Von FREGE eingeführte Bezeichnung für den Bereich zwischen der Bedeutung von Sprachzeichen und subjektiven Vorstellungen. So ist z.B. die (sachsinnhafte) Bedeutung der Bezeichnungen »Abendstern« und »Morgenstern« übereinstimmend auf denselben Gegenstand bezogen; derselbe Himmelskörper hat aber am Abend- und Morgenhimmel einen unterschiedlichen Sinn, an den sich verschiedene Vorstellungen knüpfen können.
[3] *Psychologie:* Über das Erscheinungsbild oder eine Aussage und ihre gegenständliche Bedeutung hinausreichende Erfassung des Bedeutungszusammenhangs im Bezugssystem von *Situation* und *Selbstkonzept,* die als Sinnerfüllung mit den Merkmalen subjektiver oder intersubjektiver Evidenz erlebt wird. In der *Gestalttheorie* gleichbedeutend mit der Erfüllung von Prägnanztendenzen im Bereich der subjektiven (Wahrnehmungs- und Denk-)Erfahrung. In der Umgangssprache bedeutet die Umschreibung, jemand sei »von Sinnen«, daß sein Wahrnehmen, Denken und Verhalten außer Kontrolle geraten ist, d.h. keinen von außen erkennbaren Bezug zu den Gegebenheiten und Erfordernissen der Umwelt besitzt.

Sinne *(senses).* Zusammenfassende Bezeichnung für sensorische Funktionen, die den Rapport zur Umwelt und zu den Vorgängen im Körper gewährleisten. Die einzelnen Sinnesgebiete werden im Hinblick auf die Art und Reizempfänglichkeit der Rezeptoren, anatomische Merkmale der der Weiterleitung und Verarbeitung von Sinnesdaten dienenden peripheren und zentralnervösen Strukturen und der daraus resultierenden Sinnes-Empfindungen sowie ihrer Funktion im Gesamtzusammenhang der Orientierung voneinander unterschieden (→*Analysator).* Als *Fernsinne* gelten Sehen, Hören und Riechen. Die *Hautsinne* vermitteln Berührungs-, Druck-, Kälte- und Wärmeempfindungen sowie Schmerz. Sog. *propriozeptorische Körpersinne* dienen der Rückmeldung von Muskelspannungszuständen und Körperlage sowie der Registrierung von Bewegungsrichtung und -beschleunigung des Körpers. Als *viscerale Sinne* schließlich bezeichnet man diejenigen Systeme, welche über *Interoceptoren* (Rezeptoren im Nervenzellgewebe und in den Gefäßen) innersekretorische Veränderungen, Blutdruck und Bluttemperatur melden.

Sinnesdatum →*Empfindung.*

Sinnesgegebenheit →*Empfindung.*

Sinnesorgane *(sense organs).* Rezeptorenapparate und zu ihnen gehörende äußere und innere Gewebeteile (Auge, Ohr usw.).

Sinnesqualität *(sense quality)*. Bezeichnung für die Eigenart der Empfindungen, die über quantitative Unterschiede hinaus erhalten bleibt, bezogen auf ein bestimmtes Sinnesgebiet. Syn. *Empfindungsqualität, Sinnesmodalität.*

sinnlose Silbe *(nonsense syllable, senseless syllable)*. Bezeichnung für eine Buchstabenkombination, die aussprechbar ist, jedoch in der betreffenden Sprache möglichst keine Bedeutung bzw. keinen Anklang an eine sachsinnhafte Bedeutung erweckt. Man mißt den Grad der »Sinnlosigkeit« einer Silbe an der Anzahl der Assoziationen, die bei ihrem Anhören oder Lesen auftritt. Als sinnlos werden nur solche Silben bezeichnet, die keine oder nur ein Minimum an Assoziationen auslösen. Die sinnlosen Silben bestehen meist aus einer Konsonant-Vokal-Konsonant-Folge von der Art »jyf« und dienen seit EBBINGHAUS der Erforschung des »reinen Gedächtnisses« bzw. des Umfanges des *Behaltens (→Gedächtnis, →Gedächtnisumfang)*.

Situation.
[1] Bezeichnung für die raum-zeitlichen äußeren Bedingungen des Verhaltens (Syn. *Feld, Umwelt*).
[2] Bezeichnung für alle zu einem gegebenen Zeitpunkt wirksam werdenden inneren Repräsentationen von Außenwelteindrücken, von Erinnerungen, Gedanken und Erwartungen im Lichte subjektiver Auslegungsweisen und Zielorientierungen, bezogen auf den momentan bedeutsamen Erlebnis- oder Handlungszusammenhang (Syn. *Feld* im Sinne von LEWIN).

Situationismus *→Persönlichkeit.*

Situationskreis-Modell *(situational circuit model)*. Eine Erweiterung des *Funktionskreis-Modells* durch THURE VON UEXKÜLL. Es wird angenommen, daß der Mensch Programme der Bedeutungsverteilung und Bedeutungsverwertung besitzt, die er vor dem eigentlichen Handeln in der Auseinandersetzung mit Umweltproblemen in Gedanken durchspielt und dabei ihre Angemessenheit erprobt. Der Ansatz steht in großer Nähe zu der Bewertungstheorie des Bewältigungsverhaltens und wird, wie dieser, insbesondere im Zusammenhang der Auseinandersetzung mit belastenden Situationen *(Streß)* sowie in der Psychosomatik herangezogen.
LIT. UEXKÜLL (1979).

situationsspezifische Reaktionen *→Psychophysiologie.*

Situationsstereotypie *(situation stereotypy)*. *Psychophysiologie:* LACEY's Bezeichnung für die Annahme eines konstanten autonom-emotionalen Reaktionsmusters in bezug auf eine bestimmte Situation, das bei allen Individuen relativ gleichförmig ausfällt. Man findet solche Stereotypien dann, wenn man eine Gruppe von Individuen in verschiedenen z.B. belastenden Situationen untersucht und als Quelle der Varianz vorwiegend den Situationswechsel identifizieren kann, während die interindividuelle Varianz in ihrer Bedeutung zurücktritt. In der neueren Forschung wird meist davon ausgegangen, daß ein psychophysiologisches Reaktionsmuster, abgesehen von seiner Abhängigkeit in bezug auf den gegebenen funktionellen Zustand des Organismus (z.B. Aktivation) sowohl situations- als auch reaktionsspezifische Züge trägt *(→Reaktionsstereotypie)*.

Skala *(scale)*. Statistische Bezeichnung für das dem *Messen* zugrunde liegende Bezugssystem. Man kann grob zwischen topologischen und metrischen Skalen unterscheiden; zu den topologischen Skalen gehören alle Formen der sog. *Nominalskala,* d.h. Kategoriensysteme, mit deren Hilfe sich die betrachteten Fälle klassifizieren lassen (z.B. nach Augenfarbe, Geschlechtszugehörigkeit u.ä.). Eine Übergangsform von topologischen zu metrischen Skalen stellen die sog. *Ordinal-* oder *Rangskalen* dar. Hier werden Ereignisse oder Aspekte von Gegenständen durch die Verwendung von – eine Rangordnung ausdrückenden – Zahlen angeordnet (z.B. erhält der Größte in einer Gruppe den Rangplatz 1, der Zweitgrößte 2 usw.). Bei dieser Skalenart lassen sich monotone Transformationen durchführen, die zwar die bezeichnenden Größen ändern, jedoch nicht ihre Ordnung. Liegt dem Messen ein Kontinuum mit gleichgroßen Intervallen zugrunde, so bezeichnet man dies als *Intervallskala.* Es handelt sich um eine metrische Skalenart, der bestimmbare Größen durch Messung zugeordnet werden. Die Werte lassen sich im Sinne der Verteilungsart statistisch bearbeiten, was die Möglichkeiten der Parameterschätzung und

linearen Transformation eröffnet. Die statistischen Kennzahlen Mittelwert, Standardabweichungen und damit zusammenhängende Inferenztechniken lassen sich hier anwenden. Die höchste Stufe der Skalen repräsentiert die sog. *Verhältnisskala*, die einen definierten Null- oder Ausgangspunkt besitzt (z.B. die Kelvinsche Temperaturskala mit dem absoluten Ausgangswert – 273,16 Grad). Die Mittel der statistischen Prüfung oder Inferenz sind weitgehend vom *Skalenniveau* bestimmt; das niedrigste Niveau repräsentiert die Nominalskala, das höchste die Intervall- und Verhältnisskala.
LIT. Fröhlich, Becker (1972); Stevens (ed.; 1958).

Skalierung *(scaling)*.
[1] Das Erstellen einer Skala (z.B. Empfindungsskala der →*Psychophysik)* nach bestimmten Regeln aufgrund empirischer Daten.
[2] Syn. für das *Standardisieren* eines Tests zur Erstellung einer *Testskala* (z.B. Intelligenzskala).
[3] Syn. für Messen im Sinne der Anwendung von bereits erstellten Skalen zur Lokalisierung einzelner Objekte oder Ereignisse.
→*Multidimensionale Skalierung.*
LIT. Guilford (1954); Sixtl (1971); Torgerson (1958); Zinnes (1969).

Skalierung, multidimensionale →*Multidimensionale Skalierung.*

Skalogramm →*Guttman-Skala.*

Skalogramm-Analyse →*Einstellungsskalen.*

Skelettmuskeln →*quergestreifte Muskeln.*

Sklera *(sclerotic)* oder **Lederhaut.** Äußere Haut des →*Auges.*
→*Hornhaut.*

Sklerose *(sclerosis)*. Verhärtung eines Organs oder Organteils infolge krankhafter Veränderungen, sog. Kollagenfibrillen, im ZNS durch Bildung von Glianarben.

Skotom *(scotoma)*. Blinde Bereiche auf der Retina z.U. vom *blinden Fleck (blind spot)*, der Stelle des Austritts des Sehnerven. *Skotopisches Sehen* bezeichnet das Wahrnehmen bei Dunkeladaptation (Stäbchensehen); *Skotophobie (scotophobia):* Angst vor Dunkelheit.

Skript *(script)*. In der Gedächtnisforschung die *symbolische Repräsentation* eines Handlungsablaufes, in die neue Einzelinformationen, welche Handlungen beschreiben, integriert werden. Bei der Erinnerung an Einzelinformationen können dadurch Fehler entstehen, daß sich der Betreffende von allgemeinen Erwartungen, die sich auf das Skript beziehen, leiten läßt.
LIT. Abelson (1981).

social power.
[1] Allgemeine und umfassende Bezeichnung für die materielle und immaterielle Grundlage der Fähigkeit eines Individuums oder einer Gruppe, andere zu beeinflussen, bzw. Bezeichnung für die Möglichkeit der *Beeinflussung (social influence)* durch die Position oder den Status, aus der/dem heraus Sanktionen (Lohn und Strafe) erteilt werden können. Syn. Macht; Machtposition.
[2] Allgemeine und umfassende Bezeichnung für normenstiftende Gesetze oder die Organe der Ausführung und der Stiftung von Gesetzen und Normen (z.B. die »Gewalten« im staatsrechtlichen Sinn); politische und soziale Institutionen und ihre Träger, die auf das soziale System (Gesellschaft) Einfluß nehmen oder nehmen können. Manchmal auch Syn. für *»social pressure«* im Sinne von ausgeübtem Zwang in sozialen Situationen (Gruppen). Syn. Gewalt; Staatsgewalt.

Sodomie *(sodomy)*. Sexuelle Beziehungen zwischen Mensch und Tier.

software. Bezeichnung für die zu einem bestimmten Computersystem gehörenden Programme, die die Operationen des Systems steuern (und von ihm »verstanden« werden); auch Bezeichnung für die in ein Computersystem fest eingebauten Programme, z.B. die eingebaute logarithmische Funktion bei einem Tischrechner.

Solipsismus *(solipsism)*. Philosophische, extrem idealistische Position, die nur die Erfahrung des Individuums als sichere Quelle des Erkennens zuläßt.

Somästhesie *(somaesthesia)*. Bezeichnung für die Haut- und Tiefensensibilität; Inbegriff von Empfindungsqualitäten wie Berührung, Druck, Schmerz, Wärme–Kälte, Hitze, Kitzel, Jucken, Vibration; manchmal auch Hunger, Durst, Übelkeit u.ä.

Somatisierung *(somatization)*. *Klinische Psychologie, Psychiatrie:* Von Freud eingeführte Bezeichnung für die Umwandlung seelischer Konflikte in Organerkrankungen oder →*psychosomatische Störungen.* Stehen die körperlichen Beschwerden bzw. Ausdruckserscheinungen als symbolischer Ausdruck für die Art des zugrundeliegenden seelischen Konflikts, so bezeichnet man sie als *Konversionssymptome.*

Somatisierungssyndrom *(somatization syndrome).* Verhalten, das durch den fortlaufenden dramatisch dargebotenen Hinweis auf vielerlei körperliche Beschwerden gekennzeichnet ist, für die es jedoch keine körperlichen Ursachen gibt.
→*Hypochondrie,* →*somatoforme Störung.*

somatoformes Schmerzsyndrom →*somatoforme Störung.*

somatoforme Störung *(somatoform disorder). Klinische Psychologie, Psychiatrie:* Im DSM III–R Bezeichnung für Beschwerdezustände, die durch körperliche Anzeichen bzw. Veränderungen gekennzeichnet sind, für die es keine körperlichen, jedoch erlebnismäßige Ursachen im Sinne einer →*Neurose* gibt. Zu ihnen zählen (a) *dysmorphe Störung (dysmorphic disorder, dysmorphophobia)* als zwanghafte Vorstellung, durch tatsächliche oder vermeintliche körperliche Fehler aufzufallen, (b) *Konversionsstörung (conversion disorder),* sog. hysterische Neurosen vom Konversionstypus, d.h. Verlust oder schwere Beeinträchtigung von (motorischen) Körperfunktionen, (c) →*Somatisierungssyndrom,* (d) *somatoformes Schmerzsyndrom (somatoform pain syndrome),* d.h. psychisch bedingte Schmerzen u.a. eher unspezifische Erscheinungsformen.
→*Somatisierung.*

Somatologie *(somatology).* Bezeichnung für die Lehre von der Konstitution und Physiologie des Körpers. Als *somatisch (somatic)* bezeichnet man alle Körpermerkmale und Zustände bzw. die Gesamtheit aller Körperzellen mit Ausnahme der Keimzellen. Somatische Krankheiten bezeichnen alle Organerkrankungen z.U. von den sog. Nervenkrankheiten.

Somnambulismus (Nacht- oder Schlafwandeln). Herumgehen oder andere Aktivitäten während des Schlafes; manchmal auch Bezeichnung für ein durch Hypnose induziertes Stadium, das äußerlich gewisse Ähnlichkeiten mit S. zeigt.
→*Schlafstörung.*

somnolentes Koma →*Koma.*

Sonographie →*Tomographie.*

Soziabilität oder **Umgänglichkeit** *(sociability).* Aus dem Englischen stammende Bezeichnung für die individuell verschieden stark ausgeprägte Tendenz, sich an mitmenschlicher Gesellschaft zu erfreuen und Kontakte mit anderen leicht und gern herzustellen.

sozial *(social).*
[1] Allgemeine und umfassende Bezeichnung für alle Arten von Beziehungen, die zwei oder mehrere Individuen der gleichen Art in direkter oder indirekter Weise durch Interaktion verbinden, und für die daraus resultierenden Arten und Formen der Meinungs- und Verhaltensveränderungen. Auch für mit der Gesellschaft oder mit der umgebenden Kultur zusammenhängende Phänomene gebraucht, z.B. *soziale Institution.*
[2] Bezeichnung für *Einstellungen, Meinungen, Motivationen* u.ä., die sich auf das Zusammenleben in Gruppen beziehen oder ihren Ursprung im Zusammenleben bzw. in der umgebenden Gesellschaft oder Kultur haben; z.B. *soziale Normen, soziales Verhalten.*

Sozialanthropologie *(social anthropology).* Bezeichnung für die Auslegung sozialer Beziehungen, ihrer Entstehung im Rahmen von Traditionen und ihrer Auswirkungen auf das Zusammenleben in größeren Gemeinschaften im Rahmen der Geisteswissenschaften. Syn. Kulturanthropologie.

soziale Abhängigkeit →*Abhängigkeit.*

soziale Distanz *(social distance).*
[1] Allgemeine und umfassende Bezeichnung für vorhandene oder vorgestellte kulturelle Unterschiede (soziale Unterschiede) zwischen verschiedenen Gruppen oder »Klassen«.
[2] Bezeichnung für verschiedene Anzeichen eines angenommenen oder vorhandenen Unterschieds zwischen sozialen *Gruppen;* Anzeichen können sich auf Sitten und Gebräuche der »anderen« oder auf den Grad der Bereitschaft beziehen, ein Mitglied der anderen Gruppe in sozial definierter Nähe zu dulden bzw. in seiner Nachbarschaft leben zu wollen. Dabei wird angenommen, daß der Wunsch nach Entfernung einstellungsmäßiger Ablehnung, also großer sozialer Distanz, gleichkommt. Dies wird mit sog. *Bogardus-Skalen* gemessen *(social distance scale* oder *Bogardus scale of social distance).* Eine Reihe von Feststellungen wird dem Beurteiler vorgelegt; in den Feststellungen

enthalten ist eine Rangreihe verschiedener Grade der Nähe, in der man sich einen bestimmten Mitmenschen als Angehörigen einer anderen Gruppe wünscht bzw. ihn duldet. Die Originalskala arbeitete mit sieben Stufen von Distanz bis Nähe: Von der globalen Ablehnung z. B. als Besucher im eigenen Land über Nachbarschaft und Klubmitgliedschaft bis zur Aufnahme in die eigene Familie.
LIT. BOGARDUS (1925).

soziale Dynamik *(social dynamics)*. Bezeichnung für einen Teilaspekt der Soziologie und Sozialpsychologie, in dessen Rahmen Ursachen und Wirkungen *sozialer Veränderungen (social changes)* untersucht werden. Die rein formale Untersuchung bzw. Beschreibung der *Veränderungen (social evolution)* als soziale Entwicklung ist meist der Ausgangspunkt der Analyse. Die Analyse kann sich auf eine gesamte Kultur, auf Institutionen oder Einzelgruppen beziehen oder aber die Wechselwirkung miteinbegreifen, z. B. Veränderungen in der industriellen Gesellschaft.

soziale Entwicklung, soziale Reifung *(social growth)*. Bezeichnung für einen Teilaspekt der →*Entwicklungspsychologie*, in dessen Rahmen den altersbedingten bzw. entwicklungsabhängigen Veränderungen jener *Eigenschaften*, die der sozialen Interaktion nützlich sind, besondere Aufmerksamkeit geschenkt wird. Den Zustand der *sozialen Reife (social maturity)* kennzeichnet das an Gruppen oder an der Gesellschaft orientierte Handeln.

soziale Erwünschtheit *(social desirability)*, **Desirabilität.** Eine Tendenz, eigene Denk- oder Verhaltensweisen im Lichte ihrer Übereinstimmung mit vorgestellten oder tatsächlichen sozialen Normen zu beurteilen. Die soziale Erwünschtheit zählt u. a. zu jenen →*Reaktionseinstellungen*, die das Ergebnis von Einstellungsmessungen verfälschen können. Dabei werden die Feststellungen (items) einer Einstellungsskala nicht nach dem Grad des Zutreffens für die eigene Person beurteilt, sondern danach, ob das Zugeben einer dort angesprochenen Verhaltensweise mit den für sozial wünschenswert gehaltenen Denk- oder Verhaltensweisen anderer übereinstimmt oder nicht.
LIT. EDWARDS (1958).

soziale Imitation →*Imitation, soziale*.

soziale Interaktion *(social interaction)*. Bezeichnung für die wechselseitige Beeinflussung von Individuen und Gruppen hinsichtlich ihrer Einstellungen und Handlungen durch Kommunikation *(symbolische Interaktion)*. Als *Interaktionsanalyse* bezeichnet man ein von BALES erstelltes Bezugssystem zur Erfassung der Qualität und Intensität der Kommunikation in *Gruppen*.
→*Interaktion*.
LIT. BALES (1960).

soziale Klasse *(social class)*. Allgemeine und umfassende Bezeichnung für das Ergebnis einer sozialen *Stratifizierung* oder *Stratifikation (stratification)*, d. h. Klassifizierung von Individuen oder Gruppen nach den Gesichtspunkten des *sozialen Prestiges* (nach Bildungsgrad oder Position bzw. Status definiert) und/oder des *Besitzstandes* bzw. *Einkommens* und/oder des aktuellen oder potentiellen Einflusses auf andere im Sinne der →*social power* (→*sozio-ökonomisches Niveau)*. Da die *Klassen* oder *Kategorien* je nach Betrachtungsaspekt variabel sind, läßt sich keine umfassende beschreibende Definition aufstellen.

soziale Kohäsion *(social cohesion)*. Bezeichnung für den Zusammenhalt einer sozialen *Gruppe*, z. B. aus Gründen der Gemeinsamkeit zu erreichender Ziele u. ä.

soziale Mobilität *(social mobility)*. Bezeichnung für die Veränderungen und das Ausmaß möglicher Veränderungen zwischen bestimmten sozialen Gruppen oder Klassen im Hinblick auf Verbesserungen oder Verschlechterungen im sozio-ökonomischen und Bildungsstand, bezogen auf eine bestimmte Kultur (z. B. Feststellung der Tatsache, daß die Söhne von ungelernten Arbeitern zu x% aller Fälle gelernte Facharbeiter werden usw.). Syn. sozialer Aufstieg.

soziale Motive *(social motives)*. Allgemeinste und umfassendste Bezeichnung für Beweggründe des Handelns, die durch Mitmenschen bzw. soziale Interaktion erzeugt und/oder von Mitmenschen in irgendeiner Art und Form zufriedengestellt werden können.

soziale Phobie →*Phobie*.

soziale Remission →*Remission*.

sozialer Status *(social status)*, **soziale Position** →*Rolle*.

soziales Prestige →*Prestige*.

soziales System *(social system)*. Allgemeine Bezeichnung für ein →*System* der Interaktion einer Mehrzahl von Individuen, wobei die Arten und Formen der Interaktion (Kommunikation) durch das System bzw. Kultursystem und die aus ihm erwachsenden Erwartungen in bezug auf das Verhalten mitbeeinflußt werden. PARSONS und SHILS prägten diesen Begriff.

LIT. PARSONS, SHILS (1951).

soziale Urteilstheorie →*Linsenmodell.*

soziale Veränderungen →*Soziale Dynamik.*

Sozialhygiene *(social hygiene).* Allgemeine Bezeichnung für alle Maßnahmen, die ein konfliktloses Zusammenleben verschiedener Gruppen oder Individuen gewährleisten bzw. sozial gefährdende Ereignisse, ihre Bedingungen und Auswirkungen (Verbreitung von Geschlechtskrankheiten durch Prostitution u. ä.) klären und Lösungen der daraus entstehenden Probleme suchen.

Sozialisation *(socialization, socialisation),* manchmal auch *Akkulturation, Enkulturation, Personalisation, Vergesellschaftung.* Allg. und umfassende Bezeichnung für den gesamten Prozeß, in dessen Verlauf ein Individuum durch passiven und aktiven Umgang mit anderen Menschen die ihm eigentümlichen sozial relevanten Erlebnis- und Verhaltensweisen erwirbt. In eingeengter, eher soziologischer Bedeutung der Prozeß des Erwerbens gesellschaftlicher bzw. kultureller *Normen.* Der Verlauf der S. ist charakterisiert durch zunächst asymmetrische und dann allmählich symmetrischer werdende Beziehungen zu anderen Menschen bzw. Gruppen. Er beginnt in der Abhängigkeit von mütterlicher und elterlicher Fürsorge und reicht bis in die Beziehungen zu Berufskollegen, begleitet also das menschliche Leben. In den Grenzen der dem Organismus zur Verfügung stehenden Möglichkeiten können Einflüsse der S. sowohl auf einzelne *Eigenschaften* (z. B. Abhängigkeit – Unabhängigkeit, Ängstlichkeit, Aggressivität, Intelligenz- und Sprachentwicklung). *Einstellungen, kognitive Stile,* als auch auf übergreifende Funktionen der Auseinandersetzung mit der Umwelt (z. B. Daseinstechniken, Erlebnis- und Verhaltensstile) aufgewiesen werden. Psychoanalytische Autoren schreiben der S. unter besonderer Berücksichtigung der frühkindlichen Entwicklung den Erwerb der Kontrollinstanz über Bedürfnis- und Triebregulation *(Über-Ich)* zu. Vom Geschehenstypus gesehen, vollzieht sich die S. durch implizite oder explizite Lernvorgänge (z. B. *Imitationslernen;* Lernen durch *Verstärkung).* Für das Ingangkommen und den Verlauf der S. sind sowohl Personen und Gruppen als auch Institutionen und Milieufaktoren ausschlaggebend (Familie, Mitschüler, Arbeitskollegen; Schul- und Bildungssystem; sozio-ökonomischer Status, Siedlungsgröße). Aus psychologischer Sicht läßt sich die Funktion der S. beschreiben als mehr oder weniger gelungene, realistische Einschätzung des eigenen Bezuges zur sozialen Umwelt, die im günstigen Fall dazu führt, vorwiegend solche Verhaltensweisen und Erlebnisformen zu entwickeln, die sowohl den eigenen Bedürfnissen und Wünschen als auch den Bedürfnissen und Wünschen der anderen Mitmenschen entsprechen.

LIT. FRÖHLICH, WELLEK (1972); GOSLIN (Hrsg.; 1969); ZIGLER, CHILD (1969).

Sozialmedizin *(social medicine).* Allgemeine Bezeichnung eines Teilgebietes der Medizin, das der Vorbeugung oder Vermeidung von Schäden aus sozialen Ursachen gewidmet ist (z. T. Syn. für *Psychohygiene, Sozialhygiene* u. ä.).

Sozialpsychologie *(social psychology).* Allgemeine und umfassende Bezeichnung für ein Teilgebiet der Psychologie, in dessen Rahmen Erkenntnisse der Entwicklungs-, Persönlichkeits- und Motivationsforschung mit den Mitteln psychologisch-wissenschaftlicher Methoden auf die *soziale Interaktion* bzw. umgebende Kultur des Individuums bezogen werden bzw. dadurch eine erhellende Beschreibung und Erklärung erfahren. Im allgemeinsten Sinne untersucht die S., wie sich individuelles Verhalten durch *soziale Interaktion entwikkelt* und *modifiziert* und welche Rückwirkungen dies innerhalb und außerhalb des sozialen Feldes hat. Die wichtigsten Teilgebiete der sozialpsychologischen Forschung sind:

(a) Arten und Formen der sozialen Anpassung *(→Sozialisation)* und Arten und Wege der *Internalisierung (→Sozialisation)* sozialer oder kultureller Normen.

(b) Soziale *Einstellungen,* ihr *Erwerb* und ihre *Wirkweise,* sowie die Dynamik ihrer Veränderungen; die Erforschung der Entstehung und Wirkweise von *Vorurteilen* und *Stereotypien*.

(c) Soziale Interaktion, die *Wahrnehmung* und *Beurteilung* des *Mitmenschen (social perception)*; →*Kommunikation* und die *Rolle der* →*Sprache*.

(d) *Gruppenfunktionen* und →*Gruppendynamik;* Fragen der *sozialen Kohäsion* und →*Konformität; Gruppenkonflikte*.

(e) Die Beziehungen von *Gruppen* (kleinen und größeren Gemeinschaften; »Nationen«) untereinander; Fragen der politischen Sozialpsychologie. Je nach Problemgebiet dominieren die Einflüsse der →*Feldtheorie* und →*Gestaltpsychologie*, der →*Lerntheorien* (→*Konditionierung)* und der →*Psychoanalyse*. Die Begriffe der S. sind sehr stark mitgeprägt von der →*Soziologie* und anderen Nachbarwissenschaften *(Ethnologie, Kulturanthropologie)*.

LIT. Bornewasser u.a. (1976); R. Brown (1979); Hartley, Hartley (1958); Hofstätter (1966); Irle (1975); Krech u.a. (1962); Lindzey (ed.; 1954); Raven, Rubin (1976); Secord, Backman (1964).

Soziobiologie *(sociobiology)*. Biologische Forschungsrichtung, die alles tierische und menschliche Verhalten als durch *Evolution* und *Genstruktur* (DNA-Struktur) determiniert annimmt. Der soziobiologische Ansatz unterscheidet sich insofern von der Darwinschen Evolutionslehre, als dort von der Arterhaltung als quasi-soziales Phänomen ausgegangen wurde, Verhaltensweisen des gegenseitigen Beistehens (Altruismen) jedoch im engeren Sinne nicht erklärt werden konnten. Die Soziobiologie dagegen geht von der Annahme aus, daß es in den Genen selbst verankerte Programme der Verteidigung gebe, die den Träger jeweils ähnlicher Genstrukturen dazu veranlassen, seinem DNA-Artverwandten beizustehen. Da der Nachweis solcher Annahmen sich vorwiegend auf Insektenuntersuchungen (Ameisen) beschränkt, erklärt sich die Umstrittenheit dieses Ansatzes u.a. aus der mangelnden empirischen Untermauerung.

→*Darwinismus*, →*Evolution*, →*Gen*.

LIT. Wilson (1975).

Soziodrama →*Gruppentherapie*.

Soziogramm *(sociogram)*. Bezeichnung für ein Standardverfahren der →*Soziometrie*. Die Erstellung des S. geschieht nach Anwendung des »soziometrischen Tests« von Moreno. Sämtliche Mitglieder einer Gruppe werden nach ihren gewünschten Beziehungen oder Interaktionshäufigkeiten untereinander befragt. Das Ergebnis wird graphisch so dargestellt, daß die Länge einer Strecke zwischen zwei Individuen die Distanz und ein Pfeil die Richtung der Wahl anzeigt. Das S. ermöglicht die Identifikation der Gruppenstruktur aus dem Schaubild und verweist auf zentrale Bezugspersonen (Führer) ebenso wie auf Außenseiter oder Cliquen. Bei größeren Gruppen sind *Matrixanalyse* oder *Indexanalyse* bessere Darstellungsmethoden.

LIT. Moreno (1953); Proctor, Loomis (1951).

Soziologie *(sociology)*. Bezeichnung für die Wissenschaft von der Entwicklung und den Prinzipien der sozialen Ordnung *(social organization)* und den Eigentümlichkeiten und der Systematik von Gruppenarten und -formen im Kontext von Traditionen, kulturellen Gegebenheiten und sich wandelnden Arbeits- und Umgebungsbedingungen (z.B. Technisierung, Städtebau, Bevölkerungsdichte).

→*Sozialpsychologie*.

Soziometrie *(sociometry)*. Bezeichnung für die Erfassung und Darstellung sozialer Beziehungen in einer Gruppe nach Kommunikationsart und -häufigkeit zum Zwecke der Analyse dynamischer Prozesse. Das *Soziogramm (sociogram)* ist das Ergebnis solcher Bemühungen.

LIT. Bjerstedt (1956); Moreno (1953; 1960).

sozio-ökonomisches Niveau oder **Status** *(socio-economic level)*. Allgemeine Bezeichnung für die durch Besitzstand bzw. *Wohlstand (wealth)*, Berufskategorie und *Klassenzugehörigkeit* bestimmbare *soziale Position* einer Gruppe oder eines Individuums *(socioeconomic position)*. Testverfahren, die auf die oben definierten differenzierenden Merkmale nicht ansprechen bzw. davon weitgehend unabhängig sind, werden als *sozio-ökonomisch unabhängige (culture free tests, socio-economic free tests)* bezeichnet.

→*soziale Klasse*.

Soziopathie →*Psychopathie*.

Spannung, Anspannung *(strain, tension)*.

[1] Engl. *strain:* Physikalische Bezeich-

nung für die durch Zug oder Druck (Streß) hervorgerufenen Veränderungen in einem System.
[2] Allgemeine Bezeichnung für Zustände extremer Aufmerksamkeitszuwendung (angespannte Aufmerksamkeit) bzw. Konzentration; auch für Muskelspannung; auch Syn. für »Druck« im Sinne von Streß auslösender Spannung.
[3] Der englische Begriff *»strain«* bedeutet auch Brut oder Zuchtreihe (z. B. alle Tiere, die durch Zucht gemeinsame Herkunft haben).
[4] Engl. *tension:* Ein der Spannung oder Anspannung bzw. erlebtem »Druck« (Konflikt u. ä.) entsprechender *Gefühlszustand,* der als Störung des homöostatischen Prinzips (Gleichgewichts) bewertet und dem mit einer gesteigerten Aktivität zur Änderung der gegenwärtigen Situation begegnet wird. Gegenteil: Entspannung *(relaxation, tension release).*
→*Streß.*

Spasmus *(spasm).* Krampfartige Kontraktion von Muskeln oder Muskelgruppen, die sich der willentlichen Kontrolle entzieht.

Spearman-Brownsche Formel *(Spearman-Brown formula; Spearman-Brown prophecy formula).* Bezeichnung für eine in der *Testkonstruktion* übliche statistische Beziehung zwischen Anzahl der Items (Testaufgaben) und der *Reliabilität* eines *Tests.* Voraussetzung ist die bekannte Reliabilität des Verfahrens r_{tt} bei einer Aufgabenzahl von n.

$$r'_{tt} = \frac{\frac{n'}{n} \cdot r_{tt}}{1 + \left(\frac{n'}{n} - 1\right) r_{tt}}$$

r'_{tt} bezeichnet die voraussichtliche Reliabilität des Tests, wenn die Aufgabenzahl n′ statt n beträgt. Dabei kann n′ größer oder kleiner als n sein.

Speichel *(saliva).* Flüssiges Sekret der *Speicheldrüsen (salivary glands),* das in die Mundhöhle ausgeschüttet wird und der Aufweichung und Mundverdauung der Nahrung dient. Als *Speichelreflex (salivary reflex)* oder *Nahrungsreflex* bezeichnet man die auf bestimmte (Nahrungs-)Reize hin erfolgende Speicheldrüsentätigkeit. Der Speichelreflex diente PAWLOW als Ausgangspunkt seiner Lehre von den bedingten Reflexen bzw. Reaktionen *(→Konditionierung, klassische).*

Speiseröhre →*Ösophagus.*

Spektrum *(spectrum).* Physikalische Bezeichnung für das Band von sieben Farben (Spektralfarben), das bei Brechung reinen weißen Lichtes durch ein Prisma entsteht und dem Wellenlängen zwischen 400 und 760 mμ entsprechen. Im übertragenen Sinn wird auch der Bereich hörbarer Schallereignisse zwischen 16 und rund 16000 Hz (Schwingungen pro Sekunde) als akustisches oder auditives Spektrum bezeichnet.

Sperma *(sperm).* Samenflüssigkeit oder -fluß einschließlich der darin enthaltenen männlichen Keimzellen oder Spermatozoen *(spermatozoa).*

spezifische Phobie →*Phobie.*

spezifischer Faktor →*S-Faktor.*

spezifisches Abwehrsystem →*Immunsystem.*

Spezifitätshypothese →*Schmerz.*

Sphinkter oder **Schließmuskel** *(sphincter).* Ringförmiger Muskel, bei dessen Kontraktion Körperöffnungen geschlossen werden (z. B. Afterschließmuskel).

Sphygmanometer. Vorrichtung zur Messung des arteriellen Blutdrucks *(blood pressure)* auf indirektem Wege; mit einem Manometer (Druckmesser) wird der auf eine Arterie (meist am Arm) mittels aufpumpbarer Manschette einwirkende Druck gemessen, der gerade ausreicht, um keinen wahrnehmbaren Pulsschlag (gemessen am Gelenk) mehr aufkommen zu lassen.

Sphygmograph. Vorrichtung zur Messung und graphischen Registrierung der Pulsschlagamplitude und -frequenz.

Spiegeltachistoskop →*Tachistoskop.*

Spiegelzeichen *(mirror drawing).* Bezeichnung für eine Versuchsanordnung (bzw. ein Prüfverfahren), bei dem die Versuchsperson eine Vorlage vom (seitenverkehrten) Spiegelbild her nachzeichnen muß. Diese Tätigkeit erfordert eine Umstellung der Hand-Augenkoordination.

Spiel *(game).*
[1] *S. des Kindes:* Geistige und/oder körperliche Tätigkeit, die keinem von außen erkennbaren Ziel oder Zweck dient und dem Spielenden mehr oder weniger lusterfüllter Selbstzweck ist. Bei Kindern in den ersten Lebensjahren ist S. hauptsächliche Aktivitätsform. Es wird als Ausdruck eines allgemeinen Tätigkeitsdranges gesehen und dient der Einübung wichtiger Funktionen

(z.B. Geschicklichkeit, Fertigkeiten, sozialer Kontakt). Nach Charlotte BÜHLER unterscheidet man
(a) *Funktionsspiel,* z.B. Gegenstände berühren, Greifen, Sachen schieben oder werfen, Ein- und Ausräumen. Auftreten im ersten Lebensjahr.
(b) *Fiktions- und Rollenspiel:* Kinder versetzen sich und Gegenstände in bestimmte Rollen und imitieren dabei Erwachsene und andere Kinder aus ihrer Erlebnissicht. Auftreten gegen Ende des zweiten Lebensjahres.
(c) *Rezeptions- und Konstruktionsspiel:* Märchen anhören, Bilder betrachten; Bauen, Zeichnen, Material bearbeiten. Auftreten wie (b).
(d) *Regelspiel:* Gruppen-, Gesellschafts- und sportliche Spiele nach festen Regeln, die eingehalten werden müssen. Auftreten ab ca. fünftem Lebensjahr.
[2] *S. des Erwachsenen:* Versuche, ohne Risiko die Grenzen der eigenen Möglichkeiten nach bestimmten Mustern zu erproben, und eine kultur- und gruppennormgeprägte *Rolle* zu spielen (G. H. MEAD, E. BERNE).
[3] *Simulations-S. (simulation game):* Erforschung des Umgehens mit Informationen über eine bestimmte Situations- oder Verhaltensklasse durch relativ abstrakt gefaßte und nach Regeln bekanntgegebene und verwendbare Hinweise. Hauptsächliche Anwendung in der Analyse von Sozialisations- und Lernvorgängen im Sinne von spielerischem Problemlösen.

LIT. BERNE (1964); BOOCOCK, SCHILD (eds.; 1968); CHARLOTTE BÜHLER (1967); HUIZINGA (1949); PIAGET (1969); RÜSSEL (1953; 1959).

Spielleidenschaft *→Impulskontrolle.*

Spieltheorie *(theory of games).*
[1] Bezeichnung für die Analyse von Struktur und Funktion der Spiele von Kindern und Erwachsenen.
[2] Teilgebiet der Angewandten Mathematik, das aus der allgemeinen Wahrscheinlichkeitstheorie hervorging. Die S. dient der Analyse von Situationen, in denen durch Kontrolle der Variablen und Einsetzen einer optimalen Spielstrategie Gewinn und Verlust durch Gleichgewichtslage zwischen Strategie und Risiko *(→Minimax-Prinzip)* definiert sind. Spiel ist hier Anwendung von strategischen Modellen, nicht die einzelne Partie und nicht das sog. Glücksspiel, dessen Ausgang vom Zufall beherrscht ist. Ersetzt man ein finites Spiel durch ein einfaches äquivalentes Modell, in dem es minimale Information über die Auswahl von Strategien der einzelnen Partner gibt, so ist dies die *Normalform* eines *strategischen Modells.* Die Gewinne, die für einzelne Strategien der Spieler ausbezahlt werden, nennt man *Payoff-Funktionen.* Ist das Produkt aller Payoff-Funktionen gleich Null, so besagt dies, daß ein Spieler oder eine Mannschaft nur dann gewinnt, wenn ein anderer oder die andere Mannschaft im gleichen Maße verliert. Ein solches Spiel heißt *Null-Summen-Spiel (zero-sum game, finite normalized zero-sum game).* Grundlagen für die Anwendung der S. in *Sozial-, Politik-, Militär-* und *Wirtschaftswissenschaften* stammen von NEUMANN und MORGENSTERN. Spiele nach dem Muster der S. werden in der Psychologie zur Analyse von *Entscheidungs-* und *Lernprozessen* in Form sog. *Simulationsspiele* verwendet. Die Variablen eines Sachverhaltes (z.B. einer politischen Entscheidung) werden bekanntgegeben; jeder Spieler kann unter verschiedenen Strategien wählen (z.B. Auswahl aus verschieden gewichteten Maßnahmen der kommunalen Planung); er muß dabei Gewinn und Verlust kalkulieren, ohne die Strategien der anderen Parteien zu kennen. In der Pädagogischen Psychologie konnte gezeigt werden, daß komplizierte und sonst die Zuhörer langweilende Stoffe mit Hilfe der S. leichter vermittelt werden können.

LIT. BURGER (1959); COHEN (1964); NEUMANN, MORGENSTERN (1944); SHUBIK (Hrsg.; 1965).

Spieltherapie *(play therapy).* Relativ unsystematisches Verfahren zur Erfassung und Behandlung kindlicher Anpassungs- und Verhaltensschwierigkeiten. Die Kinder bekommen eine Auswahl von Spielsachen oder Spielen vorgelegt und spielen damit in Anwesenheit des beobachtenden Therapeuten; manchmal erfolgt die Beobachtung auch unwissentlich. Art und Durchführung des Spieles werden anschließend gedeutet. Man nimmt an, daß das Spiel in einer relativ entlasteten Situation kathartische (konfliktbereinigende) Wirkung hat und/oder daß Kinder im Spiel »verdrängte« Konflikte eher zur Darstellung bringen.
Der sog. *Sceno-Test* gibt standardisierte Bauelemente vor; die »Auswertung«

besteht in einer psychoanalytischen Interpretation von Figuren- und Objektgebrauch.
LIT. STAABS (1964).

Spike →*Spitzenpotential.*

Spinalganglien oder **Intervertebralganglien** *(spinal ganglia).* Gruppen von Zellkörpern sensorischer Neuronen, die sich als kleine Fortsätze an den hinteren Wurzeln der Rückenmarksnerven zeigen. Die von diesen Zellen ausgehenden Fasern sind →*afferent.*

Spinalnerven oder **Rückenmarksnerven** *(spinal nerves).* Beim Menschen 31 paarige Nerven, die an verschiedenen Stellen des Rückenmarks austreten und afferente und efferente Fasern des autonomen und Zentralnervensystems (cerebro-spinalen Systems) enthalten.

Spinalreflex oder **Rückenmarksreflex** *(spinal reflex).* Bezeichnung für einen *Reflex,* dessen Leitungsbogen unterhalb der Medulla liegt.

Spiritismus *(spiritism).* Bezeichnung für den Glauben an ein Weiterleben der körperlosen Geister nach dem Tode und an die Möglichkeit, mit ihnen durch verschiedene Techniken Kontakt aufnehmen zu können (Tischklopfen, -rükken u.ä.). (Im Englischen manchmal auch *spiritualism.*)
→*Parapsychologie.*

Spiritualismus *(spiritualism).* Philosophische Bezeichnung einer metaphysischen Doktrin, der zufolge die Wirklichkeit bzw. die Grundlage der Wirklichkeit von immaterieller, d.h. geistiger Beschaffenheit ist und nur so verstanden werden kann. Gegenteil: *Materialismus.*

Spirometer. Vorrichtung zur Messung der Luftreserve in der Lunge.

Spitzenpotential oder **»Spike«** *(spike).* Bezeichnung für das der gesteigerten Aktivität entsprechende Kurvenbild im *Elektroencephalogramm;* es zeichnet sich durch große, der rhythmischen *Wellenbewegung (waves)* überlagerte Amplituden aus. Syn. *Einzelzacke.*

SPL →*elektrodermale Aktivität.*

split-brain. Bezeichnung für die Durchtrennung der Querverbindungen zwischen den Hirnhemisphären (Komissurektomie). Beobachtungen an split-brain-Patienten und -Versuchstieren ermöglichten es, die funktionale Asymmetrie der Großhirnhemisphären genau zu untersuchen.
→*Lateralität.*

spontan *(spontaneous).* Bezeichnung für eine ohne ersichtlichen Grund bzw. ohne auslösende Reizgrundlage erfolgende Aktivität oder Veränderung.

Spontan-EEG →*Elektroencephalogramm.*

Spontanfluktuation →*Spontanreaktion.*

spontane Erholung *(spontaneous recovery).* Bezeichnung für die Tatsache, daß eine *gelöschte* bzw. durch experimentell induzierte →*Hemmung* blokkierte Reaktion, die für längere Zeit nicht ausgelöst bzw. aufgetreten war, bei Wiedereintreten in die mit der früheren Auslösung verbundene Situation bzw. Wiederauftreten des in seiner Wirksamkeit gehemmten Auslösereizes mit größerer Intensität auftritt, als dies beim letzten Löschversuch der Fall war. Rückfälle in bereits (z.B. durch Bestrafung) gelöschte oder blockierte Verhaltensweisen (sog. *Regressionen*) werden mit der spontanen Erholung erklärt.

spontane Remission →*Remission.*

Spontanrate *(operant level).* Die Häufigkeit des Auftretens bestimmter Verhaltensweisen in einer gegebenen Situation ohne sonstige Einwirkung, z.B. vor dem Einsetzen von Konditionierungstechniken.

Spontanreaktionen *(spontaneous responses).*
[1] Ohne äußeren oder inneren »Grund« unvermittelt auftretende Veränderungen des Verhaltens.
[2] In der *Psychophysiologie* und *Neurophysiologie,* gleichbedeutend mit *Spontanaktivitäten (spontaneous activities)* oder *Spontanfluktuationen (spontaneous fluctuations).* Bezeichnung für *autonome* Veränderungen (z.B. Atmung, Galvanische Hautreaktion, Herztätigkeit usw.), die ohne von außen erkennbare oder im Körperinneren lokalisierbare Reizgrundlagen einsetzen, jedoch reizspezifischen (phasischen und tonischen) Veränderungen ähnlich sind. Man darf annehmen, daß Spontanreaktionen, Spontanfluktuationen oder spontan auftretende Aktivationsprozesse sowohl mit dem allgemeinen Erregungszustand als auch mit Denk- und Vorstellungsprozessen (z.B. einer ängstlichen Erwartung) in Beziehung stehen. Autonome Spontanreaktionen werden u.a. zur Kennzeichnung der *Labilität* herangezogen.
[3] Als Spontan-EEG gleichbedeutend mit den nicht-ereignisbezogenen Vorgängen im Gehirnstrombild; auch *Hin-*

tergrund-EEG (→Elektroencephalogramm).

Spontanremission *→Remission.*

Sportpsychologie *(sport psychology).* Teilgebiet der Angewandten Psychologie, in dessen Rahmen Probleme aus dem Handlungs- und Erlebnisfeld des Leistungs-, Breiten- und Freizeitsports mit den Methoden der wissenschaftlichen Psychologie behandelt werden. Besondere Schwerpunkte sind die Beziehungen zwischen Bewegung und Bewegungskontrolle in verschiedenen Sportarten, die Entwicklung und Überprüfung verschiedener Trainingsstrategien (einschl. der mentalen Übung), Beziehungen zwischen Trainings- und Wettkampfleistungen, der Einfluß motivationaler und emotionaler Faktoren auf Leistungen, Möglichkeiten der willentlichen Anstrengungsmobilisierung, der Einfluß von Gruppenmitgliedern und Publikum auf das Leistungsverhalten und seine Motivation, die Abstimmung des Schulsports auf körperliche und psychische Entwicklungsgegebenheiten, Sport als Freizeitgestaltung, als Rehabilitationsmaßnahme nach Erkrankungen bzw. Fragen der Gestaltung von Sportprogrammen für Versehrte usw. Die S. steht in enger Verbindung zu den Ergebnissen und Problemen der Entwicklungs-, Emotions-, Lern-, Gedächtnis-, Motivations-, Persönlichkeits-, Pädagogischen, Sozial- und ergonomischen Psychologie.

LIT. EBERSPÄCHER (1982); THOMAS (1982).

SPR *→elektrodermale Aktivität.*

Sprache *(language).* Allgemeine und umfassende Bezeichnung für Mittel der kommunikativen Kundgabe mit verbalen und nichtverbalen (z.B. Ausdruck) Zeichensystemen. Im engeren Sinne ein durch Konvention festgelegtes System von ausdruckshaltigen (expressiven) Zeichen, die das Individuum als Instrument begriffl. Analysen und Synthesen und als soziales Mittel der gegenseitigen Verständigung verwendet. Die Einheit der Sprache ist ein »Satz« bzw. eine »Feststellung«. (Im dt. Sprachgebrauch bezieht sich Sprache meist nur auf die Lautsymbole einschließl. ihrer Bedeutung.) Die *Psychologie der Sprache (psycholinguistics)* beschäftigt sich mit dem Erwerb solcher Systeme, ihrer Funktion in der Kommunikation usw.

LIT. HERRMANN (1972); HÖRMANN (1967).

Sprachpsychologie *→Psycholinguistik, →Sprache.*

Sprachstörungen *(speech disorders; language disorders).* Zusammenfassende Bezeichnung für (a) sprechmotorische Beeinträchtigungen bei bestimmten Lauten, Silben, Worten oder Sätzen (Aphasie), (b) der Schreibmotorik (Agraphie), (c) der das Sprechen begleitenden Gestik (Amimie), (d) für Beeinträchtigungen des Verstehens bestimmter Laute, Silben, Worte oder Sätze (sensorische Aphasie), (e) des Lesens (Alexie) und (f) des Verstehens von Ausdrucksgesten (sensorische Amimie). Im weiteren Sinne gehören auch Stottern, Stammeln, Lispeln usw. zu den allgemeinen motorischen Sprachstörungen.

Sprechflüssigkeit *→Intelligenz.*

Spur *(trace).* Bezeichnung für physiologisch-neurale Veränderungen bzw. Erregungskonstellationen im Nervensystem, die sich (hypothetisch) nach einer jeden Nerventätigkeit (z.B. Erfahrung) ergeben und die Grundlage des *Erinnerns (→Gedächtnis)* in Form sog. *→Gedächtnisspuren* oder *→Engramme* sein sollen. HULL bezeichnet mit *perseverativer* oder *Perseverationsspur (perseverative trace)* das nach dem Aufhören der Neuronenaktivität kurzzeitig fortdauernde, allmählich abklingende Erregungsgeschehen.
→Perseveration.

Spuren-Konditionieren *→Konditionierung, klassische.*

S-R-Gesetz *(S-R law).* Bezeichnung für eine regelmäßige und wiederholbare Beziehung zwischen dem *Reiz*-(Stimulus-) und dem *Reaktions*(R)-ereignis. Formulierbar als

$$R = F(S)$$

Die Reaktion ist eine Funktion des Reizes S. *→Gesetz, →Reaktion, →Reiz, →Variable.*

SRL *→elektrodermale Aktivität.*

SRR *→elektrodermale Aktivität.*

SSR *→Psychophysiologie.*

Stäbchen *→Auge.*

stabilisierte Netzhautbilder *(stabilized retina images).* Technik zur Untersuchung des Sehens unter Wegfall des Einflusses der Augenbewegung. Eine Bildschablone *(target)* wird mittels Haftschale am Augapfel so fixiert, daß ein scharfes Abbild auf der Retina entsteht. Nach einiger Zeit verschwinden Bild oder Teile des Bildes. Dabei halten sich Buchstaben und solche Bildteile, die mit einem anderen Berührung haben, Ecken und andere ausgezeichnete Eigenschaften länger als weniger prägnante.

Stabilität *(stability).*
[1] Allgemeine Bezeichnung für Unbeweglichkeit bzw. Unverändertheit eines Organismus bzw. des Verhaltens bei auftretenden Veränderungen der äußeren oder inneren (emotionalen) Bedingungen. Gegenteil von *Labilität.* Syn. *emotionale Stabilität (emotional stability).*
[2] Statistische Bezeichnung für die relative Gleichheit der Meßergebnisse, wenn sie zu verschiedenen Gelegenheiten erzielt wurden. Man bezeichnet einen Test oder ein Verfahren dann als stabil, wenn die Ergebnisse bei wiederholter Anwendung oder bei Anwendung eines Paralleltests zu hohen Übereinstimmungen führen. Die →*Korrelation* zwischen den verschiedenen Anwendungen bzw. zwischen Test und Paralleltest wird als *Stabilitätskoeffizient (stability coefficient)* bezeichnet.

Stammeln *(stammering)* oder **Paralalie.** Bezeichnung für unregelmäßig auftretende Lautverzerrungen (bes. S und R), manchmal auch gleichbedeutend mit Stottern.
→*Paralalie.*

Stammesentwicklung →*Phylogenese.*

Stammhirnpotentiale →*ereignisbezogene Potentiale.*

Standardabweichung →*Abweichung,* →*Standardfehler.*

Standardfehler *(standard error).* Allgemeine statistische Bezeichnung für das Maß oder eine Schätzung des Fehlers, in dessen Bereich eine *Statistik* als *Stichprobenmaß* von dem »wahren« Wert der *Population* (Parameter) durch Zufall bedingt abweichen darf. Dieser Fehler wird allgemein als *Standardabweichung* von Statistiken (z.B. Stichprobenmittelwerten) vom mittleren Wert der Statistiken (dem Mittelwert aller Mittelwerte oder Mittelwert der Population) definiert. Für seine besten Schätzungen gibt es für jeden Fall spezielle Beziehungen. Als *Standardfehler von Schätzungen (standard error of estimates)* definiert man die *Standardabweichung* der Unterschiede einer Serie von Schätzwerten und dem »wahren« Wert.

Standardreiz *(standard stimulus).* Bezeichnung für einen Vergleichsreiz, in bezug auf den andere Reize hinsichtlich ihrer Abweichung beurteilt werden sollen *(→Psychophysik).*

Standardscore →*Score.*

Stanford-Binet-Test *(Stanford-Binet scale)* oder **Stanford-Revision.** Bezeichnung für die in Stanford besorgte Revision des Binetschen Tests zur Erfassung der kindlichen Intelligenz. Syn. *Terman-Merrill-Test.* Diese Neufassung stellt die für amerikanische Verhältnisse standardisierte Testform dar.

Stanine. Aus dem Englischen übernommene Bezeichnung für eine transformierte Standardskala, deren Einheiten jeweils ⅑ der gesamten Variationsweite der normalverteilten Daten groß sind. Der Mittelwert der Verteilung liegt jeweils bei dem Skalenpunkt 5, die Streuung nimmt den Wert 2 an. Der Name kommt aus der Zusammenziehung des engl. *standard nine.*

Starrheit →*Rigidität.*

Starrsucht →*Katalepsie.*

statische Ataxie →*Ataxie.*

statischer Sinn, Gleichgewichtssinn *(static sense).* Durch die in den *Bogengängen* des Innenohres liegenden Rezeptoren vermittelte Lageempfindungen, die das aufrechte Gehen u.ä. auf Gleichgewichtskontrolle beruhende Handlungen ermöglichen.

Statistik *(statistics).* Teilgebiet der Angewandten Mathematik. Die *deskriptive Statistik* ermöglicht die ökonomische Darstellung von Forschungsergebnissen bzw. Daten auf rechnerischem und graphischem Weg. Der weitaus bedeutendere Teil der Statistik kann als *Forschungsstatistik* bezeichnet werden und ermöglicht durch Anwendung des *Wahrscheinlichkeitsmodells* die sog. *statistische Schlußfolgerung* (Inferenz) im Sinne der unvollständigen *Induktion;* z.B. das Prüfen des Zutreffens einer Hypothese innerhalb bestimmter wahrscheinlicher Gültigkeitsbereiche anhand von Stichprobenerhebungen.
→*Hypothese,* →*Induktion,* →*Inferenz,* →*Wahrscheinlichkeit.*
LIT. FRÖHLICH, BECKER (1972).

Statistik, parameterfreie *(nonparametric statistics).* Bezeichnung für sog. *verteilungsfreie Prüfverfahren,* die dann zum Zwecke der statistischen →*Inferenz* herangezogen werden, wenn die empirischen Daten auf keinen bekannten Verteilungstypus (Normalverteilung) bezogen werden können.
LIT. LIENERT (1962); SIEGEL (1956).

Statistik, parametrische *(parametric statistics)*. Bezeichnung für statistische *Prüfverfahren*, die auf Schätzungen der Verteilungsparameter (z. B. Normalverteilung der Populationsdaten) beruhen.

statistische Entscheidungen →*Minimax-Prinzip*.

statistische Inferenz →*Inferenz*.

statistische Schlußfolgerung →*Inferenz*.

Statocyste. Urform des Gleichgewichtsorgans; ein mit Flüssigkeit gefülltes Bläschen, in dessen Inneren sich kleine Partikel, sog. *Statolithen* befinden, die bei Lageveränderungen entsprechende Rezeptorzellen berühren.

Statolithen →*sacculus*.

Status *(status)*.

[1] Sozialpsychologische und soziologische Bezeichnung für zugeschriebene, durch andere verliehene oder durch eigene Leistung erworbene Wertschätzungen eines Individuums, die in der Regel einer Einstufung nach dem Rang oder dem Prestige gleichkommt. Da die Einschätzung durch andere von den tatsächlichen Gegebenheiten abweichen kann, bezeichnet man objektive Status-Merkmale auch als Positionsmerkmale.

[2] Als *sozio-ökonomischer Status* Inbegriff einer umfassenden, auf Erhebungen begründeten Beschreibung des Bildungsgrades, der Zugehörigkeit zu bestimmten beruflichen Gruppen und der wirtschaftlichen Verhältnisse (Einkommen, Besitzstand).

[3] Medizinische Bezeichnung für den Gesundheitszustand bzw. Krankheitszustand, der sich an dem Merkmalskatalog der ärztlichen Diagnose orientiert.

Statusdiagnostik *(trait diagnostics)*. Bezeichnung für diagnostische Ansätze der differentiellen Psychologie bzw. Persönlichkeitsforschung, die von relativ überdauernden *Eigenschaften (traits)* ausgehen. Der Ansatz der Statusdiagnostik wurde im Zusammenhang mit der Interaktionalismus-Diskussion *(→Persönlichkeitstheorien)* in Frage gestellt, so daß man z. Zt. Modelle der *Prozeß-Diagnostik (process diagnostics)* bevorzugt. Bei diesen Modellen wird das Erleben und Verhalten in Abhängigkeit von (a) Persönlichkeitseigenschaften und (b) der jeweiligen Einschätzung der Situation gesehen. Ein typisches Beispiel ist das von SPIELBERGER aufgestellte Trait-State-Modell der Angst.

Stereoskopie oder **stereoskopisches Sehen** *(stereoscopic vision)*. Binokulares Wahrnehmen von Tiefe und Entfernung; räumliches Sehen. Syn. Stereosis.

Stereotyp *(stereotype)*. Allgemeine Bezeichnung für relativ überdauernde und starre, festgelegte Sichtweisen bzw. ihnen zugrunde liegende Überzeugungen in bezug auf Klassen von Individuen, bestimmte Gruppen oder Dinge, die von vornherein festgelegt sind und nicht einer aktuellen Bewertung entstammen. Man kann sie auch als komplexe Formen des *Vorurteils* bezeichnen. Der entscheidende Unterschied liegt darin, daß Vorurteile meist als Einstellungen klassifiziert, Stereotypen jedoch als Überzeugungen eingestuft werden. Der Ausdruck wurde von dem amerikanischen Publizisten W. LIPPMAN in seiner Schrift ›Public opinion‹ von 1922 eingeführt und dort als Ergebnis der Tendenz bezeichnet, das Denken über andere Menschen oder Gruppen so ökonomisch wie nur möglich zu halten.

Im technischen Sinne unterscheidet man zwischen *Autostereotyp* (selbstbezogene stereotype Anschauung) und *Fremdstereotyp* (auf andere bezogene Anschauung).

Stereotypie *(stereotypy)*. Bezeichnung für immer wieder auftretende verbale oder motorische Verhaltensweisen, die ohne Bezug zu der jeweiligen Situation quasi automatisch produziert werden und sinnlos wirken. Bei extremer Ausprägung ist S. ein Symptom geistiger oder nervöser Störungen.

Steuerung →*Kontrolle*.

Stevenssches Potenz-Gesetz; Stevenssche Potenz-Funktion *(Stevens' power law; Stevens' power function)*. Von S. S. STEVENS entwickelte Darstellung der Beziehungen zwischen *direkt skalierter* Empfindungsstärke (E) und Reizintensität (I) unter Berücksichtigung der Skalenkonstanten (k) (→*Psychophysik)*.

Der Exponent (b) in der Beziehung $E = k.I^b$ deutet auf die Steilheit und Beschleunigung der Funktion hin, die in Abhängigkeit von Reizart, Darbietungsweise und Kontext variieren.

Bei Logarithmierung erhält man nach $\log E = b. \log I + \log k$ lineare Beziehungen zwischen E und I, die sich in

Abhängigkeit von b in ihrer Steilheit unterscheiden.
Ist b = 1, so besteht eine stetige Beziehung zwischen E und I. Werte b < 1 weisen auf besondere Empfänglichkeiten des Beobachters im unteren Intensitätsbereich, Werte b > 1 im oberen Intensitätsbereich hin.
Werte um b = 1 findet man z.B. bei Vergleichen von Streckenlängen, b = 0.33 bei Untersuchungen der Unterschiedsempfindlichkeit für verschiedene Helligkeiten im dunkeladaptierten Zustand, b = 1.7 bei Vergleichen der Handzugkraft (Dynamometer) und b = 3.5 bei elektrischer Hautreizung. Mit seiner Berechnungsart kann STEVENS die Unzulänglichkeiten des Fechnerschen Gesetzes (es gilt nur für mittlere Intensitätsbereiche) ausgleichen. Die einzelnen b-Werte gelten als international anerkannter Standard für die Gestaltung von Arbeitsplätzen, wo es auf die genaue Beachtung von minimalen Intensitätsabweichungen der Signale ankommt.
→Fechnersches Gesetz; →Psychophysik.
LIT. STEVENS (1961; 1975).

sthenisch *(sthenic)*. Syn. für stark; Bezeichnung für heftige Gefühle bzw. starke nervöse Erregung. Gegenteil: *asthenisch.*

Stichprobe *(sample)*.
Statistik: Teilmenge aus der *Population* aller möglichen Individuen, Dinge oder Ereignisse, die ein zu untersuchendes Merkmal aufweisen und als verkleinertes *repräsentatives* Modell der Population angesehen werden können.
Dies setzt voraus, daß bei der Prozedur der *Stichprobengewinnung* bzw. *-herstellung (sampling)* die Auswahl nach dem *Zufallsprinzip* erfolgt. Die Bezeichnungen *»repräsentative«* Stichprobe und *»Zufallsstichprobe« (representative sample, random sample)* sind in diesem Sinne Synonyma. Will man die Variation der einzelnen Untergruppen der Population in der Stichprobe repräsentativ erfassen, so bedient man sich meist einer Kombination von *Wahrscheinlichkeits-* und *systematischer Stichprobe (probability sample, probability sampling; systematic sample)*.
Eine Wahrscheinlichkeitsstichprobe ist definiert als Herstellung einer S., in der jede beliebige Untergruppe (als Teilmenge der Population vom Umfang N) eine vorher bekannte Wahrscheinlichkeit hat, einen Stichprobenanteil zu bilden.
Die systematische Herstellung der Wahrscheinlichkeits-S. besteht darin, aus den Untergruppen die Fälle nach dem Zufallsprinzip auszuwählen, z.B. jedem Individuum eine Zahl zuzuordnen und jene in die Stichprobe zu wählen, die eine nach Zufallsfolgen ausgewählte Zahl aufweisen. Diese Art der Stichprobe wird allgemein als *stratifiziert (stratified sample)* bezeichnet, denn sie repräsentiert Untergruppen (Schichten) der Population (Gesamtbevölkerung) proportional.
Im Unterschied hierzu sind die sogenannten *Quotenstichproben (quota samples)* meist von mangelhafter Repräsentativität; wenn z.B. ein Meinungsforscher seinem Interviewer den Auftrag gibt, 12 Versuchspersonen so auszuwählen, daß jeweils sechs ein Einkommen über und sechs unter einem bestimmten Betrag monatlich aufweisen, so bleibt die engere Auswahl der Fälle ansonsten seiner Intuition überlassen, so daß von einer Zufallsauswahl nicht die Rede sein kann. Mangelnde Repräsentativität wird umfassend als *Stichprobenfehler* bezeichnet.
LIT. FRÖHLICH, BECKER (1972).

Stichprobenfehler *(sample bias, sampling error)*. Bezeichnung für Fehler, die durch die Auswahl einer die Population nicht repräsentierenden Stichprobe entstehen. Man ermittelt den S. durch die Abweichungen der Meßwerte von den Populationswerten oder deren Schätzungen.

Stichprobenverteilung *(sampling distribution)*. *Statistik:* Die theoretische Verteilung von Stichprobenstatistiken (z.B. Mittelwerten oder »Treffern«), die aus Stichproben der Größe N stammen. Den Stichprobenstatistiken werden Wahrscheinlichkeitsdichten zugeordnet.
Bei der Prüfung statistischer Hypothesen dienen Stichprobenverteilungen als Prüfverteilungen.
→Hypothese, →Nullhypothese, →Population.

Stiel, Schenkel *(peduncle)*. Anatomische Bezeichnung für dicke Nervenleitungen im Gehirn (z.B. *Hirnschenkel,* crus cerebri).

Stilb *→Kerzenstärke.*

Stillingsche Farbtafeln *(Stilling tests)*. Serie von Tafeln, auf denen sich Konfigurationen in verschiedenen Farbnuan-

cen und auf verschiedenfarbigem Hintergrund befinden. Das Erkennen der Konfigurationen (Zahlen, Buchstaben) ist dabei relativ schwer und dem ganz oder teilweise Farbenblinden bei den entsprechenden Tafeln völlig unmöglich.
Die Tafeln dienen der Feststellung der Farbenblindheit und der Sehschärfe in bezug auf Farben.

Stimmung *(mood, temper).*
[1] *Philosophische Anthropologie:* Qualität des Lebensgefühls, die anzeigt, wie einem ist bzw. wird, und über längere Zeit das Erleben wechselnder Einzelinhalte in gleicher Weise tönt, sie z. B. in einem eher heiteren oder traurigen Licht erscheinen läßt.
[2] *Psychologie:* Länger anhaltender gefühlsartiger Zustand, der auf die psychophysiologische Gesamtverfassung des Organismus zurückgeht und vor dessen Hintergrund einzelne Erlebnisinhalte eine über ihre unmittelbare Wirkung hinausreichende Gefühlstönung erfahren, z. B. Fröhlichkeit, Gereiztheit, Gleichmut, Traurigkeit. Im Unterschied zu (einfachen) *Gefühlen* (*→Emotion*) als abgehobenen Erlebnisqualitäten im Ereignisbezug gilt S. als den Erlebnishintergrund färbender, von äußeren Ereignissen weitgehend unabhängiger Zustand, der sich überdies im Hinblick auf seine Dauer deutlich von kurzfristigen *→Affekten* unterscheidet.
[3] *DSM III–R:* Tiefgehende und anhaltende *Emotion,* die in hohem Grad Wahrnehmen, Denken und Erwartungen beeinflußt, z. B. Ärger, *→Angst,* Deprimiertheit (*→Depression*), Euphorie. Im einzelnen werden unterschieden (a) *dysphorische S.* (unangenehme S., z. B. Deprimiertheit, Ängstlichkeit, Reizbarkeit), (b) *gehobene S.* (gute Laune, glücklich, vergnügt), (c) *euphorische S.* (übertriebenes, ekstatisches Wohlbefinden vom Typus »high«), (d) *euthyme S.* (ausgeglichene, normale S.-Lage ohne Anzeichen von Deprimiertheit oder Euphorie), (e) *expansive (überschwengliche) S.* (keine Zurückhaltung bei Gefühlsäußerungen, oft mit Selbstüberschätzung, gehobener oder euphorischer S. verbunden) und (f) *reizbare S.* (inneres Spannungsgefühl mit der Tendenz zu Verletzlichkeit oder Wut).
[4] Rasche, unmotiviert auftretende S.-Wechsel werden als *Stimmungsschwankung (mood swing)* bezeichnet; häufig bzw. chronisch auftretende unbeherrschbare S.-Schwankungen, ausgelöst durch geringfügige Anlässe, gelten als Hinweis auf *Stimmungslabilität.*
→affektive Störung, →Labilität [1].

stimulus *→Reiz.*

Stirnauge *→Zyklopenauge.*

Stirnlappen, Stirnhirn *(frontal lobe),* lat. lobus frontalis. Stirnseitig gelegener Teil der Großhirnhemisphären gegenüber der fissura centralis und oberhalb der Sylvischen Furche.

stochastische Prozesse. Allgemeine Bezeichnung für eine Symbol- oder Ereignisfolge, für die Wahrscheinlichkeitsgesetze gelten. Die Anzahl der verschiedenen Symbole oder Ereignisse, die den Prozeß ausmachen, bestimmt dessen Komplexität. Bleiben die Gesetze im Verlauf des Prozesses konstant, so nennt man den Prozeß *ergodisch* oder mit *Ergodizität* behaftet.
Stochastische Prozesse werden in der *→Informationstheorie* und bei jeder Art von Analyse, bei der es auf die Beschreibung und Vorhersage von Ereignisfolgen ankommt (z. B. mathematisch-statistische Lerntheorien), als Einheiten gewählt.
LIT. ATTNEAVE (1965); COX, LEWIS (1966); LUCE u. a. (eds.; 1963–65).

Stoffwechsel *→Metabolismus.*

Störung, psychische Störung *(disorder, mental disorder).* Verhaltens- oder Erlebnis-Syndrom (Merkmalmuster), das verbunden ist mit aktuellen Beschwerden (z. B. Beklemmungszustände, Schmerzen), Behinderungen bzw. Einschränkungen in einem oder mehreren Funktionsbereichen (z. B. Wahrnehmen, Denken, Fühlen, Erinnern, Sprechen, Sichbewegen), mit dem deutlich erhöhten Risiko, zu sterben, Schmerzen oder Behinderungen zu erleiden oder mit dem Verlust der Möglichkeit, in Frieden mit sich selbst und anderen zu leben. Das Merkmalmuster (Syndrom) einer S. muß überdies hinsichtlich seiner Nachhaltigkeit, Schwere und Komplexität über das mit Reaktionen auf einschneidende Lebensereignisse (z. B. Tod eines nahen Angehörigen) oder schwere Konflikte und Spannungen zu erwartende Maß hinausreichen und – unabhängig von der jeweiligen Ursache – auf eine in das Verhalten, in psychische und/oder biologische Vorgänge eingreifende *schwerwiegende Dysfunktion (harmful dysfunction)* hindeuten (vgl. *DSM III–R*). Mit der Übernahme des *DSM* und seiner diagnostisch-klassifikatorischen Sprachregelungen wurden die durch ätiologische Vorannahmen belasteten klassischen Begriffe wie *Neurose* oder *Psychose* unter dem S.-Begriff zusammengefaßt und durch Hinweise auf die dominanten Symptome (wie z. B. affektive, Persönlichkeits- oder somatoforme S.) für differentialdiagnostische Zwecke präzisiert. Der S.-Begriff ersetzt heute in Psychiatrie und Klinischer Psychologie die früher üblichen Bezeichnungen »psychische Krankheit« oder »Geisteskrankheit« (»mental insanity«, »mental disease«, »mental illness«). Er wurde gewählt, um die besondere Art von Beeinträchtigungen des Erlebens und Verhaltens und den ihnen zugrundeliegenden Dysfunktionen hervorzuheben, sie von genuin organischen Krankheiten abzuheben, eine Diskrimination der Betroffenen durch die Etikettierung »psychisch krank« zu vermeiden und deutlich zu machen, daß es sich um Beeinträchtigungen im Sinne eines »Durcheinanders«, einer »Unordnung« (disorder) handelt, die durch andere als chirurgische oder medikamentöse Interventionen möglicherweise wieder in Ordnung gebracht werden können. Ungelöst und bis heute Diskussionsgegenstand ist das Problem, wie mit größtmöglicher Exaktheit ein auf schwerwiegende Dysfunktionen hindeutendes »gestörtes« Erleben und Verhalten von »normalem« bzw. bloß leicht »abweichendem« Erleben und Verhalten unterschieden werden könne. Im *DSM* wird das Problem durch die Aufzählung derjenigen Symptome gelöst, die mindestens vorhanden sein müssen, um eine bestimmte Störungsart zu diagnostizieren. Dennoch bleibt offen, wie der »Normalbereich« definiert ist (z. B. als statistische Norm anhand biologischer und/oder psychologischer Kriterien, als Produkt einer auf Zeit gültigen Übereinkunft unter Experten oder als nicht weiter zu diskutierende »Selbstverständlichkeit«), von dem das beobachtete Erleben und Verhalten abweichen muß, um als S. qualifiziert werden zu können.

LIT. CAPLAN u. a. (1981); FREEDMAN u. a. (1986); WAKEFIELD (1992).

Störungen, psychogene funktionale →*Hysterie.*

Stottern *(stuttering).* Bezeichnung für eine Sprechstörung, hervorgerufen durch klonische und/oder tonische Muskelkontraktionen während des Sprechens, so daß es zu Wiederholungen oder Blockierungen einzelner Laute und Silben kommt. S. gehört zu den neurotischen Symptomen bzw. psychischen Störungen.

Strabismus *(strabism).* Schielen. Abweichung der Augenachsen bei beidäugiger Fixierung eines Punktes.

Strafe *(punishment).* Ein auf eine Handlung folgendes unangenehmes bzw. schmerzhaftes Ereignis, in der Absicht verabreicht, das Wiederauftreten der Handlung zu unterbinden. Wirkung der S. →*Bestrafung.*

Strahlenkörper →*Auge.*

strategische Modelle →*Spieltheorie.*

stratifizierte Stichprobe →*Stichprobe.*

Strattonsches Experiment *(Stratton's experiment).* Bezeichnung für von STRATTON erstmalig vorgenommene Experimente mit sog. Umkehr- oder Verzerrungsbrillen (auch Strattonsche Brille). Die Versuchspersonen werden aufgefordert, sich in der mehr oder weniger auf dem Kopf stehenden Welt zu orientieren und ihre motorischen Tätigkeiten den neuen Gegebenheiten anzupassen, was nach längerer Gewöhnungszeit teilweise gelingt. Diese Experimente wurden von KOHLER systematisiert und gelten als Beleg für eine empiristische Auffassung von der Wahrnehmung.

Streifenhügel, Corpus striatum *(striate body).* Von Nervenfasern durchzogenes Hirnstammgebiet an der Basis der beiden Hemisphären des Gehirns. Diese Region einschließlich der in ihr liegenden Basalganglien regelt den Muskeltonus.

Streß, Stress *(stress).*

[1] Aus dem Lat. strictus (eng) bzw. Altfranz. estrece (Enge, Bedrückung, Not) hergeleitete, im Engl. seit dem 18. Jh. in der Physik gebräuchliche Bezeichnung für durch Druck oder Zug hervorgerufene Spannungszustände in Festkörpern. Das von dem engl. Uhrmachermeister HOOKE formulierte sog. Proportionalitätsgesetz *Streß = Elastizitätsmodul × Strain* besagt, daß eine Uhrfeder beim Aufziehen (strain = Belastung) nur in den Grenzen ihrer Elastizität belastet werden darf, um nicht durch übermäßige Anspannung (Streß = Beanspruchung) zu zerbrechen. Die Verwendung des S.-Begriffs in Medizin

und Psychologie geht auf CANNON und SELYE zurück. Er dient seither der Kennzeichnung von Organismuszuständen der Beanpruchung bzw. Prozessen der Auseinandersetzung mit der Beanspruchung und ihren Ursachen, den sog. *Stressoren (stressors)*. Unter Stressoren versteht man breite Klassen von äußeren (z.B. Hitze, Lärm, Verletzungen) oder inneren Reizen (z.B. Befürchtungen, Ermüdung, Konflikte, Zukunftssorgen), die das Gleichgewicht stören, so daß Adaptation und Abwehr erfolgen. Die Tendenzen zur Wiederherstellung des Gleichgewichts als Folge drastischer Einwirkungen (z.B. schwerste Muskelarbeit, Vergiftungen) werden auf neuro-hormonale Vorgänge, bei subjektiv-emotionalen Faktoren dagegen auf Wechselwirkungen zwischen physiologischen und kognitiven Vorgängen bezogen, so z.B. in der Diskussion psychologischer Bewältigungsmechanismen in Ergänzung physiologischer (Adaptation, Homöostase). S. kann daher zusammenfassend als strukturierte Serie von adaptiven psychophysiologischen Teilprozessen beschrieben werden, die teils homöostatischer, teils kognitiver bzw. persönlichkeitsabhängiger Natur sind und dann auftreten, wenn intensiv wirkende, beanspruchende Ereignisse über längere Zeit und/ oder wiederholt das innere Gleichgewicht stören. In *Arbeits-* und *Sportphysiologie* sowie *Ergonomie* wird die aktuelle Beanspruchung (Streß) aus den Beziehungen zwischen Belastung (Arbeitserfordernisse) und dem zur Erreichung einer bestimmten Leistung und/oder Aufrechterhaltung eines bestimmten Leistungsniveaus erforderlichen Energieaufwand (Wirkungsgrad) unter Berücksichtigung subjektiver Beanspruchungsindikatoren bestimmt.

[2] *Theorien der S.-Entstehung und S.-Wirkung:* (a) *Physiologisch-biochemische Ansätze:* Für CANNON entsteht S. mit der Wahrnehmung emotional erregender Reize (z.B. Hinweise auf akute physische Bedrohung). Diese lösen einen adaptiven Prozeß der Wiederherstellung des inneren Gleichgewichts aus, der durch vermehrte Adrenalinausschüttung und deren Folgen charakterisiert ist (→*Notfall-Reaktion*). In Erweiterung dieses Ansatzes beschreibt SELYE einen komplexen, in Phasen ablaufenden Prozeß, der auf die Wiederherstellung des inneren Gleichgewichts gerichtet ist. Das sog. *Allgemeine Adaptations-Syndrom* repräsentiert nach SELYE die biochemische Universalantwort des Organismus auf jede Art von beanspruchender Belastung. Durch die Vermittlung der Hypothalamus-Hypophysen-Nebennierenmark- und Nebennierenrinden-Achse kommt es neben einer vermehrten Adrenalinproduktion mit Auswirkungen auf den Fett- und Zuckerhaushalt zur Ausschüttung von Kortikosteroiden (Kortisol) mit Einflüssen auf den Zucker-, Salz- und Wasserhaushalt, von Thyroxin (Schilddrüsenhormon) und damit verbundenen Veränderungen des Stoffwechsels und des Herz-Kreislauf-Systems. Die Belege stammen durchweg aus Tierversuchen mit drastischen physischen Stressoren (z.B. Vergiftungen, schwere Körperverletzungen, Hitze und Verbrennungen, extreme Kälte, extreme körperliche Anstrengung). Sie zeigen, daß eine disproportionale Mobilisierung körperlicher Abwehrmaßnahmen zu Erschöpfung der Abwehr, zu Krankheit und Tod führen können. Erste Anzeichen sind Schwellungen der Nebennieren, Geschwürbildungen im Magen-Darm-Bereich sowie Schrumpfungen der Lymphknoten und Thymusdrüse. Die Analyse des biochemischen Wirkmechanismus führte im Anschluß an SELYE zu wichtigen Erkenntnissen über die Pathogenese sog. *S.-Krankheiten* (z.B. Herz-Kreislauf-Störungen, Störungen des Fett- und Zuckerhaushalts, Magen-Darm-Geschwüre). Neuere Untersuchungen zeigen, daß die biochemischen Antworten des Körpers keine relativ uniforme Universalantwort des menschlichen Organismus auf alle Arten von Stressoren sind, sondern z.B. bei psychischem S. anders ausfallen als bei physischem. Darüber hinaus bestehen erhebliche Zweifel daran, daß insbesondere bei psychischem S. die Intensität und Dauer der Stressoren unmittelbar und unvermittelt zu S.-Zuständen führt.

(b) *Psychologische Ansätze:* In der Psychologie bezeichnet man mit S. Organismuszustände, die aus der Interaktion eines Individuums mit seiner Umgebung resultieren, relativ extrem ausfallen, auf erlebte Bedrohung verweisen, die Integrität und das Wohlergehen der eigenen Person berühren und mit den zur Verfügung stehenden Bewältigungsstrategien tatsächlich oder vermeintlich nicht ausgeglichen werden können.

Ausgangspunkt ist das Erkennen eines Ungleichgewichts zwischen Anforderungen und Bewältigungskapazität (McGRATH). COFER und APPLEY beschreiben den Prozeß in Phasen, die eine gewisse Analogie zum Selyeschen *Adaptationssyndrom* aufweisen. *Initialphase (instigation threshold)*: Mobilisierung neuer Bewältigungsversuche, da angeborene und erlernte Verhaltensweisen nicht zum Ziel führen; Erregungsanstieg. *Frustrationsschwelle (frustration threshold)*: Die Versuche führen tatsächlich oder in der Vorstellung nicht zum Ziel; Tendenzen zur Bewahrung der eigenen Person vor möglichen oder vorgestellten Folgen eines Versagens treten mit *Angst* verbunden auf. *S.-Schwelle (stress threshold)*: Bewältigungsansätze treten zurück, der Bezug zur eigenen Person und deren Bewahrung nimmt überhand. *Erschöpfungsschwelle (exhaustion threshold)*: Die Erfolglosigkeit bedingt Reduktion der allgemeinen Aktivität; Anzeichen von Erschöpfung, Hilflosigkeit und Hoffnungslosigkeit treten auf. Die Operationalisierung der Phasen bzw. Schwellen bereitet allerdings Schwierigkeiten. Für LAZARUS beginnt S. mit der Antizipation (d.h. gedanklich-vorstellungsmäßige Vorwegnahme) einer Gefährdung oder Bedrohung des →*Selbst* angesichts einer *ersten Bewertung* wahrgenommener Situationen *(primary appraisal)*. Ist Bedrohlichkeit gegeben, so vollzieht sich im Rahmen der sog. *sekundären Bewertung (secondary appraisal)* eine Auswahl möglicher *Bewältigungsstrategien (coping)*. Darauf folgt eine Neubewertung oder *Wiederbewertung (reappraisal)* der Situation im Hinblick auf die Konsequenzen des eigenen Tuns oder Lassens. Nach LAZARUS ergänzen die psychologischen Bewältigungsweisen das Repertoire physiologischer Adaptationsmechanismen, so daß z.B. eine neue Sichtweise das Erregungsniveau nachhaltig positiv oder negativ beeinflussen kann. Im Zentrum der Betrachtungsweise stehen kognitive und emotionale Prozesse im Zusammenhang mit dem Erleben einer Bedrohung. Zahlreiche Experimente belegen die steuernde Funktion kognitiver Faktoren bei der Entstehung und Abwehr emotionaler S.-Reaktionen.

(c) *Life Stress (life stress)*. In enger Anlehnung an das Konzept der emotionalen und psychosomatischen *Erschöpfung* eingeführte Bezeichnung für die subjektive Erfahrung negativer und positiver Ereignisse *(life events)*, die wegen ihrer einschneidenden Wirkung auf die Lebensumstände des Betroffenen Entscheidungen und Neuanpassungen erforderlich machen. Dazu gehören Tod und Krankheit in der Familie, Schwangerschaften und Geburten, berufliche Fehlschläge und Erfolge, Schwierigkeiten und Verbesserungen der Arbeitssituation, Scheidungen und Eheschließungen, finanzielle Engpässe oder Gewinne, negative und positive Auswirkungen eines Umzuges u.ä. Die einzelnen Ereignisse werden nach den Graden ihrer positiven oder negativen Wirkung und nach den Ausmaßen der persönlichen Betroffenheit mit Hilfe eines Systems der systematischen Selbsteinschätzung *(life experience survey, LES)* eingestuft. Negative Ereignisse, die Umorientierung und Neuanpassung verlangen, stehen in einer deutlichen Beziehung zu Herzerkrankungen, psychosomatischen Störungen, reaktiven Depressionen sowie zur negativen Einschätzung der eigenen beruflichen Leistungsfähigkeit, der Arbeitszufriedenheit *(job satisfaction)* und zu bestimmten Leistungsdefiziten unter erhöhter Beanspruchung.

LIT. APPLEY, TRUMBULL (eds.: 1967); BARTENWERFER (1970); BAUM, SINGER (1987); FRÖHLICH (1978); HOLMES, RAHE (1967); LAUX (1983); LAZARUS (1966; 1991); LAZARUS, LAUNIER (1978); McGRATH (ed.; 1970); SARASON u.a. (1978); SELYE (1976); VOSSEL, FRÖHLICH (1979).

Streuung →*Abweichung*.

Streuungsdiagramm *(scatter diagram)*. Statistische Bezeichnung für die zweidimensionale graphische Darstellung der Daten aus Messungen von zwei Merkmalen an derselben Gruppe von Individuen. Korrelieren die beiden Messungen miteinander, so scharen sich die eingetragenen Werte um die Diagonale. Auf der einen Achse wird die Skala der Messung von X, auf der senkrecht darauf stehenden diejenige von Y aufgetragen. Da jeder Fall nach x und y gemessen wurde, kann ihm ein Punkt zugeordnet werden. Die Gesamtheit aller Punkte liefert das Schaubild im Sinne des Streuungsdiagramms.

stroboskopisches Phänomen *(stroboscopic effect)*. Bezeichnung für *Scheinbewegungen (→scheinmäßig)*, die durch eine schnelle Abfolge von Einzeleindrücken (z.B. Film) erzeugt werden können.

Struktur *(structure)*. Allgemeine und umfassende Bezeichnung für den *Aufbau* und die *Organisation* eines aus Teilen des bestehenden Gefüges oder *Systems* mit dem zentralen Merkmal, ein in seiner Funktion oder Wirkung einheitliches *Ganzes (whole)* darzustellen.

[1] Unter einer *deskriptiven* Zielsetzung sind Strukturen durch die Lage ihrer Teile zueinander näher bestimmt. Das Ergebnis verweist durch generalisierende Abstraktion auf allgemeine Aufbaumerkmale, wie z.B. bei der Analyse architektonischer Strukturen, der Struktur von Kristallen, geologischer Formationen, anatomischer Strukturen oder von Zeichenstrukturen als Muster *(→Pattern)*. Der deskriptive S.-Begriff steht in größter Nähe zu Gestaltmerkmalen im Sinne von figuralen Momenten des Erkennens und der Klassifikation von Umweltgegebenheiten in der Wahrnehmung.

[2] Als *Erklärungsprinzip* geht der S.-Begriff über seine deskriptive Bedeutung hinaus. Sowohl in den Natur- als auch in den Geisteswissenschaften bedeutet S., den Aufbau eines aus Teilen bestehenden Gefüges unter Berücksichtigung erkennbarer, erschlossener oder angenommener Kräfte, Prinzipien oder Ideen zu beschreiben, welche der allgemeinen Funktion und/oder Organisation des Ganzen und der miteinander in wechselseitiger Beziehung stehenden Teile zugrunde liegen. So orientieren sich die sog. *Strukturformeln (structural formulas)* der Chemie an dem Prinzip der Valenzen (z.B. H-O-H als Beziehung eines zweiwertigen mit einwertigen Elementen); die Beziehung zwischen Zahlengruppen oder -mengen ist durch Axiome geregelt; die *strukturelle Linguistik (structural linguistics)* erklärt Sprachfunktionen aus Informations- und Bedeutungs-Strukturen (z.B. Phoneme, Morpheme; grammatikalische, syntaktische und funktionale Einheiten); Soziologen und Sozialpsychologen sehen in sog. *sozialen Strukturen (social structures)* Beziehungen zwischen Individuen, die durch Gemeinsamkeiten der Aufgaben oder Ziele Merkmale der Kooperation, Kohäsion und Normengebundenheit angenommen haben *(→Gruppe)*. Hier sind gelegentlich die Übergänge zu *Modell, System* und *Theorie* fließend. Der *philosophisch anthropologische* Strukturbegriff bestimmt die Funktion und Organisation des Ganzen und seiner Teile aus einer *teleologischen* Voraussetzung, d.h., ein Ziel oder Zweck bestimmt die Bedeutung, ohne sich aus den Phänomenen selbst direkt herleiten zu lassen *(transphänomenale S.)*. KANT sah in S. die »Lage und Verknüpfung von Teilen in einem sich nach einheitlichem Zweck bildenden Organismus«. Die Verwendung des S.-Begriffes in der Psychologie zeigt sowohl Anklänge an eine eher *funktionalistische* als auch an eine eher *teleologisch-transphänomenale* Bedeutung.

[3] PIAGET sieht in Strukturen generalisierbare Aspekte gleichartiger Handlungs- und Denkabläufe, welche die interne Organisation spezifischer Erkenntnistätigkeiten repräsentieren. Strukturen sind aus der Gleichartigkeit von Wahrnehmungs-, Denk- und Handlungssequenzen in einer Vielzahl von Situationen erschließbar und dürfen als Ergebnis koordiniert wirksam werdender *→Schemas* angesehen werden. Unter *kognitiven Strukturen (cognitive structures)* werden ganz allgemein aus dem Verhalten und Erleben erschlossene hypothetische Bezugssysteme verstanden, mit deren Hilfe Information bezogen, bewertet und eingeordnet, Wahrnehmen, Denken, Planen und Handeln generalisiert wird, neue Erfahrungen mit älteren verglichen werden können und unter gleichen Zielerwartungen auch gleichartig gehandelt werden kann (Syn. *Erwartung, Hypothese, Schema*).

[4] S. als Erklärungsprinzip für die Einheitlichkeit des Erlebens im Gegensatz zu der Position der sog. *Elementenpsychologie (→Elementarismus)* geht vor allem auf W. DILTHEY zurück. S. repräsentiert eine Anordnung, nach der »im entwickelten Seelenleben psychische Tatsachen verschiedener Beschaffenheit regelmäßig durch innere erlebbare Beziehung miteinander verbunden sind«. Eine ähnliche Annahme traf bereits W. WUNDT in bezug auf die Einheit von Gefühlen in seinem *→Prinzip von der Einheit der Gemütslage*.

[5] In der *Ganzheitspsychologie* wird schließlich die Auffassung vertreten, hinter der *Erlebnisganzheit (wholistic experience)* mit den Merkmalen der Gefühlsbetontheit und Differenziertheit

stünden sog. *Strukturganzheiten*, die von »transphänomenaler« Beschaffenheit sind und aus der Wechselwirkung vererbter und erworbener *Dispositionen* entstehen. Ihre Gesamtheit wird als *Persönlichkeitsstruktur* relativ überdauernder Art aufgefaßt; die Entwicklung von Strukturganzheiten folgt dem Prinzip zunehmender *Differenzierung* und *Integration*.

LIT. Dilthey (1894); Krueger (1931); Piaget (1973); Sander (1962b); Wellek (1953).

Strukturalismus *(structuralism)*.
[1] Im Englischen verbreitete Bezeichnung für die Psychologie W. Wundts und im Gegensatz zum *Funktionalismus*. Geht ein Ansatz von gesetzesmäßigen Zusammenhängen zwischen Empfindungselementen oder Gefühlskomponenten aus, ohne dabei die funktionelle Bedeutung zu berücksichtigen oder wird der Aufbau des Nervensystems ohne diesen Funktionsbezug beschrieben, so bleiben in dieser Auffassung wesentliche Aspekte der biologisch-psychologischen Bedeutung ausgeklammert. W. James, ein Zeitgenosse W. Wundts, gilt als Wegbereiter des introspektiven Funktionalismus, der sich gegen den S. wendet.
[2] Bezeichnung für eine Strömung in der neueren Linguistik, die von L. Bloomfield in den USA ausging. Als wesentliches Kennzeichen gilt die Suche nach solchen phonetischen, morphologischen und syntaktischen Einheiten, welche Ähnlichkeiten bzw. Unterschiede definieren lassen.
[3] Bezeichnung für eine in Analogie zu [2] entwickelte Verfahrensweise, die von C. Lévi-Strauss in Frankreich in die Sozialwissenschaften eingeführt wurde. Um »unbewußte Infrastrukturen« des zwischenmenschlichen Verhaltens zu erfassen, werden verschiedene Phänomene (z. B. Sprachgebrauch, Gesellschafts- und Kunstformen) als abstrakte Beziehungen dargestellt und auf Gemeinsamkeiten untersucht, um ihre Grundstrukturen als allgemeine Grundlage des Zusammenlebens und universelle Gesetzmäßigkeiten der Gesellschaft herauszustellen.
[4] Als funktionaler S. *(functional structuralism)* Bezeichnung für die umfassende Interaktionstheorie von T. Parsons, die allgemeine Beziehungsmuster des sozialen Geschehens herauszustellen sucht.

strukturell *(structural)*. Den Aufbau, das Gefüge betreffend. Als strukturelle Betrachtungsweise bezeichnet man, z. U. von einer *differentiellen*, das Aufsuchen oder Ausgehen von dem Eigenschaftsgefüge der Persönlichkeit, dem individuellen Eigenschaftsgefüge. →*Eigenschaften*.

Student-Test →*t-Test*.

Stufenfolge →*Entwicklungstheorien*.

Stupor *(stupor)*. Zustand der organisch bedingten tiefen *Bewußtlosigkeit* unter Fortfall der Umweltsensibilität und des motorischen Reaktionsvermögens. Syn. Koma.
Anergischer S. (anergic stupor): Bewegungslosigkeit und Unansprechbarkeit ohne Anzeichen einer organisch bedingten Bewußtlosigkeit; gilt als Symptom der Demenz u. ä. Syn. akinetischer S. *(akinetic stupor)*.
Depressiver S. (depressive stupor): Psychosebedingte Form der Unansprechbarkeit und Bewegungslosigkeit, insbes. Symptom von Erkrankungen aus dem Formenkreis der Schizophrenie. Syn. *katatoner S. (catatonic stupor)*.
Emotionaler S., affektiver S. (emotional stupor; affective stupor): Mit intensiver Angst- oder Niedergeschlagenheit zusammenhängende Zustände der Unansprechbarkeit und Bewegungslosigkeit. Syn. Mutismus.
Erschöpfungsstupor (exhaustive stupor): Koma-artiger Zustand aufgrund von Infektions- oder Vergiftungserkrankungen.

Subception. Aus dem Englischen übernommene Bezeichnung für das Erfassen der (emotionalen) Bedeutung von Umweltreizen, Signalen oder Ereignissen, wenn diese nur fragmentarisch erkennbar sind oder aber undeutlich, unterhalb der Schwelle des Erkennens auftreten. Hat man z. B. die Erfahrung gemacht, daß bestimmte, deutlich erkennbare sinnlose Silben einen schmerzhaften elektrischen Schlag ankündigen, andere dagegen nicht, so treten bei der nachfolgenden unterschwelligen Darbietung der mit Schmerz verknüpften Silben im Vergleich zu den neutralen ausgeprägte physiologische Erregungsanzeichen (EDA) auf, ohne daß deren Ursachen erkannt bzw. korrekt benannt werden kann. Phänomene der S. stellen einen Sonderfall der sog. *unterschwelligen Wahrnehmung* dar und stehen mit Prozessen der intuitiven Bewertung in engem Zusammenhang.

→*Bewertung*, →*Wahrnehmung, unterschwellige*.

subjective estimate methods →*Rating*.

Subjekt *(subject)*.
[1] Der Gegenstand.
[2] Syn. für Ich, Selbst als Träger von Erlebnissen und Vorstellungen. Im Englischen ist S. Bezeichnung für Versuchsperson.

subjektiv *(subjective)*. Dem wahrnehmenden Subjekt zugehörig.

subjektives Gesichtsfeld →*Gesichtsfeld*.

Sublimierung *(sublimation)*. Psychoanalytische Bezeichnung für einen unbewußten Prozeß, in dessen Verlauf ein Sexualimpuls oder seine Energie in seiner Richtung so geändert wird, daß er zu einer nichtsexuellen Handlung führt, die sozial akzeptiert ist. Der Begriff wird auch als allgemeine Bezeichnung für die Umwandlung eines primitiveren Beweggrundes im Sinne höherer Ziele verwendet.
→*Abwehrmechanismus*.

subliminale Reizung →*Subception*.

Substitut *(substitute)*. Ersatz. Im Zusammenhang mit Reizen syn. für den konditionellen Reiz (→*Konditionierung*). In der Psychoanalyse Bezeichnung für ein Objekt *(Surrogat)*, auf das sich aufgrund von *Verdrängung* oder *Verschiebung* von *emotionalen Besetzungen* die Triebenergie konzentriert, z.B. in Träumen: Ersatzobjekt (engl. *surrogate*). *Substituieren* bezeichnet den Vorgang des Ersetzens von Zeichen oder Symbolen durch andere (z.B. in der Mathematik $X - M = x$). Davon abgeleitet bezeichnet man als *Substitutions-Tests (substitution tests)* solche, bei denen z.B. Zahlen nach bestimmten vorher erlernten Regeln durch andere Symbole ersetzt werden müssen oder umgekehrt *(Zahlen-Symbol Tests*, engl. *digit symbol tests)*.

Subtraktionsmethode →*Reaktionszeit*.

subvokales Sprechen *(subvocal speech; implicit speech; covert speech)*. Bezeichnung für Lippen-, Zungen- und Kehlkopfbewegungen beim Denken, ohne daß ein lautes Sprechen oder Aussprechen erfolgt.

Suche nach neuen Eindrücken *(novelty seeking; sensation seeking)*, **Eindruckssuche, Neuigkeitssuche.** Aktives Aufsuchen veränderter, neuartiger oder intensiver Reizquellen. Das engl. *sensation seeking* bezeichnet die auf eine Art »Abwechslungsbedürfnis« oder »Reizhunger« zurückgehende relativ überdauernde Neigung, durch das o.g. Verhalten Monotonie zu meiden und dabei ungewöhnliche Orientierungsweisen oder Handlungen relativ bedenkenlos an den Tag zu legen. In diesem Sinne steht *sensation seeking* in deutlicher Beziehung zu *Extraversion* und →*Impulsivität*.
LIT. ZUCKERMAN (1983).

Sucht *(addiction*; im übertragenen Sinn auch *passion, mania)*.
[1] *Klinische Psychologie, Psychiatrie:* (a) Im weiteren Sinn körperlich und/oder psychisch bedingter gewohnheitsmäßiger fortgesetzter Konsum von Drogen (→*Drogenabhängigkeit*), Medikamenten oder Genußmitteln (→*Alkoholismus*), heute meist unter dem Oberbegriff →*Abhängigkeit* zusammengefaßt. (b) Im engeren Sinn der gewohnheitsmäßige Konsum von Drogen oder Genußmitteln aufgrund eines körperlichen Bedürfnisses, das sich aus der fortgesetzten Einnahme entwickelt hat und mit den allgemeinen Kennzeichen zunehmender körperlicher *Toleranz (drug tolerance)* gegenüber der entsprechenden Substanz sowie *Entzugserscheinungen (withdrawal symptoms)* bei eingeschränktem Konsum einhergeht. Diese führen zum von Konsumsteigerungen beherrschten Fortbestehen der S. und zur Minderung der Chance, sie ohne Hilfe (Intervention) beherrschen zu können. Die Entstehung von S. bzw. Abhängigkeit verweist in der Regel auf Wechselwirkungen zwischen psychosozialen Faktoren bzw. psychischen Prozessen und Veränderungen bzw. Störungen des biochemischen Körperhaushalts.
[2] Hang zu zwanghaften Gewohnheiten, sich relativ situationsunabhängig in gleicher Weise auffällig zu verhalten, z.B. überkritisch (Kritik-S.), aggressiv-streitbar (Streit-S.) oder unpassende Witze bzw. Possen machend (Witzel-S.). Verhaltensweisen dieser Art treten gelegentlich als Symptome von Störungen auf (*Demenz, Manie, Zwangsneurose)*.

Suggestibilität *(suggestibility, susceptibility)*. Allg. Bereitschaft eines Individuums, auf suggestive *Beeinflussung* anzusprechen. Die Bedingungen der S. sind weitgehend unklar bzw. noch nicht hinreichend erforscht; es darf jedoch

angenommen werden, daß Beziehungen zu anderen Persönlichkeitsmerkmalen (z. B. Anschlußbedürfnis, Jasage-Tendenzen, Wunsch nach konformem Verhalten, autoritäre Einstellung) bestehen. Unwahrscheinlich dagegen ist die Annahme eines einheitlichen *S.-Syndroms* oder *S.-Faktors*. Eine besondere Schwierigkeit liegt darin, daß es bisher keine auf S. abzielenden Verfahren in genügend großer Zahl und mit den Merkmalen von *Tests* gibt. So erklärt sich die Tatsache, daß eine von EYSENCK angenommene zwei- bzw. dreifaktorielle Struktur der S. nicht durchgängig nachgewiesen werden kann.
→*Beeinflussung*, →*Suggestion*.
LIT. STUKAT (1958).

Suggestion *(suggestion)*.
[1] Prozeß verbaler Einflußnahme auf dem Wege der Kommunikation, in dessen Verlauf eine oder mehrere Personen Einstellungen, Urteile oder Verhaltensweisen im Sinne einer Anpassung verändern, ohne sich dieser Änderung bewußt zu sein bzw. ohne für vollzogene Änderungen eine rationale Begründung geben zu können. Als in der Sozialpsychologie häufig untersuchtes Phänomen gilt die sog. *Prestige-Suggestion*, in deren Verlauf Inhalte eher dann eine Wirkung i. o. Sinn zeitigen, wenn sie von einem Mitmenschen mit relativ hohem Status, Ansehen oder Prestige ausgehen oder mit einem solchen Mitmenschen in Verbindung gebracht werden. Diese häufige Umschreibung ist insofern nicht zutreffend, als sie das Geschehen ausschließlich auf verbale bzw. kommunikative →*Beeinflussung* bezieht und gleichzeitig den Fall der *Autosuggestion* ausklammert.
[2] Bezeichnung für jeden Anlaß oder Anreiz, dem die mögliche Wirkung zugeschrieben wird, relativ unkritische Erlebnisse oder Verhaltensweisen beim Betroffenen in ihm weitgehend unbewußter (d. h. unkontrollierter) Weise auszulösen. Die Wirkung der S., einem Sonderfall der *Beeinflussung*, wird in der Regel beschrieben in Abhängigkeit vom *Aufforderungscharakter* des sie auslösenden Anlasses, von *Persönlichkeitsmerkmalen* des Betroffenen (allg. Bedürfnis oder Bereitschaft, sich anderen anzuschließen; Einbildungskraft bzw. Phantasieneigungen, Gehorsamkeitstendenzen, Jasage-Tendenzen usw.), von *Situationsmerkmalen* (z. B. Undurchsichtigkeit bzw. Mehrdeutigkeit) u. a. Kennzeichnendes Merkmal ist überdies z. U. von Situationen des äußeren oder inneren *Zwanges*, daß der Betroffene grundsätzlich die Möglichkeit hat, dem suggestiven Anreiz zu entsprechen oder nicht. In der experimentellen S.-forschung gelten neben den oben aufgeführten unabhängigen Variablen Inhalt der im suggestiven Reiz enthaltenen Botschaft, Darbietungsformen (verbal oder nicht-verbale Reize), der Darbietungsmodus und *Selbst-(Auto-)* bzw. *Fremd-(Hetero)-Suggestion* als wesentliche Kennzeichnungen.
[3] Als *Suggestionstherapie* allg. und umfassende Bezeichnung für Einflußnahmen auf psychische und physische Vorgänge durch die Vermittlung einstellungsverändernder suggestiver Botschaften. Die S. dient z. B. im Rahmen der *Psychotherapie* in Form von *Auto-* und *Hetero-S.* zur Unterstützung, etwa als Induzieren von Entspanntheitserlebnissen bei der sog. *Relaxationstherapie*. Das sog. *autogene Training* gehört ebenfalls in diesen Bereich.
→*Suggestibilität*.
LIT. GHEORGHIU (1972); SCHULTZ (1963).

Sukzessiv-Kontrast →*Kontrast*.

Summation, Summierung *(summation)*.
[1] Mathematisch-statistische Bezeichnung für die Bildung einer Summe aus einzelnen Summanden, gekennzeichnet durch das Symbol

$$\sum_{i=1}^{N} X_i$$

wobei der griechische Buchstabe Groß-Sigma für Summe, die Indices den Bereich der zu summierenden Größen bezeichnen. Liegen N Messungen der Variablen X vor, so werden nach der oben aufgeführten Schreibung alle Meßergebnisse vom i = ersten bis zum i = N-ten summiert. i wird auch als *Laufindex* bezeichnet.
[2] Als *Reizsummation* oder *Reizsummierung (sensory summation)* oder *Reizsummeneffekt (sensory summation effect)* Bezeichnung für den Intensitätsanstieg im sensorischen Bereich, wenn zwei oder mehrere Reize ein und denselben Rezeptor in schneller zeitlicher Folge oder enger räumlicher Nachbarschaft treffen. Nach der sog. *Reizsummenregel* müßte die *Reaktionsstärke* der Summe der Intensitäten der Einzelreize

entsprechen; diese Regel (nach SEITZ) ist jedoch weitgehend hypothetisch.
[3] Als *Reaktionssummation* oder *Reaktionssummierung (reaction summation)* Bezeichnung für den in der *Reizsummenregel* (vgl. [2]) angesprochenen Effekt, der darin besteht, daß *efferente Impulse,* die in rascher Folge (zeitlicher Nachbarschaft) motorische Effektorzellen erreichen (oder simultan aus verschiedenen *afferenten Bahnen* ankommen), die Reaktion verstärken.

Super-ego →*Überich.*

Superlernen, Superlearning, Lozanov-Methode *(superlearning, Lozanov's method).* Von LOZANOV eingeführte Prozeduren zur Optimierung der Aufnahmefähigkeit von Lernstoffen (insbes. Sprachenlernen), kreativer Wissensnutzung (z. B. in Gruppendiskussionen) und/oder körperlicher Fitness (z. B. im Zusammenhang mit sportlichen Tätigkeiten). Zwischen einzelnen Lern-, Übungs- oder Tätigkeitsschritten werden unter der Anleitung eines Trainers Atem-, Entspannungs-, musikunterstützte Bewegungsübungen, an meditative Techniken erinnernde Konzentrationsübungen ausgeführt und/oder aktivierende optische bzw. akustische Reize dargeboten. Alle Maßnahmen zielen darauf ab, ein optimales Aktivationsniveau einzurichten und Gefühle des Wohlbefindens und der Leistungsfähigkeit auf suggestiven und autosuggestiven Wegen zu vermitteln.

Suppressorfelder *(suppressor areas).* Bereiche des Kortex, bei deren Reizung andere Felder oder Gehirnpartien in ihrer elektrischen Aktivität gehemmt werden.

Suppressor-Zellen →*Immunsystem.*

Surrogat →*Substitut.*

Survey research. Aus dem Englischen übernommene Bezeichnung für das Untersuchen der Verteilung bestimmter *Einstellungen* oder *Meinungen* in der Bevölkerung durch repräsentative Umfrage *(→Stichprobe).*

Survey tests. Aus dem Englischen übernommene Bezeichnung für Testverfahren, die bei einer relativ großen Gruppe der Population eine Übersicht über die Verteilung gewisser Eigenschaften oder Meinungen verschaffen, z. B. das Erstellen der Bevölkerungsstatistik durch Erfassung sozio-ökonomischer und anderer Daten.

SWS →*Schlaf.*

SYL →*elektrodermale Aktivität.*

Symbiose *(symbiosis).* Bezeichnung für das Zusammenleben zweier Tiere verschiedener Art, wobei die beiden eine S. eingehenden Organismen einander biologisch nützen oder »unterstützen« (z. B. beim Krokodil und dem als Krokodilwächter bezeichneten Vogel; bei Ameisen und Blattläusen).

Symbol.
[1] Bezeichnung für eine Klasse von Zeichen *(signs)* sprachlicher oder nichtsprachlicher Art, deren Beziehung zum Bezeichneten *intentional* und/oder durch *Konvention* festgelegt ist. Intentional soll auf die bewußte und auf etwas bezogene Darstellung hinweisen; Konvention weist auf die Verständlichkeit von (sprachlichen) Symbolen hin.
[2] Psychoanalytische Bezeichnung für das Auftreten verdrängter Inhalte in *substituierten* Inhalten (z. B. Traum); die Substitution erfolgt ohne Beteiligung des Bewußtseins (unbewußt). Es wird angenommen, daß es sich um Inhalte handelt, die in symbolischer Form die Ichzensur umgehen. Syn. *Traum-Symbolik (symbolism).*

symbolisch →*Verhalten.*

symbolische Interaktion →*soziale Interaktion.*

symbolische Repräsentation →*Skript.*

SYMLOG. Bezeichnung für ein Verfahren zur systematischen Erfassung des Gruppenverhaltens und damit einhergehender Prozesse der gegenseitigen Einschätzung (Personenwahrnehmung) der Gruppenmitglieder untereinander.
LIT. BALES, COHEN (1982).

symmetrische Kontingenz →*Kontingenz.*

Sympathie *(sympathy).* Allgemeine und umfassende Bezeichnung für das »Mitfühlen« mit anderen bzw. Mitempfinden von Gefühlen und Emotionen eines oder mehrerer Mitmenschen *(Empathie, Einfühlung)* und daraus hergeleiteter Zuwendung bzw. positiver Einstellung.

Sympathikus *(sympathetic division of the nervous system, sympathetic nervous system).* Bezeichnung für einen Teil des *autonomen* oder *vegetativen* →*Nervensystems,* der im wesentlichen aus den Ganglien neben der Wirbelsäule besteht und in Zuständen gesteigerter Aktivität wirksam wird. Der Gegenspieler ist der →*Parasympathikus.*
→*Acetylcholin.*

Symptom. Kennzeichen einer Krankheit bzw. abnormer Organfunktionen und abnormer Zustände in medizinischer und psychologischer Bedeutung; z.U. von *Syndrom (syndrome),* dem Komplex aller eine Krankheit oder Störung begleitenden Symptome.

Symptomverschiebung *(symptom substitution). Psychoanalyse:* Wird durch eine Behandlung nur das von außen erkennbare Symptom gelöscht, so können ersatzweise andere Symptome auftreten, wenn – so wird angenommen – nicht gleichzeitig die innere Ursache (z.B. *Abwehrmechanismen)* bereinigt wird. Eine der Vorkehrungen der *Verhaltenstherapie* besteht z.B. darin, die Hierarchie der Verstärkungsbedingungen zu erfassen, die zum Symptom geführt haben, um sukzessive Löschstrategien anzuwenden. Syn. *Symptomersatz, Ersatzsymptom.*

Synapse *(synapse, synapsis).* Verbindungsstelle einer axonalen Endigung (oder Axonkollateralendigungen) mit einer anderen Nervenzelle, einer Muskel- oder Drüsenzelle. S. zwischen Axon (oder Axonkollateralen) und Zellkörper einer anderen Zelle heißen *axosomatische,* zwischen Axon und Dendrit *axodendritische,* Axon und Skelettmuskelfaser *neuro-muskuläre Endplatte,* zwischen Axonen zweier Zellen *axoaxonische* Synapsen. An den S. vollzieht sich die Übertragung von *erregungs-* und *hemmungsvermittelnden* Impulsen. Bei Säugern (und auch beim Menschen) sind die S.-*Funktionen* komplizierte chemo-elektrische Vorgänge. An der S. besitzen Axone oder Axonkollateralen verdickte *synaptische Endigungen* (Endknopf, *synaptic knob).* Darin sind kleinste bläschenförmige Gebilde, die *Transmittersubstanz* enthalten. Beim Ankommen des Impulses wird die Transmittersubstanz in den *synaptischen Spalt* zwischen synaptischer Endigung und *subsynaptischer Membran* der Empfängerzelle freigesetzt. Bei Erregungswirkung erfolgt daraufhin an der Membran lokale *Depolarisation,* bei Hemmungswirkung lokale *Hyperpolarisation.* Durch Ionenaus- und -eintritt entwickeln sich im ersten Fall *exzitatorische postsynaptische Potentiale (excitatory postsynaptic potentials, EPSP),* im zweiten *inhibitorische postsynaptische Potentiale (inhibitory postsynaptic potentials, IPSP).* Sind EPSP oder IPSP über der Schwelle der Erregbarkeit der Empfängerzelle, so feuert diese mit ihrem *Aktionspotential.* Erregungs- oder Hemmungswirkung hängen ab (a) von der chemischen Beschaffenheit der Transmittersubstanz, (b) von der Stärke bzw. dem Ausbreitungsgrad von EPSP und IPSP und (c) im Falle des Empfanges zahlreicher Synapsen auf der subsynaptischen oder postsynaptischen Seite (z.B. bei motorischen Vorderhornzellen) von der örtlichen und zeitlichen algebraischen Summation von Erregungs- und Hemmungssignalen.
→Aktionspotential, →Elektroencephalogramm, →Transmitter.

Synästhesie *(synaesthesia, synaesthesis, synesthesia).* Bezeichnung für den Umstand, daß sich gleichzeitig mit dem Wahrnehmen von etwas (z.B. Töne hören) automatisch Vorstellungen aus einem anderen Sinnesgebiet einstellen, als dies dem Wahrnehmen entspricht (daß sich z.B. zu den Tönen bestimmte Farbvorstellungen entwickeln).

Synergie *(synergy).* Bezeichnung für das Zusammenwirken von Kräften in einer Richtung. Als synerge Muskeln werden solche bezeichnet, die in ihrem koordinierten Zusammenwirken eine Bewegung bestimmter Art bewirken.

Syntality. Englische Bezeichnung für die einer *Gruppe* eigenen Verhaltensweisen relativ überdauernder Art; der Ausdruck ist Inbegriff der Gruppeneigenschaften und -leistungsfähigkeit (nach R. B. Cattel).

Synthese *(synthesis).*
[1] Bezeichnung für die Herstellung einer Verknüpfung bzw. Verbindung von verschiedenartigen Daten oder von Empfindungen, Wahrnehmungsinhalten und Vorstellungen im *Denken* zu einer Einheit oder »Ganzheit« bei erhaltener Qualität der einzelnen Daten oder Gegebenheiten (der Begriff ist zu unterscheiden von dem der *Verschmelzung,* in der die einzelnen Gegebenheiten nicht mehr zu unterscheiden sind).
Gegenteil: *→Analyse (analysis).*
[2] W. Wundt bezeichnet als *schöpferische Synthese* oder *Prinzip der schöpferischen Synthese (principle of creative resultants* oder *synthesis)* das Zusammenfügen von Empfindungselementen zu einer neuen, übersummenhaften Einheit durch einen produktiven Willensakt (z.B. bei der Raumwahrnehmung).
[3] Als Synthese oder Synthetisierung bezeichnet man in der Chemie die durch

künstliche Zusammensetzung erreichte künstliche Herstellung von organischen oder anorganischen Substanzen.

SYR →*elektrodermale Aktivität.*

System *(system).*

[1] Aus dem Griechischen hergeleiteter grundlegender Ordnungsbegriff der Philosophie, Naturwissenschaften und Technik. S. bezieht sich auf die Gliederung und den Aufbau von natürlichen oder künstlichen Ganzheiten, die als Einheiten verstanden werden und deren Teile, die in Abhängigkeit voneinander und/oder wechselseitigem Zusammenhang stehen, eine bestimmte Ordnung aufweisen. (a) Zu den sog. *deskriptiven S.* zählen *realistische S.* (z.B. Kopernikanisches S. der Planeten, Linnésches S. der Pflanzen und Organismen), *begründungstheoretische S.* (z.B. Darstellungen der logischen Zusammenhänge zwischen einzelnen Wissensgebieten, mathematisch-logische Aussage-S., S. zur Herleitung deduktiver Aussagen unter einem bestimmten Prinzip) und *hypothetische S.* (z.B. Modelle in den Erfahrungswissenschaften). (b) Als *naturwissenschaftlich-technisches S.* gilt jede Gesamtheit materieller Objekte, die in einem Zusammenhang miteinander stehen, wobei die wechselseitigen Beziehungen der Objekte gegenüber jenen mit der übrigen Umwelt überwiegen. In diese Klasse fallen auch Zusammenschlüsse technischer Vorrichtungen mit umschriebenen Einzelfunktionen zu übergeordneten Gesamtfunktionen (z.B. vernetzte Datenverarbeitungs-S.). (c) Die abstrakte Darstellung der Wechselwirkungsmerkmale und Regelungsstrukturen physikalisch-technischer, aber auch biologischer Systeme nennt man *kybernetisches S. (cybernetic system).* Man spricht von einem *dynamischen S. (dynamic system),* wenn das S. aus aktiven Bestandteilen besteht, die einander gegenseitig beeinflussen *(geschlossenes S., closed system)* und/oder von anderen S. oder Umgebungsbedingungen beeinflußt werden *(offenes S., open system).* (d) Als *Regel-S. (control systems),* die Sonderfälle dynamischer, kybernetischer S. sind, gelten Funktionseinheiten, die aufgrund von Meßdaten und Leistungskennwerten Nachregelungen so vornehmen, daß ein konstanter Zustand aufrechterhalten bleibt (z.B. Fliehkraftregelung von Ventilen einer Dampfmaschine). Dazu zählen auch *physiologische S. (physiological systems),* die der Aufrechterhaltung gleichmäßiger Organismusbedingungen bei gleichzeitiger Anpassung an Umweltbelastungen nach dem Prinzip des Fließgleichgewichts dienen (z.B. die Regulation der Körpertemperatur, die Anpassung von Atem-, Herz- und Kreislauffunktionen an Beanspruchungen). Begriffe wie *soziales S. (social system)* oder (soziales) *Handlungs-S. (activity system)* werden analog gebraucht, um das geregelte Miteinander von Menschen unter beständigem Ausgleich der Interessen bzw. Anpassung an neue Umgebungsbedingungen und Aufgaben als offenes System darzustellen.

[2] *Allgemeine S.-Theorie (general systems theory)* nennt man zusammenfassend alle systematischen kybernetischen Ansätze, in deren Rahmen gekoppelte S. (z.B. Mensch und Umwelt) dargestellt und Rückschlüsse auf Zusammenhänge zwischen S.-Struktur und Funktionen (z.B. Verhalten) einzelner Unter-S. *(subsystem)* im Zusammenhang mit wechselnden Einflußgrößen untersucht werden können.

[3] *Mensch-Maschinen-S. (man-machine systems)* dienen der Beschreibung und Erklärung des funktionellen Zusammenwirkens von Mensch und Maschinen unter den Aspekten von Informationsaustausch und kontinuierlicher bzw. diskontinuierlicher (plötzlich auftretender vereinzelter) Regelungserfordernisse, z.B. direkte Steuerung einer Maschine durch Befehle, Start von maschinellen Prozessen durch Eingabe von Informationen, die in der Maschine programmierte Prozesse auslösen, durch kontinuierliche Überwachung automatisierter Maschinenprozesse und Eingreifen in Störungsfällen sowie durch Ergebniskontrolle. Produziert ein Mensch-Maschinen-S. Informationen, aufgrund deren Entscheidungen angebahnt oder getroffen werden, z.B. Flugüberwachung, Überwachung komplexer Produktionsanlagen, so spricht man von einem *Dialog-S. (interactive man-machine system).*

LIT. →*Arbeits-, Betriebs- und Organisationspsychologie,* →*Sozialpsychologie,* →*Systemforschung.*

Systematik.

[1] Bezeichnung für das Erstellen eines Systems.

[2] Syn. für offenes System *(Logik).*

systematische Stichprobe →*Stichprobe.*

systematischer interner Fehler →*Experiment.*

Systemforschung *(systems research).* Allgemeine und umfassende Bezeichnung für einen auf verschiedene Forschungsgebiete anwendbaren Ansatz, dessen analytische Einheiten nicht die Verknüpfungen von Variablen, sondern irreduzible Ganzheiten (z.B. Organismus, Kultur) sind, deren Interaktionsformen untersucht werden. Aus der Regeltechnik stammende und mathematische Formalisierungen sind hierbei inbegriffen, jedoch ist der Ansatz umfassender als der kybernetische. Die Systemforschung, die auf der *Allgemeinen Systemtheorie* beruht, klassifiziert Systeme durch Beschreibung der aus den Interaktionen erschlossenen Organisations- oder Struktureigenheiten. Daraus Gesetzmäßigkeiten des Verhaltens eines Systems abzuleiten, gilt als ihr erklärtes Ziel.
Die Systemforschung spielt in der Untersuchung betrieblicher Organisationsformen und -auswirkungen unter Einbeziehung psychologischer Momente eine steigende Rolle.
→*System.*
LIT. Bertalanffy (1968); Buckley (ed.; 1968).

Systole. Zeitintervall, während dessen der Herzmuskel zusammengezogen (kontrahiert) ist. Als systolischen Blutdruck bezeichnet man den in den Arterien herrschenden Druck zur Zeit der Systole.
Gegenteil: →*Diastole.*

systolischer Druck →*Blutdruckmessung.*

SZL →*elektrodermale Aktivität.*

SZR →*elektrodermale Aktivität.*

tabes dorsalis oder **lokomotorische Ataxie.** Durch eine meist syphilitisch bedingte degenerative Veränderung des hinteren Stranges des Rückenmarks hervorgerufene motorische Koordinationsstörung (»Schleuderbein«), die mit anderen Symptomen (Sehstörungen u. ä.) einhergehen kann.

Tabu *(taboo; tabu).* Von COOK in seinen Reiseberichten aus dem Polynesischen übernommene Bezeichnung für die, auf einem magischen Ritus gründende »Unberührbarkeit«, die sich in Verboten äußert, bestimmte Handlungen (z. B. Berühren eines Toten) auszuführen, bestimmte Kultstätten aufzusuchen, bestimmte Kleidungsstücke zu tragen oder bestimmte Worte bzw. Symbole zu gebrauchen. In der von FREUD geprägten, erweiterten Bedeutung bezeichnet T. ein Verbot von Handlungen, welche den moralischen Standards widersprechen (z. B. sexuelle Tabus; Inzestverbot). Als *soziale T. (social taboos)* gelten von Sanktionen bedrohte Handlungen, Gedanken oder Wünsche, die gegen Gruppennormen bzw. kulturelle Normen verstoßen.
LIT. COOK (1781); FREUD (1913).

Tachistoskop (tachistoscope). Bezeichnung für jedes Gerät, das die Darbietung visueller Reize unter kontrollierten Zeitbedingungen erlaubt. Vor der Einführung elektronisch gesteuerter Projektions- oder Einblickgeräte bediente man sich z. B. einer Miniaturbühne, deren Verschlußklappe sich elektromechanisch öffnet und schließt, wenn ein schwingendes Pendel die der Zeit entsprechend angebrachten Schleifkontakte berührt (sog. *Pendel-Tachistoskop).* Wird das Bild durch eine rotierende Scheibe mit einem variablen Öffnungsschlitz freigegeben, so nennt man dies ein *Episkotister-Tachistoskop.* Eine weitere Variante besteht in einem Projektor, dem ein Compurverschluß vorgeschaltet ist. Erst mit der Einführung von Elektronen-Tachistoskopen ist es möglich, Darbietungszeiten unterhalb der Schwelle des deutlichen Erkennens zu wählen, die Beleuchtungsintensität zu variieren und einen linearen Auf- und Abbau der Beleuchtungsquelle zu gewährleisten. Das sog. *Spiegeltachistoskop (mirror tachistoscope)* besteht aus einem Guckkasten, in dem durch eine Spiegelvorrichtung zwei verschiedene Reize in elektronisch gesteuerten Zeitabständen und Darbietungszeiten auf dieselbe Fläche projiziert werden können; sie dienen der Untersuchung von Überlagerungs- und Verschmelzungsphänomenen.

Tachykardie →*Panikstörung.*

Tagessehen →*Duplizitätstheorie.*

Tagesreste *(day residues).* Die von FREUD und der Psychoanalyse gebrauchte Bezeichnung für erregende oder zur Besorgnis Anlaß gebende Erlebnis- und Erfahrungsinhalte, die während der einem Traum vorangehenden Tage auftraten und in *Trauminhalten* teilweise wiederkehren. Es wird angenommen, daß insbesondere mit *Konflikten* verbundene Erlebnisse und Erfahrungen im Traum weiterverarbeitet werden.

Tagträumen *(daydreaming).* Bezeichnung für eine Art der *Phantasietätigkeit,* in deren Verlauf ein Individuum sich ohne besondere Absicht und unter weitgehender Ausschaltung der Beachtung seiner unmittelbaren Umgebung angenehmen Vorstellungen hingibt, die sich auf Wünsche beziehen, die im tatsächlichen Leben nicht erfüllt werden können (→*autistisches Denken,* →*Phantasie).*

TAI →*Arbeitsanalyse, -beschreibung.*

taktil *(tactile, tactual).* Bezeichnung für mit Berührungsempfindungen verbundene Phänomene, bzw. den *Tastsinn* betreffende Reize.

Talbotsches Gesetz *(Talbot-law, Talbot-Plateau-law).* Bezeichnung für den gesetzmäßigen Zusammenhang zwischen Helligkeitsempfindung und unterschwelliger Beleuchtungsunterbrechung. Wird eine Fläche angeleuchtet und wird die Beleuchtung derart kurzzeitig unterbrochen, daß kein Eindruck des Flackerns entstehen kann, so tritt bei ansonsten konstanter Beleuchtungsintensität der Eindruck einer Abdunklung auf, deren Ausmaß proportional dem Verhältnis der Zeit der ununterbrochenen Beleuchtung zur gesamten Beobachtungszeit ist. Die empfundene Helligkeit zweier unmittelbar hintereinander dargebotener Reize ist ebenfalls proportional der Zeit ihrer ununterbrochenen Darbietung.

Talent. Allgemeine Bezeichnung für eine »natürliche« Begabung zur Ausübung bestimmter, z. B. künstlerischer Tätigkeiten.

Talgdrüse *(sebaceous gland).* Hautdrüsen, die eine ölige Flüssigkeit ausschütten. Sie befinden sich, mit Ausnahme der Handflächen und Fußsohlen, überall in der Haut.

Tapping-Test *(tapping test)*. Aus dem Engl. übernommene Bezeichnung für Verfahren zur Feststellung der Geschwindigkeit und Genauigkeit einfacher Handbewegungen durch die Registrierung des Antippens. Im einfachsten Fall wird das Tempo von Berührungen einer Kontaktunterlage mit einem Stift registriert. Komplexere Verfahren geben auf einer Metallunterlage bestimmte Figuren verschiedener Größe und Dichte vor, welche hintereinander so rasch wie möglich innerhalb der von der Figur umschlossenen Fläche angetippt werden sollen (sog. *tapping board*). Die Verfahren dienen der Feststellung des persönlichen Tempos bei sensomotorischen Koordinationsleistungen und werden in der Berufseignungsdiagnostik angewandt.

TAT, Abk. für **Thematischer-Apperzeptions-Test** *(thematic apperception test)*. Bezeichnung für ein von MURRAY entwickeltes projektives Deuteverfahren, das aus in den Einzelheiten nicht ganz deutlichen bildlichen Darstellungen sozialer bzw. sozial relevanter Situationen besteht (für Jugendliche und Erwachsene, Frauen und Männer verschiedene Serien), die gedeutet werden sollen. Die Protokolle werden nach bestimmten Regeln ausgewertet und bieten u. a. aus dem Bezug zu den abgebildeten Personen und Situationen die Möglichkeit, etwas über Bewertungsmaßstäbe, Motive und Gefühle des Deutenden zu erfahren. Der TAT gehört zu den sog. *projektiven Tests,* d. h. zu einer Gruppe von Verfahren, deren Zuverlässigkeit im Sinne der *Testtheorie* zweifelhaft ist.

LIT. MURRAY (1943); REVERS (1958); E. STERN (1952).

Taubheit *(deafness)*.

[1] Die vollständige Unfähigkeit, Gehörseindrücke zu empfangen oder zu registrieren. Dies kann auf Schädigungen des kortikalen Gehörzentrums *(kortikale Taubheit),* auf Störungen der Nervenleitung (nervös bedingte Taubheit) oder auf Schädigungen im Bereich der Rezeptoren zurückgehen.

[2] T. im Sinne der *Schwerhörigkeit* bezeichnet die eingeschränkte Fähigkeit, Gehörseindrücke aus bestimmten Reizfrequenz-Bereichen zu empfangen oder zu registrieren. Eine der häufigsten Formen ist die der *»Altersschwerhörigkeit«,* wo Reize des höheren Frequenzbereichs nicht mehr registriert werden können. Es handelt sich dabei um eine Sonderform der auf hohe Frequenzen beschränkten T. bzw. Schwerhörigkeit *(high frequency deafness)*.

Taubstummheit *(deaf muteness)*. Bezeichnung für die Unfähigkeit des Sprachgebrauchs bzw. Sprechens (Stummheit) aufgrund einer angeborenen Taubheit, wodurch das Lernen des Sprechens durch Imitation bzw. den *sensomotorischen Kreisprozeß* nicht möglich war.

Tau-(τ-)Effekt, auch **Tau-Phänomen** oder **Gelbsches Phänomen.** Bezeichnung für die beim Wahrnehmen räumlicher Intervalle erfolgende Angleichung an zeitliche Intervalle im Sinne einer Täuschung. Werden Lichtreize in gleichen räumlichen Intervallen, jedoch mit verschieden langen Pausen dargeboten, so erscheinen dem Betrachter die durch eine kurze Pause getrennten Lichtreize auch räumlich näher aneinandergerückt als dies bei Darbietung mit längerer Pause der Fall ist.

Tau-(τ-)Koeffizient. Statistische Bezeichnung für ein verteilungsfreies Korrelationsmaß (auch *Kendallsches Tau*).

Tau-Phänomen →*Tau-(τ-)Effekt.*

Täuschung, Sinnestäuschung, Wahrnehmungstäuschung, optische Täuschung *(illusion, sensory illusion, perceptual illusion, optical illusion)*. Umfassende Bezeichnung für das Fehlen der Übereinstimmung zwischen objektiv-physikalischen Reizgegebenheiten und dem Wahrnehmungsurteil in bezug auf die Beschaffenheit, Bewegung, Intensität, Erstreckung, Raumlage und Richtung der gesamten Vorlage oder bestimmter Teilbereiche. T. können in allen Sinnesbereichen auftreten und auf andere Sinnesgebiete wirken (z. B. *Größen-Gewichts-Täuschungen*). Hier ein kleiner Überblick über einige Klassen von Täuschungen aus dem Bereich der visuellen Wahrnehmung:

a) Betrachtet man ein Muster aus eng nebeneinander liegenden Linien oder konzentrischen Kreisen einige Sekunden lang, so glaubt man, eine flimmernde diffuse Bewegtheit zu sehen. MCKAY führt dies auf die *Redundanz* (mangelnde Differenziertheit) der Reizvorlage zurück.

b) Betrachtet man einen nach unten bewegten Streifen, der mit schwarzen und weißen Linien bedeckt ist, ohne der Bewegung mit dem Blick zu folgen, für ca. 10–30 sec, so glaubt man, nach Anhalten des Streifens eine Bewegung nach oben zu sehen, die fremdartig wirkt, denn auch der Stillstand des Streifens wird bemerkt *(Wasserfall-Effekt; waterfall effect)*. Hier handelt es sich um ein *Bewegungsnachbild (after effect)*. Ähnlich ist der Effekt einer bewegten *Spirale*. Während der Bewegung glaubt man – je nach Bewegungsrichtung – Schrumpfung oder Ausdehnung zu beobachten; nach dem Stillstand scheint sich die Spirale in der entgegengesetzten Richtung zu drehen.

c) Das Wertheimersche *Phi-Phänomen* besteht in der Verschmelzung der durch hintereinander aufleuchtende, räumlich distante Lichtpunkte erzeugten Retina-Reize. Eine Hin- und Herbewegung wird beobachtet *(→scheinmäßig)*. Diese Art der T. wird als *Scheinbewegung* klassifiziert. Ganz anders die Entstehung des sog. *autokinetischen Phänomens*. Fixiert man bei Dunkelheit einen leuchtenden festen Punkt, so scheint sich dieser mehr oder weniger deutlich zu bewegen. Offenbar wird dies u.a. durch *Augenbewegungen* verursacht, so daß während des Fixierens nicht immer die gleichen Netzhautstellen gereizt werden.

d) Die sog. *geometrisch-optischen Täuschungen* nehmen den breitesten Raum ein. Abb. A_1 zeigt die sog. Müller-Lyer-

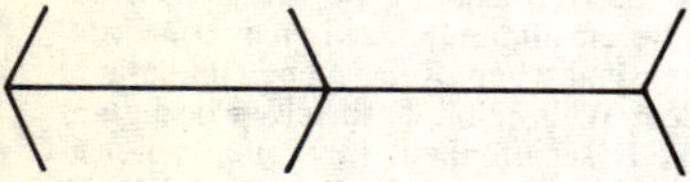

A_1

sche Täuschung. Die von nach innen gerichteten schrägen Linien begrenzte Strecke erscheint kürzer. Als Erklärung dient die perspektivische Erfahrung des Wahrnehmenden. Abb. A_2 zeigt die Heringsche T. Kennzeichnend ist die scheinbare Gekrümmtheit, die durch das Liniengefüge hervorgerufen ist; als Erklärung dient ebenfalls die dreidimensionale Skalierung des zweidimensionalen Gebildes durch den Wahrnehmenden. Mit zunehmender Wahrnehmungserfahrung nimmt im Bereich der geometrisch-optischen T. der Grad der Täuschbarkeit ab.

e) Sog. *unmögliche Figuren (impossible figures)* zeigen, wie die durch Überlagerung und/oder Schatten vorgetäuschte Dreidimensionalität der Abbildung (Abb. B) bei Betrachtung der an sich zweidimensionalen Vorlage einen Deutungskonflikt hervorruft.

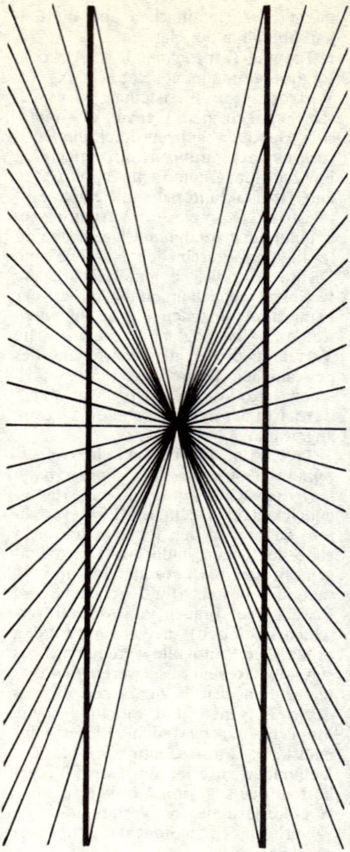

A_2

B

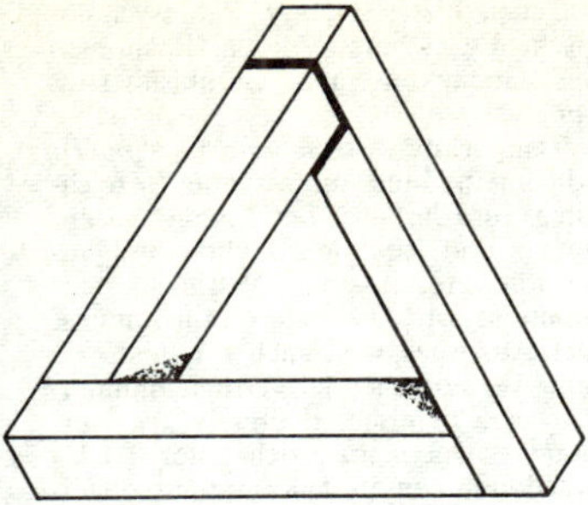

C

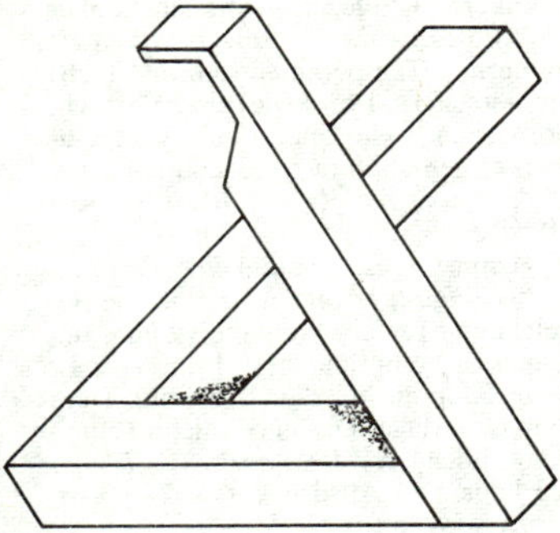

D

Läßt sich dagegen, wie nach GREGORY anhand der PENROSE-Figur (Abb. C und D) gezeigt, ein dreidimensionales Gebilde denken, das eine Retinaabbildung wie das zweidimensionale, nur aus einer anderen Blickrichtung, aufweist, so löst sich der Deutungskonflikt, denn die dreidimensionale Skalierung des Reizobjektes erweist sich nunmehr als stimmig.

f) Sog. *Kippfiguren* (z.B. der *Neckersche Würfel*) demonstrieren ebenfalls die Wirkweise der dreidimensionalen Skalierung zweidimensionaler Abbildungen. Neuere Untersuchungen haben gezeigt, daß besonders dann Deutungen der Dreidimensionalität erwartet werden, wenn die Abbildung viele Richtungswechsel an der Kontur und mangelnde Symmetrie zeigt.

LIT. AARONS (1964); GREGORY (1974); MICHOTTE u.a. (1966); RAUSCH (1966).

Tautologie *(tautology)*. Bezeichnung für eine zusammengesetzte Aussage, deren Elemente jeweils dasselbe sagen, z.B. weißer Schimmel; eine *redundante* (überflüssige) Definition. In der Mathematik: Bezeichnung für erklärende Definitionen.

tautologische Definition →*Definition*.

Taxis (plur. *Taxien*).

[1] Biologisch-zoologische Bezeichnung für die Orientierung des Verhaltens bewegungsfähiger Organismen, die auf *Erbkoordination* bzw. *Instinkte* zurückgeführt wird. T. steht sowohl für den Vorgang der Bewegungsorientierung als auch für die Mechanismen, welche ihn steuern. Die einzelnen Taxien werden oftmals nach der Art des Orientierungsmerkmals klassifiziert (z.B. *Phototaxis* als Orientierung an Lichtintensität bzw. -reiz; *Chemotaxis* als Orientierung an chemischen Reizen u.ä.). Da es sich um eine »Richtwendung« durch Lokomotion (Fortbewegung und Richtungnehmen) handelt, werden einige Arten unter dem Sammelbegriff *Topotaxien* zusammengefaßt, eine weitere Gruppe wird nach A. KÜHN *Phobotaxien* (Schreckbewegungen) genannt.

[2] In der von N. TINBERGEN geprägten Auffassung bezeichnen Taxien nur die orientierende Einzelbewegung, die sog. »Richtwendungen« des Organismus, während die auf Erbkoordination beruhenden Instinktbewegungen oder -handlungen davon zu trennen sind. Diese Auffassung begründet sich auf Beobachtungen, die zeigen, daß »Richtwendung« und Instinktbewegung nicht gleichzeitig und miteinander verknüpft, sondern hintereinander auftreten. Z.B. wendet der beutefangende Frosch die Schnauzenspitze der Beute zu (Taxis), bevor er zuschnappt (Instinktbewegung, beruhend auf Erbkoordination). →*Tropismus*.

LIT. EIBL-EIBESFELDT (1967); KÜHN (1964); TINBERGEN (1964).

Taxonomie *(taxonomy)*.

[1] Herstellung einer Systematik durch Anwendung fester Regeln, ggf. eine hierarchische Ordnung (z.B. die Klassifikation der Lebewesenarten in Form eines Stammbaumes). In der *Pädagogischen Psychologie* Bezeichnung für ein hierarchisches System zur Beschreibung des Zusammenhanges zwischen Lernzielen und dem schrittweisen Aufbau ihrer Vermittlung bzw. ihres Effektes zum Zweck der Leistungskontrolle. Nach

ähnlichen Gesichtspunkten verfährt die *Wirkungsforschung* innerhalb der Sozial- und Werbepsychologie.
[2] Als *numerische T. (numerical taxonomy)* gleichbedeutend mit *Clusteranalyse,* ein der Faktorenanalyse verwandtes Verfahren, aus Korrelationen bzw. Ähnlichkeitsinformationen zwischen Objekten und variablen Merkmalen Anhaltspunkte für die Bildung von Klassen verwandter Objekte zu gewinnen bzw. sie in eine hierarchische Ordnung zu bringen.

Taylorismus *(Taylorism, Taylor's system, scientific management).*
Von dem amerikanischen Maschinenbauingenieur F. W. TAYLOR 1911 unter dem Titel *»Scientific Management«* eingeführte Maßnahmen zur Rationalisierung von industriellen Fertigungsarbeiten und ihrer organisatorischen Rahmenbedingungen. Aufgabe des Managements sei es, die Produktion sorgfältig zu planen und zu koordinieren, für die technische Vervollkommnung von Werkzeugen, Geräten und des Materialtransports zu sorgen, die optimale Ausführung jedes Tätigkeitsschrittes einzelner Arbeiter aufgrund von Bewegungs- und Zeitstudien genau festzulegen, die Arbeitsziele klar und verständlich vorzugeben, eine angemessene Ausbildung zu gewährleisten und gute Leistungen besonders zu belohnen. Der T. stieß in der Folgezeit wegen seiner starken Bezogenheit auf die Produktionssteigerung bei der Massenfertigung durch Fließbandarbeit ohne Berücksichtigung der zufriedenheitsabhängigen sozialen Arbeitsbedingungen auf massive Kritik.
→*Arbeitspsychologie,* →*Arbeitszufriedenheit,* →*Hawthorne-Effekt.*
LIT. TAYLOR (1970).

TBS →*Arbeitsanalyse, -beschreibung.*

teilautonome Arbeitsgruppen →*Arbeitsstrukturierung.*

Teleceptor. Veraltete Bezeichnung für Rezeptoren der sog. Fernsinne.

Telekinese *(telekinesis).* Parapsychologische Bezeichnung für Dingbewegungen in Gegenwart eines Mediums, die auf okkulte Einflüsse zurückgeführt werden.

Telencephalon. Die kortikalen Großhirnhemisphären als letzte und höchste Entwicklung der Gehirnstruktur.

teleologisch (teleological). Auf ein Ziel, einen Endzweck gerichtet.

Telepathie *(telepathy).* Parapsychologische Bezeichnung für das Phänomen der Gedanken- und Gefühlsübertragung.

Temperament *(temperament, temper).* Allgemeine und umfassende Bezeichnung für die aus Bewegungs-, Stimmungs und Reaktionsqualität und -intensität erschlossene Antriebs- oder Stimmungsstruktur eines Individuums. Der Ausdruck wird auch zur Beschreibung vorherrschender »Grundstimmungen« wie manisch, depressiv u. ä. verwendet, wobei man sich unter T. das individuelle emotionale System vorstellen kann. Die Vorstellungen von den vier klassischen Temperamenten – Sanguiniker, Choleriker, Melancholiker und Phlegmatiker – zeigen wie auch moderne Temperamentslehren (z. B. KRETSCHMERS Typologie) den Versuch, körperliche Merkmale mit Temperamentseigenschaften zu verknüpfen.
LIT. GUILFORD (1964); KRETSCHMER (1965).

Tempo. Geschwindigkeit. *Persönliches Tempo (personal tempo)* ist die Bezeichnung für ein vom Individuum angemessen empfundenes Tempo, z. B. beim Klopfen mit dem Zeigefinger auf eine Unterlage. Das persönliche Tempo oder auch *psychomotorische Tempo* wird als ein Ausdruck des *Temperaments* bewertet.

temporal *(temporal).* Biologisch-anatomische Bezeichnung für die Schläfenregion des Schädels. Der Schläfenlappen (*temporal lobe;* lobus temporalis) liegt unterhalb der fissura cerebri lateralis und geht, nach hinten verlaufend, in den *Okzipitallappen* über. Gängige Abkürzung bei der Lokalisierung auf der Schädeloberfläche T.
→*Elektronencephalogramm.*

temporell *(temporal).* Zeitlich begrenzt.

Tendenz *(tendency).* Bezeichnung für eine Bewegungs- oder Denkrichtung in bezug auf ein bestimmtes Ziel. Als *angeborene Tendenz (native tendency)* Syn. für Instinkt. Als *erworbene T. (acquired tendency)* Syn. für Gewohnheit oder *Verhaltenstendenz (habit).*

Terman-Merrill-Test →*Stanford-Binet-Test.*

Test *(test).* Bezeichnung für ein wissenschaftliches Routineverfahren zur Untersuchung eines oder mehrerer empirisch abgrenzbarer Persönlichkeitsmerkmale mit dem Ziel einer möglichst

quantitativen Aussage über den relativen Grad der individuellen Merkmalsausprägung (LIENERT). Je nach Merkmalsart und Zielsetzung unterscheidet man meist:
[1] *Intelligenz-Tests (intelligence tests, mental tests)* zur Messung der allgemeinen Intelligenz oder zur Messung spezieller *Begabungen (ability, aptitude)* im Bereich der Intelligenz.
[2] *Leistungs-Tests (performance tests)* zur Messung umschriebener motorischer, sensorischer oder intellektueller Leistungen (z.B. Rechnen).
[3] *Persönlichkeits-Tests (personality tests)* zur Messung bestimmter →*Eigenschaften (traits),* →*Einstellungen (attitudes),* →*Interessen (interests)* und von *Eigenschaftskonstellationen (clusters, factors)* im Sinne von *Faktoren* (→*Faktorenanalyse)* zur Ermittlung von Persönlichkeitsprofilen in bezug auf Dimensionen auf dem *Eigenschafts-* oder *Typen*niveau.
LIT. LIENERT (1969); HILTMANN (1967).

Test, lehrzielorientierter *(criterion referenced test). Pädagogische Psychologie:* Routineverfahren zur Untersuchung der Frage, ob und wie gut ein →*Lehrziel* erreicht wurde. Z.U. von den Tests im engeren Sinne (dort ist der Bezugspunkt eine Populationsnorm als Mittelwert) orientieren sich diese Tests an einer Idealnorm, wie sie als Matrix der Kenntnisse, Fähigkeiten, Verhaltensweisen und Einstellungen in den Lehrzielen formuliert wurde. Eine wesentl. Voraussetzung ist die curriculare Validität *(→Validität, curriculare).*

Testanalyse →*Testkonstruktion.*

Testaufgaben *(test items).* Bezeichnung für Untertests einer →*Testbatterie* bzw. für die einzelnen Aufgaben eines Tests. Diese können verschiedener Art und Form sein. Man unterscheidet deshalb verschiedene *Testaufgabentypen,* und zwar je nach Art und Form des Materials und nach Art und Form der verlangten Reaktionen.
LIT. LIENERT (1969).

Testbatterie *(test battery).* Bezeichnung für eine Zusammenstellung von →*Testaufgaben* zum Zwecke der Untersuchung eines bestimmten Funktionsbereichs o.ä. bzw. der Messung eines komplexen Merkmals (z.B. Intelligenz).

testis, Hoden oder **Testikel.** Männliche Keimdrüsen.

Testkonstruktion. Zusammenfassende Bezeichnung für eine Reihe vorwiegend statistischer Kontrollen der *Objektivität, Reliabilität* und *Validität* von *Testaufgaben* und *Testbatterien,* die als *Testanalyse (test analysis)* bezeichnet werden.
LIT. FISCHER (Hrsg.; 1972); LIENERT (1969); LORD, NOVICK (1974).

Testprofil →*Profil.*

Testtheorie *(test theory; theory of mental tests).* Statistisch-mathematisches System von Aussagen über die Abhängigkeit der Lösung von Testaufgaben von Eigenschaften der Aufgaben selbst (z.B. deren Schwierigkeitsgrad), von Eigenheiten der sie lösenden Personen (Fähigkeiten, Fertigkeiten) und von den Darbietungsbedingungen (Situation).
[1] Die *klassische Testtheorie* geht davon aus, daß sich ein erhaltener Testwert (Score) X aus einem »wahren« oder »unverfälschten« Anteil T und einer unsystematischen Fehlergröße E zusammensetzt, wobei

$$X = T + E$$

Aussagen über die *Reliabilität* und andere Eigenschaften eines Tests werden unter der Voraussetzung abgeleitet, daß der statistische Erwartungswert von E Null ist und daß T und E bei verschiedenen Messungen jeweils linear unabhängig sind. Fast alle z.Z. verwendeten objektiven Tests wurden nach den Vorschriften der klassischen T. standardisiert und überprüft.
[2] Die *probabilistische* oder *stochastische Testtheorie (latent trait theory)* geht dagegen davon aus, daß die Lösungswahrscheinlichkeit einer Testaufgabe eine logistische Funktion der individuellen Fähigkeiten einer Person und der Aufgabenschwierigkeit ist. Ist die Lösungswahrscheinlichkeit einer Aufgabe nur von den individuellen Fähigkeiten abhängig, so müssen die Verteilungen der Aufgabenlösungen voneinander stochastisch unabhängig sein, ebenso wie die Fähigkeit sich als aufgabenunabhängig erweisen muß. Die Güte eines Tests bestimmt sich hier einerseits aus der Konstanz des Fähigkeitswert-Verhältnisses zwischen je zwei Personen über die Aufgaben hinweg, andererseits aus der Konstanz des Aufgabenschwierigkeits-Verhältnisses zwischen je zwei Aufgaben über die untersuchten Personen hinweg. Für die Fähigkeitsparame-

ter und Aufgabenschwierigkeits-Indices gibt es Schätzvorschriften, so daß von der Lösungswahrscheinlichkeit ausgegangen werden kann.

LIT. CRONBACH (1984), FISCHER (1972), LIENERT (1967), LORD, NOVICK (1974).

Tetanus. Dauerkontraktion der Muskeln in den Extremitäten, Starrkrampf (Tetanie; engl. *tetany).*

T-Gruppe →*Sensitivity-Training.*

Thalamus oder **Thalamus opticus** *(optic thalamus).* Paarig angeordnetes Nervengewebe an der Stammhirnbasis, Schaltstelle zum Großhirn für sensorische und motorische Impulse.
→*Gehirn.*

Thanatopsychologie *(thanato-psychology; psychology of death).* Teilgebiet der Psychologie, das sich mit Einstellungen zu Krankheit, Sterben und Tod befaßt und seine Erkenntnisse in Hilfsmaßnahmen für schwerkranke und sterbende Menschen umsetzt.

LIT. WITTKOWSKI (1978).

Thanatos. Psychoanalytische Bezeichnung für den →*Todestrieb. Thanatomanie:* Selbstmordtendenz. *Thanatophobie:* Furcht vor dem Sterben.

Thematischer-Apperzeptions-Test →*TAT.*

theoretische Verteilungen →*Verteilung.*

Theorie *(theory).* Allgemeine und umfassende, vieldeutige Bezeichnung für Aussagen über Einsichten oder Erkenntnisse auf breitester (genereller und abstrakter) Basis, meist formalbegrifflicher Natur und in mehr oder weniger engem Zusammenhang mit Beobachtungen stehend, im Extremfall sogar völlig von Beobachtungen unabhängig oder prinzipiell aller Empirie entgegengesetzt. Nach den gewählten Aspekten der Theorienbildung bzw. nach den zur theoretischen Aussage führenden Gesichtspunkten lassen sich unterscheiden:

[1] T. als Bezeichnung für Aussagen, die sich auf »geistiges Betrachten oder Schauen« (Kontemplation) beziehen und über solche Inhalte abhandeln, die der sinnlichen Wahrnehmung grundsätzlich nicht entsprechen können. Die Güte bzw. Bewährung einer Theorie kann dann nur mit den Mitteln der Kontemplation oder der Spekulation überprüft werden; eine Beziehung zur »Praxis« dagegen kann, muß aber nicht notwendigerweise gegeben sein.

[2] T. als Bezeichnung für *Erklärungssysteme* in bezug auf bereits empirisch aufgewiesene (funktionale) Beziehungen zwischen Ereignissen variabler Natur. In dieser Verwendung ist T. entweder (a) Ausdruck einer Gesetzmäßigkeit bzw. einer funktionalen Beziehung, die von größerer Evidenz als eine Hypothese ist (z. B. mehrfach verifizierte Hypothesen) und zum Zwecke der Erklärung vorwiegend durch →*hypothetische Konstrukte* ausgesagt wird (Hypothese in abstrakterer Formulierung und von angenommener oder erwiesener breiterer Gültigkeit als die Hypothese als vorläufige Annahme über Beziehungen in terminis von Operationen). Oder T. ist (b) der Übergang von der Hypothese zum →*Prinzip* [2]. Die letzte Stufe der Sicherung wäre dann das Gesetz. Prinzip und T. bedeuten hier annähernd das gleiche. Diese Bedeutung von T. [2] (a) kommt in den Naturwissenschaften oftmals vor (z. B. Relativitätstheorie als letzten Endes nicht beweisbare Aussage über ein nicht bloß hypothetisch angenommenes, sondern in sich geschlossenes Erklärungsprinzip, das Relationen zwischen hypothetischen Konstrukten ausdrückt). Damit ist bei T. [2] mitinbegriffen die grundsätzliche Austauschbarkeit der Aussagen gegen »bessere«, wenn sich die Annahmen als falsch oder als zu allgemein erweisen und man durch ein letztes Entscheidungsexperiment (experimentum crucis) entweder die Theorie verwerfen oder aber im Sinne eines Gesetzes akzeptieren muß.

[3] T. als Bezeichnung für nach bestimmten Regeln der *Deduktion* logisch miteinander verknüpfte und in eine Ordnung gebrachte Aussagen über Zusammenhänge zwischen *Gesetzmäßigkeiten.* In der neueren Wissenschaftstheorie und in der psychologischen Auffassung vom Sinn einer Theorie dominiert diese Auffassung (vgl. MARX, 1966[5]). Gehen wir davon aus, daß eine Wissenschaft nach einiger Zeit zur Erstellung von Gesetzen, Gesetzmäßigkeiten oder (besser) *Prinzipien* kommt. Da sie empirischer Natur sind und aus sich heraus untereinander keine Ordnung oder keinen *Systemzusammenhang* darstellen, kann man sie nach verschiedenen Gesichtspunkten ordnen. *Systeme* oder *Erklärungssysteme* verschiedener Art führen dann zu verschiedenen theoretischen Ordnungen bzw. Interpretationen ein und derselben Gesetzmäßig-

keiten oder Prinzipien. Es wird z.B. irgendeine Form einer als »neurotisch« bezeichneten Fehlanpassung von der Psychoanalyse und bestimmten Lerntheoretikern anders »gesehen«, auch dann, wenn die Ursachen und Wirkungen von außen her geklärt zu sein scheinen.

[4] Bezeichnung für jede begriffliche Bemühung, zusammenfassende Feststellungen zu machen über gesetzmäßige Verbindungen oder Verknüpfungen zwischen Gesetzen in einer gewissen (induktiven) Gesichtspunkten entsprechenden Ordnung, die sich aus den Zusammenhängen selbst und nicht durch Anwendung zusätzlicher (begrifflicher oder systembezogener) Erklärungsgesichtspunkte ergibt. Dieses Vorgehen entspricht der strengsten Empirie bzw. dem positivistischen Ideal von der Theorie, in die keine (spekulativen bzw. abgeleiteten) nichtempirischen Gesichtspunkte eingehen dürfen. Diese Definition von T. setzt voraus, daß die Aussagen in einer eindeutigen Symbolsprache geleistet werden (z.B. Mathematik). Sie läßt sich in den Verhaltens- und Sozialwissenschaften wegen ihres »prinzipiellen« Ausschließens irgendwelcher Erklärungsgesichtspunkte kaum oder aus der Natur der Daten begründet annehmen.

Sog. *Lerntheorien* oder *Wahrnehmungstheorien*, wie man sie in der Literatur vorfindet, sind bestenfalls Aussagen vom Range der Prinzipien; erscheinen sie in einer bestimmten Anordnung und handeln über Zusammenhänge zwischen den Gesetzmäßigkeiten bzw. Verhaltensprinzipien, so sollte man an eine Mischung von T. [1] und [2] oder [3] denken. Je nach Geschmack läßt sich die kriterienhafte Formulierung anwenden: Eine T. ist so lange gut, als nicht das Gegenteil bewiesen ist, sofern sich das Gegenteil überhaupt beweisen läßt (z.B. bei Theorie [1] scheint dies nicht möglich zu sein); und sie ist so lange gut, als man sinnvolle Fragestellungen aus ihr ableiten kann; der »Umfang« ihrer Güte entspricht der Vielzahl ableitbarer Fest- oder Fragestellungen bzw. dem Umfang, in dem sie Klassen von Phänomenzusammenhängen zu erklären vermag.

LIT. Holzkamp (1964); Marx (ed.; 1966); Marx, Hillix (1963).

Theorie der kognitiven Dissonanz →*kognitive Dissonanz*.

Theorie der Kulturepochen →*Kulturepochen, Theorie der*.

Theorie der Selbstwahrnehmung, Selbstwahrnehmungstheorie. *(self-perception theory)*. Die im Anschluß an Skinner von Bem entwickelte Auffassung, daß der Mensch seine Einstellungen, Emotionen und andere Zustände zum Teil dadurch erfährt, daß er sie aus der Selbstbeobachtung und/oder den Bedingungen, unter denen sie ablaufen, erschließt. Der Prozeß ist vergleichbar mit der Fremdbeobachtung, denn auch hier werden einige wenige beobachtbare Kennzeichen benutzt, um den inneren Zustand des Beobachteten zu erschließen. Die Auffassung ist heftig umstritten.

LIT. Bem (1970).

Theorie des sozialen Urteils →*Linsenmodell*.

Theorien des Hörens, des Gehörs *(hearing theories)*.

[1] Bezeichnung für Erklärungsversuche der Funktionsweise des →*Cortischen Organs*. In Untersuchungen von Geörgy von Bekesy erwies sich seine *hydrodynamische Theorie der Wanderwellen* als allen klassischen Theorien (Helmholtzs Resonanztheorie; Ewalds Klang-Gestalten-Theorie; Wellenkamm-Theorie nach Hardesty und Watt) weit überlegen. Hydraulische Druckwellen streichen an der *Basilarmembran* entlang. Untersucht man die Hüllkurven, so zeigt sich, daß Wellen mit kleiner Frequenz ihr Maximum im hinteren, Wellen mit hoher Frequenz dagegen im vorderen Teil der Schnecke, nahe dem ovalen Fenster, erreichen. An den Stellen des Maximaldruckes werden die Haarzellen durch Deformation der in die Deckmembran reichenden Härchen elektrisch aktiviert und übertragen den Impuls als Aktionspotential ins Hirninnere.

[2] Bezeichnung für Erklärungsversuche zur Entstehung von Ton-, Klang- und Geräuschempfindungen aus Impulsen, die über den nervus acusticus und mehrere Schaltstationen in das entsprechende sensorische Kortexfeld gelangen. Ausgangspunkt ist die Ausfilterung im *Cortischen Organ*. Die Intensitätsempfindungen sind wahrscheinlich abhängig von der Gesamtzahl der jeweils feuernden Nervenzellen, alle anderen Qualitäten dagegen scheinen durch sog. *Analysatoren* oder *Detektoren* in Kernbezirken der Hörbahn und im Kortex

vermittelt zu werden. Einzelheiten sind weitgehend unbekannt.
LIT. RAUCH (1964); STEVENS, WARSHOFSKY (1970); ZWICKER, FELDKELLER (1967).

Theorie von der cerebralen Dominanz →*cerebrale Dominanz.*

Therapie *(therapy, therapeutic treatment, treatment).* Bezeichnung für *Interventionen* zur Behandlung von somatischen bzw. psychischen und psychosomatischen Störungen, ihrer Ursachen und Symptome mit dem Ziel der Wiederherstellung von Gesundheit und Wohlergehen. Bei den verschiedenen Arten und Formen der T., die im Rahmen der Gesundheitsversorgung eingesetzt werden, handelt es sich um wissenschaftlich begründete und erprobte Verfahren; dem Ablauf therapeutischer Interventionen liegt – gestützt auf *Indikation, Anamnese* und *Diagnose* – ein auf den individuellen Fall abgestimmter *Behandlungsplan* zugrunde. Die verschiedenen T.-arten und -formen lassen sich nach Art der eingesetzten Mittel und des zur Ausübung therapeutischer Tätigkeiten legitimierten Personenkreises in zwei Hauptgruppen unterteilen. (a) In den Bereich der *medizinischen T. (medical treatment)* fallen alle therapeutischen Maßnahmen, die direkt in den Körper, in Körperfunktionen und ihre neurophysiologischen Steuerungsmechanismen eingreifen, d.h. chirurgische, chemisch-medikamentöse *(Pharmako-T.),* physikalische und nuklearmedizinische Interventionen. Sie sind Ärzten bzw. Fachärzten vorbehalten. Unterstützende therapeutische Maßnahmen, wie z.B. die den Bewegungsapparat betreffende *Physio-T.,* werden durch nichtmedizinische Fachkräfte mit besonderer Qualifikation (Physiotherapeuten) unter ärztlicher Anleitung und Aufsicht vollzogen. (b) Unter den Oberbegriff *Psycho-T.* fallen alle Maßnahmen, die sich psychologischer Mittel bedienen, um Erleben und Verhalten im Zusammenhang mit psychischen bzw. psychosomatischen Störungen oder in Begleitung medizinischer Interventionen (z.B. Schmerzbehandlung) im Sinne der Wiedererlangung des Wohlbefindens zu modifizieren. Ein Überblick über die entsprechenden Verfahren wird unter →*Psychotherapie* geboten. Die Ausübung psychotherapeut. Tätigkeiten obliegt in der Regel Diplompsychologen oder Ärzten mit entsprechender Zusatzausbildung.
→*Klinische Psychologie,* →*Psychotherapie.*

Thermalgesie *(thermalgesia).* Hitzebedingte Schmerzen; auch Überempfindlichkeit gegenüber thermischen Reizen. Syn. Thermohyperästhesie *(thermohyperesthesia).*

Thermanästhesie *(thermanesthesia).* Hitzeunempfindlichkeit; Verlust der Unterscheidungsfähigkeit zwischen warm und kalt durch Verletzung oder Erkrankung des Nervensystems. Syn. Thermohypoästhesie *(thermohypoesthesia).*

Thermo-Neurose *(thermoneurosis).* Erhöhte Körpertemperatur; meist ein Symptom von Störungen aus dem Formenkreis der Hysterie.

Thermorezeptor. Wärmepunkt der Haut, Temperatursinn.

Thermotropismus, Thermotaxis. Orientierung an äußeren Wärmereizen.

Theta-Wellen *(theta-waves)* →*Elektroencephalogramm.*

Thigmotropismus, Thigmotaxis. Orientierung an Berührungsreizen (Tastsinn).

Thrombozyten →*Blut.*

Thurstone-Skala *(Thurstone scale).* Bezeichnung für *Einstellungs-Skalen,* die nach der Methode des *Paarvergleichs* oder der *gleicherscheinenden Intervalle* konstruiert wurden.
→*Einstellung,* →*Einstellungsskalen.*

Thymeretika →*Antidepressiva.*

Thymoleptika →*Antidepressiva.*

Thyreoidea *(thyroid, thyroid gland)* oder **Schilddrüse.** Im Hals nackenwärts und beidseitig in Höhe des Kehlkopfes und des oberen Luftröhrenanteils gelegene endokrine Drüse, deren Hormone wesentlichen Einfluß auf den *Grundumsatz* (→*Metabolismus)* und auf das Wachstum ausüben. Das *Thyroxin,* auch synthetisch herstellbar, stellt den wichtigsten Bestandteil der produzierten Hormone dar. Die Tätigkeit der Schilddrüse wiederum wird durch das *thyreotrope Hormon* der Hypophyse kontrolliert. Wucherungen der Thyreoidea können schwere Störungen (z.B. Körpergewichtsveränderungen, Kreislaufschwankungen, Konzentrationsstörungen) verursachen. Angeborene Dauerdysfunktionen verhindern das Wachstum und können zu geistigen Behinderungen *(Kretinismus)* führen.

thyreotropes Hormon →*Thyreoidea.*

Thyroxin →*Thyreoidea.*

Tic *(tic).*

[1] In unregelmäßigen Abständen wiederholt auftretende unwillkürliche, von momentanen Ausdrucks- oder Willkürbewegungen unabhängige Aktivitäten eines Muskels (z.B. Stirnrunzeln, Zwinkern) oder einer Muskelgruppe (z.B. Mundwinkel herunterziehen, ruckartige seitliche Kopfbewegung, wie zum Gruß mit dem Kopf nicken, Kratzen), die unvermittelt einsetzen und keinem ersichtlichen Zweck dienen. T. treten häufig bei Kindern ab dem 5. Lebensjahr bis zum Pubertätsalter auf; sie sind bei Jungen häufiger als bei Mädchen und verschwinden oftmals ohne Behandlung wieder. T. sind in der Mehrzahl psychisch bedingt, seltener organisch, z.B. als *schmerzhafter Tic (tic douloureux)* bei Trigeminusneuralgien.

[2] Eine besondere, sehr selten auftretende Form des T. stellt das sog. *Tourette-Syndrom (Gilles de la Tourette syndrome, myopsia convulsiva)* dar. Es handelt sich um eine chronische, nur mit äußerster Willensanstrengung kurzzeitig beherrschbare Störung, die bereits im frühen Kindesalter mit zahlreichen ticartigen Bewegungsautomatismen einsetzt und später mit situationsunabhängigen und zweckfreien Sprachproduktionen einhergeht, z.B. dem wiederholten Ausstoßen sinnloser oder anstößiger Wörter. Syn.: *Brissaud-Syndrom, generalisierter Tic.*

Tiefenpsychologie *(depth psychology, deep psychology)*

[1] Zusammenfassende, heute nur noch selten gebrauchte Bezeichnung für die von FREUD, ADLER, JUNG u.a. vertretene Auffassung, daß dem Erleben und Verhalten in der Tiefe des Un- oder Unterbewußten ablaufende Prozesse der Triebregulation und Konfliktverarbeitung zugrundeliegen, die sich in Fehlleistungen und Träumen, in extremen Fällen in psychischen Störungen aus dem Formenkreis der *Neurosen* äußern und die durch auslegende Deutungen bzw. *Psychoanalyse* und verwandte Methoden aufgedeckt werden können.

[2] Gelegentlich werden unter T. auch zusammengefaßt (a) analytische und neoanalytische Auffassungen, die von den ursprünglichen Annahmen FREUDS abweichen, oder (b) Schichtenmodelle der Persönlichkeit, die davon ausgehen, den bewußten, kortikal repräsentierten Aspekten des Erlebens und Verhaltens lägen Impulse aus den phylogenetisch älteren, subkortikal repräsentierten Schichten der sog. »Tiefenperson« zugrunde, aus denen primäre Bedürfnisse oder Triebansprüche herrühren.

Tiefenwahrnehmung *(depth perception).* Allgemeine Bezeichnung für das Erfassen räumlicher Beziehungen und die Lokalisierung von Gegenständen in bezug auf ihre Entfernung (Syn. *Tiefenlokalisierung).* Die T. beruht auf der kortikalen Verrechnung der durch Fern- und Tastsinne vermittelten Informationen im Lichte bereits vorhandener Erfahrungen. Das *Tiefensehen* nimmt sowohl hinsichtlich der Kompliziertheit der Verrechnungsvorgänge als auch seiner Präzision einer Sonderstellung ein. Ihm liegen *primäre* und *sekundäre Tiefenhinweise (depth cues)* zugrunde. Primäre Tiefenhinweise stellen die in Anpassung an die Entfernung des betrachteten Gegenstandes erfolgenden Nachstellungen der Linsenkrümmung *(Akkommodation)* und Einstellungen der Sehachsen *(Konvergenz bei geringerer Entfernung)* sowie die Abweichungen der beiden Retinaabbildungen *(Disparation)* dar. Zu den sekundären Tiefenhinweisen zählen Raumperspektive, Stellung des Objektes im Vergleich zum Horizont, Gliederungs- und Überlagerungsverhältnisse, Schattenwürfe, Helligkeitsunterschiede, der Grad der Überlagerung mit atmosphärischem Dunst (Dunstperspektive) u.ä., deren Berücksichtigung und Nutzung i.U. zu den primären Tiefenhinweisen der Erfahrung entspringt. Nach E. und I.I. GIBSON erfolgt die Verrechnung von Tiefenhinweisen in Form von Gradienten; betrachtet man z.B. einen mit gleichgroßen Fliesen ausgelegten Platz, so ist der *Dichtegradient* (größere erscheinungsmäßige Dichte mit größerer Entfernung) eine wesentliche Hilfe bei der Lokalisierung. Als ontogenetisch früh wirksamer, wenn nicht sogar angeborener Mechanismus des Tiefensehens gilt nach E. GIBSON die Verrechnung von Informationen im Sinne der sog. →*Bewegungsparallaxe.* Das Tiefensehen wird durch die Erfahrung mit den im Raum wahrgenommenen Gegenständen (Dingkonstanz) und Kenntnisse über ihre Ausdehnung (Größenkonstanz) erleichtert.

Tierpsychologie *(animal psychology).* Allgemeine Bezeichnung für das Studium des Verhaltens der verschiedenen Tierarten. Die Hauptziele dieser Forschungsrichtung sind Vergleiche zwischen den verschiedenen Spezies hinsichtlich Intelligenz, Orientierung und sozialem Verhalten. Im deutschen Sprachgebrauch wird Tierpsychologie oft durch die Bezeichnung »Vergleichende Verhaltensforschung« oder »Vergleichende Verhaltens-Physiologie« ersetzt (z. B. im Ansatz von K. LORENZ).

Tigroidschollen →*Nisslsche Körperchen.*

Timbre *(timbre, clang tint).* Bezeichnung für die komplexe Qualität eines Schallereignisses bzw. Tones, z. B. die *Klangfarbe* einzelner Musikinstrumente, der menschlichen Stimme u. ä. Entscheidend für das T. ist die Beschaffenheit der *Obertöne.*
→*Klang.*

τ-Koeffizient →*Rangkorrelation.*

T-Maße →*T-Skala.*

Todestrieb *(death instinct).* Syn. Destruktionstrieb; Thanatos. Von FREUD eingeführte Bezeichnung für den (unbewußten) Beweggrund von Erlebnis- und Verhaltensweisen, die sich in Haß, Abneigung oder Aggressivität gegenüber anderen bzw. in Selbsthaß oder Selbstzerstörung äußern. FREUD ging von der Annahme aus, daß die beiden »Grundtriebe« der Lebenserhaltung, Eros (bzw. Lustprinzip) und Lebenszerstörung (Thanatos), im normalen Erleben und Verhalten bindend verkoppelt sind, so daß z. B. in jeder Zuwendung zu einem lustbesetzten Objekt auch eine gewisse Aggressivität erkennbar wird. Erst bei einer Verselbständigung des T. aufgrund psychischer Störungen bricht aggressives, auf die Vernichtung abzielendes Erleben oder Verhalten durch – und zwar in erster Linie gegenüber solchen Objekten, die vorher Zuwendung erfahren hatten. Der T. soll einer Art angeborenem Wissen über den zyklischen Ablauf von Geburt und Tod entspringen.

Token-Ökonomie *(token economy).* [1] *Lern- bzw. Verstärkungstheorie:* Der Einsatz von Objekten mit bekanntem Tauschwert (z. B. Münzen, Spielmarken; Belobigung oder »Fleißkärtchen«) als generalisierter Verstärker, mit dessen Hilfe zu einem späteren Zeitpunkt primäre Verstärker erlangt oder aber ihm vergleichbare Wirkungen erzielt werden können. Diese Auffassung geht von Experimenten zur sekundären Verstärkung aus. So konnte z. B. in Schimpansenversuchen gezeigt werden, daß die Tiere Spielmarken dann wie primäre Verstärker ansehen und zu horten beginnen, wenn sie damit bei wiederaufkommendem Appetit aus einem Automaten Bananen ziehen können.
[2] Als T.-Ö. im engeren Sinne die Anwendung dieses Prinzips in Programmen der *Gruppentherapie.* Token sind hier von der Gruppe anerkannte, sekundären Verstärkern mit allgemeiner Wirkung vergleichbare Belohnungen für ein verabredetes und wünschenswertes Verhalten. Die Anwendung von T.-Ö. in Programmen der sozialen Rehabilitation und Schulklassen ist eine wirksame Maßnahme zur Erzielung relativ überdauernder Verhaltensänderungen.

Tomographie *(tomography). Hirnforschung, Klinische Diagnostik, Neurologie, Neuropsychologie:*
[1] Bezeichnung für *bildgebende Verfahren (imaging methods),* die auf nichtinvasive Weise (d. h. ohne Eingriffe) eine schichtenweise bzw. dreidimensionale Darstellung *(Tomogramm; tomogram)* von Gewebe- und Organstrukturen in vorgewählten Tiefenbereichen des Körpers ermöglichen. T. beruht auf der Erfassung von Wellen- bzw. Partikelmustern, die von den jeweiligen Strukturen und/oder in ihnen ablaufenden chemisch-physikalischen Prozessen herrühren. Ihre Kennung erfolgt entweder durch Abtaststrahlen (z. B. Röntgenstrahlen, Magnetwellen) oder durch Inhalation bzw. Infusion von kontrasterzeugenden *Markierungssubstanzen (tracer, trace marker).* Nach außen gelangende Wellen- bzw. Partikelmuster werden mit Hilfe von *Scannern (Abtaster; scanner)* empfangen, die aus verschiedenen Winkeln auf die Körperoberfläche gerichtet sind. Die empfangenen Signale werden in gewandelter bzw. integrierter Form einem Bildgeber oder Speichermedium zugeführt. Bei der *Computer-Tomographie, CT (computer tomography)* oder *CAT (computer assisted tomography)* erfolgen Scannersteuerung, Bildintegration, Bildkennung und Bildgabe mit Hilfe programmierbarer Computer.
[2] *Methoden der Tomographie:* Die folgenden, unter (a), (b) und (c) beschriebenen Verfahren besitzen eine hohe Auflösungsfähigkeit und sind in der Klinischen Diagnostik und in der neurowissenschaftlichen Grundlagenforschung unentbehrlich. Ihnen ist gemeinsam, daß die untersuchte Person in einer tun-

nelartigen Kammer, umgeben von Scannern, liegen muß und dabei einer Reihe technisch bedingter Belastungen ausgesetzt wird. Das mit geringerer Auflösung arbeitende Verfahren (d) ist dagegen belastungsfrei. (a) Die ersten Ansätze zur CT gehen auf das *Schichtröntgenverfahren (X-ray tomography)* zurück. Röntgenröhren rotieren in vorher festgelegten Ebenen und Winkeln um den unbewegten Körper, die Resultate der Durchleuchtungen (gefächerte dunkle Felder für dichte, gefächerte helle für weniger dichte Gewebeformationen) werden von auf der gegenüberliegenden Seite des Körpers befindlichen Scannern (Kameras) auf einem koordiniert gegenläufig bewegten Medium (Film, Magnetband) festgehalten. Das Simultanschichtverfahren liefert durch Computerbearbeitung dreidimensionale Darstellungen von Gewebeformationen in vorgewählten Tiefenbereichen, wie z. B. Ausschnitte des Skelett-, Knorpel- und Lungengewebes (z. B. Kavernen, Segmentbronchien); nach Inhalation oder Infusion von Markierungssubstanzen können auch größere Gewebeformationen und Mißbildungen (z. B. Tumoren) im Gehirn oder Veränderungen im Gallen-, Magen-, Darm- und Urogenitaltrakt sichtbar gemacht werden. (b) Die *Positronen-Emissions-Tomographie, PET (positrone emission tomography)* oder *Positronen-CT,* gehört zusammen mit ihrem Vorläufer *SPECT (single photon emission computed tomography)* zu den neuesten Entwicklungen der T. Ihre Anwendung ist an radioaktive *Markierungssubstanzen* gebunden, bei Gehirnuntersuchungen handelt es sich dabei um kurzfristig aufbereitete Radioisotope (Radionuklide) mit einer Halbwertzeit von wenigen Minuten, die in biogene Moleküle des Gehirnstoffwechsels (z. B. Sauerstoff-, Kohlendioxyd- oder Glucosemoleküle) so eingebaut sind, daß ihre Inhalation oder Infiltration den normalen Stoffwechsel nicht beeinflußt. Die bei dem Zerfall der Markierungssubstanzen frei werdenden Positronen erzeugen bei ihrem Zusammenprall mit Elektronen Energie in Form von zwei, in entgegengesetzter Richtung austretenden schwachen Gammastrahlen, die von einem um den Kopf ringförmig angeordneten Scanner erfaßt, mittels Computer verrechnet und dem Bildgeber zugeleitet werden. Die Besonderheiten der PET liegen darin, umschriebene *Stoffwechselvorgänge* in verschiedenen Strukturen des Nerven- und Organgewebes darzustellen, die beteiligten Strukturen mit hoher Auflösung und Lokalisierungsgenauigkeit aufzuzeichnen und – bedingt durch die kurze Bildentwicklungszeit (ca. 10 sec) – funktionale Veränderungen des Energieverbrauchs während der Ausführung sensorischer (Wahrnehmen) und/oder kognitiver Operationen (Denken, Gedächtnis) festzuhalten. Die PET-Technik bewährt sich bei der Darstellung von lokalisierten Blutversorgungs- und Stoffwechselprozessen bzw. Insuffizienzen im Gehirn und anderen Organen (z. B. Herz), bei der Darstellung der Rezeptordichte in den Neurotransmittersystemen des Gehirns (wichtig z. B. bei Differentialdiagnose der *Alzheimerschen Krankheit* und *neurovegetativer Störungen*) sowie in der Grundlagenforschung bei der Lokalisierung kortikaler und tieferer Hirnbereiche, die bestimmten sensorischen und kognitiven Funktionen zugrundeliegen. (c) Die *Kernspinresonanz-Tomographie, MRI (magnetic resonance imaging),* die nicht mit der *→Magnetfeld-Encephalographie (MEG)* zu verwechseln ist, ist ein technisch aufwendiges Verfahren, das ohne Markierungssubstanzen auskommt und sich wegen seiner hohen Auflösung und physikalischen Eigenschaften zur Darstellung von kleinsten Formationen im weichen Körpergewebe, insbesondere zur exakten Lokalisierung von minimalen Läsionen oder Gewebeveränderungen in Gehirn und Rückenmark eignet. Bei der MRI ist ein den Körper umgebendes außerordentlich starkes Magnetfeld erforderlich, das nur durch eine leistungsstarke Heliumkühlung des Magneten hergestellt werden kann. Die lokalisierte Wirkung des Magnetfelds besteht darin, z. B. Protonen körpereigener Wasserstoffatome den Magnetpolen entsprechend unter Beibehaltung ihrer Eigenschwingung auszurichten. Bei Auftreffen eines der Eigenschwingung entsprechenden kurzen Hochfrequenzimpulses von außen verlieren die Protonen kurzzeitig ihre Ausrichtung, erhalten einen *Drall (spin)* und senden mit der Rückkehr in die Ausrichtungslinie ein elektromagnetisches Radiosignal aus, das aufgezeichnet wird und mit Hilfe einer aufwendigen Computerverrechnung die Darstellung der Form und

Struktur ihres Herkunftsorts aufgrund der dort herrschenden Protonen-Dichte ermöglicht. Die MRI bewährt sich insbesondere bei der Lokalisierung von kleineren Gewebeformationen (Tumoren) oder der für *multiple Sklerose* charakteristischen Läsionen in Gehirn bzw. Rückenmark. (d) Die *Sonographie, Echo-* oder *Ultrakurzwellen-Tomographie (sonography; echo tomography; ultrasound scan)* arbeitet ohne Markierungssubstanzen und Tunnel. Der Abtastung dienen in Schwingung versetzbare piezoelektrische Kristalle, die an den entsprechenden Stellen der Körperoberfläche angelegt werden und Ultraschallwellen in das Körperinnere senden, deren Echo von dem auch als Scanner funktionierenden Sender aufgefangen und einem Computer zur Herstellung der dreidimensionalen Abbildung zugeleitet wird. Das Verfahren eignet sich insbesondere für die Umrißdarstellung von größeren Gewebestrukturen im Körperinneren sowie für die Lage- und Organdarstellung von Foeten während der Schwangerschaft.

LIT. Pfurtscheller, Lopes da Silva (1988); Sochurek, Miller (1987).

Ton *(tone, sinusoidal sound wave).* Gehörsempfindung, die auf einer (mittels Tongenerator hergestellten) Sinusschwingung beruht. Sinustöne sind periodisch und weisen daher nur eine einzige Frequenz auf. →*Klänge* dagegen beruhen auf Interferenz von Sinusbewegungen. Charakteristische Merkmale sind (a) *Tonhöhe* und (b) *Tonstärke.*

Tonhöhe *(pitch).* Von der an einem Ton (Sinuston) oder einem Klang bestimmenden Schwingungsfrequenz abhängiger Gehörseindruck, der auf Skalen zwischen hoch (große Frequenz) und tief (kleine Frequenz) lokalisiert werden kann. Die besondere Fähigkeit, ohne einen Vergleichston oder -klang Tonhöhen benennen zu können oder bei Nennung des Tonsymbols (Musiknote) einen Ton zu finden, nennt man *absolutes Gehör (absolute pitch).*

tonisch *(tonic).*

[1] Allgemeine Bezeichnung für Vorgänge oder Zustände, die mit Anspannung oder Spannung zu tun haben.

[2] Bezeichnung für den Aktivitätszustand eines autonomen oder zentralnervösen Teilsystems zum Zeitpunkt vor einer Reizeinwirkung oder zwischen mehreren Reizeinwirkungen nach Abklingen der *spezifischen Reaktionen* oder *ereignisbezogenen Potentiale.* Syn. *tonisches Niveau (tonic level).*

[3] Bezeichnung für die späte Komponente einer physiologischen Reaktion, die sich in langsamen Veränderungen oder in der Rückkehr zu einem *Ausgangswert* äußert.

[4] Im Zusammenhang mit der →*Orientierungsreaktion* neben der Bedeutung [3] auch als Syn. für die *generalisierte* Orientierungsreaktion verwendet.
→*phasisch.*

Tonskala, Tonleiter *(musical scale, tone scale).* Die Anordnung von Klängen (»Tönen«), geordnet nach ihrer *Höhe (pitch),* nach durch Konvention festgelegten Intervallen oder Stufen innerhalb der *Oktave (octave),* die als »natürlicher« Einteilungsgesichtspunkt angesehen wird, weil die der Oktave entsprechenden Töne von doppelter Frequenz einen Gleichklang eingehen. Bei der pythagoräischen und den diatonischen Dur- und Mollskalen wird die Oktave in sechs Töne unterteilt; bei der chromatischen und wohltemperierten Skala erfolgt eine Einteilung in zwölf Töne. Eine weitere Unterscheidungsmöglichkeit liegt in der Position der *Halbtonschritte.* Die Notierung der Tonhöhen erfolgt heute durchweg in bezug auf die wohltemperierte Skala. Hier ist die Oktave in zwölf Halbtonschritte unterteilt, die (gleichgültig um welche Tonart es sich handelt) immer im gleichen Verhältnis zueinander und zum Grundton stehen, so daß man von einer Tonart leicht in eine andere transponieren kann.

Tönung, affektive →*affektiv.*

Tonus. Spannungszustand des lebenden Muskelgewebes, bzw. des gesamten Organgewebes.

Topologie *(topology)* →*Feldtheorie.*

Torpor. Bezeichnung für einen temporären Zustand der Erstarrung und Reaktionslosigkeit auf Reize im normalen Intensitätsbereich. Auch Bezeichnung für den entsprechenden überdauernden Zustand bei Schwachsinn.

TOTE *(test operate test exit).* Kybernetische Bezeichnung für angenommene Einheiten der Verhaltenskontrolle nach Art eines Regelkreises der Anpassung an Umweltgegebenheiten im Lichte von Erwartungen. Verfolgt jemand einen Plan (Sollwert) und stellt fest, daß das Ziel noch nicht erreicht ist (Istwert), so liefert der Test wie in einem Servomechanismus den Antrieb zur Korrektur (Operation), um den Sollwert zu erreichen. Liefert der neuerliche Test Informationen über die Übereinstimmung zwischen Ist- und Sollwert, so wird gehandelt *(exit)*; ist dies noch nicht der Fall, so setzt ein neuer TOTE-Durchlauf ein.

Totem. Bezeichnung für einen Gegenstand oder die Darstellung eines Gegenstandes, der bei primitiven Völkern als Schutzsymbol verehrt wird (z.B. Totempfahl) und auf den Ursprung des betreffenden Stammes oder Volkes verweist. *Totemismus* ist die Bezeichnung für die Verehrung eines Totems, bzw. damit verbundener Sitten und Gebräuche.

totstellen *(death feigning; tonic immobility)*. Bezeichnung für eine auf Spannung der Muskulatur (Tonus) beruhende Reglosigkeit, die sich bei verschiedenen Arten von Lebewesen dann einstellt, wenn bestimmte Situationen oder artspezifisch verschiedene Auslösereize gegeben sind. Meist handelt es sich dabei um Reaktionen auf »gefährdende Reize«. (In der Verhaltensforschung konnte z.B. durch Attrappenversuche gezeigt werden, daß es sich um sog. *Auslöseschemata,* um bestimmte Reizgestalten handelt, die den *Totstell-Reflex* auslösen.)

Tourette-Syndrom →*Tic.*

Tracking-Tests *(tracking tests)*. Verfahren zur Überprüfung der Präzision von Folge- und Zielbewegungen. Typische Verfahren sind das sog. *Pursuitmeter* (ein sich mit verschiedener Umlaufgeschwindigkeit auf einem Plattenteller bewegender markierter Punkt muß mit einem Stift möglichst ohne Unterbrechung berührt werden), bzw. das Verfolgen eines sich in unberechenbarer Weise und Geschwindigkeit bewegenden Zielobjektes auf dem Bildschirm mit einem Stift oder Lichtimpuls. T.-T. dienen der Überprüfung der individuellen sensomotorischen Kontrolle bzw. Konzentration.

Tractus *(tract)* oder **Bündel, Faserstrang, Fasciculus.** Bündel oder Stränge von Nervenfasern im Nervensystem mit (allen Fasern) gemeinsamem Ausgangspunkt und Ende, wobei die einzelnen Fasern auch verschiedenen Funktionen zugehören können.

tractus opticus, Sehstrang *(optic tract)*. Bezeichnung für den Teil der Sehbahn zwischen *Chiasma* und corpus geniculatum laterale (seitliche Kniehöcker). Vom Chiasma zieht der t.o. links und rechts nach seiner Ausfächerung in der sog. Sehnervstrahlung (radiatio) mit dem breitesten lateralen Anteil zu den corpora geniculata.

Tradeoff-Funktion →*Abgleichfunktion.*

Trägheit *(inertia)*. Bezeichnung für eine Tendenz des Organismus, einen bestimmten Bewegungs- oder Ruhezustand beizubehalten. Im übertragenen Sinne ist T. der Oberbegriff für Phänomene wie →*Perseveration* oder *rigides Verhalten.* Aus zahlreichen faktorenanalytischen Untersuchungen ergeben sich Anhaltspunkte für einen Trägheitsfaktor als Persönlichkeitsmerkmal (z.B. bei CATTELL).

Trance. Bezeichnung für einen schlafähnlichen Zustand mit deutlich eingeschränkter Ansprechbarkeit Umweltreizen gegenüber, Vorherrschen von ungesteuerter Motorik (Automatismen) und Mangel an Willkürbewegungen. Trancen gehören zu den Symptomen der Hysterie bzw. können durch *Hypnose* hervorgerufen werden. Religiöse Trancezustände werden meist als *Ekstase* bezeichnet.

Tranquilizer, Beruhigungsmittel *(tranquilizer)*. Bezeichnung für Psychopharmaka, die angst- und streßreduzierende Wirkung ausüben. Sie gehören chemisch hauptsächlich in die Gruppen der Glykole (z.B. Meprobamat) oder Benzodiazepine. Die Wirkungen gehen vom Thalamussystem aus. T. werden angewendet bei emotionaler Labilität und bei bestimmten Neurosen. T. mit antipsychotischer Wirkung werden *Neuroleptika (major tranquilizers)* genannt.

Transaktion *(transaction)*. Bezeichnung für *Interaktionen* mit Personen, Gegenständen oder Situationen, welche sich durch aktives Eingreifen bzw. Bewältigungsverhalten unter Einkalkulieren von Möglichkeiten und Risiken auszeichnen. Z.U. von Interaktionen setzen T. Eigendynamik voraus. Die von AMES und ITTELSON konzipierte *transaktionistische Wahrnehmungstheorie* geht von der Beobachtung aus, daß optische Raum- und Größentäuschungen dann korrigiert werden können, wenn man die Möglichkeit hat, sich durch aktive Exploration der »wahren« Verhältnisse Zusatzinformationen zu verschaffen. *Transaktionistische Theorien* in der *Sozialpsychologie* gehen besonders auf das

Rollenverhalten u.a. Formen der *Handlung* im sozialen Feld ein.
LIT. PERVIN, LEWIS (1978).

Transfer, Übungsübertragung, Mitlerneffekt *(transfer, transfer of training).* Allg. Bezeichnung für den Einfluß eines bereits erlernten Materials (Lernstoff 1) auf das Erlernen eines folgenden (Lernstoff 2). Ist der Einfluß förderlich, so heißt er *positiver T.*, ist er beeinträchtigend, nennt man ihn *negativen T.* Der negative T. ist eine Form der *proaktiven Hemmung.* Die Prüfung des T.-Effekts erfolgt im einfachsten Fall durch Vergleich der Lernleistungen in bezug auf Stoff 2 einer Versuchsgruppe – die erst Lernstoff 1 und dann 2 zu bewältigen hat – mit den Leistungen in der Kontrollgruppe, wo nur Lernstoff 2 geboten wird. Große Ähnlichkeit der Lernstoffe oder Elemente fördert den T. (*Theorie der identischen Elemente* nach THORNDIKE). Muß dagegen auf ähnliche Lernstoff-Elemente mit verschiedenen Reaktionen geantwortet werden, so tritt negativer T. auf (OSGOOD). Besteht der (positive) Effekt darin, daß vorher gelernte Regeln oder Prinzipien erfolgreiche Wiederanwendung finden, so heißt dies auch *Lerneinstellung.* Der Effekt kann negativ sein, wenn es möglich ist, den nachfolgenden Stoff durch andere Regeln schneller und einfacher zu bewältigen *(Mechanisierungstendenzen, Rigidität).* Bei Lernen durch *Konditionierung* ist T. ein Sonderfall der *Reizgeneralisierung.*
LIT. FOPPA (1966).

Transferenz, intermodale *→sensorisch-tonische Feldtheorie.*

Transmitter, Neurotransmitter, Transmittersubstanzen *(transmitter).* Im Organismus erzeugte chemische Stoffe, die im präsynaptischen Teil einer axonalen Endigung gespeichert werden. Im Falle ihrer durch einen ankommenden Erregungsimpuls bewirkten Ausschüttung in den synaptischen Spalt bewirken sie *Depolarisation* (Erregung) oder *Hyperpolarisation* (Hemmung) an den betroffenen Stellen der post- oder subsynaptischen Membran. Bei genügender Intensität entwickelt sich daraus ein *→Aktionspotential.* T.-Substanzen werden durch zugehörige Enzyme gespalten; der Spaltungssubstanz gehört ein Inaktivierungssystem zu. T. werden nach der Spaltung auf der präsynaptischen Seite wiederum resynthetisiert. Genau beschrieben ist die Wirkung des *Acetylcholin* mit Cholinesterase als Spaltsubstanz. Weitere wichtige T.-Funktionen erfüllen *→Noradrenalin* und *biogene Amine* (vorwiegend im ZNS).
→Acetylcholin, →Aktionspotential, →Aktivation, →Nervensystem, →Synapse.

Transparenz *(transparency).* Bezeichnung für die Eigenschaft der Lichtdurchlässigkeit bzw. Durchsichtigkeit. Im übertragenen Sinne Bezeichnung für einen methodischen Fehler bei der Erstellung von *Fragebogen-Items,* deren Inhalt und Reihenfolge im Falle der T. das Ziel der Befragung durchscheinen lassen, so daß der Beantworter eine *Reaktionseinstellung* in bezug auf den Gegenstand der Befragung entwickeln kann.

Transposition *(transposition).*
[1] Veränderung einer Reizfolge oder eines Reizmusters, wobei die Beziehungen zwischen den einzelnen Reizen (Struktur) erhalten bleiben, z.B. die T. einer Melodie von einer Tonart in eine andere oder die T. eines Quadrates durch Veränderung der Seitenlänge um einen bestimmten Betrag. Die *Transponierbarkeit,* definiert als das Wiedererkennen einer bestimmten Melodie oder Form unter den o.g. Bedingungen, gilt als eines der *Gestaltmerkmale.* Das Reagieren auf Reizbeziehungen in diesem Sinne wird auch als *transpositionelles Verhalten* oder *Transpositionsverhalten (transposition behavior)* bezeichnet.
[2] Als *affektive* oder *Affekt- T.* Synonym für *Affektverlagerung (displacement).*

Transpositionshypothese *(transposition hypothesis).* Bezeichnung für die aus der Gestaltpsychologie stammende Annahme, Tier und Mensch lernten nicht nur Reaktionen auf einzelne Reize, sondern auch auf Reizbeziehungen und würden dieses Wissen auch auf transponierte Reizverhältnisse übertragen.
→Transpositionsverhalten.

Transpositionsverhalten *(transposition behavior).* Lernt ein Tier durch Belohnungserfahrung (Futtergabe), von zwei verschieden großen Reizen B und C den größeren (C) zu wählen und vertauscht man anschließend den kleineren (B) gegen einen im Vergleich zu C noch größeren Reiz (D), so wird nunmehr D mit größerer Wahrscheinlichkeit als C gewählt. Ähnliche Ergebnisse erhält

man, wenn C gegen einen im Vergleich zu B kleineren Reiz A ausgetauscht wird; nun wird B als der größere von beiden mit höherer Wahrscheinlichkeit gewählt als A. Das T. ist ein Sonderfall des →*Transfer,* nämlich eine Übungsübertragung auf der Grundlage unterscheidbarer Reizgrößen. Gestalttheoretiker interpretieren T. als Ausdruck der Orientierung an Reizkonstellationen bzw. Reizverhältnissen und -beziehungen. SPENCE dagegen geht von einer Orientierung an den absoluten Reizmerkmalen aus und sieht im T. die Folge einer *Reizgeneralisierung.* Die Wahrscheinlichkeit der Wahl des (in unserem Beispiel jeweils größeren) Bezugsreizes ist aus der Überlappung der Ausgeprägtheit des positiven Generalisierungs- bzw. Annäherungsgradienten mit dem negativen Hemmungs- oder Vermeidungsgradienten (über dem in unserem Beispiel kleineren Reiz) erklärbar.
→ *Gradient,* →*Reizgeneralisierung,* →*Transfer.*

Transsexualismus →*Geschlechtsidentität.*

Transvestitismus *(transvestism, transvestitism).* Tendenz zur Bevorzugung von Kleidung, Aufmachung und Verhaltensweisen, die für das andere Geschlecht typisch sind. Eine Form der gestörten →*Geschlechsidentität,* früher als *Perversion* bezeichnet.

Traum *(dream).* Mehr oder weniger zusammenhängende Empfindungen und Vorstellungen, die meist bizarren und konfusen Charakter aufweisen und während des Schlafes oder schlafähnlicher Zustände auftreten. →*Tagträumen,* →*Phantasie.* Als Erklärung gelten neben der Theorie von den →*Tagesresten* während des Schlafes auftretende Empfindungen und deren Deutung im Traum sowie Veränderungen der Aktivation während des *Schlafzyklus.*
→*Schlaf.*

Trauma.
[1] Medizinische Bezeichnung für Körperverletzungen und damit verbundene Schädigungen (z.B. Schädeltrauma, Unfallschock).
[2] In der Psychologie ist der Ausdruck Bezeichnung für emotionale Ursachen von psychischen Störungen (beispielsweise Geburtstrauma; Folgen der frühkindlichen Trennung von der Mutter und alle Arten seelischer Erschütterung durch tiefgreifende, schockartig wirkende Erfahrungen.). Syn. *seelisches Trauma.*

Traumaktivität →*REM,* →*Schlaf.*

traumatische Demenz →*Demenz.*

traumatische Neurose *(traumatic neurosis).* Allgemeine Bezeichnung für auf somatische und psychische Traumata zurückgehende Neurosen (vor allem *Angstneurosen* und Formen der *Hysterie*), deren Symptome oder Symptombildungen das traumatisierende Ereignis in direkter oder indirekter (symbolischer Weise) darstellen.

traumatische Psychose *(traumatic psychosis).* Psychotische Zustände (→*Psychose*), die auf Hirn- oder Kopfverletzungen zurückgehen.

Traumatophilie →*Münchhausen-Syndrom.*

Traumdeutung *(dream interpretation).* Bezeichnung für einen mehr oder weniger systematischen Versuch, durch *freies Assoziieren* verschiedene Traumerscheinungen oder Traumelemente zu erklären. Nach der Annahme der Psychoanalyse sind Traumart und -inhalt auseinanderzuhalten. Die Deutung bezieht sich vor allem auf die Art (das Thema), in der die Inhalte zusammengefaßt sind. Die Inhalte selbst stammen aus während des Schlafens empfangenen Sinneseindrücken und aus den →*Tagesresten.* FREUD und seine Schüler nahmen an, daß sich *verdrängte Wünsche* mit diesen Inhalten vermengen.

Treffermethode *(right associates procedure, paired associates).* Bezeichnung für eine Methode der Gedächtnisprüfung (→*Gedächtnis*). Der aus Elementenpaaren bestehende Lernstoff (meist sinnlose Silben und Wörter) wird zunächst zur Einprägung einige Male vorgeführt. Sodann wird (meist in anderer Reihenfolge) jeweils nur das erste der beiden Elemente vorgelegt; die Versuchsperson soll daraufhin das dazugehörige zweite reproduzieren. Als Maß der Gedächtnisleistung gilt die Anzahl der richtig antizipierten Paarelemente analog zur →*Methode der behaltenen Glieder.* Die Treffermethode wird auch als eine der *Antizipationsmethoden* bezeichnet.

Tremor. Schnelles und mit geringer Amplitude einhergehendes spastisches Muskelzittern in umschriebenen Muskelregionen der Gliedmaßen bzw. des Körpers.
T. kann ein Anzeichen für Übermüdung (z.B. Augenlidzittern) oder für Schädi-

gungen motorischer Gehirn- und Nervenpartien (Kleinhirn; Basalganglien) sein.

Trend.

[1] Aus dem Englischen übernommene Bezeichnung für den Richtungsverlauf oder die Tendenz einer Entwicklung oder eines Verhaltens; Syn. für Tendenz, z.B. aufsteigende Tendenz einer Wachstumskurve *(increasing trend)* oder der »Trend« eines Individuums, sich in bestimmten Situationen immer wieder in einer bestimmten Weise zu orientieren oder zu verhalten *(cognitive trend, behavior[-al] trend).*

[2] Statistische Kennzeichnung eines Verlaufs durch *Trendanalyse,* einer varianzanalytischen Technik (→*Varianzanalyse),* bzw. durch graphische Darstellung von solchen Verläufen (z.B. Darstellung der Vergessenskurve als einer mit »logarithmischem« Trend). Ist eine Funktion von der Art einer Linie bzw. ihr optimal entsprechend, so bezeichnet man dies als einen *linearen Trend.* Kurvenförmige Trends werden allgemein als *kurvilinear (curvilinear trends)* bezeichnet (→*Regression*). Darunter fallen *quadratische* (parabelförmige), *kubische* und Trends höherer Ordnung, deren Funktionsgleichung sich durch die Methode der kleinsten Quadrate näherungsweise bestimmen läßt.

LIT. Fröhlich, Becker (1972); Winer (1962).

Trieb *(drive).*

[1] Allgemeine und umfassende Bezeichnung für die dynamische, energetisierende Komponente zielgerichteter Verhaltensweisen, die den Organismus dazu »antreibt« oder »energetisiert«, ein →*Bedürfnis* zu befriedigen. Die entsprechenden (aus einem erlebten Drang oder einer Konstellierung von neuralen Handlungsimpulsen hypothetisch erschlossenen) Impulse werden je nach der Art des theoretischen Bezugssystems auch als *»Instinkt«, Motiv* bzw. *Motivation* bezeichnet. Einteilungsversuche basieren meist auf Annahmen über die Herkunft der Triebenergie (z.B. angeborene oder *primäre Triebe* bzw. erworbene oder *sekundäre Triebe*) oder auf Beziehungen des betreffenden Triebes zu dem »Zweck« der resultierenden Handlungs- oder Verhaltensweise, einem Ziel im weiteren Sinne des Begriffs. So unterscheidet z.B. Rohracher (a) Erhaltungstriebe (z.B. Sexual-, Hunger-, Pflege-, Fluchttrieb), (b) Gesellschafts-(soziale) Triebe, (c) Genußtriebe und (d) Kulturtriebe. Sofern der Triebbegriff auf physiologisch definierte Bedürfnisse bezogen wird, müßten alle von (b) bis (d) genannten »Triebe« als *Eigenschaften* bzw. *Interessen* bezeichnet werden.

[2] In der *Verhaltensforschung* Bezeichnung für einen hypothetischen Zustand des Organismus, der sich (bei Tieren) in Veränderungen der Häufigkeit des Auftretens einer Klasse von Verhaltensweisen äußert. Von T. kann nur dann gesprochen werden, wenn die betreffenden Änderungen nicht auf Entwicklung (Reifung) und/oder Lernen und/oder Krankheit zurückgehen. Zu solchen Veränderungen des Verhaltens zählen vor allem die im Käfig gezeigten motorischen Aktivitäten des Versuchstieres u.ä. Die *Triebstärke* kann dabei auf verschiedene Weise beeinflußt werden: (a) durch *Deprivation* (z.B. Nahrungs- oder Wasserentzug) für eine bestimmte Zeit, so daß die Intensität von Hunger- oder Dursttrieb (bzw. das Bedürfnis nach Futter- oder Flüssigkeitsaufnahme) unter Kontrolle sind, (b) durch Veränderungen des Körperhaushalts (Hormon- oder Drogengaben), insbesondere der Blutzusammensetzung, und (c) durch Veränderungen der Umweltbedingungen (Einwirkung intensiver Reize, Änderungen der klimatischen Bedingungen u.ä.).

[3] In der Hullschen Theorie ist T. ein hypothetisches *Konstruktum* »D«. Es handelt sich um einen Organismuszustand, der alle momentan wirksamen Antriebsmomente umfaßt und daher das *allgemeine Triebniveau (drive level)* bildet. »D« hat die Eigenschaft, sich mit spezifischen Reizen oder Reaktionsgewohnheiten *(habits)* zu verknüpfen. *Triebreize* (S_d) verweisen auf den jeweils dominanten Antrieb, z.B. Magenknurren auf Hunger. »D« bestimmt in multiplikativer Verbindung mit der →*Gewohnheitsstärke* und anderen Komponenten (*Reizstärkedynamik* und *Ansporn*) das *Reaktionspotential* ($_SE_R$), auch *exzitatorisches Potential (excitatory potential)* genannt. (Neben den hier ausgewählten Bedeutungen existieren zahlreiche andere, die jeweils an bestimmte Modellvorstellungen gebunden sind; praktisch empfiehlt es sich, wie bei vielen anderen hypothetischen Konstrukten oder Variablen

auch, das jeweilige theoretische Bezugssystem aufzusuchen.)
LIT. FOPPA (1966); THOMAE (Hrsg.; 1965 a).

Triebentladung →*Übersprunghandlung.*

Triebniveau →*Trieb.*

Triebreduktion →*Verstärkung.*

Triebreiz *(drive stimulus),* Abk. S_d oder S_D. Bezeichnung für einen inneren Reiz, ein Signal aus dem Körper, dessen Auftreten von einem Triebzustand abhängt und der als mehr oder weniger unmittelbarer Mitauslöser für eine bestimmte Handlung angesehen wird.

Triebstärke →*Trieb.*

Trisomie →*Chromosomenanomalie.*

Tritanopie *(tritanopia).* Bezeichnung für eine sehr selten auftretende Form der →*Farbblindheit* bzw. *Farbanomalie,* bei der es zu Verwechslungen von rötlich-blauen und grünlich-gelben Eindrücken kommt. Syn. →*Blau-Gelb-Blindheit.*

Troland-Einheit →*Photon.*

trophisch *(trophic).* Biologisch-zoologische Bezeichnung für »die Ernährung betreffende« Vorgänge in Zellen oder im Gesamtorganismus. *Trophismus (trophism)* bezeichnet die Kontrolle der Ernährungsvorgänge. Als *Trophotropie* bezeichnet man die Ernährungsphase des Gewebes, d.h. die Ruhestellung im Schlaf-Wachzyklus, kontrolliert durch das vegetative Nervenzentrum (adj. trophotrop). Das aktive, Nahrung verbrauchende Stadium wird dagegen als *Ergotropie (ergotrop)* bezeichnet.

Tropismus *(tropism).*
[1] Biologisch-zoologische Bezeichnung für in den Raum gerichtetes Wachstum von Pflanzen durch Orientierung der Wachstumsrichtung an bestimmten physikalischen Reizquellen, wobei die Reizquelle Ausgangspunkt der spezielleren Bezeichnungen wird (z.B. *Heliotropismus* als Wachstumstendenz zum Sonnenlicht hin).
[2] Im Unterschied zu dieser engeren Bedeutung wird der Tropismus-Begriff besonders in der anglo-amerikanischen Literatur im weiteren Sinne als allgemeine und umfassende Bezeichnung für die Orientierung von Zellen, Organen und Organismen verschiedener Entwicklungsstufen an physikalischen Reizen oder chemischen Substanzen verwendet und umfaßt somit auch die sog. *Taxien.* Die Reaktion besteht entweder in einem sich auf den betreffenden Reiz Hinbewegen bzw. Hinwenden *(positiver Tropismus)* oder einem Ab- bzw. Wegwenden oder -bewegen *(negativer Tropismus).* In diesem Sinne sind *Taxis* und *Tropismus* synonym gebraucht.
LIT. →*Taxis.*

Trunksucht →*Alkoholismus.*

T-Skala *(T-scale).* Statistische Bezeichnung für eine der gebräuchlichsten Skalen zum Vergleich normalverteilter Daten mit ursprünglich verschiedenen Mittelwerten und Streuungen. Um die T-Skala zu erstellen, werden Mittelwerte gleich 50 und die Standardabweichungen jeweils gleich 10 gesetzt. Es ergibt sich so (für eine Normalverteilung) eine der *Perzentilskala* entsprechende mit der Streuweite von 0 bis 100. Die einzelnen Maßzahlen werden nach der Transformation in T-Einheiten zu *T-Maßen* oder *T-scores.*

t-Test oder **Student Test.** Statistische Bezeichnung für eine Prüfverteilung (→*Inferenz,* →*Statistik),* deren Steilheit eine Funktion der Stichprobengröße ist. Sie dient der statistischen Prüfung von Mittelwertunterschieden.

tuba uterina →*Eileiter.*

Turner-Syndrom →*Chromosomenanomalie.*

Typologie oder **Typenlehre.** Allgemeine Bezeichnung für Ansätze, die versuchen, durch (meist polar angeordnete) »Typen« somatische und/oder psychische Eigenschaftskomplexe aufeinander zu beziehen. Als Ausgangspunkt dienen dabei jeweils verschiedene →*Eigenschaften,* z.B. »Wertgerichtetheiten« (SPRANGER), Körperbau- und Temperamentseigenschaften (KRETSCHMER), kognitive Stile (JAENSCH, G. S. KLEIN, WITKIN) u.ä. In der modernen Forschung sind die klassischen Typologien weitgehend durch den Bezug auf Faktoren oder Dimensionen ersetzt (z.B. bei EYSENCK, R. B. CATTELL und J. P. GUILFORD).
LIT. →*Persönlichkeit.*

Typus.
[1] Allgemeine Bezeichnung für eine Klasse von Ereignissen (Geschehenstypus), Gegenständen oder Individuen (Persönlichkeitstypus), die ein Merkmal oder eine Merkmalskonstellation gemeinsam haben bzw. auf solche Gemeinsamkeiten bezogen werden können (→ *Idealtypus*). Auch Syn. für Klasse, Gattung, Art u.ä.
[2] In der *Persönlichkeitsforschung* wird T. als Bezeichnung verwendet für (a)

»... eine durch einen bestimmten Merkmalskomplex charakterisierte Gruppe, wobei Einzelmerkmale in sehr verschiedenem Grade vorhanden sein können« (ROHRACHER, 1969, S. 14–15), oder (b) als Bezeichnung für einen Menschen, der alle Merkmale der Gruppe in ausgezeichneter und vollständiger Weise aufweist (z.B. »der« Ängstliche, »der« Deutsche, »der« Pykniker oder »der« Zyklothyme; →*Idealtypus*, →*Stereotyp*).
LIT. →*Persönlichkeit.*

Typus A-, Typus B-Verhalten *(type A-, type B-behavior)*. In der psychosomatischen Medizin entwickeltes Beschreibungssystem zur Kennzeichnung von Verhaltensweisen, welche mit dem Risiko von Koronarerkrankungen (Insuffizienz der Herzmuskelversorgung) bzw. Infarkt korrelieren (Typus A) bzw. mit geringen Risiken dieser Art (Typus B).
Zum Verhalten des Typus A gehören motorische Unruhe, Gefühl der Zeitnot, überhöhte Ansprüche sich selbst und anderen gegenüber, Verhaltensdesorganisation und Hilflosigkeitsgefühle bei Erfolglosigkeit, autonome Erregung und erhöhter Blutdruck. Für die Ermittlung des Ausprägungsgrades liegen standardisierte Fragebogeninstrumente vor.

T-Zellen →*Immunsystem.*

Überich, Über-Ich, Super-ego *(super-ego, super-ego).*
[1] Psychoanalytische allgemeine und umfassende Bezeichnung für jene Persönlichkeitsinstanz, die neben (oder »über«) *Es* und *Ich* angenommen wird und die Inbegriff aller moralisch-hemmenden Kräfte ist, die während der *Sozialisation* durch Erziehung entwickelt wurden. Es handelt sich dabei um Normen des Verhaltens, die sich aus dem Ich und seiner Auseinandersetzung mit den Es-Ansprüchen entwickeln und die auch als Inbegriff der »Verantwortung« bezeichnet werden können. Die unbewußte Kontrollfunktion des Ü. macht sich in Schuld- und Angstgefühlen bemerkbar, die dann auftreten, wenn primitiven Impulsen nachgegangen wird bzw. wenn das Ich als Kontroll- und Bewertungsinstanz einen relativ primitiven, den Normen widersprechenden Impuls (in Handeln und/oder Denken) sozusagen »durchläßt«.
[2] Allgemeine Bezeichnung für alle in der Persönlichkeitsstruktur durch →*Sozialisation* verankerten *moralischen* und *kulturellen* Standardnormen im Sinne T. Parsons.

Überkompensation →*Kompensation.*

Überlernen *(over-learning).* Bezeichnung für den Prozeß oder das Ergebnis übertrieben ausgedehnten Übens, d.h. ein Üben, das über den Zeitpunkt fehlerloser Wiedergabe des Lernstoffes fortdauert. Ü. fördert einerseits die Automatisierung gelernter Verhaltensweisen, jedoch andererseits auch das Auftreten reaktiver Hemmungen.

Übersprunghandlung *(displacement activity, irrelevant activity, sparking-over activity).* Bezeichnung (Tierpsychologie) für solche Bewegungen, die dem gerade ausgelösten Instinktverhalten nicht zugehören und den Eindruck des »irrelevanten Verhaltens« erwecken. Z.B. können kämpfende Hähne plötzlich am Boden picken, als seien sie hungrig (Tinbergen). Man nimmt an, daß es zu solchen Ü. bei überstarker Erregung kommt, deren *Entladung* (im Sinne einer *Triebentladung, discharge*) aus situativen oder anderen Gründen nicht vollständig erfolgen kann. Die Energie »überspringt« dann auf andere, im Organismus festgelegte neuronale Erregungsmuster und lädt sie bis zu deren teilweiser Aktivierung auf. →*Instinkt.*
LIT. Tinbergen (1964).

Übertragung *(transference).* Psychoanalytische Bezeichnung für die Verlagerung eines Affektbezuges (positiv oder negativ) von einem Ding oder Mitmenschen auf andere. Im engeren Sinne Bezeichnung für den Prozeß, in dessen Verlauf der Patient in der →*Psychotherapie* die einem Mitmenschen (meist Mutter oder Vater) gegenüber bestimmenden Gefühle oder Einstellungen auf den Analytiker überträgt und der mit einer *Ablösung* abschließt.
Übertragungswiderstand (transference resistance) ist – ebenfalls in der *Psychotherapie* – die Unterdrückung oder *Verdrängung* der entsprechenden Gefühle oder Einstellungen.
Die Behandlung der sog. *Übertragungsneurose,* d.h. der durch die Übertragungsvorgänge mobilisierten Konflikte des Patienten, stellt ein wesentliches Moment der psychoanalytischen Behandlungstechnik dar.
Gegenübertragung (countertransference) ist in der Psychotherapie die dem Psychoanalytiker eigene affektive Reaktion auf die Übertragungsreaktionen bzw. -»angebote« seines Patienten.
LIT. →*Psychoanalyse,* →*Psychotherapie* sowie Heimann (1957/58); Loch (1965).

Übertragungsneurose →*Übertragung.*

Übertragungswiderstand →*Übertragung.*

Übung *(practise).* Allgemeine und umfassende Bezeichnung für wiederholtes Vollziehen bestimmter Reaktionen oder Handlungen zum Zwecke des Erlernens. Als *massierte Übung (massed practise)* wird das in kurzen – meist regelmäßigen – Intervallen erfolgte Üben bezeichnet. *Verteilte Übung (spaced practise)* bezeichnet dagegen das Einführen größerer Intervalle zwischen den einzelnen Versuchsdurchgängen, die auch aus Teilhandlungen oder Teilen des zu erlernenden Stoffes bestehen können.

Übung, mentale; Übung, kognitive *(mental training; cognitive rehearsal).* Bezeichnung für Prozesse des Überdenkens von (motorischen) Übungserfahrungen bzw. Leistungen einschl. ihrer Konsequenzen, z.B. in Trainingspausen, mit dem Effekt einer anschließenden Leistungsverbesserung. Es wird angenommen, man gehe in seiner Vorstellung die gemachten Erfahrungen durch; die Lebhaftigkeit von Bewegungsvorstellungen im Zielbezug sei derart realistisch, daß sich Vorstellungs-Trainings-Effekt auf das physische Geschehen auswirkt. Insbes. in der *Sportpsychologie* konnte gezeigt werden, daß m. Ü. eine äußerst wirksame Ergänzung des physischen Trainings darstellt, denn sie bringt Lernfortschritte auch dann, wenn nach dem Training physische Ermüdung eingetreten ist. Besonders hilfreich sind sog. *Self-Monitoring-Verfahren*; der Trainer führt seinen Partnern auf dem Bildschirm ihre eigenen ggf. noch fehlerhaften Bewegungsweisen vor, macht Verbesserungsvorschläge oder zeigt Aufnahmen eines Spitzenkönners mit der Instruktion, sich in der Vorstellung Verbesserungen zurechtzulegen. M. Ü. steht in enger Beziehung zu den von Tolman ausgehenden kognitiven Lerntheorien. →*Lernen;* →*Reminiszenz.*

Übung, negative *(negative practice).* Die Erklärung des Effektes absichtsvoller Wiederholungen von (unerwünschten) Verhaltensweisen, der in einer Hemmung des Wiederauftretens besteht. In der Regel wird dies mit *reaktiver Hemmung* o. ä. Prinzipien verglichen. Hauptsächliche Anwendung findet n. Ü. bei der Therapie von Sprachstörungen oder Tics. Der Patient wird veranlaßt, z. B. sein Stottern so präzise und so oft wie möglich zu wiederholen, sich selbst zu imitieren. Unterstützt wird dies durch Wiedervorspielen von Tonband- oder Videoband-Aufzeichnungen.

UCR *(unconditioned reaction)* →*Konditionierung, klassische.*

UCS *(unconditioned stimulus)* →*Konditionierung, klassische.*

U-Kurve *(U-shaped curve).* Statistische Bezeichnung für eine U-förmige Verteilung von Daten oder Beziehungen; die Umkehrung einer *Normalverteilung.*

ultradianer Rhythmus →*Biorhythmus.*

Ultrakurzwellen-Tomographie →*Tomographie.*

Ultra-Kurzzeit-Gedächtnis →*Gedächtnis.*

Umfang des Gedächtnisses →*Gedächtnisumfang.*

Umgänglichkeit →*Soziabilität.*

Umklammerungsreaktion *(startling response, startling reflex).* Bezeichnung für die in der →*Schreckreaktion (startle response)* primäre Bewegung des Umklammerns bei kleinen Kindern.

Umweltbedingungen *(environmental factors).* Bezeichnung für die Gesamtheit aller von außen her auf den Organismus einwirkenden Bedingungen oder Faktoren.

Umweltforschung, psychologische *(ecological psychology),* auch *ökologische Psychologie.* Zusammenfassende Bezeichnung für Ansätze, die die Beziehung zwischen Verhalten und den Umfeld- und Umweltbedingungen zum Gegenstand haben. Diese relativ neue Forschungsrichtung wurde durch die *Feldtheorie* angeregt und orientiert sich am Vorbild biologischer Umweltforschung. Typische Fragen sind z. B. Beziehungen zwischen Siedlungsformen, Kommunikationsmöglichkeiten, Erleben und Verhalten.

LIT. Barker (1968).

unabhängige Variable →*Variable.*

unbewußt *(unconscious).*

[1] Allgemeinste und umfassendste Bezeichnung für alle psychischen Vorgänge, die – aus welchen Gründen immer – selbst nicht vom erlebenden Individuum aufgefaßt bzw. wahrgenommen werden können, weil sie (a) z. B. als physiologische Prozesse (Ausschüttung eines Hormons) grundsätzlich nicht über Rezeptoren wahrnehmbar sind oder aber (b) wegen ihrer hypothetischen Beschaffenheit (z. B. determinierende Tendenzen, Einstellungen u. ä.) nicht zum phänomenalen Erlebnisbereich gehören können. In den Rahmen dieses universellen Begriffs fallen auch sog. *unterbewußte (subconscious)* Vorgänge, die wegen der ihnen eigenen geringen Intensität bzw. geringen bewußten Anteilnahme nicht ins Bewußtsein gelangen, aber nahe der (hypothetischen) Bewußtseinsschwelle liegen (→*Subception; subliminale Reizung*). Syn. *mitbewußt, außerbewußt (extraconscious).*

[2] Psychoanalytische Bezeichnung für solche psychischen (nicht physiologischen!) Vorgänge, die (z. B. im Falle der *»Verdrängung«)* nicht bewußt sind, jedoch in symbolischer oder sublimierter Form das Verhalten beeinflussen und stören können. Um diese hypothetischen Prozesse »bewußt« zu machen, werden die Techniken der *Psychoanalyse* bzw. *Traumdeutung* angewandt. Sog. *unbewußte Wünsche (unconscious wishes)* bezeichnen die (hypothetischen) Handlungsimpulse des →*Es* (auch Es-Ansprüche). Als *»das Unbewußte« (unconsciousness)* bezeichnet

die psychoanalytische Richtung eine (hypothetische) Persönlichkeitsinstanz oder -region, in deren Rahmen dynamische, das bewußte Erleben mitbestimmende Prozesse ablaufen. Dazu gehören aus dem Bewußtsein *verdrängte* Handlungsimpulse oder -tendenzen *und* Ansprüche des Es, die wegen ihrer ursprünglichen (primitiven) Beschaffenheit nicht durch die Zensur des Ich gelangen. Syn. *Es.*
LIT. →*Psychoanalyse.*

unbewußte Schlüsse; Theorie der unbewußten Schlüsse *(unconscious inferences; theory of unconscious inferences).* Von HELMHOLTZ (1866) getroffene Annahme, der Wahrnehmung lägen neben Empfindungselementen ohne Bewußtseinsbeteiligung ablaufende schlußfolgernde Prozesse zugrunde, welche den Wahrnehmungsgegenstand als bedeutungsvolles und von anderen Empfindungen abgehobenes Ganzes erscheinen lassen.
→*Bewußtsein;* →*Informationsverarbeitung;* →*Prozesse, automatische;* →*Prozesse, kontrollierte.*

unerledigte Handlungen →*Zeigarnik-Effekt.*

Ungewißheit *(uncertainty).*
[1] Bezeichnung für mangelhafte Vorhersehbarkeit und Vorhersagbarkeit von Ereignissen (→*Risiko*) bzw. des daraus resultierenden Erlebens des *Zweifelns,* der *Unsicherheit.*
→*Information.*
[2] Syn. für →*Entropie.*

unipolare Störung →*Affektive Störung,* →*Depression.*

unmittelbar *(immediate; direct).* Allgemeine Kennzeichnung von Zuständen oder Vorgängen, die ohne Beteiligung vermittelnder Prozesse zustande kommen. *Unmittelbare Assoziationen (immediate associations)* sind Einfälle, die spontan auf ein Wort oder eine Vorstellung auftreten, *unmittelbares Behalten (immediate memory)* das kurzfristige Erinnern an soeben empfangene Eindrücke und *unmittelbare Erfahrung (immediate experience)* das unvermittelte, unreflektierte Innewerden ohne den Rekurs auf Vorwissen oder reflexive, schlußfolgernde Operationen.

unmögliche Figuren →*Täuschung.*

unselbständiges Kopieren →*matched-depended behavior.*

unspezifisches Abwehrsystem →*Immunsystem.*

unterbewußt →*unbewußt.*

Unterdrückung *(suppression).*
[1] Bezeichnung für die vollständige *Löschung* einer Reaktion; im Unterschied zu *Hemmung,* die durch *spontane Erholung* u.ä. wieder aufgehoben werden kann. Erfolgt die U. durch Drogen, so bezeichnet man diese als *Suppressorien (suppressors).*
[2] Allgemeine psychoanalytische Bezeichnung für das *willkürliche* Unterdrücken bestimmter Handlungsimpulse bzw. Handlungsweisen; im Unterschied zu *Verdrängung,* die durch einen unbewußt wirksamen *Abwehrmechanismus* erfolgen soll.

Unterschiedsempfindlichkeit *(differential sensibility).* Bezeichnung für die individuelle Differenzierungsfähigkeit eines Beobachters in bezug auf Reize, die sich hinsichtlich ihrer Intensität, Größe, Form oder Farbe nur minimal voneinander unterscheiden. Die U. wird in der Regel als →*Unterschiedsschwelle* definiert.
→*Psychophysik.*

Unterschiedsschwelle *(differential threshold).* Bezeichnung für den kritischen Intensitäts- oder Größenunterschied zwischen zwei Reizen, der vorhanden sein muß, um von einem Beobachter bemerkt zu werden.
→*Psychophysik,* →*Schwelle.*

unterschwellige Wahrnehmung →*Wahrnehmung, unterschwellige.*

unwillkürlich *(involuntary).* Bezeichnung für eine Handlung bzw. Zuwendung der Aufmerksamkeit auf etwas, ohne daß dies willentlich (absichtlich), jedoch nicht notwendigerweise gegen den Willen des Handelnden, geschieht.

unwissentliche Beobachtung →*nichtreaktive Meßverfahren.*

Urethra. Harnröhre, Leitung von der Blase zur Ausscheidungsöffnung.

urogenital. Bezeichnung des Bereiches des Geschlechtsorgans und der Harnausscheidung.

Urteilsabgabe, absolute →*absolut.*

Urteilsbildung, klinische →*Linsenmodell.*

Uterus oder **Gebärmutter.** Sackartige Gewebestruktur im Körper weibl. Säugetiere und der Frau. Im U. vollzieht sich die Entwicklung des Embryo.

Utilitarismus *(utilitarianism)* oder **Utilismus.** Bezeichnung für eine philosophische Doktrin, die den Sinn von Handlungen oder von Werten in deren Nützlichkeit sieht (→*Pragmatismus*).

Vaginismus →*Sexualstörung.*

Vagus. Zehnter Gehirnnerv, wichtigster Anteil des vegetativen Nervensystems. Syn. *Nervus vagus.* →*Nervensystem,* →*Parasympathikus,* →*Sympathikus.*

Valenz →*Aufforderungscharakter.*

Validität, Gültigkeit *(validity).* Bezeichnung für den statistisch ermittelbaren Grad des Zusammenhangs zwischen einem Maß oder Test und einem für den betreffenden Sachverhalt relevanten äußeren Merkmal (Kriterium) oder dessen logischer Entsprechung (Faktoren, anderer Test u.ä.). Der *Validitäts-Koeffizient* ist allgemein definiert als der Grad, in dem die Meß- oder Testergebnisse einer bestimmten Stichprobe mit einem an derselben Stichprobe gemessenen Validitätskriterium korrelieren. Der Validitäts-Koeffizient wird mit r_{tc} oder r_{ct} bezeichnet.
LIT. →*Test,* →*Testkonstruktion.*

Validität, curriculare *(curricular validity).* In der Pädagogischen Psychologie Bezeichnung für die Feststellung der Tatsache, daß in einem Test oder einer Prüfung verwendete Items oder Fragen eine Teilmenge der Lehrziele repräsentieren. In der Regel vollzieht sich dies durch Expertenbeurteilung.

Validität, externe *(external validity).* Gütekriterium des psychologischen *Experiments* als Voraussetzung der *Generalisierbarkeit* in bezug auf (a) die abhängigen und unabhängigen Variablen, (b) die Stichprobe von Versuchspersonen und (c) die Situationsmerkmale. E.V. ist in den meisten Fällen nur teilweise gewährleistet; sie gehört im Gegensatz zur *internen Validität* nicht zu den unabdingbaren Gütekriterien.
→*Experiment,* →*Validität, interne.*

Validität, faktorielle *(factorial validity).* Bezeichnung für die Ermittlung der Validität eines Tests durch →*Faktorenanalyse.* Ein Test gilt dann als faktoriell valid, wenn er einen bereits bekannten Faktor oder eine bekannte Faktorenstruktur eines Merkmals wiedergibt oder mit dem/den betreffenden Faktor(en) hoch geladen erscheint.
LIT. →*Test,* →*Testkonstruktion.*

Validität, inhaltliche *(content validity).* Allgemeine Bezeichnung für alle Verfahren, die die →*Validität* eines Tests durch die inhaltliche Analyse der einzelnen Untertests oder Testaufgaben gewährleisten. Dabei gilt es zu unterscheiden, ob jede Aufgabe das zu messende, vorher festgelegte Merkmal trifft und ob die Gesamtheit aller Aufgaben ebenfalls diese Eigenschaft besitzt. Gehen in einzelne Aufgaben zusätzliche Momente mit ein, deren Messung nicht beabsichtigt ist, oder ist dies bei allen Aufgaben oder Untertests der Fall, so kann man den Test nicht als valid bezeichnen. Bezieht sich die Analyse der Aufgaben nur auf eine Inspektion ihres Inhalts von außen her, so hat der Test in bezug auf das zu messende Merkmal bloß *oberflächliche Validität (face validity).*
LIT. →*Test,* →*Testkonstruktion.*

Validität, interne *(internal validity).* Unabdingbares Gütekriterium des psychologischen Experiments, definiert als die Abwesenheit von systematischen Fehlern, welche die Gültigkeit der Beziehung zwischen unabhängigen und abhängigen Variablen beeinträchtigen. Zu den Fehlerquellen gehören z.B. Störungen während des Versuches, die sich auf verschiedene Versuchspersonen in den einzelnen Bedingungsgruppen aufgrund individueller Eigenschaften verschiedenartig auswirken sowie alle jene interindividuellen Unterschiede von Versuchspersonen in den einzelnen Gruppen, welche die Beziehungen zwischen unabhängigen und abhängigen Variablen beeinflussen, ohne kontrolliert oder durch planmäßige Einbeziehung systematisch untersucht werden zu können.
→*Experiment.*

Validität, ökologische →*Ökologie.*

Validitäts-Koeffizient →*Validität.*

Variabilität *(variability).* Bezeichnung für die Eigenheit biologischer und psychischer Phänomene, kontinuierliche, periodische oder unregelmäßige Wandlungen hinsichtlich ihrer Art, Intensität und/oder Form zu zeigen. In der Statistik Syn. für *Streuung.*

Variable *(variable).* Allgemeine und umfassende, aus der Mathematik stammende Bezeichnung für eine durch ein (abstraktes) Symbol bezeichnete *Quantität* (z.B. »x«), der im konkreten Fall des *Messens* Werte aus einer definierten Menge von Werten *veränderlicher Größe* entsprechen (z.B. $X_1, X_2 \ldots X_i$). In der psychologischen Forschung hat es sich eingebürgert, ein jedes begrifflich erfaßtes Element möglicherweise variabler Größe als V. zu bezeichnen, sofern es beobachtbar ist oder gemacht werden kann (z.B. durch ein Verfahren oder einen Test) und sofern das Ergebnis der

Beobachtung im Sinne einer *Messung* (→*Skala)* ausfällt. Syn. *variables* oder *veränderliches Merkmal.*
Von der *Herkunft* her lassen sich routinemäßig drei *Klassen* von Variablen unterscheiden: *Reiz-, (S-, stimulus-variable), Organismus-, (O-, organic-, organismic-, personal-, personality-variable)* und *Reaktions- (R-, response-, reaction-variable) Variable* (letztere immer als sog. *abhängige Variable*).
Von ihren *Beziehungen* untereinander her lassen sich zwei oder drei Klassen unterscheiden: *Unabhängige (independent)* und *abhängige (dependent) Variable;* unabhängig bezieht sich auf die vom Experimentator hergestellten oder vorgefundenen Bedingungen, von denen ein Geschehen (eine Reaktion) als abhängig betrachtet wird, so daß z.B. die Reaktion als eine Funktion des Reizes gesehen werden kann. Als *intervenierende Variablen (intervening variables)* bezeichnet man dann schließlich solche, die sich mit ins Spiel setzen, jedoch hinsichtlich des Umfangs ihres Einflusses (noch) nicht kontrolliert werden konnten.
Von der *mathematisch-formalen Eigenheit* der Meßdaten bzw. Skalen her lassen sich unterscheiden: *Kontinuierliche Variablen,* bei denen zwischen zwei Werten verschiedener Größe noch andere Größen auftreten können, und *diskrete Variablen,* bei denen die einzelnen Größen in unregelmäßigen Intervallen liegen.
→*Statistik.*

variable Intervalle →*Verstärkungsplan.*

Variante *(variation).*
[1] Biologische Bezeichnung für Organismusveränderungen eines Individuums oder einer Art von Lebewesen, hervorgerufen durch Umweltbedingungen, veränderte Erbbedingungen bzw. *Mutationen.*
[2] *Variation* bezeichnet im Deutschen allgemein die Tatsache der Variabilität bzw. das Vorhandensein von Veränderungen. Der englische Begriff *»variation«* ist gleichbedeutend mit *Streuung (deviation).*
→*Zufall.*

Variantenbildung →*Evolution.*

Varianz *(variance).* Statistische Bezeichnung für das Quadrat der Standardabweichung.

Varianzanalyse *(analysis of variance),* Abk. ANOVA. Statistische Bezeichnung für eine Vielzahl von Prüftechniken und Modellen, die durch Zerlegung der *Streuung* (Varianz) von *abhängigen Variablen* die Abhängigkeit der Varianzteile von den kontrollierten Bedingungsvarianten oder deren Kombinationen ermitteln und gegen den Zufall prüfen lassen.
Die sog. einfache V. bezieht sich auf das Vorliegen von Daten aus voneinander unabhängigen Stichproben (abhängige Variable), die unter drei oder mehr Bedingungsvarianten (unabhängige Variablen) erhoben wurden. Grundvoraussetzungen für die Anwendung der parametrischen V. sind Intervallskalenniveau der erhobenen Messungen und Homogenität der Varianzen in den einzelnen Stichproben. Haben die verschiedenen Bedingungsvarianten überzufällige Effekte nach sich gezogen, so muß die Varianz der Mittelwertsunterschiede zwischen den Bedingungen größer sein als die Varianz innerhalb einer ansonsten homogenen Population. Als Kennwert (F) gilt daher das Verhältnis der aus den Mittelwertsunterschieden und aus der Gesamtvarianz über alle Versuchsbedingungen hinweg geschätzten Populationsvarianz. Derartige Varianzverhältnisse verteilen sich in Abhängigkeit von den jeweiligen *Freiheitsgraden* regelhaft und können daher in Form des sog. *F.-Wertes* (F = Schätzung der Varianz zwischen den Bedingungen: Schätzung der Varianz innerhalb der Population) in bezug auf die F-Verteilung geprüft werden. Komplexere Modelle der V. beziehen sich u.a. auf die Erfassung von *Wechselwirkungen* (Interaktionen) zwischen Bedingungskombinationen, auf die Überprüfung bedingungsabhängiger Variationen kovariierender Merkmale *(Kovarianz-Analyse)* und auf *wiederholte Messungen,* d.h. auf abhängige Stichprobendaten. Können die o.g. Grundvoraussetzungen für die Anwendung der V. nicht erfüllt werden, so stehen *parameterfreie* Verfahren zur Verfügung, deren Aussagekraft allerdings gegenüber der V. im engeren Sinne eingeschränkt ist.
LIT. →*Statistik.*

Variation →*Abweichung.*

vasc(k)ulär *(vascular).* Die Blutgefäße betreffend.

vaso-. Syn. von *vasc(k)ulär.*

Vasodilatation. Gefäßerweiterung.

Vasokonstriktion *(vasoconstriction).* Gefäßverengung.

vasomotorisch *(vasomotoric).* Die Vasokonstriktion und -dilatation betreffende Vorgänge. Die Kontrolle wird durch die sog. vasomotorischen Nerven des *autonomen Nervensystems* besorgt.

Vasopressin →*Hypophyse.*

vegetativ. Mit Wachstum und Ernährung zusammenhängende Vorgänge.

vegetative Labilität →*Labilität.*

vegetatives Nervensystem →*Nervensystem,* →*Parasympathikus,* →*Sympathikus.*

vegetatives Teilsystem →*Nervensystem.*

vegetative Dystonie →*Dystonie.*

Veitstanz →*Chorea.*

Vektor *(vector).* Physikalisch-mathematische Bezeichnung für eine gerichtete oder die Richtung bestimmende Größe (Maß einer in eine Richtung wirkenden Kraft). *Vektorenpsychologie (vector psychology):* Syn. für *Feldtheorie.*

Ventrikel *(ventricle).* Kammern bzw. Höhlen in Herz und Gehirn. Das menschliche Gehirn weist vier V. auf, die mit Flüssigkeit (liquor cerebrospinalis; *cerebro-spinal fluid*) gefüllt sind.

veränderliches Merkmal →*Variable.*

Verarbeitungsnegativierung →*ereignisbezogene Potentiale.*

Verarmungswahn →*Wahn.*

verbal chaining →*Reizgeneralisierung.*

verborgenes Verhalten →*Verhalten.*

verbundene Messung, kombinierte oder **verknüpfte Messung** *(conjoint measurement).* Meßtheoretischer Ansatz zur Modellbildung über Beziehungen zwischen Kombinationen mehrerer unabhängiger Variablen (z. B. Testwerten) und der Ordnung der abhängigen Variablen (z. B. Eignungsbeurteilungen). Geht man z. B. von der Annahme aus, daß sich die Eignung additiv aus den einzelnen Testwerten zusammensetzt, so müßte die Datenmatrix, die den gemeinsamen Effekt der Testwerte abbildet, eine bestimmte Struktur aufweisen. Steigen z. B. die Eignungsurteile mit wachsenden Testwerten aus einem Test A an, so müßte dies auch für Test B gelten, der von A unabhängig ist. Dies ist eine der notwendigen Bedingungen, um nachzuweisen, daß die Eignung eine additive Funktion der unabhängigen Testwerte A und B ist. →*Messen.*

verdecktes Verhalten →*Verhalten.*

verdrängte Wünsche →*Traumdeutung.*

Verdrängung *(repression).* Allgemeine und umfassende psychoanalytische Bezeichnung für einen *Abwehrmechanismus,* dessen Funktion darin gesehen wird, übermächtige Triebansprüche und damit verbundene Handlungen, Einstellungen, Erlebnisinhalte und Vorstellungen ohne Hinterlassen von Erinnerungen aus dem Bereich des bewußten Erlebens (Bewußtsein) in das *Unbewußte (→unbewußt)* zu verlagern, so daß sie nicht mehr bewußt verfügbar sind. Als allgemeine Ursache des Einsetzens dieses Abwehrmechanismus nimmt man den umfassenden Konflikt zwischen *Lust-* und *Realitätsprinzip* an. Die in das Unbewußte verlagerten Ansprüche sind jedoch ohne Wissen des Betroffenen weiterhin Motor für sog. Ersatzhandlungen oder -vorstellungen (z. B. Fehlleistungen, Träume), aus deren Analyse der Psychoanalytiker die verdrängten Inhalte durch Deutung erschließt. V. wird auch als Ursache für neurotische Formen der Fehlanpassung und -handlung angenommen. →*Abwehrmechanismen,* →*Gedächtnis.*

Verdauungstrakt *(alimentary canal).* Die Gesamtheit aller Organe, die mit Nahrung und deren Verarbeitung zu tun haben. Hierzu gehören Oesophagus, Magen und Eingeweide.

Vererbung *(heredity).* Biologische Bezeichnung für die Gesamtheit aller von den Eltern an die Nachkommen auf biologisch-direktem Wege vererbten körperlichen und geistig-intellektuellen Eigenschaften, die die Art der individuellen Auseinandersetzung mit der Umwelt bestimmen. Die in den *Chromosomen* enthaltenen *Gene* (und wahrscheinlich noch andere Strukturen) werden als Träger der vererbten Eigenschaften angenommen. Die exakte Erforschung vererbter Eigenschaften wird durch den Umstand erschwert, daß sämtliche Eigenschaften durch die Einwirkung der Umwelt neben der entwicklungsspezifischen Variation Veränderungen unterworfen sind, die sich weitgehend der Kontrolle entziehen. Daher stehen *Phänotypus* (Erscheinungsbild) und *Genotypus* (dispositionelles Gefüge der Eigenschaften) in einem nicht deckungsgleichen Verhältnis zueinander. Klärungen über das Verhältnis von Vererbung und Umwelteinfluß bringt die *Zwillingsforschung.*

Verfestigung →*Entwicklungstheorien.*

Verfolgungsneurose →*Neurose.*

Verfolgungswahn →*Paranoia,* →*Psychose,* →*Wahn.*

Vergessen *(forgetting).* Bezeichnung für die Tatsache, daß eben oder vor längerer Zeit gelernte Inhalte bei einem Versuch des Wiedererinnerns fehlerhaft bzw. unvollständig reproduziert werden. Die von EBBINGHAUS erstellte *Vergessenskurve (curve of forgetting)* kann durch die *Methode der behaltenen Glieder* oder die *Ersparnismethode* erstellt werden; es zeigt sich, daß zwischen dem Umfang des behaltenen Stoffes und der Zeit zwischen Erlernen und Reproduzieren eine kurvenförmige Beziehung besteht, die – als Idealverlauf verstanden – im ersten Zeitabschnitt stark absinkt und dann allmählich asymptotisch wird. In den ersten Zeitabschnitten wird ein relativ großer Teil der gelernten Inhalte abgebaut, doch hält sich der verbleibende Rest über relativ lange Zeit ohne nennenswerte weitere Verluste. EBBINGHAUS vermutete eine bis heute umstrittene Beziehung von der Art, daß sich die Quotienten zwischen Behaltenem und Vergessenem umgekehrt wie die Logarithmen auf der Basis 10 der vergangenen Zeiten verhalten. Eine vollständige Erklärung für das Zustandekommen des Vergessens liegt bis heute noch nicht vor. Physiologische Veränderungen in den Gangliensystemen und *Hemmungsvorgänge* werden u.a. als Ursachen genannt. Außerdem gilt es als gesichert, daß der Grad der Sinnhaftigkeit und/oder die Einbettung des Lernstoffes in übergreifende Zusammenhänge neben vielem anderen das Behalten günstig beeinflussen. In der Psychoanalyse wird darüber hinaus der Einfluß von Zensuren bzw. Abwehrmechanismen (z.B. Verdrängung) als Determinante des Vergessens angenommen. *Vergeßlichkeit* bezeichnet die allgemeine Eigenheit eines Individuums, leicht und schnell zu vergessen.
→*Gedächtnis.*

Vergleichende Psychologie *(comparative psychology).* Der Begriff ist oft gleichbedeutend mit *Tierpsychologie,* sofern diese sich der vergleichenden Methode bedient. Manchmal auch als umfassende Bezeichnung für eine der vergleichenden Methode verpflichtete *Entwicklungspsychologie* verwendet.

Verhalten *(behavior).*
[1] Allgemeine Bezeichnung für die Gesamtheit aller beobachtbaren, feststellbaren oder meßbaren Aktivitäten des lebenden Organismus, meist aufgefaßt als *Reaktion* auf bestimmte *Reize* oder *Reizkonstellationen,* mit denen der Organismus in *experimentellen* oder lebensweltlichen Situationen konfrontiert wird bzw. konfrontiert ist. Zu den Aktivitäten gehören neben Bewegungen (Veränderungen der Skelettmuskulatur) und als Handlung bezeichneten Bewegungsabläufen auch Veränderungen der Herztätigkeit, sekretorische bzw. innersekretorische Vorgänge, alle Arten chemischer oder chemisch bedingter Veränderungen überhaupt sowie elektrische (z.B. gehirnelektrische) Vorgänge u.ä. Der von WATSON begründete klassische Behaviorismus unterschied *offenes Verhalten (overt behavior)* und *verborgenes* oder *verdecktes Verhalten (covert behavior).* Das offene Verhalten bezeichnet alle direkt beobachtbaren Veränderungen, z.B. Bewegungen, das verborgene oder verdeckte bezieht sich auf solche (meist physiologischen) Veränderungen, die erst durch Einsetzen besonderer Techniken (z.B. Blutdruckmessungen) und in Abhängigkeit von bestimmten Reizkonstellationen beobachtbar werden.
[2] Die Bedeutung [1] bezieht sich auf alles »objektiv« Beobachtbare, während manchmal in den Begriff des Verhaltens auch geistige Tätigkeiten (z.B. Denkvorgänge) oder Vorgänge wie bewußtes *Erleben* einbezogen werden, z.B. im Verhaltensbegriff der *Phänomenologie,* wo ein Verhalten als ein Sich-verhalten-zu-etwas aufgefaßt wird *(Intentionalität,* →*Intentionalismus).*
[3] Verhalten im Sinne von Beobachtungseinheiten bzw. Klassen von Verhaltensweisen werden meist durch zusätzliche Bezeichnungen hervorgehoben. Z.B. *angeborene, erworbene* Verhaltensweisen, *emotionales, symbolisches, aufgabenspezifisches, unangepaßtes* u.ä. Verhalten sind solche Einheiten der Beobachtung oder Beschreibung, die der Klassifizierung dienen und besonders dann wertvolle Ordnungsgesichtspunkte darstellen, wenn ihnen *operationale* Definitionen oder eindeutig zugeordnete Reaktionsarten und -formen entsprechen.

LIT. GRAUMANN (1965 b); N. E. MILLER u.a. (1960); WATSON (1914).

Verhalten, abergläubisches →*Aberglaube.*

Verhalten, agonistisches *(agonistic behavior).* Meist im Bereich der *Tierpsychologie* bzw. Tierbeobachtung verwendete zusammenfassende Bezeichnung für alle in kämpferischen Auseinandersetzungen gezeigten Verhaltensweisen wie Angriff, Befriedungsgesten (Unterwerfungsverhalten), Flucht- und Schreckreaktionen usw.

Verhalten, allochthones *(allochthonous behavior).* Bezeichnung für ein Verhalten (eine Reaktion), das nicht auf den ihm spezifischen Antrieb *(Instinkt, Trieb)* zurückgeht, sondern als Reaktion auf Umwelteinflüsse erfolgt, z.B. auf eine erfahrene *Frustration* u.ä. Gegensatz: →*Verhalten, autochthones.*

Verhalten, appetitives *(appetitive behavior).* Allgemeine Bezeichnung für eine Reaktion, die auf einen für das Tier relevanten Reiz (z.B. Futter beim hungrigen Tier) einsetzt und über Bewegungen (motorische Veränderungen des Verhaltens) und Wahrnehmung (Orientierung) zum konsummatorischen Handeln (Futteraufnahme) führt. Manchmal auch die Bezeichnung für eine ganze Reihe von instrumentellen Verhaltensweisen, die sich auf eine erwartete Bedürfnisbefriedigung beziehen, z.B. das Durchlaufen eines Labyrinths in der Erwartung, an dessen Ende das Bedürfnis nach Nahrung befriedigen zu können.

Verhalten, artspezifisches *(species-specific behavior).* Bezeichnung für solche Verhaltensweisen, die bei der Mehrzahl der einer bestimmten Art zugehörigen Lebewesen in relativ ähnlichen Situationen und in gleicher Form regelmäßig auftreten. Manchmal wird der Begriff nur zur Bezeichnung solcher Verhaltensweisen verwendet, die nicht durch Erfahrung oder Lernen geprägt sind bzw. durch Erfahrung und Lernen nicht modifiziert werden können, z.B. Instinktverhalten.

Verhalten, autochthones *(autochthonous behavior).* Bezeichnung für ein Verhalten (eine Reaktion), das durch den ihm jeweils spezifischen Antrieb (Instinkt, Trieb) von innen her ausgelöst wurde. Gegensatz: →*Verhalten, allochthones.*

Verhalten, deviantes →*Abweichung.*

Verhalten, einschmeichelndes →*Ingratiation.*

Verhalten, emotionales *(emotional behavior).* Bezeichnung für eine sehr weit gefaßte Klasse von Reaktionen, die – oft andere Reaktionen begleitend – in artspezifisch verschiedener Weise mehr oder weniger durchgängig, d.h. weniger oder mehr reizspezifisch auftreten. Man verwendet diese Bezeichnung aus Vorsichtsgründen oft nur dann, wenn mehrere der umschriebenen *emotionalen Reaktionen* gehäuft miteinander auftreten. So wird man das Verhalten einer Ratte erst dann als emotional charakterisieren, wenn sie neben gehäuft auftretendem Urinieren bzw. Darmentleeren noch andere Anzeichen der Erregung, z.B. Bewegungssturm, Zittern u.ä. zeigt. Syn. *affektives Verhalten.*

Verhalten, imitatives →*Imitation.*

Verhalten, neurotisches →*Neurose.*

Verhalten, operantes *(operant behavior, emitted behavior).* In einer Situation spontan auftretendes, nicht durch einen spezifischen Reiz ausgelöstes Verhalten, das durch Kontingenz mit nachfolgender Verstärkung konditioniert werden kann. Das von THORNDIKE beschriebene Versuchs-Irrtums-Verhalten fällt in diese Kategorie; systematische Erkenntnisse wurden von SKINNER gewonnen. →*Lernen.*

Verhalten, rigides →*Rigidität,* →*Trägheit.*

Verhalten, spontanes *(spontaneous behavior).* Bezeichnung für Verhaltensweisen, die man nicht als Reaktionen im weiteren Sinne bezeichnen kann, da sie scheinbar ohne äußeren Reiz bzw. ohne spezifischen inneren Antrieb auftreten.

Verhalten, symbolisches *(symbolic behavior).*

[1] Syn. für *verbales Verhalten* (→*Verhalten, verbales)* oder *Denken.*

[2] Ein Verhalten, aus dem man gewisse Schlüsse auf Eigenheiten oder Zustände eines Individuums zieht (z.B. Ausdruckserscheinungen).

[3] Die Bezeichnung für die ein bestimmtes Verhalten *vermittelnde,* dem Beobachter nicht direkt zugängliche Ursache, z.B. eine Vorstellung, die bei einem Individuum stellvertretend für einen Reiz Anlaß für eine ganz bestimmte Verhaltensweise werden kann.

Verhalten, verbales *(verbal behavior).* Eine Verhaltensäußerung, die durch das Medium der Sprache oder durch Niederschrift erfolgt. Manchmal bezeichnet man damit auch die Reaktion auf Gesprochenes oder Geschriebenes.

Verhalten, vermittelndes *(mediating behavior)*. Verhaltensweisen, die in keinem direkten (d. h. einfachen und der S-R-Struktur entsprechendem, notwendigen) Zusammenhang mit dem zielgerichteten Handeln stehen, jedoch regelmäßig auftreten und offenbar der Aufrechterhaltung oder Unterstützung einer zielgerichteten Verhaltenstendenz dienen. Bei GUTHRIE z. B. die aus Kontiguität erwachsenden motorischen Stereotypien, bei SKINNER die gelegentlich bei der *Verhaltensformung* beobachteten motorischen Verhaltensschritte in Richtung auf eine nicht durch eine vereinzelte Reaktion erreichbare Bedürfnisbefriedigung. Im weiteren Sinne auch die zwischen Situationswahrnehmung und *Bewältigungsverhalten* auftretenden Prozesse der *Bewertung,* Erfahrungsmobilisierung und *Aktivation.*

Verhalten, zielorientiertes *(goaldirected behavior, purposive behavior)*.
[1] Umfassende Bezeichnung für jedes Verhalten (Bewegung, Denken), das auf ein Ziel oder die Verwirklichung einer Zielvorstellung gerichtet ist.
[2] Bei TOLMAN wird damit ein Verhalten bezeichnet, das in wesentlichen Zügen durch die Zielerwartung motiviert ist. Seine Lehre wird daher im Englischen auch als *purposivism* bezeichnet. →*Lernen.*
[3] Manchmal ist der Begriff als allgemeine Bezeichnung für die Tatsache zu verstehen, daß sich ein Individuum ohne Umwege oder langes Zögern direkt dem »Ziel« seines Verhaltens nähert, z. B. ein Problem »zielstrebig« löst, eine Tätigkeit vollzieht, ohne sich ablenken zu lassen.

Verhaltensdifferential *(behavioral differential)*. Von TRIANDIS entwickeltes Ratingsystem zur Erfassung der *Einstellung* gegenüber bestimmten sozialen Aktivitäten in bezug auf umschriebene Situationsklassen, Personengruppen und Handlungstendenzen.

Verhaltensformel *(behavioral equation)*. In Anlehnung an mathematische Gleichungen aufgestellte Formel, die jene Bedingungen zusammenfaßt, die nach Meinung des betreffenden Forschers für die Auslösung (Reiz) und Differenzierung (intervenierende Größen) des Verhaltens (Reaktion oder Reaktionstendenz) maßgeblich sind. In der Soziologie wurde ein solcher Versuch z. B. von VON WIESE unternommen. Das bekannteste Beispiel aus der Psychologie stammt von HULL. Für ihn ist die Intensität einer Reaktionstendenz im Lichte der Beziehung zwischen *Triebstärke* (D), *Gewohnheitsstärke* (sH_R), *Anspornwirkung* (K) des Reizes, *Valenz* (V) des Reizes, dem *Hemmungspotential* (reaktive und konditionierte Hemmungskomponenten $I_R + sI_R$) und der *Oszillation* (sO_R) darstellbar, wobei noch einige zusätzliche Wirkmechanismen angenommen werden (z. B. partiell antizipatorische Zielreaktionen). Als Formel ergibt sich (in vereinfachter Schreibweise) für die momentan wirksame Reaktionstendenz (sE_R) folgende Beziehung:

$$sE_R = \{ (DxHxKxV) - (I_R + sI_R)\} - sO_R.$$

Verhaltensformung *(shaping of behavior, behavior shaping)*. Bezeichnung für eine von SKINNER systematisch untersuchte Lernmethode, in deren Verlauf bestimmte Reaktionen, die später Teil einer Handlung (Reaktionskette) sein sollen, nach ihrem ersten mehr oder weniger zufälligen Auftreten regelmäßig oder intermittierend verstärkt werden. Wird diese Technik Schritt für Schritt bis zur Ausformung der Handlung (Reaktionskette) vollzogen, so erweist sich diese als aus verstärkten Teilreaktionen zusammengesetzt und läuft quasiautomatisch ab. SKINNER belegte dies durch seine Taubenversuche. Die hungrigen Tiere bewegten sich in ihren Käfigen. Sie wurden in regelmäßigen Zeitintervallen mit Futterkörnern versorgt. Das unmittelbar vor der Futtergabe zufällig ausgeführte Verhalten (→*operantes Verhalten*) wurde durch die nachfolgende Futtergabe verstärkt und beibehalten. Die Tiere verhielten sich also, als ob die Futtergabe z. B. die Folge eines graziösen Spreizens des Flügels oder einer Halsverrenkung wäre. SKINNER nannte dies ein *»abergläubisches Verhalten«,* das als Modellfall für die Einleitung des »shaping«, aber auch für den Aberglauben gelten kann. Die Grundtechnik findet sich in der *Verhaltenstherapie* in abgewandelter Form. Das Prinzip der Zerlegung von komplexen Handlungen in verstärkbare Teilkomponenten ist Bestandteil des *Programmierten Unterrichts.*

Verhaltensforschung *(behavior research; ethology)*.
[1] Zusammenfassende Bezeichnung al-

ler wissenschaftlichen Teilgebiete, die sich auf empirisch-experimentelle Weise mit dem Verhalten und dessen innerer Begründung und Erklärung, vorwiegend bei höheren Tieren und beim Menschen, beschäftigen.
[2] *Psychologie:* Früher auch Bezeichnung für solche Ansätze, die unter Ausklammerung nicht direkt beobachtbarer Vorgänge (z.B. des Erlebens und der Informationsverarbeitung) Erkenntnisse über das Verhalten zu gewinnen suchten, wie etwa im strengen *Behaviorismus* WATSONS.
[3] *Biologie, vergleichende Psychologie und Physiologie:* Jenes Teilgebiet der Verhaltenswissenschaften, das sich mit vorwiegend vergleichend-biologischen Methoden Fragen nach der Herkunft und dem Aufbau des Verhaltens im Sinne der *Evolutionstheorie* widmet. Als Teilgebiet der Zoologie unter dem Namen *Ethologie* oder *vergleichende Verhaltensphysiologie* von K. LORENZ u.a. begründete Forschungsrichtung, die morphologisch-physiologische und verhaltensübergreifende Steuerungsmechanismen für das Verhalten bei Tier und Mensch aus dem Vergleich nachzuweisen sucht.
→Auslöser, →Instinkt, →Soziobiologie.

Verhaltenshabituation *→Habituation.*

Verhaltensmedizin *(behavioral medicine).* Interdisziplinäres Forschungs- und Anwendungsfeld, das sich mit den Beziehungen zwischen Störungen (Krankheiten), Verhalten und Umwelt befaßt und in dessen Rahmen Prinzipien der verhaltenswissenschaftlichen Psychologie (z.B. Theorien der klassischen bzw. operanten Konditionierung, Biofeedback) im Hinblick auf Probleme der Organmedizin in Interventionsverfahren umgesetzt werden. Verhaltensmedizinisch fundierte Verfahren bewähren sich insbesondere zur Vermittlung streßbewältigender Einstellungen, bei Schmerz-, Kopfschmerz- (Migräne-)Patienten, Patienten mit Störungen des Herz-Kreislauf-Systems (kardiovaskuläre Störungen), Krebserkrankungen, Störungen des Magen-Darm-Trakts (gastro-intestinale Störungen), Diabetes, asthma bronchiale, urogenitalen Beschwerden, gynäkologischen Beschwerden, Rheuma, Hals-Nasen-Ohren-Beschwerden, Hauterkrankungen, Verbrennungen, neurologischen Störungen, Bruxismus und altersbedingten Funktionsveränderungen.
→Psychotherapie, →Verhaltenstherapie.
LIT. MILTNER, BIRBAUMER, GERBER (1986).

Verhaltensmodifikation *(behavior modification).*
[1] Von ULLMANN & KRASNER eingeführte Bezeichnung für die Anwendung psychologischer Lerntechniken zur Veränderung abweichenden bzw. unerwünschten Verhaltens. Hierzu zählen z.B. *Desensitivierung,* Einstellungsveränderungen im Sinne von *Regellernen, operantes Konditionieren, Tokenstrategien* und *Verhaltensformung;* in diesem älteren und allg. Sinn nahezu gleichbedeutend mit *Verhaltenstherapie.*
[2] Im engeren Sinne Bezeichnung für eine Vielzahl von Behandlungstechniken, die im Anschluß an kognitive Emotions- und Streß-Theorien *(→Emotion, →Streß)* entwickelt wurden und als *kognitive V. (cognitive behavior modification)* oder *semantische V. (semantic behavior modification)* gelten. Störungen werden hier über Einschätzungs- und Bewertungsprozesse argumentativ und direkt angegangen, um den Klienten zur Neuinterpretation seiner Lebensprobleme zu veranlassen, ihn zu einer realistischen Neueinschätzung seiner Situation zu bewegen, seine Kontrollmöglichkeiten über die maßgeblichen Umweltbedingungen zu verbessern und damit zu einer Veränderung der Lage- und Selbsteinschätzung beizutragen. In vielen Fällen werden die Techniken der V. mit anderen therapeutischen Verfahren kombiniert.
→Psychotherapie.
LIT. ULLMANN, KRASNER (eds.; 1965); VAN QUEKELBERGHE (1979).

Verhaltensmuster *(behavior pattern).* Bezeichnung für eine Reihe von einzelnen Reaktionen, die gehäuft und in einer bestimmten zeitlichen Sequenz miteinander vorkommen, also in ihrem Miteinanderauftreten eine statistisch belegbare Regelmäßigkeit besitzen. Der Begriff wird besonders dort häufig verwendet, wo das Verhalten in relativ umfassenden Einheiten und nicht hinsichtlich isolierter Einzelreaktionen untersucht wird.

Verhaltensrepertoire *(behavioral repertory).* Die Gesamtheit aller Verhaltensweisen, die einer Art von Lebewesen oder aber einem bestimmten Individuum als charakteristisch zugeschrieben wird.

Verhaltenssystem →*System.*

Verhaltenstherapie, VT *(behavior therapy).* Von EYSENCK eingeführte Bezeichnung für die Gesamtheit aller therapeutischen Verfahren, die auf eine Veränderung des gegenwärtigen Verhaltens, nicht aber auf die Aufdeckung verdeckter »seelischer« Konflikte gerichtet sind (Gegensatz: *Psychoanalyse; Psychotherapie*). Die V. versteht sich als Anwendungsbereich der Lerntheorien, insbesondere des klassischen und operanten *Konditionierens.* Dabei werden die Störungen des Klienten als abhängige und die das Verhalten kontrollierenden »Reize« oder Ereignisse als unabhängige Variablen betrachtet. Der Angriffspunkt der V. ist die Modifikation oder Kontrolle der unabhängigen Variablen durch Neulernen, Umlernen oder Verlernen. Bestimmten Symptomen psychisch bedingter Störungen können dabei bestimmte Therapieverfahren zugeordnet werden. *Phobien* werden in der Regel durch *Desensibilisierung* nach dem Prinzip der *reziproken Hemmung* (WOLPE) behandelt; Bettnässer werden durch eine auf Feuchtigkeit reagierende Klingelanlage auf Vermeidung konditioniert; autistische Verhaltensweisen werden durch positive Verstärkung der zum ungestörten Verhaltensrepertoire gehörenden Verhaltenselemente abgebaut; Süchte und perverse Verhaltensweisen werden durch unmittelbare deftige Bestrafung blockiert, die mit den ersten Hinweisen auf das unwillkommene Verhalten mit voller Stärke einsetzt *(Aversionstherapie; aversion therapy);* Zwangshandlungen und Tics sprechen in aller Regel ebenfalls auf ihre Häufigkeit mindernde operante Bestrafung an; verschiedene Formen und Arten der Gehemmtheit werden durch Desensibilisierungsmaßnahmen bekämpft. Besonders bewährt haben sich verhaltenstherapeutische Maßnahmen in der Behandlung von Phobien, Angstzuständen und Störungen des offenen Verhaltens durch unbeherrschbare Affekte oder Handlungen. In der gegenwärtigen Praxis der Klinischen Psychologie spielen kombinierte Verfahren der Symptombekämpfung und Selbstkontrolle *(→Verhaltensmodifikation)* eine entscheidende Rolle.
LIT. →*Psychotherapie,* →*Klinische Psychologie.*

Verhaltenstransposition →*Transposition.*

Verhältnis *(ratio).* Mathematische Bezeichnung für die in Form eines *Quotienten* ausgedrückte Beziehung zwischen zwei Größenangaben vom Typus A:B (A/B).
→*Verhältnisskala,* →*Skala.*

Verifikation *(verification).* Die Bestätigung einer Annahme, Theorie oder Hypothese; auch das Herausfinden der »wahren« Beschaffenheit von etwas.

Verlangen *(appetite),* manchmal auch deutsch *Appetit,* Adj. *appetitiv.* Allgemeine Bezeichnung für intensive Wünsche nach etwas Bestimmtem, die entweder biologischen *Bedürfnissen* oder interessegeleiteten Vorstellungen entspringen.

Vermeidung →*Angst.*

Vermeidungsgradient *(avoidance gradient).* Bezeichnung für die mit zunehmender Nähe eines mit unangenehmen, schmerzhaften Erfahrungen verbundenen Umweltbereichs verstärkt auftretenden Flucht- oder Abwehrreaktionen. Stellt man Reaktionshäufigkeiten bzw. -intensitäten in Relation zur Entfernung bzw. Nähe des zu vermeidenden Bereichs dar, so ergibt sich ein im Vergleich zur Annäherung an positiv eingeschätzte Umweltbereiche steilerer Gradient.

Vermeidungstherapie →*Aversionstherapie.*

vermittelnde Variable *(mediating variable).* Bezeichnung für eine angenommene innere, im Verhalten selbst nicht erscheinende einflußnehmende Größe, die z. B. bewirkt, daß bei Auftreten eines Reizes über bestimmte vermittelnde »Assoziationen« eine ganz bestimmte Vorstellung auftaucht, wobei das vermittelnde Geschehen (auch für den sich selbst Beobachtenden) nicht wahrnehmbar ist. Manchmal wird von »unbewußter Vermittlung« gesprochen.

vermittelte Reizgeneralisierung →*Reizgeneralisierung.*

Vermittlungsprozesse, multiple→*Linsenmodell.*

Vermittlungstheorie *(mediation theory, theory of mediation).* Von OSGOOD aufgestellte Theorie zur Erklärung komplexer Reiz-Reaktionsverbindungen durch die Annahme vermittelnder Prozesse. Einem Reiz S entsprechen dabei zwei Klassen von inneren Prozessen. Zunächst damit verbundene, objektbezogene Assoziationen, sodann auch davon unabhängige, ggf. spontan auftretende Assoziationen; beide werden zusammenfassend mit s bezeichnet. Die dem Reiz entsprechenden Assoziationen bedingen eine innere Reaktionstendenz (r), die ggf. eine äußere Reaktion auslösen kann. S →s →r →R wäre die einfachste Darstellung dieses Sachverhaltes, wobei s →r den vermittelnden Prozeß im engeren Sinne repräsentiert. Mit Hilfe solcher Prozesse kann man z. B. individuelle Besonderheiten des *Denkens* und der *Sprache* erklären. Die Grundlage bilden sog. *verbale Kettenexperimente (verbal chaining)*. Bietet man Versuchspersonen verschiedene Paarassoziationen zum Lernen an, so haben diejenigen Elemente der zweiten Aufgabenreihe die größten Behaltenschancen, die mit jenen der ersten durch vermittelnde Assoziationen über den Sachsinn- oder Bedeutungszusammenhang verknüpft sind (z. B. Sonnenblume mit Schnitzel über die vermittelnden Assoziationen Pflanzenöl, Wohlgeschmack etc.).

Vermögenspsychologie →*Fähigkeit.*

Versagung →*Frustration.*

Verschiebung *(displacement)*. In der Psychoanalyse Bezeichnung für die Verlagerung der Affektbesetzung von einem Inhalt auf einen anderen, der mit dem ersten in keinem wirklichkeitsbezogenen Zusammenhang steht, z. B. im *Traum.*

Verschlüsseln →*Sender.*

Verschmelzung *(fusion)*. Allgemeine Bezeichnung für das Zusammenfallen zweier oder mehrerer Reize zu einem einheitlichen, ganzheitlichen Sinneseindruck. Bei binauraler Verschmelzung fallen z. B. zwei Töne, die den Ohren getrennt zugeleitet werden, zusammen; im Falle der binokularen Verschmelzung fallen die beiden Eindrücke auf der Retina zu einem einheitlichen »Bild« zusammen. Bei der Verschmelzung von Tönen kommt es zu einem einheitlichen Klang bzw. einer Vermischung. Kennzeichen der V. ist die Untrennbarkeit bzw. neue Qualität (Ganzheit) der einzelnen Reize, sobald sie unter Bedingungen dargeboten werden, die die Verschmelzung begünstigen. →*Flimmerfusion.*

verstärkende Reize →*Verstärkung.*

Verstärkung, Bekräftigung *(reinforcement)*. Allgemeine, umfassende Bezeichnung für Maßnahmen und innere Prozesse, in deren Gefolge umschriebene Reaktionen oder Verhaltensweisen im Zusammenhang mit bestimmten Situationsmerkmalen mit veränderter Intensität und/oder Häufigkeit gegenüber vorher auftreten. Bei der *klassischen Konditionierung* bekräftigt z. B. die Futtgergabe die vorher gelernte Beziehung zwischen ihr und einem (an sich neutralen) Reiz (Klingelzeichen), so daß sich die Menge des abgesonderten Speichels auf das Klingelzeichen von Mal zu Mal erhöht. Bei der *operanten Konditionierung* wirkt sich die Konsequenz eines bestimmten Verhaltens verstärkend auf dieses aus. Mit *positiver Verstärkung (positive reinforcement)* bezeichnet SKINNER das vermehrte Auftreten z. B. eines Hebeldruckes dann, wenn dieser im Tierversuch zur Futtergabe führt. *Negative Verstärkung (negative reinforcement)* liegt dagegen dann vor, wenn ein bestimmtes Verhalten deshalb vermehrt auftritt, weil es zur Vermeidung von Schmerz oder vergleichbaren, unangenehmen Einflüssen führt (z. B. Abschalten der Stromzufuhr zum Bodenrost durch Hebeldruck im Tierversuch). Als *Verstärker (reinforcer; reinforcing stimulus)* gelten Reize bzw. Ereignisse, die der Befriedigung eines Bedürfnisses dienen (z. B. Futtergaben bei Hunger; Fortfall einer Schmerzquelle im Tierversuch; beim Menschen auch alle Arten und Formen der Belohnung oder des Zuspruchs). Mit einem Verstärker verknüpfte Reize oder Objekte können die Rolle von *sekundären Verstärkern (secondary reinforcer)* übernehmen, deren Anblick oder Besitz einer ersatzweisen Bedürfnisbefriedigung gleichkommt. Schimpansen, die dressiert worden waren, mit Spielmarken aus einem Automaten Bananen zu ziehen, horteten z. B. Spielmarken, ohne sich deren gleich darauf zu bedienen.

Die *V.-Wirkung* wurde zunächst durch den Effekt der *Bedürfnis-, Spannungs-* oder *Triebreduktion (drive reduction, tension reduction)* erklärt (THORNDIKE; HULL). Da operante Konditionierung auch dann gelingt, wenn ein bestimmtes Verhalten (Hebeldruck) im Tierversuch über eingepflanzte Elektroden die Reizung des sog. Belohnungssystems, einem Teil des limbischen Systems, nach sich zieht, ist mit großer Wahrscheinlichkeit nicht die Bedürfnisbefriedigung allein, sondern vor allem der mit einer

Belohnung vergleichbare angenehme, entspannte (emotionale) Zustand für die V.-Wirkung maßgeblich. Hinzu tritt die insbesondere bei Menschen ausgeprägte Rolle von *V.-Erwartungen* und *Kontrollüberzeugungen*, welche den wesentlichen Anteil kognitiver Prozesse am V.-Geschehen und seiner Wirkweise verdeutlichen.
→*Lernen*.

Verstärkung, partielle *(partial reinforcement, intermittent reinforcement)*. Allg. Bezeichnung für die Tatsache, daß z.B. im Konditionierungsversuch nicht notwendigerweise jede Darbietung des konditionellen Reizes (CS) verstärkt zu werden braucht, um den Lerneffekt zu erzielen. Syn. *intermittierende Verstärkung*.
→*Verstärkungsplan*.

Verstärkung, primäre *(primary reinforcement)*. Bezeichnung für die Verwendung von solchen verstärkenden Reizen, auf die jedes Lebewesen der betreffenden Art ohne vorangegangenes Lernen anspricht, z.B. Futtergabe bei hungrigen Tieren.

Verstärkung, sekundäre *(secondary reinforcement)*, auch **konditionierte Verstärkung** *(conditioned reinforcement)*. Bezeichnung für die Verwendung solcher verstärkenden Reize, deren Bedeutung als Verstärker durch vorangegangenes Lernen erworben wurde. Wird z.B. einem Versuchstier gemeinsam mit der Futtergabe ein neutraler Reiz dargeboten, so kann dieser wie die Futtergabe selbst wirken, sofern *Konditionierung* vorliegt.

Verstärkung, stellvertretende *(vicarious reinforcement)* →*Beobachtungslernen*, →*Imitation, soziale*.

Verstärkungseffekt, partieller *(partial reinforcement effect)*. Die Tatsache, daß intermittierende Verstärkung größeren →*Löschwiderstand* zur Folge hat als regelmäßige Verstärkung. Syn. →*Humphreys Effekt, Humphreys Paradoxon*.

Verstärkungserwartung →*Belohnungserwartung*.

Verstärkungsgradient, Bekräftigungsgradient *(reinforcement gradient, gradient of reinforcement)*. Bezeichnung für den Verlauf von Leistungsmaßen unter Berücksichtigung des Zeitintervalls zwischen Handlung und Verstärkung. Dabei wird u.a. beobachtet, daß der Gradient im Falle von Belohnungshinweisen bzw. *partiell antizipatorischen* →*Zielreaktionen* auch dann entsprechend steil ausfällt, wenn die Zeitintervalle innerhalb eines kritischen Bereiches relativ groß ausfallen.

Verstärkungsplan *(schedule of reinforcement, reinforcement schedule, reward schedule)*. Bezeichnung für die vor einem Verstärkungsexperiment festgelegten Beziehungen zwischen Reaktionshäufigkeit, Zeitablauf und Verstärkungsgabe. Von SKINNER stammt die grundsätzliche Unterscheidung zwischen *regelmäßiger. kontinuierlicher (continuous reinforcement)* und *intermittierender, partieller Verstärkung (intermittent reinforcement; partial reinforcement)*. Im ersten Fall wird jedes (vom Versuchsleiter gewünschte) Verhalten unmittelbar nach seinem Auftreten regelmäßig verstärkt. Der Lernerfolg tritt zwar relativ rasch ein; aber die Verhaltenshäufigkeit sinkt, sobald die Verstärkung fortfällt, d.h. *Löschung* tritt rasch ein. Wesentlich löschresistenter sind dagegen Verhaltensweisen, die auf Grund der Erfahrung eingeprägt wurden, daß es nur manchmal zu einer Verstärkung kommt. Im Bereich der *intermittierenden, unregelmäßigen* oder *partiellen Verstärkungsstrategie* lassen sich zwei Fälle unterscheiden. Bei der *Reaktionsquotenverstärkung* muß dieselbe Tätigkeit wiederholt ausgeführt werden, um Verstärkung zu erlangen. Bei der *Zeitintervall-* oder *Intervallverstärkung (fixed interval periodic reinforcement)* dagegen muß eine bestimmte Zeit seit der letzten Verstärkung abgelaufen sein, um durch die gelernte instrumentelle Verhaltensweise einen Erfolg zu erzielen. In beiden Fällen zeigt sich eine im Vergleich zur regelmäßigen Verstärkung wesentlich erhöhte Löschresistenz und Verhaltensbeschleunigung. Wird die Anzahl erforderlicher Tätigkeitsausführungen bis zur Verstärkung variabel gestaltet *(variable Reaktionsquotenverstärkung)*, so treten dichte Folgen von Versuchen auf, vergleichbar mit dem Verhalten am Flippertisch. Wird das Zeitintervall variiert *(variable Intervallverstärkung; variable-interval aperiodic reinforcement)*, so treten überaus regelmäßige Verhaltensfolgen auf, die sich in den Grenzen des Temperaments und der verfügbaren Kraftreserven halten; daher wird diese zuletztgenannte Technik zur Bestimmung von *Ausgangswerten* für die Leistungsfähigkeit im Tierversuch herangezogen.

Verstärkungsverzögerung *(delayed reinforcement, delay of reinforcement)*. Erfolgt die Verstärkung einer Reaktion (z. B. einer operanten Verhaltensweise) nicht in enger Kontingenz mit ihrem Auftreten, so ergeben sich Veränderungen der Reaktionshäufigkeit. Das Abklingen der Verstärkungswirkung muß dabei nicht notwendigerweise zu einem Abfall der Reaktionshäufigkeit führen. Als Belege dienen intermittierende Verstärkungsstrategien, latentes Lernen und die Beobachtungen zur partiell antizipatorischen *Zielreaktion*. Die Tatsache, daß ein Versuchstier längere Zeit warten muß, bis es Verstärkung erhält (z. B. Zurückhalten des Tieres von der Nahrungsaufnahme), wird auch als *Reaktionsverzögerung (delayed response)* bezeichnet. Art und Umfang solcher Verzögerungseffekte sind von der Entwicklungsstufe des betreffenden Lebewesens (phylo- und ontogenetisch) abhängig.
Die Versuchstechnik der Reaktionsverzögerung liefert wichtige Aufschlüsse über die Wirkweise von *Erwartungen* und *Einstellungen*.

Verstimmung →*Affektive Störung*.

Versuch *(trial)*. Bezeichnung für einen einzelnen Versuch zur Lösung eines Problems bzw. für einen *Versuchsdurchgang* in einer Serie von Versuchsdurchgängen. Das englische Wort *trial* bezeichnet oftmals auch die in einem Versuchsdurchgang gezeigte *Leistung (performance)*.
→*Lernen durch Versuch und Irrtum*.

Versuch-Irrtums-Lernen →*Lernen durch Versuch und Irrtum*.

Versuchsleiter-Effekt *(experimenter effect)*. Beeinflussung des Ergebnisses einer experimentellen Untersuchung durch äußere Merkmale des Versuchsleiters (z. B. Alter, Geschlechtszugehörigkeit, Kleidung, Status usw.).
→*Experiment*.

Versuchsleiter-Erwartungseffekt *(experimenter bias)*. Vom Beobachter oder Experimentator unwissentlich ausgeübte Beeinflussung der zu beobachtenden Versuchsperson(-en), Versuchstiere, sich im Sinne seiner Erwartungen über den Ausgang von Beobachtung oder Experiment zu verhalten bzw. die Beobachtungen entsprechend den Erwartungen auszulegen. Der Effekt ist hinsichtlich seines Auftretens und seiner Stärke u. a. abhängig von (a) der Art und Häufigkeit verbaler oder nichtverbaler Interaktion zwischen Beobachter und Beobachteten, (b) der Objektivität von Datengewinnung und Auswertung, (c) der Art und Form der Instruktion und (d) dem Vorwissen des Versuchsleiters über Eigenschaften der Versuchspersonen bzw. (e) der Wirkung der Behandlung.
Der Vermeidung von *Versuchsleiter-* und *Versuchsleiter-Erwartungseffekten* dienen u. a. *Blind-* und *Doppelblindversuche*.
→*Experiment*, →*Pygmalion-Effekt*.
LIT. ROSENTHAL (1966; 1970); TIMAEUS (1974).

verteilte Übung →*Übung*, →*Verteilung* [2].

Verteilung *(distribution)*.
[1] In der Statistik übliche Bezeichnung für die graphische oder tabellenförmige Wiedergabe der Häufigkeiten von Meßwerten einer Vielzahl von Messungen in bezug auf eine Skala. Man unterscheidet *empirische* und *theoretische (Erwartungs-)Verteilungen* von sog. *Prüfverteilungen*. Die Analyse der Verteilung führt oft zur *Skalierung* von Leistungsdaten zum Zwecke der Erstellung einer Standardskala (im Sinne einer Test- bzw. Normwert-Skala).
[2] Bezeichnung für die »Verteilung« der Darbietung eines Lernstoffes. *Verteilte Übung* liegt dann vor, wenn der Lernstoff abschnittweise innerhalb bestimmter Zeitintervalle, unterbrochen von regelmäßigen oder unregelmäßigen Pausen, dargeboten und geübt wird. Das Gegenteil wird als »massierte Übung« bezeichnet.

Vertex →*Elektroencephalogramm*.

Vertrauter des Versuchsleiters, konföderierte Versuchsperson *(confederate, stooge)*. Bezeichnung für eine durch den Versuchsleiter instruierte Versuchsperson, sich in Gegenwart einer anderen Versuchsperson oder innerhalb einer Gruppe in ganz bestimmter Weise zu verhalten.

verzögertes Verhalten; Reaktionsverzögerung *(delayed behavior; delayed reaction; delayed response)*. Allgemeine Bezeichnung für die Ausführung von Reaktionen oder Handlungen erst einige Zeit nach der Darbietung auslösender Reize oder Hinweise. Handelt es sich dabei um Reflexe oder Instikthandlungen, so ist die Verzögerung ein Hinweis auf Entwicklungsrückstände oder -hemmungen. Reaktionsverzögerungen im engeren Sinne gehen auf Lernerfahrungen zurück. Wendet man z. B. intermittierende *Verstärkungspläne* an, so zeigt sich unmittelbar nach der letzten Verstärkung eine deutliche Reaktionsverzögerung, gefolgt von dichter werdenden Reaktionsfolgen, je näher das Ziel der nächsten Verstärkung zu rükken scheint. *Konditioniertes verzögertes Verhalten* tritt z. B. dann auf, wenn ein Tier erst dann mit einer gelernten Verhaltensweise Futter erhält, wenn ein zusätzliches Signal erscheint. Obwohl das Instrument zur Erlangung von Futter (z. B. ein Hebel) deutlich zu sehen ist, wird die entscheidende Tätigkeit nach mehreren Erfahrungen so lange verzögert, bis das Freigabesignal aufleuchtet. An Katzen wurde gezeigt, daß sie instrumentelles Verhalten auch dann längere Zeit aussetzen können, wenn sie vorher gelernt haben, daß es nur nach Ablauf eines bestimmten, gleichbleibenden Zeitintervalls auf eine bestimmte Tätigkeit hin Futter gibt. Je höher die Tierart, desto längere Verzögerungen werden inkauf genommen. Die genannten Techniken werden im Engl. *deferred reaction experiment, delayed response experiment* oder *delayed reward experiment* genannt.

Vierhügelplatte →*Quadrigemina.*

vigiles Koma →*Koma.*

Vigilanz *(vigilance).*

[1] Neurologisch-physiologische Bezeichnung für einen Zustand erhöhter Reaktionsbereitschaft, hervorgerufen durch die über das ARAS (Aufsteigendes Retikuläres Aktivations-System) über das Stammhirn und Zwischenhirn zum Großhirn geleiteten Impulse, die bei jedweder Reizung einen die Wachheit (Syn. für Vigilanz) steigernden Effekt ausüben und somit nach Art eines *Regelkreises* wirken. Syn. *Neurale Vigilanz (neural vigilance).*

[2] In der Psychologie bezeichnet der Begriff einen jeden Zustand erhöhter Leistung (begründet auf V. [1]) bzw. den Leistungsverlauf in Abhängigkeit von Versuchsdauer und Schwierigkeit der Aufgaben bei Experimenten, in denen Signale verschiedener Art unterschieden und mit unterschiedlichen Reaktionen beantwortet werden müssen. Syn. *Aufmerksamkeit, psychische Wachheit.*

[3] Als *Vigilanzabfall (vigilance decrement)* bezeichnet man die zunehmende Leistungsverschlechterung, die sich nach ca. 35–45 Min. Beobachtungsdauer bei sonst unveränderten Bedingungen einstellt. Der Erklärung des V.-A. dienen zahlreiche Theorien, deren Interpretationswert als umstritten gelten muß. Mit Sicherheit kann dagegen ausgeschlossen werden, es handle sich um einen einfachen Ermüdungseffekt. Neuere Ansätze, die sich der Signal-Entdeckungs-Theorie bedienen, verweisen auf einen Sensibilitätsabfall als allgemeine Erklärung, der mit Veränderungen des allgemeinen Erregungsniveaus einhergeht und u. a. von Faktoren der *Habituationsgeschwindigkeit* mitbestimmt ist.

LIT. Mackworth (1970); Sanders (1971); Swets (1977).

visceral *(visceral).*

[1] Aus dem Lat. viscus, -era stammende Bezeichnung für Organstrukturen und Funktionen des Eingeweidebereiches, d. h. der Bauchhöhle (abdominale viscera). Gelegentlich auch Bezeichnung der Gesamtheit aller Organe und Organfunktionen innerhalb des Schädel-, Brust-, Bauch- und Beckenbereiches.

[2] Im Zusammenhang mit *Emotionen* Kennzeichnung von Veränderungen der *autonomen* Vorgänge im Eingeweidebereich, d. h. für die Veränderungen in der neuralen Kontrolle und der glatten Muskulatur, die auf Einflüsse des *vegetativen Nervensystems* zurückgehen. Gelegentlich in dieser Bedeutung als nähere Kennzeichnung von *Emotionstheorien* herangezogen, die in Veränderungen des visceralen Geschehens primäre Quellen von Gefühlszuständen sehen (z. B. James und Langes »viscerale Emotionstheorie«). →*Emotion.*

[3] *Viscerale Gefühle (visceral sensations; visceral feelings):* Bezeichnung für Empfindungen, die in inneren Organen lokalisiert werden (z. B. Magen- und Bauchschmerzen; Spannungs- und Völlegefühle aus dem Magen-Darm-Trakt).

[4] *Viscerales Gehirn (visceral brain):* Syn. für Teilbereiche des *limbischen Systems,* dem sog. *limbischen Lappen* (ursprünglich Riechhirnregion).

[5] *Viscero-kardialer Reflex (viscerocardiac reflex):* Veränderungen der Herztätigkeit bei Reizung der Eingeweideorgane.

[6] *Viscero-sensorischer Reflex (viscerosensory reflex):* Viscerale Empfindungen (z. B. Schmerz), die bei Druck oder Berührung äußerer Körperbereiche auf-

treten; gelegentlich auch für die deutlichen Eingeweideempfindungen, die z. B. auftreten, wenn ein Stück Kreide kreischend auf der Tafel bewegt wird oder bei Berührung bestimmter Textilien.

Visibilität *(visibility).* Bezeichnung für die Eigenschaften, die ein visueller Reiz hinsichtlich der Wellenlänge und Amplitude (Intensität) besitzen muß, um die Rezeptoren des Auges zu erregen.
Als *Visibilitätskoeffizient (visibility coefficient)* bezeichnet man eine zahlenmäßige Größe, die die V. von Lichtenergie mit den Wellenlängen des Spektrums bestimmen lassen.
Als Bezugsmaß dient dabei meist (bei dem sog. relativen Visibilitätskoeffizienten) die Wellenlänge maximaler V., d. h. 554 Millimikron.
Als *Visibilitätskurve (visibility curve)* bezeichnet man die graphisch dargestellte Beziehung zwischen Helligkeit (Intensität) und den Wellenlängen bzw. Visibilitätskoeffizienten.

visuell *(visual).* Das Sehen (visuelles *Wahrnehmen*) betreffend.

visuelle Maskierung →*Maskierung.*

Vitalität *(vitality).*
[1] Biologisch-medizinische, allgemeine und umfassende Bezeichnung für die verfügbare bzw. zum Einsatz gelangende Energie (Vigor), erschlossen aus Verhaltensintensität und -ausdauer, Willensgesteuertheit des Handelns u. ä.
[2] Allgemeine und umfassende, philosophisch-psychologische Bezeichnung für die Intensität des »Lebensgefühls«. Manchmal auch synonym für die gesamte Antriebsstruktur eines Individuums (→*Antrieb*, →*Trieb*, →*Motivation*).

VK →*Kerzenstärke.*

VM →*Mapping.*

Völkerpsychologie *(ethnological psychology; ethnopsychology).* Von W. WUNDT eingeführte Bezeichnung für vergleichende Untersuchungen der Gewohnheiten, Mythen, Sprachen und Kulturwerte bei verschiedenen Völkern. Dieser Forschungszweig wird heute →*kulturvergleichende Psychologie (cross-cultural psychology)* genannt.

Voreingenommenheit *(prejudice; cognitive bias).*
[1] Gleichbedeutend mit *Vorurteil,* d. h. einer *Einstellung,* die dazu führt, Gegenstände unabhängig von ihren objektiven Merkmalen aus einer bestimmten grundsätzlichen Position heraus zu beurteilen.
[2] Als *Voreingenommenheits-Fehler (error of bias)* eine im Engl. übliche Bezeichnung für Verfälschungstendenzen bei der Interpretation empirischer Befunde aufgrund der Bevorzugung einer bestimmten theoretischen Sichtweise oder Wertorientierung (z. B. ein bestimmtes »Menschenbild«). Einen Sonderfall stellen sog. *implizite Persönlichkeitstheorien* bei der Beurteilung von Mitmenschen dar.

Vorstellung *(image, idea).*
[1] Im Bewußtsein auftretendes, in der Regel absichtsvoll herbeigerufenes, mehr oder weniger vollständiges »Bild« eines früher wahrgenommenen, jedoch momentan nicht wahrnehmbaren Umweltgegenstandes oder Ereignisses. V. unterscheiden sich von Gedanken, Begriffen und Ideen durch ihre Abhängigkeit von sinnlichen Erfahrungen. *Erinnerungs-V.* werden als Abruf *mentaler Repräsentationen (mental representations)* der vorher gemachten Erfahrungen angesehen, dessen Ergebnis den subjektiven Eindruck hinterläßt, die zugrundeliegenden Sinneserfahrungen seien einigermaßen genau reproduziert, sozusagen wieder erschaffen worden. Tatsächlich unterliegen V., wie alle Gedächtnisphänomene, vereinfachenden, persönlich Bedeutsames hervorhebenden bzw. umdeutenden und/oder mehr oder weniger ausschmückenden ergänzenden Einflüssen (→*Gedächtnis*).
[2] Im weiteren Sinn gilt als V. jeder als zusammenhängendes Ganzes erlebte Bewußtseinsinhalt, der – unabhängig von dem wirklich Vorhandenen – auf einen bestimmten Gegenstands-, Ereignis- oder Situationsbereich gerichtet ist (z. B. sich eine V. davon machen, was der bevorstehende Anblick eines bislang unbekannten Einzelgegenstandes bringen, wie ein bevorstehendes Einzelereignis aussehen oder wie eine zu erwartende Situation im einzelnen ausgehen mag). Derartige vorgreifende *antizipierende V.* bauen auf Erfahrungselementen aus der Vergangenheit (*Vergangenheits-V.*, →*Wissen*) auf und ergänzen diese mit den Mitteln des schlußfolgernden →*Denkens* bzw. der →*Phantasie.*

vorstellungsgeleitete Prozesse →*Informationsverarbeitung.*

Vorstellungskraft →*Phantasie.*

Vorurteil, manchmal auch **Voreinge-**

nommenheit *(prejudice)*. Allgemeine Bezeichnung für negativ oder positiv getönte emotionale *Einstellungen (attitudes)* gegenüber bestimmten Handlungen, Gegenstandsklassen, Lehrmeinungen oder Mitmenschen, die sich weniger auf Erfahrungen (Informationen) als auf Generalisierungen stützen und relativ überdauernder Natur sind.

In der *Sozialpsychologie* bezeichnet V. eine negativ getönte, feindliche Einstellung gegenüber Gruppen oder einzelnen Mitmenschen, die sich als stereotype Überzeugung äußert oder auf solche zurückführbar ist. Es wird dabei angenommen, daß Vorurteile weniger auf Umweltaufschluß (Wahrnehmung, Information durch andere) als auf persönlichkeitsspezifische Prozesse (z.B. Verarbeitung der erfahrenen Erziehung u.ä.) zurückgehen. In den Untersuchungen zur Entstehung und Wirkweise von Vorurteilen geht es meist um V. gegenüber Minderheiten (z.B. Antisemitismus, Ethnozentrismus). ALLPORT betont den besonderen Umstand, daß es sich um fehlerhafte und gleichzeitig festgefügte (unflexible) Verallgemeinerungen handelt. Zur *Messung der Vorurteile* werden meist Einstellungsskalen (Fragebögen, Listen und Feststellungen) verwendet. Die umfassenderen Erhebungen beziehen biographische Daten und Erlebnisaussagen mit ein.

LIT. ADORNO u.a. (1950); ALLPORT (1954); HARDING u.a. (1954).

Voyeur. Bezeichnung für einen Menschen, der beim Anblick sexueller Reize, mit der Sexualität zusammenhängender Gegenstände oder eines sexuellen Aktes sexuelle Befriedigung erfährt.

Voyeurismus →*Sexualstörung*.

Vp. Abk. f. Versuchsperson, plur. Vpn.

VT →*Verhaltenstherapie*.

Wachheit →*Vigilanz.*

Wachstum →*Entwicklung.*

Wachstumskurve *(growth curve).*
[1] Graphische Darstellung der natürlichen Entwicklung des körperlichen Wachstums als zeitlichen Verlauf, bezogen auf Körpergröße und andere anthropometr. Einheiten, gemessen bei Individuen oder definierten Gruppen.
[2] Im übertragenen Sinne jede Darstellung der Entwicklung von Fähigkeiten, Fertigkeiten oder Eigenschaften als zeitlichen Verlauf (z.B. »Wachstumskurve der Intelligenz« als Darstellung des individuellen oder gruppenspezifischen Verlaufes der Intelligenzentwicklung über einen definierten Zeitraum).

Wahl, Wahlhandlung *(choice).* Der Begriff bezeichnet eine Phase des willentlichen Handelns, dem das *Auswählen* und *Entscheiden* zwischen zwei oder mehreren Möglichkeiten vorangeht. Die Wahl erfolgt manchmal nach einer gewissen Zeit des *Überlegens.*
Wahlreaktion (choice reaction) setzt ein Experiment voraus, in dessen Verlauf die Versuchsperson durch *Instruktion* oder *Übung* erfahren hat, auf mehr oder weniger unterschiedliche Reize jeweils mit verschiedenen Reaktionen oder Handlungen zu antworten. Wahlreaktionen dienen in vielen Lernexperimenten dazu, das Ausmaß der differenzierten Wahrnehmung mehr oder weniger ähnlicher Reize zu prüfen bzw. an der Ähnlichkeit oder Identität der entsprechenden Reaktionen zu kontrollieren, in welchem Ausmaß und innerhalb welcher Grenzen der Reizähnlichkeit *Generalisierungen* auftreten.
Wahlpunkt (choice point) bezeichnet jene Stelle in einem T-förmigen Labyrinth, an der sich das Versuchstier für ein Weiterlaufen nach links oder rechts »entscheidet«. Oftmals dient die Zeit des Verweilens im Bereich des Wahlpunktes als Kriterium für die Schwierigkeit der Wahl bzw. für die Schwierigkeit der Entscheidung.

Wahn *(delusion).*
[1] Mit subjektiver Gewißheit erlebte, ohne Bezug zu äußeren Anlässen entstehende, objektiv falsche Überzeugung aufgrund unrichtiger Schlußfolgerungen über die Realität; diese wird trotz abweichender Ansichten anderer Personen und/oder unwiderlegbarer klarer Beweise des Gegenteils beibehalten und mit allen Mitteln verteidigt. W. unterscheidet sich von *Halluzination* durch seine Losgelöstheit von sensorischen Eindrücken, von *Überwertigkeitsideen* durch das starre Festhalten an der wahnhaften Überzeugung. Vom Inhalt her werden im Glossar des *DSM III–R* unterschieden: (a) *Beziehungs-W. (delusion of reference),* Überzeugungen, daß Ereignisse, Gegenstände oder Personen eine besondere, schädigende oder unangenehme Bedeutung besitzen; (b) *bizarrer W. (bizarre delusion),* Überzeugungen, daß mit einem bestimmten Ereignis ungewöhnliche, in der betreffenden Kultur unmögliche Ereignisse verknüpft sind; (c) *Eifersuchts-W. (delusion of jealousy),* Überzeugtheit von der Untreue des Sexualpartners; (d) *Größen-W. (delusion of grandeur),* übertriebene Selbstwert-Überzeugungen hinsichtlich Macht, Kenntnissen und Identität; (e) *körperbezogener W. (delusion somatic type),* Überzeugtheit von Organstörungen (z.B. verfaultes Gehirn) oder Körperzuständen (Greisin, die sich schwanger wähnt); Syn.: *hypochondrischer W.;* (f) *nihilistischer W. (nihilistic delusion, delusion of negation),* Überzeugtheit, daß man selbst, Teile seiner selbst, daß andere oder die ganze Welt nicht existieren; (g) *systematisierter W.* →*Paranoia;* (h) *Verarmungs-W. (delusion of impoverishment),* Überzeugung, über keine materiellen Güter zu verfügen; (i) *Verfolgungs-W. (delusion of persecution),* Überzeugtheit, man selbst oder jemand, den man gut kennt, werde das Opfer von Angriff, Betrug oder Verfolgung; (j) *W.-Phänomene der Beeinflussung und des Gemachten,* Überzeugung, Impulse, Gedanken oder Handlungen gingen nicht von einem selbst, sondern von anderen aus.
[2] Als *Wahnhafte (paranoide) Störungen (delusional [paranoid] disorders)* gelten im *DSM III–R* mindestens vier Wochen anhaltende, nichtbizarre falsche Überzeugungen, sofern diese nicht auf →*Schizophrenie, schizophreniforme Störungen* oder →*Affektive Störungen* zurückgehen. Typen der Wahnhaften (paranoiden) Störung sind (a) der thematisch nicht festlegbare *unbestimmte Typus;* (b) der *Liebes-W. (erotomania; delusion erotomanic type),* Überzeugung, eine höhergestellte Person sei in den/die Betroffene(n) verliebt; (c) *Größen-W.* (s.o.); (d) *Eifersuchts-W.* (s.o.); (e) *Verfolgungs-W.* (s.o.); (f)

körperbezogener W. (s.o.); (g) *unbestimmter W. (unspecified delusion)*, z.B. gleichzeitiges Bestehen von Verfolgungs- und Größen-W. bzw. Beziehungs-W. ohne negative Inhalte. Wahnhafte Störungen kommen sehr selten vor (ca. 0,03% der Bevölkerung), bei Frauen etwas häufiger als bei Männern. Ihrem Auftreten gehen oftmals einschneidende Lebensereignisse oder erhebliche Belastungen voraus; das Vorliegen paranoider, schizoider oder selbstunsicherer Persönlichkeitsstörungen erhöht das Risiko.

Wahnidee →*Idee.*

Wahrnehmen, Wahrnehmung *(perception)*. Allgemeine und umfassende Bezeichnung für den Prozeß des Informationsgewinnes aus *Umwelt-* und *Körperreizen* (äußere und innere Wahrnehmung) einschließlich der damit verbundenen *emotionalen Prozesse* und der durch *Erfahrung (→Lernen)* und →*Denken* erfolgenden Modifikationen. Der Begriff umfaßt alle Prozesse, die in ein *Auffassen (awareness)*, eine *Reaktion* motorischer oder sprachlicher Art oder in ein klares und abgehobenes *Erkennen* und *Diskriminieren* einmünden (früher wurde die »Perception« von der »Apperception« unterschieden). Der physikalisch definierte *Reizgegenstand (stimulus object)* bzw. die Reizkonstellation (Situation, komplexe Gegebenheit) wird durch die in den Sinnesrezeptoren (Auge, Ohr) stattfindenden energetischen Umwandlungsprozesse und die damit einhergehenden nervösen Erregungen zum *Wahrnehmungsgegenstand (percept; object of perception, object of perceiving)*. Wahrnehmen läßt sich von der Funktion her als komplexe, aus Sinnesempfindungen und Erfahrungskomponenten bestehende psychische Erscheinung, deren Inhalt im Raum lokalisiert wird und dadurch zur Auffassung von Gegenständen der Außenwelt führt (Rohracher, 1971) definieren.

→*Adaptationsniveau,* →*Aufmerksamkeit,* →*Kognition,* →*kognitive Elemente,* →*Psychophysik,* →*Signalentdeckung.*

LIT. Carterette, Friedman (eds.; 1973ff.); Metzger (Hrsg.; 1967).

Wahrnehmung, soziale *(social perception)*.

[1] Bezeichnung für die Eigenarten des Wahrnehmens sozialer Gegebenheiten, Mitmenschen oder Gruppen.

[2] Bezeichnung für das Wahrnehmen von Verhaltensweisen, die – Ausdruckserscheinungen ähnlich – etwas über Einstellung, Gefühl oder Absichten eines Mitmenschen erkennen lassen.

[3] Bezeichnung für in das Wahrnehmen einbezogene, sozial erworbene *Einstellungen* oder *Erwartungen* des Betrachters, wodurch die Wahrnehmungsgegebenheiten in individuell verschiedener Weise oder Ausprägung beurteilt werden.

LIT. Zu [3] Graumann (1967).

Wahrnehmung, unterschwellige *(subliminal perception)*. In zahlreichen Untersuchungen *(→Wahrnehmungsabwehr)* bestätigte Beeinflussung der Wahrnehmung durch partielle Verarbeitung des Informationsgehaltes von Reizen, ohne sich dessen bewußt zu sein (z.B. intuitive Bewertung). Den Ausgangspunkt bildeten Beobachtungen eines Werbeteams, das nach unterschwelliger Einblendung von Begriffen wie z.B. *popcorn* in einen neutralen Film einen gewaltigen Anstieg der Nachfrage registrierte, wobei die Filmzuschauer nicht zu wissen schienen, worauf ihr Appetit zurückgeht. In experimentellen Untersuchungen konnte nachgewiesen werden, daß es so etwas wie eine vorbewußte Einschätzung, insbesondere der emotionalen Qualität von fragmentarischen und/oder wenig intensiven Reizen oder Umgebungshinweisen gibt. Einen Sonderfall stellt neben der *Wahrnehmungsabwehr* die sog. *Subception (subception)* dar. In Experimenten konnte gezeigt werden, daß die unterschwellige Darbietung von sinnlosen Silben, die vorher als Signal für ein schmerzhaftes Ereignis (elektrischer Schlag) verwendet worden waren, im Vergleich zu anderen, ebenfalls unterschwellig dargebotenen Silben vor ihrem Erkennen mit heftiger *elektrodermaler Aktivität (PGR)* einhergeht. Man darf annehmen, daß emotionale Aktivierung vor der bewußten Registrierung des Informationsgehaltes von Reizen zustande kommt.

LIT. Dixon (1971; 1981), Lazarus (1956), Lazarus, McCleary (1951).

Wahrnehmungsabwehr *(perceptual defence; perceptual defense)*. Bezeichnung für die Annahme einer vorbewußten Zensur eingehender sensorischer Informationen, verbunden mit der Blokkierung bzw. Dämpfung solcher Informationsdetails, welche unangenehme bzw. konfliktreiche Nachrichten enthalten. W. stützt sich auf experimentelle Untersuchungen, welche von McGINNIES ausgehen. Bietet man z. B. emotional belastete Begriffsnamen (z. B. ein Schimpfwort) tachistoskopisch mit wachsenden Expositionszeiten bis zum deutlichen Erkennen (Aussprechen des Wortes) dar, so liegt die Schwelle weit höher als bei neutralen Worten; mit den Darbietungen vor dem deutlichen Erkennen (Aussprechen) treten ausgeprägte *elektrodermale Reaktionen (PGR)* auf, die als Hinweis auf die Aktivierung der Abwehr gedeutet werden. Dabei ist nicht auszuschließen, daß Wahrnehmungsverzögerungen auch durch die Seltenheit des Gebrauchs der entsprechenden Worte im Vergleich zu Alltagsbegriffen zustande kommen und/ oder daß es sich um eine Hemmung des Aussprechens in Gegenwart des Versuchsleiters handelt.

LIT. DIXON (1971), McGINNIES (1949).

Wahrnehmungsfeld →*Feld.*

Wahrnehmungsgeschwindigkeit →*Intelligenz.*

Wahrnehmungsriff *(visual cliff).* Bezeichnung für eine von ELEONOR GIBSON und Mitarbeitern entwickelte Versuchsanordnung zur Untersuchung der Bedingungen für das Erkennen und Nutzen visueller Tiefenhinweise bei Tier und Mensch. Auf einem tischartigen Gestell befindet sich in der Mitte ein leicht erhöhter Laufsteg aus solidem Material. Auf der einen Seite (in der Abb. rechts) befindet sich ein Schachbrettmuster, das direkt unterhalb der abdeckenden Glasplatte angebracht ist; auf der anderen Seite (in der Abb. links) dagegen befindet sich das Muster weit unterhalb der abdeckenden Glasplatte. Tiere mit einer ausgeprägten visuellen Orientierung, z. B. Katzen, vermeiden unmittelbar mit der Erlangung des Sehvermögens den linken, von der Glasplatte abgedeckten tieferen Teil des Riffs. Nachtlebende Tiere mit starker taktiler und Geruchsorientierung dagegen laufen eher auch auf die mit Glas bedeckte tiefere Seite des Riffs (in der Abb. links), denn sie prüfen die Solidität der Unterlage mit Pfoten und Tasthaaren auf der Schnauze. Säuglinge zeigen, wenn man sie über die tiefere Seite des Riffs hält, in der Regel Anzeichen gesteigerter Erregung. Kinder im Krabbelalter vermeiden mit hoher Wahrscheinlichkeit das Überqueren des tief erscheinenden Bereiches. Für GIBSON und ihre Mitarbeiter ist die Verarbeitung von Tiefenhinweisen bei visuell orientierten Tieren und beim Menschen eine in der Entwicklung früh auftretende, vielleicht sogar angeborene Funktion zum Schutz vor der Gefahr eines Sturzes. Der Erklärung dient die Annahme von der kombinierten Wirkweise der →*Bewegungsparallaxe,* der *Dichte* der Felder und der *Disparation.*

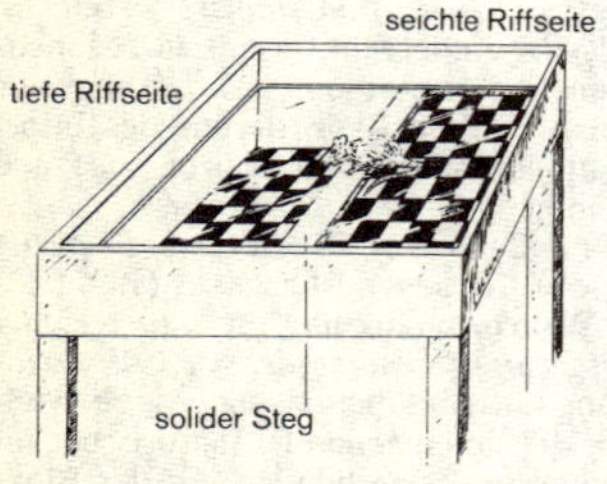

Wahrnehmungsriff nach E. J. GIBSON

LIT. WALK, GIBSON (1961).

wahrscheinlicher Fehler *(probable error).* Statistische Bezeichnung für ein Variabilitätsmaß von Maßzahlverteilungen bzw. *Stichprobenfehlern.* Kennt man die *Standardabweichung* einer Normalverteilung (auch Standardfehler genannt), so kann man durch Multiplikation mit 0.6745 den Bereich um den Mittelwert definieren, in dem 50% aller Fälle liegen bzw. außerhalb dessen die extremen 50% der Fälle liegen. Innerhalb dieses Bereiches von

$$\mu \pm 0.6745 \cdot \sigma$$

können Meßfehler als Abweichungen vom Mittelwert mit 50% Wahrscheinlichkeit auftreten (oder mit ebenso großer Wahrscheinlichkeit nicht auftreten). Der Betrag von 0.6745 ergibt sich aus der *z-Wert-Tabelle* in bezug auf die Normalverteilung.

Wahrscheinlichkeit *(probability).* [1] Mathematische Bezeichnung für die Voraussage eines Ereignisses aus dem Verhältnis von günstigen und möglichen Fällen. Z. B. ist die Wahrscheinlichkeit, mit einer unpräparierten Münze Kopf (oder Adler) zu werfen, definiert aus dem Verhältnis 1 : 2 = 0.5. Für komplexere Aussagen dienen die Kalküle der *Kombinatorik.*

→*Zufall.*
[2] Statistische Bezeichnung für die (auf Wahrscheinlichkeitsmodellen basierende) Aussage über den Grad der Bestätigung *(confirmation)* einer Hypothese, definiert über die W., mit der die Nullhypothese in der Population auf Grund der vorliegenden Stichprobendaten noch eintreffen kann.
[3] *Wahrscheinlichkeit, subjektive (subjective probability):* Bezeichnung für die von einer Versuchsperson geäußerte W. hinsichtlich ihrer Erfolgschancen bei bestimmten Leistungen, z. B. als Index für Risikoverhalten.
LIT. FELLER (1957); FRÖHLICH, BECKER (1972); STILSON (1966).

Wahrscheinlichkeitslernen *(probability learning, probabilistic learning).* Ein Lernen, das an unterschiedlichen Verstärkungswahrscheinlichkeiten für alternative Reaktionsmöglichkeiten orientiert ist. Das W. wird im Tierexperiment analog dem Diskriminationslernen untersucht; in humanpsychologischen Experimenten lassen sich Rückschlüsse auf das subjektive Verarbeiten von Verstärkungswahrscheinlichkeiten im Zusammenhang mit motivationalen Prozessen (z. B. Risikoverhalten) untersuchen.

Wahrscheinlichkeitslernen, multiples →*Linsenmodell.*

Wahrscheinlichkeitsstichprobe →*Stichprobe.*

Warming-up-Effekt, Aufwärmen, Warmwerden. Aus dem Engl. übernommene Bezeichnung für die Tatsache, daß
(a) der Lerngewinn bei einer zweiten oder späteren Lernaufgabe (z. B. Liste sinnfreier Silben) größer ist als bei der ersten und daß
(b) ein ähnlicher Gewinn beobachtet werden kann, wenn nach einer relativ kurzen spezifischen Übungszeit vor Einsetzen intensiverer Übungsserien eine neutrale und für das Übungsziel irrelevante Tätigkeit in der Übungssituation (z. B. gleicher Raum) ausgeführt wird.
Zu (a) vgl. auch →*Lerneinstellung.*

Wasserfall-Effekt →*Täuschung.*

Webersches Gesetz *(Weber's law).* Bezeichnung für die von WEBER angenommene Beziehung zwischen Intensitätsunterschieden von Reizen und der Unterschiedswahrnehmung bzw. -beurteilung *(→Unterschiedsschwelle).* Der eben merkliche Zuwachs, den ein Vergleichsreiz erfahren muß, ist proportional dem Ausgangs- oder Standardreiz bzw. dessen Intensität. (In observando discrimine rerum inter se comparatarum, non differentiam rerum, sed rationem differentiae ad magnitudinem rerum inter se comparatarum, percipimus; beobachtet man die Unterschiede zwischen zwei unterscheidbaren Größen, so erfassen wir das Verhältnis der beiden verglichenen Größen und nicht den Unterschied selbst.) Dies läßt sich auch in Form des Bruches

$$\frac{\Delta S}{S} = K_W$$

ausdrücken, wobei ΔS (Delta-S) den eben merklichen Unterschied und S den Reizwert bezeichnet. Diese Beziehung erweist sich als im mittleren Intensitätsbereich konstant und wird für die verschiedenen Sinnesgebiete als Webersche Konstante (K_W) bezeichnet. *(→Fechnersches Gesetz, →Psychophysik).*

Wechselwirkung →*Interaktion.*

Wechsler-Bellevue-Skala *(Wechsler-Bellevue scale).* Bezeichnung für den von D. WECHSLER eingeführten *Intelligenztest.* Im Deutschen wird das Verfahren *Hamburg-Wechsler-Test* für Erwachsene *(HAWIE)* genannt; ihm entspricht der *Hamburg-Wechsler-Test* für Kinder *(HAWIK)* zur Untersuchung der kindlichen Intelligenz. Die entsprechenden amerikanischen Verfahren heißen *Wechsler Adult Intelligence Scale (WAIS)* und *Wechsler Intelligence Scale for Children (WISC).*
→*Test,* →*Intelligenz.*
LIT. WECHSLER (1949; 1955; 1956; 1958); WECHSLER u. a. (1964).

Weckamine →*Amphetamine.*

Wedensky-Effekt. Bezeichnung für eine am *Nerven-Muskelpräparat* nachgewiesene Reaktionshemmung. Reizt man einen aus dem Organismus entfernten Muskel über den zugehörigen Nerv durch eine Folge von Reizen innerhalb eines kritischen Intervallbereiches, so wird jeder Reiz durch eine Muskelzuckung beantwortet; unterschreitet man den kritischen Intervallbereich, so erfolgt nur eine einzige Zukkung und anschließend Entspannung des Muskels.

Weight Watchers →*Eßstörungen.*

weißes Blutbild →*Blutbild.*

weißes Rauschen →*Rauschen.*

Werbepsychologie *(advertising).* Bezeichnung für ein Teilgebiet der Ange-

wandten Psychologie und Marktpsychologie, in dessen Rahmen die Wirksamkeit von Werbemaßnahmen einschließlich der Produktaufmachung (z.B. Verpackung) untersucht wird.
LIT. SPIEGEL (1958).

Wernickesches Zentrum *(Wernicke area, Wernicke center).* Bei Rechtshändern der Bereich zwischen der ersten und zweiten Windung des linken Temporallappens, der von WERNICKE als Gehörs- und Sprachassoziationszentrum identifiziert wurde. →*Brocasches Zentrum*, →*Brocasche Windung.*

Wert *(value).*
[1] Aus der philosophischen Ethik stammende Bezeichnung für die einem Individuum oder einer Gruppe eigene mehr oder weniger explizite und explizierbare Auffassung von den erstrebens- oder wünschenswerten Handlungen oder Einstellungen in bezug auf Mitmenschen oder Dinge oder Ziele des Verhaltens allgemeinerer (normativer) Art (im Sinne von gut und schlecht). Der Erwerb dieser Auffassung von den Werten als Bezugssystem des Verhaltens ist – so wird angenommen – an Vorgänge analog der *Sozialisation* bzw. an den bewertenden Umgang *(Transaktion)* mit den Normen und Sachverhalten der Umwelt gebunden.
Als *Wertorientierung (value orientation)* wird allgemein das Bezogensein von Handeln und Denken auf Werte (s.o.) bezeichnet. (Wegen des deutlichen Bezuges bzw. naheliegenden Anklanges an wertethische Überlegungen wird der Wert-Begriff recht selten in der Psychologie gebraucht; Syn. *Einstellung, soziale Normen; Sozialisation* für den Erwerb des Wert-Bezugssystems.)
[2] Syn. für das einem Bedürfnis, einer Einstellung oder einem Wunsch entsprechende Handlungsziel (besser Ziel oder Zielobjekt).
[3] Bezeichnung für das zahlenmäßige Resultat des Messens.
LIT. GRAUMANN (1965a); KLUCKHOHN u.a. (1965).

Wert, absoluter →*absolut.*

Wertsystem oder **Wertesystem** *(value system).* Allgemeine und umfassende Bezeichnung für die bei einem Individuum oder einer (kulturellen) Gruppe vorherrschenden Werte bzw. die Auswahl von »objektiven« Werten, die ein Individuum oder eine Gruppe vorherrschend akzeptiert. Die daraus resultierenden *Einstellungen* werden manchmal *Wertorientierungen* oder *Werthaltungen* genannt. In der *geisteswissenschaftlichen Psychologie* E. SPRANGERS werden sechs ausgezeichnete *Wertbereiche* in idealtypischer Setzung vorausgesetzt und in einer Art *Werttypologie* zusammengefaßt. Es sind dies: »Das« Theoretische, Ökonomische, Politische, Soziale, Religiöse und Ästhetische.
LIT. →*Wert* sowie SPRANGER (1966); VERNON, ALLPORT (1931).

Widerstand *(resistance).*
[1] Physikalische Bezeichnung für die Wirkung eines Körpers einer entgegengesetzten Kraft gegenüber bzw. für den Verlust elektrischen Stromes beim Durchgang durch einen Körper (Leiter); letzteres wird in Ohm gemessen.
[2] Bezeichnung für eine Empfindungsqualität, die dann auftritt, wenn bewegte Körperteile auf eine Gegenkraft bzw. gegen feste Körper stoßen.
[3] Allgemeine Bezeichnung für die Tendenz einer Person, Anordnungen, Vorschläge oder empfohlene Handlungen anderer zu verweigern.
[4] In der Psychoanalyse allgemeine Bezeichnung für die Weigerung einer Person, unbewußte Inhalte oder Motive offenzulegen und/oder als eigene verdeckte Motive des Erlebens und Verhaltens anzuerkennen. So können z.B. bereits etablierte *Abwehrmechanismen* nur gegen den Widerstand abgebaut werden, da die Entstehung dieser Mechanismen einem Motivverzicht gleichkommt. Während im Falle bewußten Widerstandes die Annahme gilt, die Information werde vom Patienten aus Gründen der Furcht, Scham oder des drohenden Kontaktverlustes mit dem Therapeuten unterdrückt, bezieht sich der unbewußte Widerstand auf die Begründung an sich bewußter Motive.

Wiederbewertung →*Bewertung.*

Wiedererkennen *(recognition, recognize).* Das Erkennen eines Gegenstandes oder Inhaltes als etwas, das bereits bekannt oder benannt worden war. Als Methode der Gedächtnisprüfung das Herausfinden von bereits bekannten Elementen eines Lernstoffs aus dem Angebot einer Zufallsmischung bekannter und unbekannter Elemente.
→*Gedächtnis*, →*Identifikation.*

Wiederholungszwang *(repetition compulsion).* Bezeichnung für immer wieder auftretende Handlungen ohne äußeren oder dem Betreffenden bewußten Grund (z.B. Waschzwang). In psychoanalytischer Deutung ein Anzeichen für einen unbewußten Konflikt oder Furcht.

Wille →*Wollen.*

Willenshandlungen →*Wollen.*

Willkürmuskeln →*quergestreifte Muskeln.*

Windung, Gyrus *(convolution)* ist die Bezeichnung für jede Falten- und Windungsbildung im Kortex.

Winterschlaf *(hibernation).* Bezeichnung für einen Zustand der Starre und Veränderung des Grundumsatzes, der bei manchen Tierarten während des Winters auftritt. Die Umgebungstemperatur ist dabei der *Zeitgeber* für den Beginn bzw. das Ende des W.
→*Biorhythmus.*

Wirksamkeitsmotivation →*Kompetenz.*

Wissen *(knowledge).*
[1] Auf objektiven und/oder subjektiven Gründen beruhende Überzeugungen vom tatsächlichen Bestehen von konkreten Gegebenheiten (z.B. Gegenstände, Vorgänge, Sachverhalte) oder ideellen Gegenständen (z.B. Logik, Mathematik, Ethik, Religion) sowie von deren Bedeutung, Funktion und Zusammenhängen. W. kann auf eigene Erfahrung im engeren (z.B. eigene Wahrnehmung) und weiteren Sinn bauen (z.B. Lektüre von Berichten, Dokumenten), auf Kommunikation (Mitteilungen), kritischer Reflexion, auf →*Denken* (Urteilen, Schlußfolgern), auf Erinnerungen bzw. bereits bestehenden Einsichten in oder Ansichten über die »Natur« der Gegebenheiten und ihre Zusammenhänge (→*Gedächtnis*).
[2] Die *Wissenspsychologie,* ein integratives Teilgebiet der Kognitionspsychologie, geht von den Ergebnissen der Denk- und Gedächtnisforschung aus. In ihrem Rahmen werden Probleme der Kodierung und strukturierten Repräsentation sprachlich-symbolischer Informationen im Langzeitgedächtnis, ihres Abrufs und ihrer Nutzung bei der Beantwortung von Fragen oder bei der Lösung von Problemen behandelt. Es wird dabei angenommen, die Wissensrepräsentation erfolge in Form von →*Netzwerken,* deren Knoten Propositionen, Argumente, Relationen und (emotionale) Bewertungen darstellen. Als größere Wissenseinheiten gelten sog. *Schemata* (→*Schema*), die konkretes und abstraktes W. in sich vereinen. Schemata für Ereignisabläufe werden →*Skripte* genannt. Subjektive Wissensgefüge über komplexe Sachverhalte gelten als *mentales Modell (mental model),* in dem *deklaratives W.* oder *Was-W. (declarative knowledge; know-what)* und *prozedurales W.* oder *Wie-Wissen (procedural knowledge; know-how),* das W. über Verfahrens- oder Handlungsregeln zusammengefaßt sind. Der Abruf von W. wird als Prozeß der *automatischen* bzw. *kontrollierten Aktivierung* der genannten Wissensstrukturen angesehen.
LIT. →*Gedächtnis,* →*Denken.*

Wollen *(volition).* Allgemeine und umfassende, klassische Bezeichnung für die bewußte Entscheidung eines Individuums für eine bestimmte Richtung des Handelns (Gegenteil von impulsiven Handlungen, unüberlegtem Handeln). *Willenshandlungen (voluntary activities)* sind gekennzeichnet durch ihre *Gerichtetheit* auf ein bestimmtes Ziel (Intentionalität) und den vorausgehenden *Entscheidungsprozeß. Wollen* wird oftmals synonym verwendet mit der *Motivation* für ein bestimmtes Handeln. Als *Wille* bezeichnet man (philosophisch) die dem bewußten Handeln zugrunde liegende »Fähigkeit«, sich bewußt aufgrund von Beweggründen (Motiven) für einen bestimmten Handlungsweg oder eine bestimmte Handlungsart zu entscheiden.
LIT. THOMAE (Hrsg.; 1965a).

Wort *(word).* In der traditionellen *Sprachwissenschaft* und *Psycholinguistik* Bezeichnung für grammatikalische Elemente von Sätzen. Ein W. ist die kleinste bedeutungstragende Einheit *(Morphem)* der Sprache und besteht aus den nicht bedeutungstragenden Sprech- (Silben) und Klang- bzw. Schalleinheiten (Laute, Phoneme). In der neueren generativen Grammatik wird u.a. zwischen *Inhalts-* und *Funktionsworten* unterschieden. →*Begriff.*

Wortassoziation, Wortassoziations-Test *(word association; word association test).* Allgemeine Bezeichnung für die Tatsache, daß bei Nennung eines Wortes aufgrund des Sprachgebrauchs bzw. Bedeutungszusammenhangs damit verbundene sprachliche Reaktionen geweckt werden. Der von C. G. JUNG eingeführte W.-Test, auch *Assoziationsversuch* genannt, wird angewandt, um aus der Art der produzierten Einfälle bzw. ihrer Geschwindigkeit oder Verzögerung Rückschlüsse auf Problembereiche

und emotionale Blockierungen zu ziehen. Die Verbindung einzelner Worte zu sog. *Wortassoziations-Ketten (word chains; verbal chaining)* gilt in der Sprach- und Lernpsychologie als entscheidende Voraussetzung für die Wirkweise, den Sprachgebrauch erleichternde, innere Vermittlungsprozesse.
→*Pfadaktivierung.*

Wortblindheit →*Alexie.*

Wörterbuch – Gedächtnis →*Lexikon.*

Wortfeld *(word cluster; word field).* Sprachwissenschaftliche Bezeichnung für Wörter, die (a) aus einem bestimmten Wortstamm hergeleitet sind oder (b) eine durch ihre Bedeutungsgemeinsamkeiten definierte Klasse bilden, die sich aus dem Sprachgebrauch und/oder mit Hilfe korrelationsstatist. Analysen der Einschätzung von Bedeutungszusammenhängen durch eine größere Zahl von Befragten erschließen läßt.

Wortflüssigkeit *(word fluency; speech fluency).* Aus Satz-, Wort- oder Silbenergänzungsaufgaben erschlossenes Kennzeichen der verbalen *Intelligenz* bzw. der Fähigkeit zur Ausführung divergenter bzw. konvergenter Denkoperationen.
→*Denken,* →*Intelligenz.*

Worthäufigkeit, Worthäufigkeitslisten *(word frequency; word frequency lists).* Bezeichnung für die Häufigkeit des Vorkommens bestimmter Worte, ermittelt anhand von Quellenstichproben (z.B. Bücher, Zeitschriften, Reden). Die W. korreliert mit der Geschwindigkeit des W.-Wiedererkennens, mit den Schwellenwerten bei tachistoskopischer Wortdarbietung, mit der Verweildauer des Blickes beim Lesen und mit der Geschwindigkeit bzw. Häufigkeit des Aussprechens.

Wunsch *(wish).* Bezeichnung für die Vorstellung (Wunschvorstellung, Wunschtraum) eines begehrten Gegenstandes mit dem starken erlebten Drang nach dessen Erlangung. In der Psychoanalyse FREUDS Syn. für jedes Begehren, für Motivation sowie für unbewußte Wünsche. Als *Wunschdenken (wishful thinking)* bezeichnet man eine Art des Phantasierens *(→Phantasie),* in dessen Rahmen Wünsche überwiegen und nicht wünschenswerte Sachverhalte weitgehend zurücktreten. *Wunscherfüllung (wish fulfilment)* bezeichnet in der Psychoanalyse eine jede Spannungsminderung, die durch *Vorstellungen* von dem Wunsche entsprechenden Inhalten erreicht wird (z.B. im Wunschdenken oder in Träumen).

Wünsche, verdrängte →*Traumdeutung.*

Würzburger Schule *(Würzburg school).* Bezeichnung für eine Forschergruppe um O. KÜLPE, die sich mit der Erforschung von Denk- und Willensphänomenen beschäftigte.

Wut *(rage).* Bezeichnung für einen von starken motorischen und vegetativen Reaktionen begleiteten Affektzustand, der zu den instinkt- oder triebabhängigen Kampf- und/oder Abwehrreaktionen gezählt wird.

Yerkes-Dodson-Gesetz *(Yerkes-Dodson law)*. Zwischen dem durch externe oder interne Einflüsse bestimmten allgemeinen Erregungs-Niveau *(→Aktivation)* und der Leistung besteht eine umgekehrt U-förmige Beziehung; die Leistungsfähigkeit ist daher bei einem mittleren Erregungs-Niveau optimal. YERKES und DODSON demonstrierten diese Gesetzmäßigkeit durch die Abhängigkeit der Lerngeschwindigkeit von der Reizstärke im Tierversuch. BROADHURST zeigte in Experimenten mit Ratten, daß das Unterscheidungslernen bei schwierigen Aufgaben unter schwachem Antrieb, bei leichten dagegen unter starkem Antrieb besser ausfällt. Die Übertragung dieses Gesetzes auf das menschliche (Lern- und Wahrnehmungs-)Verhalten stößt auf erhebliche Schwierigkeiten, denn zwischen *Aufgabenschwierigkeit, Erregungs-Niveau* und *Leistung* herrschen von vielerlei *vermittelnden Prozessen* abhängige *Beziehungen.* So ist z.B. das Erregungs-Niveau auch von Bewertungs-Vorgängen abhängig, wobei eine schwierigere Aufgabe mehr erregen kann als eine leichte.

Man kann daher annehmen, daß das optimale Erregungs-Niveau bei schwierigen Aufgaben beim Menschen zumindest auf dem gleichen, wenn nicht auf einem höheren Niveau liegt als bei leichten.

LIT. BROADHURST (1959); M. W. EYSENCK (1982); KAHNEMAN (1973); YERKES, DODSON (1908).

Zahlennachsprechen *(digit-span test)*. Bezeichnung für eine Gruppe von Verfahren zur Messung des menschlichen *Gedächtnisses (memory span)* nach der *Methode der behaltenen Glieder*. Es wird geprüft, wie viele Zahlen eine Versuchsperson nach einmaligem Vorsagen oder Vorzeigen richtig in der angegebenen oder umgekehrten Reihenfolge reproduzieren kann.

Zapfen *(cones)*. Elemente der Rezeptorenschicht in der Retina (Netzhaut) des *Auges*, die das Sehen von Farben vermitteln. Zu unterscheiden von den *Stäbchen (→Auge)*.

Zeichen *(sign)*. Informationstheoretische und psycholinguistische Bezeichnung für eine Gruppe ähnlicher, jedoch eindeutig identifizierbarer, also unterscheidbarer, für ein Kodieren (Bezeichnen nach Regeln) verwendeter Reize (z. B. Buchstaben, Zahlen, Ziffern).
Z. u. von *→Signal*.

Zeichengestalten *→kognitive Landkarte*.

Zeigarnik-Effekt *(Zeigarnik phenomenon, Zeigarnik effect)*. Bezeichnung für einen inzwischen weitgehend relativierten experimentellen Befund ZEIGARNIKS, dem zufolge Aufgaben, die nicht beendet werden konnten, besser gemerkt (bzw. häufiger wiedergenannt) werden als Aufgaben, die vollendet worden sind. Syn. *unerledigte Handlungen (unfinished tasks, unfinished business)*.
→Bedürfnis.
LIT. ZEIGARNIK (1927).

Zeiterleben *(psychological time)*. Bezeichnung für die subjektive Zeitschätzung aufgrund der *Dauer* oder der Anzahl der während eines Zeitraumes gemachten Erfahrungen.
LIT. FRAISSE (1963).

Zeitgeber *→Biorhythmus*, *→Schlaf*.

Zeitkonstante, τ *(time constant)*. *Physik, Psychophysiologie:* Verändert sich ein Vorgang in der Zeit und fällt dabei eine Größe G vom Ausgangswert G_0 exponentiell ab, so kann der Abfall durch die Beziehung $G = G_0 \cdot e^{-t/\tau}$ dargestellt werden, wobei e = 2.718218 (Basis des natürlichen Logarithmus), t die Zeit und τ die Zeitkonstante in Sekunden bezeichnen. Bei Anwendung von Signalverstärkern zur Darstellung *→ereignisbezogener Potentiale* des EEG ist τ die Zeit, die der Verstärker (Kondensator) benötigt, um nach der Entladung auf den e-ten Teil der Ausgangsspannung zurückzukehren. Die Abbildungsqualität von Wechselspannungsverstärkern (AC) ist von τ abhängig, jene von Gleichspannungsverstärkern (DC) dagegen nicht.

Zeitperspektive *(time perspective)*. Bezeichnung für die Gesamtspanne des Zeiterlebens bzw. zeitlichen Bezuges in Vergangenheit und Zukunft, die von Situation, Reife und Art des Persönlichkeitssystems abhängig ist.
→Perspektive.

Zeitreihe *(time series)*. Eine Z. ist definiert als eine geordnete Menge von Beobachtungswerten $X_1, X_2 \ldots X_n$, die zu bestimmten, meist in regelmäßigen Abständen aufeinanderfolgenden Zeitpunkten $t_1, t_2 \ldots t_n$ erhoben wurden, um die zeitabhängigen Veränderungen eines Merkmals zu erfassen. Die Ergebnisse lassen sich durch Glättung als *Trend* darstellen. Der innere Zusammenhang von Z.-Trends läßt sich u. a. mit Hilfe der *→Autokorrelation* oder *Reihenkorrelation* darstellen.

Zeitreihen-Analyse *(time series analysis)*. Zusammenfassende Bezeichnung für statistische Verfahren zur Darstellung und Prüfung der zeitabhängigen Veränderungen von Merkmalen und Merkmalsgruppen. Zu ihnen zählen *Trendanalyse, Auto-* und *Kreuzkorrelation* und die verschiedenen Arten und Formen der *Pfadanalyse*.
LIT. GLASS u. a. (1975); HODAPP (1984); REVENSTORF (1979).

Zeitsinnapparat *(time-sense apparatus)*. Vorrichtung zur Untersuchung der Genauigkeit von Reaktionen auf kontrollierbare Folgen von optischen und akustischen Reizen. Die Standardausführung besteht aus einer rotierenden Scheibe, auf der Kontakte angebracht sind. Bei Berührung der Kontakte durch einen Schleifer werden die entsprechenden Reize gegeben; die Registrierung der Reaktionszeiten erfolgt automatisch.

Zelle *(cell)*. Strukturelle und funktionelle Einheit von Organismen (Pflanzen und Tieren). Z. besitzen eine dünne Membran, in ihrem Inneren befindet sich Protoplasma *(Zellplasma, Zytoplasma; cytoplasm)* und ein zentraler Kern *(nucleus)*, im Protoplasma eingeschlossen sog. Organellen verschiedener Art und Funktion und nicht lebende Substanzen. Man kann Zellen nach Art und Funktion, Größe, Form, Vereinzelung oder Gruppierung, Differenzierungsgrad, Lebensdauer und Lebenszyklus unterscheiden. Zwar sind Zellen Einheiten, jedoch keinesfalls die letzten und kleinsten analysierbaren Bestandteile des lebendigen Organismus. Kern und Proto- bzw. Zytoplasma weisen ihrerseits wieder Komponenten auf, die den Feinaufbau der Z. charakterisieren. Die *Plasmamembran (plasma membrane)* ist widerstandsfähig und elastisch, ihre Dicke beträgt mindestens 0.015 Mikron. Sie ist selektiv durchlässig und kontrolliert daher die Aufnahme und Abgabe bestimmter Moleküle. Pflanzenzellen produzieren eine Zelluloseschicht; manche tierische Zellen produzieren z. B. Knochensubstanz u. ä. aus dem *Zytoplasma.* Dieses stellt sich als Kolloidmasse dar, bei den meisten Zellen ist es in feinste filmartige Doppelmembranen (das *endoplasmatische Reticulum*) gegliedert, an deren Außenseiten RNS-Körnchen haften, die der Proteinsynthese des Zellhaushalts dienen. Im Zytoplasma finden sich einige Feinstrukturen, die unter den Titeln *Organellen (organelles)* bzw. *Zelleinschlüsse (inclusions)* zusammengefaßt sind. Zu den *Organellen* zählen: (a) die nur während der Zellteilung sichtbare sog. *Zentrosphäre (centrosphere)* mit ihren Ausstrahlungen, (b) *Mitochondrien (mitochondria):* runde bis stäbchenförmige Gebilde in größerer Zahl, sie sind Träger oxydativer Enzyme für den Energiehaushalt des Protoplasmas, (c) *Golgi-Apparat,* ein um das Zentrosom liegendes Kanalsystem mit sekretorischen Funktionen, und (d) *Protoplasma-Fibrillen (protoplasmic fibrils)* bzw. bei Pflanzen *Chloroplasten* (Chlorophyllerzeugung aus Sonnenlicht). Zu den *Zelleinschlüssen* zählen Vakuolen, kristallinische Partikel, Glykogene, Fette, Pigmente und Fremdkörperchen. Der *Zellkern (nucleus)* ist die deutlichste Struktur innerhalb der Z. Die meisten Zellen besitzen einen, manche zwei und mehr Kerne. Seine Form variiert zwischen rund bis eiförmig und länglich bis aufgefächert (z. B. bestimmte Leukozyten). In seinem Inneren befindet sich das im Vergleich zum Zytoplasma dickere Nucleoplasma, die umhüllende Kernmembran ist dicker als die Zellmembran. Das Zellkernplasma besitzt Spezialisierungen: das *Chromatin,* eine Gerüststruktur, die aus diffus angeordneten *Chromosomen* besteht und eingefärbt werden kann; während der Zellteilung verändert sich das Chromatin und bildet die kürzeren, dicken Doppelstrukturen der Chromosomen. Im Kern befinden sich ferner ein bis mehrere *Nucleoli,* die während der *Zellteilung* verschwinden.

Zellkern →*Neuron.*

Zellkörper →*Neuron.*

Zellplasma →*Protoplasma,* →*Zelle.*

Zellteilung *(cell division).* Omnis cellula e cellula: jede Zelle geht aus einer Zelle hervor (VIRCHOW). Man unterscheidet: (a) *Direkte Teilung* oder *Amitose (amitosis):* Vorwiegend bei Pflanzen und Bakterien auftretende direkte Durchtrennung von Protoplasma und Zellkern, die durch eine Zwischenwand eingeleitet wird. (b) *Indirekte Teilung* oder *Mitose (mitosis),* z. B. die Teilungen des befruchteten Eies, in mehreren Phasen (Ruhephase, Prophase, Metaphase, Anaphase und Telophase) ablaufender Prozeß mit Übertragung des gesamten identischen Chromosomensatzes auf die Tochterzelle. (c) *Reduktive Teilung oder Meiose (meiosis);* z. B. die Teilung von Ei- und Samenzellen, wobei der Chromosomensatz auf die Hälfte reduziert wird.

Zellverband *(cell assembly).* Bezeichnung für die von HEBB getroffene Annahme, daß Gruppen kortikaler Neuronen, die miteinander verbunden sind, nach Durchlaufen von Übung (Lernen) auch funktional eine engere Bindung eingehen, also im Gefüge der übrigen Neuronen einen Verband bilden. Z. entsprechen sozusagen Gedächtnisspuren. HEBB nimmt weiter an, daß sich mehrere Zellverbände zu einer *Phasensequenz (phase sequence)* zusammenfügen, was komplexeren Eindrücken entspricht.

Zensur *(censorship).* Ein von FREUD geprägter Begriff, der anschaulich ausdrücken soll, daß ein *endopsychisches* Agens selektiver Art angenommen wird, das in der Art einer Barriere das Bewußtwerden verdrängter Impulse, Gedächtnis- und Vorstellungsinhalte verhindert (Ichzensur).

zentrale Tendenz *(central tendency).*

[1] In der deskriptiven Statistik ist zentrale Tendenz eine Bezeichnung für den Gipfel bzw. die dem Gipfel einer Verteilung entsprechenden Maßzahlen (→*Median,* →*Modus); Maße der zentralen Tendenz.*

[2] Bei der Anwendung von *Ratingskalen* ist zentrale Tendenz die Bezeich-

nung für die Tatsache, daß Urteile – abgegeben in bezug auf eine Qualität oder Eigenschaft im Verhalten eines Individuums – gehäuft auf die Skalenmitte entfallen. Die durchgängige Bevorzugung der Skalenmitte schlägt sich in einem Mangel an Differenziertheit der Urteile eines Raters nieder und wird als *Fehler der zentralen Tendenz* bezeichnet.

Zentralisation *(centralization).* Bezeichnung für die mit der →*Differenzierung [1]* einhergehende Tendenz, zentrale und den Einzelfunktionen übergeordnete Instanzen steuernder und integrierender Funktion herauszubilden bzw. (in neurologischer Sichtweise) zu aktivieren. Syn. *Zentralisierung.* →*Entwicklung;* →*Entwicklungstheorien.*

Zentral-Nerven-System (ZNS) →*Gehirn,* →*Nervensystem.*

zentrifugal →*efferent.*

zentripetal →*afferent.*

Zentrosphäre →*Zelle.*

Zerfall *(deterioration).* Allgemeine Bezeichnung für jede Art fortschreitender Veränderungen der Funktionen oder der Persönlichkeit, die sich in einer Abschwächung bzw. einer allmählichen Desintegration äußern. Manchmal auch Syn. für *Abbauerscheinungen,* die als Begleiterscheinungen krankhafter Prozesse oder des Alterns auftreten.
→*Abbau-Index.*

Zerfall-Index →*Abbau-Index.*

Ziel *(goal).*
[1] Bezeichnung für einen räumlichen oder gegenständlichen Bezugspunkt des Verhaltens, der aus der Bewegungsrichtung des Organismus erschlossen werden kann, wobei das Verhalten in der Zielerreichung (z.B. dem konsummatorischen Akt) endet.
[2] Allg. Bezeichnung für einen Reiz, der die in den konsummator. Akt übergehende Verhaltenskette auslöst.
[3] Allgemeine Bezeichnung für ein vorgestelltes erstrebenswertes Endresultat einer Tätigkeit. →*Motiv.*

Zielerwartung →*determinierende Tendenzen,* →*Verhalten, zielorientiertes.*

Zielgradient *(goal gradient).* Bezeichnung für das Anwachsen der Reaktionsgeschwindigkeit und -stärke bei Annäherung an das *Ziel.* Bei Labyrinthversuchen wird als Maß des Zielgradienten meist das Absinken der Fehlerzahl und Entscheidungszeit von Wahlpunkt zu Wahlpunkt gewählt.

Zielreaktion *(goal reaction).*
[1] Allg. Bezeichnung für die Endhandlung einer Verhaltenskette, die durch Zielerreichung (und Bedürfnisbefriedigung) gekennzeichnet ist. Im Tierversuch z.B. die Konsumation des Futters durch ein hungriges Versuchstier in der Zielbox eines Labyrinthes.
[2] Als *partiell antizipatorische* oder *antizipierende Zielreaktion* (*fractional antedating goal response,* r_G) in HULLS System Bezeichnung für eine hypothetische Zielreaktionsspur, die nach vorangegangener Erfahrung bereits zu Beginn einer Handlung oder Verhaltenssequenz auftritt und eine Art Voraussicht des Zieles bewirkt. Dies geschieht, indem sog. *fraktionierte Zielreize* (s_G) als Spuren reaktiviert und zur Veranlassung weiterer Reaktionen der Verhaltenssequenz werden, wodurch der Organismus in größere Zielnähe gelangt oder zu gelangen meint. Typisches Beispiel für r_G ist die latente Kaubewegung, die ihrerseits propriozeptiv zurückgemeldet und zum latenten Zielreiz s_G werden kann. Partiell antizipatorische Z. haben darüber hinaus die Eigenschaft, auf dem Weg zum Ziel zu *sekundären Verstärkern* zu werden, weil sie im Falle der konkreten Zielerreichung mit diesem in Verbindung standen. Daraus erklärt HULL die große Bereitschaft von r_G, über s_G neue S-R-Verbindungen einzugehen. Der Begriff von der partiell antizipatorischen Z. hat in HULLS System hohen Erklärungswert für *latentes Lernen, partielle Verstärkung* und den sog. →*Verstärkungsgradienten.*

Zirbeldrüse →*Epiphyse.*

Zirkeldefinition →*Definition.*

zirkuläres Irresein *(circular psychosis).* Veraltete Bezeichnung für *manisch-depressive Störungen.*

Zöllnersche Täuschung *(Zöllner illusion).* Bezeichnung für eine optische Täuschung, die dann entsteht, wenn man zwei senkrechte parallele Linien durchstrichelt; und zwar wird die eine, linke, z.B. mit von links oben nach rechts unten laufenden kurzen parallelen Querstrichen versehen, die andere mit von links unten nach rechts oben verlaufenden.
Die beiden Linien scheinen nicht mehr parallel, sondern nach unten hin auseinander zu laufen.

z-Score →*Score.*

Zufall *(randomness),* **zufällig** *(at ran-*

dom; random). Bezeichnung für Ereignisse, die durch die hergestellten Bedingungen oder die Prozedur der Auswahl dem Zufall entsprechend eintreffen, also gleiche Wahrscheinlichkeit des Auftretens in einer großen Ereignismenge haben. So wird eine Stichprobe dann als *Zufallsstichprobe (random sample)* bezeichnet, wenn bei der Auswahl der Fälle jeder andere Einfluß (z.B. eine bereits bestehende Ordnung) außer dem des Zufalls ausgeschaltet wird, so daß jedes Mitglied der *Population* die gleiche Chance hat, auch Mitglied der *Stichprobe* zu werden.

zufällige Intervalle →*Verstärkungsplan.*

Zufallsaktivität oder **-bewegung** *(random activity, random movement).* Bezeichnung für Bewegungen, die ohne auslösenden Reiz, ohne ersichtliche Begründung, ohne Instinkt- oder Gewohnheitsbezug und unwillentlich erfolgen. Vertritt man den Standpunkt, daß es keine rein zufälligen Bewegungen oder Handlungen gibt, sondern nur durch Umweltreize, innere Reize (Instinkt, Gewohnheit) u.ä. determinierte, so bezeichnet *Zufallsaktivität* eine Handlung oder Bewegung, die durch den Beobachter nicht auf eine von ihm erkannte Ursache bezogen werden kann.

Zufallsfehler →*Fehler.*

Zukunftsperspektive →*Perspektive.*

Zungenbein *(hyoid bone).* Ein Knochengebilde zwischen Zungenwurzel und Kehlkopf, an dem die Zungenmuskel (zur Bewegung der Zunge) ansetzen.

Zurechnungsfähigkeit *(responsibility, soundness of mind).* Bezeichnung aus der juristischen Fachsprache für die Schuldfähigkeit. Verminderte Zurechnungsfähigkeit liegt nach den verschiedenen europäischen Strafgesetzbüchern meist dann vor, wenn ein bestimmtes Lebensalter noch nicht erreicht ist, Krankheit oder geistige Schäden (Schwachsinn) vorliegen, zum Zeitpunkt der Tat außergewöhnlich heftige Affekte den Realitätsbezug und die Handlungssteuerung beeinträchtigten, so daß ein Mangel an Einsicht in die vollbrachte Tat nachgewiesen werden kann.
→*Forensische Psychologie.*

zusammengesetzter (Summen-)Score →*Score.*

zusammengesetzte Vorstellungen →*Vorstellung.*

Zustand, affektiver →*affektiv.*

Zwangsgedanken →*Zwangsneurose.*

Zwangshandlung →*Zwangsneurose.*

Zwangsneurose, Zwangsstörung *(obsessive compulsive neurosis, obsessive compulsive disorder).*
[1] Als *Zwangsneurose* bezeichnete FREUD psychoneurotische Störungen, die durch zwanghaft wiederkehrende Gedanken und Vorstellungen (gelegentlich vermischt mit Verfolgungsideen), durch Zwangsimpulse sowie durch Zwangshandlungen charakterisiert sind. In extremen Fällen können Zwangsgedanken und -handlungen das Erleben und Verhalten bis zur Arbeitsunfähigkeit beeinträchtigen. Die Abgrenzung der Z. von anderen Neuroseformen begründete FREUD durch die ätiologische Annahme, Zwänge seien Ausdruck eines unbewußten unzulänglichen Kompromisses zwischen Triebimpulsen, ihrer Zensur, der Forderung nach Sühne und der Suche nach Ersatzbefriedigung. Für die Aufdeckung der ambivalenten Ausgangssituation als Ursache für die »anankastischen« Konsequenzen wird die *Psychoanalyse* empfohlen. Aus lerntheoretischer Sicht sind Zwangsgedanken und -handlungen die Folgen ihrer operanten Konditionierung durch ihre Verknüpfung mit dem Abklingen einer (in der Regel durch Angstsignale) ausgelösten heftigen Erregung. Dies führt zu der Empfehlung, Zwänge durch →*Verhaltenstherapie* sowie durch Maßnahmen der Erregungsbeherrschung (→*Desensitivierung*) zu bekämpfen.
[2] Im *DSM III–R* werden *Zwangsstörungen* (Zwangsneurosen) der Klasse *Angststörung* zugeordnet. Z. äußern sich in dem inneren, subjektiven Drang, gegen den inneren Widerstand und wider die Einsicht in die Sinnlosigkeit, bestimmte Dinge immer wieder zu denken oder zu tun. *Zwangsgedanken (obsessions)* kreisen um bestimmte Ideen, Impulse oder Vorstellungen (z.B. einen geliebten Angehörigen zu töten, sich als religiöser Mensch in Gotteslästerungen zu ergehen, sich beständig die Hände zu waschen, um einer Infektion vorzubeugen, an allem zweifeln zu müssen). Als *Zwangshandlungen (compulsions)* gelten jene Verhaltensweisen, die bei Auftauchen von Zwangsgedanken immer wieder stereotyp ausgeführt werden. Zwangshandlungen wirken übertrieben und stehen in keinem realistischen Bezug zu den Denkinhalten. Sie dienen

dazu, das Unbehagen an den eigenen Gedanken zu bereinigen oder das Gedachte und seine Folgen unwirksam zu machen. Zu den häufigsten Zwangshandlungen gehören Waschzwänge, Zählen, Kontrollieren und Berühren. Z. kommen bei Frauen und Männern sehr oft und gleichhäufig vor, setzen manchmal in der Kindheit, in der Regel jedoch während der Adoleszenz bzw. im frühen Erwachsenenalter ein.
LIT. Reinecker (1980).

Zwei-Aspekte-Lehre *(double aspect theory)*. Bezeichnung für eine auf Spinoza aufbauende philosophische Anschauung, die besagt, daß Geist und Körper, seelische und körperliche Prozesse (Nervenprozesse) nur zwei verschiedene Aspekte desselben Geschehens repräsentieren.

Zwei-Faktoren-Theorie des Lernens *(two factor theory of learning)*.
[1] Von Pawlow und Mitarbeitern entwickelte Annahme über zwei Konditionierungsmöglichkeiten (erster und zweiter Art) in ihrer Wechselwirkung.
[2] Von Mowrer eingeführte Auffassung zur Erklärung von relativ überdauerndem *Vermeidungsverhalten*. In einem ersten Teilprozeß nach Art des klassischen Konditionierens wird eine Situation, in deren Rahmen ein aversiver Reiz auftrat, zum konditionellen aversiven Reiz. In einem zweiten, auf die aktive Flucht bzw. Vermeidung bezogenen Teilprozeß wird die Erfahrung gelernt, daß das operante Verhalten, die Flucht, nach ihrem erfolgreichen Abschluß mit der Lösung furchtinduzierter Spannung zusammenfällt. Der entspannte Zustand ist Verstärker für die Wiederholung der Flucht; wenn die Situation wieder auftritt, erfolgt auch die Wiederholung des Fluchtversuches. Wird dieser behindert, so werden relativ schnell andere Fluchtwege auf operantem Wege konditioniert. Damit ist aus dem gelernten Vermeidungsverhalten eine allgemeine Fluchttendenz geworden. Auf dieser Grundlage baut die *Triebtheorie* der →*Angst* bzw. Ängstlichkeit auf.

Zweifaktoren-Theorien →*Faktorentheorie*.

Zweifaktoren-Theorie der Intelligenz →*Intelligenz*.

Zwerchfell →*Diaphragma*.

z-Wert *(z value)*. Statistische Bezeichnung für den Standardabweichungswert einer Maßzahl in der Normalverteilung, errechnet nach

$$z = \frac{X - \mu}{\sigma}$$

μ ist der Populations-Mittelwert bzw. dessen Schätzung, X eine Maßzahl, σ die geschätzte Standardabweichung der Normalverteilung. Jedem z-Wert entsprechen bei der Normalverteilung bestimmte Flächenproportionen.
→*Normalverteilung*.

z' (auch Z oder Z')-Wert *(z'value)*. Statistische Bezeichnung für einen transformierten Produkt-Moment-Korrelations-Koeffizienten. Die Transformation dient dem Zweck, einen Korrelationskoeffizienten auf einen normalverteilten Parameter beziehen zu können; die z'-Verteilung ist eine *Normalverteilung*.

Zwilling *(twin)*. Eines von zwei gleichzeitig in derselben Gebärmutter heranreifenden und zum annähernd gleichen Zeitpunkt geborenen menschlichen Lebewesen bzw. Säugetieren. Entstammt das *Zwillingspaar* zwei verschiedenen, zum gleichen Zeitpunkt befruchteten Keimzellen, so bezeichnet man es als *zweieiige Zwillinge*, Abk. ZZ, *(fraternal twins, dizygotic twins, two-egg twins)*; *eineiige Zwillinge*, Abk. EZ *(identical twins, monovular twins, monozygotic twins, one-egg twins)* entstammen dagegen einer einzigen befruchteten Keimzelle, die sich geteilt hat. Wegen der Gleichheit der Erbanlagen sind eineiige Z. immer gleichgeschlechtlich. Eindeutiges Kennzeichen für eineiige Z. ist die bei der Geburt feststellbare Herkunft beider Lebewesen aus einem einzigen *Zottenhautsack (chorionic sac)*; man nennt sie daher im Englischen auch *»monochorionic twins«*.
Die *Zwillingsforschung (twin research)* beschäftigt sich mit Untersuchungen über die Vererbung von bestimmten psychischen und somatischen Eigenschaften durch den systemat. Vergleich des Verhaltens von ZZ und EZ in gleichartigen Situationen. ZZ weisen dabei nicht mehr Ähnlichkeiten auf als Geschwister *(sibs, sibling)*; EZ dagegen ähneln einander bes. hinsichtlich bestimmter Antriebsmomente und der Motorik.
LIT. Gottschaldt (1961); Vandenberg (1966); Zazzo (1960).

Zwölffingerdarm →*Duodenum*.

Zygote. Bezeichnung für die aus der Vereinigung von zwei *Gameten* gebildete Zelle.

zyklische Definition →*Definition.*

zykloid *(cycloid).* Bezeichnung für einen *Persönlichkeitstypus,* der in seinem Verhalten zykl. Folgen von man. und depressiven Zuständen zeigt.

Zyklopenauge, Stirnauge *(Cyclopean eye).* Eine Hilfsvorstellung, um die Koordination der Leistung beider Augen (Augenbewegung, räumliche Wahrnehmung) zu erklären. Dabei wird von der Vorstellung ausgegangen, daß es eine zentrale Kombination der beiden Sehfelder gibt, deren Resultat in ein einziges einheitliches Feld zusammenfällt.

Zyklothymie *(cyclothymia);* Adj. *zyklothym (cyclothymic).*

[1] Neigung zu Stimmungsschwankungen von der Art »himmelhoch jauchzend – zu Tode betrübt«, von KRETSCHMER in seiner Körperbautypologie mit dem *pyknischen* Habitus in Verbindung gebracht.

[2] Abwechselndes Auftreten freudigerregter *(manischer)* und niedergeschlagener *(depressiver)* Stimmungslagen im Sinne einer →*manisch-depressiven Störung.*

[3] Im *DSM III–R* dient Z. oder *Zyklothyme Störung (cyclothymia)* der Kennzeichnung einer bipolaren affektiven Störung, in deren Vorgeschichte neben mehreren (hypo-)manischen Episoden ebenso viele Perioden mit depressiver Symptomatik aufgetreten sind.

Zytoplasma →*Zelle.*

Anhang

Englisch-deutsches Stichwortverzeichnis und Verweisregister

Das Stichwortverzeichnis und Verweisregister geht von den im Text abgehandelten englischen Fachausdrücken aus (links), denen die entsprechenden deutschen Stichwörter gegenüberstehen (rechts). Wird ein englischer Begriff noch unter weiteren Stichwörtern behandelt, so folgen diese dem Hauptstichwort (durch ein Semikolon getrennt).
Entspricht dem englischen Begriff kein eigenes, seiner Übersetzung oder Übertragung ins Deutsche entsprechendes Stichwort, so ist die Übersetzung in Klammern angegeben und rechts die Stichwörter, in denen er mitabgehandelt wird.

englischer Fachausdruck (Übersetzung)	*Stichwort im Wörterbuch*
abasia	Abasie
aberration (Abweichung; Abirrung; Brechung)	Aberration
ability	Fähigkeit
ability test (Fähigkeitstest)	Eignungstest
ability to learn	Lernfähigkeit
Abney effect	Abney-Effekt
abnormal	abnorm; Klinische Psychologie
abnormal personality (abnorme Persönlichkeit)	abnorm
abnormal psychology (Klinische Psychologie)	abnorm
abreaction	Abreaktion
absentmindedness	Geistesabwesenheit
absolute	absolut
absolute pitch (absolutes Gehör)	absolut; Tonhöhe
absolute threshold (absolute Schwelle; Reizschwelle)	Schwelle; Psychophysik
abstraction	Abstraktion
abulia	Abulie
acceleration	Akzeleration
accidental errors	akzidentielle Fehler
accommodation	Akkommodation
accommodation mechanism (Akkommodationsmechanismus)	Akkommodation
acculturation	Akkulturation
accuracy (Genauigkeit)	Reliabilität
acethylcholine	Ac(z)etylcholin
achievement	Leistung
achievement age (Leistungsalter)	Leistung
achievement quotient (Leistungsquotient)	Leistung; AQ
achievement tests (Leistungstests)	Leistung
achromasia	Achromasie
achromate	Achromat(e)
achromatic	achromatisch
achromatopsia	Achromatopsie
acinetic mutism (akinetischer Mutismus)	Mutismus
acoustics	Akustik
acquiescence (Zustimmungstendenz)	Reaktionseinstellung
acquired	erworben

altruism (Selbstlosigkeit; Hilfsbereitschaft)	Altruismus
altruistic motivation	Hilfeleistungs-Motiv
Alzheimer's disease	Alzheimersche Krankheit
ambidextrality (Beidhändigkeit)	Händigkeit
ambiguous	mehrdeutig
ambiguous figures (mehrdeutige Figuren; Kippfiguren)	mehrdeutig
ambiguous perspective (mehrdeutige Perspektive)	mehrdeutig
amentia	Schwachsinn
amimia	Amimie
amines (Amine)	biogene Amine
amitosis (Amitose)	Zellteilung
amnesia	Amnesie
amphetamines (Weckamine; Amphetamine)	Amphetamine; Drogenabhängigkeit
amusia	Amusie
anabolism (Stoffwechsel-Aufbau-Prozesse; Anabolismus)	Metabolismus
anabolistic adaptation (Stoffwechsel-Aufbau-Anpassung)	Adaptation
anaesthesia	Anästhesie
anal eroticism	Analerotik
analgesia	Analgesie
analogies test	Analogientest
analogy	Analogie
analyser	Analysator
analysis	Analyse
analysis of discriminance	Diskriminanzanalyse
analysis of discrimination	Diskriminanzanalyse
analysis of variance	Varianzanalyse
analytic psychology	Analytische Psychologie; komplexe Psychologie
analytical psychology	Analytische Psychologie
analyzer	Analysator
anamnesis	Anamnese
anancastia	Anankasmus
anancastic (anankastisch)	Anankasmus
anarthria	Anarthrie
anchor stimulus	Ankerreiz
anergic stupor (anergischer Stupor)	Stupor
anesthesia	Anästhesie
anhedonism (Affektverflachung)	Anhedonie
animal magnetism (animalischer Magnetismus)	Magnetismus
animal psychology	Tierpsychologie
animism	Animismus
anoegenetic	anoetisch
anoetic	anoetisch
anomaly	Anomalie
anomia	Anomie
anopia	Anopie
anopsia	Anopsie
anorexia	Anorexie
anorexia nervosa (Anorexie)	Eßstörungen
anorgasmy (Anorgasmie)	Sexualstörung
antabuse (Disulfiram)	Antabus
antagonistic	antagonistisch
antedating reaction	antizipatorische Reaktion

compulsion (Zwangshandlung)	Zwangsneurose
compulsive personality disorder (zwanghafte Persönlichkeitsstörung)	Persönlichkeitsstörung
compulsive reaction (Zwangsreaktion; Zwangsneurose)	Neurose
computed mode (berechneter Modus; Modalwert)	Modus
computer assisted tomography (Computer-Tomographie)	Tomographie
computer tomography (Computer-Tomographie)	Tomographie
conation (Begehren; Willensantrieb)	Konation
conative (willentlich)	konativ
concept (auch: Vorstellung)	Begriff; Konstrukt
concept formation	Begriffsbildung; Konzeption
conception	Begriffsbildung; Konzeption
conceptually-driven (vorstellungsgeleiteter Prozeß)	Informationsverarbeitung
concussion of the brain (Gehirnerschütterung)	commotio cerebri
conditional stimulus (CS) (konditionierter, konditioneller Reiz)	Konditionierung, klassische
conditioned emotional response (konditionierte emotionale Reaktion)	Emotion
conditioned inhibition	Hemmung, konditionierte
conditioned reaction (CR) (konditionierte Reaktion)	Konditionierung, klassische
conditioned reactive inhibition	Hemmung, konditionierte reaktive
conditioned reinforcement	konditionierte Verstärkung
conditioned relaxation (konditionierte Entspannung)	Entspannung
conditioned response (CR) (konditionierte Reaktion)	Konditionierung, klassische
conditioned stimulus (CS) (konditionierter, konditioneller Reiz)	Konditionierung, klassische
conditioned suppression	konditionierte Unterdrückung
conditioning	Konditionierung
conditioning typus Pawlow (Pawlowsche Konditionierung)	Konditionierung, klassische
cones	Zapfen
confabulation	konfabulieren
confederate	Vertrauter des Versuchsleiters
configuration	Gestalt; Konfiguration
configuration frequency analysis	Konfigurations-Frequenz-Analyse
confirmation (Bestätigung)	Wahrscheinlichkeit
conflict	Konflikt
conformity	Konformität
confounding of independent variable (Konfundierung unabhängiger Variablen)	Konfundierung
congenital (angeboren)	kongenital
conjoint measurement	verbundene Messung
conjunctiva	Bindehaut; Auge
connective inhibition	Hemmung, konnektive
connotation (Bedeutung; über den Begriffsinhalt hinausreichende Nebenbedeutung)	Konnotation
conotion	Affekt
conscience	Gewissen
conscious attitude	Bewußtseinslage

declarative knowledge (deklaratives Wissen)	Wissen
decoding (Entschlüsseln)	Sender
dedifferentiation (Dedifferenzierung; Aufhebung der Differenzierung)	Regression
deep psychology	Tiefenpsychologie
deep unconsciousness (tiefe Bewußtlosigkeit)	Bewußtlosigkeit
defect	Defekt
defect delinquency (störungsbedingte Delinquenz)	Defekt
defective delinquent (störungsbedingter Delinquent)	Defekt
defense	Abwehr
defense mechanisms	Abwehrmechanismen
defense reaction (Abwehrreaktion)	Abwehr
defense reflex (Defensiv-Reflex)	Abwehr
defense strategies (Abwehrstrategien)	Abwehrmechanismen
deferred reaction experiment (verzögertes Reaktionsexperiment)	verzögertes Verhalten
deficiency (auch: Mangelzustand; Defizienz)	Defekt
definition	Definition
deformity (Deformiertheit; Mißgestaltetheit)	Defekt
degradation law	Degradationsgesetz
degrees of freedom	Freiheitsgrade
Deiter's cells	Deitersche Zellen
delayed behavior	verzögertes Verhalten
delayed conditioning (verzögertes Konditionieren; Spurenkonditionieren)	Konditionierung, klassische
delayed reaction (Reaktionsverzögerung)	verzögertes Verhalten
delayed reinforcement	Verstärkungsverzögerung
delayed response (Reaktionsverzögerung)	verzögertes Verhalten; Verstärkungsverzögerung
delayed reward experiment (Verstärkungsverzögerungs-Experiment)	verzögertes Verhalten
delay of reinforcement	Verstärkungsverzögerung
Delbœuf disk	Delbœufsche Scheibe
deliberation (Überlegung)	Entscheidung
delirium (Delirium)	Delir
delta phenomenon (Deltaphänomen)	Scheinbewegung
delta rhythm (Deltarhythmus)	Elektroencephalogramm
delta waves (Deltawellen)	Elektroencephalogramm
delusion	Wahn
delusional idea (Wahnidee)	Idee
delusional (paranoid) disorder (wahnhafte [paranoide] Störung)	Wahn
delusion erotomanic type (Liebeswahn)	Wahn
delusion of grandeur (Größenwahn)	Paranoia; Wahn
delusion of impoverishment (Verarmungswahn)	Wahn
delusion of jealousy (Eifersuchtswahn)	Wahn
delusion of negation (nihilistischer Wahn)	Wahn
delusion of persecution (Verfolgungswahn)	Paranoia; Wahn
delusion of reference (Beziehungswahn)	Wahn

educational objective	Lehrziel
educational psychology	Pädagogische Psychologie
E-effect	E-Phänomen
effectance motivation (Effektanzmotiv)	Kompetenz
effective excitatory potential	Reaktionspotential
effective habit strength	Gewohnheitsstärke
effector	Effektor
efficiency	Effizienz; Arbeit
effort (Anstrengung)	Aufmerksamkeit
ego	Ich
egocentric	egozentrisch
ego control (Ichkontrolle)	Kontrolle
ego defenses	Abwehrmechanismen
ego-involvement (Ichbeteiligung)	Ego-involvement; Selbst
egoism	Egoismus; Altruismus
eidetic	Eidetiker
electric shock (Elektroschock; elektrischer Schlag)	Schock
electrocardiogram	EKG, Elektrokardiogramm
electro-convulsive shock (elektro-konvulsiver Schock, ECS)	Schock
electrodermal activity (hautelektrische Aktivität)	elektrodermale Aktivität
electrodermal lability (elektrodermale Labilität)	Labilität
electrodermal stability (elektrodermale Stabilität)	Labilität
electroencephalogram	Elektroencephalogramm
electromyogram	EMG, Elektromyogramm
electro-oculogram	EOG, Elektrookulogramm
electroretinogram	ERG, Elektroretinogramm
elementarism	Elementarismus
elimination disorders (Störungen der Ausscheidung)	Entwicklungsstörungen
embedded figures (eingebettete Figuren)	Gottschaldtsche Figuren
embeddedness (Eingebettetheit)	Gottschaldtsche Figuren
emergency reaction	Notfall-Reaktion; Angst
emitted behavior	Verhalten, operantes
Emmert law	Emmertsches Gesetz
emotion	Emotion
emotional arousal (emotionale Erregung)	Emotion
emotional behavior	Verhalten, emotionales
emotional exhaustion (emotionale Erschöpfung)	Erschöpfungsdepression
emotional expression (emotionaler Ausdruck)	Emotion
emotional impression (Gefühls-Eindruck)	Emotion
emotionality (emotionale Erregung)	Angst
emotional responses (emotionale Reaktionen)	Emotion
emotional stability (emotionale Stabilität)	Stabilität
emotional stupor (emotionsbedingter Stupor)	Stupor
empathy	Einfühlung
empirical	empirisch

experimental group (Experimentiergruppe)	Kontrolle
experimental investigation	Experiment
experimental neurosis (experimentelle Neurose)	Neurose
experimenter (Experimentator; Versuchsleiter)	E.
experimenter bias	Versuchsleiter-Erwartungseffekt
experimenter effect	Versuchsleiter-Effekt
experiments with drugs	Pharmakopsychologie
expert power (Gewichtigkeit des Expertentums)	Macht, soziale
expert system	Expertensystem
exploration	Exploration
exploratory behavior (exploratives Verhalten)	Exploration
exploratory drive (Explorationstrieb)	Neugierde
explosive disorder (explosive Störung)	Impulskontrolle
expression	Ausdruck
external auditory meatus (äußerer Gehörgang)	Ohr
external control (äußere Kontrolle)	Kontrolle
external inhibition	Hemmung, äußere
external validity	Validität, externe; Experiment
exteroceptive reflexes (Reflex auf Außenreize)	Reflex
extinction	Löschung
extraconscious (außerbewußt)	unbewußt
extrasensory perception	außersinnliche Wahrnehmung
extraversion	Extraversion
extravert (extravertiert)	Extraversion
extrinsic	extrinsisch
extrinsical	extrinsisch
eye	Auge
eye blink reflex	Lidschluß-Reflex
eye-head movement system (Auge-Kopf-Bewegungs-System)	Bewegungssehen
eye movements	Augenbewegungen
facet analysis	Facettenanalyse
face-to-face group	Gruppe mit direktem Kontakt
face validity	Validität, inhaltliche
facilitation	Bahnung
factor	Faktor
factor axes	Faktorenachsen
factorial designs (faktorieller Versuchsaufbau)	Faktor
factorial validity	Validität, faktorielle
factor loading	Faktorenladung
factor theory	Faktorentheorie
faint; fainting (synkopaler, vasomotorischer Anfall)	Anfall
Fallopian tube (tuba uterina)	Eileiter
false alarm (falscher Alarm)	Signalentdeckung
family constellation	Familienkonstellation
fancy	Einbildung; Phantasie
fantasm (Phantasma)	Phantasie
fantasy	Einbildung; Einbildungskraft; Phantasie
fascism (Faschismus)	autoritäre Persönlichkeit

focus	Brennpunkt
focus of attention (Aufmerksamkeitsfokus)	Brennpunkt
forced compliance (erzwungene Einwilligung)	Compliance
forebrain (Vorderhirn; Großhirn)	Gehirn
forensic psychology	Forensische Psychologie
forewarned reaction time paradigm (Reaktionszeitversuch mit Vorwarnung; vorgewarnter Reaktionszeitversuch)	Reaktionszeit
forgetting	Vergessen
forgetting curve (Vergessenskurve)	Gedächtnis
form	Gestalt
formal definition (formale Definition)	Definition
formicatio (Hautkrabbeln)	Halluzination
form qualities	Gestaltqualitäten
fouldings (Großhirnfaltungen)	Gehirn
Fourier analysis	Fourier-Analyse
fractional antedating goal response (partiell antizipatorische Zielreaktion)	Zielreaktion
frame of reference	Bezugssystem
framework	Bezugssystem
fraternal twins (eineiige Zwillinge)	Zwilling
F ratio	F-Wert
free association	Assoziieren, freies
free associations (freie Assoziationen)	Assoziation
free floating anxiety (freiflottierende Angst)	Angst; Angstneurose
free recall (freies Erinnern)	Gedächtnis
frequency	Frequenz
frequency distribution	Häufigkeitsverteilung
Freudian slip	Fehlleistung
frigidity	Frigidität
frontal association area (frontale Assoziationsfelder)	Gehirn
frontal lobe	Stirnlappen; Gehirn
frotteurism (Frotteurismus)	Sexualstörung
fruity (fruchtiger Geruch)	Geruch
frustration threshold (Frustrationsschwelle)	Streß
Fullerton-Cattell-law	Fullerton-Cattellsches Gesetz
function	Funktion
functional circuit model	Funktionskreis-Modell
functional disorders (Funktionsstörungen)	Neurose
functionalism	Funktionalismus
functional psychology (funktionalistische Psychologie)	Funktionalismus
functional structuralism (funktioneller Strukturalismus)	Strukturalismus
functional synaptic units (synaptische Funktionseinheiten)	Elektroencephalogramm
fusion	Verschmelzung
Galton bar	Galtonscher Balken
Galton whistle	Galtonsche Pfeife
galvanic skin response	galvanische Hautreaktion; elektrodermale Aktivität

game	Spiel
gamma-amino-butyric-acid (Gamma-Amino-Buttersäure)	GABA
gamma phenomenon	Gamma Phänomen; Scheinbewegung
Ganser syndrome	Gansersches Syndrom
gate-control theory of pain (Schwellenkontroll-Theorie des Schmerzes)	Schmerz
gender identity	Geschlechtsidentität
gender identity disorders of childhood and adolescence (Störungen der Geschlechtsidentität im Kindesalter und in der Adoleszenz)	Entwicklungsstörungen; Geschlechtsidentität
gene	Gen
general ability (Grund-, Primärfähigkeit)	Fähigkeit; G-Faktor
general adaptation syndrome	Adaptationssyndrom, allgemeines; Streß
general alarm reaction (allgemeine Alarmreaktion)	Adaptationssyndrom, allgemeines; Streß
general factor	G-Faktor
generalization	Generalisierung
generalization gradient (Generalisierungsgradient)	Reizgeneralisierung
generalized anxiety disorder	Angststörung, generalisierte
generalized assimilation (generalisierte Assimilation)	Assimilation
general mental energy (allgemeine geistige Energie; Kraft)	Intelligenz
general psychology	Allgemeine Psychologie
general semantics (allgemeine Bedeutungslehre)	Semantik
general system theory (Allgemeine System-Theorie)	System
genetic	genetisch
genetics	Genetik
geniculate bodies	Corpora geniculata
genital character (genitale Fixierung)	genitale Phase
genital level	genitale Phase
genital phase	genitale Phase
genital primacy (Genitalprimat)	genitale Phase
genome	Genom
geometrical illusion	geometrische Täuschung
germ	Keim
gestalt	Gestalt
gestalt laws	Gestaltgesetze
gestalt psychology	Gestaltpsychologie
gestalt signs (Gestaltzeichen; Gestalthinweise)	Gestaltpsychologie
Gestalt therapy	Gestalttherapie
gesture	Gestik
g-factor	G-Faktor
gigantism (Riesenwuchs)	Gigantismus
Gilles de la Tourette syndrome (Tourette-Syndrom)	Tic
glands	Drüsen
glandulae	Drüsen
glandular response	Drüsenreaktion
glia	Glia
glucose	Glukose
glycogen	Glykogen

hospitalism	Hospitalismus
hostile paranoid behavior (aggressives paranoides Verhalten)	Psychose
Hoyt formula	Hoytsche Formel
hue perception	Farbensehen
hues (Farbtöne)	Farbensehen
hue vision	Farbensehen
human engineering (Ingenieurpsychologie)	human engineering
human factors engineering (Ergonomie; Ingenieurpsychologie)	Arbeits-, Betriebs- und Organisationspsychologie
human immunodeficiency virus (HIV)	AIDS
humanistic psychology (humanistische Psychologie)	Psychotherapie
Humphrey's effect (auch: Humphreysches Paradoxon)	Humphreys Effekt
hunger	Hunger
hyoid bone	Zungenbein
hypermedia	Hypertext
hypermnesia	Hypermnesie
hypersomnia (Hypersomnie)	Schlafstörung
hypertext	Hypertext
hyperthymia	Hyperthymie
hyperthyroidism (Überfunktion der Schilddrüse)	Hyperthyreoidismus
hypertonia	Hypertonie
hypertonicity	Hypertonie
hypertrophy	Hypertrophie
hypnology (Schlafforschung)	Schlaf
hypnosis	Hypnose
hypnotic susceptibility (Hypnotisierbarkeit)	Hypnose
hypochondria	Hypochondrie
hypochondriac (Hypochonder)	Hypochondrie
hypochondriacal neurosis (hypochondrische Neurose)	Neurose
hypomania	Hypomanie
hypophysis	Hypophyse
hypostatization	Hypostasierung
hypothesis	Hypothese
hypothesis theory	Hypothesentheorie
hypothetical constructs (hypothetische Begriffe, Konstrukte)	Konstrukt
hypothetical process variable	Prozeßvariable, hypothetische
hypothetical state variable	hypothetische Zustandsvariable
hypothyroidism (Unterfunktion der Schilddrüse)	Hypothyreoidismus
hysteria	Hysterie
hysterical neurosis (hysterische Neurose)	dissoziative Störung
id	Es
idea	Idee; Vorstellung
ideachase (Ideenflucht)	Idee
ideal	Ideal
idealism	Idealismus
idealization (Idealisierung)	Abwehrmechanismen
ideation	Ideation
identical twins (eineiige Zwillinge)	Zwilling
identification	Identifikation; Abwehrmechanismen

Jackson's law	Jacksonsches Gesetz
James-Lange theory of emotion	James-Langesche Gefühlstheorie; Emotion
J-curve	J-Kurve
job (Arbeitsaufgabe)	Arbeit
job analysis	Berufsbild; Arbeitsanalyse
job description	Arbeitsanalyse
job dissatisfaction (Arbeitsunzufriedenheit)	Arbeitszufriedenheit
job-enlargement (Arbeitserweiterung)	Arbeitsstrukturierung
job-enrichment (Arbeitsaufgaben-Bereicherung)	Arbeitsstrukturierung
job rotation (rotierender Arbeitswechsel)	Arbeitsstrukturierung
job satisfaction	Streß; Arbeitszufriedenheit
job tension (Arbeitsbelastung)	Arbeit
Jordan curve	Jordan-Kurve
Jost's law	Jostsche Regeln
just noticeable difference	eben merklicher Unterschied; Psychophysik
Kanner's early autism	Kannersches Syndrom
Kanner's syndrome	Kannersches Syndrom
katatonia	Katatonie
Kelvin scale of temperature	Kelvin-Skala
key stimulus	Auslöser
kinaesthesis	Kinästhesie
kinaesthetic	kinästhetisch
kinesthesis	Kinästhesie
kinesthetic	kinästhetisch
kleptomania (Kleptomanie)	Impulskontrolle; Manie
knee jerk (Kniesehnen-Reflex)	Patellarreflex
know-how (Wie-Wissen; prozedurales Wissen)	Wissen
knowledge	Wissen
knowledge seeking (Wissensdurst)	Neugierde
know-what (Was-Wissen; deklaratives Wissen)	Wissen
Korsakow syndrome	Korsakowsches Syndrom
Krause endbulbs	Krausesche Endkolben
Krause endings	Krausesche Endkolben
Kuder-Richardson-coefficients of equivalence	Kuder-Richardson-Formeln
Kuder-Richardson formulas	Kuder-Richardson-Formeln
kurtosis	Kurtosis
lability	Labilität
labyrinth	Labyrinth
lalling	Lallen
lalopathy	Lalopathie
lalophobia	Lalophobie
Lambert's law	Lambertsches Gesetz
lamellated corpuscles	Pacinische Körperchen
language	Sprache
language disorders	Sprachstörungen
larvate depression (larvierte, maskierte Depression)	Depression
late childhood (späte Kindheit)	Entwicklungsabschnitte
latency	Latenz
latency period (Latenzphase)	Latenzperiode

neurotic depersonalization (neurotische Depersonalisation)	Neurose
neurotic depression (neurotische Depression; depressive Neurose)	Depression
neuroticism	Neurotizismus
night blindness	Nachtblindheit
nightmares (Angstträume)	Schlafstörung
nihilistic delusion (nihilistischer Wahn)	Wahn
Nissl bodies	Nisslsche Körperchen
Nissl granules	Nisslsche Körperchen
noetic (noetisch; auf das Erkennen bezogen)	Noesis
noise	Geräusch; Lärm; Rauschen
nominalism	Nominalismus
nomological network (begrifflich-logisches Bezugssystem)	Bezugssystem; Nomologie
nomology	Nomologie
nomothetic	nomothetisch
nomothetical	nomothetisch
non conditioned reaction (unkonditionierte Reaktion)	Konditionierung, klassische
non conditioned response (unkonditionierte Reaktion)	Konditionierung, klassische
nondirective therapy	Gesprächstherapie; Nichtdirektive Therapie
nonparametric statistics	Statistik, parameterfreie
non-reactive measures	nicht-reaktive Meßverfahren
nonsense syllable	sinnlose Silbe
noradrenaline	Noradrenalin
no rapid eye movements (NREM-Phasen)	Schlaf
norepinephrine (Norepinephrin)	Noradrenalin
normal distribution curve	Normalverteilung
nosology	Nosologie
notion (Bezeichnung; Ausdruck)	Begriff
not otherwise classified speech disorders (nicht andernorts klassifizierte Sprechstörungen)	Entwicklungsstörungen
novelty detectors (Neuheits-Detektoren)	Orientierungsreaktion
novelty seeking	Suche nach neuen Eindrücken
n^{th} order conditioning (Konditionierung n-ter Ordnung)	Konditionierung, klassische
nucleic acids	Nukleinsäuren
null hypothesis	Nullhypothese
numerical taxonomy (Clusteranalyse)	Taxonomie
nymphomania	Nymphomanie
nystagm	Nystagmus
nystagmatic shift (Nystagmus-Sprung)	Nystagmus
obesity (Adıpositas)	Eßstörungen
object	Gegenstand
object cathexis (Objektbesetzung)	Besetzung
objective psychology	Objektive Psychologie
objectivity	Objektivität
object of perceiving (Wahrnehmungsgegenstand)	Wahrnehmen
object of perception (Wahrnehmungsgegenstand)	Wahrnehmen
oblique	schiefwinklig

observation	Beobachtung
observational learning	Beobachtungslernen; Imitation, soziale
obsession (Zwangsgedanke)	Zwangsneurose
obsessive compulsive disorder (Zwangsstörung)	Zwangsneurose
obsessive compulsive neurosis	Zwangsneurose
obsessive reaction (zwanghaft-besessene Reaktion)	Neurose
obtained score (Rohscore)	Score
occipital	okzipital
occipital lobe	Occipitallappen; Gehirn
occupational action (Arbeitshandlung)	Arbeit
occupational therapy	Beschäftigungstherapie
octave (Oktave)	Tonskala
oddball experiment	Oddball-Aufgabe
oddball task	Oddball-Aufgabe
odour	Geruch
Oedipus complex	Ödipus-Komplex
off-effect	Aus-Reaktion
off-receptors (Aus-Rezeptoren)	Aus-Reaktion
old age (Greisenalter; Senium)	Entwicklungsabschnitte
olfactory bulbs (Riechkolben)	Riechhirn; Gehirn
oligophrenia (Oligophrenie)	Oligophrenie; Schwachsinn
one-egg twins (eineiige Zwillinge)	Zwilling
on-effect	An-Reaktion
one-trial learning (Lernen auf Grund einer einzigen Erfahrung)	Lernen nach einem Versuchsdurchgang
one-way screen	Einweg-Scheibe
on-off-effect	An-Aus-Reaktion
on-off-receptors (An-Aus-Rezeptoren)	An-Aus-Reaktion
on-receptors (An-Rezeptoren)	An-Reaktion
ontogenesis	Ontogenese
ontogeny	Ontogenese
ontology	Ontologie
open systems (offene Systeme)	System
operant behavior	Verhalten, operantes
operant conditioning	Konditionierung, operante
operant level	Spontanrate
operational	operativ
operational activity (Arbeitshandlung)	Arbeit
operational definition	operationale Definition
operationalism	Operationalismus
operationism	Operationismus
operative	operativ
operative cognitive task representation	Operatives Abbildungssystem
opiates (Opiate)	Drogenabhängigkeit
opinion research	Meinungsforschung
optical illusion (optische Täuschung)	Täuschung
optical nerve (nervus opticus)	Auge
optic chiasma (Sehnervkreuzung)	Chiasma
optic thalamus	Thalamus
optic tract (Sehstrang; Sehnerv)	tractus opticus
oral stage	orale Phase
organelles (Organellen)	Zelle
organic brain syndrome (organisches Hirnsyndrom)	organisch bedingte psychische Störung
organic mental disorder	organisch bedingte psychische Störung
organic mental syndrome (organisch bedingtes psychisches Syndrom)	organisch bedingte psychische Störung
organic psychosis (organische Psychose)	organisch bedingte psychische Störung

physiology	Physiologie
pica (Pica, Picazismus)	Eßstörungen
Pick's disease	Picksche Krankheit
pineal body	Epiphyse
pineal gland	Epiphyse
Piper's law	Pipersches Gesetz
pitch	Tonhöhe; Intervall
pituitary gland	Hypophyse
plasma membrane (Plasmamembran)	Membran; Zelle
plasticity	Plastizität
platykurtic (flacher Verteilungsverlauf)	Kurtosis
play therapy	Spieltherapie
pleasure	Lust
pleasure principle	Lustprinzip; Realitätsprinzip
pluralism	Pluralismus
Poggendorff illusion	Poggendorffsche Täuschung
point of reference	Bezugspunkt
Poisson distribution	Poisson-Verteilung
polarity	Polarität
political-economic conservatism (politisch-ökonomischer Konservativismus)	autoritäre Persönlichkeit
polyphagia (Polyphagie)	Eßstörungen
pons Varolii	Brücke
positive reinforcement (positive Verstärkung)	Verstärkung
positivism	Positivismus
positrone emission tomography (Positronen-Emissions-Tomographie)	Tomographie
post decisional conflict (Konflikt nach einer Entscheidung)	kognitive Dissonanz
posterior lobe of hypophysis (hinterer Hypophysenlappen)	Hypophyse
postganglionary	postganglionär
postimperative negative variation (postimperative negative Variation)	PINV
post-traumatic stress disorder	posttraumatische Belastungsstörung
postulate	Postulat
posture (Körperhaltung, -stellung)	Haltung
potential of hydrogen value	pH-Wert
power of imagination	Einbildungskraft
practice	Übung
pragmatism	Pragmatismus
predisposition	Prädisposition
preganglionary	präganglionär
prejudice	Vorurteil; Voreingenommenheit
preliterate peoples (Völker ohne Schriftsprache)	primitiv
premorbid personality (Primärpersönlichkeit)	prämorbide Persönlichkeit
preparatory attention (vorbereitende Aufmerksamkeit; Bereitschaft)	Aufmerksamkeit
preparatory response	Reaktion, vorbereitende
preparatory set (Bereitschaftshaltung)	Einstellung
present (gegenwärtig; Gegenwart)	Präsenzzeit, psychische
pressure	Druck
pressure group (druckausübende Gruppe; Machtgruppe)	Druck
prevalence	Prävalenz
prevention	Prävention

psychotic diseases (psychotische Erkrankungen, Störungen)	Psychose
psychotic disorder	Psychose; psychotische Störung
psychoticism	Psychotizismus
psychotropic drugs (psychotrope Substanzen)	Psychopharmaka
psychotropic substances	psychotrope Substanzen
puberty	Pubertät
puerilism	Puerilismus
puerility	Puerilismus
Pulfrich effect	Pulfrich-Effekt
Pulfrich phenomenon	Pulfrich-Effekt
pulse	Puls
pulse transition time (Pulstransitzeit)	Puls
pulse volume amplitude (Pulsvolumen-Amplitude)	Puls
pulse wave velocity (Pulswellengeschwindigkeit)	Puls
punishment	Bestrafung; Strafe
pupillary reflex (Pupillenreflex)	Pupille
pupillary size (Pupillengröße)	Pupille
pupillometrics (Pupillometrie)	Pupille
pupil of the eye	Pupille
purging-gorging syndrome (Bulimarexie)	Eßstörungen
Purkinje after-image	Purkinjesches Nachbild
Purkinje cells	Purkinjesche Zellen
Purkinje effect	Purkinjesches Phänomen
purposive behavior	Verhalten, zielorientiertes
purposivism	Verhalten, zielorientiertes
pursuit rotor	Pursuitmeter
putrid (fauliger, modriger Geruch)	Geruch
pycnic, pyknik	pyknisch
Pygmalion-effect	Pygmalion-Effekt
pyramidal tract	Pyramidenbahn
pyromania (Pyromanie)	Pyromanie; Impulskontrolle; Manie
pyrophobia	Pyrophobie
Q technique	Q-Technik
quality	Qualität
quality circles	Qualitäts-Zirkel
quantification	Quantifizierung
quantity	Quantität
quartile	Quartil
quartile deviation (Quartilabweichung; mittlerer Quartilabstand)	Abweichung; Quartil
quasi-experimental design	quasi-experimenteller Versuchsplan
quasi measurement	Quasimessung
quasi needs (Quasibedürfnisse)	Bedürfnis
questionary	Fragebogen
questionnaire	Fragebogen
quota	Quote
quota samples (Quotenstichprobe)	Stichprobe
race	Rasse
racial discrimination (Rassendiskriminierung)	Diskrimination
rage	Wut
random	Zufall

repression (Verdrängung)	Verdrängung; Abwehrmechanismen; kognitiver Stil
reproductive assimilation (reproduktive Assimilation)	Assimilation
reproductive inhibition	Hemmung, reproduktive
reproductive thinking (reproduktives Denken)	Denken
residual stimuli (Restreize, aus der Erfahrung stammende Beurteilungsmaßstäbe)	Adaptationsniveau
residual type (residualer Typ)	Schizophrenie
resinous (harziger Geruch)	Geruch
resistance	Widerstand
resistance to extinction	Lösch(ungs)widerstand
resonance (Resonanz)	Schall
resonance theory	Resonanztheorie
response (Antwort; Response)	Reaktion
response bias (Reaktionsneigung)	Signalentdeckung
response blocking	Reaktionsblockierung
response differentiation (Reaktionsdifferenzierung)	Differenzierung
response generalization	Reaktionsgeneralisierung
response set	Reaktionseinstellung; Einstellung
response variable (Reaktionsvariable)	Variable
responsibility	Zurechnungsfähigkeit
restitution (Wiederherstellung)	Restitution
Restorff effect	Restorff-Effekt
retained members method	Methode der behaltenen Glieder; Gedächtnis
retention (Behalten)	Gedächtnis
retention method (Behaltens-Methode)	Gedächtnis
reticular formation	Retikularsystem; Gehirn
retina (Netzhaut)	Retina
retrieval (Rückführung)	Gedächtnis
retrieval processes (Rückführprozesse)	Gedächtnis
retroactive inhibition	Hemmung, retroaktive
retrospection	Retrospektion
retrospective control (retrospektive Kontrolle)	Kontrolle
reverberation processes (Reverberationsprozesse)	Emotion
reversibility	Reversibilität
reversible (reversibel)	Reversibilität
reward	Belohnung
reward expectancy	Belohnungserwartung
reward schedule (Belohnungsplan)	Verstärkungsplan
rhythm	Rhythmus
ribonucleic acids (RNA) (Ribonucleinsäure)	Nukleinsäuren
Ribot's law	Ribotsches Gesetz
Ricco's law	Riccosches Gesetz
right associates procedure	Treffermethode; Gedächtnis
right or wrong cases method	Konstanzmethode; Psychophysik
rigidity	Rigidität
risk	Risiko
risk taking behavior (Risikoverhalten)	Risiko
risky shift	Risikoschub
role	Rolle

Bibliographie

Die Reihenfolge der Autorennamen ist alphabetisch. Die Umlaute ä, ö, ü und die wie Umlaute gesprochenen Doppelbuchstaben ae, oe, ue werden wie die einfachen Buchstaben a, o, u eingeordnet.

Aarons, L. (1964). Visual apparent movement research. *Perceptual and Motor Skills,* 18, 239–274

Abelson, R. P. (1981). The psychological status of the script concept. *American Psychologist, 36,* 715–729

Ach, N. (1905). *Über die Willenstätigkeit und das Denken.* Göttingen: Vandenhoeck & Ruprecht

Ader, R. (ed.; 1981). *Psychoneuroimmunologie.* San Diego, CA.: Academic Press

Adler, I. (1961). *Thinking machines.* New York: John Day Company

Adorno, T. W., Frenkel-Brunswik, Else, Levinson, D. J., and Sanford, R. N. (1950). *The authoritarian personality.* New York: Harper

Ahrens, H. J. (1974). *Multidimensionale Skalierung.* Weinheim: Beltz

Ahrens, S., Deffner, G. (1985). Alexithymie – Ergebnisse und Methodik eines Forschungsbereiches der Psychosomatik. *Psychotherapie, Medizinische Psychologie und Psychosomatik, 35,* 147–159

Alexander, F. (1951; ³1977). *Psychosomatische Medizin.* Berlin: de Gruyter

Allport, G. W. (1935). Attitudes. In C. Murchison (ed.), *Handbook of Social Psychology.* Worcester, Mass.: Clark University Press

Allport, G. W. (1949). *Personality.* New York: Addison-Wesley

Allport, G. W. (1954). *The nature of prejudice.* Cambridge, Mass.: Addison-Wesley

Allport, G. W. (³1960). *Persönlichkeit.* Meisenheim: Hain

AMDP (⁴1981). *Das AMDP-System. Manual zur Dokumentation psychiatrischer Befunde.* Arbeitsgemeinschaft für Methodik und Dokumentation in der Psychiatrie AMDP. Berlin: Freie Universität

American Psychiatric Association (³1980). *Diagnostic and statistical manual of mental disorders.* Washington, D.C.: APA-Press

Anastasi, A. (1964). *Fields of applied psychology.* New York: McGraw-Hill

Anastasi, A. (³1965). *Differential psychology.* New York: McGraw-Hill

Anderson, N. H. (1975). On the role of context effects in psychophysical judgments. *Psychological Review, 82,* 462–482

Anderson, J. R. (1988). *Kognitive Psychologie.* Heidelberg: Spektrum

Anderson, J. R., Bower, G. H. (1973). *Human associative memory.* Washington, D.C.: Hemisphere/McGraw-Hill

Angst, J. (1966). *Zur Ätiologie und Nosologie depressiver Psychosen. Eine genetische, soziologische und klinische Studie.* Berlin: Springer

Angst, J. (ed.; 1983). *The origin of depression. Current concepts and approaches.* Berlin: Springer

Appley, M. H. (ed.; 1971). *Adaptation-level theory.* New York: Academic Press

Appley, M. H., Trumbull, R. (eds.; 1967). *Psychological stress.* New York: Appleton-Century-Crofts

Arnold, M. B. (1960; ²1962). *Emotion and personality* (2 Bde.). Irvington, Ohio: Columbia University Press

Aschoff, J. (1984). Circadian timing. In J. J. Gibson, L. Allan (eds.). *Timing and time perception.* Annals of the New York Academy of Sciences, Vol. 423. New York: N.Y.A.S.-Press

Atkinson, J. W. (1966). *An introduction to motivation.* Princeton, N.J.: van Norstrand

Atkinson, J. W. (1975ff.). *Einführung in die Motivationsforschung* (3 Bde.). Stuttgart: Klett

Attneave, F. (1965). *Informationstheorie in der Psychologie.* Bern: Huber

Aubert, H. (1861). Eine scheinbar bedeutende Drehung von Objekten bei Neigung des Kopfes nach rechts oder links. *Virchows Archiv der pathologischen Anatomie, 20,* 381–393

Averill, J. R. (1973). Personal control over aversive stimuli and its relationship to stress. *Psychological Bulletin, 80,* 286–303
Ayer, A. J. (1963). *The concept of a person.* London: Macmillan

Baddeley, A. D. (1976). *The psychology of memory.* New York: Harper and Row
Baddeley, A. D., Hitch, G. (1974). Working memory. In G. H. Bower (ed.), *The psychology of learning and motivation: Advances in research and theory.* Vol. 8. New York: Academic Press
Baldwin, A. L. (1974). *Theorien primärer Sozialisationsprozesse: Heinz Werners Theorie der kindlichen Entwicklung* (2 Bde.). Weinheim: Beltz
Bales, R. F. (1950). *Interaction process analysis.* Cambridge, Mass.: Addison-Wesley
Bales, R. F. ([2]1960). A theoretical framework for interaction analysis. In D. Cartwright, A. Zander (eds.), *Group dynamics.* Evanston, Ill.: Row Peterson
Bales, R. F., Cohen, S. P. (1982). *SYMLOG: Ein System für die mehrstufige Beobachtung von Gruppen.* Stuttgart: Klett
Balint, P. (Hrsg.; 1963). *Lehrbuch der Physiologie.* Budapest: Ungarische Akademie der Wissenschaften
Baltes, P. B., Schaie, K. W. (eds.; 1973). *Life-span developmental psychology: Personality and socialisation.* New York: Academic Press
Bandura, A. ([2]1971). *Principles of behavior modification.* New York: Holt, Rinehart and Winston
Bandura, A. (1976). *Lernen am Modell.* Stuttgart: Klett
Bandura, A. (1977). Self-efficacy: Toward a unifying theory of behavioral change. *Psychological Review, 84,* 151–215
Bandura, A. (1979). *Sozial-kognitive Lerntheorien.* Stuttgart: Klett-Cotta
Bandura, A., Walters, R. A. (1963). *Social learning and personality development.* New York: Holt
Barber, T. X. (1969). *Hypnosis: a scientific approach.* New York: van Nostrand-Reinhold
Barker, R. G. (1968). *Ecological Psychology.* Stanford: Stanford University Press
Barlow, D. H. (1988). *Anxiety and its disorders. The nature and treatment of anxiety and panic.* New York: Guilford Press
Barrat, E. S., Patton, J. H. (1983). Impulsivity: Cognitive, behavioral and psychophysiological correlates. In M. Zuckerman (ed.). *Biological bases of sensation seeking, impulsivity, and anxiety.* Hillsdale, N. J.: Erlbaum
Barry, R. H. (1984). Preliminary processes in OR-elicitation. *Acta Psychologica, 55,* 109–142
Barry, R. H. (1990). The orienting response. Stimulus factors and response measures. *Pavlovian Journal of Biological Science, 25,* 94–103
Bartenwerfer, H. (1970). Psychische Beanspruchung und Ermüdung. In H. Mayer, B. Herwig (Hrsg.), *Handbuch der Psychologie,* Bd. 9. Göttingen: Hogrefe
Bastine, R., Fiedler, P. A., Grawe, K., Schmidtchen, S., Sommer, G. (Hrsg.; 1982). *Grundbegriffe der Psychotherapie.* Weinheim: Edition Psychologie
Battegay, R. (1982). *Die Hungerkrankheiten. Unersättlichkeit als krankhaftes Phänomen.* Bern: Huber
Baum, A., Singer, J. E. (1987). *Handbook of psychology and health.* Vol. V. *Stress.* Hillsdale, N. J.: Erlbaum
Baumann, U. (Hrsg.; 1981). *Indikation zur Psychotherapie.* München: Urban & Schwarzenberg
Baumann, U., Perrez, M. (Hrsg.; 1990). *Klinische Psychologie.* Bd. 1. *Grundlagen, Diagnostik, Ätiologie.* Bern: Huber
Baumann, U., Stieglitz, R.-D. (1983). *Testmanual zum AMDP-System. Empirische Studien zur Psychopathologie.* Berlin: Springer
Beaumont, J. G. (1987). *Einführung in die Neuropsychologie.* München/Weinheim: Psychologie Verlags Union
Bechterew, W. (1913). *Objektive Psychologie oder Psychoreflexologie* (3 Bde.). Leipzig: Quelle & Meyer

Beck, S. J., Molish, H. B. (1967). *The Rorschach test.* New York: McGraw-Hill
Becker-Carus, Chr. (1981). *Grundriß der physiologischen Psychologie.* Heidelberg: Quelle und Meyer
Beckmann, D. (1984). *Grundlagen der Medizinischen Psychologie. Ein Lehrbuch.* Göttingen: Vandenhoeck & Ruprecht
Bem, D. J. (1970). *Beliefs, attitudes, and human affairs.* Belmont, Cal.: Brooks-Cole
Bender, A. (Hrsg.; 1957). *Zeitschrift für Parapsychologie und die Grenzgebiete der Psychologie,* Bd. 1ff.
Benesch, H., Dorsch, F. (Hrsg.; 1971). *Berufsaufgaben und Praxis des Psychologen.* München: Reinhardt
Benesch, H. (1981). *Wörterbuch zur Klinischen Psychologie.* München: Deutscher Taschenbuch Verlag
Benkert, O., Hippius, H. (1980). *Psychiatrische Pharmakotherapie.* Berlin: Springer
Berelson, B. (1954; [2]1971). *Content analysis in communication research.* New York: Hafner
Berg, I. A. (ed.; 1967). *Response set in personality assessment.* Chicago: Aldine
Bergius, R. (Hrsg.; 1964). *Handbuch der Psychologie.* Bd. I, 2. *Allgemeine Psychologie. Lernen und Denken.* Göttingen: Hogrefe
Berkowitz, L. (1962). *Aggression.* Weinheim: Beltz
Berlyne, P. E. (1960). *Conflict, arousal, and curiosity.* New York: McGraw-Hill
Berne, E. (1964). *Games people play.* New York: Grove Press
Bertalanffy, L. von (1968). *General system theory.* New York: Braziller
Biehler, R. F. (1976). *Child development: An introduction.* Boston: Harvard University Press
Biermann, G. (Hrsg.; 1968). *Handbuch der Kinderpsychotherapie* (2 Bde.). München: Reinhardt
Binswanger, L. ([2]1962). *Grundformen und Erkenntnis menschlichen Daseins.* Zürich: Niehaus
Birbaumer, N. (Hrsg.; 1977). *Psychophysiologie der Angst.* München: Urban & Schwarzenberg
Birbaumer, N., Schmidt, R. F. ([2]1991). *Biologische Psychologie.* Berlin: Springer
Birren, J. E. (ed.; 1959). *Handbook of aging and the individual.* Chicago: University of Chicago Press
Birren, J. E., Scaie, K. W. (1967). *Handbook of the psychology of aging.* New York: Van Nostrand Reinhold
Bischof, N. A. (1975). A system approach toward the functional connections of fear and attachment. *Child development, 46,* 801–817
Bjerstedt, A. (1956). *Interpretation of sociometric choice status.* Lund: Gleerup
Blashfield, R. K. (1984). *The classification of psychopathology.* New York: Plenum Press
Bleuler, E. (1911). *Dementia praecox oder die Gruppe der Schizophrenien.* Leipzig: Deutike
Bleuler, E. ([10]1966). *Lehrbuch der Psychiatrie.* Berlin: Springer
Bloom, B. S. u. a. (Hrsg.; 1972). *Taxonomie von Lernzielen im kognitiven Bereich.* Weinheim: Beltz
Blöschl, L. (1981). *Verhaltenstherapie bei depressiven Reaktionen.* Bern: Huber
Bogardus, E. S. (1925). Measuring social distance. *Journal of Applied Sociology,* 43–51
Bohm, E. ([3]1967). *Lehrbuch der Psychodiagnostik.* Bern: Huber
Böker, W., Brenner, H. D. (Hrsg.; 1986). *Bewältigung der Schizophrenie.* Bern: Huber
Boocock, S. S., Schild, E. O. (eds.; 1968). *Simulation games in learning.* Beverly Hills, Cal.: Sage
Bootzin, R. R. (1980). *Verhaltenstherapeutische Behandlung von Schlafstörungen.* München: Pfeiffer
Borbély, A. (1986). Schlafmittel und Schlaf. Übersicht und therapeutische Richtlinien. *Therapeutische Umschau, 43,* 509–519
Boring, E. (1953). History of introspection. *Psychological Bulletin, 50,* 169–189

Boring, E. G. (1929; [2]1957). *A history of experimental psychology.* New York: Appleton
Bornewasser, M., Hesse, F. W., Mielke, R., Schmidt, H. F. (1976). *Einführung in die Sozialpsychologie.* Heidelberg: Quelle und Meyer
Boesch, E. E. (1980). *Kultur und Handlung: Einführung in die Kulturpsychologie.* Bern: Huber
Bower, G. H., Hilgard, E. R. ([5]1981). *Theories of learning.* Englewood Cliffs, N.J.: Prentice Hall
Bowers, K. S. (1973). Situationism in psychology. *Psychological Review, 80,* 307–336
Bowlby, J. (1969). *Bindung.* München: Kindler
Bowlby, J. (1973). *Attachment and loss.* Vol. 2. *Separation, anxiety and anger.* London: Hogarth Press
Bredenkamp, J. (1969). Experiment und Feldexperiment. In C. F. Graumann (Hrsg.), *Handbuch der Psychologie.* Bd. 7, 1. *Sozialpsychologie.* Göttingen: Hogrefe
Bredenkamp, J., Wippich, W. (1977). *Lern- und Gedächtnispsychologie* (2 Bde.). Stuttgart: Kohlhammer
Brengelmann, J. C. ([2]1968). Persönlichkeit. In R. Meili, H. Rohracher (Hrsg.), *Lehrbuch der experimentellen Psychologie.* Bern: Huber
Brenner, C. (1967; [7]1973). *Grundzüge der Psychoanalyse.* Frankfurt/M.: Fischer
Breznitz, S. (1983). *Denial of stress.* New York: International Universities Press
Brewin, C. R. (1988). *Cognitive foundations of clinical psychology.* Hove/London: Erlbaum
Brickenkamp, R. (Hrsg.; 1975). *Handbuch psychologischer und pädagogischer Tests.* Göttingen: Hogrefe
Bridgeman, B. (1988). *The biology of behavior and mind.* New York: Wiley
Bridgman, P. W. (1927; [3]1954). *The logic of modern physics.* New York: Macmillan
Broadbent, D. E. (1958). *Perception and communication.* London: Pergamon
Broadbent, D. E. (1971). *Decision and stress.* London: Academic Press
Broadbent, D. E. ([2]1979). Human performance in noise. In C. M. Harris (ed.), *Handbook of noise control.* New York: McGraw-Hill
Broadhurst, P. L. (1959). The interaction of task difficulty and motivation: The Yerkes-Dodson law revisited. *Acta Psychologica, 16,* 32–59
Brown, C. C. (1967). *Methods in Psychophysiology.* Baltimore: Williams & Wilkins
Brown, J. W., Jaffe, J. (1975). Hypotheses on cerebral dominance. *Neuropsychologica, 13,* 107–110
Brown, R. ([2]1979). *Social Psychology.* New York: Macmillan
Bruggemann, A. (1974). Zur Unterscheidung verschiedener Formen von Arbeitszufriedenheit, Arbeit und Leistung. *Zeitschrift für Arbeitswissenschaften, 28,* 281–284
Bruggemann, A. (1976). Zur empirischen Untersuchung verschiedener Formen der Arbeitszufriedenheit. *Zeitschrift für Arbeitswissenschaften, 30,* 71–74
Bruggemann, A., Groskurth, P., Ulich, E. (1975). *Arbeitszufriedenheit.* Bern: Huber
Bruner, J. S. (1951). Personality dynamics and the process of perceiving. In R. R. Blake, G. Ramsey (eds.), *Perception: an approach to personality.* New York: Ronald
Bruner, J. S., Goodnow, J. J., Austin, G. A. (1956). *A study of thinking.* New York: Wiley
Brunswik, E. (1934). *Wahrnehmung und Gegenstandswelt.* Leipzig, Wien: Deuticke
Brunswik, E. ([2]1956). *Perception and the representative design of psychological experiments.* Berkeley, Cal.: University of California Press
Buck, R. (1976). *Human motivation and emotion.* New York: Wiley
Buckley, W. (ed.; 1968). *Modern systems research for the behavioral scientist.* Chicago: Aldine
Bugelski, B. R. (1956). *The psychology of learning.* New York: Holt

Bühler, Ch. (1933). *Der menschliche Lebenslauf als psychologisches Problem.* Leipzig: Hirzel
Bühler, Ch. (⁶1967). *Kindheit und Jugend.* Göttingen: Hogrefe
Bühler, K. (1907). Tatsachen und Probleme zu einer Psychologie der Denkvorgänge I: Über Gedanken. *Archiv für Psychologie, 9,* 297–365
Bühler, K. (1933; ²1968). *Ausdruckstheorie.* Stuttgart: Fischer
Bühler, K. (1934; ²1965). *Sprachtheorie.* Stuttgart: Fischer
Bühringer, G. (1990). Mißbrauch und Abhängigkeit von illegalen Drogen und Medikamenten. In H. Reinecker (Hrsg.), *Lehrbuch der klinischen Psychologie. Modelle psychischer Störungen.* Göttingen: Hogrefe
Bünning, E. (1977). *Die physiologische Uhr: Circadiane Rhythmik und Biochronometrie.* Berlin: Springer
Burger, E. (1959). *Einführung in die Theorie der Spiele.* Berlin: de Gruyter
Burrows, G. D., Roth, M., Noyes, R. (eds.; 1990). *The neurobiology of anxiety. Handbook of anxiety.* Vol. 3. Amsterdam: Elsevier
Burt, C. L. (1940). *The factors of the mind.* London: University Press
Burt, C. L. (1970). The genetics of intelligence. In B. W. Dockrell (ed.), *On intelligence.* London: Methuen
Byham, W. C. (1970). Assessment centers for spotting future managers. *Harvard Business Review, 48,* 150–164
Byrne, D. (1964). Repression-sensitization as a dimension of personality. In B. A. Maher (ed.), *Progresses in experimental personality research.* New York: Academic Press

Callaway, E., Tueting, P., Koslow, S. H. (1978). *Eventrelated brain potentials in man.* New York: Academic Press
Campbell, D. T., Stanley, J. C. (1963; ⁷1971). Experimental and quasi-experimental design. In N. L. Gage (ed.), *Handbook of research on teaching.* Chicago: Rand McNally (1971: 7. Aufl. des Sonderdrucks in Buchform)
Campbell, D. T., Fiske, D. W. (1959). Convergent and discriminant validation by the multitrait-multimethod matrix. *Psychological Bulletin, 56,* 81–105
Campbell, N. R. (1928). *An account of the principles of measurement and calculation.* London: Longmans, Green & Comp.
Campenhausen, Chr. von (1981). *Die Sinne des Menschen* (2 Bde.). Stuttgart: Thieme
Caplan, A. L., Engelhardt, H. T. Jr., McCartney, J. J. (eds.; 1981). *Concepts of health and disease. Interdisciplinary perspectives.* Reading, MA: Addison-Wesley
Carlson, N. R. (²1980). *Physiology of behavior.* Boston: Allyn & Bacon
Carnap, R., Reichenbach, H. (1930). *›Erkenntnis‹.* Wien: Springer
Carnap, R., Stegmüller, W. (1959). *Induktive Logik und Wahrscheinlichkeit.* Wien: Springer
Carrel, A. (1955). *Der Mensch, das unbekannte Wesen.* Stuttgart: Deutsche Verlagsanstalt
Carterette, E. C., Friedman, M. P. (eds.; 1973–1980). *Handbook of perception* (10 Vols.). New York: Academic Press
Cartwright, D., Zander, A. (eds.; ²1960). *Group dynamics.* New York: Harper & Row
Cattell, R. B. (1950). *Personality: a systematic, theoretical, and factual study.* New York: McGraw-Hill
Cattell, R. B. (1952). *Factor analysis.* New York: Harper
Cattell, R. B. (1957). *Personality and motivation: structure and measurement.* New York: Harrap
Cattell, R. B. (1973). *Die empirische Erforschung der Persönlichkeit.* Weinheim: Beltz
Chalmers, N., Crawley, R., Rose, S. P. R. (eds.; ²1972). *The biological bases of behaviour.* London: Oxford University Press
Chown, S. (1959). Rigidity – a flexible concept. *Psychological Bulletin, 56,* 195–223

Christie, R., Jahoda, M. (eds.; 1954). *Studies on the scope and method of »The authoritarian personality«.* Glencoe, Ill.: Free Press
Cofer, C. N., Appley, M. H. (1964). *Motivation: Theory and research.* New York: Wiley
Cofer, C. N. (1975). *Motivation und Emotion.* München: Juventa
Cofer, C. N. (ed.; 1975). *The structure of human memory.* San Francisco: Freeman
Cohen, D. J., Donnellan, A. M., Paul, R. (eds.; 1987). *Handbook of autism and persuasive developmental disorders.* New York: Wiley
Cohen, J. (1964). *Behavior in uncertainty.* New York: Basic Books
Cohen, J., Hansel, R. (1954). *Theory of game.* London: Penguin Books
Coleman, R. M. u. a. (1982). Sleep-wake disorders based on a polysomnographic diagnosis. A national cooperative study. *Journal of the American Medical Association, 247,* 997–1003
Comte, A. (1830; dt. 1933). *Cours de la philosophie positive.* Leipzig: Körner
Cook, J. (1781). *Journal of Captain Cook's last voyage to the pacific* (Vol. II). Hartford: Allen
Coombs, H., Dawes, R. M., Tversky, A. (eds.; 1970). *Mathematical Psychology.* Englewood Cliffs: Prentice Hall
Corcoran, D. W. J. (1971). *Pattern recognition.* London: Penguin Books
Cox, D. R., Lewis, P. A. W. (1966). *The statistical analysis of series of events.* London: Methuen
Cramer, P. (1991). *The development of defense mechanisms. Theory, research and assessment.* New York: Springer
Creutzfeld, O. D. (1983). *Cortex cerebri.* Berlin: Springer
Cronbach, L. ([2]1965, [3]1970, [4]1984). *Essentials of psychological testing.* New York: Harper & Row
Crow, L. D., Crow, A. (1956). *Understanding behavior.* New York: Knopf
›Culture‹ (1952). A critical review of concepts and definitions. *Papers of the Peabody museum of American archeology and ethnology,* Whole 47

Davison, G. C., Neale, J. M. ([3]1988). *Klinische Psychologie. Ein Lehrbuch.* München/Weinheim: Psychologie Verlags Union
Dawes, R. M. (1977). *Grundlagen der Einstellungsmessung.* Weinheim: Beltz
Degkwitz, R., Helmchen, H., Kockott, G., Mombour, W. (Hrsg.; 1980). *Diagnoseschlüssel und Glossar psychiatrischer Krankheiten* (Deutsche Ausgabe der internationalen Klassifikation der Krankheiten der WHO, ICD, 9. Revision). Berlin: Springer
de la Motte-Haber, H. (1985). *Handbuch der Musikpsychologie.* Laaber: Laaber
Deutsch, J. A. (1955). A theory of shape recognition. *British Journal of Psychology, 46,* 30–37
Deutsch, J. A. (ed.; [2]1983). *The physiological base of memory.* New York: Academic Press
Deutsch, J. A., Deutsch, D. (1966). *Physiological psychology.* Homewood, Ill.: Dorsey Press
Dilling, H., Mombour, W., Schmidt, M. H. (1991). *Internationale Klassifikation psychischer Störungen, ICD-10.* Bern: Huber
Dilthey, W. (1894; [2]1964). Ideen über eine beschreibende und zergliedernde Psychologie. In *W. Diltheys Gesammelten Schriften,* Bd. 5. Göttingen: Vandenhoeck & Ruprecht
Dixon, N. (1971). *Subliminal perception: The nature of a controversy.* Maidenhead: McGraw-Hill
Dixon, N. (1981). *Preconscious processing.* New York: Wiley
Dollard, J., Miller, N. E. (1950). *Personality and psychotherapy.* New York: McGraw-Hill
Donchin, E. (ed.; 1984). *Cognitive psychophysiology.* Hillsdale, N.J.: Erlbaum
Donders, F. C. (1868; engl. 1969). Die Schnelligkeit psychischer Prozesse. (On the speed of mental processes) *Acta Psychologica, 30,* 412–431
Dörner, D. (1974). *Die kognitive Organisation beim Problemlösen.* Bern: Huber
Dorsch, F. (1963). *Geschichte und Probleme der Angewandten Psychologie.* Bern: Huber

DSM III-R (1989). *Diagnostisches und statistisches Manual psychischer Störungen* (übersetzt nach der Revision der 3. Auflage des Diagnostic and statistical manual of mental disorders der American Psychiatric Association, 1987). Weinheim: Beltz

Duffy, E. (1962). *Activation and behavior.* New York: Wiley

Dührssen, A. (1958; [5]1974). *Heimkinder und Pflegekinder in ihrer Entwicklung.* Göttingen: Vandenhoeck & Ruprecht

Duncan Luce, R. (1986). *Response times: Their role in inferring elementary mental organization.* New York: Oxford University Press

Duncker, K. (1935). *Zur Psychologie des produktiven Denkens.* Berlin: Springer

Dunette, M. D. (ed.; 1976). *Handbook of industrial and organizational psychology.* Chicago: Addison Wesley

Eberspächer, H. (1982). *Sportpsychologie: Grundlagen, Methoden, Analysen.* Reinbek: Rowohlt

Edwards, A. L. (1954; [2]1960). Experimental design in psychological research. In G. Lindzey (ed.), *Handbook of social psychology* (2 Vols.). New York: Holt, Rinehart & Winston

Edwards, A. L. ([2]1957). *Techniques of attitude scale construction.* New York: Appleton-Century-Crofts

Edwards, A. L. (1957). *The social desirability variable in personality assessment and research.* New York: Dryden

Edwards, A. L. (1968). *Experimental design in psychological research.* New York: Holt, Rinehart and Winston

Ehlers, A., Margraf, J. (1990). Agoraphobien und Panikanfälle. In H. Reinecker (Hrsg.), *Lehrbuch der klinischen Psychologie. Modelle psychischer Störungen.* Göttingen: Hogrefe

Ehrenfels, Chr. von (1890). *Über Gestaltqualitäten.* Vierteljahresschrift für wissenschaftliche Philosophie, Bd. 14

Eibl-Eibesfeldt, I. (1967; [2]1969). *Grundriß der Vergleichenden Verhaltensforschung.* München: Piper

Eichmann, K., Mayer, I. (1985). *Kursbuch Psychotherapie.* München/Frankfurt/M.: Weixler

Ekman, G. ([2]1968). Psychophysik und psychologische Meßmethoden. In R. Meili, H. Rohracher (Hrsg.), *Lehrbuch der experimentellen Psychologie.* Bern: Huber

Eliasberg, W. (1926). Richtungen und Entwicklungstendenzen in der Arbeitswissenschaft. *Archiv für Sozialwissenschaft und Sozialpolitik, 55,* 66–101 und 687–732

Elithorn, A., Banerji, R. (eds.; 1984). *Artifical and human intelligence.* Amsterdam: North-Holland

Ellis, A., Grieger, R. (Hrsg.; 1979). *Praxis der Rational-Emotiven Therapie.* München: Urban & Schwarzenberg

Ellis, W. D. (1938; [2]1950). *A source book of gestalt psychology.* New York: Humanities Press

Elul, M. R. (1972). The genesis of EEG. *International Review of Neurobiology, 15,* 227–272

Endler, N. S., Magnusson, D. (eds.; 1975). *Interactional psychology and personality.* Washington, D.C.: Hemisphere/Wiley

Erdelyi, M. H. (1974). A new look at the New Look: Perceptual defense and vigilance. *Psychological Review, 81,* 1–25

Erikson, E. H. ([5]1974). *Kindheit und Gesellschaft.* Stuttgart: Klett

Estes, W. K. (ed.; 1975–1977). *Handbook of learning and cognitive processes.* 5 Vols. Hillsdale, N.J.: Erlbaum

Ewert, O., (1978). Selbstkonzepte und Erklärung von Verhalten. In R. Oerter (Hrsg.), *Entwicklung als lebenslanger Prozeß.* Hamburg: Hoffmann & Campe

Ewert, O. (1983a). *Psychologie des Jugendalters.* Stuttgart: Kohlhammer

Ewert, O. (1983b). Gefühle und Stimmungen. In H. Thomae (Hrsg.), *Enzyklopädie der Psychologie, Serie Motivation und Emotion.* Bd. 1. Göttingen: Hogrefe

Eyferth, K. (1966). Die chemischen Sinne des Menschen. In W. Metzger (Hrsg.),

Handbuch der Psychologie. Bd. I, 1. Wahrnehmung und Bewußtsein. Göttingen: Hogrefe

Eysenck, H. J. (1952). *The scientific study of personality.* London: Routledge

Eysenck, H. J. (1953). Fragebogen als Meßmittel der Persönlichkeit. *Zeitschrift für experimentelle und angewandte Psychologie, 3,* 291–335

Eysenck, H. J. (1957; ^{2}1964). *The dynamics of anxiety and hysteria.* London: Routledge & Kegan

Eysenck, H. J. (1959). *Behaviour therapy and the neuroses.* Oxford: Pergamon Press

Eysenck, H. J. (ed.; ^{2}1961). *Handbook of abnormal psychology.* New York: Basic Books

Eysenck, H. J. (1963). *Experiments with drugs.* Oxford: Pergamon Press

Eysenck, H. J. (^{2}1970). *The biological basis of personality.* Springfield: Thomas

Eysenck, H. J. (1980). *Intelligenz.* Berlin: Springer

Eysenck, H. J. (ed.; 1981). *A model for personality.* Berlin: Springer

Eysenck, H. J., Rachmann, S. (1970). *Neurosen: Ursachen und Heilmethoden.* Berlin: VEB Deutscher Verlag der Wissenschaften

Eysenck, M. W. (1982). *Attention and arousal: Cognition and performance.* Berlin: Springer

Eysenck, S. B. G., Eysenck, H. J. (1977). The place of impulsiveness in a dimensional system of personality description. *British Journal of Social and Clinical Psychology, 16,* 57–68

Fahrenberg, J. (1967). *Psychophysiologische Persönlichkeitsforschung.* Göttingen: Hogrefe

Fahrenberg, J. (1979). Psychophysiologie. In: K. P. Kisker u. a. (Hrsg.). *Psychiatrie der Gegenwart. Bd. I, 1.* Berlin: Springer

Fahrenberg, J., Walschburger, P., Foerster, F., Myrtek, M., Müller, W. (1979). *Psychophysiologische Aktivierungsforschung.* München: Minerva

Fahrner, E.-M., Kockott, G. (1990). Funktionelle Sexualstörungen. In H. Reinecker (Hrsg.), *Lehrbuch der Klinischen Psychologie. Modelle psychischer Störungen.* Göttingen: Hogrefe

Fechner, G. Th. (^{2}1907). *Elemente der Psychophysik.* Leipzig: Breitkopf und Härtel

Feller, W. (^{2}1957). *An introduction to probability theory and its application,* Vol. I

Ferstl, R. (1990). Störungen durch psychotrope Substanzen. Klassifikation und Diagnostik. In U. Baumann, M. Perrez (Hrsg.), *Klinische Psychologie.* Bd. 1. Bern: Huber

Ferstl, R., Bühringer, G. (1991). Störungen durch psychotrope Substanzen. Intervention. In M. Perrez, U. Baumann (Hrsg.), *Klinische Psychologie.* Bd. 2. Bern: Huber

Festinger, L. (^{2}1962). *A theory of cognitive dissonance.* Stanford: Stanford University Press

Festinger, L. (1978). *Theorie der kognitiven Dissonanz.* Bern: Huber

Festinger, L., Allyn, M. R., White, C. W. (1971). The perception of color with achromatic stimulation. *Vision Research, 11,* 591–612

Feuerlein, W. (1984). *Alkoholismus – Mißbrauch und Abhängigkeit.* Stuttgart: Thieme

Feuerlein, W. (Hrsg.; 1986). *Theorie der Sucht.* Heidelberg: Springer

Fiedler, F. E. (1967). *A theory of leadership effectiveness.* New York: McGraw-Hill

Fischer, G. (Hrsg.; ^{2}1972). *Psychologische Testtheorie.* Bern: Huber

Fischer, L., Lück, H. E. (1972). Entwicklung einer Skala zur Messung von Arbeitszufriedenheit (SAZ). *Psychologie und Praxis, 16,* 64–76

Flanagan, J. C. (1954). The critical incident technique. *Psychological Bulletin, 51,* 327–358

Floru, R. (1969). *Psihofiziologia attentiei.* Bukarest: Editura stintifica

Foa, E. B., Foa, O. G. (1976). Resource theory of social exchange. In J. Thibaut u. a. (eds.), *Contemporary topics in social psychology.* Morristown: Educational University Press.

Foppa, K. (21966). *Lernen, Gedächtnis, Verhalten*. Köln: Kiepenheuer und Witsch
Foulkes, D. (1969). *Die Psychologie des Schlafes*. Frankfurt/M.: Fischer
Fraisse, P. (21967). *La psychologie du temps*. Paris: Presses Universitaires de France
Frank, H. G. (Hrsg.; 1963). *Lehrmaschinen in kybernetischer und pädagogischer Sicht*. Stuttgart/München: Klett/Oldenburg
Frank, K. L. (1948). *Projective methods*. London: Methuen
Frankenhaeuser, M. (1981). Psychobiological aspects of Life Stress. In S. Levine, H. Ursin (eds.), *Coping and health*. New York: Plenum Press
Frankl, V. E. (1951). *Logos und Existenz*. Wien: Amandus
Frankl, V. E. (1959). *Das Menschenbild in der Seelenheilkunde*. Stuttgart: Hippokrates-Verlag
Frankl, V. E. (1979). *Der Mensch vor der Frage nach dem Sinn. Eine Auswahl aus dem Gesamtwerk*. München: Piper
Frankl, V. E., Gebsattel, E. von, Schultz, J. H. (Hrsg.; 1959–61). *Handbuch der Neurosenlehre und Psychotherapie* (5 Bde.). München: Urban & Schwarzenberg
Franks, C. M. (ed.; 1969). *Behavior therapy. Appraisal and status*. New York: McGraw-Hill
Freedman, A. M., Brotman, R., Silverman, I., Hutson, D. (eds.; 1986). *Issues in psychiatric classification. Science, practice and social policy*. New York: Human Sciences Press
Frei, F., Ulich, E. (Hrsg.; 1981). *Vorschläge zur psychologischen Arbeitsanalyse*. Bern: Huber
Freud, A. (1936; 81973). *Das Ich und die Abwehrmechanismen*. München: Kindler
Freud, S. (21946ff.). *Gesammelte Werke* (18 Bde.). London/Frankfurt/M.: Imago/Fischer
Freud, S. (1913). *Totem und Tabu*. Leipzig: Keller
Frieling, E. (1975). *Psychologische Arbeitsanalyse*. Stuttgart: Kohlhammer
Frieling, E., Hamburger, W., Facaroaru, C., Wöcherl, H., Bürholtt, E. (1984). *Entwicklung eines theoriegeleiteten standardisierten verhaltenswissenschaftlichen Verfahrens zur Tätigkeitsanalyse (TAI)*. München: Hda Bericht HA 029
Frijda, N. H. (1986). *The emotions*. Cambridge: Cambridge University Press
Fröhlich, W. D. (1972). Sozialisation und kognitive Stile. In C. F. Graumann (Hrsg.), *Handbuch der Psychologie. Bd. 7, 2. Sozialpsychologie*. Göttingen: Hogrefe
Fröhlich, W. D. (1978). Stress, anxiety, and the control of attention in humans: some psychophysiological implications. In C. D. Spielberger, I. G. Sarason (eds.), *Stress and anxiety (Vol. V)*. Washington, D.C.: Hemisphere/Wiley
Fröhlich, W. D. (1982). *Angst: Gefahrensignale und ihre psychologische Bedeutung*. München: Deutscher Taschenbuch Verlag
Fröhlich, W. D. (1983). Perspektiven der Angstforschung. In H. Thomae (Hrsg.), *Enzyklopädie der Psychologie, Serie Motivation und Emotion, Bd. 2*. Göttingen: Hogrefe
Fröhlich, W. D., Becker, J. (61972). *Forschungsstatistik*. Bonn: H. Grundmann Bouvier
Fröhlich, W. D., Floru, R., Glanzmann, P. u. a. (1980). The temporal development of early and late CNV in a simple discrimination paradigm. In H. H. Kornhuber, L. Deecke (eds.), *Motivation, motor, and sensory processes of the brain*. Amsterdam: Elsevier
Fröhlich, W. D., Koszyk, K. (1971). *Die Macht der Signale. Information, Kommunikation und Gesellschaft*. Reinbek: Rowohlt
Fröhlich, W. D., Smith, G., Draguns, J., Hentschel, U. (1984). *Psychological processes in perception and personality*. New York/Washington, D.C.: Hemisphere/Wiley
Fröhlich, W. D., Wellek, S. (1972). Der begrifflich-theoretische Hintergrund der Sozialisationsforschung. In H. Thomae (Hrsg.), *Handbuch der Psychologie, Bd. 7, 2. Sozialpsychologie*. Göttingen: Hogrefe
Fromm, E. (1955). *The sane society*. New York: Rinehart

Fruchter, B. (1954). *Introduction to factor analysis.* New York: Van Nostrand
Fry, E. (1963). *Teaching machines and programmed instruction.* New York: McGraw-Hill

Galanter, E. (1962). Contemporary psychophysics. In R. Brown, E. Galanter, E. Hess, G. Mandler (eds.), *New directions in psychology.* New York: Holt
Galin, D. (1974). Implications for psychiatry of left and right cerebral specialization. *Archives of General Psychiatry, 31,* 572–583
Galparin, P. J. ([7]1967). Die Entwicklung der Untersuchungen über die Bildung geistiger Operationen. In H. Hiebsch, F. Klix, M. Vorwerg (Hrsg.), *Ergebnisse der sowjetischen Psychologie.* Berlin: Akademie Verlag
Ganong, W. F. (1971). *Medizinische Physiologie.* Berlin: Springer
Gardner, R. W. (1964). The development of cognitive structures. In C. Scheerer (ed.), *Cognition.* New York: Harper & Row
Gardner, R. W., Holzman, P. S., Klein, G. S., Linton, H. B., Spence, D. P. (1959). *Cognitive control: A study of individual consistencies in cognitive behavior. Psychological Issues Vol. 1, No. 4. Monograph 4.* New York: International Universities Press
Garfield, S. L., Bergin, A. E. (eds.; 1986). *Handbook of psychotherapy and behavior change.* New York: Wiley
Gazzaniga, M. S. (1970). *The bisected brain.* New York: Appleton-Century-Crofts
Gazzaniga, M. S. (1974). Cerebral dominance viewed as a decision system. In: S. J. Dimond, J. G. Beaumont (eds.). *Hemisphere functions in the human brain.* London: Elek Science
Gazzaniga, M. S. (ed.; 1984). *Handbook of cognitive neuroscience.* New York: Plenum Press
Gazzaniga, M. S., Blakemore, C. (eds.; 1975). *Handbook of psychobiology.* New York: Academic Press
Gebert, D., Rosenstiel, L. von ([2]1989). *Organisationspsychologie. Person und Organisation.* Stuttgart: Kohlhammer
Gehlen, A. ([7]1962). *Der Mensch.* Frankfurt/M.: Athenäum
Gemelli, A. (1928). Über das Entstehen von Gestalten. *Archiv für die gesamte Psychologie, 65,* 205–268
Gheorghiu, V. A. (1972). Betrachtungen über Suggestion und Suggestibilität. *Scientia, 3,* 1–29
Gheorghiu, V. A. (1973). *Hypnose und Gedächtnis.* München: Goldmann
Gibson, J. J. (1941). A critical review of the concept of set in contemporary experimental psychology. *Psychological Bulletin, 38,* 781–817
Giese, F. (1927). Methoden der Wirtschaftspsychologie. In E. Abderhalden (Hrsg.), *Handbuch der biologischen Arbeitsmethoden.* Bd. 2. Berlin: Urban & Schwarzenberg
Gilhooly, K. J. (ed.; 1989). *Human and machine problem solving.* New York: Plenum Press
Glanzmann, P., Fröhlich, W. D. (1984). Anxiety stress, and the Contingent Negative Variation (CNV) reconsidered. In R. Karrer, J. Cohen, P. Tueting (eds.), *Brain and information. Event-related potentials.* Vol. 425. New York: New York Academy of Science Annals
Glanzmann, P., Fröhlich, W. D. (1986). Anxiety and covert changes of attention control. In U. Hentschel, G. Smith, J. Draguns (eds.), *The roots of perception. Individual differences in information processing within and beyond awareness.* Amsterdam: North-Holland
Glaser, E. M., Ruchkin, D. S. (1976). *Principles of neurobiological signal analysis.* New York: Academic Press
Glass, D. C., Singer, J. E. (1972). *Urban stress. Experiments on noise and social stressors.* New York: Academic Press
Glass, G. V., Wilson, V. L., Gottman, J. M. (1975). *Design and analysis of time-series experiments.* Boulder, Col.: University of Colorado Press
Glatzel, J. (1975). *Antipsychiatrie. Psychiatrie in der Kritik.* Stuttgart: UTB
Glatzel, J. (1978). *Allgemeine Psychopathologie.* Stuttgart: Enke
Glatzel, J. (1981). *Spezielle Psychopathologie.* Stuttgart: Enke

Goslin, D. A. (ed.; 1969). *Handbook of socialization: theory and research.* Chicago: Rand-McNally
Gottschaldt, K. (1961). Das Problem der Phänogenetik der Persönlichkeit. In Ph. Lersch, H. Thomae (Hrsg.), *Handbuch der Psychologie. Bd. IV. Persönlichkeitsforschung.* Göttingen: Hogrefe
Gouldner, A. W. (1950). *Studies in leadership.* New York: Harper
Goulet, L. R., Baltes, P. B. (eds.; 1970). *Life-span developmental psychology: research and theory.* New York: Academic Press
Graham, C. H. (ed.; 1965). *Vision and visual perception.* New York: Wiley
Graumann, C. F. (1959). Aktualgenese. *Zeitschrift für experimentelle und angewandte Psychologie, 6,* 410–449
Graumann, C. F. (1960). *Grundlagen einer Phänomenologie und Psychologie der Perspektivität.* Berlin: de Gruyter
Graumann, C. F. (1960). Eigenschaften als Problem der Persönlichkeitsforschung. In Ph. Lersch, H. Thomae (Hrsg.), *Handbuch der Psychologie. Bd. IV. Persönlichkeitsforschung.* Göttingen: Hogrefe
Graumann, C. F. (1965a). Die Dynamik von Interessen, Wertungen und Einstellungen. In H. Thomae (Hrsg.), *Handbuch der Psychologie. Bd. II. Motivation.* Göttingen: Hogrefe
Graumann, C. F. (1965b). Subjektiver Behaviorismus. *Archiv für die gesamte Psychologie, 117,* 240–251
Graumann, C. F. (Hrsg.; 1965). *Denken.* Köln: Kiepenheuer & Witsch
Graumann, C. F. (²1974). Nichtsinnliche Bedingungen des Wahrnehmens. In W. Metzger (Hrsg.), *Handbuch der Psychologie. Bd. I, 1. Wahrnehmung und Bewußtsein.* Göttingen: Hogrefe
Graumann, C. F. (1968). *Motivation.* Wiesbaden: Akademische Verlagsgesellschaft
Graumann, C. F. (²1974). Bewußtsein und Bewußtheit. In W. Metzger (Hrsg.), *Handbuch der Psychologie.* Bd. 1.1. *Wahrnehmung und Bewußtsein.* Göttingen: Hogrefe
Gray, J. A. (1982). *The neuropsychology of anxiety: An inquiry into the function of the septohippocampal system.* New York: Oxford University Press
Green, D. M., Swets, J. A. (1966). *Signal detection theory and psychophysics.* New York: Wiley
Greenfield, N. S., Sternbach, R. A. (eds.; 1972). *Handbook of psychophysiology.* New York: Holt, Winston and Rinehart
Gregory, R. L. (1972). *Auge und Gehirn.* München: Kindler
Gregory, R. L. (1974). *Concepts and mechanisms of perception.* London: Duckworth
Greif, S., Holling, H., Nicholson, N. (Hrsg.; 1989). *Arbeits- und Organisationspsychologie. Internationales Handbuch in Schlüsselbegriffen.* München/Weinheim: Psychologie Verlags Union
Grossman, S. P. (1967). *A textbook of physiological psychology.* New York: Wiley
Gruhle, H. W. u.a. (Hrsg.; 1960f.). *Psychiatrie der Gegenwart* (3 Bde.). Berlin, Göttingen, Heidelberg: Springer
Guilford, J. P. (²1954). *Psychometric methods.* New York: McGraw-Hill
Guilford, J. P. (1964). *Persönlichkeit.* Weinheim: Beltz
Guilford, J. P. (1967). *The nature of human intelligence.* New York: McGraw-Hill
Gurwitsch, A. (1974). *Das Bewußtseinsfeld.* Berlin: De Gruyter
Guthrie, E. R. (1952). *The psychology of learning.* New York: Harper and Row
Gutkin, T. B., Wise, S. L. (eds.; 1991). *The computer and the decision-making process.* Hillsdale, N. J.: Erlbaum
Guttmann, G. (1972). *Einführung in die Neuropsychologie.* Bern: Huber

Hacker, W. (1986). *Arbeitspsychologie: Psychische Regulation von Arbeitstätigkeiten.* Bern: Huber
Hackman, J. R., Oldham, G. R. (1974). *The job diagnostic survay.* New Haven, CO: Wiley
Häfner, H., Gattaz, W. F., Janzarik, W. (eds.; 1987). *Search for the causes of schizophrenia.* Berlin: Springer

Häfner, H., Weyerer, S. (1990). Epidemiologie. In U. Baumann, M. Perrez (Hrsg.), *Klinische Psychologie.* Bd. I. Bern: Huber

Hagfors, C. (1962). Beiträge zur Meßtheorie der hautgalvanischen Reaktion. *Psychologische Beiträge, 7,* 517–538

Hammond, K. R. (ed.; 1966). *The psychology of Egon Brunswik.* New York: Holt, Rinehart & Winston

Hammond, K. R., Stewart, T. R., Brehmer, B., Steinmann, D. O. (1975). Social judgment theory. In M. Kaplan, S. Schwartz (eds.), *Human judgment and decision processes.* New York: Academic Press

Harding, J., Kutner, B., Prochansky, H., Chein, I. (1954). Prejudice and ethic relations. In G. Lindzey (ed.), *Handbook of social psychology.* Vol. II. Cambridge, Mass.: Addison-Wesley

Harlow, H. F. (1949). The formation of learning sets. *Psychological Review, 56,* 51–65

Harman, H. H. (1960). *Modern factor analysis.* Chicago: University of Chicago Press

Hartley, E. L., Hartley, R. E. (1958). *Die Grundlagen der Sozialpsychologie.* Berlin: Rembrandt

Hautzinger, M., DeJong-Meyer, R. (1990). Depressionen. In H. Reinecker (Hrsg.), *Lehrbuch der klinischen Psychologie. Modelle psychischer Störungen.* Göttingen: Hogrefe

Hautzinger, M., Greif, S. (1981). *Kognitionspsychologie der Depression.* Stuttgart: Kohlhammer

Hays, W. L. (^{4}1969). *Statistics for psychologists.* New York: Holt, Rinehart & Winston

Hebb, D. O. (1949). *Organization of behavior.* New York: Wiley

Hebb, D. O., Thompson, W. R. (1954). The social significance of animal studies. In G. Lindzey (ed.), *Handbook of social psychology.* Bd. I. Cambridge, Mass.: Addison-Wesley

Heckhausen, H. (1963). *Hoffnung und Furcht in der Leistungsmotivation.* Meisenheim: Hain

Heckhausen, H. (1965). Leistungsmotivation. In H. Thomae (Hrsg.), *Handbuch der Psychologie. Bd. II. Motivation.* Göttingen: Hogrefe

Heckhausen, H. (1980). *Motivation und Handeln.* Berlin: Springer

Heimann, P. (1957/58). Die Dynamik der Übertragungsinterpretation. *Psyche, 11,* 401–415

Heise, D. R. (1975). *Causal analysis.* New York: Wiley

Heiss, R. (1956; ^{2}1964). *Allgemeine Tiefenpsychologie.* Bern: Huber

Heiss, R. (Hrsg.; 1966; ^{3}1971). *Handbuch der Psychologie. Bd. VI. Psychologische Diagnostik.* Göttingen: Hogrefe

Helm, J. (1980). *Gesprächspsychotherapie.* Darmstadt: Steinkopff

Helmchen, H. u. a. (1973). *Diagnoseschlüssel und Glossar psychiatrischer Krankheiten: Internationale Klassifikation der WHO.* Berlin: Springer

Helson, H. (1964). *Adaptation level theory: An experimental and systematic approach to behavior.* New York: Harper

Henning, A. (^{2}1928). *Der Geruch.* Wien: Springer

Hentschel, U., Smith, G. (1980). *Experimentelle Persönlichkeitsforschung.* Wiesbaden: Akademische Verlagsgesellschaft

Herbart, J. F. (^{2}1819; Nachdr. 1965). *Lehrbuch der Psychologie.* Amsterdam: Bonses

Herbig, M. (1976). *Praxis lehrzielorientierter Tests.* Düsseldorf: Schwann

Herrmann, T. (1969; ^{2}1972). *Lehrbuch der empirischen Persönlichkeitsforschung.* Göttingen: Hogrefe

Herrmann, T. (1972). *Sprache. Einführung in die Psychologie, Bd. V.* Frankfurt/M./Bern: Akademische Verlagsgesellschaft/Huber

Herrmann, T. (1973). *Persönlichkeitsmerkmale: Bestimmung und Verwendung in der psychologischen Wissenschaft.* Stuttgart: Kohlhammer

Herrmann, T., Lantermann, E.-D. (Hrsg.; 1985). *Persönlichkeitspsychologie: Ein Handbuch in Schlüsselbegriffen.* München: Urban & Schwarzenberg

Herzog, W., Deter, H.-C., Vandereycken, W. (eds.; 1992). *The course of eating disorders. Long-term follow-up studies of Anorexia and Bulimia nervosa.* Berlin: Springer

Hetherington, E. M., Park, R. D. (²1986). *Child psychology.* New York: McGraw-Hill

Hick, W. E. (1952). On the rate of gain of information. *Quarterly Journal of Experimental Psychology, 4,* 11–26

Hilgard, E. R. (1965). *Hypnotic susceptibility.* New York: Harcourt, Bruce and World

Hilgard, E. R. (1965). Hypnosis. *Annual Review of Psychology, 16,* 157–180

Hilgard, E. R., Bower, G. H. (³1966). *Theories of learning.* New York: Appleton

Hillyard, S. A., Kutas, M. (1983). Electrophysiology of cognitive processing. *Annual Review of Psychology, 34,* 33–61

Hiltmann, H. (²1967). *Kompendium der psychodiagnostischen Tests.* Bern: Huber

Hinde, R. A. (1970). Behavioral habituation. In G. Horn, R. A. Hinde (eds.), *Short term changes in neural activity and behavior.* London: Cambridge University Press

Hingtgen, J. N., Hellhammer, D., Huppmann, G. (eds.; 1987). *Advanced methods in psychobiology.* Toronto: Hogrefe

Hodapp, V. (1984). *Analyse linearer Kausalmodelle.* Bern: Huber

Hofer, M. A. (1981). *The roots of human behavior.* San Francisco: Freeman

Hoff, H., Ringel, E. (1964). *Aktuelle Probleme der psychosomatischen Medizin.* Berlin: Springer

Hofstätter, P. R. (1951). *Die Psychologie der öffentlichen Meinung.* Wien: J. Springer

Hofstätter, P. R. (1957 a). *Gruppendynamik.* Reinbek: Rowohlt

Hofstätter, P. R. (1957 b). *Psychologie.* Frankfurt/M.: Fischer

Hofstätter, P. R. (⁹1966). *Einführung in die Sozialpsychologie.* Stuttgart: Kröner

Holmes, T. H., Rahe, R. H. (1967). The social readjustment scale. *Journal of Psychosomatic Research, 11,* 213–218

Holst, E. von (1961). *Moderne Instinktforschung.* München: Piper

Holst, E. von, Mittelstaedt, H. (1950). Das Reafferenzprinzip. *Die Naturwissenschaft, 37,* 464–476

Holzkamp, K. (1964). *Theorie und Experiment in der Psychologie.* Berlin: de Gruyter

Homans, G. C. (1960). *Theorie der sozialen Gruppe.* Köln/Opladen: Westdeutscher Verlag

Hoppe, F. (1930). Erfolg und Mißerfolg. *Psychologische Forschung, 14,* 1–62

Hörmann, H. (1960). *Konflikt und Entscheidung.* Göttingen: Hogrefe

Hörmann, H. (1964). *Aussagemöglichkeiten psychologischer Diagnostik.* Göttingen: Hogrefe

Hörmann, H. (1967). *Psychologie der Sprache.* Berlin, Heidelberg: Springer

Hörmann, H., Osterkamp, U. (1966). Über den Einfluß von kontinuierlichem Lärm auf die Organisation von Gedächtnisinhalten. *Zeitschrift für Experimentelle und Angewandte Psychologie, 13,* 31–38

Hornstein, W., Bastine, R., Junker, H., Wulf, Ch. (1977). *Beratung in der Erziehung* (2 Bde.). Frankfurt/M.: Fischer

Horst, P. (1963). *Matrix algebra for social scientists.* New York: Holt, Rinehart & Winston

Hovland, C. I. (1954). *The effects of mass media of communication.* New Haven, Conn.: Yale University Press

Hoyos, C. (1978). Problematik der Stressoren in der Arbeitswelt. In IfaA. (Hrsg.), *Stress in der Arbeitswelt.* Köln: IfaA-Verlag

Hoyos, C., Kroeber-Riel, W., Rosenstiel, L. von, Strümpel, B. (Hrsg.; 1980). *Grundbegriffe der Wirtschaftspsychologie.* München: Urban & Schwarzenberg

Hubel, D. H., Wiesel, T. N. (1962). Receptive fields, binocular interaction, and functional architecture in the cat's visual cortex. *Journal of Physiology, 160,* 106–154

Hubel, D. H., Wiesel, T. N. (1968). Receptive fields and functional architecture of monkey striate cortex. *Journal of Physiology, 195,* 215–243

Huizinga, J. (²1949). *Homo ludens.* Reinbek: Rowohlt

Hull, C. L. (1943). *Principles of behavior.* New York: Appleton
Humphrey, G. (1933). *The nature of learning.* New York: Harcourt
Humphrey, G. (1951). *Thinking: an introduction to its experimental psychology.* London: Methuen.
Humphrey, G. (1963). *Thinking.* New York: Wiley
Huppmann, G., Wilker, F.-W. (1988). *Medizinische Psychologie, Medizinische Soziologie.* München: Urban & Schwarzenberg
Hurvich, L. M. (1981). *Color vision.* Sunderland, MA.: Sinauer Associates
Hurvich, L. M., Jameson, D. (1957). An opponent-process theory of color vision. *Psychological Review, 64,* 384–404
Hyman, R. (1953). Stimulus information as a determinant of reaction time. *Journal of Experimental Psychology, 45,* 423–432

Insko, Ch. A. (1967). *Theories of attitude change.* New York: Appleton-Century-Crofts
Irion, F. C. (1950). *Public opinion and propaganda.* New York: Crowell
Irle, M. (1975). *Lehrbuch der Sozialpsychologie.* Göttingen: Hogrefe
Isaacson, R. L. (ed.; 1964). *Basic readings in neuropsychology.* New York: Harper & Row
Iversen, L. L., Iversen, S. O., Snyder, S. H. (eds.; 1984). *Handbook of psychopharmacology. Vol. 18. Drugs, neurotransmitters, and behavior.* New York: Plenum Press
Izard, C. E. (1977). *Human emotions.* New York: Plenum Press

Jäger, A. O. (1967). *Dimensionen der Intelligenz.* Göttingen: Hogrefe
Jäger, R. S. (Hrsg.; 1988). *Psychologische Diagnostik. Ein Lehrbuch.* München/Weinheim: Psychologische Verlags Union
Jaeger, S., Staeuble, S. (1981). Die Psychotechnik und ihre gesellschaftlichen Entwicklungsbedingungen. In F. Stoll (Hrsg.), *Die Psychologie des 20. Jahrhunderts,* Bd. 12, *Anwendungen im Berufsleben.* Zürich: Kindler
James, W. (1888). What is emotion? *Mind, 9,* 188–204
James, W. (1890). *The principles of psychology* (2 Vols.). New York: Holt
Jameson, D., Hurvich, L. M. (1971). *Visual psychophysics.* New York: Springer
Jamieson, J., Howk, S. (1992). The law of initial values. A four factor theory. *International Journal of Psychophysiology, 12,* 53–61
Janis, I. L. (ed.; 1981). *Counseling on personal decisions: Theory and field research in helping relationships.* New Haven, Conn.: Yale University Press
Janke, W. (1981 a). Probleme pharmakopsychologischer Forschung. In E. R. Rey (Hrsg.), *Klinische Psychologie.* Stuttgart: Fischer
Janke, W. (ed.; 1981 b). *Response variability to psychotropic drugs.* Oxford: Pergamon Press
Janke, W., Netter, P. (Hrsg.; 1986). *Angst und Psychopharmaka.* Stuttgart: Kohlhammer
Jaensch, E. R. (1926). *Grundzüge einer Physiologie und Klinik der psychophysischen Persönlichkeit.* Berlin: Springer
Jasper, H. H. (1958). The ten-twenty electrode system of the International Federation. *Electroencephalography and clinical neurophysiology 10,* 371–375
Jaspers, K. (^{2}1956). *Existenzphilosophie.* Berlin: de Gruyter
Jaspers, K. (^{6}1965). *Allgemeine Psychopathologie.* Berlin: Springer
Jerison, H. J. (1973). *Evolution of the brain and intelligence.* New York: Academic Press
Jeserich, W. (1981). *Mitarbeiter auswählen und fördern. Assessment-Center-Verfahren.* München: Hanser
Jin, P. (1992). Toward a reconceptualization of the law of initial value. *Psychological Bulletin, 111,* 176–184
Jones, E. E. (^{2}1966). *Ingratiation: a social psychological analysis.* New York: Appleton-Century-Crofts
Jones, M. C. (1924). Elimination of children's fear. *Journal of Experimental Psychology, 7,* 382–390

Jost, A. (1897). *Die Assoziationsfestigkeit in ihrer Abhängigkeit von der Verteilung der Wiederholungen*. Hamburg: Voss
Julien, R. M. ([3]1981). *A primer of drug action*. San Francisco: Freeman
Jung, C. G. (1934). *Wirklichkeit der Seele*. Zürich: Rascher
Jung, C. G. ([9]1960). *Psychologische Typen*. Zürich: Rascher

Kafka, G. (1949). *Was sind Rassen?* München: Federmann
Kagan, J., Kogan, N. (1970). Individual variation in cognitive processes. In P. H. Mussen (ed.), *Carmichael's Manual of Child Psychology* (Vol. 1). New York: Wiley
Kagan, J., Rosman, B., Day, D., Albert, J., Phillips, W. (1964). Information processing in the child: Significance of analytic and reflective attitudes. *Psychological Monographs, 78,* No. 578
Kahneman, D. (1973). *Attention and effort*. Englewood Cliffs, N.J.: Prentice Hall
Kail, R., Spear, N. E. (eds.; 1984). *Comparative perspectives in the development of memory*. Hillsdale, N.J.: Erlbaum
Kainz, F. (1941–57). *Psychologie der Sprache*. 5 Bde. Stuttgart: Enke
Kainz, F. (1964). Das Denken und die Sprache. In R. Bergius (Hrsg.), *Handbuch der Psychologie. Bd. I, 2. Lernen und Denken*. Göttingen: Hogrefe
Kalat, J. W. ([2]1984). *Biological Psychology*. Belmont, Cal.: Wadsworth
Kaminski, G. (1970). *Handlungstheorie und Verhaltensmodifikation*. Stuttgart: Klett
Kammer, D., Hautzinger, M. (1988). *Kognitive Depressionsforschung*. Bern: Huber
Kanfer, F. H., Hagerman, S. (1981). The role of self-regulation. In L. P. Rehm (ed.), *Behavior therapy for depression. Present status and future directions*. New York: Academic Press
Kaplan, H. I., Sadock, B. J. (eds.; [5]1989). *Comprehensive textbook of psychiatry*. 2 Vols. Baltimore: Williams & Wilkins
Karsten, A. (1928). Psychische Sättigung. *Psycholog. Forschung, 10,* 142–254
Katkin, E. S. (1975). Electrodermal lability. In I. G. Sarason, C. D. Spielberger, (eds.), *Stress and anxiety. Vol. II*. Washington D.C.: Hemisphere/Wiley
Katz, D. (1960). The functional approach to the study of attitudes. *Public Opinion Quarterly, 24,* 163–204
Katz, J., Melzack, R. (1990). Pain »memories« in phantom limbs. Review and clinical observation. *Pain, 43,* 319–336
Keller, R. (1981). *Immunologie und Immunpathologie. Eine Einführung*. Stuttgart: Thieme
Kelly, G. A. (1955). *A theory of personality: The psychology of personal constructs* (2 Vols.). New York: Norton
Kendall, M. G. ([3]1962). *Rank correlation methods*. London: Griffin
Kernberg, O. (1981). Zur Theorie der psychoanalytischen Psychotherapie. *Psyche, 8,* 673–704
Kielholz, P. (1971). *Diagnose und Therapie der Depression für Praktiker*. München: Lehmann
Kielholz, P. (Hrsg.; 1972). *Depressive Zustände*. Bern: Huber
Kimble, G. A. ([2]1961). *Hilgard and Marquis' conditioning and learning*. New York: Appleton-Century-Crofts
Kimmel, H. D., Olst, E. H. van, Orlebeke, J. F. (eds.; 1979). *The orienting reflex in humans*. Hillsdale, N. J.: Erlbaum
Kinsbourne, M. (ed.; 1978). *Asymmetrical function of the brain*. Cambridge: Cambridge University Press
Kintsch, W. (1982). *Gedächtnis und Kognition*. Berlin: Springer
Kirchhoff, R. (Hrsg.; 1965; [2]1972). *Handbuch der Psychologie. Bd. V. Ausdruckspsychologie*. Göttingen: Hogrefe
Klages, L. ([11]1952). *Grundlagen der Charakterkunde*. Bonn: Bouvier
Klapper, J. T. ([7]1965). *The effects of mass communication*. New York: Free Press
Klatzky, R. L. ([2]1980). *Human memory: Structures and processes*. San Francisco: Freeman
Klein, G. S. (1970). *Perception, motives, and personality*. New York: Knopf

Klein, J. (1991). *Immunologie.* Weinheim: VCH
Kleinbeck, U., Rutenfranz, J. (Hrsg.; 1987). *Arbeitspsychologie.* Göttingen: Hogrefe
Klineberg, O. (1936). *Race differences.* New York: Harper & Row
Kling, J. W., Riggs, L. A. (eds.; [3]1971). *Woodworth and Schlosberg's Experimental-Psychology.* New York: Holt
Klix, F. ([3]1976). *Information und Verhalten.* Bern: Huber
Klix, F. (1980). *Das Erwachen des Denkens.* Berlin: Deutscher Verlag der Wissenschaften
Klix, F., Sydow, H. (Hrsg.; 1977). *Zur Psychologie des Gedächtnisses.* Bern: Huber
Klopfer, B., Kelly, D. M. ([2]1946). *The Rorschach technique.* New York: World Book Company
Kluckhohn, C. u. a. ([3]1965). Values and value-orientation in the theory of action. In T. Parsons, A. Shils (eds.), *Toward a general theory of action.* Cambridge: Harvard University Press
Klug, J. (1983). *Psychiatrische Diagnosen.* Weinheim: Beltz
Koch, S. (ed.; 1959f.). *Psychology: A study of a science* (6 Vols.). New York: McGraw-Hill
Koffka, K. (1935; [3]1950). *Principles of gestalt psychology.* London: Harcourt
Köhler, Th., Niepoth, L. (1991). Psychosomatische Störungen. Intervention. In M. Perrez, U. Baumann (Hrsg.), *Klinische Psychologie,* Bd. 2, *Intervention.* Bern: Huber
Köhler, Th., Vögele, C., Weber, D. (1989). Die Zahl aktiver Schweißdrüsen (PSI) als psychophysiologischer Parameter. *Zeitschrift für experimentelle und angewandte Psychologie, 36,* 89–100
Köhler, W. (1921). *Intelligenzprüfungen an Menschenaffen.* Berlin: Springer
Köhler, W. (1940). *Dynamics in psychology.* New York: Liveright
Köhler, W. (1947). *Gestalt psychology.* New York: Liveright
Köhler, W. (1959). *Dynamische Zusammenhänge in der Psychologie.* Bern: Huber
Köhler, W., Held, R. (1949). The cortical correlate of pattern vision. *Science, 110,* 23–31
Köhler, W., Wallach, H. (1944). Figural after-effects: An investigation of visual processes. *Proceedings of the American Philosophical Society, 88,* 269–357
Kolb, B., Wishaw, I. (1985). *Fundamentals of human neuropsychology.* New York: Freeman
Koella, W. P. (1988). *Die Physiologie des Schlafes. Eine Einführung.* Stuttgart: Fischer
König, R. (Hrsg.; [4]1969). *Praktische Sozialforschung. Bd. I. Das Interview.* Köln: Kiepenheuer & Witsch
König, R. (Hrsg.; [5]1967). *Praktische Sozialforschung. Bd. II. Beobachtung und Experiment in der Sozialforschung.* Köln: Kiepenheuer & Witsch
Kornblum, S., Requin, J. (eds.; 1984). *Preparatory states and processes.* Hillsdale, N.J.: Erlbaum
Kornhuber, H. H., Deecke, L. (1965). Hirnpotentialänderungen bei Willkürbewegungen und passiven Bewegungen des Menschen: Bereitschaftspotentiale und reafferente Potentiale. *Pfluegers Archiv, 284,* 1–17
Kraft, V. (1960). *Erkenntnislehre.* Wien: J. Springer
Kragh, U., Smith, G. (1970). *Percept-genetic analysis.* Lund: Gleerup
Krämer, S., DeJong, R. (Hrsg.; 1980). *Therapiemanual für ein verhaltenstherapeutisches Stufenprogramm zur stationären Behandlung von Drogenabhängigen.* München: Röttger
Kraepelin, E. (1896). *Lehrbuch der Psychiatrie.* Leipzig: Barth
Krathwohl, D. R., Bloom, B. S., Masia, B. B. (Hrsg.; 1975). *Taxonomie von Lernzielen im affektiven Bereich.* Weinheim: Beltz
Krech, D., Crutchfield, R. S. (1948). *Theory and problems of social psychology.* New York: McGraw-Hill
Krech, D., Crutchfield, R. S., Ballachey, E. L. (1962). *Individual in society.* New York: McGraw-Hill

Kreitler, H., Kreitler, S. (1980). *Psychologie der Kunst.* Stuttgart: Kohlhammer
Kretschmer, E. ([25]1965). *Körperbau und Charakter.* Berlin: Springer
Kroh, O. (1951). Entwicklung. *Lexikon der Pädagogik.* Bern: Huber
Krohne, H. W. (1975). *Angst und Angstbewältigung.* Stuttgart: Kohlhammer
Krohne, H. W. (1977). Persönlichkeitstheorie. In Th. Herrmann u. a. (Hrsg.), *Handbuch psychologischer Grundbegriffe.* München: Kösel
Krohne, H. W. ([2]1981). *Theorien zur Angst.* Stuttgart: Kohlhammer
Krohne, H. W., Laux, L. (eds.; 1982). *Achievement, stress and anxiety.* Washington, D.C.: Hemisphere/McGraw-Hill
Kropiunigg, U. (1987). *Psyche und Immunsystem. Psychoneuroimmunologische Untersuchungen.* Wien: Springer
Krueger, F. (1926a). *Komplexqualitäten, Gestalten und Gefühle.* München: Beck
Krueger, F. (1926b). *Über psychische Ganzheit.* Leipzig: Fischer
Krueger, F. ([2]1931). *Der Strukturbegriff in der Psychologie.* Leipzig: Fischer
Kruskal, J. B. (1964). Nonmetric multidimensional scaling: a numerical method. *Psychometrika, 29,* 1–27
Kryspin-Exner, I. (1990). Alkoholismus. In H. Reinecker (Hrsg.), *Lehrbuch der Klinischen Psychologie. Modelle psychischer Störungen.* Göttingen: Hogrefe
Kuhl, J., Beckmann, J. (ed.; 1985). *Action control. From cognition to behavior.* Berlin: Springer
Kühn, A. ([15]1964). *Grundriß der allgemeinen Zoologie.* Stuttgart: Thieme
Kühn, A. ([4]1965). *Grundriß der Vererbungslehre.* Heidelberg: Quelle & Meyer
Kusch, M., Petermann, F. (1990). *Entwicklung autistischer Störungen.* Bern: Huber

Lacey, B. C., Lacey, J. I. (1974). Studies in heart rate and other bodily processes in sensorimotor behavior. In P. A. Obrist, H. H. Black, J. Brener, L. V. DiCara (eds.), *Cardiovascular psychophysiology.* Chicago: Aldine
Lacey, J. I. (1967). Somatic response patterning and stress. In M. H. Appley, R. Trumbull (eds.), *Psychological stress: Issues and research.* New York: Appleton-Century Crofts
Lacey, J. I., Lacey, B. C. (1958). The relationship of resting autonomic activity to motor impulsivity. *Research in Nervous and Mental Disease, 36,* 144–209
Landmann, M. (1955). *Philosophische Anthropologie.* Berlin: de Gruyter
Lange, C. G. (1887). *Über Gemütsbewegungen.* Leipzig: Thomas
Langen, D. ([2]1971). *Psychotherapie.* Stuttgart: Thieme
Laessle, R. G. (1990). Eßstörungen. In H. Reinecker (Hrsg.), *Lehrbuch der Klinischen Psychologie. Modelle psychischer Störungen.* Göttingen: Hogrefe
Laswell, H. D., Kaplan, A. (1950). *Power and society.* New Haven: Yale University Press
Laux, L. (1983). Psychologische Streßkonzeptionen. In H. Thomae (Hrsg.), *Enzyklopädie der Psychologie. Theorien und Formen der Motivation.* Bd. 1. Göttingen: Hogrefe
Laux, L., Glanzmann, P., Schaffner, P., Spielberger, Ch. D. (1981). *Das State-Trait-Anxiety-Inventar (STAI).* Weinheim: Beltz
Lazarus, R. S., McCleary, R. A. (1951). Autonomic discrimination without awareness. *Psychological Review, 58,* 113–122
Lazarus, R. S. (1956). Subception: Fact or artifact? *Psychological Review, 63,* 343–347
Lazarus, R. S. (1961). *Adjustment and personality.* New York: McGraw-Hill
Lazarus, R. S. (1966). *Psychological stress and the coping process.* New York: McGraw-Hill
Lazarus, R. S. (1969; [3]1976). *Patterns of adjustment and human effectiveness.* New York: McGraw-Hill
Lazarus, R. S. (1991). *Emotion and adaptation.* New York: Oxford University Press
Lazarus, R. S., Averill, J. R. (1972). Emotion and cognition: With special reference to anxiety. In Ch. D. Spielberger (ed.), *Anxiety. Current trends in theory and research* (Vol. 2, Chap. 7). New York: Academic Press
Lazarus, R. S., Launier, R. (1978). Stress-related transactions between person

and environment. In L. A. Pervin, M. Lewis (eds.), *Perspectives in interactional psychology*. New York: Plenum

LeDoux, J. E., Hirst, W. (1986). *Mind and brain. Dialogues in cognitive neuroscience*. Cambridge: Cambridge University Press

Lefcourt, H. M. (1966). Internal versus external control of reinforcement. A review. *Psychological Bulletin, 65*, 206–220

Lefcourt, H. M. (²1982). *Locus of control*. Hillsdale, N. J.: Erlbaum

Lehmann, D., Callaway, E. (eds.; 1976). *Human evoked potentials. Applications and problems*. New York: Plenum

Lehr, U. (⁵1984). *Psychologie des Alterns*. Heidelberg: Quelle & Meyer

Lehr, U., Thomae, H. (1965). *Konflikt, seelische Belastung und Lebensalter*. Köln: Westdeutscher Verlag

Lenk, H. (Hrsg.; 1980; 1981). *Handlungstheorie interdisziplinär*. 3 Bde. München: Fink

Leontjew, A. N. (1964). *Probleme der Entwicklung des Psychischen*. Berlin: VEB Volk und Wissen

Leplow, B., Ferstl, R. (1990). Psychophysiologische Störungen. In H. Reinecker (Hrsg.), *Lehrbuch der Klinischen Psychologie. Modelle psychischer Störungen*. Göttingen: Hogrefe

Lersch, Ph. (⁵1962). *Aufbau der Person*. München: Barth

Lersch, Ph., Sander, F., Thomae, H., Wilde, K. (Hrsg.; 1958f.). *Handbuch der Psychologie* (12 Bde.). Göttingen: Hogrefe

Lersch. Ph., Thomae, H. (Hrsg.; 1961; ⁴1968). *Handbuch der Psychologie. Bd. IV. Persönlichkeitsforschung*. Göttingen: Hogrefe

Levitt, R. A. (1975). *Psychopharmacology: A biological approach*. Washington, D.C.: Hemisphere/Wiley

Lewin, K. (1954). Behavior and development as a function of the total situation. In L. Carmichael (ed.), *Manual of child psychology*. New York: Wiley

Lewin, K. (1963). *Feldtheorie in den Sozialwissenschaften*. Bern: Huber

Lewin, K. (1969). *Grundzüge der topologischen Psychologie*. Bern: Huber

Lewin, K. (1982). *Werkausgabe. Bde. 4, 6*. Bern/Stuttgart: Huber/Klett-Cotta

Lickey, M. E., Gordon, B. (1983). *Drugs for mental illness*. New York: Freeman

Liebert, R. M., Morris, L. W. (1967). Cognitive and emotional components of text anxiety. A distinction and some initial data. *Psychological Reports, 20*, 975–978

Lienert, G. A. (1959). Prinzip und Methode der multiplen Faktorenanalyse demonstriert an einem Beispiel. *Biometrische Zeitschrift, 1*, 112–138

Lienert, G. A. (1962). *Verteilungsfreie Methoden in der Biostatistik*. Meisenheim: Hain

Lienert, G. A. (³1969). *Testaufbau und Testanalyse*. Weinheim: Beltz

Lindsay, P. H., Norman, D. A. (1981). *Einführung in die Psychologie: Informationsaufnahme und -verarbeitung beim Menschen*. Berlin: Springer

Lindsley, D. B. (1960). Attention, consciousness, sleep and wakefulness. In J. Field u. a. (eds.), *Neurophysiology. Vol. 3*. Washington D.C.: American Physiological society

Lindsley, D. B., Wicke, J. D. (1974). The electroencephalogram: autonomus electrical activity in man and animals. In R. F. Thompson, M. M. Patterson (eds.), *Bioelectric Recording Techniques* (B). New York: Academic Press

Lindzey, G., Aronson, E. (eds.; 1954). *Handbook of social psychology*. 2 Bde. (Neuaufl. in 5 Bänden ab 1968). Reading, Mass.: Addison-Wesley

Linschoten, J. (1961). *Auf dem Wege zu einer phänomenologischen Psychologie*. Berlin: de Gruyter

Linton, M. (1936). *The study of man*. New York: Appleton

Lipton, M. A., Dimascio, A., Killam, K. F. (eds.; 1978). *Psychopharmacology: A generation of progress*. New York: Raven Press

Loch, W. (1965). Übertragung – Gegenübertragung. *Psyche, 19*, 1–23

Loch, W. (1986). *Perspektiven der Psychoanalyse*. Stuttgart: Hirzel

Lomow, B. F. (1964). *Ingenieurpsychologie*. Berlin: VEB Deutscher Verlag der Wissenschaften

Lord, F. M., Novick, M. R. (²1974). *Statistical theories of mental test scores.* Reading, Mass.: Addison-Wesley

Lorenz, K. (1943). Die angeborenen Formen möglicher Erfahrung. *Zeitschrift für Tierpsychologie, 5,* 235–409

Lorenz, K. (1965). *Über tierisches und menschliches Verhalten* (2 Bde.). Stuttgart: Klett

Lorenz, K. (1974). *Das sogenannte Böse.* München: Deutscher Taschenbuch Verlag

Lorr, M., Klett, C. J., Cave, R. (1967). Higher level psychotic syndromes. *Journal of abnormal Psychology, 72,* 74–77

Lorr, M., Klett, C. J., McNair, D. M. (1963). *Syndromes of psychosis.* New York: Macmillan

Luce, R. D., Bush, R. R., Galanter, E. (eds.; 1963–65). *Handbook of mathematical psychology* (3 Vols.). New York: Wiley

Luchins, A. S., Luchins, E. H. (1959). *Rigidity of behavior.* Eugene, Oregon: University of Oregon Books

Luchins, A. S., Luchins, E. H. (1970). *Wertheimer's seminars revisited. Problem solving and thinking.* Albany, N. Y.: State University of New York

Lück, H. E. (1969). *Soziale Aktivierung.* Köln: Wirtschafts- und sozialwissenschaftliche Fakultät, Diss.

Lückert, H. R. (Übers.; 1957). *Der Stanford-Intelligenz-Test.* Göttingen: Hogrefe

Lumsdaine, A. A., Glaser, R. (eds.; 1960). *Teaching machines and programmed learning.* Washington: Dept. of Audio-Visual Instruction, National Education Association

Lykken, D. T., Venables, P. H. (1971). Direct measurement of skin conductance: A proposal for standardization. *Psychophysiology, 8,* 656–672

Lynn, R. (1966). *Attention, arousal, and the orientation reaction.* Oxford: Pergamon Press

Maccoby, L., Masters, B. (1970). Attachment and dependency. In P. Mussen (ed.), *Carmichaels Manual of Child Psychology, Vol. 2.* New York: Wiley

MacCorquodale, K. and Meehl, P. E. (1948). On a distinction between hypothetical constructs and intervening variables. *Psychological Review, 55,* 95–107

Mackworth, J. F. (1969). *Vigilance and habituation.* Harmondsworth: Penguin Books

Mackworth, J. F. (1970). *Vigilance and attention: A signal detection approach.* Harmondsworth: Penguin Books

MacMahon, B., Pugh, T. F. (1970). *Epidemiology. Principles and methods.* Boston: Little, Brown & Company

Malhotra, M. K. (1966). Figurale Nachwirkungen. *Psychologische Forschungen, 30,* 1–104

Mandl, H., Spada, H. (1988). *Wissenspsychologie.* München/Weinheim: Psychologie Verlags Union

Mandler, J. M., Mandler, G. (1964). *Thinking.* New York: Wiley

Mannheim, K. (³1952). *Ideologie und Utopie.* Frankfurt/M.: Schulte-Blumke

Marcuse, H. (1955). *Eros and civilisation.* Boston: Beacon Press

Margraf, J., Schneider, S. (1989). *Panik. Angstanfälle und ihre Behandlung.* Berlin: Springer

Mark, V. H., Ervin, F. R. (1970). *Violence and the brain.* New York: Harper & Row

Marks, I. M. (1987). *Fears, phobias, and rituals.* New York: Oxford University Press

Marsella, A. J., Tharp, G., Ciderowski, T. J. (eds.; 1979). *Perspectives in cross-cultural psychology.* New York: Academic Press

Martinez, J. L., Jensen, R. B., Messing, R. B., Righter, H., McGaugh, M. (eds.; 1981). *Endogenous peptides, learning, and memory processes.* New York: Academic Press

Marx, M. H. (ed.; ⁵1966; ⁸1969). *Theories in contemporary psychology.*

Marx, M. H., Hillix, W. (1963). *Systems and theories in psychology.* New York: McGraw-Hill

Maximilian, V. A. (1980). *Functional changes in the cortex during mental activation*. Malmö: Gleerup
Mayer, A., Herwig, B. (Hrsg.; 1961). *Handbuch der Psychologie. Bd. 9. Betriebspsychologie.* Göttingen: Hogrefe
Mayer, R.E. (1979). *Denken und Problemlösen. Eine Einführung in menschliches Denken und Lernen.* Berlin: Springer
Mayo, E. (1960). *Human problems of an industrial civilization.* New York: Viking Press
McCallum, W. C., Krott, J. R. (1973). Event related slow potentials of the brain. *Electroencephalography and clinical neurophysiology, Supplement, Vol. 33*
McClelland, D. (1956). Personality. In L. McCary (ed.), *Psychology of personality*. New York: Logos Press
McClelland, D. C., Atkinson, J. W., Clark, R. W., Lowell, E. L. (1953). *The achievement motive.* New York: Appleton-Century-Crofts
McCormick, E. J., Jeanneret, P. R., Mecham, R. (1972). A study of job characteristics and job dimensions as based on the position analysis questionnaire (PAQ). *Journal of Applied Psychology, 56,* 347–368
McCormick, E. J., Sanders, M. S. ([5]1982). *Human factors in engineering and design.* New York: McGraw-Hill
McDougall, W. ([21]1928). *Grundlagen einer Sozialpsychologie.* Jena: Fischer
McGinnies, E. (1949). Emotionality and perceptual defence. *Psychological Review, 56,* 244–251
McGrath, J. E. (ed.; 1970). *Social and psychological factors in stress.* New York: Holt
McGuire, W. J. (1968). The nature of attitudes and attitude change. In G. Lindzey, E. Aronson (eds.), *The Handbook of Social Psychology.* Vol. 2. Reading, Mass.: Addison-Wesley
McNicol, D. (1972). *A primer of signal detection theory.* London: Allen & Unwin
Meichenbaum, D. H. (1985). *Stress inoculation training.* New York: Pergamon Press
Meili, R. (1968). Denken. In R. Meili, H. Rohracher (Hrsg.), *Lehrbuch der experimentellen Psychologie.* Bern: Huber
Meili, R., Rohracher, H. (Hrsg.; [2]1968). *Lehrbuch der experimentellen Psychologie.* Bern: Huber
Meldman, M. J. (1970). *Diseases of attention and perception.* Oxford: Pergamon
Melzack, R. (1973). *The puzzle of pain.* Harmondsworth: Penguin Books
Melzack, R. (1978). *Das Rätsel des Schmerzes.* Stuttgart: Hippokrates
Melzack, R. (1989). Phantom limbs, the self and the brain. *Canadian Psychology, 30,* 1–16
Melzack, R., Wall, P. D. (1965). Pain mechanisms: a new theory. *Science, 150,* 971–989
Messick, S. (1982). *Cognitive styles in educational practice.* Princeton, N.J.: Educational Testing Service
Metzger, W. (1952). Das Experiment in der Psychologie. *Studium Generale, 5,* 142–163
Metzger, W. (Hrsg.; 1966). *Handbuch der Psychologie. Bd. I, 1. Wahrnehmung und Bewußtsein.* Göttingen: Hogrefe
Meyer, V., Chesser, E. (1971). *Verhaltenstherapie in der klinischen Psychologie.* Stuttgart: Thieme
Meyer-Eppler, W. (1959). *Grundlagen und Anwendungen der Informationstheorie.* Berlin: Springer
Meyers, E. D. (ed.; 1971). *Methods in Psychobiology.* New York: Academic Press
Michotte, A. u.a. (1966). Die amodalen Ergänzungen von Wahrnehmungsstrukturen. In W. Metzger (Hrsg.), *Handbuch der Psychologie. Bd. I, 1.* Göttingen: Hogrefe
Milgram, S. (1963). A behavioral study of obedience. *Journal of abnormal and social psychology, 67,* 371–378
Miller, G. A. (1954; [2]1968). Psycholinguists. In G. Lindzey (ed.), *Handbook of social psychology. Vol. II.* London: Addison-Wesley

Miller, G. A. (1956). The magical number seven, plus or minus two: Some limits on our capacity for processing information. *Psychological Review, 63,* 81–97
Miller, N. E., Dollard, J. (1941). *Social learning and imitation.* New Haven: Yale University Press
Miller, N. E., Galanter, E., Pribram, K. H. (1960). *Plans and the structure of behavior.* New York: Holt
Miller, W. E., Heather, N. (1986). *Treating addictive behaviors. Processes of change.* New York: Plenum
Miltner, W. (1986). Psychoimmunologie. In W. Miltner, N. Birbaumer, W.-D. Gerber (Hrsg.), *Verhaltensmedizin.* Berlin: Springer
Miltner, W., Birbaumer, N., Gerber, W. D. (Hrsg.; 1986). *Verhaltensmedizin.* Berlin: Springer
Mischel, W. (1973). Toward a cognitive social learning reconceptualization of personality. *Psychological Review, 80,* 252–283
Mittenecker, E. (1953). Perseveration und Persönlichkeit, I und II. *Zeitschrift für experimentelle und angewandte Psychologie, 1,* 5–21
Mittenecker, E. (1964). Subjektive Tests zur Messung der Persönlichkeit. In R. Heiss (Hrsg.), *Handbuch der Psychologie. Bd. VI. Psychologische Diagnostik.* Göttingen: Hogrefe
Moreno, J. L. (³1953). *Who shall survive? Foundations of sociometry, grouppsychothérapy, and sociodrama* New York: Beacon
Moreno, J. L. (1954). *Die Grundlagen der Soziometrie.* Köln: Westdeutscher Verlag
Moreno, J. L. (1959). *Gruppenpsychotherapie und Psychodrama.* Stuttgart: Thieme
Moreno, J. L. (ed.; 1960). *The sociometry reader.* Glencoe: Free Press
Morton, J. A. (1969). Interaction of information in word recognition. *Psychological Review, 76,* 165–178
Morton, J. A. (1970). A functional model of memory. In D. A. Norman (ed.), *Models of human memory.* New York: Academic Press
Moscovitch, M. (1979). Information processing. In M. S. Gazzaniga (ed.), *Handbook of Neurobiology. Vol. 3. Neuropsychology.* New York: Plenum Press
Mühlmann, W. (1948). *Geschichte der Anthropologie.* Bonn: Schmidt
Müller, G.E. (1916). Über das Aubertsche Phänomen. *Zeitschrift für Sinnesphysiologie, 49,* 109–244
Münsterberg, H. (1914). *Grundzüge der Psychotechnik.* Leipzig: Barth
Murphy, G. (²1961). *Human potentialities.* New York: Basic Books
Murphy, G., Kovach, J. K. (³1972). *Historical introduction to modern psychology.* New York: Harcourt
Murray, H. A. (1943). *T.A.T.* Cambridge: Harvard University Press
Murrell, K. F. H. (1971). *Ergonomie: Grundlagen und Praxis der Gestaltung optimaler Arbeitsverhältnisse.* Düsseldorf: Econ
Mussen, P., Longar, J. J., Kagan, J. (1976). *Lehrbuch der Kinderpsychologie.* Stuttgart: Kohlhammer
Mussen, P. (ed.; ⁴1983). *Handbook of Child Psychology.* New York: Wiley

Näätänen, R., Michie, P. T. (1976). Different variants of endogenous negative brain potentials in performance situations. A review and classification. In D. Lehmann, E. Callaway (eds.), *Human evoked potentials: Applications and problems.* New York: Plenum
Navon, D., Gopher, D. (1979). On the economy of the human processing-system. *Psychological Review, 86,* 214–255
Neisser, U. (1974). *Kognitive Psychologie.* Stuttgart: Klett
Neisser, U. (1982). *Memory observed: Remembering in natural contexts.* San Francisco: Freeman
Neubauer, R. (1980). Die Assessment-Center-Technik. Ein verhaltensorientierter Ansatz zur Führungskräfteauswahl. In R. Neubauer, L. von Rosenstiel (Hrsg.), *Handbuch der Angewandten Psychologie.* München: Verlag für Moderne Industrie

Neuberger, O. (1980). Arbeitszufriedenheit als Einstellung zur Arbeitssituation. In C. Hoyos, W. Kroeber-Riel, L. von Rosenstiel, B. Strümpel (Hrsg.), *Grundbegriffe der Wirtschaftspsychologie*. München: Urban & Schwarzenberg

Neuberger, O., Allerbeck, M. (1978). *Messung und Analyse von Arbeitszufriedenheit.* Stuttgart: Kohlhammer

Neumann, J. von, Morgenstern, O. (1944). *Theory of games and economic behavior.* Princeton: Princeton University Press

Niedermeyer, E., Lopez da Silva, F. (eds.; 1982). *Electroencephalography.* Baltimore: Urban & Schwarzenberg

Norman, D. A. (1973). *Aufmerksamkeit und Gedächtnis.* Weinheim: Beltz

Obrist, P. A. (ed.; 1981). *Cardiovascular psychophysiology.* New York: Plenum

Öhman, A. (1979). The orienting response, attention, and learning. An information-processing perspective. In H. D. Kimmel u. a. (eds.), *The orienting reflex in humans.* Hillsdale, N. J.: Erlbaum

Olds, J., Milner, P. (1954). Positive reinforcement produced by electrical stimulation of septal area and other regions of the rat brain. *Journal of Comparative and Physiological Psychology, 47,* 419–427

O'Leary, A. (1990). Stress, emotion, and human immune functions. *Psychological Bulletin, 108,* 363–382

Orlebeke, J. F., Mulder, G., van Doornen, L. J. P. (eds.; 1985). *Psychophysiology of cardiovascular control.* New York: Plenum

Oerter, R. ([3]1968; [18]1980). *Moderne Entwicklungspsychologie.* Donauwörth: Auer

Oerter, R. (Hrsg.; 1978). *Entwicklung als lebenslanger Prozeß.* Hamburg: Hoffmann & Campe

Oerter, R., Montada, L. (1982). *Entwicklungspsychologie.* München: Urban & Schwarzenberg

Orth, B. (1974). *Einführung in die Theorie des Messens.* Stuttgart: Kohlhammer

Osgood, Ch. (1960). *Method and theory in experimental psychology.* London: Oxford University Press

Osgood, C. E., Sebeck, Th. A. ([2]1965). *Psycholinguistics.* Bloomington: Indiana

Osgood, C. E., Suci, G. J., Tannenbaum, G. H. (1957). *The measurement of meaning.* Urbana: University of Illinois Press

Osnabrügge, G., Stahlberg, D., Frey, D. (1985). Die Theorie der kogniszierten Kontrolle. In D. Frey, M. Irle (Hrsg.), *Theorien der Sozialpsychologie,* Bd. III. Bern: Huber

Osofsky, J. D. ([2]1987). *Handbook of infant development.* New York: Wiley

Overall, J. E., Hollister, L. E., Pichot, P. (1967). Major psychiatric disorders. *Archives of general Psychiatry, 16,* 146–151

Overall, J. E., Klett, C. J. (1970). *Applied multivariate analysis.* New York: McGraw-Hill

Pachella, R. (1974). The use of reaction time measures in information processing research. In B. H. Kantowitz (ed.), *Human information processing.* Hillsdale, N. J.: Erlbaum

Parasuraman, R., Davis, D. R. (eds.; 1984). *Varieties of attention.* Orlando, Fla.: Academic Press

Parsons, T. ([3]1959; [5]1970). *The social system.* London: Routledge

Parsons, T., Shils, E. A. (1951). *Toward a general theory of action.* Cambridge: Harvard University Press

Patry, J. L. (1981). *Feldforschung.* Bern: Huber

Patterson, M. M. (ed.; 1974). *Bioelectric Recording Techniques (B).* New York: Academic Press

Pawlik, K. (1968). *Dimensionen des Verhaltens.* Bern: Huber

Pawlik, K. (Hrsg.; 1982). *Multivariate Persönlichkeitsforschung.* Bern: Huber

Pawlow, J. P. ([2]1956). *Sämtliche Werke.* Berlin: Zeller

Paykel, E. S. (1982). *Handbook of affective disorders.* New York: Guilford

Perrez, M., Baumann, U. (Hrsg.; 1991). *Klinische Psychologie.* Bd. 2. *Intervention.* Bern: Huber

Pervin, L. A., Lewis, M. (eds.; 1978). *Perspectives in interactional psychology*. New York: Plenum
Petermann, F. (Hrsg.; 1981). *Einstellungsmessung-Einstellungsforschung*. Göttingen: Hogrefe
Peters, U. H. (Hrsg.; 1983). *Psychiatrie*. Bd. 1 und Bd. 2. Weinheim: Beltz
Peterson, C., Seligman, M. E. P. (1984). Causal explanation as a risk factor for depression. Theory and evidence. *Psychological Review, 91*, 347–374
Petzold, M. (1985). Kognitive Stile: Definitionen, Klassifikationen und Relevanz eines psychologischen Konstrukts aus wissenschaftshistorischer Sicht. *Psychologie, Erziehung, Unterricht, 32*, 161–177
Pfanzagl, J. (²1971). *Theory of measurement*. Würzburg, Wien: Physika-Verlag
Pfurtscheller, G., Lopes da Silva, F. H. (eds.; 1988). *Functional brain imaging*. Toronto: Huber
Phillips, L. D. (1973). *Bayesian statistics for social scientists*. London: Nelson
Piaget, J. (1947). *Psychologie der Intelligenz*. Stuttgart: Klett
Piaget, J. (²1966). *Die Entwicklung der Intelligenz*. Zürich: Rascher
Piaget, J. (1969). *Nachahmung, Spiel und Traum*. Stuttgart: Klett
Piaget, J. (1973). *Die Entwicklung des Erkennens*. 3 Bde. Stuttgart: Klett
Piaget, J. (1976). *Die Äquilibration kognitiver Strukturen*. Stuttgart Klett-Cotta
Piaget, J. (1977). *Die Psychologie des Kindes*. Frankfurt/M.: Fischer
Plutchik, R. (1980). *Emotion: A psychoevolutionary synthesis*. New York: Harper and Row
Poeck, K. (²1989). *Klinische Neuropsychologie*. Stuttgart: Thieme
Pongratz, L. J., Wewetzer, K.-H. (Hrsg.; 1977/78). *Handbuch der Psychologie. Bd. 8, 1 und Bd. 8, 2. Klinische Psychologie*. Göttingen: Hogrefe
Pope, K. S., Singer, J. L. (eds.; 1978). *The stream of consciousness: Scientific investigations into the flow of human experience*. New York: Plenum
Popper, K. R., Eccles, J. C. (1977). *The self and its brain*. Berlin: Springer
Posner, M. I. (1978). *Chronometric explorations of the mind*. Hillsdale, N. J.: Erlbaum
Posner, M. I., Snyder, C. R. R. (1975a). Facilitation and inhibition in the processing of signals. In P. M. A. Rabbitt, S. Dornic (eds.), *Attention and performance* (Vol. 5). London: Academic Press
Posner, M. I., Snyder, C. R. R. (1975b). Attention and cognitive control. In R. L. Solso (ed.), *Information processing and cognition*. Hillsdale, N. J.: Erlbaum
Praag, H. M. van (1979). *Psychotropic drugs: A guide for the practitioner*. New York: Brunner/Mazel
Pratt, C. C. (1961). Aesthetics. *Annual Review of Psychology, 12*, 71–92
Preuss, H. G. (Hrsg.; 1966). *Analytische Gruppenpsychotherapie*. München: Urban & Schwarzenberg
Pribram, K. H. (1971). *Languages of the brain*. Englewood Cliffs, N. J.: Prentice Hall
Pribram, K. H., McGuinness, D. (1975). Arousal, activation, and effort in the control of attention. *Psychological Review, 82*, 116–149
Prinz, W. (1983). *Wahrnehmung und Tätigkeitssteuerung*. Berlin: Springer
Probst, E. (⁵1960). *Der Binet-Simon-Test*. Basel: Karger
Proctor, C. H., Loomis, C. P. (1951). Analysis of sociometric data. In M. Jahoda, M. Deutsch, S. W. Cook (eds.), *Research methods in social relations*. Bd. 2. Chicago: Addison-Wesley
Puppe, F. (1988). *Einführung in Expertensysteme*. Berlin: Springer

Quekelberghe, R. van (1979). *Moderne kognitive Therapien*. München: Urban & Schwarzenberg

Rachman, S., Teasdale, J. (1969). *Aversion therapy and behaviour disorders. An analysis*. Coral Gables, Flo.: University of Miami Press
Rapaport, D. (²1961). *Zur Struktur der psychoanalytischen Theorie*. Stuttgart: Klett
Rauch, S. (1964). *Biochemie des Hörorgans*. Stuttgart: Thieme

Rausch, E. (1966). Probleme der Metrik. In W. Metzger (Hrsg.), *Handbuch der Psychologie. Bd. I, 1.* Göttingen: Hogrefe

Raven, B. H., Rubin, J. Z. (1976). *Social Psychology: People in groups.* New York: Wiley

Razran, G. (1961). The observable unconscious and the inferable conscious in current Soviet psychophysiology. *Psychological Review, 68,* 81–147

Reese, H. W., Overton, W. F. (1979). Modelle und Theorien der Entwicklung. In P. B. Baltes (Hrsg.), *Entwicklungspsychologie der Lebensspanne.* Stuttgart: Klett-Cotta

Regan, D. (1972). *Evoked potentials in psychology, sensory physiology, and clinical medicine.* New York: Academic Press

Reichel, G., Bolt, H. M., Hettinger, T., Selenka, F., Ulmer, H. V., Ulmer, W. T. (Hrsg.; 1985). *Grundlagen der Arbeitsmedizin.* Stuttgart: Kohlhammer

Reinecker, H. (Hrsg.; 1980). *Bestrafung: Experimente und Theorien.* Salzburg: Otto Müller

Reinecker, H. (1987). *Grundlagen der Verhaltenstherapie.* München: Urban & Schwarzenberg

Reinecker, H. (Hrsg.; 1990). *Lehrbuch der Klinischen Psychologie. Modelle psychischer Störungen.* Göttingen: Hogrefe

Reinecker, H. (1990a). Soziale und spezifische Phobien. In H. Reinecker (Hrsg.), *Lehrbuch der Klinischen Psychologie. Modelle psychischer Störungen.* Göttingen: Hogrefe

Reinecker, H. (1990b). Zwangshandlungen und Zwangsgedanken. In H.Reinekker (Hrsg.), *Lehrbuch der Klinischen Psychologie. Modelle psychischer Störungen.* Göttingen: Hogrefe

Reinecker-Hecht, C., Baumann, U. (1990). Klinisch-psychologische Diagnostik. Allgemeine Gesichtspunkte. In U. Baumann, M. Perrez (Hrsg.), *Klinische Psychologie,* Bd. 1. Bern: Huber

Restle, F. (1961). *Psychology of judgment and choice.* New York: Wiley

Restle, R. (1962). The selection of strategies in cue learning. *Psychological Review, 69,* 329–343

Restle, F. (1975). Assimilation produced by contrast. In N. S. Castellan, F. Restle (eds.), *Cognitive theory (Vol. 3).* Hillsdale, N. J.: Erlbaum

Revenstorf, D. (1979). *Zeitreihenanalysen für klinische Daten.* Weinheim: Beltz

Revenstorf, D. (1990). Sexual- und Beziehungsstörungen. Klassifikation und Diagnostik. In U. Baumann, M. Perrez (Hrsg.), *Klinische Psychologie,* Bd. 1. Bern: Huber

Revenstorf, D. (1991). Sexual- und Beziehungsstörungen. Intervention. In M. Perrez, U Baumann (Hrsg.), *Klinische Psychologie,* Bd. 2. Bern: Huber

Revers, W. J. (1958; [4]1979). *Der thematische Apperzeptions-Test (T.A.T.).* Bern: Huber

Rey, E.-R., Thurm, I. (1990). Schizophrenien. In H. Reinecker (Hrsg.), *Lehrbuch der Klinischen Psychologie. Modelle psychischer Störungen.* Göttingen: Hogrefe

Rhine, J. B., Pratt, J. G. (1962). *Parapsychologie.* Bern: Francke

Ribot, T. (1886). *Psychologie de l'attention.* Paris: F. Alcan

Riegel, K. F., Meacham, J. A. (eds.; 1976). *The developing individual in a changing world.* Paris/DenHaag: Mouton

Rockstroh, B., Elbert, T., Canavan, A., Lutzenberger, W., Birbaumer, N. (1989). *Slow cortical potentials and behaviour.* Baltimore: Urban & Schwarzenberg

Roffwarg, H. P. (ed.; 1979). ASDC: Diagnostic classification of sleep and arousal disorders. *Sleep, 2,* 1–137

Rogers, C. R. (1951). *Client-centered therapy.* Boston: Mifflin

Rogers, C. R. (1972). *Die nicht-direktive Beratung.* München: Kindler

Rogers, C. R. (1973). *Die klientenzentrierte Gesprächspsychotherapie.* München: Kindler

Rohracher, H. ([4]1967). *Die Arbeitsweise des Gehirns und die psychischen Vorgänge.* Berlin: Springer

Rohracher, H. ([12]1969). *Kleine Charakterkunde.* Wien: Urban & Schwarzenberg

Rohracher, H. (1971). *Einführung in die Psychologie.* Wien: Urban & Schwarzenberg
Rokeach, M. (1960). *The open and the closed mind.* New York: Free Press
Rokeach, M. (1968). *Beliefs, attitudes, and values.* San Francisco: Jossy-Bass
Rorschach, H. (1948). *Psychodiagnostik.* Bern: Huber
Rosenberg, M. J., Hovland, C. I. (1960). *Attitude organization and change.* New Haven: Yale University Press
Rosenstiel, L. von (1975). Arbeitsleistung und Arbeitszufriedenheit. *Zeitschrift für Arbeitswissenschaften, 29,* 72–78
Rosenthal, R. (1966). *Experimenter effects in behavioral research.* New York: Appleton-Century-Crofts
Rosenthal, R. (1970). The social psychology of the social scientist. In E. R. Tufte (ed.), *The quantitative analysis of social problems.* Reading, Mass.: Addison-Wesley
Rosenthal, R., Jacobson, L. (1971). *Pygmalion im Unterricht.* Weinheim: Beltz
Rösler, F. (1982). *Hirnelektrische Korrelate kognitiver Prozesse.* Berlin: Springer
Roth, E. (Hrsg.; 1989). *Organisationspsychologie.* Göttingen: Hogrefe
Rothacker, E. (1948). *Probleme der Kulturanthropologie.* Bonn: Bouvier H. Grundmann
Rotter, J. B. (1966). Generalized expectancies for internal versus external control of reinforcement. *Psychological Monographs, 80.* (Whole No. 609)
Rotter, J. B. (1975). Some problems and misconceptions related to the construct of internal versus external control of reinforcement. *Journal of Consulting and Clinical Psychology, 43,* 56–67
Rotter, J. B., Chance, J. E., Phares, F. J. (1972). *Application of a social learning theory of personality.* New York: Holt, Rinehart & Winston
Royce, J. R., Carran, A. B., Aftanas, M., Lehman, R. S., Blumenthal, A. (1966). The autokinetic phenomenon: A critical review. *Psychological Bulletin, 65,* 243–260
Runkel, P. J., McGrath, J. (^{2}1972). *Research on human behavior.* New York: Holt, Rinehart & Winston
Rüssel, A. (1953). *Das Kinderspiel.* München: Beck
Rüssel, A. (1959). Spiel und Arbeit in der menschlichen Entwicklung. In H. Thomae (Hrsg.), *Handbuch der Psychologie. Bd. III.* Göttingen: Hogrefe
Rutenfranz, J., Knauth, P. (1982). *Schichtarbeit und Nachtarbeit.* München: Bayerisches Staatsministerium für Arbeit und Sozialordnung

Sander, F. (^{2}1962a). Experimentelle Ergebnisse der Gestaltpsychologie. In F. Sander, H. Volkelt (Hrsg.), *Ganzheitspsychologie.* München: Beck
Sander, F. (^{2}1962b). Funktionale Struktur, Erlebnisganzheit und Gestalt. In F. Sander, H. Volkelt (Hrsg.), *Ganzheitspsychologie.* München: Beck
Sander, F., Volkelt, H. (Hrsg.; ^{2}1962). *Ganzheitspsychologie.* München: Beck
Sanders, A. F. (1971). *Psychologie der Informationsverarbeitung.* Bern: Huber
Sarason, I. G. (1984). Stress, anxiety, and cognitive interference. Reactions to tests. *Journal of Personality and Social Psychology, 46,* 929–938
Sarason, I. G., Johnson, J. H., Siegel, J. M. (1978). Assessing the impact of life changes: Development of the Life Experience Survey. *Journal of Consulting and Clinical Psychology, 46,* 932–946
Sarbin, T. R. (1954; ^{2}1968). Role Theory. In G. Lindzey (ed.), *Handbook of social psychology.* Vol. I. London: Addison-Wesley
Sarbin, T. R., Coe, W. D. (1972). *Hypnosis: a social psychological analysis of influence communication.* New York: Holt, Rinehart & Winston
Sarris, V. (^{2}1975). *Wahrnehmung und Urteil: Bezugssystemeffekte in der Psychophysik.* Göttingen: Hogrefe
Schachter, S., Singer, J. E. (1962). Cognitive, social, and physiological determinants of emotional state. *Psychological Review, 69,* 379–399
Schandry, R. (1981). *Psychophysiologie: Körperliche Indikatoren menschlichen Verhaltens.* München: Urban & Schwarzenberg
Schelkopf, A. (Hrsg.; 1968). *Möglichkeiten moderner Psychotherapie. Bd. I.* Göttingen: Hogrefe

Schick, A. (1979). *Schallwirkung aus psychologischer Sicht.* Suttgart: Klett

Schindler, L. (1990). Schlafstörungen. In H. Reinecker (Hrsg.), *Lehrbuch der Klinischen Psychologie. Modelle psychischer Störungen.* Göttingen: Hogrefe

Schmidt, H. D. (1965). *Die Beurteilung des menschlichen Verhaltens durch Rating-Skalen.* Bonn: Phil. Diss.

Schmidt, H. D. (1966). Über die Zuverlässigkeit von Verhaltensbeurteilungen durch Rating-Skalen. *Archiv für die gesamte Psychologie, 118,* 47–72

Schmidt, L. (1988). *Alkoholkrankheit und Alkoholmißbrauch.* Stuttgart: Kohlhammer

Schmidt, R. F., Thews, G. (Hrsg.; [17]1976). *Einführung in die Physiologie des Menschen,* begründet von H. Rein und M. Schneider. Berlin: Springer

Schmidtke, H. (Hrsg.; 1973). *Ergonomie 1. Grundlagen menschlicher Arbeit und Leistung.* München: Hanser

Schmidtke, H. (Hrsg.; 1974). *Ergonomie 2. Gestaltung von Arbeitsplatz und Arbeitsumwelt.* München: Hanser

Schmidtke, H. (Hrsg.; [2]1981). *Lehrbuch der Ergonomie.* München: Hanser

Schneider, K. ([8]1967). *Klinische Psychopathologie.* Stuttgart: Enke

Schneider, W., Shiffrin, R. M. (1977). Controlled and automatic human information processing. 1. Detection, search, and attention. *Psychological Review, 84,* 1–66

Schönpflug, W. (Hrsg.; 1969). *Methoden der Aktivierungsforschung.* Bern: Huber

Schroder, H. M., Driver, M. J., Streufert, S. (1967). *Human information processing.* New York: Holt, Rinehart & Winston

Schroder, H. M., Suedfeld, P. (eds.; 1971). *Personality theory and information processing.* New York: Ronald

Schulte, W., Tölle, R. (1971). *Psychiatrie.* Berlin: Springer

Schultz, J. H. ([8]1963). *Die seelische Krankenbehandlung.* Stuttgart: Fischer

Schultz, J. H. ([11]1964; [16]1979). *Das autogene Training.* Stuttgart: Thieme

Schulz, T., Muthig, K.-P., Koeppler, K. (1981). *Theorie, Experiment und Versuchsplanung in der Psychologie.* Stuttgart: Kohlhammer

Secord, P. F., Backman, C. W. (1964; [2]1974). *Social psychology.* New York: McGraw-Hill

Seelen, W. von, Shaw, G., Leinhos, U. M. (eds.; 1988). *Organization of neural networks. Structures and models.* Weinheim: VCH

Selg, H., Bauer, W. (1971). *Forschungsmethoden der Psychologie.* Stuttgart: Kohlhammer

Selg, H. ([4]1975). *Einführung in die experimentelle Psychologie.* Stuttgart: Kohlhammer

Seligman, M. E. P. (1975). *Helplessness: On depression, development, and death.* San Francisco: Freeman

Selye, H. (1958). *Stress beherrscht unser Leben.* Düsseldorf: Econ

Selye, H. ([2]1976). *The stress of life.* New York: McGraw-Hill

Semon, R. ([5]1920). *Die Mneme als erhaltendes Prinzip im Wechsel des organischen Geschehens.* Leipzig: Engelmann

Shannon, C. E. and Weaver, W. (1949). *The mathematical theory of communication.* Urbana: University of Illinois Press

Shapiro, S. C., Eckroth, D., Valassi, G. A. (eds.; 1987). *Encyclopedia of artificial intelligence.* Vol. I. New York: Wiley

Shepard, R. N., Cooper, L. A. (1982). *Mental images and their transformation.* Cambridge, MA: MIT Press

Shepard, R. N., Metzler, J. (1971). Mental rotation of three-dimensional objects. *Science, 171,* 701–703

Shepard, R. N., Romney, A. K., Nerlove, S. B. (eds.; 1972). *Multidimensional scaling* (2 Vols.). New York: Seminar Press

Sherif, M., Cantril, H. (1947). *The psychology of ego involvement, social attitudes and identifications.* New York: Wiley

Shiffrin, R. M., Schneider, W. (1977). Controlled and automatic human information processing. 2. Perceptional learning, automatic attending and a general theory. *Psychological Review, 84,* 127–190

Shubik, M. (Hrsg.; 1965). *Spieltheorie und Sozialwissenschaften.* Frankfurt/M.: Fischer

Siddle, D. (ed.; 1983). *Orienting and habituation: Perspectives in human research.* New York: Wiley

Siegel, S. (1956). *Non-parametric statistics for the behavioral sciences.* New York: McGraw-Hill

Silbernagl, S., Despopoulos, A. ([4]1991). *dtv-Atlas zur Physiologie.* München: Deutscher Taschenbuch Verlag

Sintschenko, W. P., Munipow, W. M., Smolja, G. L. (1976). *Ergonomische Grundlagen der Arbeitsorganisation.* Berlin: Akademie-Verlag

Sixtl, F. ([2]1971). *Meßmethoden der Psychologie.* Weinheim: Beltz

Sjöbäck, H. (1973). *The psychoanalytic theory of defense processes.* Lund: Gleerup

Skinner, C. B. (1946). *Educational Psychology.* New York: Prentice Hall

Slavson, S. R. (1956). *Einführung in die Gruppentherapie.* Göttingen: Verlag für medizinische Psychologie

Smith. M. (1967). Theories of psychological refractory period. *Psychological Bulletin, 19,* 352–359

Sochurek, H., Miller, P. (1987). Medicine's new vision. *National Geographic, 171 (1),* 2–40

Sokolow, E. N. (1963). *Perception and the conditioned reflex.* Oxford: Pergamon Press

Sokolow, E. N. (1966). Orienting reflex as information regulator. In A. Leontyev, A. Luriya, A. Smirnov (eds.), *Psychological research in the U.S.S.R. Vol. I.* Moskau: Progress Publishers

Sokolow, E. N. (1967). Die reflektorischen Grundlagen der Wahrnehmung. In H. Hiebsch, F. Klix, M. Vorwerg (Hrsg.), *Ergebnisse der sowjetischen Psychologie.* Berlin: Akademie-Verlag

Sokolow, E. N. (1975). The neuronal mechanisms of the orienting reflex. In E. N. Sokolow, O. S. Vinogradova (eds.), *Neuronal mechanisms of the orienting reflex.* New York: Wiley

Sokolow, E. N., Vinogradova, O. S. (eds.; 1975). *Neuronal mechanisms of the orienting reflex.* New York: Wiley

Spearman, Ch. (1927). *The abilities of man.* New York: Macmillan

Sperry, R. W. (1966). Brain bisection and consciousness. In J. Eccles (ed.), *Brain and conscious experience.* New York: Springer

Sperry, R. W. (1969). A modified concept of consciousness. *Psychological Review, 76,* 532–536

Sperry, R. W. (1974). Lateral specialization in the surgically separated hemispheres. In F. O. Schmitt, F. G. Worden (eds.), *The neuroscience third study program.* Cambridge, Mass.: MIT Press

Spiegel, B. (1958). *Werbepsycholog. Untersuchungsmethoden.* Berlin: Duncker

Spiegel, B. (1961). *Die Struktur der Meinungsverteilung im sozialen Feld.* Bern: Huber

Spielberger, Ch. D. (ed.; 1966). *Anxiety and behavior.* New York: Academic Press

Spielberger, Ch. D. (ed.; 1972). *Anxiety: Current trends in theory and research* (2 Vols.). New York: Academic Press

Spitz, R. (1957). *Nein und Ja. Die Ursprünge der menschlichen Kommunikation.* Stuttgart: Klett

Spitz, R. ([2]1960). *Die Entstehung der ersten Objektbeziehungen.* Stuttgart: Klett

Spitz, R. (1965). *The first year of life. A psychoanalytic study of normal and deviant development of objectrelations.* New York: International University Press

Spranger, E. ([9]1966). *Lebensformen.* Tübingen: Niemeyer

Springer, S. P., Deutsch, G. ([2]1985). *Left brain, right brain.* New York: Freeman

Staabs, G. von (1964; [5]1978). *Der Sceno-Test.* Bern: Huber

Steinbuch, K. ([3]1965). *Automat und Mensch.* Berlin: Springer

Stern, E. (1952). *Experimentelle Persönlichkeitsanalyse nach dem Murray-Test.* Zürich: Rascher

Stern, R. M., Ray, W. J., Davis, C. M. (1980). *Psychophysiological recording.* New York: Oxford University Press
Stern, W. ([3]1921). *Die differentielle Psychologie in ihren methodischen Grundlagen.* Leipzig: Barth
Stern, W. ([2]1923). *Person und Sache.* Leipzig: Barth
Stern, W. ([4]1928). *Intelligenz der Kinder und Jugendlichen und die Methoden ihrer Untersuchung.* Leipzig: Quelle und Meyer
Stern, W. (1935). *Allgemeine Psychologie auf personalistischer Grundlage.* Den Haag: Nijhoff
Sternberg, S. (1969). The discovery of processing stages: Extensions of Donder's method. *Acta Psychologica, 30,* 276–315
Sternberg, S. (1975). Memory scanning: New findings and current controversies. *Quarterly Journal of Experimental Psychology, 27,* 1–32
Stevens, S. S. (1935). The operational basis of psychology. *American Journal of Psychology, 47,* 323–330
Stevens, S. S. (ed.; [2]1958). *Handbook of experimental psychology.* New York: Wiley
Stevens, S. S. (1961). The psychophysics of sensory functions. In W. A. Rosenblith (ed.), *Sensory communication.* Cambridge, Mass.: MIT Press
Stevens, S. S. (1972). *Psychophysics and social scaling.* Morristown. N. Y.: General Learning Press
Stevens, S. S. (1975). *Psychophysics: Introduction to its perceptual, neural and social prospects.* New York: Wiley
Stevens, S. S., Warshofsky, F. (1970). *Schall und Gehör.* Reinbek: Rowohlt
Stilson, D. W. (1966). *Probability and statistics in psychological research and theory.* San Francisco: Holden-Day
Strauch, I. (1990a). Schlaf. Klassifikation und Diagnostik. In U. Baumann, M. Perrez (Hrsg.), *Klinische Psychologie, Bd. 1.* Bern: Huber
Strauch, I. (1990b). Schlaf. Ätiologie, Bedingungsanalyse. In U. Baumann, M. Perrez (Hrsg.), *Klinische Psychologie, Bd. 1.* Bern: Huber
Strauch, I. (1991). Schlaf. Intervention. In M. Perrez, U. Baumann (Hrsg.), *Klinische Psychologie, Bd. 2.* Bern: Huber
Strian, F. (Hrsg.; 1983). *Angst. Grundlagen und Klinik.* Berlin: Springer
Strian, F., Ploog, D. (1988). Anxiety related to central nervous system dysfunction. In R. Noyes, M. Roth, G. D. Burrows (eds.), *Classification, etiological factors and associated disturbances. Handbook of anxiety,* Vol. 2. Amsterdam: Elsevier
Stroebe, W., Hewstone, M., Codol, J.-P., Stephenson, G. M. (Hrsg.; 1990). *Sozialpsychologie. Eine Einführung.* Berlin: Springer
Stukat, K. G. (1958). *Suggestibility – a factorial and experimental analysis.* Stockholm: Almquist & Wiksell
Süllwold, L. (1977). *Symptome schizophrener Erkrankungen: Uncharakteristische Basisstörungen.* Berlin: Springer
Sutarman, L., Thomson, M. L. (1952). A new technique for enumerating active sweat glands in man. *Journal of Physiology, 117,* 51–52
Sutherland, N. S. (1969). Outlines of a theory of visual pattern recognition in animals and man. In R. M. Gilbert, N. S. Sutherland (eds.), *Animal discrimination learning.* London: Academic Press
Swets, J. A., Tanner, W. P., Birdsall, T. G. (1961). Decision processes in perception. *Psychological Review, 68,* 301–340
Swets, J. A. (1977). Signal detection theory applied to vigilance. In R. R. Mackie (ed.), *Vigilance, theory, operational performance, and physiological correlates.* New York: Plenum

Tanner, W. P., Swets J. A., Green, D. M. (1956). *Some general properties of the hearing mechanism.* T.R. 30. Electronic Defense Group. Ann Arbor: University of Michigan
Tart, Ch. T. (ed.; 1969). *Altered states of consciousness.* New York: Wiley
Tausch, R. (1960). *Das psychotherapeutische Gespräch.* Göttingen: Hogrefe

Tausch, R. (1960; [8]1981). *Gesprächstherapie*. Göttingen: Hogrefe
Taylor, F. W. (1970). *Die Grundsätze der wissenschaftlichen Betriebsführung*. Weinheim: Beltz (von W. Volpert und R. Vahrenkamp herausgegebene deutsche Bearbeitung von F. W. Taylor, 1911, Basic concepts of scientific management)
Taylor, G. R. (1979). *The natural history of the mind*. New York: Dutton
Taylor, S. E. (1986). *Health Psychology*. New York: Random House
Tecce, J. C. (1972). Contingent negative variation (CNV) and psychological processes in man. *Psychological Bulletin, 77*, 73–108
Thibaut, J. W., Kelley, H. H. (1959). *The social psychology of groups*. New York: Wiley
Thomae, H. ([3]1960a; [13]1980). *Beobachtungen und Beurteilungen von Kindern und Jugendlichen*. Basel: Karger
Thomae, H. (1960b). *Der Mensch in der Entscheidung*. München: Barth
Thomae, H. (Hrsg.; 1959). *Handbuch der Psychologie. Bd. 3. Entwicklungspsychologie*. Göttingen: Hogrefe
Thomae, H. (Hrsg.; 1965a). *Handbuch der Psychologie. Bd. 2. Motivation*. Göttingen: Hogrefe
Thomae, H. (Hrsg.; 1965b). *Die Motivation des menschlichen Handelns*. Köln: Kiepenheuer und Witsch
Thomae, H. (1951; [3]1968a). *Persönlichkeit. Eine dynamische Interpretation*. Bonn: Bouvier H. Grundmann
Thomae, H. (1968b). *Das Individuum und seine Welt*. Göttingen: Hogrefe
Thomae, H. (Hrsg.; 1983). *Encyclopaedie der Psychologie. Serie Motivationsforschung (2 Bde.)*. Göttingen: Hogrefe
Thomae, H., Feger, H. (1969). *Hauptströmungen der neueren Psychologie. Bd. 7. Einführung in die Psychologie*. Frankfurt/M./Bern: Akademische Verlagsgesellschaft/Huber
Thomä, H., Kächele, H. (1985). *Lehrbuch der psychoanalytischen Therapie*. Bd. 1. *Grundlagen*. Berlin: Springer
Thomä, H., Kächele, H. (1988). *Lehrbuch der psychoanalytischen Therapie*. Bd. 2. *Praxis*. Berlin: Springer
Thomas, A. (Hrsg.; 1982). *Sportpsychologie. Ein Handbuch in Schlüsselbegriffen*. München: Urban & Schwarzenberg
Thompson, R. F., Hicks, L. H., Shvyrkov, V. B. (eds.; 1981). *Neural mechanisms of goal-directed behavior and learning*. New York: Academic Press
Thompson, R. F., Spencer, W. A. (1966). Habituation: A model phenomenon for the study of neuronal substrates of behavior. *Psychological Review, 173*, 16–43
Thompson, S. C. (1991). Will it hurt less if I can control it? A complex answer to a simple question. *Psychological Bulletin, 90*, 89–101
Thorndike, E. L. (1932). *The fundamentals of learning*. New York: AMS Press
Thorndike, E. L. u.a. (1927). *Measurement of intelligence*. New York: Teacher's College, Columbia University Press
Thorpe, W. H. (1956). *Learning and instinct in animals*. Cambridge: Harvard University Press
Thouless, R. H. (1961). *An introduction to the psychology of religion*. Cambridge: Harvard University Press
Thrall, R. M., Coombs, C. H., Davis, R. L. (eds.; 1957). *Decision processes*. New York: Wiley
Thurstone, L. L. (1924). *The nature of intelligence*. New York: Harcourt, Brace & Comp.
Thurstone, L. L. (1927). A law of comparative judgment. *Psychological Review, 34*, 273–286
Thurstone, L. L. (1938). *Primary mental abilities*. Chicago: University of Chicago Press
Thurstone, L. L. (1947). *Multiple factor analysis*. Chicago: University of Chicago Press
Timaeus, E. (1974). *Experiment und Psychologie*. Göttingen: Hogrefe
Timsith-Berthier, M., Delaunoy, J., Koninckx, N., Rousseau, J. C. (1973). Slow

potential changes in psychiatry. I. Contingent negative variation. *Electroencephalography and Clinical Neurophysiology, 35,* 355–361
Tinbergen, N. (³1964; ⁵1972). *Instinktlehre.* Berlin: Parey
Tölle, R. (⁷1985). *Psychiatrie.* Berlin: Springer
Tolman, E. C. (²1949). *Purpose behavior in animals and men.* New York: Century-Crofts
Tolman, E. C. (1951). *Collected papers.* New York: Academic Press
Toman, W. (²1968). *Kleine Einführung in die Psychologie.* Darmstadt: Wissenschaftliche Buchgesellschaft
Torgerson, W. S. (1958). *Theory and methods of scaling.* New York: Wiley
Torgerson, W. S. (1965). Multidimensional scaling of similarity. *Psychometrika, 30,* 379–393
Trautner, H. M. (1978). *Lehrbuch der Entwicklungspsychologie. Bd. I.* Göttingen: Hogrefe
Traxel, W. (²1968). Gefühl und Gefühlsausdruck. In R. Meili, H. Rohracher (Hrsg.), *Lehrbuch der experimentellen Psychologie.* Bern: Huber
Triandis, H. C. (1975). *Einstellungen und Einstellungsänderungen.* Weinheim: Beltz
Triandis, H. C. u. a. (eds.; 1980). *Handbook of cross-cultural psychology* (6 Vols.). Boston: Allyn and Bason
Tryon, R. C. (1939). *Cluster analysis.* Ann Arbor: Edwards Brothers
Turpin, G. (1986). Effects of stimulus intensity on autonomic responding. The problem of differentiating orienting and defense reflexes. *Psychophysiology, 23,* 1–14
Turpin, G. (ed.; 1989). *Handbook of clinical Psychophysiology.* Chichester: Wiley
Tversky, A., Kahneman, D. (1974). Judgment under uncertainty: Heuristics and biases. *Science, 185,* 1124–1131

Uleman, J. S., Bargh, J. A. (eds.; 1989). *Unintended thought.* New York: Guilford Press
Ulich, E. (1981). Subjektive Tätigkeitsanalyse als Voraussetzung autonomieorientierter Arbeitsgestaltung. In F. Frei, E. Ulich (Hrsg.), *Vorschläge zur psychologischen Arbeitsanalyse.* Bern: Huber
Ulich, E., Baitsch, C. (1987). Arbeitsstrukturierung. In U. Kleinbeck, J. Rutenfranz (Hrsg.), *Arbeitspsychologie.* Göttingen: Hogrefe
Ullmann, J. F., Ullmann, I. M., Klapper, W. (1968). Perspektiven psychologisch-experimenteller Hypnoseforschung bis zum Einsetzen der Methodenkritik. *Archiv für die gesamte Psychologie, 120,* 247–300
Ullmann, L. P., Krasner, L. (eds.; 1965). *Case studies in behavior modification.* New York: Holt, Rinehart & Winston
Undeutsch, U. (Hrsg.; 1968). *Handbuch der Psychologie. Bd. 12. Forensische Psychologie.* Göttingen: Hogrefe
Uexküll, T. von (1963). *Grundfragen der psychosomatischen Medizin.* Reinbek: Rowohlt
Uexküll, T. von (Hrsg.; 1979). *Lehrbuch der psychosomatischen Medizin.* München: Urban & Schwarzenberg
Uexküll, T. von (Hrsg.; ³1986). *Psychosomatische Medizin.* Berlin: Springer
Uznadze, D. N., Prangisvili, A. S. (1976). *Einstellungspsychologie.* Berlin: VEB Volk und Wissen

Valenstein, E. S. (1973). *Brain control.* New York: Wiley
Vandenberg, S. G. (1966). Contributions of twin research to psychology. *Psychological Bulletin, 66,* 327–352
van Praag, H. M. → Praag, H. M. van.
van Quekelberghe, R. → Quekelberghe, R. van
Vaughn, H. G. (1973). The analysis of scalp-recorded brain potentials. In R. F. Thompson, M. M. Patterson (eds.), *Bioelectric Recording Techniques. Vol. 3.* New York: Academic Press

Venables, P. H., Christie, M. J. (eds.; 1975). *Research in psychophysiology*. London: Wiley
Venables, P. H., Christie, M. J. (1980). Electrodermal activity. In I. Martin, P. H. Venables (eds.), *Techniques in psychophysiology*. Chichester: Wiley
Velden, M. (1982). *Signalentdeckungstheorie in der Psychologie*. Stuttgart: Kohlhammer
Verleger, R. (1988). Event-related potentials and memory. A critique of the context updating hypothesis and an alternative interpretation of P3. *Behavioral and Brain Sciences, 11*, 343–427
Vernon, P. E., Allport, G. W. (1931). A test of personal values. *Journal of abnormal and social psychology, 26*, 231–248
Vogel, H. (1966). Die Rorschach-Technik von B. Klopfer. In R. Heiss (Hrsg.). *Handbuch der Psychologie. Bd. 6. Psychologische Diagnostik*. Göttingen: Hogrefe
Volpert, W., Oesterreich, R., Gablenz-Kolakovic, S., Krogoll, T., Resch, M. (1983). *Verfahren zur Ermittlung von Regulationsanforderungen in der Arbeitstätigkeit (VERA)*. Köln: TÜV Rheinland
Vossel, G. (1990). *Elektrodermale Labilität. Ein Beitrag zur differentiellen Psychophysiologie*. Göttingen: Hogrefe
Vossel, G., Fröhlich, W. D. (1979). Life stress, job tension, and subjective reports of task performance effectiveness: a cross-lagged correlational analysis. In I. G. Sarason, C. D. Spielberger (eds.), *Stress and anxiety. Vol. 6*. Washington D. C.: Hemisphere/Wiley
Vossel, G., Zimmer, H. (1988). Scoring criteria for electrodermal habituation. *Psychophysiology, 25 (6)*, 712–717

Wakefield, J. C. (1992). Disorder as harmful dysfunction. A conceptual critique of DSM-III-R's definition of mental disorder. *Psychological Review, 99*, 232–247
Walk, R. D., Gibson, E. J. (1961). A comparative and analytical study of visual depth perception. *Psychological Monographs, 75*, 15, Whole 519
Walsh, K. (²1987). *Neuropsychology. A clinical approach*. Edinburgh: Churchill Livingstone
Walter, W. G., Cooper, R., Aldridge, V. J., McCallum, W. C., Winter, A. L. (1964). Contingent negative variation: an electric sign of sensorimotor association and expectancy. *Nature 203*, 380–384
Watson, J. B. (1914). *Behavior, an introduction to comparative psychology*. New York: Holt & Comp.
Watzl, H., Cohen, R. (1991). Schizophrene Störungen. Intervention. In M. Perrez, U. Baumann (Hrsg.), *Klinische Psychologie*, Bd. 2. Bern: Huber
Watzlawik, B., Weakland, J. H., Fisch, R. (1974). *Lösungen*. Bern: Huber
Webb, W. B. (1962). *The profession of psychology*. New York: Academic Press
Weber, M. (1904). Die »Objektivität« sozialwissenschaftlicher und sozialpolitischer Erkenntnis. Gesammelte Aufsätze zur Wissenschaftslehre. *Archiv für Sozialwissenschaft und Sozialpolitik, 19*, 22–87
Wechsler, D. (1949). *Wechsler intelligence scale for children*.
Wechsler, D. (1955). *WAIS manual*. New York: Psychological Corporation
Wechsler, D. (1956). *Hamburg-Wechsler Intelligenz Test für Kinder (HAWIK)*. Deutsche Bearbeitung von H. Priester. Bern: Huber
Wechsler, D. (⁴1958). *The measurement of adult intelligence*. Baltimore: Williams & Wilkins Comp.
Wechsler, D., Hardesty, A., Lauber, L. (³1964). *Die Messung der Intelligenz Erwachsener*. Bern: Huber
Weil, J. L. (1974). *A neurophysiological model of emotional and intentional behavior*. Springfield: Thomas
Weiner, B. (1972). *Theories of motivation:* Chicago: Rand-McNally
Weiner, B. (1974). *Achievement motivation and attribution theory*. Morristown, N. J.: General Learning Press

Weiner, B. (1975). *Wirkung von Erfolg und Mißerfolg auf die Leistung.* Bern: Huber
Weinert, A. B. ([2]1987). *Lehrbuch der Organisationspsychologie.* München/Weinheim: Psychologie Verlags Union
Weinert, F. (1965). Hunger und Durst. In H. Thomae (Hrsg.). *Handbuch der Psychologie. Bd. 2. Motivation.* Göttingen: Hogrefe
Weinert, F. (Hrsg.; 1967). *Pädagogische Psychologie.* Köln: Kiepenheuer & Witsch
Weisenberg, M. (1977). Pain and pain control. *Psychological Bulletin, 84,* 1008–1044
Weiss, W. (1970). The effects of mass media of communication. In G. Lindzey, E. Aronson (eds.), *Handbook of Social Psychology. Vol. 5.* London: Addison & Wesley
Weitbrecht, H. J. ([3]1968; [4]1979). *Psychiatrie im Grundriß.* Berlin: Springer
Welford, A. T. (1958). *Aging and human skill.* London: Oxford University Press
Wellek, A. ([2]1963). *Das Problem des seelischen Seins.* Meisenheim: Hain
Wellek, A. (1955). *Ganzheits-Psychologie und Strukturtheorie.* Bern: Francke
Wellek, A. (1958). Die ganzheitspsychologischen Aspekte der Musikästhetik. *Bericht über den Internationalen Musikwissenschaftlichen Kongreß Wien 1956.* Graz: Böhlau
Wellek, A. ([3]1966). *Die Polarität im Aufbau des Charakters.* Bern: Francke
Wender, K. (1971). Die Metrik der multidimensionalen Skalierung als Funktion der Urteilsschwierigkeit. *Zeitschrift für experimentelle und angewandte Psychologie, 18,* 166–188
Werner, H. (1940). *Comparative psychology and mental development.* New York: Harper
Werner, H. ([4]1959). *Einführung in die Entwicklungspsychologie.* München: Barth
Werner, H., Wapner, S. (1952). Toward a general theory of perception. *Psychological Review, 59,* 324–338
Werth, R. (1983). *Bewußtsein: Psychologische, neurobiologische und wissenschaftstheoretische Aspekte.* Berlin: Springer
Wewetzer, K. (1972). *Intelligenz und Intelligenzmessung.* Darmstadt: Wissenschaftliche Buchgesellschaft
Whyte, W. F. (1943). *Street corner society.* Chicago: University of Chicago Press
Wickens, C. D. (1984). *Engineering psychology and human performance.* Columbus: C. E. Merill/Bell Howell
Wilder, J. (1967). *Stimulus and response. The law of initial value.* Bristol: Wright
Wilson, E. (1975). *Sociobiology: The new synthesis.* Cambridge: Harvard University Press
Winer, B. J. (1962). *Statistical principles in experimental design.* New York: McGraw-Hill
Wippich, W. (1984; 1985). *Lehrbuch der angewandten Gedächtnispsychologie Bd. 1 u. 2.* Stuttgart: Kohlhammer
Witkin, H. A., Dyk, R. B., Faterson, H. F., Goodenough, D. R., Karp, S. A. (1962). *Psychological differentiation: Studies of development.* New York: Wiley
Wittkowski, J. (1978). *Tod und Sterben; Ergebnisse der Thanatopsychologie.* Heidelberg: Quelle und Meyer
Wölfflin, H. (1958). *The sense of form in art.* New York: Chelsea Publishing Company
Wolman, B. B. (ed.; 1965). *Handbook of clinical psychology.* New York: McGraw-Hill
Wolpe, J. (1952). Experimental neuroses as learned behavior. *British Journal of Psychology, 43,* 243–268
Wolpe, J. (1958). *Psychotherapy by reciprocal inhibition.* Stanford: Stanford University Press
Wolpe, J. (1974). *Praxis der Verhaltenstherapie.* Bern: Huber
Wundt, W. (1900f.). *Völkerpsychologie. 10 Bde.* Leipzig: Engelmann
Wundt, W. ([6]1911). *Grundzüge der physiologischen Psychologie* (3 Bde.). Leipzig: Engelmann

Wyss, D. ([2]1966; [5]1977). *Die tiefenpsychologischen Schulen von den Anfängen bis zur Gegenwart.* Göttingen: Vandenhoeck & Ruprecht

Yerkes, R. M., Dodson, J. D. (1908). The relation of strength of stimulus to rapidity of habit-formation. *Journal of Comparative Neurology and Psychology, 18,* 459–482

Young, P. T. (1973). Feeling and emotion. In B. B. Wolman (ed.), *Handbook of General Psychology.* Englewood Cliffs, N. J.: Prentice-Hall

Zazzo, R. (1960). *Les jumeaux: Le couple et la personnalité.* 2 Vols. Paris: Presses Universitaires de France

Zeigarnik, B. (1927). Über das Behalten von erledigten und unerledigten Handlungen. *Psychologische Forschung, 9,* 1–85

Zeiler, M. D., Harzem, P. (eds.; 1983). *Biological factors in learning.* Chichester: Wiley

Zerssen, D. von, Möller, H. J. (Hrsg.; 1988). *Affektive Störungen.* Berlin: Springer

Zigler, E. F. and Child, I. L. (1969). Socialization. In G. Lindzey, E. Aronson (eds.), *Handbook of social psychology. Vol. 3.* London: Addison-Wesley

Zink, K. J. (Hrsg.; 1986). *Quality Circles. Fallbeispiele, Erfahrungen, Perspektiven.* München: Hanser

Zink, K. J., Schick, G. (1984). *Quality Circles.* München: Hanser

Zinnes, Y. L. (1969). Scaling. *Annual Review of Psychology, 20,* 447–478

Zuckerman, M. (1983). A biological theory of sensation seeking. In M. Zuckerman (ed.), *Biological bases of sensation seeking, impulsivity, and anxiety.* Hillsdale, N. J.: Erlbaum

Zwicker, E., Feldkeller, R. (1967). *Das Ohr als Nachrichtenempfänger.* Stuttgart: Hirzel